生活即教育

社会即学校

教学做合一

e a MEXIC
peón de
plica el
México

# 陶 行 知 全 集

# 第10卷 下

衔备忘

第二十四册至第五十五册

四川教育出版社
·成都·

**图书在版编目（CIP）数据**

陶行知全集. 第10卷.下 / 方明主编. —2版. —成都:
四川教育出版社，2009.4
ISBN 978-7-5408-5050-0

Ⅰ.陶…　Ⅱ.方…　Ⅲ.陶行知（1891~1946）-全集
Ⅳ.G4-52

中国版本图书馆CIP数据核字（2009）第041059号

装帧设计　宁成春
责任编辑　林青树　钟丽曦
技术编辑　顾求实
责任校对　伍登富
责任印制　田东洋
出版发行　四川教育出版社
地　　址　四川省成都市锦江区三色路238号新华之星A座
邮政编码　610023
网　　址　www.chuanjiaoshe.com
印　　刷　成都市金雅迪彩色印刷有限公司
版　　次　2020年1月第3版
印　　次　2024年2月第2次印刷
成品规格　152 mm×228 mm
印　　张　92.5　　插页　4
字　　数　1200千
全套定价　2200.00元

如发现印装质量问题，影响阅读，请与本社联系。总编室电话：(028) 86365120
编辑部电话：(028) 86365129

# 衡备忘

第二十四册

1938.9.1~1938.10.2

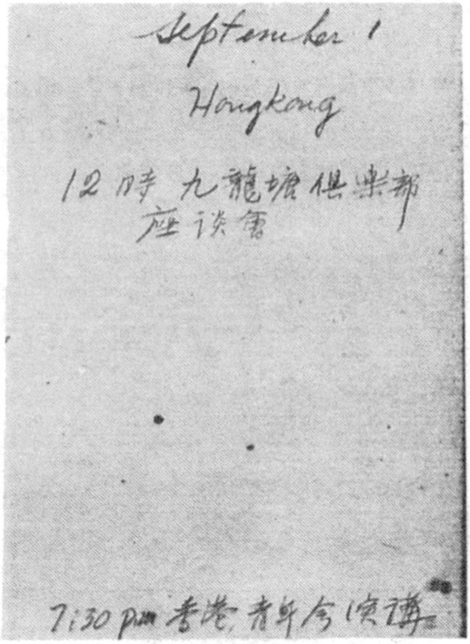
September 1
Hongkong
12时 九龍塘俱樂部
座谈會
7:30 pm 香港青年會演講

24-001

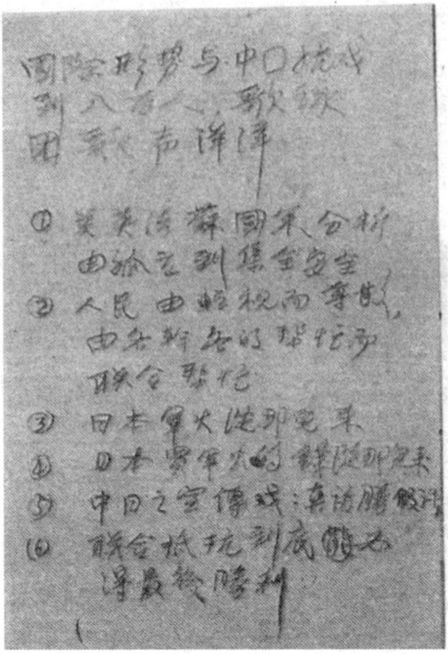
國際形勢与中日抗戰
到八百人，歡欣
掌声洋洋
① 英美法蘇國策分析
由孤立到集合安全
② 人民由輕視而尊敬，
由各新色的幫忙而
联合幫忙
③ 日本軍火從那兒來
④ 日本買軍火的錢從那兒来
⑤ 中日之空傳戰
⑥ 联合抵抗到底
得最後勝利

24-002

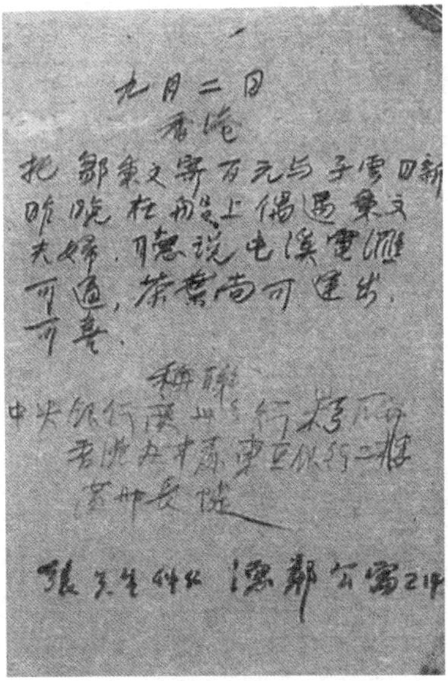
九月二日
香港
托鄒秉文寄万元与子雲回新
昨晚在船上偶遇秉文
夫婦，聽說屯溪電滙
可通，茶葉尚可運出，
可喜。

24-003

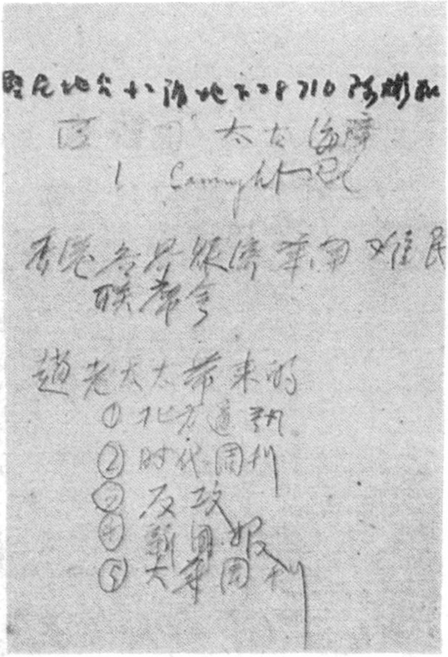
趙老太太帶来的
① 北方通訊
② 时代周刊
③ 反攻
④ 新聞報

24-004

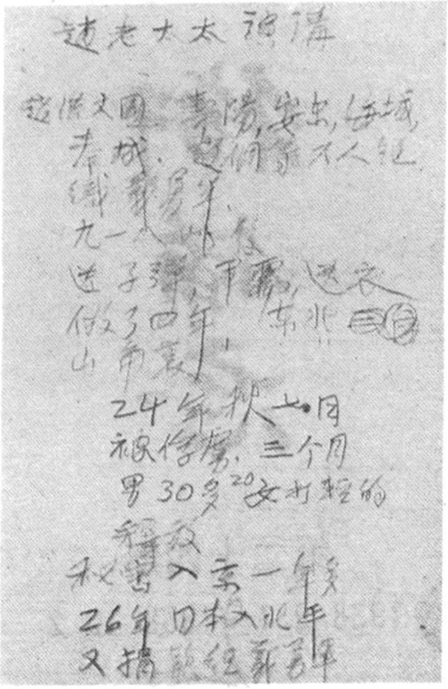

24-005

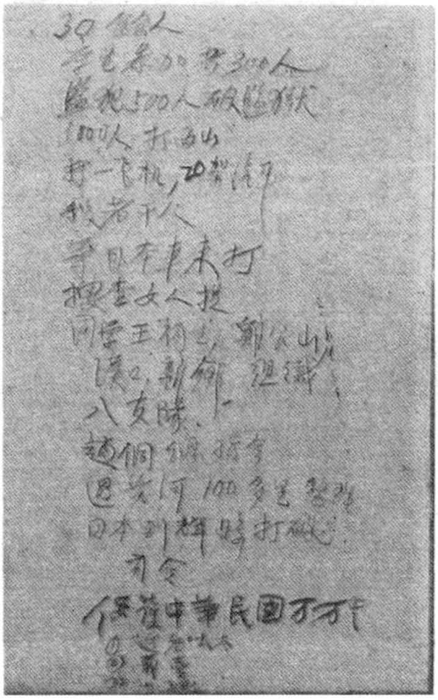

24-006

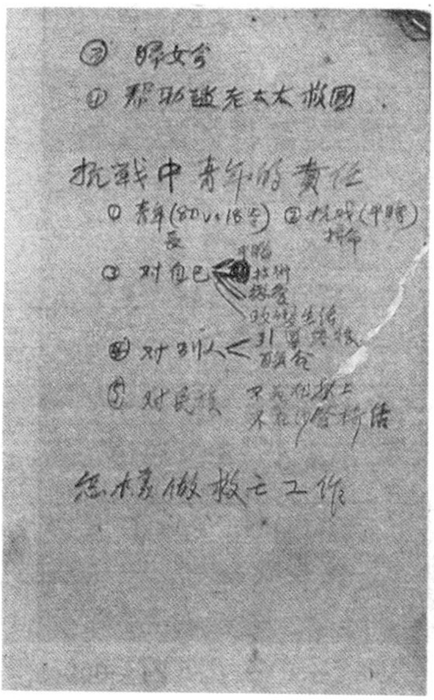
③ 帮助赵老太太救国

抗战中青年的责任

怎样做救亡工作

24-007

梅六路 洗衣社183三楼 九號

24-008

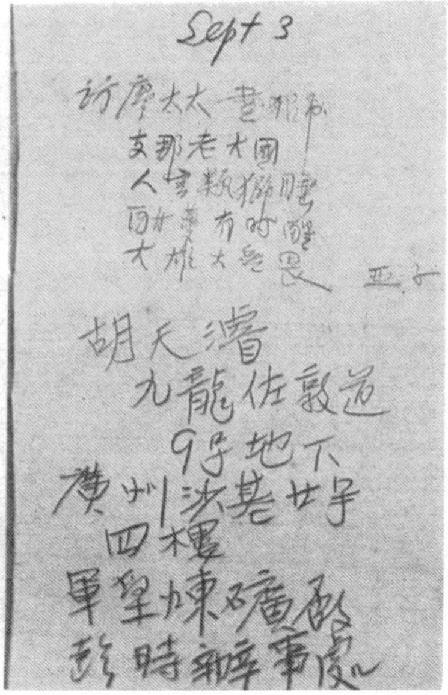

24-009

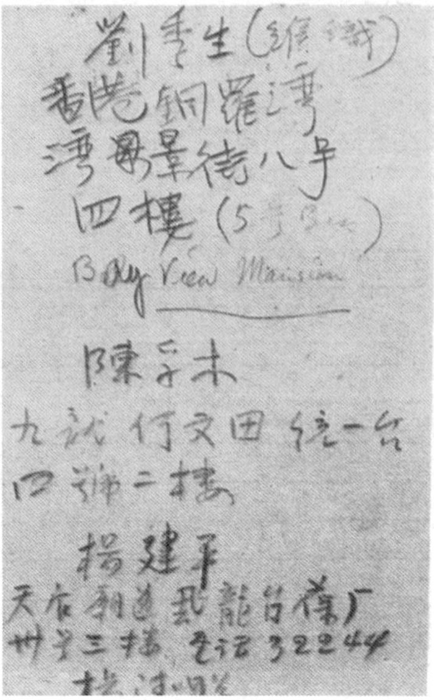

24-010

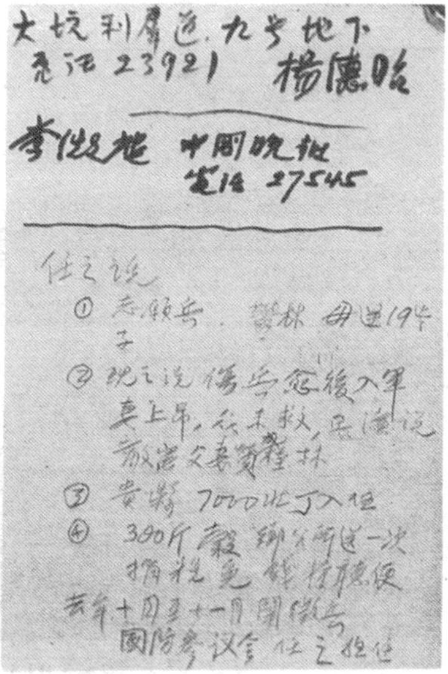

24-011

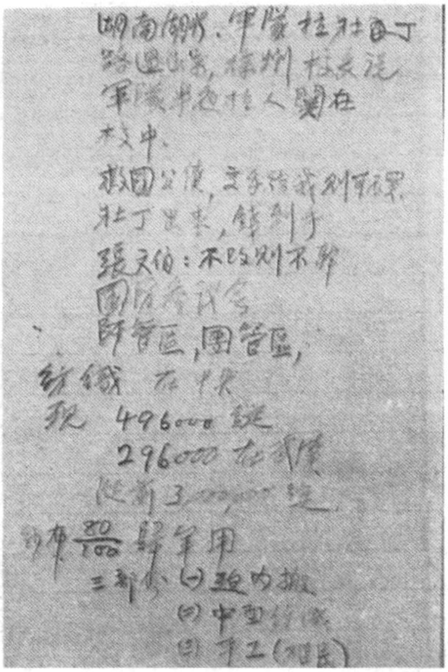

24-012

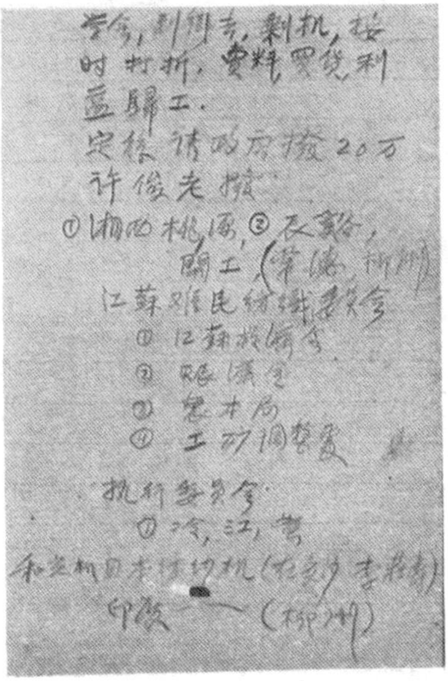
学会，利用寺，剩机，按
时折折，实料贸货利
益归工。
安徽 [illegible] 20万
许俊先 [illegible]
①湘西桃源，②长沙，
衡工（常德 柳州）
江苏难民纺织委员会
① 江苏旅浙会
② 账济会
③ 农本局
④ 工矿调整处
执行委员会
① 冷，江，[illegible]
和瓷机日本法纺机（[illegible] 李[illegible]）
印数 ——（柳州）

24-013

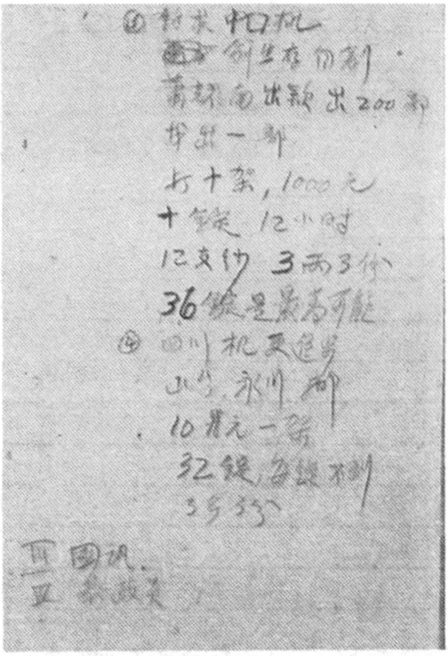
③ 新式中口机
[illegible] 先生 [illegible]
[illegible] 出200部
[illegible] 一部
[illegible] 十架，1000元
十锭 12小时
12支纱 3两3钱
36锭是最高可能
④ 四川机 [illegible]
[illegible] 永川 柳
10月元一架
32锭 [illegible]
[illegible]
四 国机。
五 [illegible]

24-014

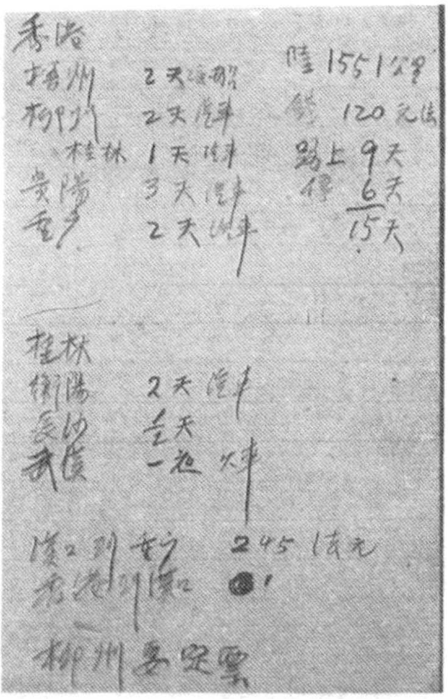
香港
梧州 2天 轮船　陆1551公里
柳州 2天 汽车　钱 120元法币
桂林 1天 汽车　路上 9天
贵阳 3天 汽车　停 6天
重庆 2天 汽车　15天
桂林
衡阳 2天 汽车
长沙 半天
武汉 一夜 火车
汉口到重庆 245 法币
香港到汉口 [illegible]
柳州要定票

24-015

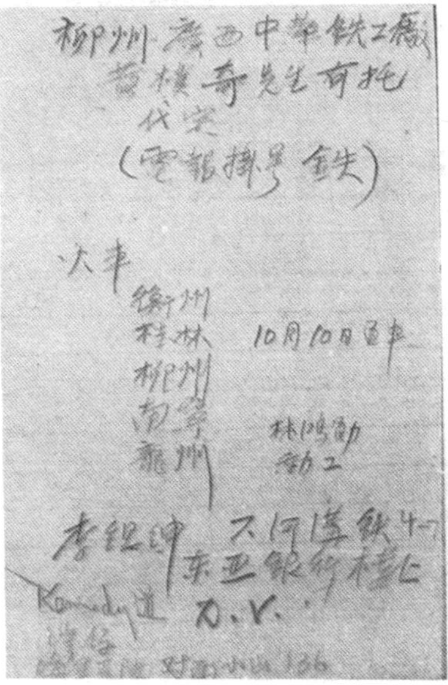
柳州 广西中华铁工厂
[illegible] 先生有托
代定
（电报挂号 金铁）
火车
衡州
桂林　10月10日通车
柳州
南宁　林鸿勋
龙州　勤工
李[illegible]　[illegible]
东亚银行楼上
Kennedy道　D.V.
[illegible]

24-016

Grace Lee 56679

24-017

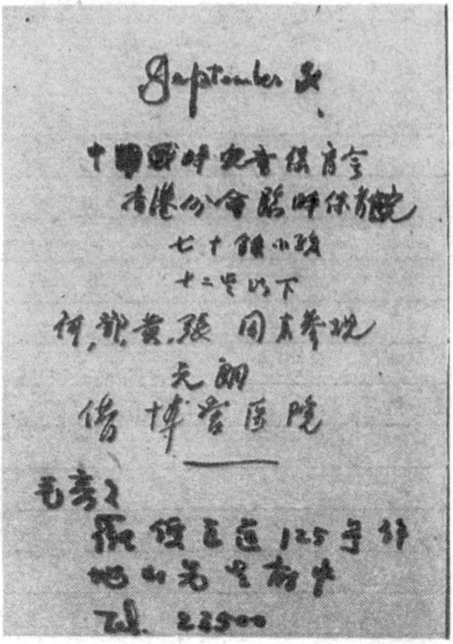
September 5.

中国战时儿童保育会
香港分会临时保育院
七十[illegible]
十二号以下
何、龙、黄、张 同去参观
[illegible]
[illegible]博[illegible]医院

[illegible]
罗便臣道125号4楼
地山先生府中
Tel. 22500

24-018

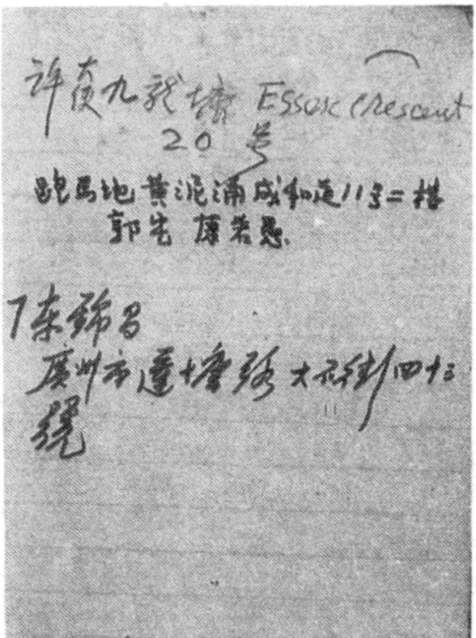
许[illegible]九龙塘 Essex Crescent
20号
跑马地黄泥涌成和道11号二楼
郭宅 [illegible]

陈[illegible]
广州市[illegible]
[illegible]

24-019

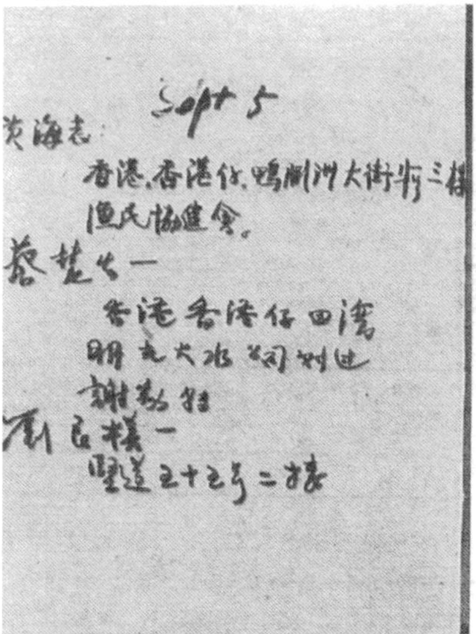
Sept 5
[illegible]：
香港、香港仔、鸭脷洲大街[illegible]三楼
渔民协进会。
蔡楚生—
香港香港仔田湾
[illegible]
[illegible]
刘良模—
坚道三十三号二楼

24-020

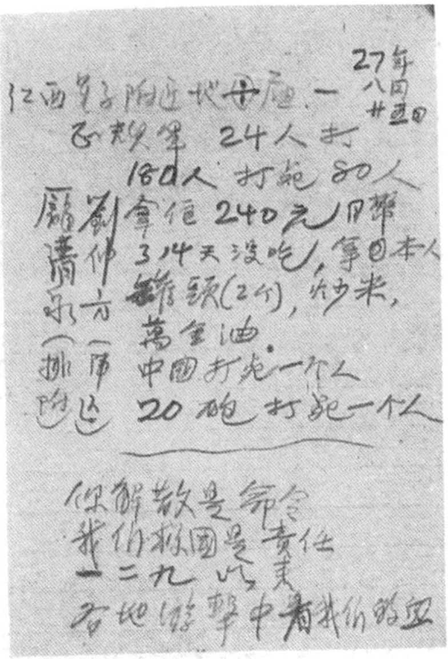


24-021

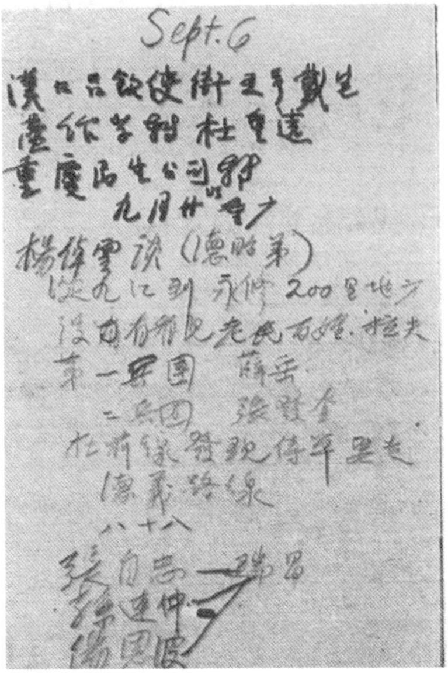


24-022

24-023

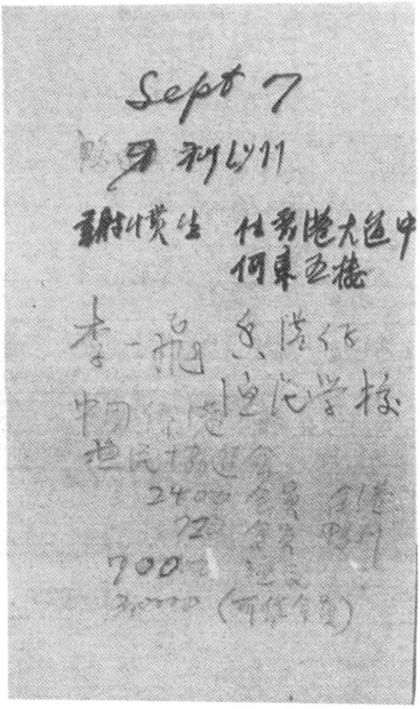


24-024

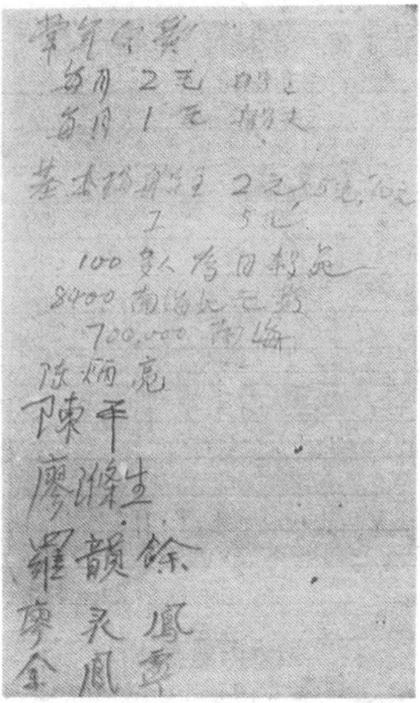
常年会员
每月 2元
每月 1元
基本...  2元
1  5元
100多人
8400
700,000
陈炳亮
陳平
羅韻餘

24-025

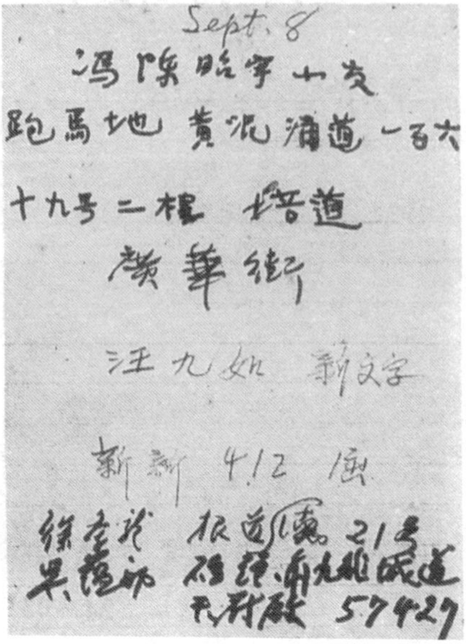
Sept. 8
冯陈昭宇 小友
跑馬地 黄泥涌道 一百六
十九号二樓 培道
黄華術
汪九如 新文字
新新 4.12
21号
57427

24-026

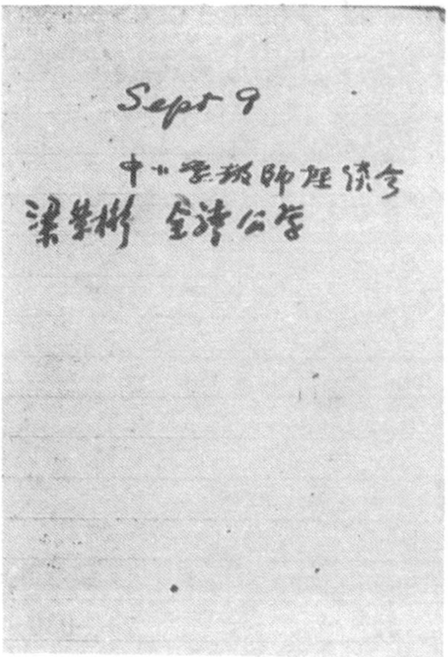
Sept 9
中小学教师座谈会

24-027

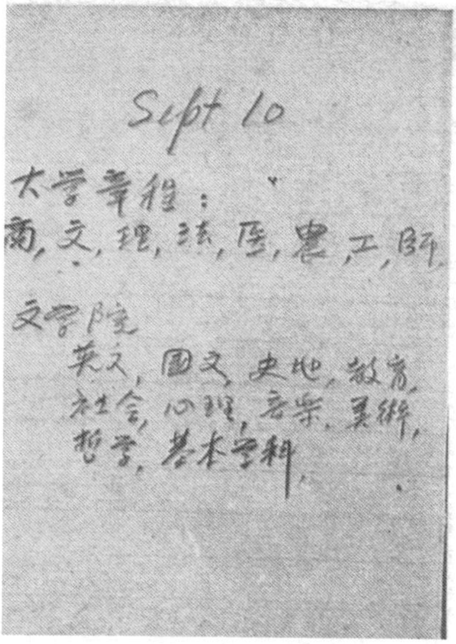
Sept 10
大学章程：
商，文，理，法，医，農，工，師
文学院
英文，国文，史地，教育，
社会，心理，音乐，美術，
哲学，基本学科

24-028

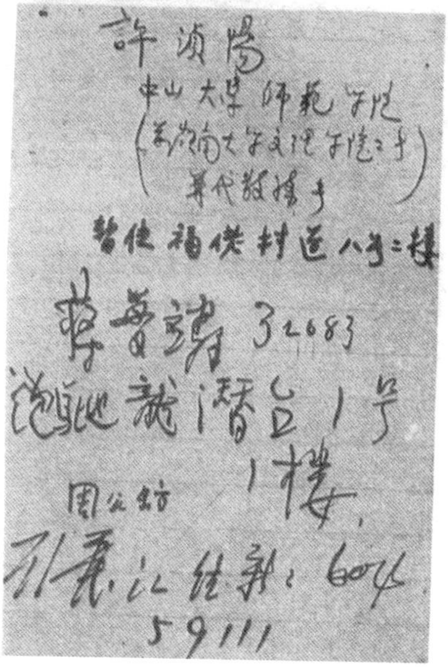

24-029

24-030

24-031

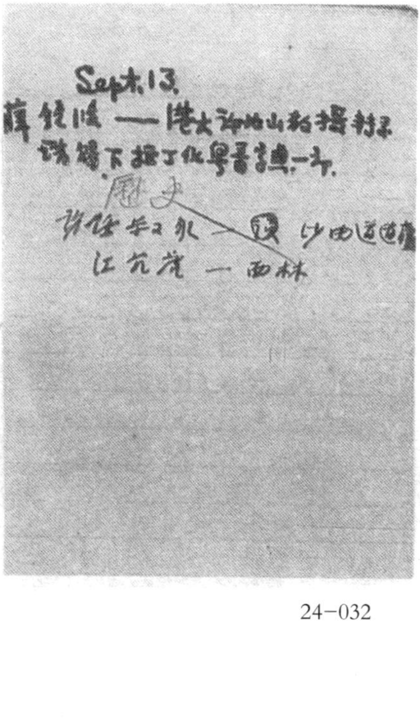


24-032

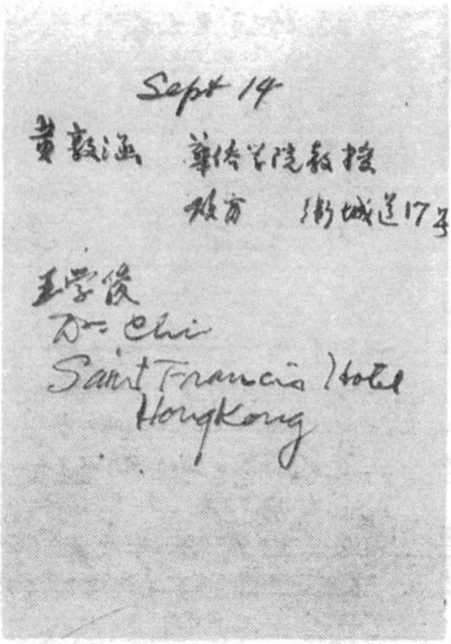
Sept 14
黄毅涵 華僑学院教授
現寓 衛城道17号
王学俊
Dr. Chi
Saint Francis Hotel
Hongkong

24-033

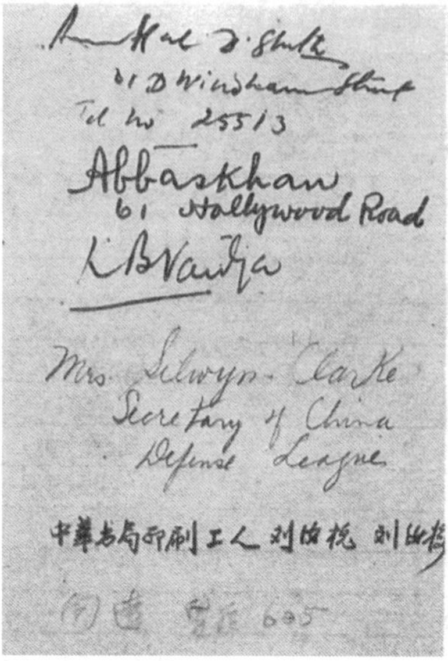
Abbaskhan
61 Hollywood Road
K B Vaidya
Mrs. Selwyn-Clarke
Secretary of China
Defense League
中華书局印刷工人 刘伯悦

24-034

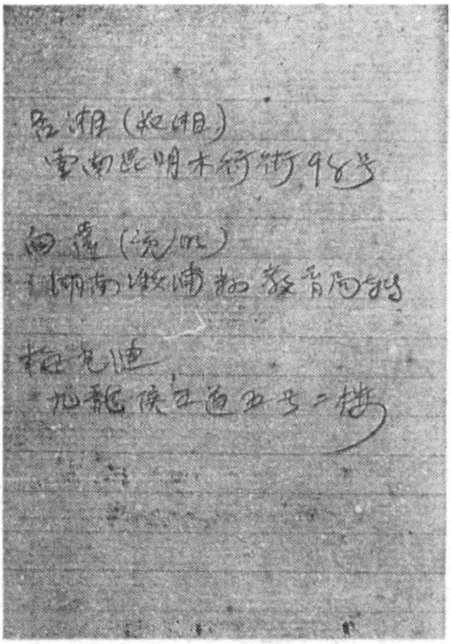

24-035

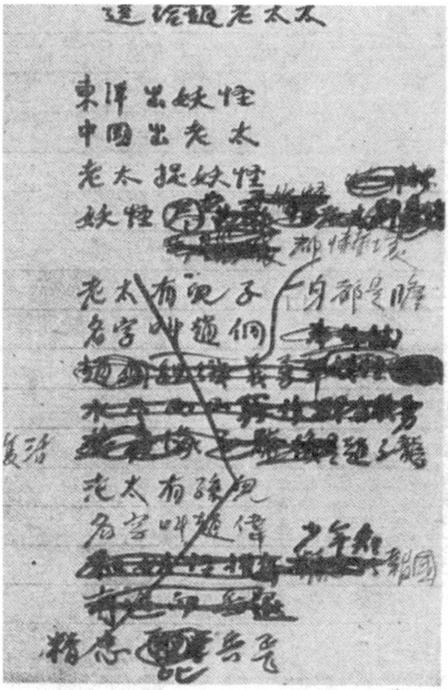
送給老太太
東洋出妖怪
中國出老太
老太捉妖怪
老太有兒子
名字叫道們
老太有孫兒
名字叫道偉

24-036

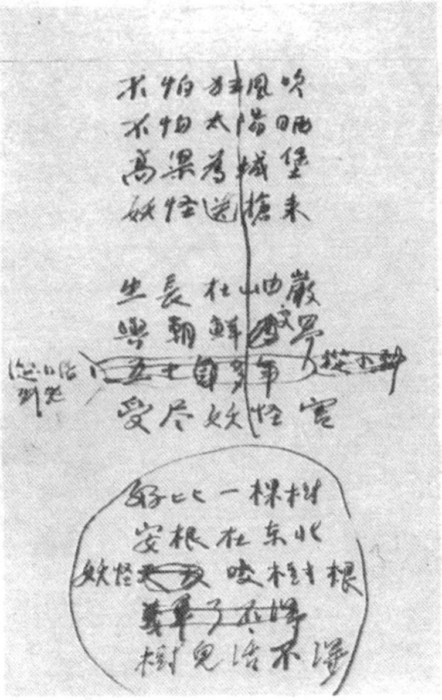

24-037

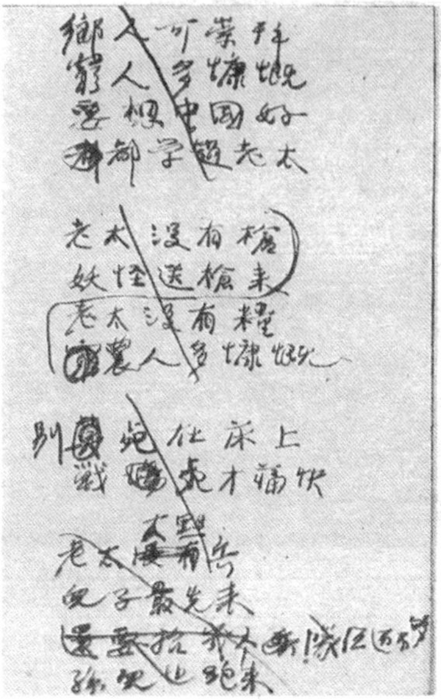

24-038

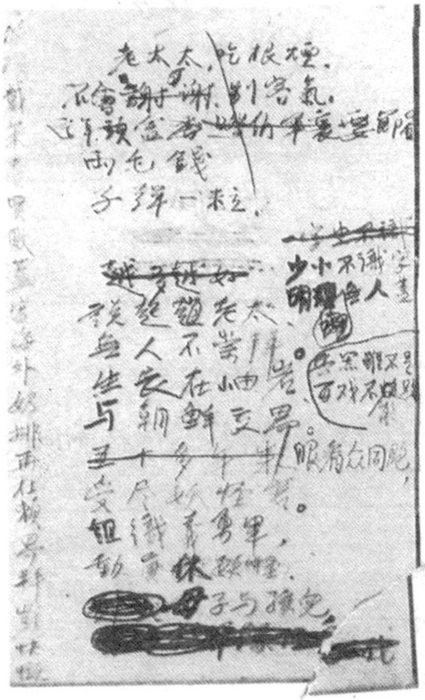

24-039

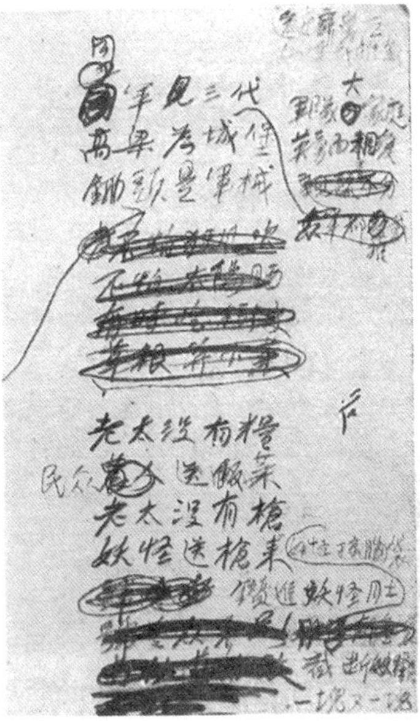

24-040

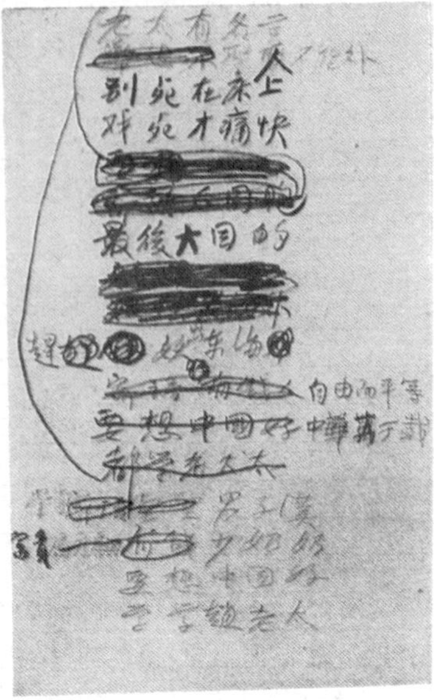
别死在床上
非死才痛快
[redacted]
最後大国的
[redacted]

24-041

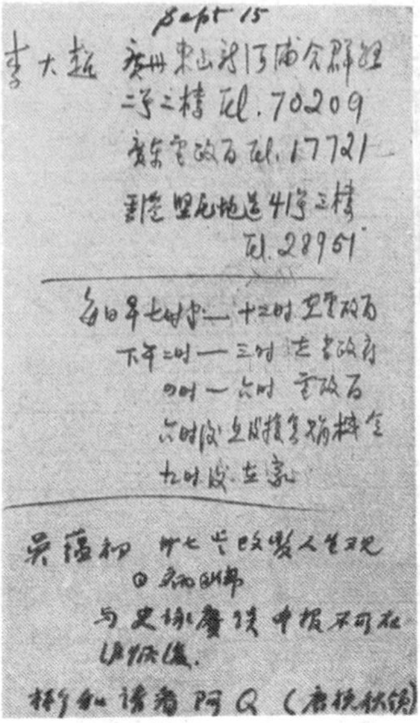
Sept 15
Tel. 70209
Tel. 17721
Tel. 28961

24-042

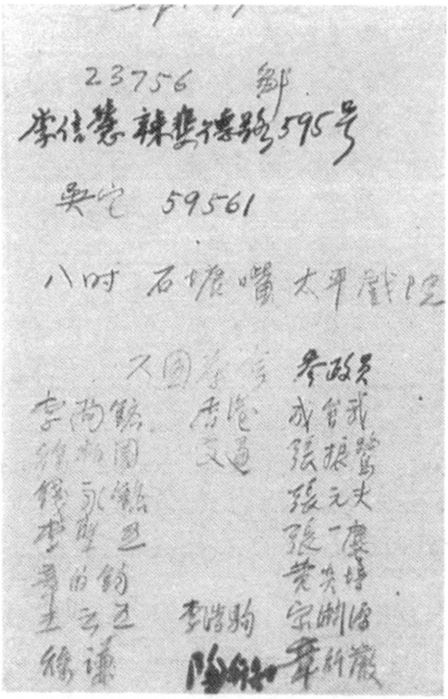
23756
595号
吴宅 59561
八时 石板嘴 太平戏院
参政员
陶行知

24-043

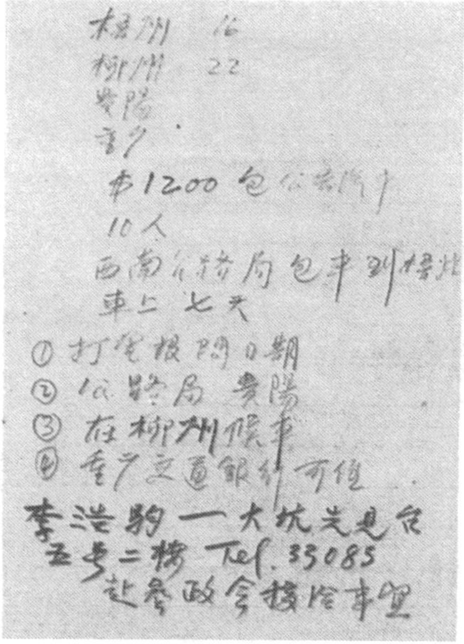
柳州 22
贵阳
重庆
10人
车上 七天
① 打电报问日期
② 公路局 贵阳
③ 在柳州候车
④ 重庆交通银行可住
Tel. 33085
赴参政会接洽事宜

24-044

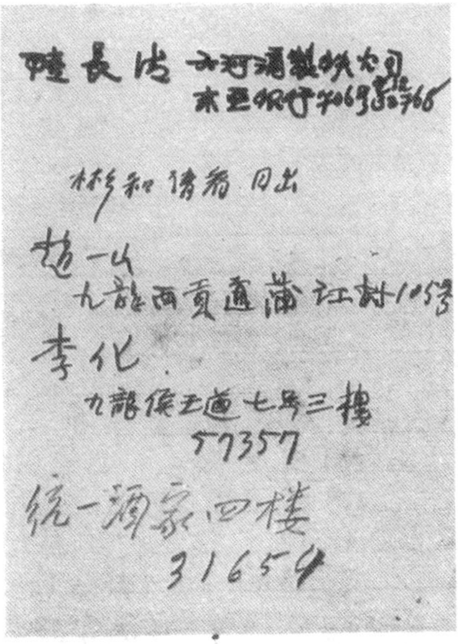
陆长鸿 [illegible]公司
东亚银行[illegible]
[illegible] 日出
赵一山
九龙西贡道蒲江街105号
李化
九龙保王道七号三楼
57357
统一酒家四楼
31654

24-045

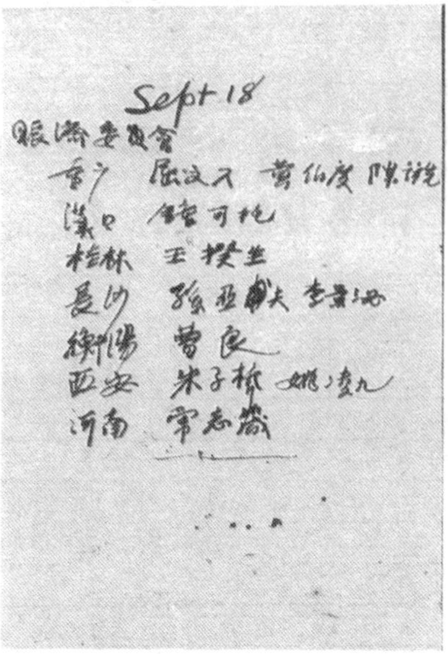
Sept 18
赈济委员会
重庆 屈文六 黄仙度 陈调元
汉口 钱可杭
桂林 王樸生
长沙 张亚夫 李景沁
衡阳 曾良
西安 朱子桥 姚凌九
河南 常志箴

24-046

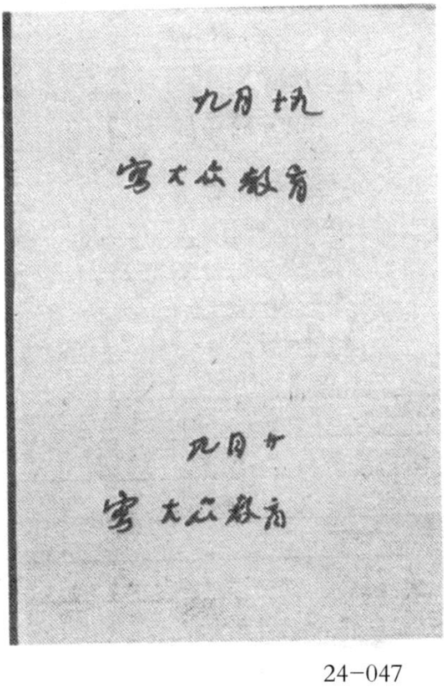
九月十九
写大众教育
九月廿
写大众教育

24-047

九月廿一
写大众教育

24-048

九月二十二

写大众教育

24-049

九月廿三

写大众教育

24-050

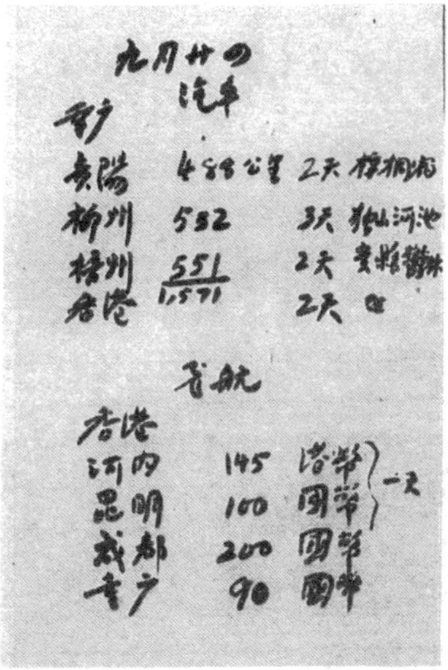
九月廿四
汽车
重庆
贵阳 488公里 2天 桐梓
柳州 552 3天 独山河池
梧州 551 2天 贵县
香港 1,571 2天

飞航
香港
河内 145 港币 ） 一天
昆明 100 国币 ）
成都 200 国币
重庆 90 国币

24-051

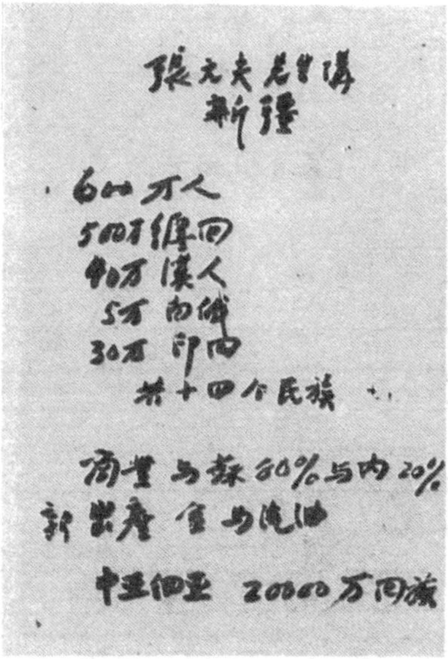
张元夫先生讲
新疆

600万人
500万维回
40万汉人
5万白俄
30万汉回
共十四个民族

商业与苏80%与内20%
新出产 金与汽油

中亚细亚 2000万回族

24-052

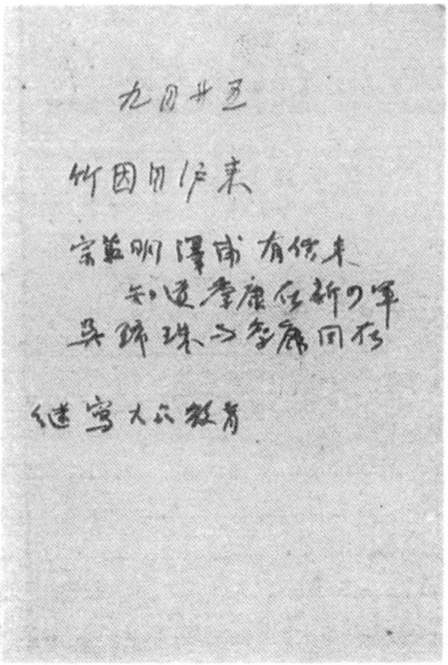
九月廿五
竹园回沪来
继写大众教育

24-053

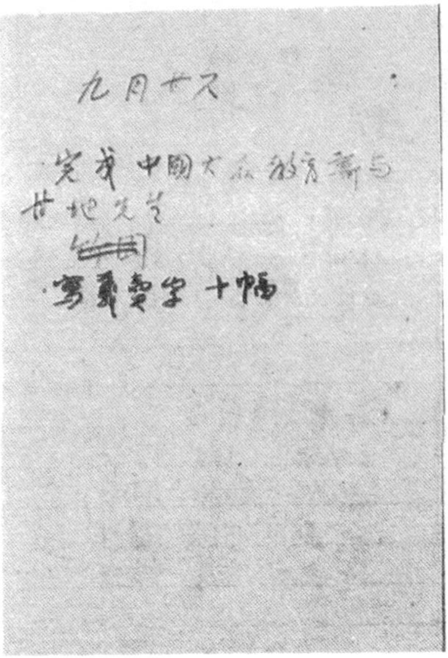
九月廿六

24-054

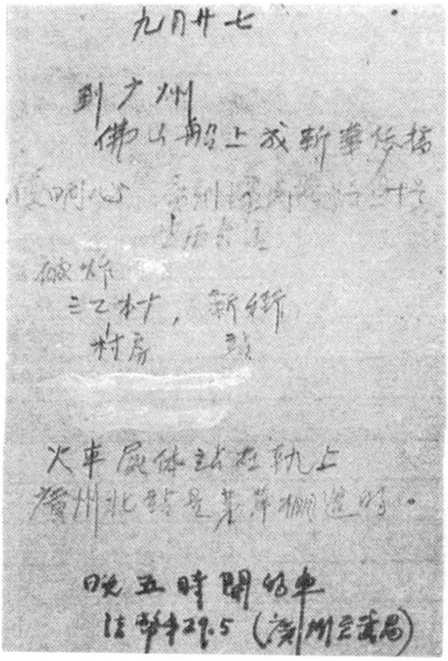
九月廿七
到广州

24-055

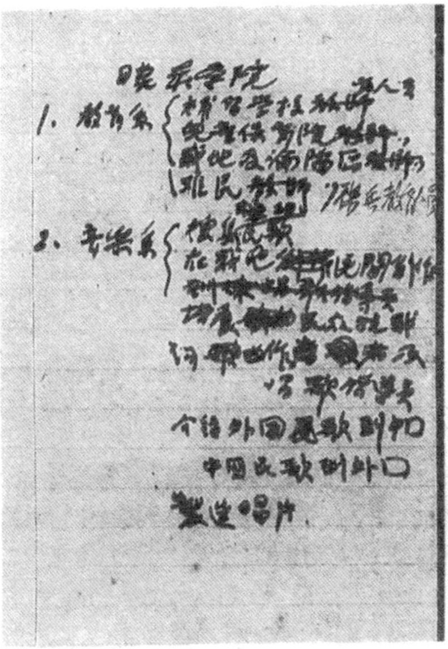
晓庄学院
1. 教育系
2. 音乐系
制造唱片

24-056

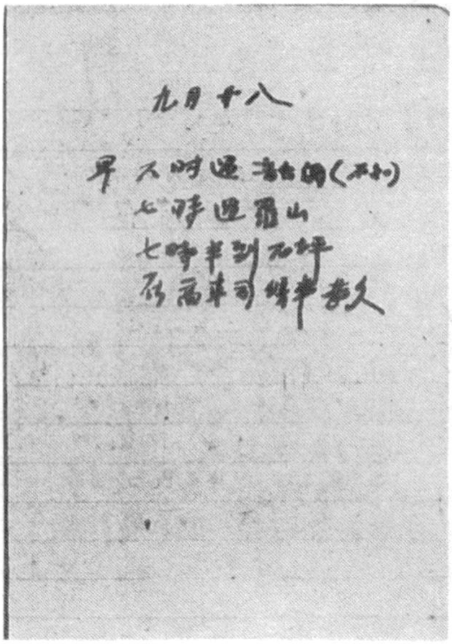
九月十八

早六时过潼关（？）
七时过眉山
七时半到石坪
为福车司机举行

24-057

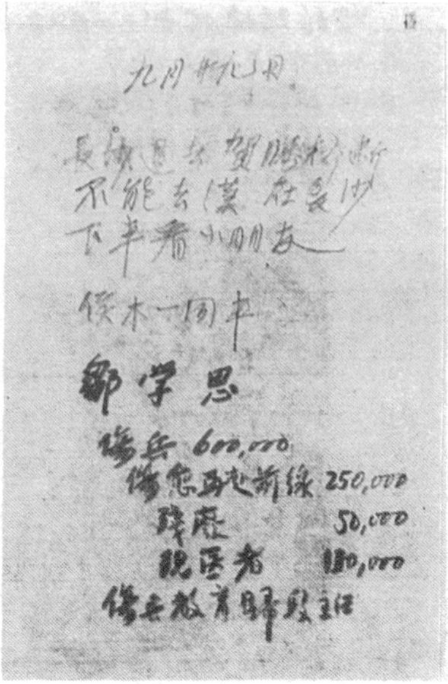
九月廿九日

长沙退出贺
不能去汉 在长沙
下午看小朋友

伤兵一周年

鄒学思

伤兵 600,000
伤愈归队新缘 250,000
残废 50,000
现医者 180,000
伤兵教育...

24-058

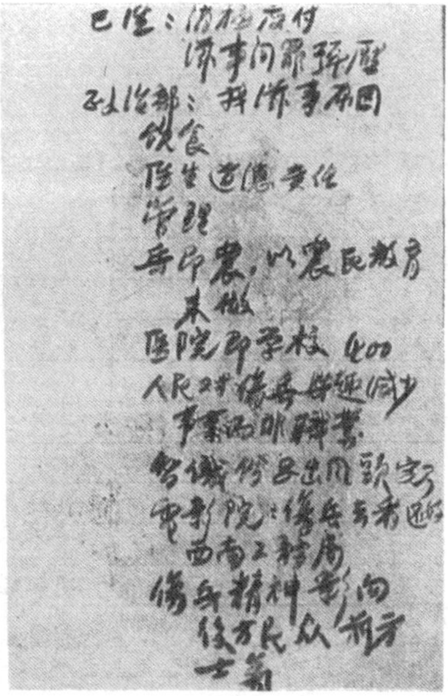
巴蜀：...
...
政治部：...
饮食
卫生道德责任
管理
兵即农，以农民教育来做
医院即学校 400
人民对伤兵...
事业...
智识份子出风头...
电影院：伤兵...
西南工作房
伤兵精神影响
后方民众 ...
士气

24-059

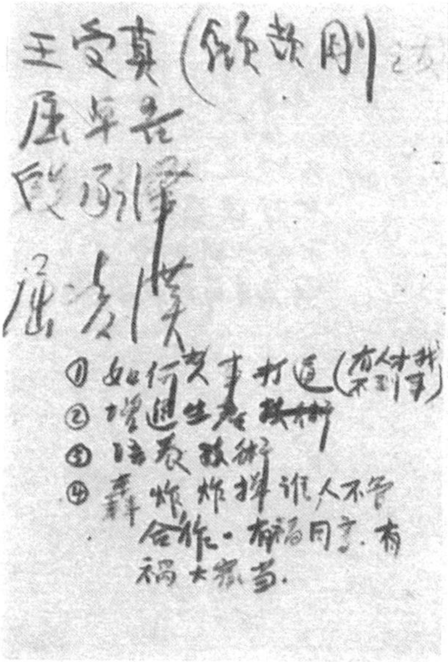
王受真（钱歆刚）之友
...
...
...
① 如何...
② ...
③ ...
④ ...
合作·有福同享，有祸大家当.

24-060

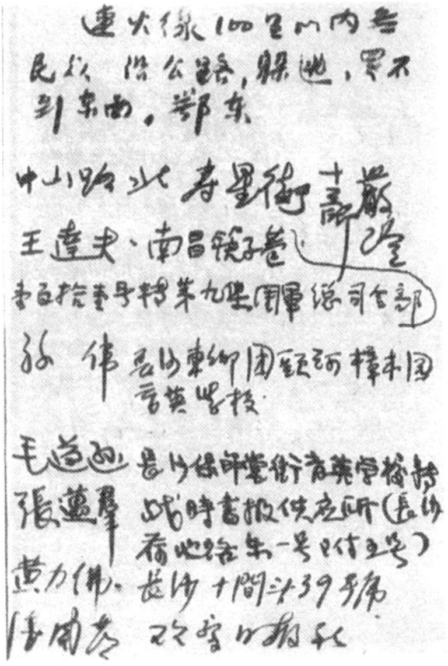

24-061

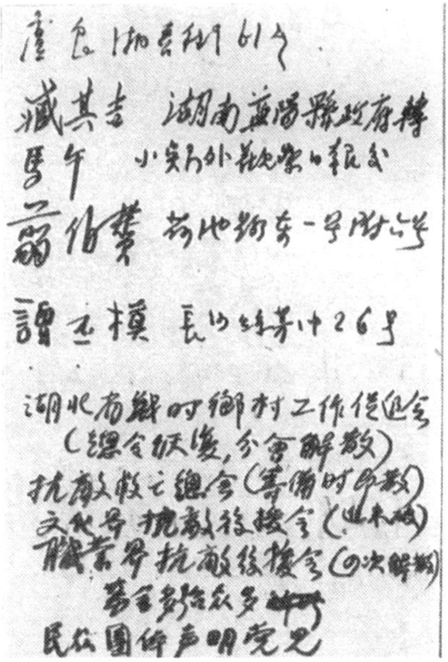

24-062

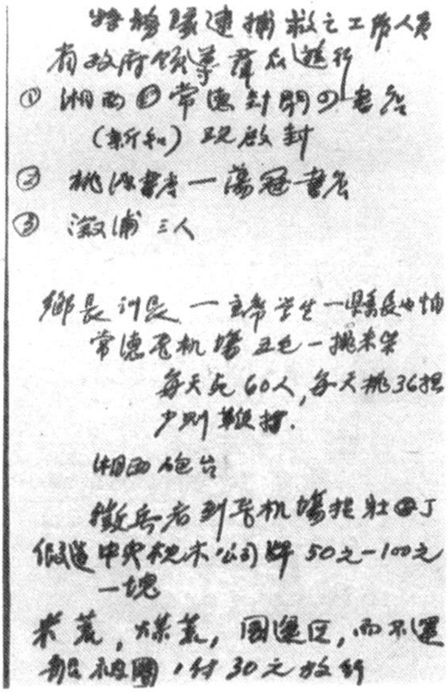

24-063

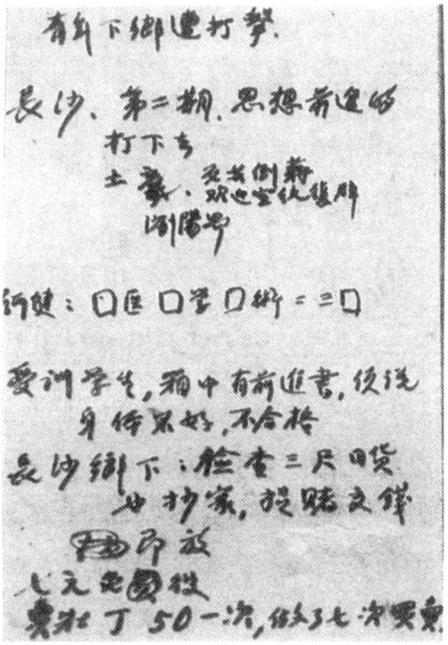

24-064

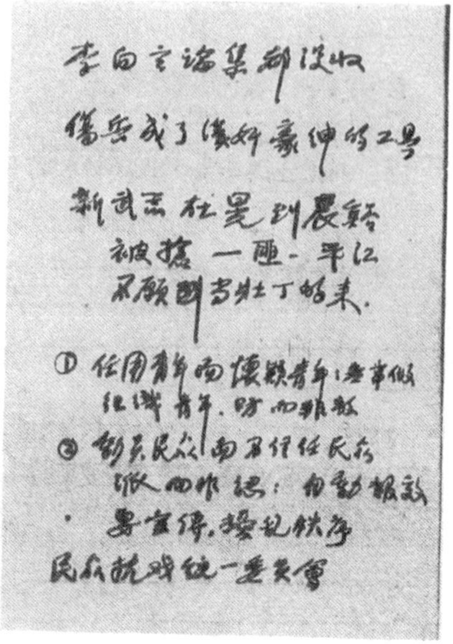

李白言論集都沒收

儒學成了漢奸豪紳的工具

① 任用新而懷疑青年，要事做組織青年，防而非敵

② 動員民眾而不信任民眾

民眾抗戰統一委員會

24-065

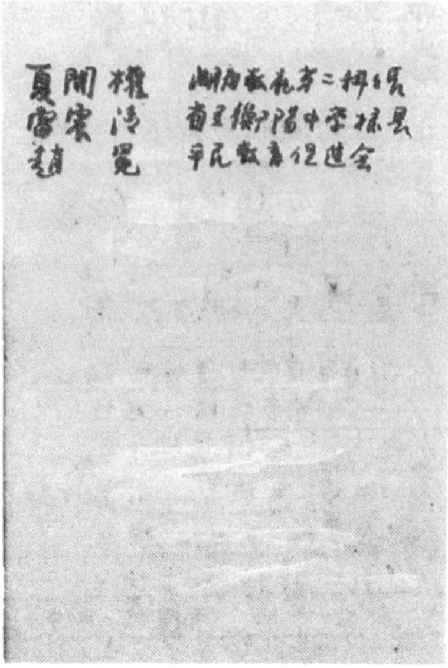

夏開權　湖南教育第二科長
雷宾 　省立衡陽中學校長
趙冕　平民教育促進会

24-066

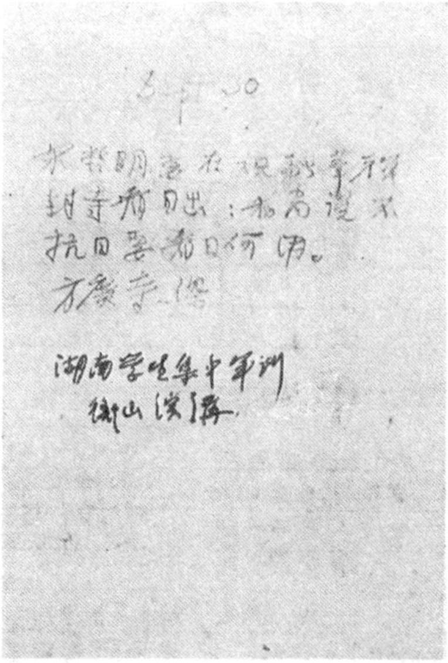

抗日要看日何用。

湖南學生集中軍訓
衡山演講

24-067

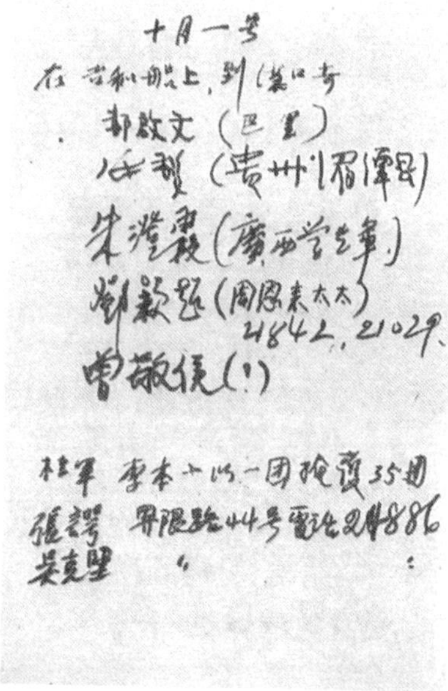

十月一号

在吉和輪船上，到漢口去

任鈞（貴州湄潭縣）

朱澄霞（廣西學生軍）

鄧穎超（周恩來太太）
21842，21029

曾敬侯（？）

桂軍　李本一的一團傷亡35個

吳克堅

24-068

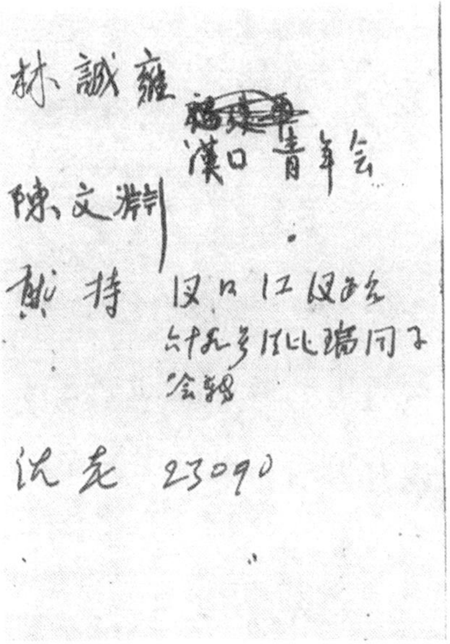
林誠雍
漢口 青年会
陳文淵
熊持
沈老 23090

24-069

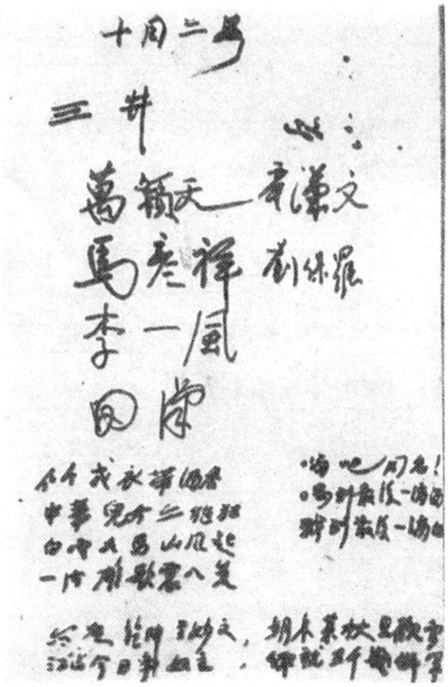
十月二号
三卅
萬籁天 李漢文
馬彥祥 劉保羅
李一風
田常

24-070

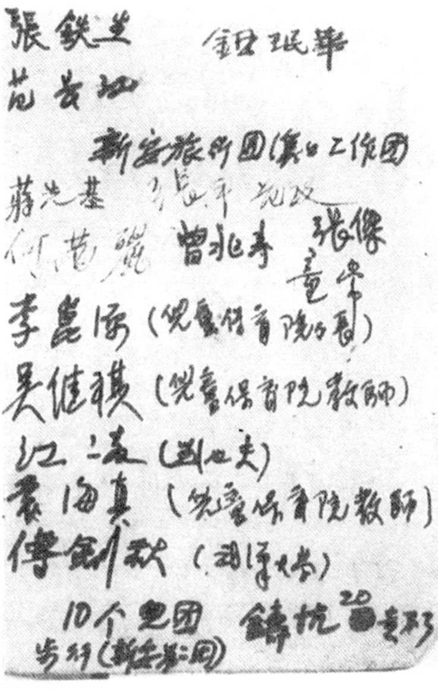
張鉄生 鈕琨華
范长江
新安旅行团(汉口工作团)
蘇光基
何茵麗 曾兆寿
李昆源
吴继模
江濤
袁海真
傅剑秋

24-071

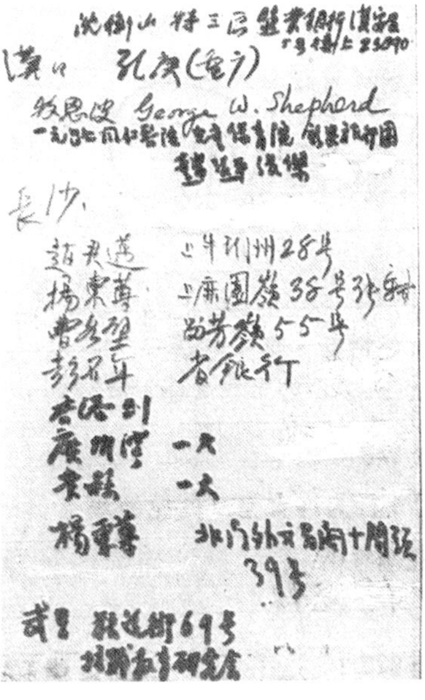
漢口
George W. Shepherd
長沙

24-072

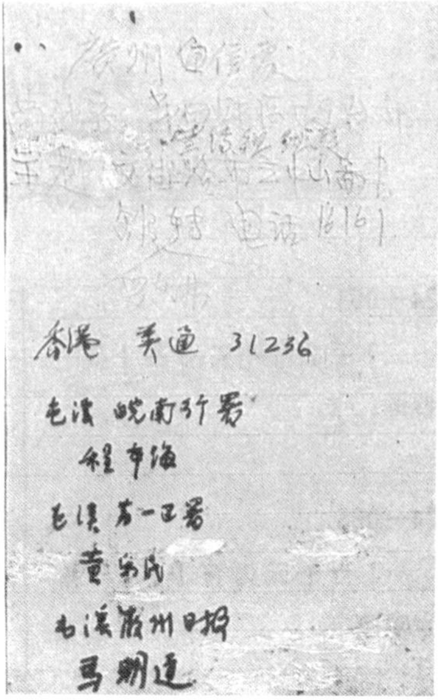

24-073

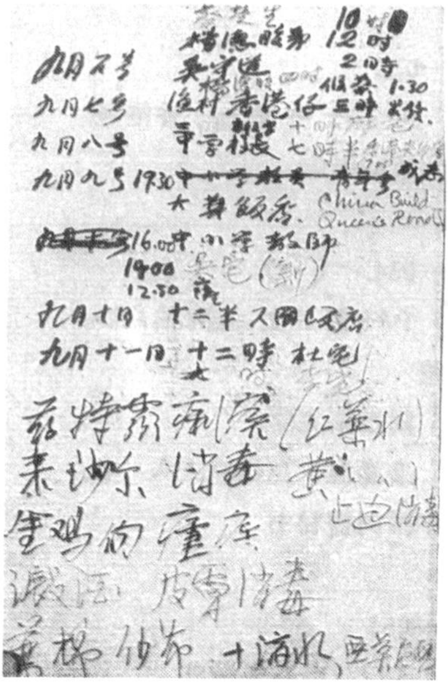

24-074

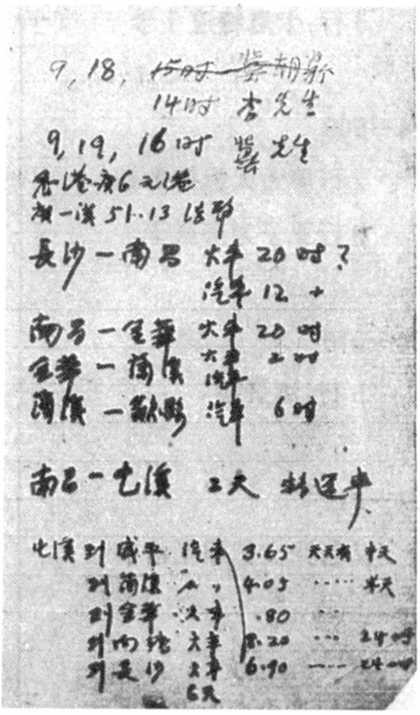

24-075

# 第二十四册〔注译〕

1938.9.1~1938.10.2

香港·长沙·广州·汉口

24—001

第1至2行外文：9月1日　香港

24—003

第3行"子云"为曹子云，日新为陶刚

24—004

第3行：卡恩特道1号

24—009

第2行"廖太太"为何香凝

第6行"亚子"为柳亚子

24—010

第5行：湾景楼

24—012

第7行"张文伯"即张治中

24—013

第5行"许俊老"即许世英

24—017

格雷斯·李　电话

24—019

第1行为许大使　九龙塘埃塞克瑞桑街

24—022

末行汤恩波即汤恩伯

24—033

末3行：齐博士　香港圣佛兰西斯饭店

24—034

第1至9行外文：圣阿伯·弗·希德阿巴斯克罕

塞勒温·克拉克夫人　保卫中国同盟秘书

24—053

第3行"泽甫"即朱泽甫

24—054

《中国大众教育》（《The people's education movement》）一文，陶行知用英文写好，寄给印度圣雄甘地

24—069

末行"沈老"即沈钧儒

# 衛備忘

第二十五册

1938.10.4~1938.10.27

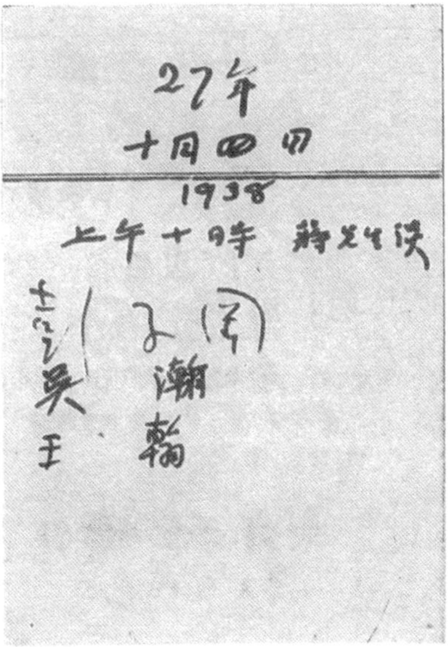
27年
十月四日
1938
上午十时 蒋先生谈

25-001

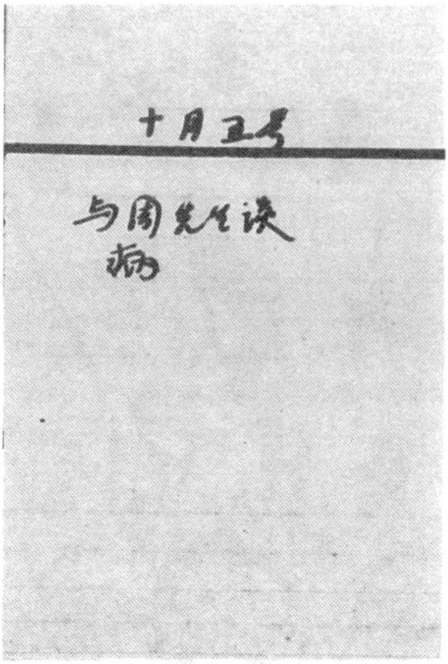
十月五号
与周先生谈

25-002

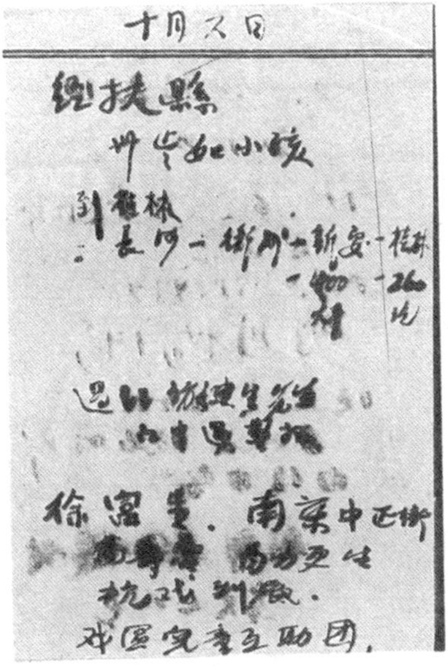
十月八日
抗战
战区儿童互助团

25-003

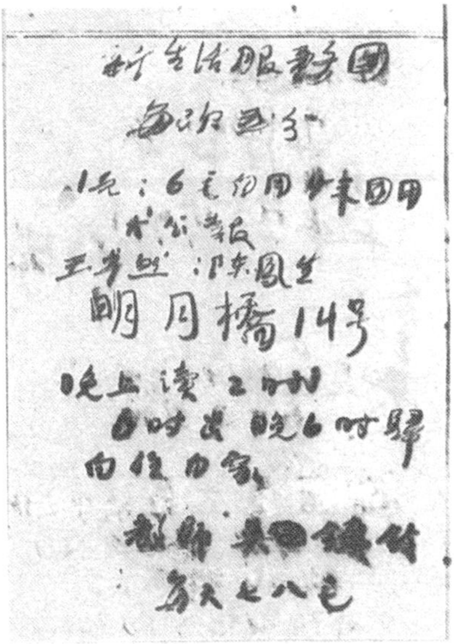
明月桥14号

25-004

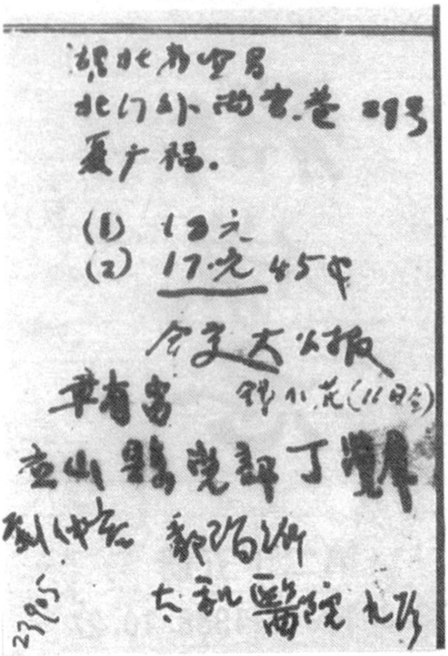
(1) 13元
(2) 17元45分

25-005

25-006

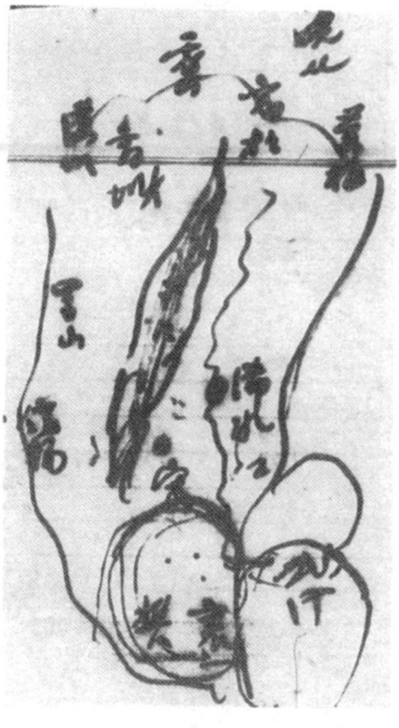

25-007

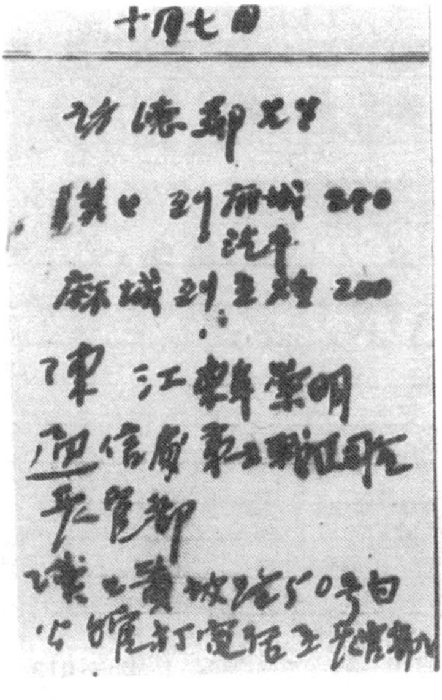
十月七日

访德邻先生

汉口到麻城 280
汽车

麻城到立煌 200

陈

25-008

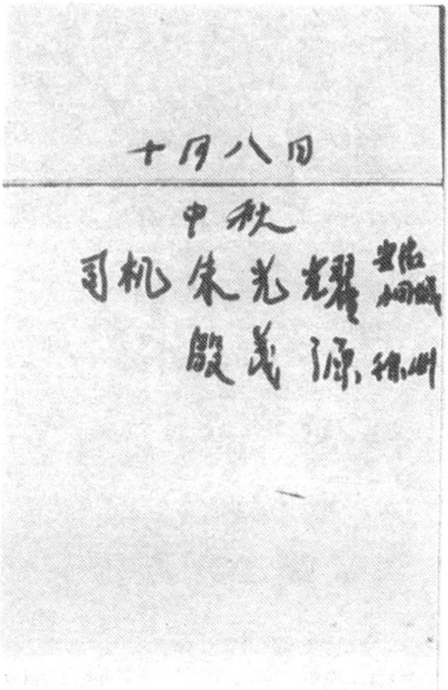
十月八日
中秋

25-009

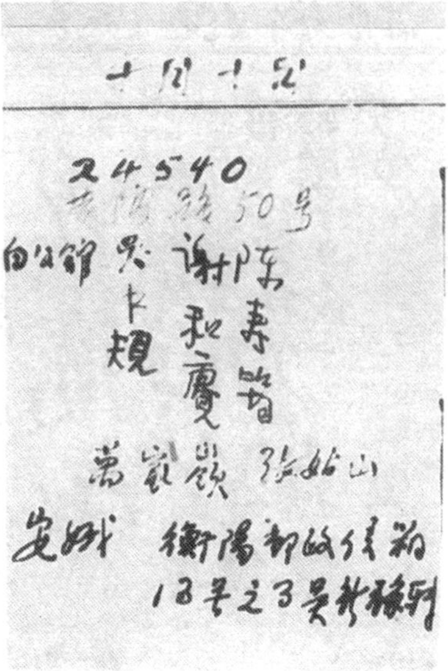
十月十日
24540

25-010

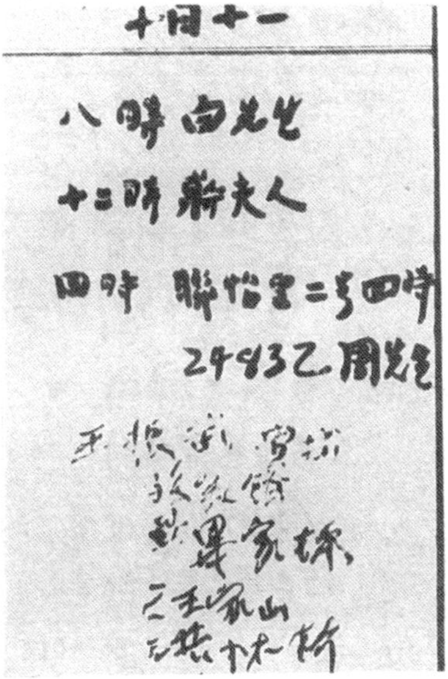
十月十一
八時 白先生
十二時 蔣夫人
四時
24832 周先生

25-011

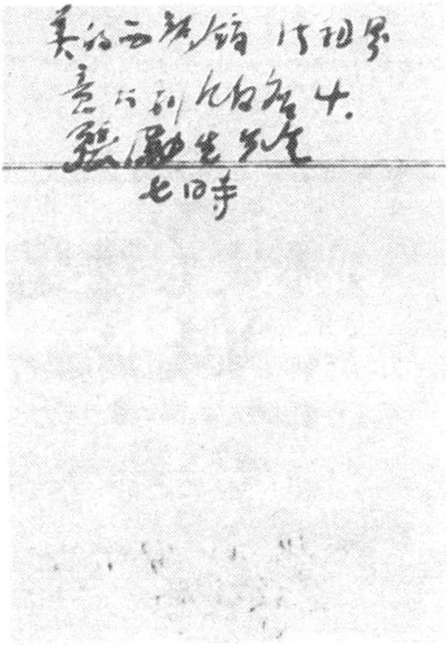
七時

25-012

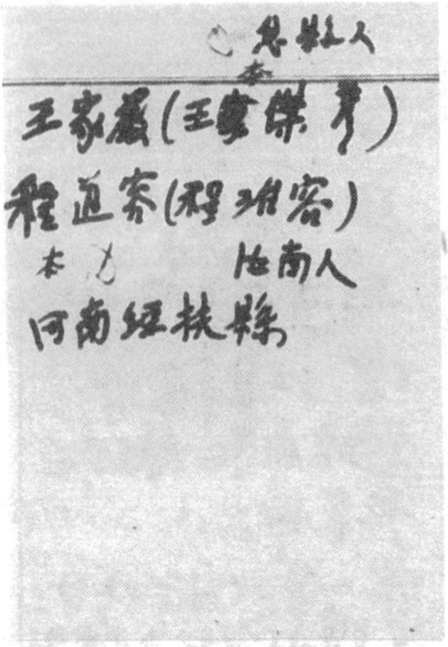
总数人
王家毅（王宝荣等）
程道容（程兆容）
本 海南人
河南经扶县

25-013

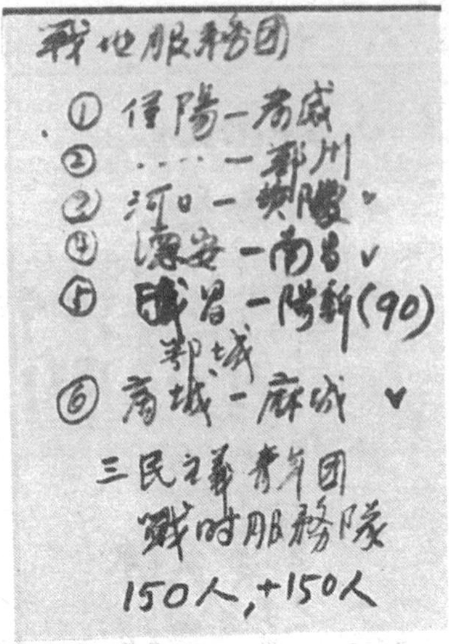
战地服务团
①信阳—商城
②……—郑州
③河口—樊城
④德安—南昌
⑤瑞昌—阳新（90）
郭城
⑥商城—麻城
三民主义青年团
战时服务队
150人，+150人

25-014

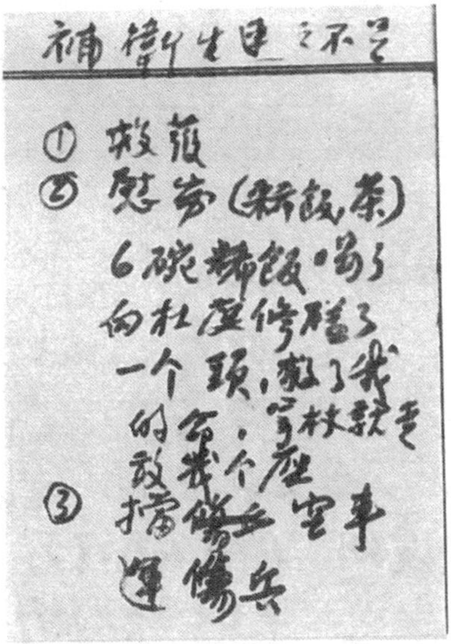
补给生活之不足
①救护
②慰劳（稀饭、茶）
6碗稀饭喝了
向杜壁修磕了
一个头，救了我
的命，等救就要
教我个座
③搬运伤兵 空车
运伤兵

25-015

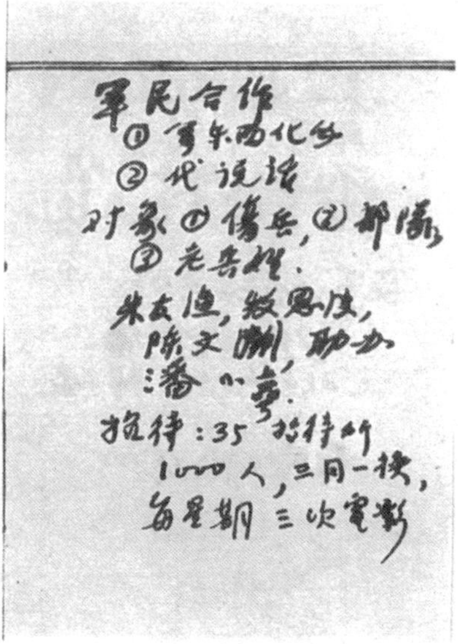
军民合作
①写家书化妆
②代说话
对象①伤兵，②难民，
③老百姓。
朱友渔，叔恩汝，
陈文澜，助办
潘小萼。
招待：35 招待所
1000人，三月一换，
每星期三次电影

25-016

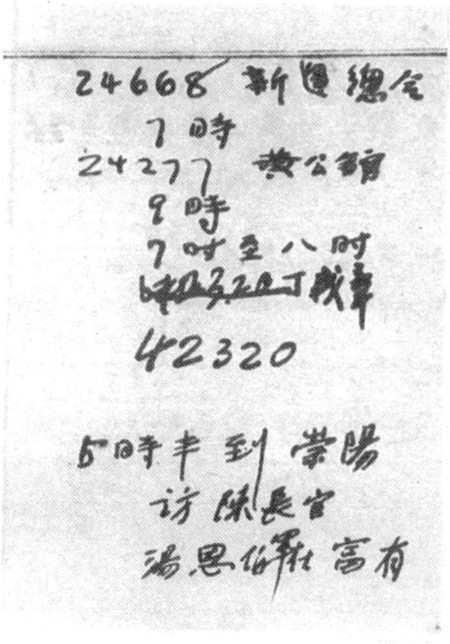

25-017

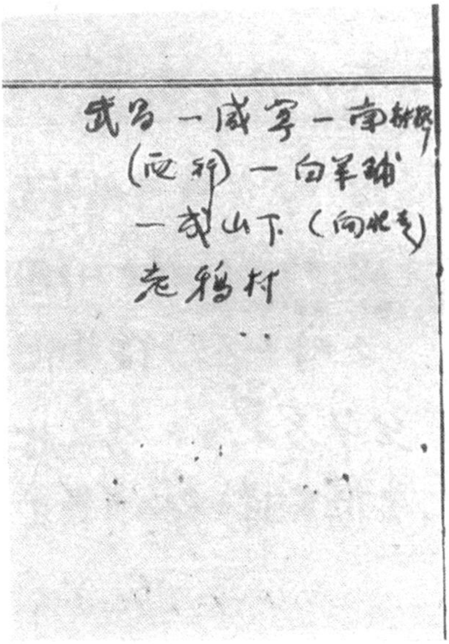

25-018

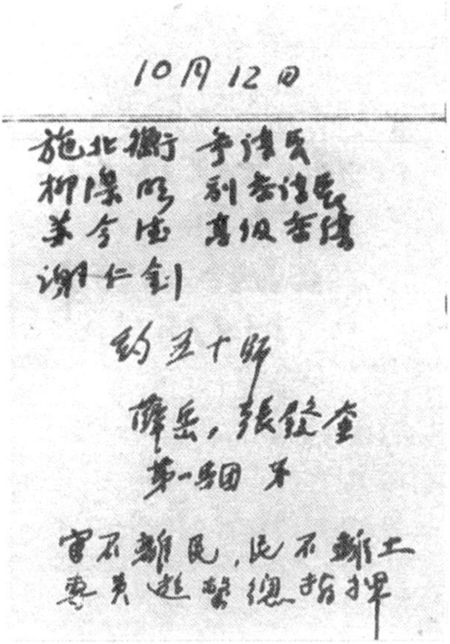

25-019

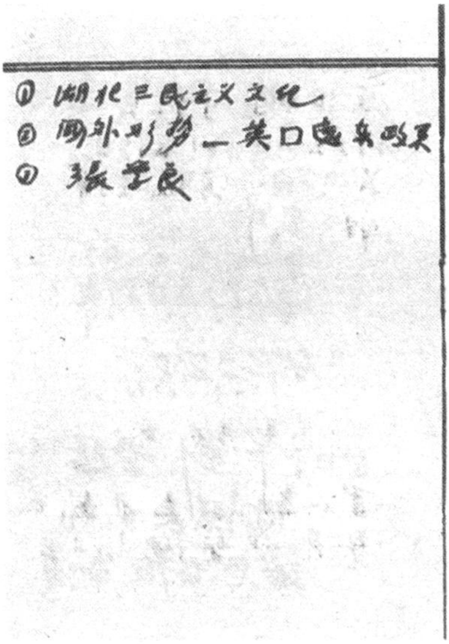

25-020

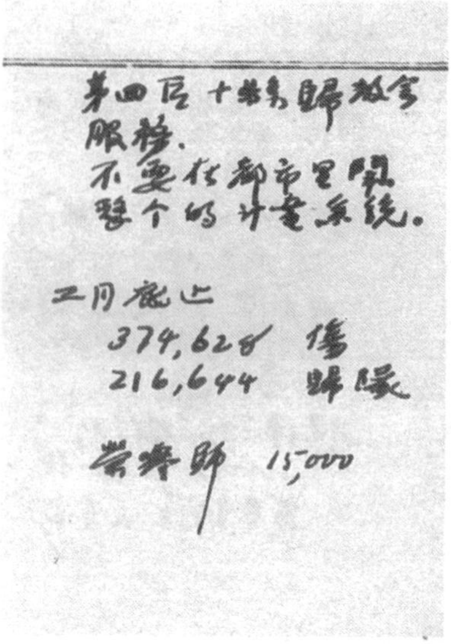


25-021

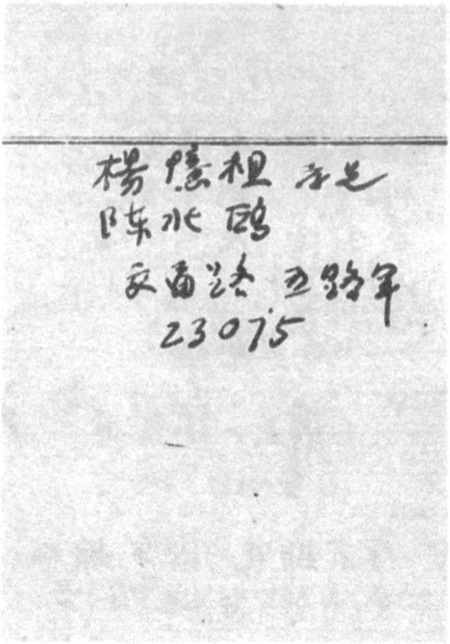


25-022

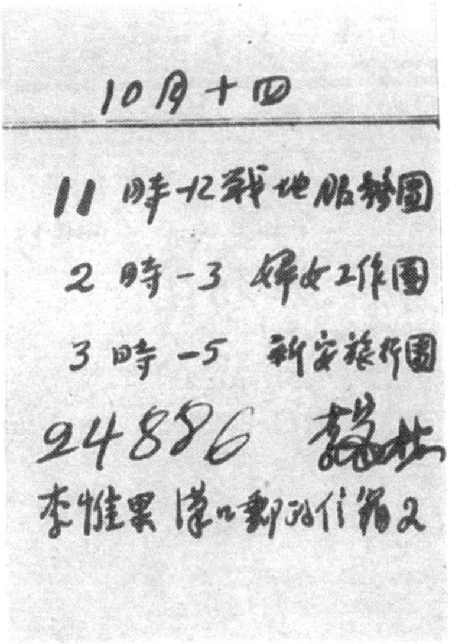


25-023

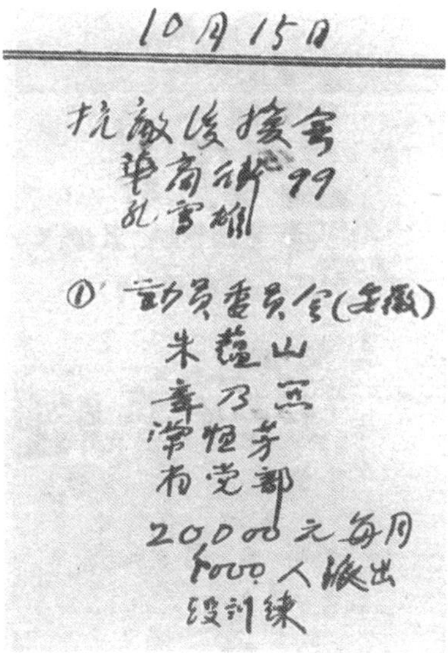


25-024

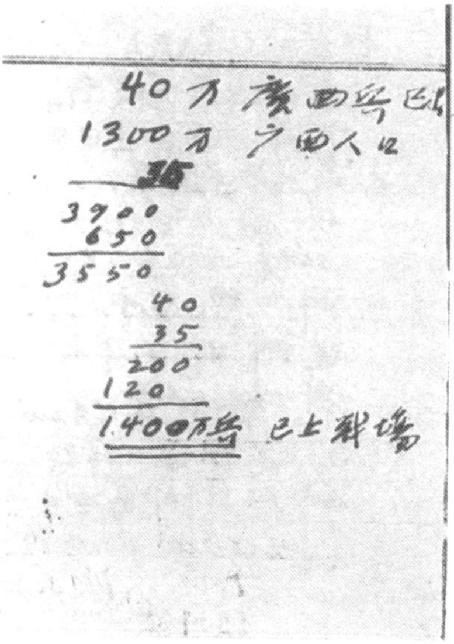
40万 广西兵已出
1300万 广西人口
35
3900
650
3550
40
35
200
120
1400万兵 已上战场

25-025

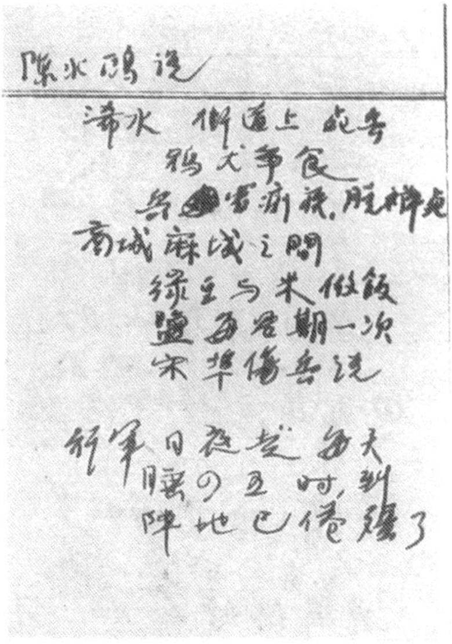
陈水鸣说
浠水 街道上死兵
鸡犬争食
兵曾流秽，脏得死
商城麻城之間
绿豆与米做饭
盐每星期一次
宋准备兵说
我军日夜走 每天
睡四五时，到
阵地已倦極了

25-026

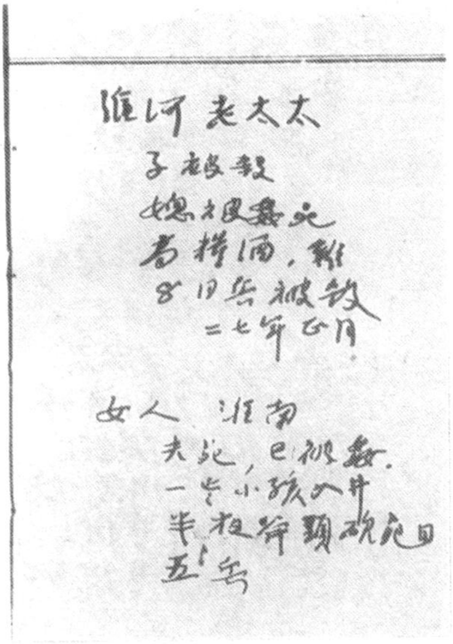
淮河 老太太
子被杀
媳被奸死
有拌酒，[illegible]
8日兵被杀
二七年正月

女人 淮南
夫死，已被杀。
一步小孩入井
半夜斧头砍死日
五兵

25-027

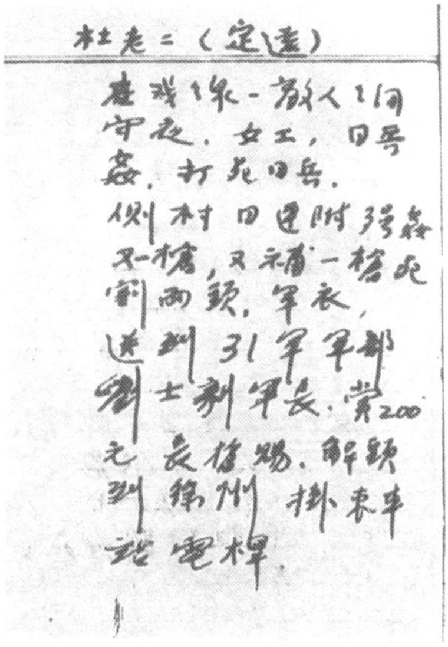
杜老二（定远）
在我家一敌人2個
守夜，女工，日兵
奸，打死日兵。
侧村日兵附3兵
不信，又补一枪死
割两头，军衣，
送到31军军部
刘士毅军长，赏200
元 表扬他。解头
到徐州 挂表牛
在电桿。

25-028

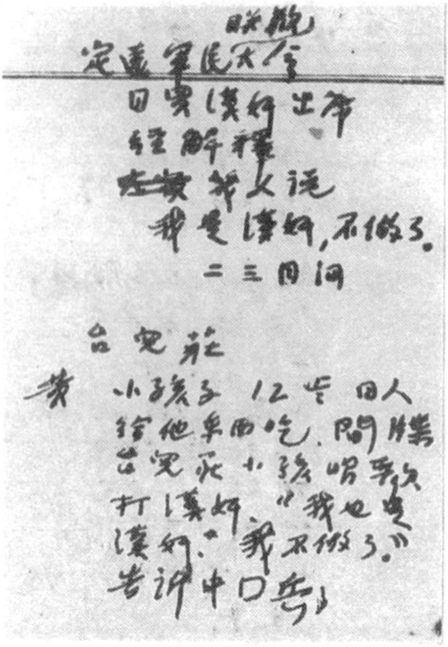

25-029

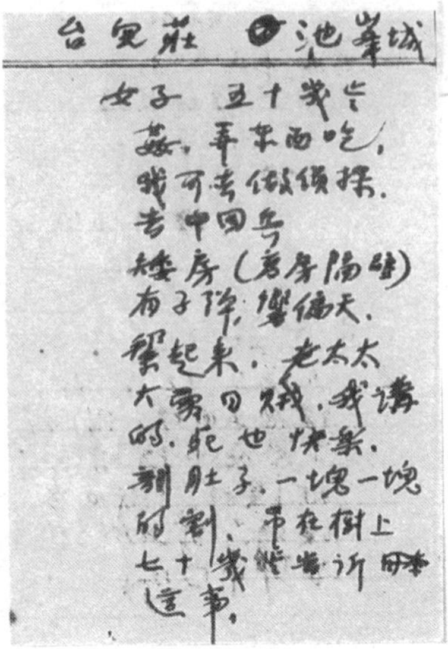

25-030

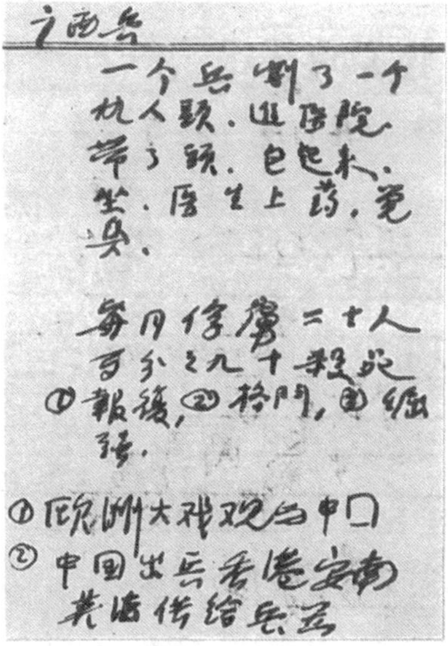

25-031

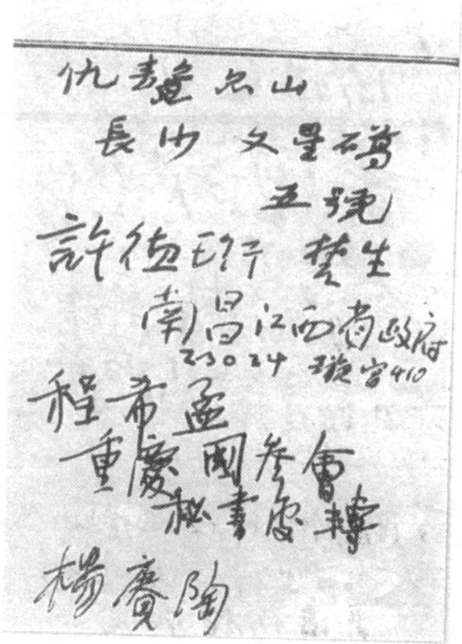

25-032

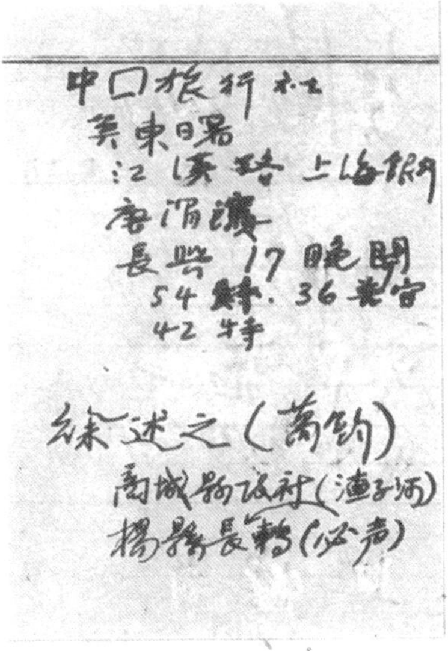
中国旅行社
吴东曙
江汉路上海银行
唐润瀛
長照 17 晚開
54 号 36 号官
42 特
徐述之（蕭鈞）
商城外政府（潼子河）
楊縣長鹤（必声）

25-033

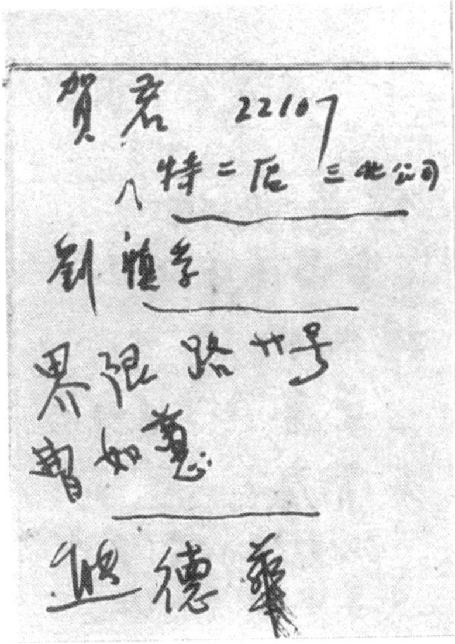
賀君 22107
八 特二区 三北公司
劉積学
界限路廿号
曾如蕙
熊德華

25-034

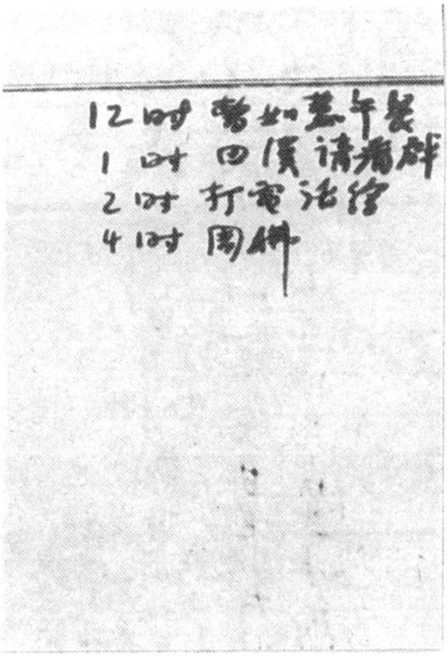
12 时 曾如蕙午餐
1 时 回信请看牌
2 时 打电话给
4 时 開會

25-035

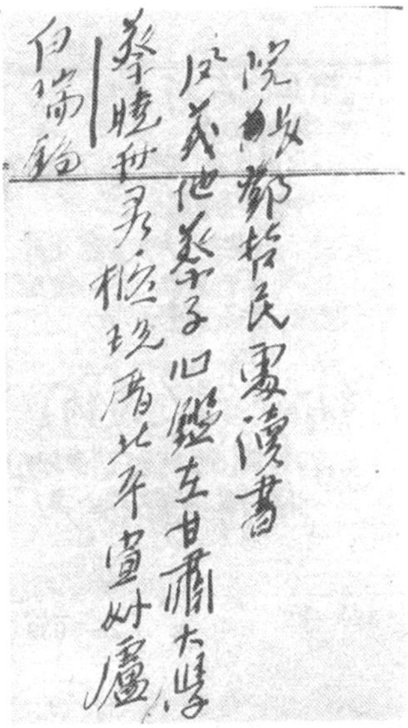
阮毅成 鄧哲民處讀書
以義他 蔡子心 鄒左甘肅大學
蔡體甘君 樞琥 唐北平豐如盧
白瑞鎔

25-036

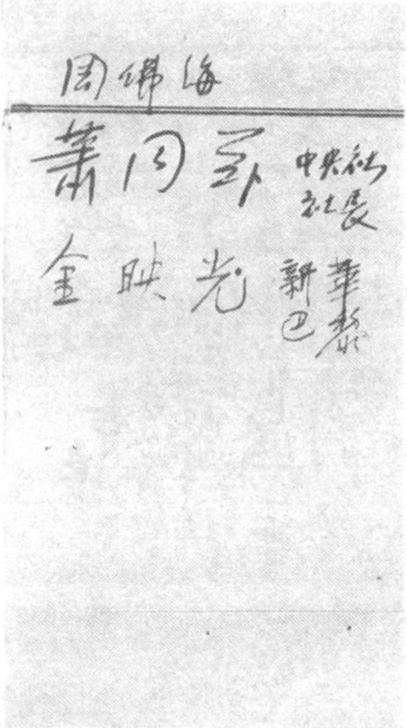

周佛海

萧同兹 中央社社长

金映光 新華日報

25-037

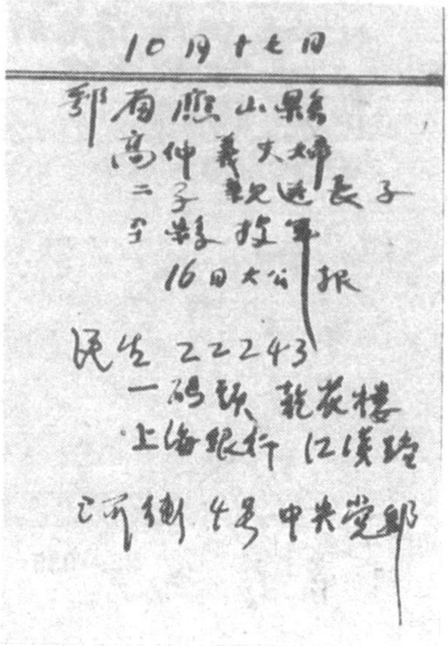

10月十七日

鄂省應山縣

高仲義夫婦

二子 歡迎長子

子嬰 抗戰

16日大公報

民生 22243

一碼頭 龍衣樓

上海銀行 江漢路

江河街 4号 中央黨部

25-038

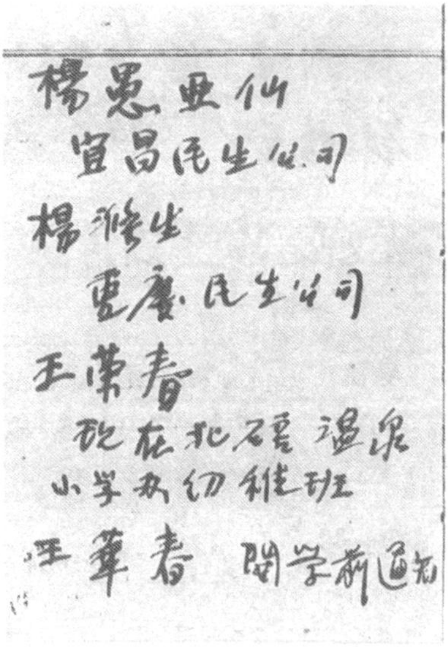

楊愚亚仙

宜昌民生公司

楊潤生

重慶民生公司

王荣春

現在北碚温泉

小学幼稚班

汪華春 陶学前通讯

25-039

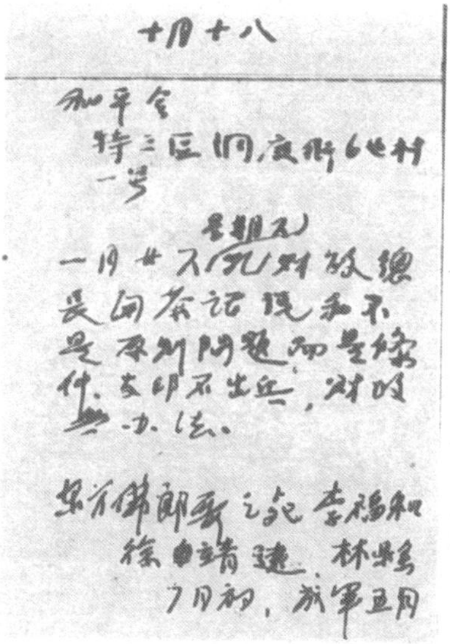

十月十八

和平会

特三区洞庭街6化村

一号

一月廿八（星期六）对敌总长向蔡话说和不是原则问题而是条件，表明不出兵，对时无办法。

梁前佛郎哥之纪 李福和

徐自靖 建、林彪

7月初，我军五月

25-040

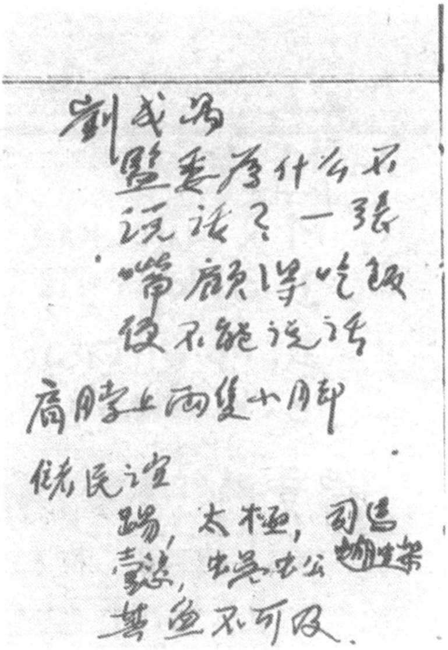

监委为什么不
说话？一张
嘴只顾得吃饭
便不能说话
肩膀上两只小脚

25-041

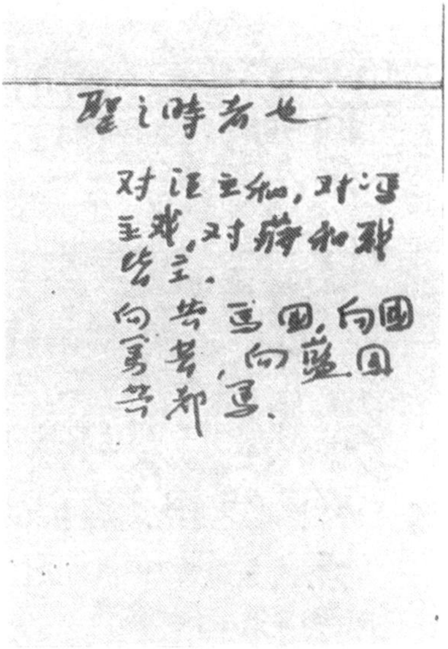

圣之时者也

25-042

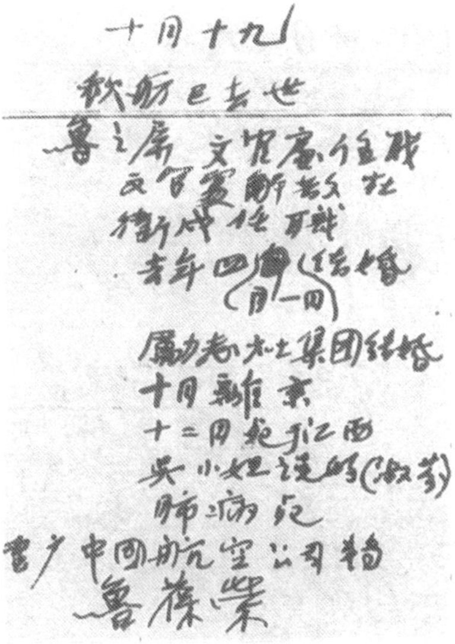

十月十九

十月离京
十二月赴江西

中国航空公司

25-043

再见
Dr M-ATAL
" M.R.CHOLKAR
" D.S.KOTNIS
" D.MUKHERJI
" B.K.BASU
与来华印度医士摄影

25-044

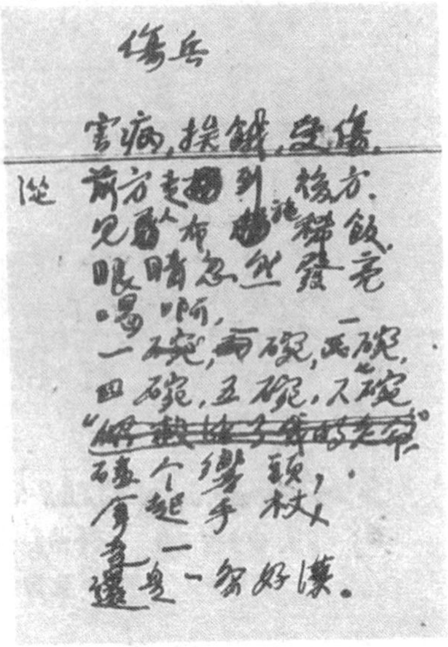
伤兵
害病，挨饿，受伤。
从前方走到后方。
见人布施饭
眼睛忽然发亮
喝啊，
一碗，两碗，三碗，
四碗，五碗，六碗
磕个响头，
拿起手杖，
还是一条好汉。

25-045

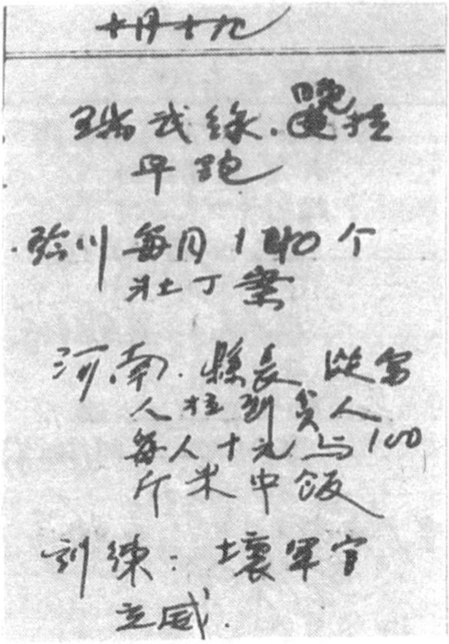
十月十九
到前线。晚上
跑
川 每月1200个
壮丁
河南。县长 从富
人拉到贫人
每人十元与100
斤米中饭
训练：坏军官
立威。

25-046

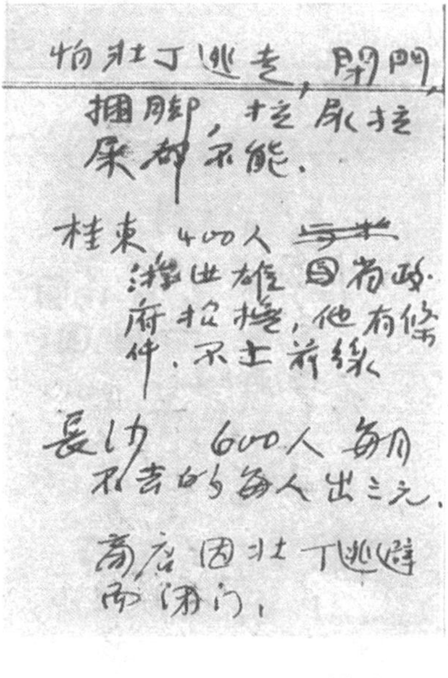
怕壮丁逃走，关门
捆脚，拉屎拉
尿都不能。
桂东 400人
世雄 回省政
府报告，他有条
件，不上前线
长沙 600人 每月
不去的每人出三元。
商店因壮丁逃避
而闭门。

25-047

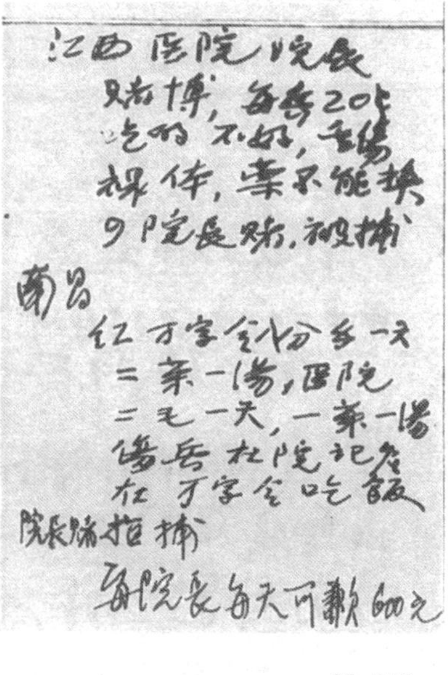
江西医院院长
赌博，每夜20$
吃的不好，受伤
裸体，牵不能换
院长赌，被捕
南昌
红十字会仍每一天
二菜一汤，医院
二毛一天，一菜一汤
伤兵在院记名
在十字会吃饭
院长赌被捕
每院长每天可赚600元

25-048

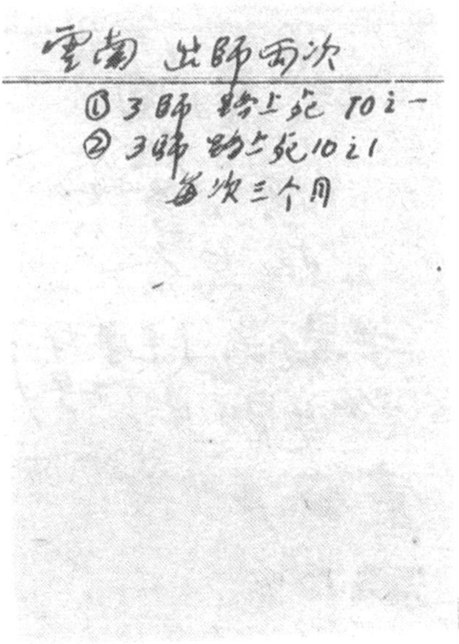
云南出师两次
①3师 路上死 10之一
②3师 路上死10之1
每次三个月

25－049

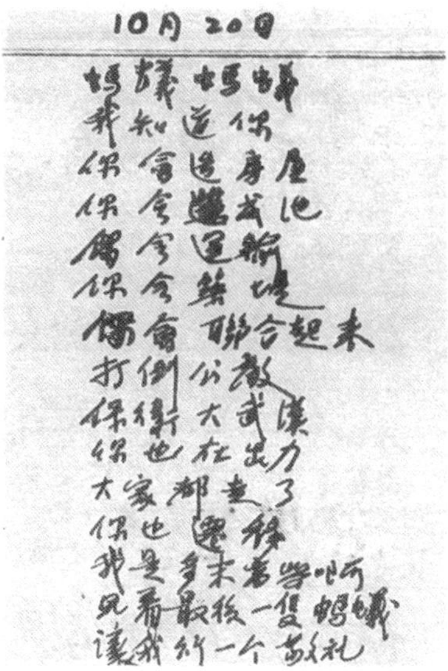
10月20日
蚂蚁蚂蚁
我知道你
你会造房屋
你会造城池
你会运输
你会筑堤
你会联合起来
打倒公敌
保卫大武汉
你也在出力
大家都来了
你也跟着
我是多末羞惭呵
只看最后一只蚂蚁
让我行一个敬礼

25－050

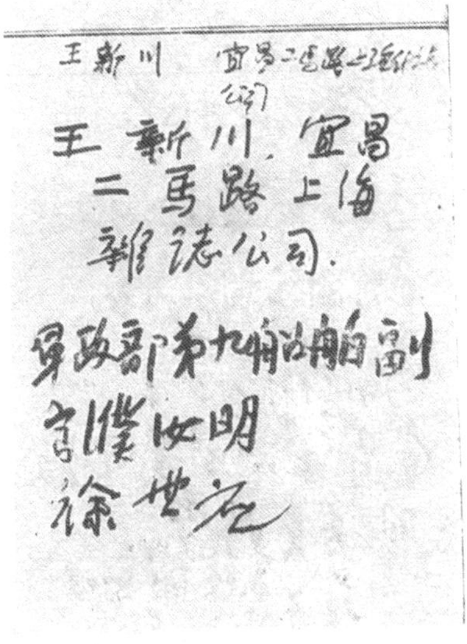
王新川 宜昌二马路上海杂志公司
王新川，宜昌
二马路上海
杂志公司.
军政部第九船舶总副
官濮汝明
徐世宪

25－051

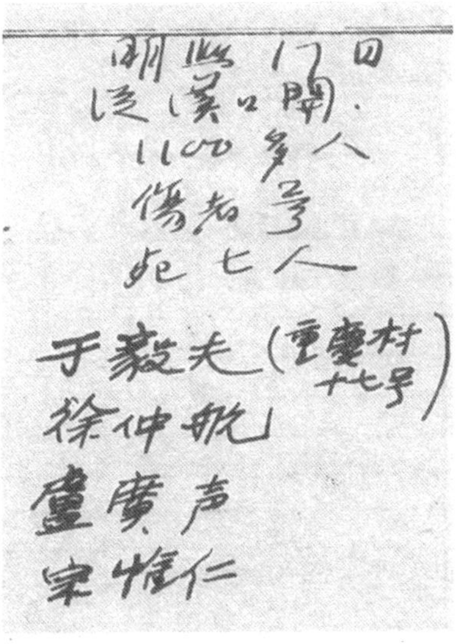
两兴门口
送汉口陆.
1100多人
伤者多
死七人
于毅夫（重庆村十七号）
徐仲航
卢广声
宋惟仁

25－052

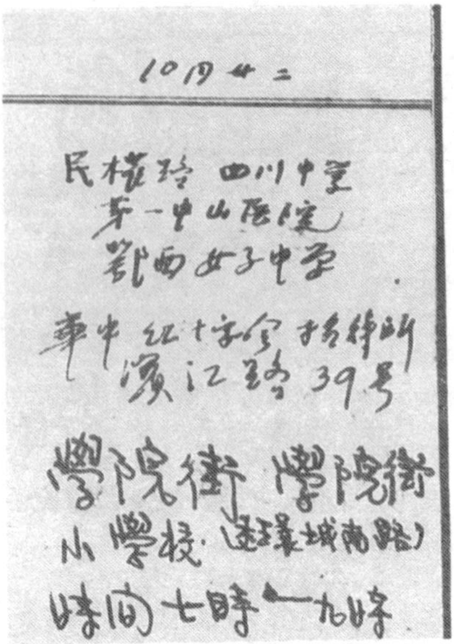
10月4二

民权路 四川中学
第一中山医院
鄂西女子中学

华中红十字会 招待所
滨江路39号

学院街 学院街
小学校（近环城南路）

时间七时—九时

25-053

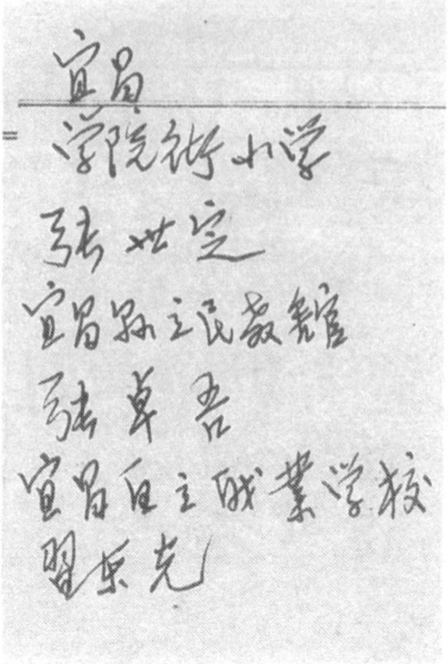
宜昌

学院街小学

张兆定

宜昌县立民教馆

张尊吾

宜昌自立职业学校

瞿东先

25-054

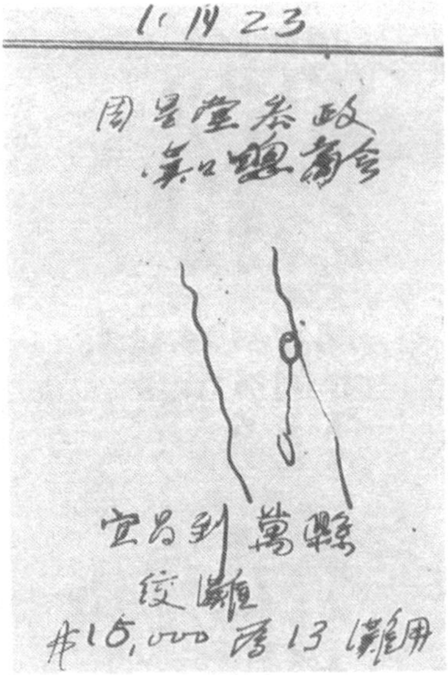
11月23

宜昌到万县
绞滩
共15,000 滩13 滩用

25-055

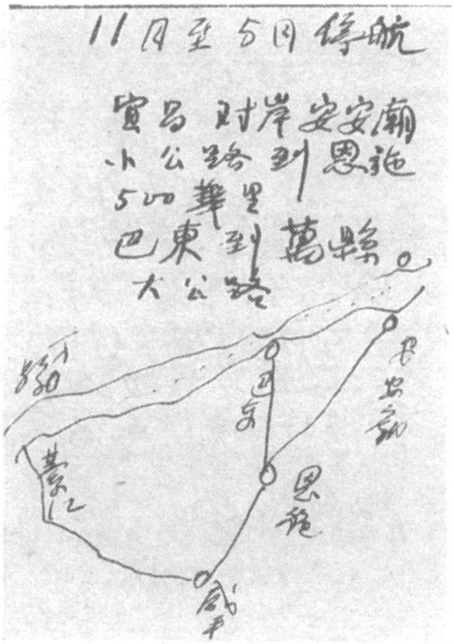
11月至5月停航

宜昌对岸安安庙
小公路到恩施
500华里
巴东到万县
大公路



25-056

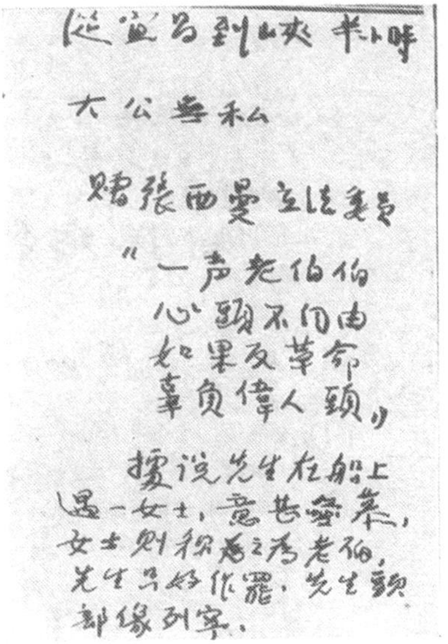
从宜昌到峡 半小时

大公无私

赠张西曼立法委员

"一声老伯伯
心头不自由
如果反革命
辜负伟人头"

据说先生在船上遇一女士，意甚无聊，女士则称之为老伯，先生只好作罢。先生头部像列宁。

25－057

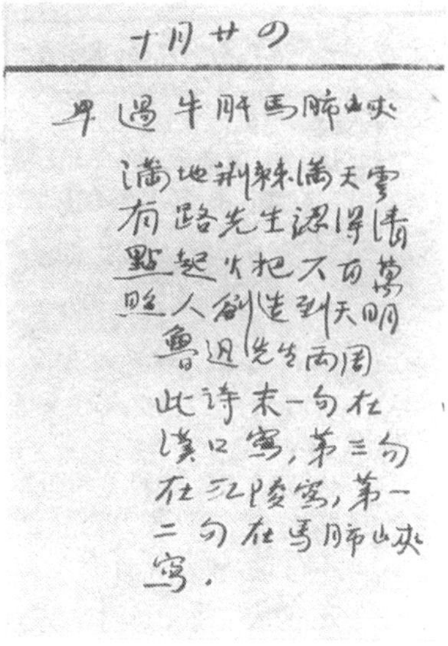
十月廿四

早过牛肝马肺峡

满地荆棘满天雾
有路先生识得清
点起火把千百万
照人创造到天明
鲁迅先生两周

此诗末一句在汉口写，第三句在江陵写，第一二句在马肺峡写。

25－058

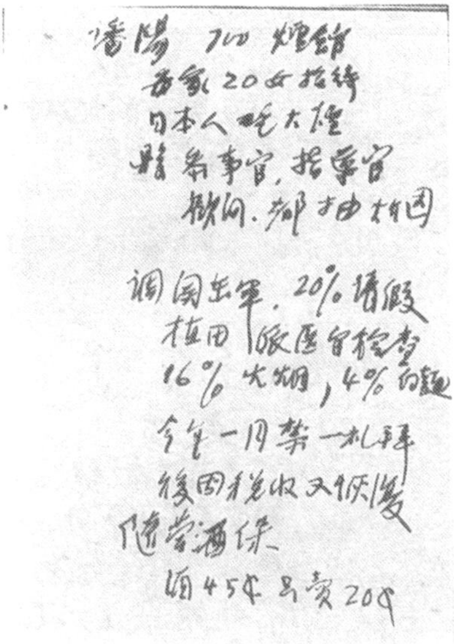
沈阳 700 烟馆
每家20女招待
日本人吃大烟
县知事官，指导官
顾问，都抽大烟

调查学生，20%请假
推因家庭与检查
16%吸烟，4%白面
今年一月禁一九
後因税收又恢復
随当酒保
酒45$ 另费20$

25－059

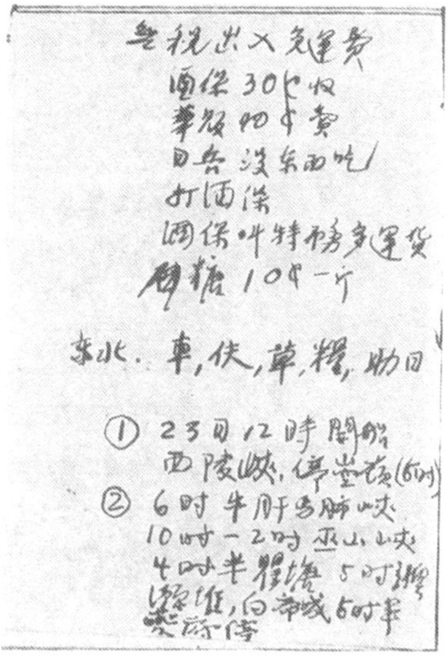
无税出入免运费
酒保30%收
专卖四分费
日本货在东西吃
打酒保
酒保叫特務多運貨
砂糖10$一斤

东北：车，伏，草，粮，助回

① 23日12时開船
西陵峡，停茅坪（6时）
② 6时牛肝马肺峡
10时－2时巫山峡
4时半瞿塘 5时抵
夔府，白帝城5时半

25－060

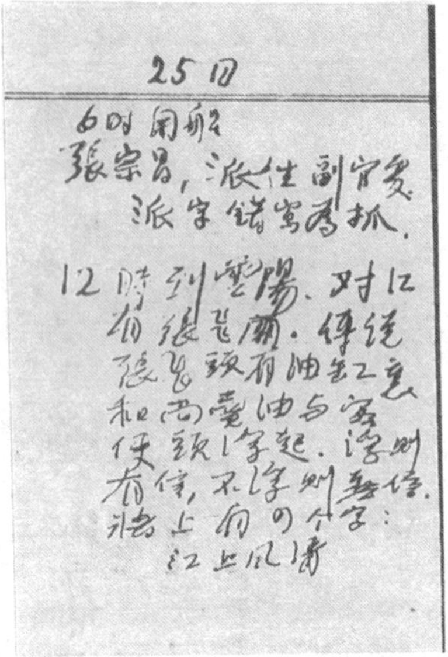

25日

6时开船
張宗昌，派任副官處
派字錯寫為抓.

12时到雲陽. 对江
有張飛廟. 傳說
張飛頭有油缸裏
和尚灌油与客
使頭上浮起. 浮則
有信，不浮則無信.
船上有四个字：
江上风清

25－061

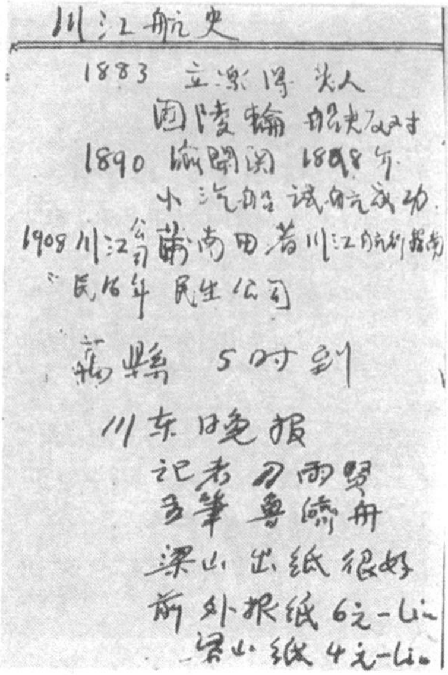

川江航史

1883 立德樂 英人
固陵輪 船决及巫峡
1890 [illegible] 1898年
小汽船试航成功.
1908 川江公司 蒲尚田 著川江航行指南
民16年 民生公司

萬縣 5时到

川东晚报
记者 刁雨賢
主筆 魯濟舟
梁山出纸很好
前外报纸6元一Li.
梁山纸4元一Li.

25－062

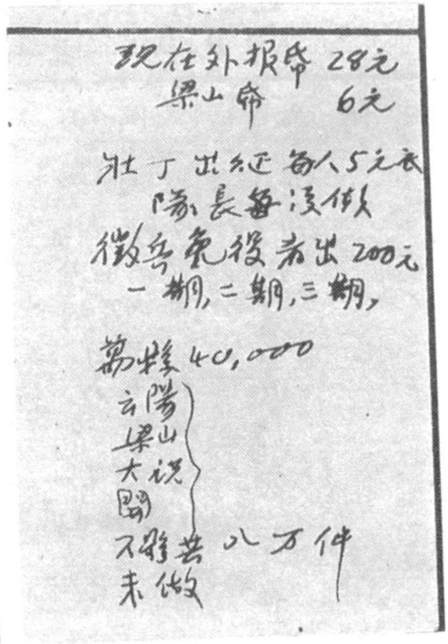

现在外报纸 28元
梁山纸 6元

壮丁出征 每人5元衣
队長無法做
徵兵免役者出200元
一期，二期，三期，

萬縣 40,000
云陽
梁山
大竹
開縣
不将去 八万件
未做

25－063

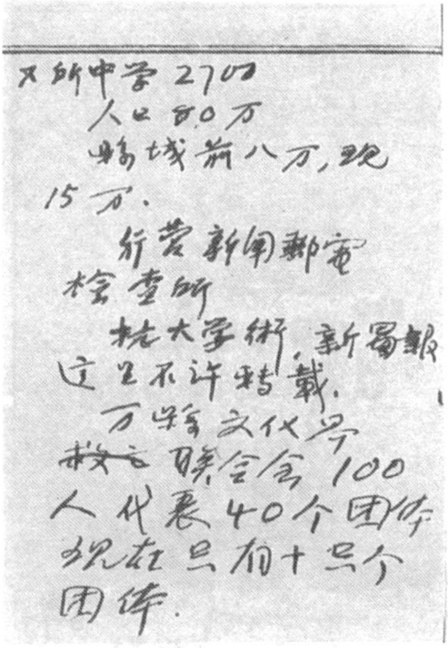

又 所中学 2700
人口 80万
战前八万，现
15万.
行营新闻邮电
檢查所
抽大学術，新蜀報
这里不許转載.
万縣文化界
救亡聯合会 100
人代表40个团体
现在只有十几个
团体.

25－064

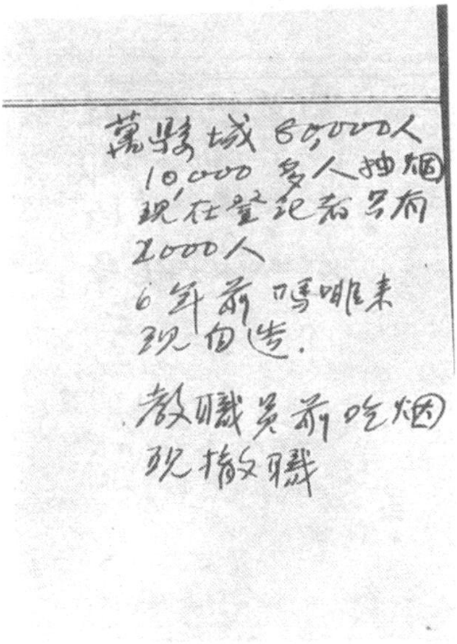


25-065

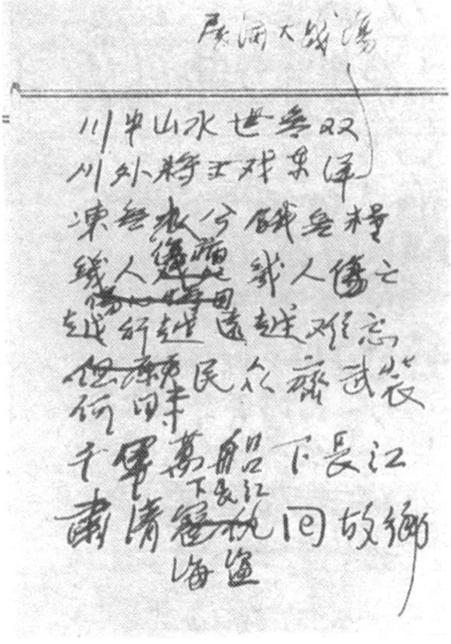


25-066

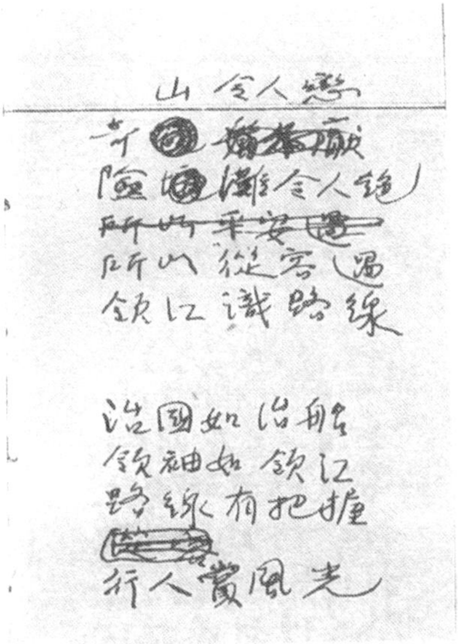


25-067

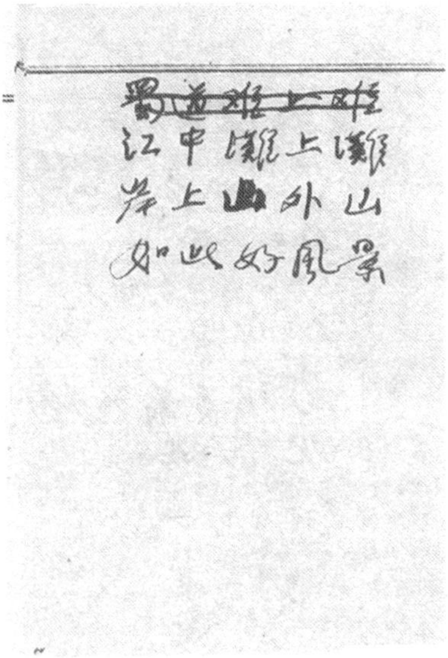


25-068

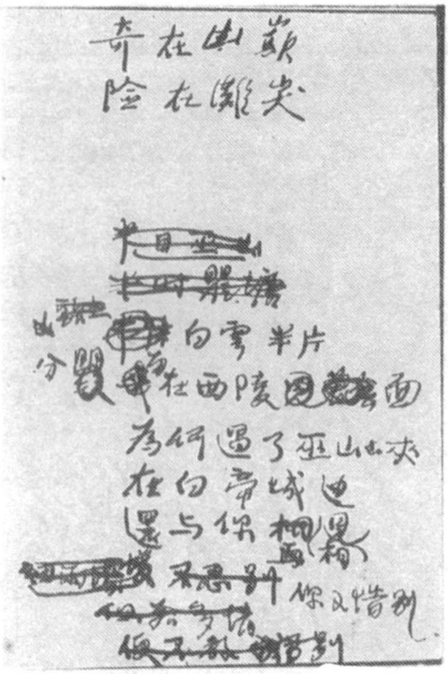

25-069

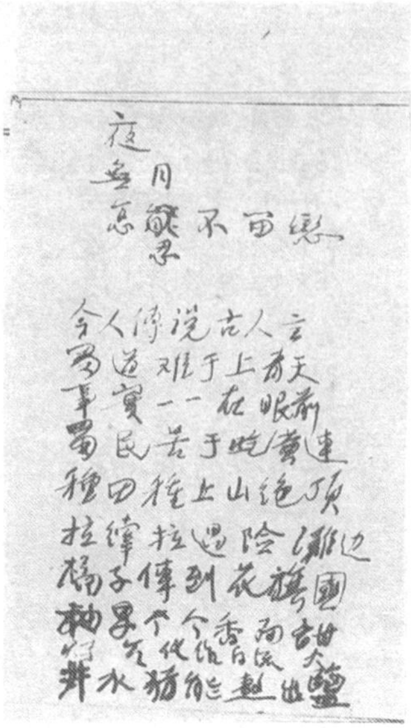

25-070

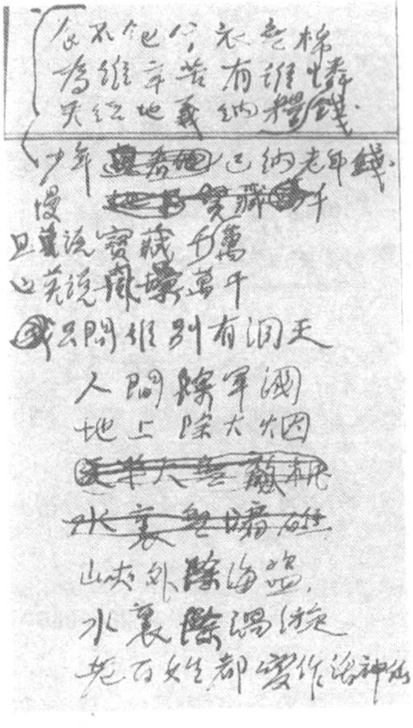

25-071

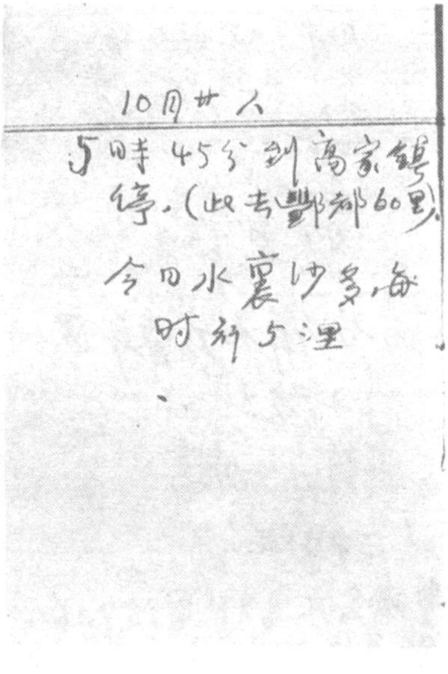

25-072

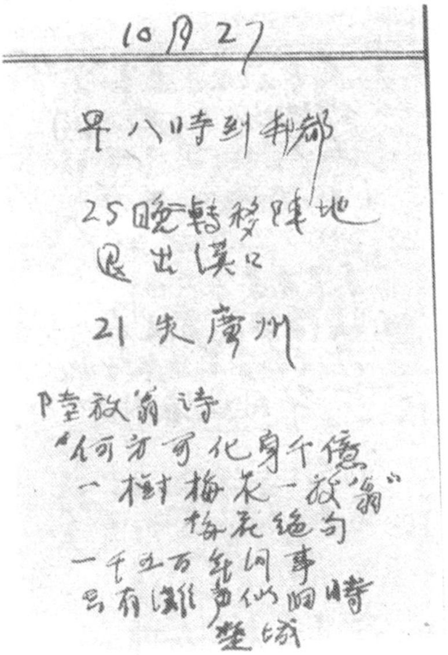


25-073

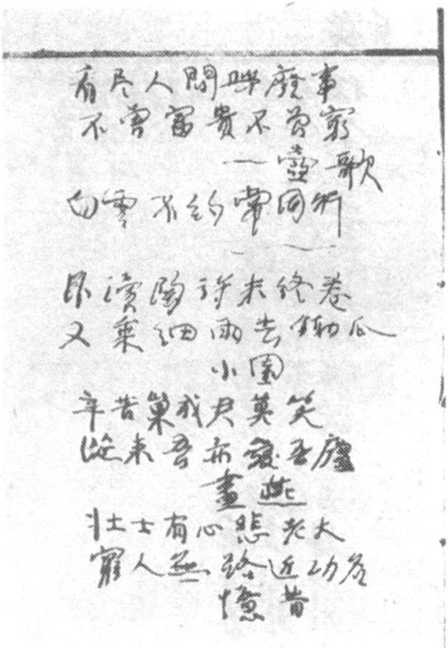


25-074

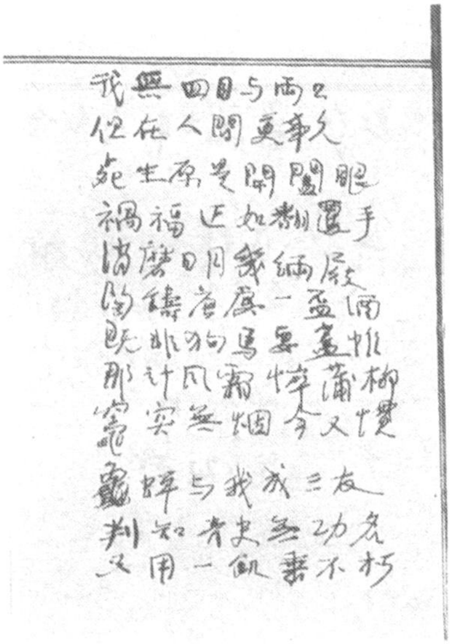

25-075

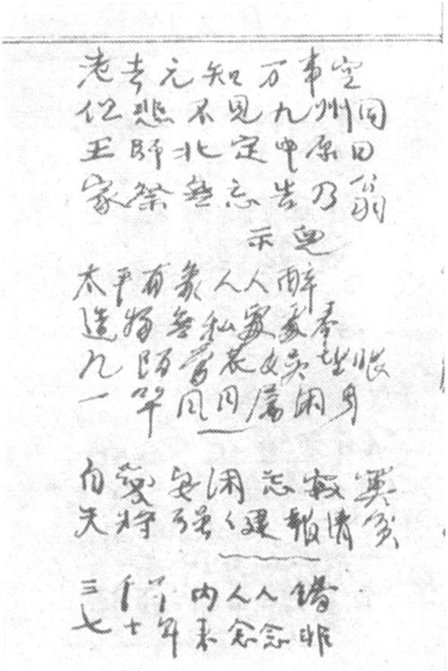


25-076

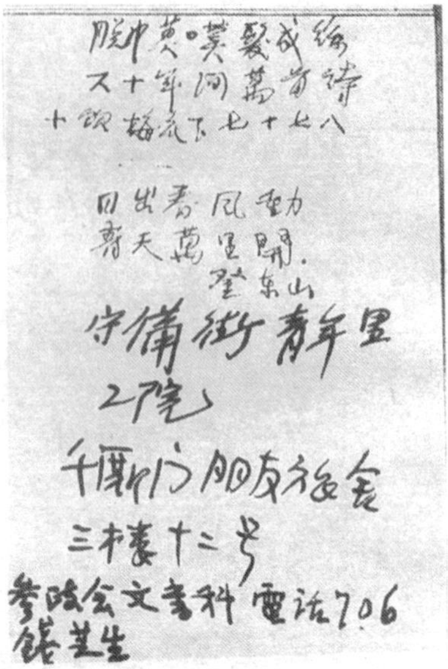

胜中英喋发成缘
又十年同万首诗
十钞梅花下七十七八

日出春风动
青天万里开.
登东山

宁备街青年里
2院

千厮门朋友旅舍
三楼十二号
参政会文书科 电话706
钱先生

25－077

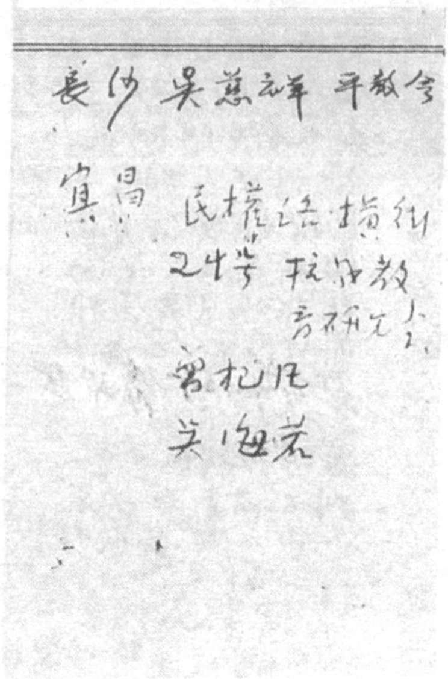

長沙 吴慈祥 平教会

宜昌 民权路指街
又十号 抗战教
育研究会

曾松氏
吴涵岩

25－078

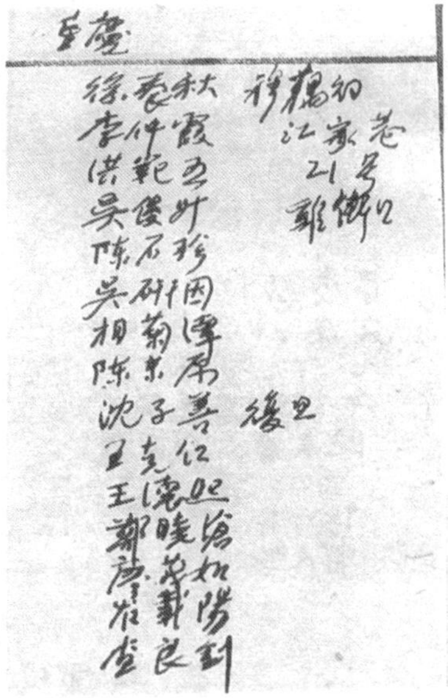

至虚

徐养秋 穆藕初
李仲霞 江家巷
洪范五 21号
吴俊升 郭仲x
陈石珍
吴研因
相菊潭
陈东原
沈子善 缘里
王克仁
王滢
郑晓沧
唐

25－079

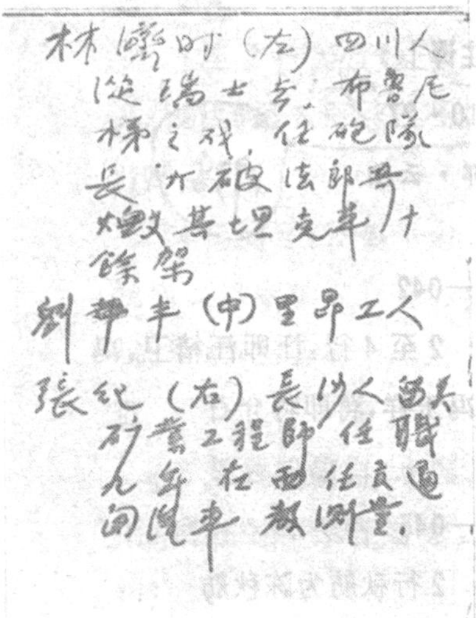

林x时（右）四川人
从瑞士学，布鲁尼
梯之役，任炮队
长，击破法郎哥
炮数甚烟克车十
余架
刘静平（中）里昂工人
张纪（右）长沙人 留美
矿业工程师 任职
九年 在西任交通
问题车 教淋x.

25－080

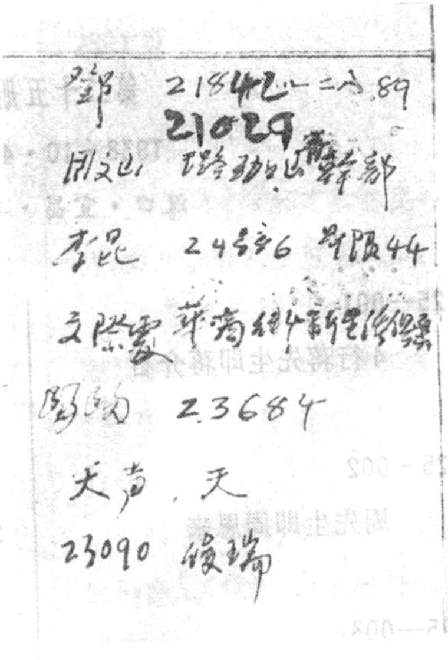
鄧 21842 二六89
21029
周文山
李昆 24536
文際雲
23684
天声 天
23090 復瑞

25-081

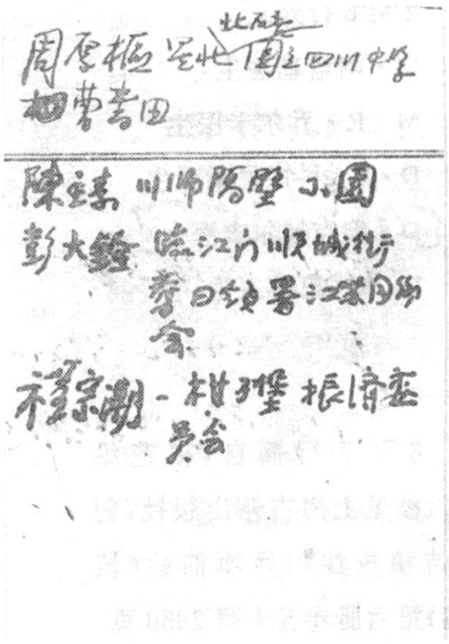
周厚樞 北碚 國立四川中學
陳鑄 川師
彭大銓

25-082

# 第二十五册〔注译〕

1938.10.4~1938.10.27

汉口·宜昌·丰都·云阳

25—001

第4行“蒋先生”即蒋介石

25—002

“周先生”即周恩来

25—003

第8行“健生”即白崇禧

25—008

第2行“德邻”即李宗仁

25—017

倒数第二行“陈长官”即陈诚

25—032

第4行为许德珩

25—035

第4行“周佛”为周佛海

25—040

第5行“孔财政总长”即孔祥熙

25—042

第2至4行：“汪”即汪精卫，“冯”即冯玉祥，“蒋”即蒋介石

25—043

第2行“秋舫”为陈秋舫

25—044

第2至6行外文：

M.阿塔勒医生

M.R.乔尔卡医生

D.S.科特尼斯医生

D.穆克赫尔吉医生

B.K.巴苏医生

25—073

第6至7行摘自《梅花绝句》，参见上海古籍出版社《剑南诗稿校注》（后面简称《校注》）第六册卷五十第2980页

第9至10行摘自《楚城》，参见《校注》第二册卷十第790页

25—074

第1至2行摘自《壶歌》，参见

《校注》第五册卷三十四第 2225 页

第 4 行摘自《仗锡平老自都城回见访索怡云堂诗》，参见《校注》第三册卷十七第 1303 页

第 5 至 6 行摘自《小园》，参见《校注》第三册卷十三第 1041 页

第 6 行“细”字，原诗为“微”

第 8 至 9 行摘自《题画燕》，参见《校注》第二册卷八第 671 页

第 8 行“莫”字，原诗为“勿”

第 11 至 12 行摘自《忆昔》，参见《校注》第二册卷十一第 895 页

第 12 行“近”字，原诗为“共”

25—075

第 1 至 12 行《长歌行》，参见《校注》第五册卷三十九第 2521 页

25—076

第 1 至 4 行《示儿》，参见《校注》第八册卷八十五第 4542 页

第 6 至 9 行摘自《入城至郡圃及诸家园亭游人甚盛》，参见《校注》第四册卷二十四第 1748 页

第 10 至 11 行摘自《八十三吟》，参见《校注》第七册卷七十第 3897 页

第 12 至 13 行摘自《夏日》，参见《校注》第五册卷三十七第 2376 页

25—077

第 1 至 3 行摘自《小饮梅花下作》，参见《校注》第六册卷四十九第 2972 页

第 4 至 5 行原诗句为：“明朝日出春风动，更看青天万里开。”摘自《登东山》，参见《校注》第五册卷四十二第 2628 页

# 衛備忘

第二十六册

1938.10.28~1938.11.29

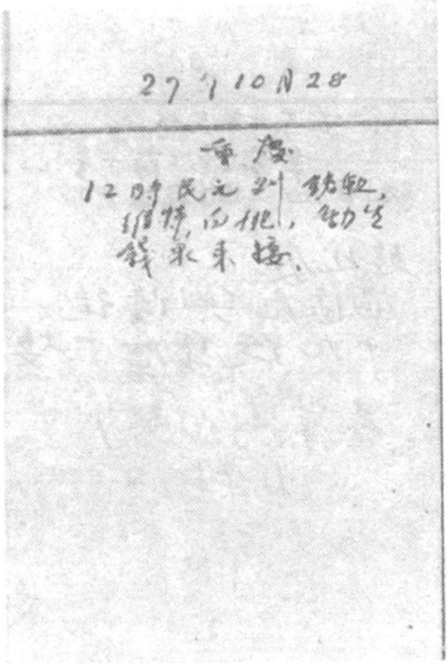
27年10月28
重庆

26-001

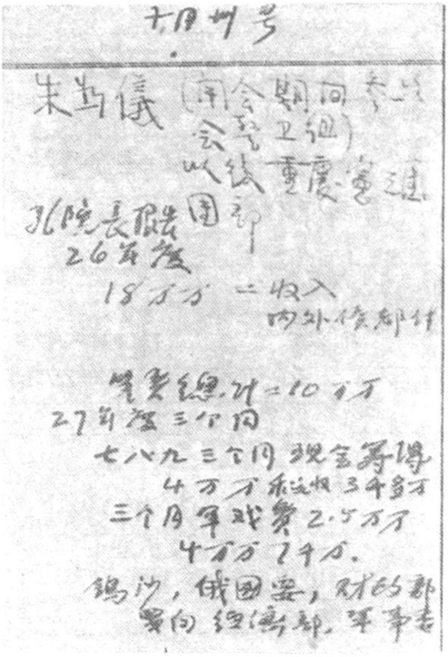
十月卅号
26年度
18万万
27年度三个月
七八九三个月 现金筹得
4万万
三个月军政费2.5万万
4万万7千万.

26-002

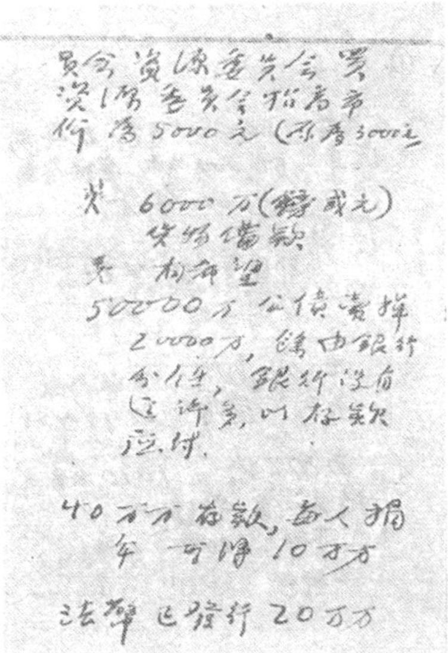
资源委员会
6000万
50000万 公债
40万万存款
20万万

26-003

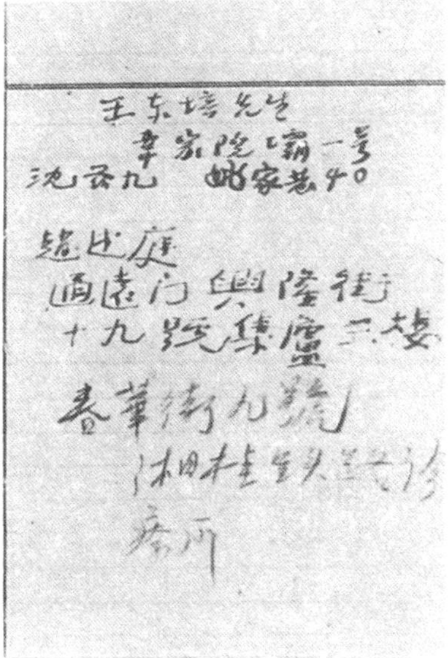
王东培先生
沈君九
春华街九号

26-004

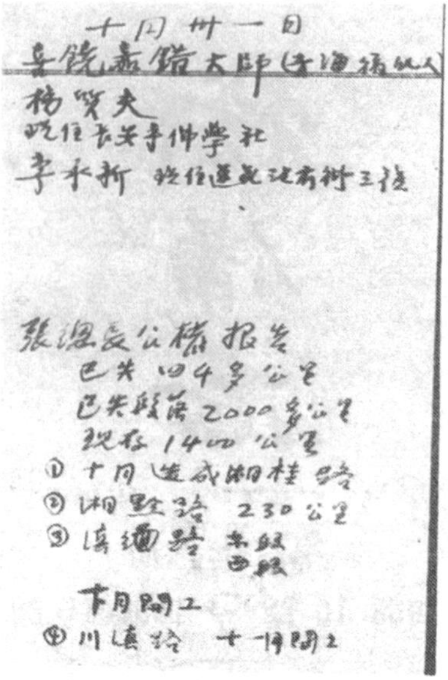
十月卅一日
喜饶嘉措大师（青海藏人）
杨質夫
现任长安寺佛学社
李永新 现任[illegible]
張部长公路报告
已失 四千多公里
已失路线 2000多公里
现存 1400公里
① 十月造成湘桂路
② 湘黔路 230公里
③ 滇缅路 东段
西段
下月開工
④ 川滇路 十一月開工

26-005

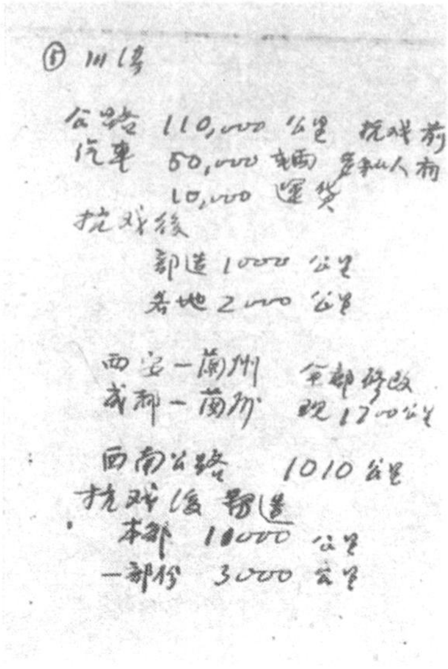
⑤ 川陕
公路 110,000公里 抗战前
汽车 50,000辆 连私人的
10,000 运货
抗战后
新造 1000公里
各地 2000公里
西安—兰州 全部修改
成都—兰州 现1700公里
西南公路 1010公里
抗战后新造
本部 10000公里
一部份 3000公里

26-006

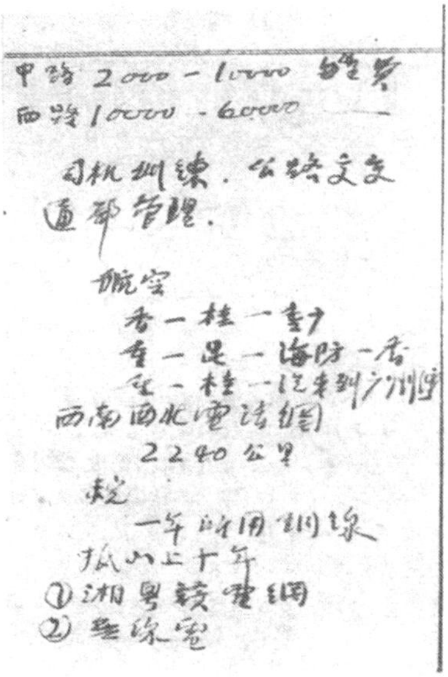
甲路 2000—1000 吨货
西路 10000—6000 ——
司机训练，公路交通
交部管理。
航空
香—桂—重庆
重—昆—海防—香
重—桂—[illegible]到广州湾
西南西北电话网
2240公里
较
一年所用训练
抵以上十年
① 湘粤线电网
② 无线电

26-007

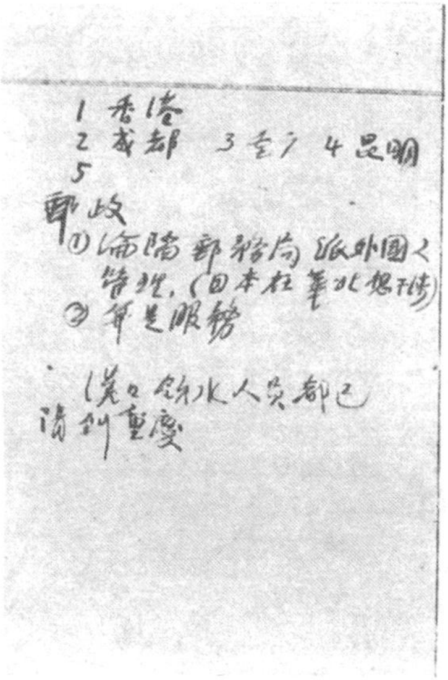
1 香港
2 成都 3 重庆 4 昆明
5
邮政
① 沦陷邮务局派外国人管理。（日本在华北想干涉）
② 军邮服务
（汉口邮政人员都已调到重庆）

26-008

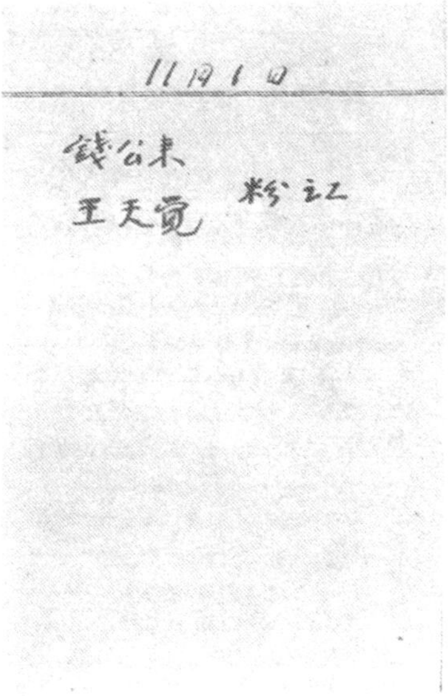
11月1日
钱公来
王天觉 粮工

26-009

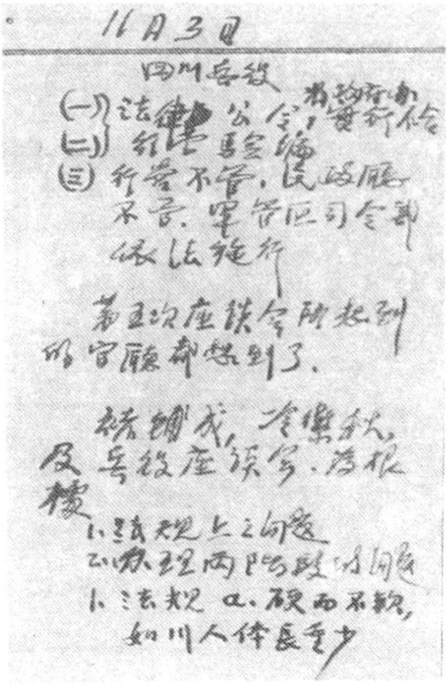
11月3日
四川兵役
(一)法律 公令，省政府命令
(二)行营 军管编
(三)行营不管，民政厅不管，军管区司令部依法施行
第五次座谈会所批判的官厅都做到了。
杨绳武，冷寅秋，及兵役座谈会，为根据
1.法规上之问题
2.办理两阶段的问题
1.法规 a.硬而不软，如川人体长重少

26-010

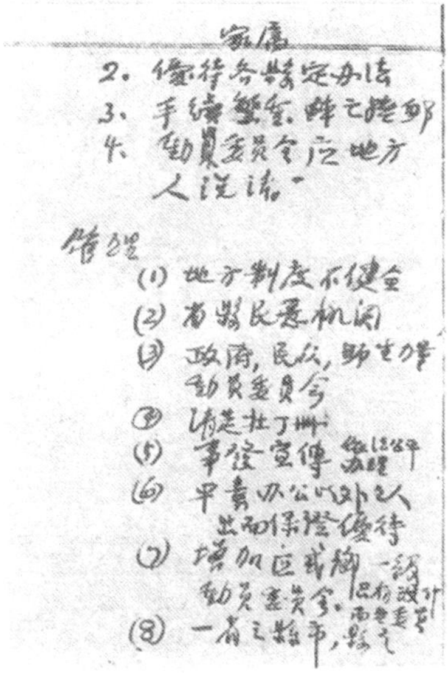
家属
2.优待各县定办法
3.手续繁多，陈之陆部
4.动员委员会应地方人说话。
[illegible]
(1)地方制度不健全
(2)省县民意机关
(3)政府，民众，妇女，学生 动员委员会
(4)清查壮丁册
(5)事后宣传
(6)甲长以公正的人出面保证优待
(7)增加区或乡一级动员委员会。
(8)一省之县市，县之

26-011

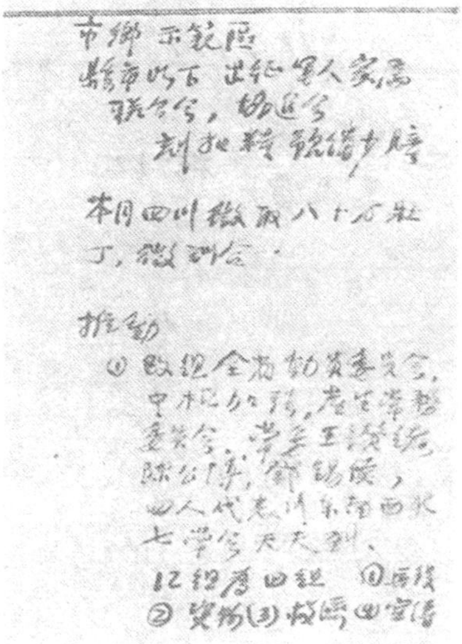
市乡示范区
县市以下 出征军人家属联合会，协进会
刘松轩 钱谱臣
本月四川征兵八十万壮丁，征训合一。
推动
① 改组全省动员委员会，中枢加强，省党部委员会，党委王缵绪，陈公博，邵锡候，四人代表川东南西北七学区天天到。
12组为四组 ①兵役 ②宣扬 (3)救济 (4)宣传

26-012

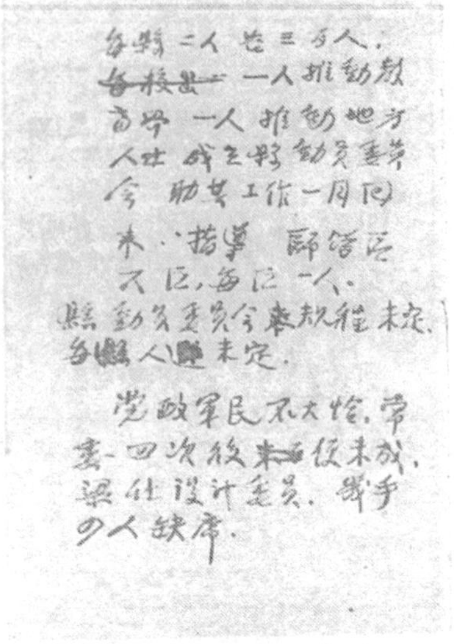
每县二人共三百人，
每校一 一人推动教育界
一人推动地方
人士 成立动员委员
会 助其工作一月后
来√指导 师范区
区，每区一人。
县动员委员会条规程未定，
每县人选未定。
党政军民不大恰，常
委一四次[illegible]仍未成，
设计委员，战手
少人缺席。

26-013

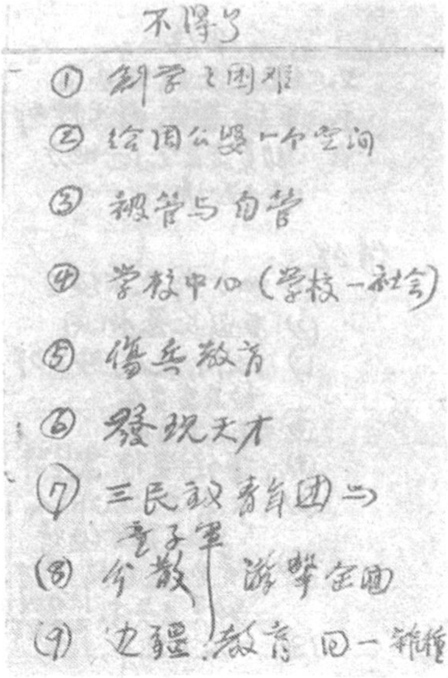
不得了
① 创学之困难
② 给国公[illegible]一个空间
③ 被管与自管
④ 学校中心（学校—社会）
⑤ 伤兵教育
⑥ 发现天才
⑦ 三民主义青年团与童子军
⑧ 分散 游击区
⑨ 边疆教育 回一[illegible]

26-014

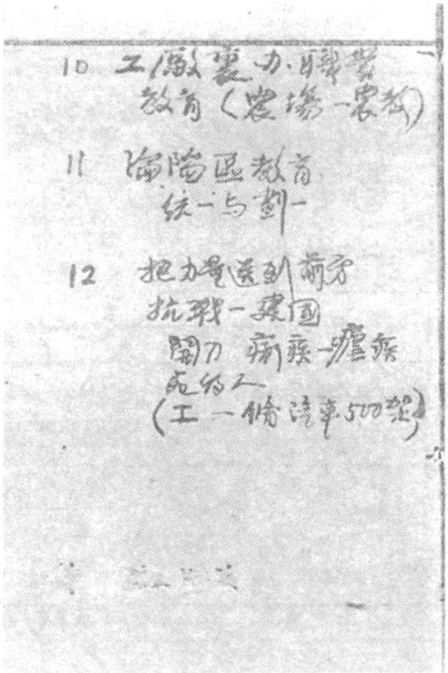
10 工厂农场职业
教育（农场—农教）
11 游击区教育
统一与割一
12 把力量送到前方
抗战—建国
[illegible] 病疾—瘧疾
[illegible]的人
（工—修汽车500架）

26-015

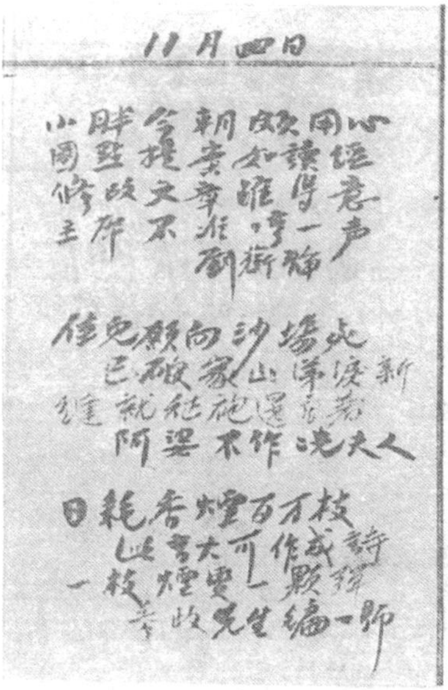
11月四日
小胖今朝欢同心
国难提案如读经
修改文章谁得意
主席不准哼一声
刘衡静
佳儿愿向沙场去
已破家山[illegible]新
[illegible]
阿婆不作泣夫人
日耗香烟百十枝
此害大可作成诗
一枝烟头一颗弹
[illegible]先生编一师

26-016

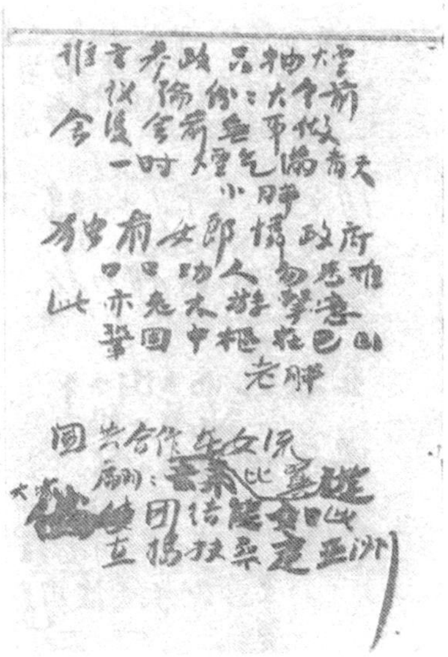

26-017

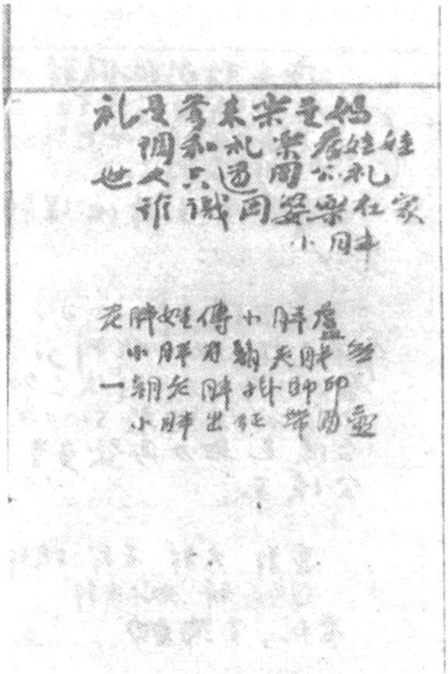

26-018

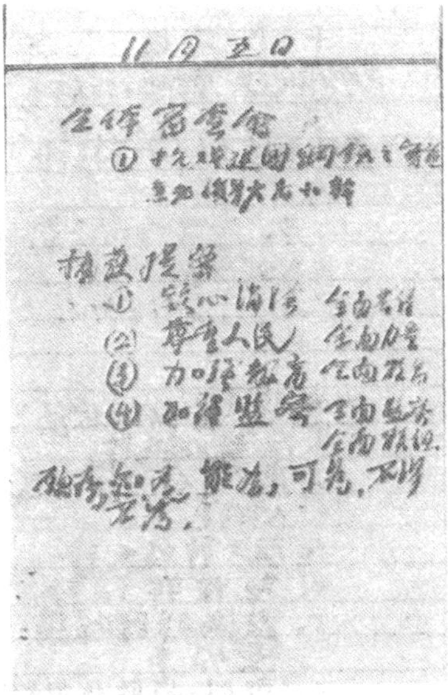

26-019

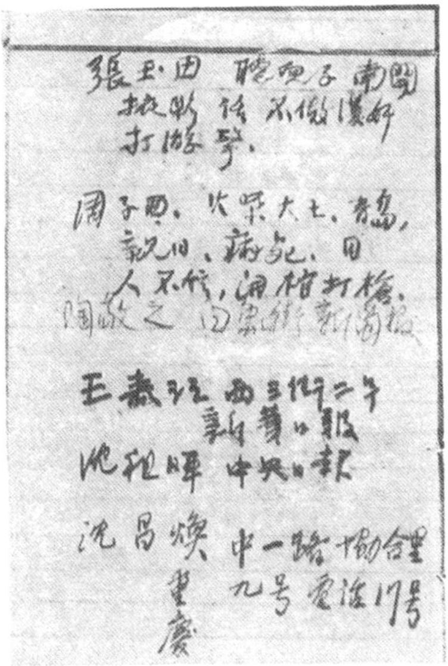

26-020

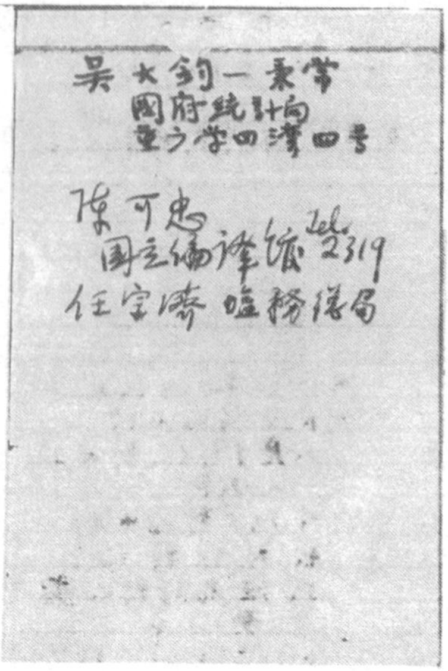

26-021

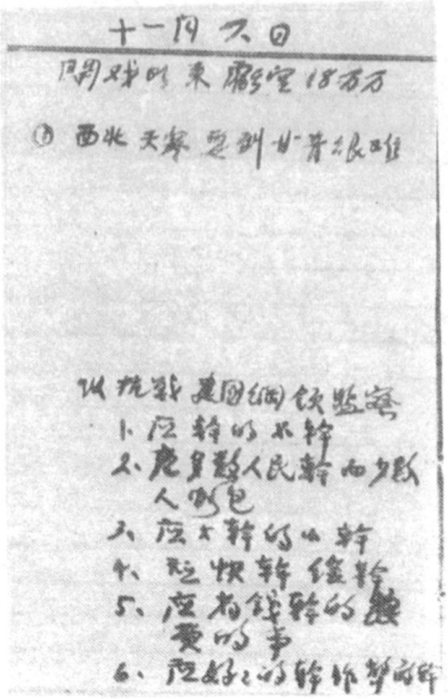

26-022

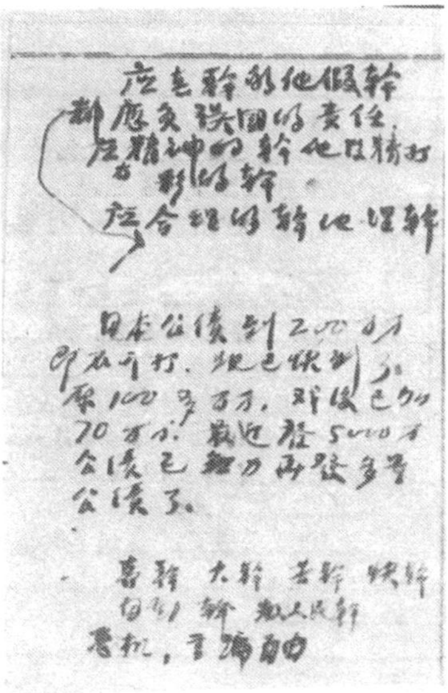

26-023

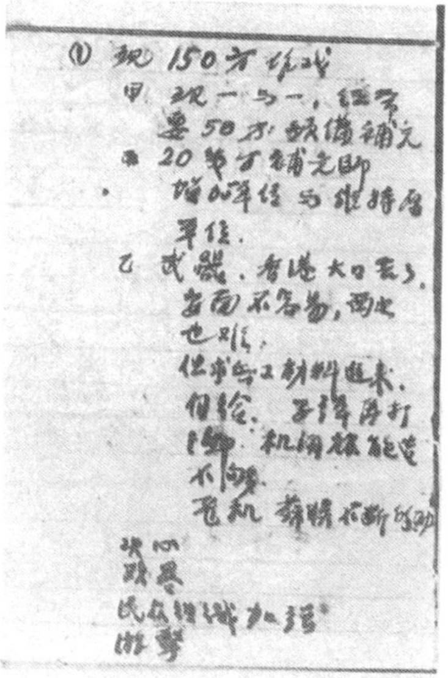

26-024

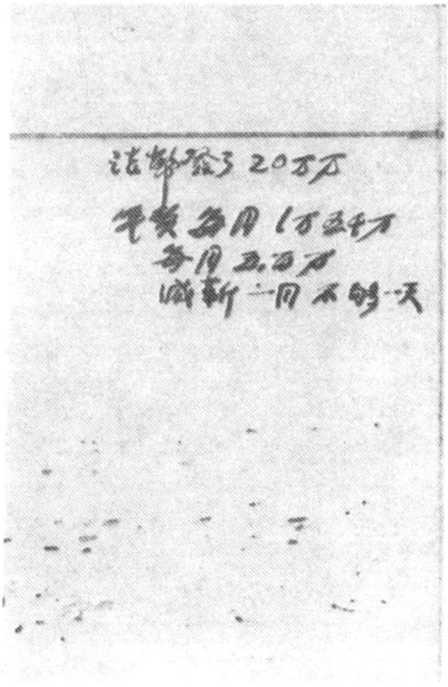
法币發了20万万
平價每月1万五千万
每月五百万
减輕一個不够一天

26-025

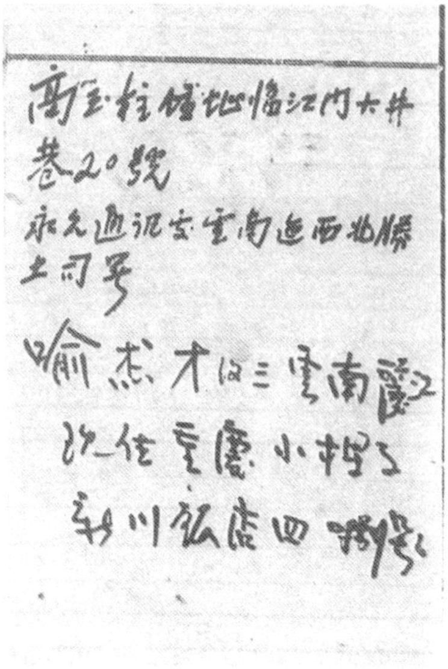
高玉柱住址临江門大井
巷20號
永久通訊處雲南迤西北勝
土司署
喻杰才 四三 雲南蒙自
現住重慶小樑子
新川書店四樓

26-026

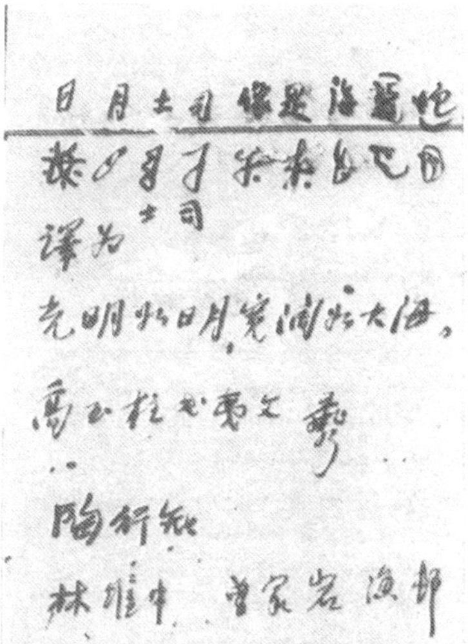
日月土司 像是海羅地
操日月了 安東多巴日
譯為 土司
光明如日月，寬濶如大海。
高玉柱女士惠存
陶行知
林振中 曾家岩 海部

26-027

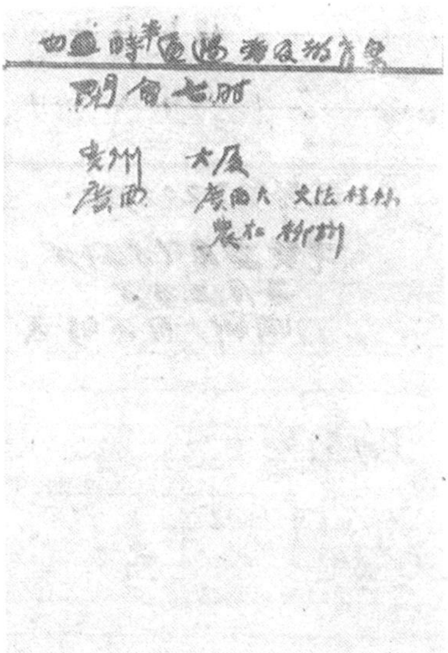
四川時事週報 普及教育
附句七册
貴州 大夏
廣西 廣西大 文法 桂林
農工 柳州

26-028

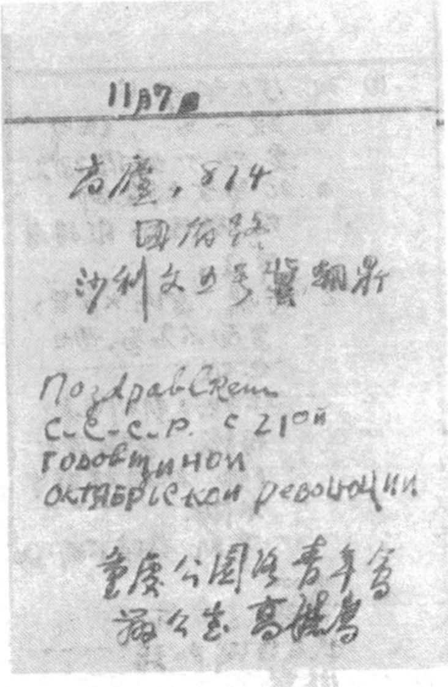

26-029

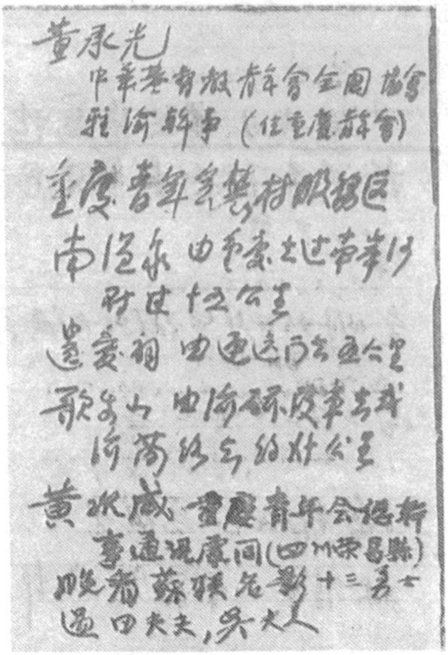

26-030

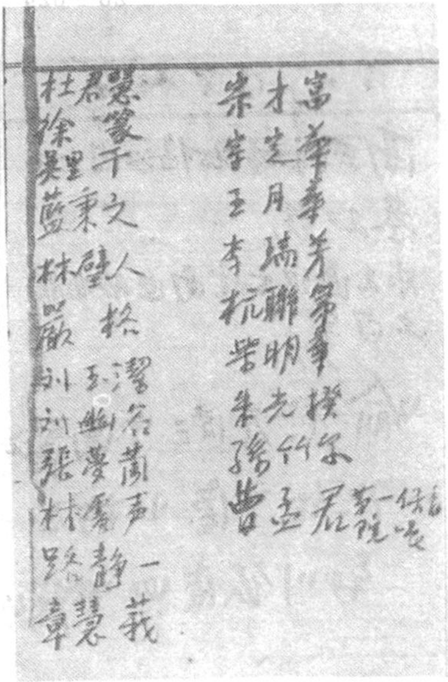

26-031

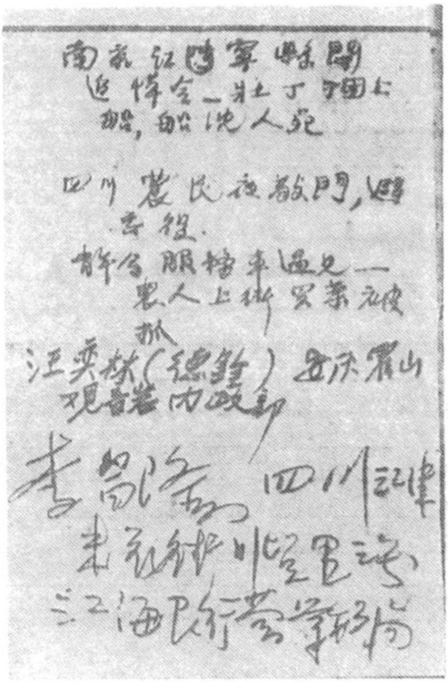

26-032

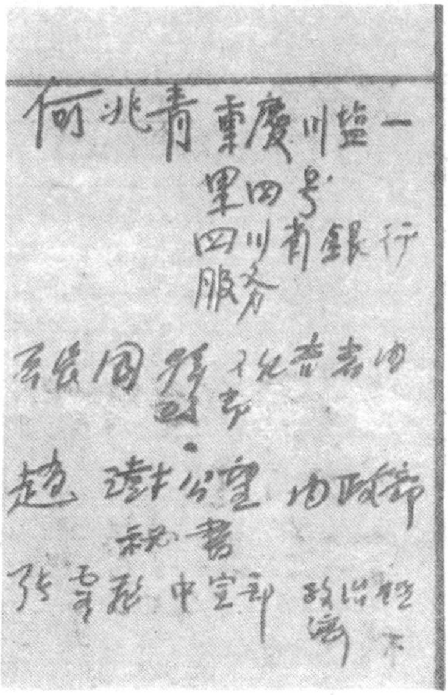

26-033

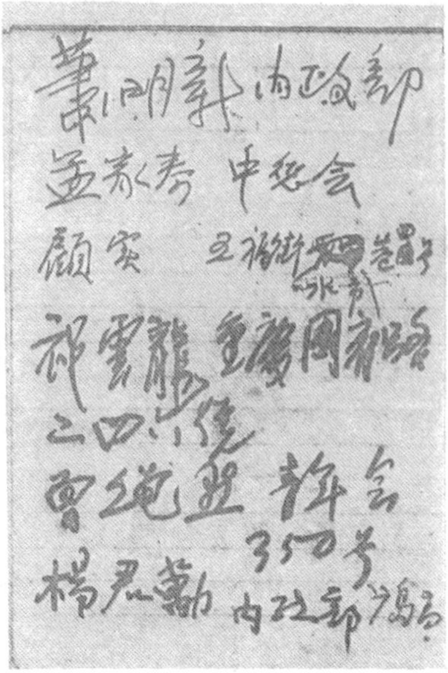

26-034

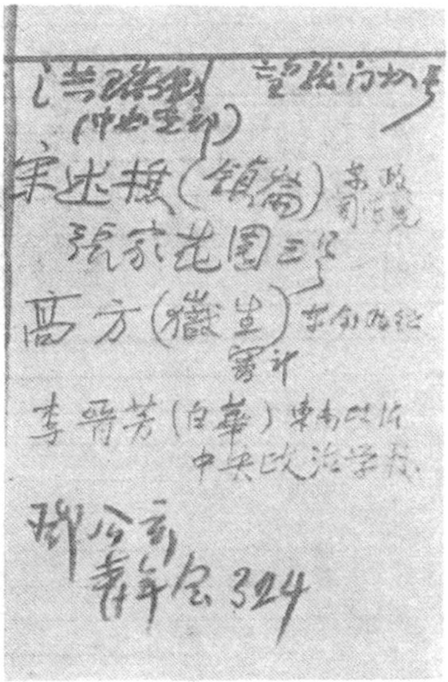

26-035

26-036

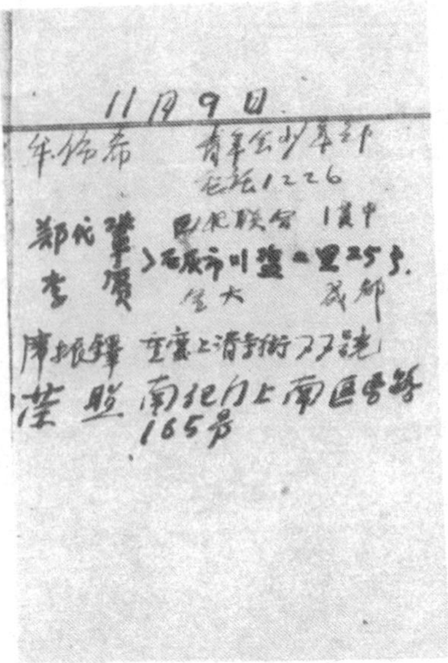


26-037

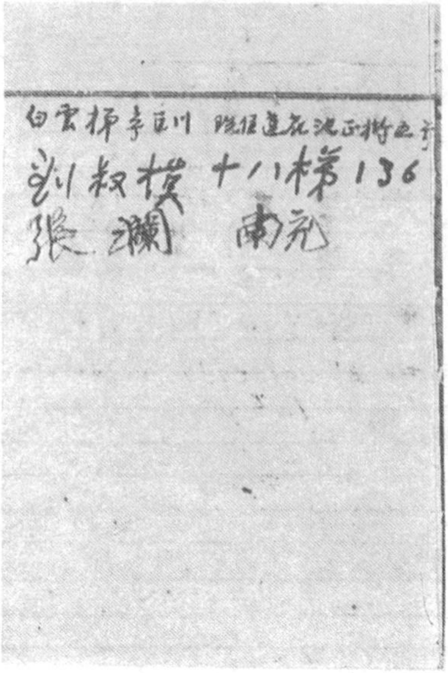


26-038

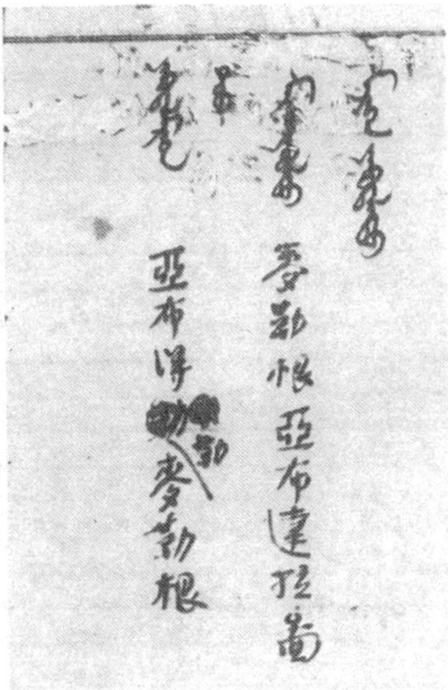


26-039

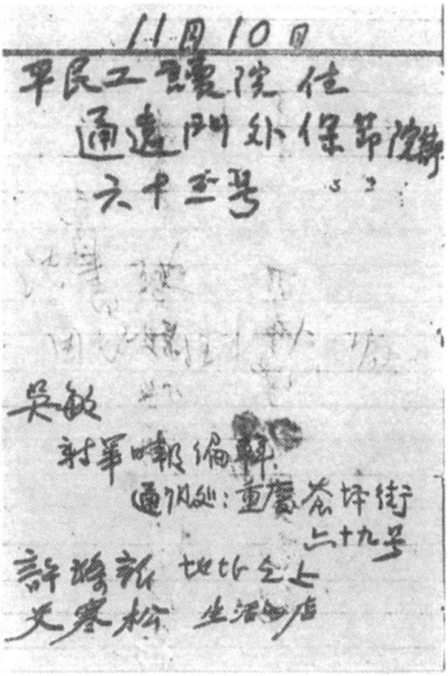


26-040

26-041

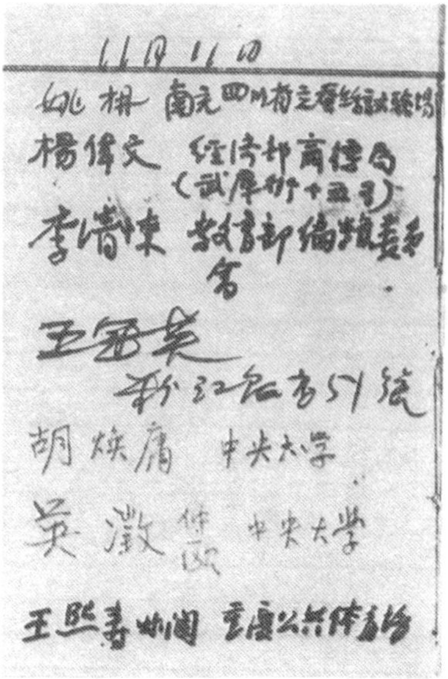

26-042

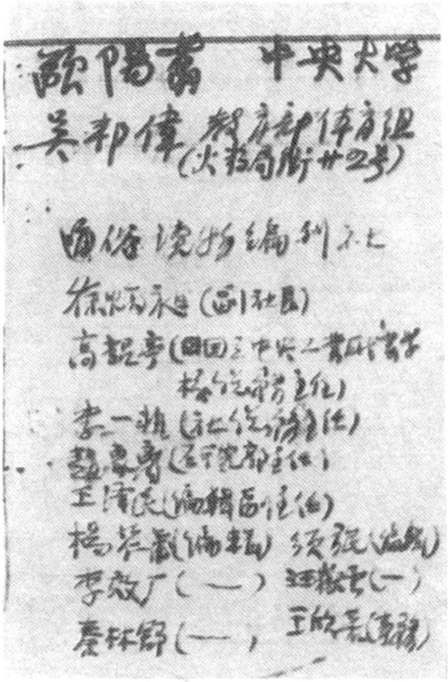

26-043

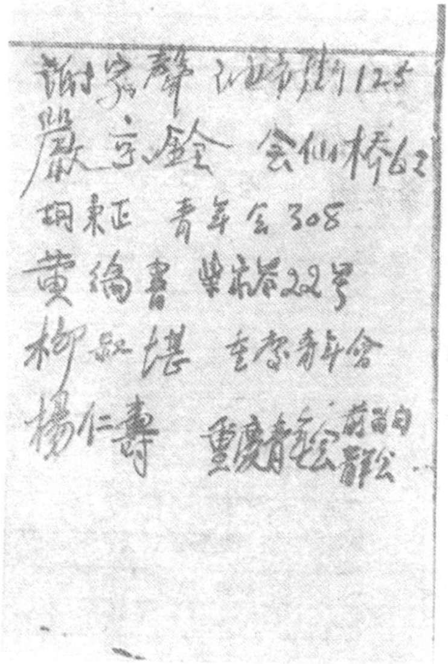

26-044

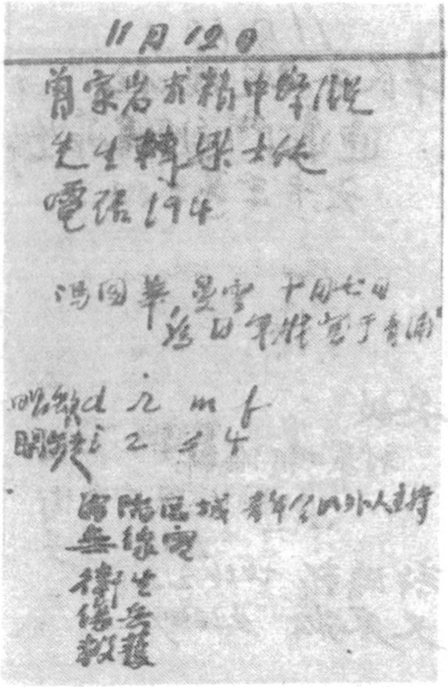
11月12日
曾家岩求精中學[illegible]
先生轉梁士純
電話194
[illegible]
衛生
[illegible]
救護

26-045

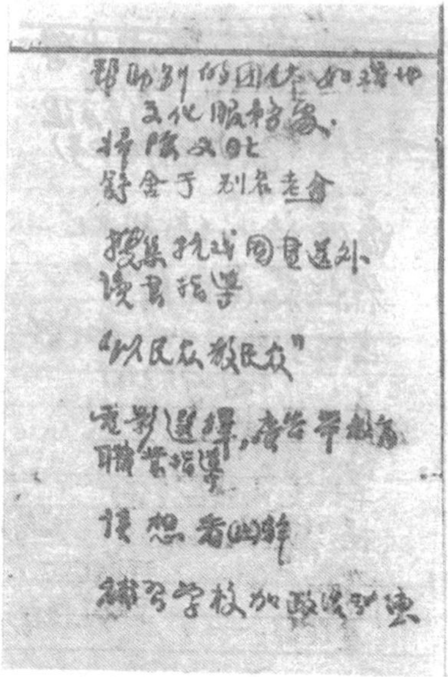
幫助別的团体如保护文化服務處
掃除文盲
舒舍予 別名老舍
搜集抗戰图書送外
讀書指導
"以民众教民众"
電影選擇，廣告[illegible]
職業指導
[illegible]
補習学校加[illegible]

26-046

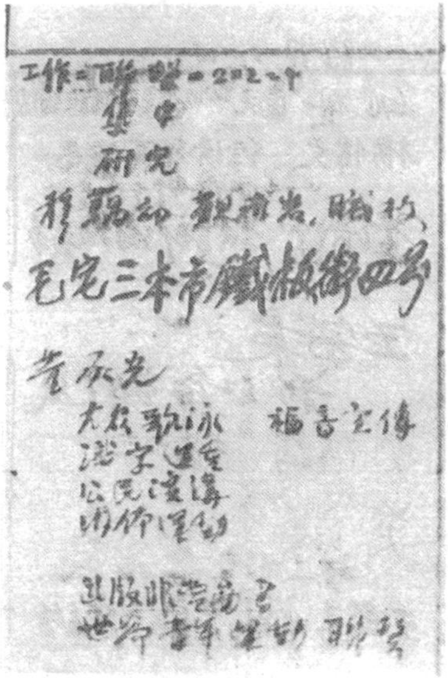
工作[illegible]
集中
研究
[illegible]
毛宅三本市[illegible]
[illegible]
大众歌詠 福音宣傳
識字運動
[illegible]
出版[illegible]
[illegible]

26-047

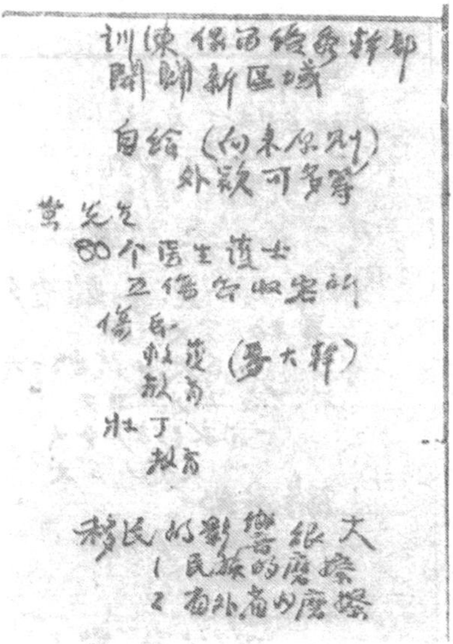
訓練保甲幹部
開闢新區域
自給（向來原則）
外款可爭等
黄先生
80个医生護士
3傷兵收容所
傷兵
救護（要大幹）
教育
壮丁
教育
移民的影響很大
1 民族的磨擦
2 省外省的磨擦

26-048

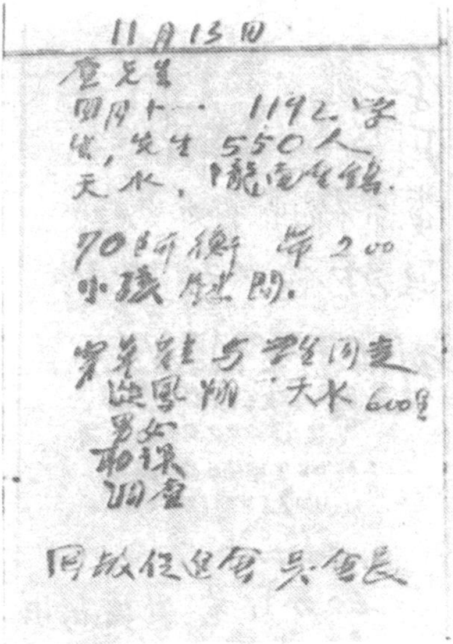


26-049

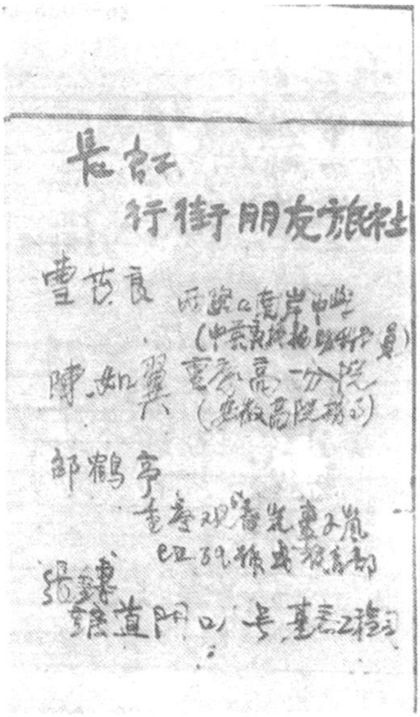


26-050

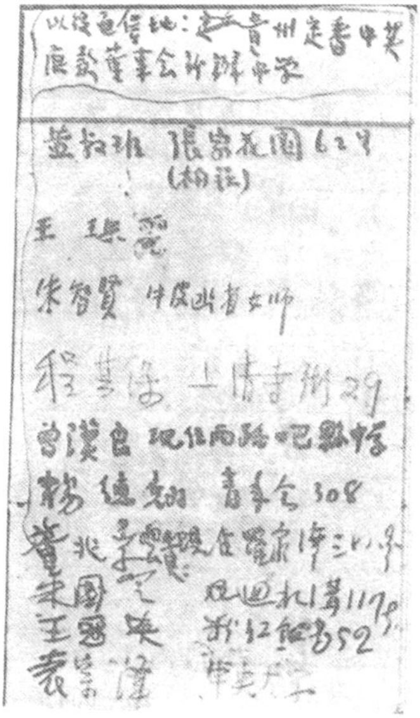


26-051

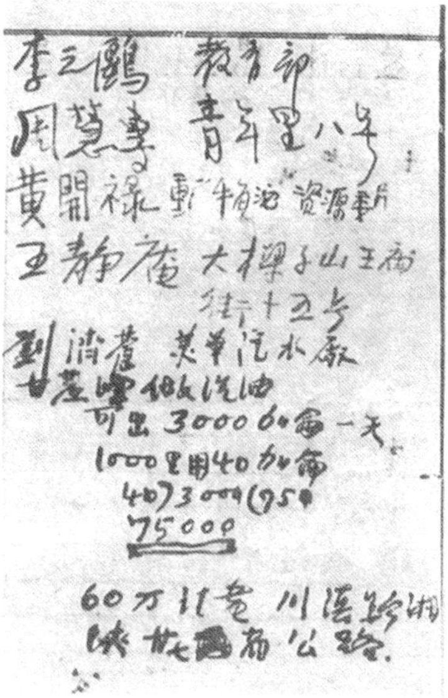


26-052

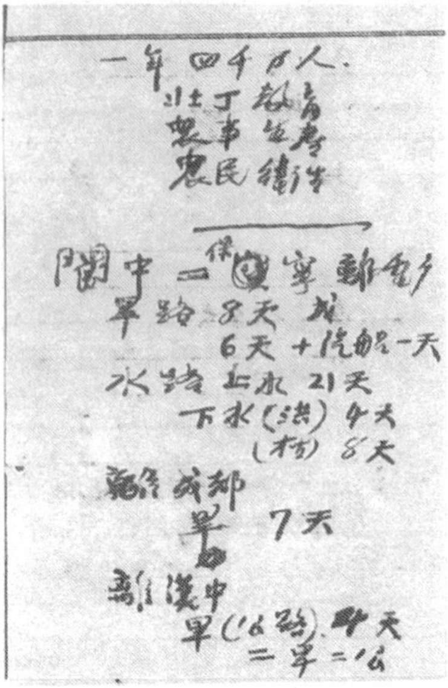
一年四千万人
壮丁教育
农事生产
农民卫生

阆中——保宁郭
旱路 8天 去
6天＋汽船一天
水路 上水 21天
下水（洪）4天
（枯）8天
离成都
旱 7天
离汉中
旱（16站）?天
＝旱二公

26-053

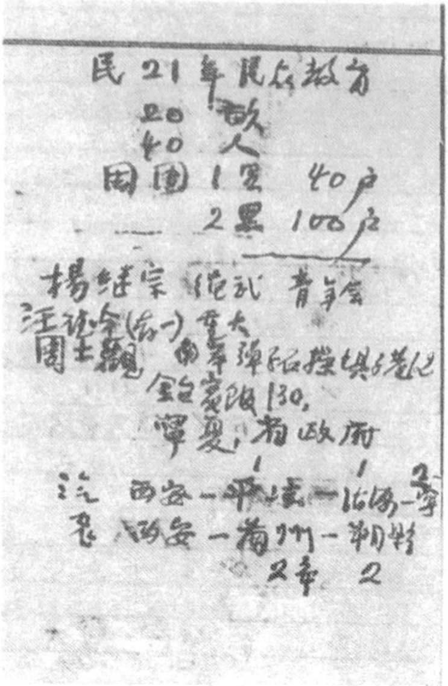
民21年民众教育
20 县
40 人
田园 1里 40户
—— 2里 100户
杨继宗 伦武 青年会
汪 （省一）
国立 [illegible]
全国 [illegible] 130，
宁夏，省政府
西安 — 平凉 — 兰州 — 宁
西安 — 肃州 — 朔县
又车 2

26-054

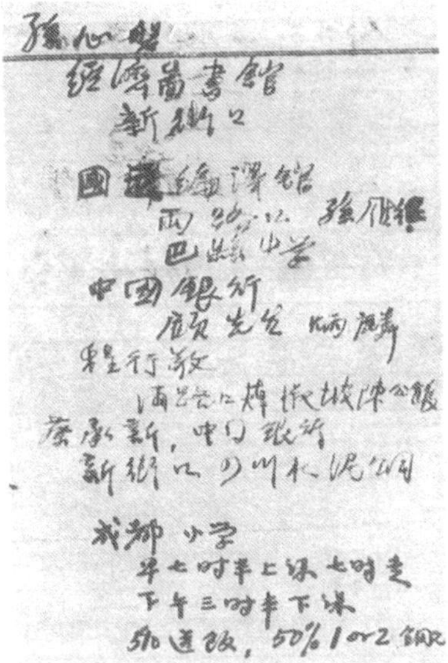
孙心磐
经济图书馆
新街口
国立编译馆
西路 孙 [illegible]
巴县中学
中国银行
顾先生 [illegible]
[illegible]
[illegible]
戴承新，中国银行
新街口 四川水泥公司
成都 小学
早七时半上课 七时走
下午三时半下课
[illegible]，50% 1 or 2 [illegible]

26-055

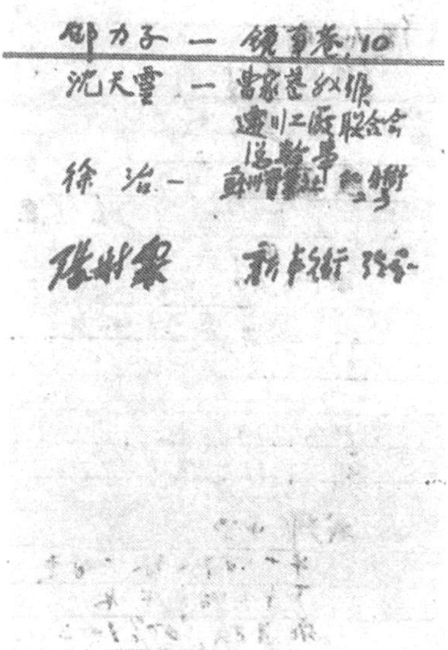
邵力子 — 领事巷10
沈天灵 — 当家巷 [illegible]
[illegible]
徐治 — [illegible]
张 [illegible] [illegible]

26-056

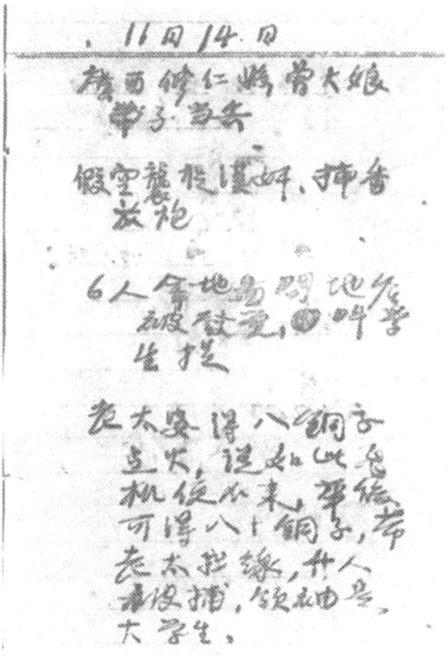
11月14日

26-057

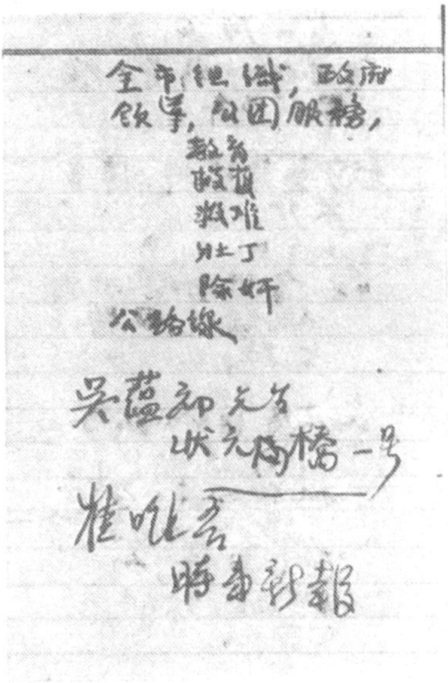
全市组织，政府领导，公团服务，
教育
救济
难民
壮丁
除奸
公路线
吴蕴初先生
状元街楼一号
时事新报

26-058

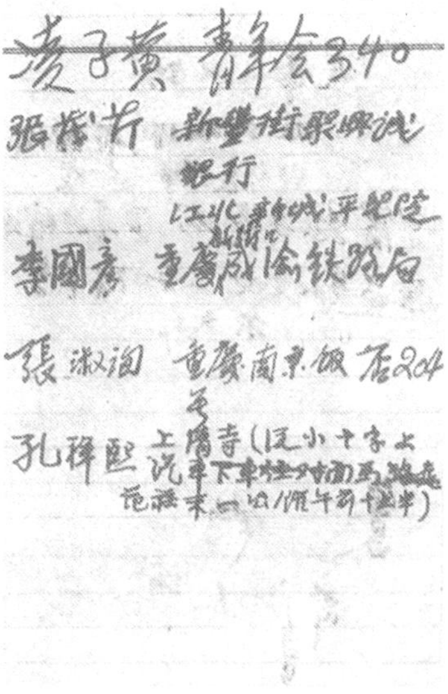
青年会340
银行
李國彦 重庆成渝铁路局
張淑涵 重庆南京饭店204号
孔祥熙 上清寺

26-059

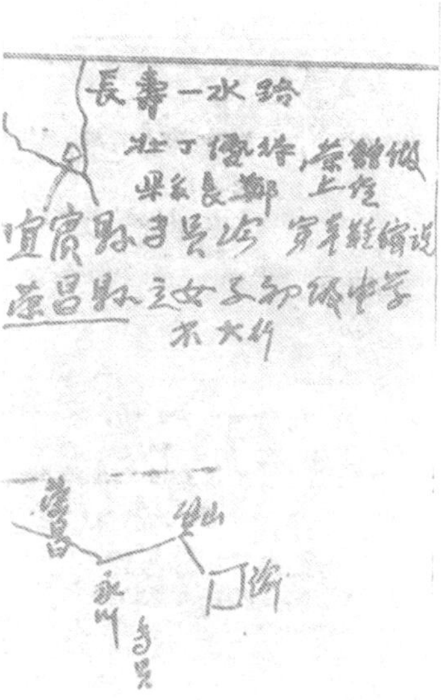
長寿一水路
隆昌县立女子初级中学

26-060

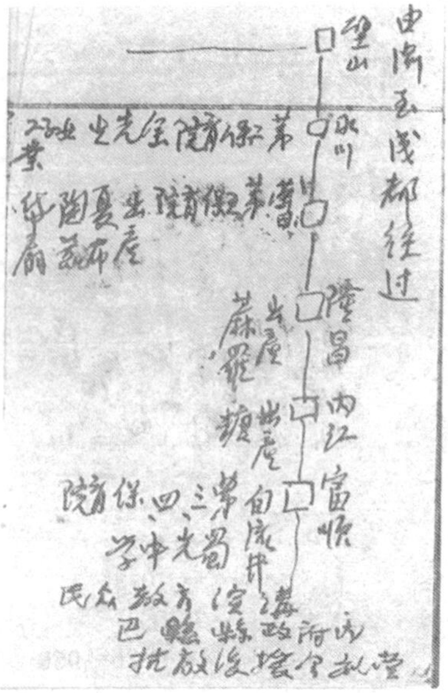
由渝至成都经过

26-061

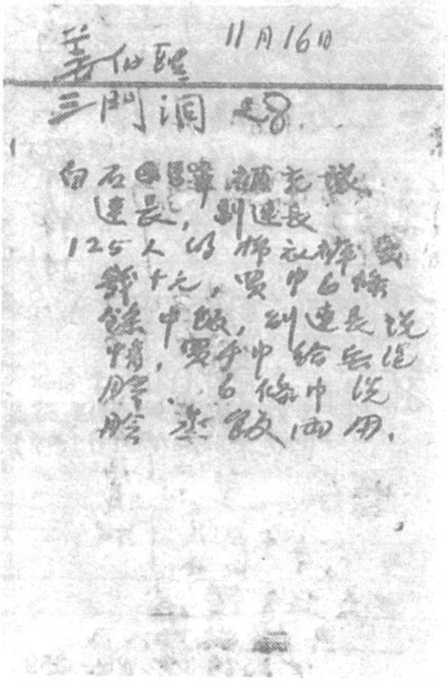
11月16日
三門洞
白石
连長，副連長
125人

26-062

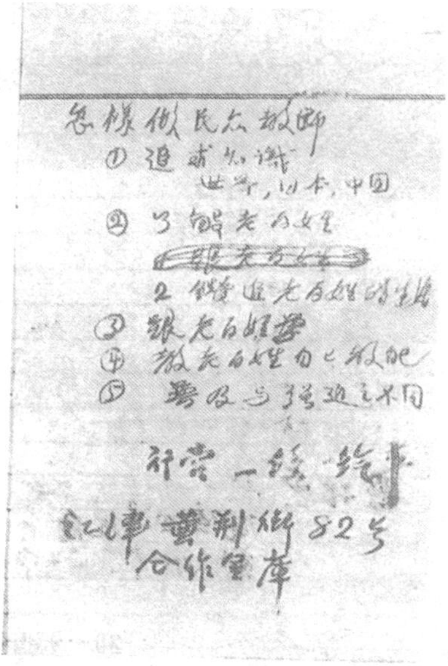
怎樣做民众教師
① 追求知識
世界，日本，中国
② 了解老百姓
③ 跟老百姓学
④ 教老百姓自己教自己
合作金库

26-063

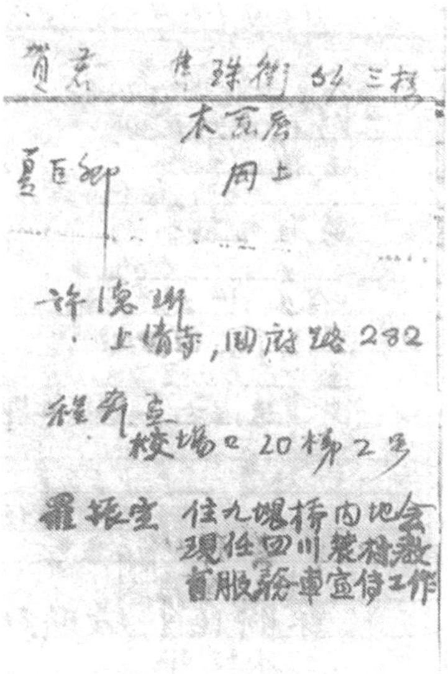
許德珩
上清寺，国府路 282
較場口 20号 2号
現任四川
工作

26-064

11月18日

楊继宗（缅武）

孫連仲 第二集团军
商城，麻城，
枣陽
40000 减到 10000

萧迎千 總幹事
青年军人服務部
總幹事

200人 6000元
十个月

26-065

方明 樵房街一六號

孫元武 注舍巷33號

平民工讀院
通遠門外保节院街

定縣猪比人吃得好
鄉下人說，二四年，
猪向先生，順海；
要洋猪
家個外國猪

26-066

猪　人
豌豆　甜山芋
玉米　苕果
小米

26-067

高篤之
上新豐街37号内
長盛公棧

伤兵滚下田，眼何好，
我不顾退路弟兄
看见伤心
南岸

26-068

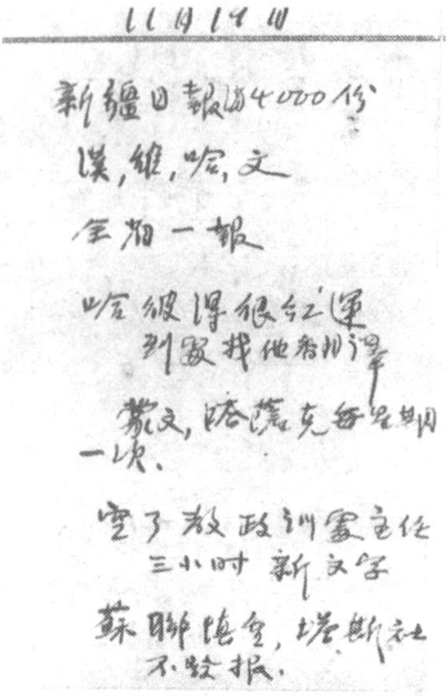
11月14日

新疆日報4000份

漢,維,哈,文

全省一報

哈族得很好運
到家找他翻譯

蒙文,塔蘭克每星期一次.

空了教政訓處主任
三小时 新文字

苏聯領事,塔斯社
不發報.

26-069

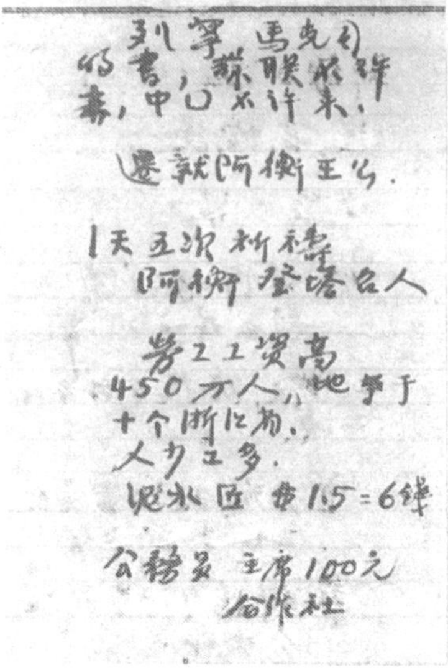
列寧 馬克司的書,蘇聯不許賣,中國不許來.

還就阿衡王公.

1天五次祈禱
阿衡登塔召人

勞工工資高
450万人,地多了
十个浙江省,
人少工多.
迪化區 每1.5=6錢

公務员 主席100元
合作社

26-070

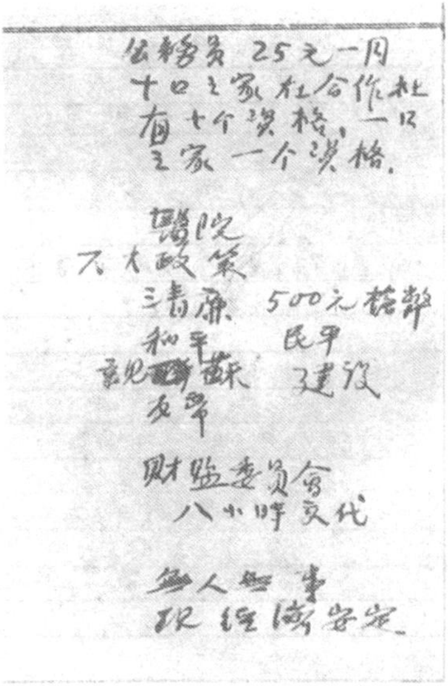
公務员 25元一月
十口之家在合作社
有十个资格,一口
之家一个资格.

醫院
六大政策
清廉 500元枪斃
和平 民平
親蘇 建設
反帝

財監委員會
八小時交代

無人無事
根經濟安定

26-071

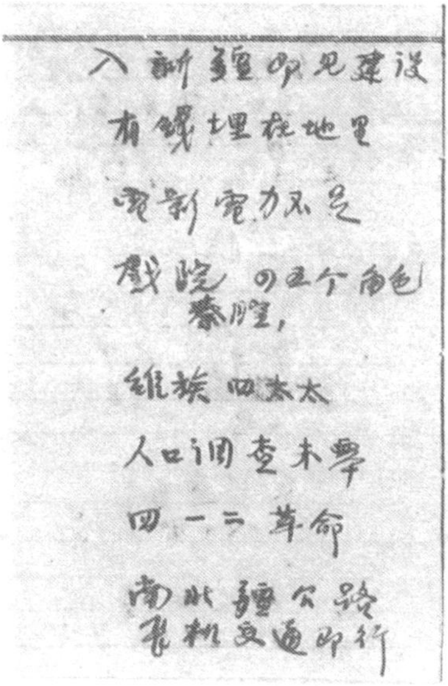
入新疆所見建設

有錢埋在地里

電影電力不足

戲院 四五个角色
秦腔,

維族四太太

人口調查未舉

四一二革命

南北疆公路
飛機交通即行

26-072

水利与交通二大事

督师主席 运行 威激
谭云

骆驼运汽油

1法币＝4000两
一块大烧饼50两

26-073

邹道淳

歌乐山
第二保育院

26-074

11月20日

沙坪坝 中大
农化系 仇学源

Nicolas Gilbert

5. 无资格
20万 侨部奖赏
发明 罐头
三个月不坏

26-075

1. 军用粮食之供应。
2. 普设研究之科学管理法
惟介石 四大秘书
3. 农产物之加工，
缫丝，榨油，[illegible]
肥皂，酒精，酱油，[illegible]，
4. 汽油代替物。
1. 豆子炼油（以植物油炼过）
2. 酒精＋Ether（以脱）
[illegible]
五元一桶（5 gallons）。

26-076

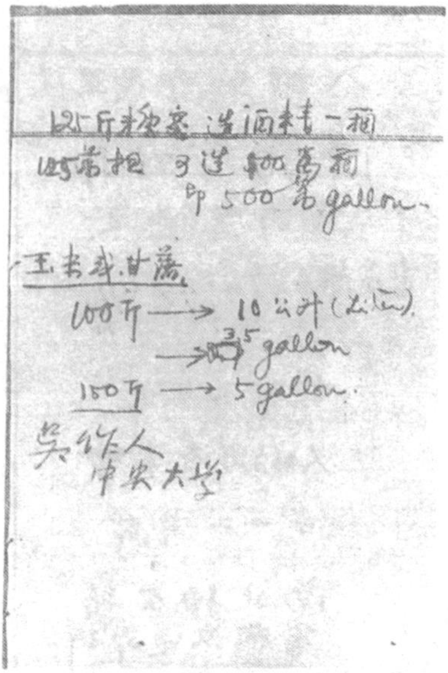
125斤粮食 造酒精一桶
125斤担 可造[illegible]
即500加侖gallon.
玉米或甘蔗
100斤 → 10公升（公石）
→ 3.5 gallon
150斤 → 5 gallon.
吴作人
中央大学

26-077

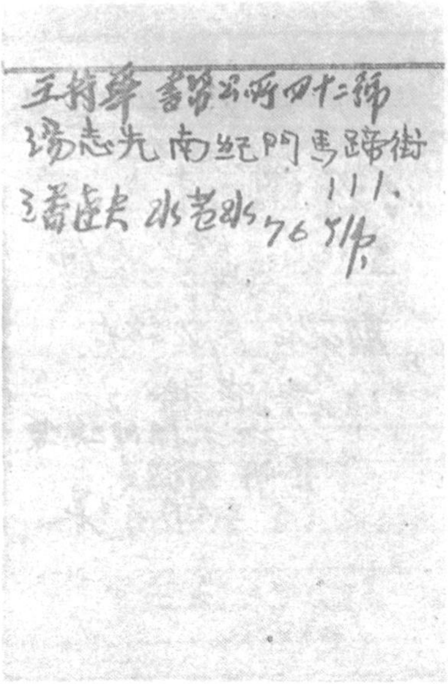
王树华 [illegible]四十二号
杨志先 南纪門馬蹄街 111.
潘应夫 水巷子 76号

26-078

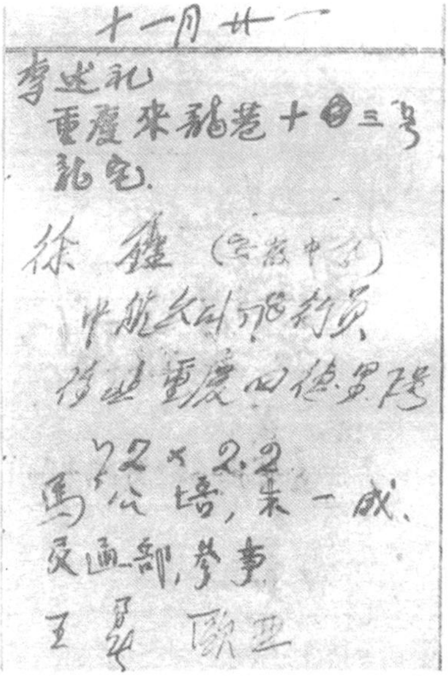
十一月廿一
李述礼
重慶來龍巷十三号
龍宅.
徐鑫（安徽中学）
中航公司[illegible]职员
住 重慶[illegible]
22 × 2.2
馬公培，朱一成.
交通部参事
王[illegible] 歐亚

26-079

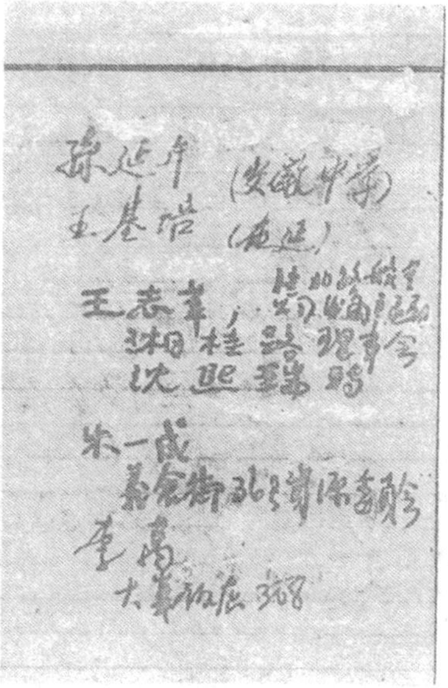
孫延年（安徽中学）
王基培（[illegible]）
王志革，[illegible]
湘桂路理事会
[illegible]
朱一成
[illegible]
[illegible]
大華飯店 3108

26-080

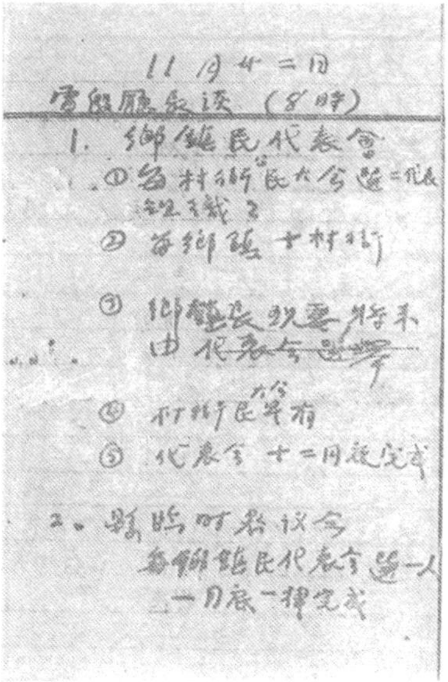

26-081

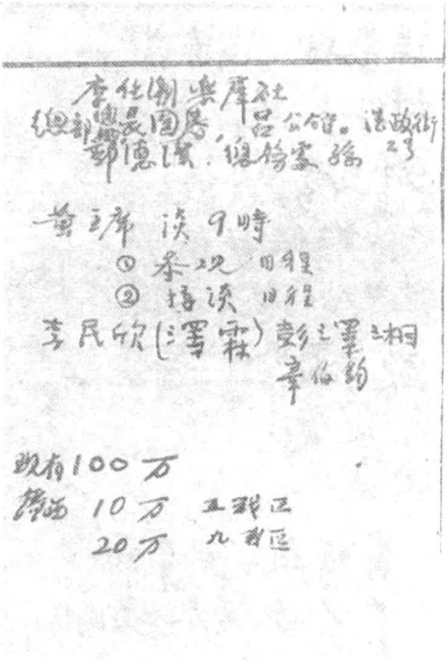

26-082

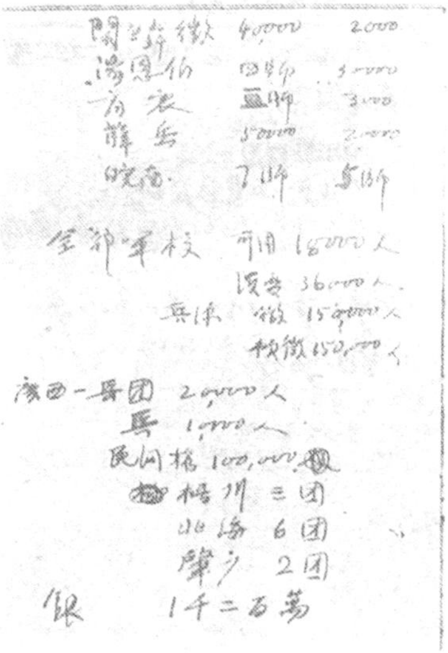

26-083

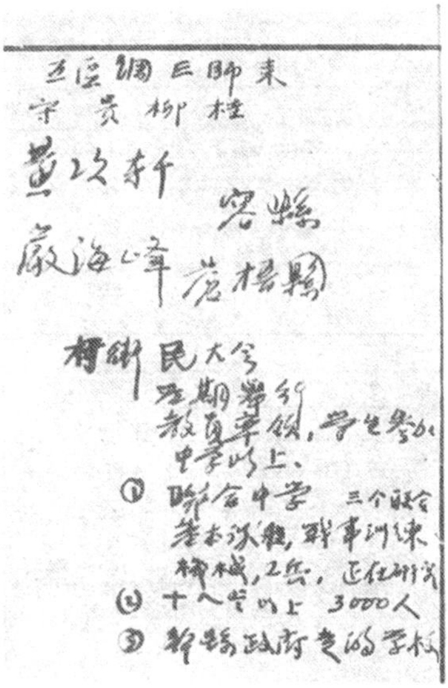

26-084

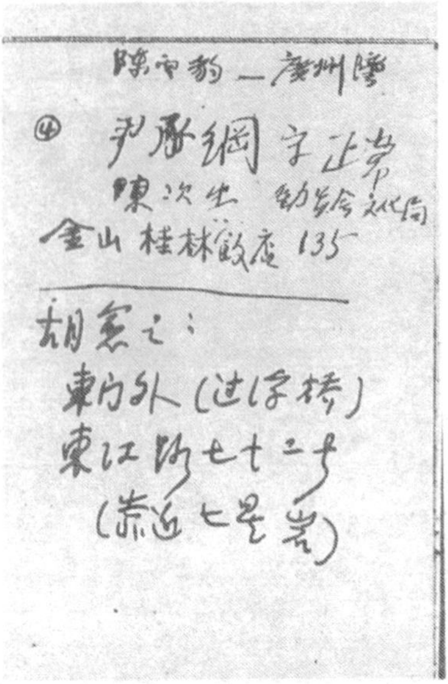
陳亦豹—廣州灣

④ 尹承綱 字正常

陳次生

金山 桂林觀底 135

胡愈之：

東門外（進德樓）

東江路七十二號

（靠近七星岩）

26-085

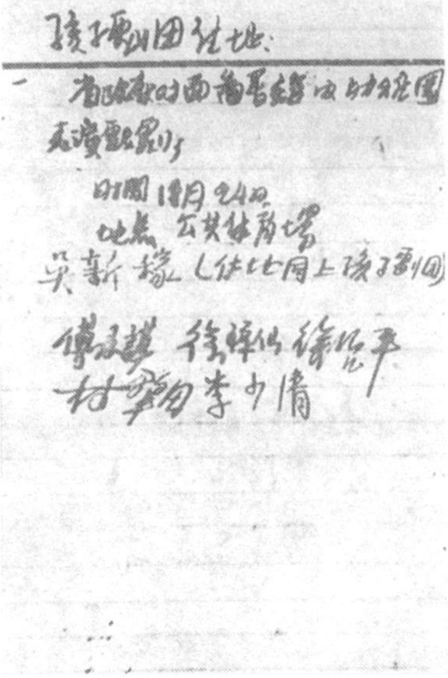
孩子劇團住址：

一 省政府對面藩署街口

日期 11月24日

地點 公共體育場

吳新稼（住七星岩上孩子劇團）

傅承謨 徐悼仙 徐汜平

李少清

26-086

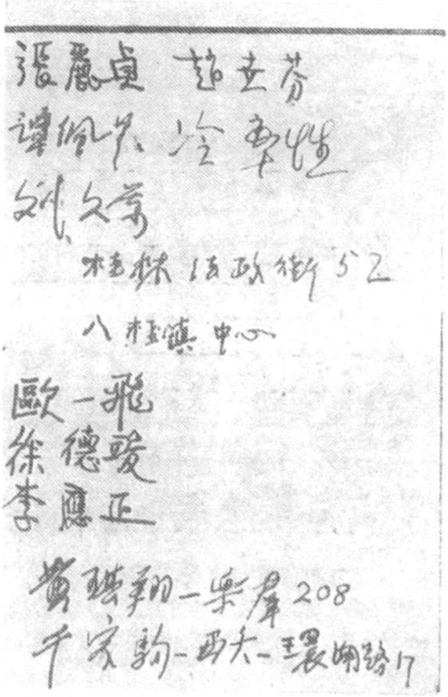
張震貞 趙玉芬

劉次蒼

桂林 民政街 52

八桂鎮中心

歐一飛

徐德璞

李應正

黃瑞翔—樂群 208

千家駒—西大—環湖路17

26-087

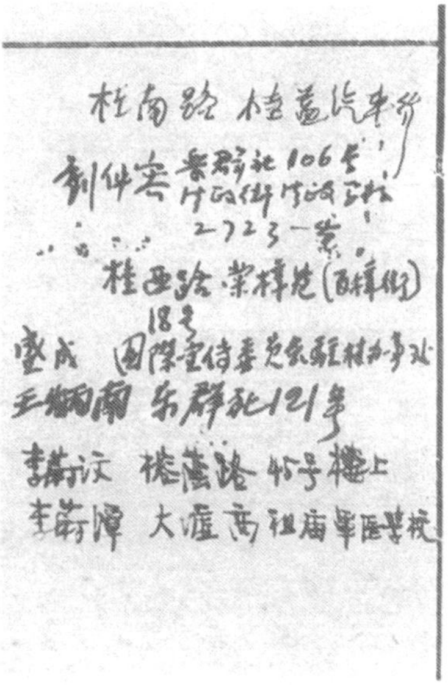
桂南路 桂藍汽車行

劉仲容 樂群社106號

2723

桂西路 崇禧里

18號

國際宣傳委員會駐桂辦事處

樂群社121號

榕蔭路 45號樓上

大塘高祖廟軍醫學校

26-088

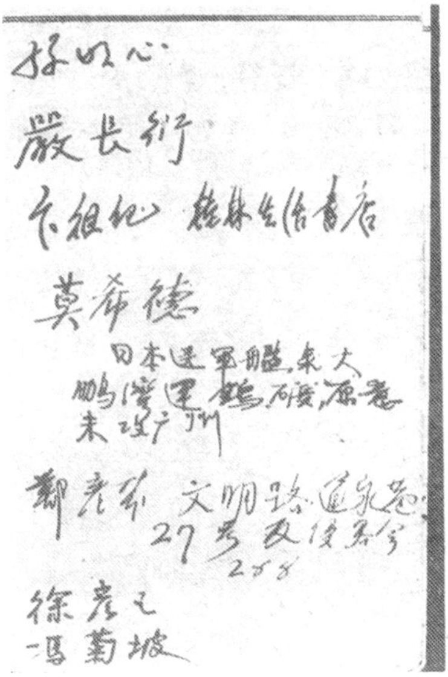

孙以心

嚴長衍

卞祖纪 桂林生活书店

莫希德

日本运军舰来大鹏湾，运炮，原拟未攻广州

郑彦棻 文明路道泉巷27号友侨寄舍

徐彦之

冯菊坡

26-089

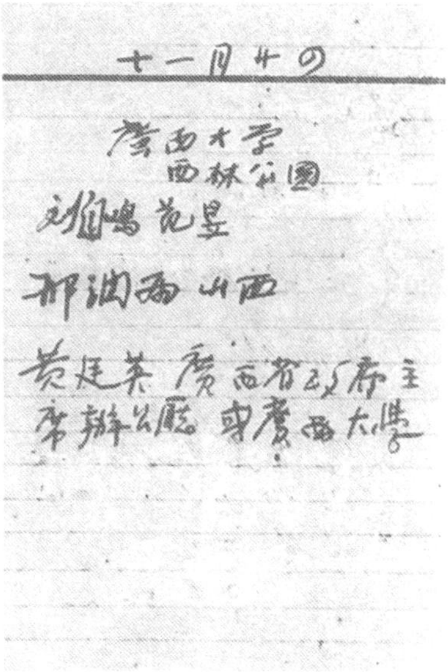

十一月四日

广西大学 西林公园

刘仙鸿 范昱

祁湘西 山西

黄廷英 广西省政府主席办公厅 或广西大学

26-090

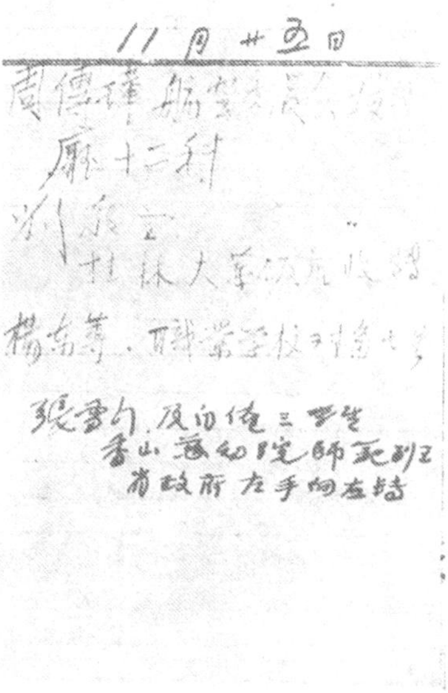

11月廿五日

周德伟

麻十二科

刘

桂林大学研究院

张雪门 及白化三先生 香山慈幼院师范部主 省政府左手向左转

26-091

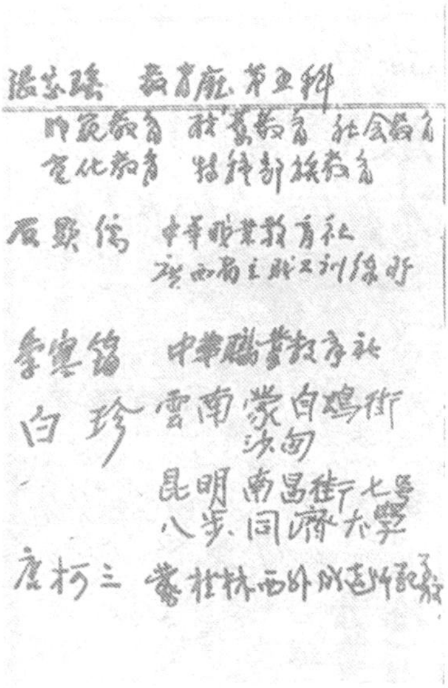

張宗麟 教育厅第五科

师范教育 职业教育 社会教育 普化教育 特种部族教育

中华职业教育社 广西省立职业训练所

中華職業教育社

白珍 雲南蒙自鸡街 沙甸 昆明南昌街七号 八号同济大学

桂林西门外

26-092

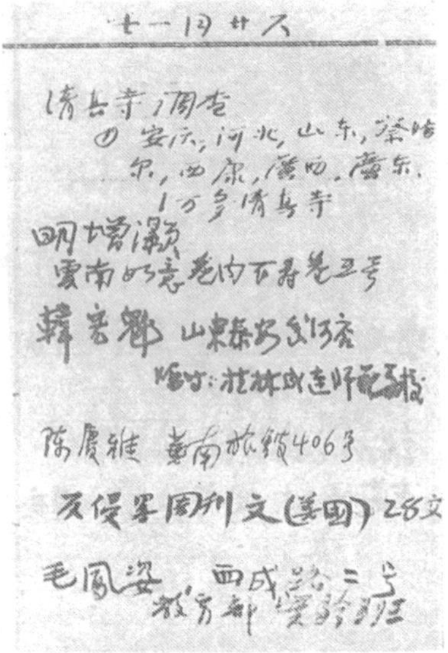
十一月廿八

清真寺 / 调查
① 安庆，河北，山东，察哈尔，西康，广西，广东，
1万多清真寺
明增灏
云南好意巷内五号巷三号
韩宫郁 山东泰安
桂林造师范学校
陈广维 华南旅馆406号
反侵略周刊 文（英国）28文
毛凤姿 西成路二号
教育部

26-093

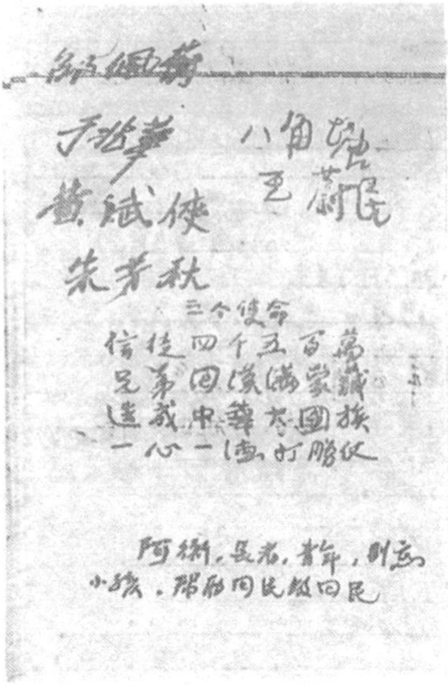
马松亭 八角塘
王曾民
黄赋侠
朱菁秋
三个使命
信徒四千五百万
兄弟回汉满蒙藏
造成中华大国族
一心一德打胜仗
阿訇，长老，青年，妇女，
小孩，帮助回民救回民

26-094

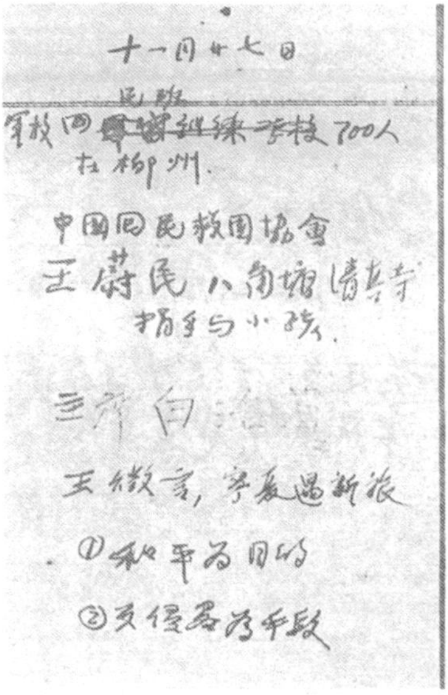
十一月廿七日
回教
军校回 700人
在柳州
中国回民救国协会
王曾民 八角塘清真寺
握手与小孩
王纵言，穿衣遇新派
①和平为目的
②反侵略为手段

26-095

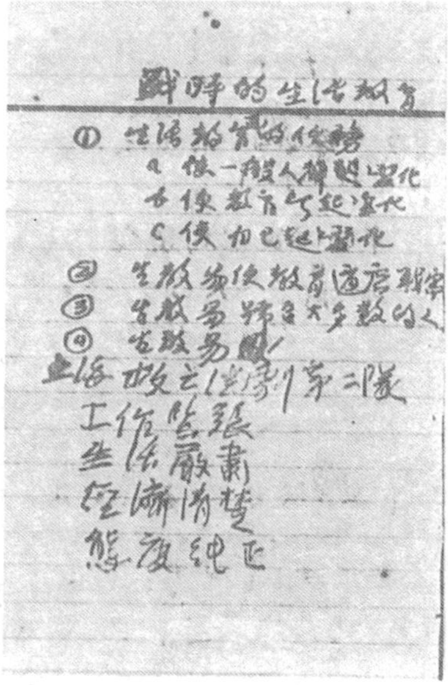
战时的生活教育
① 生活教育的任务
a 使一般人现代化
b 使教育现代化
c 使自己现代化
② 生活教育适应战争
③ 生活教育帮助大多数的人
④ 生活教育
上海救亡演剧第二队
工作紧张
生活严肃
空气清楚
态度纯正

26-096

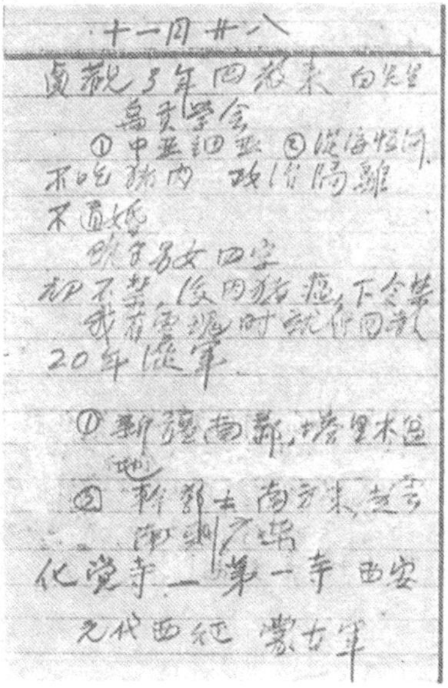

十一月廿八

自就了年回教来 白先生

高贡学会

① 中亚细亚 ② 从海峡河

不吃猪肉 政治隔离

不通婚

[illegible]男女回家

却不禁，后回教强，下令禁

我在[illegible]时就作回教

20年[illegible]

① 新疆南部，塔里木盆地

② [illegible]南方来，走云南到广西

化觉寺—第一寺 西安

元代西征 蒙古军

26-097

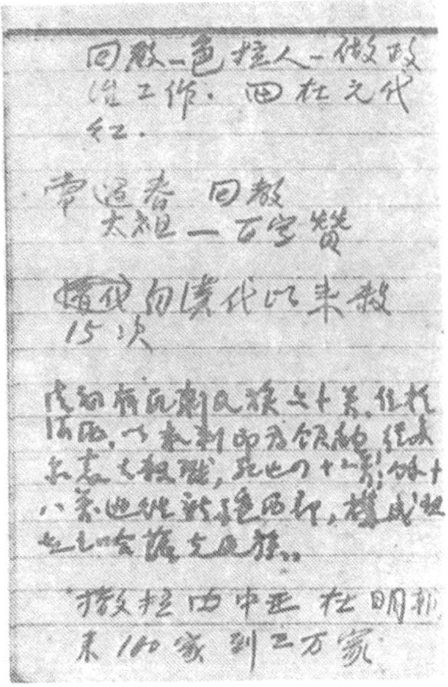

回教—色拉人—做政治工作。回在元代红。

常遇春 回教

太祖—百字赞

唐代 自唐代以来教

15次

[illegible]

撒拉回中亚 在明初

来160家 到二万家

26-098

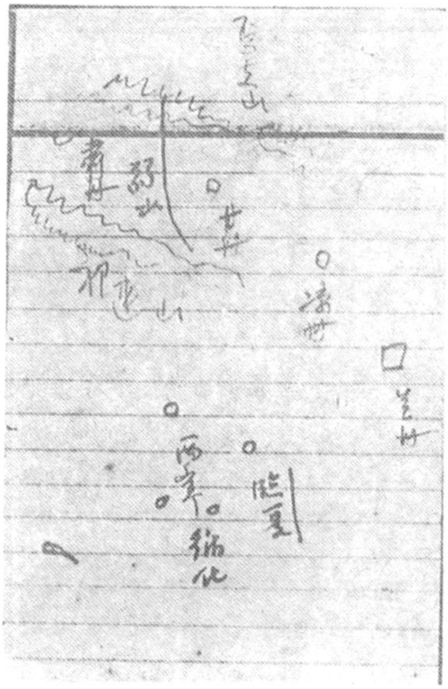


26-099

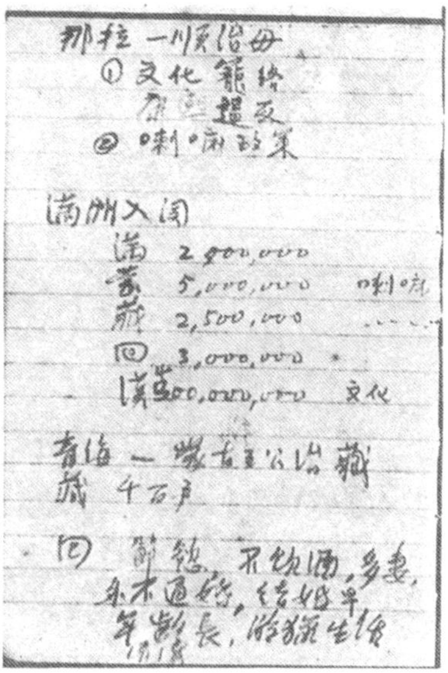

那拉—顺治母

① 文化 [illegible]

[illegible] 提及

② 喇嘛政策

满洲入关

满 2,000,000

蒙 5,000,000 喇嘛

藏 2,500,000

回 3,000,000

汉 400,000,000 文化

青海—蒙古王公治藏

藏 千百户

回 节俭，不饮酒，多妻，

永不通婚，结婚早

年龄长，[illegible]

26-100

陶行知全集

衔备忘第二十六册（1938.10.28~1938.11.29）

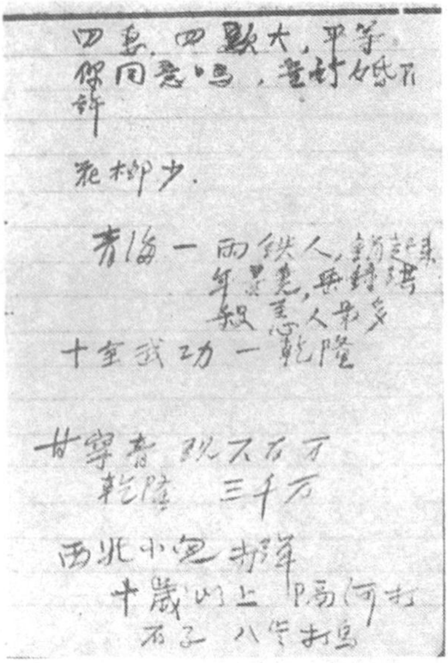
四要，四點大，平等，
你同意嗎，[illegible]不
許
范柳少．
青海一兩鐵人，新起来
年羹堯，[illegible]
殺羌人最多
十全武功一乾隆
甘寧青 [illegible]万
乾隆 三千万
西北小兒 [illegible]
十歲以上 [illegible]
不了 八歲[illegible]

26-101

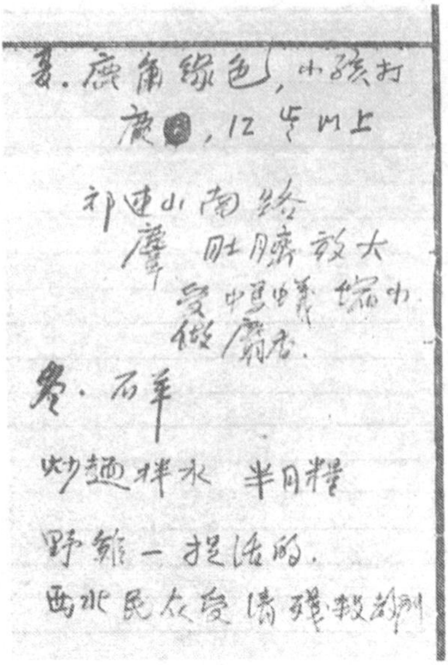
三．[illegible]色，小孩打
[illegible]，12歲以上
祁連山南路
[illegible] 肚臍放大
受[illegible]縮小
[illegible]
四．石羊
炒麵拌水 半月糧
野雞一捉活的．
西北民衆受[illegible]

26-102

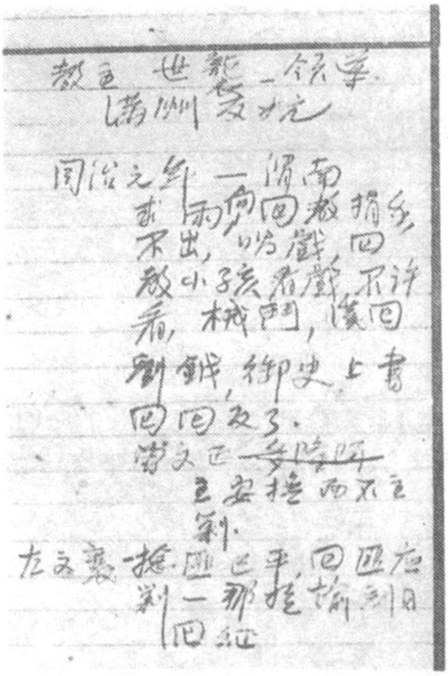
教主 世襲一領導
[illegible]
同治之年一渭南
[illegible]回教[illegible]
不出，唱戲，回
教小孩看戲不許
看，械鬥，漢回
[illegible]，御史上書
回回反了．
[illegible]
[illegible]
左文襄[illegible]
[illegible]
[illegible]

26-103

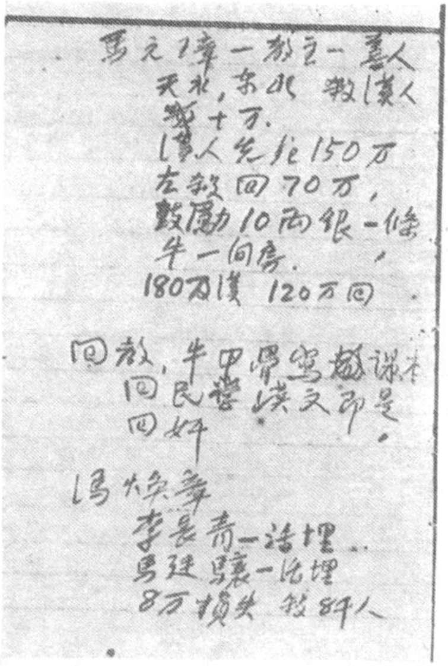
馬元章一教主一善人
天水，東北 殺漢人
數十萬．
漢人先死150万
左殺回70万，
鼓勵10兩銀一條
牛一間房．
180万漢 120万回
回教，[illegible]
回民[illegible]
回好
[illegible]
李長青一活埋
馬廷[illegible]一活埋
8万損失 殺[illegible]人

26-104

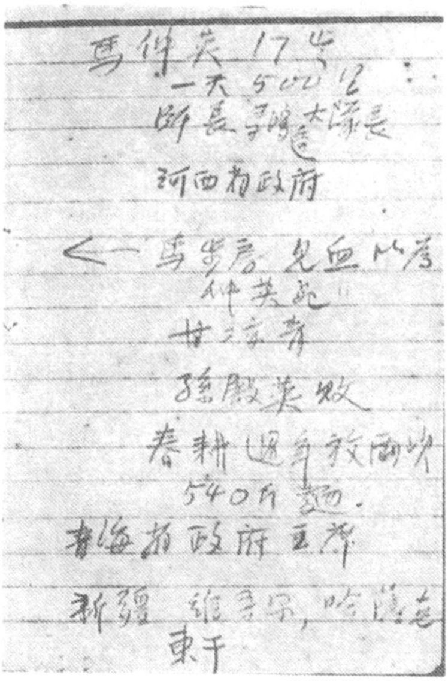

26-105

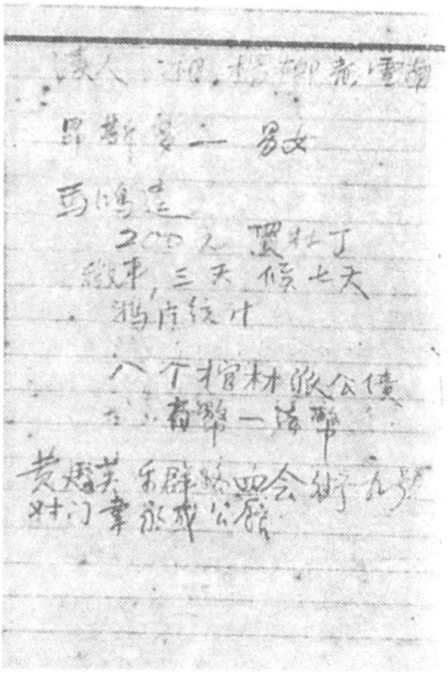

26-106

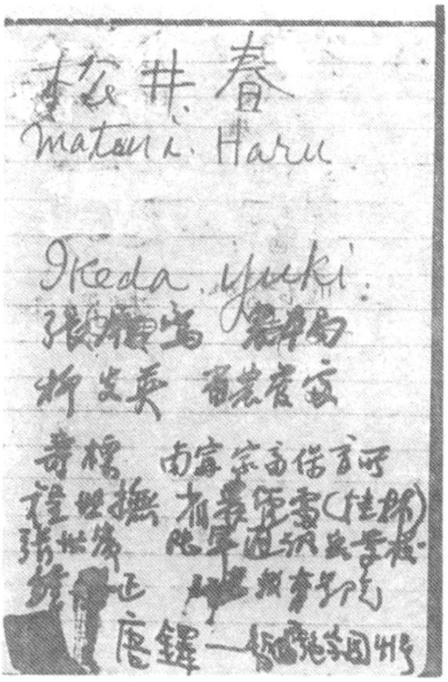
Matsui Haru
Ikeda yuki

26-107

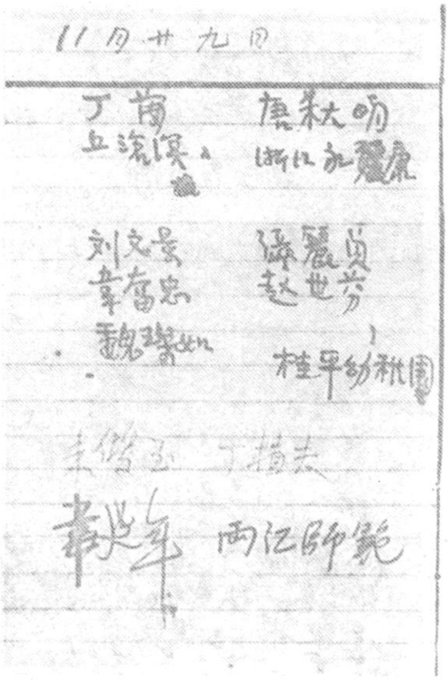
11月廿九日

26-108

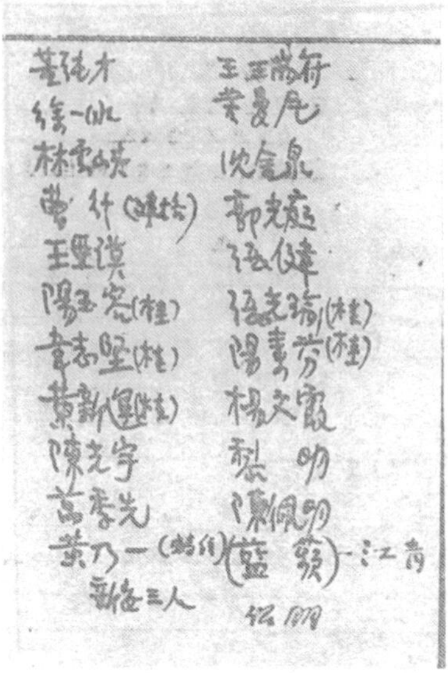

26-109

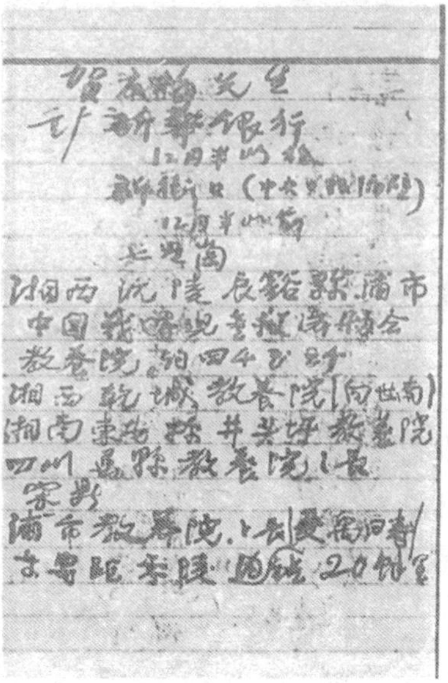

26-110

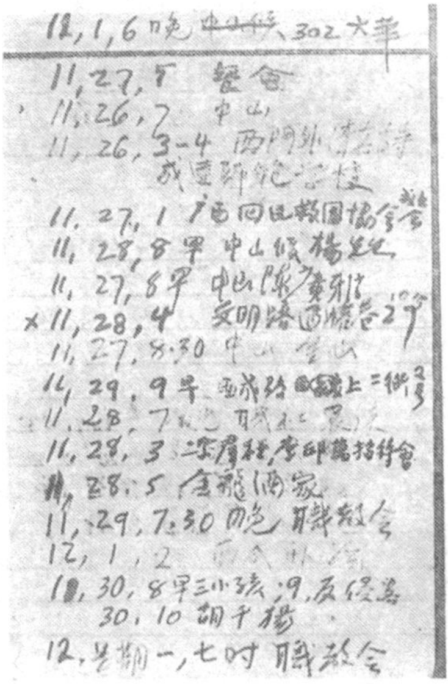

26-111

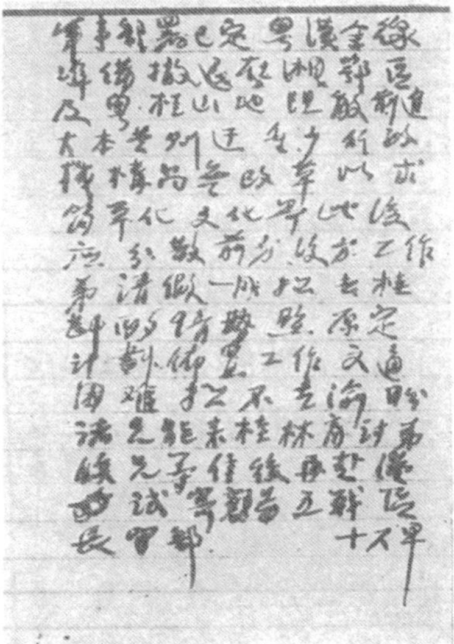

26-112

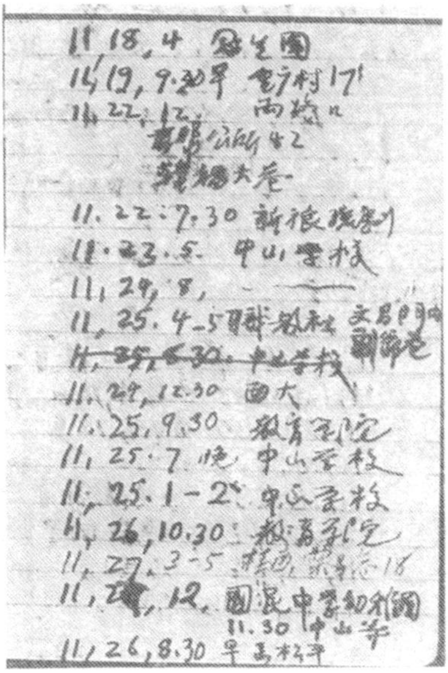

26-113

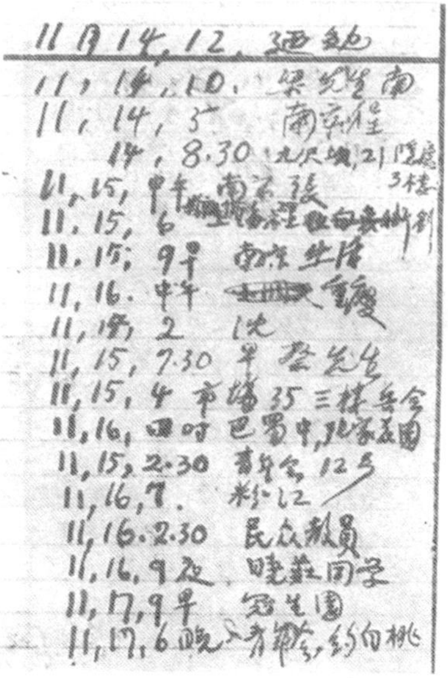

26-114

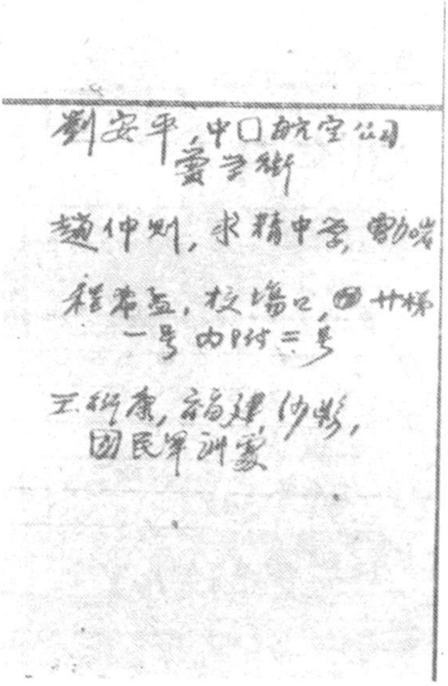

26-115

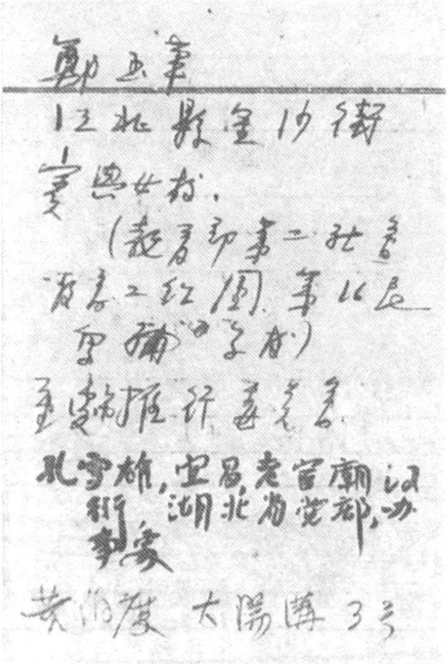

26-116

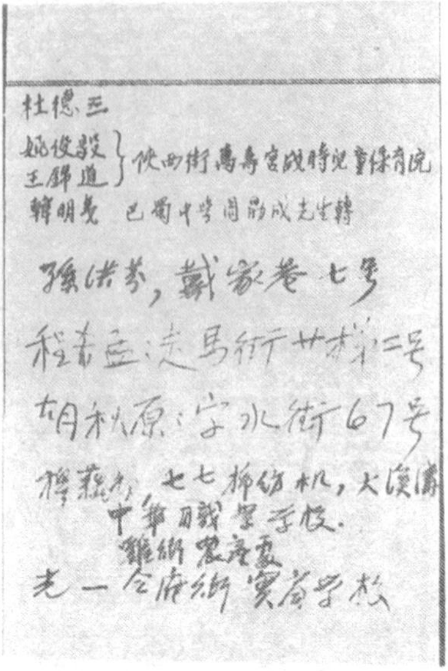
杜德三
姚俊毅
王錫道 } 陕西街萬壽宫战時兒童保育院
韓明尧 巴蜀中学周勖成先生轉
孫洪芬，戴家巷七号
程[illegible]：[illegible]馬街廿[illegible]二号
胡秋原：字水街67号
穆藕初，七七棉纺机，大溪溝
中華職業学校．
[illegible]
[illegible] 会府街 实驗学校

26-117

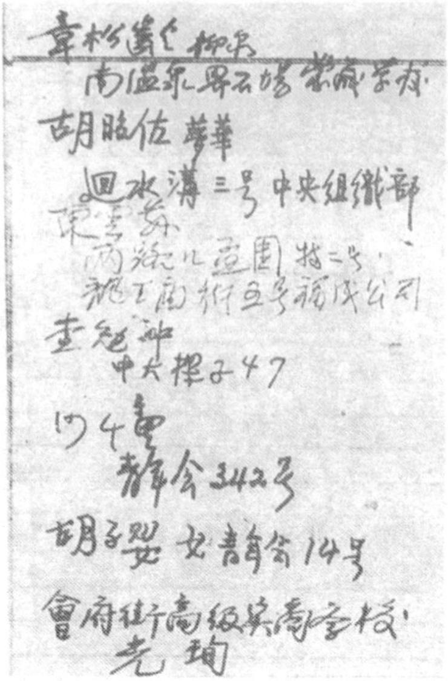
章[illegible] 柳[illegible]
南温泉界石場[illegible]学校
胡[illegible] [illegible]
回水溝三号 中央組織部
[illegible]
[illegible]
[illegible]
[illegible]
中大樑子47
[illegible]
静舍342号
胡子婴 女青年会14号
會府街高級实驗学校
光[illegible]

26-118

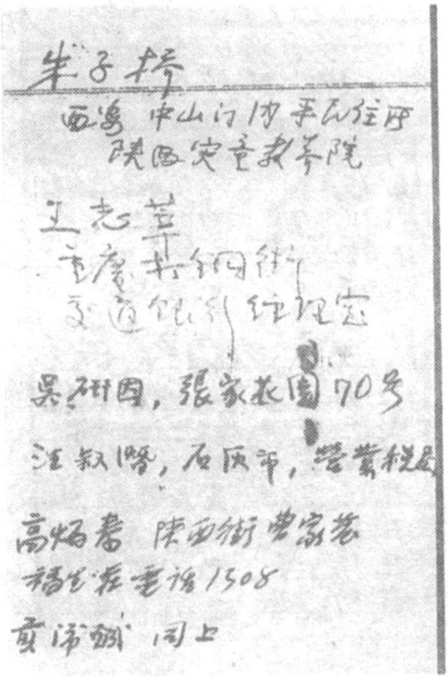
朱子橋
西安 中山門外 平民住所
陝西災童教養院
王志莘
重慶[illegible]
交通銀行[illegible]
吳研因，張家花園70号
汪[illegible]，石灰市，[illegible]
高[illegible] 陝西街[illegible]
[illegible] 電話1508
[illegible] 同上

26-119

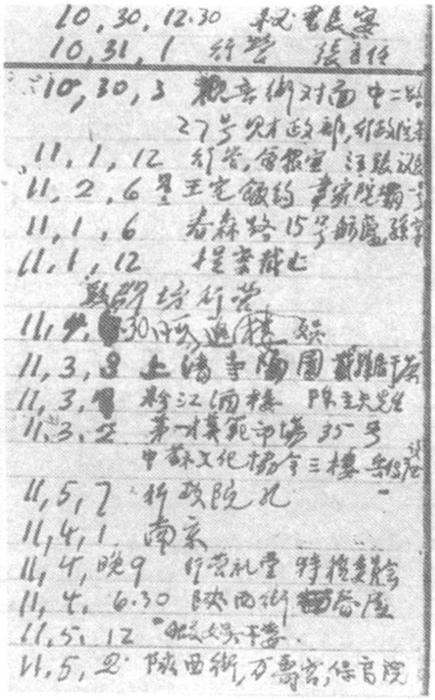
10，30，12.30 [illegible]
10，31，1 行營 張主任
10，30，3 [illegible]
27号财政部，[illegible]
11，1，12 行營，[illegible]
11，2，6 [illegible]
11，1，6 [illegible]15号[illegible]
11，1，12 [illegible]
[illegible]
11，4，[illegible] [illegible]
11，3，[illegible] 上清寺[illegible]
11，3，[illegible] [illegible]
11，3，[illegible] [illegible]35号
中蘇文化協會三樓[illegible]
11，5，7 行政院[illegible]
11，4，1 南京[illegible]
11，4，晚9 [illegible]
11，4，6.30 陝西街[illegible]
11，5，12 [illegible]
11，5，[illegible] 陝西街，万壽宫，保育院

26-120

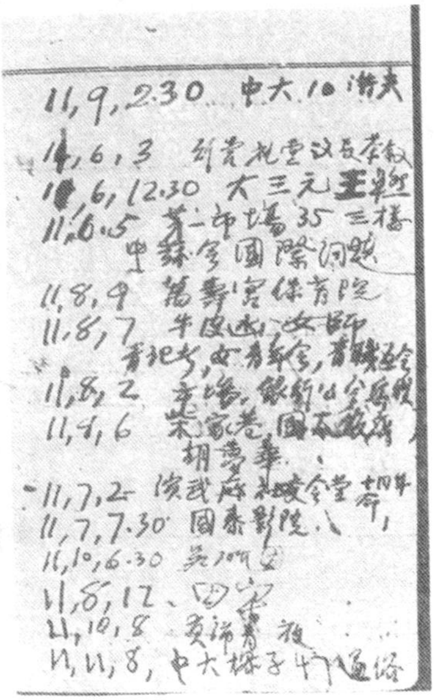

11,9,2.30 中大10

11,6,12.30 大三元

11,6,5 第一市场35 三楼

中苏会国际问题

11,8,9 保育院

11,10,6.30

11,8,12

11,11,8, 中大

26－121

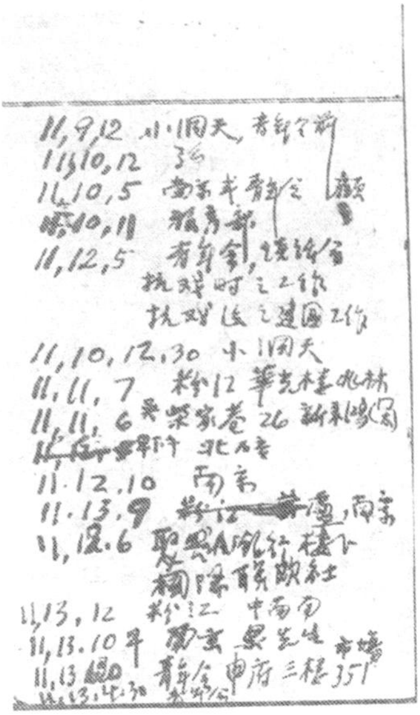

11,9,12 小同天

11,10,12

11,10,5

11,12,5

抗战时之工作

抗战后之建国工作

11,10,12.30 小同天

11,11,7

11,11,6 26

11.12.10

11.13.9

11,12,6

11,13,12

11,13,10

26－122

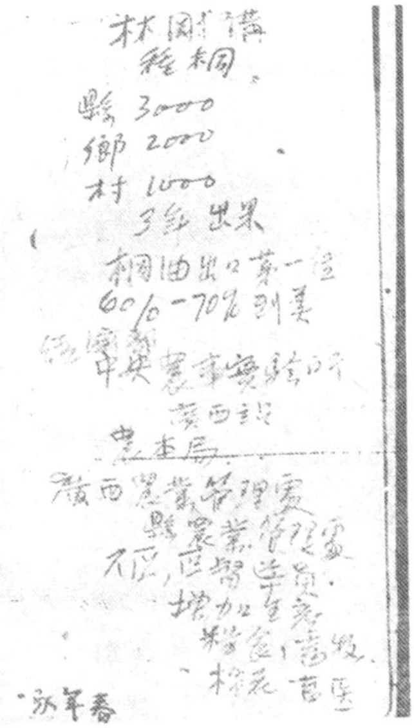

县 3000

乡 2000

村 1000

60%－70%

广西农业管理处

县农业管理处

增加生产

26－123

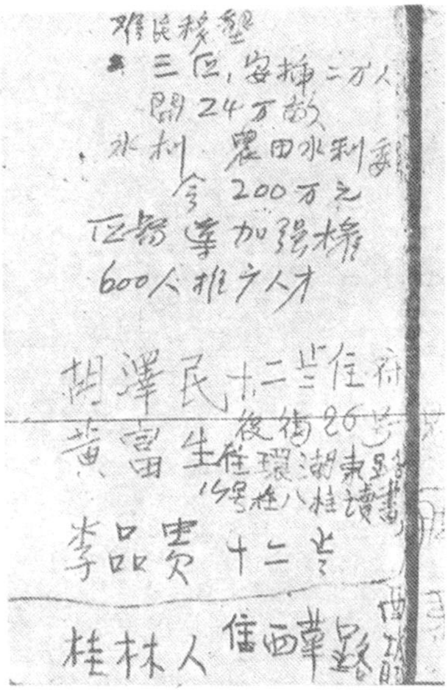

难民移垦

三区，安插二万人

开24万亩

水利 农田水利

200万元

600人

胡泽民 十二号住所

黄富生 住环湖东路

李品贵 十二号

桂林人

26－124

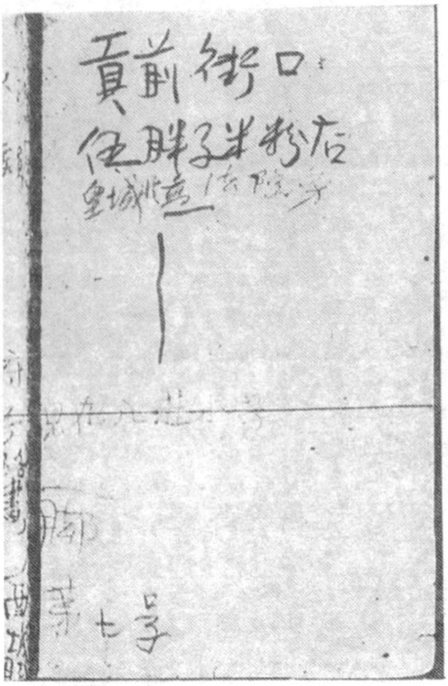


26-125

# 第二十六册〔注译〕

1938.10.28~1938.11.29

重庆·桂林

26—001

铭勋即孙铭勋；维特即陆维特；白桃即戴伯韬；动生即白动生

26—002

第5行起至26-003页为孔祥熙院长在第二次国民参政会的报告记要

26—009

“粉江”指粉江酒楼

26—014

第3行“周公婆”喻礼和乐，参见11月4日小胖诗

26—018

第5行“小胖”指卢前

第6行“老胖”指傅斯年

26—022

第4行起至26-023页第5行的提纲，次年写成《辨奸》一文

26—023

第5行“埋干”为“蛮干”笔误

26—029

第5至8行外文为庆祝苏联十月革命21周年

26—030

末行“田夫夫”为田夫人笔误

26—037

第4行“西北联合”指西北联合大学

第6行“金大”指金陵大学

26—045

第9行“外人”为外国人

26—046

第10行为“谈、想、看、玩、干”，参阅《三万歌》及《生活教育小影》

26—069

倒数第4行“空了”即“萨空了”

26—070

第 4 行“阿衡”为阿訇

26—075

第 4 行外文为人名

26—081

第 2 行雷殷厅长为民政厅长

26—094

第 10 行阿衡为阿訇

26—095

11 月 27 日陶行知参加回民救国会广西分会成立会

第 8 行“新旅”指新安旅行团，后同

26—096

第 6 行“生教”为生活教育，后同；“战需”为战时需要

26—107

外文为日本人名

26—113

第 6 行“孩剧”指孩子剧团，后同

26—116

第 6 行“厚补学者”为“后补学者”笔误

26—120

第 2 行“行营张主任”指行营主任张群

第 4 行：“茶”为茶会

第 5 行“汪张议长”指议长汪兆铭、副议长张伯苓

第 7 行“孙宴”指孙科宴会

第 11 行：11 月 3 日 3 时　上清寺陶园戴、孙（科）、居（正）、于（右任）茶会

第 15 行：“孔”指孔祥熙

# 衡備忘

第二十七册

1938.11.30~1939.1.2

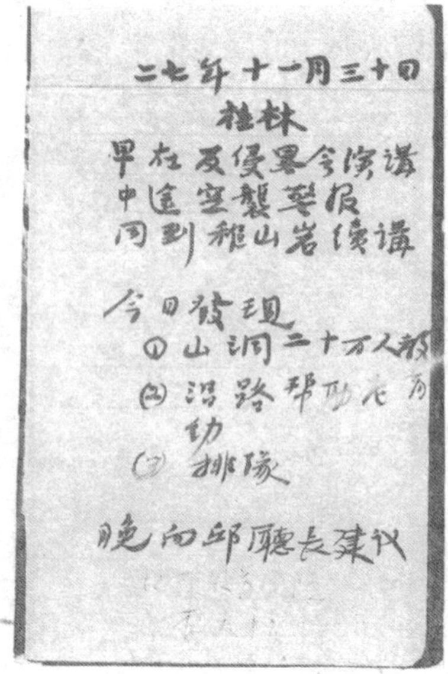
二七年十一月三十日
桂林
早在反侵略会演讲
中途空袭警报
同到[illegible]山岩演讲
今日发现
①山洞二十万人藏
②沿路帮助老[illegible]幼
③排队
晚向邱厅长建议

27-001

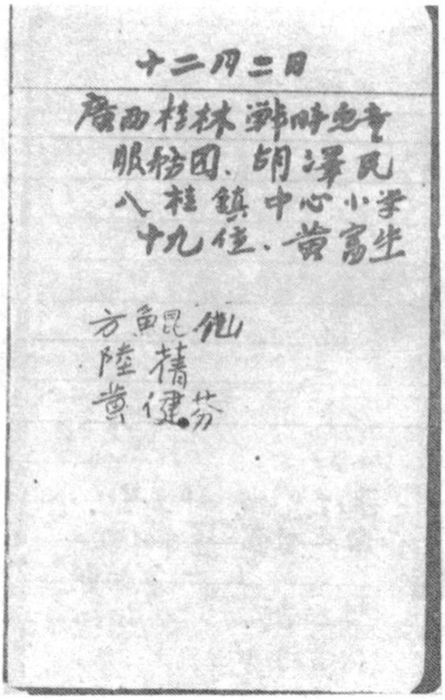
十二月二日
广西桂林难胞[illegible]服务团、胡泽民
八桂镇中心小学
十九位、黄富生
方鲲[illegible]
陆精
黄健芬

27-002

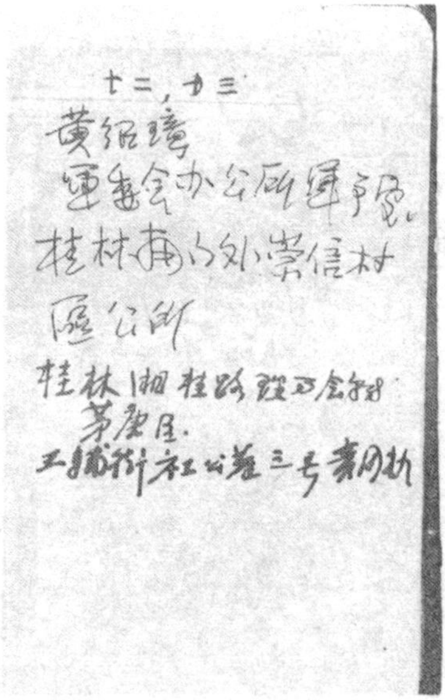
十二，十三
黄绍竑
军委会办公厅[illegible]
桂林[illegible]小学信村
[illegible]公所
桂林[illegible]桂路[illegible]
[illegible]
[illegible]

27-003

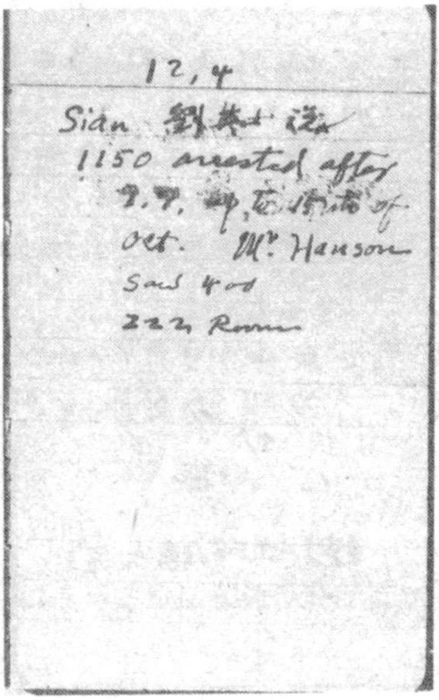
12, 4
Sian 刘[illegible]士谈
1150 arrested after
9.7. [illegible] of
Oct. Mr. Hanson
Saw 4 od
222 Room

27-004

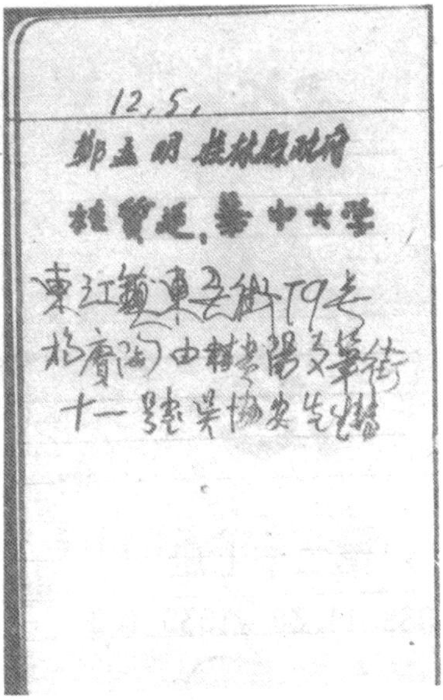
12.5.
鄧燕明 桂林
楊贊廷，桂中大學
東江鎮東岳街19號
轉廣陶 由桂東陽文華街
十一號吳協安先生轉

27－005

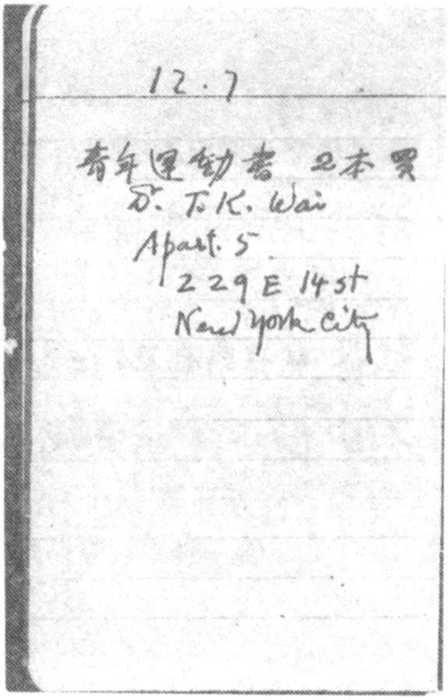
12.7
青年運動書 又本買
Dr. T.K. Wai
Apart. 5
229 E 14st
New York City

27－006

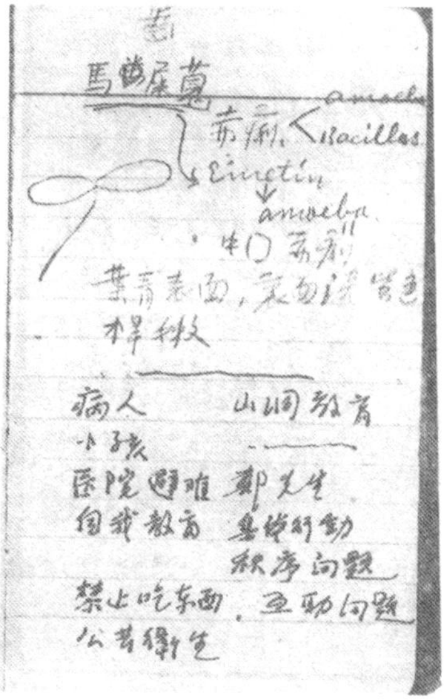
馬鶴屏
赤痢 Bacillus
Emetin
amoeba
病人 山洞教育
小孩
醫院困難 鄧先生
自我教育 集體行動
秩序問題
禁止吃東西 互助問題
公共衛生

27－007

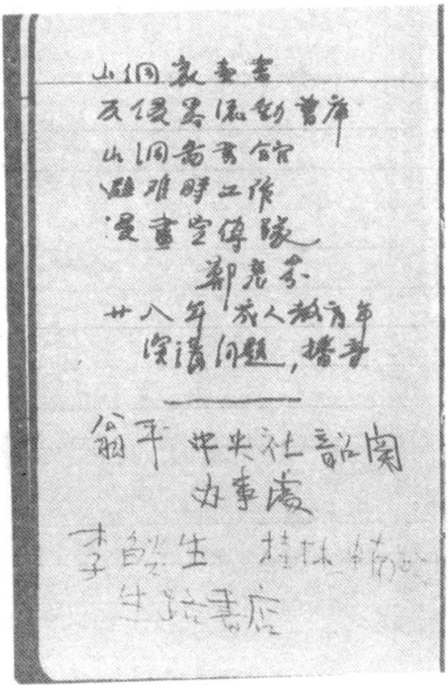
山洞教育
反侵略運動書库
山洞圖書館
艱難時工作
漫畫宣傳隊
鄧克素
廿八年 成人教育年
實驗問題，播音
翁平 中央社記者
辦事處
李卧生 桂林
生活書店

27－008

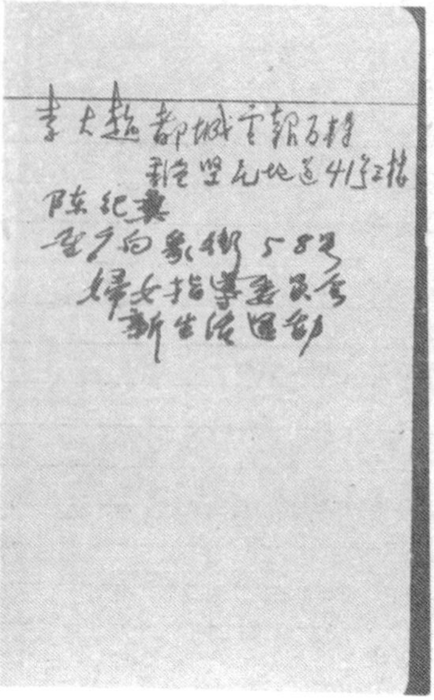
李大超 都城[illegible]
[illegible]41号2楼
陈纪彝
至乡向象街 58号
妇女指导委员会
新生活运动部

27-009

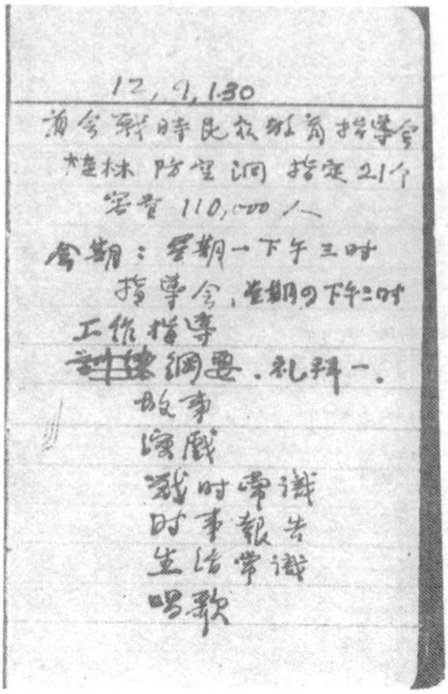
12, 9, 1.30
省会战时民众教育指导会
桂林 防空洞 指定21个
容量 110,000人
会期：星期一下午三时
指导会，星期四下午二时
工作指导
训练纲要．礼拜一．
故事
游戏
战时常识
时事报告
生活常识
唱歌

27-010

抗战故事选
[illegible]研究所 [illegible]

27-011

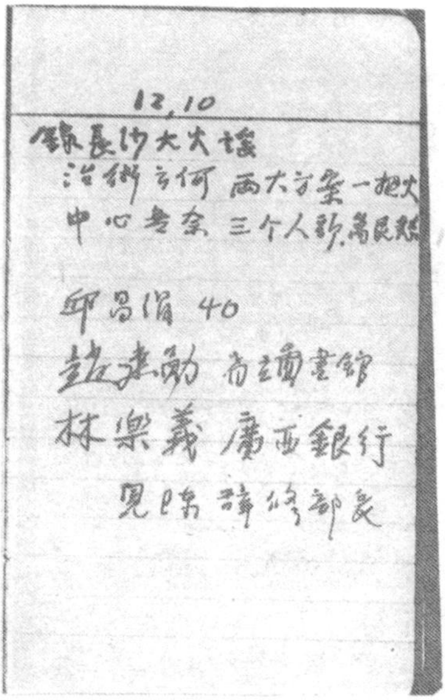
12,10
录长沙大火谈
治标方何 两大方案 一把火
中心无念 三个人头，为民[illegible]
邱昌渭 40
赵来勋 商务书馆
林乐义 广西银行
见[illegible] 编修部长

27-012

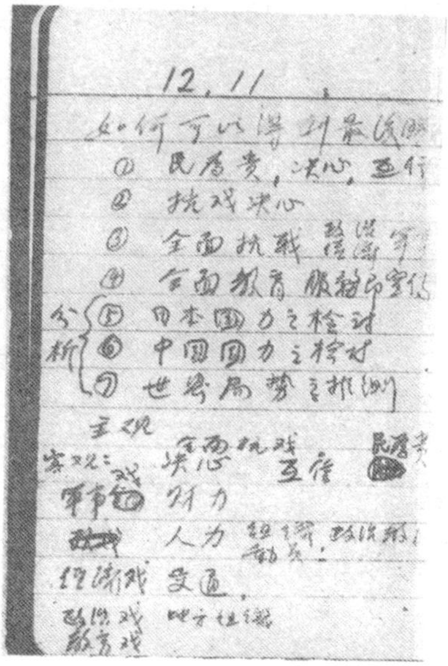


27-013

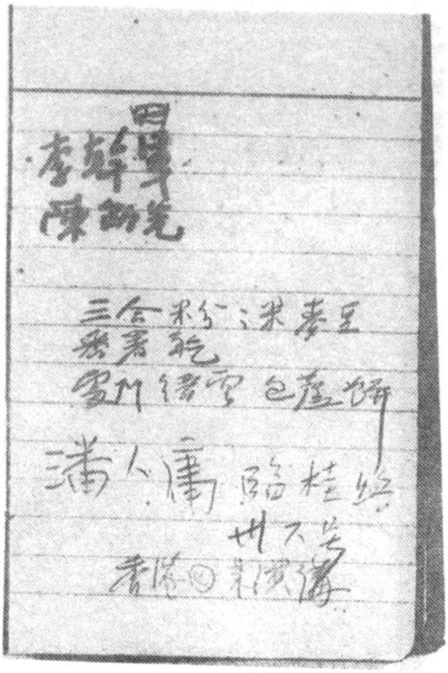

27-014

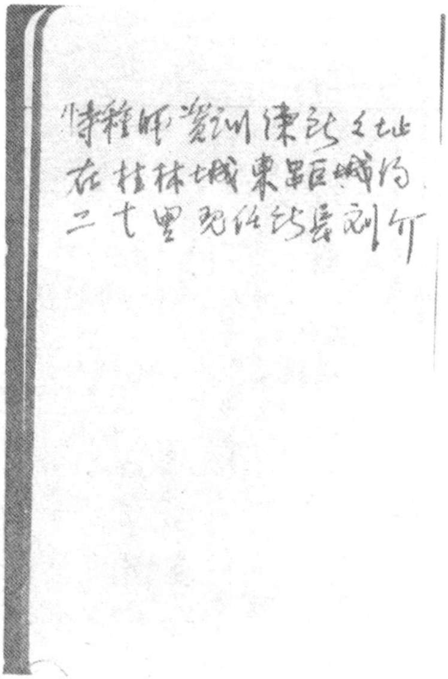


27-015

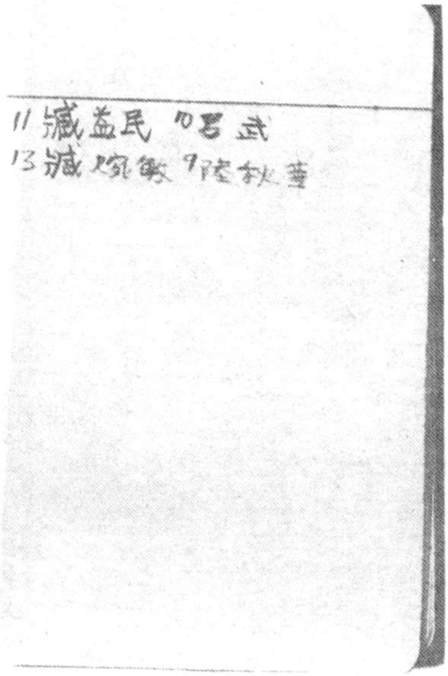

27-016

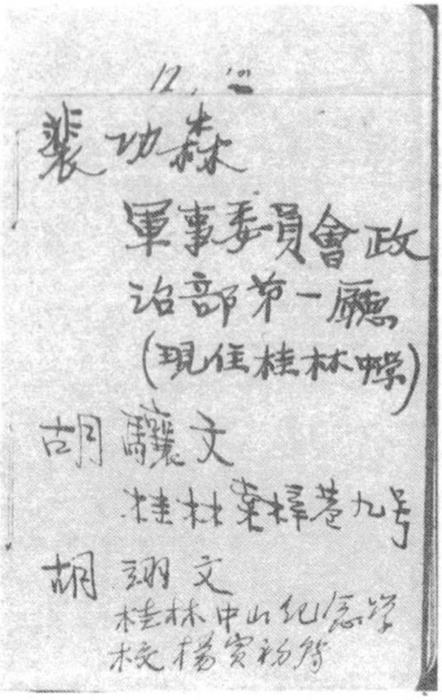

27-017

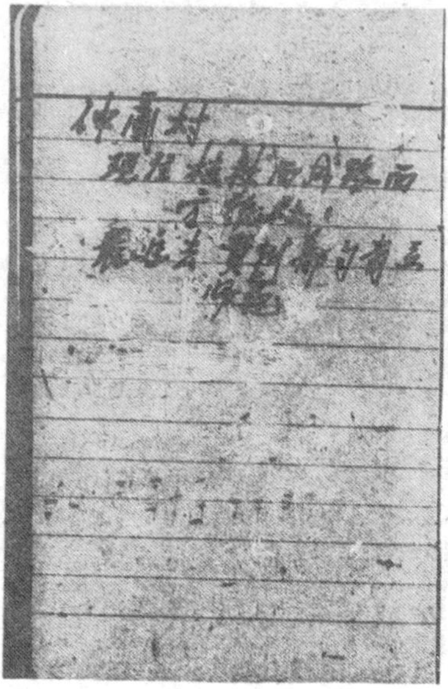

27-018

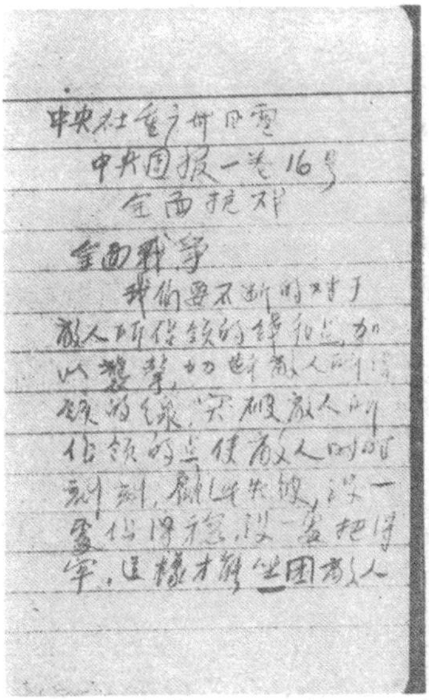

27-019

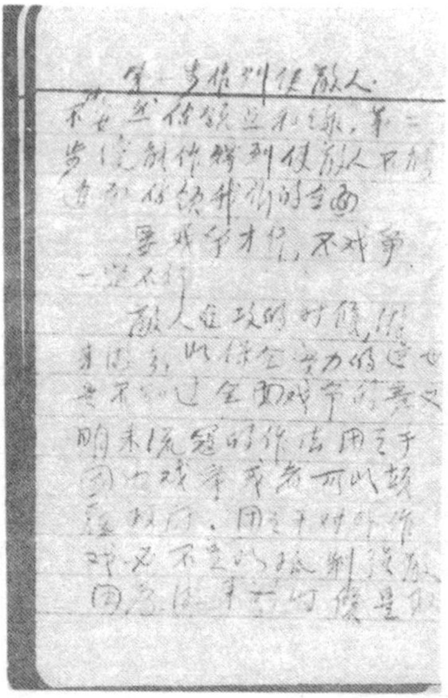

27-020

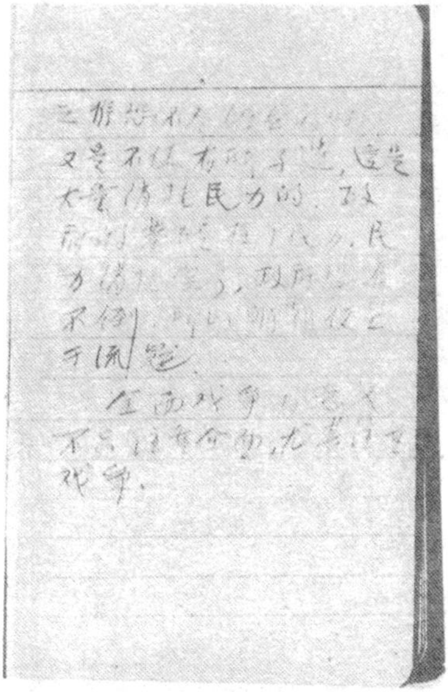

27-021

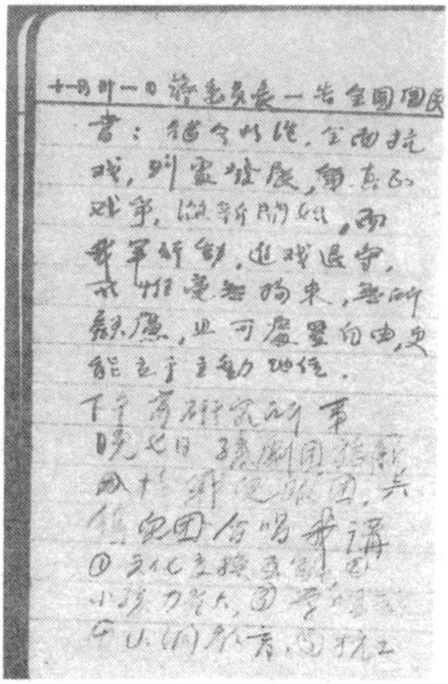
十一月廿一日 蒋委员长告全国国民书：……全面抗战，……

27-022

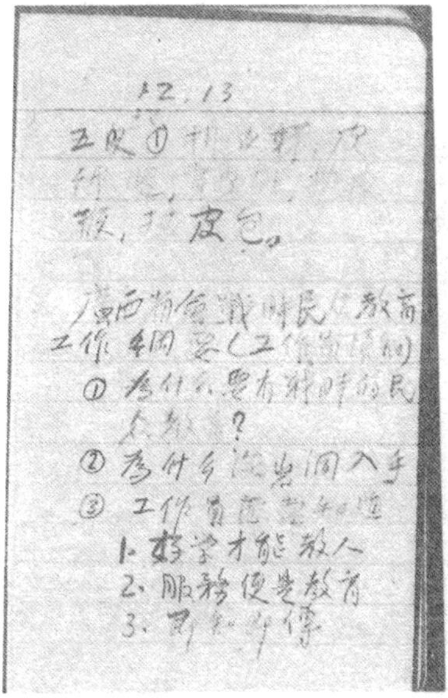
12.13

广西战时民众教育工作纲要（工作……）

①为什么要有战时的民众教育？

②为什么从乡间入手

③工作者应当知道

1. 好学才能教人

2. 服务便是教育

27-023

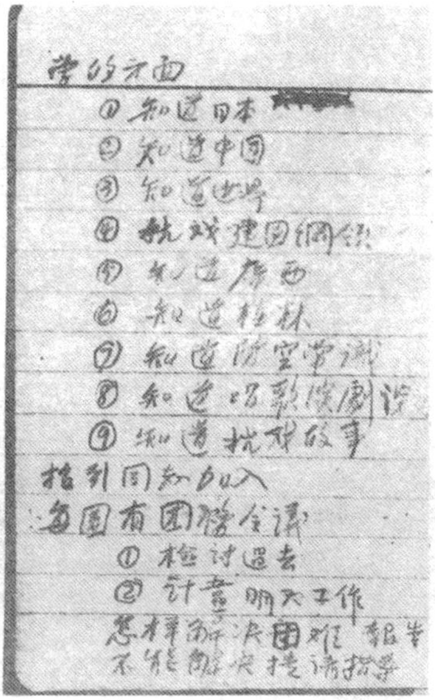
学的方面

①知道日本

②知道中国

③知道世界

④抗战建国纲领

⑤知道广西

⑥知道桂林

⑦知道防空常识

⑧知道唱歌演剧

⑨知道抗战故事

指引同志加入

每团有团务会议

①检讨过去

②计划明天工作

怎样解决困难

不能解决提请指导

27-024

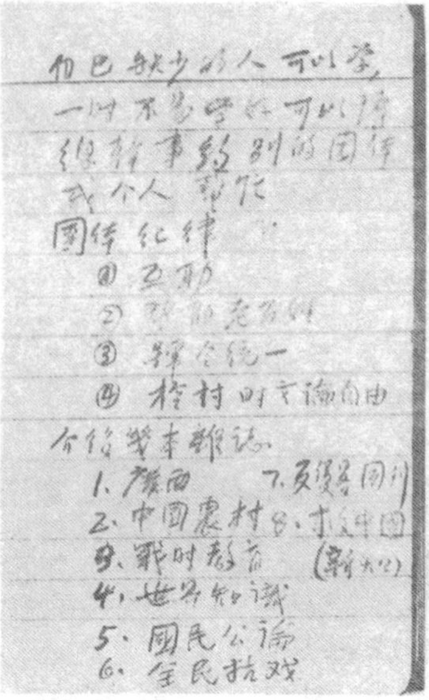

27-025

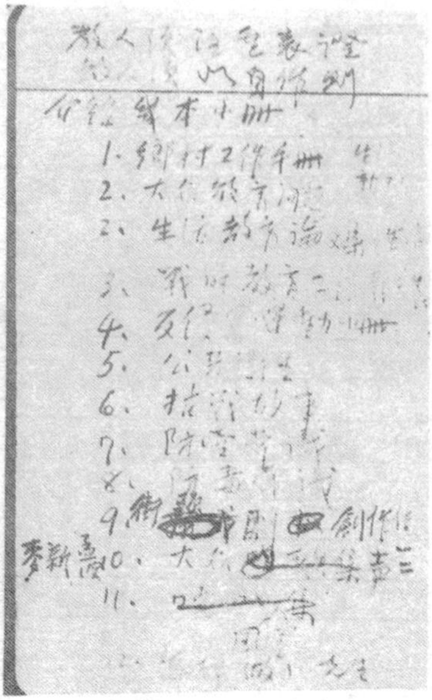

27-026

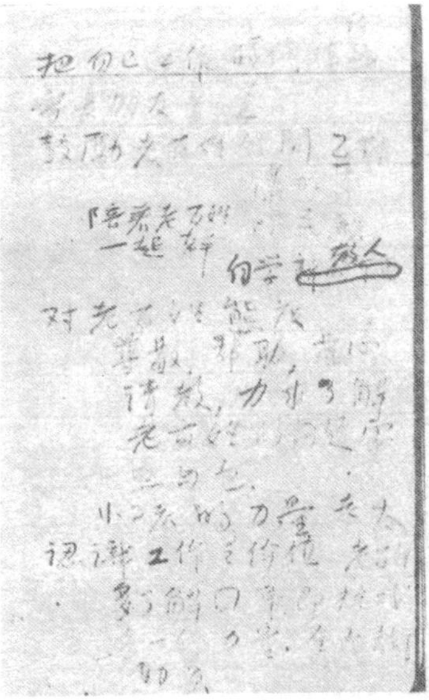

27-027

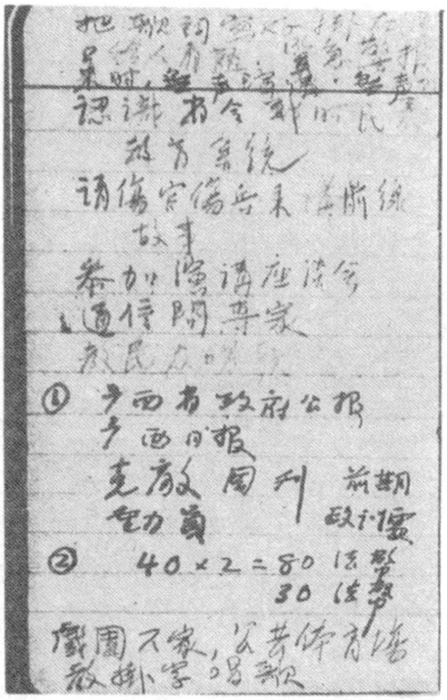

27-028

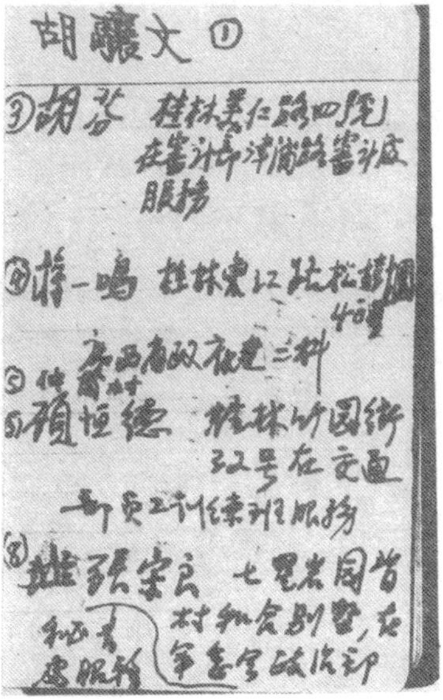

27-029

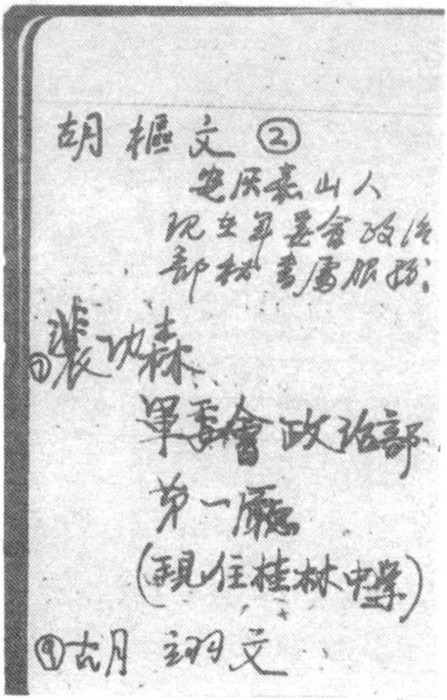

胡楹文 ②

现在军委会政治部林书房服务

⑦张战森

军委会政治部

第一厅

（现住桂林中学）

⑨胡翊文

27-030

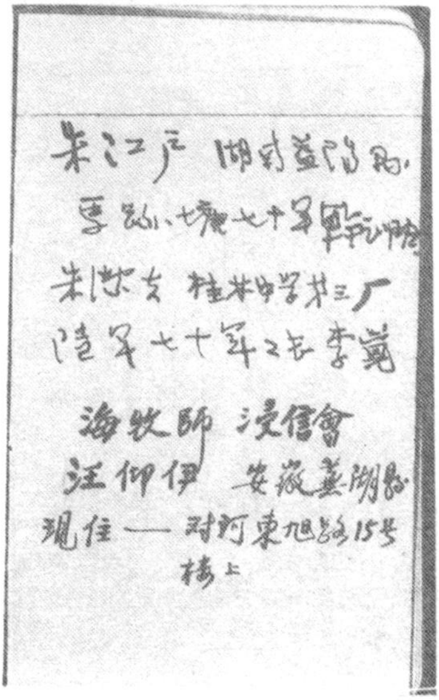

朱江户 湖南益阳

海牧师 浸信会

汪仰伊 安徽芜湖

现住——对河东旭路15号

楼上

27-031

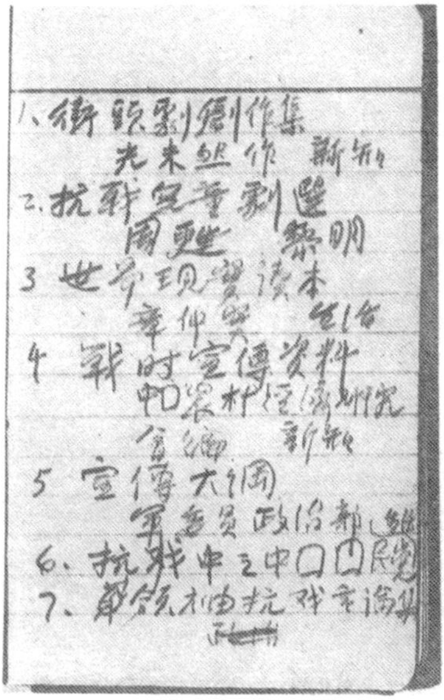

1、街头剧创作集

光未然作 新知

2、抗战儿童剧选

3 世界现实读本

4 战时宣传资料

5 宣传大纲

军委会政治部

6、抗战中之中国

7、郭沫若抗战言论集

27-032

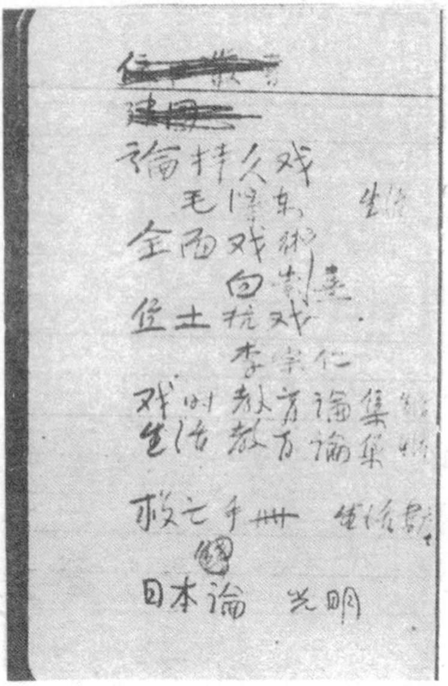


27-033

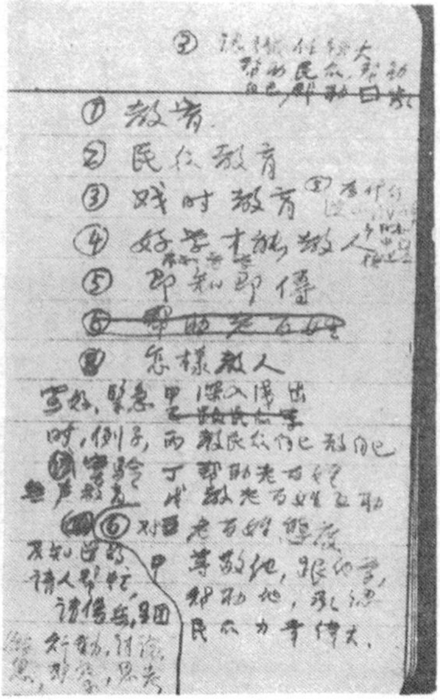


27-034

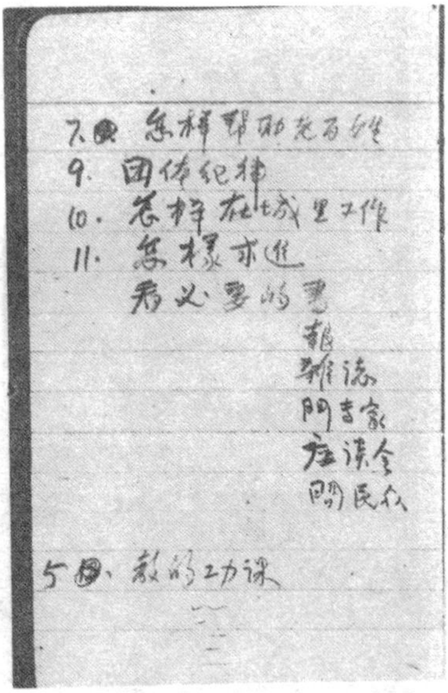


27-035

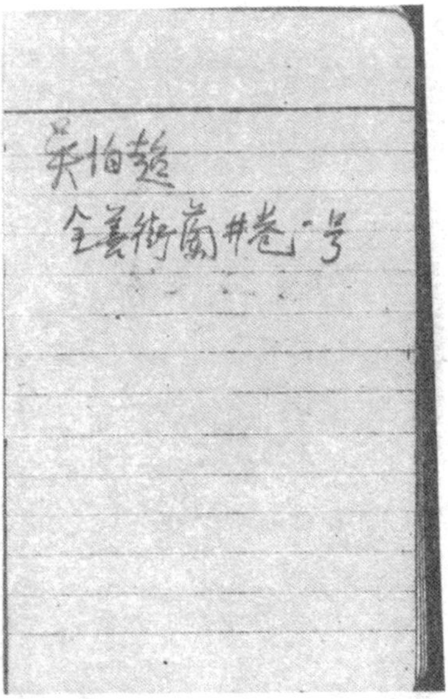

27-036

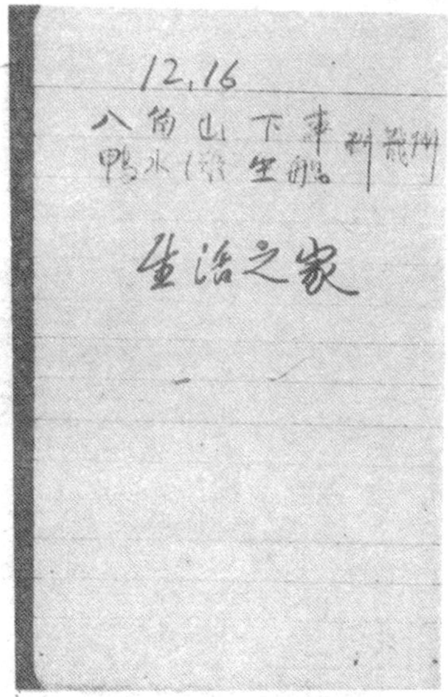
12,16
八角山下车
生活之家

27－037

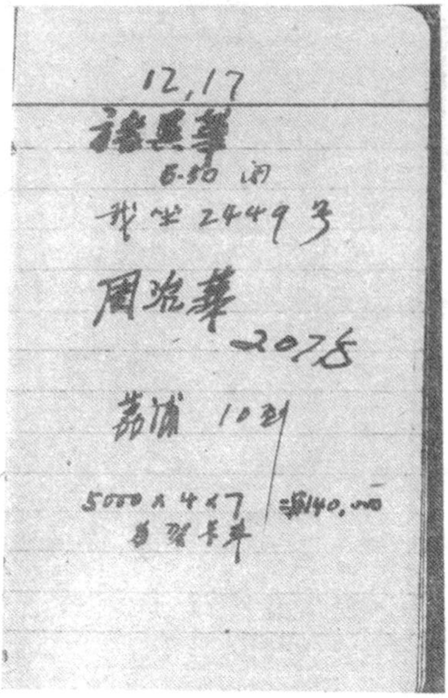
12,17
我坐2449号
周治华
2078
荔浦 10到

27－038

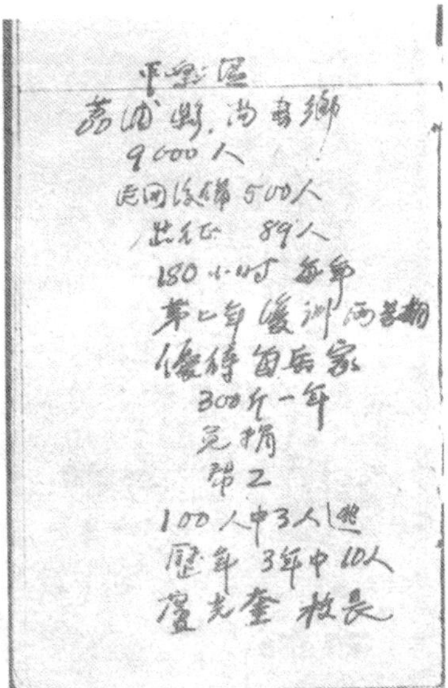
9000人
500人
出征 89人
300斤一年
免捐
帮工
100人中3人选
历年 3年中10人
校长

27－039

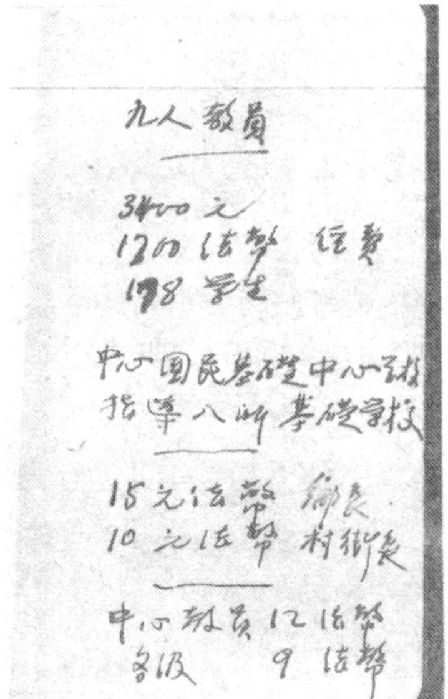
九人教员
3400元
1700法币 经费
178 学生
中心国民基础中心学校
指导八所基础学校
15元法币 乡长
10元法币 村街长
中心教员 12 法币
各级 9 法币

27－040

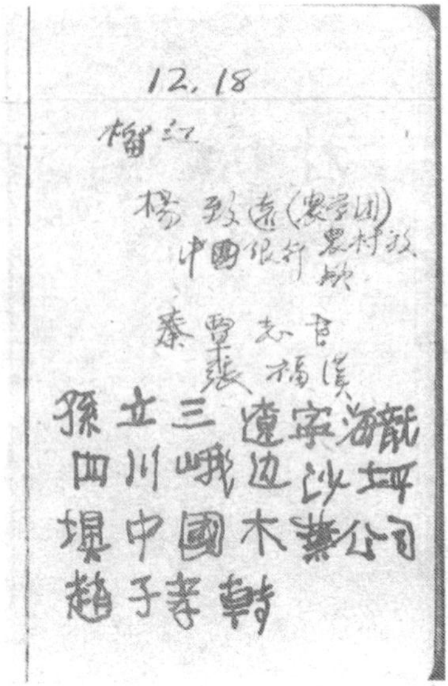
12，18
榴江
楊致遠（农学团）
中國银行 农村放款
黎費志官
張福瑞
孫立三 遼寧海城
四川峨边沙坪
壩中國木業公司
趙子孝轉

27-041

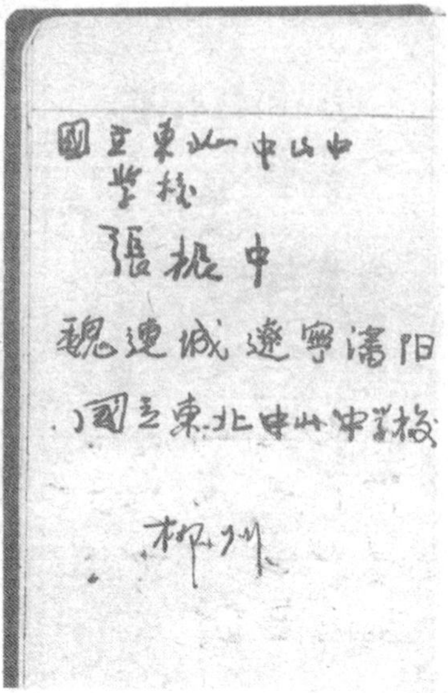
國立東北中山中學校
張振中
魏連城 遼寧瀋阳
國立東北中山中学校
柳州

27-042

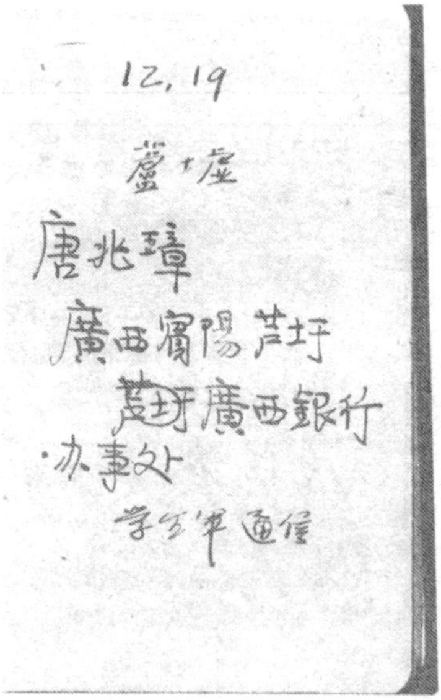
12，19
蘆墟
唐兆璋
廣西賓陽芦圩
蘆圩廣西銀行
办事处
李公朴通信

27-043

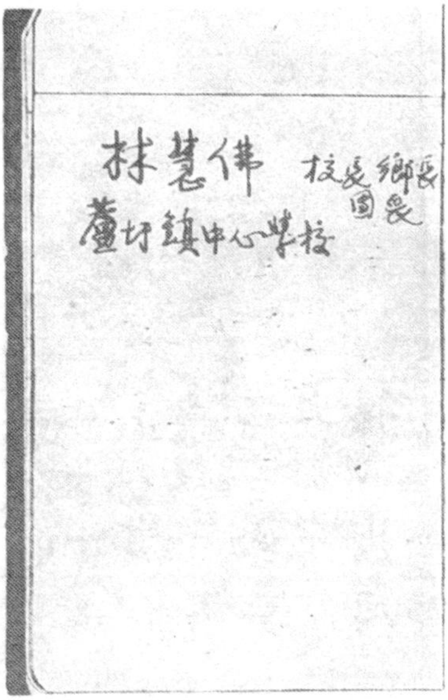
林慕佛 校長 鄉長 團長
蘆圩鎮中心學校

27-044

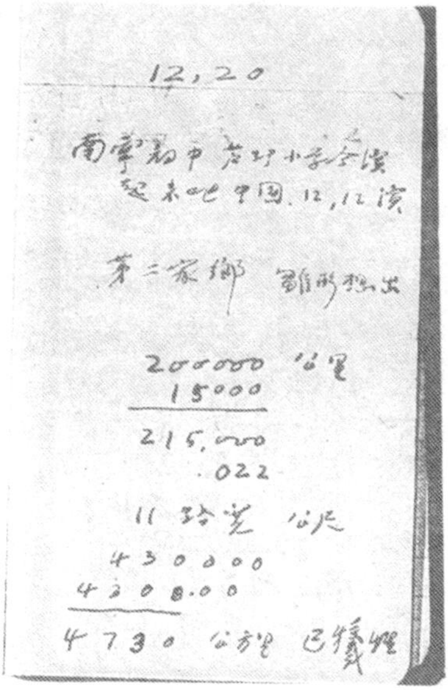
12,20

起来吧中国 12,12演

第二家乡

200000 公里
15000
215,000
.022

430000
4730 公方里

27-045

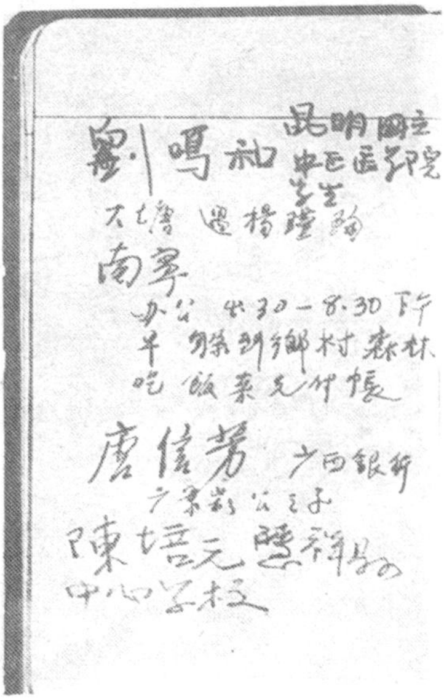
刘鸣和 昆明国立中正医学院学生

南宁
办公 4.30-8.30 下午

唐信芳 广西银行

陈培元

中心学校

27-046

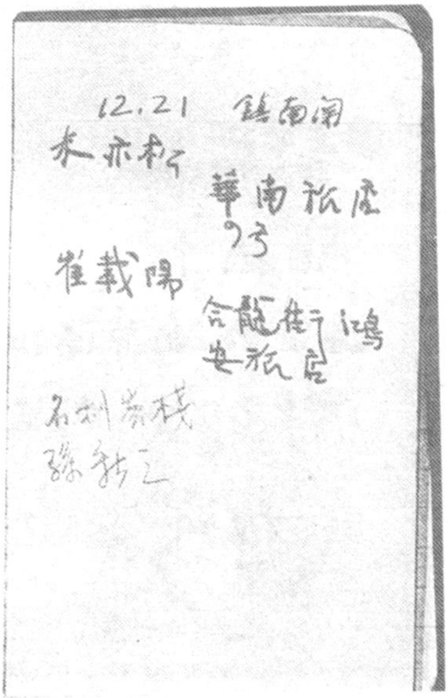
12.21

华南旅店

崔载阳

27-047

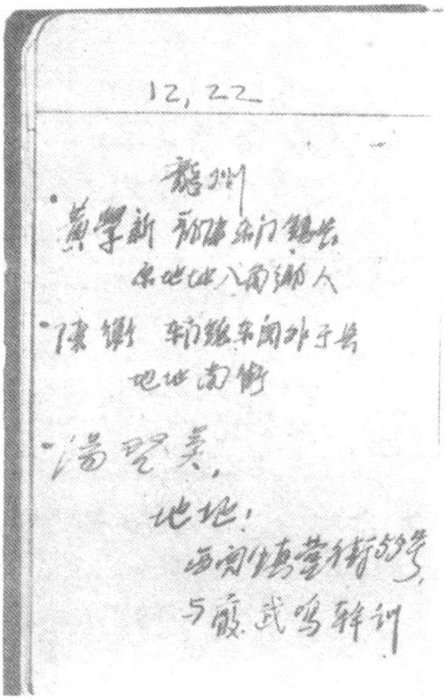
12,22

龙州

地址

27-048

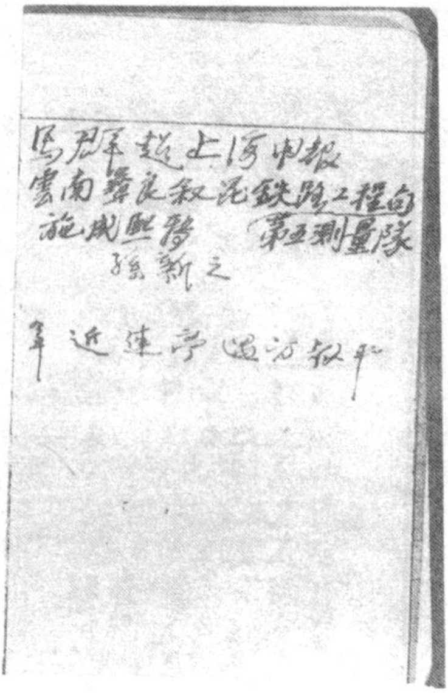
馬君平 [illegible]上海申報
雲南[illegible]叙昆鐵路工程局
施成熙 第五測量隊
孫新之
[illegible]

27-049

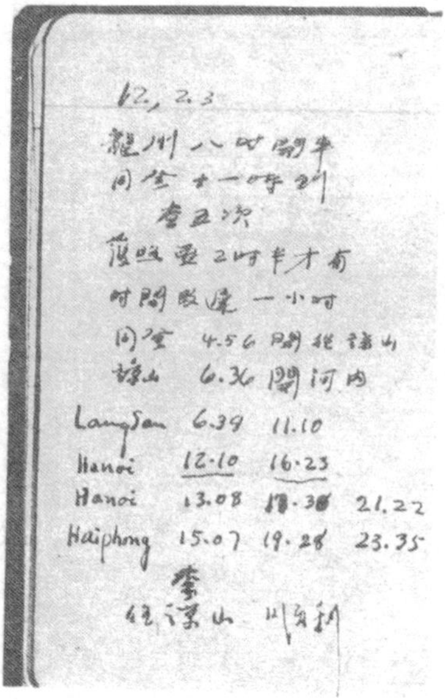
12, 23
龍州八時開車
同登十一時到
查三次
[illegible]
時間[illegible]一小時
同登 4.56 開往諒山
諒山 6.36 開河內

| | | | |
|---|---|---|---|
| Lang Son | 6.39 | 11.10 | |
| Hanoi | 12.10 | 16.23 | |
| Hanoi | 13.08 | 18.30 | 21.22 |
| Haiphong | 15.07 | 19.28 | 23.35 |

[illegible]
住諒山 [illegible]

27-050

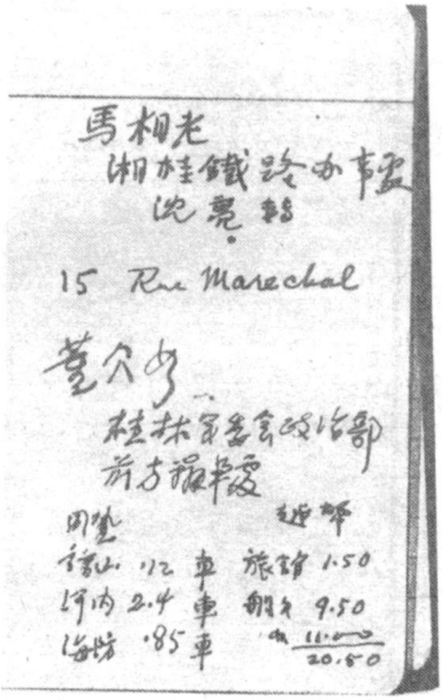
馬相老
湘桂鐵路辦事處
沈[illegible]
15 Rue Marechal
董[illegible]
桂林軍委會政治部
前方辦事處

| 同登 | | 越幣 | |
|---|---|---|---|
| 諒山 .12 | 車 | 旅館 | 1.50 |
| 河內 2.4 | 車 | [illegible] | 9.50 |
| 海防 .85 | 車 | | 11.00 |
| | | | 20.50 |

27-051

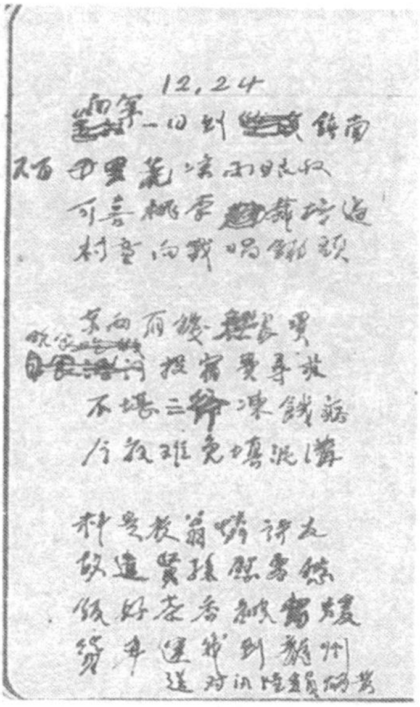
12, 24
[illegible]
[illegible]
可喜[illegible]
村童向我[illegible]
[illegible]
[illegible]
不[illegible]錢[illegible]
[illegible]
[illegible]
[illegible]
[illegible]
[illegible]

27-052

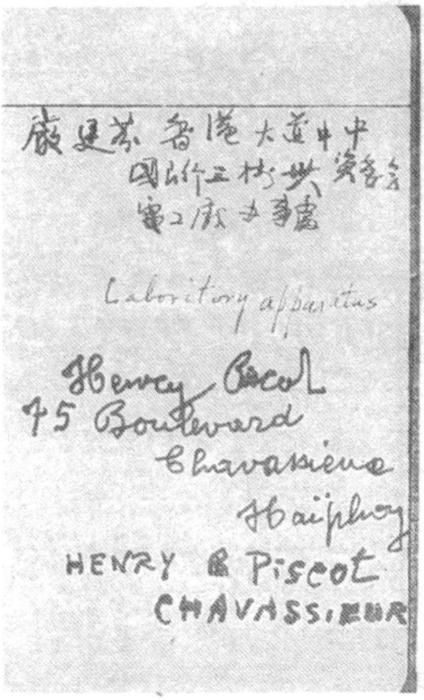


27-053

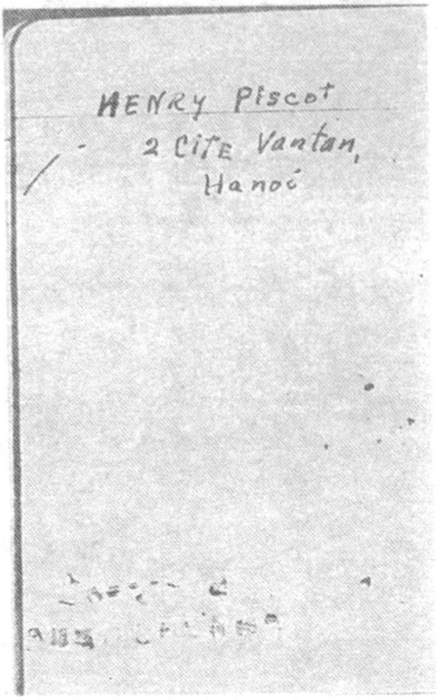


27-054

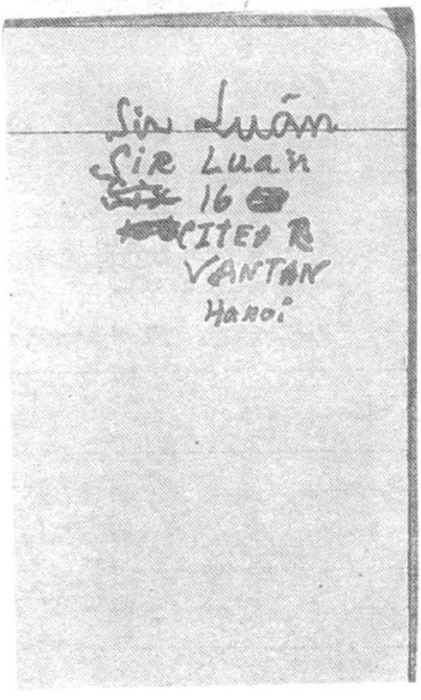


27-055

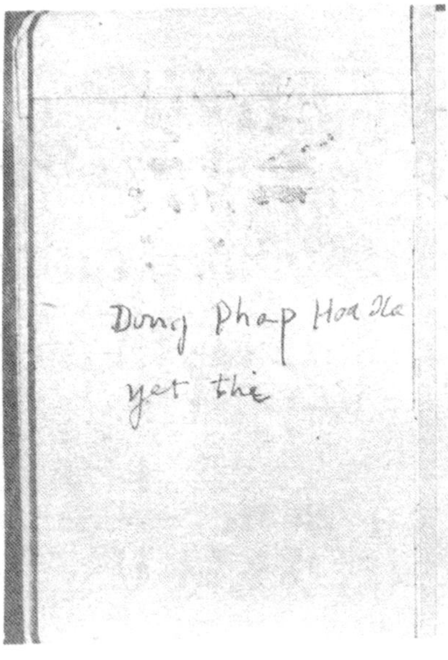


27-056

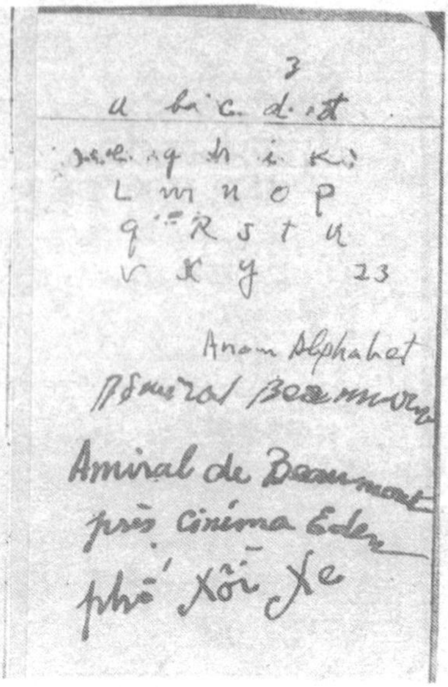

3

Anam Alphabet

Amiral de Beaumont

près Cinéma Eden

27-057

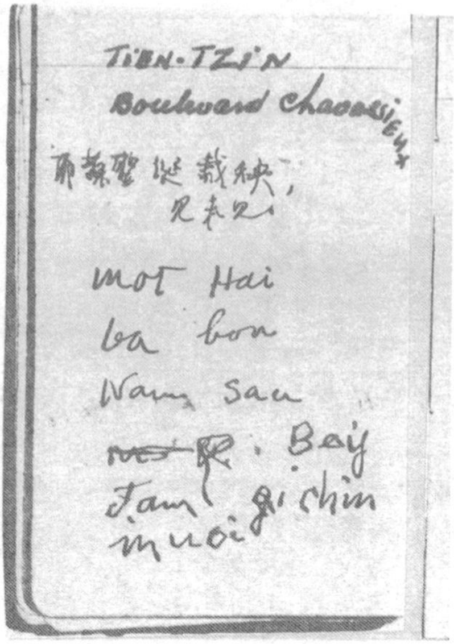

TIEN-TZIN

Boulevard Chaussegros

mot Hai

ba bon

Nam sau

Bay

Tam chin

muoi

27-058

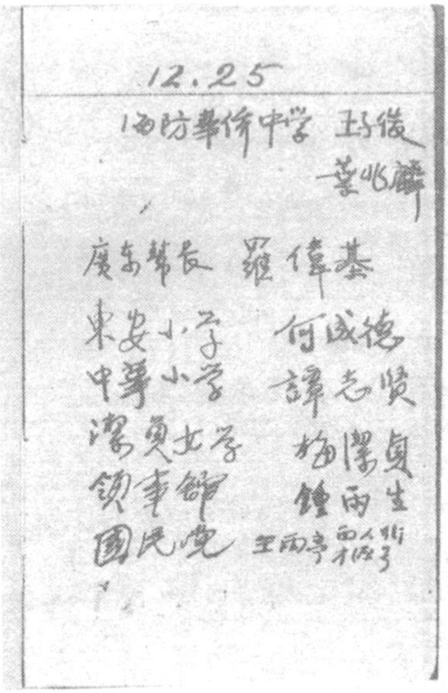

12.25

廣东幫長 羅偉基

東安小学 何成德

中華小学 譚志贤

潔貞女学 梅潔貞

领事館 鐘雨生

國民党

27-059

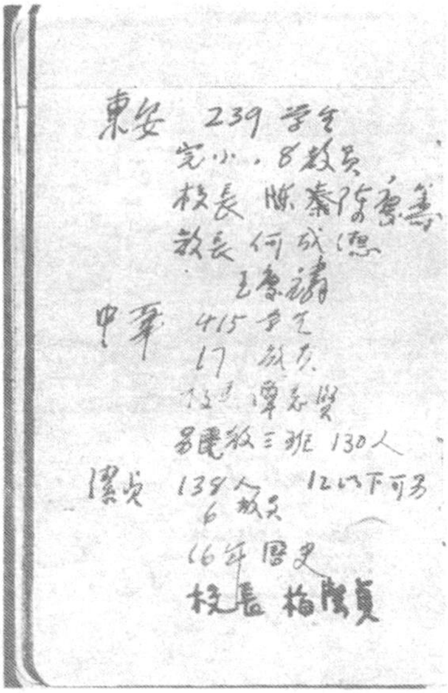

東安 239 学生

中華 415 学生

17 教员

潔貞 138人

6 教员

校長 梅潔貞

27-060

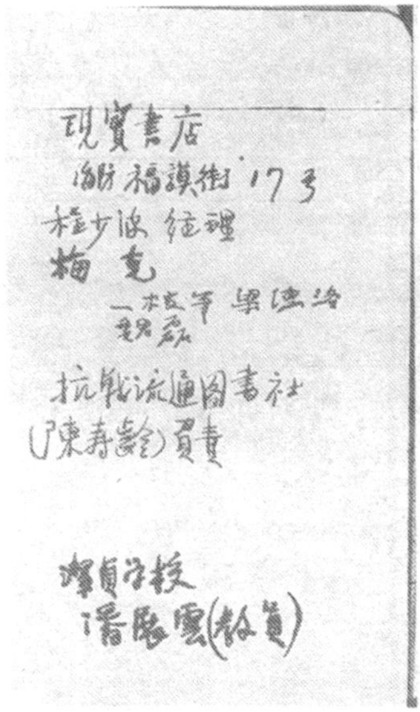
现實書店
[illegible]福[illegible]街 17号
[illegible] 经理
梅[illegible]
一枝笔 架送给
[illegible]
抗战流通图書社
(陳寿龄)負責
难童学校
潘[illegible]雲(教員)

27－061

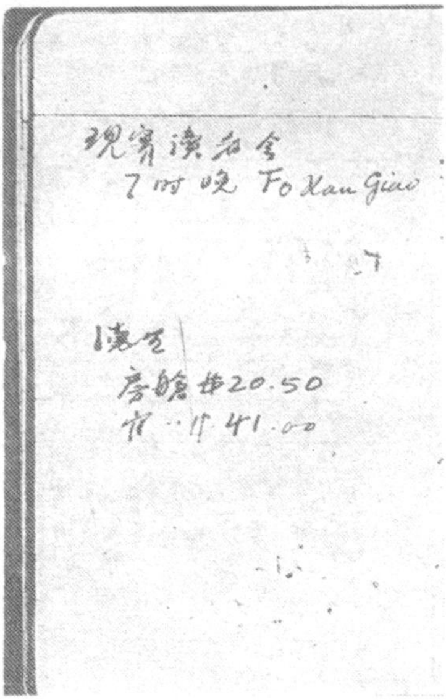
現實读书会
7时晚 Fo Xau Giao
德生
房館 #20.50
市 " 41.00

27－062

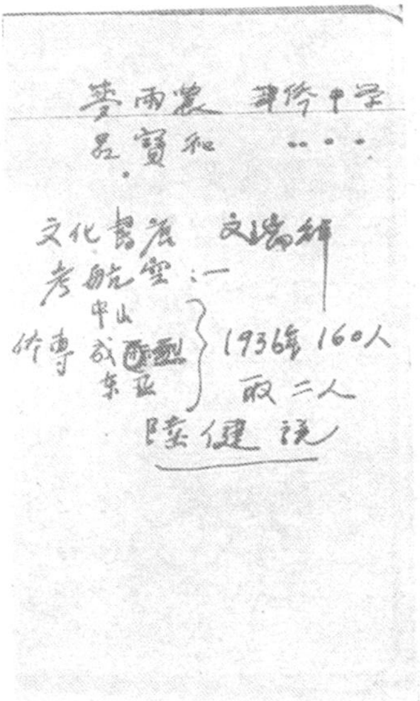
李雨农 津侨中学
吕寶和 ...
文化書店 文瑞[illegible]
考航空：一
中山
侨專 成西 } 1936年 160人
东亚 取二人
陸健 谈

27－063

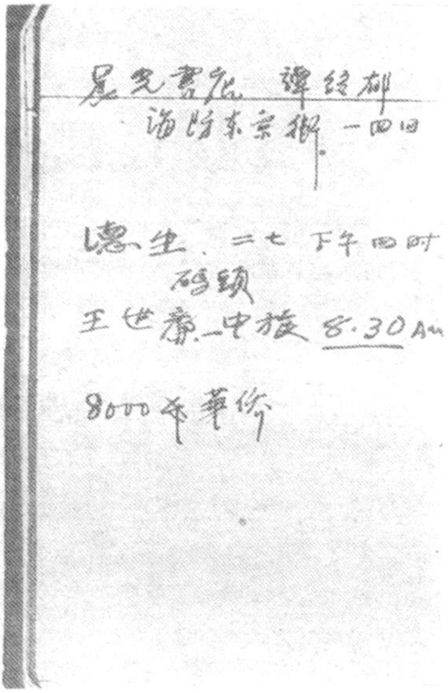
星光書店 谭经[illegible]
海防东京街 一四四
德生 二七 下午四时
码头
王世泰 中旅 8:30 Am
8000 希 華侨

27－064

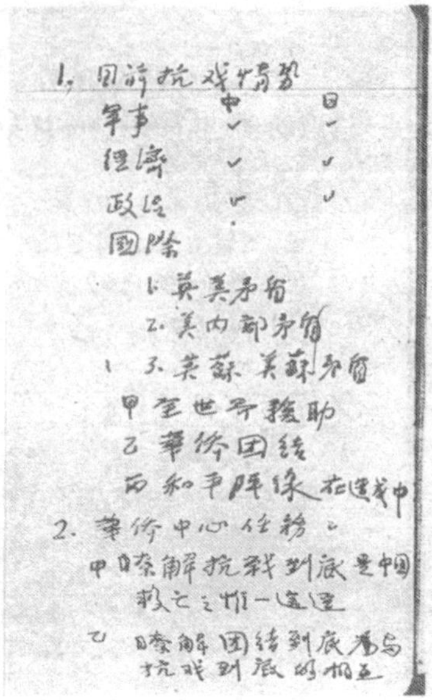

1，国際抗战情势
军事 中✓ 日✓
经济 ✓ ✓
政治 ✓ ✓
国際
1.英美矛盾
2.美内部矛盾
3.英苏 美苏矛盾
甲 全世界援助
乙 華侨团结
丙 和平阵线在造成中
2.華侨中心任务
甲 瞭解抗战到底是中国救亡之唯一途径
乙 瞭解团结到底為与抗战到底的相互

27-065

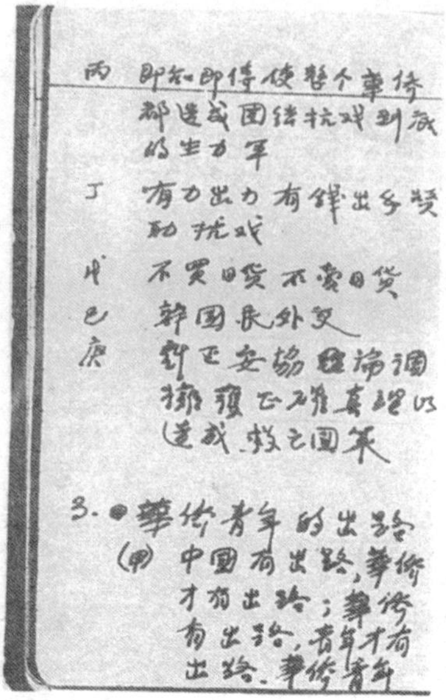

丙 即知即傳使整个華侨都造成团结抗战到底的生力军
丁 有力出力 有钱出钱 赞助抗战
戊 不买日货 不卖日货
己 韩国民外交
庚 对正妥协主和论调 撕毁正确真理以造成救亡国策
3.華侨青年的出路
(甲) 中国有出路，華侨才有出路；華侨有出路，青年才有出路。華侨青年

27-066

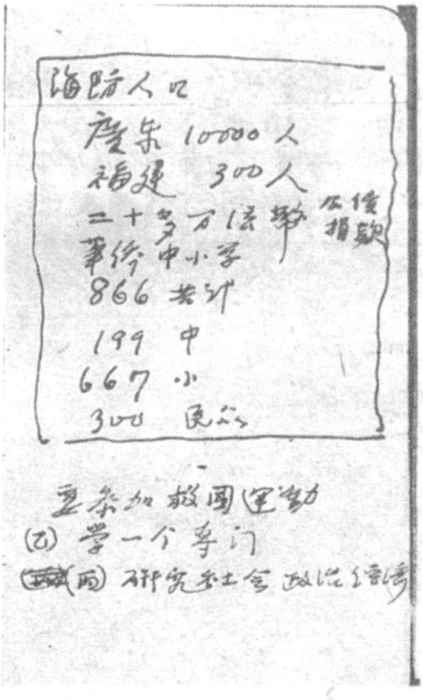

海防人口
廣东 10000人
福建 300人
二十多万侨胞 公债捐款
華侨中小学
866 共计
199 中
667 小
300 民众
要参加救国运动
(乙) 學一个專门
(丙) 研究社会政治经济

27-067

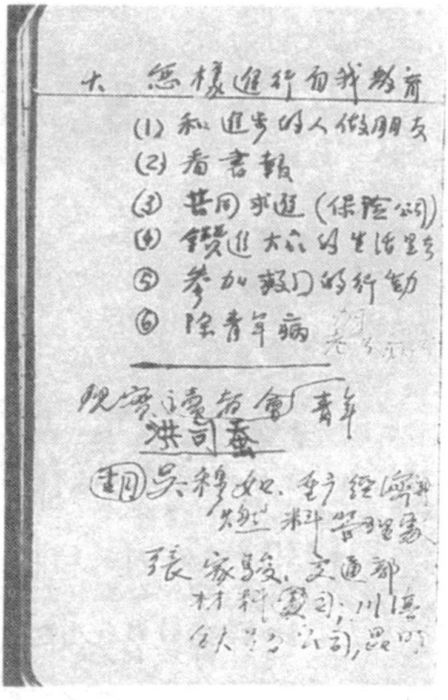

六 怎樣進行自我教育
(1) 和進步的人做朋友
(2) 看書報
(3) 共同求進（保险公司）
(4) 鑽進大众的生活里去
(5) 参加救国的行動
(6) 除青年病
现實讨论會 青年
洪司[illegible]
(主)吴韵如 重庆经济部燃料管理處
張家駿 交通部材料[illegible]司；川滇鐵路公司，昆明

27-068

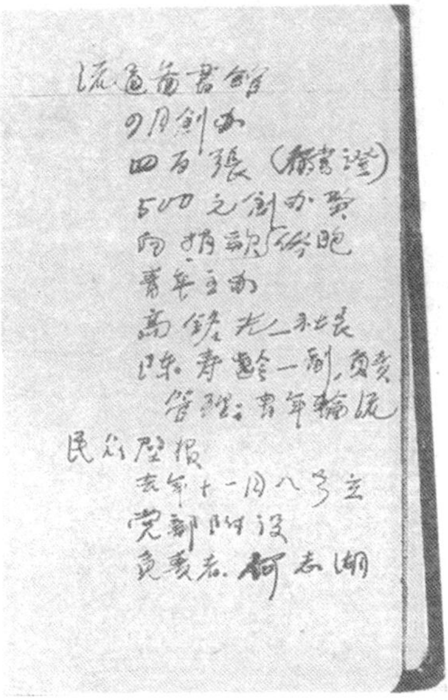

流通图书館
9月创办
四百张（借書證）
500元創办費
向捐款
青年主办
高銕光—社長
陳壽齡—副，負責
管理：青年輪流
民众壁报
去年十一月八号立
党部附设
負責者：柯志渊

27-069

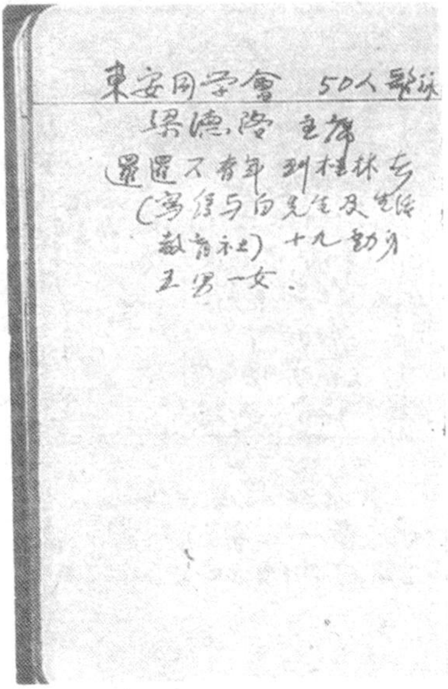

東安同学會　50人
梁德洛　主席
还还不青年到桂林去
（寫信与白先生及生活教育社）十九動身
五男一女。

27-070

12，26
孫樹學，昆明光華街
商務印書館，云南

27-071

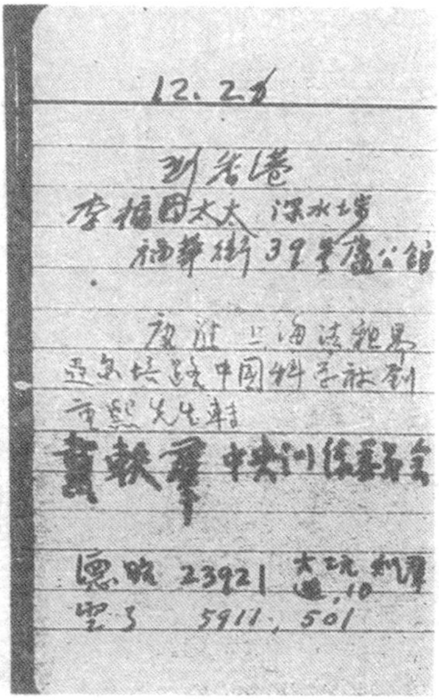

12.28
到光港
李福田太太　深水埗
福華街39號盧公館
渡往上海
逕名請經中國科学社劉
帝熙先生轉
黄歆　中央訓練委員會
惠晚　23921　大坑
空了　5911，501

27-072

赵鹏贤 聚英中学校长
下塘上海街13号

27-073

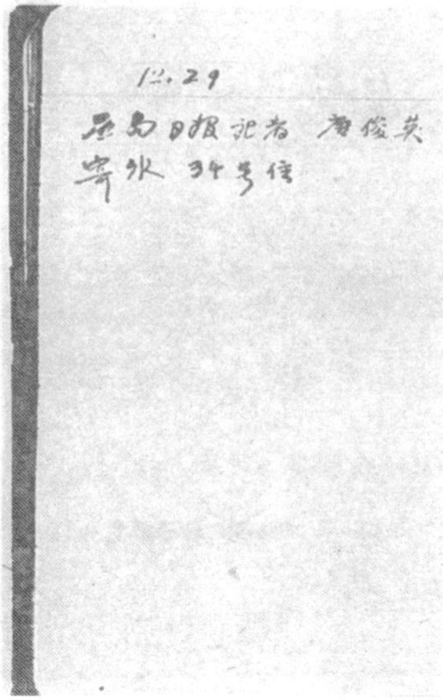
12.29
星岛日报记者 唐俊英
寄冰 34号信

27-074

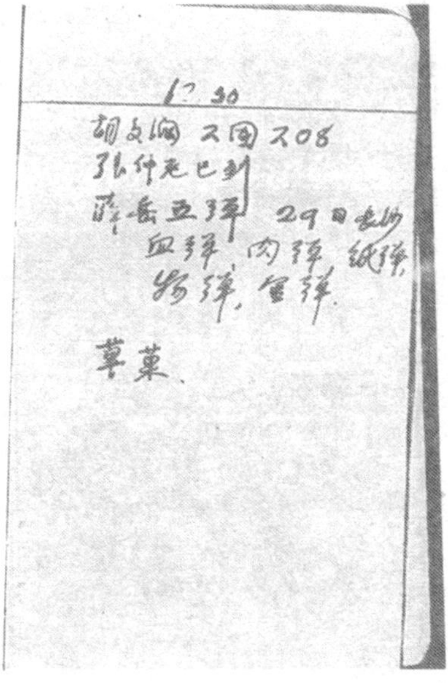
12.30
胡文炳 又国 208
张仲甫已到
薛岳五弹 29日长沙
血弹，肉弹，纸弹，
物弹，金弹.
草菓.

27-075

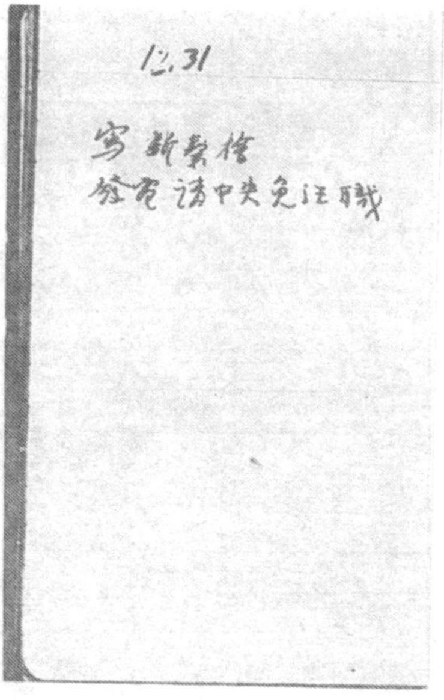
12.31
写新华信
发电请中央免汪职

27-076

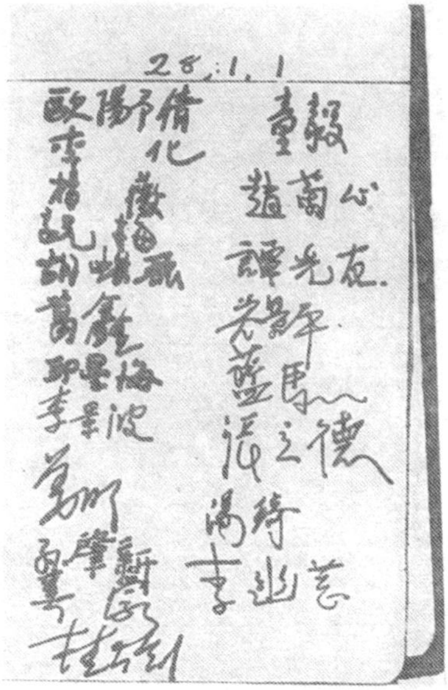

27-077

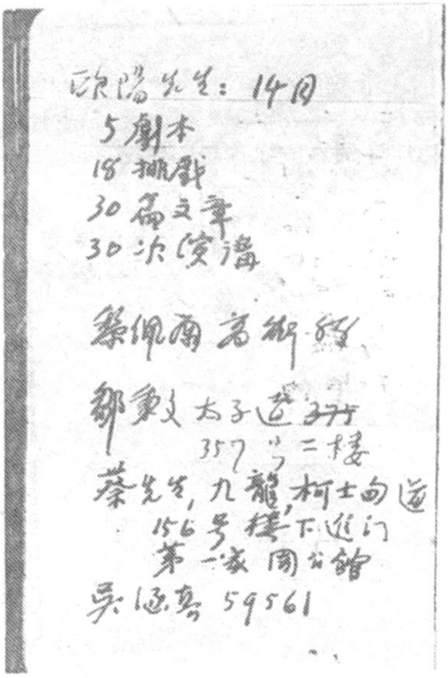

27-078

27-079

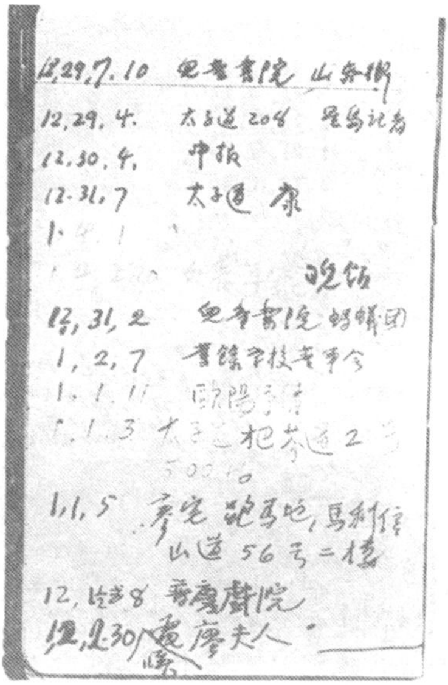

27-080

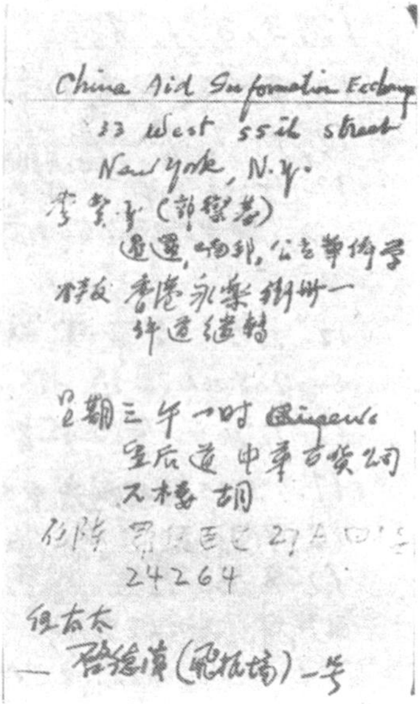
China Aid Information Exchange
33 West 55th street
New York, N.Y.
香港永乐街卅一
中华百货公司
24264

27-081

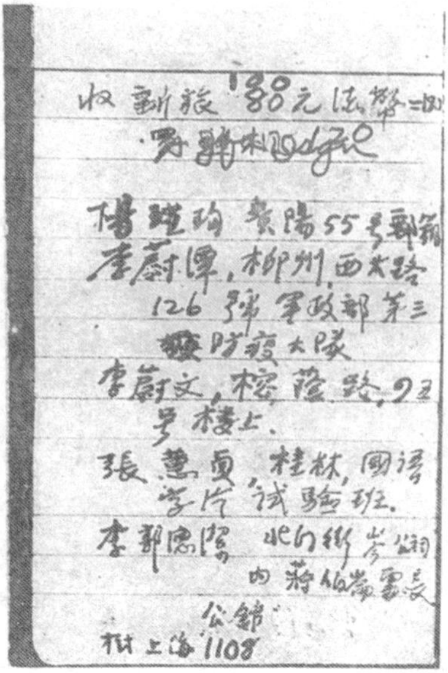
贵阳55号邮箱
柳州西大路
126号军政部第三
防疫大队
榕荫路93号楼上
桂林，国语
试验班
上海1108

27-082

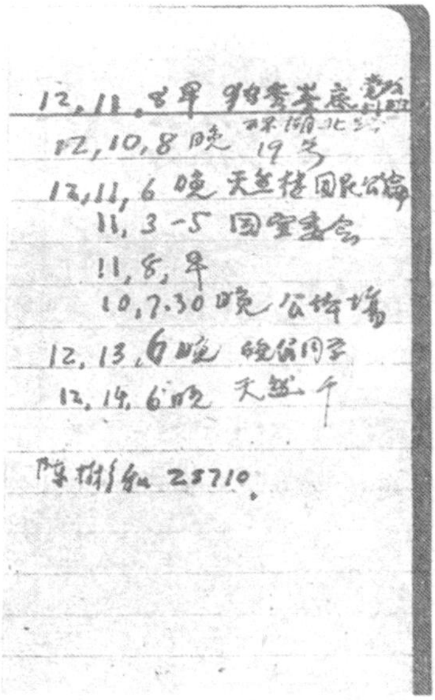
12,10,8晚
19号
12,11,6晚
11,3-5
11,8,早
10,7.30晚
12,13,6晚
12,14,6晚
23710

27-083

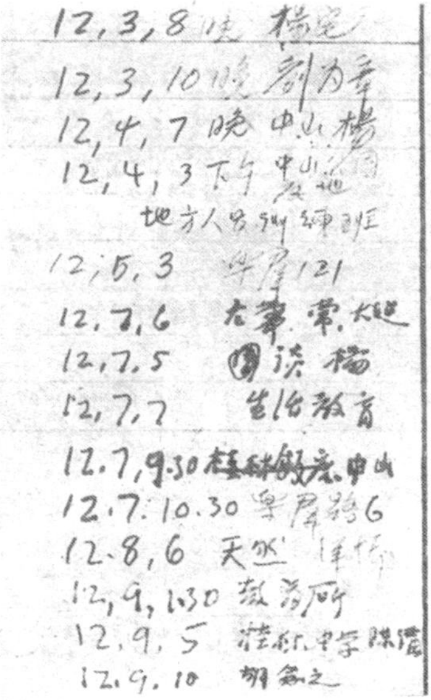
12,3,8晚
12,3,10晚
12,4,7晚 中山楼
12,4,3下午
地方人员训练班
12,5,3
12,7,6
12,7,5
12,7,7 生活教育
12,7,9.30
12,7,10.30
12,8,6 天然
12,9,1.30 教育厅
12,9,5 桂林中学
12,9,10 胡愈之

27-084

27,12,28 =33
12,29 =34

27-085

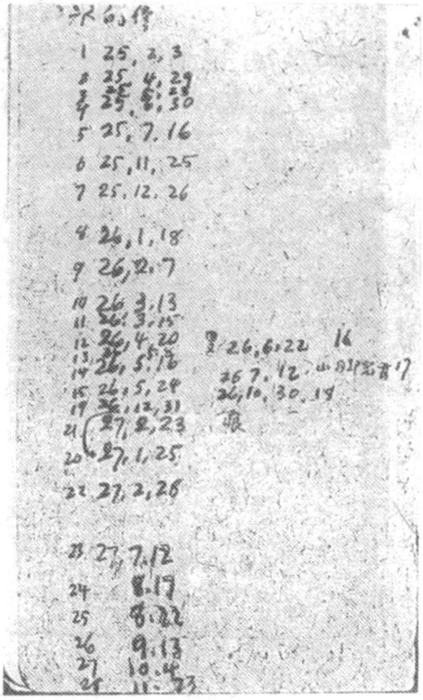
1 25,2,3
5 25,7.16
6 25,11,25
7 25,12,26
8 26,1,18
9 26,2,7
10 26,3,13
12 26,4,20
14 26,5,16
15 26,5,24
22 27,2,26
23 27,7,12
24 8.17
25 8.22
26 9.13
27 10.4

27-086

# 第二十七册〔注译〕

1938.11.30~1939.1.2

桂林·南宁·谅山·海防·香港

27—001

第 11 行“邱厅长”即邱昌渭

27—004

第 2 至 7 行：西安，刘英士说：自 7 月 7 日至 10 月 15 日 1150 人遭监禁。汉森先生见 400 人，222 室

27—006

第 3 至 6 行：T.K.魏博士，纽约市东第 14 街 229 号 5 单元

27—007

外文依次为：阿米巴　杆菌杜根素（药名）　阿米巴

27—012

末行“陈辞修”即陈诚

27—016

数字为各人年龄

27—025

第 13 行“新知”为新知书店，后同

27—026

第 4 行“生活”指生活书店，后同

27—027

第 13 行“老太”指老太太的力量

27—032

第 11 行“军委员”应为军委会

27—034 至 035

为陶行知的讲演提纲，共 11 条

27—039

第 9 行“300 斤一年”为意一年 300 斤粮

27—048

末行：方与严　武鸣干训班

27—050

第 9 至 12 行地名依次为：谅山、河内、海防

27—052

此页见诗：敬谢镇南关陆委员炳业

27—053

第4行起：实验仪器

亨利·皮斯科特　海防地址

27—054

亨利·皮斯科特　河内地址

27—055

鲁厄尔先生　河内地址

27—057、058

两页为安南字母表及单词练习

27—062

第2行外文为福仙桥

27—065至068页7行

为陶行知讲演提纲

27—075

第3行"张仲老"即张一麐

27—076

第2行：写"新秦桧"（诗）

第3行"汪"指汪精卫

27—080

第5行"C.C.H."即诚志会

27—081

第1至3行：援华新闻交流处纽约地址

27—082

倒数第4行：李郭德洁指李宗仁夫人郭德洁

# 衡備忘

第 二 十 八 册

1939.1.1~1939.2.23

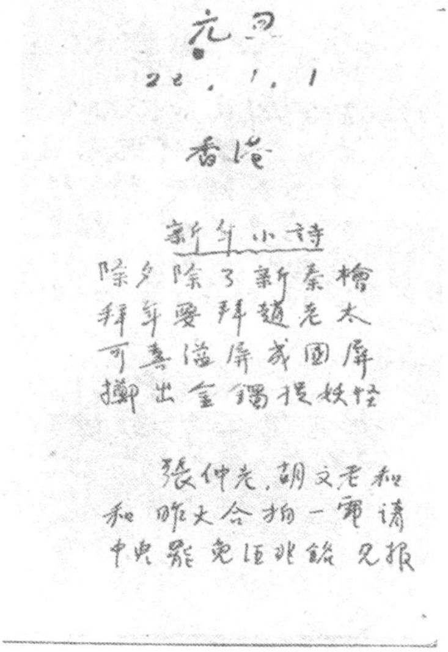

元旦

28.1.1

香港

新年小诗

除夕除了新秦桧
拜年要拜赵老太
可喜潘屏成国屏
掷出金镯捉妖怪

张仲光、胡文老和
和昨夫合拍一电请
中央罢免汪兆铭 兄报

28-001

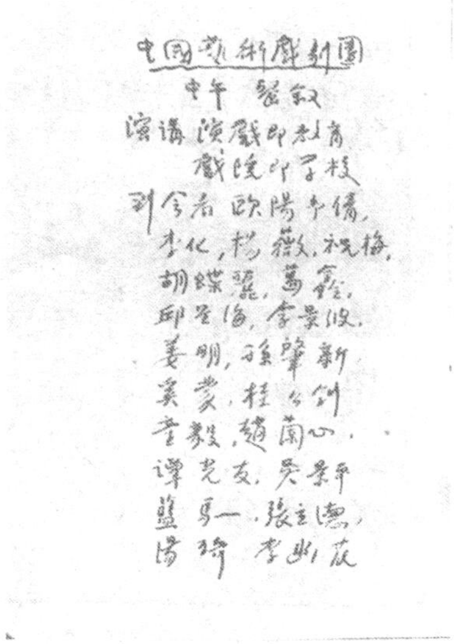

中國藝術劇新團

中午 餐叙

演讲 演戏即教育
戏院即学校

到会者 欧阳予倩、
李化、杨薇、祝梅、
胡蝶裳、葛鑫、
邱金海、李景波、
姜明、孙肇新、
吴蒙、桂公创、
章毅、赵兰心、
谭光友、吴景平、
蓝马一、张主德、
汤琦 李兆荻

28-002

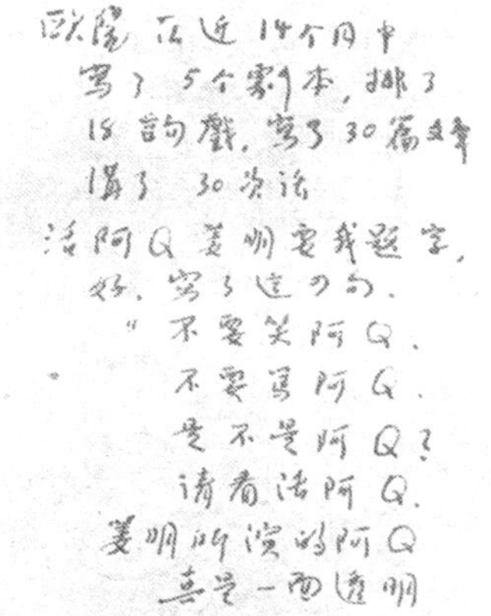

欧阳在近14个月中
写了5个剧本，排了
18齣戏，写了30篇文章
讲了30次话

活阿Q 姜明要我题字，
好，写了这四句。
"不要笑阿Q，
不要骂阿Q。
是不是阿Q？
请看活阿Q。
姜明所演的阿Q
真是一面透明
的镜子。

28-003

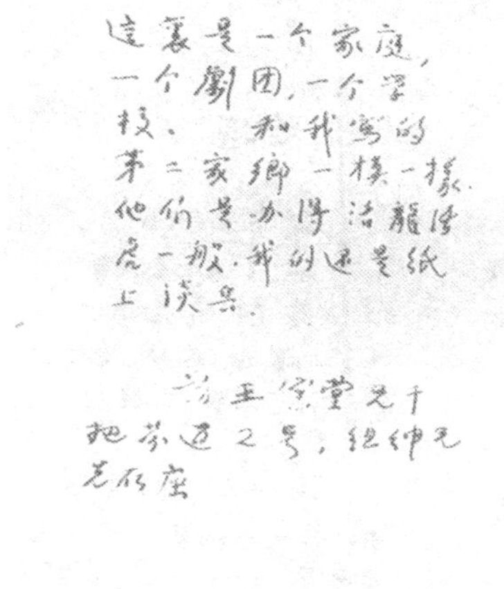

这里是一个家庭，
一个剧团，一个学
校。 和我写的
第二家乡一模一样。
他们是办得活龙活
虎一般，我们还是纸
上谈兵。

访王宗堂兄于
地茶道之号，绝仲光
先在座

28-004

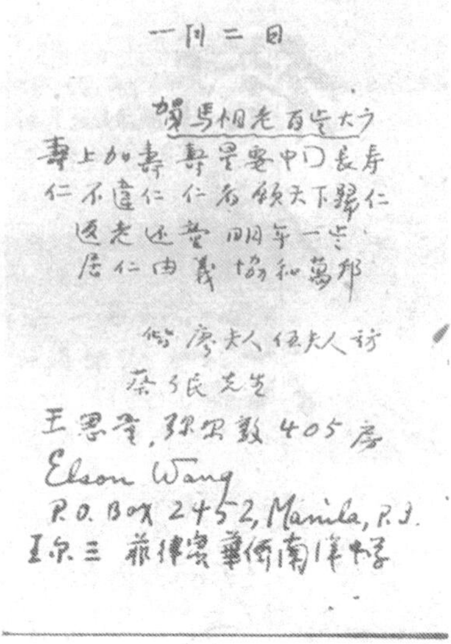
一月二日
赠马相老百岁大寿
寿上加寿 寿是要中国长寿
仁不让仁 仁者愿天下归仁
返老还童 明年一岁
居仁由义 协和万邦
偕廖夫人、伍夫人访
蔡孑民先生
王思堂，环球数405房
Elson Wang
P.O. Box 2452, Manila, P.I.
王东三 菲律宾华侨南侨中学

28-005

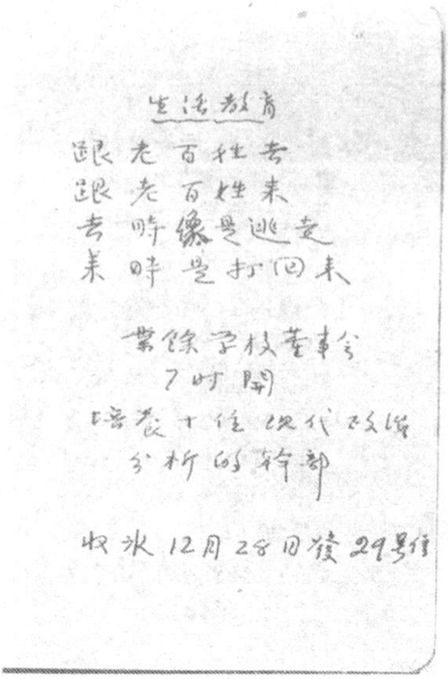
生活教育
跟老百姓去
跟老百姓来
去时像是逃走
来时是打回来
业馀学校董事会
7时開
培养十位现代政治
分析的干部
收冰12月28日发29号信

28-006

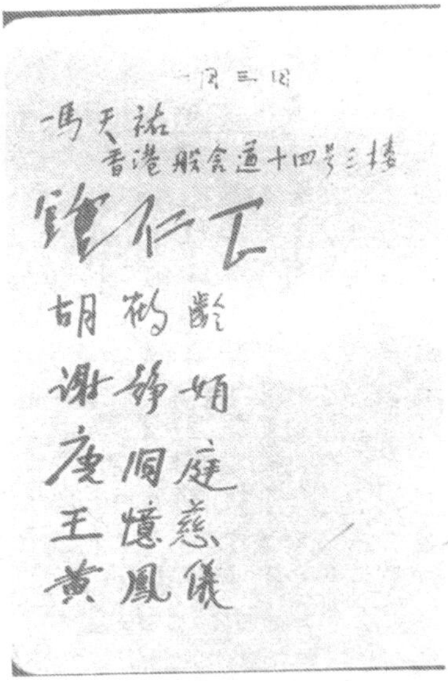
一月三日
冯天祐
香港般含道十四号三楼
钟仁工
胡鹤龄
谢婷婧
庚洞庭
王憶慈
黄凤仪

28-007

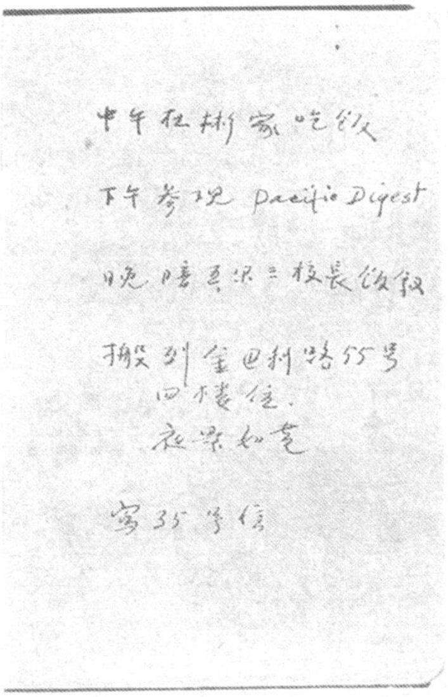
中午在彬家吃饭
下午参观 Pacific Digest
晚陪吾识三校长饭叙
搬到金巴利路55号
四楼住.
夜宿知堂
写35号信

28-008

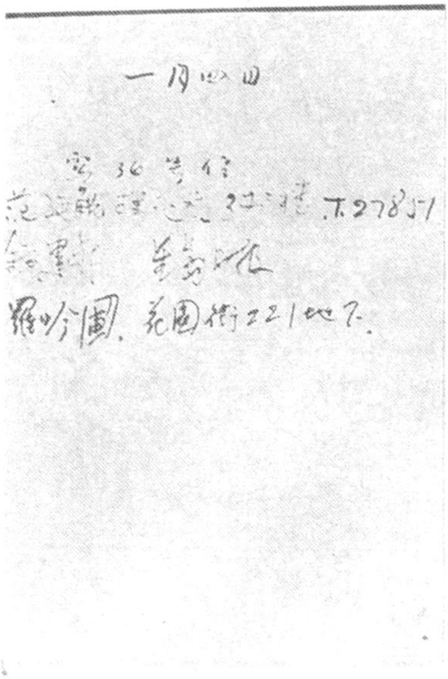
一月四日

羅吟圃，花園街221地下

28-009

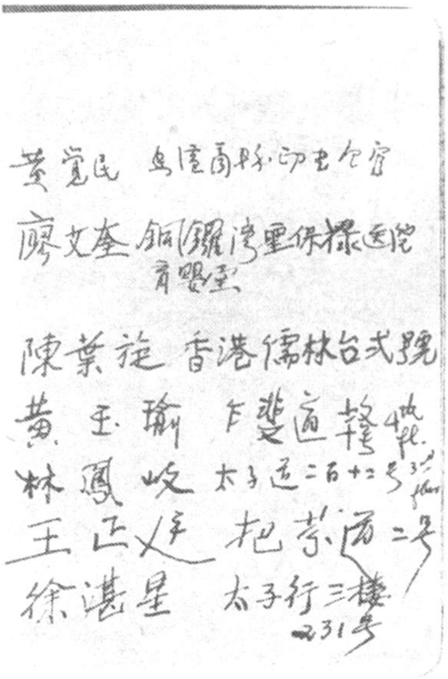
黄寛民 商務印書館

廖文奎 銅鑼灣

陳葉旋 香港儒林台弍號

黄玉瑜

林鳳岐 太子道二百十二号

王正廷

徐湛星 太子行三樓 231号

28-010

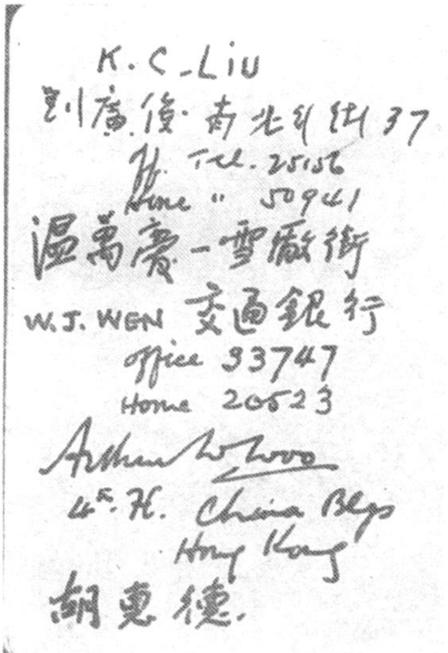
K.C.Liu

劉廣俊 南北行街37

Tel. 25156

Home " 50941

温萬慶 — 雪廠街

W.J. WEN 交通銀行

office 33747

Home 20523

Arthur W. Woo

4F. H. China Bldg

Hong Kong

胡惠德

28-011

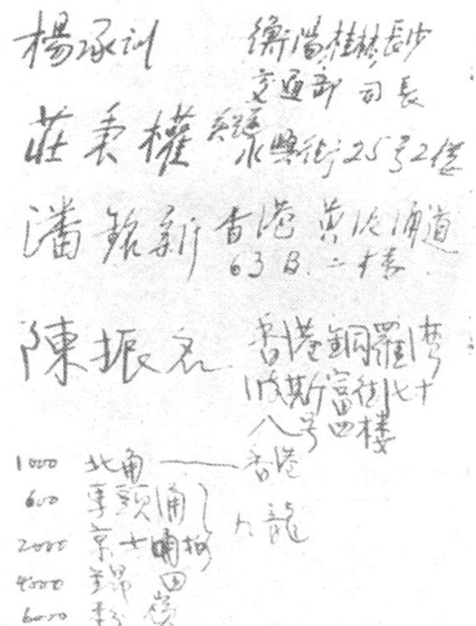
楊承訓 衡陽桂林長沙 交通部司長

莊秉權 永樂街25号2樓

潘 香港 63B 二樓

陳振名 香港銅鑼灣 八号四樓

28-012

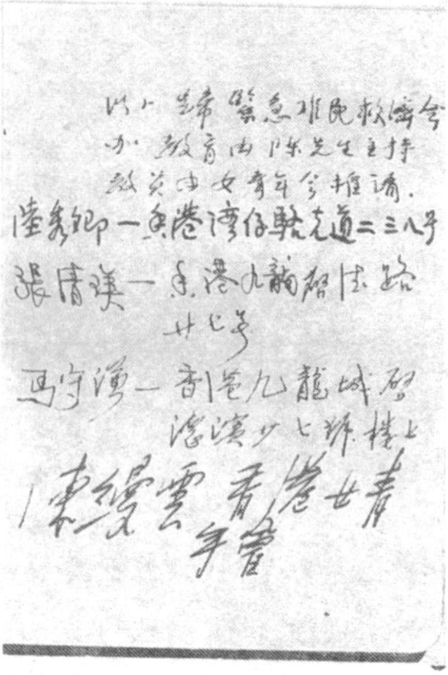
以上係緊急難民救濟會
辦，教育由陳先生主持
救濟由女青年會推請.
陸秀卿—香港灣仔駱克道二三八號
張清漢—香港九龍紹法路
廿七號
馮守漢—香港九龍城啓
德濱少七號樓上
陳繼雲 香港女青
年會

28－013

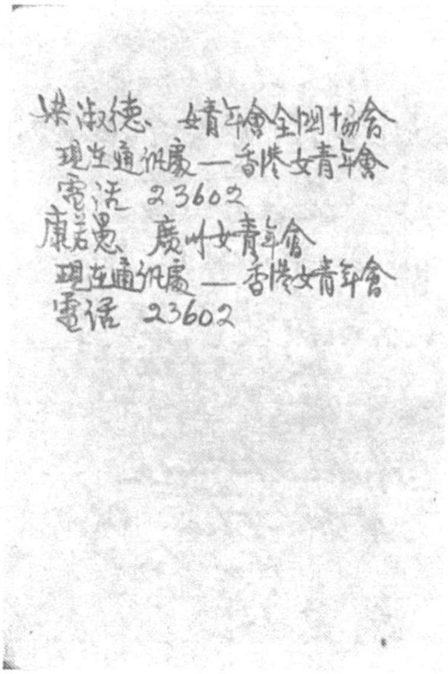
梁淑德 女青年會全國協會
現在通訊處—香港女青年會
電話 23602
康若愚 廣州女青年會
現在通訊處—香港女青年會
電話 23602

28－014

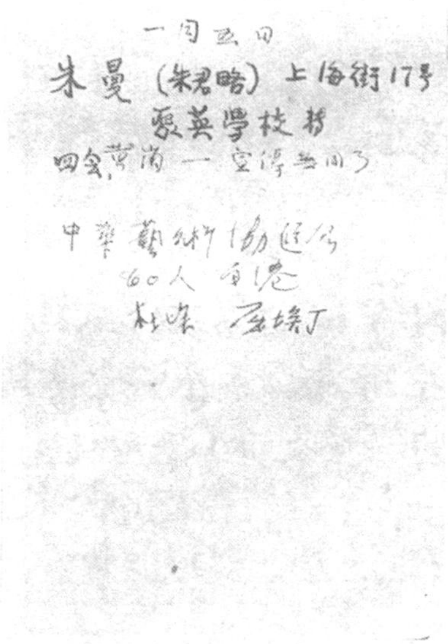
一月五日
朱曼（朱君略）上海街17號
張英學校轉
四會黄崗一 空浔無開了
中華藝術協進會
60人 香港
杜琛 [illegible]

28－015

一月六日
陳守明 德南北行乾泰隆
電話 20316
陳畫齋

28－016

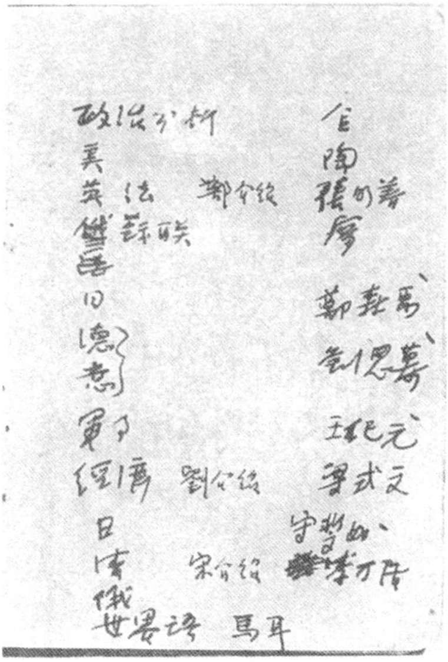

政治分析 俞
美 陶
英法 鄭介紹 張明善
蘇聯 廖
日 鄭森禹
德意 劉思慕
軍事 王紀元
經濟 劉介紹 梁武文
日 宋斐如
中 宋介紹 [illegible]
俄
世界語 馬耳

28-017

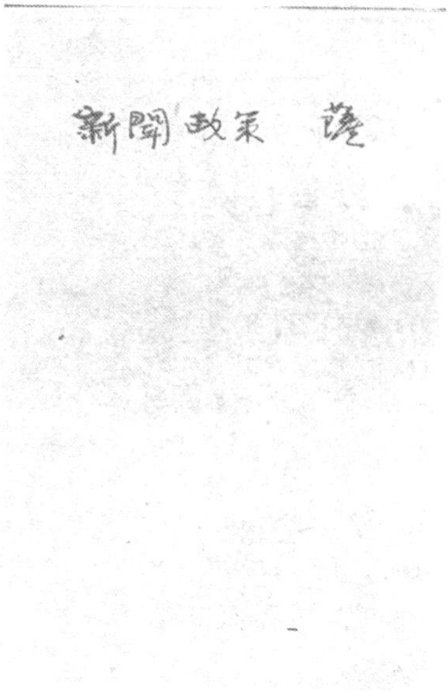

新聞政策 薩

28-018

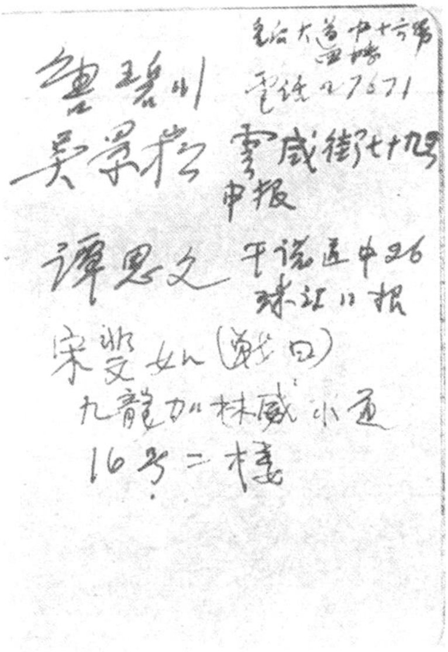

曾琨川 皇后大道中十六號四樓 電話27671
吳景崧 雲咸街廿九號 申報
譚思文 干諾道中26 珠江日報
宋斐如（戰日）
九龍加林威小道
16號二樓

28-019

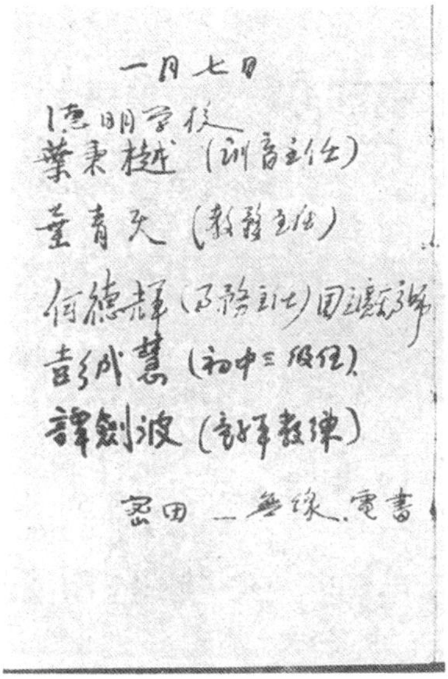

一月七日
德明學校
葉秉樾（訓育主任）
黃青天（教務主任）
何德輝（事務主任）[illegible]
彭紹慈（初中三級任）
譚劍波（音樂教練）
密田 — 無線電書

28-020

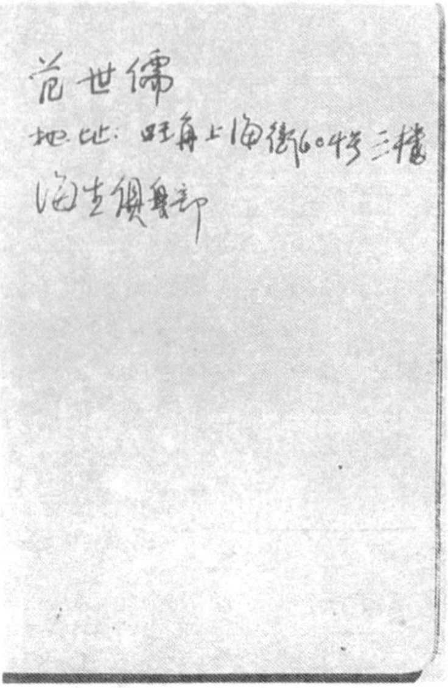
范世儒
地址：旺角上海街60號三樓
海生俱樂部

28-021

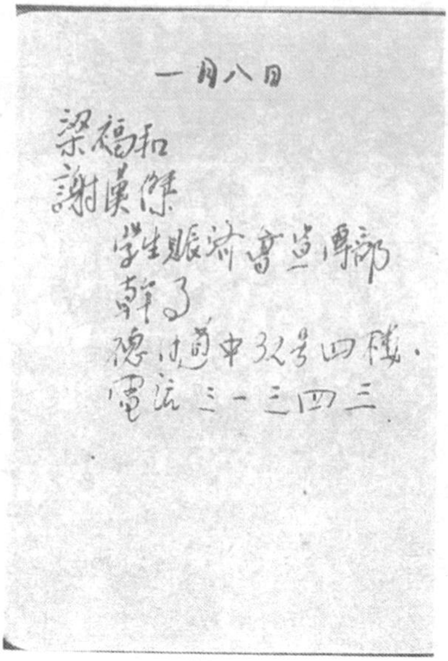
一月八日
梁福和
謝漢傑
學生賑濟會宣傳部
幹事
德輔道中32號四樓
電話 三一三四三

28-022

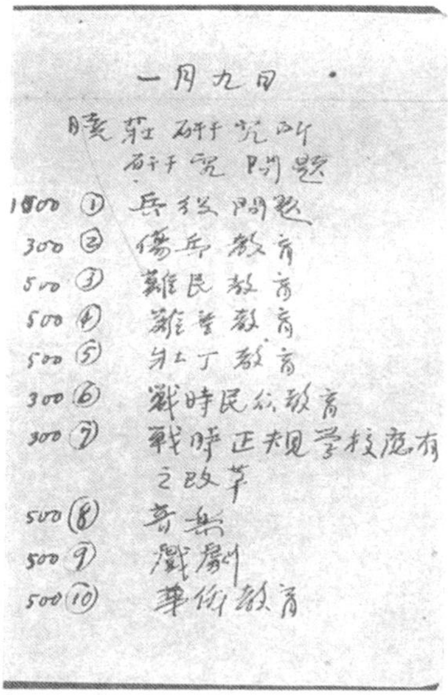
一月九日
曉莊研究所
研究問題
1000 ① 兵役問題
300 ② 傷兵教育
500 ③ 難民教育
500 ④ 難童教育
500 ⑤ 壯丁教育
300 ⑥ 戰時民衆教育
300 ⑦ 戰時正規學校應有之改革
500 ⑧ 音樂
500 ⑨ 戲劇
500 ⑩ 美術教育

28-023

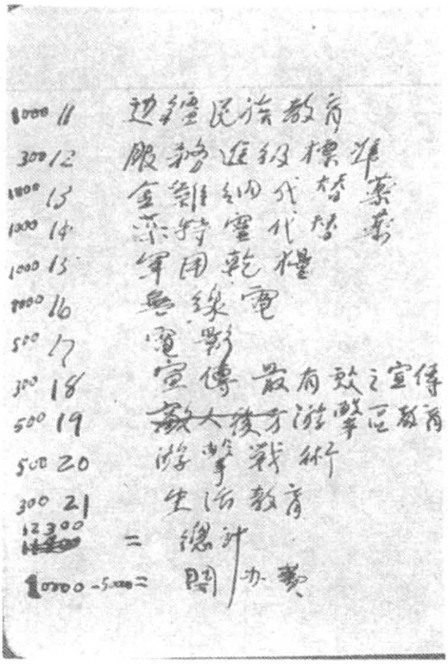
1000 11 邊疆民族教育
300 12 服務遷級標準
1000 13 金雞納代替藥
1000 14 [illegible]代替藥
1000 15 軍用乾糧
1000 16 無線電
500 17 電影
300 18 宣傳最有效之宣傳
500 19 ~~敵人後方~~游擊區教育
500 20 游擊戰術
300 21 生活教育
12300 = 總計
10000-5000 = 開辦費

28-024

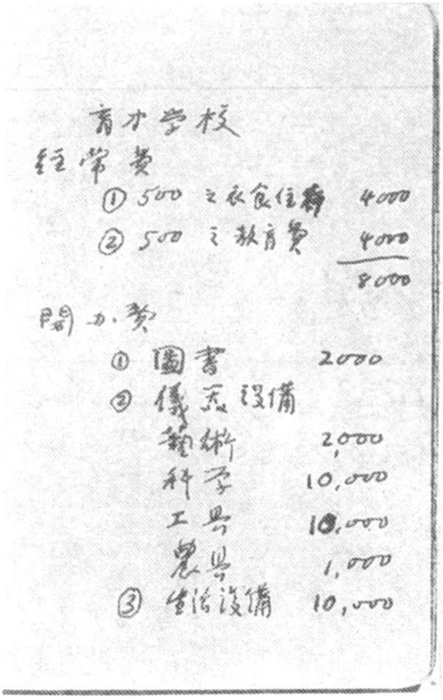

育才学校
经常费
①500之衣食住费 4000
②500之教育费 4000
8000
開办费
①图书 2000
②仪器设备
艺术 2000
科学 10,000
工具 10,000
农具 1,000
③生活设备 10,000

28-025

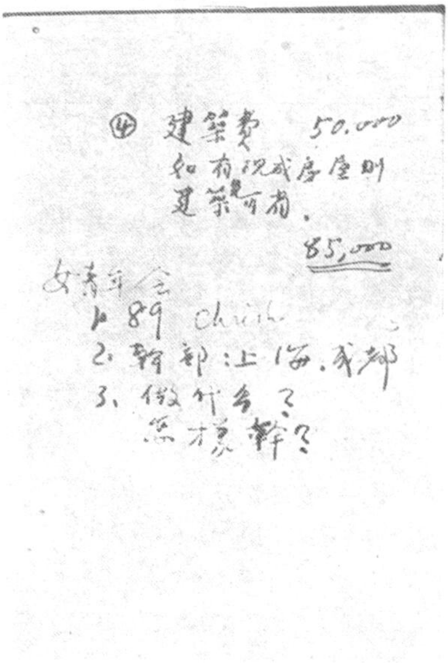

④建筑费 50,000
如有现成房屋则
建筑可省。
85,000
女青年会
1.89 Chih
2.干部:上海、成都
3.做什么?
怎样干?

28-026

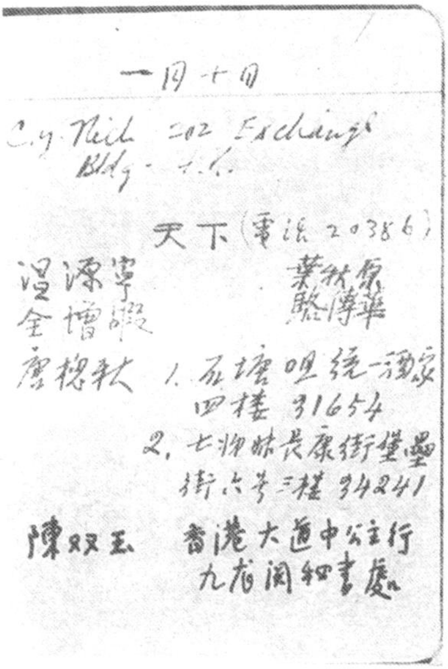

一月十日
C.Y. Nieh 202 Exchange
Bldg. H.K.
天下(电话 20386)
温源宁 叶秋原
全增嘏 骆传华
唐槐秋 1.石塘咀统一酒家
四楼 31654
2.七姊妹长康街堡垒
街六号三楼 34241
陈双玉 香港大道中公主行
九龙润细书处

28-027

苏重明
姚建侯
郭宣兴
黄艺昌

28-028

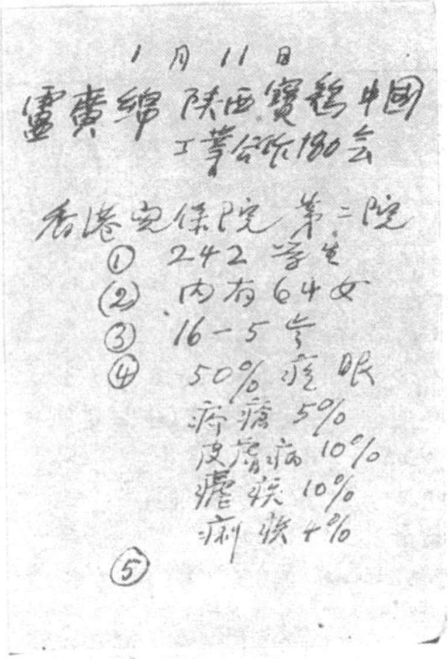
1月11日
卢广绵 陕西宝鸡中国工业合作协会
香港究保院 第二院
① 242学生
② 内有64女
③ 16－5岁
④ 50%沙眼
疥疮 5%
皮肤病 10%
瘰疬 10%
痢疾 4%
⑤

28－029

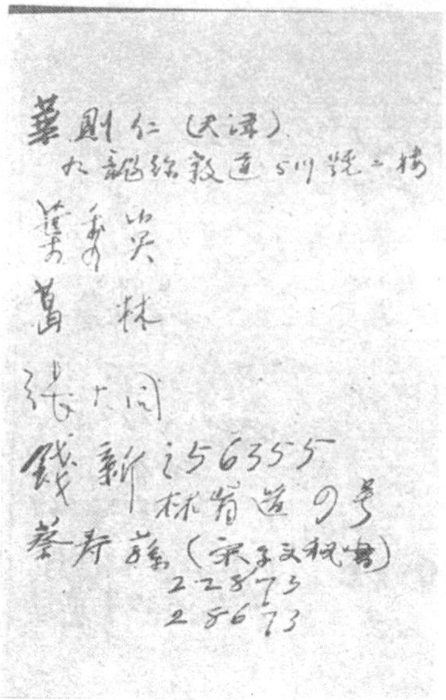
华則仁（天津）
九龙弥敦道511号二楼
葉秀峯
葛林
张大同
钱新之 56355
林肯道四号
蔡寿荪（孔子文祝会）
22873
28673

28－030

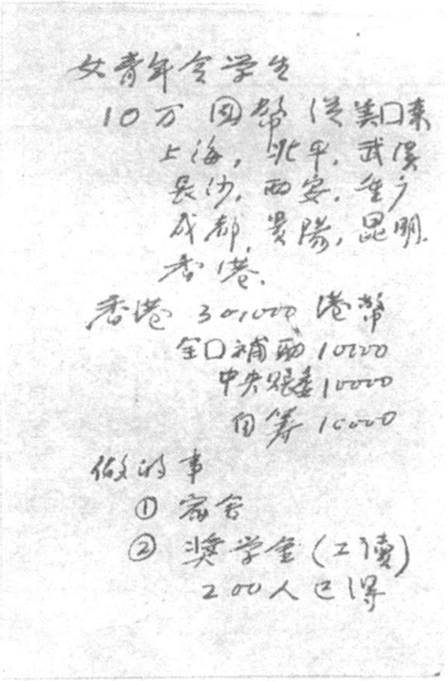
女青年会学生
10万 国部 从美国来
上海，北平，武汉
长沙，西安，广州
成都，贵阳，昆明，
香港
香港 30000 港币
全国补助 10000
中央银行 10000
自筹 10000
做的事
① 宿舍
② 奖学金（工读）
200人已得

28－031

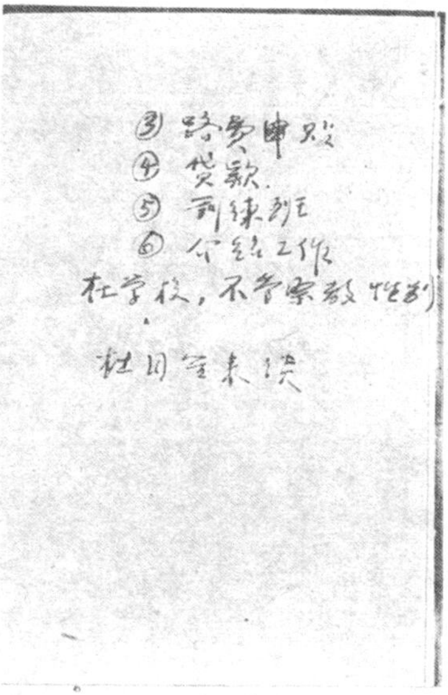
③ 路费申请
④ 贷款
⑤ 训练班
⑥ 介绍工作
在学校，不管宗教性别
杜月笙来谈

28－032

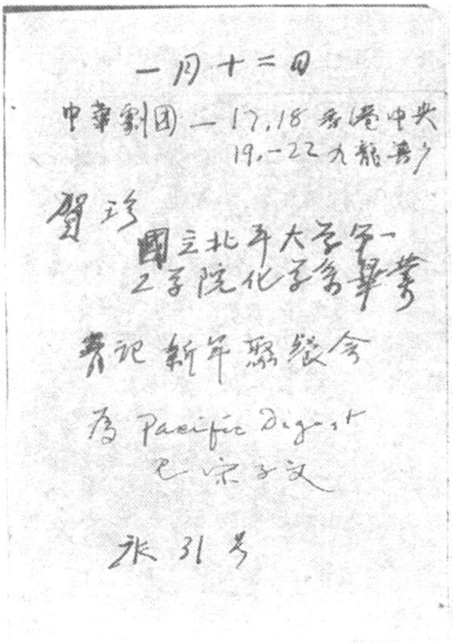


28-033

28-034

28-035

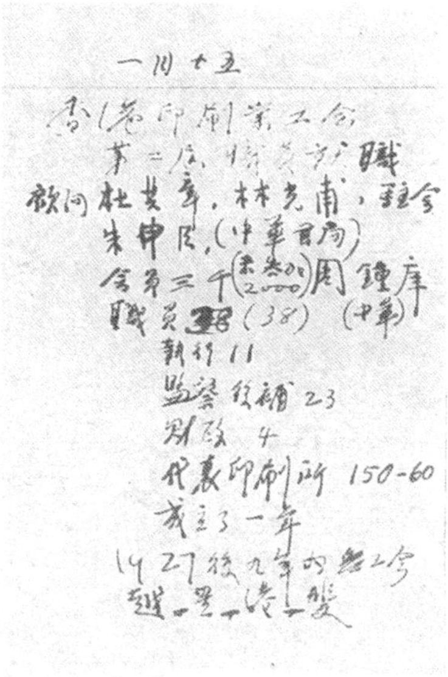


28-036

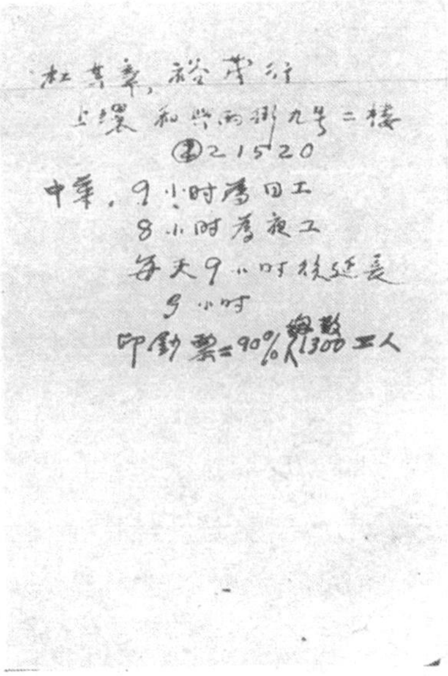
杜其章，裕常行
上环 和兴西街九号二楼
电21520
中华，9小时为日工
8小时为夜工
每天9小时拟延长
9小时
印钞票=90%，总数1300工人

28－037

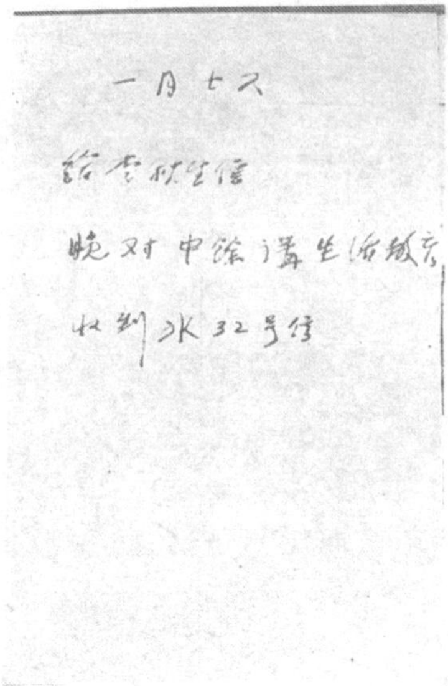
一月十六
给云彬先生信
晚对中华讲生活教育
收到冰32号信

28－038

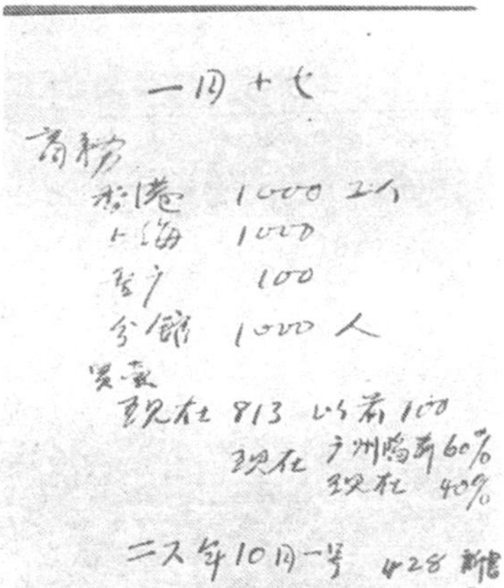
一月十七
商务
香港 1000工人
上海 1000
赣广 100
分馆 1000人
货款
现在 813以前100
现在 广州两万60%
现在 40%
二六年10月一号 428种
一27九月底 115种
香港买书增加30%
300种抗战读物

28－039

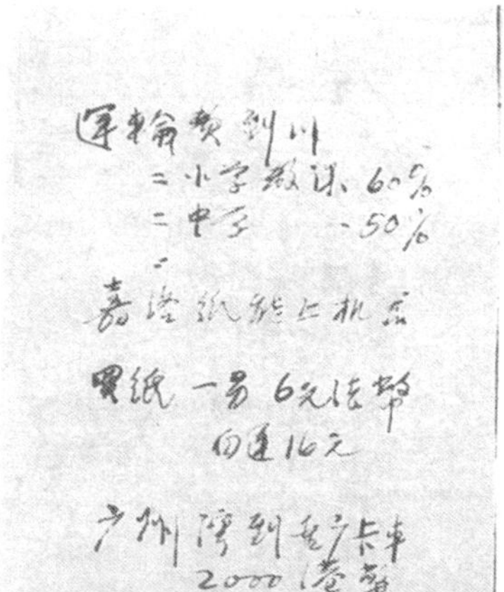
运输费到川
二小学教课 60%
二中学 -50%
二
嘉陵纸能上机否
买纸 一磅6元法币
回运16元
广州湾到韶广卡车
2000港币
桂林到金广 2500国币
昆明商运 1000国币

28－040

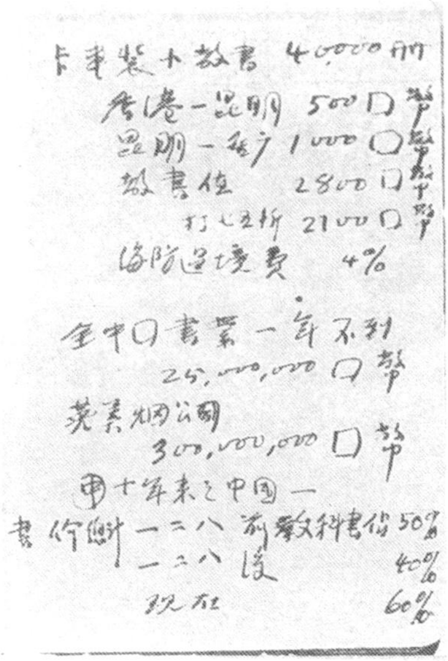


28-041

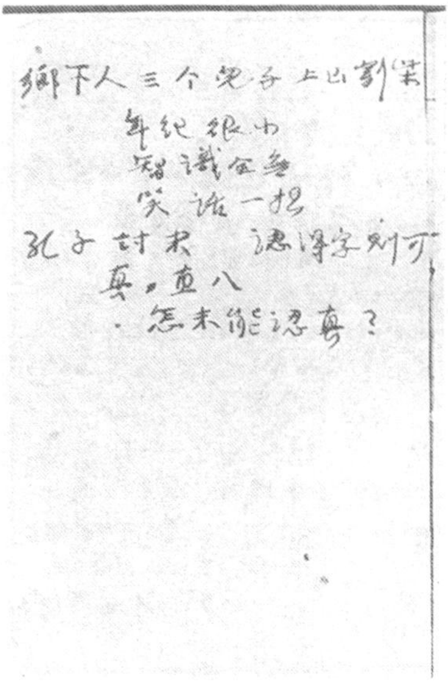


28-042

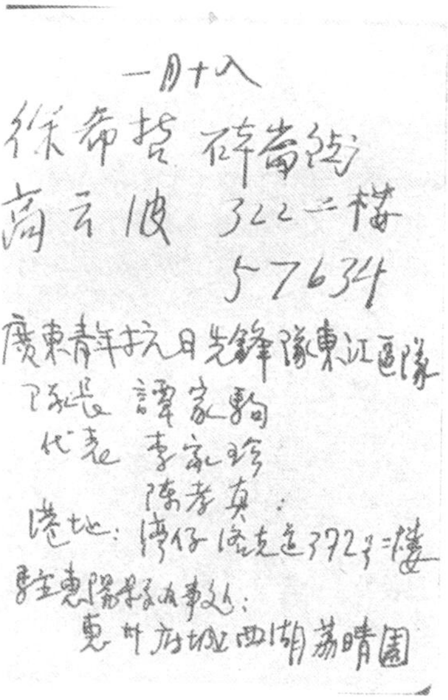


28-043

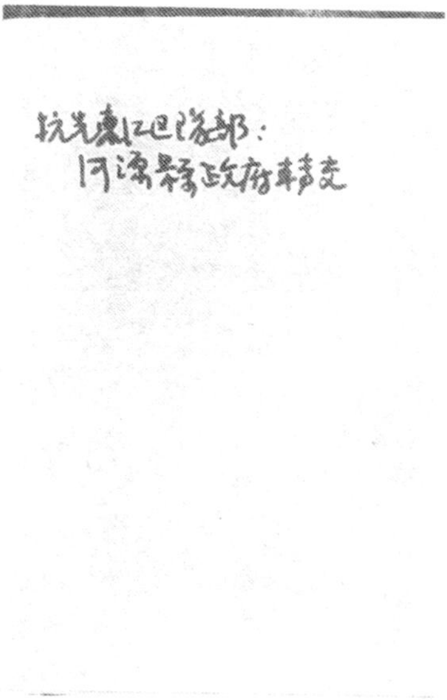


28-044

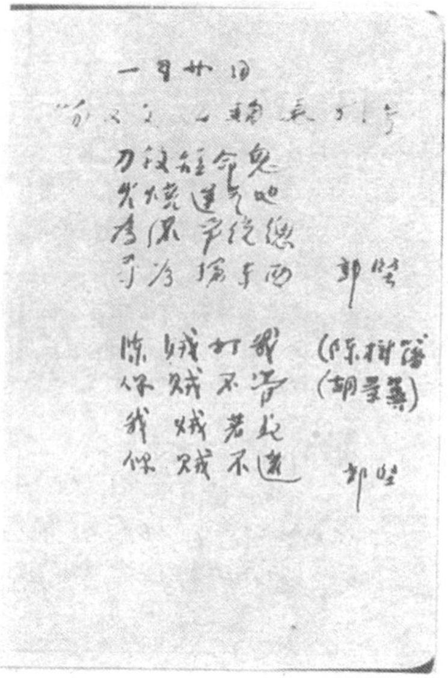
一月廿日

陈贼打我（陈树藩

你贼不管（胡景翼）

我贼若起

你贼不逃

郭坚

28−045

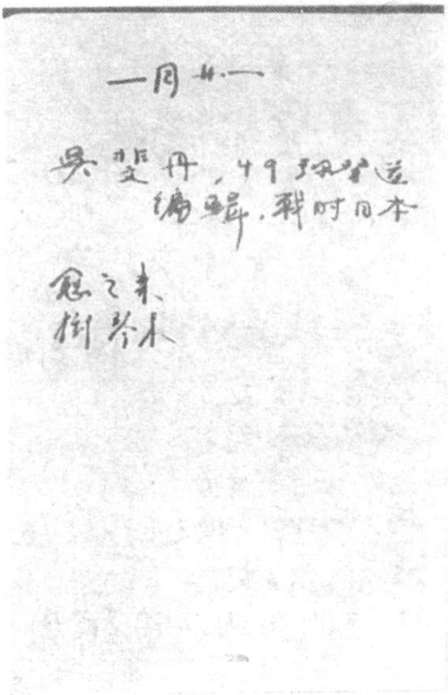
一月廿一

吴斐丹，49 期学生

编辑，战时日本

28−046

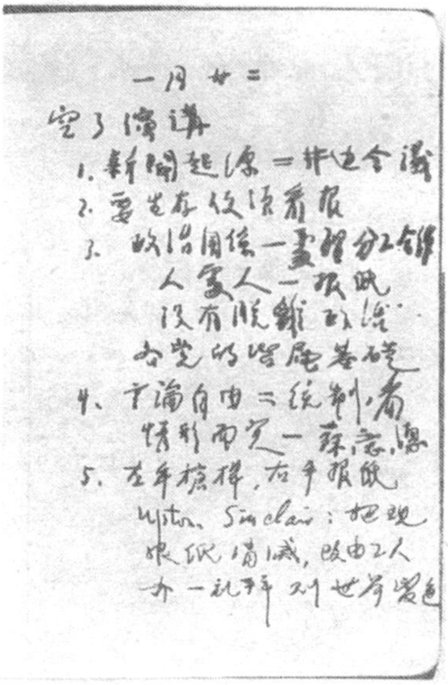
一月廿二

空了演讲

1. 新闻起源＝井边会议
2. 要生存必须看报
3. 政治关系—

人家人一张纸

没有脱离政治

各党的喉舌

4. 言论自由＝统制，看情形而定—苏、意、德
5. 左手枪杆，右手报纸

Upton Sinclair：把现报纸消灭，改由工人办一机关

28−047

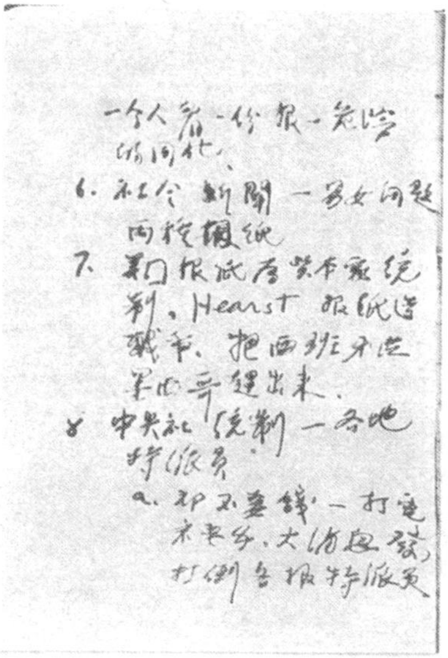
一个人看一份报

6. 社会新闻—男女问题

7. 美国报纸为资本家统制，Hearst 报纸造战争、把西班牙

8. 中央社统制—各地特派员

a. 打电不要钱，大量

打倒各报特派员

28−048

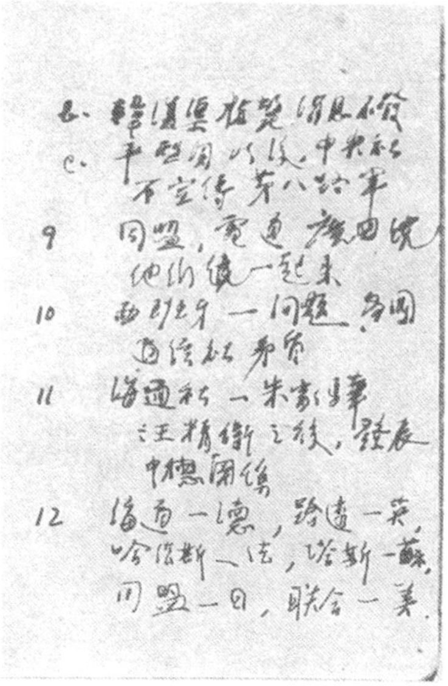

8. 韩复榘指挥消息不灵
c. 平型关以后，中央社
不宣传第八路军
9 同盟，电通，广播由统
他们统一起来
10 西班牙——问题，各国
通信社[illegible]
11 海通社——朱家骅
之汪精卫之后，发表
中德关系
12 海通—德，路透—英，
哈瓦斯—法，塔斯—苏，
同盟—日，联合—美。

28-049

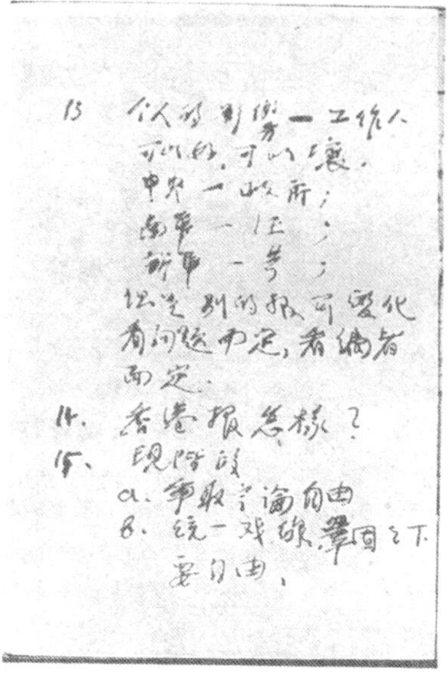

13 个人的刺激——工作人
可以好，可以坏。
中央——政府；
南华——汪；
新华——党；
决定别的报可变化
看问题而定，看编者
而定。
14. 香港报怎样？
15. 现阶段
a. 争取言论自由
b. 统一战线范围之下
要自由。

28-050

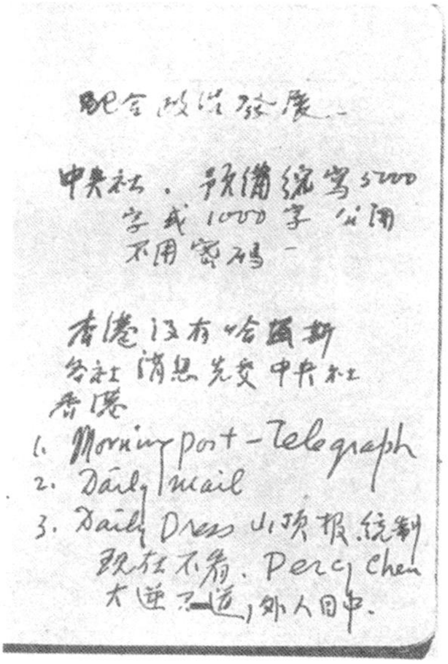

国际政治发展——

中央社，预备编写5000
字或1000字公开
不用密码——

香港没有哈瓦斯
各社消息先交中央社
香港
1. Morning post — Telegraph
2. Daily mail
3. Daily Press 山顶报，统制
现在不看。Percy Chen
大逆不道，外人目中。

28-051

中国之友。
每个英报都要中国
辅助。

28-052

3.00 p.m. 開始
金巴利

28−053

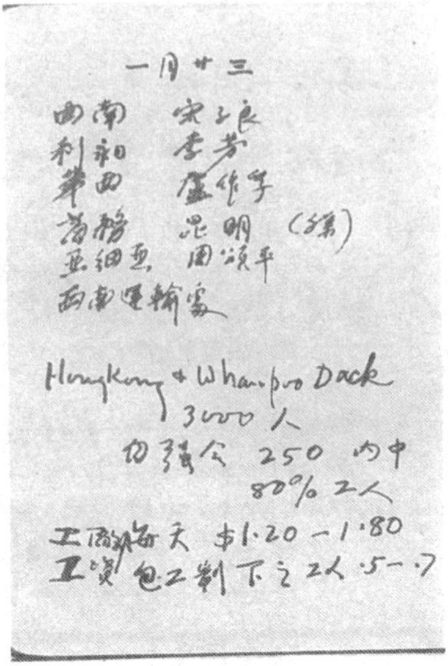
一月廿三
西南 宋子良
利和 李芳
華西 盧作孚
商務 昆明 （分）
亞細亞 周頌平
西南運輸處

Hongkong & Whampoa Dock
3000人
均強公 250 內中
80% 工人

工資每天 $1.20－1.80
工資包工剝下之工人 .5－.7

28−054

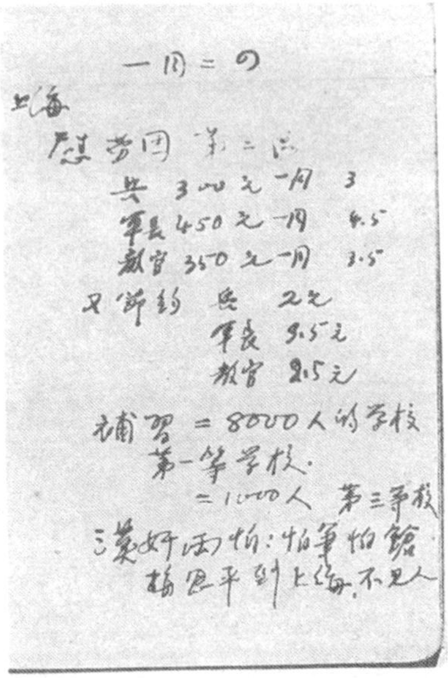
一月二四
上海
慰勞團 第三次
兵 300元一月 3
軍長 450元一月 4.5
教官 350元一月 3.5
又節約 兵 2元
軍長 4.5元
教官 2.5元
補習＝8000人的學校
第一等學校
＝1000人 第三等校
三漢奸同伙：伯箏伯鈞
楊恩平到上海，不見人

28−055

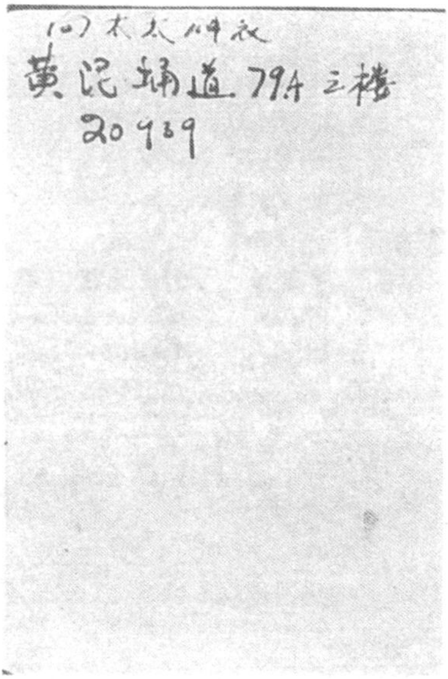
(10) 太太 14 衣
黄泥涌道 79A 三樓
20439

28−056

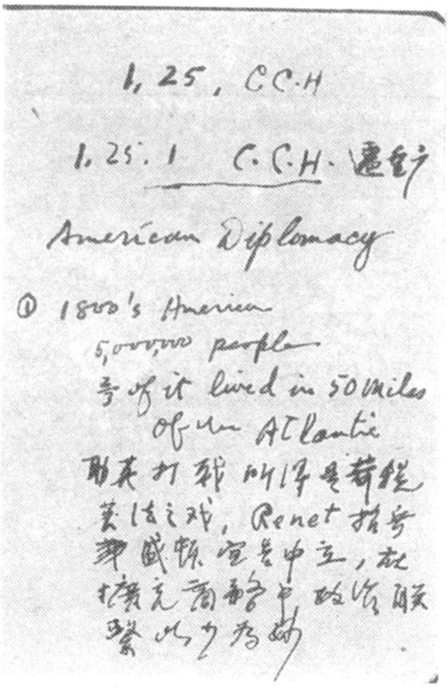

1,25, C.C.H

1.25.1 C.C.H. [illegible]

American Diplomacy

① 1800's America
5,000,000 people
⅔ of it lived in 50 miles
of the Atlantic
那英打战 所得是荷兰
英法之战, Renet 指责
华盛顿宣告中立, 故
扩充商务中 政治联
系以为害

28-057

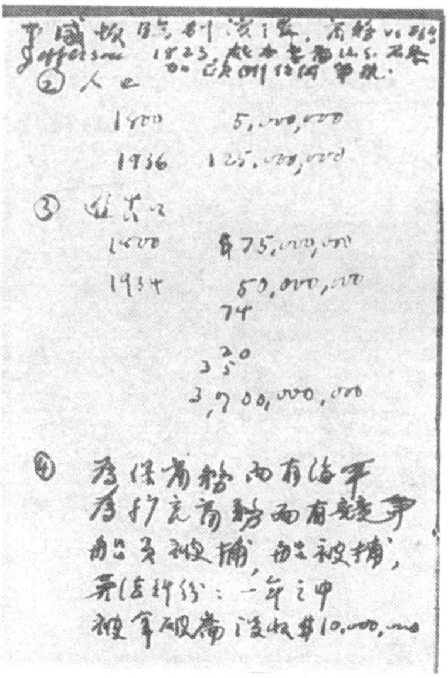

华盛顿临别演说. 商务 vs 政治
Jefferson 1823, [illegible] 不参
加欧洲任何争执.

② 人口
1800 5,000,000
1936 125,000,000

③ 进出口
1800 $75,000,000
1934 50,000,000
74
320
350
3,700,000,000

④ 为保商务而有海军
为扩充商务而有战争
船员被捕, 船被捕,
无法计算: 一年之中
被拿破仑没收$10,000,000

28-058

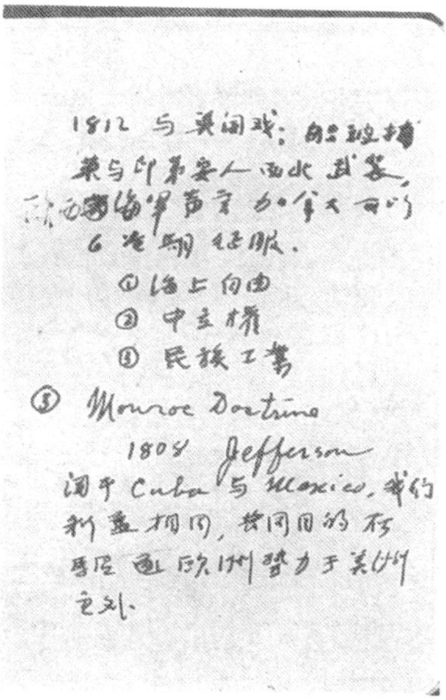

1812 与英国战: 船员被捕
英与印第安人西北武装,
西部渴望占有加拿大可以
6 星期征服.
① 海上自由
② 中立权
③ 民族工业

⑤ Monroe Doctrine
1808 Jefferson
关于 Cuba 与 Mexico, 我们
利益相同, 共同目的在
阻止欧洲势力于美洲
之外.

28-059

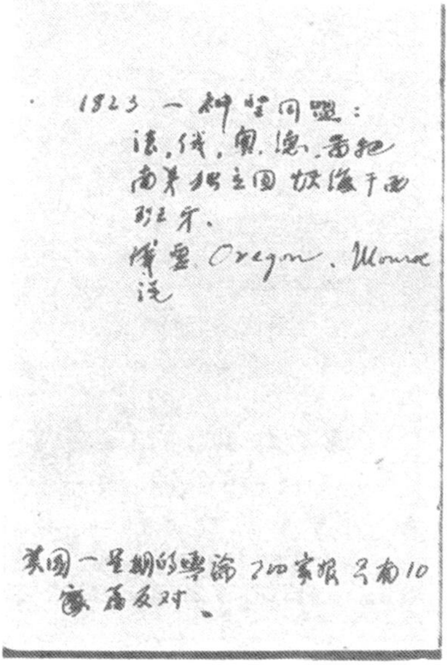

1823 —神圣同盟:
法, 俄, 奥, 德, 普鲁士
南美独立国 收复于西
班牙.
增加 Oregon. Monroe
说

美国一星期的舆论 700 家报只有 10
家表反对.

28-060

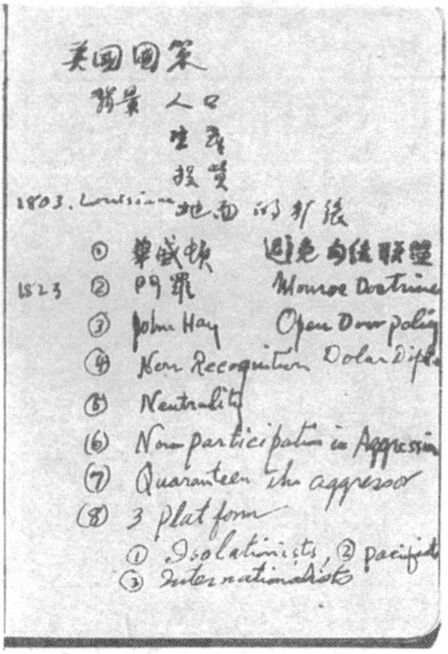
美国国策
背景 人口
生产
投资
1803. Louisiana 地面的扩张
① 华盛顿 避免纠缠联盟
1823 ② 门罗 Monroe Doctrine
③ John Hay Open Door policy
④ Non Recognition Dolar Diplo
⑤ Neutrality
(6) Non participation in Aggression
(7) Quaranteen the aggressor
(8) 3 platform
① Isolationists, ② pacifists
③ Internationalists

28-061

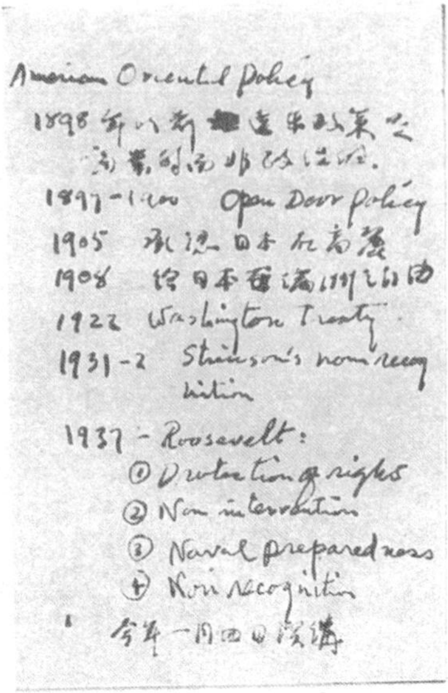
American Oriental Policy
1898年以前美国远东政策之……
商业的而非政治的.
1897-1900 Open Door policy
1905 承认日本在高丽
1908 给日本在满洲之自由
1922 Washington Treaty
1931-2 Stimson's non recognition
1937 - Roosevelt:
① Protection of rights
② Non intervention
③ Naval preparedness
④ Non recognition
今年一月四日演讲

28-062

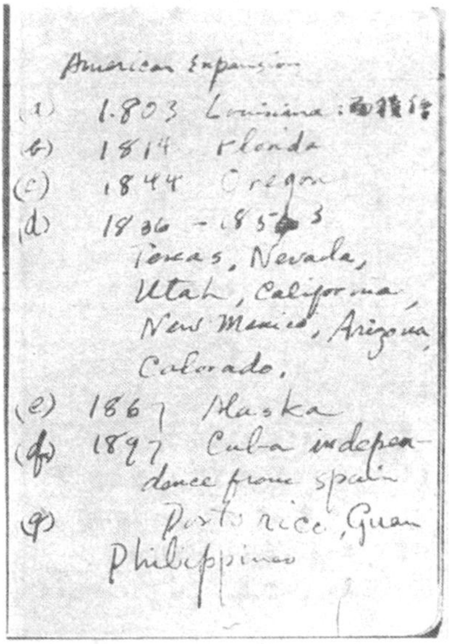
American Expansion
(a) 1803 Louisiana：面积倍
(b) 1819 Florida
(c) 1844 Oregon
(d) 1836 - 1853
Texas, Nevada,
Utah, California,
New Mexico, Arizona
Colorado.
(e) 1867 Alaska
(f) 1897 Cuba independence from Spain
(g) Porto Rico, Guam
Philippines

28-063

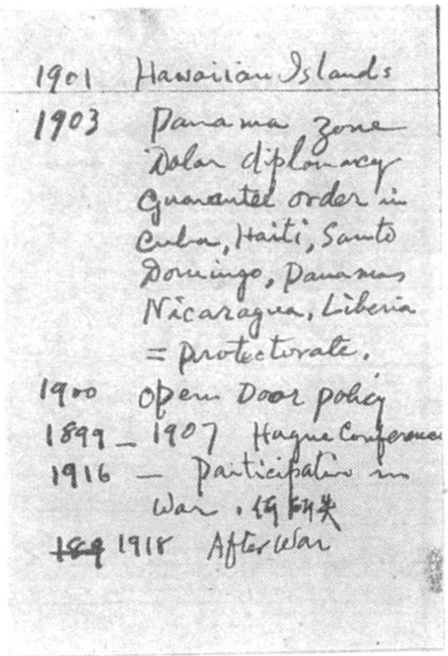
1901 Hawaiian Islands
1903 Panama Zone
Dolar diplomacy
Guarantee order in
Cuba, Haiti, Santo
Domingo, Panamas
Nicaragua, Liberia
= protectorate.
1900 Open Door policy
1899 - 1907 Hague Conference
1916 — Participation in
War，仍归失
~~1919~~ 1918 After War

28-064

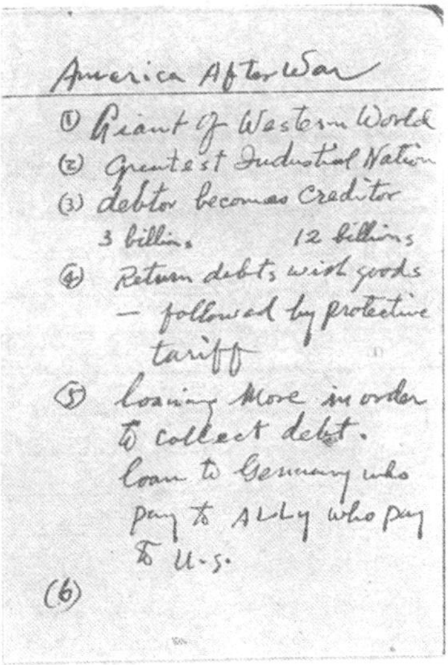
America After War
① Giant of Western World
② Greatest Industrial Nation
③ debtor becomes Creditor
3 billions 12 billions
④ Return debts with goods
— followed by protective tariff
⑤ loaning More in order to collect debt.
loan to Germany who pay to Ally who pay to U.S.
(6)

28-065

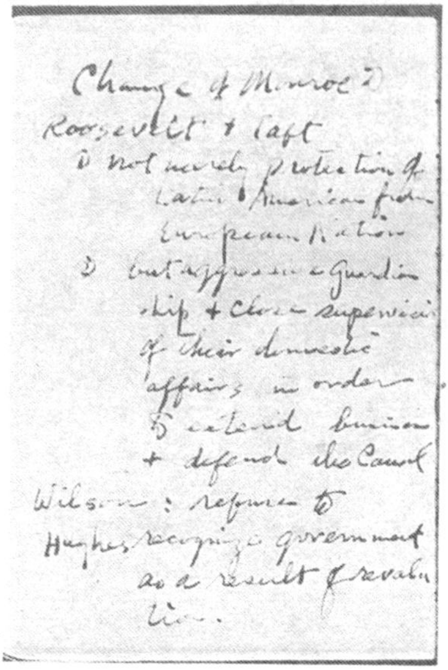
Change of Monroe D.
Roosevelt & Taft
1) Not merely protection of Latin Americans from European Nation
2) but aggressive guardianship & close supervision of their domestic affairs in order to extend business & defend the Canal
Wilson: refuses to
Hughes recognize government as a result of revolution.

28-066

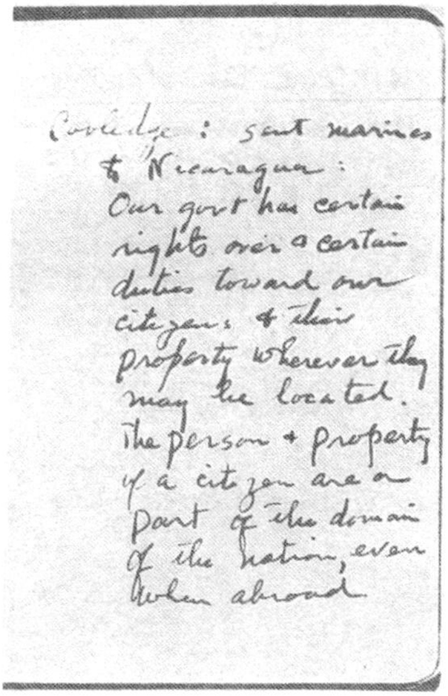
Coolidge: sent marines to Nicaragua:
Our govt has certain rights over & certain duties toward our citizens & their property wherever they may be located. The person & property of a citizen are a part of the domain of the nation, even when abroad

28-067

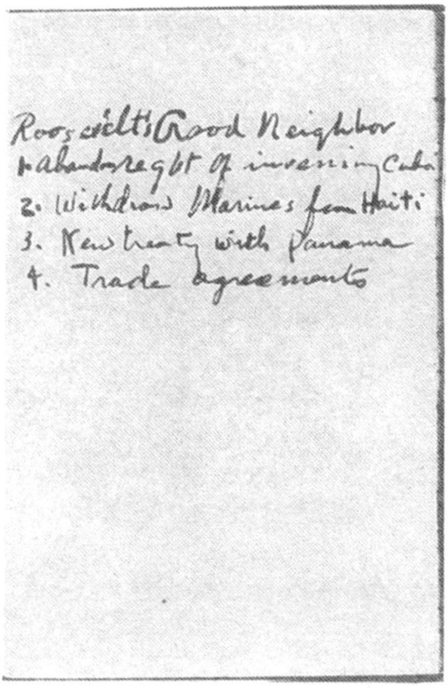
Roosevelt's Good Neighbor
1. abandons right of invading Cuba
2. Withdraw Marines from Haiti
3. New treaty with Panama
4. Trade agreements

28-068

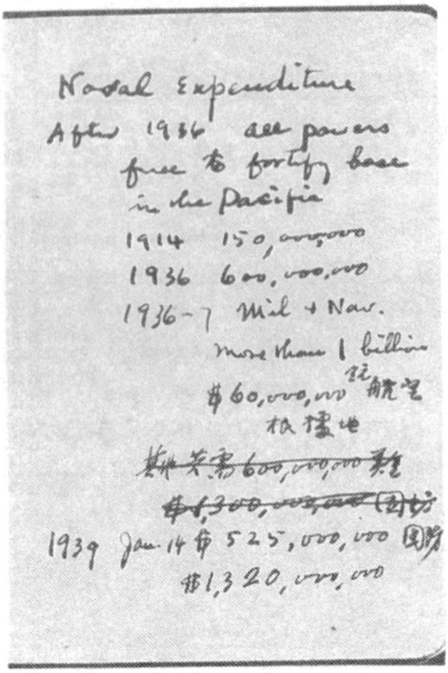
Naval Expenditure
After 1936 all powers
free to fortify base
in the Pacific
1914 150,000,000
1936 600,000,000
1936-7 Mil + Nav.
more than 1 billion
$60,000,000 花航空
根据地
~~[illegible] 600,000,000 [illegible]~~
~~$1,300,000,000 国防~~
1939 Jan. 14 $525,000,000 国防
$1,320,000,000

28-069

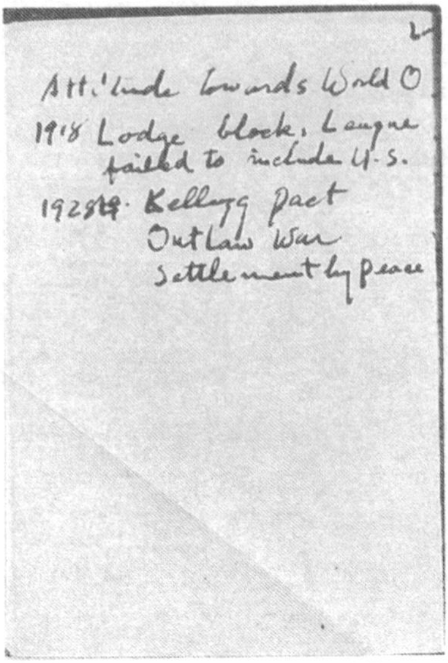
2
Attitude towards World ①
1918 Lodge block, League
failed to include U.S.
1928 Kellogg pact
Outlaw war
Settlement by peace

28-070

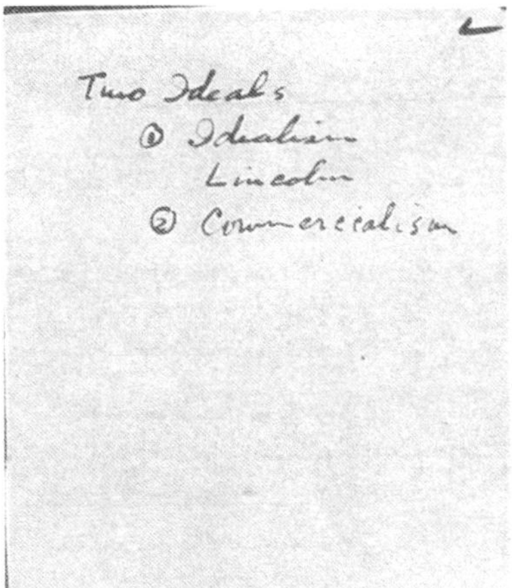
2
Two Ideals
① Idealism
Lincoln
② Commercialism

28-071

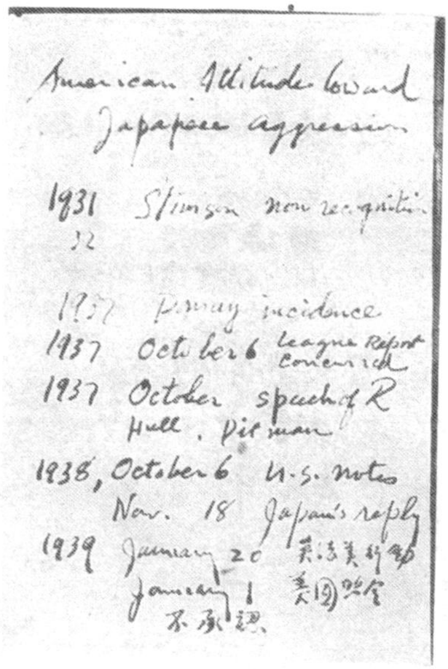
American Attitude toward
Japanese aggression
1931 Stimson non recognition
32
1937 Panay incidence
1937 October 6 League Report concurred
1937 October speech of R
Hull, Pitman
1938, October 6 U.S. notes
Nov. 18 Japan's reply
1939 January 20 英法美抗议
January 1 美国照会
不承认

28-072

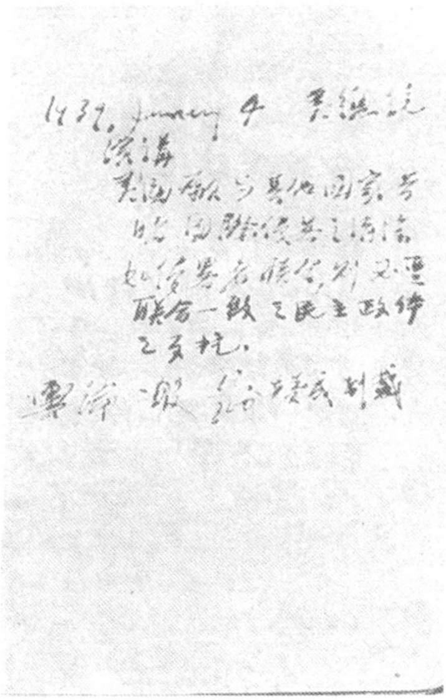

28-073

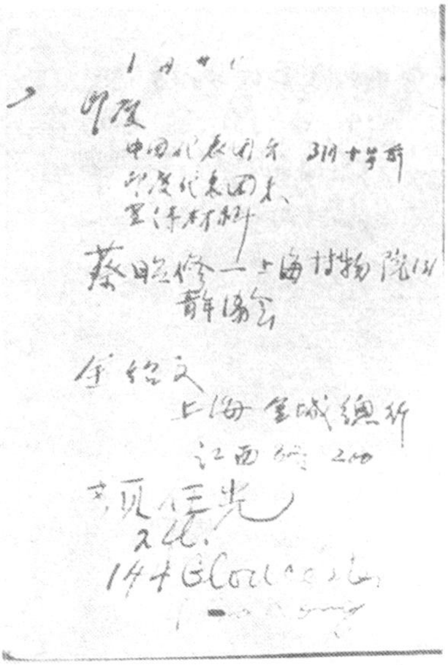

28-074

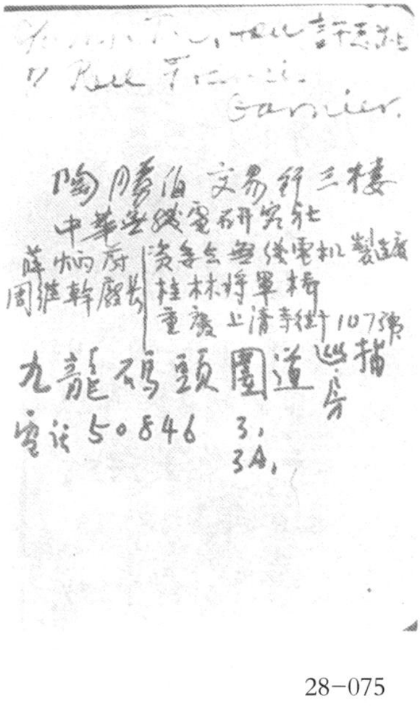


28-075

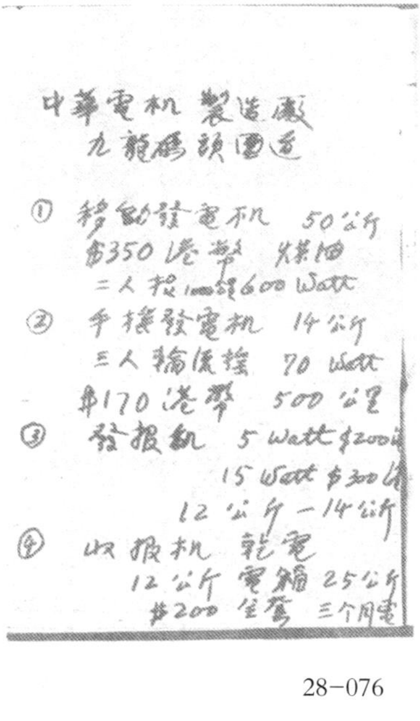


28-076

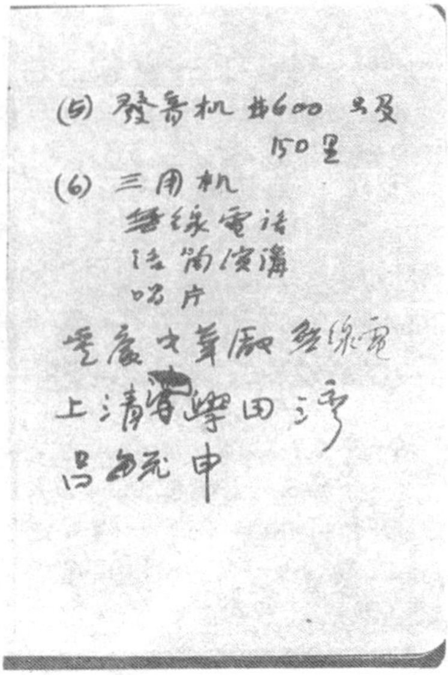

(5) 發音机 卅600
150里
(6) 三用机
無線電话
话简演講
唱片
重庆中華厂 無線電
上清寺學田湾
呂無元 申

28-077

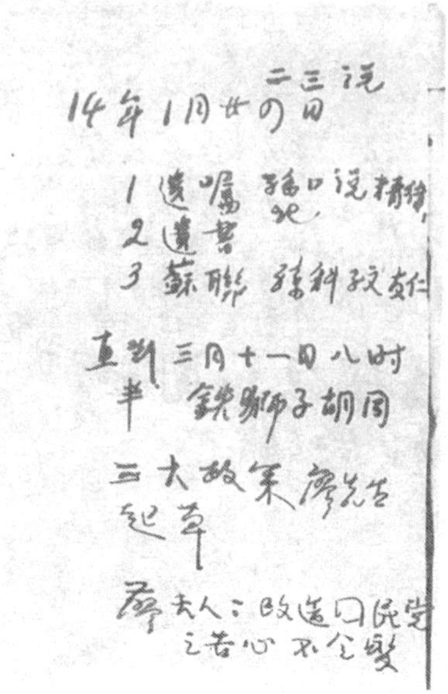

二三說
14年1月廿四日
1 遺囑
2 遺書
3 蘇聯
直到三月十一日八时半 鉄獅子胡同
三大政策 廖先生起草
廖夫人：改造国民党之苦心

28-078

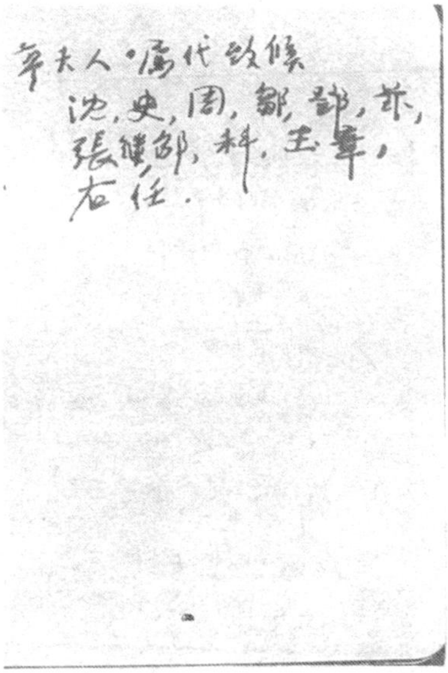

廖夫人：屬代致候
沈、史、周、鄒、鄧、孫、
張继、邵、科、王華、
右任。

28-079

一月廿九

28-080

陶行知全集

衔备忘第二十八册（1939.1.1~1939.2.23）

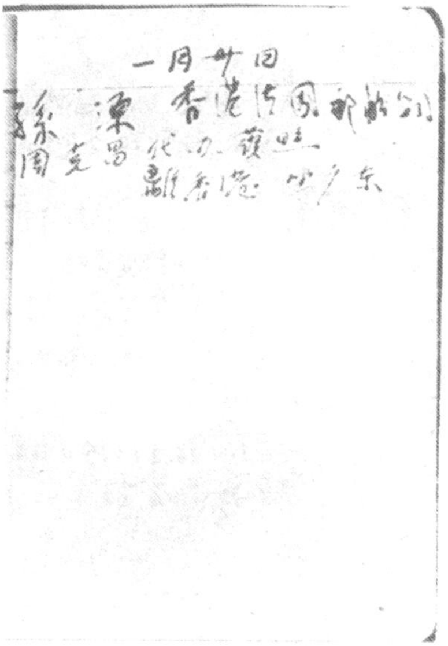

一月卅日
孙源 香港[illegible]新新公司
周克昌代办签[illegible]
郦季陶 收广东

28-081

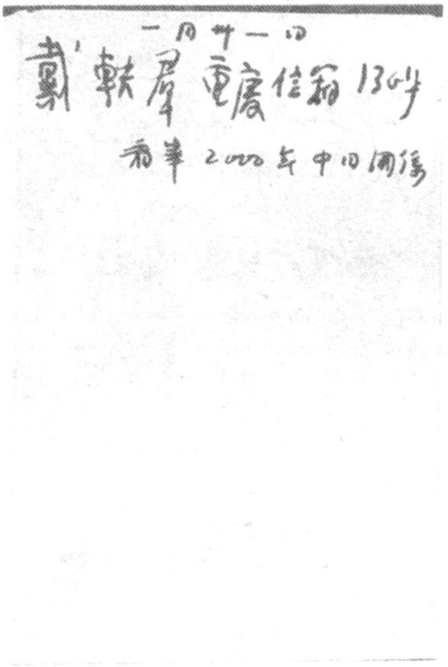

一月卅一日
戴軼群 重慶信箱1304号
雨華 2020年中日關係

28-082

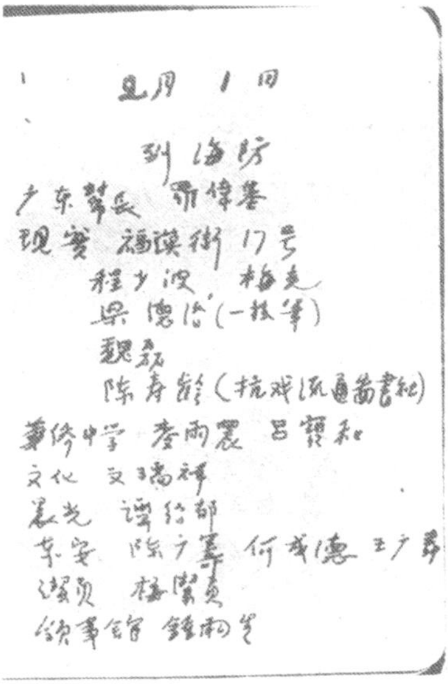

二月1日
到海防
广东警長 邢偉基
現寓 福謙街17号
程少波 梅竟
吳德恬（一枝筆）
魏磊
陈壽龄（抗戰流通圖書社）
華僑中学 李雨農 呂寶和
文化 文瑞祥
晨光 譚紹都
东安 陈广寿 何戒德 王广勇
鴻貞 楊紫貞
領事館 鍾則箕

28-083

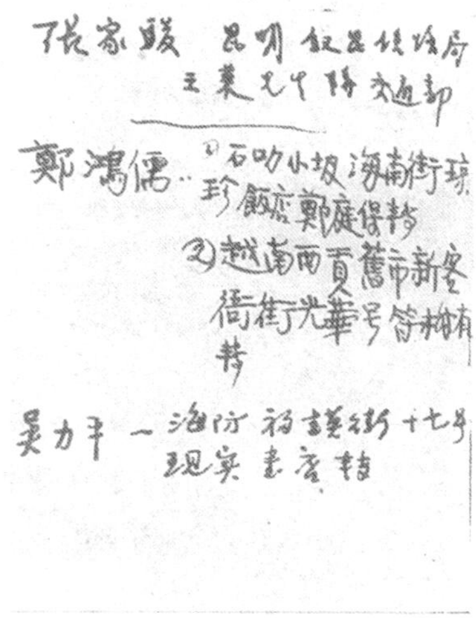

張家駿 昆明 叙昆铁路局
王裘光[illegible]转 交通部
鄭鴻儒：①石叻小坡海南街瓊珍飯店鄭庭保转
②越南西貢舊市新客街丁光華号管楠楠转
吳力平—海防福謙街十七号
現寓 表彦转

28-084

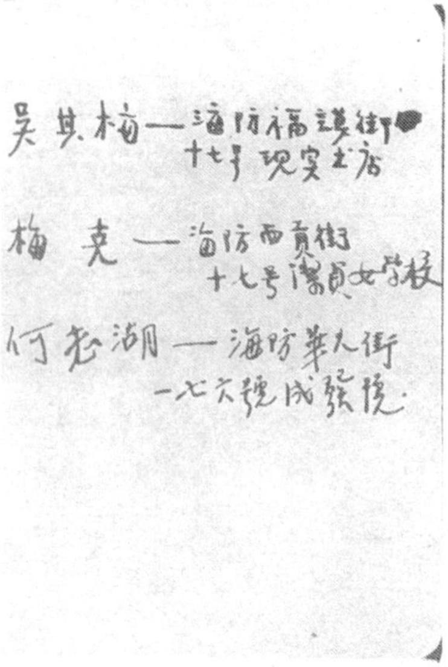

吴其梅—海防福建街
十七号现实书店

梅克—海防西贡街
十七号澄贞女学校

何秋湖—海防華人街
一七六號成發號

28-085

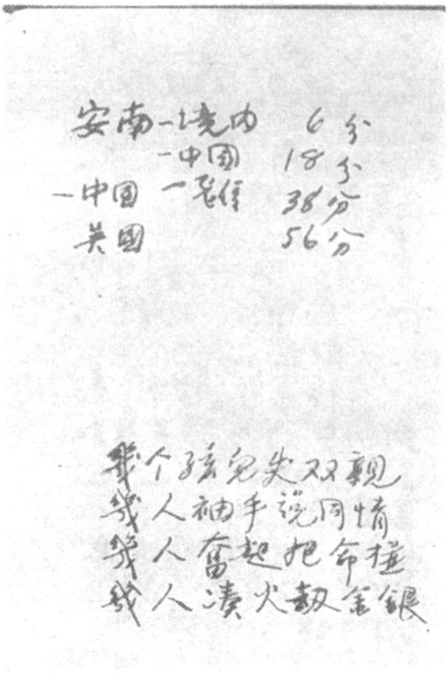

安南—境内 6分
—中国 18分
—中国 —飞信 38分
美国 56分

几个孩儿失双亲
几人袖手说同情
几人奋起把命拚
几人凑火救金银

28-086

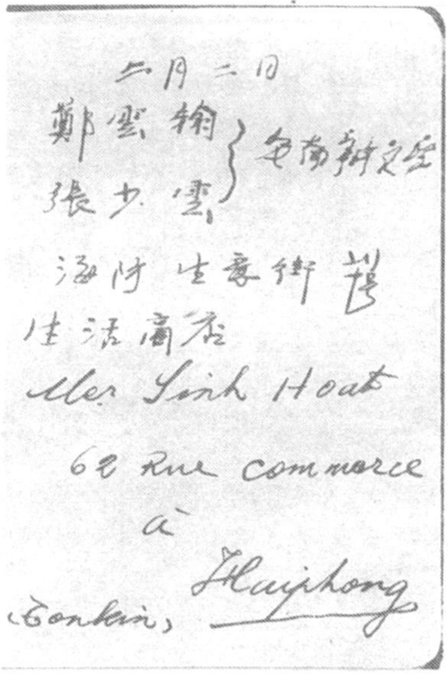

二月二日
鄭雲翰
張少雲 } 安南新文堂
海防生意街號
生活書店
Mer Sinh Hoat
62 Rue Commerce
à
Haiphong
(Tonkin)

28-087

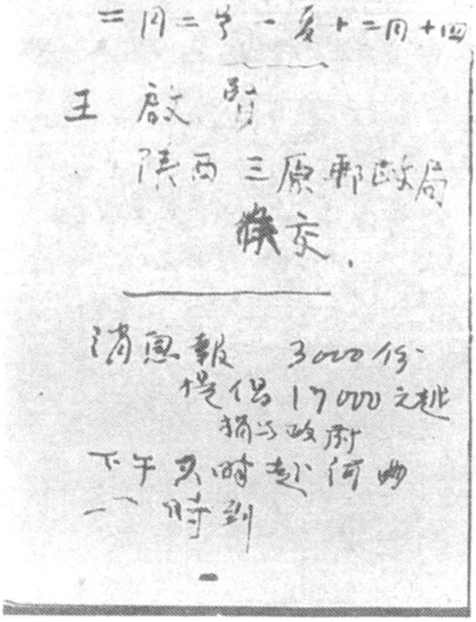

二月二号 一万+二同+四

王啟賢
陕西三原郵政局
轉交

消息報 3000份
僅佔17000之純
捐與政府
下午五時赴河内
一小時到

28-088

陶行知全集

衔备忘第二十八册（1939.1.1~1939.2.23）

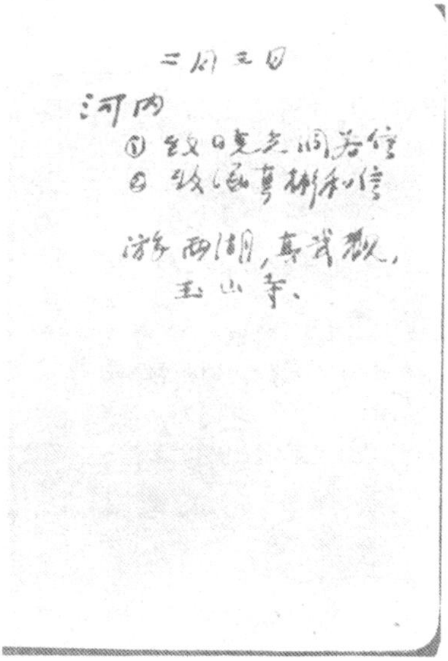
二月三日
河内
① 致晓光、问芳信
② 致陈真、杨和信
游西湖，真武观，
玉山寺。

28-089

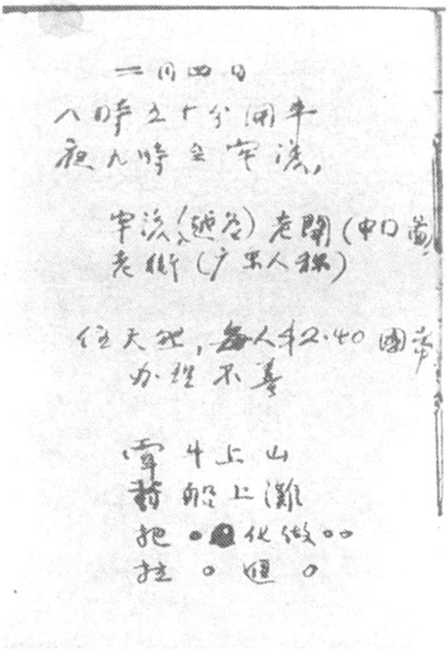
二月四日
八时五十分开车
夜九时至宁流，
宁流（婉容）老闆（中国
老衔（广东人操）
住天然，每人$2.40国币
办理不善
雾中上山
船上滩
把○●化做○○
挂○国○

28-090

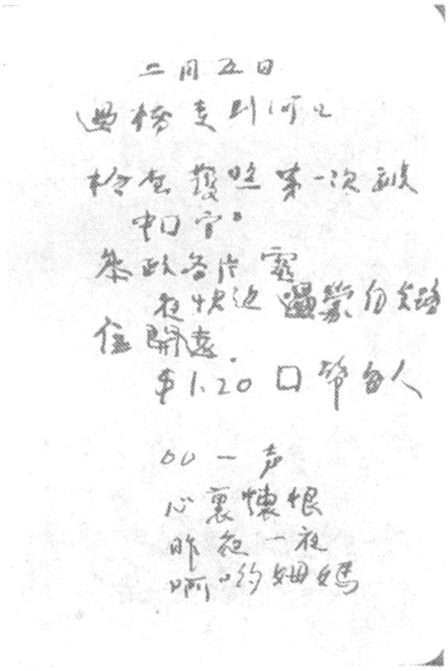
二月五日
西杨支到河口
枪在拨照第一次破中国。
参加各片窗
在快边灿紫白然
住畔远
每1.20 口节每人
○○一声
心里怀恨
昨夜一夜
响的姆妈

28-091

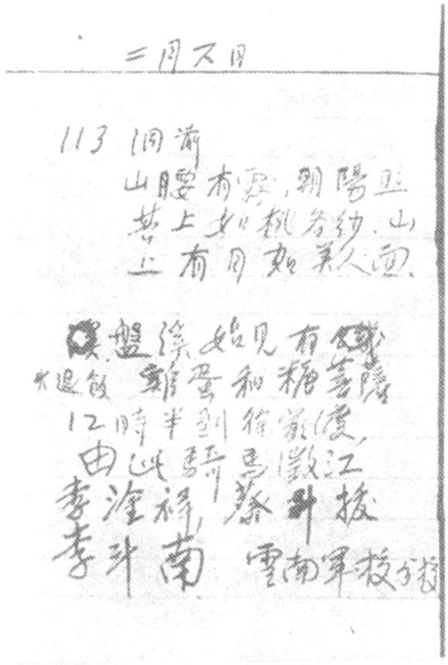
二月六日
113 同满
山腰有雾，朝阳照
某上如桃花纷。山
上有月如美人面。
盘缪始见有
米退饭 鸡蛋和糖芋
12时半到符家渡，
由此骑马澂江
李淦祥，蔡升拔
李升南 云南军校分校

28-092

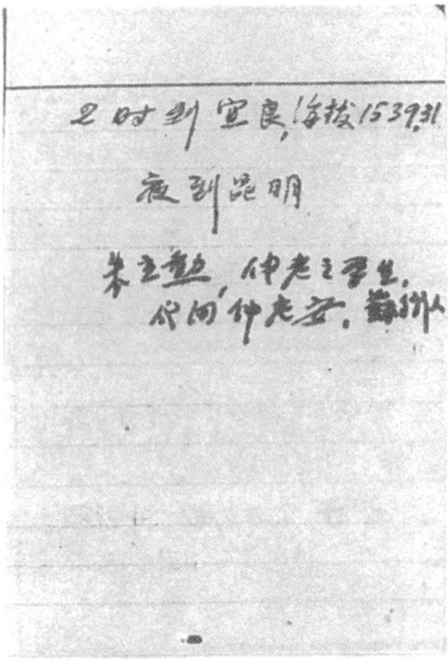
2时到宜良，海拔1539.31
夜到昆明
朱玉魁，仲老之学生，代问仲老安，苏州人

28-093

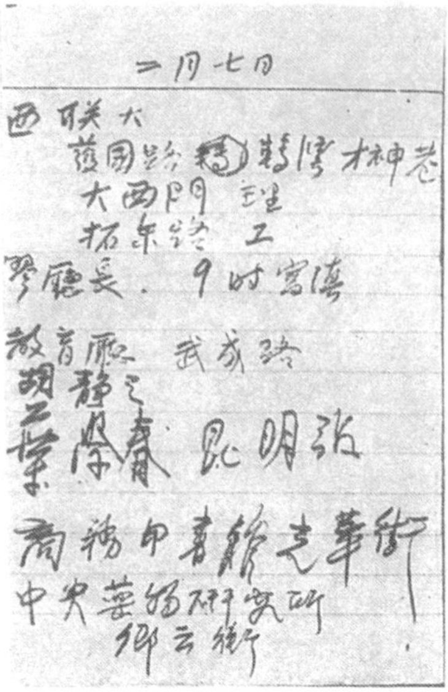
二月七日
西联大
[illegible]
大西门 理
拓东路 工
罗厅长 9时写信
教育厅 武成路
胡静之
工業學校 昆明张
商務印書館 光華街
中央药物研究所 御云街

28-094

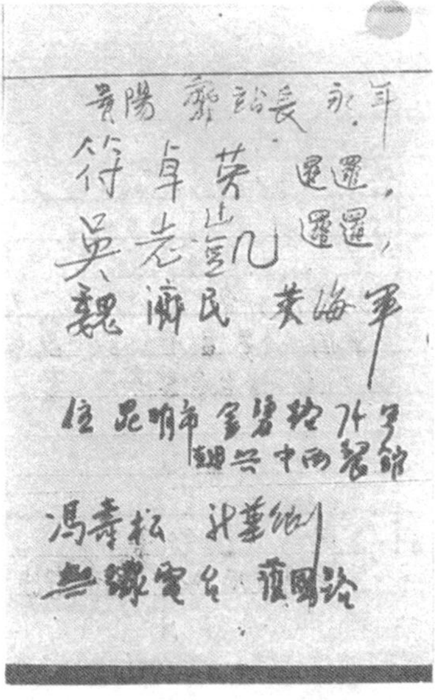
贵阳 [illegible] 馆長 永年
符卓荣 遥遥，
吴克凯 遥遥，
魏济民 黄海平
住昆明市 [illegible] 7号
[illegible] 中西餐館
冯青松 [illegible]
無線電台 [illegible]

28-095

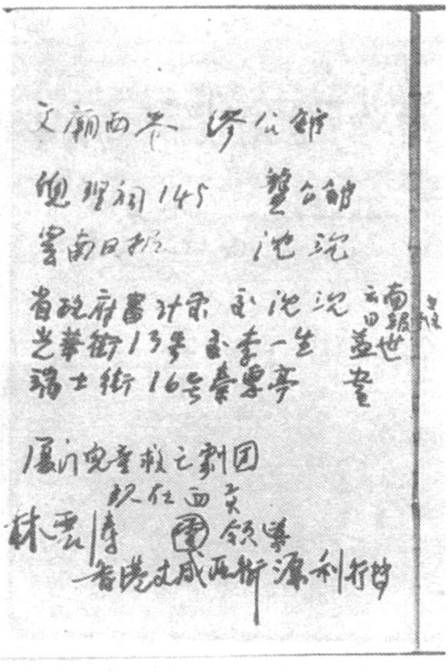
文庙西巷 [illegible]
[illegible] 145 [illegible]
云南日报 [illegible]
省政府 [illegible]
光華街13号 [illegible]
瑞士街16号 [illegible]
厦门儿童救亡剧团
[illegible]
林云涛 [illegible] 領事
香港文咸西街 源利行号

28-096

[illegible]

28-097

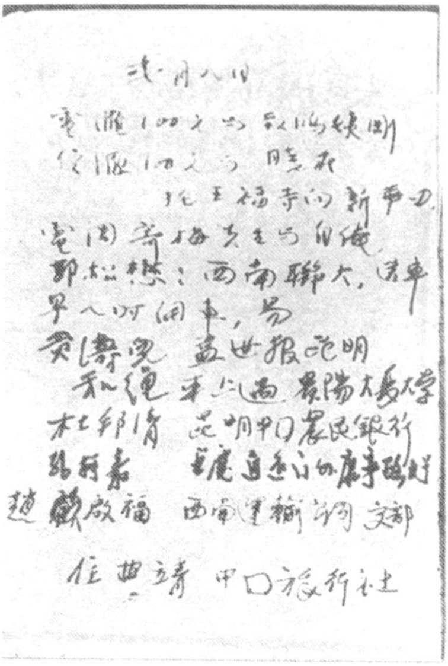

二月八日

[illegible]

鄧松椿：西南聯大 [illegible]

[illegible] 益世報 昆明

杜 [illegible] 昆明中國農民銀行

趙 [illegible] 西南運輸公司 [illegible]

[illegible] 中國旅行社

28-098

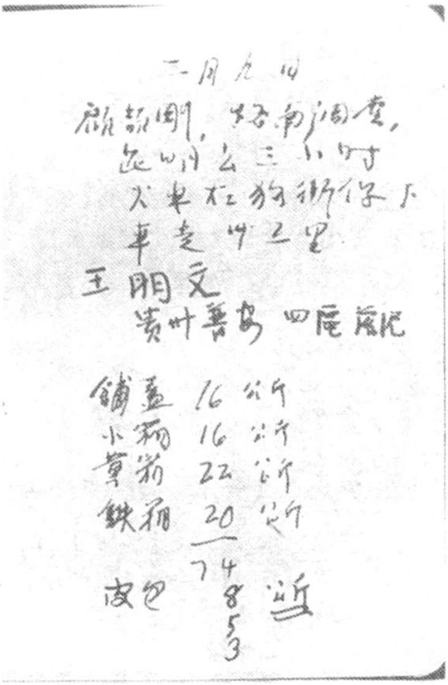

二月九日

顧頡剛，[illegible]

[illegible]

王明文

貴州普安 [illegible]

舖蓋 16 公斤

小箱 16 公斤

草箱 22 公斤

鐵箱 20 公斤

74

皮包 8

[illegible]

28-099

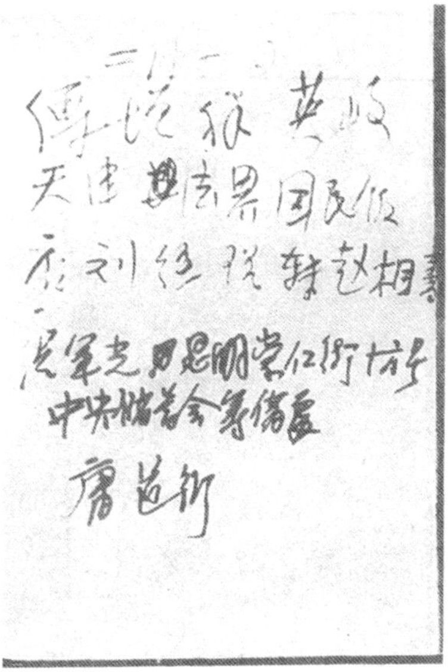

[illegible]

天津 [illegible] 國民 [illegible]

[illegible]

[illegible] 昆明 [illegible]

中央儲蓄會籌備處

[illegible]

28-100

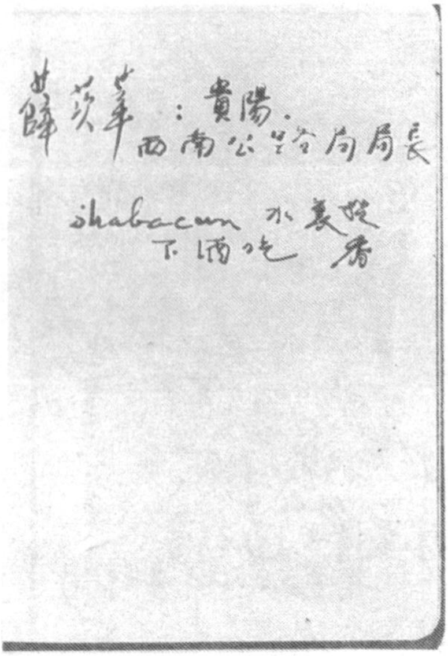
薛次莘：貴陽，
西南公路管理局局長

28-101

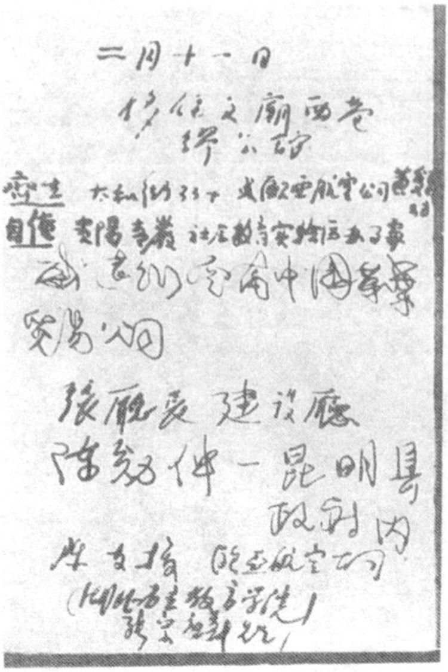
二月十一日

張廳長 建設廳

28-102

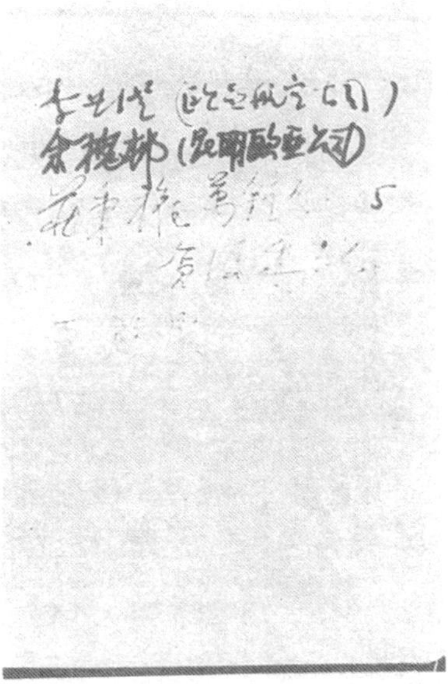
（歐亞航空公司）

28-103

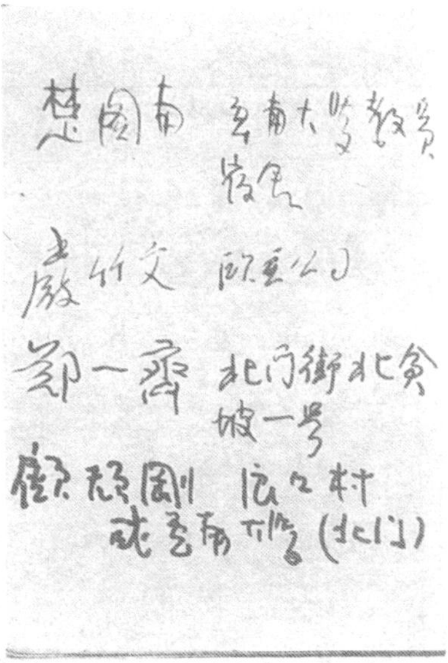
楚圖南 雲南大學教員

歐亞公司

鄭一齋 北門街北倉坡一号

顧頡剛

（北門）

28-104

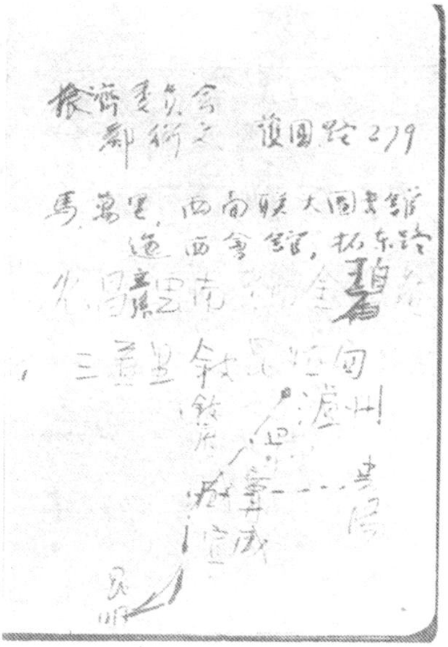
振济委员会
郑衍文 镇国路279
马万里，西南联大图书馆
通西会馆，拓东路


28-105

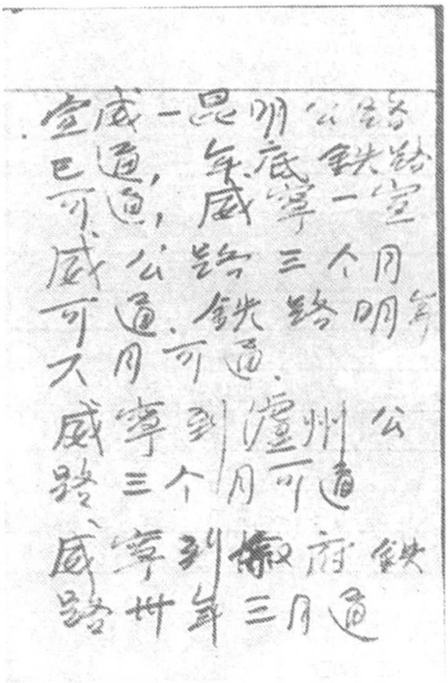
宣威—昆明公路已通，年底铁路可通，威宁—宣威公路三个月可通，铁路明年六月可通。
威宁到泸州公路三个月可通
威宁到叙府铁路卅年三月通

28-106

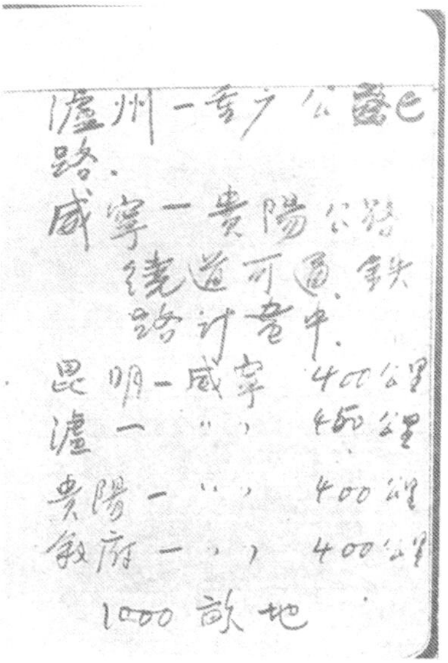
泸州—[illegible]公路已路。
威宁—贵阳公路
绕道可通，铁路计划中。

| | |
|---|---|
| 昆明—威宁 | 400公里 |
| 泸— 〃 | 450公里 |
| 贵阳— 〃 | 400公里 |
| 叙府— 〃 | 400公里 |

1000亩地

28-107

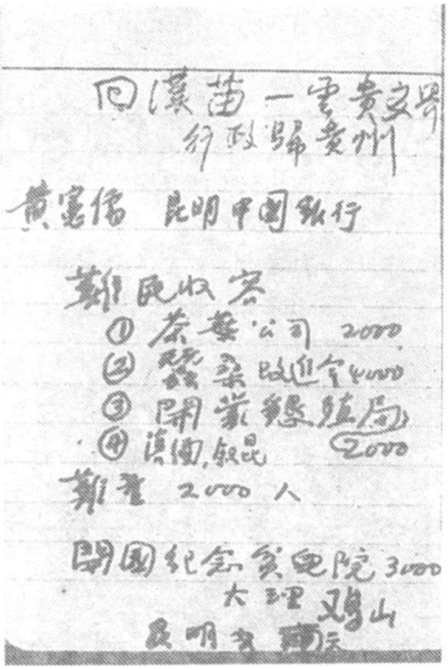
回汉苗—云贵交界
行政归贵州
黄宪儒 昆明中国银行
难民收容
①茶叶公司 2000
②蚕桑改进会 4000
③开蒙垦殖局 2000
④滇缅，叙昆
难童 2000人
开国纪念贫儿院 3000
大理鸡山
昆明[illegible]

28-108

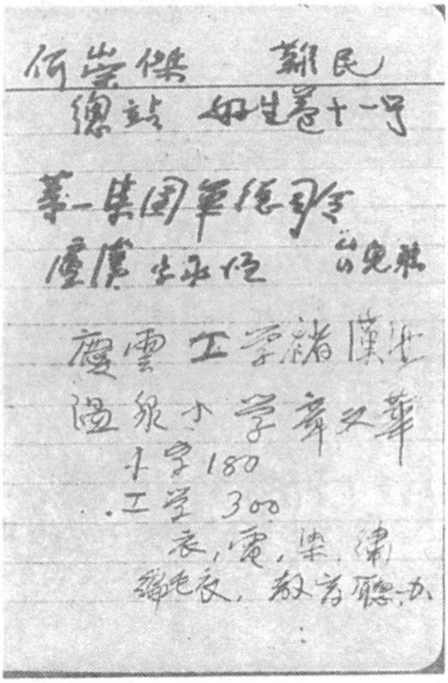

28−109

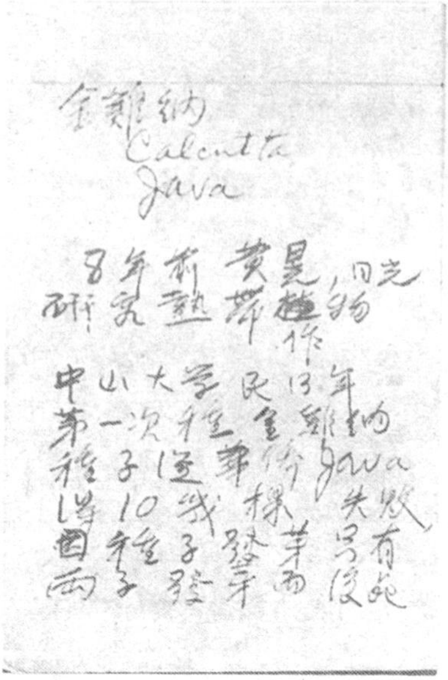

28−110

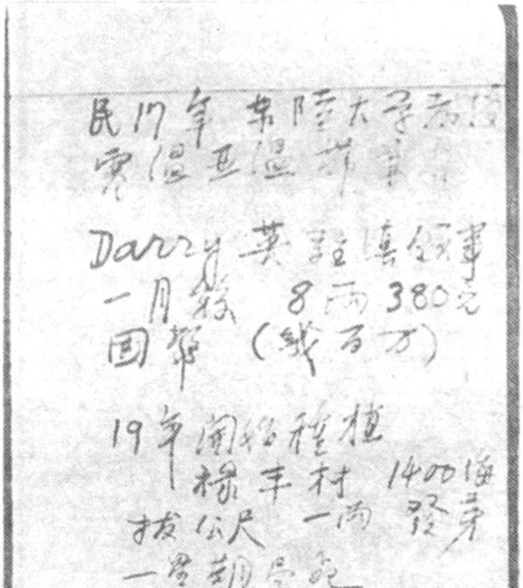

28−111

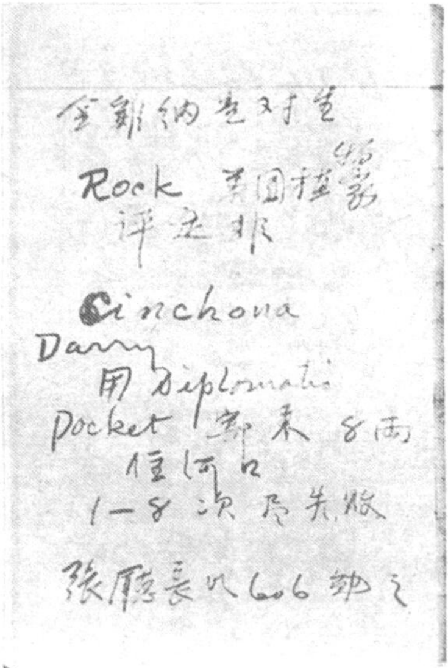

28−112

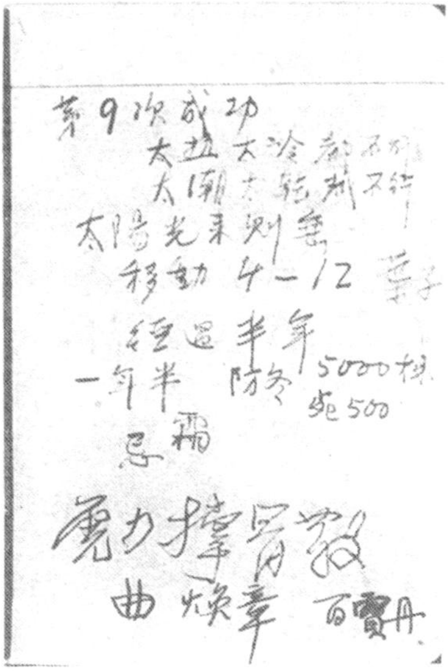

第9次成功
太热太冷都不行
太潮太干都不行
太阳光未必要
移动 4-12 叶子
经过半年
一年半 防冬 5000株
死500
忌霜
勉力撑胃我
曲焕章 百宝丹

28-113

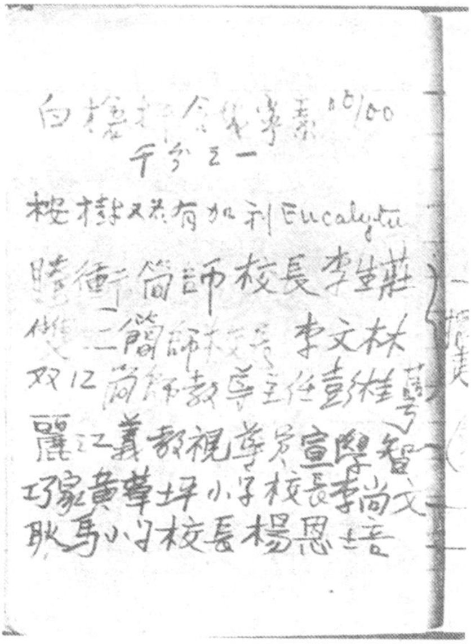

白樟松含油率 15/100
千分之一
桉树又名有加利 Eucalyptu
腾冲简师校长李生庄
保山二简师校长 李文林
双12 简师教导主任彭桂萼
丽江义教视导员宣学智
巧家黄草坪小学校长李尚文
耿马小学校长杨恩培

28-114

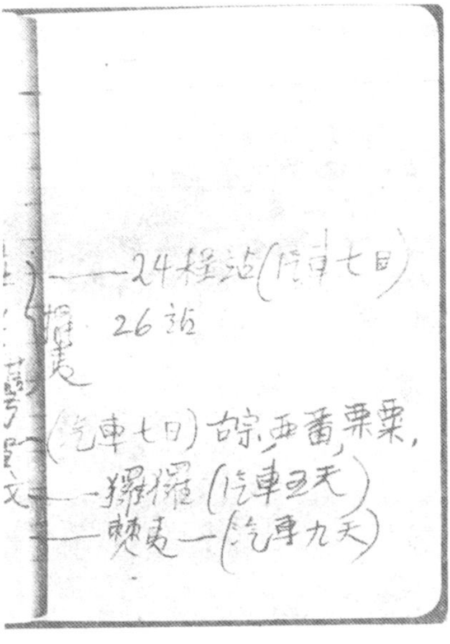

——24程站（汽车七日）
26站
（汽车七日）古宗西番栗粟，
——猓猡（汽车三天）
——僰夷一（汽车九天）

28-115

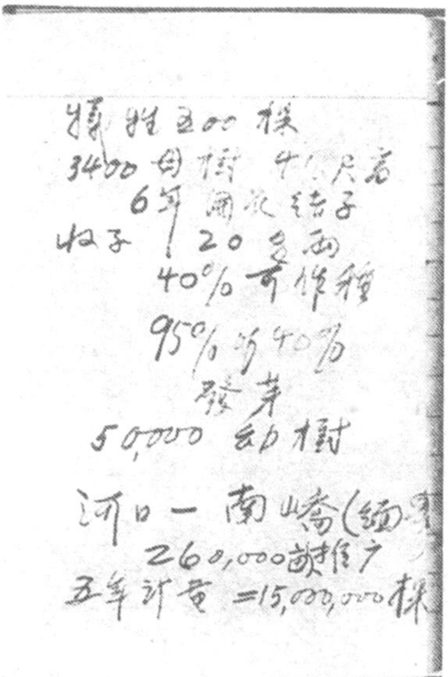

樟树 300 株
3400 母树 十八尺高
6年 开花结子
收子 ↓ 20 多两
40% 可作种
95% 的 40%
发芽
50,000 幼树
河口一南峤（缅甸）
260,000亩推广
五年计划 =15,000,000株

28-116

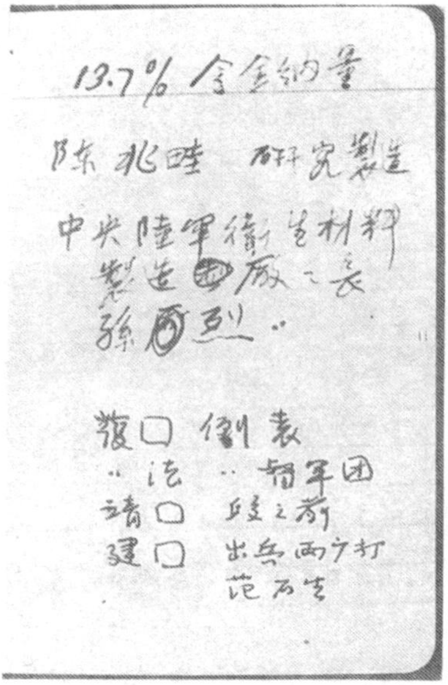
13.7% 含金纳量
陈兆陆 研究製造
中央陆军衛生材料製造廠廠長
孫國烈
發□ 代表
〃法 〃 留军团
請□ 步兵之前
建□ 出兵兩方打
范石生

28-117

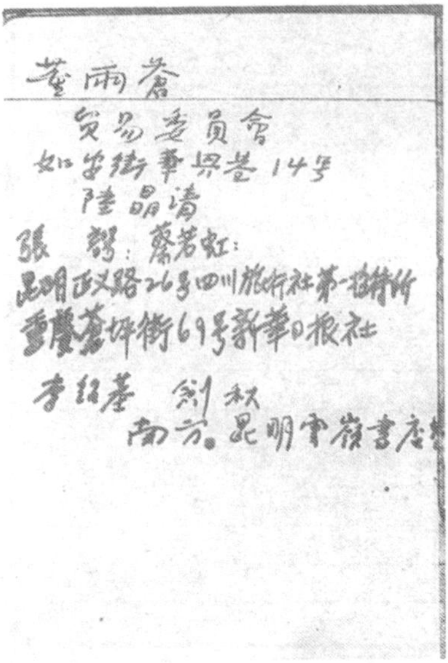
董雨蒼
貿易委員會
如安街華興巷14号
陸晶清
張 鄂：蔡若虹：
昆明正义路26号四川旅行社第一招待所
重慶蒼坪街69号新華日報社
李紹基 劍秋
南方。昆明雷嶽書店

28-118

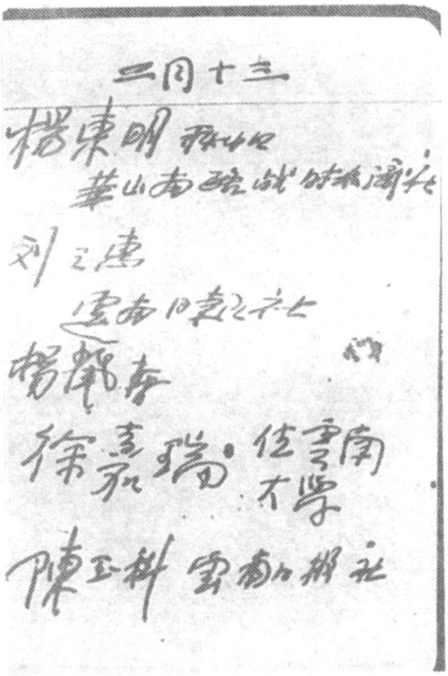
二月十三
楊東明
華山南路
刘□□
雲南日報
徐嘉瑞 住雲南大學
陳玉科 雲南

28-119

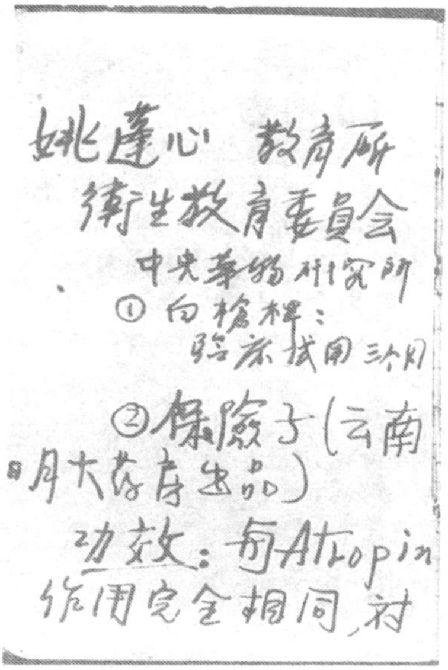
姚達心 教育厅
衛生教育委員会
中央藥物研究所
① 白检梓：
臨床试用三个月
② 條險子（云南
明大药房出品）
功效：与Atropin
作用完全相同，衬

28-120

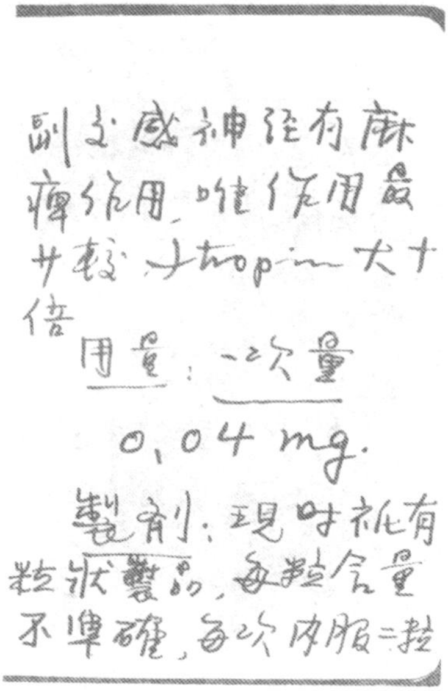

副交感神经有麻
痺作用，唯作用最
廿较 Atropin 大十
倍
用量：一次量
0,04 mg.
製剂：现时祇有
粒状製品，每粒含量
不準確，每次内服二粒

28-121

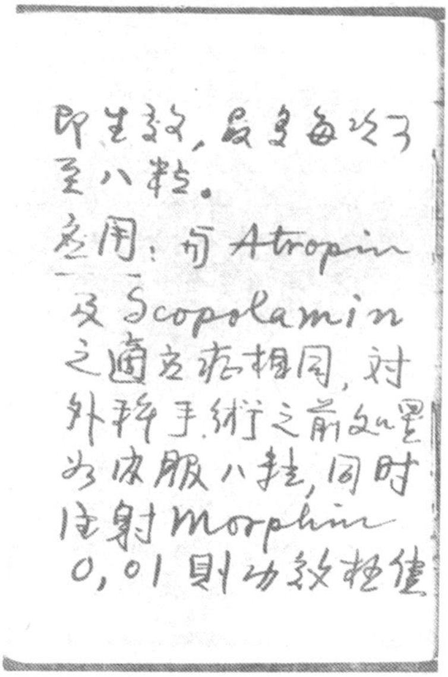

即生效，最多每次可
至八粒。
应用：与 Atropin
及 Scopolamin
之适应症相同，对
外科手術之前如果
为内服八粒，同时
注射 Morphin
0,01 則功效極佳

28-122

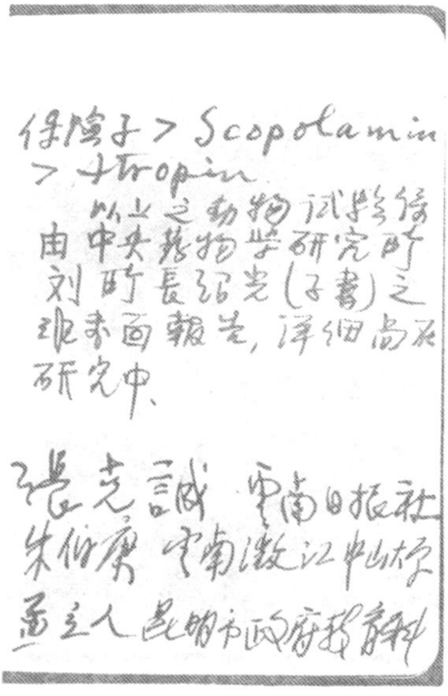

保险子 > Scopolamin
> Atropin
以上之动物试验係
由中央药物学研究所
刘所長绍光（子書）之
非表面報告，详细尚在
研究中。
張克誠 云南日报社
朱俗庸 云南澂江中山校
孟立人 昆明市政府教育科

28-123

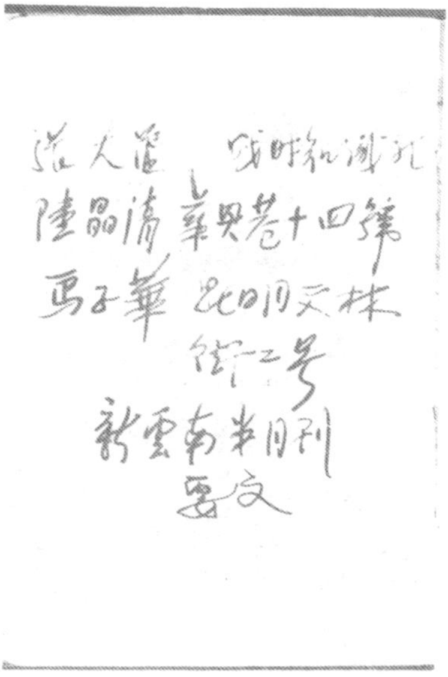

潘大道 战时知识社
陸晶清 華興巷十四號
馬子華 北门文林
街二号
新云南半月刊
要文

28-124

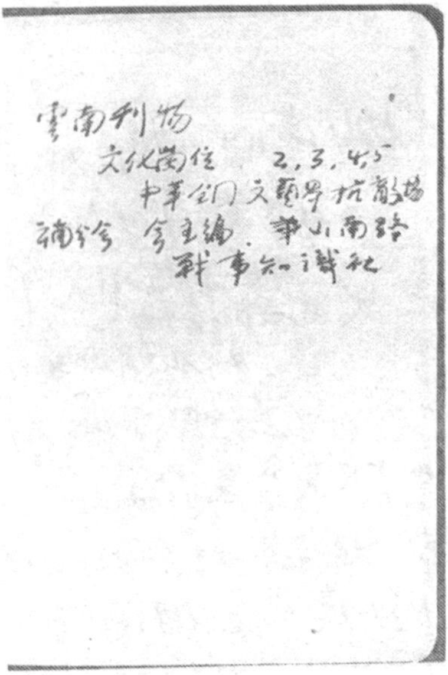

雲南刊物
文化崗位 2,3,4,5
中華全國文藝界抗敵協
論壇 余主編 華山南路
戰事知識社

28-125

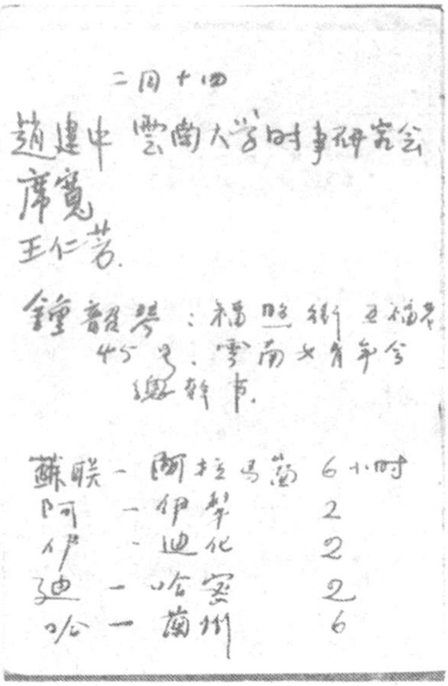

二月十四
趙建中 雲南大学时事研究会
席寬
王仁芳
鍾韶琴：福照街丑福巷
45号，雲南女青年会
總幹事

蘇联－阿拉馬圖 6小时
阿－伊犁 2
伊－迪化 2
迪－哈密 2
哈－蘭州 6

28-126

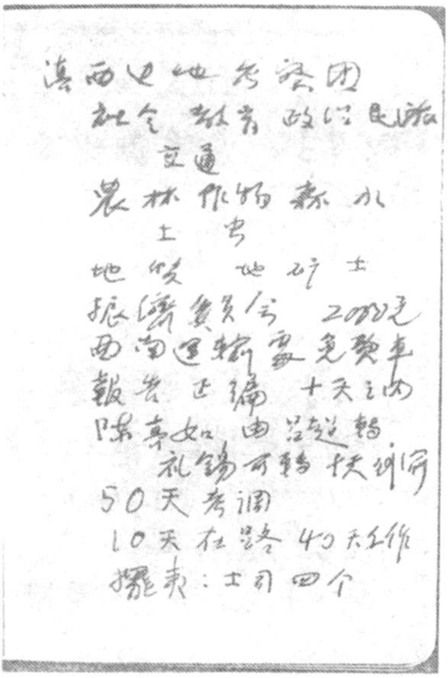

滇西七地考察团
社会 教育 政治 民族
交通
農林 作物 森林 水
土 虫
地質 地矿 土
振濟委员会 2000元
西南運輸處 免费車
報告 still 编 十天之内
陈亭如 曲呂超轄
礼锡可转 快到沪
50天考调
10天在路 40天工作
擺夷：土司四个

28-127

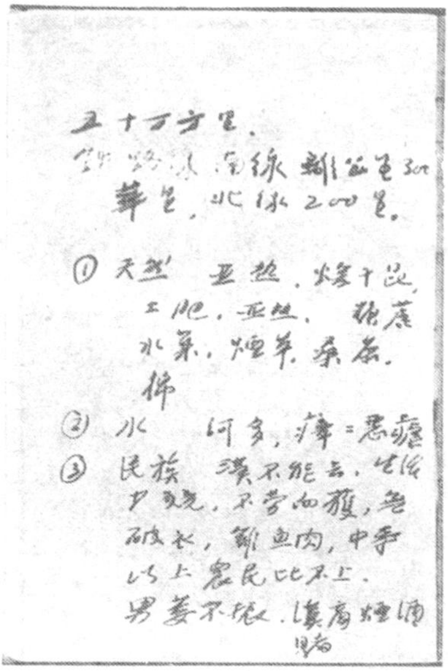

五十万方里。
鐵路以西線 鄰省300
華里，北線200里。
① 天然 亚热，炒十品，
土肥，亚热，糖蔗
水菓，烟草，桑茶。
棉
② 水 河多，瘴=恶瘧
③ 民族 漢不能去，七傜
少數，不学而獲，無
破衣，縮血肉，中等
以上農民比不上。
男逸不做，滇省烟酒
嗜好

28-128

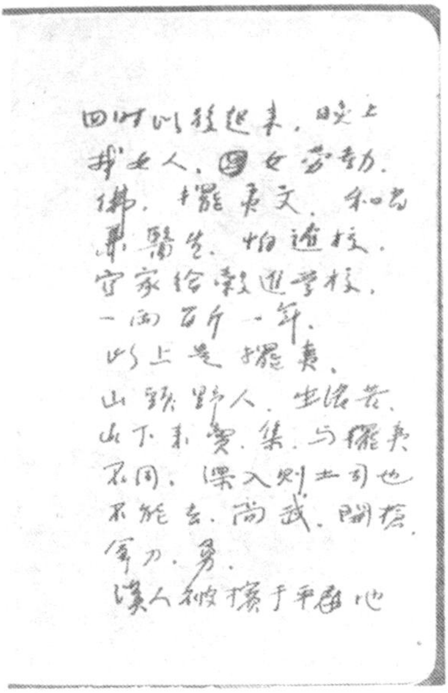

四时以后起来，晚上
找女人。国女劳动。
佛，摆夷文，和尚
兼医生，怕进校。
穷家给钱进学校，
一两百斤一年。
以上是摆夷。
山头野人，生活苦，
山下来买、集，与摆夷
不同，深入则土司也
不能去。尚武，刚强，
军刀，勇。
汉人被摈于平原也

28－129

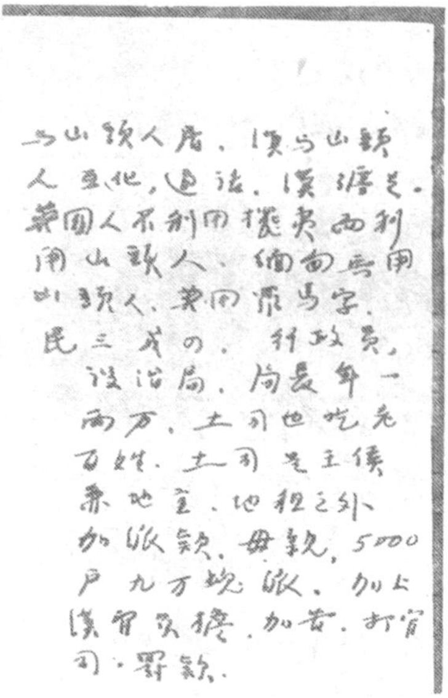

与山头人居，汉与山头
人杂化，通话，汉语。
英国人不利用摆夷而利
用山头人。缅甸亦用
山头人，英国兵为字。
民三戎四，行政员，
设治局，局长每一
两万，土司也吃老
百姓。土司是王侯
兼地主，地租之外
加派款，母款，5000
户九万块派，加上
汉官贪污，加黄，打官
司，罚款。

28－130

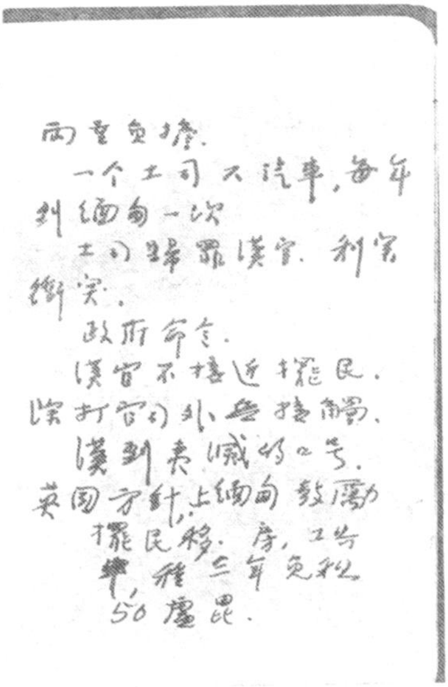

两重负担。
一个土司八汽车，每年
到缅甸一次
土司联合汉官，利害
冲突。
政府命令。
汉官不接近摆民，
除打官司外无接触。
汉对夷藏的口号。
英国方针上缅甸鼓励
摆民移，房，工资
种稻三年免税
50 卢比。

28－131

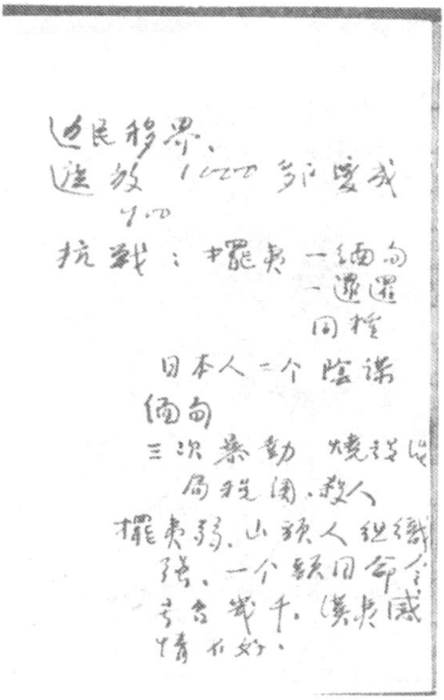

边民移界，
遣放 1000 多户要戎
400
抗战：摆夷一缅甸
一暹罗
同样
日本人二个险谋
缅甸
三次暴动 烧领事
局杀人、杀人
摆夷弱，山头人组织
强，一个头目命令
可以几千。汉夷感
情不好。

28－132

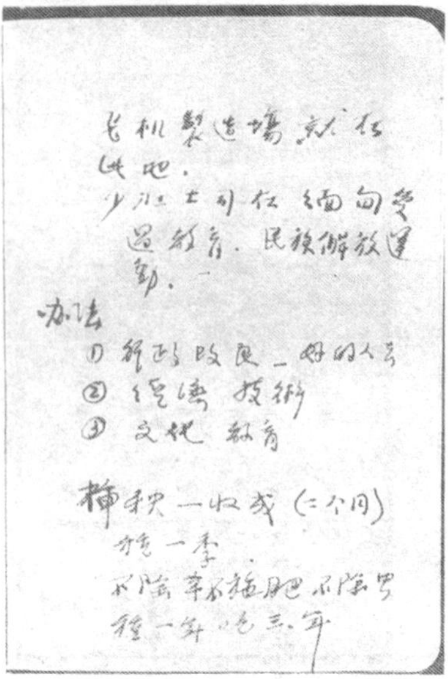

28-133

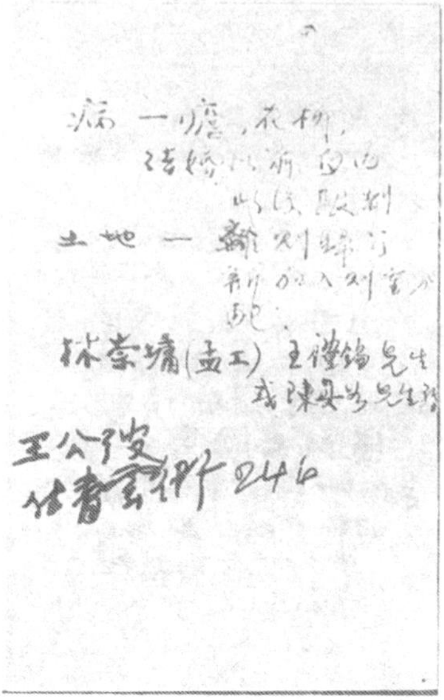

28-134

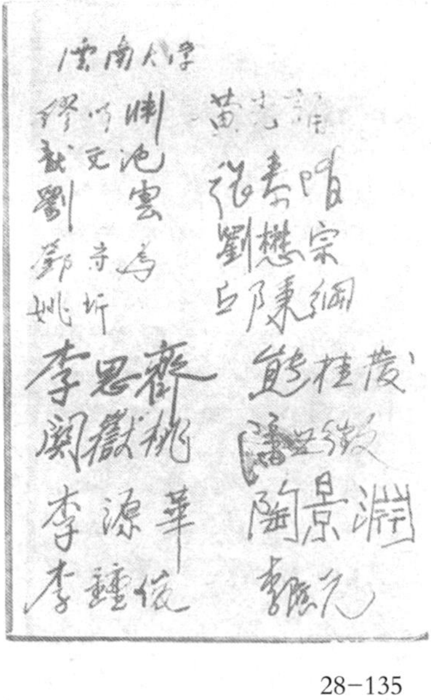

28-135

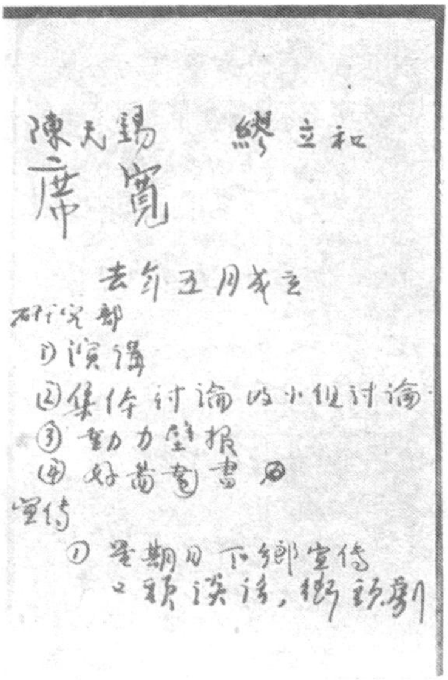

28-136

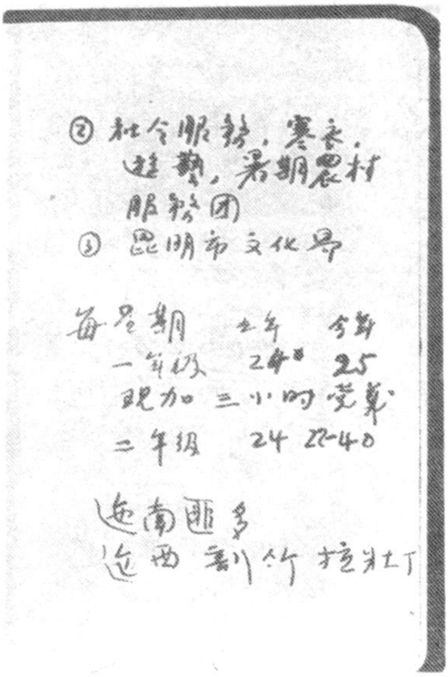

② 社会服务，寒衣，
游艺，昆明农村
服务团
③ 昆明市文化号

每星期 上午 下午
一年级 24 25
现加三小时党义
二年级 24 22-40

迤南區乡
迤西 刘竹 抢壮丁

28-137

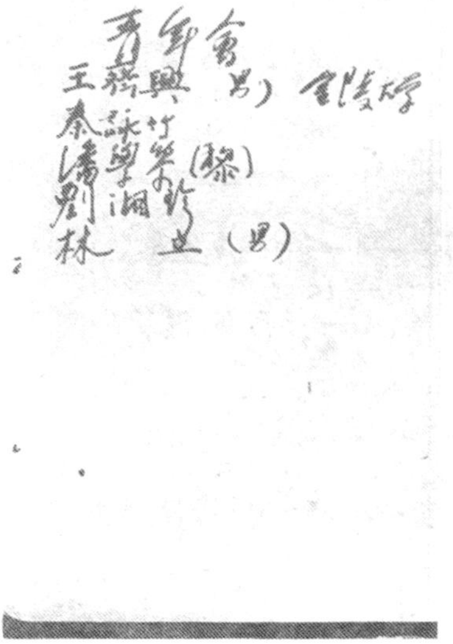

青年会
王颖兴（男） 金陵大学
秦咏竹
潘学梁（黎）
刘润竹
林 立（男）

28-138

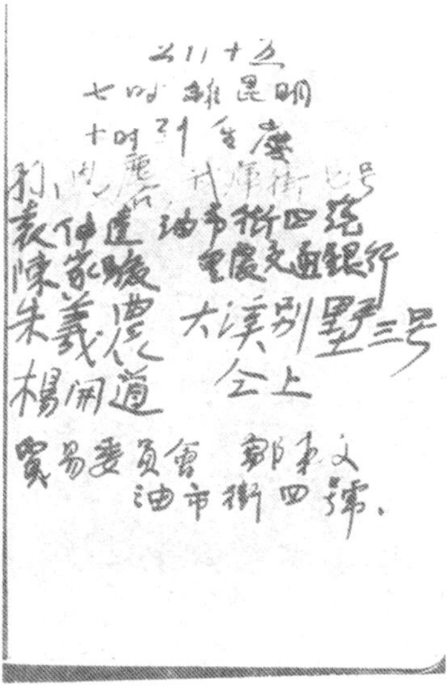

二月十五
七时离昆明
十时到重庆
孙恩庆 打铜街七号
袁仲达 油市街四號
陈敬璇 重庆交通银行
朱义农 大溪别墅三号
杨開道 仝上
贸易委员会 邹秉文
油市街四號.

28-139

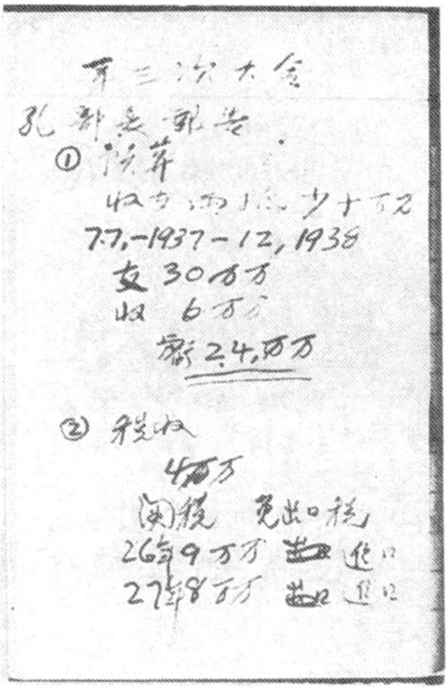

第三次大会
孔部长报告
① 预算
收支两抵 [illegible]十万元
7.7.-1937-12.1938
支 30万万
收 6万万
亏 24万万

② 税收
4万万
关税 免出口税
26年9万万 出口 进口
27年8万万 出口 进口

28-140

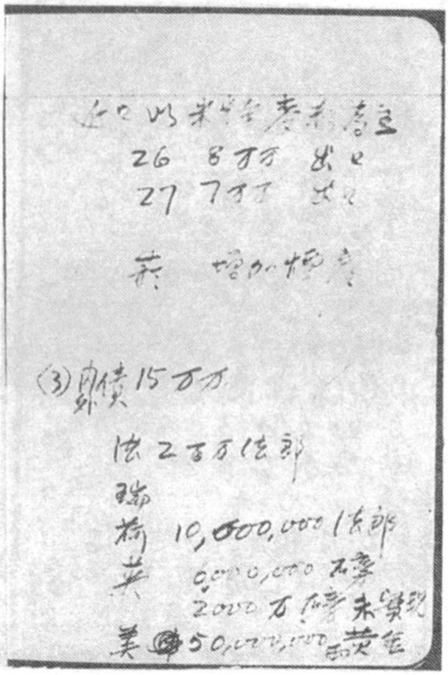
[illegible]
26 8万万 [illegible]
27 7万万 [illegible]
英 增加揀貨

(3)外债15万万
法 2万万佉郎
瑞
荷 10,000,000 佉郎
英 [illegible]000,000 磅
2000万磅未实现
美 50,000,000 美金

28－141

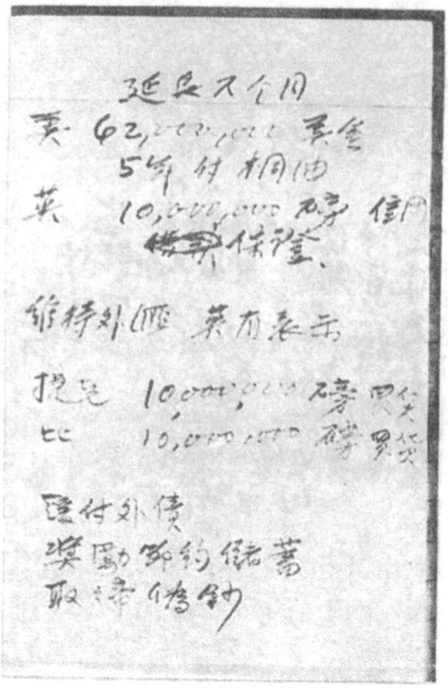
延长六个月
美 62,000,000 美金
5年付桐油
英 10,000,000 磅 信用
保證。

維持外匯 英有表示

提出 10,000,000 磅 [illegible]
比 10,000,000 磅 [illegible]

清付外債
奬勵節約儲蓄
取締偷鈔

28－142

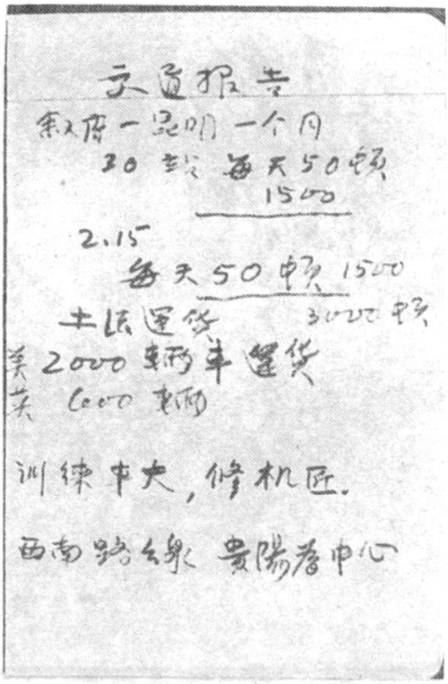
交通报告
叙府—昆明 一个月
30 [illegible] 每天50吨
1500
2.15
每天50吨 1500
土法运货 3000吨
美2000辆车运货
英 600辆
训练司机，修机匠。
西南路綫 貴陽為中心

28－143

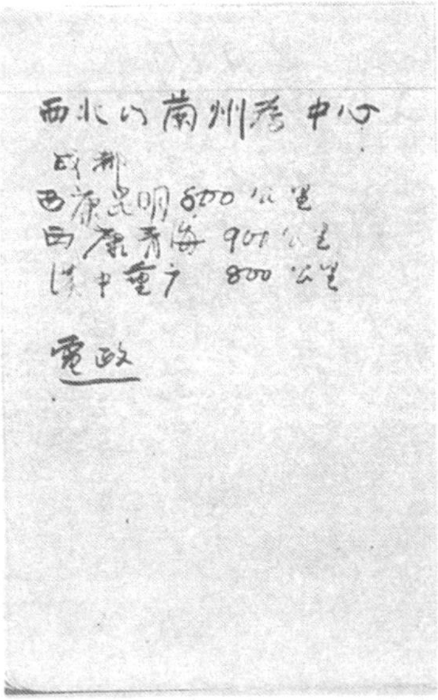
西北以蘭州為中心
成都
西康昆明 800公里
西康青海 900公里
漢中寧夏 800公里
党政

28－144

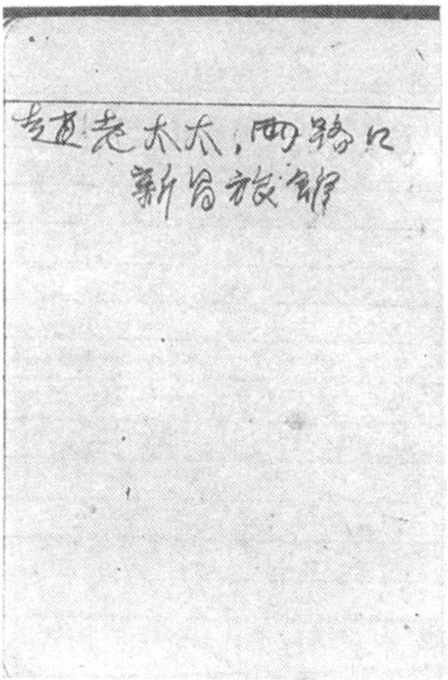
趙老太太，两路口
新蜀旅館

28-145

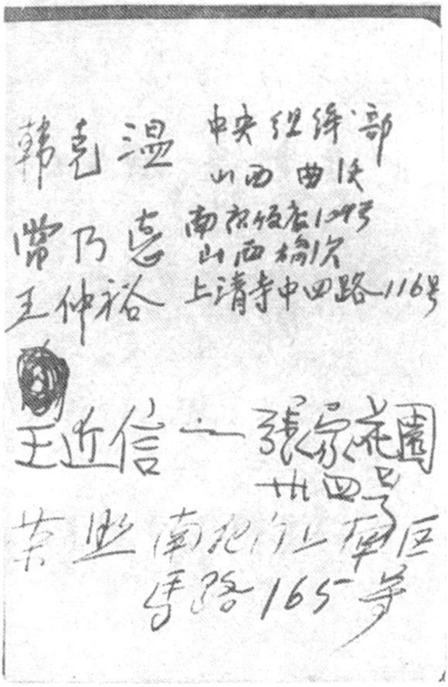
韩克温 中央组织部
山西曲沃
常乃惪
山西榆次
王仲裕 上清寺中四路116号
王近信—張家花園
卅四号
南纪门
路165号

28-146

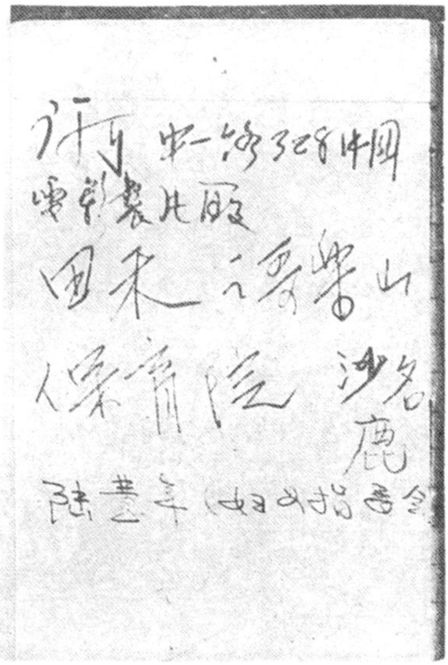
中一路328中國
電影製片厰
保育院 沙名
鹿

28-147

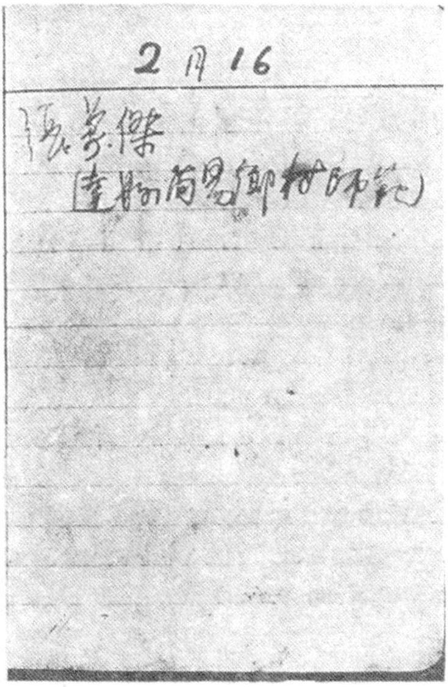
2月16
張家傑
鄉村師範

28-148

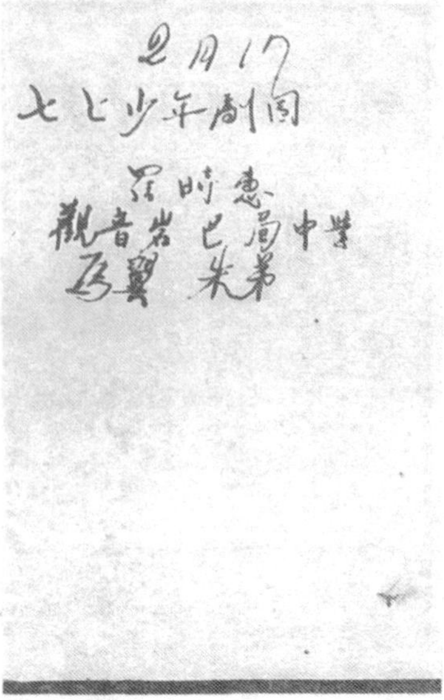
2月17
七七少年剧团
罗时慧
观音岩巴蜀中学
孙翼 先弟

28-149

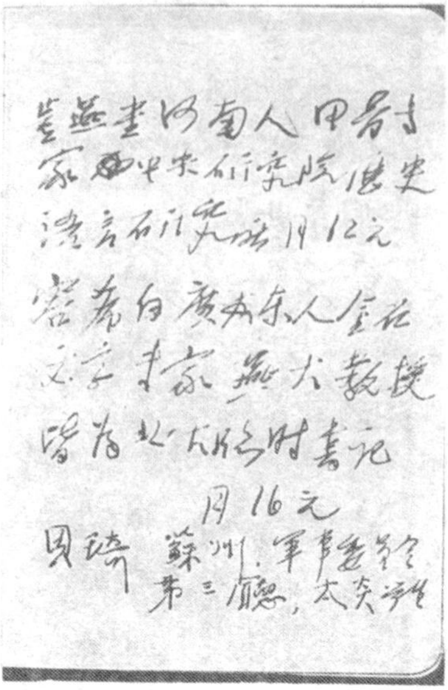
董彦堂 河南人 甲骨专
家 中央研究院历史
语言研究所 月12元
容希白 广东东莞人 金石
文字专家 燕大教授
曾为北大临时书记
月16元
贝琦 苏州，军事委员会
第三厅总务，太炎学生

28-150

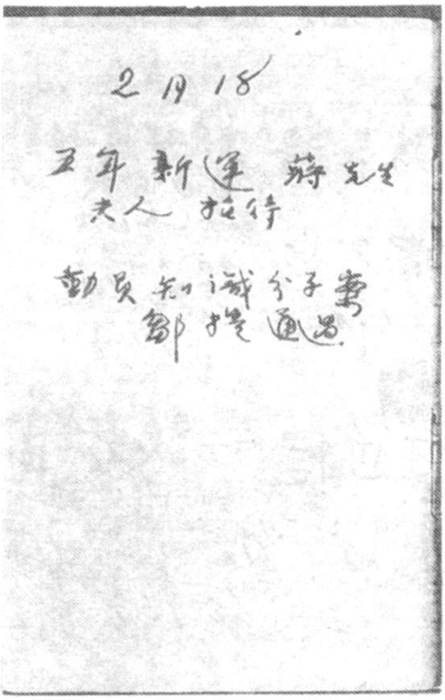
2月18
五年新运 蒋先生
夫人招待
动员知识分子书
邹韬通过

28-151

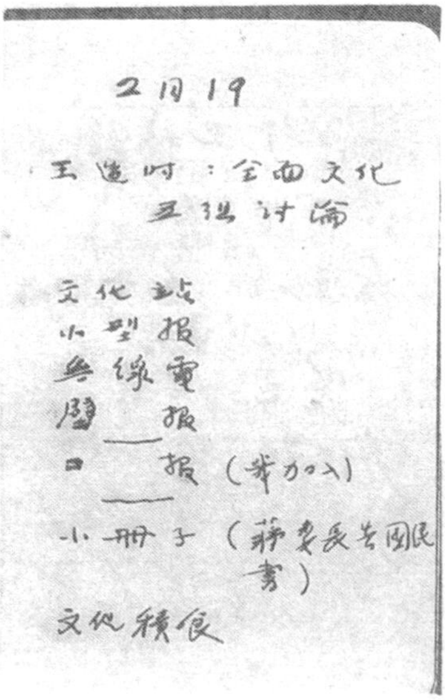
2月19
王造时：全面文化
五组讨论
文化站
小型报
无线电
壁报
日报（我加入）
小册子（蒋委员长告国民书）
文化粮食

28-152

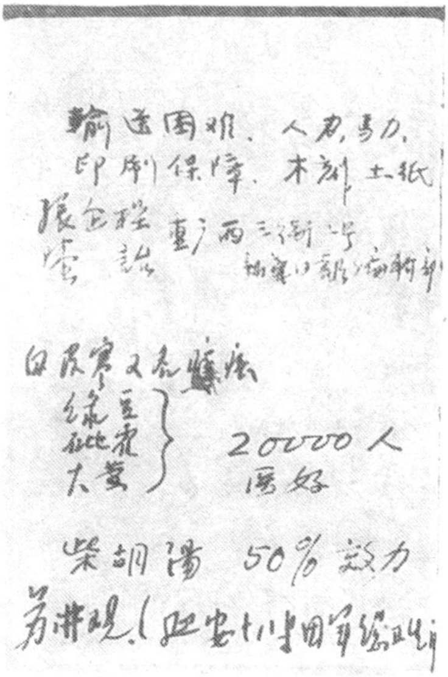
輸送困难、人力、马力、
印刷保障、木刻土纸
[illegible] 重庆西三街 [illegible]号
[illegible]
[illegible]
20000人
[illegible]
[illegible] 50% [illegible]
[illegible]

28-153

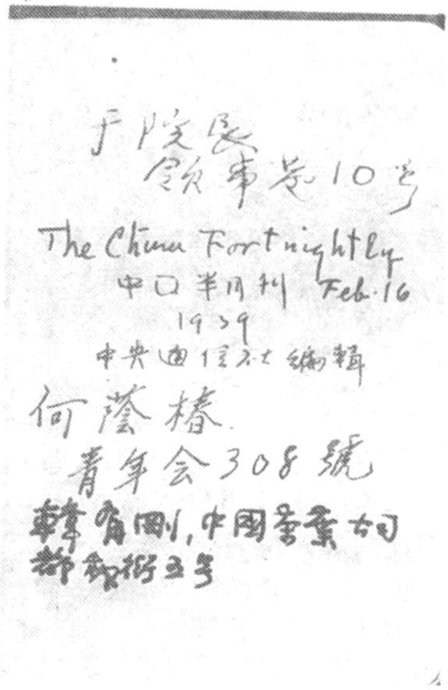
[illegible]
领事巷10号
The China Fortnightly
中国半月刊 Feb. 16
1939
中央通信社编辑
何蔭椿
青年会308號
韩有刚，中国书业公司
都邮街五号

28-154

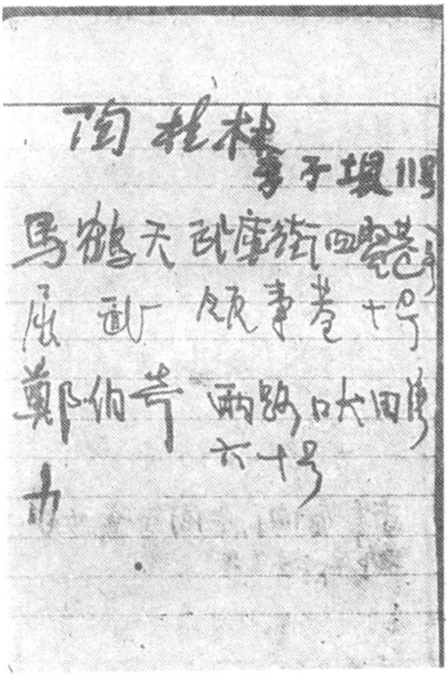
陶桂林
[illegible]
马鸿天 武库街[illegible]
[illegible] 领事巷十号
郑伯奇 两路口大田湾
六十号

28-155

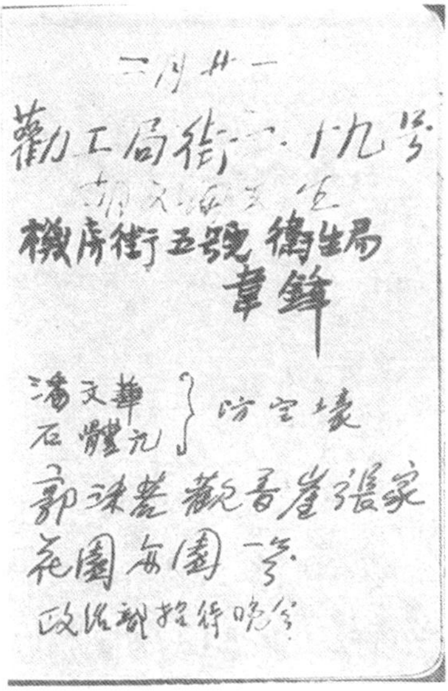
二月廿一
劝工局街一八九号
机房街五號 衛生局
章鋒
潘文華
石體元 } [illegible]
郭沫若 观音岩張家
花園[illegible]一号
政治部招待晚会

28-156

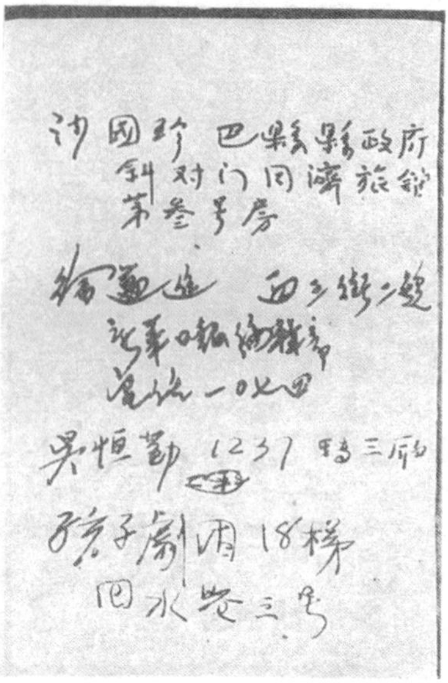

28-157

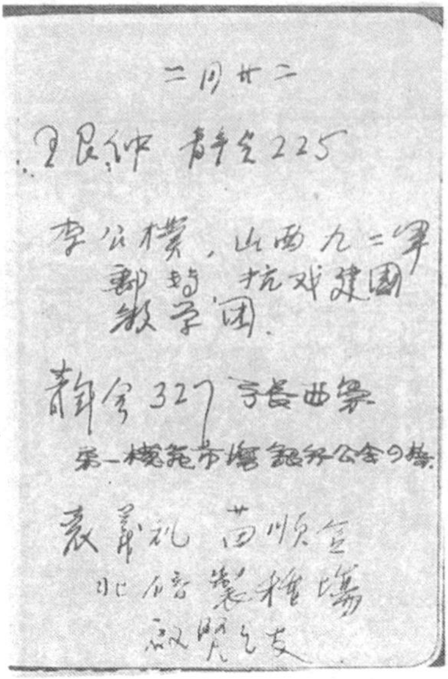
二月廿二

28-158

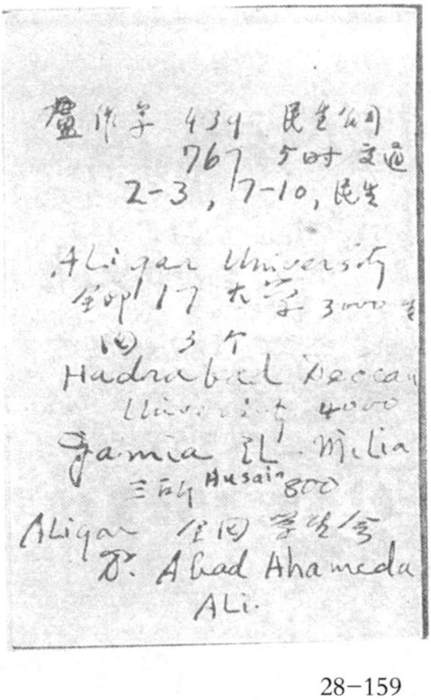
Aligar University
Hadrabad Deccan
University 4000
Jamia Il Milia
Husain 800
Aligar
Dr. Abad Ahameda
Ali.

28-159

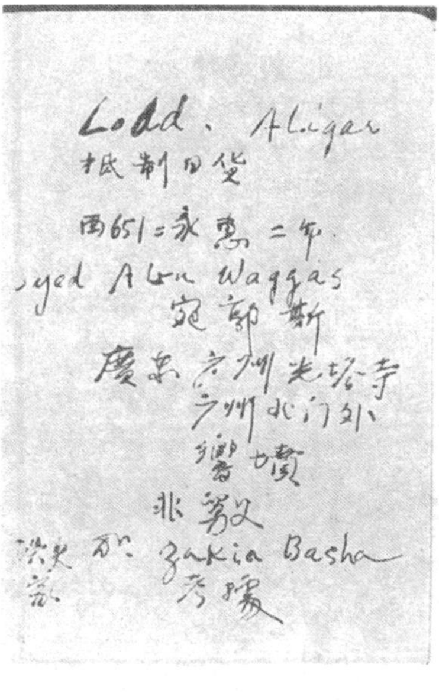
Lodd. Aligar
Syed Abu Waggas
Zakia Basha

28-160

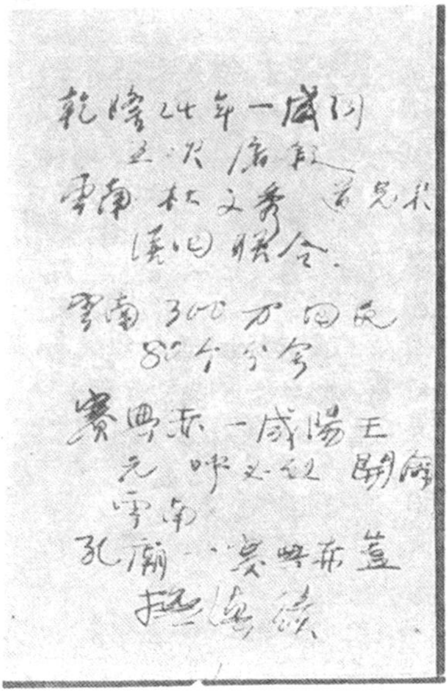

28-161

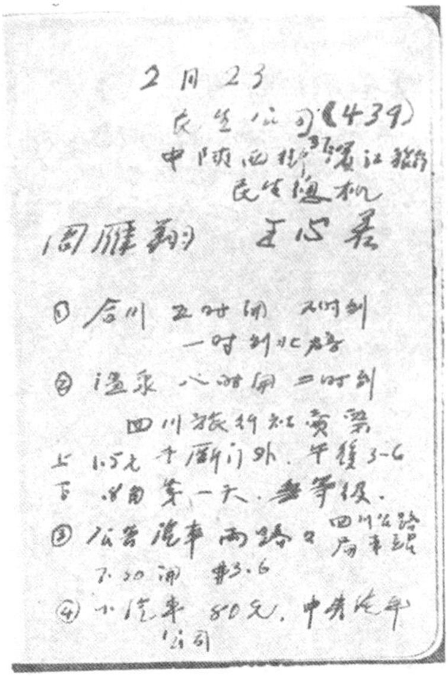

28-162

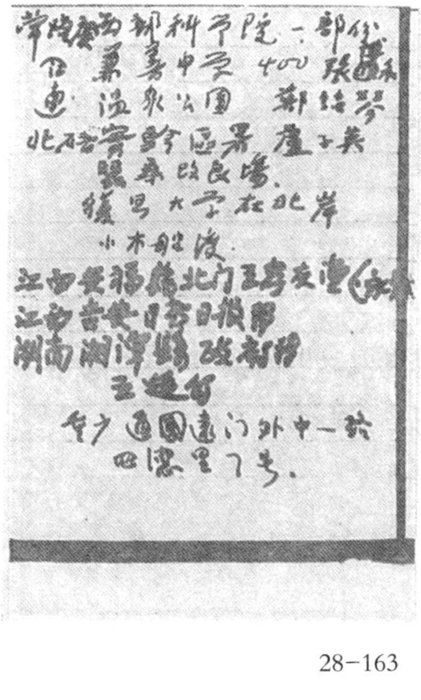

28-163

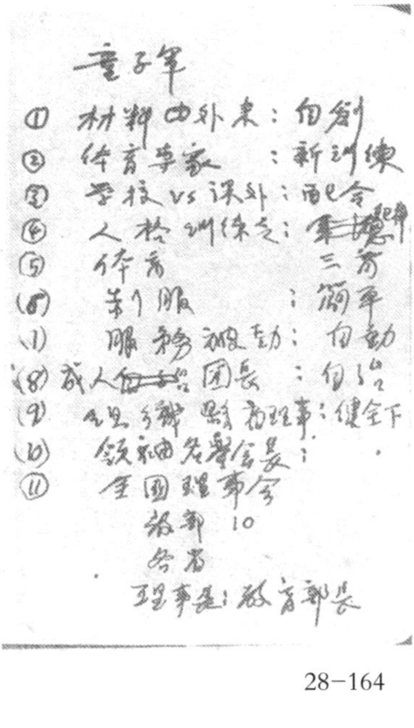

28-164

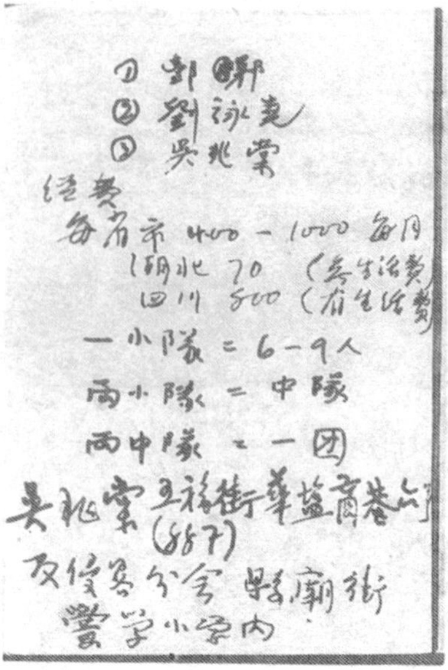


28－165

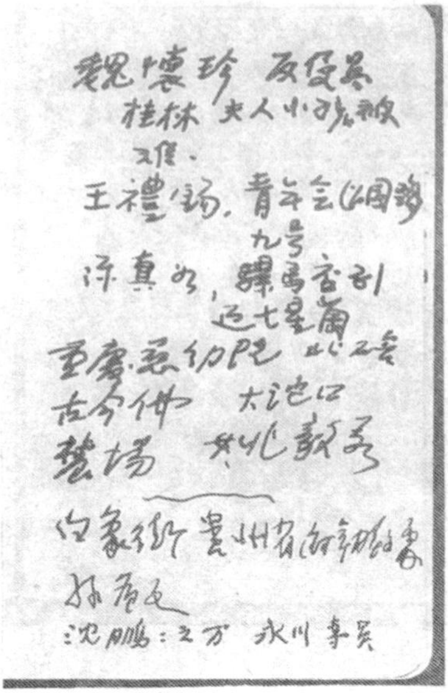


28－166

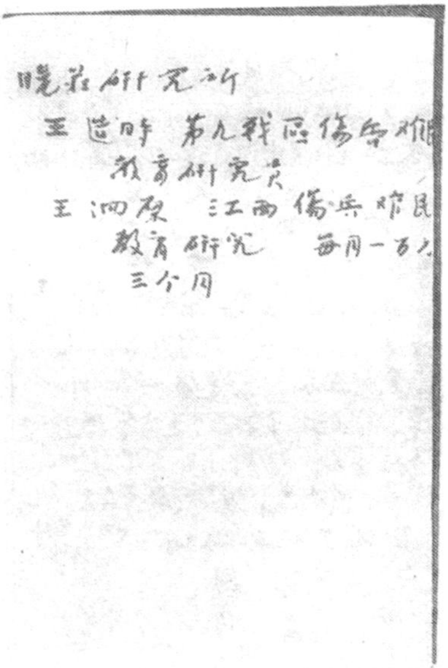


28－167

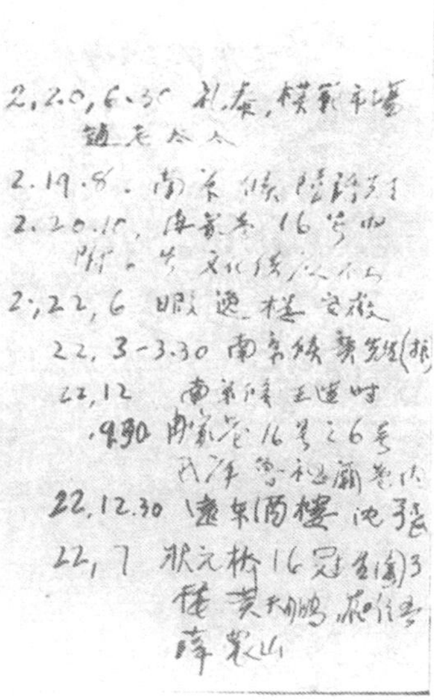

28－168

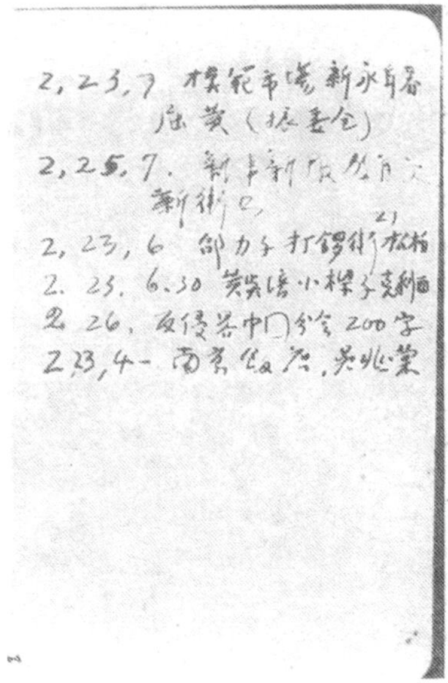

28-169

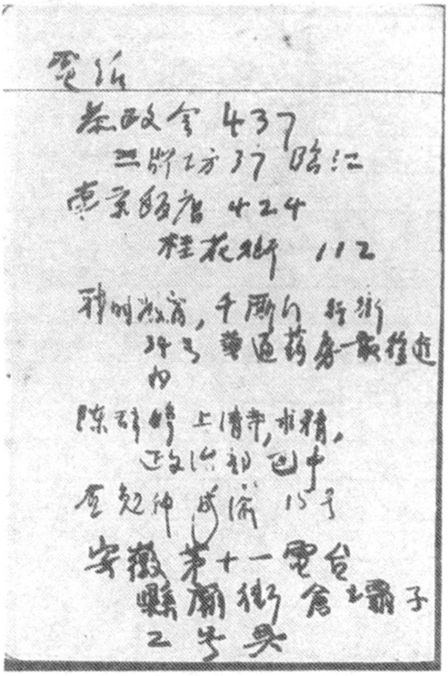

28-170

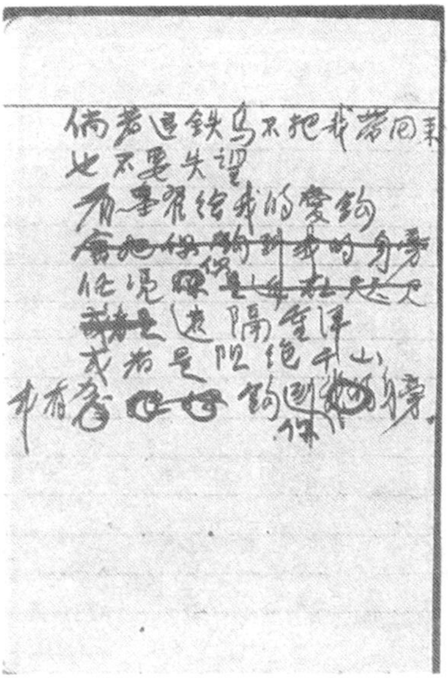

28-171

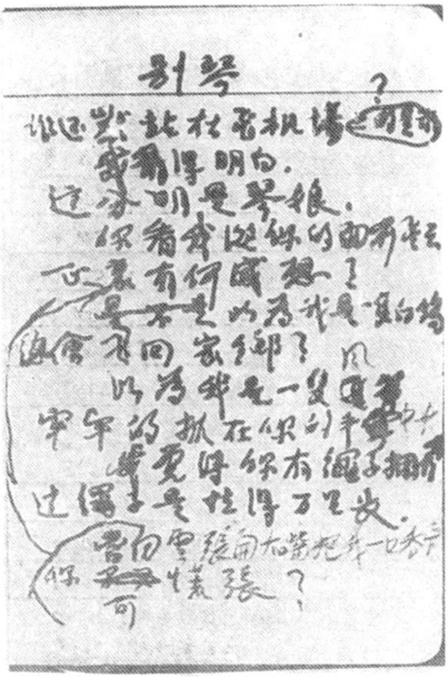

28-172

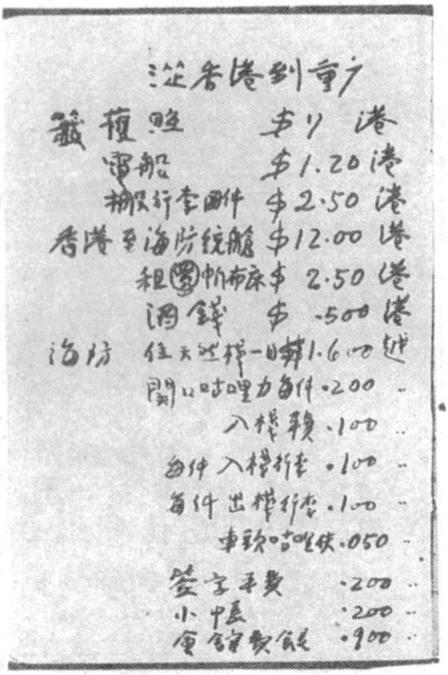
從香港到重庆
簽護照 $1 港
雇船 $1.20 港
搬行李四件 $2.50 港
香港至海防統艙 $12.00 港
租帆布床 $2.50 港
酒錢 $.500 港
海防 住天然樓一日 $1.600 越
關口咕哩力每件 .200
入樓費 .100
每件入樓行李 .100
每件出樓行李 .100
車頭咕哩伕 .050
簽字手費 .200
小帳 .200
會館費錢 .900

28-173

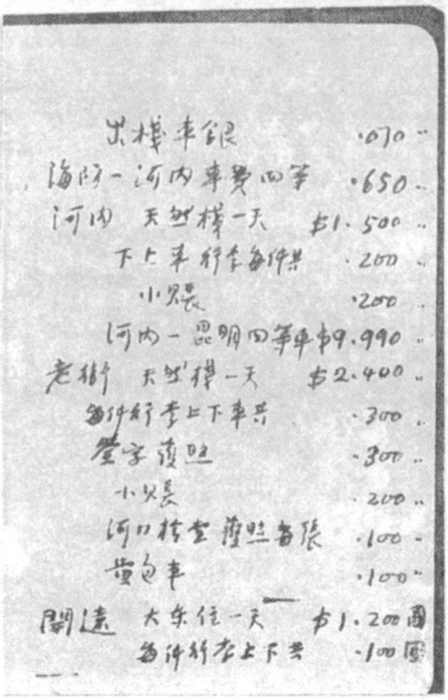
出樓車錢 .070
海防－河內車費四等 .650
河內 天然樓一天 $1.500
下上車行李每件共 .200
小帳 .200
河內－昆明四等車 $9.990
老街 天然樓一天 $2.400
每件行李上下車共 .300
簽字護照 .300
小帳 .200
河口檢查護照每張 .100
黃包車 .100
開遠 大东住一天 $1.200 國
每件行李上下費 .100 國

28-174

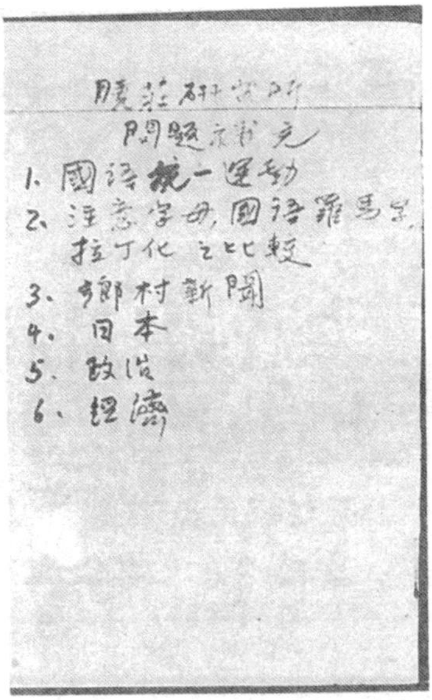
曉莊研究所
問題研究
1. 國語統一運動
2. 注音字母，國語羅馬字拉丁化之比較
3. 鄉村新聞
4. 日本
5. 政治
6. 經濟

28-175

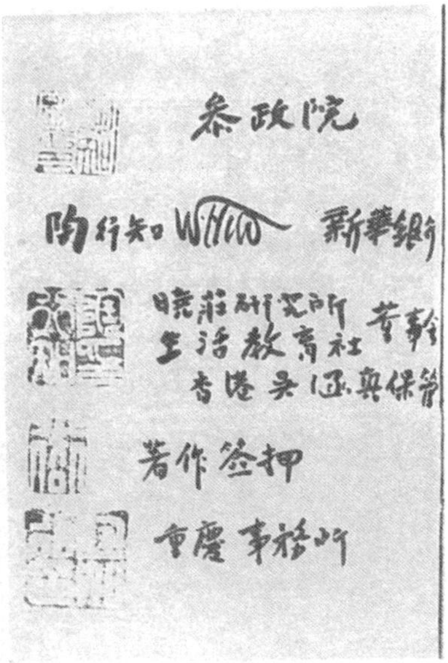
參政院
陶行知 新華銀行
曉莊研究所 董事
生活教育社
香港吳涵真保管
著作簽押
重慶事務所

28-176

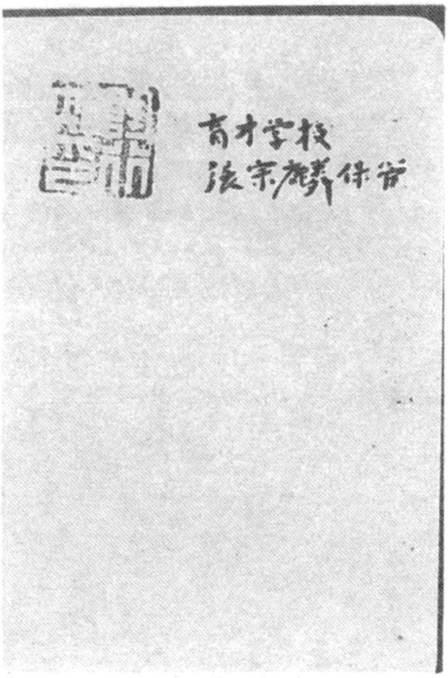

育才学校
張宗麟保管

28－177

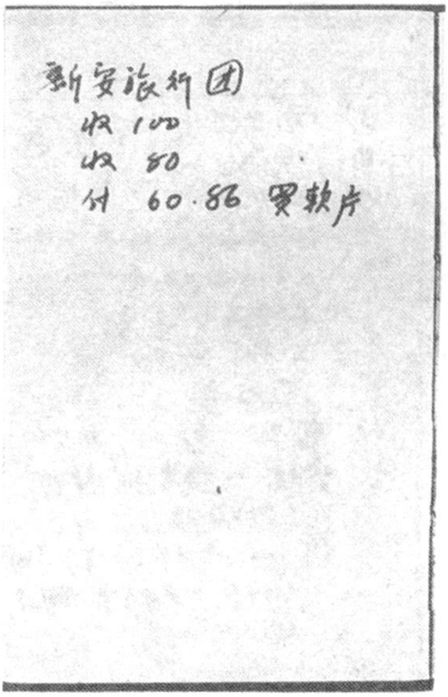

新安旅行团
收 100
收 80
付 60.86 买软片

28－178

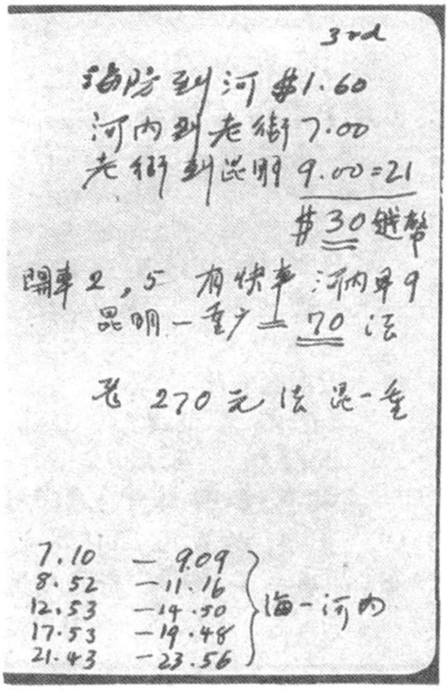

3rd
海防到河 $1.60
河内到老街 7.00
老街到昆明 9.00=21
$30 越币
開車 2，5 有快车 河内开 9
昆明—重庆 70 法
飞 270 元 法币一套

| | | |
|---|---|---|
| 7.10 | —9.09 | 海—河内 |
| 8.52 | —11.16 | |
| 12.53 | —14.50 | |
| 17.53 | —19.48 | |
| 21.43 | —23.56 | |

28－179

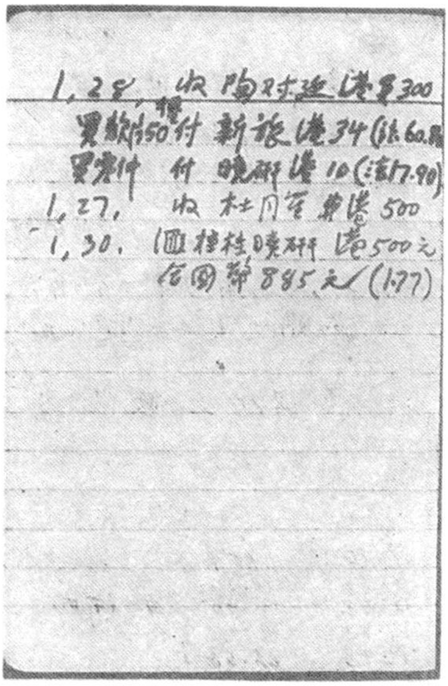

1，28，收 陶对迎 港币300
买飞机150 付 新旅 港34（法60.8
买寓仲 付 晓所 港10（法17.90）
1，27，收 杜月笙 弟港 500
1，30，回 楼桂晓所 港500元
合国币885元（1.77）

28－180

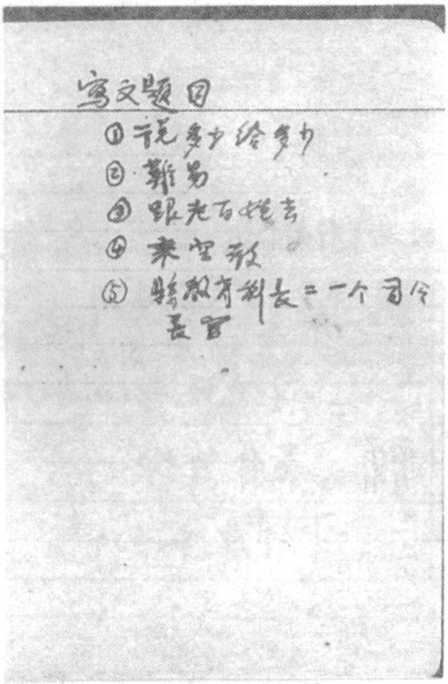

28－181

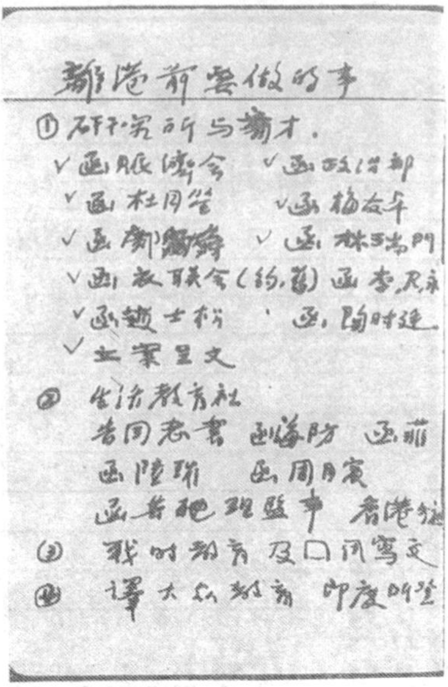

28－182

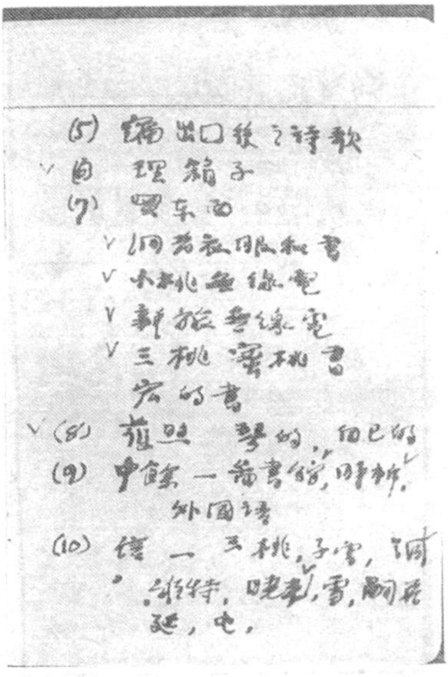

28－183

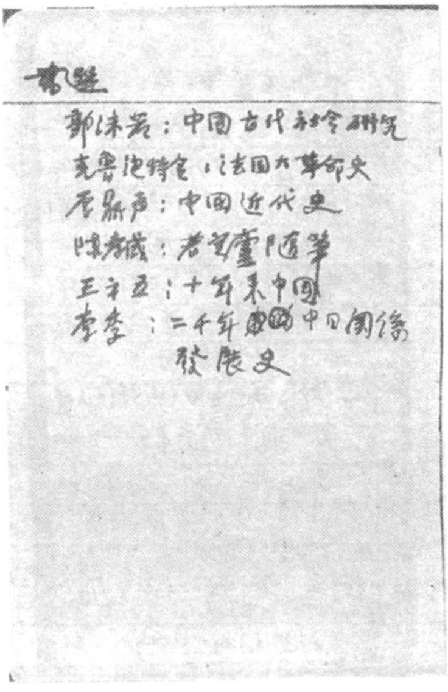

28－184

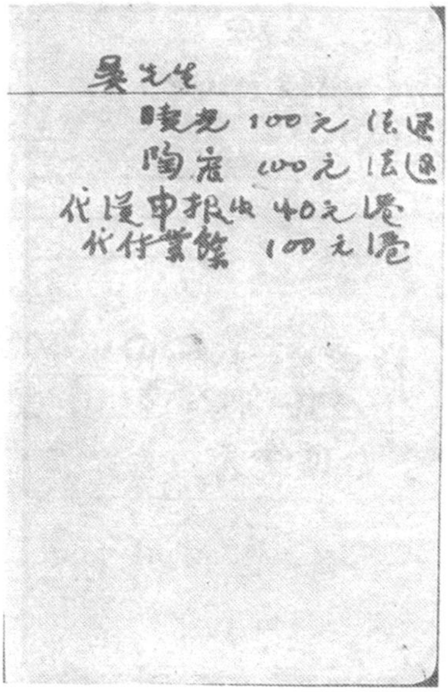


28-185

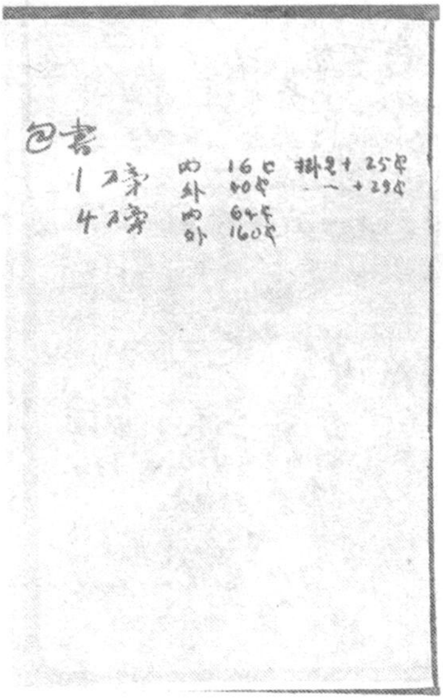


28-186

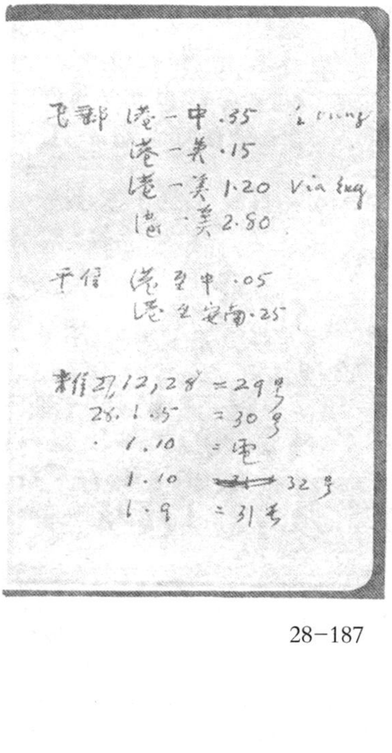


28-187

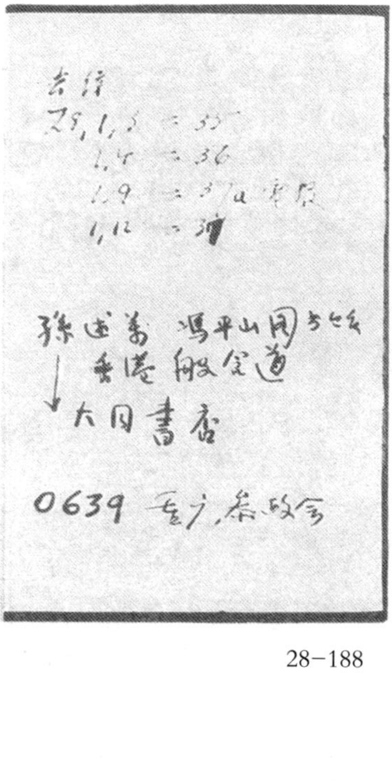


28-188

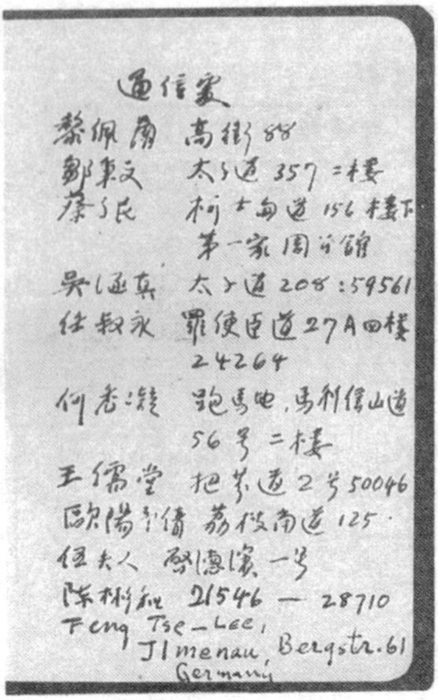
通信處
黎佩甫 高街88
鄭集文 太子道357二樓
蔡子民 柯士甸道156樓下
第一家周寓館
吳涵真 太子道208:59561
任叔永 羅便臣道27A四樓
24264
何香凝 跑馬地，馬利信山道
56号二樓
王儒堂 把芬道2号50046
歐陽予倩 荔枝角道125
任夫人 羅便臣一号
陈树和 21546 — 28710
Feng Tse-Lee,
Ilmenau, Bergstr.61
Germany

28-189

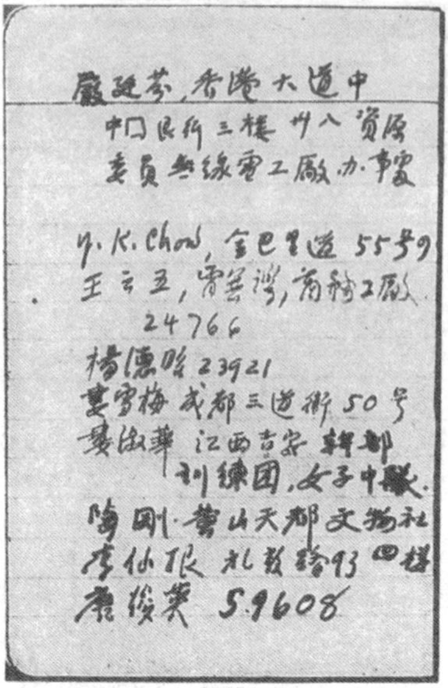
嚴莊芬，香港大道中
中國銀行三樓卅八資源
委員無線電工廠办事處
Y. K. Chow, 金巴利道55号a
王云五，香港仔，商務工廠
24766
楊德昭 23921
曹雲梅 成都三道街50号
姜淑華 江西吉安 幹部
訓練團，女子中隊
陶剛 黄山天都文物社
李仙根 礼頓路93 四樓
廖俊英 5.9608

28-190

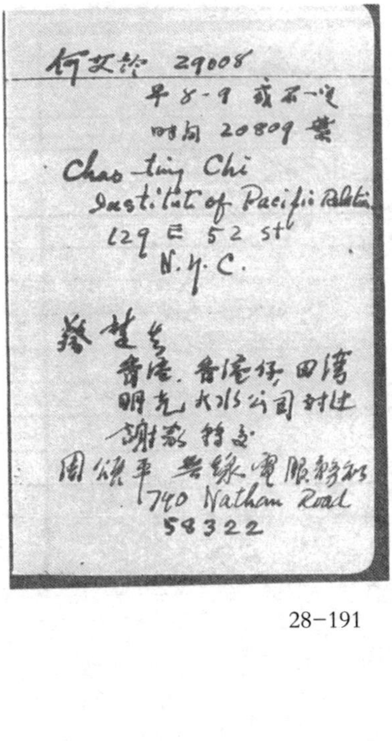
何艾齡 29008
早8-9 或不一定
时间 20809 葉
Chao-ting Chi
Institute of Pacific Relations
129 E 52 st
N.Y.C.
蔡楚生
香港，香港仔田灣
明光大水公司對过
胡蝶轉交
周頌平 無線電服務社
740 Nathan Road
58322

28-191

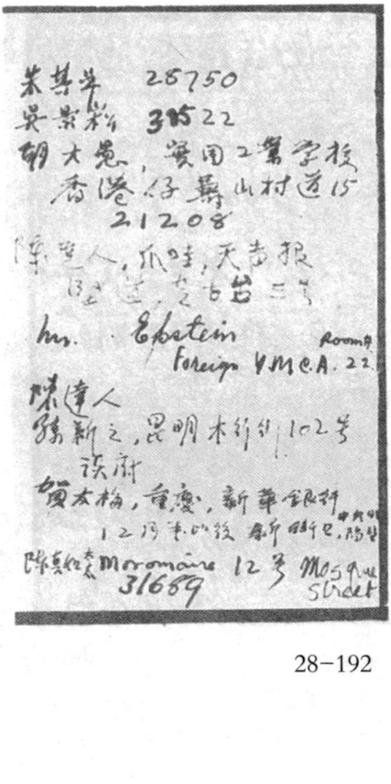
朱其華 25750
吳崇彬 38522
胡大勉，賓國工業学校
香港仔薄山村道15
21208
陳真人，爪哇，天聲报
巴士道，七古岜三号
Mr. Epstein Room 22
Foreign Y.M.C.A.
陳達人
孫新之，昆明木行街102号
該府
賀太梅，重慶，新華銀行 中央信托
12月手川段 新街口，陈
陳慎紅 Moramane 12号 Mosque Street
31689

28-192

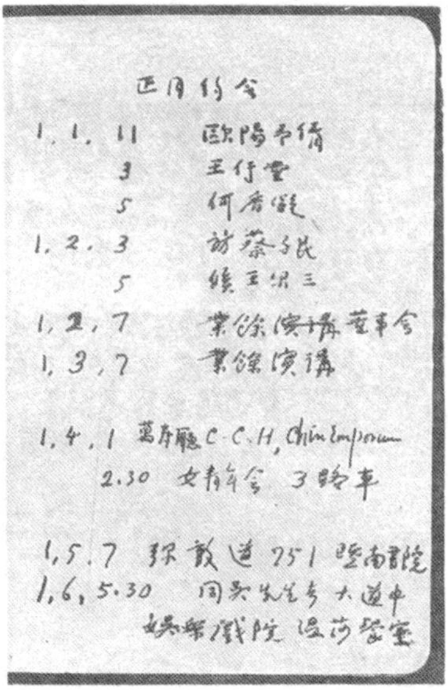

28－193

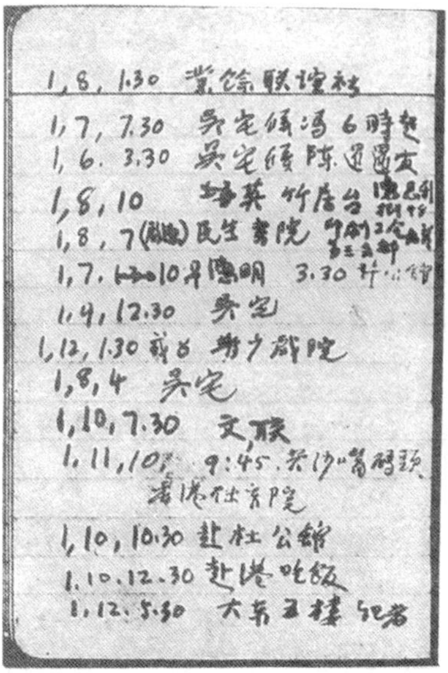

28－194

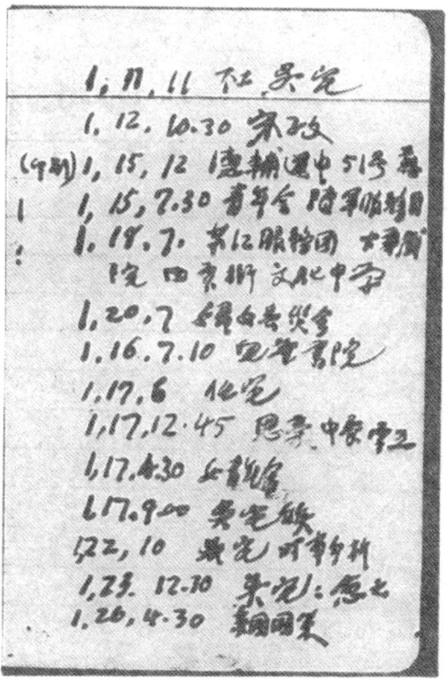

28－195

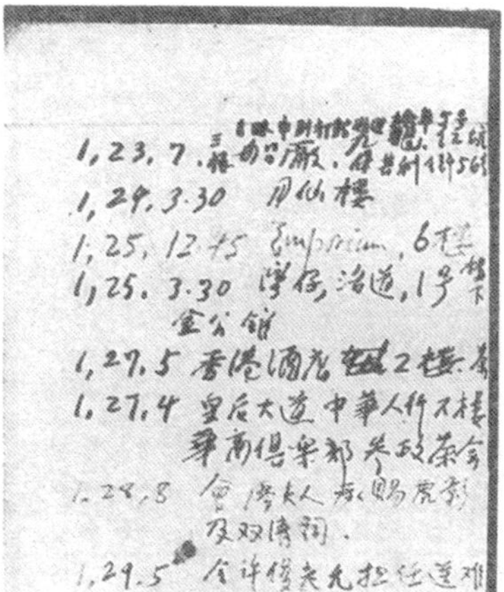

28－196

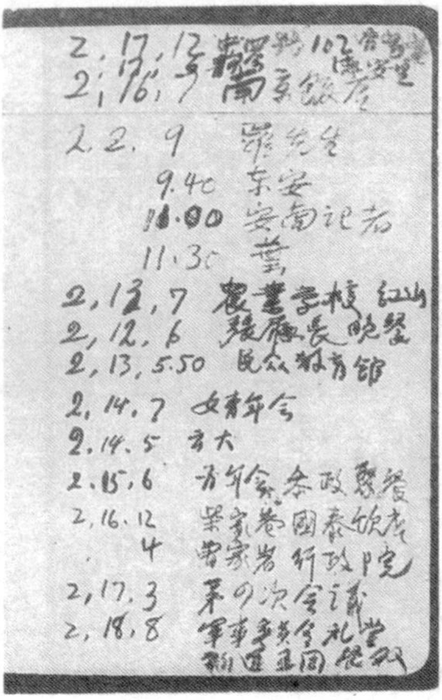
2,16,7 南京饭店
2.2.9 先生
9.40 东安
11.00 安南记者
11.30
2,12,7 农业学校 红山
2,12,6 张厅长晚餐
2,13,5.50 民众教育馆
2,14,7 女青年会
2.14.5
2.15.6 青年会
2,16,12 国泰饭店
4 行政院
2,17,3 次会议
2,18,8 军事委员会礼堂

28−197

# 第二十八册〔注译〕

1939.1.1~1939.2.23

香港·海防·河内·昆明·重庆

28—001

末3行“胡文老”即胡文虎；汪兆铭即汪精卫；“和和”为“和我”笔误

28—005

第10至11行：王爱生　菲律宾马尼拉　地址

28—006

第6行“业余学校”指中华业余学校

28—008

第2行外文为《太平洋文摘》社

28—023、024

晓庄研究所研究问题所列阿拉伯数为经费数

28—026

第6行外文：救世主

28—027

第2至3行为人名及地址

28—033

第2行“香港中央”为香港中央剧院

第3行“九龙普广”为普庆戏院

第7行“青记”为青年记者

第8行外文为《太平洋文摘》

28—036

第7行“中华”为中华书局

末行为越南、新加坡、香港、菲律宾

28—037

第4行“中华”为中华书局

28—038

第3行“中余”指中华业余学校

28—039

第2行“商务”为商务印书馆

28—041

末3行“一·二八”为一·二八

淞沪抗战

28—047

第12行外文为辛克莱

28—048

第6行外文为赫斯特（此人为美国报纸发行人，其报鼓吹美国向西班牙开战（1897~1898）

28—050

第3至5行：

中央社—政府

南华社—汪精卫

新华社—共产党

28—051

第8至10行外文：

1.《邮电早报》

2.《每日邮讯》

3.《新闻日报》

28—053

第1行：下午3时开始

28—054

第8行：香港和黄埔港

28—057

第2行C.C.H.为诚志会

第3至7行：

美国的外交

18世纪美国人口五百万

其中2/3在大西洋沿岸50英里之内

28—058

第2行外文：杰佛逊

28—059

第8至9行：

门罗教教义

1808杰佛逊

第10行外文：古巴与墨西哥

28—061

第5行：路易斯安那州

第8行起：②门罗教教义

③约翰·海　开放政策

④不承认主义　美元外交

⑤中立

⑥不参与侵略

⑦向侵略者保证

⑧三个讲台：独立主义者　和平主义者　国际主义者

28—062

第1行：美国的东方政策

第4行：开放政策

第7至14行：1922华盛顿条约

1931~1932　斯特林森的不承认主义

1937　罗斯福

①保护权利

②不干涉

③海军准备

④不承认

28—063

美国的扩张

(a) 路易斯安那州

(b) 佛罗里达州

(c) 俄勒冈州

(d) 得克萨斯州、内华达州、犹他州、加利福尼亚州、新墨西哥州、亚利桑那州、科罗拉多州

(e) 阿拉斯加州

(f) 古巴脱离西班牙独立

(g) 波多黎各、关岛和菲律宾

28—064

1901 夏威夷群岛

1903 巴拿马地区歪曲对古巴、海地、圣多明哥、尼加拉瓜、赖比瑞亚的外交保证条例=保护国

1900 开放政策

1899~1907 海牙商议

1916 战争的参与

1918 战后

28—065

战后的美国

①西方世界的巨人

②最强大的工业国

③由负债 30 亿美元的国家变成有 120 亿美元的债权国

④用货物还债——接着实行关税保护政策

⑤为了收债对外追加贷款

借钱给德国，德国还给同盟军，同盟军再还给美国

28—066

门罗教教义的改变

罗斯福和塔夫脱

①不仅取欧洲国家而代之对拉丁美洲保护

②而且是一个带有侵略性的保护者

用军舰以及对这些国家的内部事务密切监视以便扩大贸易并保护(巴拿马)运河

威尔逊·休斯拒绝承认由革命而产生的政府

28—067

库利奇：派军舰到尼加拉瓜：

我们的政府有某种义务有权保护居住在世界任何地方的公民和他们的财产。公民及其财产都是我国的管辖范围之内，即使他们在国外也不例外

28—068

罗斯福的睦邻政策：

1. 放弃干涉古巴的权利

2. 从海地撤走军舰

3. 与巴拿马签订新条约

4. 贸易协定

28—069

惊人的（军费）开支

1936 年后所有大国都任意加强大西洋地区的军事基地

1914 年　1 亿 5 千万美元

1936 年　6 亿美元

1936~1937 年　军事与海军开支超过 10 亿

28—070

对世界的态度

1918 年实行封锁联盟，没有把美国包括在内

1928 年凯洛格公约

使战争成为非法

用和平解决争端

28—071

三种思想

①理想主义

林肯

②商业主义

28—072

美国对日本侵略的态度

1931 年　斯廷森的不承认主义

1937 年　班乃岛事件

1937 年 10 月 6 日　联盟汇报意见一致

1937 年 10 月　皮特曼·赫尔演讲

1938 年 10 月 6 日　美国的通知

11 月 18 日　日本的回答

1939 年 1 月 20 日

28—074

末 3 行为颜任光香港地址

28—075

第 1 至 3 行：转许志湘先生地址

28—078

第 3 行“孙”指孙中山，“精卫”指汪精卫

第 5 行“子文”指宋子文；“友仁”指陈有仁，时任孙中山英文秘书

第 8 行“廖先生”即廖仲恺

28—079

第 2 至 4 行为沈钧儒、史良、周恩来、邹韬奋、邓颖超、沈兹九、张继、邵力子、孙科、吴玉章、于右任

28—081

第 4 行“坐广东”为坐广东号船

28—083

第 4 行“现实”为现实书店

28—086

末4行见诗：题安南一支笔之画

28—090

第4行"中口图"为中国地图

第6行"住天然"为住天然旅社

28—094

第2至5行："西联大"指西南联大，"理"指理学院，"工"指工学院

第6行"缪厅长"指缪云台，"富滇"指富滇银行

28—096

第1行"缪公馆"即缪云台公馆

第5行益世为《益世报》

28—098

第5行"自俺"为戴自俺，下同

28—108、109

这两页的数字为人数

28—110

第2至3行：加尔各答

爪哇

28—111

第3行外文为人名达瑞

28—112

第2行外文：洛克

第4行：金鸡纳树

第5行：达瑞

第6至7行：外交信袋

28—114

第3行外文为桉属

28—117

末5行："袁"即袁世凯，"段"即段祺瑞

28—120

第8行外文为阿托品

28—122

第4行外文为莨菪素

第8行外文为吗啡

28—123

第1至2行"保险子"系云南日月大药房出品，外文为莨菪素>阿托品

28—140

此页为国民参政会第三次大会孔祥熙所作的财政报告的记录

28—151

第2至3行指蒋介石夫人宋美

龄举行的新生活运动五周年纪念招待会

末行“邹”即邹韬奋

28—159

第 4 行外文为阿里加尔大学

第 7 至 8 行外文为哈德拉巴得·得肯大学

第 9 行外文为雅米阿　埃勒-米利阿

第 12 至 13 行外文为阿巴德·阿哈麦德·阿里博士

28—160

第 1 行外文为罗德·阿里加尔

第 10 行外文为赞其阿·巴沙博士

28—164

第 13 行为教育部 10 人

第 14 行为各省代表

28—189

末 3 行：一友人名及德国地址

28—191

第 4 至 7 行外文：冀朝鼎太平洋关系社　纽约地址

28—192

第 8 至 9 行：爱泼斯坦先生外国基督教青年会　地址

28—193

第 9 行外文为诚志会，中国商业中心

28—194

第 6 行德明为明德学校

28—196

第 4 行外文为商业中心

# 衛備忘

第 二 十 九 册

1939.2.24~1939.5.6

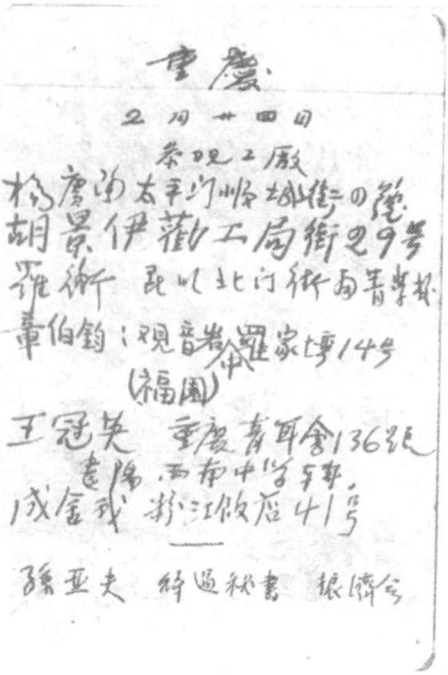

重庆

2月廿四日

参观工厂

杨赓陶 太平门顺城街二0號

胡景伊 兵工局街29号

罗衡 民生北门街南青年

韦伯钧：观音岩中罗家湾14号

（福园）

王冠英 重庆青年会136號

童阳 西南中学

成舍我 新江饭店41号

——

孙亚夫 经济秘书 银行公会

29-001

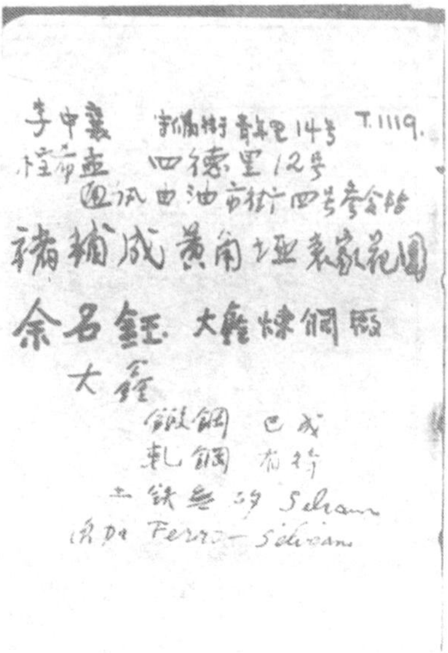

李中襄 新(?)街青年里14号 T.1119.

陆帝孟 四德里12号

通讯由油市街四号参谋部

褚辅成 黄角垭袁家花园

余名钰 大鑫炼钢厂

大鑫

锻钢 已成

轧钢 在行

土铁无 Silicon

Ferro—Silicon

29-002

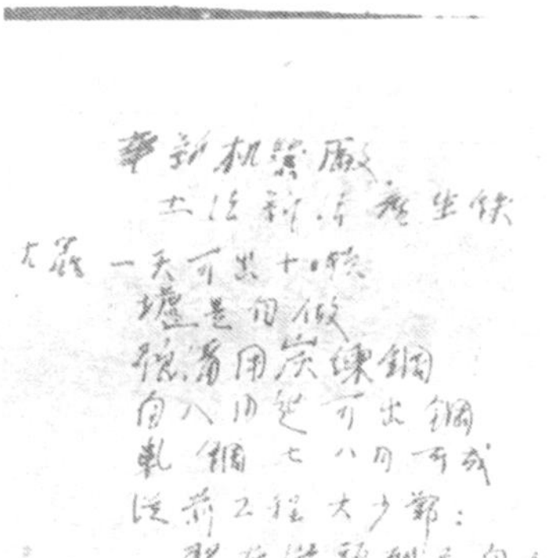

华新机器厂

土法制造生铁

大器一天可出十吨

墙是自做

很希用炭炼钢

自八月起可出钢

轧钢七八月可成

从前工程大多靠：

现在从头到尾自己

做、聘的工程师

徹尚镛

钢砂铁

800元一吨 大河沟

马口 200元一吨

29-003

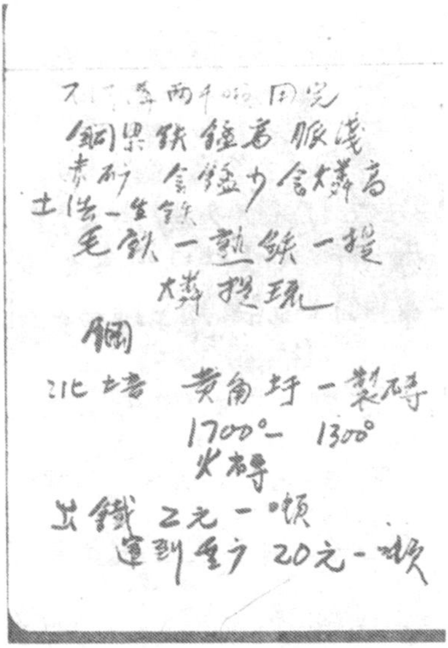

不(?)两千吨用完

铜梁铁锰高 硫浅

赤水 含锰少含磷高

土法—生铁

毛铁—熟铁—提

大磷 提现

钢

北碚 黄角坪—制砖

1700° 1300°

火砖

生铁 2元一吨

运到重庆 20元一吨

29-004

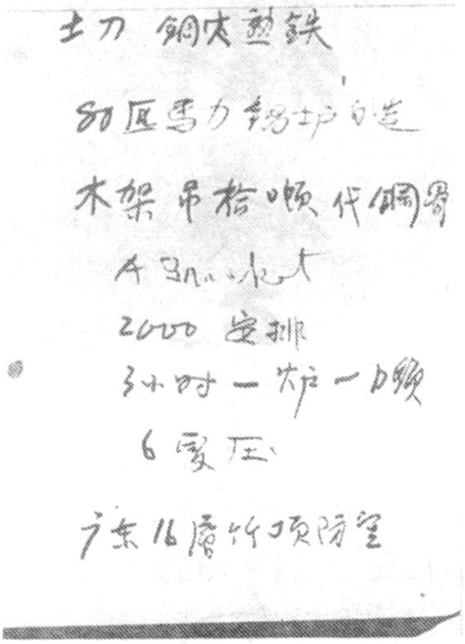
土刀 钢大鼓铁

80匹马力锅炉自造

木架吊桥顺代钢骨

4马力小机大

2000 安排

3小时一炉一吨

6家厂

广东16层竹顶防空

29-005

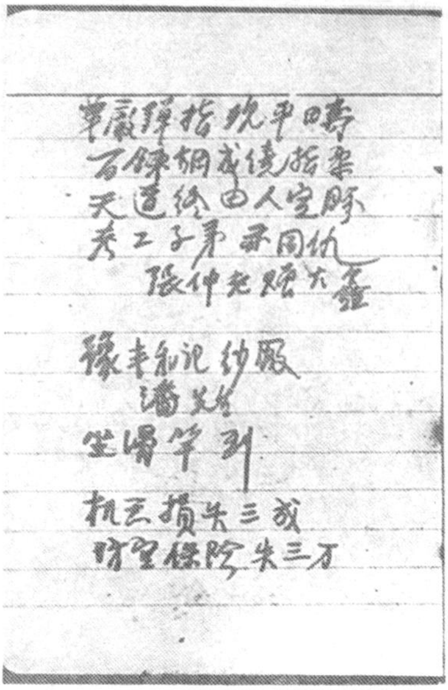
华厂挥指挽平时
百种钢成绩极妥
天道给西人空际
秀工子弟承同仇
张仲光炼大鑫

豫丰和记纱厂
潘[illegible]

坐滑竿到

机器损失三成
财产保险失三万

29-006

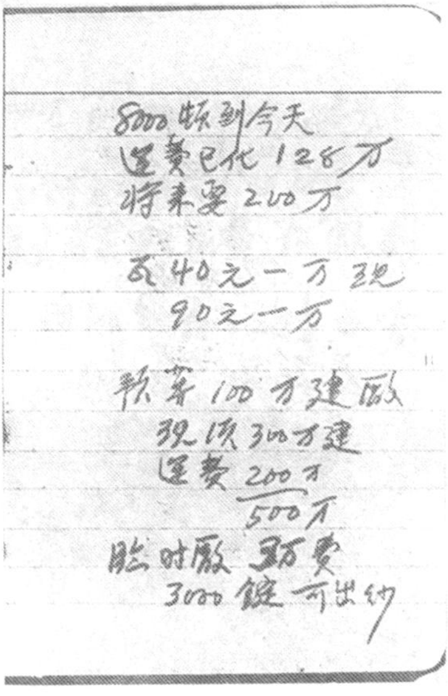
8000顿到今天
运费已化128万
将来要200万

瓦40元一万块
90元一万

预算100万建厂
现须300万建
运费200万
500万

临时厂 3万费
3000锭可出纱

29-007

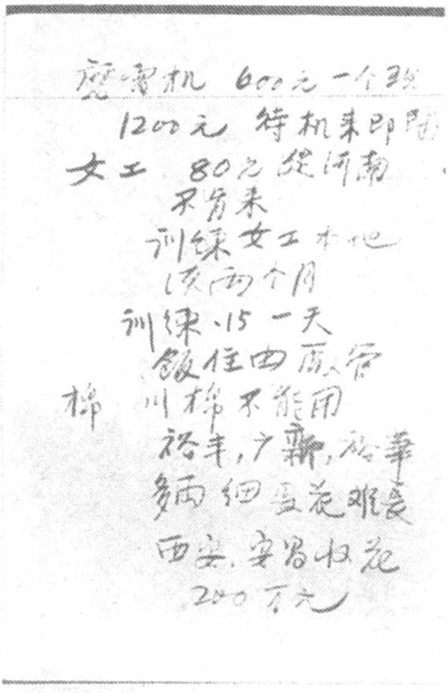
[illegible]机 600元一个班
1200元 待机来即开
女工 80元 从河南
不肯来
训练女工本地
须两个月
训练.15 一天
饭住由厂供
棉 川棉不能用
裕丰,广新,裕华
多两细丝花难长
西安,安局收花
200万元

29-008

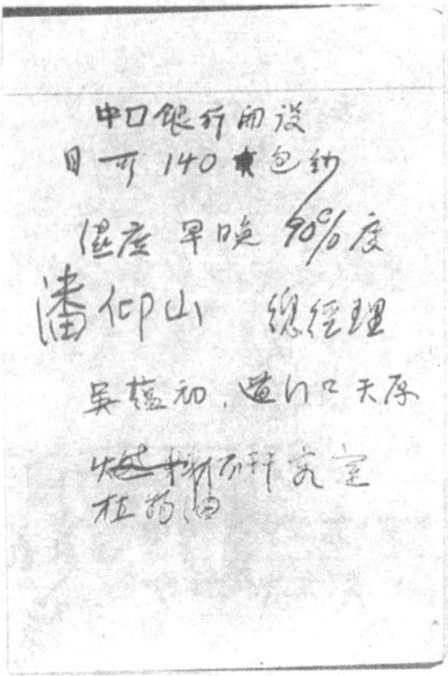
中口银行间設
日可140[illegible]包纱
怪庄 早晚 90%度
潘仰山 总经理
吴蕴初，道门口天原
~~燃料~~研究室
[illegible]

29-009

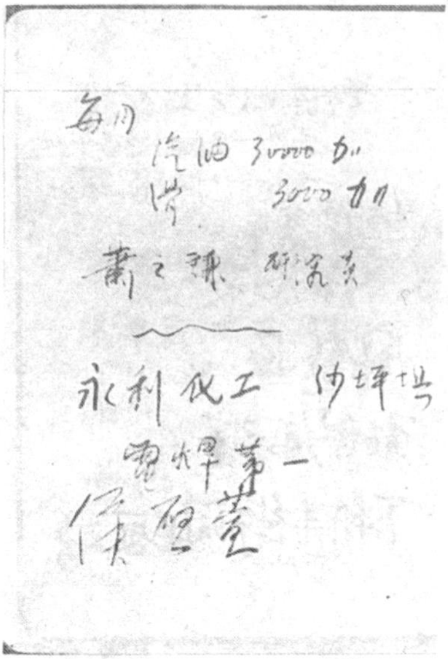
每月
汽油 30000加
煤 3000加
萧之谦 研究员
永利化工 沙坪坝
电焊第一
侯德榜

29-010

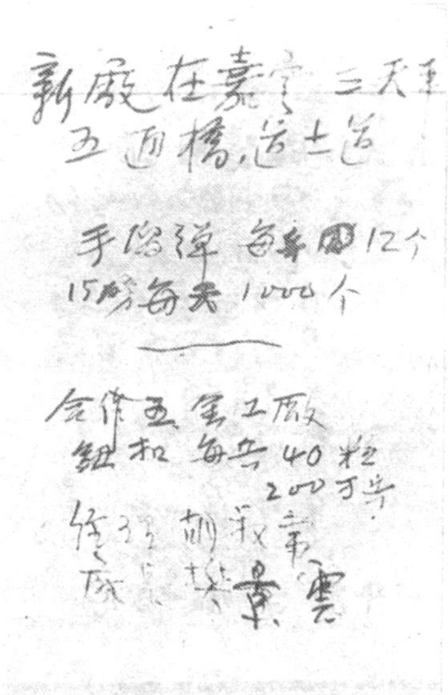
新厂在嘉定 三天[illegible]
五通桥，道士岩
手榴弹 每[illegible]12个
15分每天1000个
合作五金工厂
钮扣 每天40粒
200万粒
经理 胡叔常
厂长 [illegible]

29-011

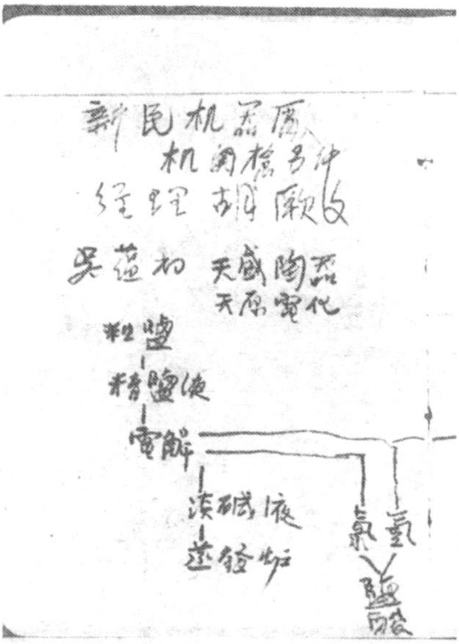
新民机器厂
机关枪多件
经理 胡厥文
吴蕴初 天盛陶器
天原电化
粗盐
精盐液
电解
淡碱液
蒸发器
氯 氢
盐酸

29-012

清石灰
漂白粉

29-013

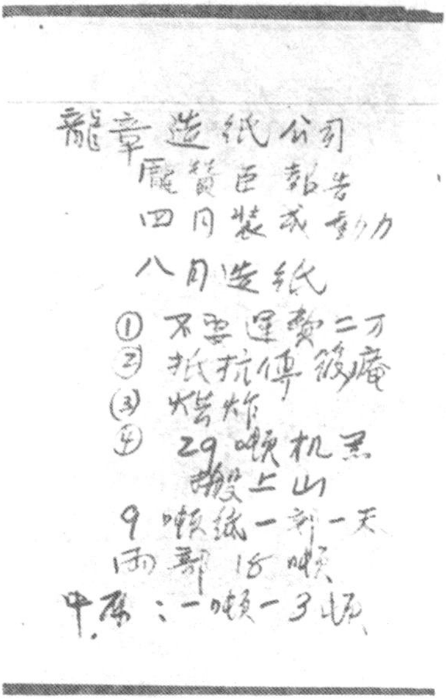

龍章造紙公司
龐贊臣報告
四月裝成動力
八月造紙
① 不要運費二万
② [illegible]
③ 烘炉
④ 29噸机器
搬上山
9噸紙一部一天
兩部18噸
中席：一噸一3噸

29-014

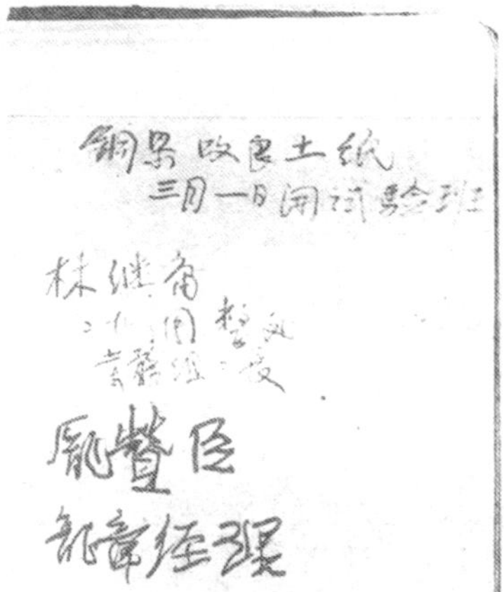

銅梁改良土紙
三月一日開試驗班
林繼庸
[illegible]
龐贊臣
龍章經理
下新丰街同丰里三号

29-015

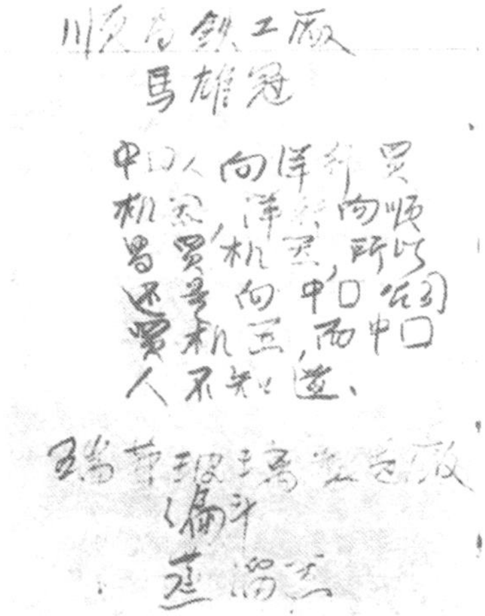

順昌鐵工廠
馬雄冠
中國人向洋行買
机器，洋行向順
昌買机器，所以
還要向中國公司
買机器，而中國
人不知道。
瑞華玻璃[illegible]廠
[illegible]
[illegible]

29-016

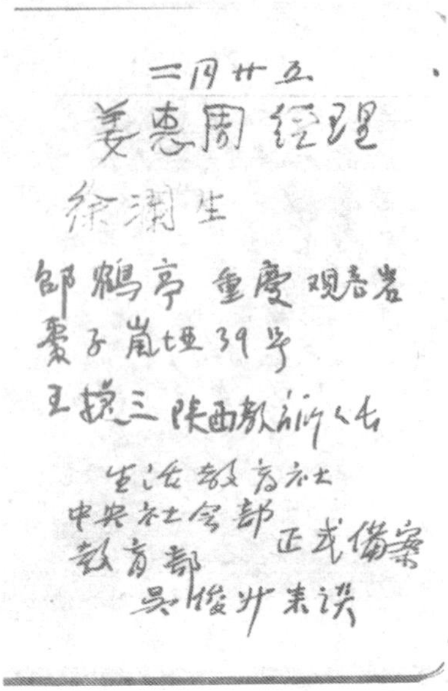

二月廿五
姜惠周经理
徐渊生
邹鹤亭 重庆观音岩
枣子岚垭39号
王捷三 陕西教育厅长
生活教育社
中央社会部 正式备案
教育部
吴俊升来谈

29-017

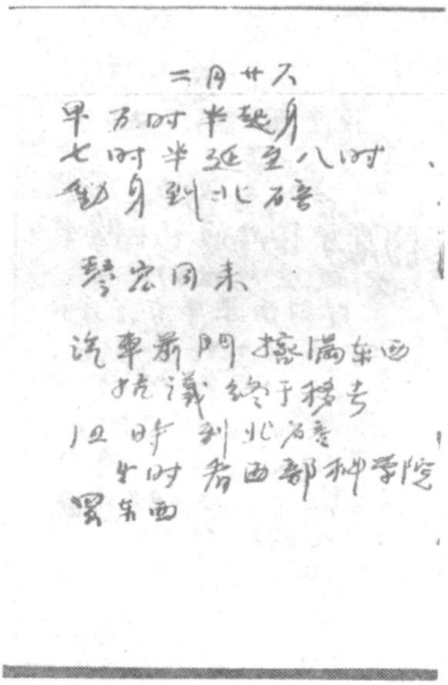

二月廿六
早五时半起身
七时半延至八时
动身到北碚

琴宏同来

汽车前门擦满东西
抗议 终于移去
12时到北碚
4时看西部科学院
买东西

29-018

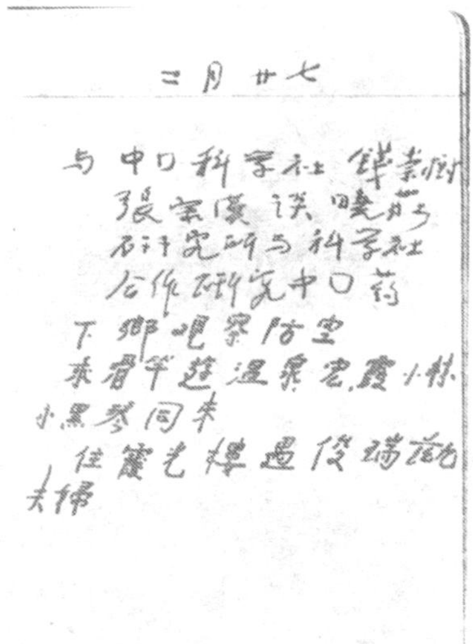

二月廿七
与中国科学社 钱崇澍
张宗汉谈 晓庄
研究所与科学社
合作研究中国药
下乡观察防空
来看平越温泉 宏、霞、小林
小黑、琴同来
住霞光楼 遇侯瑞庄
夫妇

29-019

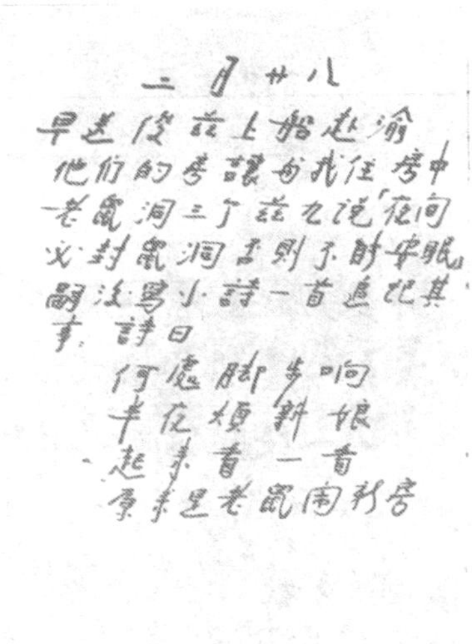

二月廿八
早送侯庄上船赴渝
他们的房让与我住 房中
老鼠洞三个 庄之说「夜间
必封鼠洞否则不能安眠」
嗣后写小诗一首 追记其
事，诗曰
何处脚步响
半夜惊新娘
起来看一看
原来是老鼠闹新房

29-020

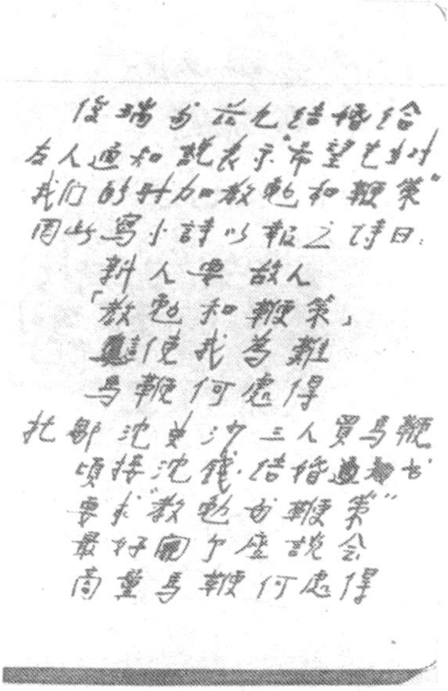

29-021

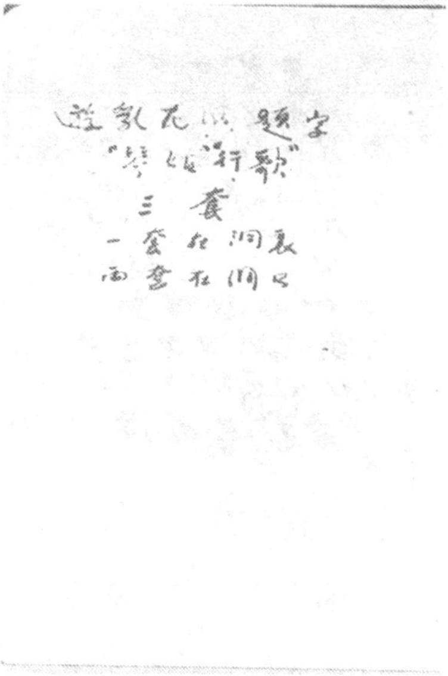

29-022

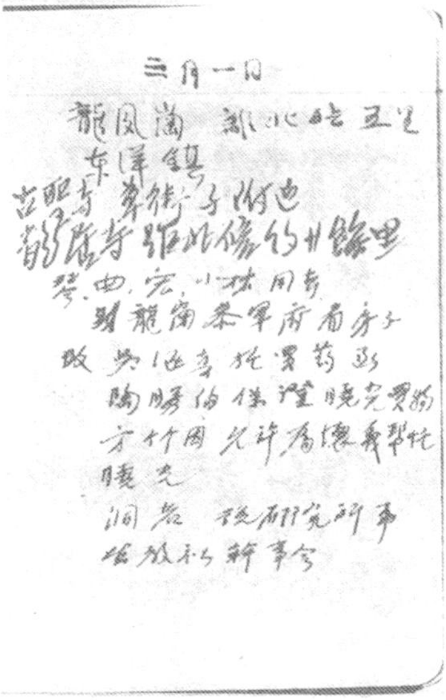

29-023

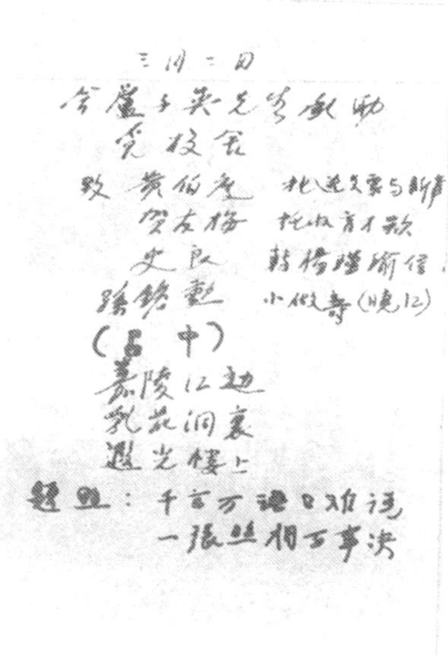

29-024

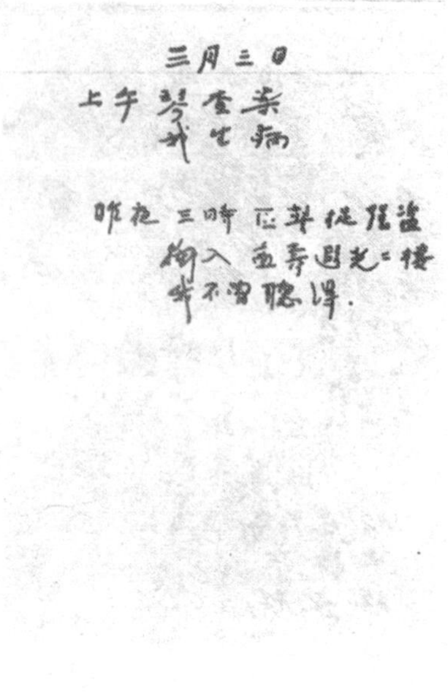


29-025

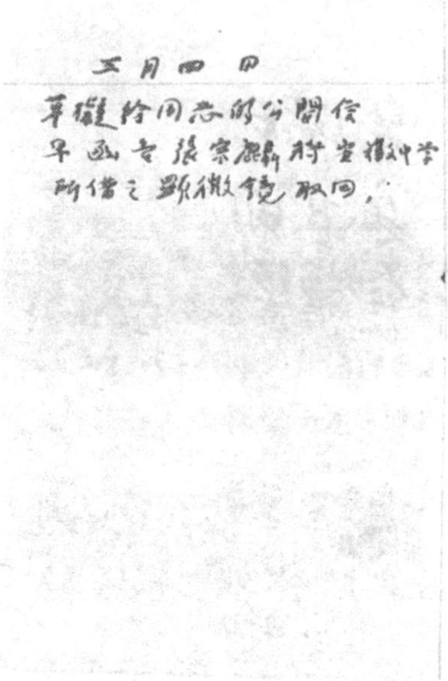


29-026

29-027

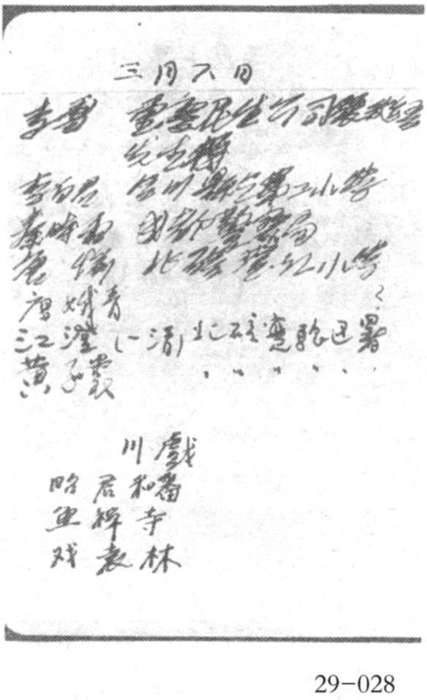


29-028

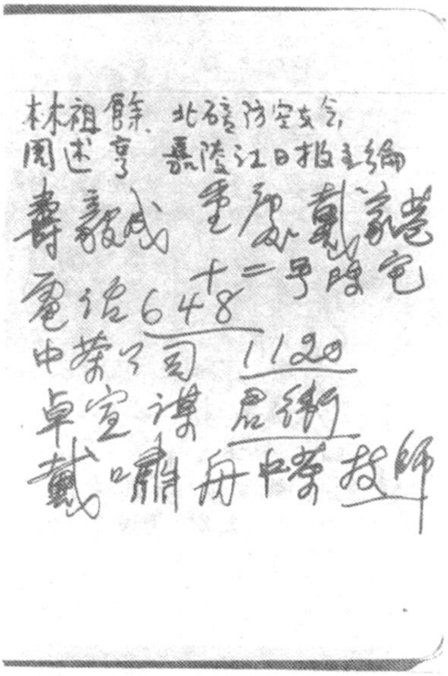


29-029

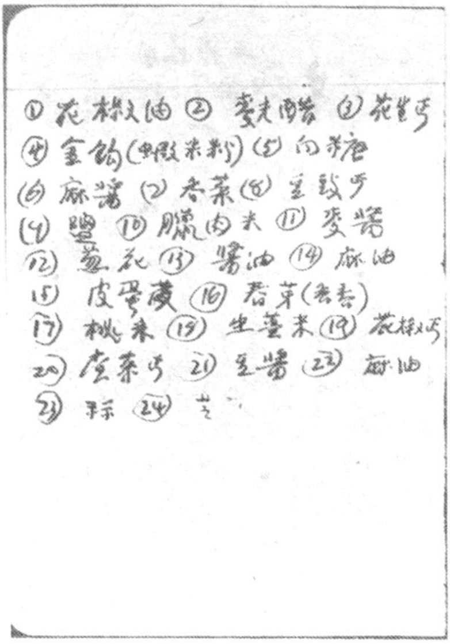


29-030

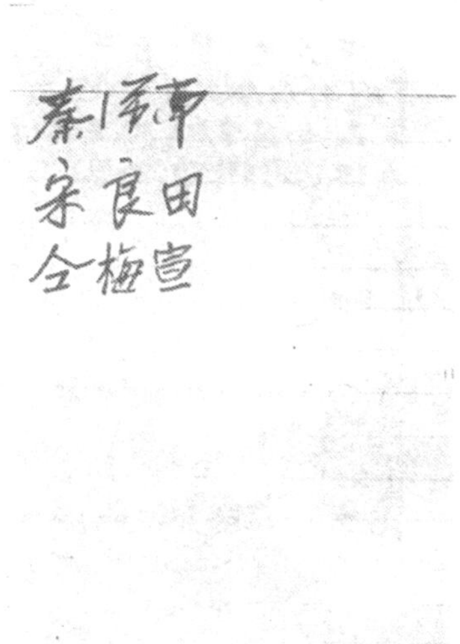


29-031

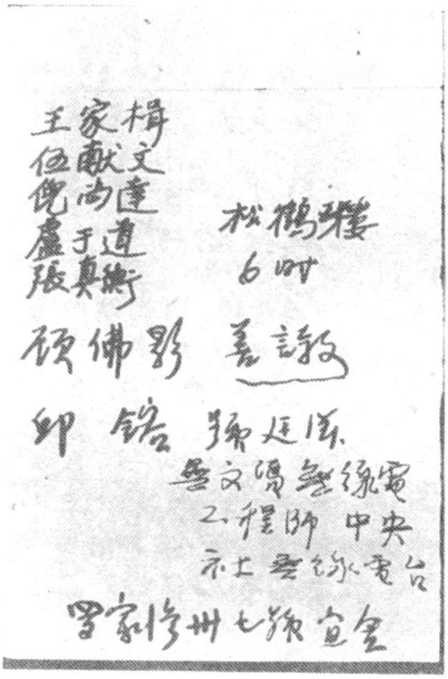


29-032

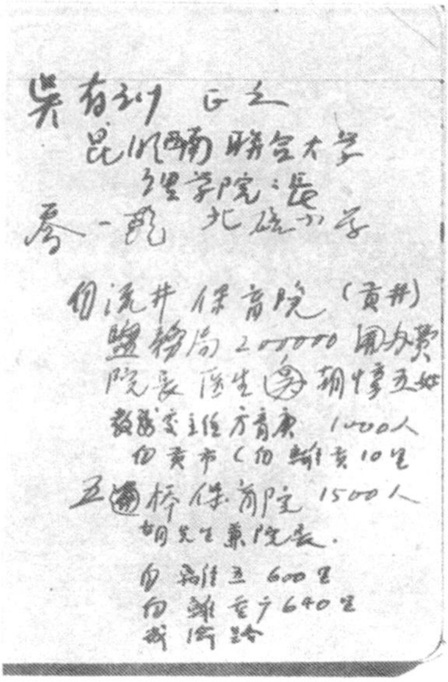

29-033

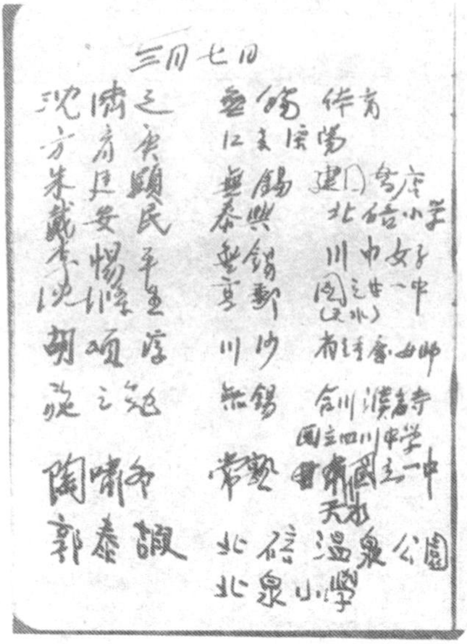

三月七日

29-034

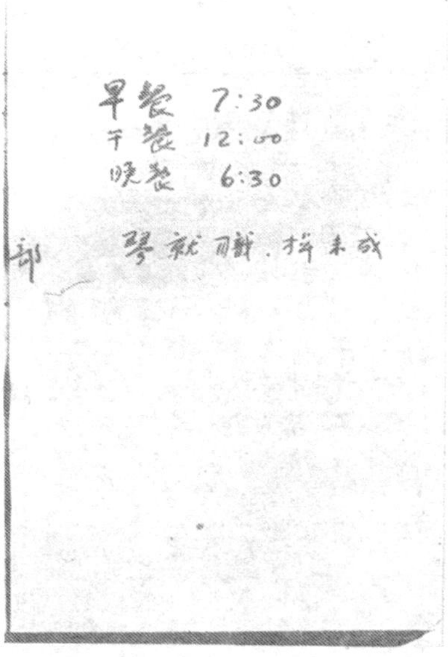

早餐 7:30
午餐 12:00
晚餐 6:30

29-035

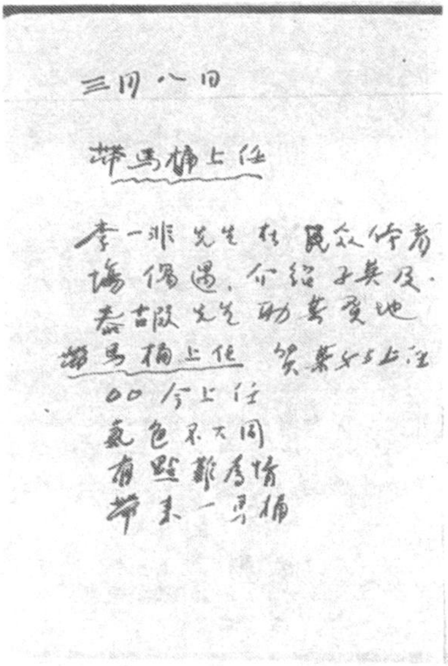

三月八日

带马桶上任

29-036

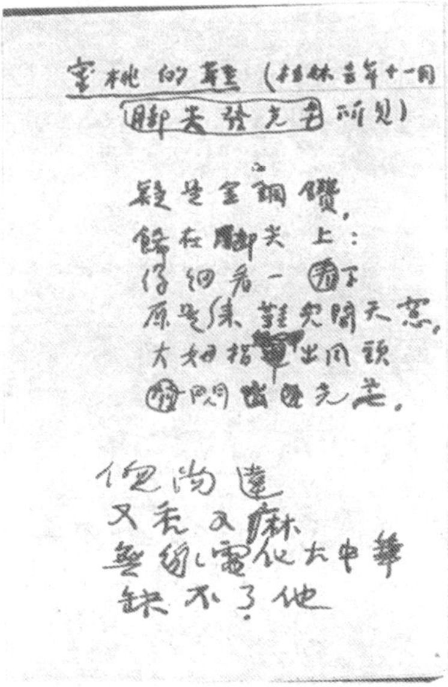
蜜桃的鞋（桂林去年十一月
脚尖発光者所见）

鞋是金铜镄，
镶在脚尖上：
仔细看一看下
原是双鞋尖開天窗，
大拇指伸出风头
[illegible]闪出金光来。

他尚遠
又秃又麻
無線電化大中華
缺不了他

29-037

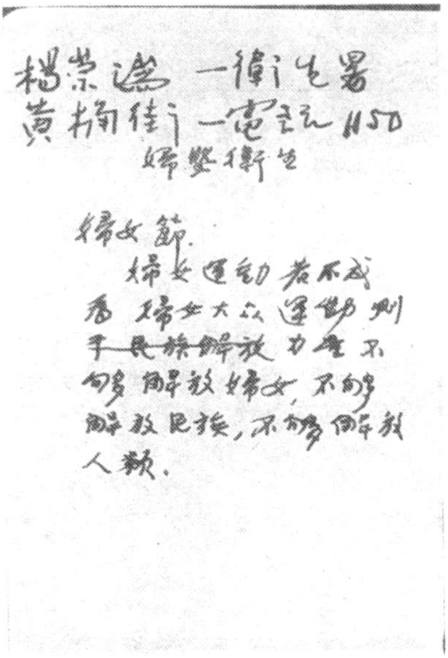
楊崇瑞 —衛生署
黄桷街 —電話1150
婦婴衛生

婦女節
婦女運動若不成為婦女大众運動，則~~民族解放~~力量不够解放婦女，不够解放民族，不够解放人類。

29-038

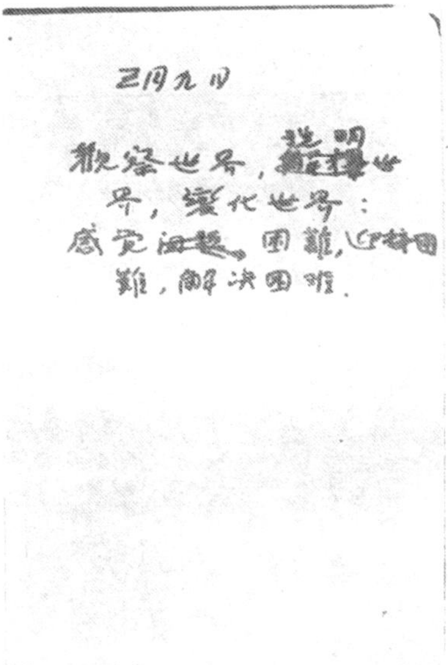
二月九日

觀察世界，說明世界，變化世界：感覺~~問題~~，困難，~~[illegible]~~困難，解决困難。

29-039

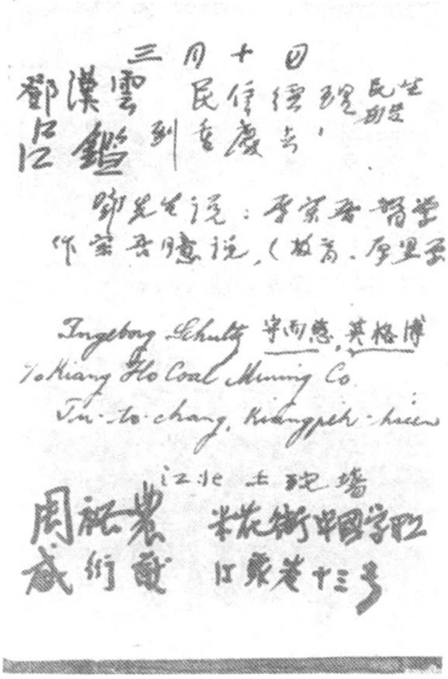
三月十日
鄧漢雲 民生經理 民生副經
呂鑑 到重慶去

鄧先生說：[illegible]
[illegible]

Ingeborg Schultz 宋雨惠，英格博
Yo Kiang Ho Coal Mining Co
Tu-to-chang, Kiangpeh-hsien
江北土沱場
周秘書 米花街[illegible]
[illegible] 江東巷十三号

29-040

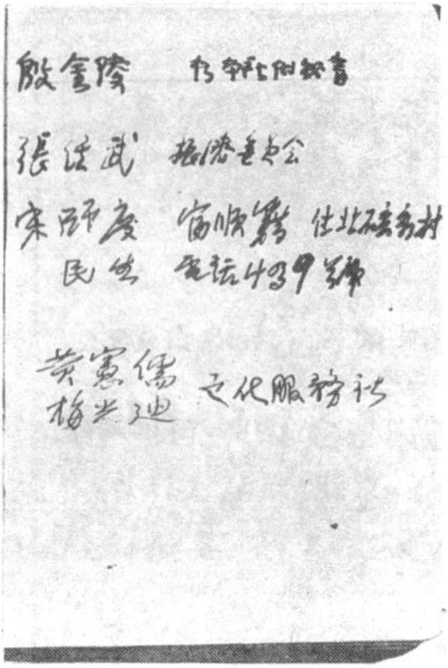
殷金陵 [illegible]秘書

張[illegible]武 [illegible]

宋師度 [illegible] 住北碚[illegible]
民生 電話4[illegible]號

黄憲儒
梅光迪 文化服務社

29-041

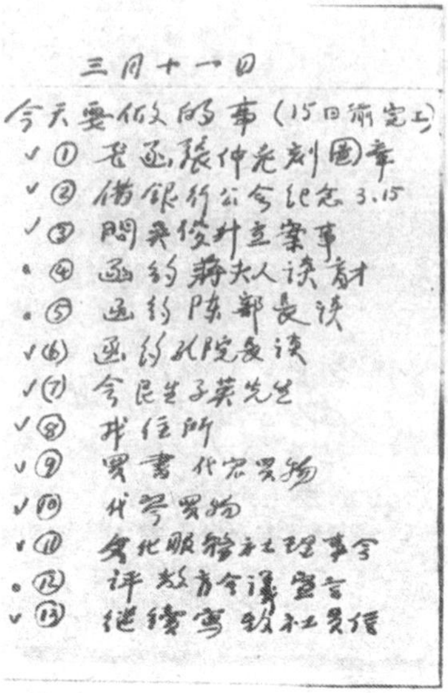
三月十一日

今天要做的事（15日前完工）

✓ ① 去函張仲堯刻圖章
✓ ② 備銀行公會紀念 3.15
✓ ③ 問吳俊升立案事
· ④ 函約蔣夫人談話
· ⑤ 函約陳部長談
✓ ⑥ 函約孔院長談
✓ ⑦ 會[illegible]先生
✓ ⑧ 找住所
✓ ⑨ 買書 代[illegible]買物
✓ ⑩ 代[illegible]買物
✓ ⑪ 文化服務社理事會
· ⑫ 評教育會議宣言
✓ ⑬ 繼續寫[illegible]

29-042

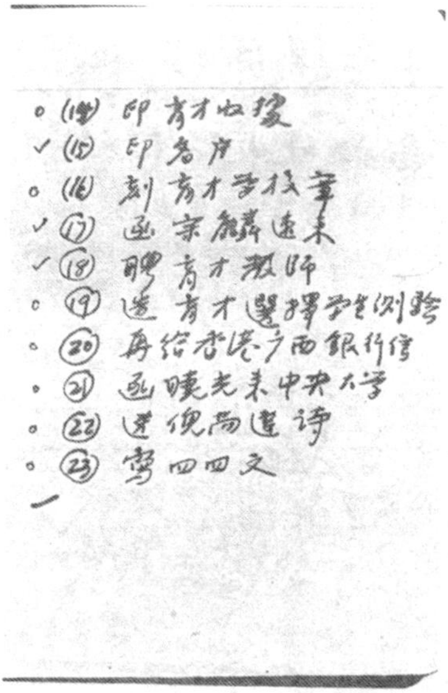
· ⑭ 印育才收據
✓ ⑮ 印名片
· ⑯ 刻育才學校章
✓ ⑰ 函宗麟速來
✓ ⑱ 聘育才教師
· ⑲ 送育才選擇學生例[illegible]
· ⑳ 再給香港廣西銀行信
· ㉑ 函曉光來中央大學
· ㉒ 送[illegible]選詩
· ㉓ 寫四四文

29-043

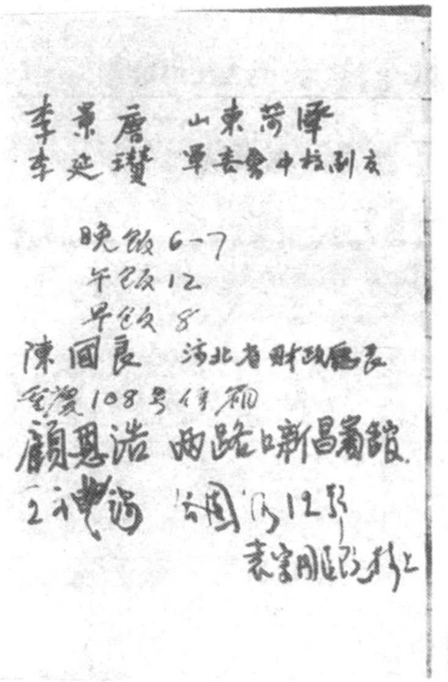
李景唐 山東菏澤
李延瓚 單[illegible]中校副[illegible]

晚飯 6-7
午飯 12
早飯 8

陳國良 湖北省財政廳長
重慶108号信箱
顧恩浩 西路口新昌蜀館
[illegible] [illegible]12[illegible]
[illegible]

29-044

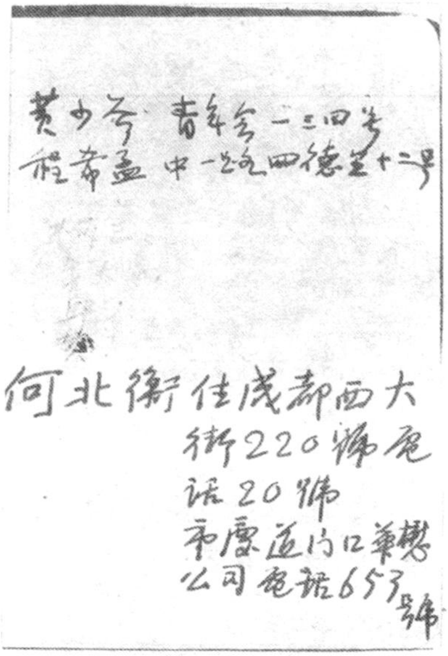

黄少荃 青年会二三四号
程希孟 中一路四德里十二号

何北衡住成都西大
街220号宅
话20号
市区道门口华懋
公司电话657号

29－045

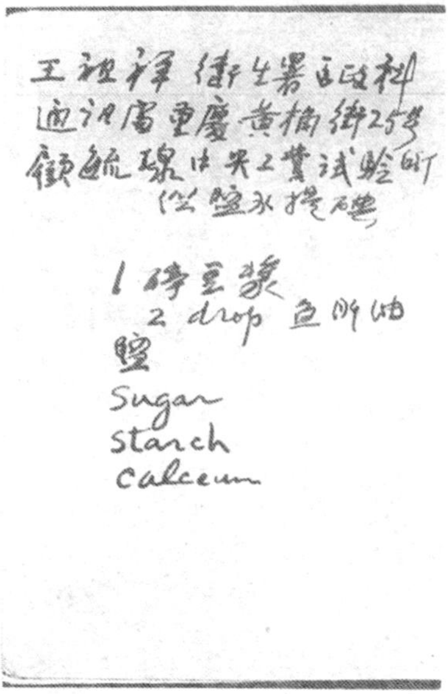

王祖祥 卫生署医政科
通讯处重庆黄桷街25号
镇鲁琪 中央工业试验所
(盐水提碘)

1 碗豆浆
2 drop 鱼肝油
盐
Sugar
Starch
Calceum

29－046

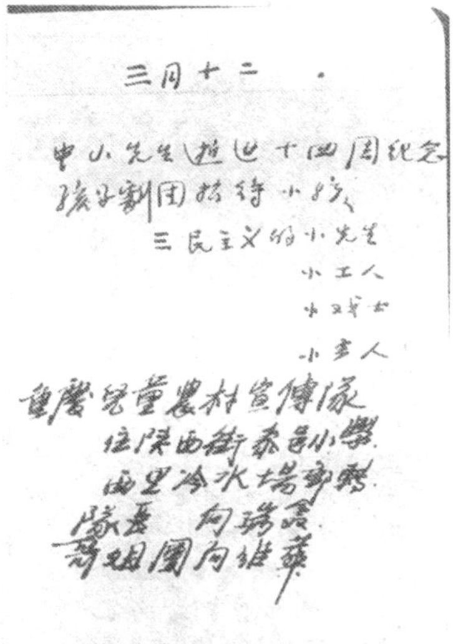

三月十二

中山先生逝世十四周纪念
孩子剧团招待小朋友
三民主义的小先生
小工人
小战士
小主人

重庆儿童农村宣传队
住陕西街泰昌小学
西里冷水场邮局
队长 向瑞实
募捐团向维华

29－047

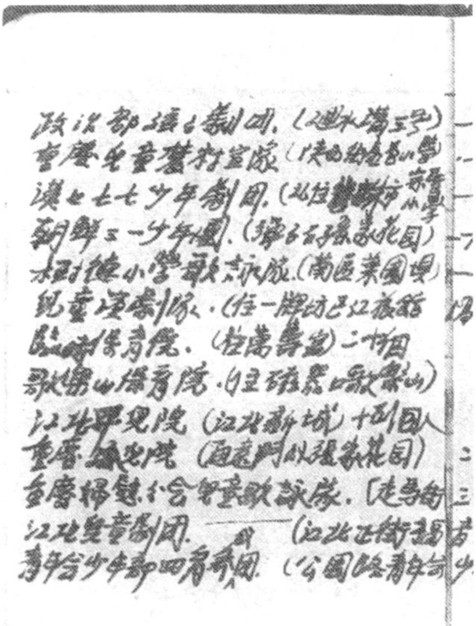

政治部孩子剧团．(通水沟三号)
重庆儿童农村宣传队(陕西街泰昌小学)
汉口七七少年剧团．(北碚……小学)
朝鲜三一少年团．(……张家花园)
树德小学歌咏队．(南区菜园坝)
儿童漫画队．(住一牌坊巴江旅馆)
临时保育院．(住高寿里)二十四
歌乐山保育院．(住……歌乐山)
江北难童院 (江北新城)十副园人
重庆难童院 (通远门外张家花园)
重庆妇慰会儿童歌咏队．[……
江北儿童剧团．(江北正街……
青年会少年部四育剧团．(公园路青年会少……

29－048

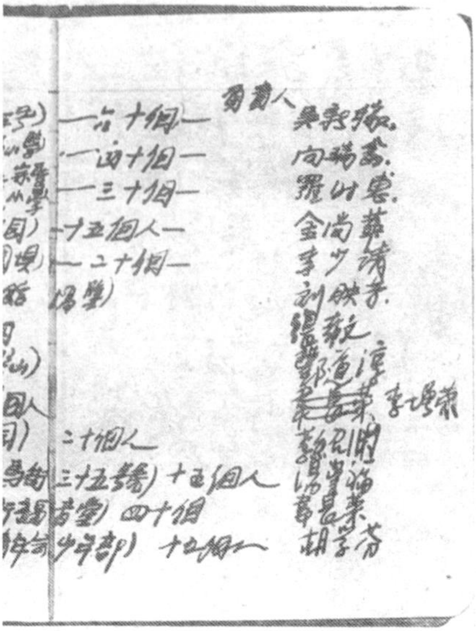
负责人
——六十個—— 吳新稼
——四十個—— 向瑞齋
——三十個—— 羅以寒
——十五個人—— 金尚華
——二十個—— 李少清
劉映秀
張毅
鄭道淳
李鴻翥
二十個人
三十五號）十五個人
四十個
少年部）十五個人
胡宇芳

29-049

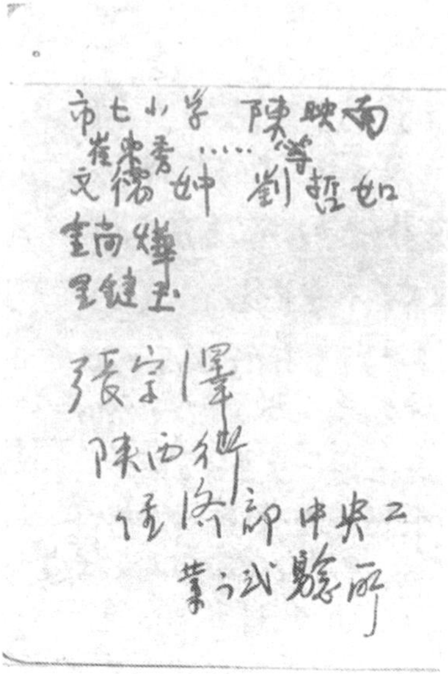
市七小学 陳映南
崔秉秀……等
文儒坤 劉哲如
童尚烽
王鏈玉
張宗澤
陳西衡
經濟部中央工
業試驗所

29-050

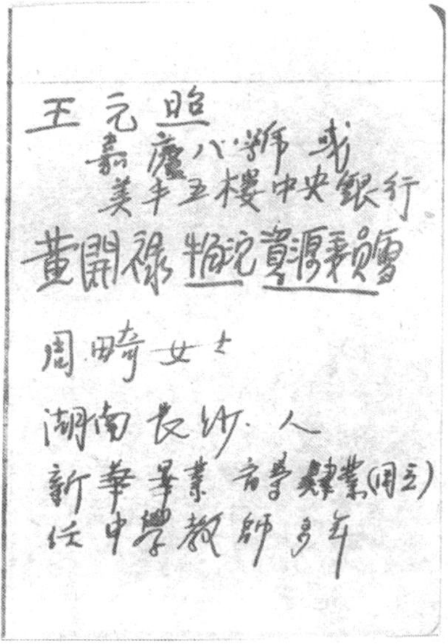
王元照
嘉慶八號 或
美豐五樓中央銀行
黄開祿 物資源委員會
周畸女士
湖南长沙人
新華畢業 高等肄業（同上）
任中學教師多年

29-051

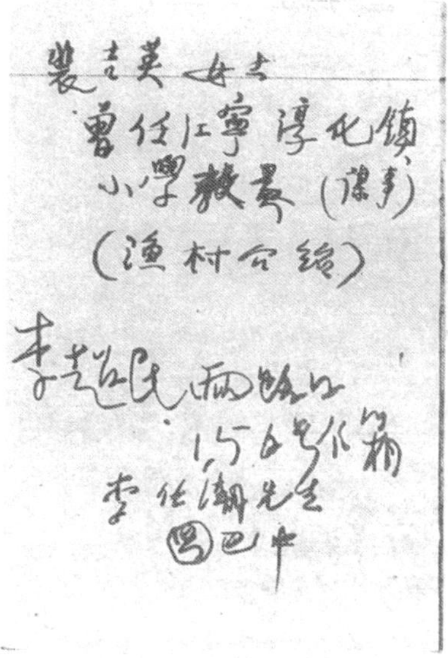
裴吉英女士
曾任江寧淳化鎮
小學教員（陈号）
（漁村介紹）
李超民 兩路口
15号信箱
李任潮先生
图巴中

29-052

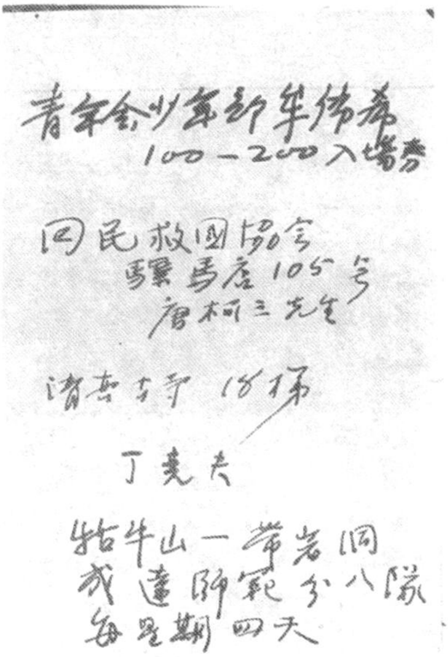
青年会少年部华伟希(?)
100—200入场券

国民救国协会
骡马店105号
唐柯三先生

诸杏寺(?) 吴(?)

丁尧夫

牯牛山一带岩洞
或达师范分八队
每星期四天

29—053

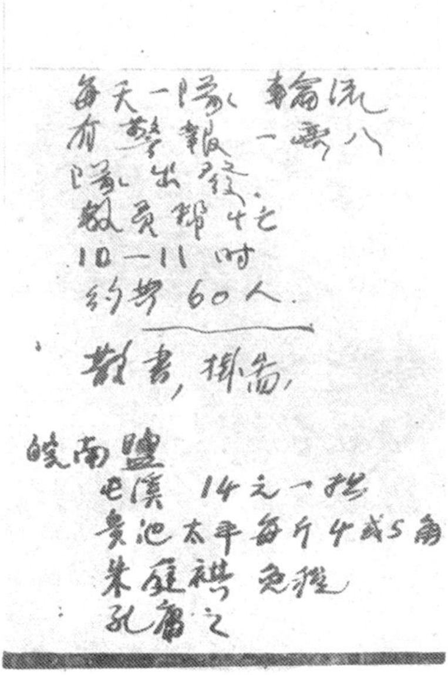
每天一队轮流
有警报一零八
队出发.
教员帮忙
10—11时
约共60人.

教书，挂图，

皖南盐
屯溪 14元一担
贵池太平每斤4或5角
朱庭祺 急赈
孔庸之

29—054

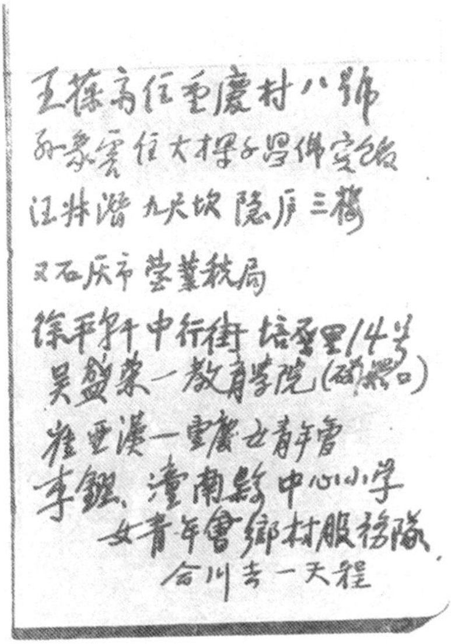
王揆高任重庆村八号
孙泉霖(?)住大梁子马佛(?)广馆
江非潜 九尺坎 隐庐三楼
又石灰市营业税局
徐平轩中行街 培修里14号
吴敬东一教育学院(磁器口)
雅亚汉(?)一重庆女青年会
李钰、潼南县中心小学
女青年会乡村服务队.
合川去一天程

29—055

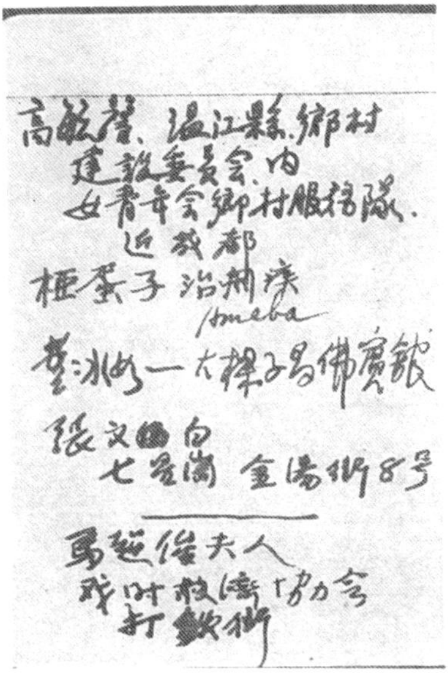
高铭声、温江县乡村
建设委员会内
女青年会乡村服务队.
近成都
柜蛋子 治痢疾
Ameba
黄冰如一大梁子马佛(?)广馆
张文白
七星岗 金汤街8号

冯(?)玉祥夫人
战时救济协会
打铁街

29—056

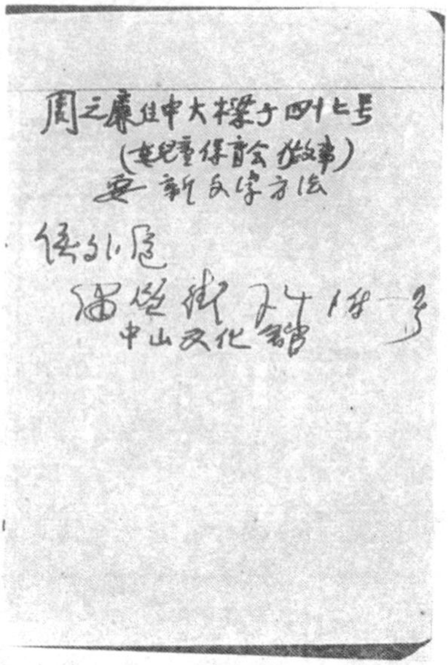
周之廉住中大樑子四十七号
（世界儿童保育会总幹事）
要 新文字方法
[illegible]
潘[illegible] 丁[illegible] 1[illegible]号
中山文化館

29-057

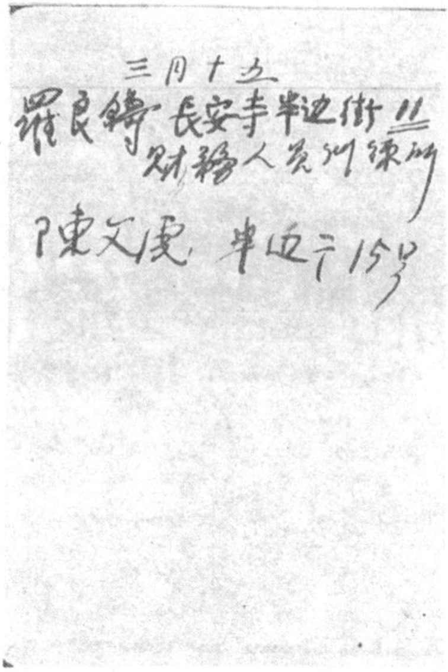
三月十五
羅良鑄 長安寺半边街 11
财務人员训练所
陳文虎 半边街15号

29-058

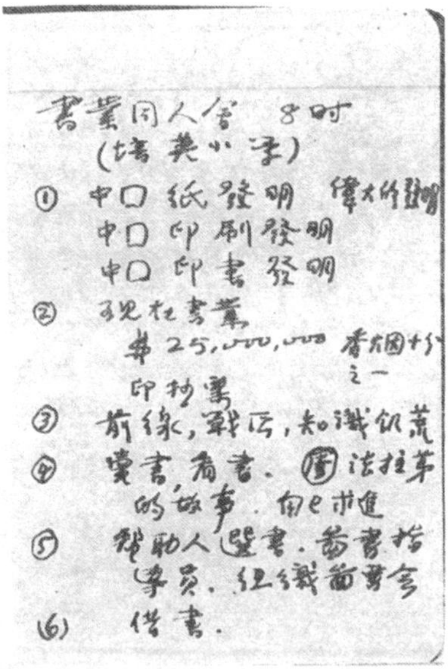
書業同人会 8时
（培英小学）
① 中国纸發明 偉大的發明
中国印刷發明
中国印書發明
② 現在書業
共25,000,000 香烟十分之一
印刷業
③ 前線，戰區，知識飢荒
④ 賣書，看書。圖[illegible]的故事。向e求進
⑤ 幫助人選書。薦書指導员。組織讀書会
(6) 借書.

29-059

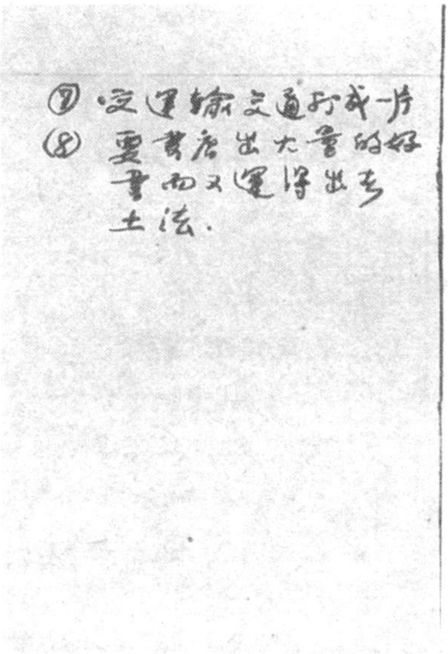
⑦ 交運輸交通打成一片
⑧ 要書店出大量的好書而又運得出去之法.

29-060

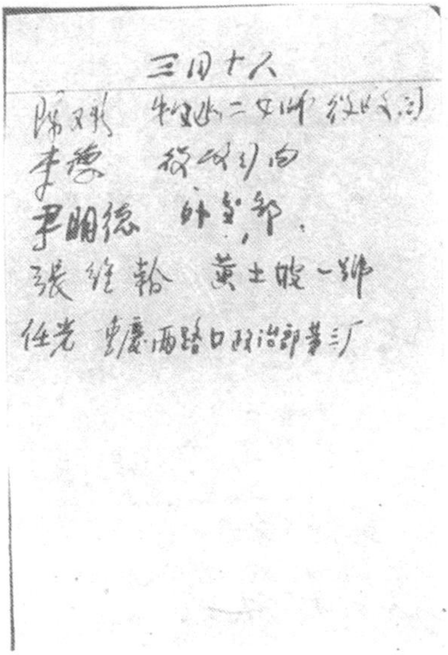

三月十八

陈[illegible] 牛角沱二女师[illegible]

李[illegible] [illegible]

尹明德 外交部

张维翰 黄土坡一号

任光 重庆两路口政治部第三厅

29-061

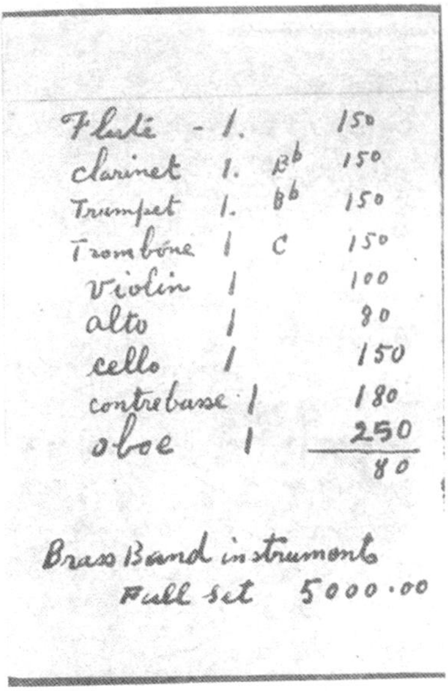

| | | | |
|---|---|---|---|
| Flute | 1. | | 150 |
| clarinet | 1. | B♭ | 150 |
| Trumpet | 1. | B♭ | 150 |
| Trombone | 1 | C | 150 |
| violin | 1 | | 100 |
| alto | 1 | | 80 |
| cello | 1 | | 150 |
| contrebasse | 1 | | 180 |
| oboe | 1 | | 250 |
| | | | 80 |

Brass Band instruments
Full set 5000.00

29-062

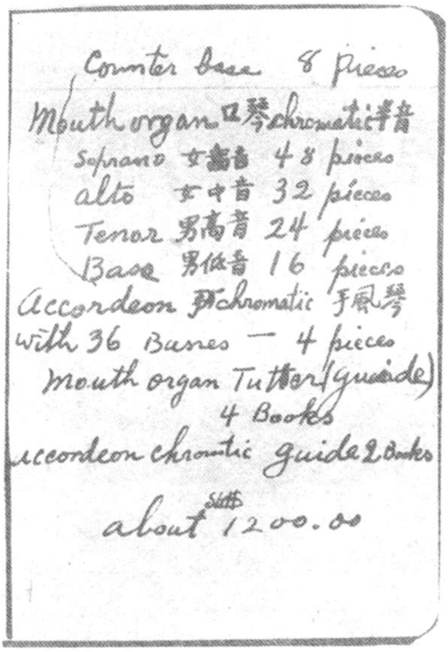

Counter base 8 pieces
Mouth organ 口琴 chromatic 半音
Soprano 女高音 48 pieces
alto 女中音 32 pieces
Tenor 男高音 24 pieces
Base 男低音 16 pieces
Accordeon chromatic 手风琴
with 36 Basses — 4 pieces
Mouth organ Tutter (guide)
4 Books
accordeon chromtic guide 2 Books
about 1200.00

29-063

| | | |
|---|---|---|
| piano | 2 | 1200 |
| Harmonium | 4 | 200 |

29-064

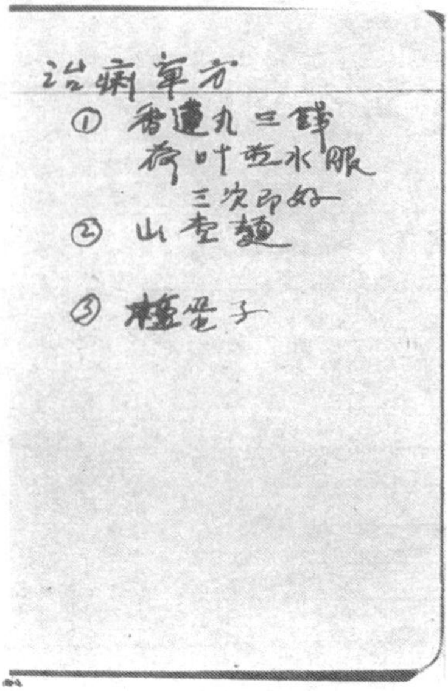
治病单方
① 香连丸三钱
荷叶煎水服
三次即好
② 山查麺
③ [illegible]子

29-065

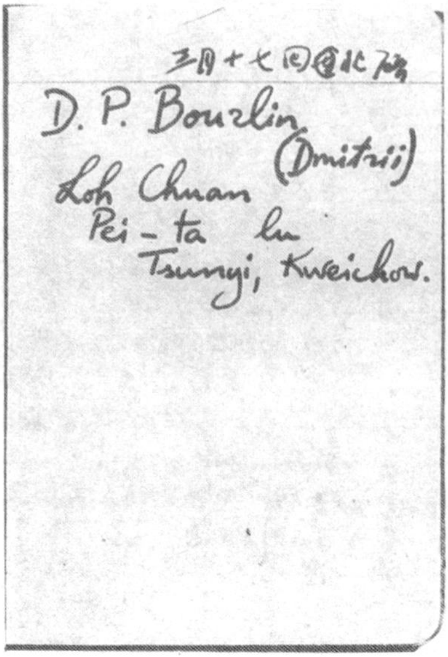
三月十七日 [illegible]
D. P. Bourlin
(Dmitrii)
Loh Chuan
Pei-ta lu
Tsunyi, Kweichow.

29-066

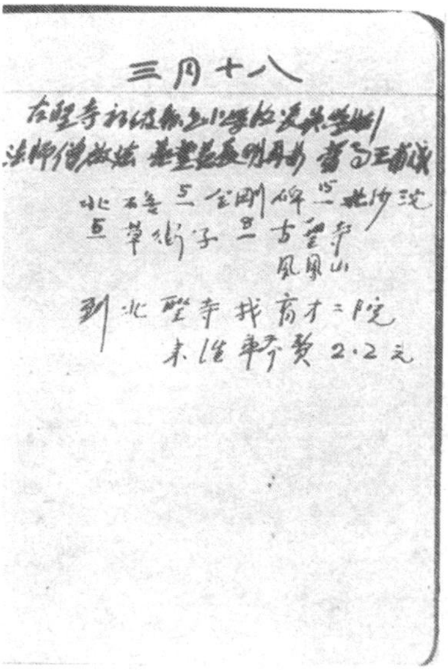
三月十八
[illegible]
[illegible]
北碚 [illegible] 金刚碑 [illegible]
草街子 古圣寺
凤凰山
到北碚寺找育才二院
来往车费 2.2元

29-067

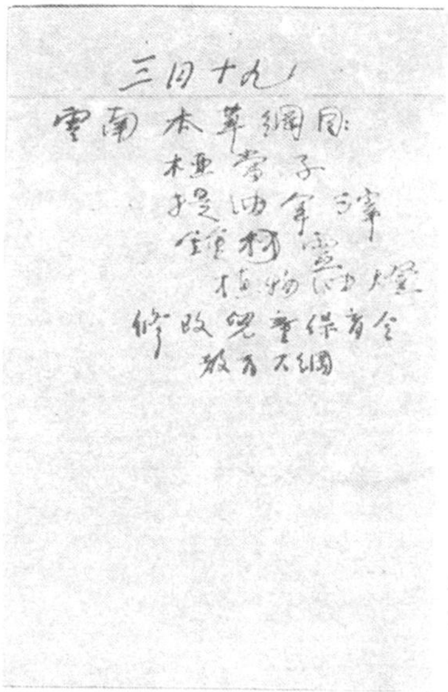
三月十九
云南本草纲目：
[illegible]
[illegible]
[illegible]
[illegible]
修改儿童保育会
教育不[illegible]

29-068

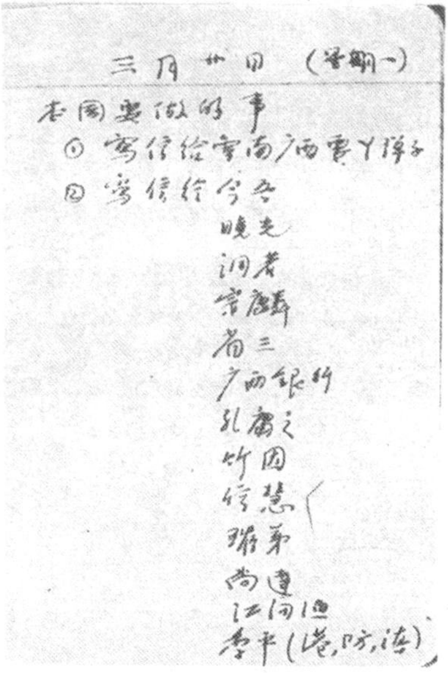

三月廿日（星期一）
本周要做的事
① 写信给[illegible]广西[illegible]
② 写信给[illegible]
晓光
调孚
宗麟
省三
广西银行
孔庸之
竹园
信慈
琳弟
尚达
江问渔
李平（港，防，海）

29-069

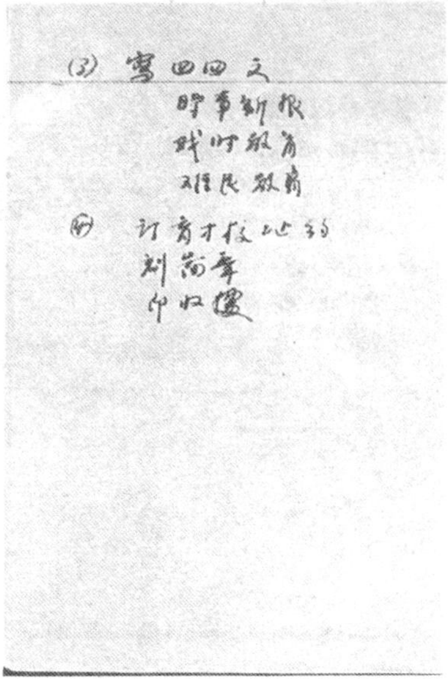

(3) 写四篇文
时事新报
战时教育
难民教育
(4) 订育才校址的
刘尚年
[illegible]

29-070

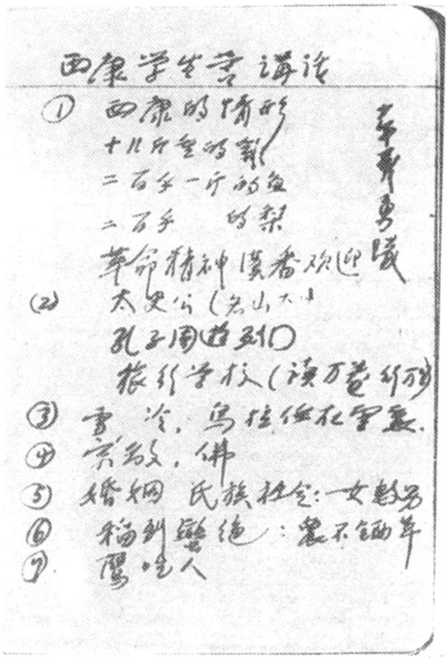

西康学生会讲话
① 西康的情形
十几斤重的[illegible]
二百多一斤的[illegible]
二百多 的梨
革命精神 汉番欢迎
革命勇气
(2) 太史公（名山大川
孔子周游列国
旅行学校（读万卷书行万里
③ 雪冷，[illegible]
④ 宗教，佛
⑤ 婚姻 民族社会：一女数男
⑥ [illegible]
⑦ [illegible]人

29-071

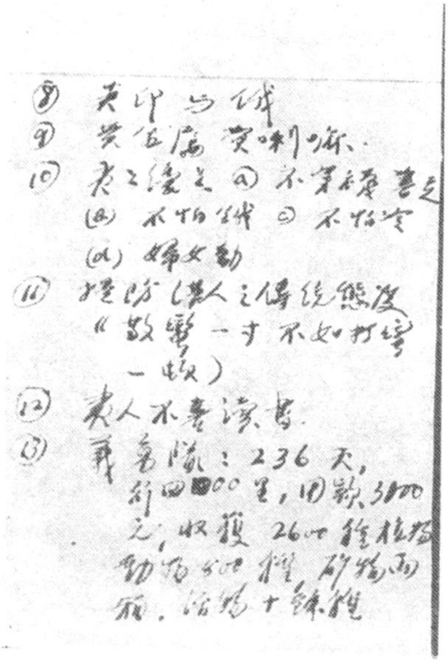

⑧ 英印与[illegible]
⑨ [illegible]
⑩ [illegible]
(四) 妇女[illegible]
⑪ 提防（汉人之传统态度
《[illegible]一寸不如[illegible]
一[illegible]）
⑫ 藏人不喜读书
⑬ [illegible]：236天，
行四[illegible]00里，用款3000
元，收获2600[illegible]
[illegible]

29-072

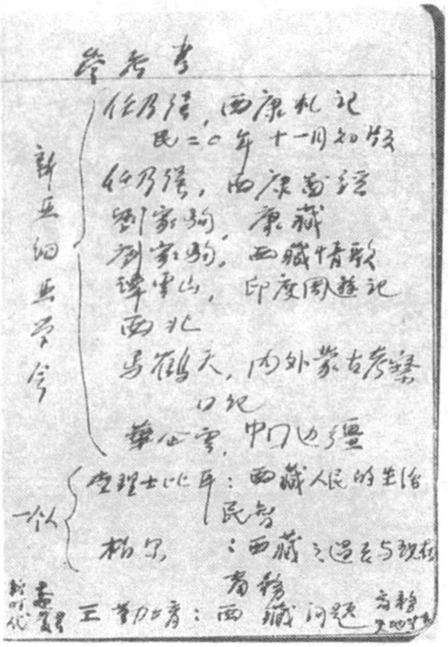
参考书
新亚细亚学会
任乃强，西康札记
民二〇年十一月初版
任乃强，西康图经
刘家驹，康藏
刘家驹，西藏情歌
谭云山，印度周游记
西北
马鹤天，内外蒙古考察日记
华企云，中国边疆
一个人
查理士·贝尔：西藏人民的生活
民智
杨尔：西藏之过去与现在
商务
王勤堉：西藏问题 商务

29-073

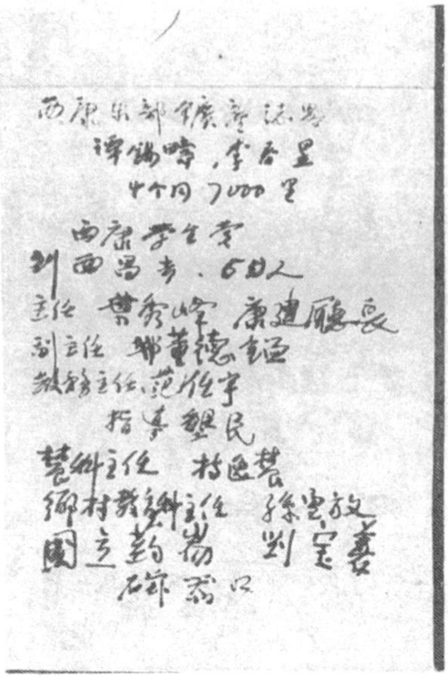
谭锡畴，李春昱
四个月 7000里
西康学生会
训西昌者 60人
主任 曹秀峰 康建厅长
副主任
教务主任 范任宇
指导
艺科主任
乡村教科主任
国立药场 刘宝善

29-074

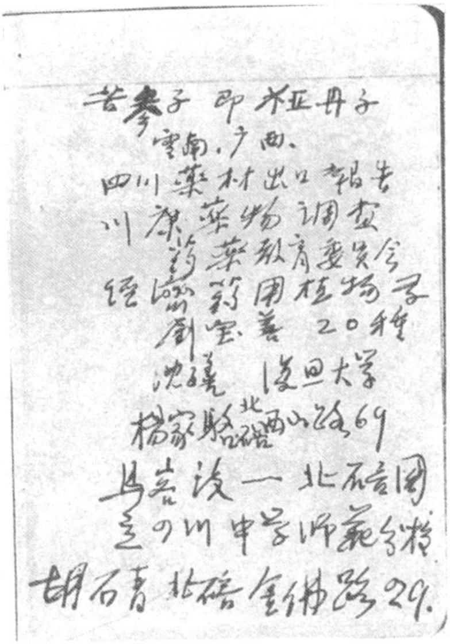
苦参子 即鸦胆子
云南、广西、
四川药材出口报告
川康药物调查
药学教育委员会
经济药用植物学
刘宝善 20种
沈璿 复旦大学
杨家骆 北碚西山路69
马客谈 — 北碚国立四川中学师范部校
胡石青 北碚金佛路29.

29-075

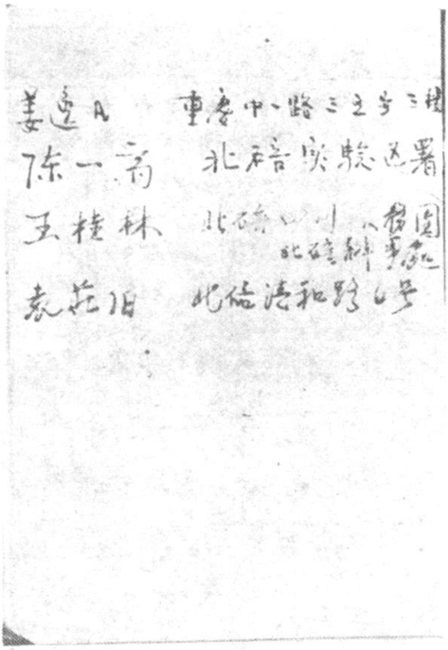
重庆中一路三五号三楼
北碚实验区署
王桂林
北碚德和路6号

29-076

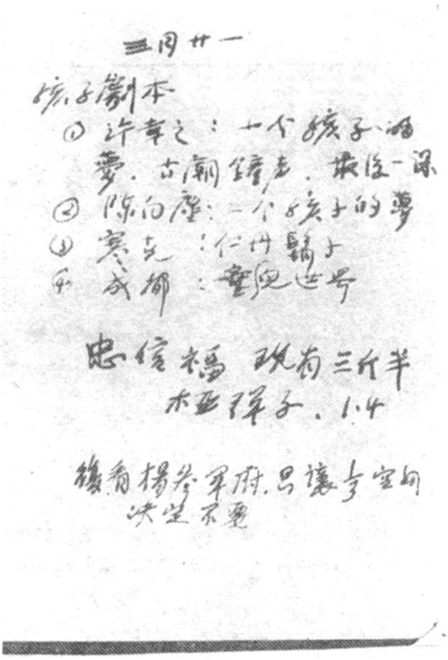
三月廿一
孩子剧本
① 许幸之：一个孩子的梦．古庙钟声．最后一课
② 陈白尘：一个孩子的梦
③ 寒克：仁丹胡子
④ 成都：童话世界
忠信福 现有三斤半
木耳弹子．1.4
钱香杨参军府．吕让专室的
决定不要

29-077

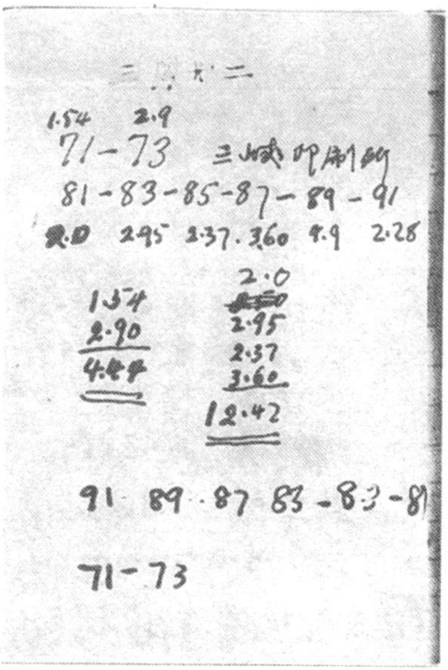
三月廿二
1.54 2.9
71-73 三峡印刷所
81-83-85-87-89-91
2.0 2.95 2.37．3.60 4.9 2.28
1.54 2.0
2.90 ~~2.50~~
4.44 2.95
2.37
3.60
12.42
91 89．87 83-83-81
71-73

29-078

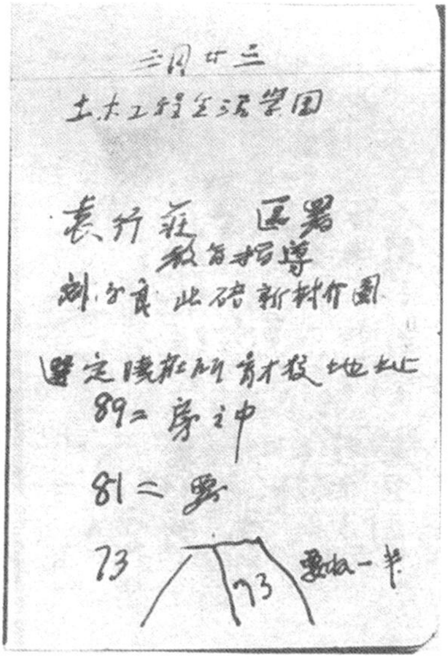
三月廿三
土木工程生活学团
袁行庄 区署
教育指导
刘介真 此处新村介绍
鉴定陵教所育才校地址
89＝房子中
81＝要
73 73 要收一半

29-079

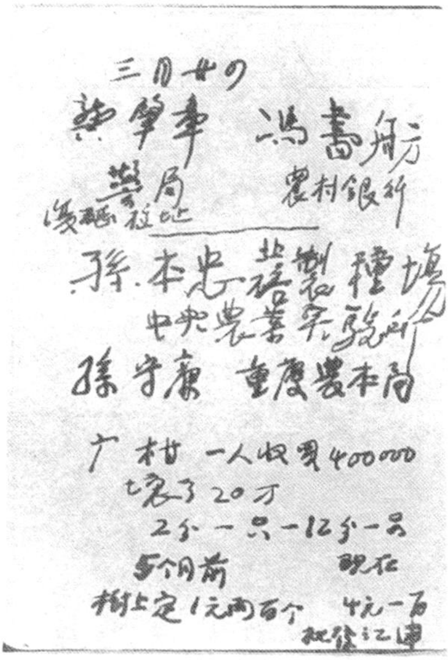
三月廿四
熊肇华 冯书舫
警局 农村银行
海棠校址
孙本忠 北碚农种场
中央农业实验所
孙守廉 重庆农本局
广柑 一人收买400000
坏了20万
2分一只—12分一只
5个月前 现在
树上定1元两百个 4元一百
批发江津

29-080

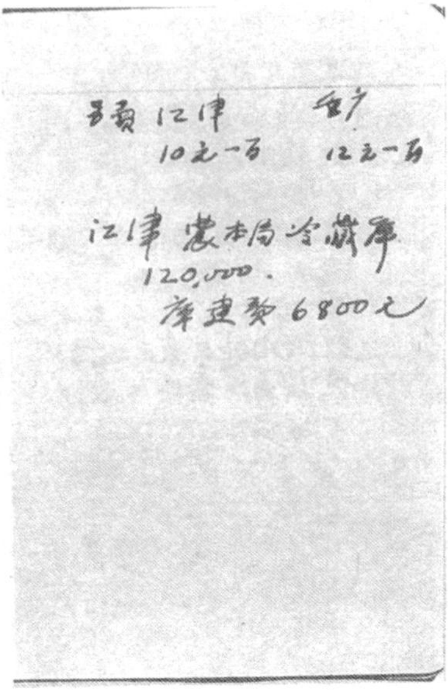

江津 重庆
10元一石 12元一石

江津农村冷藏库
120,000.
库建费6800元

29-081

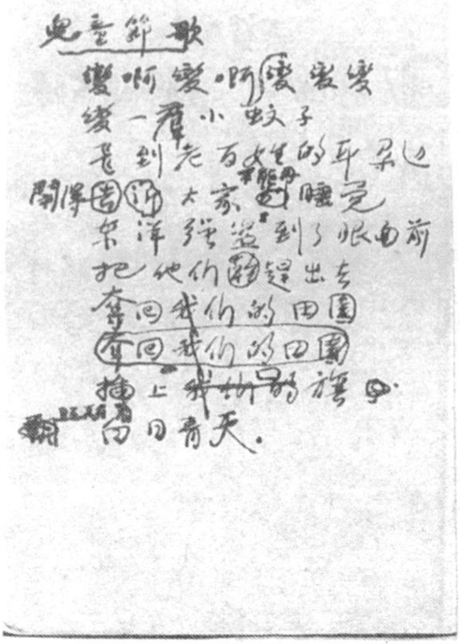

儿童节歌
嗳呀嗳呀嗳嗳嗳
变一群小蚊子
飞到老百姓的耳朵边
闹得大家不能睡觉
东洋强盗到了眼面前
把他们赶出去
夺回我们的田园
夺回我们的田园
插上我们的旗子
青天白日青天。

29-082

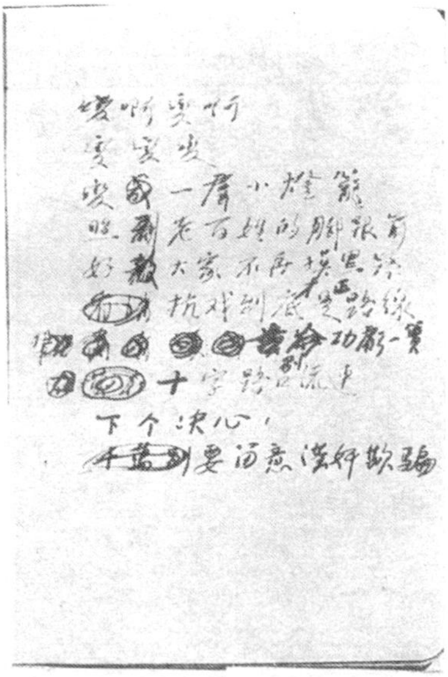

嗳呀嗳呀
嗳嗳嗳
变一群小萤火虫
照到老百姓的脚跟前
好教大家不再摸黑路
抗战到底是路线
功亏一篑
十字路口流血
下个决心，
要消灭汉奸欺骗

29-083

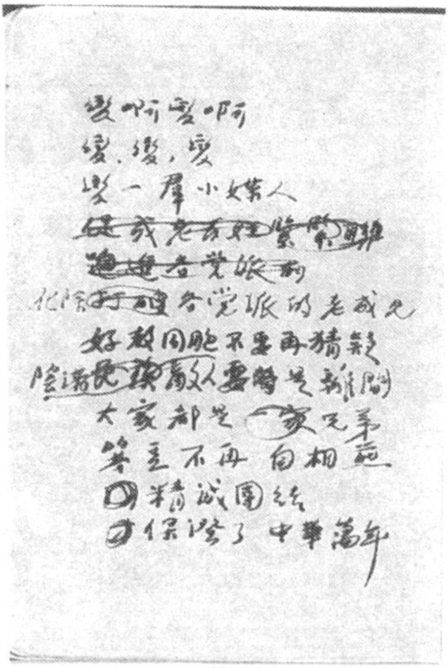

嗳呀嗳呀
嗳，嗳，嗳
变一群小媒人
化除各党派的老成见
好教同胞不要再猜疑
大家都是一家兄弟
笃至不再自相残
精诚团结
保证了中华万年

29-084

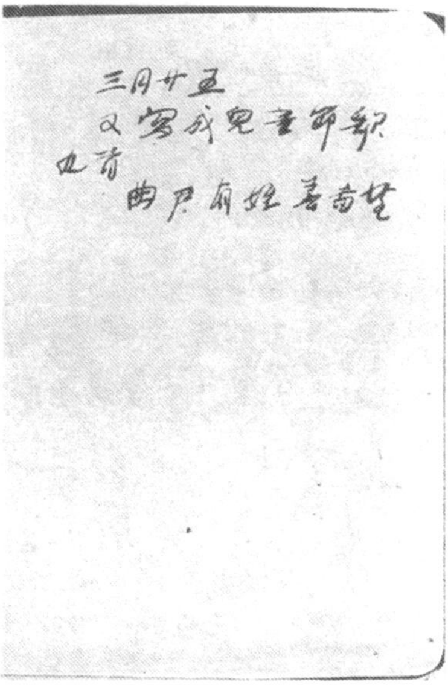
三月廿五
又写成儿童节歌
四首

29-085

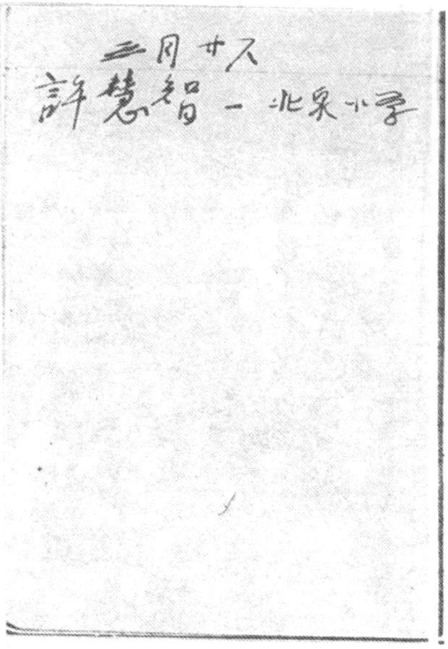
三月廿八
許慧智 — 北泉小学

29-086

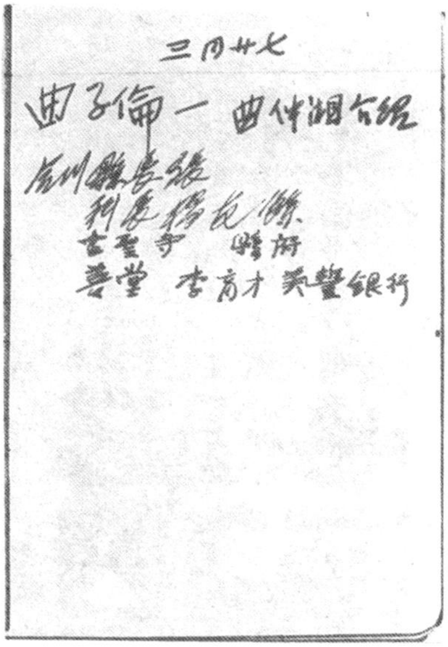
三月廿七
曲子偏 — 曲仲湘介绍
李育才 美丰银行

29-087

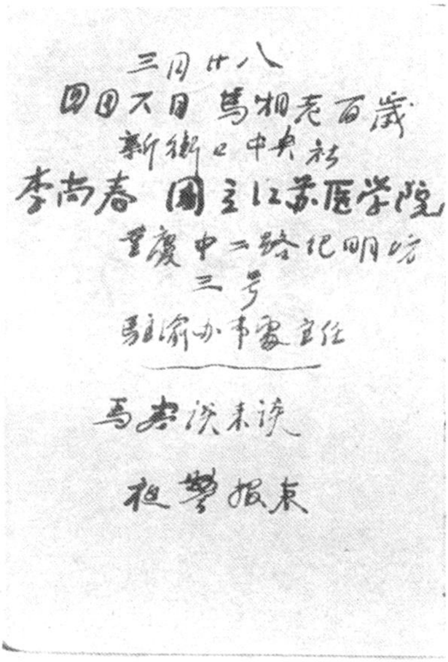
三月廿八
四日下午 馬相老百歲
新街口中央社
李尚春 國立江苏医学院
重庆中二路化明坊
三号
驻渝办事处主任

29-088

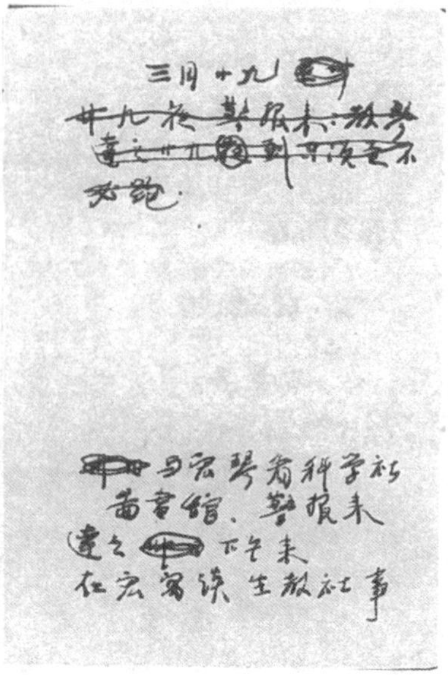
三月十九日
廿九夜警根未，教书
达之廿九日到牙医生不
好跑。

与宏、琴看科学社
图书馆。警根来
达之下午来
在宏家谈生教社事

29-089

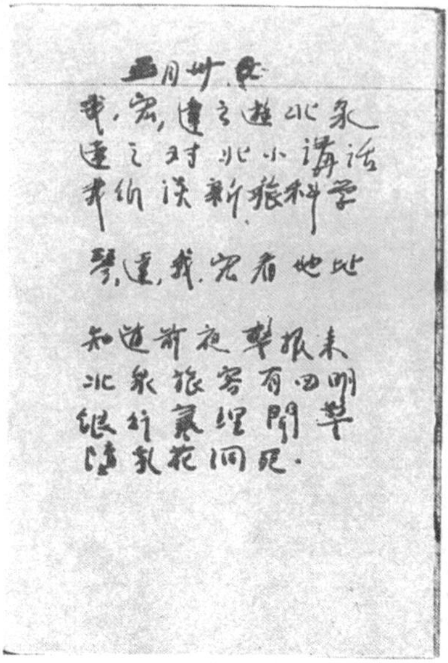
四月廿一日
我、宏、达之游北泉
达之对北小讲话
并作谈新旅科学
琴、达、我、宏看地址
知道前夜警根来
北泉旅客有四川
银行襄理閒华
随乱花洞见。

29-090

三月卅日
读化学史

29-091

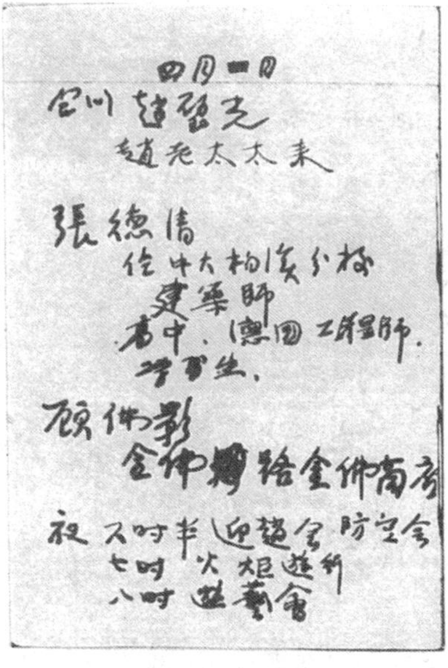
四月一日
合川 赵琴先
赵老太太来
張德清
住中大柏溪分校
建築師
高中、德国工程師、
学生、
顾佛影
金仲華 給金佛商店
夜 六时半 迎赵会 防空会
七时 火炬遊行
八时 遊藝會

29-092

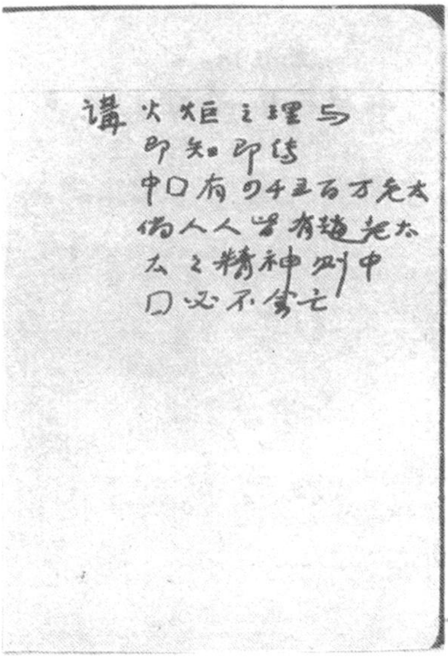
讲火炬之理与
即知即传
中国有四千五百万老太
倘人人皆有赵老太
太之精神则中
国必不会亡

29-093

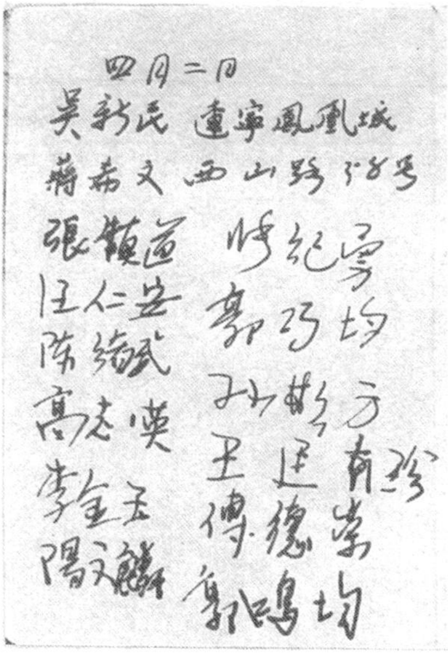
四月二日
吴新民 辽宁凤凰城
蒋希文 西山路58号
張镇道 帅纪勇
汪仁安 郭阿均
陈绍武 孙彬方
高志英 王廷有珍
李金玉 傅德崇
阳文麟 郭鸣均

29-094

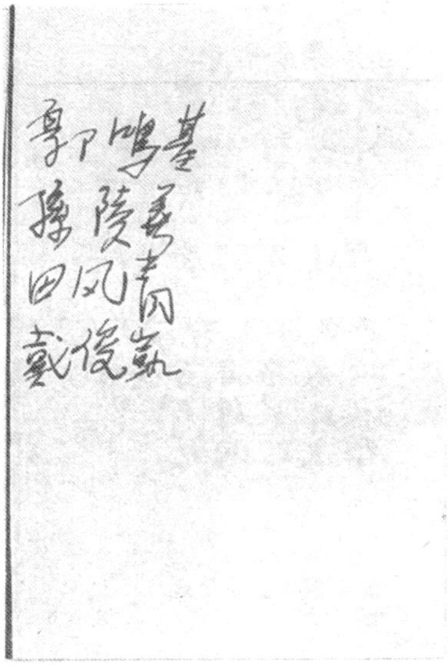
郭鸣基
孫陵義
田凤岗
戴俊巍

29-095

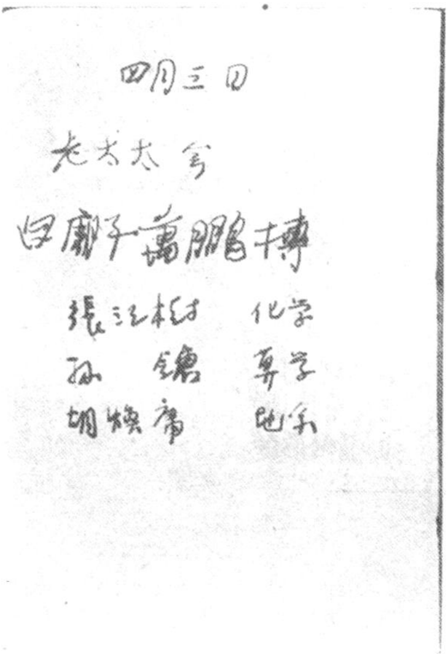
四月三日
老太太会
田庙子 萬鹏博
張江树 化学
孙 镛 算学
胡焕庸 地理

29-096

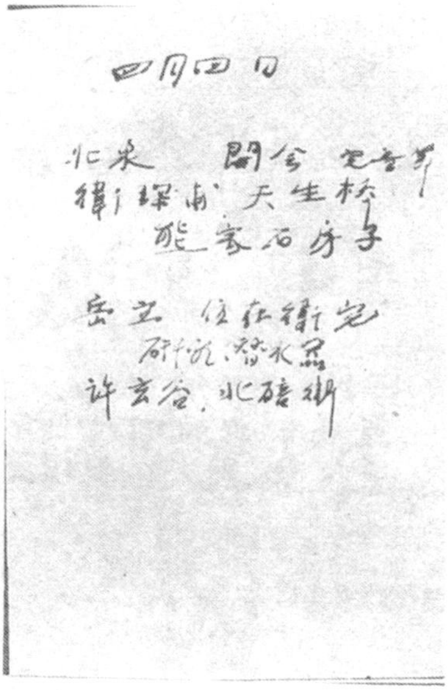

四月四日

北来 闾余 元吉等

卫理甫 天生校

熊家石房子

岳立 住在衔宅

研究绘水器

许玄谷，北碚街

29-097

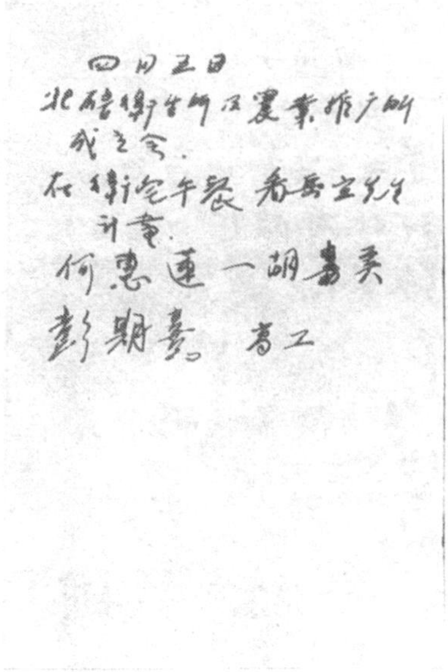

四月五日

北碚卫生所及农业推广所

成立会。

在衔宅午餐 看岳宝先生

计划。

何惠连—胡嘉英

彭期寿 书工

29-098

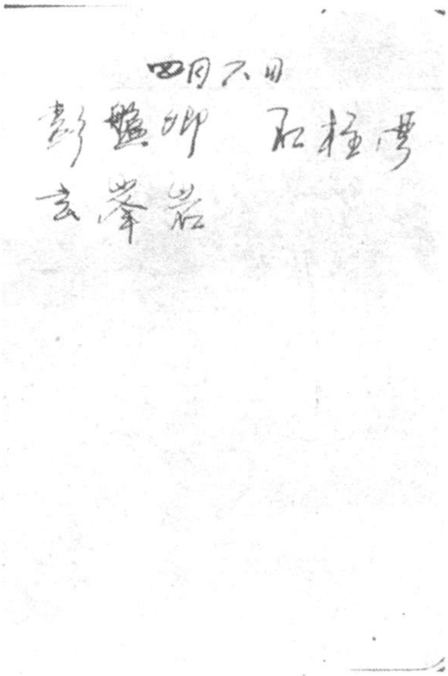

四月六日

彭盥卿 石柱海

玄峰岩

29-099

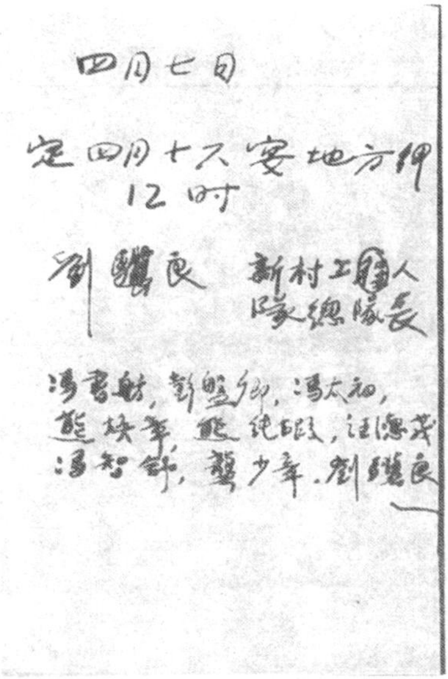

四月七日

定四月十六宴地方绅

12时

刘鹤良 新村工人

队总队长

冯书尉，彭盥卿，冯太初，

熊焕章，熊纯暇，汪德茂

冯智铨，龚少章，刘鹤良

29-100

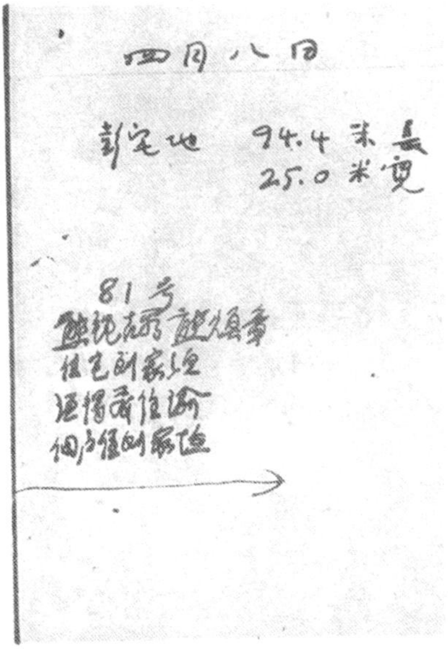
四月八日

新宅地　94.4米長
　　　　25.0米宽

81号

29-101

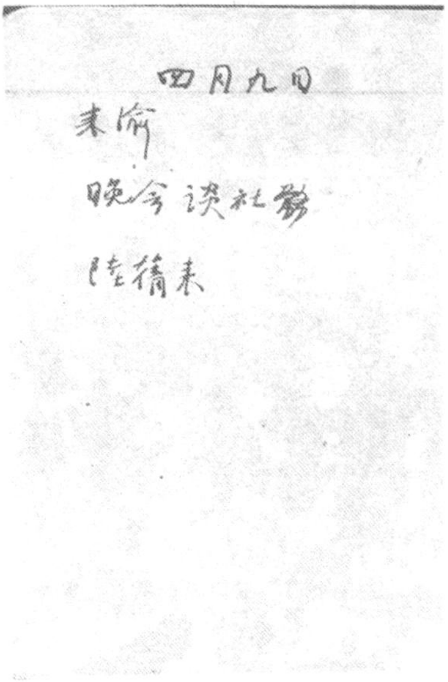
四月九日

来渝

晚会谈社务

陆墙来

29-102

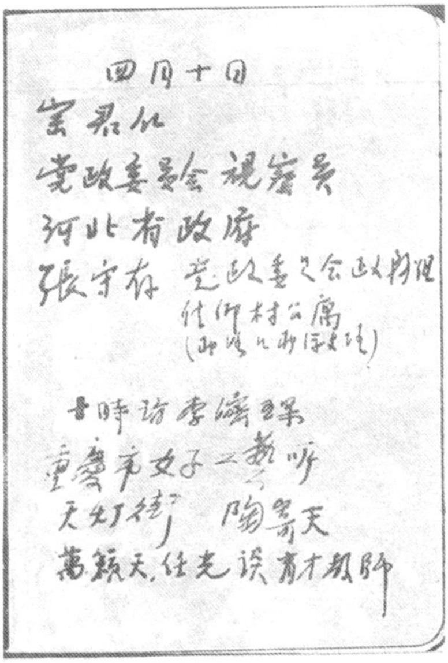
四月十日

党政委员会视察员

河北省政府

天灯街　陶寄天

29-103

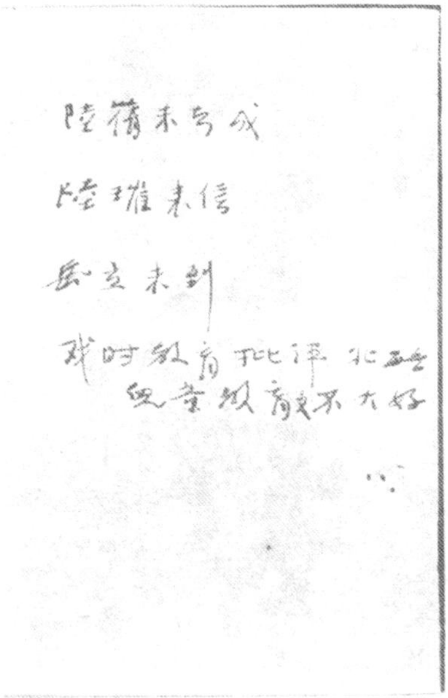
陆墙来信

战时教育批评

29-104

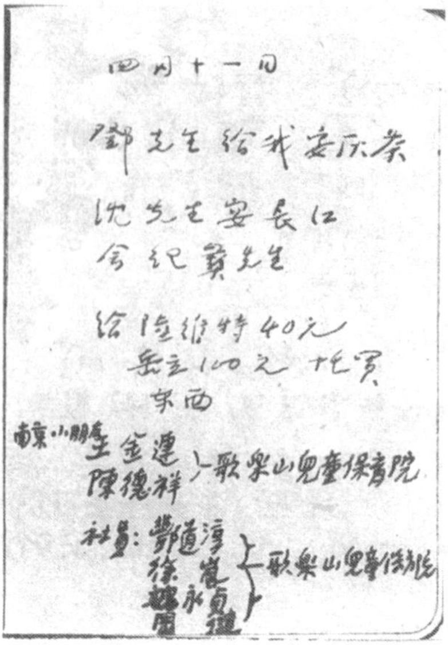
四月十一日

鄧先生给我安庆叁

沈先生 安長江

令纪賢先生

给陸维特 40元

岳主 100元 托买

东西

南京小朋友 王金連
陳德祥 歌樂山兒童保育院

社員：鄧道淳
徐崑
歌樂山兒童保育院

29-105

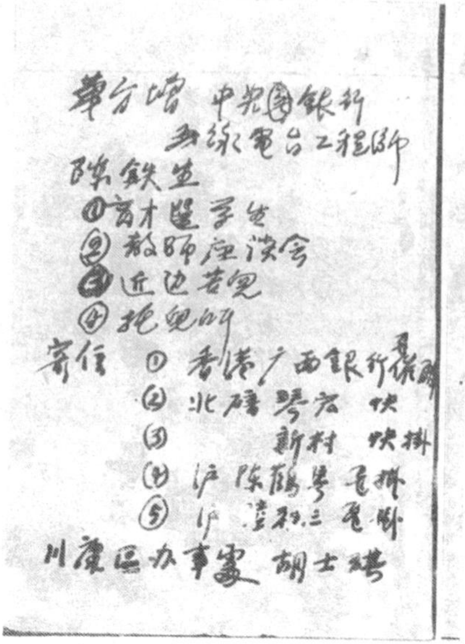
華分墶 中央（国）銀行
无线電台工程師

陳鉄生

①育才選学生

②教師座談会

③近边苦兒

④托兒所

寄信 ① 香港广西銀行

② 北碚 琴岩 快

③ 新村 快挂

④ 沪 陈鹤琴 航挂

⑤ 沪 航挂

川康区办事處 胡士琪

29-106

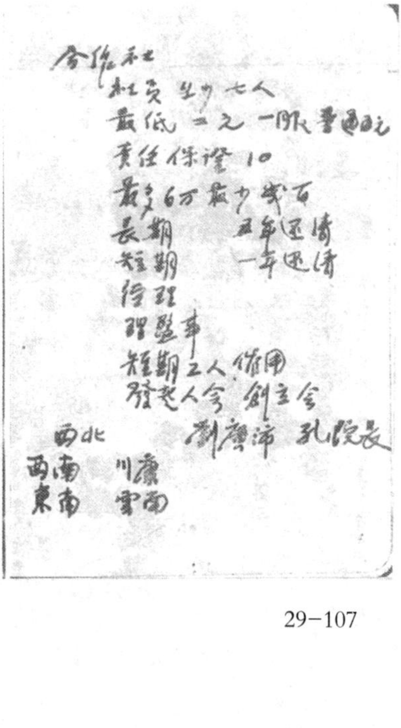
合作社

社員 廿七人

最低 二元 一股 普通股

責任保證 10

最高6万 最少

長期 五年还清

短期 一年还清

經理

理監事

短期工人

發起人会 創立会

西北 劉廣沛 孔院長

西南 川康

東南 雲南

29-107

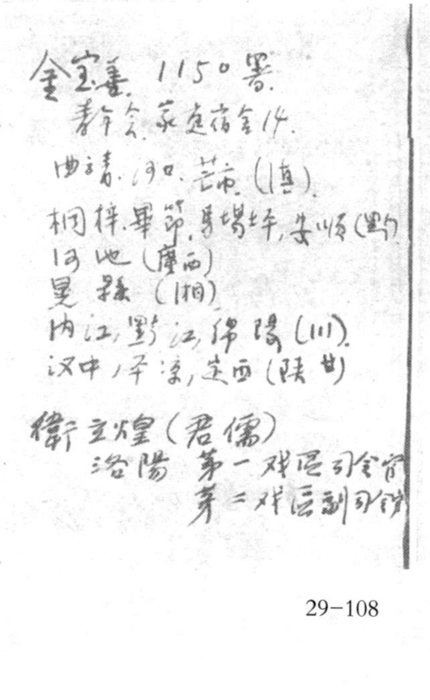
金寶善 1150 署

曲靖

桐梓、畢節（黔）

河池（廣西）

晃縣（湘）

内江、黔江（川）

汉中、平凉、定西（陕甘）

衛立煌（君儒）

洛陽 第一戰區司令官

第二戰區副司令官

29-108

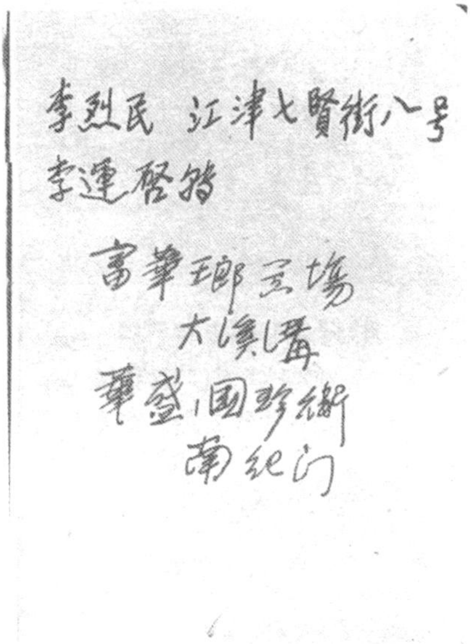
李烈民 江津七贤街八号
李运启转
富华乡豆场
大溪沟
华盛园珍街
南纪门

29-109

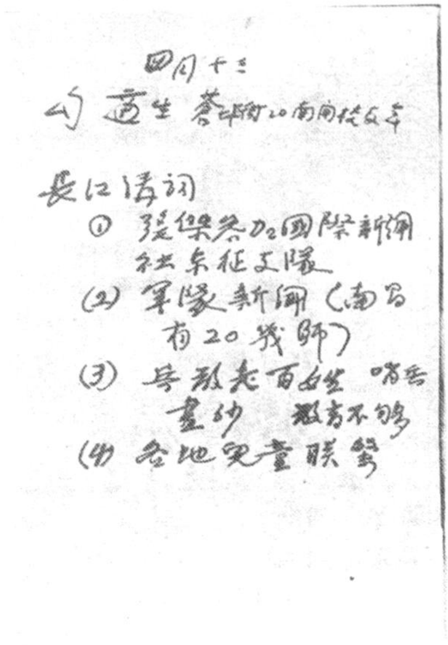
四月十三
山 适生 苍坪街20南开校友会
长江讲词
① 张傑参加国际新闻社东征支队
(2) 军队新闻（南昌有20几师）
(3) 号召老百姓 唱歌 画沙 教育不够
(4) 各地儿童联系

29-110

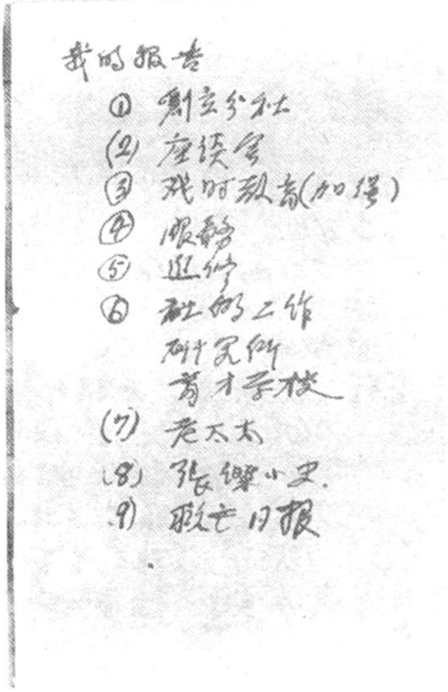
我的报告
① 创立分社
② 座谈会
③ 战时教育（加强）
④ 服务
⑤ 巡行
⑥ 社的工作
研究所
育才学校
(7) 老太太
(8) 张乡小史
(9) 救亡日报

29-111

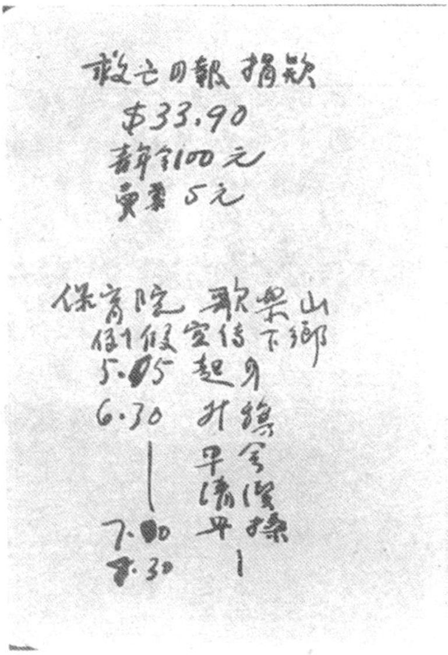
救亡日报捐款
$33.90
静修100元
贾棠5元
保育院 歌乐山
倘假定待下乡
5.05 起身
6.30 升旗
早会
清洁
7.00 早操
8.30

29-112

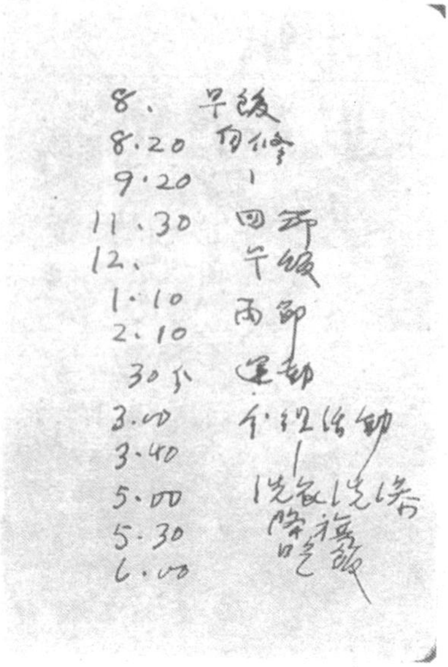
8. 早饭
8.20 自修
9.20 |
11.30 四节
12. 午饭
1.10 两节
2.10 课外运动
30分
3.00 个组活动
3.40 |
5.00 洗衣洗澡
5.30
6.00 晚饭

29-113

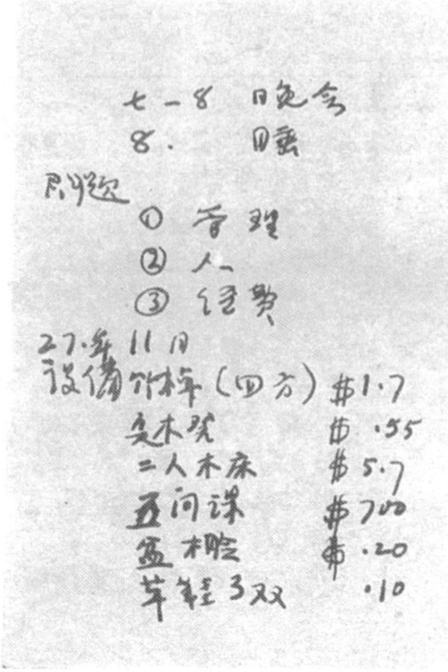
七-8 晚会
8. 睡
问题
① 管理
② 人
③ 经费
27年11月
设备竹椅(四方) $1.7
大木凳 $.55
二人木床 $5.7
五间课 $7.00
盆 $.20
草鞋3双 .10

29-114

职教分掌
学制编

29-115

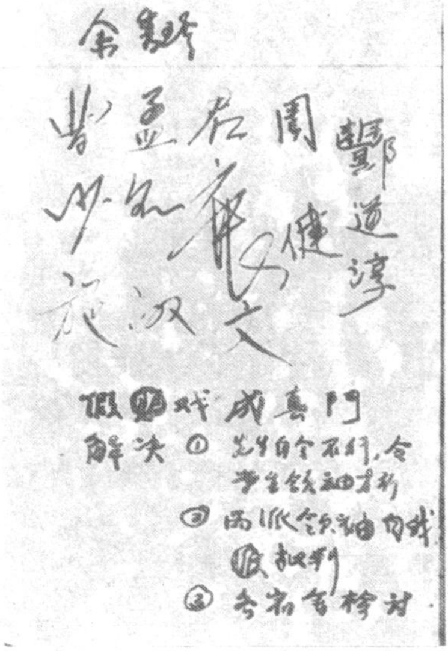
解决 ① 先生自己不行，令学生领袖去干
② 两派领袖自我批判
③ 令…检讨

29-116

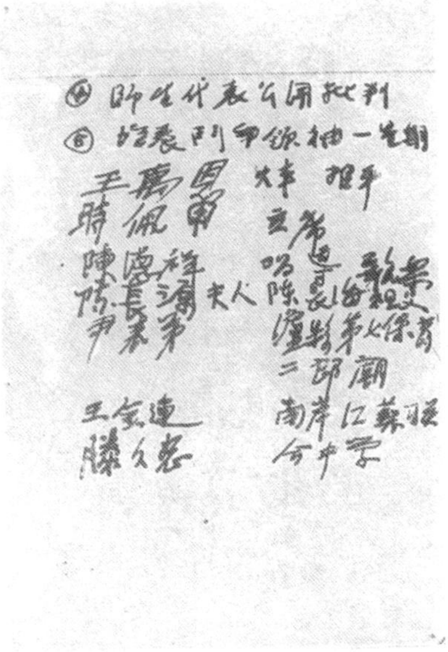
㈣ 师生代表公开批判
㈤ 培养门卿级抽一星期
王禹周 文牍 相平
時佩甫 主席
陳鸿祥 唱遊
陈长润夫人 陈…歌舞
尹本宇 灌县第七保育
二郎庙
王余逵 南岸江苏探
滕久农 合中学

29－117

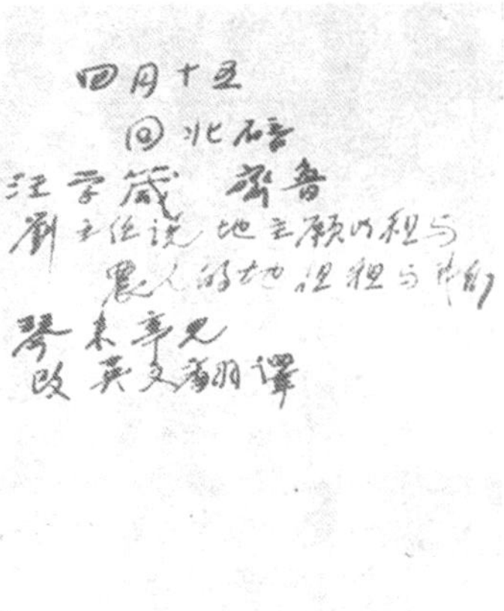
四月十五
㈠ 北碚
汪学藏 刘鲁
刘主任谈 地主顾以租与
农人的地但租与佃
琴未亭兄
改英文翻译

29－118

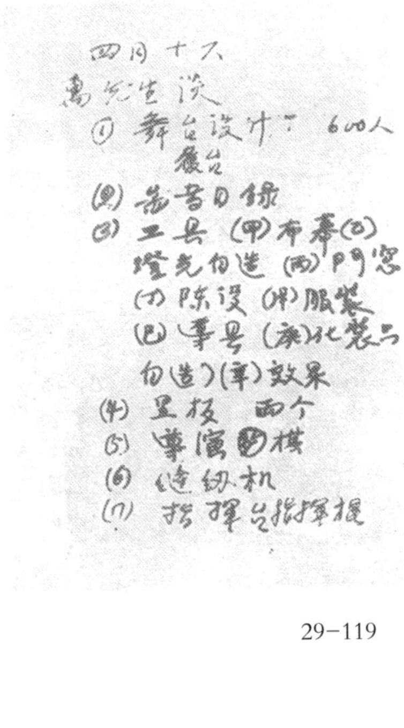
四月十八
高先生谈
① 舞台设计： 600人
展台
(2) 参考目录
(3) 工具 (甲)布景(乙)
灯光自造 (丙)门窗
(丁)陈设 (戊)服装
(己)事具 (庚)化装品
自造)(辛)效果
(4) 星期 两个
(5) 导演团体
(6) 造纫机
(7) 指挥台指挥棍

29－119

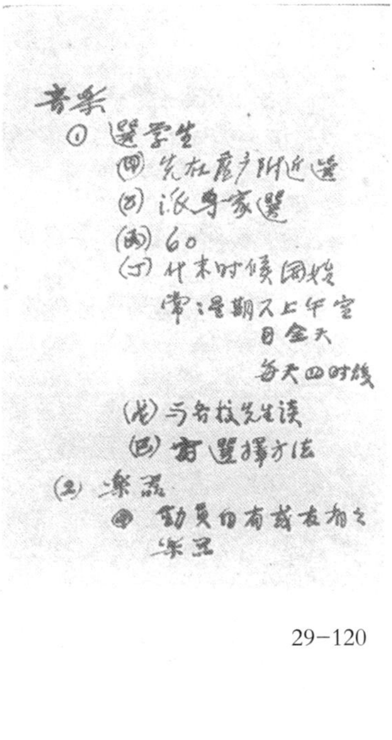
音乐
① 选学生
(甲) 先在广户附近选
(乙) 派专家选
(丙) 60
(丁) 什么时候开始
常设星期天上午定
日全天
每天四时钱
(戊) 与各校先生谈
(己) 有选择方法
(2) 乐器
㈠ 动员自有或者有之
乐器

29－120

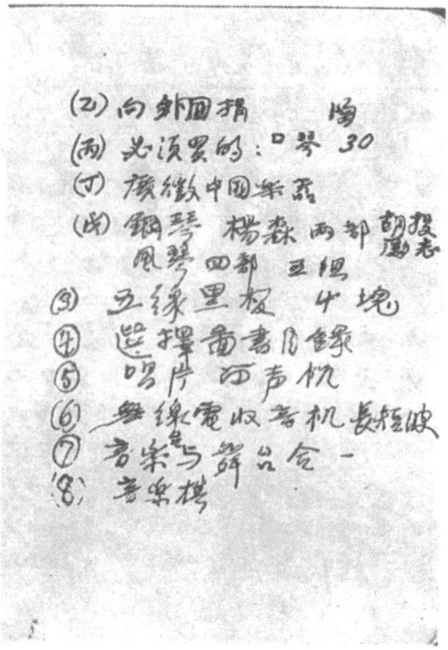
(乙) 向外国捐
(丙) 必须买的：口琴 30
(丁) 徵集中国乐器
(戊) 钢琴 杨森两部
风琴四部 五组
③ 五缘黑板 4块
④ 选择图书目录
⑤ 唱片 留声机
⑥ 无线电收音机 長短波
⑦ 音乐与舞台会 一
⑧ 音乐楼

29－121

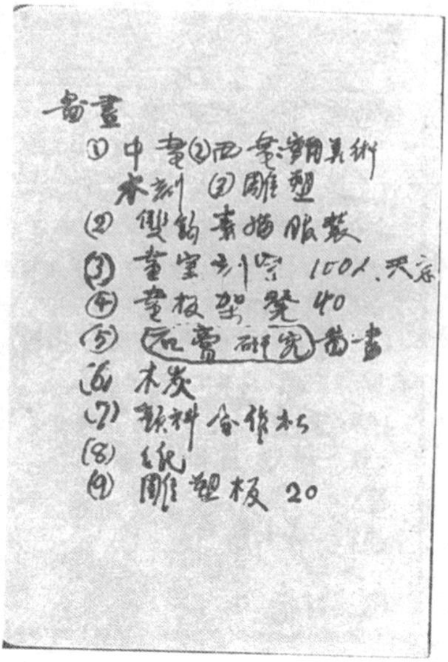
图画
① 中画 ② 西画 ③ 图案美术 ④ 木刻 ⑤ 雕塑
② 双钩素描版装
③ 画室 100人、天窗
④ 画板架凳 40
⑤ 欣赏研究图画
⑥ 木炭
⑦ 颜料合作社
⑧ 纸
⑨ 雕塑板 20

29－122

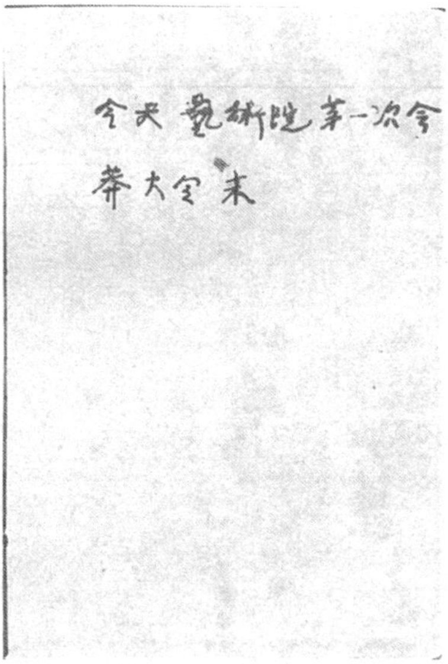
今天艺术院第一次会
希大全来

29－123

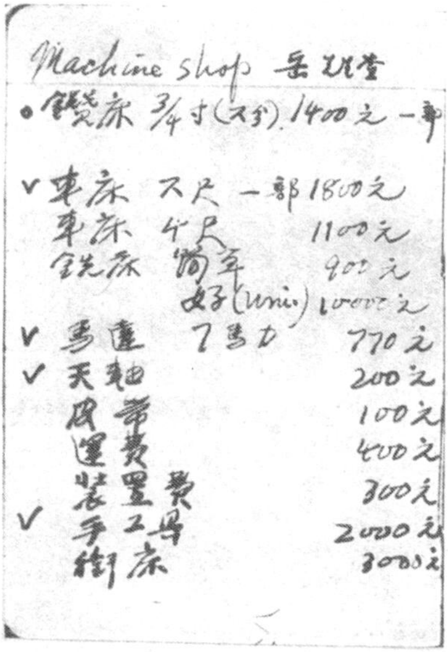
Machine shop
• 钻床 3/4寸(六分) 1400元 一部
✓ 车床 六尺 一部 1800元
车床 4尺 1100元
铣床 简单 900元
好(Univ.) 1000元
✓ 马达 7马力 770元
✓ 天轴 200元
皮带 100元
运费 400元
装置费 300元
✓ 手工具 2000元
刨床 3000元

29－124

无　由手摇钻 60-80元
（振茂五金行 状元楼）
合作五金公司 土龙坑
仝上
无货　香港或有
无货
有货　华联制钢厂 香 相国寺
无地 公司做
来找

有
无

29-125

诚绍瞻 奉天辽阳人

29-126

4.18
向民生公司建议
每人一块木头两段竹
(1) 狮子山　战时士兵子女
教养院 500人 五月
(2) 北碚 慈幼院（冬9）大佛口
古今佛　500人
(3) 万县 难童教养院（天家嘴）
王振常 离城三十里 400人
(4) 马蹄河南面 800人
(5) 许昌慈幼院 800人

高长桂 南岸 102
石桥
程树棠 正先

29-127

马兆瑞 (6) 西安 难童教养院 500
陈[illegible]况 (7) 西安凤翔县教院 600
(8) 西安 孤儿教养院
内有 200人寄养
(9) 西安 保童教养院
寄养 100人
(10) 洛阳慈幼院 200人
(11) 伊阳 豫西难童留离
教养院 600
（附来 3000）
(12) 鄞县（　　）100人
(13) 上海慈幼教养院 150
沾种介 许云德路
1231

29-128

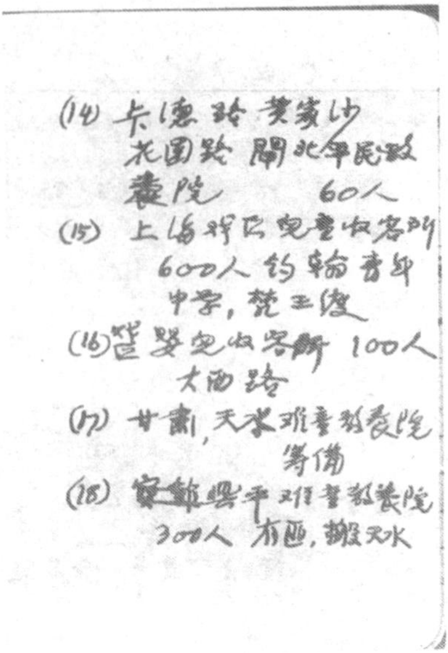
(14) 兵慰路 黄家沙
花园路 閘北平民教
養院 60人
(15) 上海將來兒童收容所
600人 約翰青年
中學，梵王渡
(16)難嬰兒收容所 100人
大西路
(17) 甘肅，天水難童教養院
籌備
(18) 安徽興平難童教養院
300人 布匹，搬水

29-129

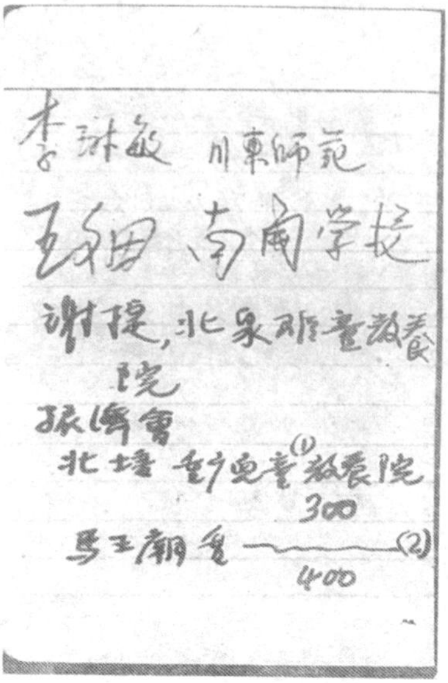
李琳毅 川東師範
王稼田，南開學校
謝捷，北泉難童教養院
張維寶
北培 重慶兒童(1)教養院
300
馬王廟 ——(2)
400

29-130

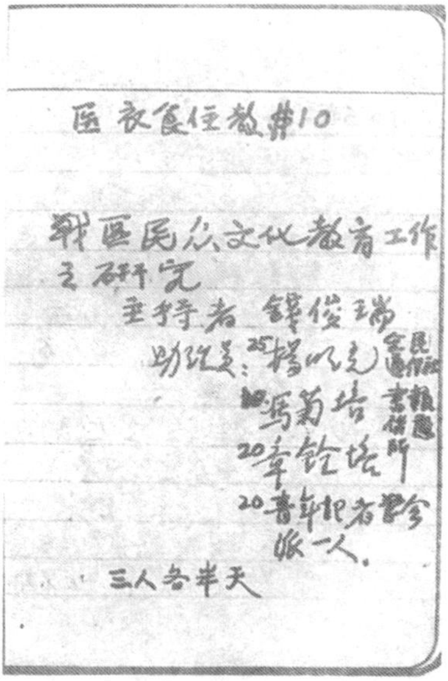
醫衣食住教#10
戰區民衆文化教育工作之研究
主持者 鍾俊瑞
助理員：25 楊[illegible]
20 馮菊培
20 韋銓培
20 青年記者學會派一人
三人各半天

29-131

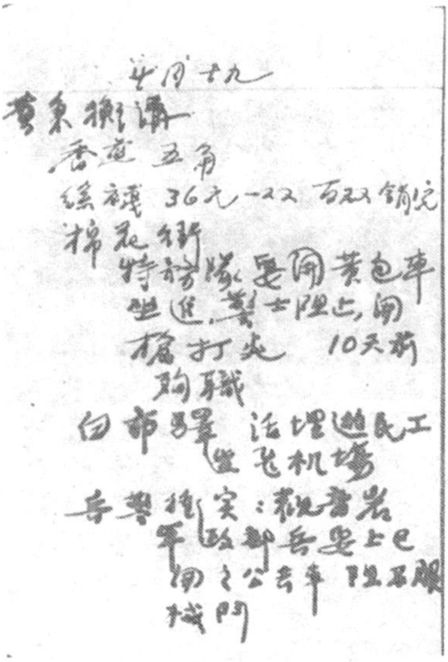
四月十九
曹東樹講
香蕉 五角
綫褲 36元—22 百貨公司
棉花街
特務隊要開黄包車
坐進，警士阻止，開
槍打死 10天前
陶職
白市驛 疏建難民工
做飛機場
兵警衝突：觀音岩
軍政部兵要上已
開之公共車，阻不服
槍鬥

29-132

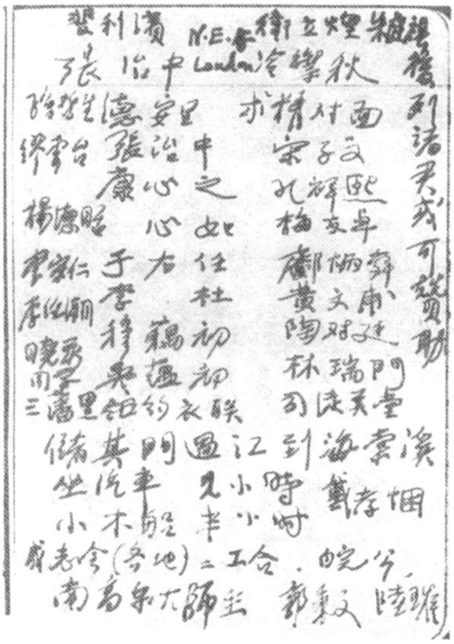

29-133

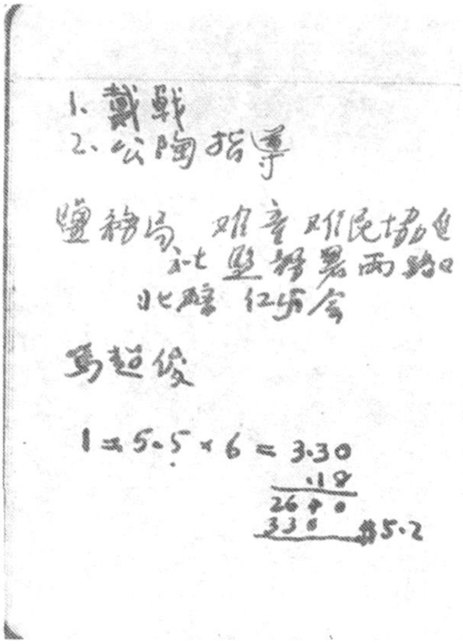

29-134

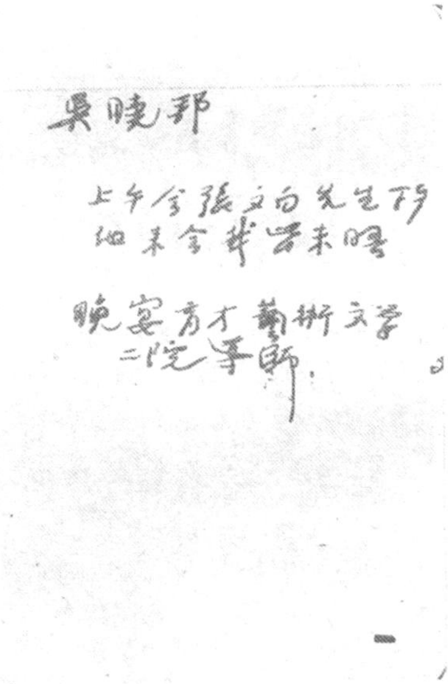

29-135

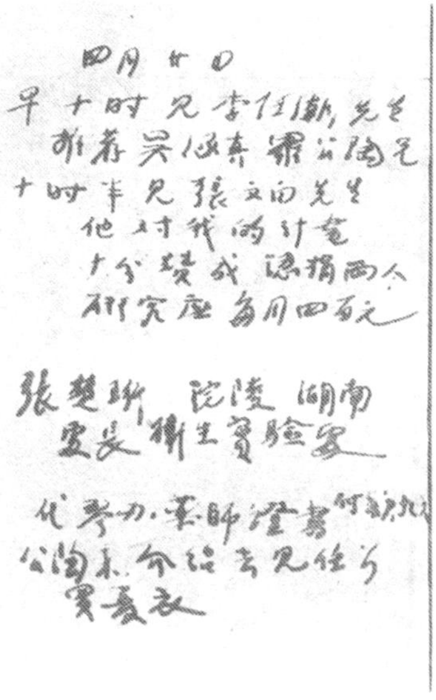

29-136

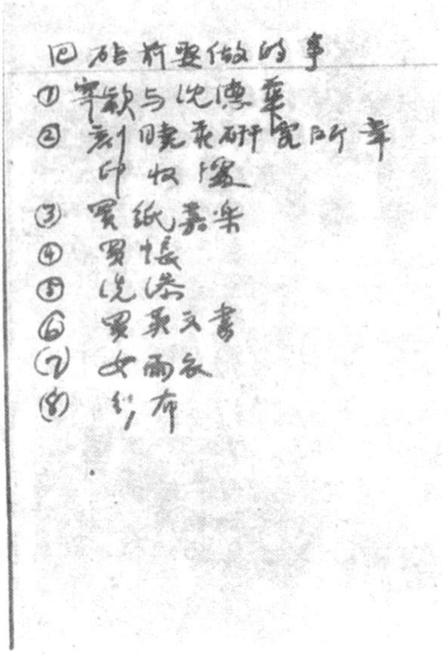
回碚前要做的事
① 寄款与沈溥华
② 刘晓表研究所事
印收据
③ 买纸、买药
④ 买帐
⑤ 洗澡
⑥ 买英文书
⑦ 女雨衣
⑧ 纱布

29-137

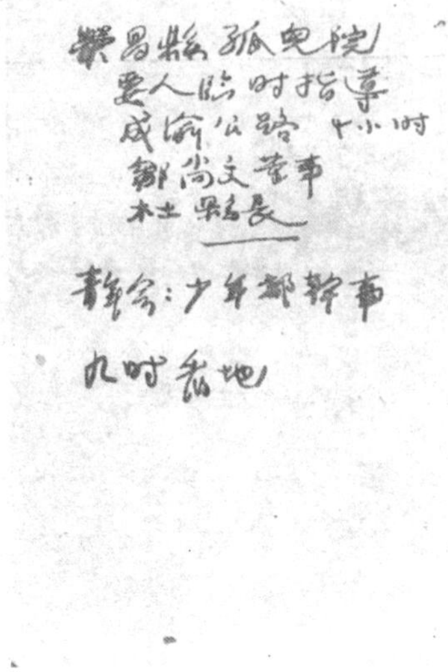
赞昌县孤儿院
要人临时指导
成渝公路 十小时
邹尚文董事
杜县长
青年会：少年部干事
九时香地

29-138

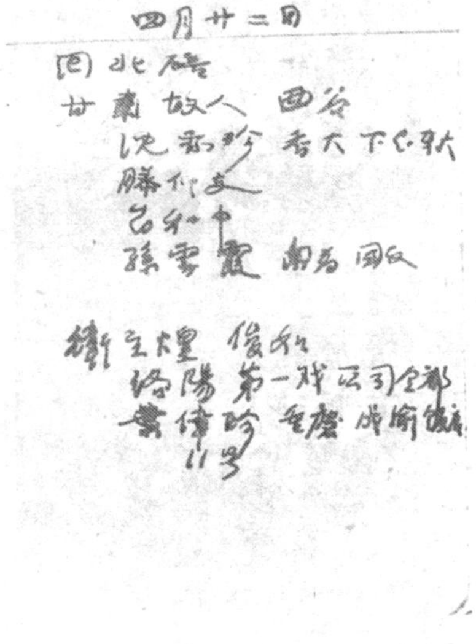
四月廿二日
回北碚
甘肃故人 西谷
沈熙珍 香大下口驮
滕仰支
吕和中
孙云霞 南昌国区
续玉煌 俊和
洛阳 第一难民司全部
黄倬珍 重庆 成渝
11号

29-139

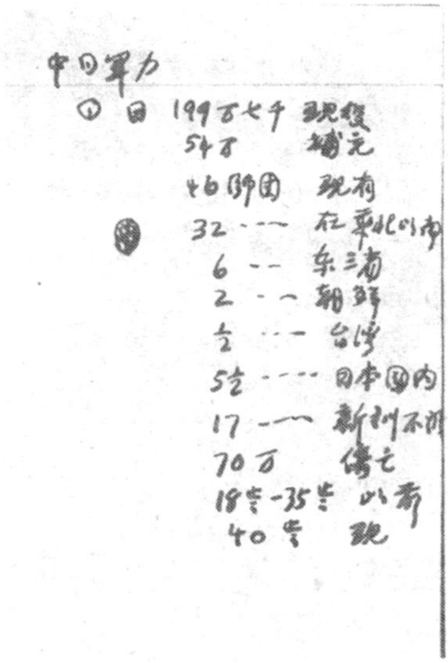
中日军力
① 日 199万七千 现役
54万 补充
40师团 现有
32—— 在华北以南
6—— 东三省
2—— 朝鲜
½—— 台湾
5½—— 日本国内
17—— 新训不明
70万 伤亡
18岁—35岁 以前
40岁 现

29-140

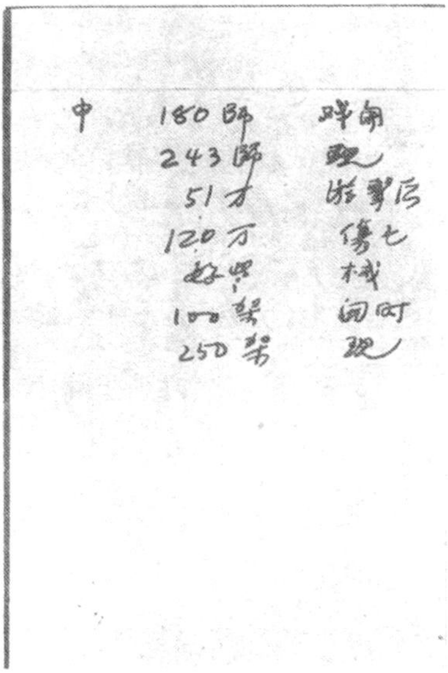

中 180師
243師
51万
120万
100架
250架

29-141

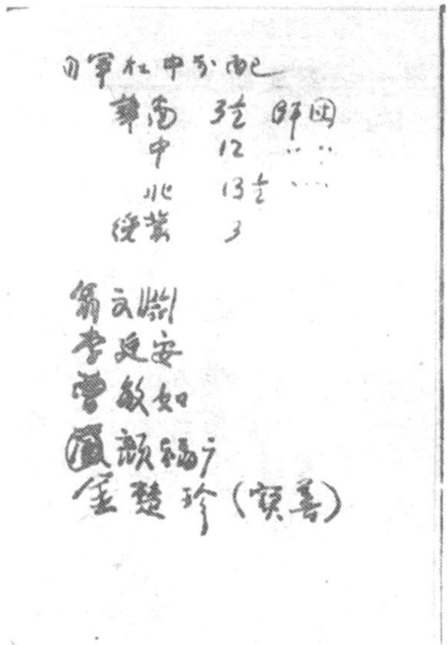

日軍在中分配
華南 3½ 師團
中 12
北 13½
3
李廷安

29-142

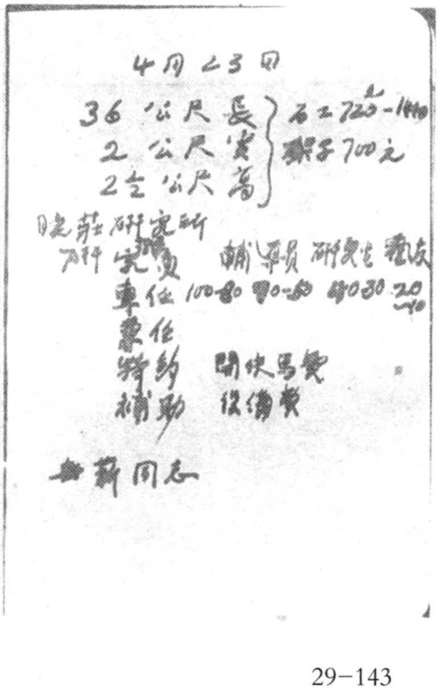

4月23日
36 公尺長
2 公尺寬
2½公尺高

29-143

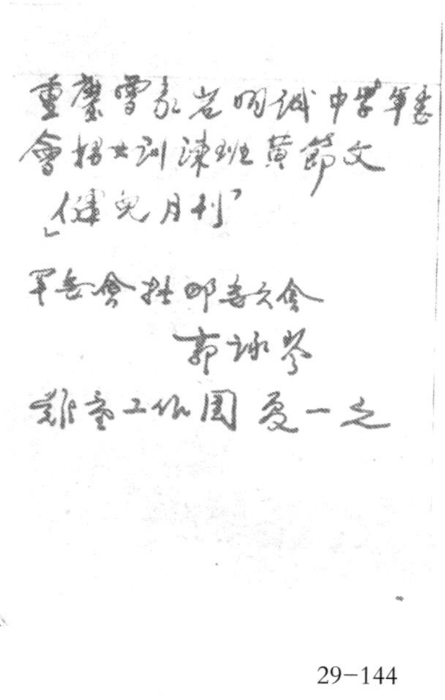

重慶曾家岩
「健兒月刊」

29-144

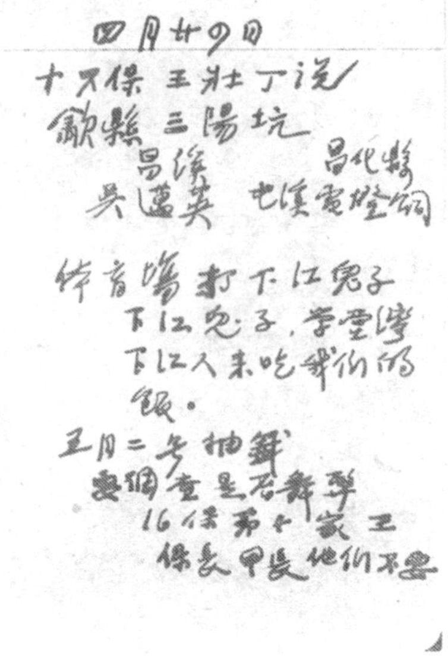

四月廿四日
十八保 王壮丁说
歙县 三阳坑
吕俊　吕化龙
吴遇英 屯溪电灯公司
你音嗡 打下江鬼子
下江鬼子，学堂学
下江人来吃我们的
饭。
五月二号 抽签
要调查是否舞弊
16保第4家 王
保长甲长他们不要

29-145

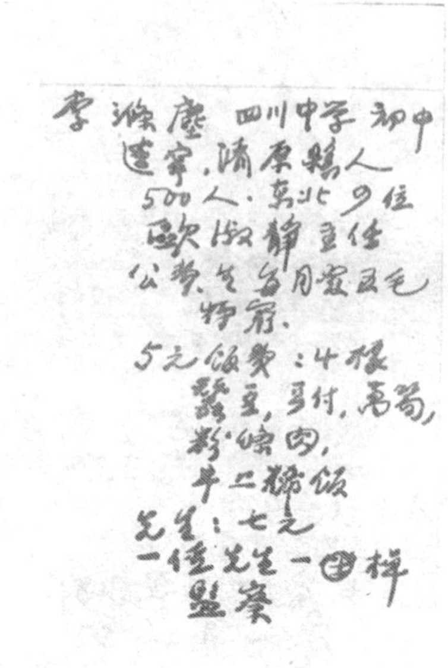

李濂庆 四川中学 初中
遂宁，清原县人
500人，东北9位
欧阳静 主任
公费生每月发五元
物价。
5元伙费：4样
豆，豆腐，青菜，
炒碎肉，
早上稀饭
先生：七元
一位先生一桌样
监察

29-146

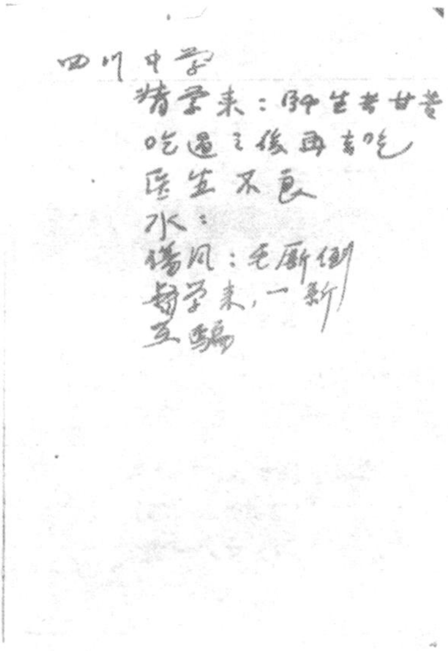

四川中学
请学来：师生吃廿
吃过之后再去吃
医生不良
水：
伤风：毛厕倒
每学来，一新
互骗

29-147

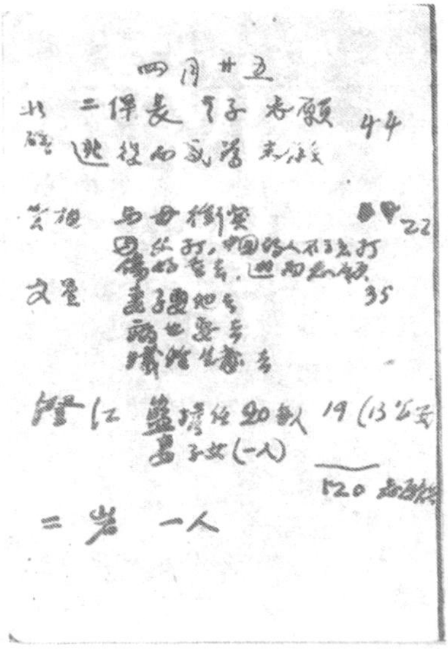

四月廿五
二保长 丁子 未顾 44
逃役的或者 未决
[illegible] 每月 [illegible] 22
[illegible]
文县 [illegible] 35
[illegible]
[illegible]
[illegible] 19（13 [illegible]）
男子女（一人）
120 [illegible]
二岁 一人

29-148

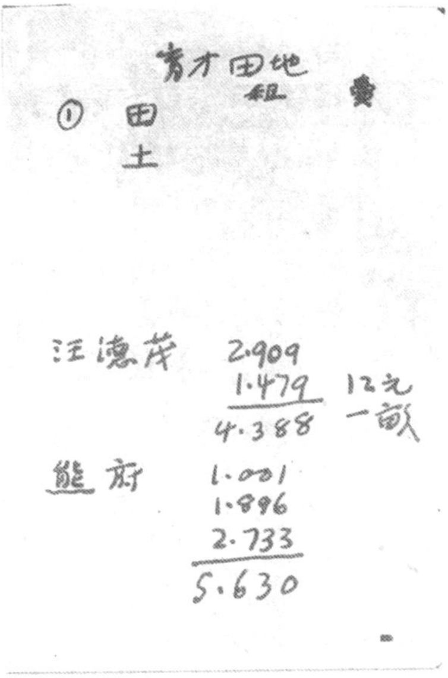
青才田地
租　费
① 田
土
汪德茂　2.909
1.479　12元一亩
4.388
熊府　1.001
1.896
2.733
5.630

29-149

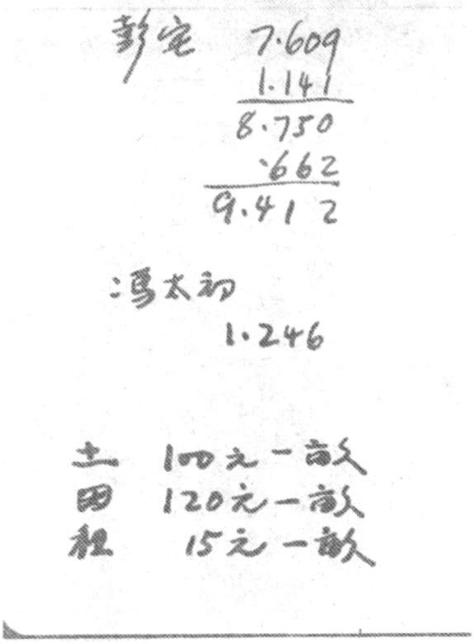
彭宅　7.609
1.141
8.750
.662
9.412
冯太初
1.246
土　100元一亩
田　120元一亩
租　15元一亩

29-150

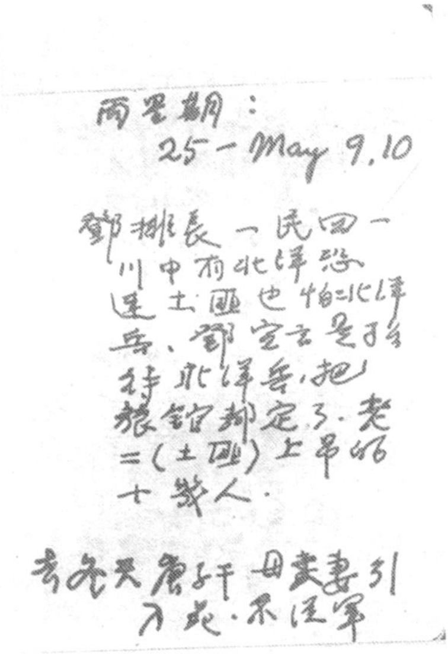
两星期：
25-May 9.10
邓排长—民四—
川中有北洋路
送土匪也怕北洋
兵、邓它云是孙
特北洋兵，把
张铭都定了．老
=（土匪）上吊的
十几人．
青年天唐纤　田戋妻引
刀砍·不住军

29-151

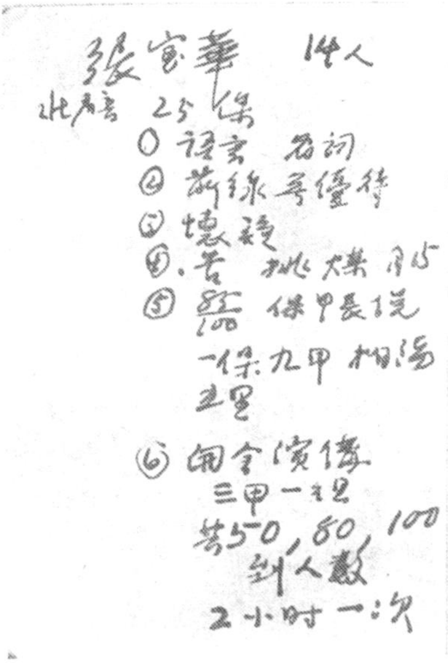
張宣華　14人
北碚　25保
① 语言　名词
② 薪给与优待
③ 怀疑
④. 苦　挑煤　月15
⑤ 85/100　保甲长说
一保九甲　相隔
五里
⑥ 开会演讲
三甲一组
共50，80，100
到人数
2小时一次

29-152

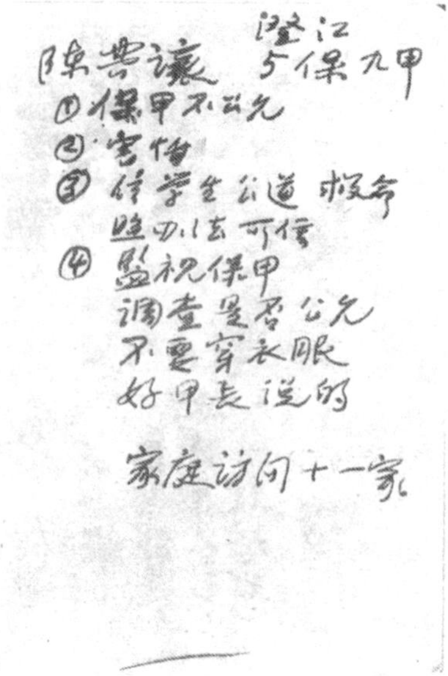

瑞江
陈贵谦 5保九甲
①保甲不公允
②害怕
③待学生公道 [illegible]
照此法可信
④监视保甲
调查是否公允
不要穿衣服
好甲長说的

家庭访问十一家

29-153

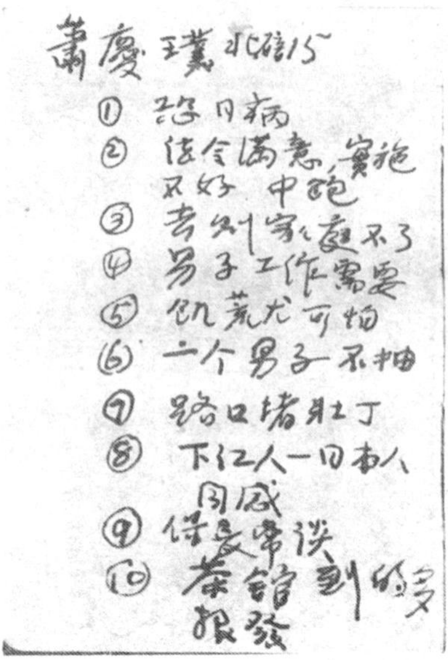

萧庆璜 北碚15
① 没有病
② 法令满意,实施不好 中饱
③ 害处家庭不了
④ 男子工作需要
⑤ 饥荒尤可怕
⑥ 一个男子不抽
⑦ 路口堵壮丁
⑧ 下江人一回本人同感
⑨ 保長常谈
⑩ 茶馆 …… 报发

29-154

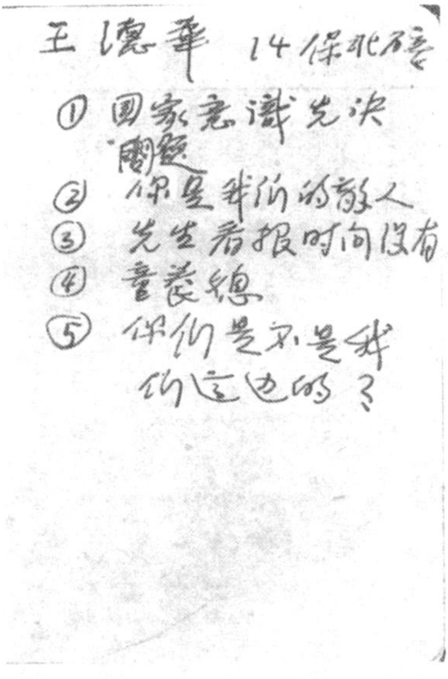

王德华 14保北碚
① 国家意识先决问题
② 保長我们的敌人
③ 先生看报时间没有
④ 童养媳
⑤ 保们是不是我们这边的?

29-155

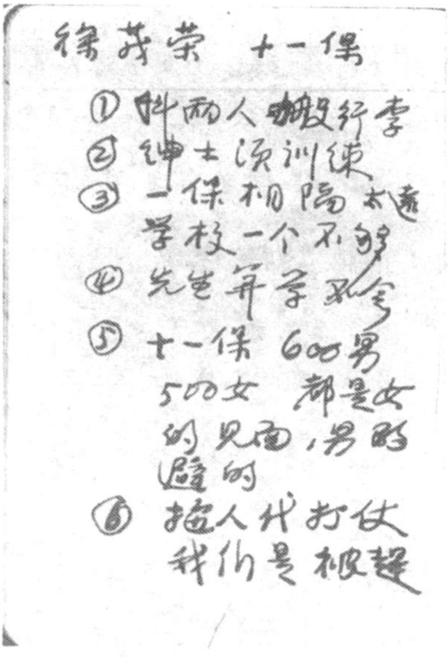

徐荫荣 十一保
① 拼两人搬行李
② 绅士须训练
③ 一保相隔太远 学校一个不够
④ 先生算学不会
⑤ 十一保 600男 500女 都是女的见面,男的避的
⑥ 抽人代打仗 我们是被捉

29-156

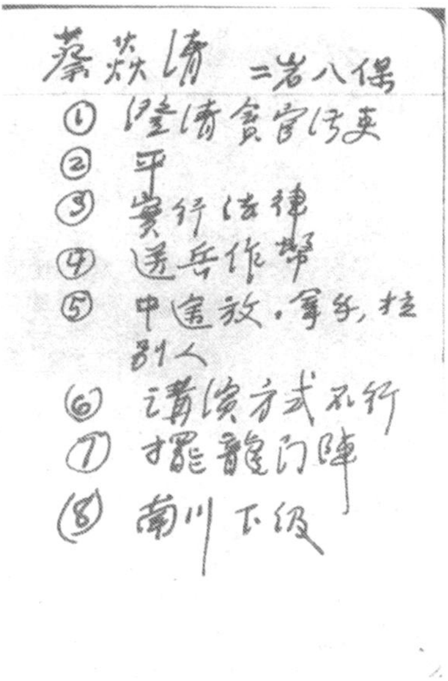
蔡鼎清 二岩八保
① 陆清贪官污吏
② 平
③ 实行法律
④ 送兵作帮
⑤ 中途放，拿手，拉别人
⑥ 请谈方式不行
⑦ 摆龙门阵
⑧ 南川下级

29-157

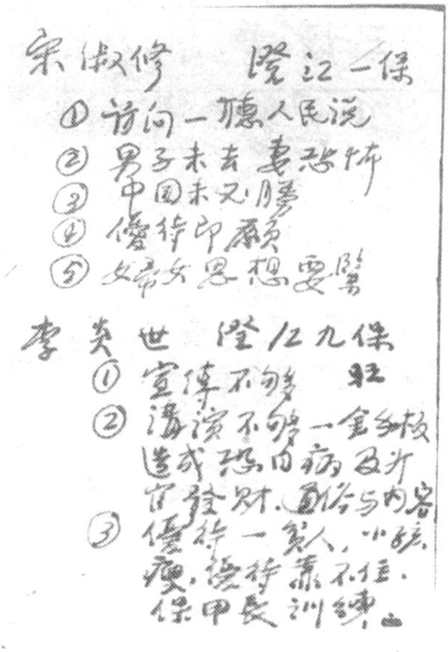
宋淑修 陛江一保
① 访问一听人民说
② 男子未去 妻恐怖
③ 中国未见胜
④ 优待印顾
⑤ 妇女思想要紧
李贵世 陛12九保
① 宣传不够 驻
② 讲演不够一全乡校
造成保内病及并
官发财。与内容
③ 优待一家人，小孩
瘦，优待兼不住。
保甲長训練。

29-158

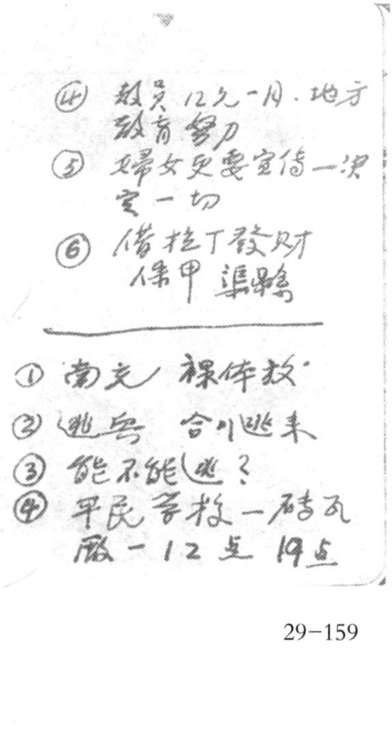
④ 教员12元一月。地方
教育努力
⑤ 妇女更要宣传一次
一切
⑥ 借拉丁发财
保甲 [illegible]
① 南充 保[illegible]放
② 逃兵 合川逃来
③ 能不能逃？
④ 平民学校一砖瓦
厰一12点 19点

29-159

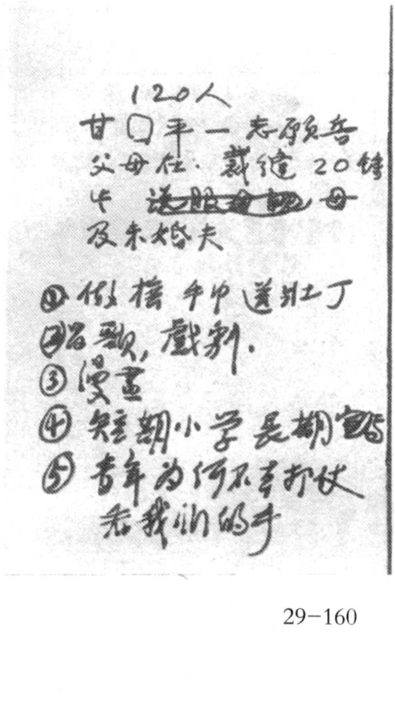
120人
廿□年一支顾吾
父母在，戴德 20保
什 ~~[illegible]~~ 母
及未婚夫
① 假拉 手巾 送壮丁
② 歌，戏剧。
③ 漫画
④ 短期小学 長期宣传
⑤ 青年为何不去打仗
是我们的手

29-160

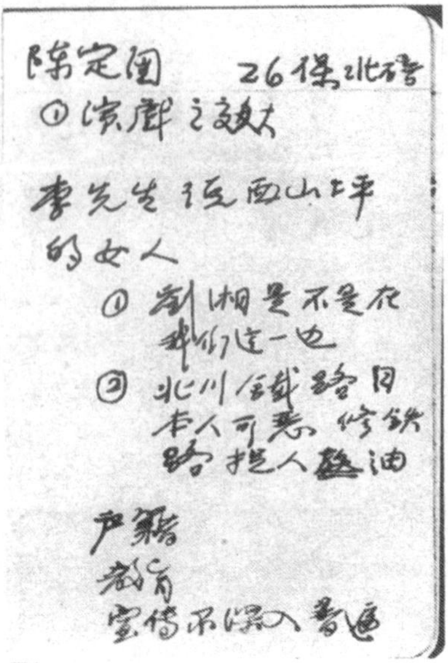
陈定国　26保北碚
① 演剧之效大
李先生说西山坪的女人
① 刘湘是不是在我们这一边
② 北川铁路日本人可恶 修铁路 挖人熬油
产猪
教育
宣传不深入普遍

29－161

冯[illegible]　千厮门中行街
培厚里十一号

29－162

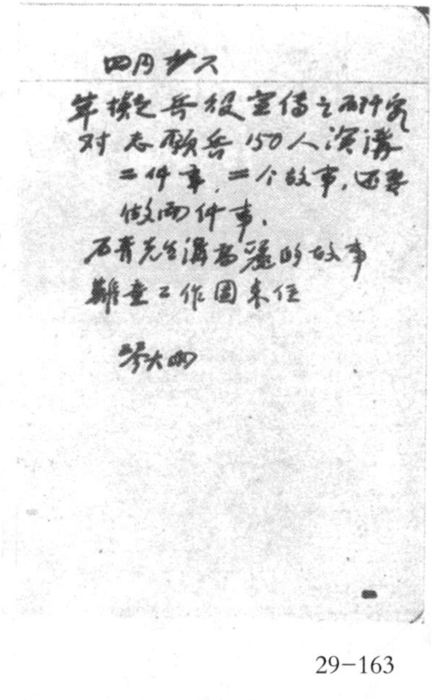
四月廿六
草拟兵役宣传之研究
对志愿兵150人演讲
二件事，二个故事，四要
做两件事。
石青先生讲岳飞的故事
联查工作团来往
晴大雨

29－163

四月廿七
修改兵役宣传并寄去
给白桃传
夜晴

29－164

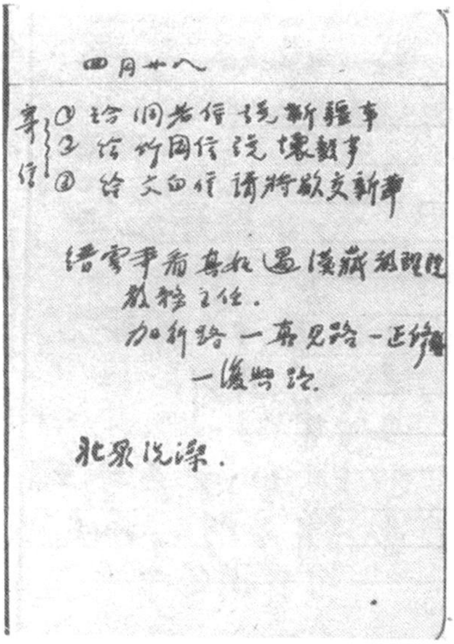


29-165

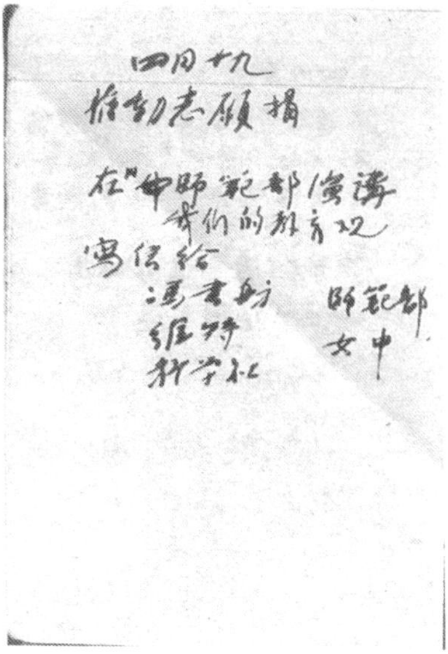


29-166

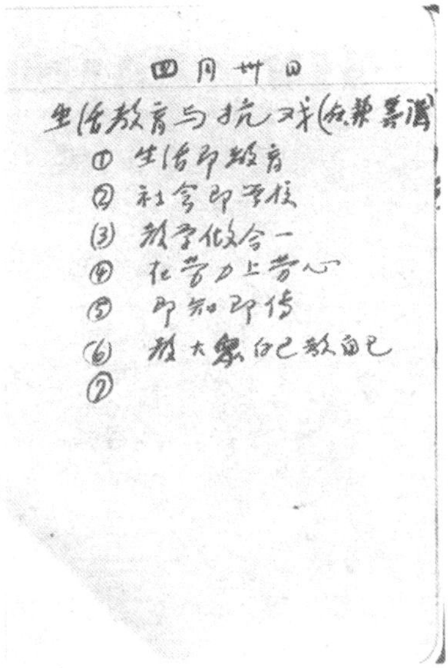


29-167

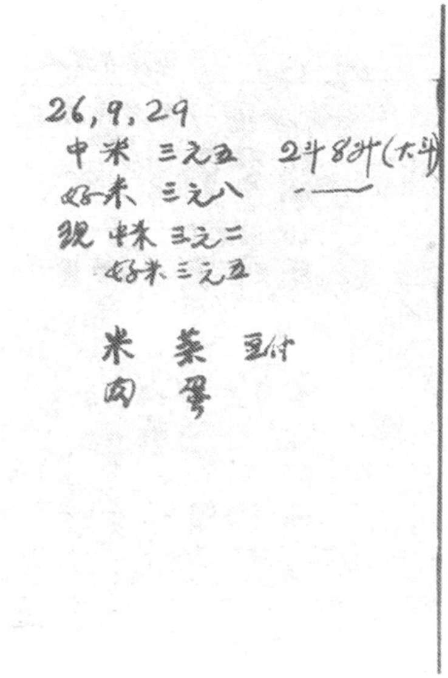


29-168

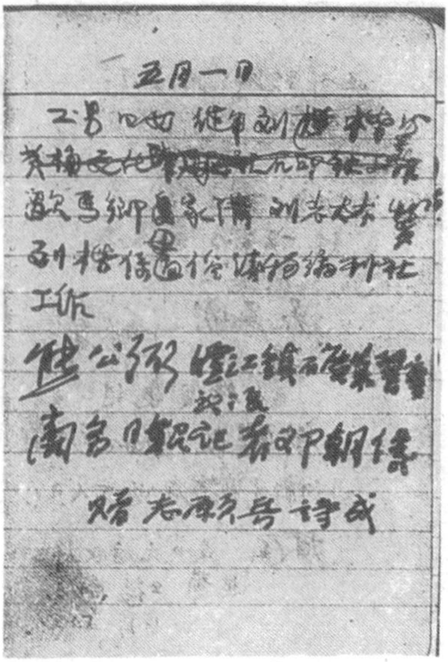

29－169

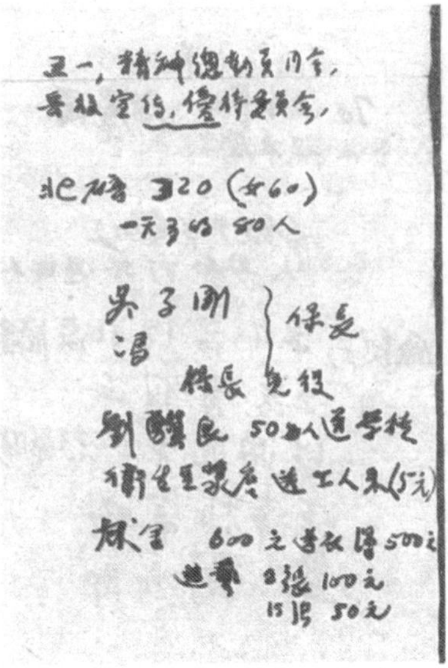

29－170

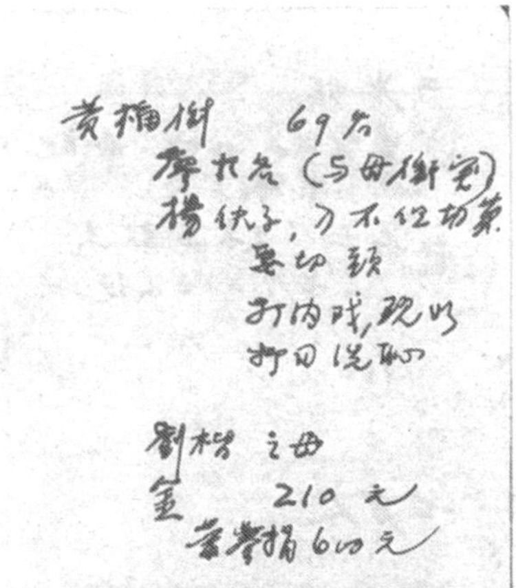

29－171

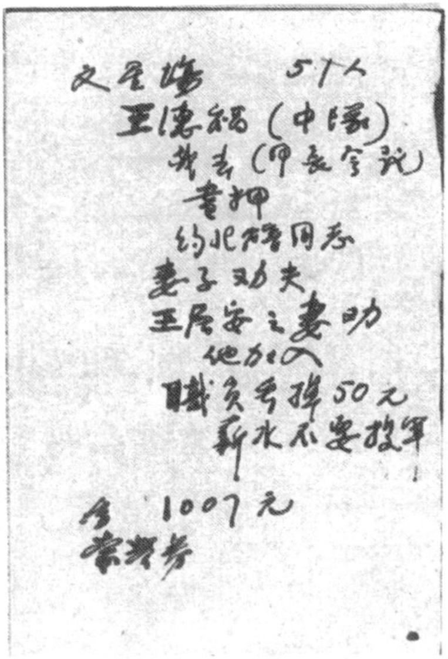

29－172

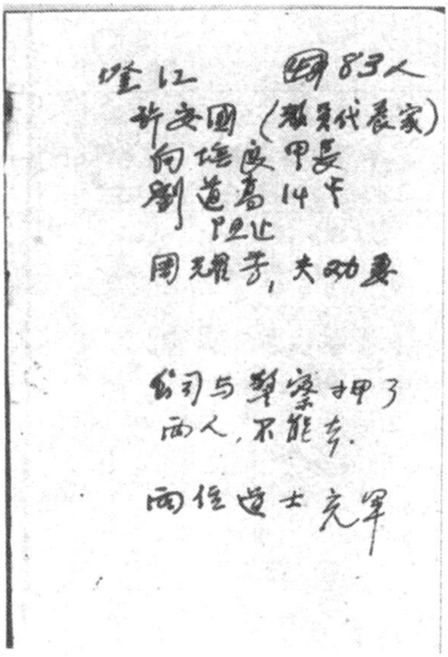
唐江　83人
许安国（职员代表家）
向德良　甲长
刘道高　14岁
阻止
周瑞芳，夫动员
公司与警察押了
两人，不能去。
两位战士　亮军

29－173

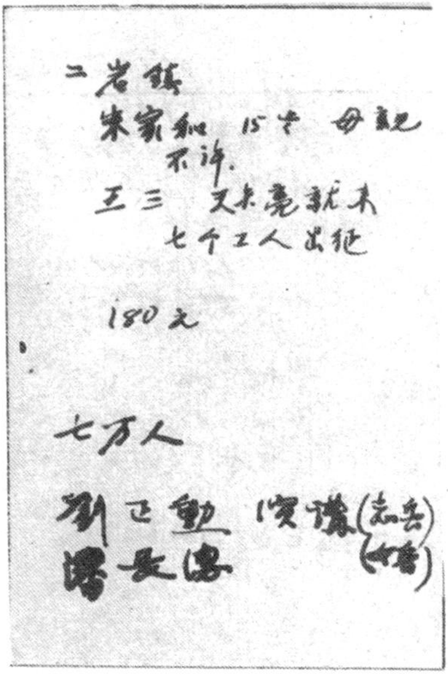
二岩镇
朱家和　15岁　母亲
不许。
王三　又未亮就走
七个工人出征
180元
七万人
刘正勤　演讲（知会）
潘长安　（书会）

29－174

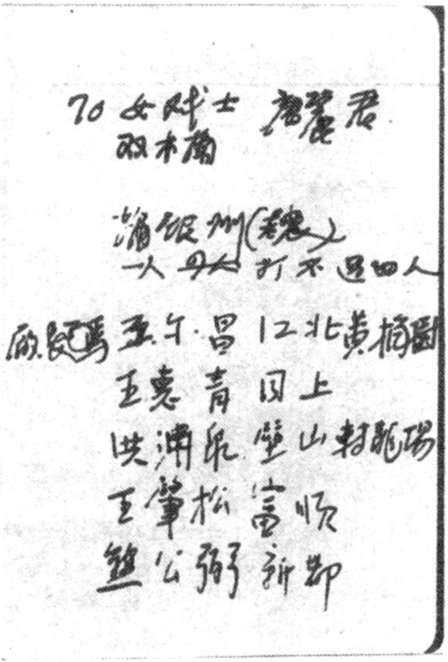
70 女战士　唐丽君
双木桥
潘银州（老鬼）
一人 ~~母人~~ 打不过四人
府民马　王午昌　江北黄桷树
王惠青　同上
洪沛泉　璧山射龙场
王肇松　富顺
熊公弼　新都

29－175

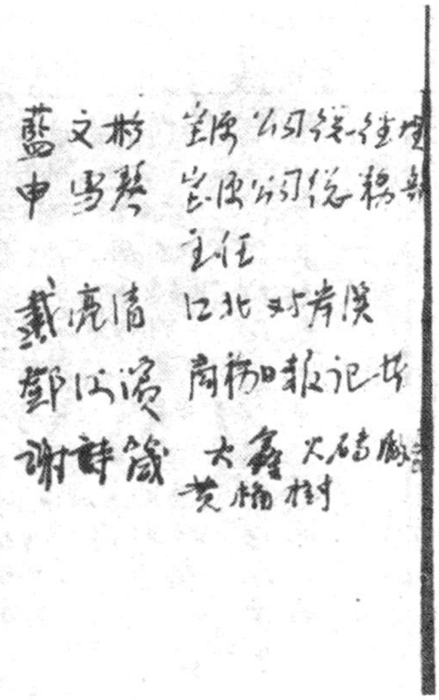
蓝文彬　宝源公司经理
申雪琴　宝源公司总稽核
主任
戴亮清　江北刘青溪
郑汉源　商务日报记者
谢静箴　大鑫火砖厂
黄桷树

29－176

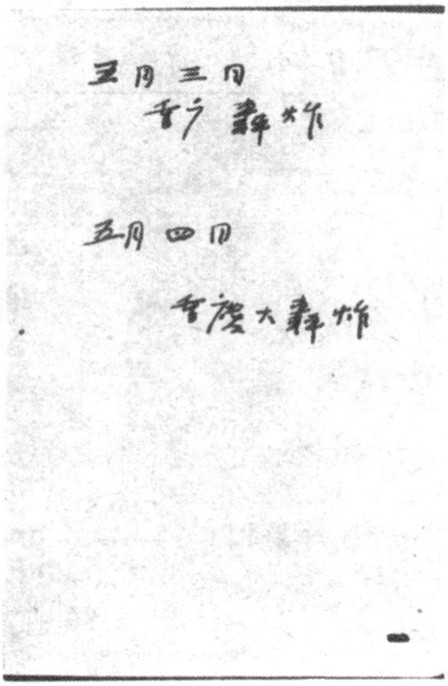


29－177

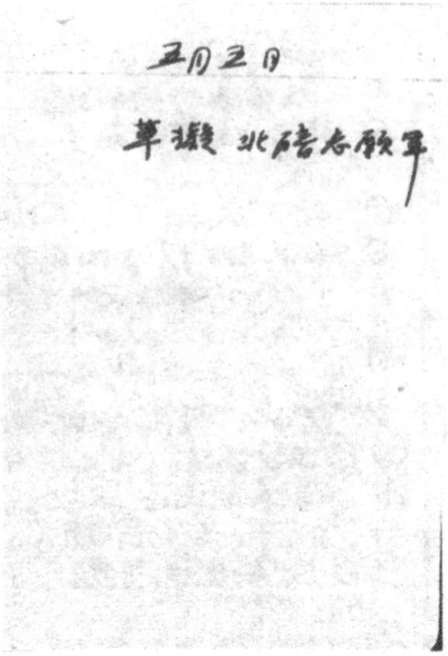


29－178

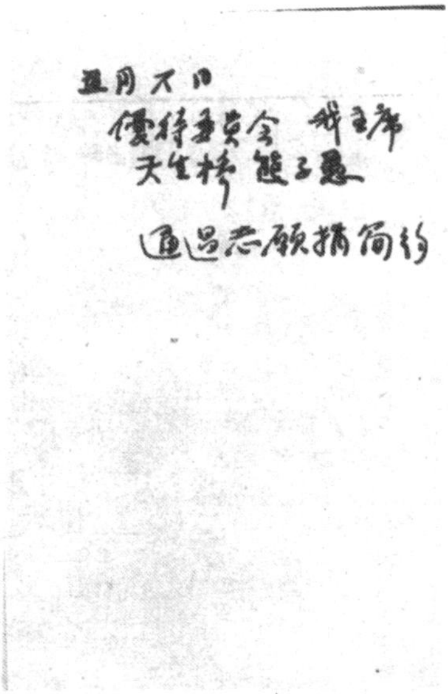


29－179

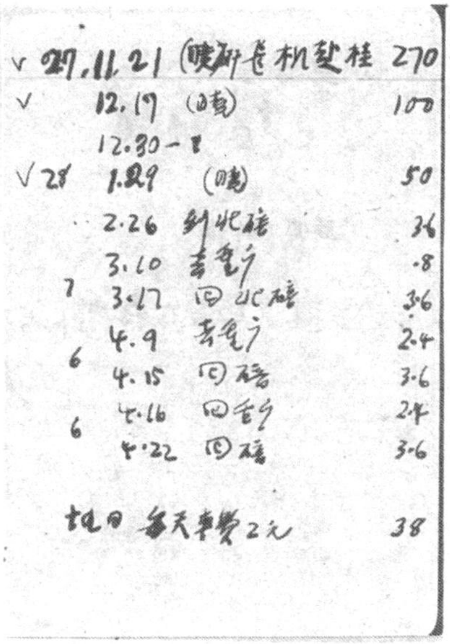


29－180

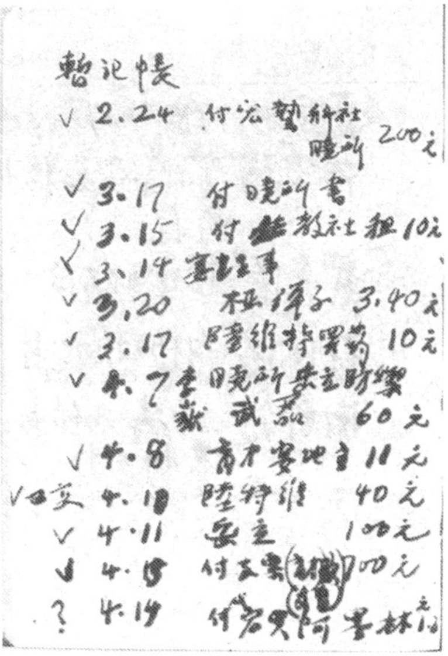
暂记帐
√ 2.24 付公艺肥料社 睦所 200元
√ 3.17 付晓所书
√ 3.15 付[illegible]教社租 10元
√ 3.14 寄鞋事
√ 3.20 捆绑子 3.40元
√ 3.17 陆维特买药 10元
√ 4.7 李晓所安主购买 款 武器 60元
√ 4.8 育才买地皮 11元
√ 4.10 陆维特 40元
√ 4.11 安主 100元
√ 4.15 付友云([illegible]) 100元
? 4.14 付宋[illegible]阿墨林[illegible]元

29-181

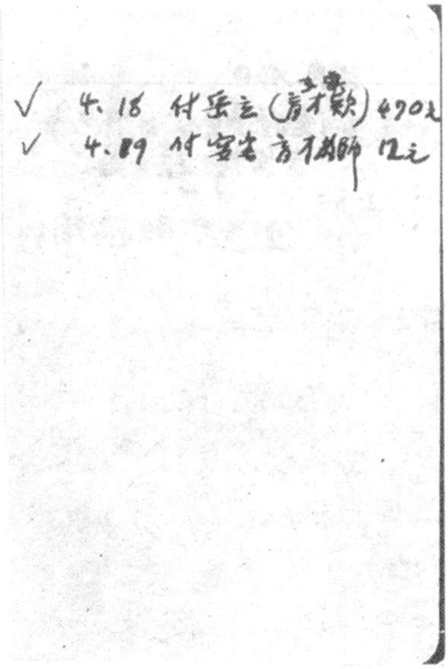
√ 4.18 付安主(育才款) 470元
√ 4.19 付宋[illegible]育才教师 12元

29-182

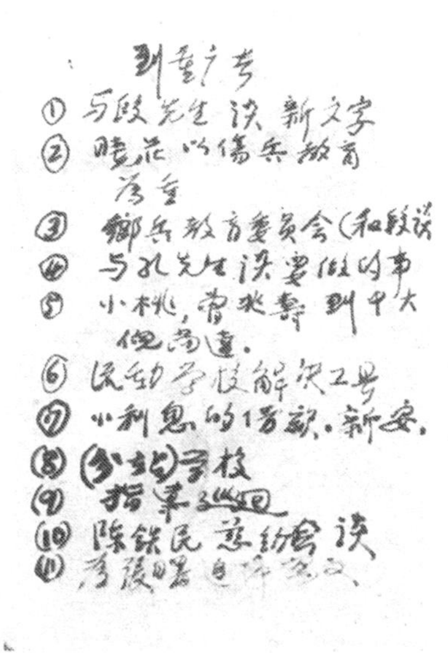
到重庆
① 与段先生谈新文字
② 晓庄以伤兵教育为重
③ 乡兵教育委员会(和段谈
④ 与孔先生谈要做的事
⑤ 小桃,带[illegible]到中大 [illegible].
⑥ 民助学校解决工学
⑦ 小利息的借款。新安.
⑧ ([illegible])学校
⑨ 指导巡回
⑩ 陈铁民慈幼会谈
⑪ 为[illegible]自修[illegible]文

29-183

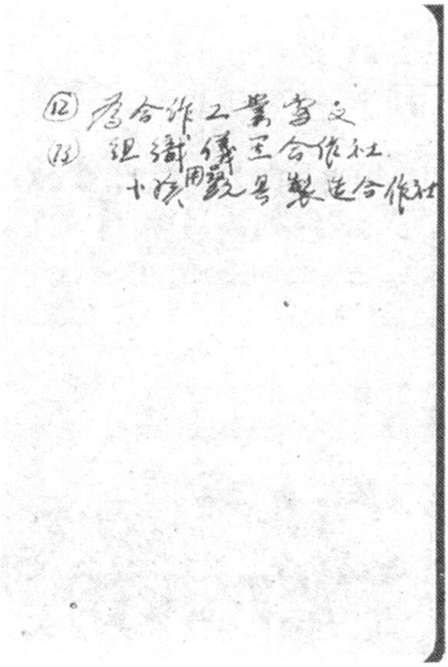
⑫ 为合作工业写文
⑬ 组织伤兵合作社
小孩用玩具制造合作社

29-184

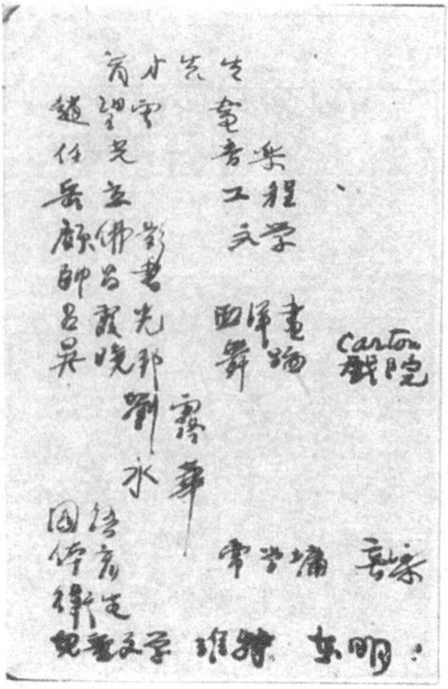

29-185

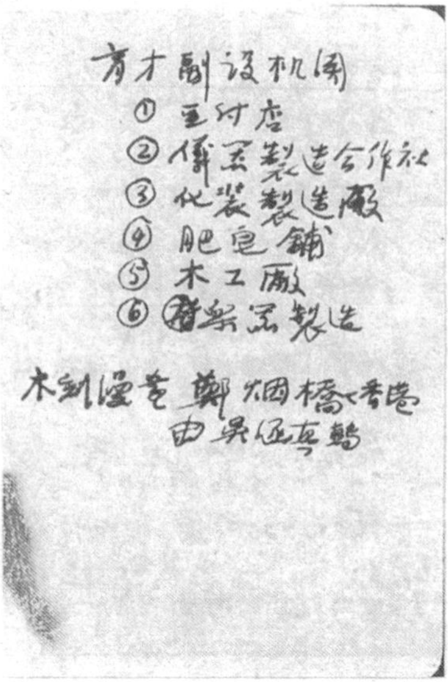

29-186

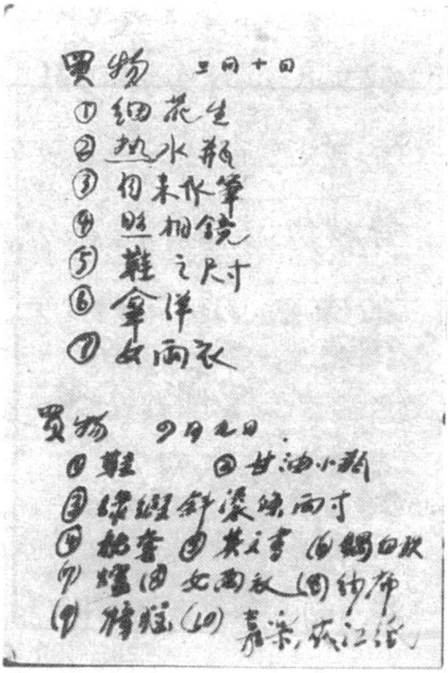

29-187

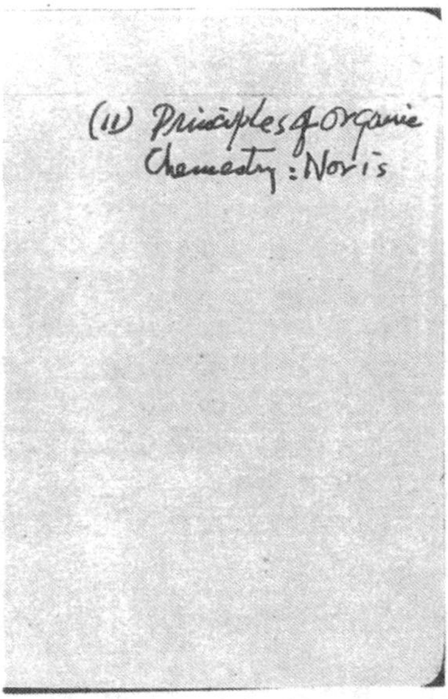

29-188

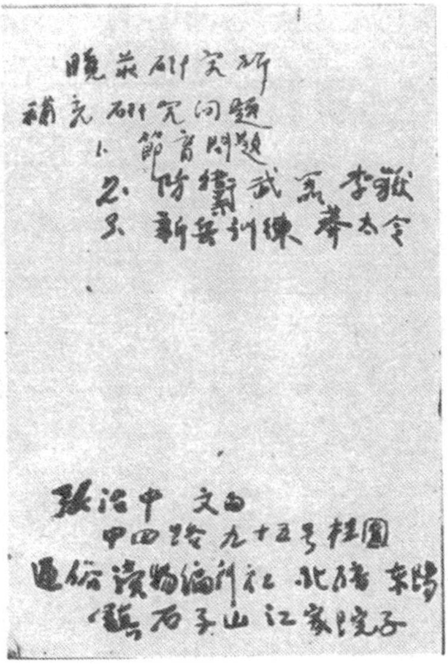

晚餐研究所
补充研究问题
1. 節育問題
2. 防衛武器 [illegible]
3. 新兵訓練 [illegible]
张治中 文白
中四路九十五号桂园
通俗读物编刊社 北碚 [illegible]镇石子山江家院子

29-189

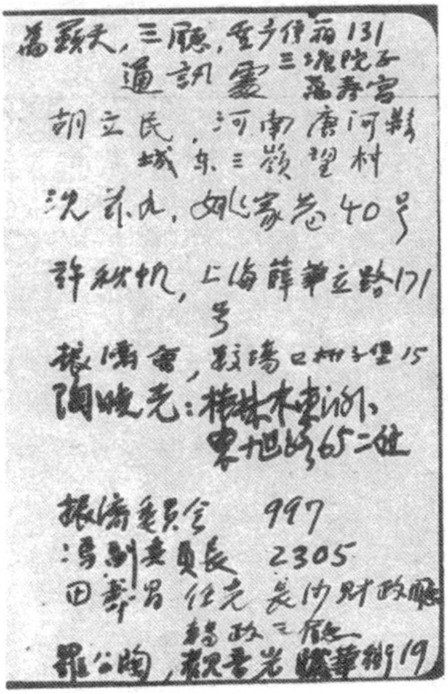

高显夫，三厅，重庆信箱131
通讯处 三塘院子 [illegible]
胡立民，河南唐河县城东三岗望村
沈兹九，姚家巷40号
许秋帆，上海薛华立路171号
振济会，较场口[illegible]15
陶晓光：[illegible]东旭路65二楼
振济委员会 997
冯副委员长 2305
田寿昌 任光 长沙财政厅转政三厅
罗公陶，观音岩[illegible]街19

29-190

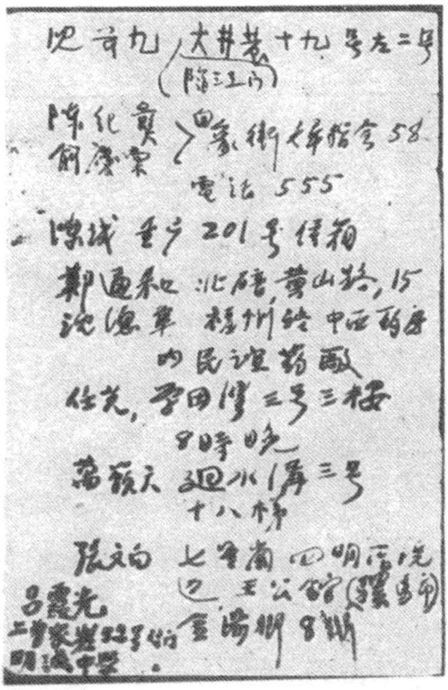

沈兹九，大井巷十九号之二号（[illegible]）
[illegible] 白象街大华饭店58 电话555
陈诚 重庆201号信箱
郑通和 北碚黄山路15
任光，[illegible]三号三楼 8時晚
高显夫 [illegible]三号 十八号
吕震先 [illegible] 明诚中学

29-191

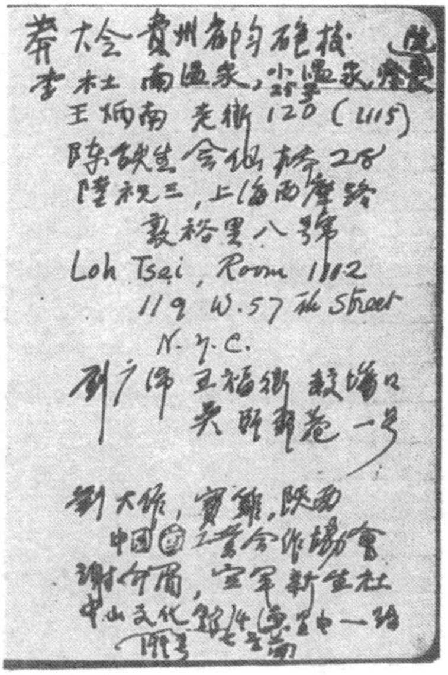

蒋太令 贵州都匀砲校
李杜 南温泉，小温泉[illegible]
王炳南 [illegible]街120（1115）
陆祀三，上海西摩路 敦裕里八号
Loh Tsai, Room 1112
119 W. 57th Street
N.Y.C.
[illegible] 五福街 较场口 [illegible]巷一号
[illegible]，宝鸡，陕西 中国工业合作协会
[illegible] 新生社
中山文化馆[illegible]

29-192

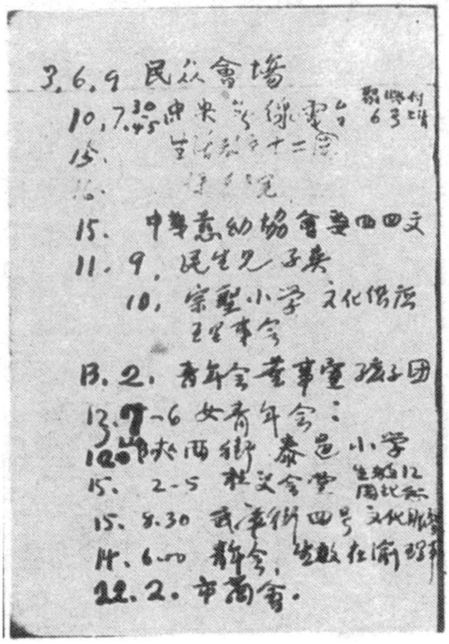

3.6.9 民众会堂
10.7.30/45 中央广播电台 黎明村6号
15. 生活书店十二周
16. [illegible]
15. 中华慈幼协会 [illegible]
11.9. 民生儿子[illegible]
10. 宗圣小学 文化供应社理事会
13.2. 青年会董事室 孩子团
13.[illegible]-6 女青年会：
12.[illegible] 陕西街 泰邑小学
15. 2-5 社交会堂 生活12 周比[illegible]
15. 8.30 武库街四号 文化服务
14. 6.00 青年会，生教在[illegible]
22.2. 市商会.

29-193

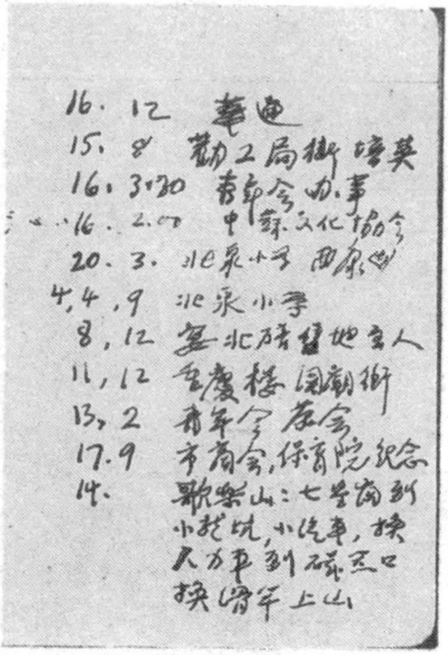

16.12 育邑
15.8 劝工局街 培英
16.3:30 青年会 办事
16.2.00 中苏文化协会
20.3. 北泉小学 回来
4,4,9 北泉小学
8,12 [illegible]北碚[illegible]地方人
11,12 重庆楼 [illegible]街
13,2 青年会 茶会
17.9 市商会，保育院纪念
14. 歌乐山二七号 [illegible]
小龙坎，小汽车，换人力车到[illegible]口换滑竿上山

29-194

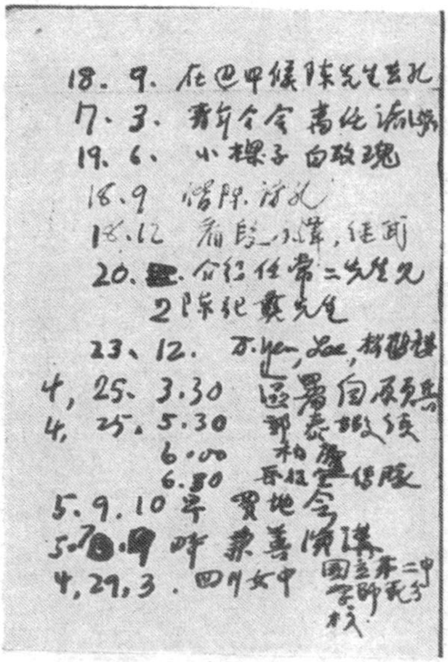

18.9. 在巴中候陈先生[illegible]
7.3. 青年会 [illegible]
19.6. 小梁子 白玫瑰
18.9 [illegible]
18.12 [illegible]
20.[illegible] 会[illegible]任常二先生儿 2陈[illegible]先生
23.12. [illegible]
4,25.3.30 [illegible]
4,25.5.30 [illegible]
6.00 [illegible]
6.80 [illegible]
5.9.10号 [illegible]会
5.7[illegible] [illegible]
4,29,3. 四川女中 国立第二中学师范学校

29-195

5.6.12. [illegible]
5.5. 复旦大学

29-196

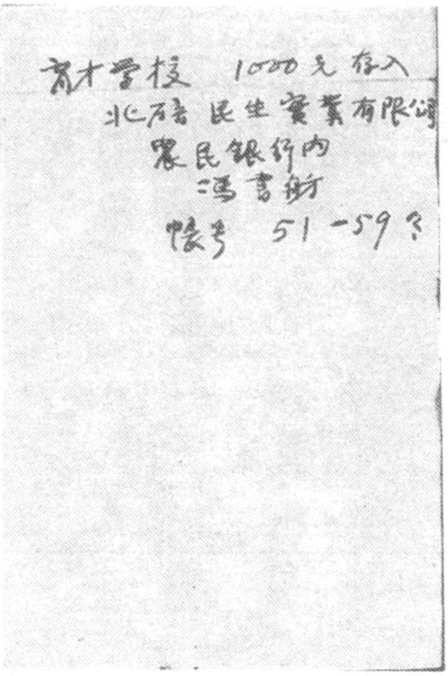
育才学校　1000元存入
北碚　民生實業有限公司
農民銀行内
馮書舫
帳号　51-59号

29-197

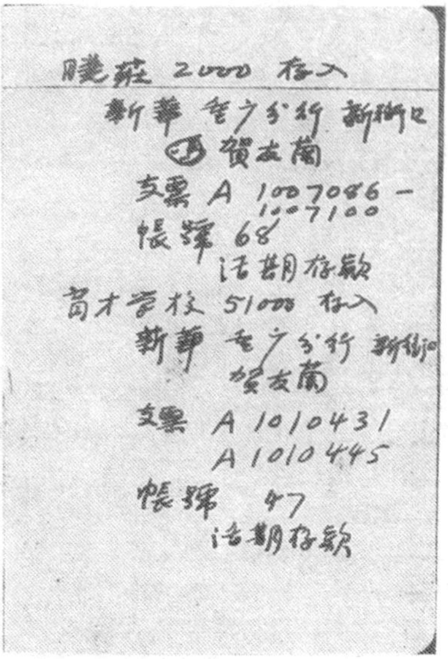
朧莊　2000　存入
新華　重慶分行　新街口
賀友蘭
支票　A 1007086-1007100
帳號　68
活期存款
育才学校　51000　存入
新華　重慶分行　新街口
賀友蘭
支票　A 1010431
A 1010445
帳號　47
活期存款

29-198

# 第二十九册〔注译〕

1939.2.24~1939.5.6

重庆·北碚

29—002

末行外文为矽化铁

29—010

第2至3行“加”为加仑

第3行“滑”为滑油

第5行“永利化工”为永利化工厂

29—018

第5行“琴”“宏”为吴树琴、陶宏

29—019

第7至8行“霞”为王醉霞，陶宏的爱人；小林、小黑为其儿子、女儿

第9行“俊瑞”为钱俊瑞，“兹九”为沈兹九

29—020

第2行“俊兹”为钱俊瑞、沈兹九

29—026

“给同志的公开信”即《告生活教育社同志书》，为生活教育运动12周年纪念而作

29—040

第6至8行：守而慈，英格博由江河煤矿公司转交

29—042

第6至9行：“蒋夫人”即宋美龄；“陈部长”即陈立夫；“孔院长”即孔祥熙；“子英”即卢子英

29—046

第6至10行为2滴鱼肝油、盐、糖、淀粉、钙

29—048

第2行“宣队”为宣传队

29—049

末行“胡学芬”即胡晓风

29—053

第 9 行为成达师范学生分 8 个民教队

29—056

第 6 行外文为阿米巴

第 6 行“张文白”即张治中

29—057

第 3 行为要新文字方法案

29—062

长笛、单簧管、号、伸缩喇叭、小提琴、中音提琴、大提琴、低音提琴、双簧管

铜管乐器全套 50 万

29—063

第 6 行为低音提琴 8 首

第 7 行以下外文为：手风琴 4 架，口琴指导书 4 本，手风琴指导书 2 本，约需 1200.00 元

29—064

钢琴　2　1200（元）

簧风琴　4　200（元）

29—066

D.P.布尔林

罗全　贵州遵义白塔路

29—078

本页为三峡印刷所账目

29—083

第 7 行为古今功亏一篑

29—084

第 6 行为敌人阴谋要的是离间

29—105

第 3 行“长江”即范长江

29—119

第 2 行“万先生”指万籁天

29—120

第 5 行“60”为 60 名

第 11 行应为定选择方法

29—124

第 1 行外文为机器车间

29—133

第 1 行 N.E.A.为新教育协会

第 2 行外文为伦敦

29—134

第 2 行“公陶”即罗公陶

29—143

第 7 行数据单位为元

29—151

第2行为4月25日至5月9、10日

29—156

第10行应为“避开”

29—167

第2行“兼善”指兼善中学

29—170

第8行为刘骥良送学徒每人50元

29—185

第8行外文为卡通戏院

第14行维特指陆维特，东明指魏东明

29—186

第4行为化妆品制造厂

第8行郑烟桥为陈烟桥笔误

29—188

《有机化学原理》诺瑞斯著

29—192

第7至9行：陆璀　纽约地址

29—193

第3行为生活教育12周年

# 衔备忘

第三十册

1939.5.7~1939.9.30

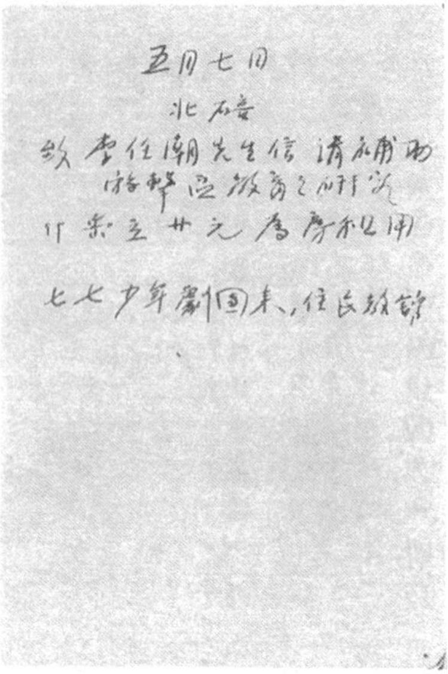
五月七日
北碚
致李任潮先生信 请补助
儒修迁校育才研究
付宋立卅元为房租用
七七少年剧团来，住民教馆

30-001

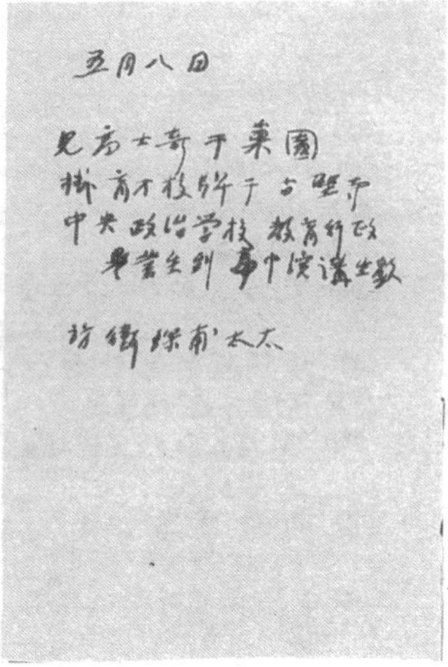
五月八日
见高士其于秉园
拟育才校舍于古圣寺
中央政治学校 教育行政
毕业生到本中演讲出数
访卫挺生太太

30-002

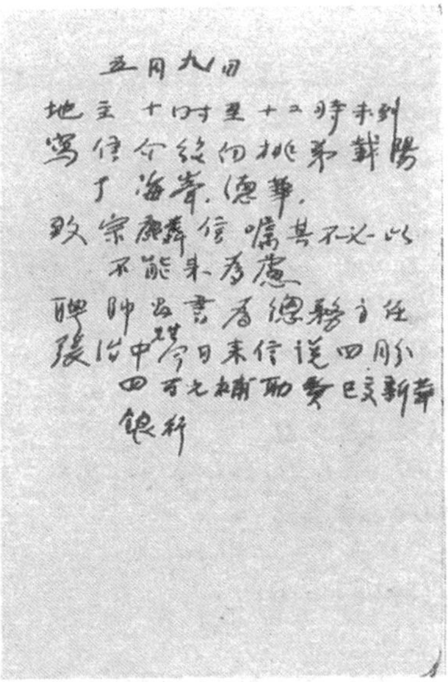
五月九日
地主 十时至十二时未到
写信介绍何桃弟韩阳
丁海峰、德华、
致宗鹤筹信 嘱其不必一以
不能来为虑
聘帅光书为总务主任
张治中其今日来信送四月份
四百元补助费已交新华
银行

30-003

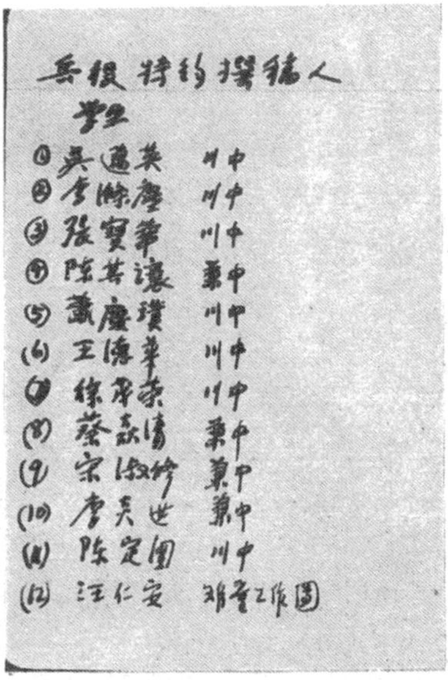
兵役特约撰稿人
学生
①吴道英 川中
②李滌尘 川中
③张宝华 川中
④陈其让 重中
⑤蕭庆璜 川中
(6)王德华 川中
⑦徐孝荣 川中
(8)蔡咏清 重中
(9)宋淑玲 重中
(10)李英世 重中
(11)陈定国 川中
(12)汪仁安 难童工作团

30-004

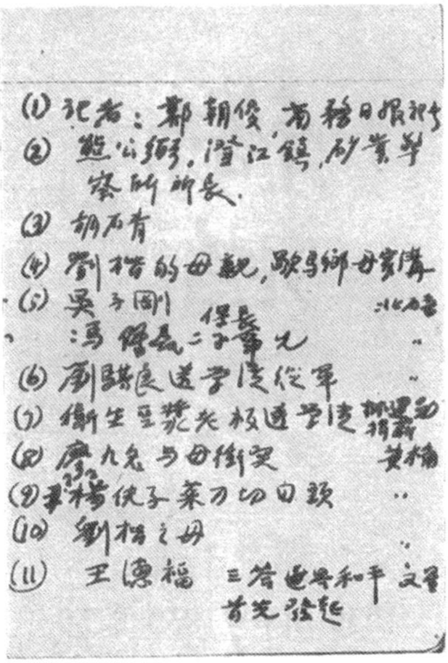
(1) 记者：郑朝俊 商务日报记者
(2) 熊公衡，澄江镇，矿业学校所所长.
(3) 胡石青
(4) 刘楷的母亲，歌乐乡女会席
(5) 吴子刚 北碚
冯保长二子 保长 第九
(6) 刘联霞送学生从军
(7) 卫生署蔡先救送学生 捐款
(8) 廖九先与母衡突 黄桷
(9) 王梓侠子菜刀切日敌 ..
(10) 刘楷之母
(11) 王德福 三岩 世界和平 文星
前先谈起

30-005

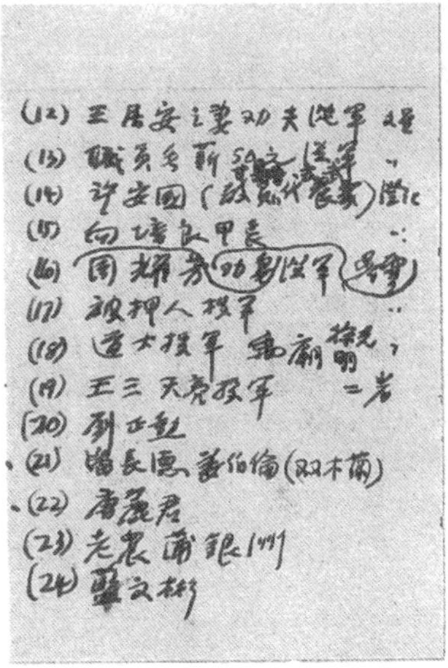
(12) 王居安之妻劝夫从军 文星
(13) 职员乡薪5分之 从军 ..
(14) 许安国（ ）澄江
(15) 向保长甲长 ..
(16) 周辉秀 劝刘从军
(17) 被押人投军 ..
(18) 道士投军 乐嗣 ..
(19) 王三天亮投军 二岩
(20) 刘世勋
(21) 当长恩、黄伯伦（双木桥）
(22) 唐薇君
(23) 老农献银1元
(24) 董文彬

30-006

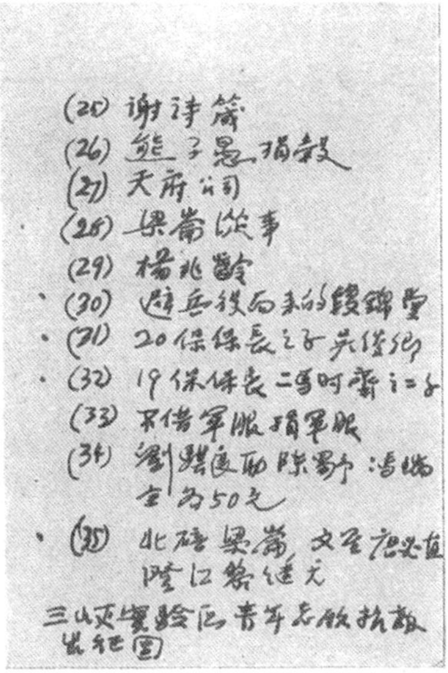
(25) 谢诗篇
(26) 熊子恩 捐款
(27) 天府公司
(28) 梁荣从事
(29) 杨兆龄
(30) 避兵役而来的钱锦堂
(31) 20保保长之子吴俊佩
(32) 19保保长二子时新之子
(33) 不借军服 捐军服
(34) 刘联霞劝除邪多 洛端全为50元
(35) 北碚梁荣，文星唐光直
澄江黎继元
三峡实验区青年志愿抗敌出征团

30-007

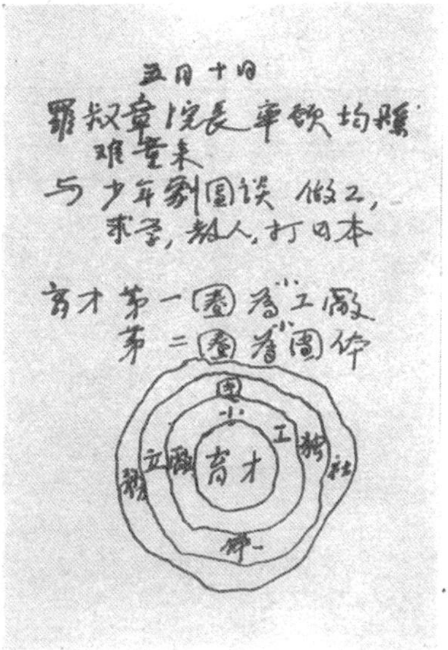
五月十日
罗叔章院长 卓钦均 难童来
与少年刘国谈 做工，求学，救人，打日本
育才第一圈为工厂
第二圈为团体


30-008

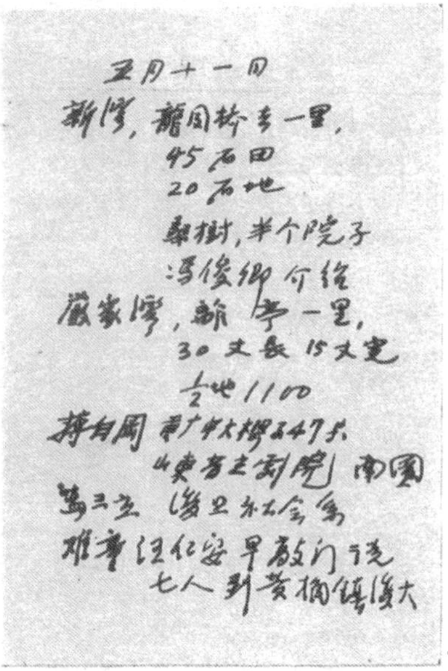

五月十一日
新營，離同橋去一里，
45石田
20石地
梨樹，半个院子
馮俊卿介绍
嚴家營，離營一里，
30丈長15丈寬
合地1100
孫自周 廣州大樓547號
"曉莊之劉院"南園
第三五 ? 社會系
難童汪仁安早啟門談
七人到黄桷鎮[illegible]大

30-009

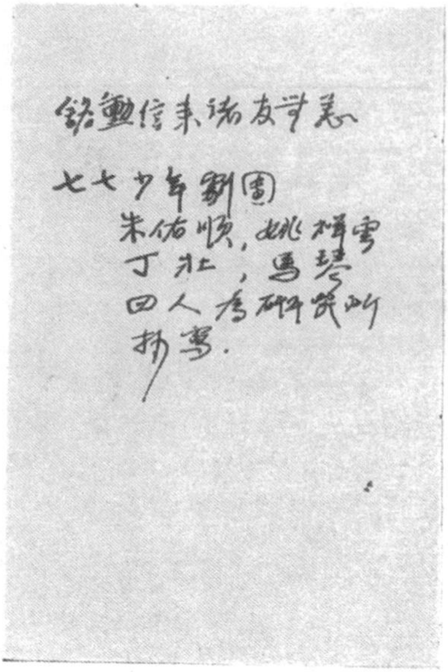

銘勳信來謝友誼

七七少年劇團
朱伯順，姚祥雲
丁壯，馬琴
四人為研究所
抄寫。

30-010

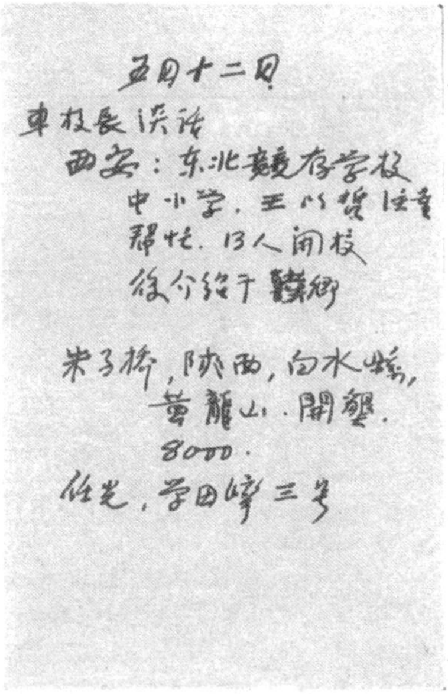

五月十二日
車校長談話
西安：东北競存学校
中小学，王以哲經費
幫忙，13人開校
後介紹于[illegible]鄉

米子橋，陝西，白水縣，
黄龍山，開墾，
8000。
任光，学田灣三号

30-011

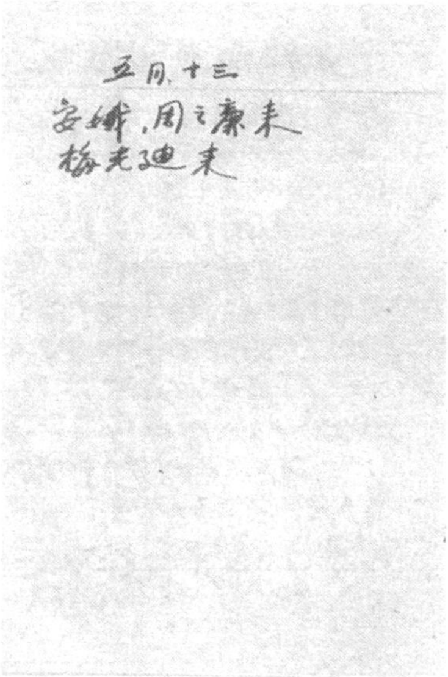

五月十三
安娥，周之廉来
楊光迪来

30-012

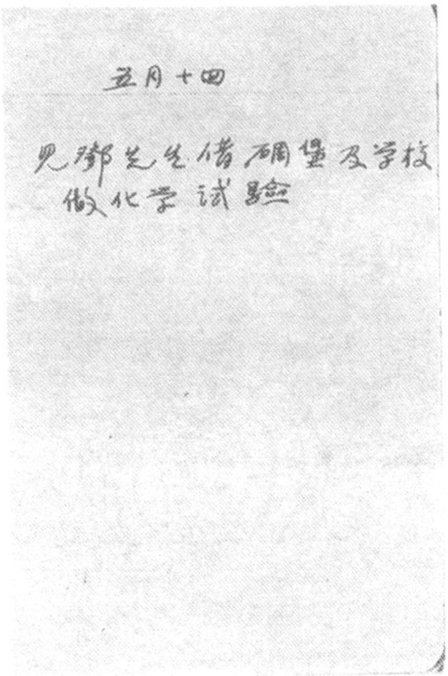


30-013

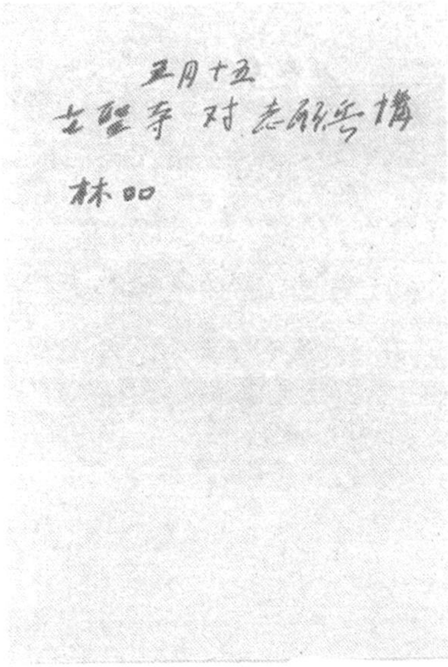


30-014

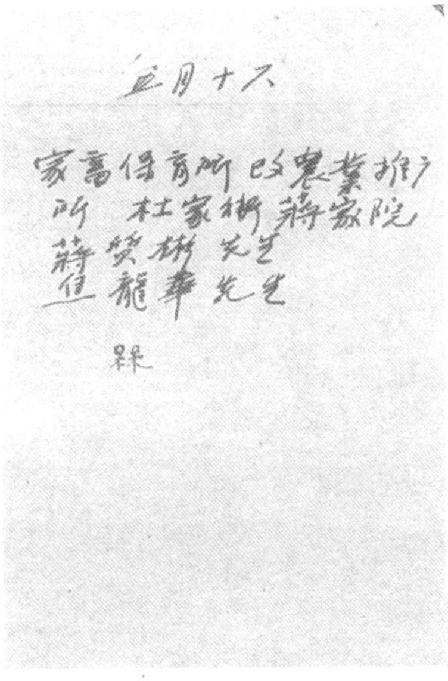


30-015

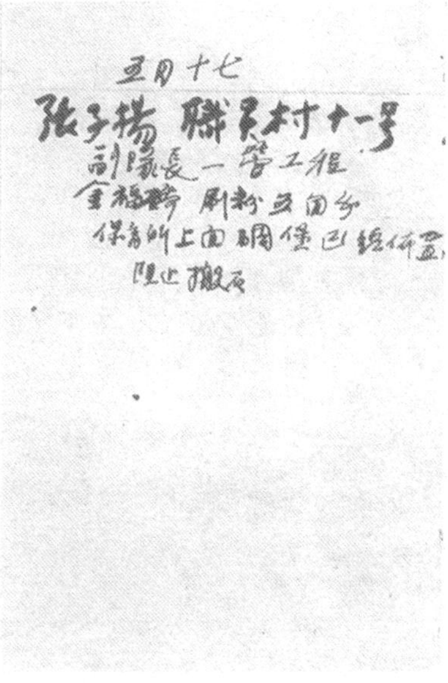


30-016

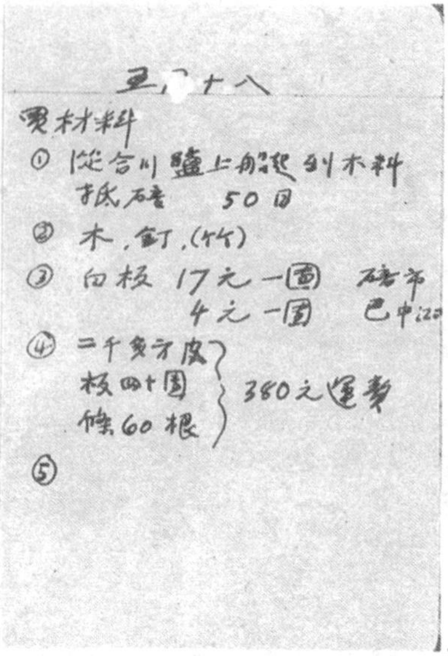

五月十八

買材料

① 從合川鹽上船起到木料抵碚 50日

② 木、釘、(竹)

③ 白板 17元一圓 碚市

4元一圓 巴中江

④ 二千多方皮
板四十圓
條60根 } 380元運費

⑤

30-017

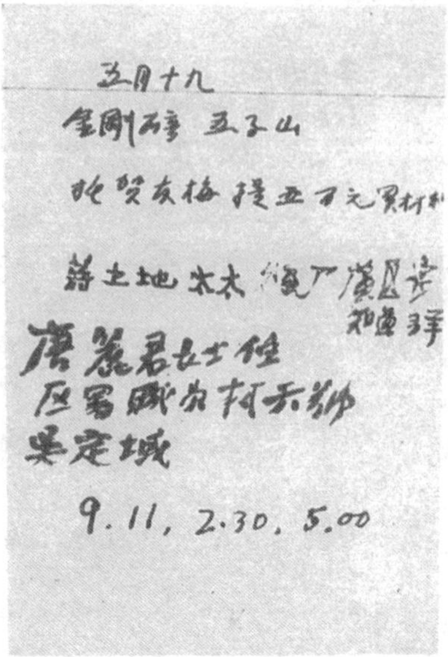

五月十九

金剛碑 五子山

於賀友梅 撥五万元買材料

請土地太太 [illegible] 知道

廣叢君女士住
巫家[illegible]
吳定城

9.11, 2.30, 5.00

30-018

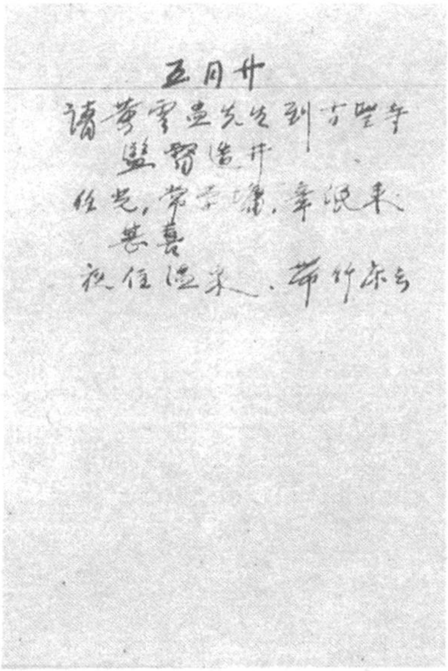

五月廿

請黃齊生先生到古聖寺
監督造井

任光、常崇墉、辛泥來
甚喜

私住[illegible]、[illegible]

30-019

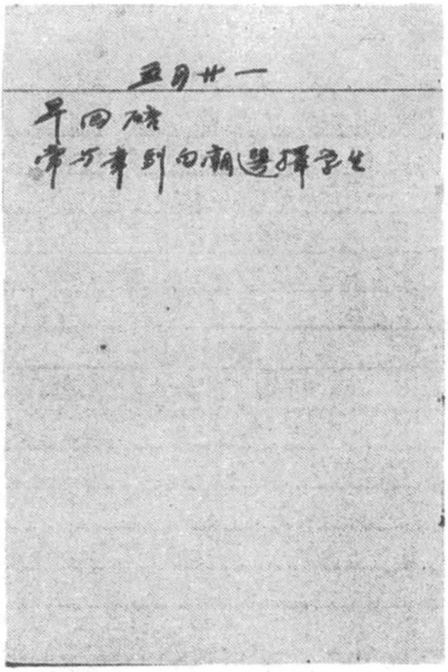

五月廿一

早回碚

常崇墉到白廟選擇学生

30-020

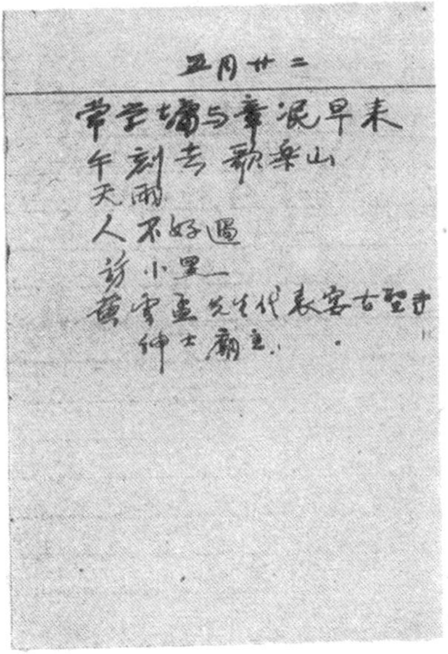

五月廿二

常云墉与章泯早来
午刻去歌乐山
天雨
人不好遇
访小罡
黄云直先生代表客古圣寺
仲士翰[illegible]

30-021

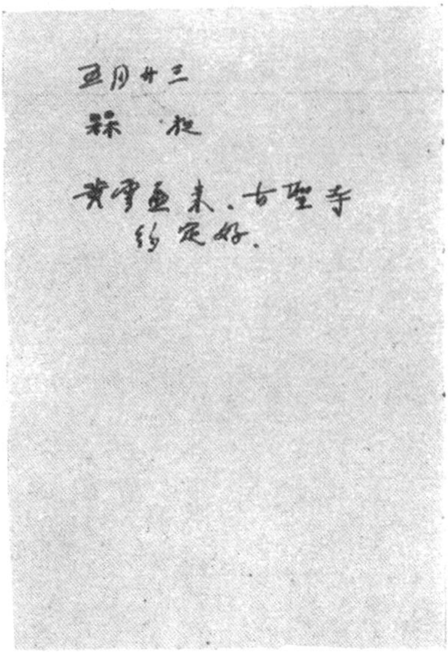

五月廿三
躲机

黄云直来，古圣寺
约定好。

30-022

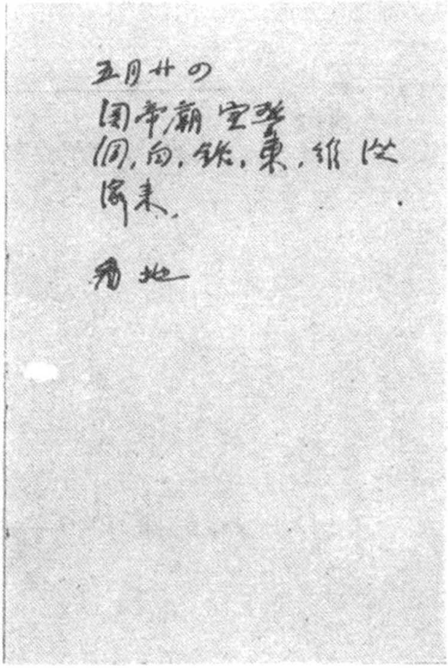

五月廿四
同帝庙宝兴
侗，白，铁，东，维汉
同来。

看地

30-023

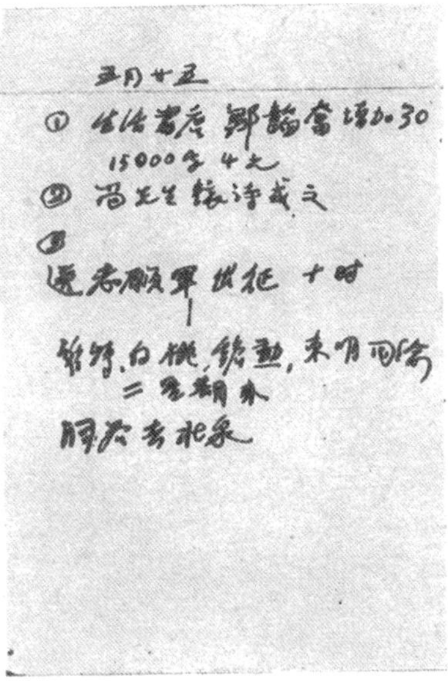

五月廿五

① 生活书店 郑韶富 [illegible] 30
15000字 4元
② 冯先生 续译戏文
③
邀[illegible] 十时
[illegible]，白[illegible]，[illegible]，来[illegible]
= [illegible]
[illegible]

30-024

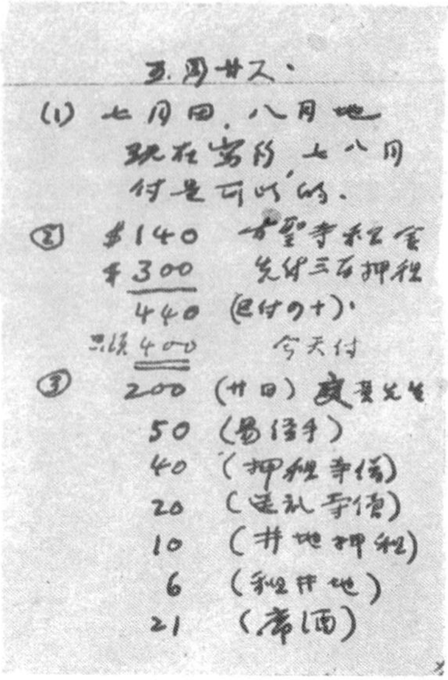
五月廿六
(1) 七月四，八月也
现在无钱，七八月
付是可以的。
(2) $140 ……租金
$300 先付三百押租
440 (已付四十)
只须400 今天付
(3) 200 (廿日) ……先生
50 (……)
40 (押租手续)
20 (送礼手续)
10 (井地押租)
6 (租井地)
21 (请酒)

30-025

给邱雷的信.

30-026

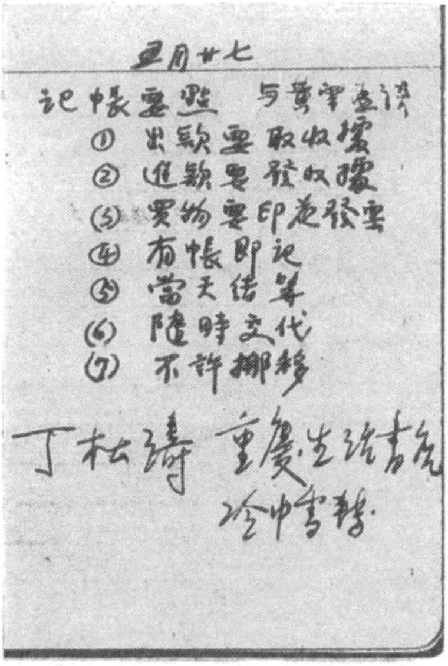
五月廿七
记帐要点 与黄宁查谈
① 出款要取收据
② 进款要发收据
③ 买物要印花发票
④ 有帐即记
⑤ 当天结算
⑥ 随时交代
⑦ 不许挪移
丁松涛 重庆生活书店
冷仲昌转

30-027

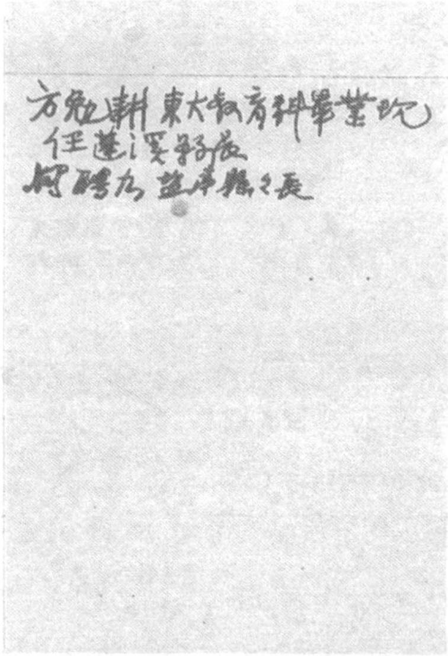
方毅湘 东大教育科毕业的
任莲溪县长
……

30-028

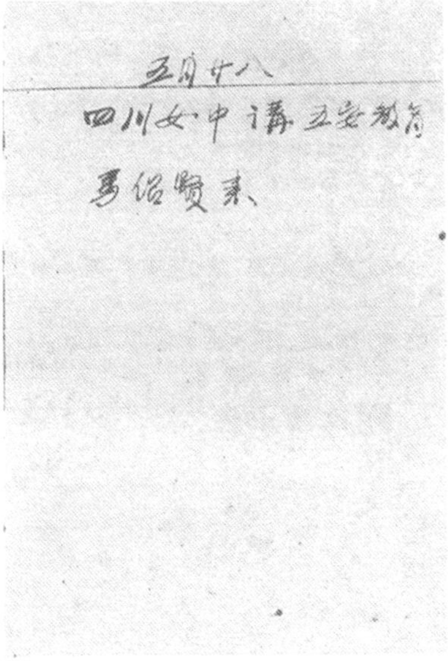
五月廿八
四川女中讲生活教育
馬俗賢来

30-029

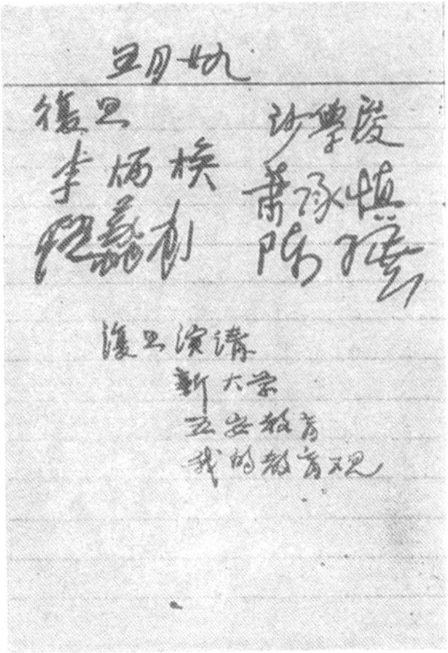
五月廿九
復旦
李炳焕 沙學浚
伍蠡甫 蕭承慎
[illegible]

復旦演講
新大学
生活教育
我的教育观

30-030

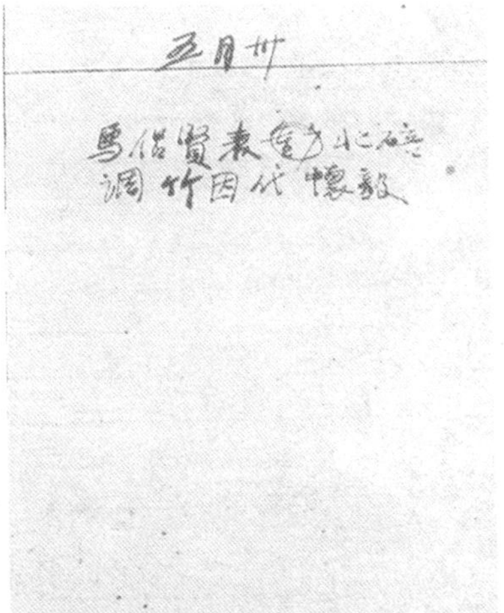
五月卅
馬俗賢来金广北碚
調竹园代懷毅

30-031

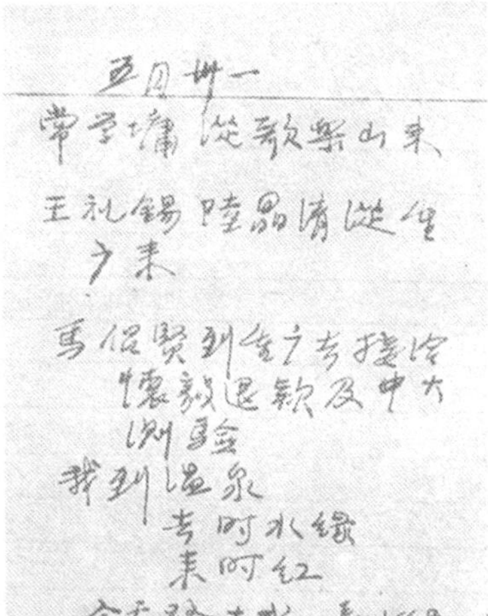
五月卅一
常学墉從歌乐山来
王礼錫 陸晶清從金
广来
馬俗賢到金广去接洽
懷毅退款及中大
測驗
我到温泉
去时水绿
来时红
今天發大水 長18尺

30-032

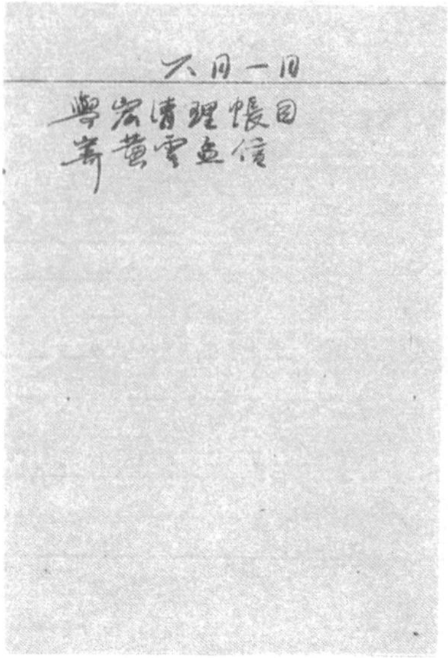

六月一日

粤省清理帐目

寄黄云孟信

30-033

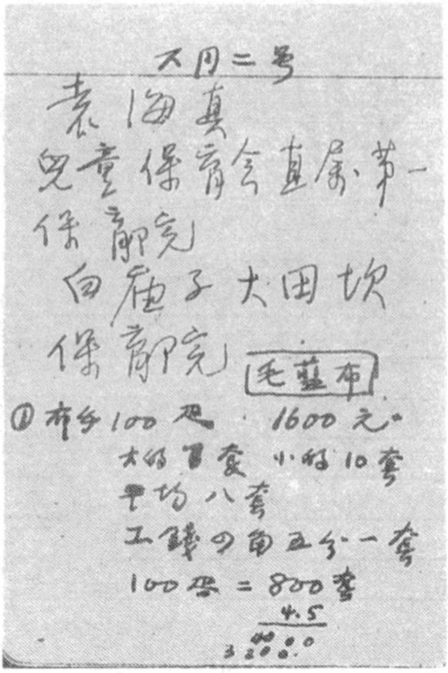

六月二号

袁治真

儿童保育会直属第一保育院

白庙子大田坎保育院

毛蓝布

①布料100疋 1600元。

大的[illegible]套 小的10套

平均八套

工钱四角五分一套

100疋=800套

4.5

3200.0

30-034

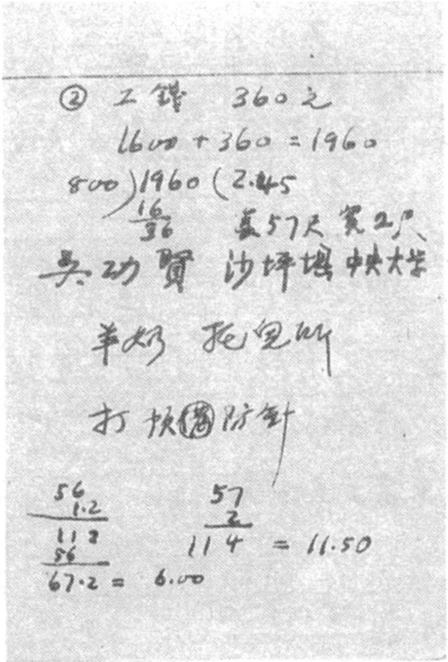

② 工钱 360元

1600+360=1960

800)1960(2.45

16

36 长57尺 宽2尺

吴功贤 沙坪坝中大

羊奶 托儿所

打预防针

56 × 1.2 = 112, 56, 67.2 = 6.00

57 × 2 = 114 = 11.50

30-035

六月三日

烧雅片

30-036

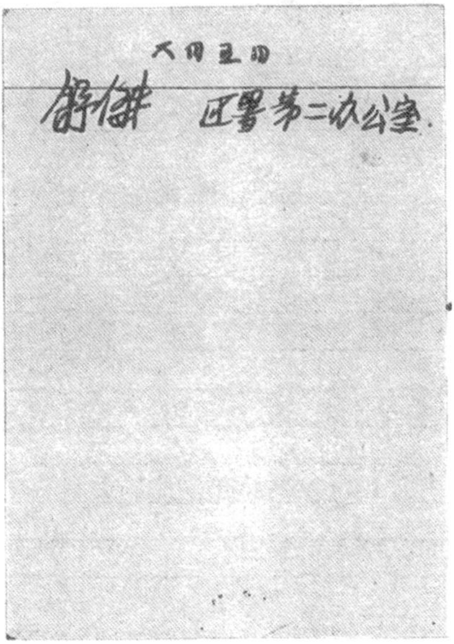
六月五日

舒伊　区署第二次公宴

30－037

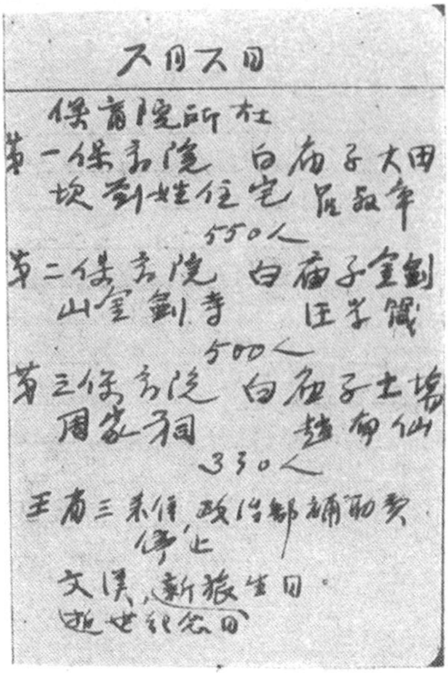
六月六日

保育院所在

第一保育院　白庙子大田坎刘姓住宅　屈毅年

550人

第二保育院　白庙子金刚山金刚寺　汪学斌

500人

第三保育院　白庙子土塆周家祠　赵君仙

330人

王有三来信，政治部补助费停止

文渠、新猿生日

逝世纪念日

30－038

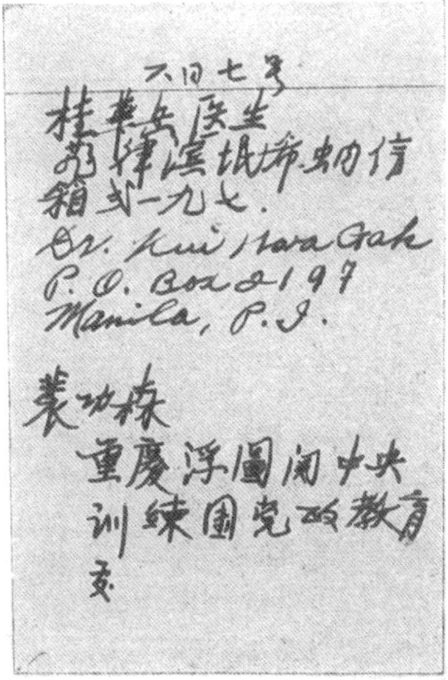
六月七号

桂华岳医生

菲律滨岷埠邮政信箱二一九七

Dr. Kui Hua Gak

P. O. Box 2197

Manila, P. I.

裴功森

重庆浮图关中央训练团党政教育处

30－039

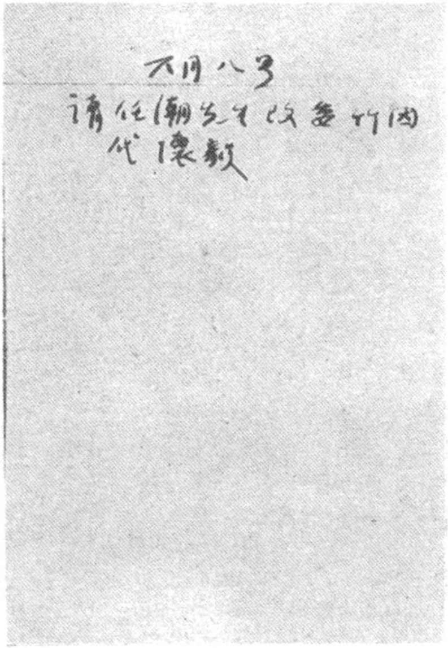
六月八号

请任鸿先生改寄竹阁代懷款

30－040

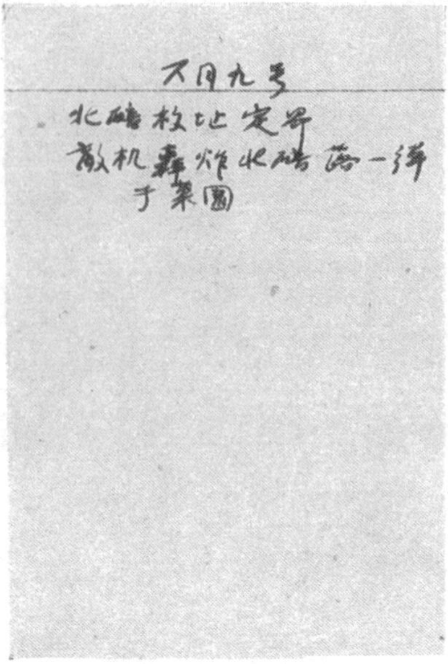

八月九号
北碚校址定界
敌机轰炸北碚落一弹于棐园

30-041

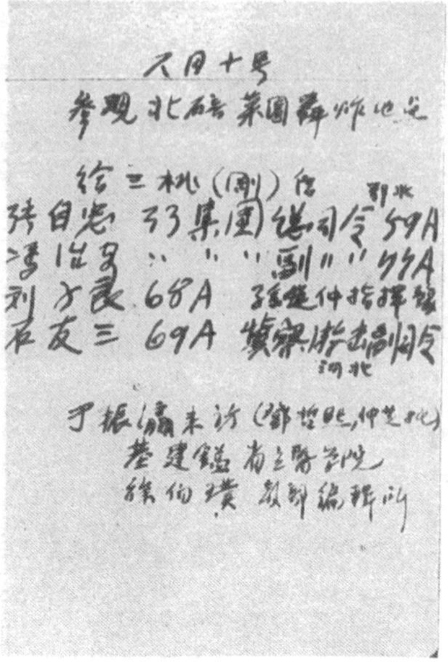

八月十号
参观北碚棐园轰炸地点

绘三机（副）信
张自忠 33集团总司令 59A 鄂北
冯治安 〃 〃 〃副〃〃 77A
刘汝明 68A 张垣仲指挥部
石友三 69A 冀察游击副司令 河北

于振瀛来访（邹哲熙、仲芝桃）
李建铭 省立医学院
孙伯璜 教部编辑所

30-042

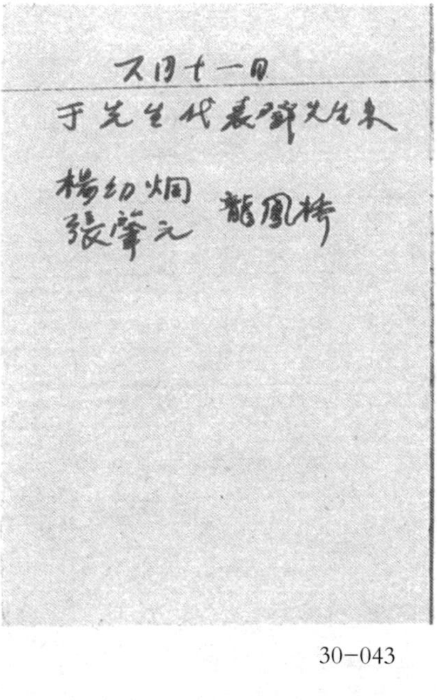

八月十一日
于先生代表邓先生来

杨幼炯
张肇元 龙凤桥

30-043

八月十二
萧先生来（吴微、吴先生之侄）
南光
琴宏代七七推销戏票
60张

30-044

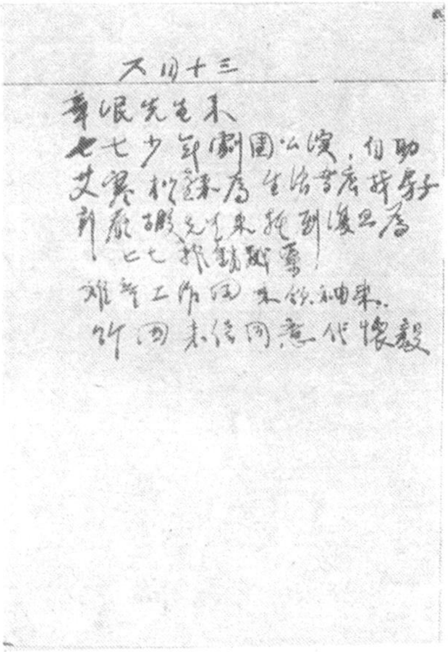
六月十三
華崗先生來
七七少年劇團公演，自助
艾寒松錄為生活書店[illegible]
[illegible]先生來[illegible]到復旦為
七七[illegible]
難童工作團來[illegible]。
竹園來信同意代懷毅

30-045

六月十四
竹園被委為
中校視察員（[illegible]）

30-046

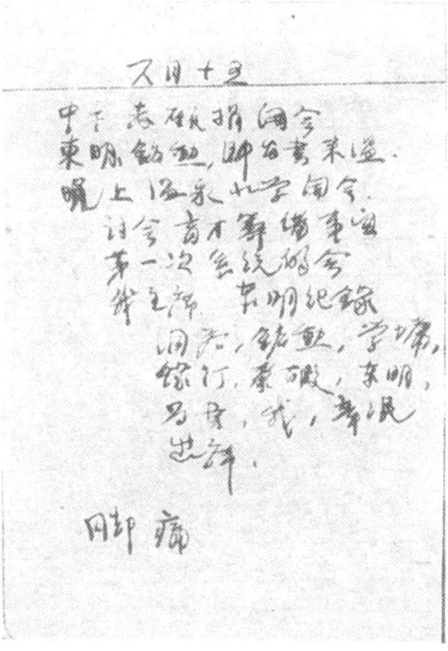
六月十五
中大[illegible]開會
東明、銘勲，卿谷書來送。
晚上臨泉小學開會。
討論育才籌備事宜
第一次籌備會
我主席 東明紀錄
洞若、銘勲、學濂、
綜行、秉璣、東明、
[illegible]、我、華崗
出席。
腳痛

30-047

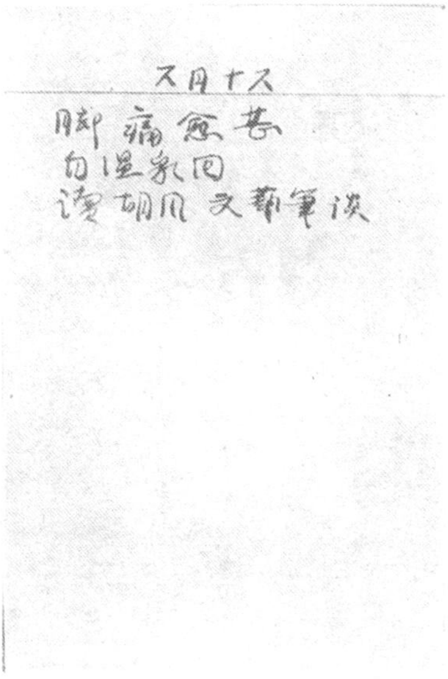
六月十六
腳痛愈甚
由温泉回
讀胡風文藝筆談

30-048

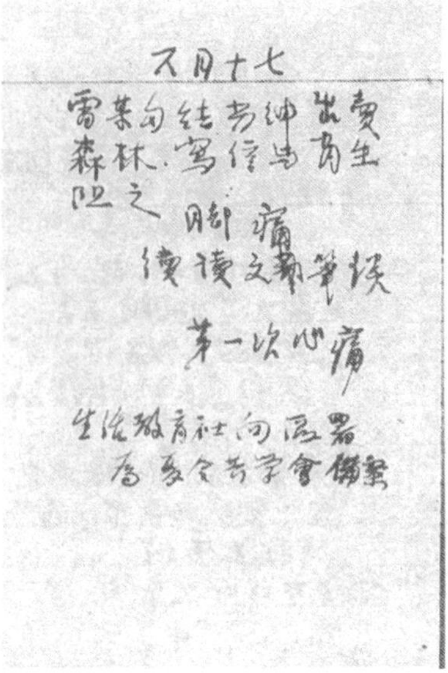
六月十七
需要向结者仲出
森林，写信与贵生
阻之
脚痛
续读文艺笔谈
第一次心痛
生活教育社向区署
为慈幼协会备案

30-049

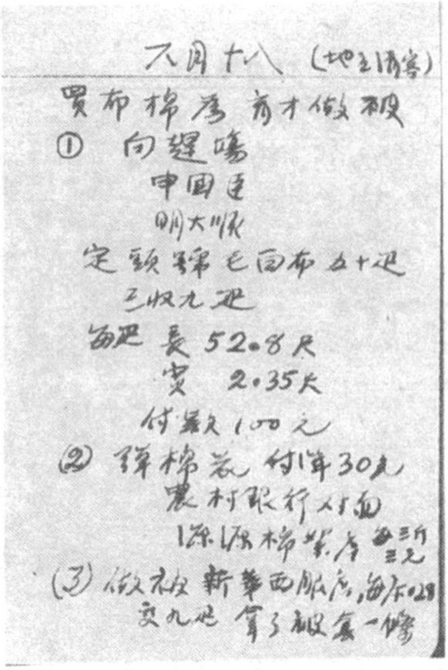
六月十八（地主请客）
买布棉为前方做被
① 向瑟鸣
中国通
明大顺
定额棉毛白布五十匹
三收九匹
每匹 长52.8尺
宽 2.35尺
付款100元
② 弹棉花 付洋30元
农村银行对面
源源棉业庄 每斤三元
③ 做被 新华西服店，每床1.28
交九匹 算了被套一条

30-050

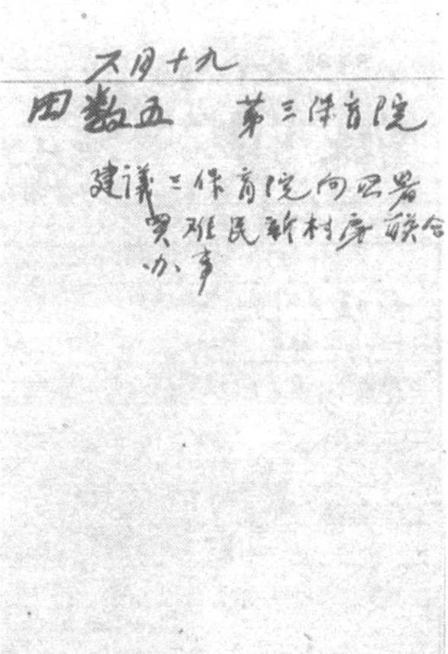
六月十九
四数五 第三保育院
建议三保育院向区署
与难民新村房联合
办事

30-051

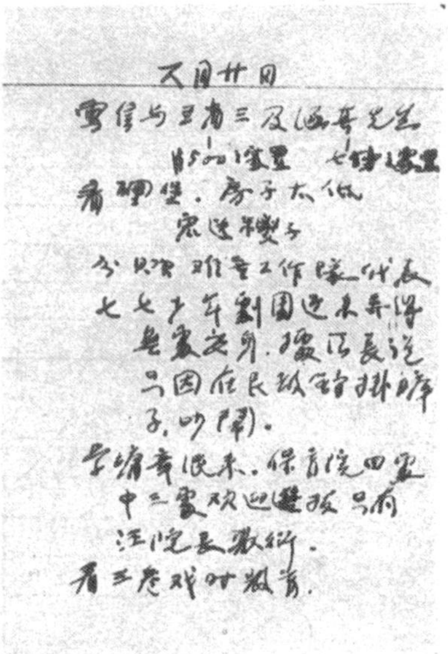
六月廿日
写信与王省三及海寿先生
的信
看硼堡，房子太低
宏达楼子
介绍难童工作队队长
七七十年刘国达来弄得
无家可归，据院长说
只因在民政会排队
了，吵闹。
安娟寿很来，保育院四家
中三家欢迎难孩只有
汪院长敷衍。
看三老戏时教育。

30-052

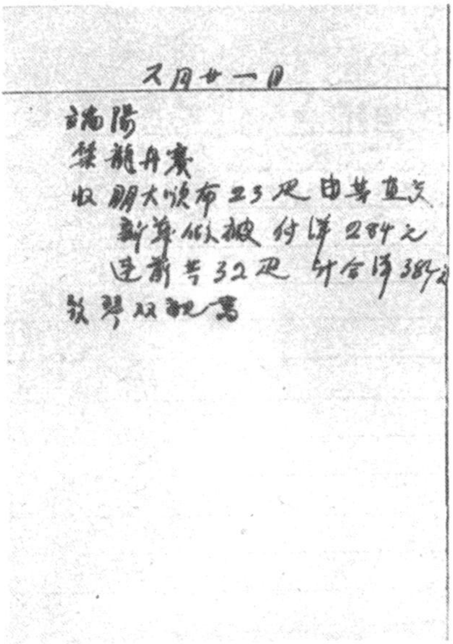
六月廿一日
端阳
禁龙舟赛

30-053

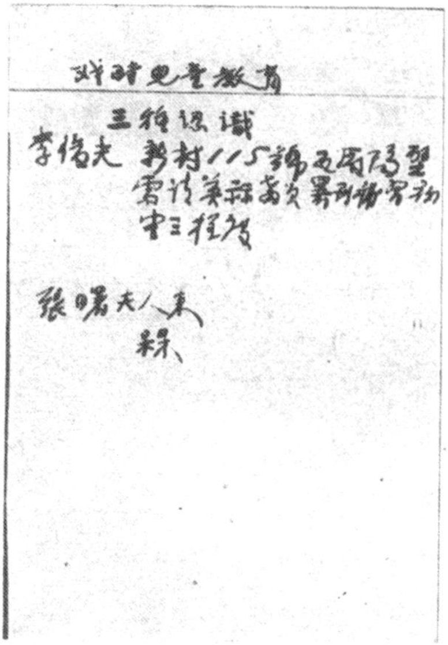
战时儿童教育
三种认识

30-054

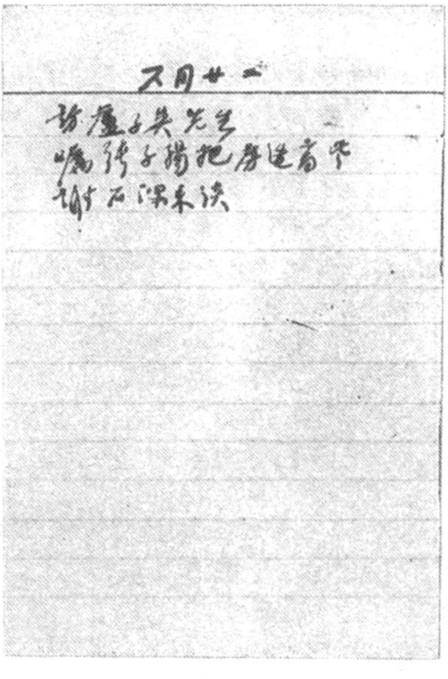
六月廿二

30-055

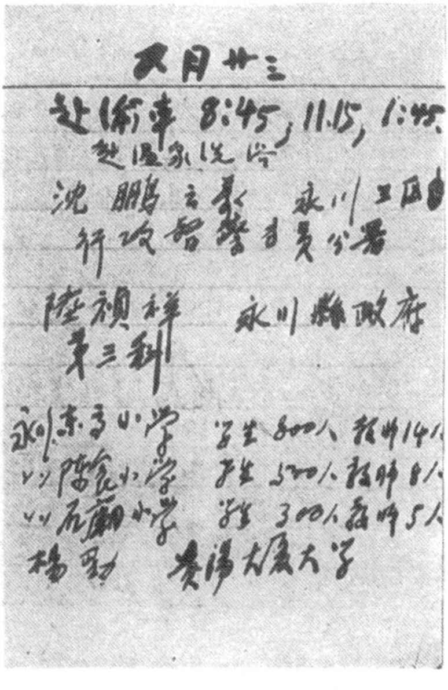
六月廿三
沈鹏云 永川 行政督察专员公署
陆祯祥 永川县政府 第三科
学生800人 教师14人
学生500人 教师8人
学生300人 教师5人

30-056

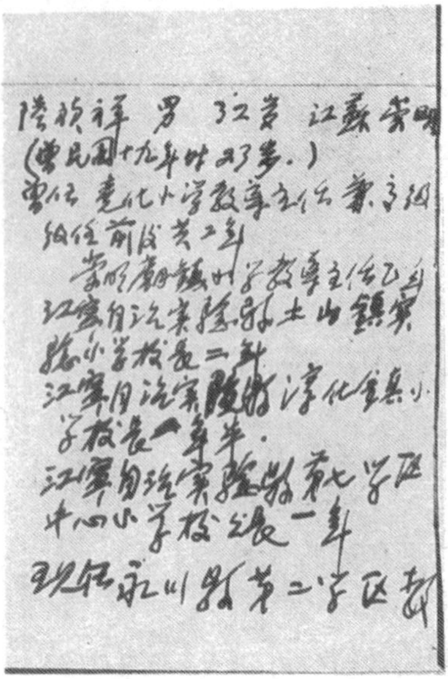
陆畹祥 男 32岁 江苏宝应
(当民国廿九年卅三岁.)
曾任 建化小学教导主任兼高级
级任前后共二年
宝应新镇小学教导主任兼
江宁自治实验县土山镇实
验小学校长二年
江宁自治实验县淳化镇小
学校长一年半.
江宁自治实验县第七学区
中心小学校校长一年
现任永川县第二学区

30-057

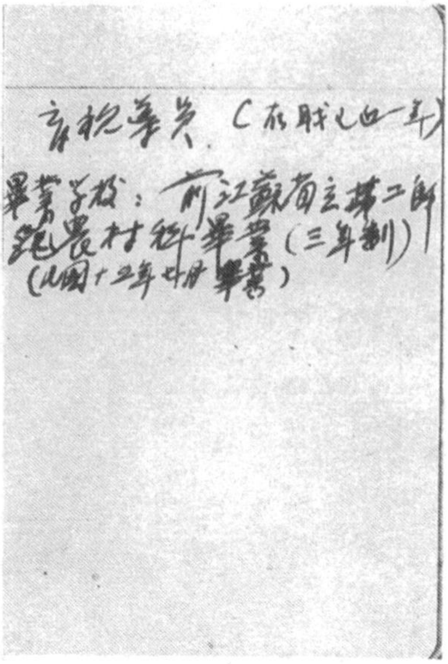
高校毕业 (在职已四年)
毕业学校：前江苏省立第二师
范农村科毕业(三年制)
(民国十二年七月毕业)

30-058

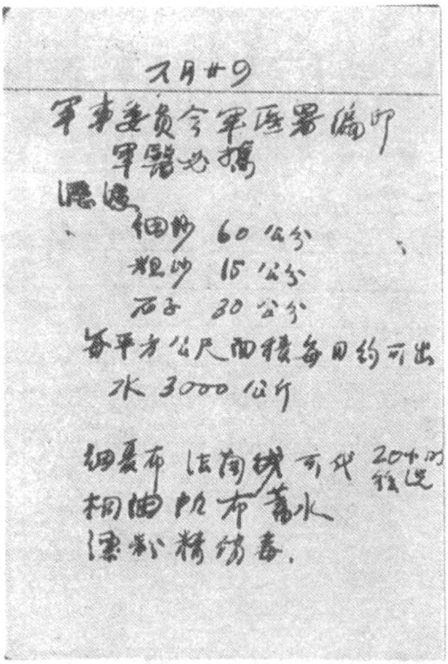
五月廿九
军事委员会军医署编印
军医必携
滤沙
细沙 60公分
粗沙 15公分
石子 30公分
每平方公尺面积每日约可出
水3000公斤
细表布 法兰绒可代 20+以线
棉油帆布蓄水
漂粉精消毒.

30-059

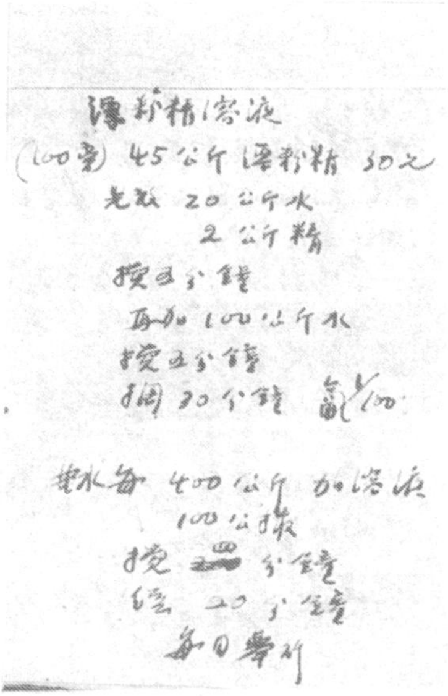
漂粉精溶液
(100毫) 45公斤 漂粉精 30克
先放20公斤水
2公斤精
搅五分钟
再加100公斤水
搅五分钟
搁30分钟 氯1/100
如水每400公斤加溶液
100公撮
搅三分钟
停20分钟
每日常行

30-060

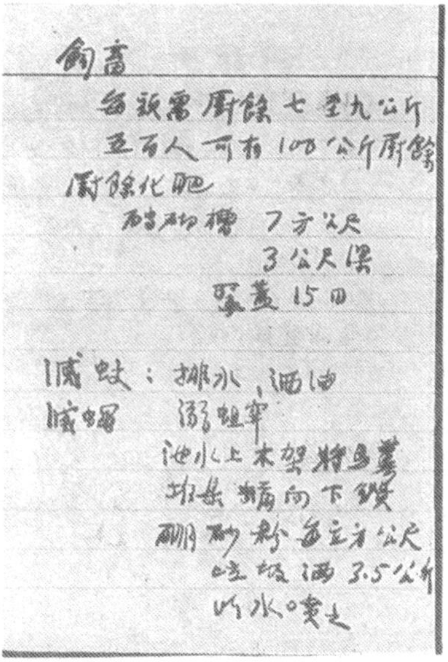

飼畜
每頭需廚餘七至九公斤
五百人可有100公斤廚餘
廚餘化肥
酵酶槽 7立公尺
3公尺深
緊蓋 15日

滅蚊：排水、洒油
滅蠅 瀉糞室
池水上木架豬糞
坑上嵌向下鋪
硼砂 每立方公尺
硫酸洒3.5公斤
以水噴之

30-061

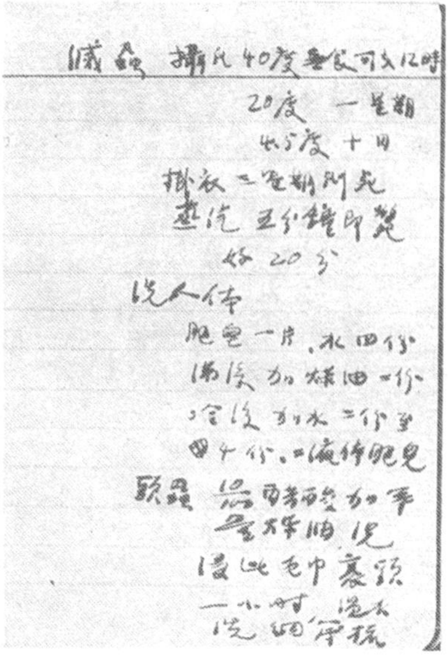

滅蝨 攝氏40度每次可至12時
20度 一星期
45度 十日
排衣三星期則死
熱洗 五分鐘即斃
好 20分
洗人體
肥皂一片，水四份
溶後加煤油一份
冷後加水二份至四十份，噴於肥皂
頭蝨 ……加等量……洗
後以毛巾裹頭
一小時 洗去
洗細篦梳

30-062

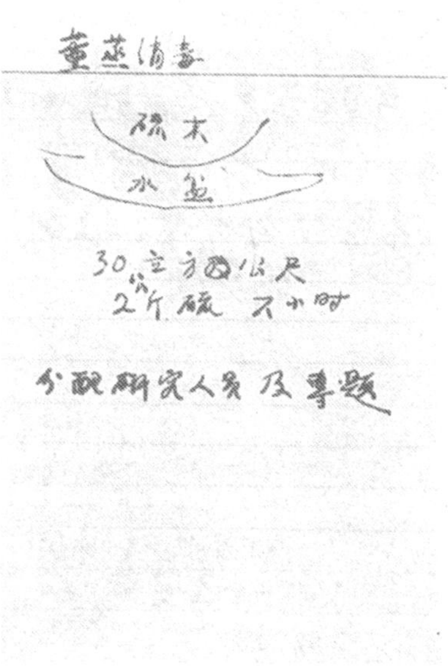



30立方公尺
2公斤硫 X小时

分配研究人員及專題

30-063

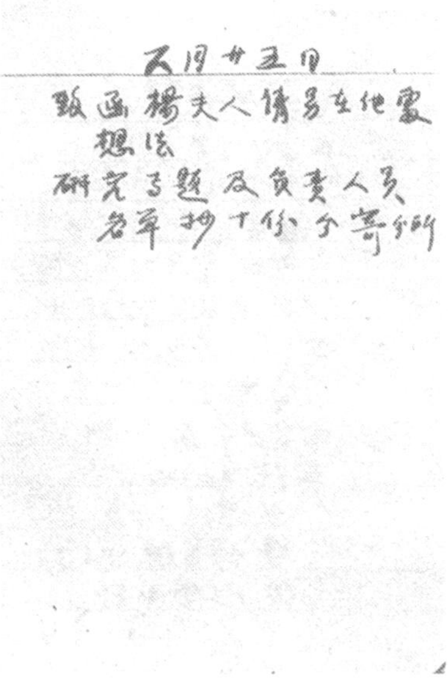

八月廿五日
致函楊夫人請易在他處想法
研究專題及負責人員名單抄十份分寄各處

30-064

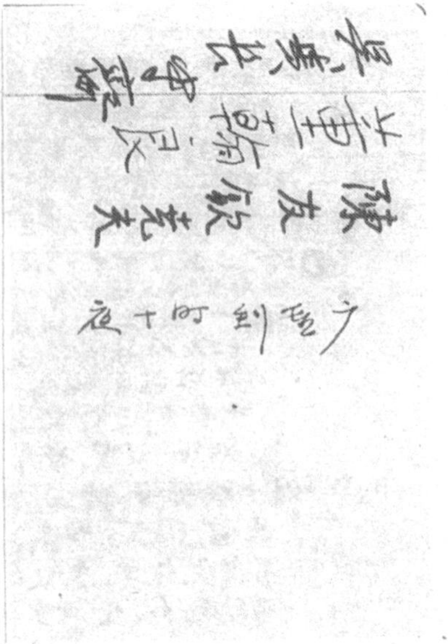

30-065

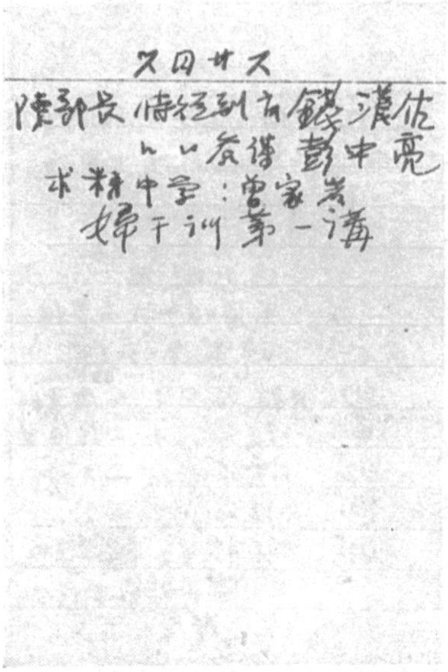

30-066

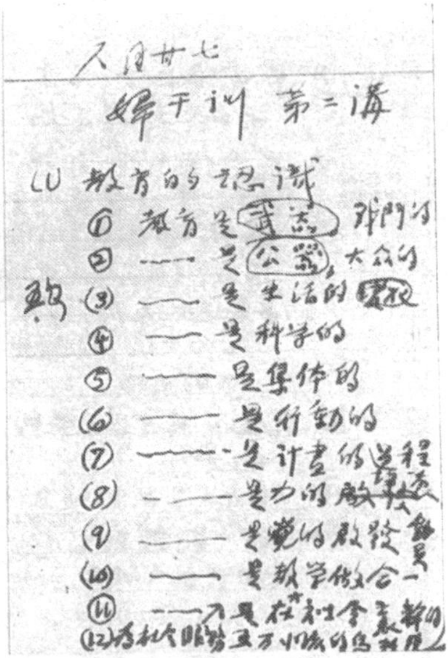

30-067

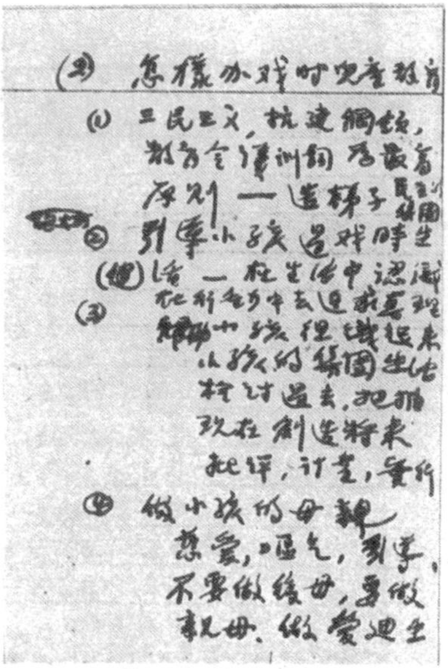

30-068

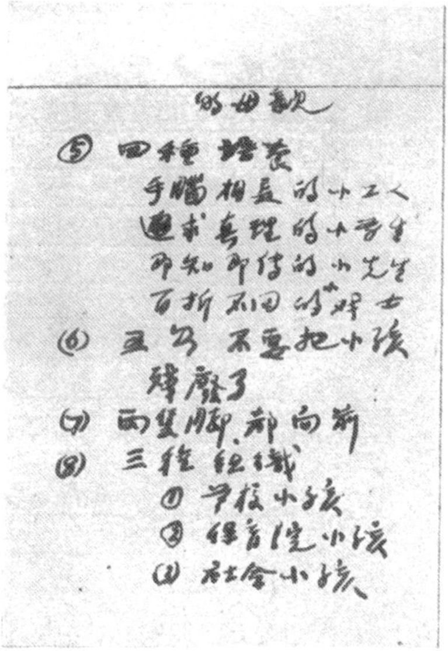

30－069

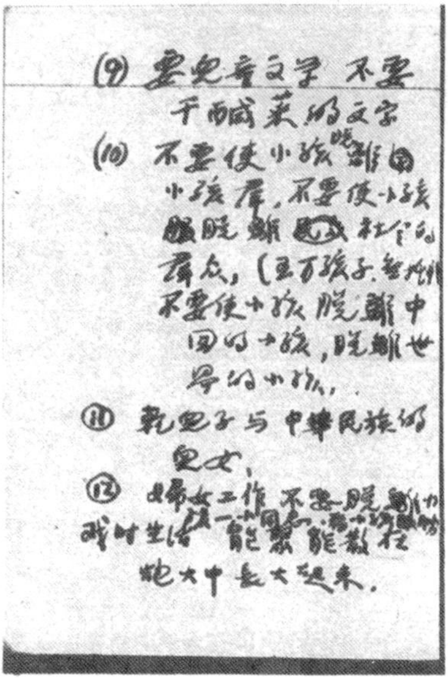

30－070

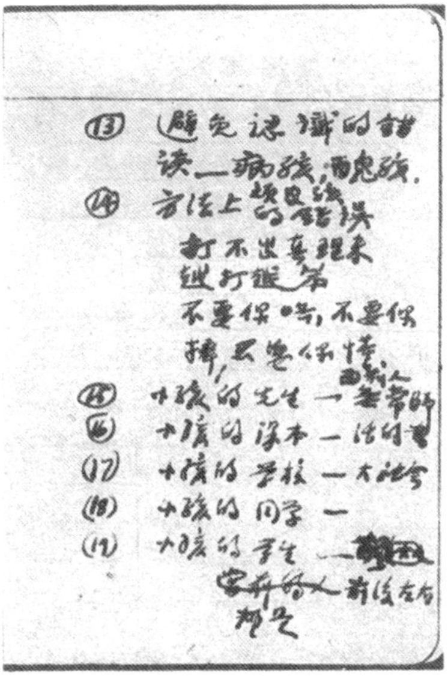

30－071

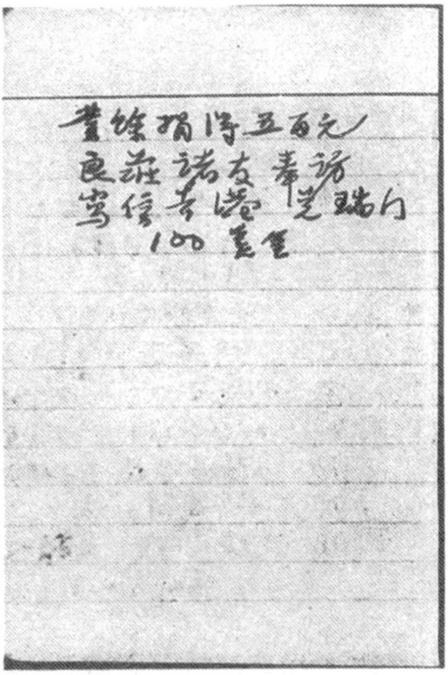

30－072

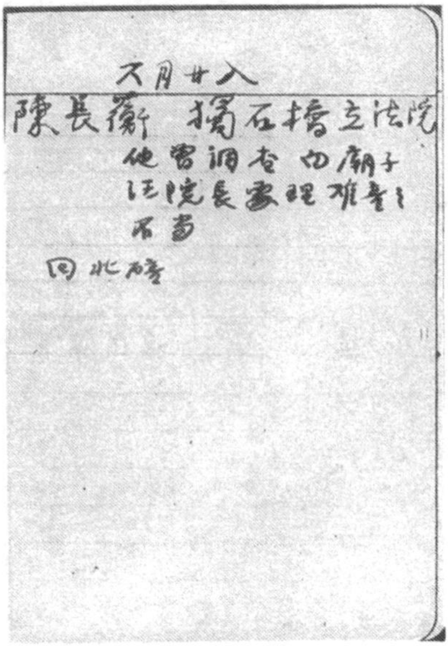

六月廿八
陳長蘅 擬不擔立法院
他曾詢查 四廟子
汪院長處理雅量
不當
回北碚

30-073

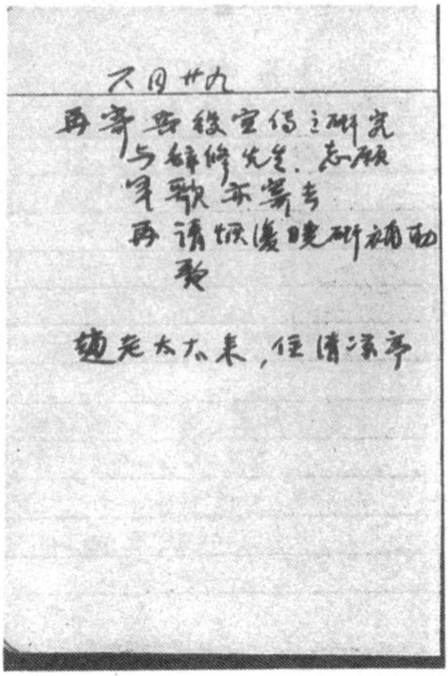

六月廿九
再寄無線電傳之研究
與薛修先生、志願
軍歌等稿
再請戴愛曉研補助
費

趙老太太來，住清溪亭

30-074

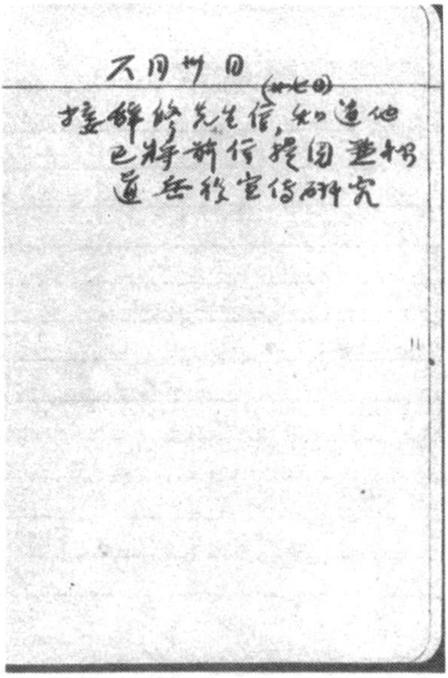

六月卅日
接薛修先生信（廿七日），知道他
已將新行提團並將
道無線電傳研究

30-075

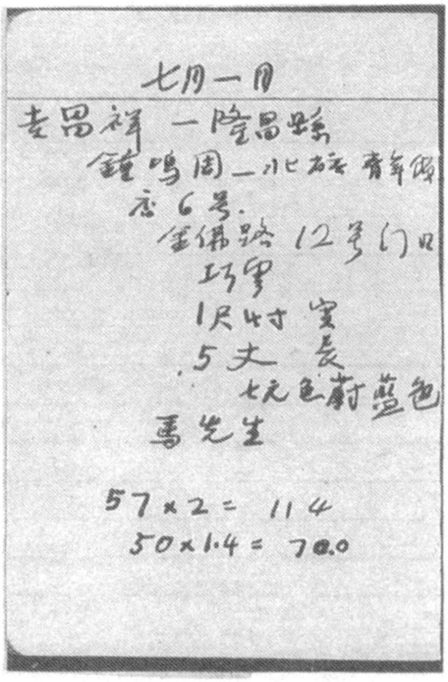

七月一日
袁昌祥 一隆昌縣
鍾鳴岡—北碚 青年服
務6號.
金佛路 12號門口
1尺4寸 寬
.5丈 長
七元色蔚藍色
馮先生

57×2= 114
50×1.4= 70.0

30-076

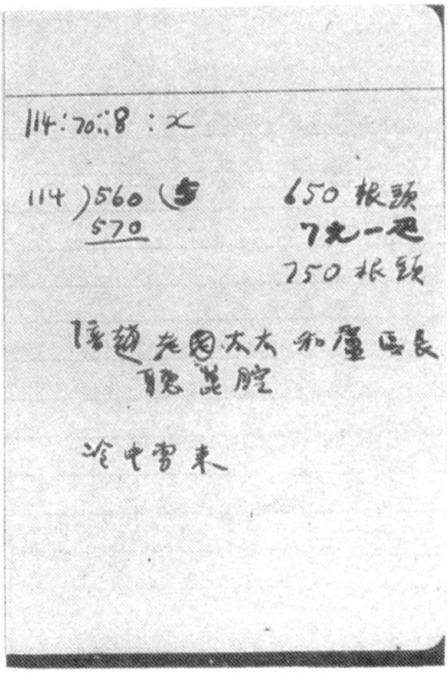
114:70::8:x
114)560(5
570
650 根头
7元一担
750 根头
陪赵老（团）太太和虞区长
听昆腔
冷中当来

30-077

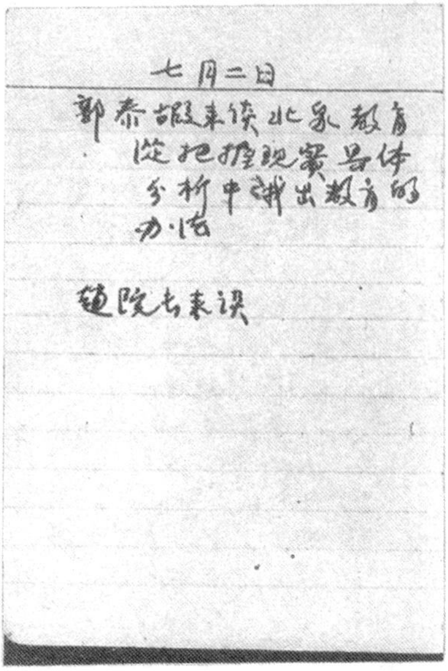
七月二日
郭泰祺来谈北泉教育
从把握现实具体
分析中找出教育的
办法
钱院长来谈

30-078

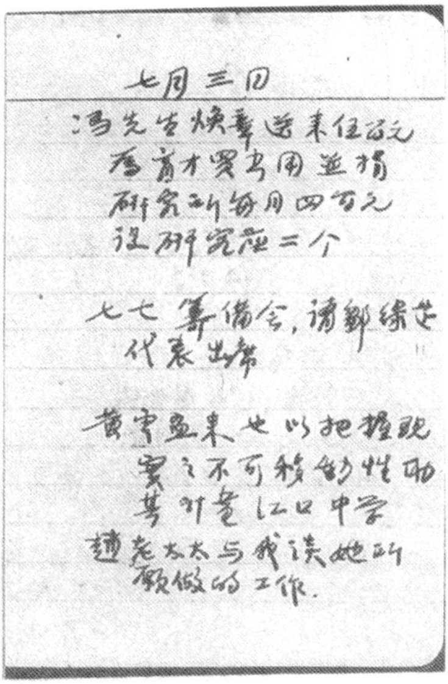
七月三日
冯先生焕章送来伍百元
为育才买书用并捐
研究所每月四百元
设研究座二个
七七筹备会，请郑缘芝
代表出席
黄云盘来也以把握现
实之不可移动性助
募补置江口中学
赵老太太与我谈她所
愿做的工作.

30-079

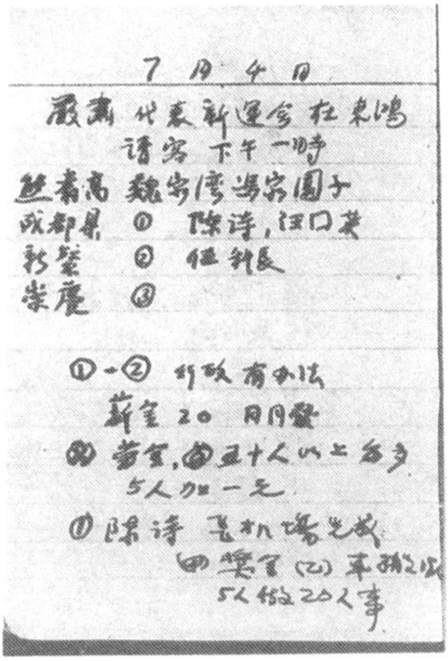
7月4日
严肃 代表新运会在东鸿
请客 下午一时
盐青高 魏家湾冯家园子
成都县 ① 陈诗，江口某
新繁 ② 任科长
崇庆 ③
①—② 行政有办法
薪金20 月月发
③ 当官，五十人以上参多
5人加一元
① 陈诗 飞机场先我
四 乐官（乙）来办之后
5人做20人事

30-080

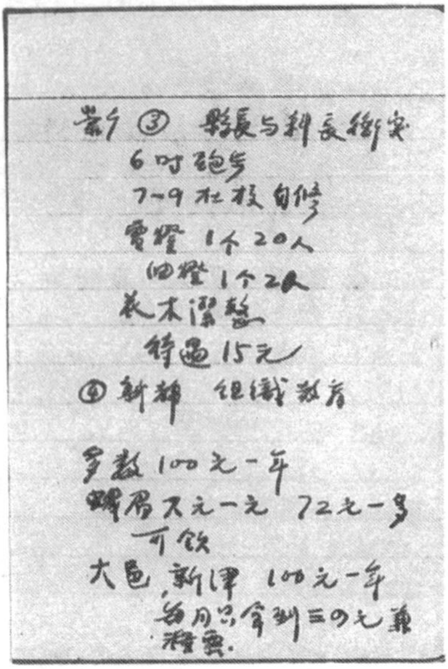

崇[illegible] ③ 县长与科长衝突
6时跑步
7-9 [illegible] 自修
电灯 1个20人
油灯 1个2人
花木深整
待遇15元
④ 新都 组织教育
乡教 100元一年
膳[illegible][illegible]元一[illegible] 72元一[illegible]
可饮
大邑、新津 100元一年
每月只拿到三四元兼
杂费.

30-081

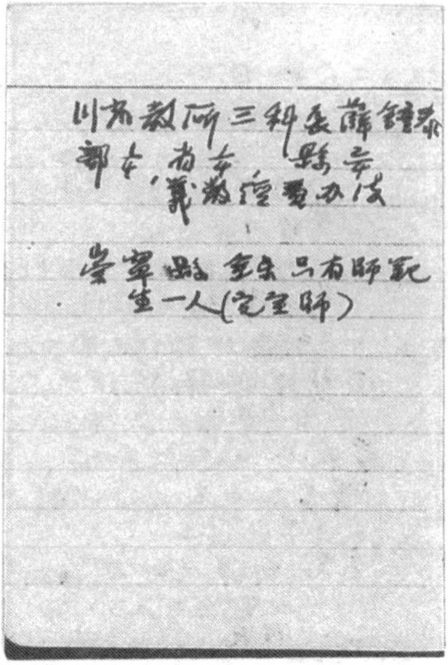

川省教厅三科长薛钟泰
部长，省长，县长
义务教育要办法

崇宁县全县只有师范生一人（完全师）

30-082

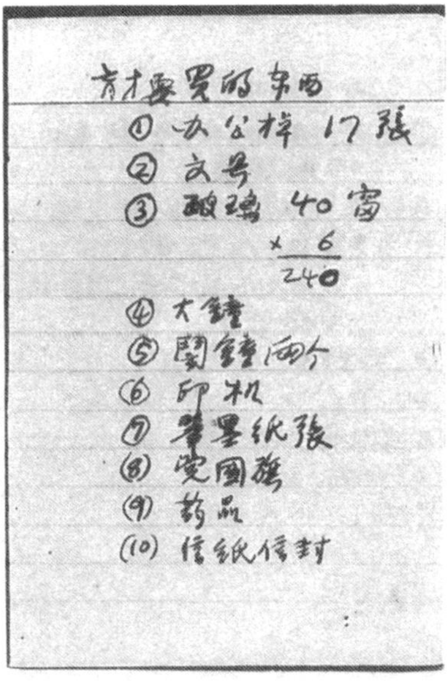

育才要买的东西
① 办公桌 17张
② 文具
③ 玻璃 40窗
×6
240
④ 大钟
⑤ 闹钟两个
⑥ 印机
⑦ 笔墨纸张
⑧ 党国旗
⑨ 药品
(10) 信纸信封

30-083

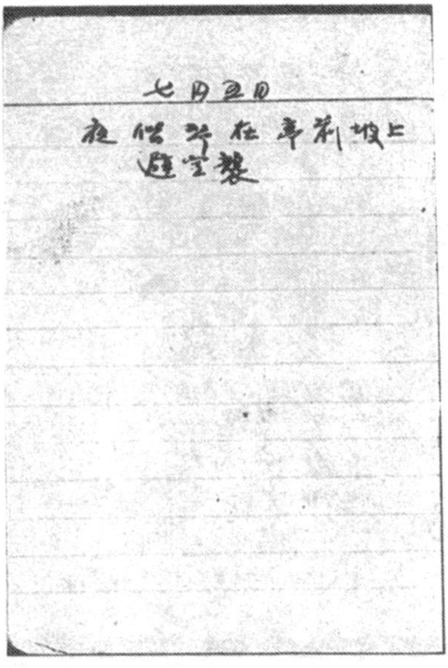

七月三日
夜[illegible][illegible]在[illegible]荆坡上
避空袭

30-084

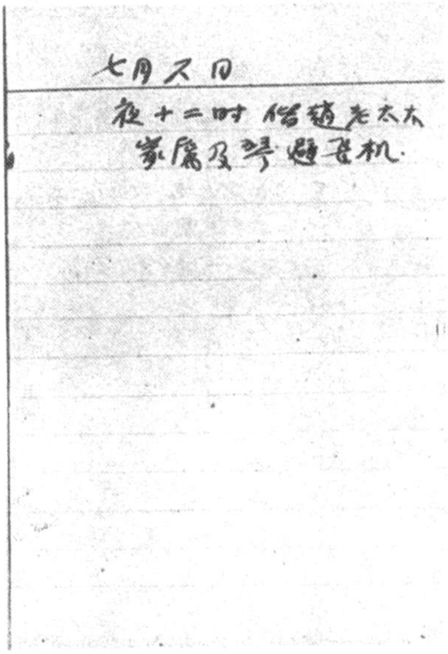
七月六日

夜十二时偕适老太太家属及弓避飞机.

30-085

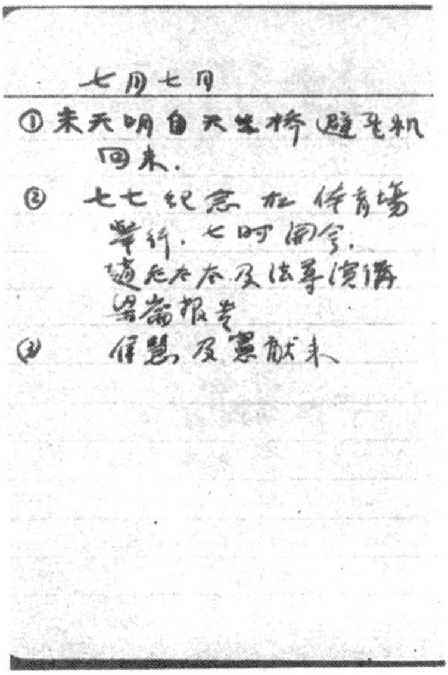
七月七日

① 来天明自天生桥避飞机回来.

② 七七纪念在体育场举行. 七时开会.
适老太太及法尊演讲
吴涵报告

③ 任憩及曼献来

30-086

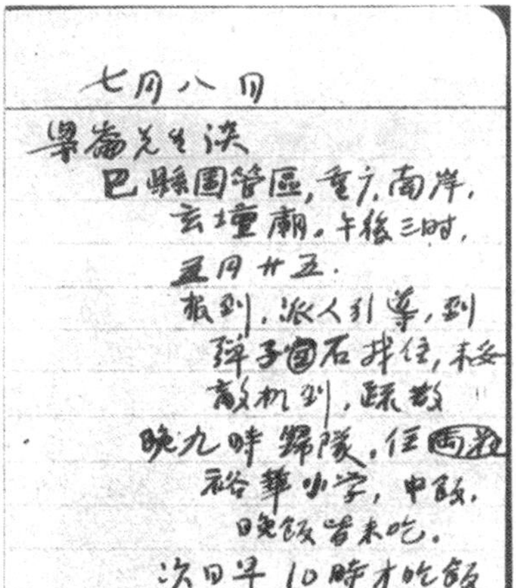
七月八日

吴涵先生谈
巴县团管区，重庆南岸，
玄坛庙。午后三时，
五月廿五.
机到，派人引导，到
弹子石石坪住，未发
散机到，疏散
晚九时归队，住南岸
裕华小学，中饭.
晚饭皆未吃.
次日早10时才吃饭
自办.
廿六早八时罗司令
点名训话

30-087

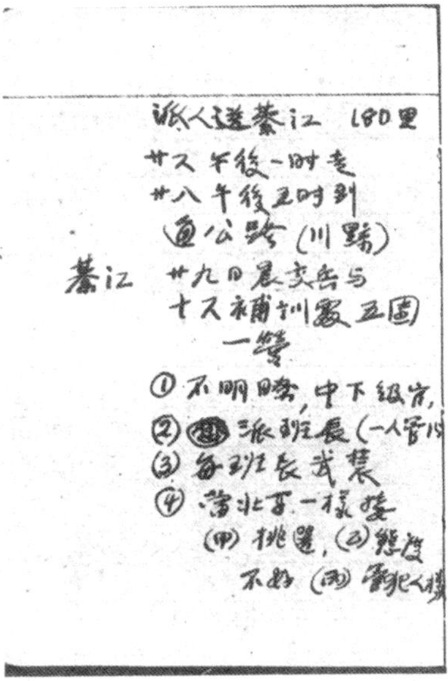
派人送綦江 180里
廿六午后一时走
廿八午后五时到
通公路（川黔）
綦江 廿九日晨交岳与
十六补训处五团
一营
① 不明瞭，中下级官
② (团) 派班长（一人管15
③ 各班长武装
④ 当兆丰一样楼
(甲) 挑选，(乙) 态度
不好 (丙) 管兆人模

30-088

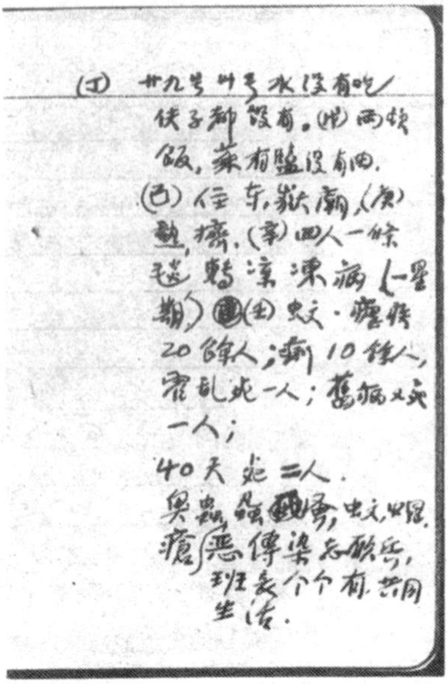

(丁) 廿九号卅号水没有吃，
筷子都没有。(戊) 两顿
饭，菜有盐没有油。
(己) 住东狱庙，(庚)
稻草，(辛) 四人一条
毯。疟疾 痢病（一星
期）(壬) 蚊、疟疾
20余人；痢10余人，
霍乱死一人；旧病又死
一人；
40天死二人。
臭虫、跳蚤、虱子、蚊蝇，
疥疮传染无数兵，
班长个个有，共同
生活。

30-089

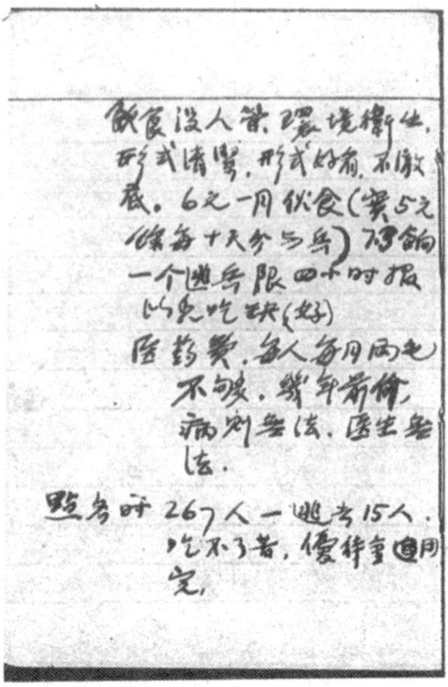

饮食没人管，环境卫生，
形式清洁，形式好看，不彻
底。6元一月伙食（实5元
（余每十天分与兵）不够
一个逃兵限四小时报
以免吃缺（好）
医药费，每人每月两毛
不够，几年前的，
病则无法，医生无
法。
点名时 267人—逃者15人，
吃不了苦，优待金通用
完，

30-090

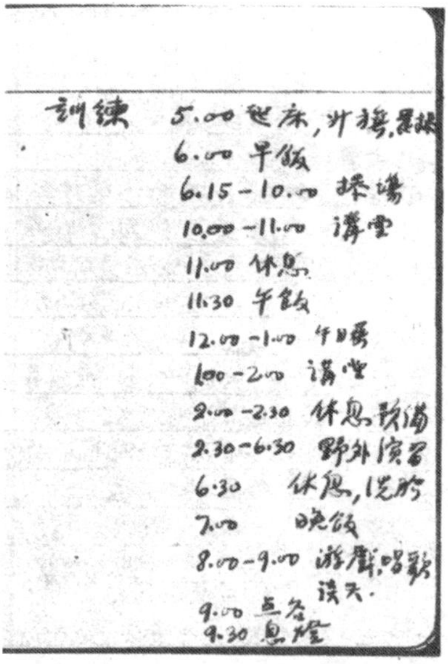

训练 5.00 起床，升旗，早操
6.00 早饭
6.15-10.00 操场
10.00-11.00 讲堂
11.00 休息
11.30 午饭
12.00-1.00 午睡
1.00-2.00 讲堂
2.00-2.30 休息，预备
2.30-6.30 野外演习
6.30 休息，洗脸
7.00 晚饭
8.00-9.00 游戏，唱歌，谈天。
9.00 点名
9.30 息灯

30-091

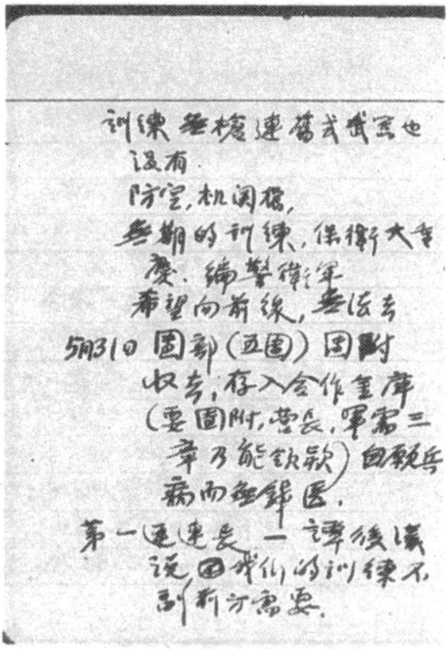

训练无枪，连旧式武器也
没有
防空，机关枪，
无期的训练，保卫大重
庆，编警卫军
希望向前线，无法去
5月31日 团部（五团）团附
收去，存入合作社库
（要团附，营长，军需三
章乃能领款）白颜兵
病而无钱医。
第一连连长—谭绩议
说我们的训练不
副前方需要。

30-092

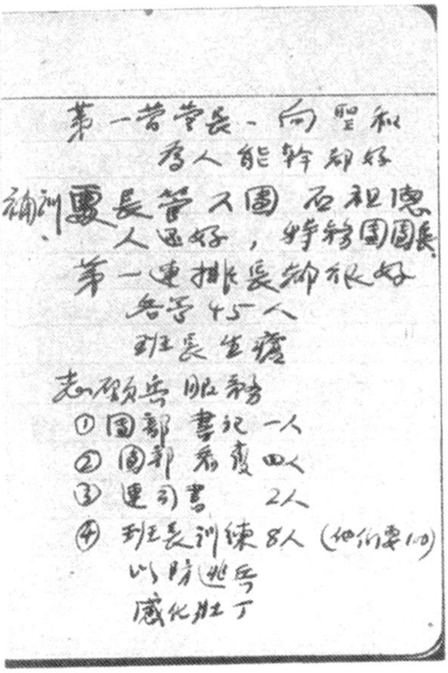

第一营营长 向圣和
为人能干都好
补训团長管不团 石祖德
人品好，干部团团長
第一连排長都很好
各营45人
班長缺少
志愿兵服务
①团部书记一人
②团部看护四人
③连司书 2人
④到班長训练8人（他们要100）
以防逃兵
感化壮丁

30-093

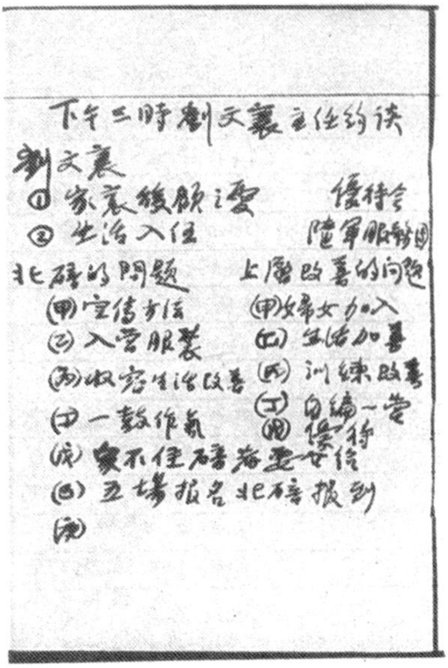

下午三時劉文襄主任约谈
劉文襄
①家属优待之要 优待会
②生活入伍 陆军服务团
北碚的問题 上層改善的问题
(甲)宣传方法 (甲)妇女加入
(乙)入营服装 (乙)生活加善
(丙)收容生活改善 (丙)训练改善
(丁)一致作氣 (丁)自编一营
(戊)家不住碚者要安信 (戊)优待
(己)五场报名北碚报到
(庚)

30-094

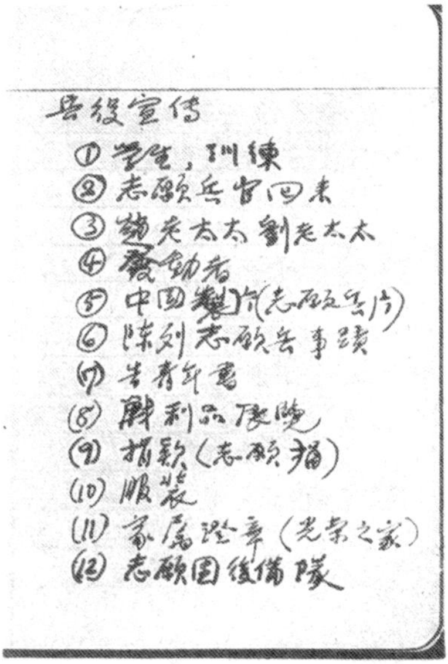

兵役宣传
①学生，训練
②志愿兵省回来
③魏老太太刘老太太
④发动者
⑤中国影片(志愿兵片)
⑥陈列志愿兵事迹
⑦告青年书
⑧胜利品展览
⑨捐款（志愿捐）
⑩服装
⑪家属证章（光荣之家）
⑫志愿团後備隊

30-095

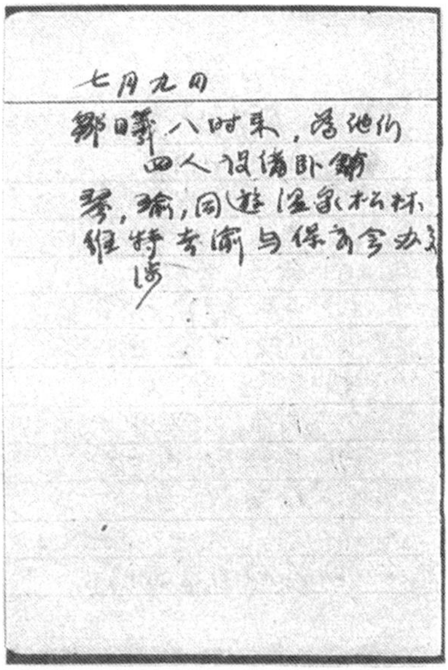

七月九日
鄭曦八时来，为他们
四人设备卧铺
琴，瑜，同游温泉松林
维特考虑与保育会办法
问

30-096

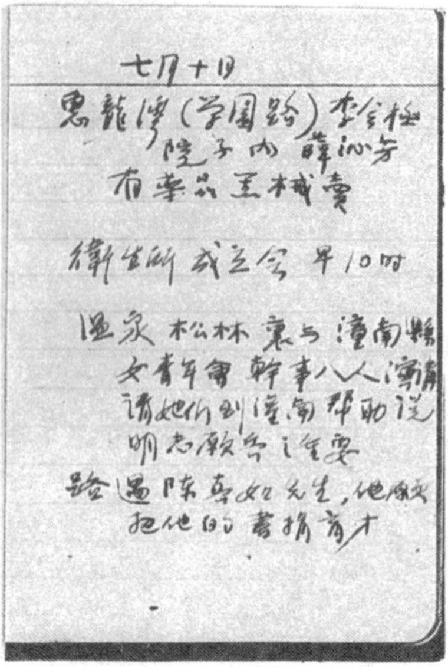

七月十日
思龙湾(学园路)李公樾
院子内 薛沁芬
布业公会王械贵

卫生所成立会 早10时

温泉 松林 袁与潼南县
女青年会干事八人谈
请她们到潼南帮助从
明志厂参之至要
路遇陈亭如先生,他愿
把他的书捐育才

30-097

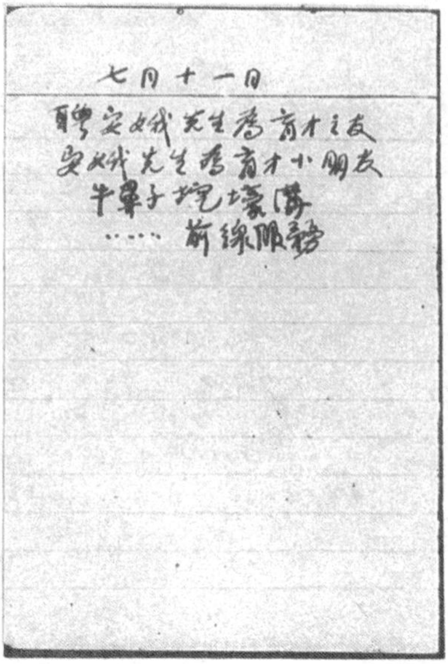

七月十一日
聘安娥先生为育才之友
安娥先生为育才小朋友
半辈子埋坟墓
…… 前线服务

30-098

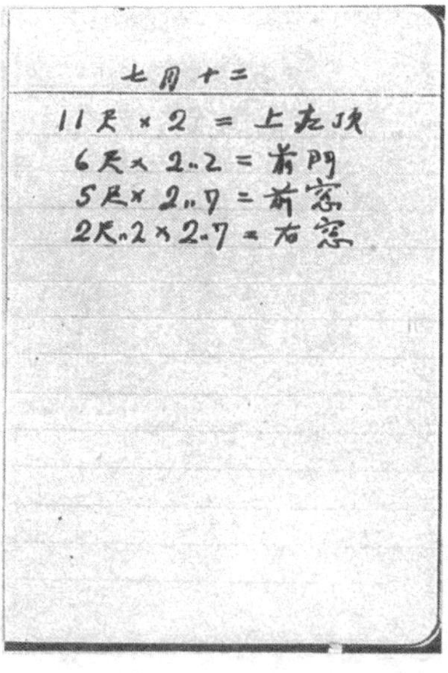

七月十二
11尺×2 = 上左块
6尺×2.2 = 前门
5尺×2.7 = 前窗
2尺.2×2.7 = 右窗

30-099

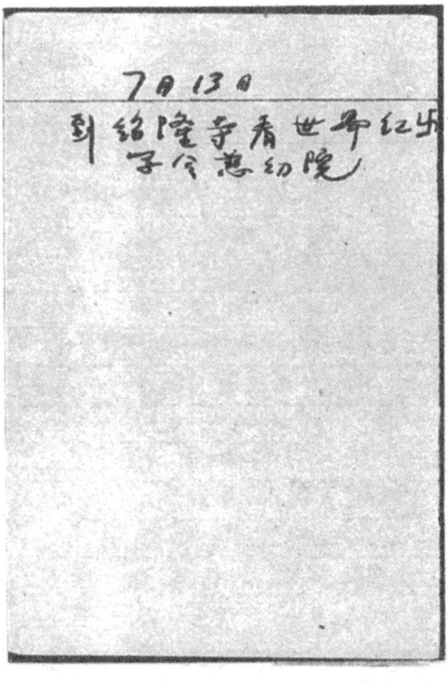

7月13日
到绍隆寺看世界红卍
字会慈幼院

30-100

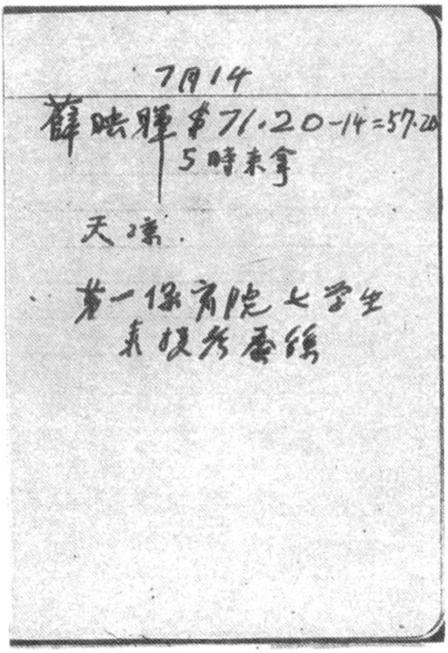
7月14
薛畊莘 $71.20-14=57.20
5時来拿
天凉
第一保育院七学生
来投考画练

30-101

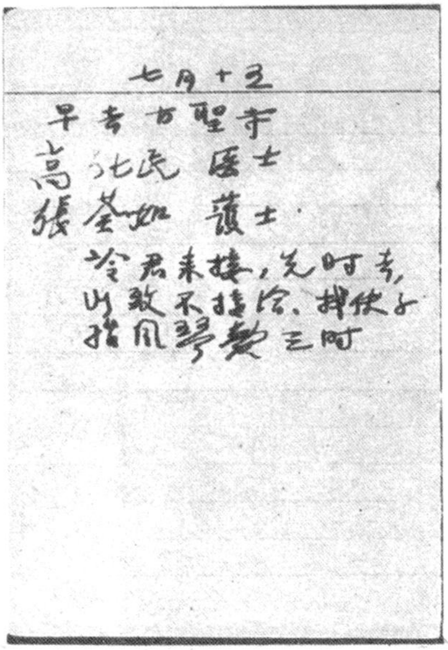
七月十五
早去古圣寺
高灵虎 医士
张荃如 护士
冷君来接，先时去，
此致不接冷，拜伏了
指风琴教三时

30-102

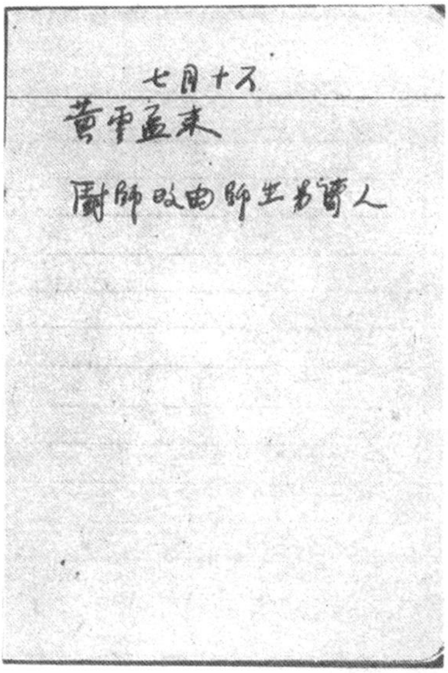
七月十六
黄平孟来
厨师改由师生为请人

30-103

七月十七日
预备交代监视木料
招待社员
招待难童

30-104

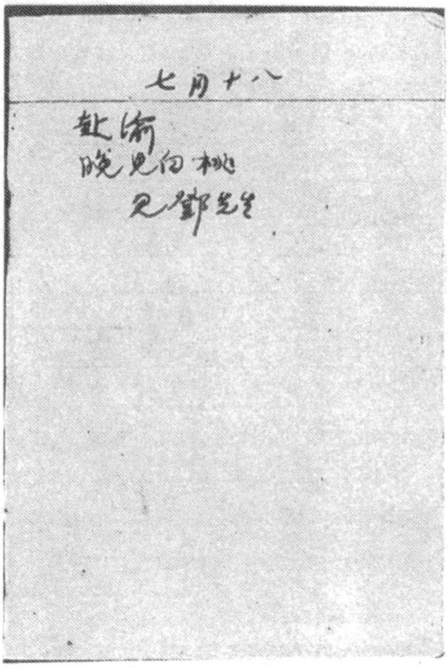
七月十八

赴渝

晚见白桃

见鄧先生

30-105

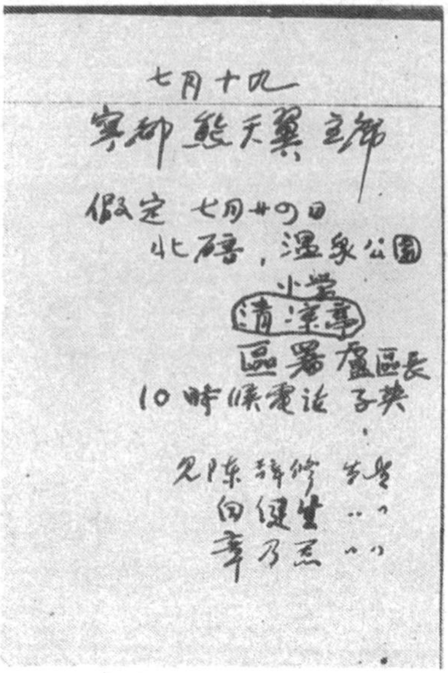
七月十九

寄熊天翼主席

假定 七月廿四日

北碚，温泉公园

小学

清凉亭

區署盧區長

10时候电话 子英

见陈辞修 先生

白健生 〃

李乃光 〃

30-106

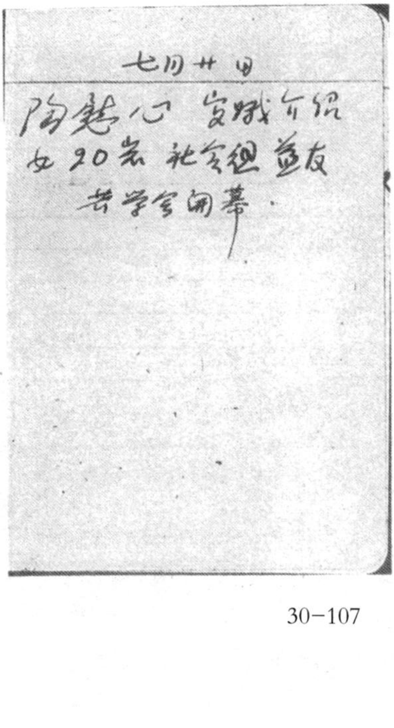
七月廿日

陶慈心 安徽介绍

女 20岁 社会组 益友

专学会开幕

30-107

七月廿一

劉周玉福 — 劉样坊

文星镇 — 滨溪

第一保育院 王继东

30-108

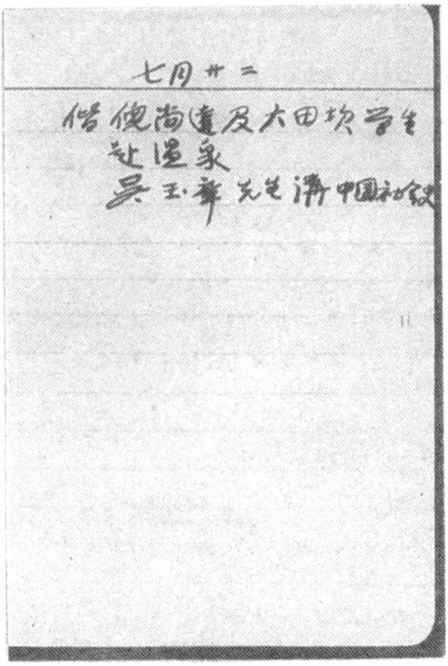

七月廿二

偕倪尚达及大田坎学生
赴温泉
吴玉章先生讲中国社会

30-109

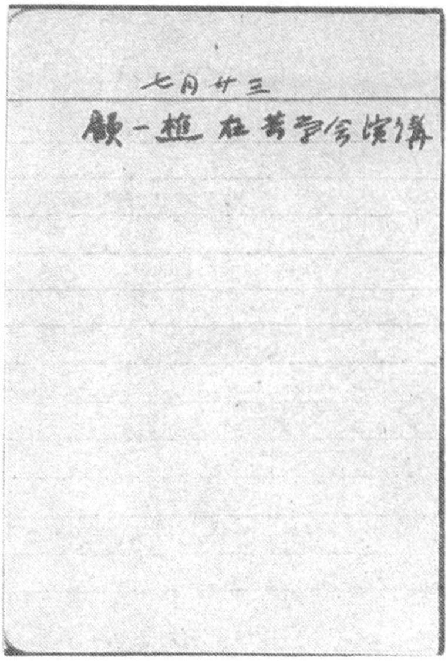

七月廿三

顾一樵在黄学会演讲

30-110

七月廿四

向健生有电话说今天
不能来

30-111

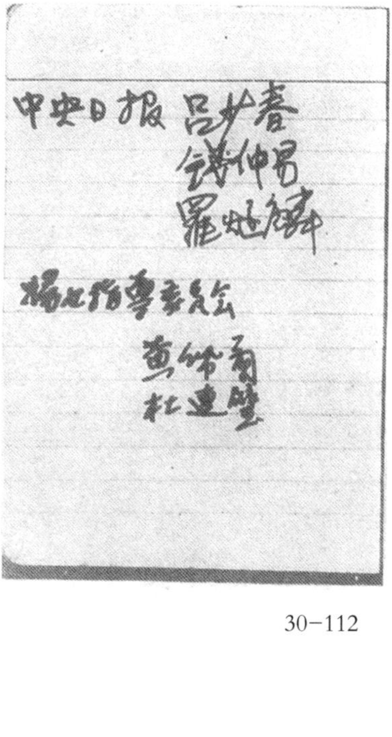

中央日报 吕春
钱仲易

妇女指导委员会

30-112

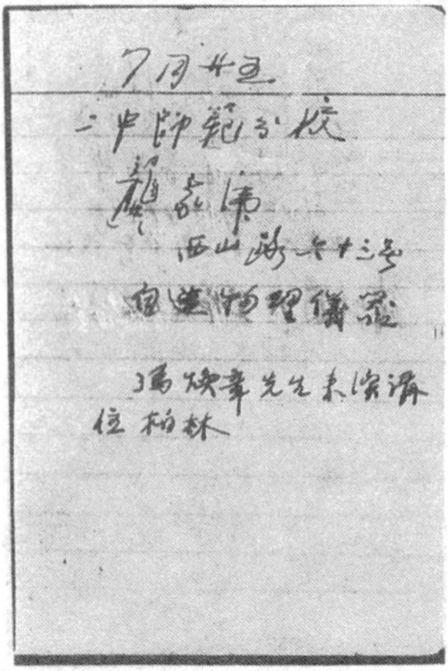

7月廿五
二中师范分校
西山路七十三号
应用物理仪器
冯焕章先生来演讲

30-113

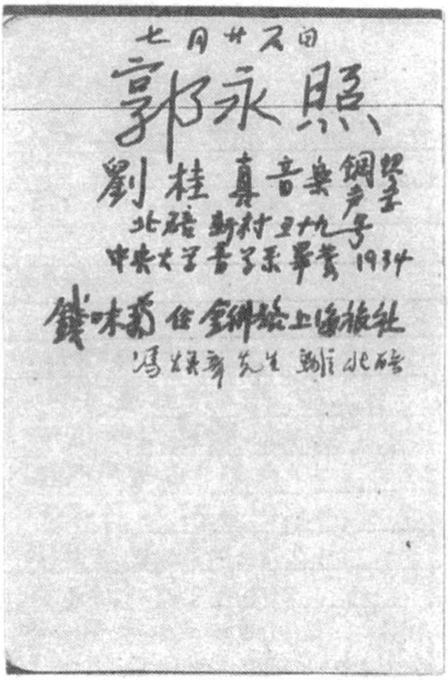

七月廿六日
郭永照
刘桂真 音乐钢琴声乐
北碚新村五十九号
中央大学音乐系毕业 1934
钱味菊 住 上海旅社
冯焕章先生离北碚

30-114

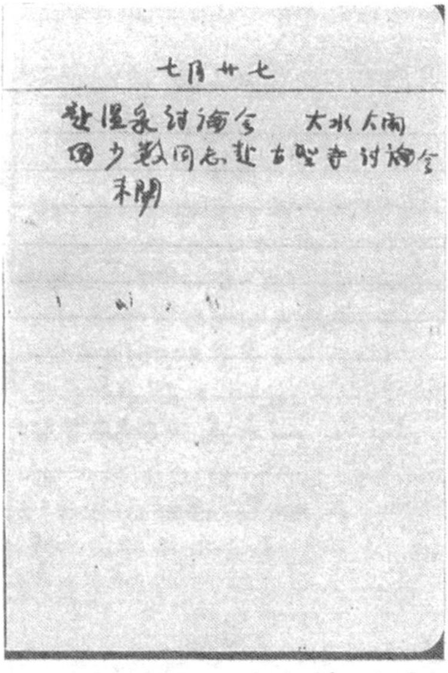

七月廿七
赴温泉讨论会 大水大雨
因少数同志赴古圣寺讨论会
未开

30-115

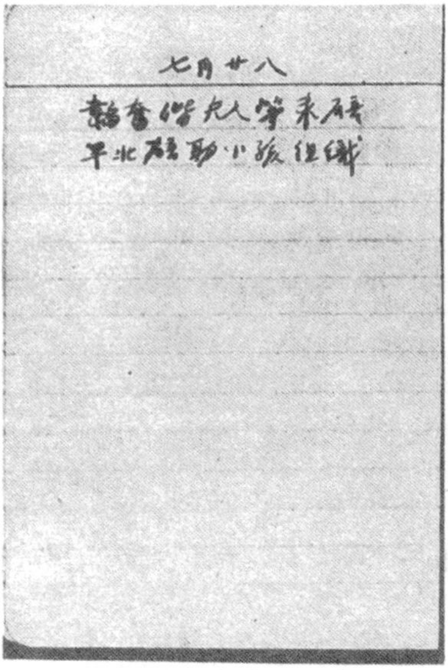

七月廿八

30-116

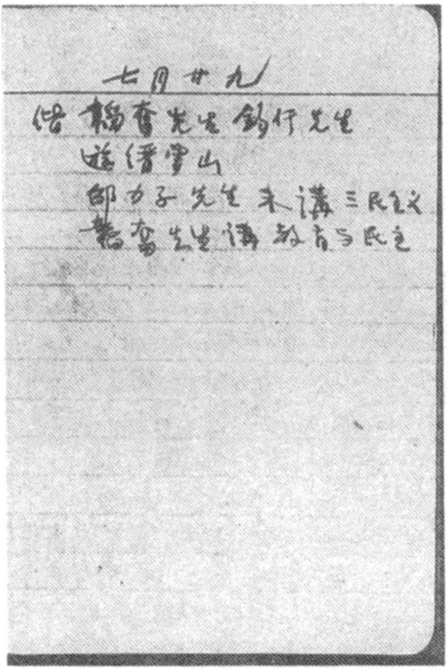

七月廿九
偕韬奋先生、钧行先生
游缙云山
邵力子先生来讲三民主义
韬奋先生讲教育与民主

30-117

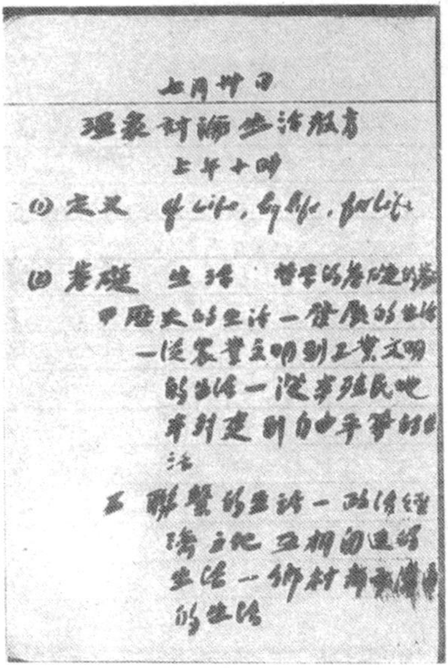

七月卅日
理论讨论生活教育
上午十时
(1) 定义 生 life, [illegible]
(2) 考察 生活 哲学的各种[illegible]
甲 历史的生活—发展的生活
—从农业文明到工业文明的生活—从半殖民地半封建到自由平等的生活
乙 联系的生活—政治经济文化互相关连的生活—[illegible]的生活

30-118

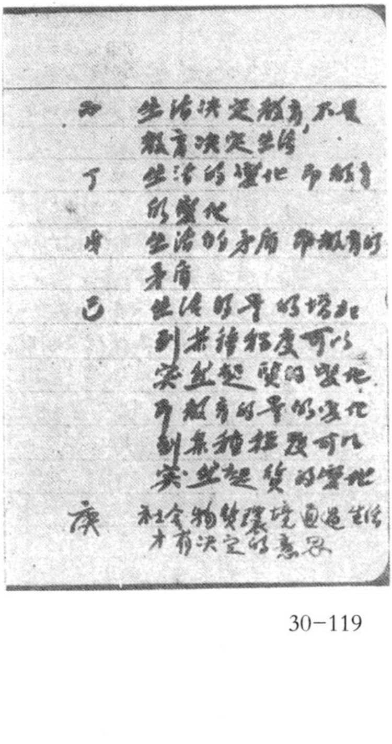

丙 生活决定教育，不是教育决定生活
丁 生活的变化即教育的变化
戊 生活的矛盾即教育的矛盾
己 生活的平的增加到某种程度可以突然起质的变化，即教育的平的变化到某种程度可以突然起质的变化
庚 社会物质环境通过生活才有决定的意义

30-119

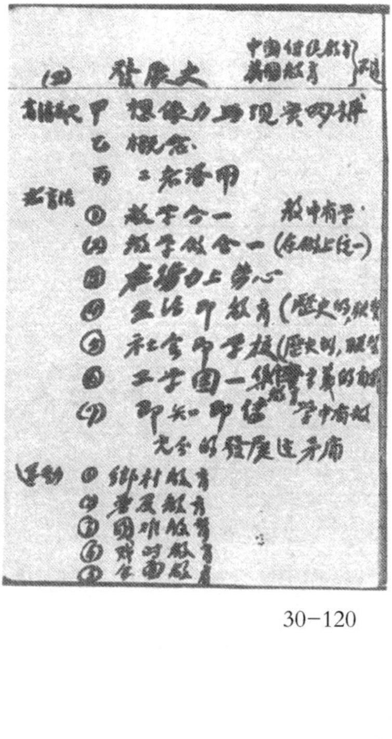

(3) 发展史 中国传统教育 英国教育 [illegible]
甲 想像力与现实的[illegible]
乙 概念
丙 三字经
① 教学合一 教中有学
② 教学做合一（[illegible]）
③ 在劳力上劳心
④ 生活即教育（历史的[illegible]）
⑤ 社会即学校（历史的[illegible]）
⑥ 工学团—[illegible]
⑦ 即知即传 [illegible]
[illegible]的发展近矛盾
① 乡村教育
② 普及教育
③ 国难教育
④ 战时教育
⑤ 全面教育

30-120

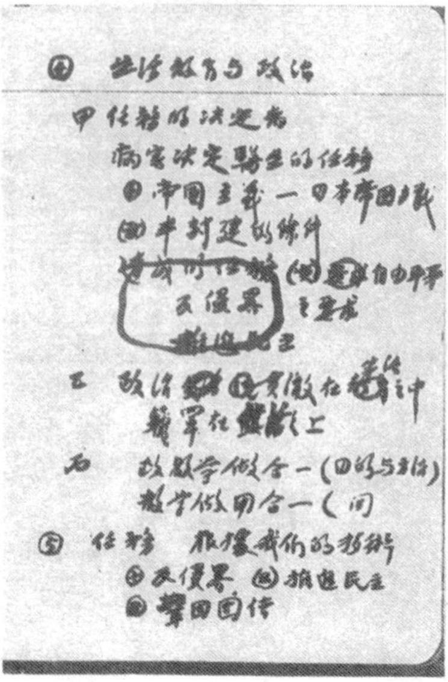
(四) 生活教育与政治
甲 任务的决定者
敌害决定我们的任务
(一) 帝国主义—日本帝国主义
(二) 半封建的残余
丙 政教学做合一
教学做合一
(五) 任务 根据我们的
(一) 反侵略 (二) 推进民主

30-121

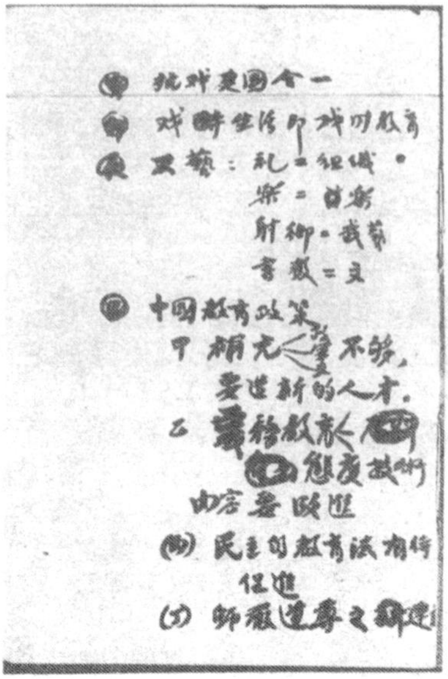
抗战建国合一
战时生活即战时教育
六艺：礼＝组织
乐＝音乐
射御＝武艺
书数＝文
中国教育政策
不够，
要造新的人才。
态度技术
民主的教育

30-122

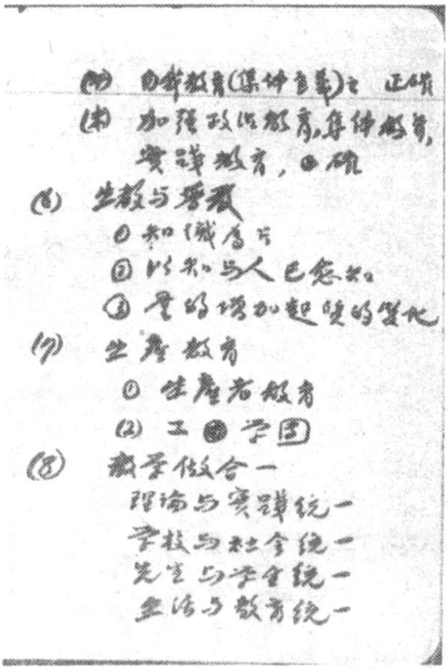
加强政治教育，集体教育，
实践教育，
(七) 生产教育
① 生产者教育
(八) 教学做合一
理论与实践统一
学校与社会统一
先生与学生统一
生活与教育统一

30-123

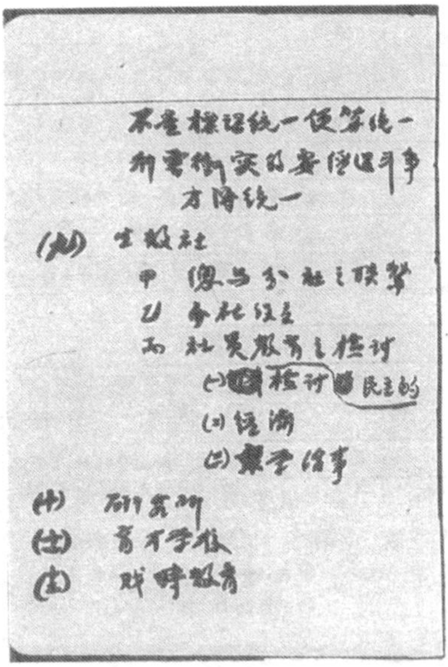
方能统一
民主的
(十) 研究所
(十一) 育才学校
(十二) 战时教育

30-124

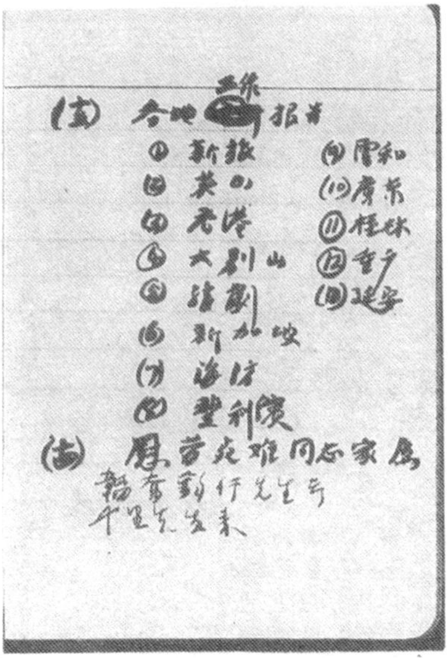
(十五) 今晚工作报告
(一) 新报 (二) 英□ (三) 香港 (四) 大别山 (五) 话剧 (六) 新加坡 (七) 海防
(十一) 桂林 (十二) 重庆 (十三) 延安
(十六) 慰前方死难同志家属

30-125

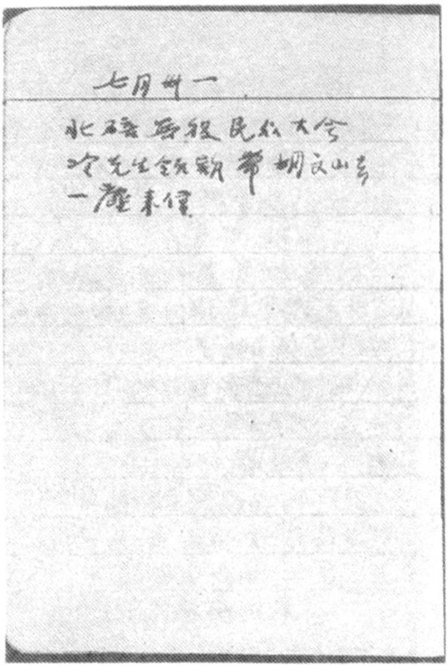
七月卅一
北碚 无线民众大会

30-126

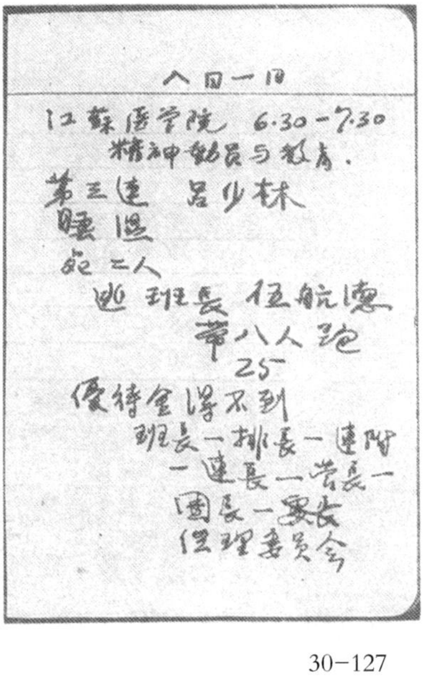
八月一日
江苏医学院 6.30-7.30
精神动员与教育.
第三连 吕少林
睡过
死二人
逃 班長 伍航德
带八人跑
25
优待金得不到
班長—排長—連附
—連長—營長—
團長—處長
經理委員会

30-127

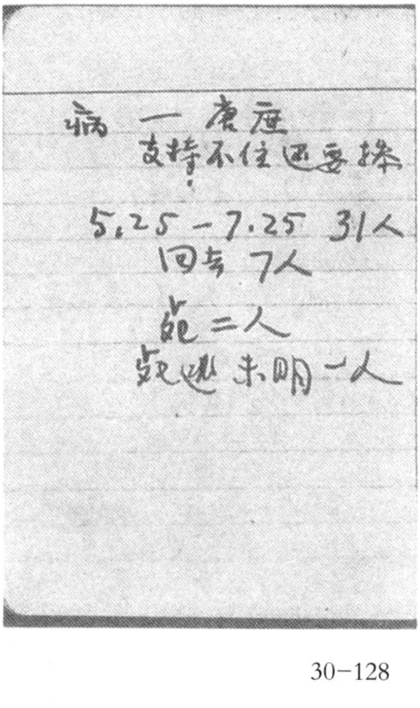
病—虐疾
支持不住逃要緊
5.25-7.25 31人
回去 7人
死二人
死逃未明一人

30-128

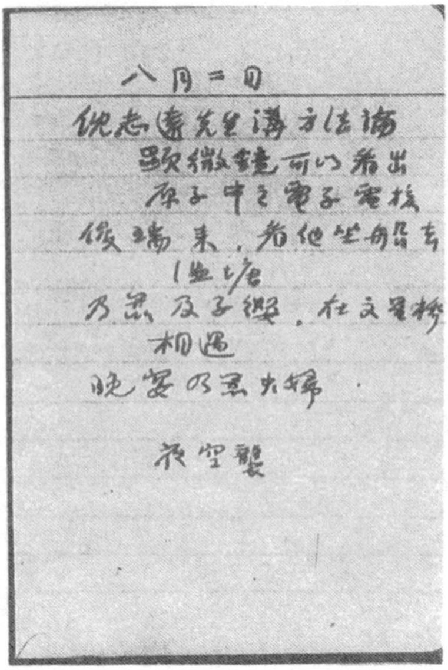

八月二日
倪志先生講方法論
顯微鏡可以看出
原子中之電子電核
俊瑞來，看他坐船去
1點1/2
乃器及子纓，在文星橋
相遇
晚宴乃器夫婦
夜空襲

30-129

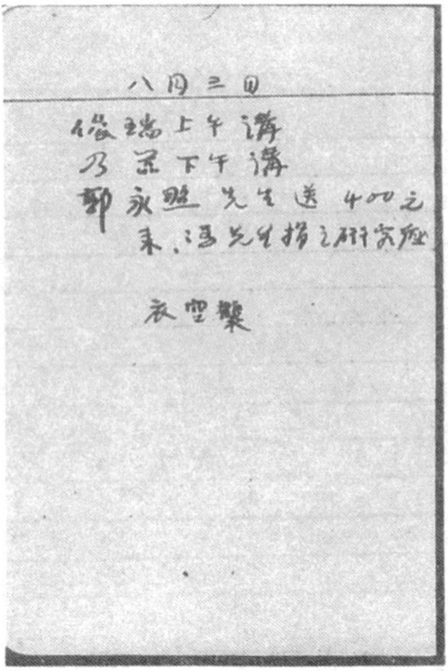

八月三日
俊瑞上午講
乃器下午講
鄭永照先生送400元
來，為先生捐之研究所
夜空襲

30-130

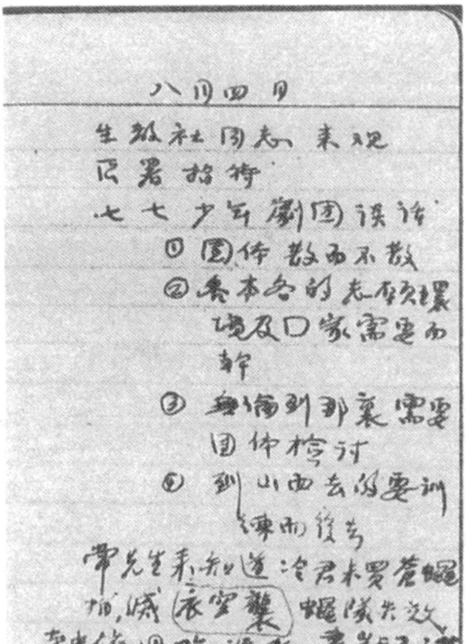

八月四日
生教社同志來現
民君招待
七七少年劇團談話
①團体散而不散
②要本合的去顧環
境及國家需要而
幹
③無論到那裏需要
團体檢討
④到山西去的要訓
練而後去
常先生來知道冷君木買蒼蠅
拍，滅（夜空襲）蠅隊失效
亭中依旧吃涼水，書默子講
且關安如此。

30-131

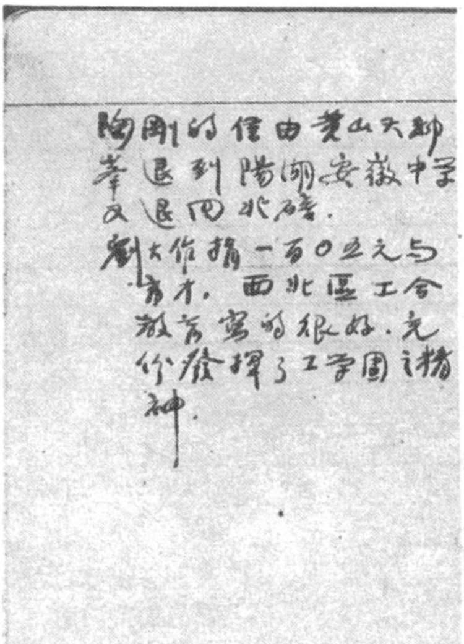

陶剛的信由黃山大聯
苹退到陽湖安徽中學
又退回北碚。
劉大作捐一百〇五元與
育才。西北區工合
教育寫的很好，充
分發揮了工學團之精
神。

30-132

八月五日

与学会参观古圣寺

30-133

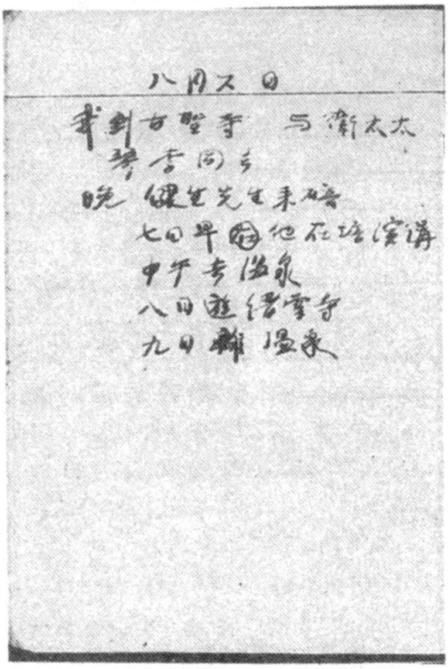

八月六日

来到古圣寺 与卫太太
琴音同去
晚 健生先生来谈
七日早[illegible]他在培演讲
中午去温泉
八日游缙云寺
九日离温泉

30-134

八月十一日

偕卫太太、李清扬参观古圣寺
与放映队友谈卫生与
抗战。

30-135

八月十八

30-136

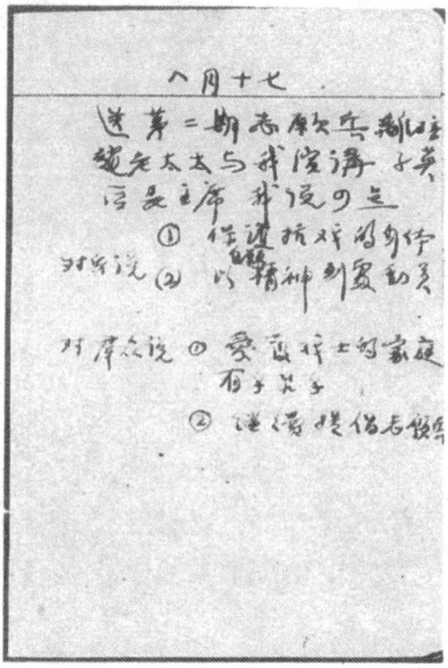
八月十七

30-137

八月十八

30-138

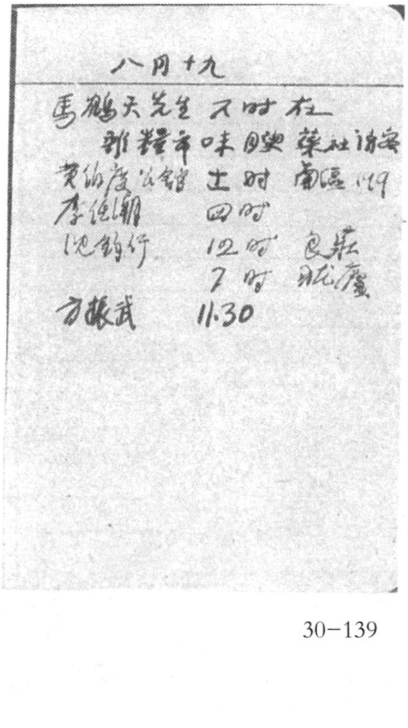
八月十九

30-139

八月廿日

30-140

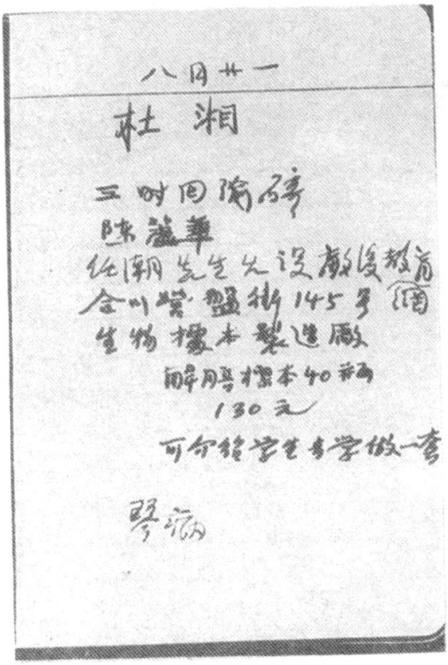
八月廿一
杜湘
三时回北碚
陈蕴华
纪潮先生欠设敌后教育
合川瑞盟街145号（同）
生物标本制造厂
解剖标本40种
130元
可令结学生去学做一套
琴病

30-141

八月廿二
琴病

30-142

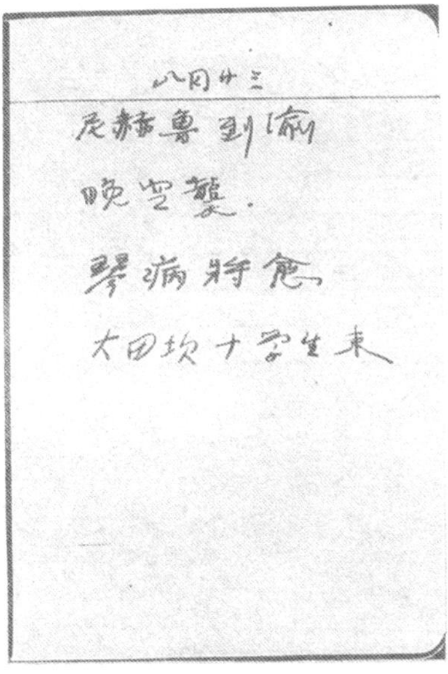
八月廿三
丘赫尊到渝
晚空袭.
琴病将愈
大田坎十学生来

30-143

八月廿四
刘露来

30-144

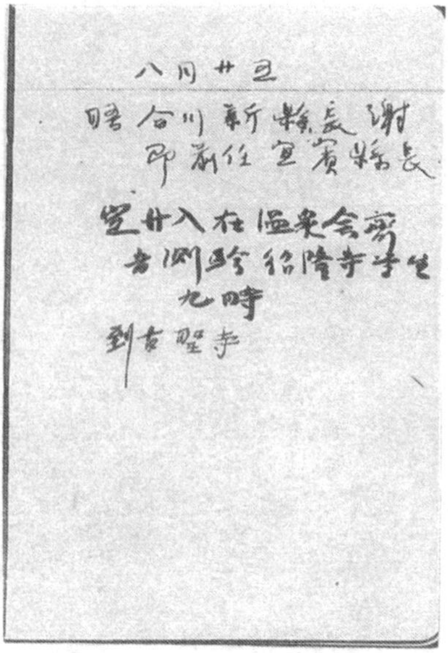
八月廿五
晤合川新县长谢
即前任宜宾县长
定廿八在温泉会审
查测验给隆寺学生
九时
到古圣寺

30-145

八月廿六
会见朱大夫，森林博士

30-146

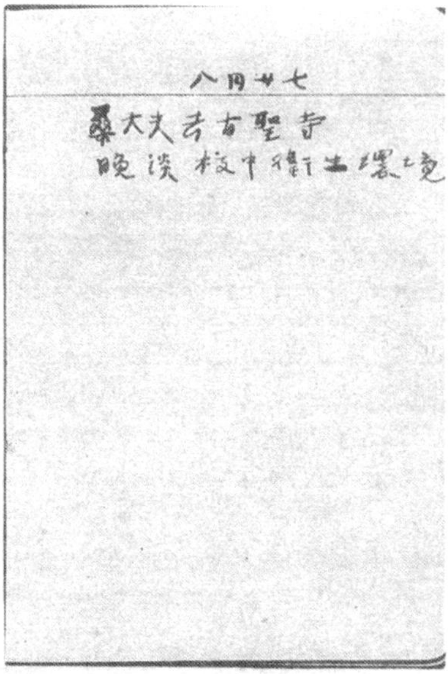
八月廿七
蔡大夫去古圣寺
晚谈校中卫生环境

30-147

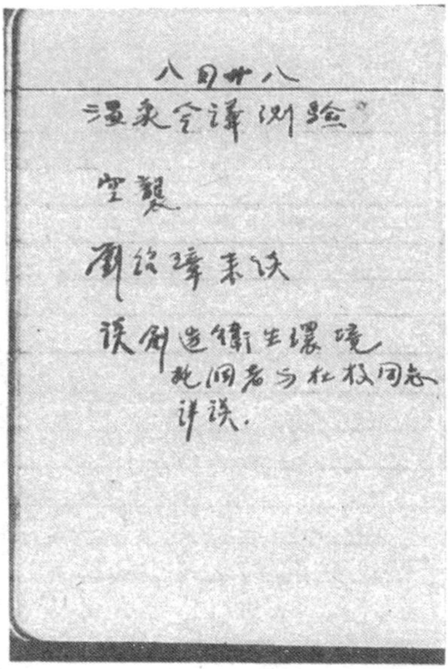
八月廿八
温泉会谈测验
空袭
刘绍璋来谈
谈创造卫生环境
晚间召与在校同志
详谈.

30-148

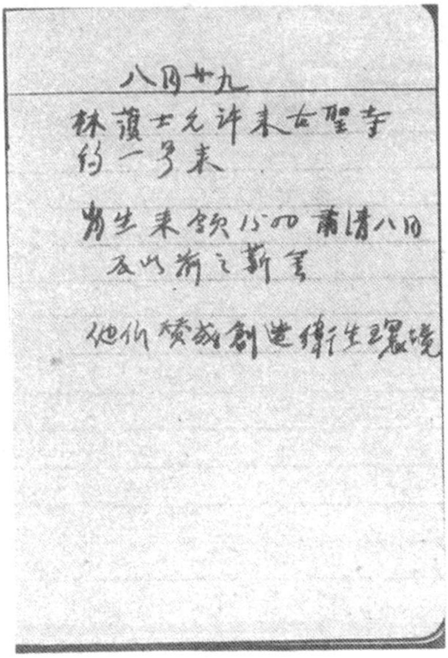
八月廿九
林頌士允許來古聖寺
約一月來
肖生來領1500 補清八月
及以前之薪金
他們贊成創造衛生環境

30-149

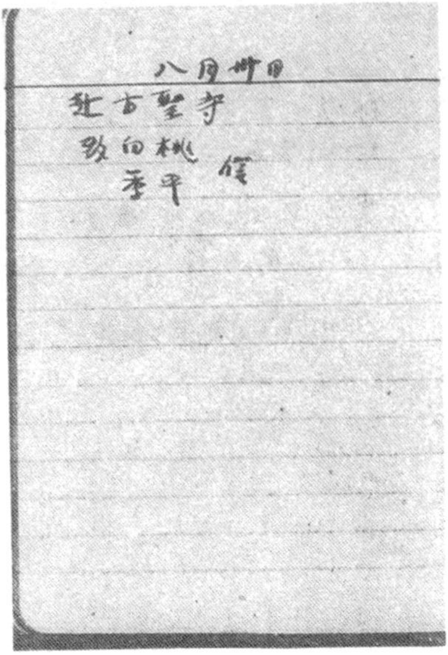
八月卅日
赴古聖寺
致白桃
季平 信

30-150

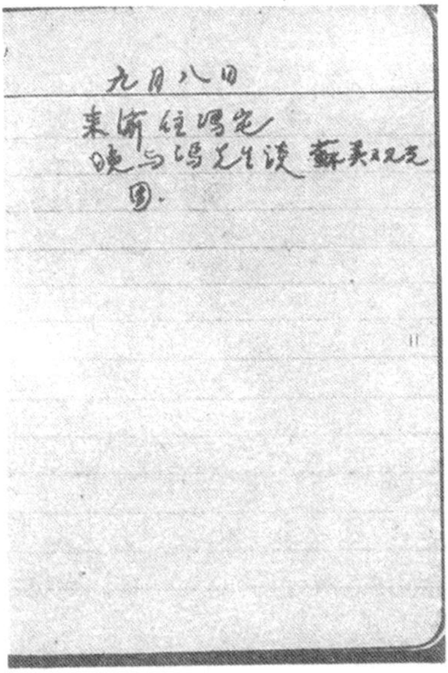
九月八日
來渝住馮宅
晚與馮先生談蘇美及兄
團。

30-151

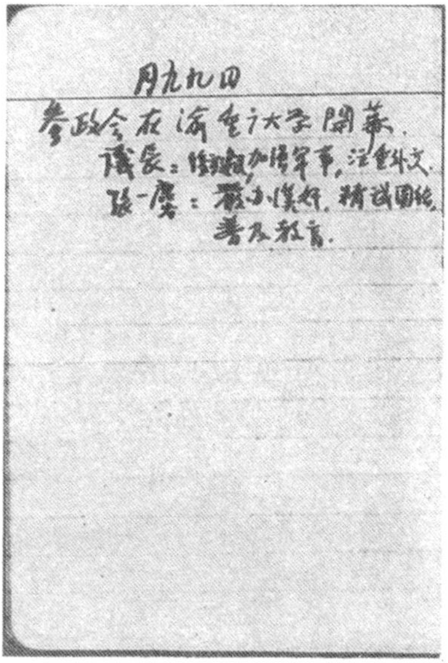
九月九日
參政会在渝重大學開幕.
議長：繼續抗戰，加強軍事，注重外交.
張一麐：獎勵儉朴，精誠團結，
普及教育.

30-152

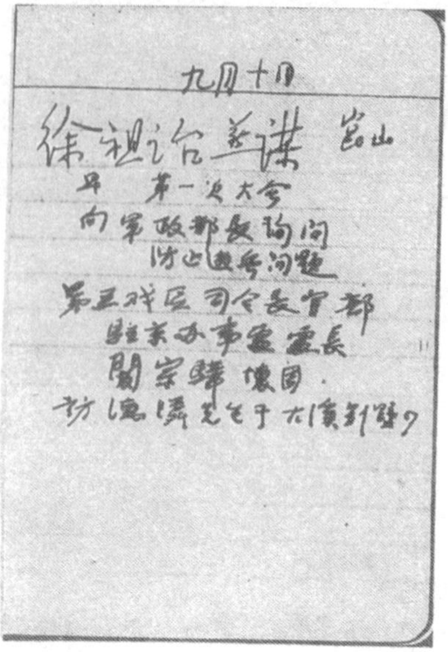
九月十日

30—153

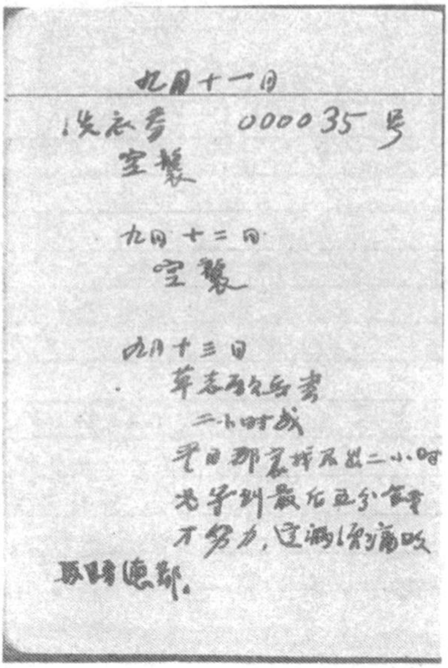
九月十一日

30—154

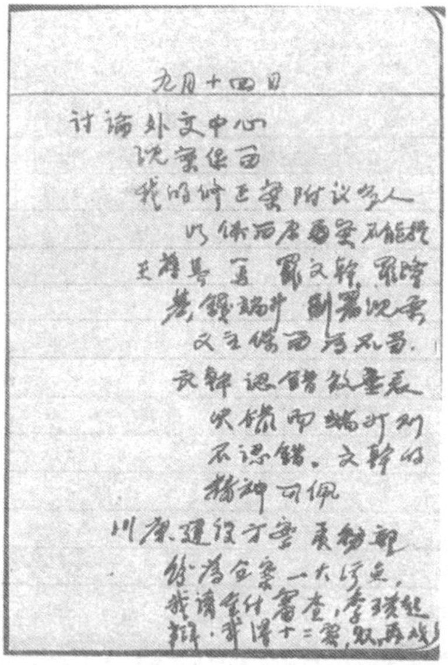
九月十四日

30—155

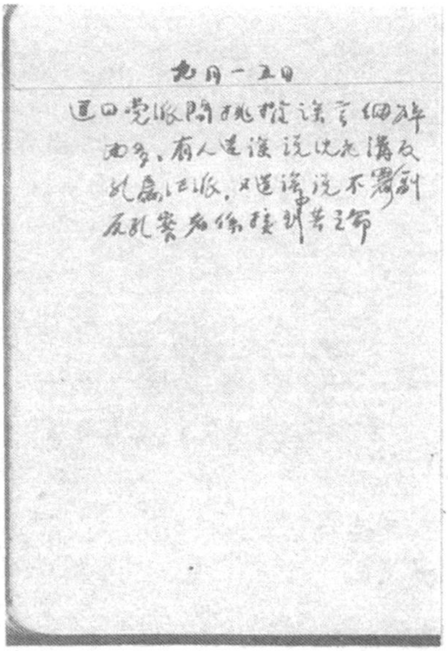
九月一五日

30—156

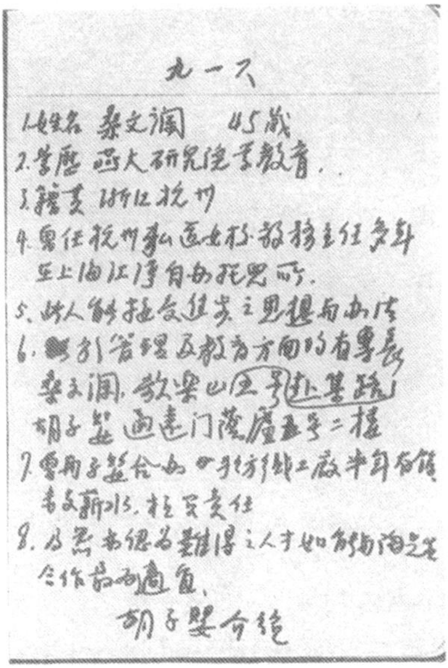
九一八
1.姓名 桑文澜 45岁
2.学历 西大研究院学教育
3.籍贯 浙江杭州
4.曾任杭州私立女校教务主任多年
至上海江湾自由托儿所
5.此人能接受进步之思想而办法
6.对于管理及教育方面均有专长
桑文澜，教学以王氏扎基础
胡子婴通过门总厂
7.曾与胡子婴合办四川纺织工厂
8.胡子婴介绍

30−157

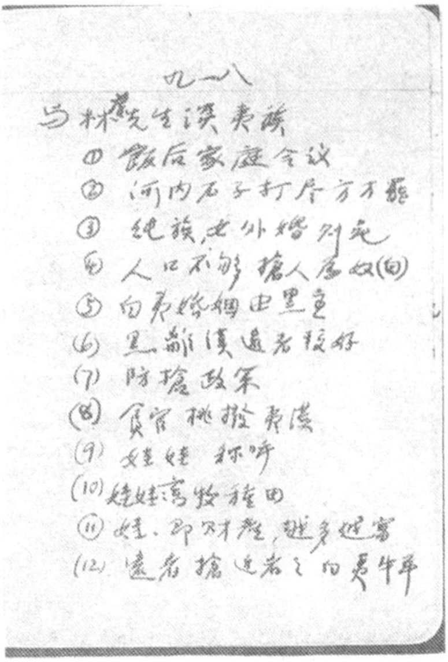
九一八
与林先生谈夷族
①饭后家庭会议
②河内石子打屋方才罢
③纯族，女外嫁则死
④人口不够，抢人为奴(白)
⑤白夷婚姻由黑定
⑥黑彝…遗者较好
⑦防抢政策
⑧贪官挑拨夷汉
⑨娃娃
⑩娃娃放牧种田
⑪娃、即财产，越多越富
⑫远者抢近者之白夷牛羊

30−158

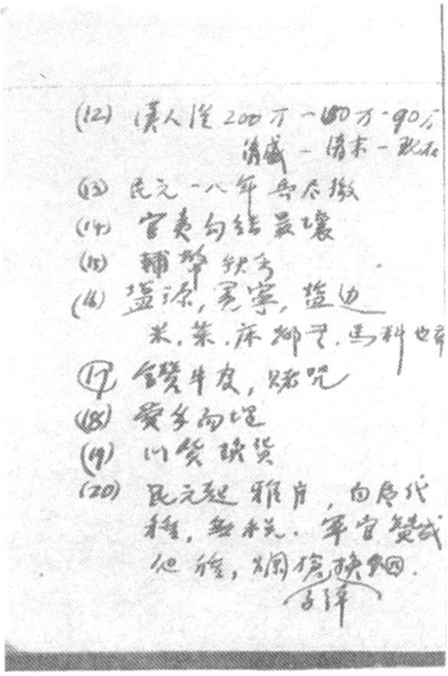
(12) 汉人从200万－180万－90万
清盛－清末－现在
(13) 民元－八年
(14) 官吏勾结最坏
(15)
(16) 盐、布、
米、菜、麻、马料
(17) 牛皮，
(18)
(19) 以货换货
(20) 民元起 ，白夷代种，无税。
他种，烟换烟。

30−159

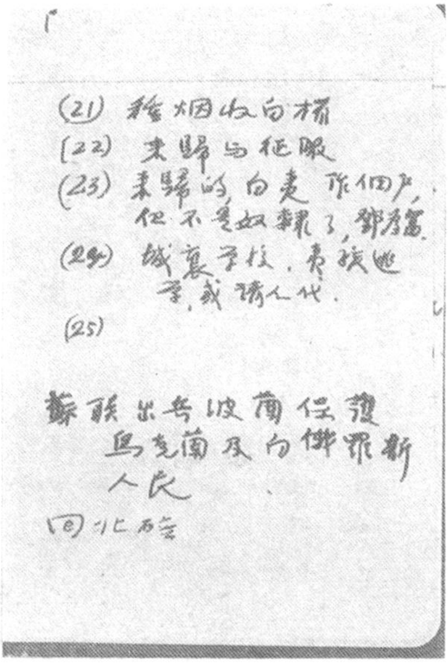
(21) 种烟收白银
(22) 来归与征服
(23) 来归的白夷作佃户，但不是奴隶了，
(24) 城里学校，夷族进学或请人代。
(25)
苏联出兵波兰保护乌克兰及白俄罗斯人民
回北碚

30−160

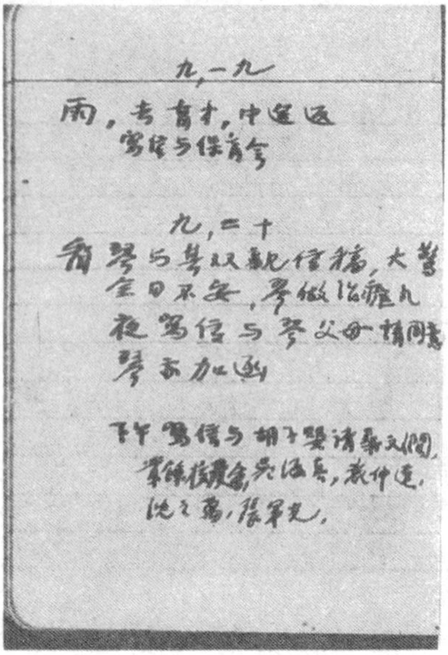


30-161

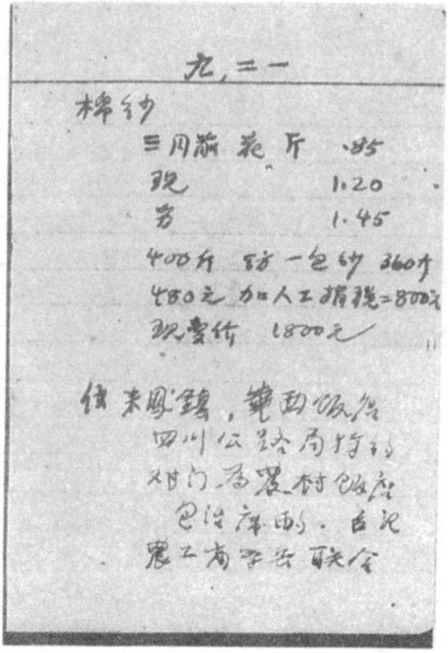


30-162

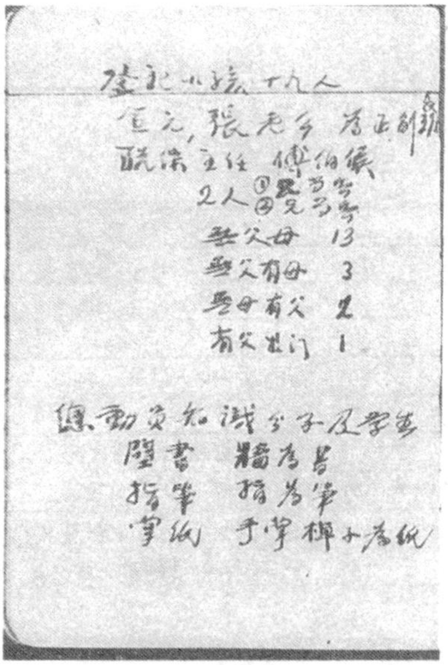


30-163

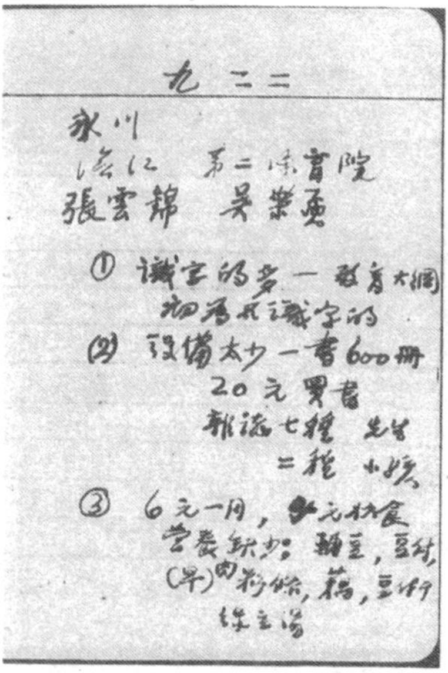


30-164

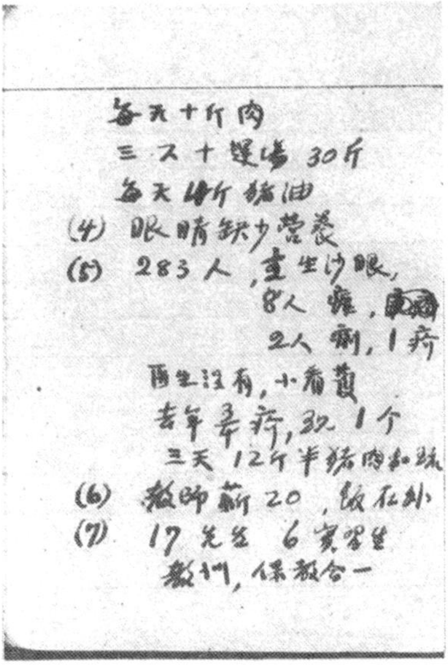
每天十斤肉
三天十头猪 30斤
每天4斤猪油
(4) 眼睛缺少营养
(5) 283人，重生沙眼，
8人 痢，[illegible]
2人 痢，1疥
两生没有，小看黄
去年柔疥，现1个
三天12斤半猪肉和骨
(6) 教师薪20，饭在外
(7) 17先生 6实习生
教训，保教合一

30-165

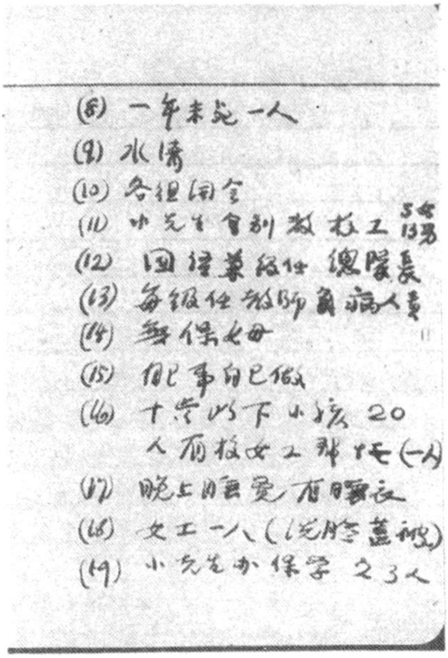
(8) 一年未死一人
(9) 水清
(10) 各组开会
(11) 小先生会制教校工 5女 13男
(12) 国语兼级任 总队长
(13) 每级任教师负病人责
(14) 无保姆
(15) 自己事自己做
(16) 十岁以下小孩 20
人两校女工一名 1元 (一人)
(17) 晚上睡觉，有睡衣
(18) 女工一人（洗脸盖被）
(19) 小先生小保学 23人

30-166

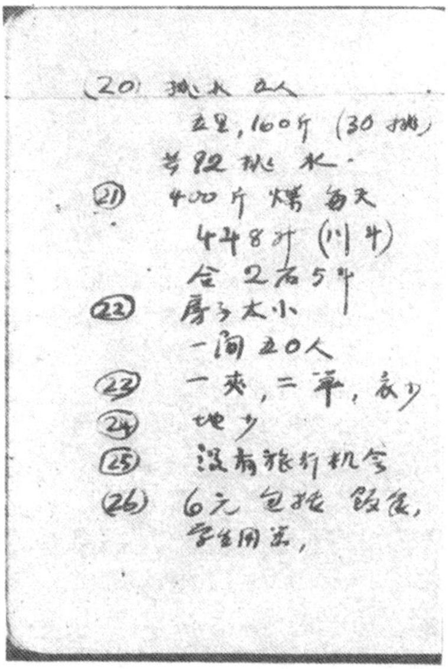
(20) 挑水 2人
五里，160斤 (30挑)
学82挑水
(21) 400斤煤每天
4斗8升 (川斗)
合2石5斗
(22) 房子太小
一间20人
(23) 一夹，二单，衣少
(24) 地少
(25) 没有旅行机会
(26) 6元包括饭食，
学生用品，

30-167

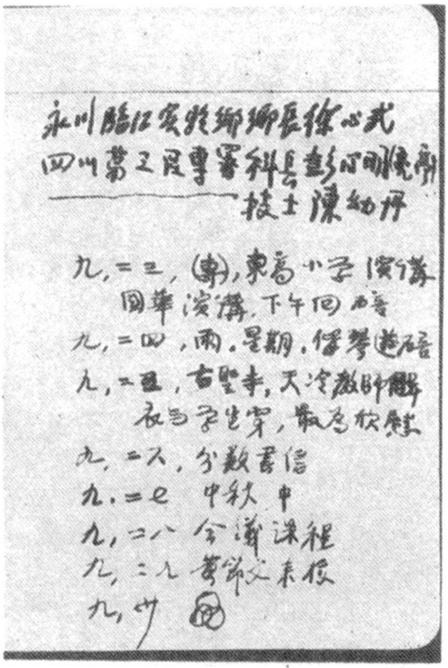
永川临江实验乡乡长徐必武
四川第3区专署科长彭[illegible]
技士陈幼[illegible]
九，二三，(晴)，东岳小学演讲
国华演讲，下午回校
九，二四，雨，星期，保学巡回
九，二五，古圣寺，天冷教师解衣与学生穿，最为欣慰
九，二六，分散书信
九，二七 中秋节
九，二八 会议课程
九，二九 黄鄂父来校
九，卅 [illegible]

30-168

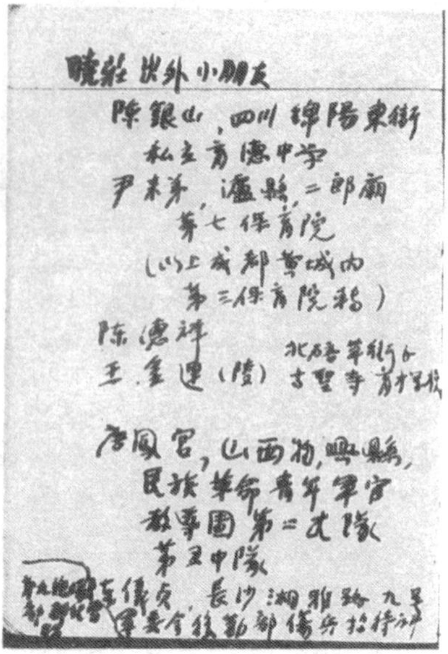
晓庄岗外小朋友
陈银山，四川绵阳东街
私立育德中学
尹木芳，灌县二郎庙
第七保育院
（以上成都幕城内
第三保育院转）
陈德祥
王金连（陵） 北碚草街子
古圣寺育才学校
唐凤官，山西籍，兴县，
民族革命青年军官
教导团第二大队
第五中队
传贞，长沙湘雅路九号
军委会后勤部伤兵招待所

30-169

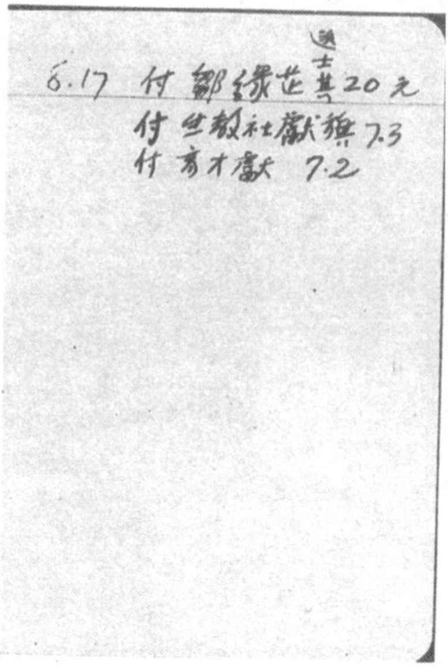
6.17 付邹绿芷奠 20元
付生教社献旗 7.3
付育才献 7.2

30-170

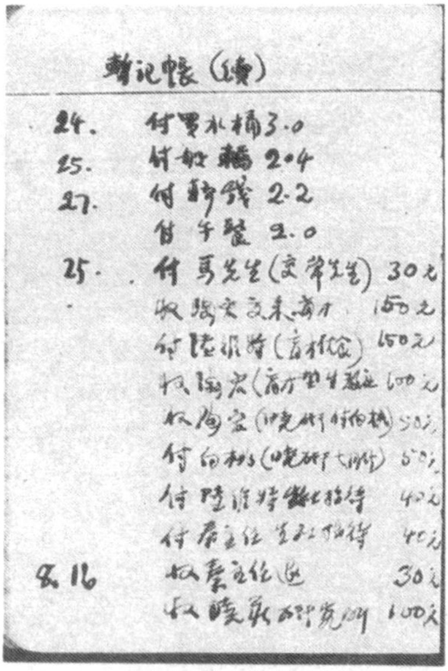
暂记帐（续）
24. 付买水桶 3.0
25. 付船轿 2.4
27. 付 钱 2.2
付午餐 2.0
25. 付马先生 30元
收 150元
付陆 150元
收陶宏 100元
收陶宏 50元
付 50元
付陆维特 40元
付秦宜伦 40元
8.16 收秦宜伦 30元
收晓庄研究所 100元

30-171

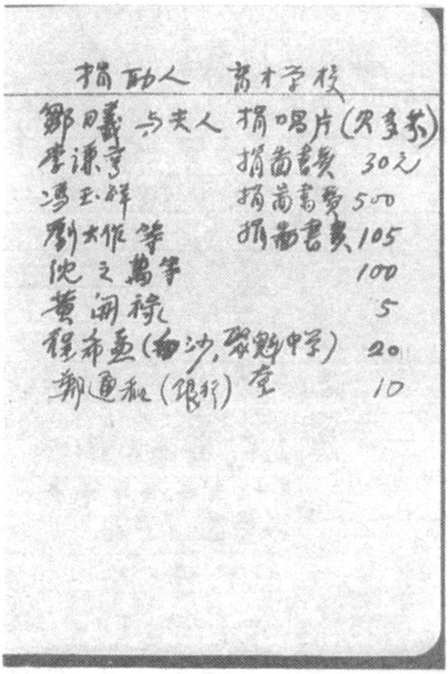
捐助人 育才学校
郑曦 与夫人 捐唱片
李谦亭 捐图书费 30元
冯玉祥 捐图书费 500
刘大作等 捐图书费 105
沈之鹏等 100
黄 5
程希孟（长沙， 中学） 20
郑通和 10

30-172

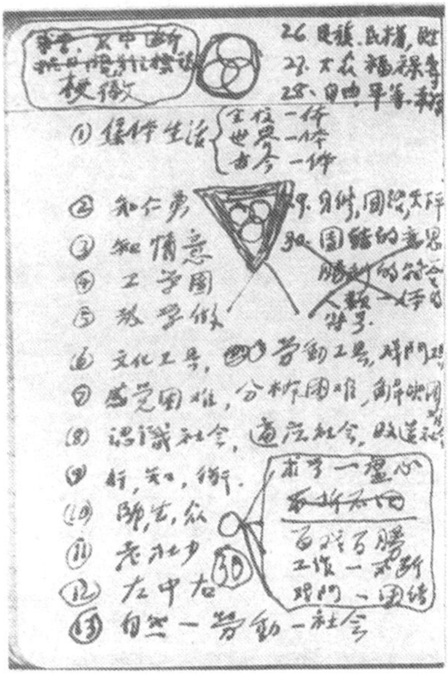


30-173

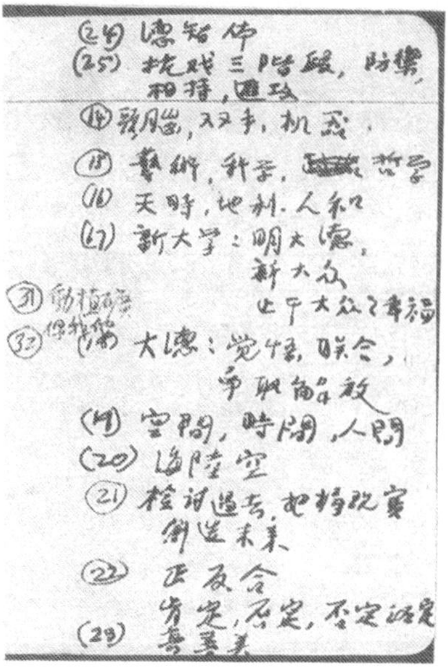


30-174

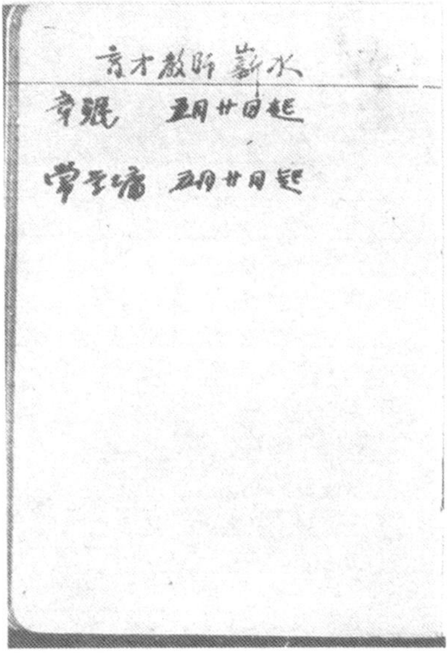


30-175

30-176

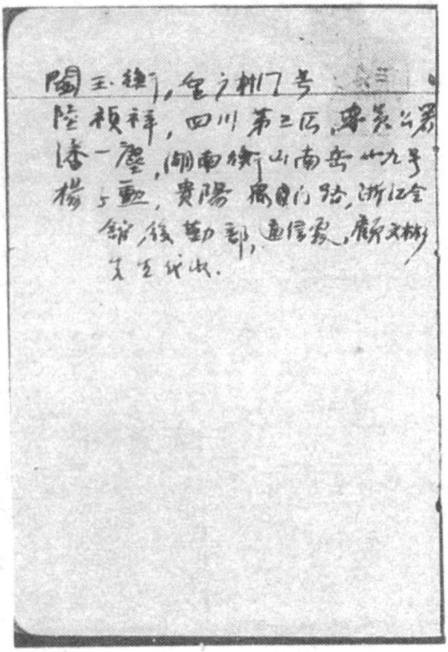

陶玉衡，金六桥17号

陆祯祥，四川第三区专员公署

潘一尘，湖南衡山南岳卅九号

杨子惠，贵阳 ... 路，浙江会馆，后勤部，通信处，顾文彬先生代收。

30-177

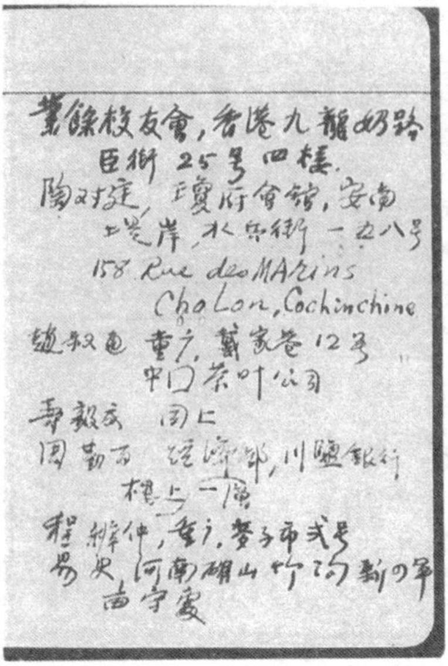

叶侨校友会，香港九龙奶路臣街25号四楼。

陶文垣，琼府会馆，安南堤岸，水兵街一五八号

158 Rue des MARins

ChoLon, Cochinchine

赵叔愚 重庆，戴家巷12号

中国茶叶公司

李毅彦 同上

周勤吾 经济部，川盐银行楼上一层

程桦仲，重庆，磐子市弍号

易火(?)，河南确山竹沟新四军

曲宇霞

30-178

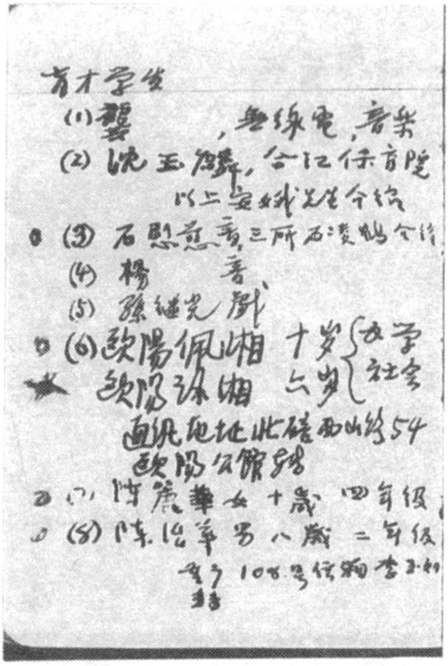

育才学生

(1) 瞿　，无线电，音乐

(2) 沈玉麟，合江保育院

以上宋姝先生介绍

(3) 石慰慈 第三所 马凌鹤介绍

(4) 杨　善

(5) 孙继光 戏

(6) 欧阳佩湘 十岁 文学

欧阳珍湘 六岁 社会

通讯地址北碚西山坪54

欧阳公馆转

(7) 陈蔗华 女 十岁 四年级

(8) 陈治华 男 八岁 二年级

重庆 108号信箱李如松转

30-179

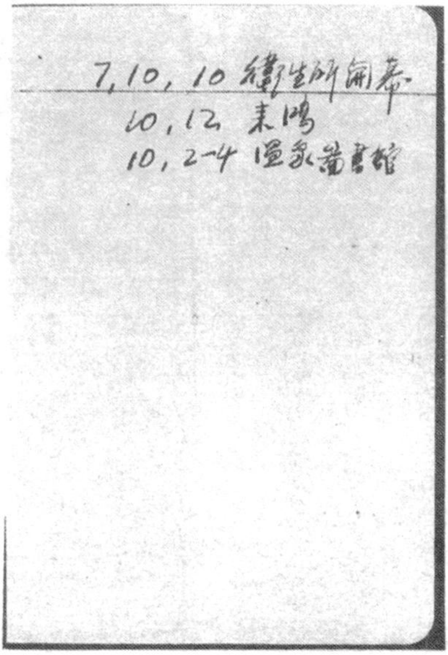

7,10,10 卫生所开幕

10,12 来鸿

10,2-4 温泉图书馆

30-180

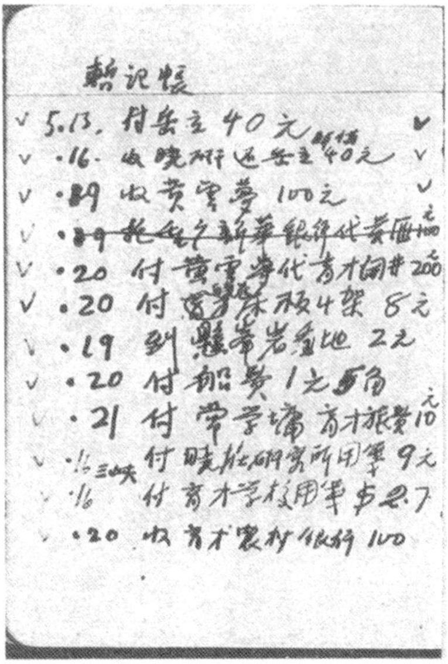

30－181

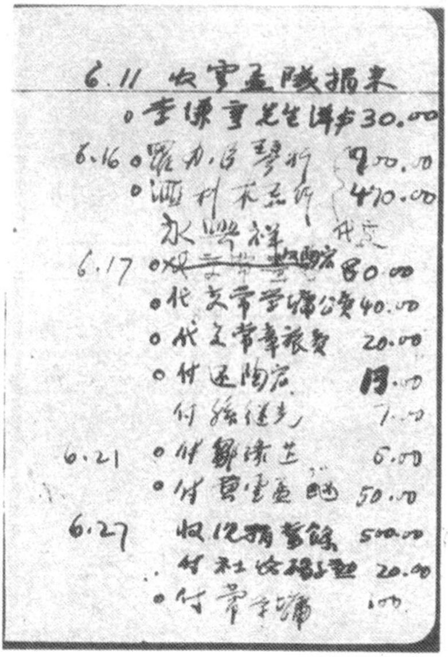

30－182

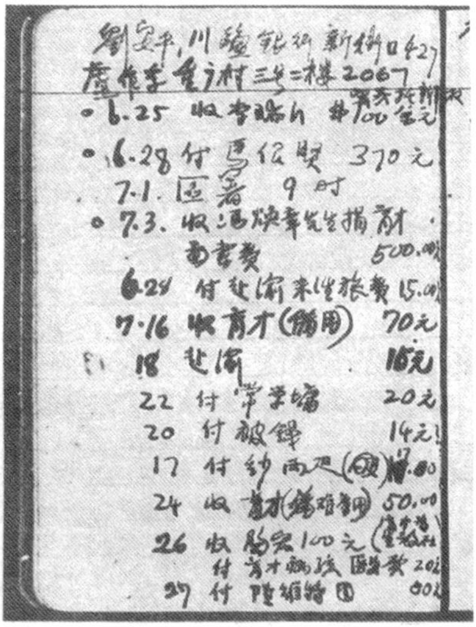

30－183

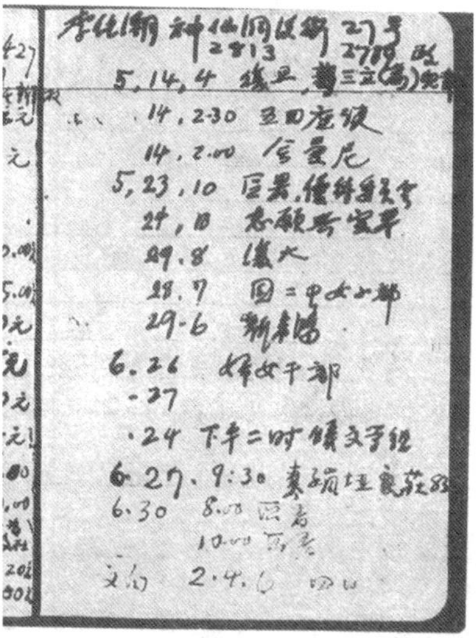

30－184

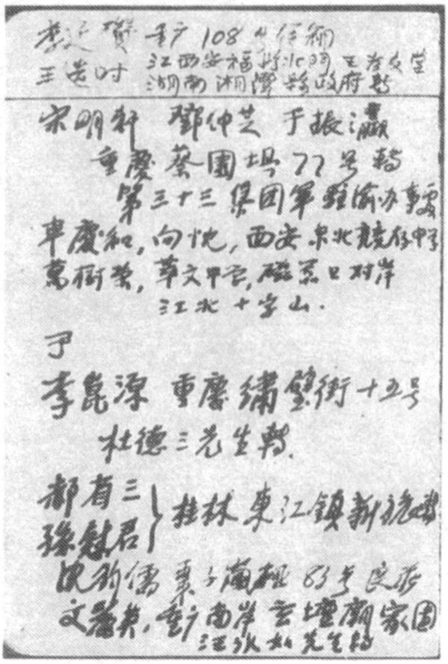

30-185

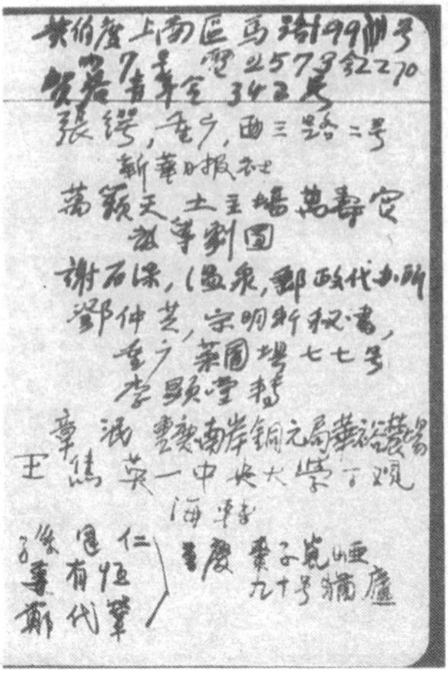

30-186

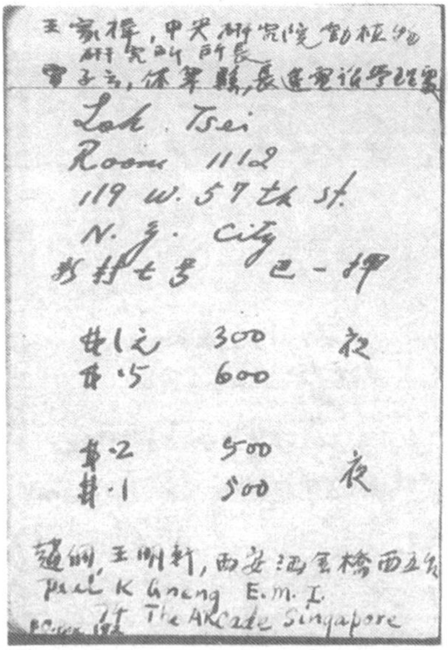

30-187

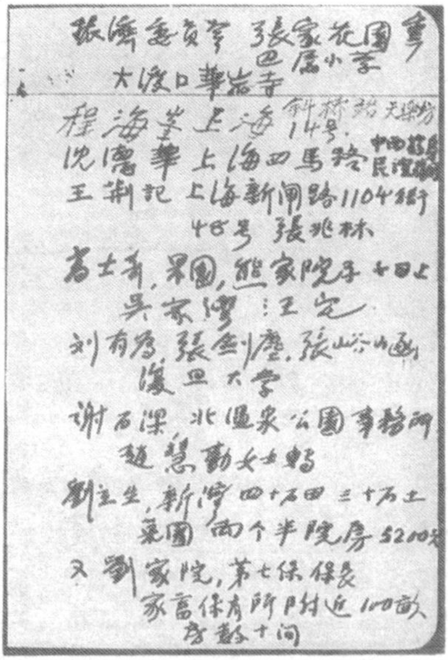

30-188

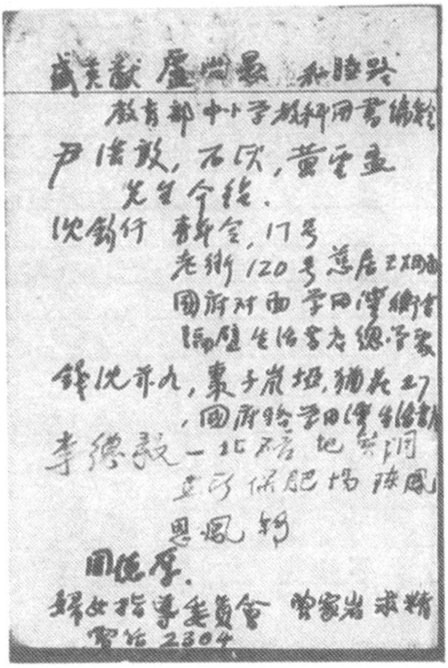

盛先猷 卢[illegible] 和睦路

教育部中小学教科用书编纂[illegible]

尹[illegible]，石[illegible]，黄[illegible]

先生介绍。

沈[illegible] [illegible]，17号

[illegible]120号[illegible]

国府对面[illegible]

[illegible]

[illegible]，[illegible]，[illegible]

，国府[illegible]

李德毅一北碚[illegible]

[illegible]

[illegible]

周德厚。

妇女指导委员会 曾家岩 求精

电话 2304

30-189

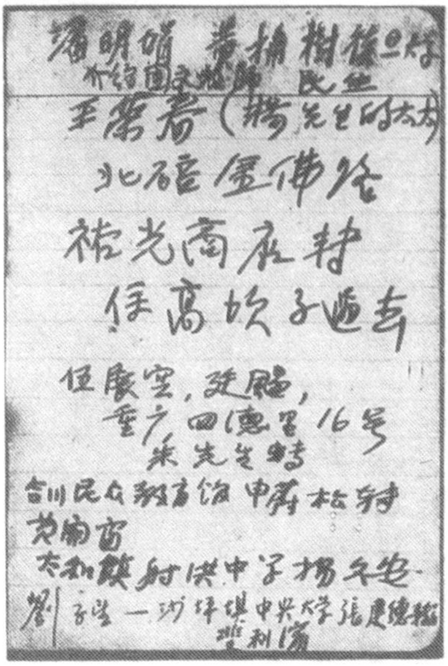

潘[illegible] 黄桷树[illegible]

介绍[illegible] [illegible]

王[illegible]（杨先生的太太）

北碚金佛路

裕光商店转

任高[illegible]

任[illegible]，[illegible]，

重庆四德里16号

朱先生转

合川民众教育馆 [illegible]

[illegible]

太和镇[illegible]中学 杨[illegible]

刘[illegible] 一沙坪坝中央大学张[illegible]

[illegible]

30-190

# 第三十册〔注译〕

1939.5.7~1939.9.30

北碚·重庆

30—002

第2行“高士奇”即高士其

末行“卫琛甫太太”即桑文澜

30—011

第2行“车校长”即车向忱

第6行“汉卿”即张学良

30—013

邓先生即邓少琴

30—023

第3行“洞、白、铭、东、维”，即王洞若、白桃、孙铭勋、魏东明、陆维特

30—031

“竹因”即方与严；“怀毅”即方怀毅（方与严之子）

30—047

第3行“来温”意为：来温泉

30—052

末行“戏时教育”应为战时教育，后同

30—067

第11行：教育是力的培养

第12行应为：教育是自觉的启发、动员

30—072

第1行“业余”为中华业余补习学校

30—081

第10行为峨眉县，6元1月，一年可领72元

30—118

第4行外文为：生活之教育；以生活影响生活之教育；为着应济生活需要而办之教育（该译文选自《生活教育目前的任务》）

30—127

第3行《精神动员与教员》为演讲题

30—129

第 7 行 “乃器” 即章乃器，“子婴”即胡子婴（章乃器夫人）

30—151

冯宅即冯玉祥住宅，后同

30—187

第 4 至 7 行：陆璀　纽约地址

末 3 行：保罗.K.G　新加坡地址

# 衡備忘

第三十一册

1939.10.1~1939.11.15

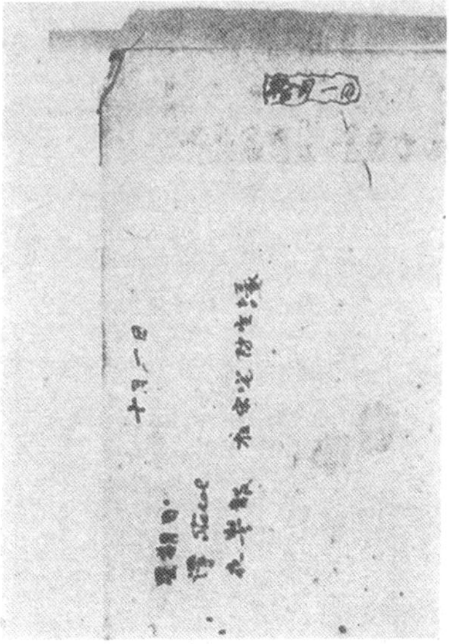

31-001

31-002

31-003

31-004

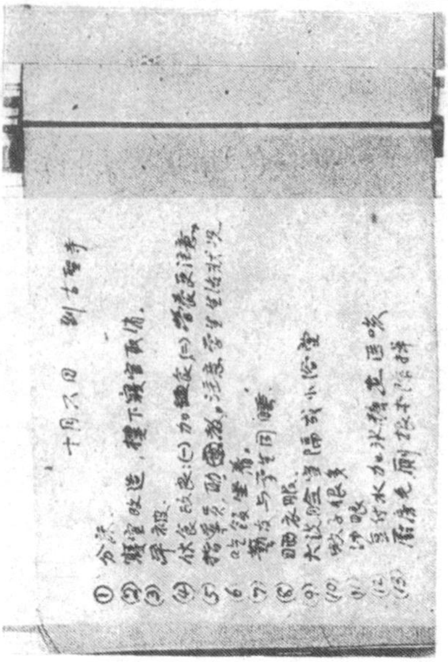

31-005

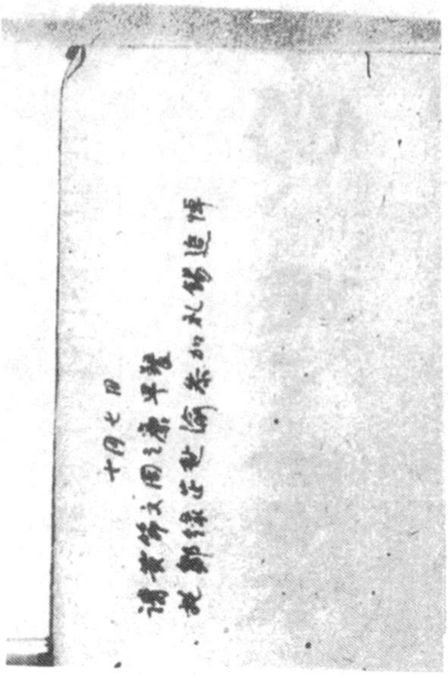

31-006

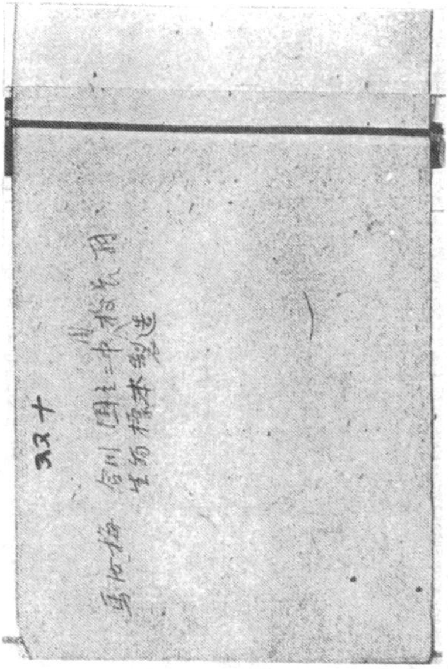

31-007

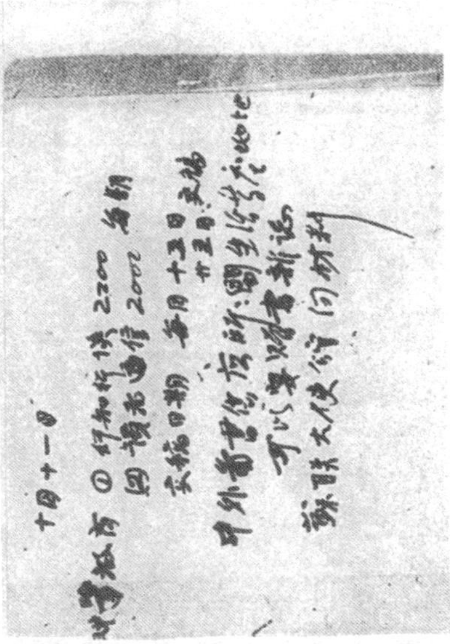

31-008

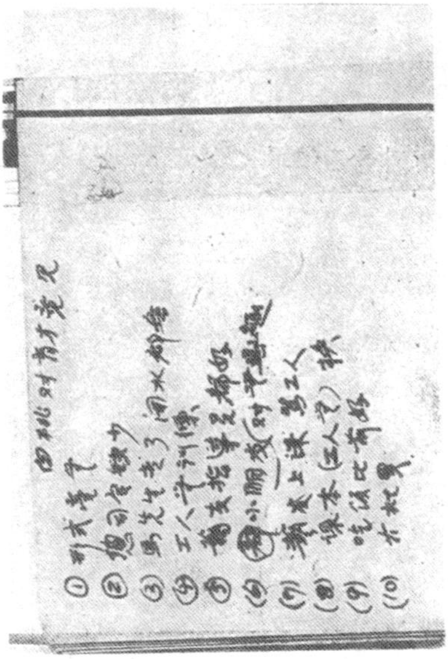

31-009

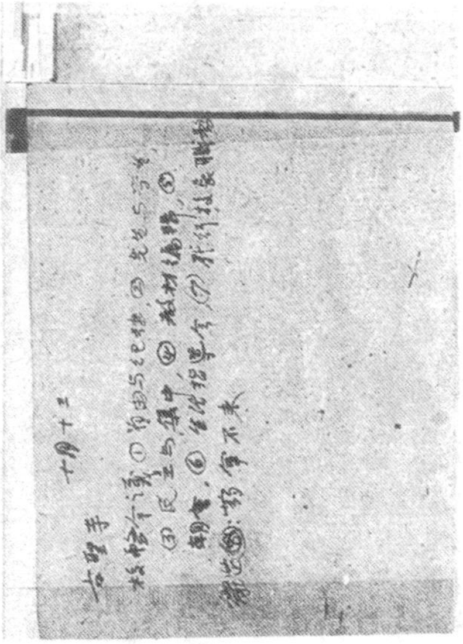

31-010

31-011

31-012

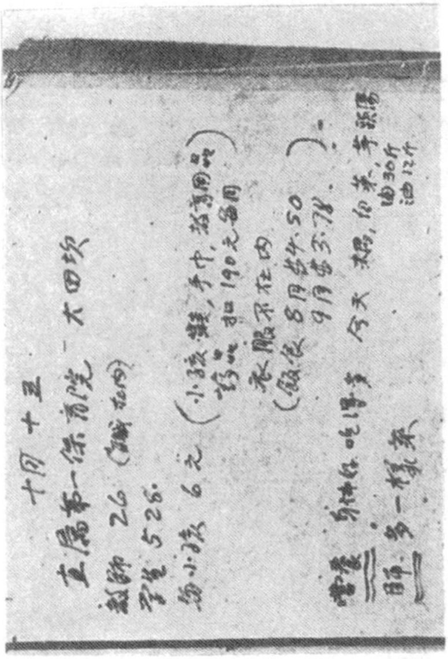

31－013

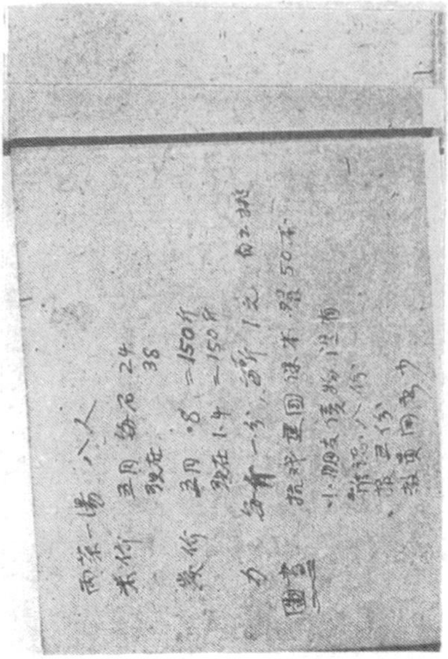

31－014

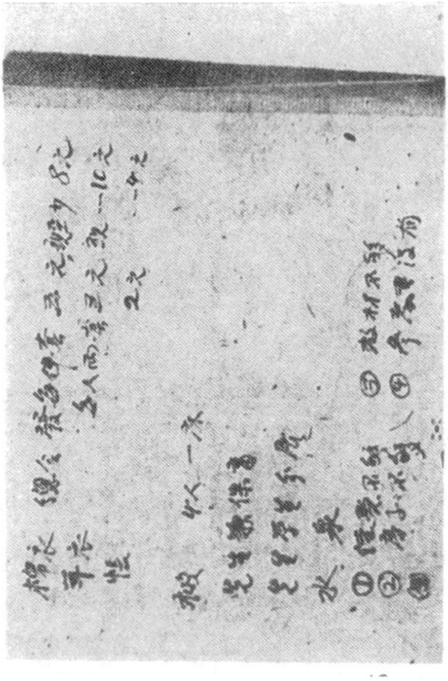

31－015

31－016

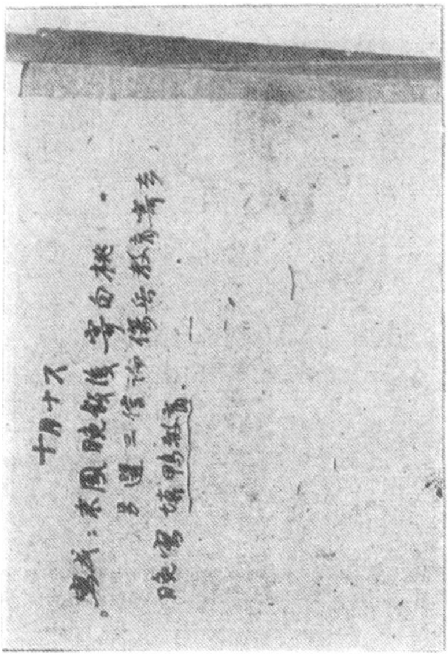

31-017

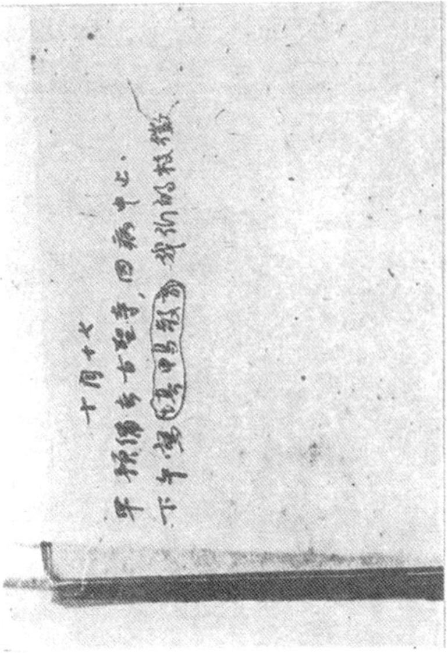

31-018

31-019

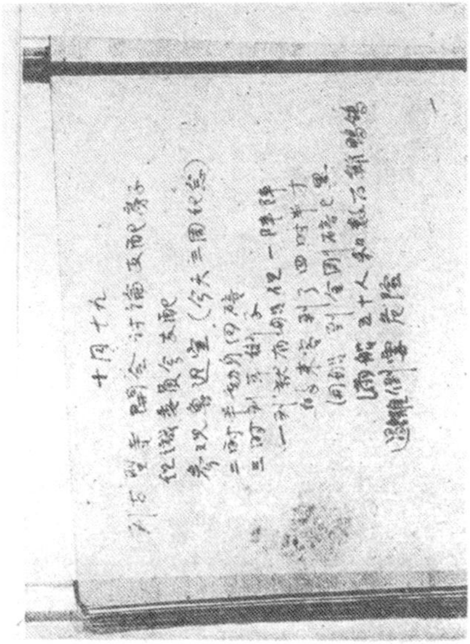

31-020

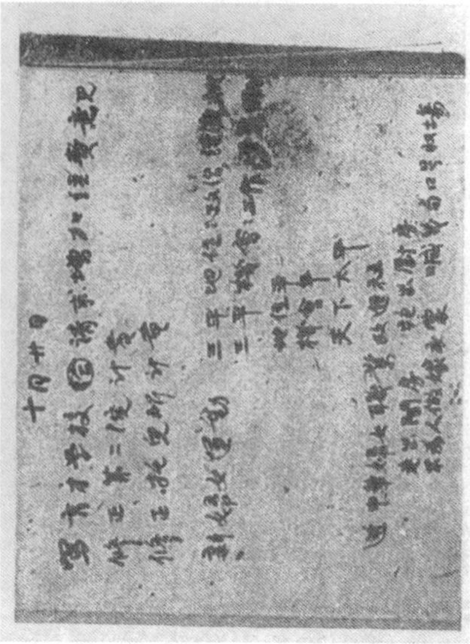

31-021

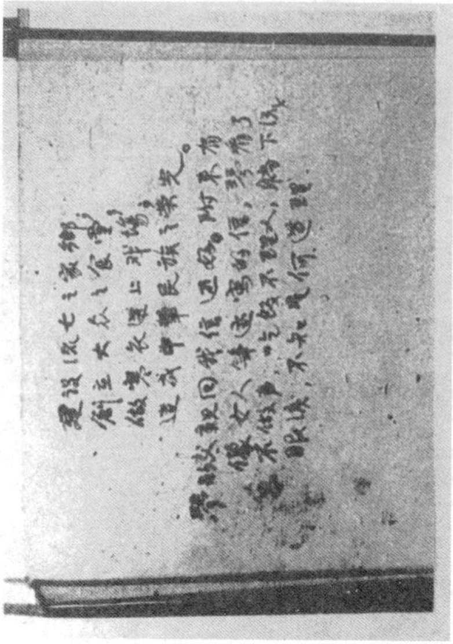

31-022

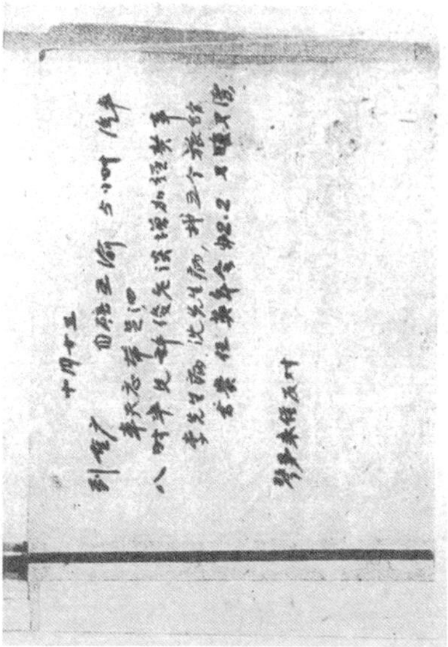

31-023

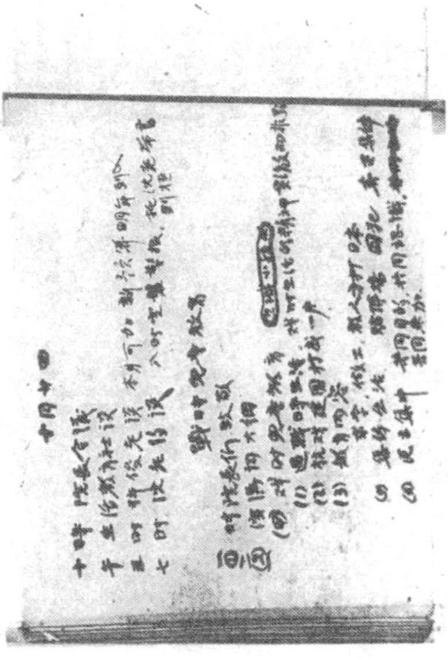

31-024

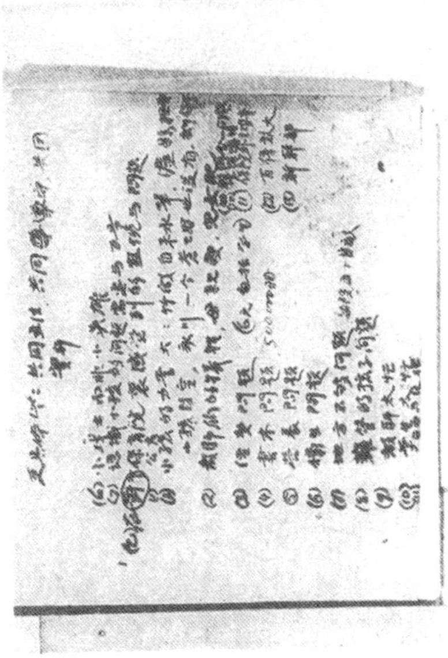
31-025

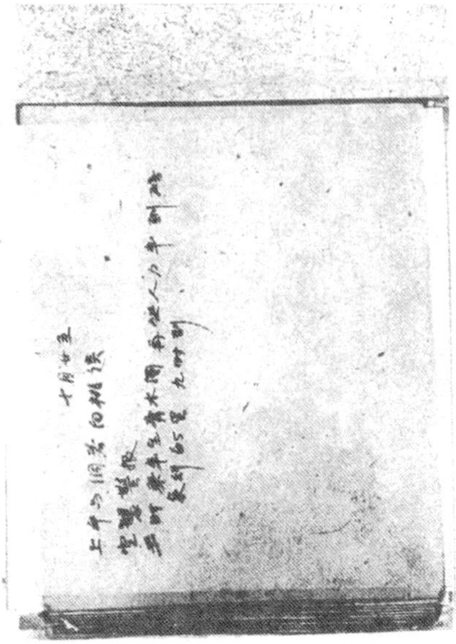
31-026

31-027

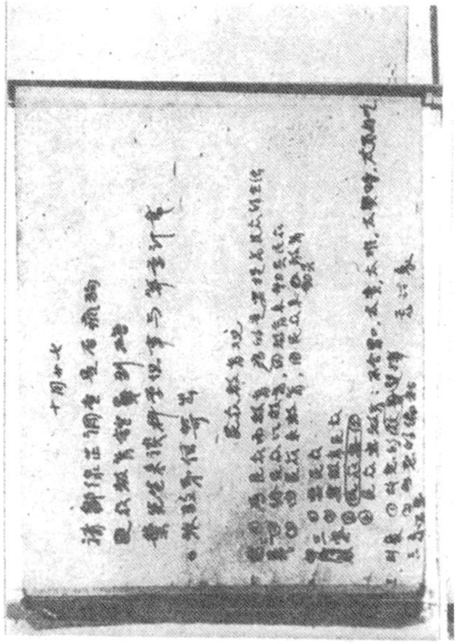
31-028

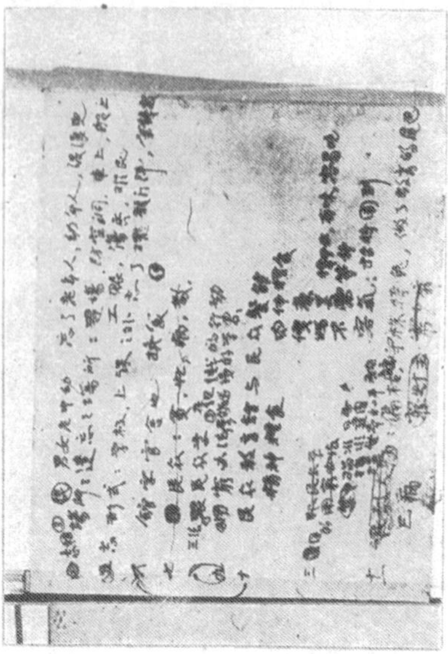

31-029

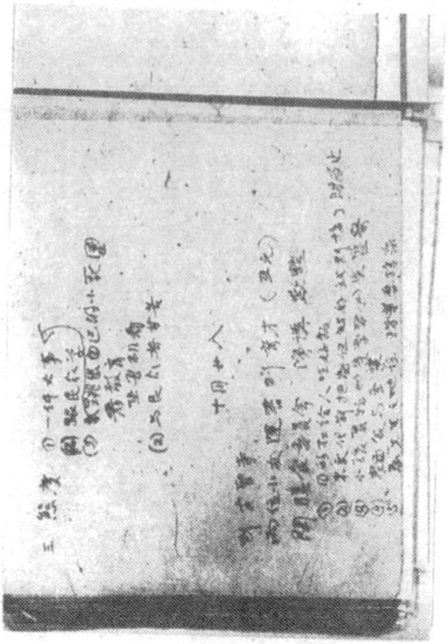

31-030

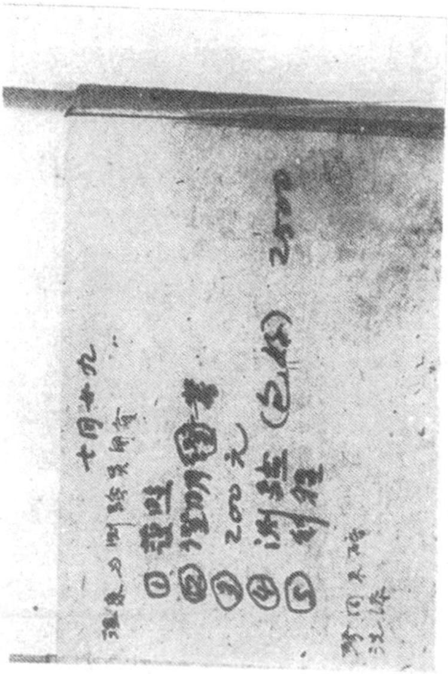

31-031

31-032

31-033

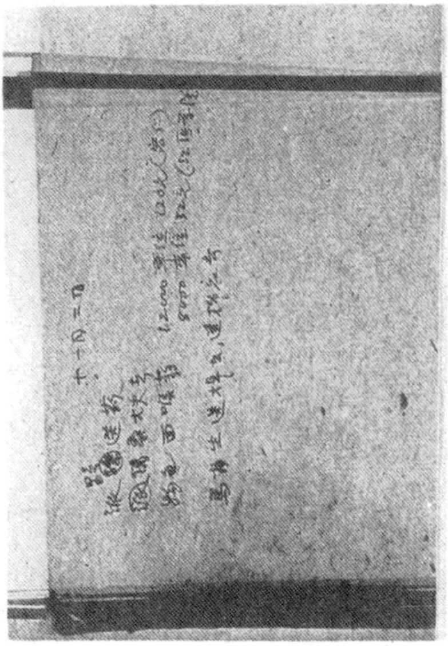

31-034

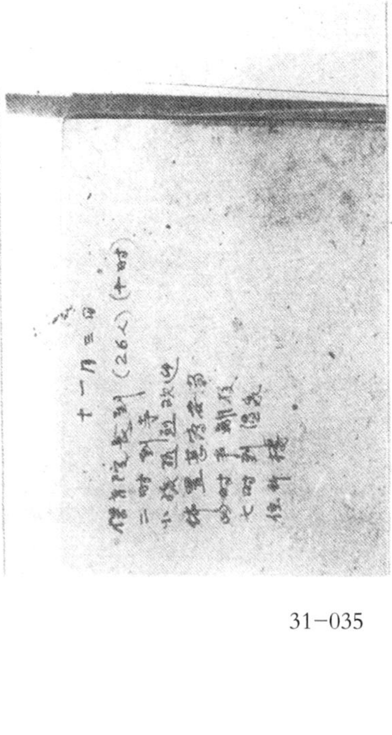

31-035

31-036

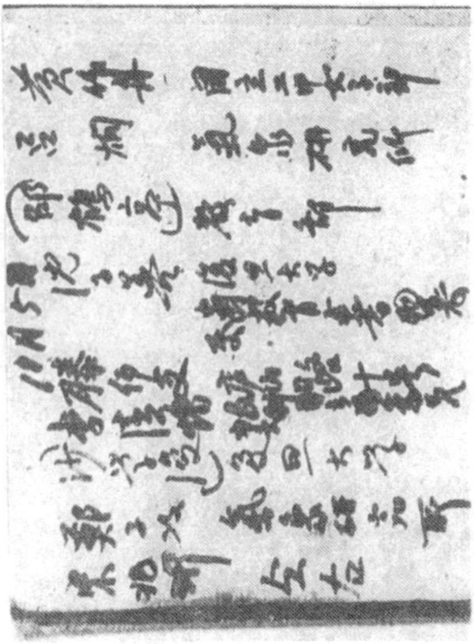

31-037

31-038

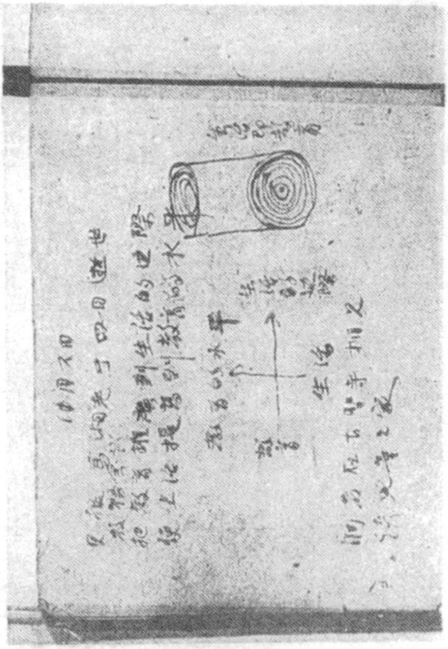

31-039

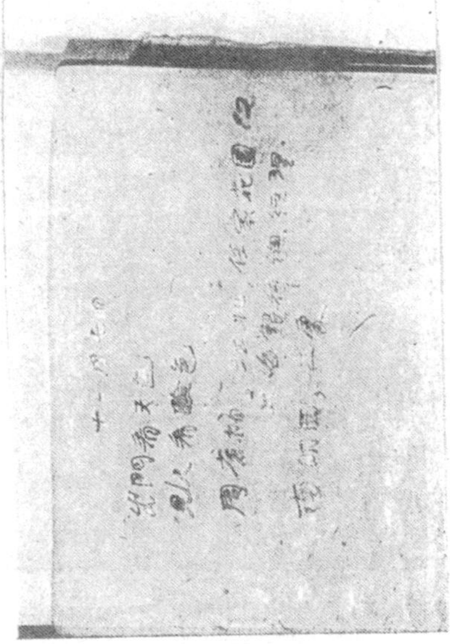

31-040

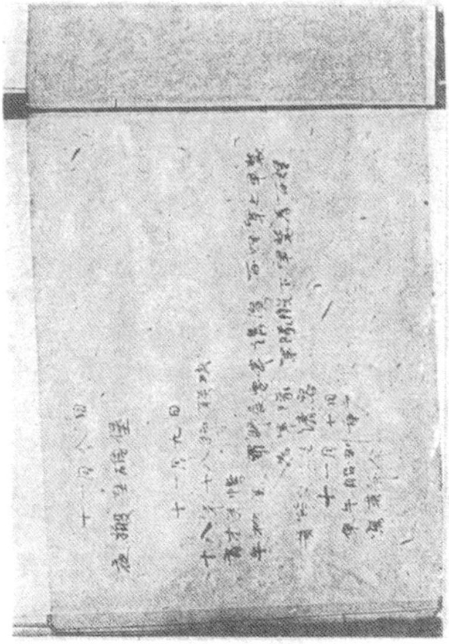

31-041

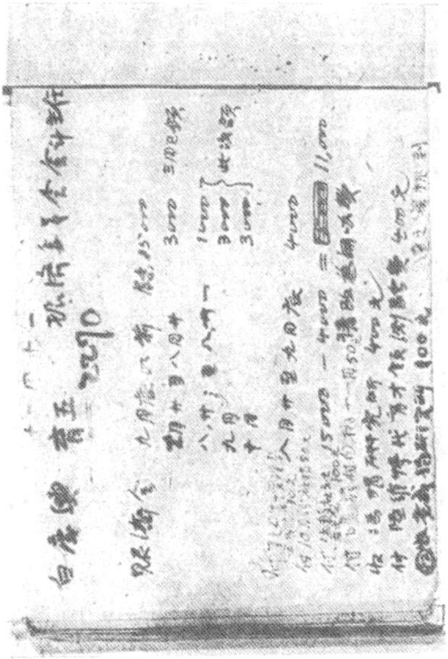

31-042

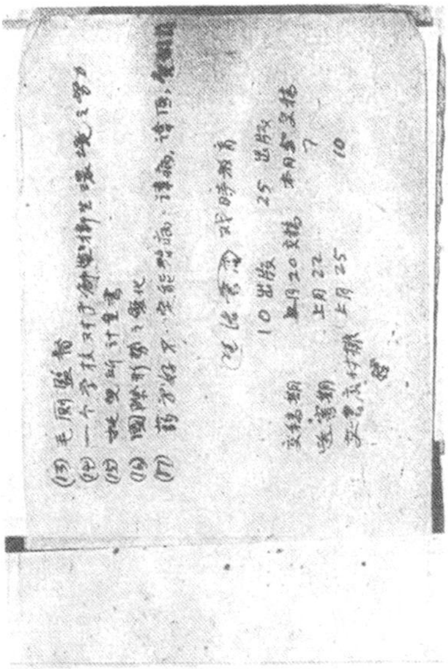

31-043

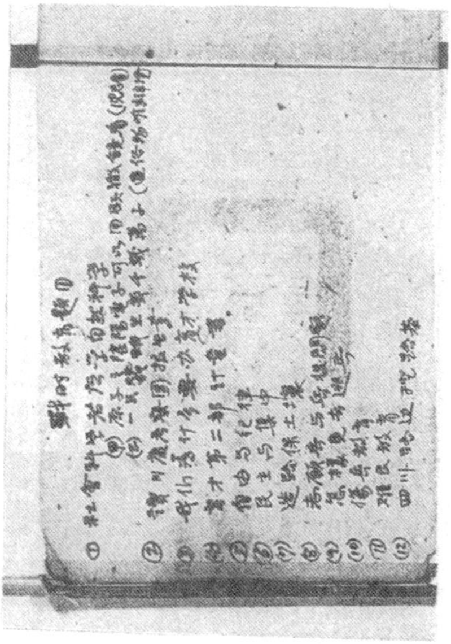

31-044

31-045

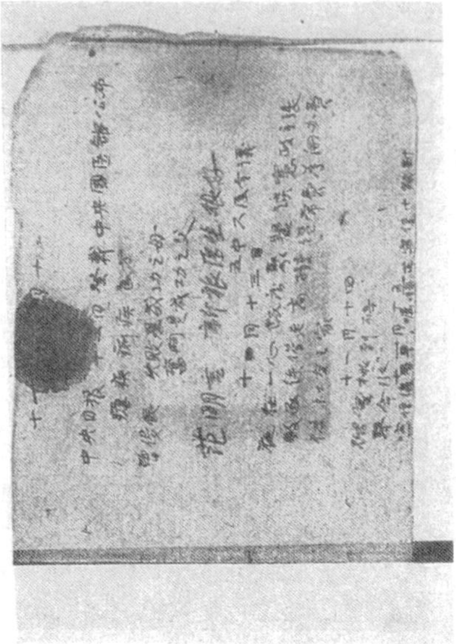

31-046

31-047

# 衡備忘

第三十二册

1939.11.16~1939.12.15

32-001

32-002

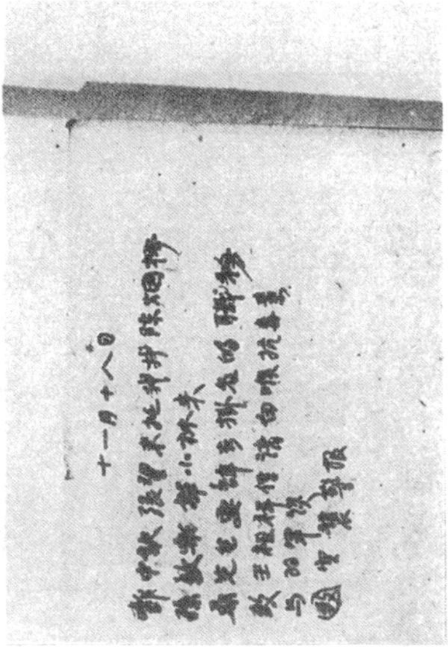

32-003

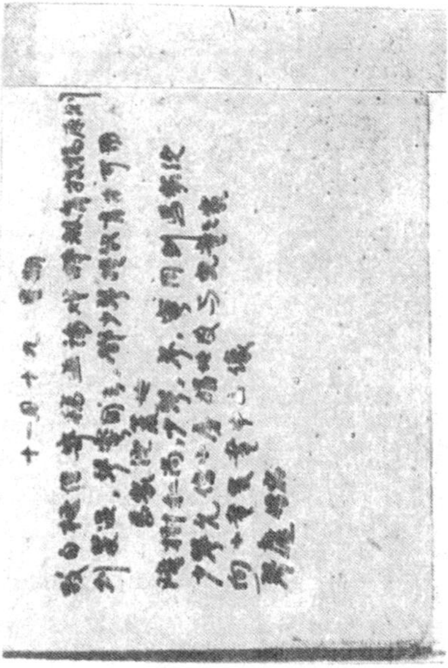

32-004

32-005

32-006

32-007

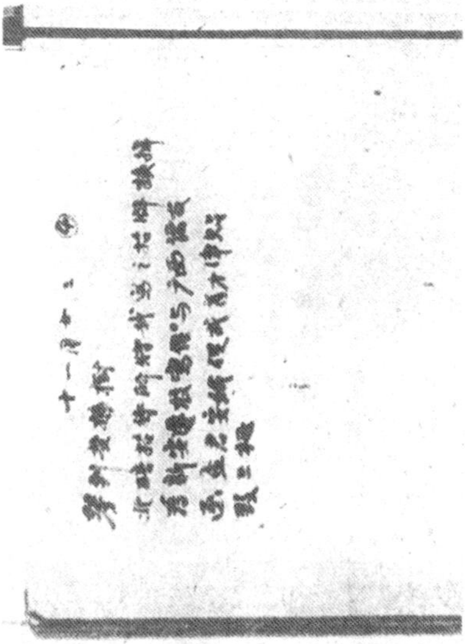

32-008

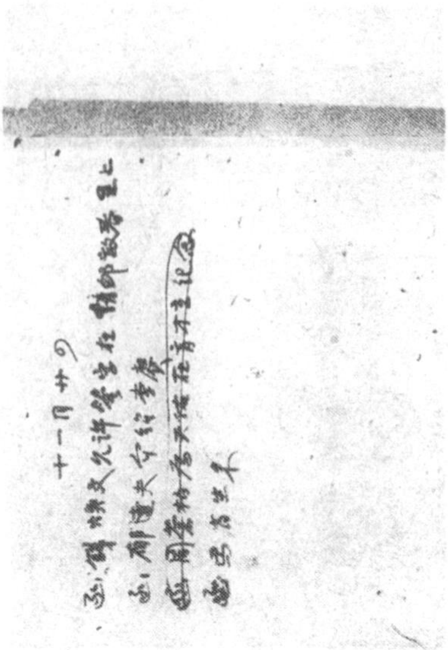

32-009

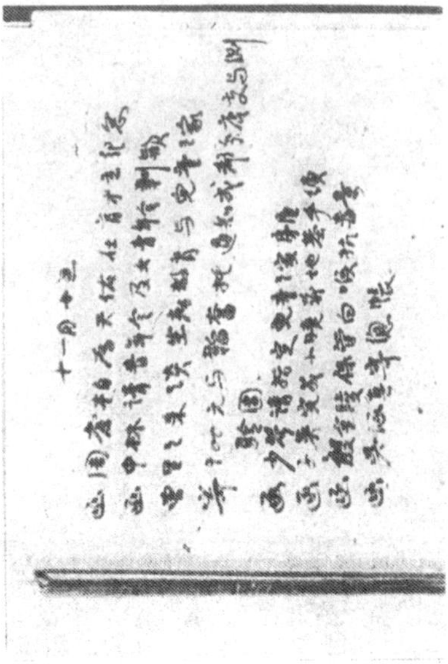

32-010

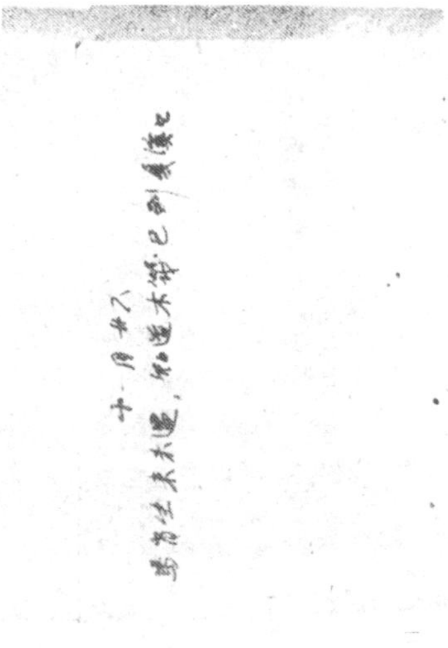

32-011

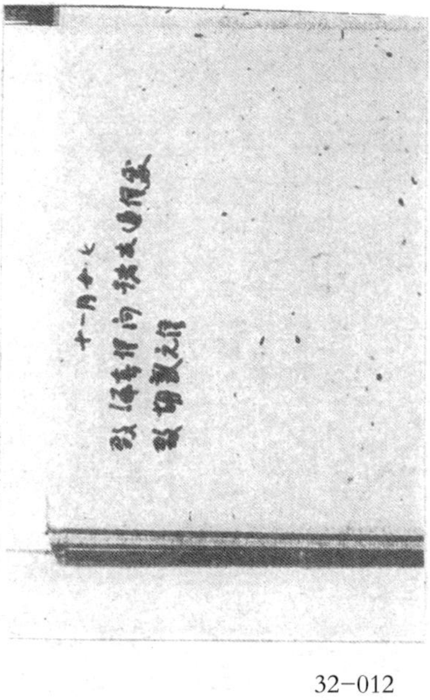

32-012

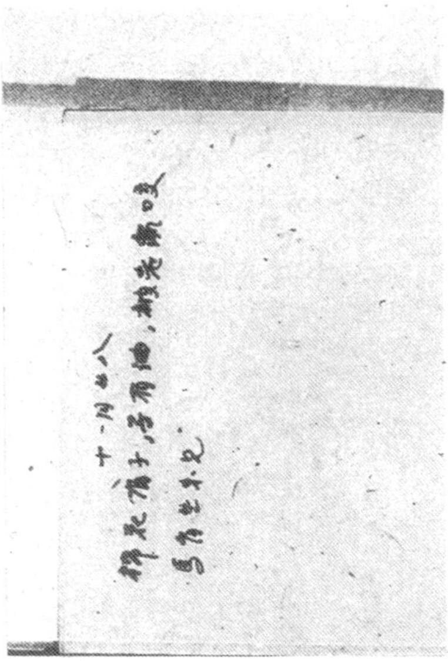

32-013

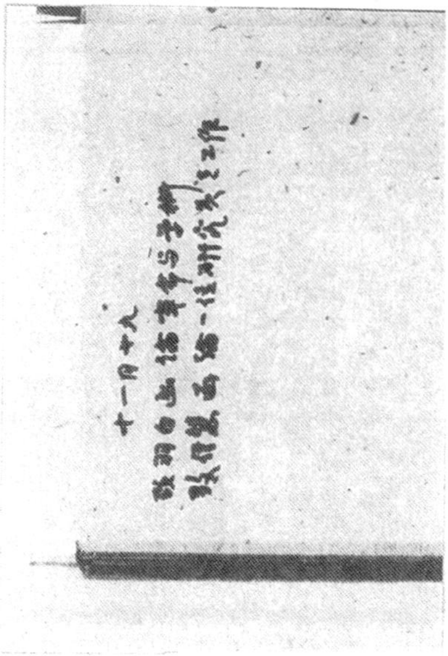

32-014

32-015

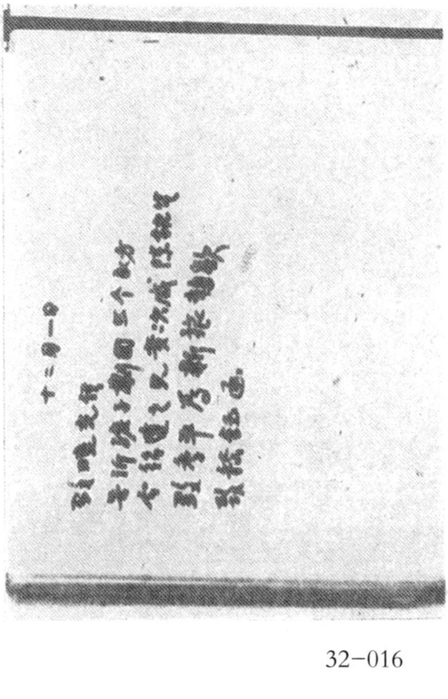

32-016

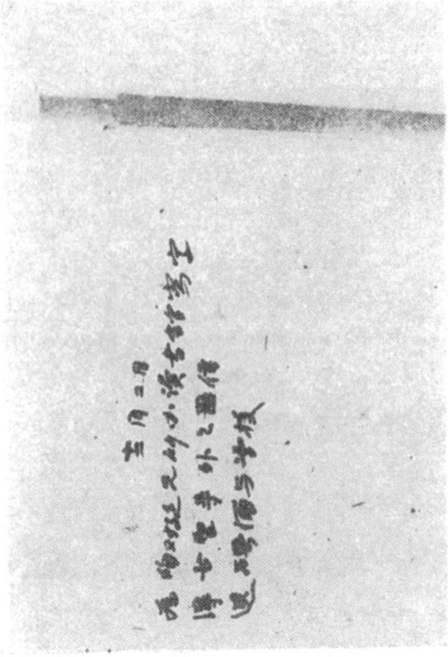

32-017

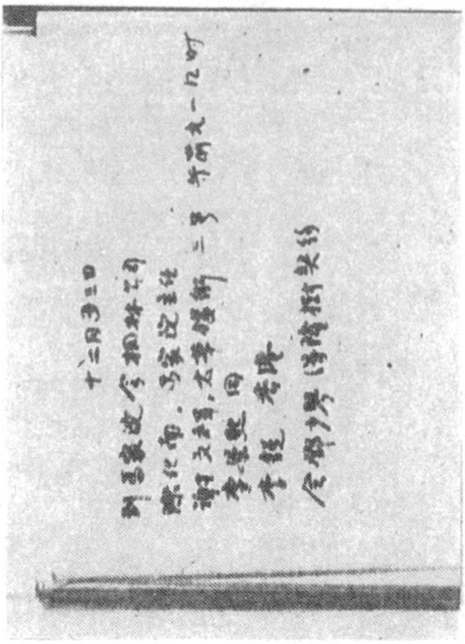

32-018

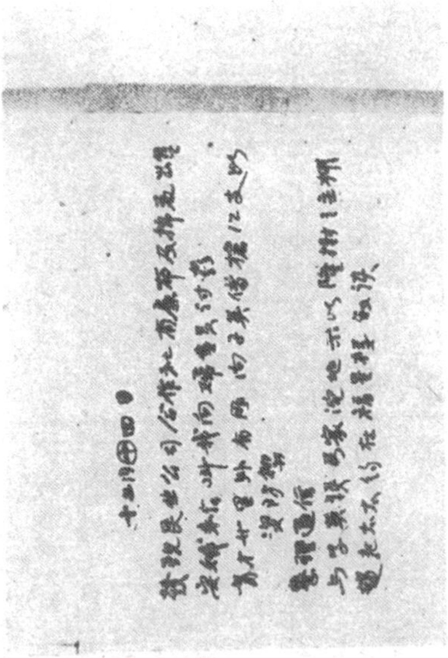

32-019

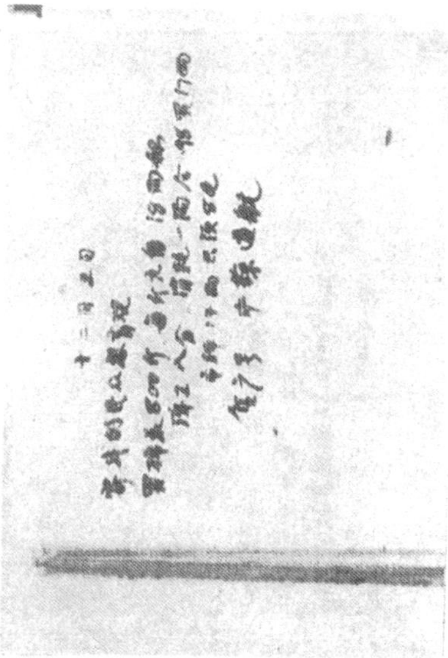

32-020

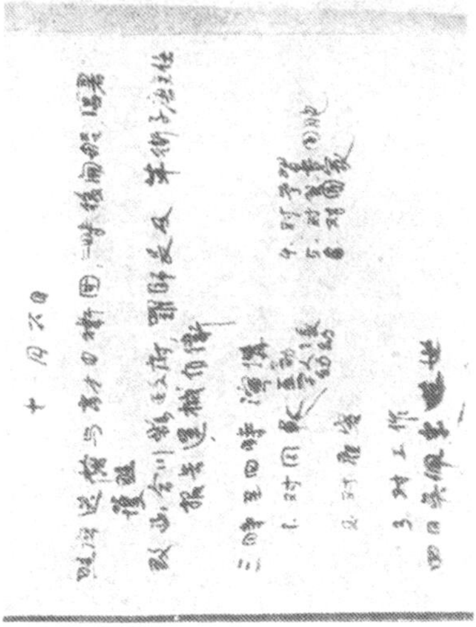

32-021

32-022

32-023

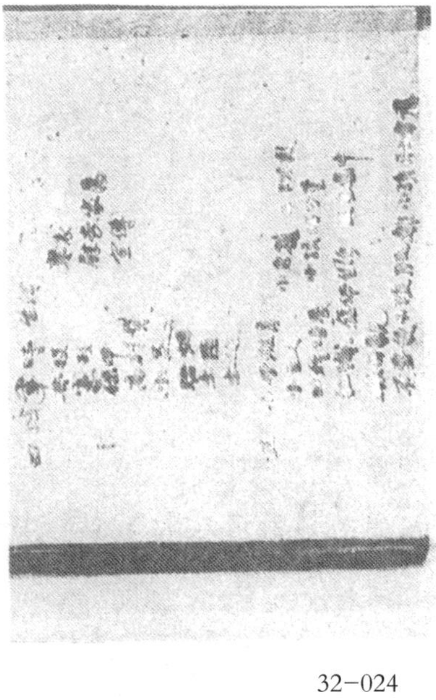

32-024

32-025

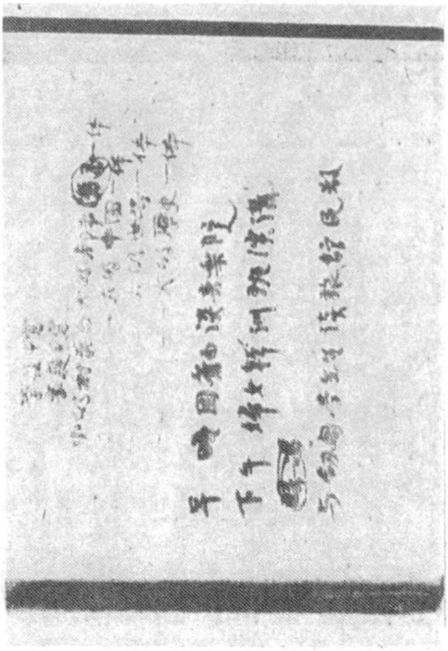

32-026

32-027

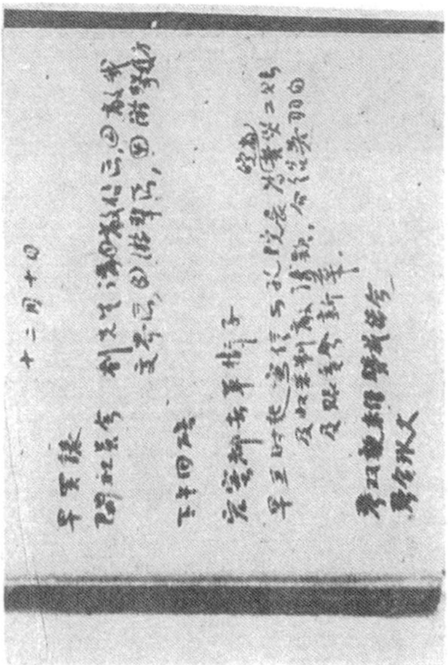

32-028

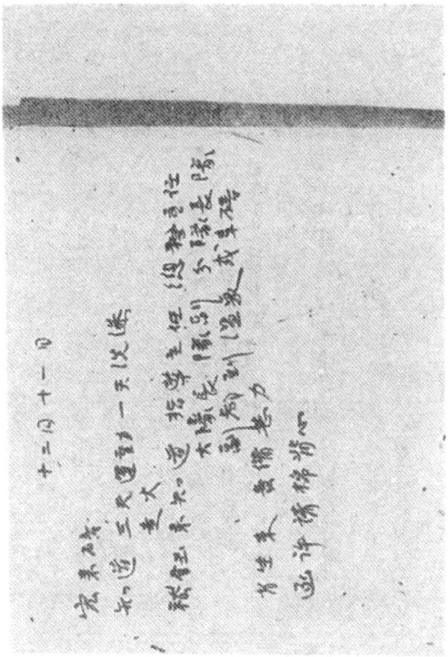

32-029

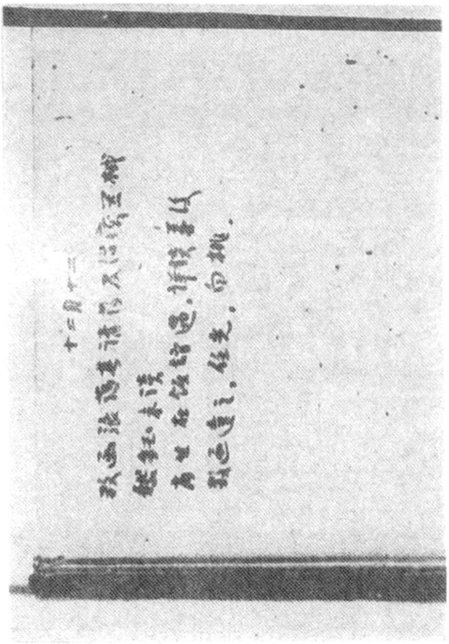

32-030

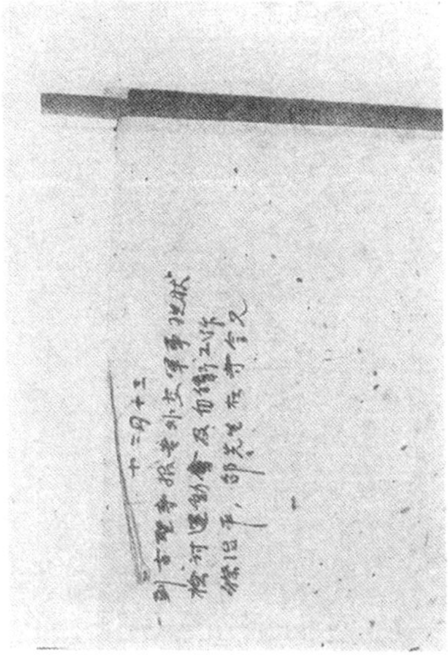

32-031

32-032

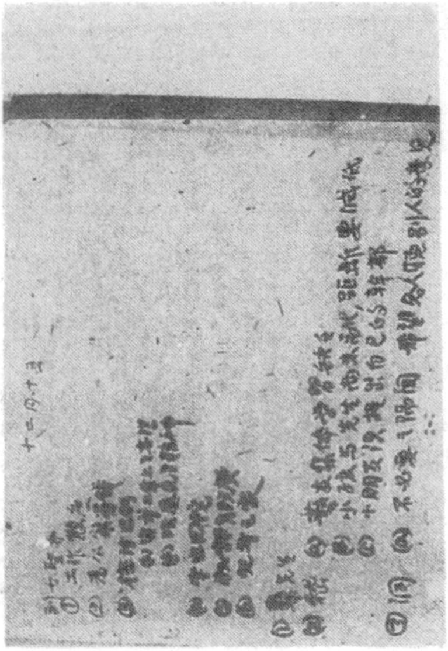

32-033

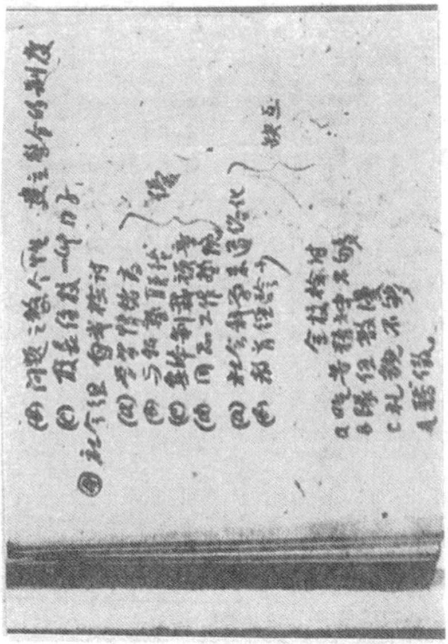

32-034

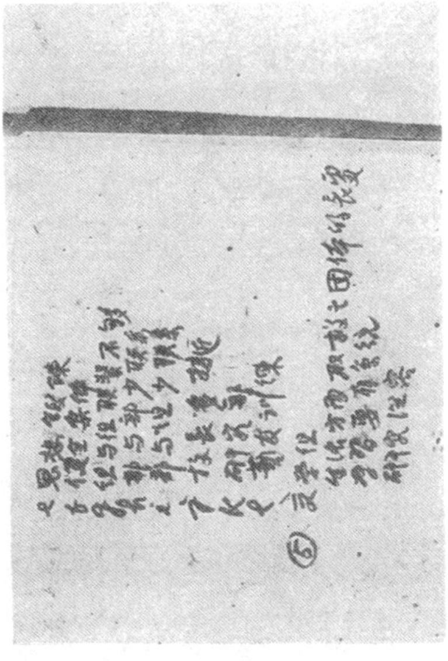

32-035

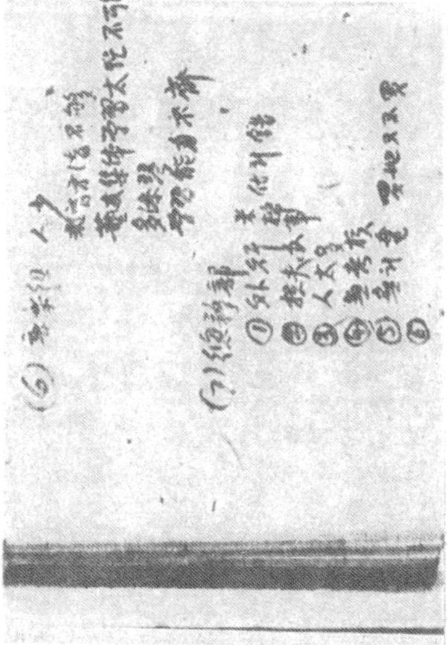

32-036

32-037

32-038

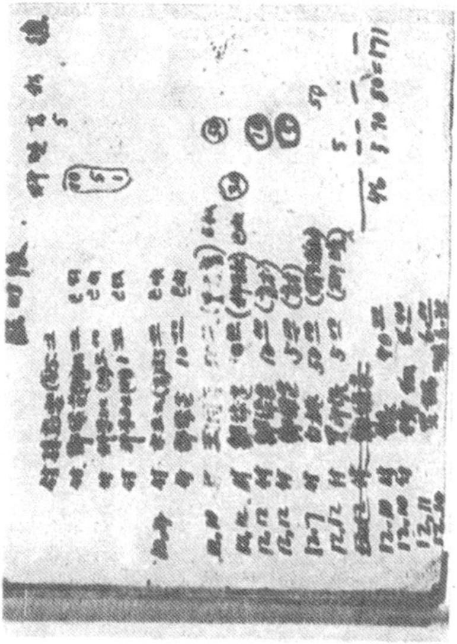

32-039

32-040

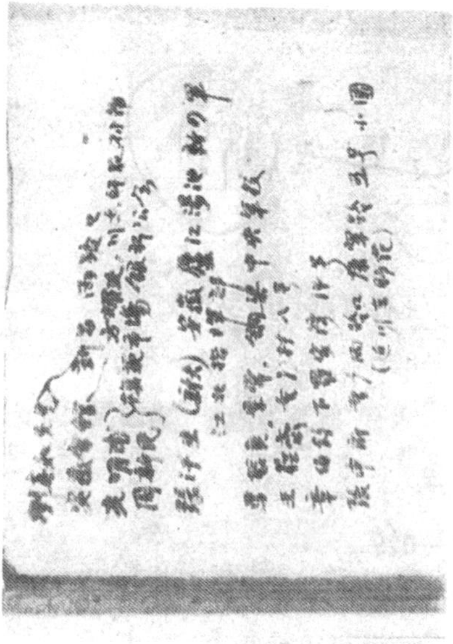

32-041

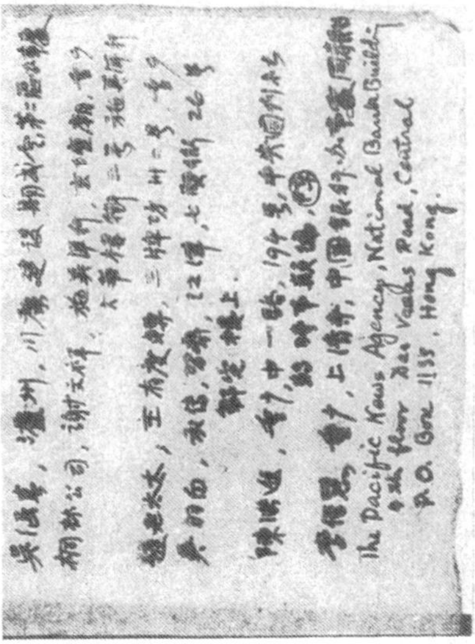

32-042

# 第三十二册〔注译〕

1939.11.16~1939.12.15

北碚

32—005

“洞、肖、书、明”指王洞若、马侣贤（肖生）、帅昌书、魏东明

32—008

第5行“孟君”即曹孟君

第6行“三桃”即陶刚

32—010

第2行“天佑”即詹天佑

32—014

第2行“羽白”即吴羽白

第3行“信慧”即李信慧

32—015

“新华”指新华银行

32—019

第3行“妇委员”为妇女委员会

32—021

第4行“罗师长”即罗广文

32—027

末行“统建”指统一建国同志会

32—029

第4行“走火”指枪走火

第9行“函许请棉背心”，指致函许世英请为育才的新学生发棉背心

32—032

第4行“七七”指“七七”少年剧团团员

32—033

第11行“桑”先生即桑文澜

第12行“嵇”即嵇钰

第15行“洞”即王洞若

32—038

“邵女士”即邵仲

32—042

末3行外文：《太平洋新闻》社，香港地址

# 衛備忘

第三十三册

1940.1.1~1940.7.25

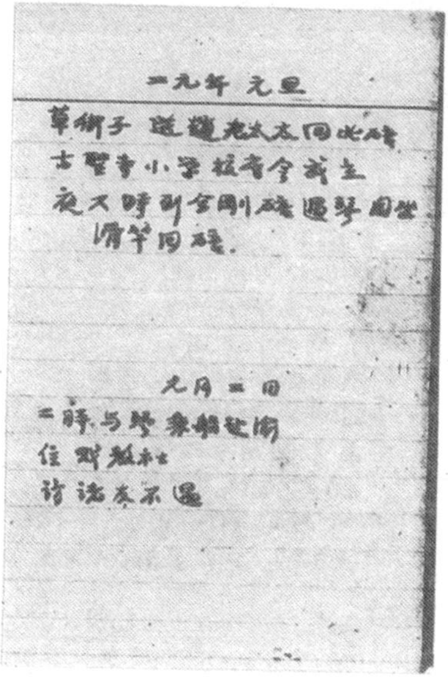
一九四〇年 元旦
草街子 送魏老太太回北碚
古圣寺小学校[illegible]会成立
夜[illegible]时到合川碰遇琴同[illegible]
渭等同碚.
元月二日
二时与琴乘船赴渝
住[illegible]
访沫若不遇

33-001

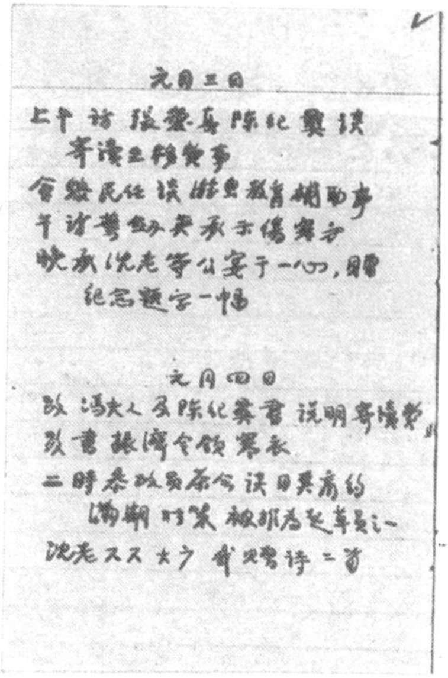
元月三日
上午访张群、陈纪彝谈
[illegible]立案经费事
会[illegible]民任谈战时教育捐助事
午访[illegible]
晚承沈老等公宴于一心，赠
纪念题字一幅
元月四日
致冯夫人及陈纪彝书说明[illegible]
致书张[illegible]领寒衣
二时参加参政员茶会谈日美商约
满期对策被推为起草员之一
沈老六六大寿 赋贺诗二首

33-002

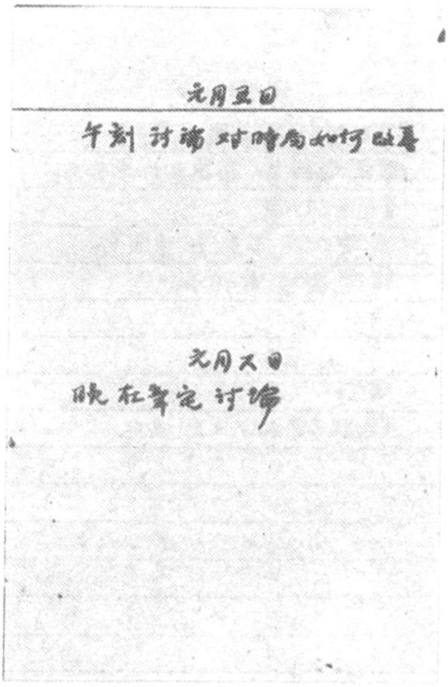
元月五日
午刻讨论对时局如何[illegible]
元月六日
晚在[illegible]宅讨论

33-003

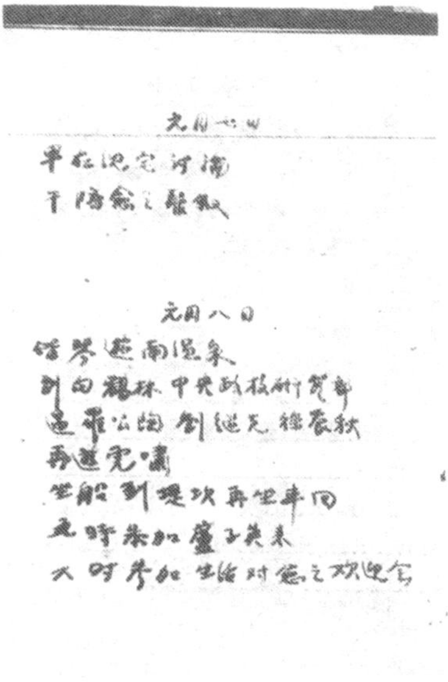
元月七日
早在沈宅讨论
[illegible]
元月八日
偕琴游南温泉
到白鹤林中央政校研究部
遇[illegible]
再游[illegible]
坐船到[illegible]再坐车回
五时参加[illegible]
八时参加[illegible]之欢迎会

33-004

元月九日

写诗哭新华二周年
赠友汪士友20元并去函致敬
下午访许俊先 承允继续补助
晓研
晚琴下厨房宴 生活教育社办事员

—

元月十日

访馥记营造厂陶桂林、民生
公司协理魏文翰及农本局
蔡承新 筹措学款
晚与达之谈新旅事

33-005

元月十一日

请生教社同志看小英雄
写游击教育 遇蔡先生与黄邨之
青年气流谈
遇曹汉成 有意助来凤宫之
访陆品清 遇小数

元月十二日

买药　看小英雄
陈铭枢在大三元请客

33-006

元月十三日

偕琴回北碚

33-007

元月十六

赴育才偕观守忠寺照相
夜讲时局
看明家序

33-008

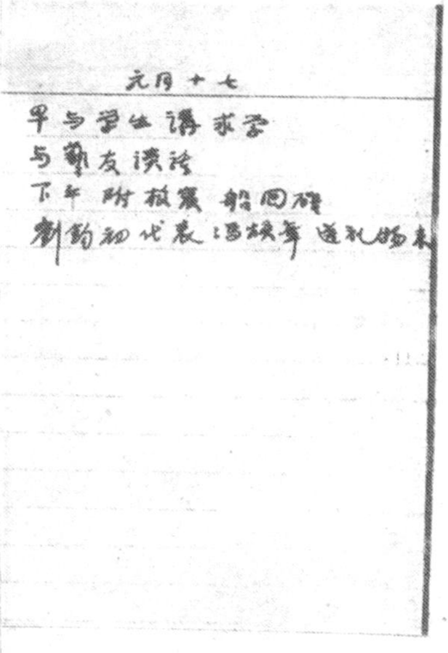

元月十七

早与学社谈求学

与郭友谈话

下午附校农船回碚

刘钧初代表潘梓年送礼物来

33-009

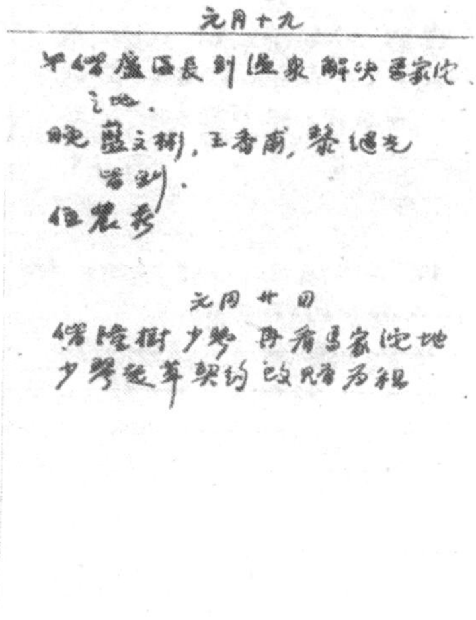

元月十九

早偕卢区长到温泉解决马家沱之地。

晚蓝文彬，王香甫，黎绍光

皆到。

住农场

元月廿日

偕陈树少琴再看马家沱地

少琴说筹契约改赠为租

33-010

元月廿一日

宋子文来碚

33-011

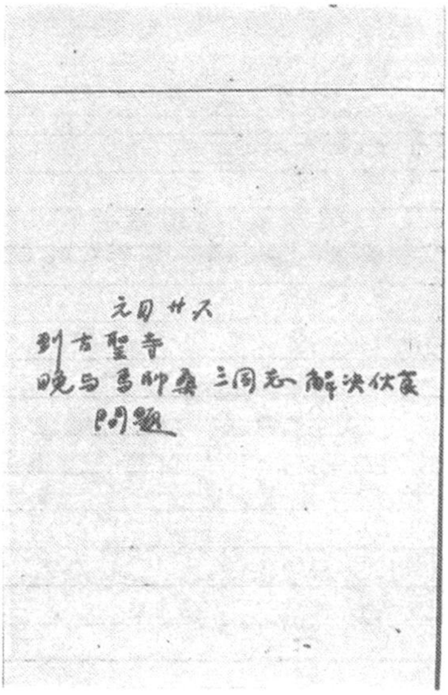

元月廿六

到古圣寺

晚与马师桑三同志解决伙食

问题

33-012

元月廿七
早与学生讲工作
同游

33-013

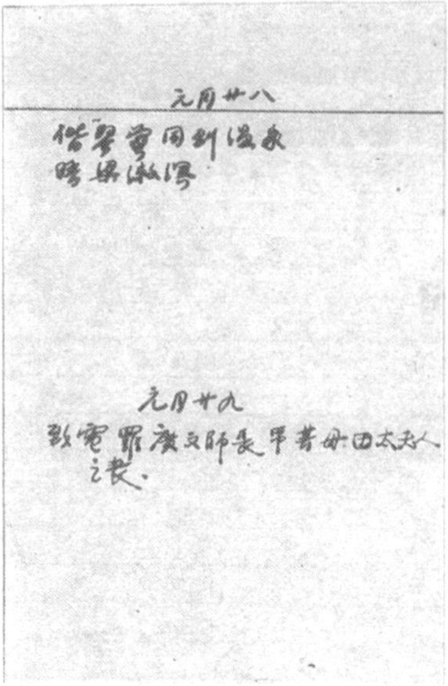
元月廿八
偕翠曾同到温泉
晤梁漱溟

元月廿九
致电罗广文师长吊其母田太夫人
之丧.

33-014

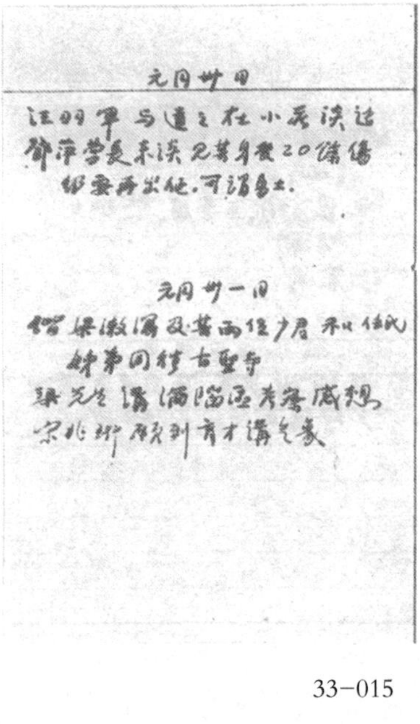
元月卅日
汪明早与道之在小花溪谈话
郭萍学长来谈兄弟身价20倍倍
似要再出任. 可谓多事.

元月卅一日
偕梁漱溟及其两位少君和侄
姊弟同游古圣寺
梁先生讲滇缅路考察感想
宋兆珩顺到育才讲气象

33-015

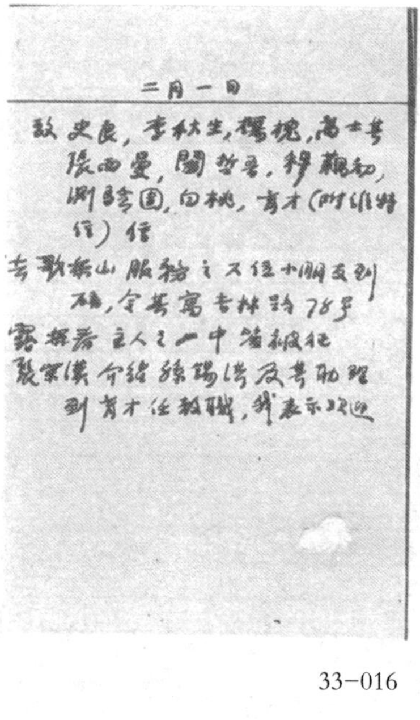
二月一日
致史良，李秋生，杨槐，高士其
张西曼，关梦觉，钱颖初，
刘鸿图，白桃，育才（附维辩
信）信
告郭沫山服务之又往小关支到
碚，令其寓吉林路78号
露梨为主人之一中偕板社
张宗汉介绍徐瑞陵及其助理
到育才任教职，我表示欢迎

33-016

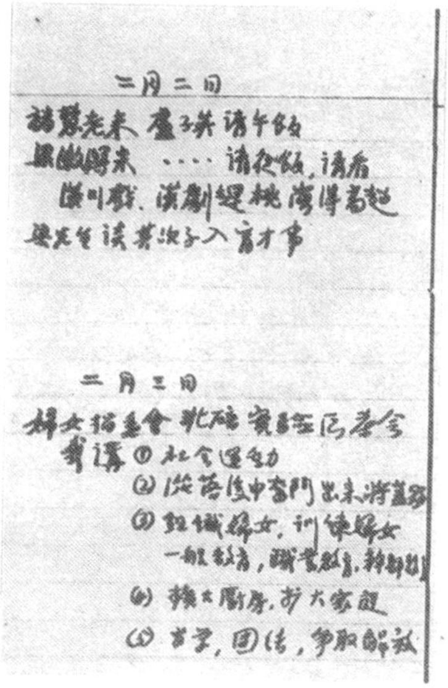

33-017

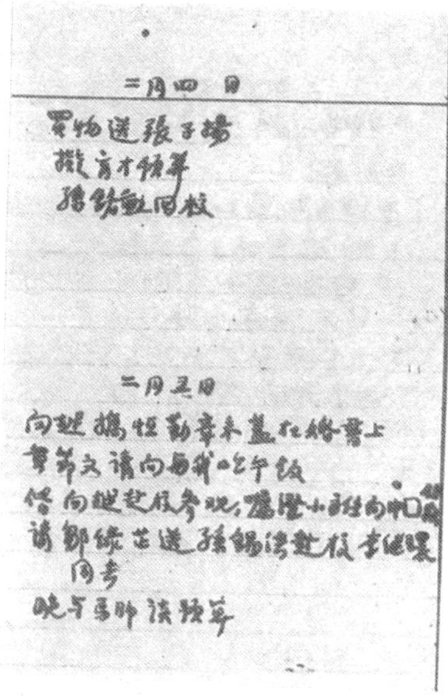

33-018

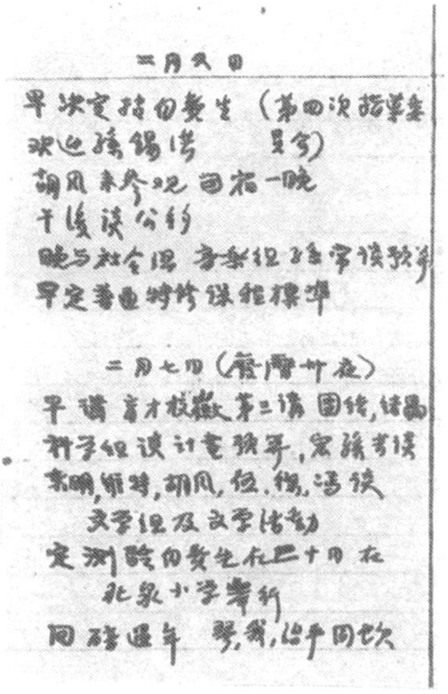

33-019

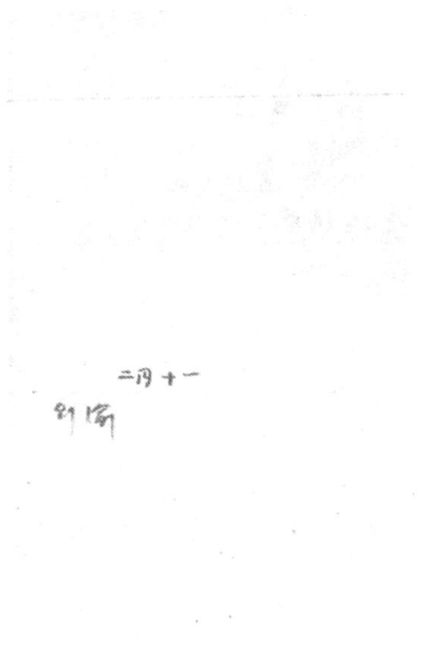

33-020

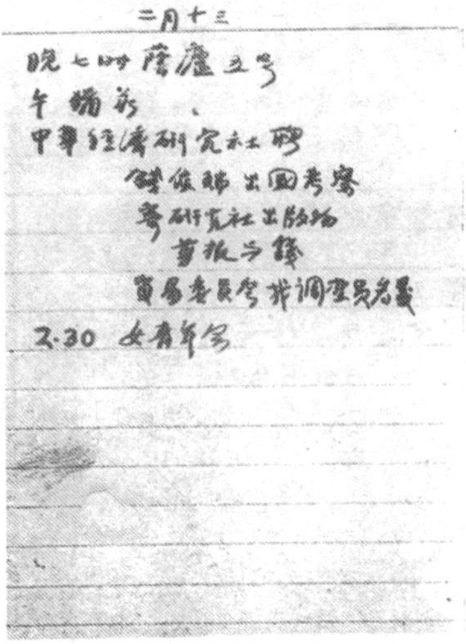
二月十三
晚七时 詹庐 [illegible]
午 [illegible]
中华经济研究社 聘
钱俊瑞 出国考察
寄研究社出版物
[illegible]
商务委员会 我调查员名单
7.30 女青年会

33-021

二月十四
10.13 甲 会吴先生

33-022

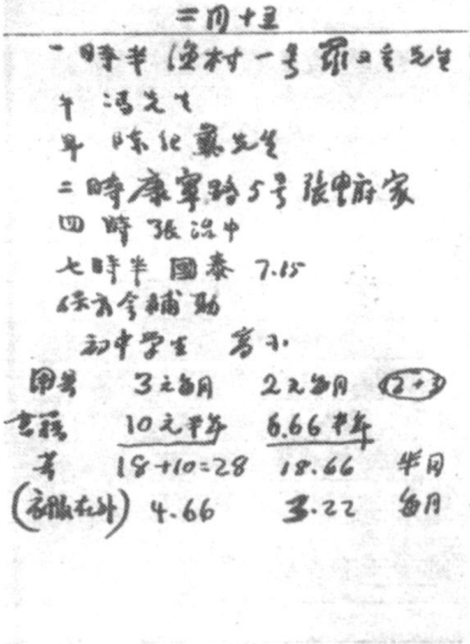
二月十五
一时半 渔村一号 [illegible]先生
午 冯先生
早 陈纪彝先生
二时 康宁路5号 张仲仁家
四时 张治中
七时半 国泰 7.15
保育会补助
初中学生 寄小
团费 3元每月 2元每月 (2+3)
书籍 10元半年 6.66半年
共 18+10=28 18.66 半月
(补膳在外) 4.66 3.22 每月

33-023

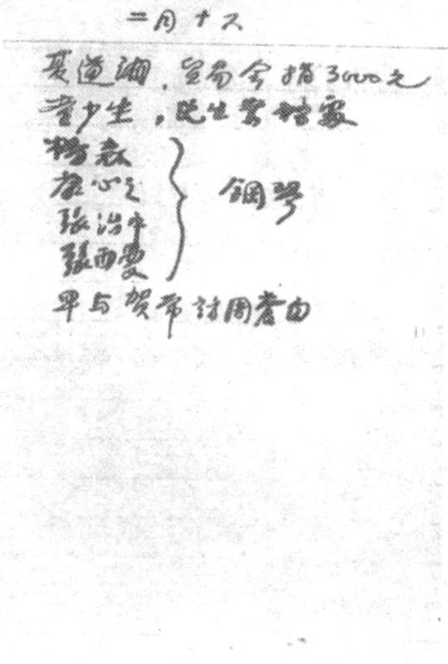
二月十六
吴道润，[illegible]会捐3000元
董少生，[illegible]
杨森 / [illegible]心之 / 张治中 / 张西曼 } 钢琴
甲与贺常讨[illegible]

33-024

二月十七
寄渊於樣沉陈纪彝先生
写信给李平、徐同志、谢健。

33-025

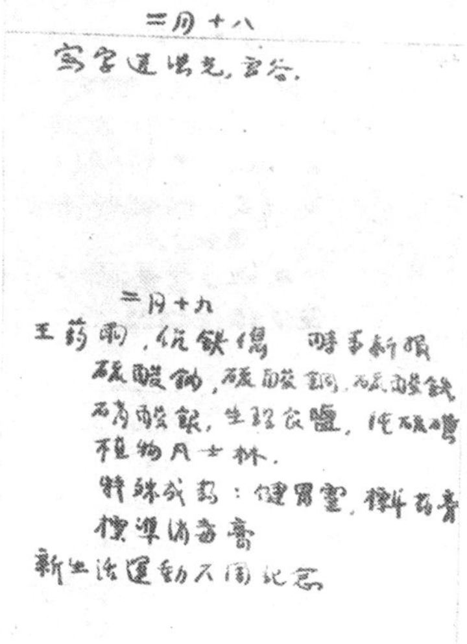
二月十八
写字送迷先生、吉公。

二月十九
王药雨，倪铁僧 酵素新组
碳酸钠，碳酸铜，碳酸铁
硫酸钡，生理食盐，纯碳酸
植物凡士林。
特殊成药：健胃灵，樟脑药膏
标准消毒膏
新生活运动六周纪念

33-026

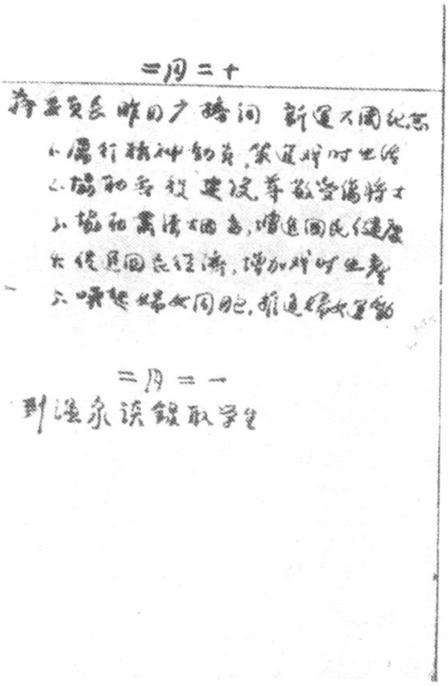
二月二十
蒋委员长昨日广播词 新运六周纪念
一、厉行精神动员，实现战时生活
二、协和劳动建设，争取管理技术
三、协和农情细密，增进国民健康
四、促进国民经济，增加战时生产
五、唤起妇女同胞，推进妇女运动

二月二十一
刘远永谈录取学生

33-027

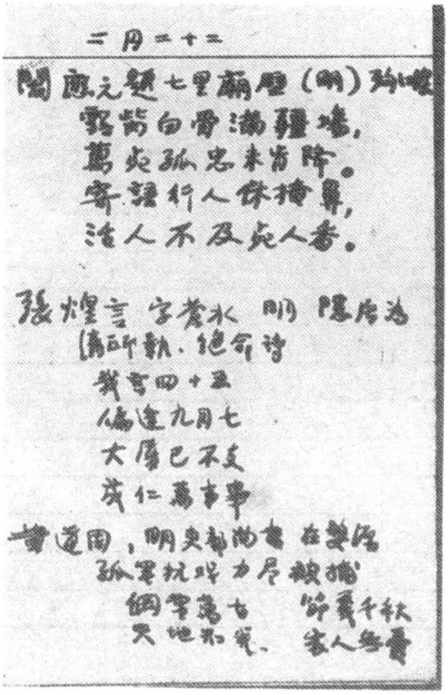
二月二十二
阎应元题七里庙壁（明）殉城
露胔白骨满疆场，
万死孤忠未肯降。
寄语行人休掩鼻，
活人不及死人香。

张煌言 字苍水 明 鄞县人
满所执，绝命诗
我年四十五
恰逢九月七
大厦已不支
成仁万事毕
黄道周，明吏部尚书 在婺源
孤军抗战 力尽被执
纲常万古 节义千秋
天地知我 家人无忧

33-028

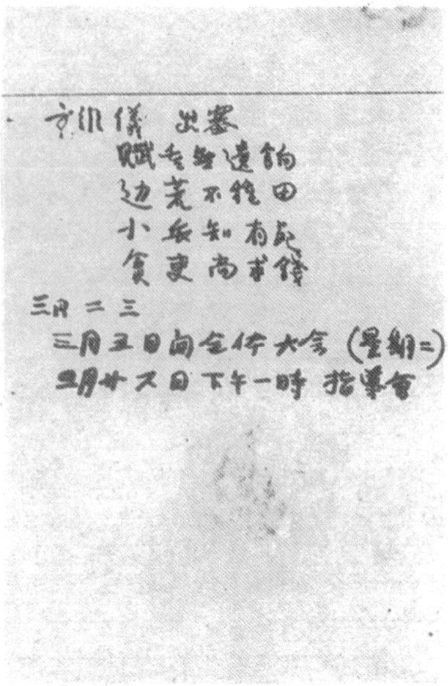

刘仙俦 出塞
贼去兵遣饷
边荒不种田
小兵知有死
贪吏尚求钱
三月二三
三月五日开全体大会（星期二）
三月廿六日下午一时 指导会

33-029

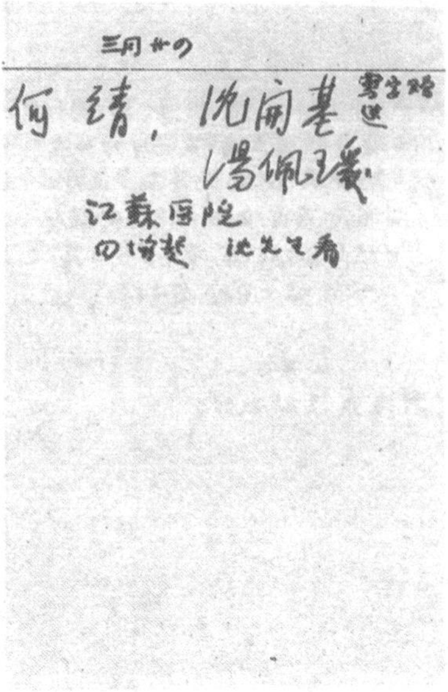

三月廿四
何靖，沈肃基
汤佩璣
江苏医院

33-030

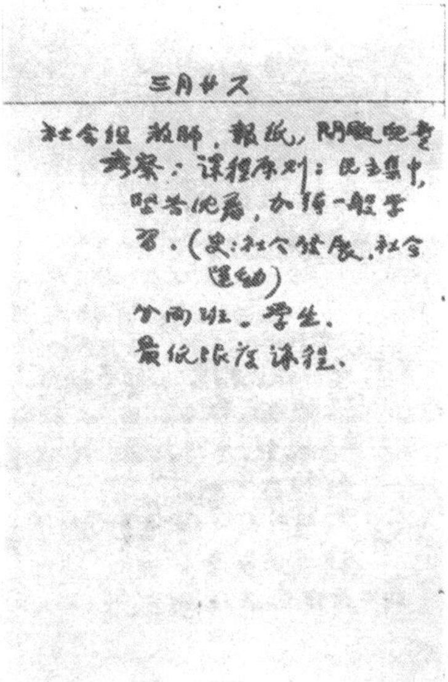

三月廿六
社会组 教师，报纸，
考察：课程原则：民主集中，
学习。（史：社会发展，社会运动）
分两班。学生。
最低限度课程。

33-031

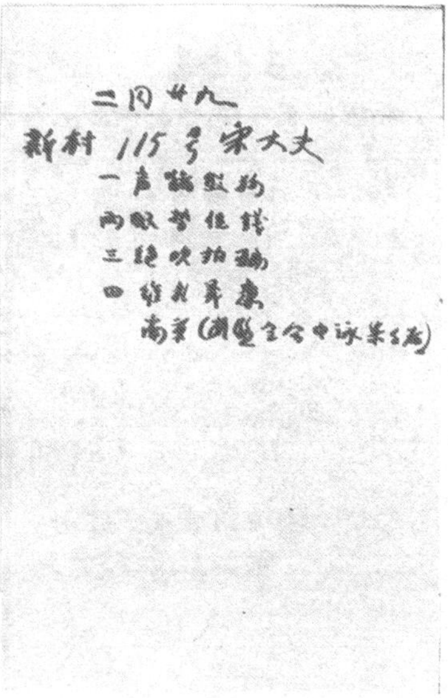

三月廿九
新村115号宋太太
三绝吹拍动

33-032

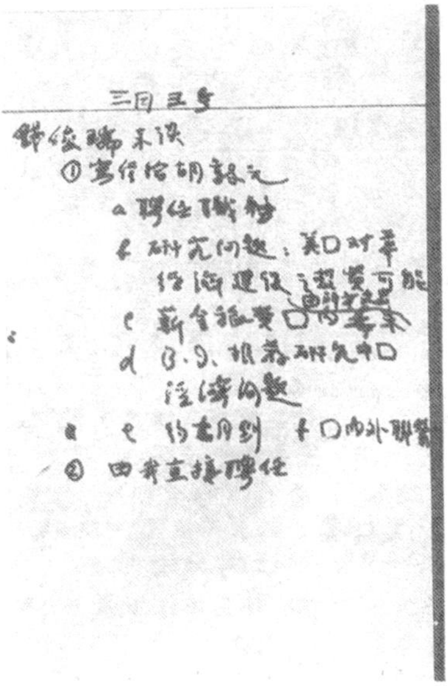
三月三号
钟俊鹏来谈
①实行给胡锦文
a 联络职能
b 研究问题：美日对华经济建设之投资可能
c 筹备基金
d B.D. 报务研究中日经济问题
e 约期到 f 日内外联系
②四我直接联络

33-033

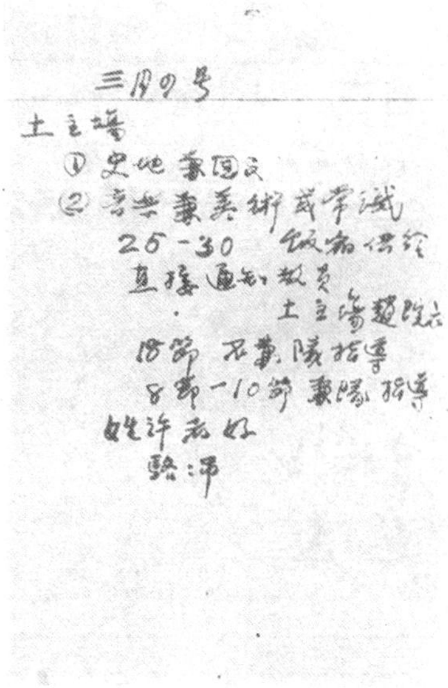
三月四号
土主墙
①史地兼国文
②音乐兼美术或常识
25-30 级备供给
直接通知教员
土主墙题

18节 不兼队指导
8节—10节 兼队指导
姓许者好
验：证

33-034

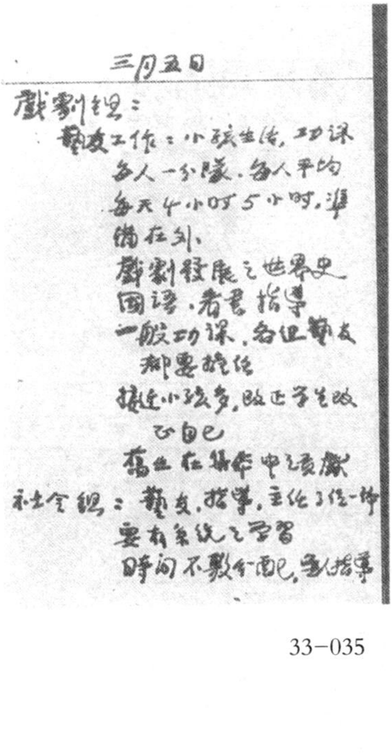
三月五日
戏剧组：
艺友工作：小孩生活，功课
每人一分队，每人平均
每天4小时5小时，准备在外。
戏剧发展之世界史
国语，看书指导
一般功课，各组艺友
都要担任
接近小孩多，改正学生改正自己
写出在集体中之贡献
社会组：艺友，指导，主任工作
要有系统之学习
时间不够分配，多人指导

33-035

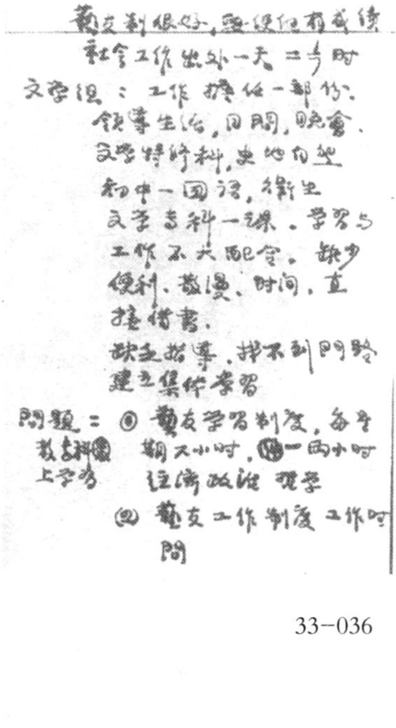
艺友制很好，但须保持有成绩
社会工作出外一天二十多时
文学组：工作担任一部分，
领导生活，日问，晚会，
文学特修科，史地备课
初中一国语，卫生
文学专科一课。学习与
工作不大配合。缺少
便利，散漫，时间，直
接指导。
缺乏指导，摸不到门路
建立集体学习
问题：① 艺友学习制度，每星期3小时，一两小时
经济政治 哲学
② 艺友工作制度 工作时间

33-036

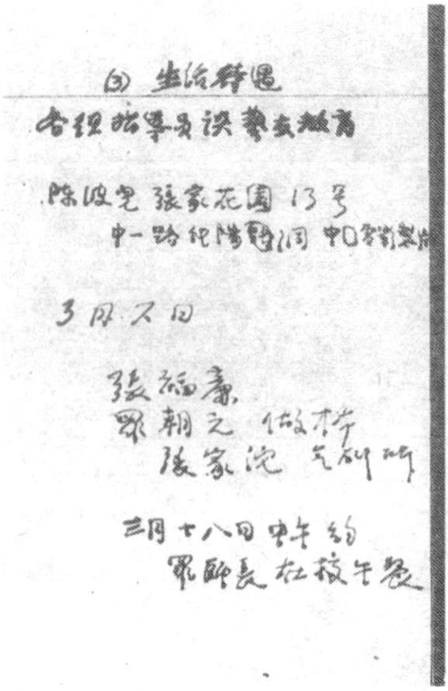

33-037

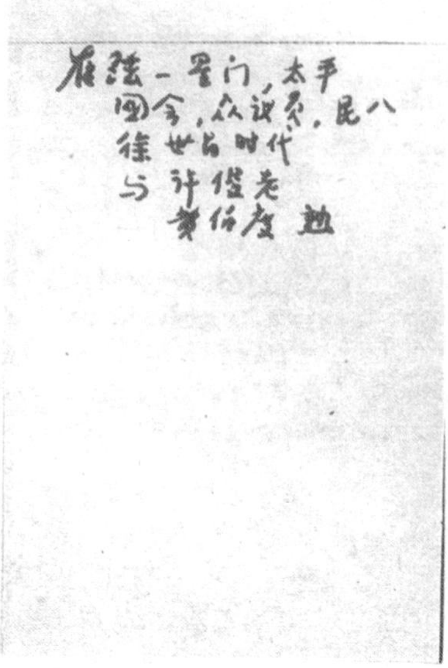

33-038

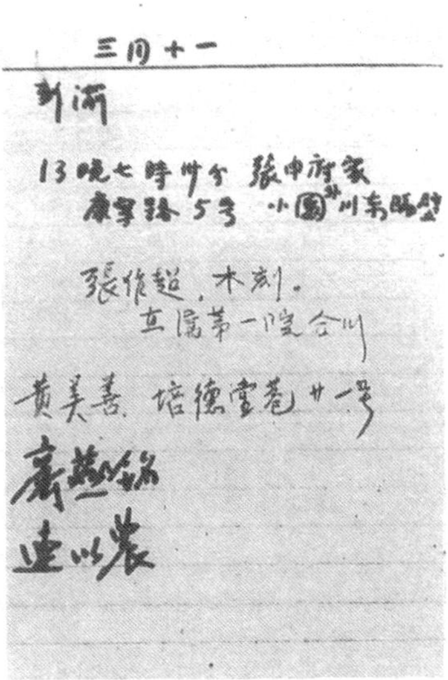

33-039

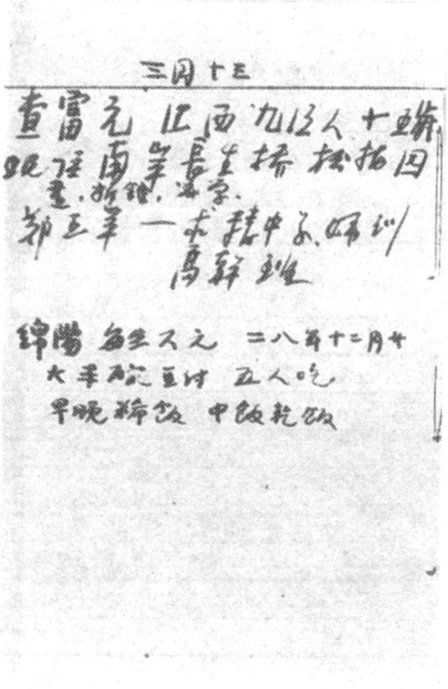

33-040

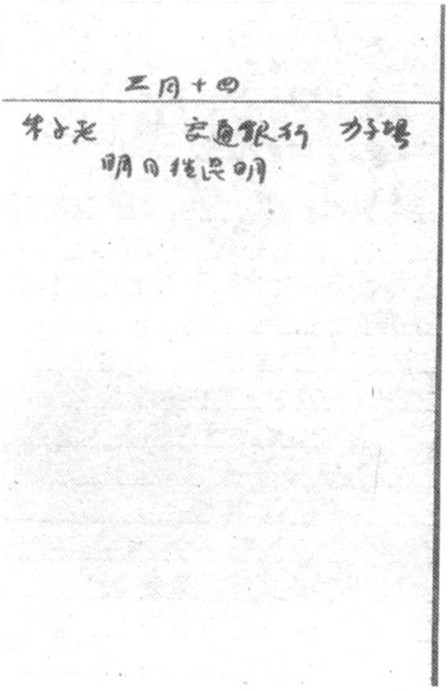

三月十四

第六见　　交通银行　办子号

明日往洪明

33-041

三月十六

血压 156－210

33-042

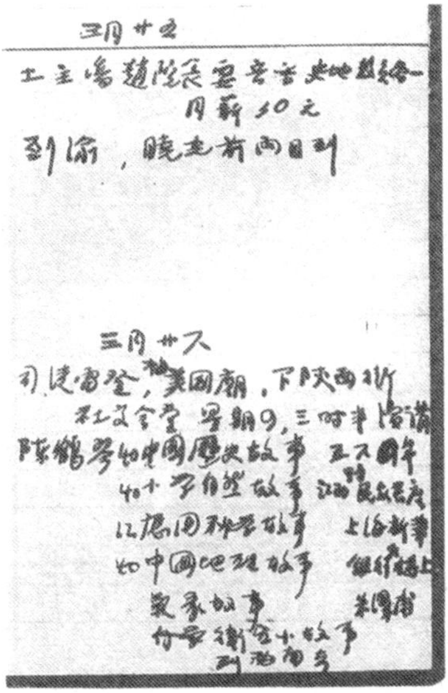

三月廿五

工主场随陷兵要音音史地数学一

月薪 10 元

到渝，晚走前雨日刊

三月廿六

司徒雷登，美国潮，下陕西行

社交会堂 星期日，三时半海讲

陈鹤琴如中国历史故事　五六周年

如十字自然故事　江西民众书店

以德国科学故事　上海新书

如中国地理故事　银行城上

气象故事　美国书

什么卫生小故事

到渝南岸

33-043

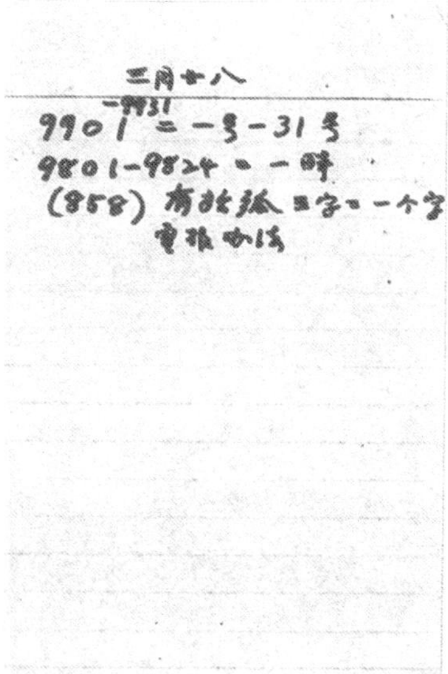

三月廿八

9901—9931 二一号－31 号

9801－9824 一一时

(858) 有效发三字一个字

电报加流

33-044

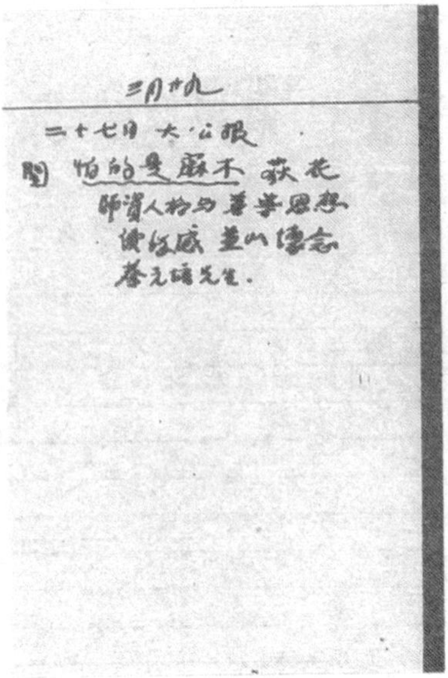

三月廿九

二十七日 大公报

闻 伯韵受麻木 获花

师资人物与華学恩荣

读后感 並以怀念

蔡元培先生.

33-045

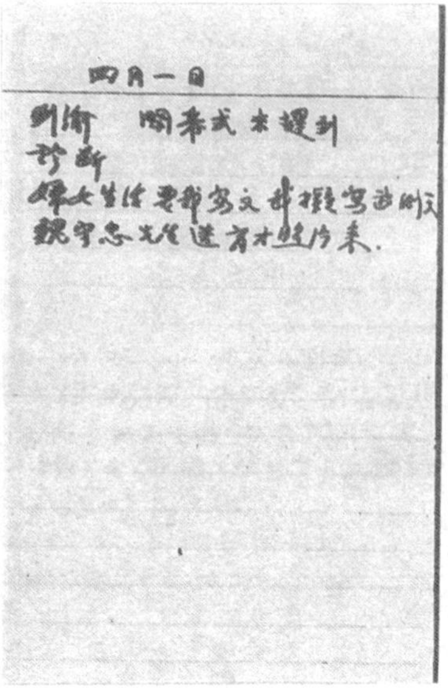

四月一日

剑衡 阎希武来提到

诊断

妇女生活要我写文并拟写出刚文

规划念先生送育才的序来.

33-046

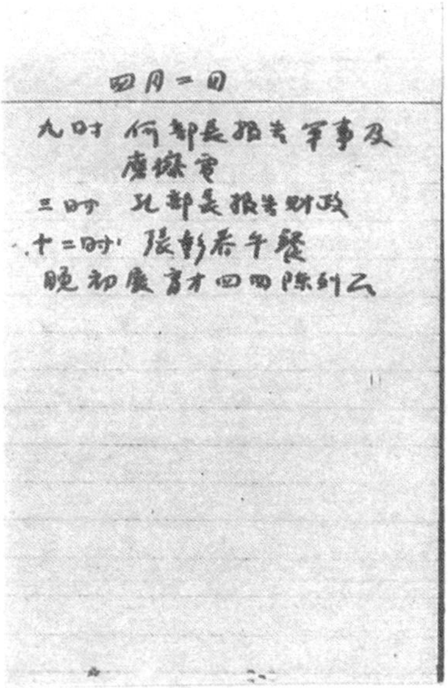

四月二日

九时 何部长报告军事及

广播电

三时 孔部长报告财政

十二时 张彭春午餐

晚初广育才四四陈纠云

33-047

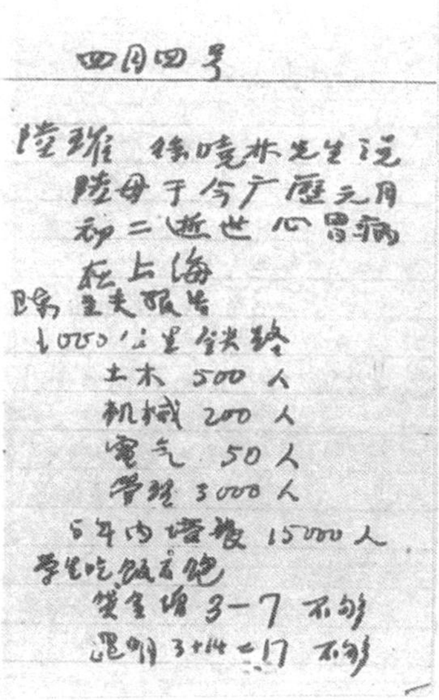

四月四号

陆璀 徐晓林先生说

陆母于今广历元月

初二逝世 心胃病

在上海

陈立夫报告

1000公里铁路

土木 500人

机械 200人

电气 50人

管理 3000人

5年内增加 15000人

学生吃饭有饱

奖金增 3-7 不够

照明 3+14=17 不够

33-048

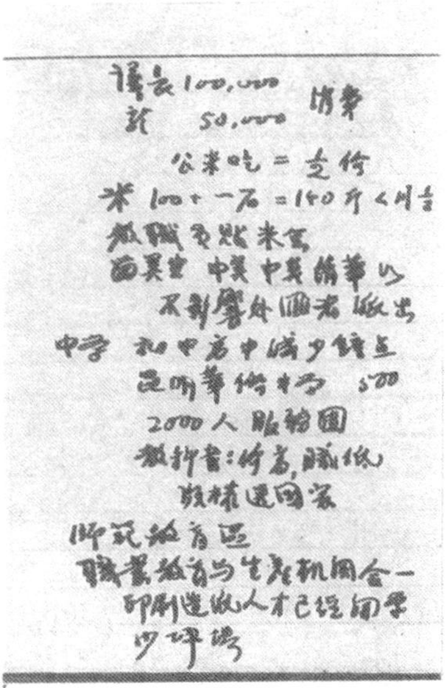

议长100,000
新 50,000 消费
公米吃＝支付
米100＋一石＝140斤＜川斗
教职[illegible]米贴
西[illegible] 中美 中英 [illegible]以
不[illegible]国者[illegible]出
中学 和中高中城乡[illegible]
昆明华侨中学 500
2000人 服务团
教科书：价高，纸张
[illegible]国家
师范教育区
职业教育与生产机关合一
印刷造纸人才已经留学
少评论

33－049

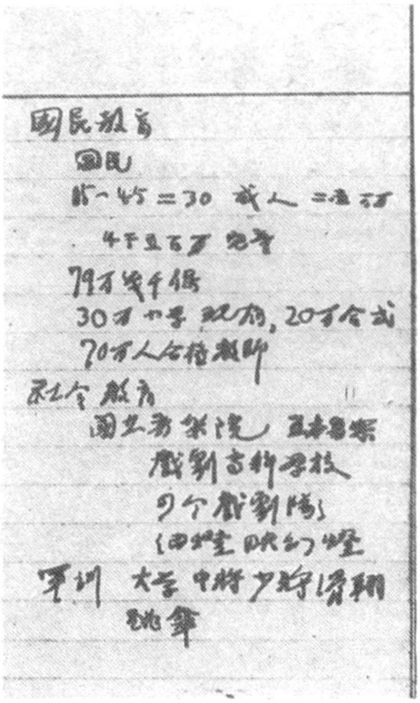

国民教育
国民
15－45＝30 成人 二[illegible]
4千五百万 学童
79万[illegible]
30万中学程度，20万合格
70万人合格教师
社会教育
图书馆 剧院 [illegible]
戏剧音乐学校
9个戏剧队
{电影[illegible]
军训 大学 中将少将[illegible]
[illegible]

33－050

选工具 [illegible]
教师待遇

33－051

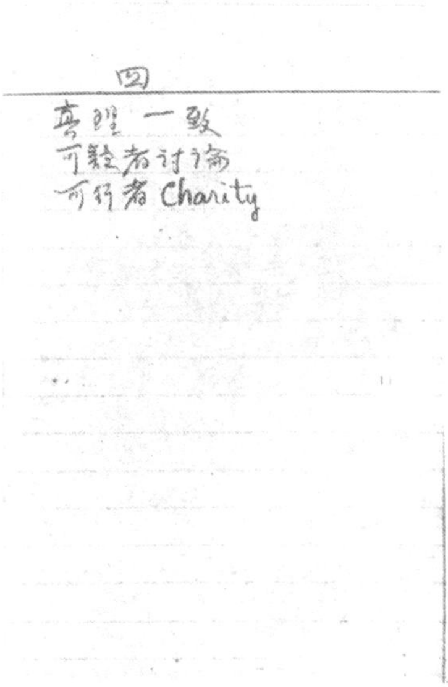

四
真理 一致
可疑者讨论
可行者 Charity

33－052

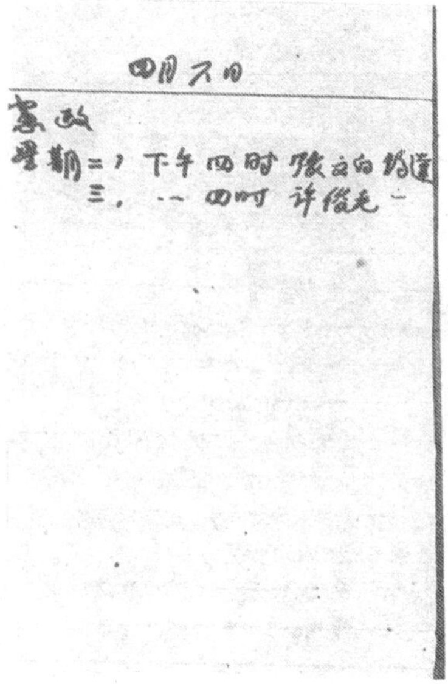
四月八日
家政
星期二，下午四时 張[illegible]
三，…… 四时 许[illegible]

33-053

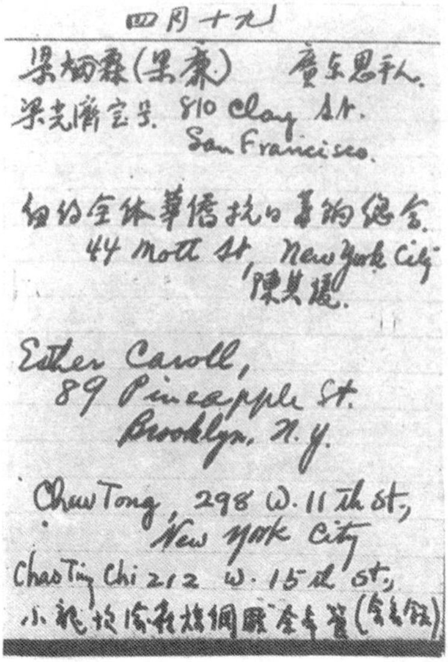
四月十九
梁[illegible]森（梁[illegible]） 廣东恩平人。
梁[illegible]宝号 810 Clay St.
San Francisco.
纽约全体華僑抗日筹餉總会。
44 Mott St, New York City
陳其瑗。
Esther Caroll,
89 Pineapple St.
Brooklyn, N.Y.
Chew Tong, 298 W. 11th St,
New York City
Chao Ting Chi 212 W. 15th St,
小[illegible]

33-054

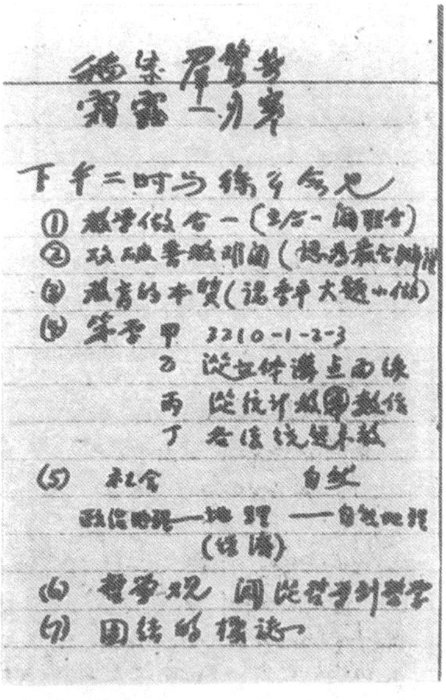
[illegible]
下午二时与[illegible]
① [illegible]
② [illegible]
③ [illegible]
④ [illegible] 甲 3210-1-2-3
乙 [illegible]
丙 [illegible]
丁 [illegible]
(5) 社会 自然
[illegible]
(6) [illegible]
(7) [illegible]

33-055

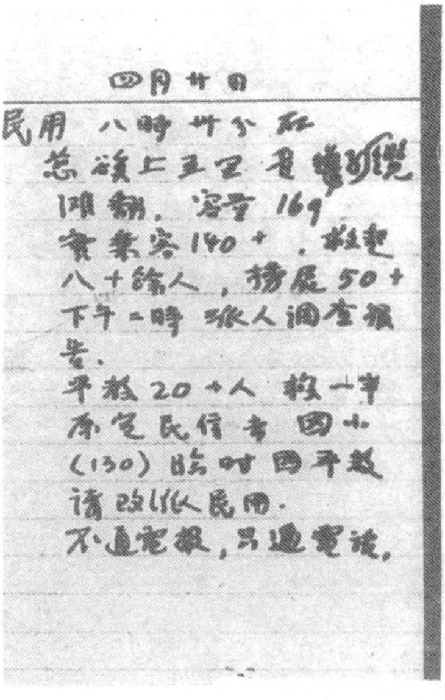
四月廿日
民用 八時卅分 [illegible]
[illegible] 169
[illegible] 140+，[illegible]
八十餘人，[illegible] 50+
下午二時 [illegible]人調查報告。
[illegible] 20+人 [illegible]
[illegible]（130）臨时[illegible]
請[illegible]民用。
不通電報，只通電話。

33-056

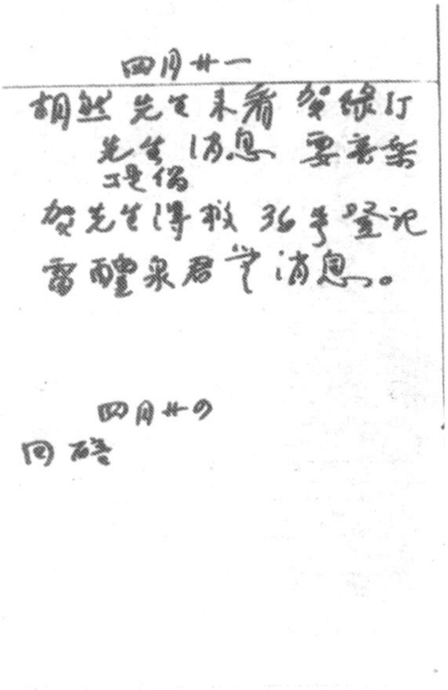
四月廿一
胡然先生来看贺绿汀
先生消息 要嘉宾
工受伤
贺先生传我 36号坚把
雷醒泉君之消息。

四月廿四
同确

33-057

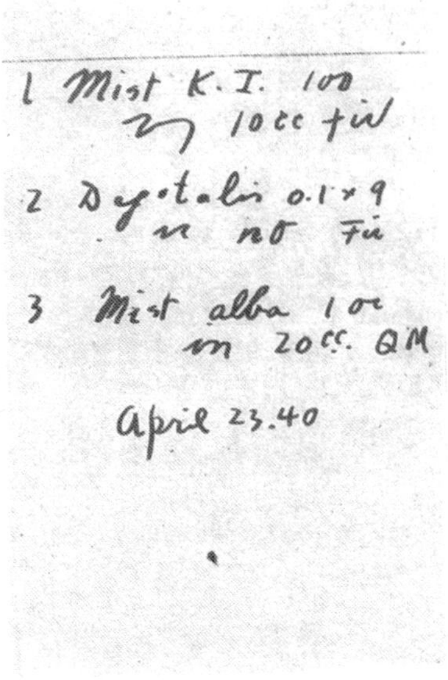
1 Mist K.I. 100
3j 10cc t.i.d
2 Digitalis 0.1×9
ii no Fu
3 Mist alba 10cc
in 20cc. QM
April 23.40

33-058

育才致新华银行第一、二月领款书
育才致——第三、四月领款书
晓研致新华一、二、三、四月领款书
晓研致赈委会一、二、三、四月请款书
育才致赈委会三、四月请款书

33-059

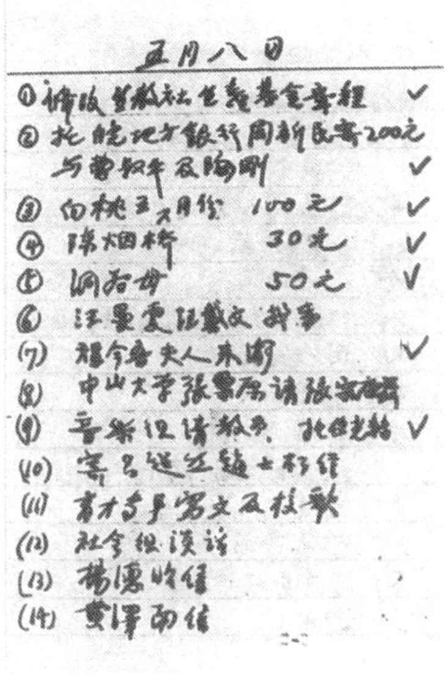
五月八日
① 补助学术社生活基金章程 ✓
② 托皖地方银行同新民寄200元与曹郁年及陶刚 ✓
③ 向桃王六月俸 100元 ✓
④ 陈烟桥 30元 ✓
⑤ 阿杏母 50元 ✓
⑥ 汪量变张献文 战事
(7) 福尔摩夫人来谢 ✓
(8) 中山大学张云阶请张宗麟
(9) 音乐组请放弃，托任光转 ✓
(10) 寄名送红领巾杉作
(11) 育才学校写文及校歌
(12) 社会组谈话
(13) 杨德昭信
(14) 黄泽函信

33-060

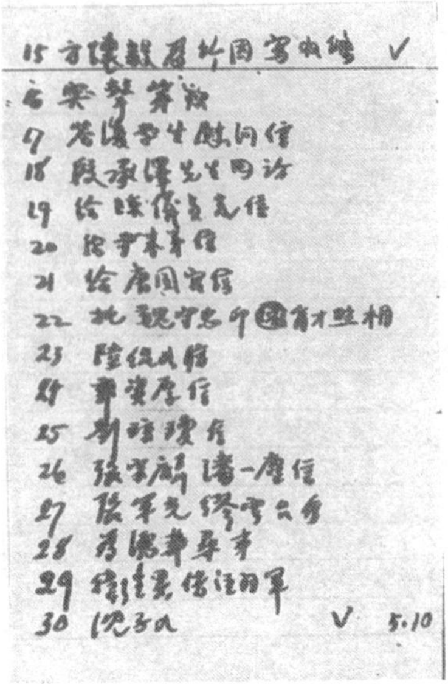

33-061

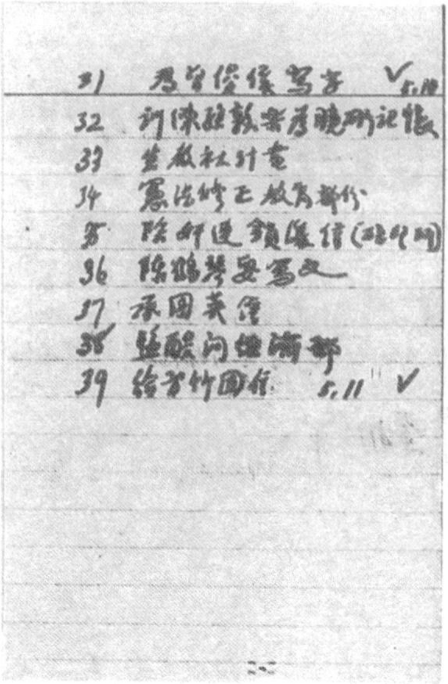

33-062

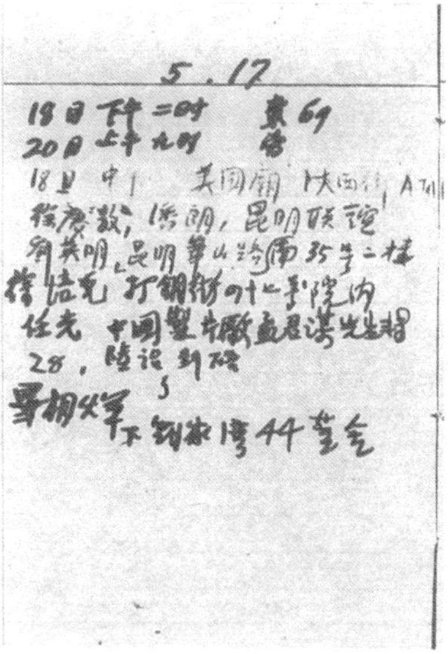


33-063

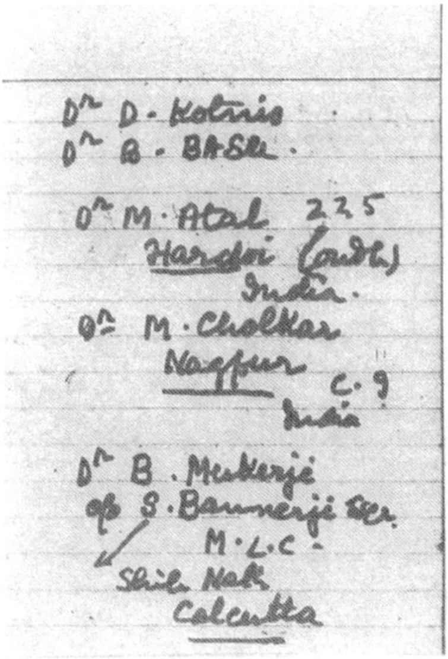


33-064

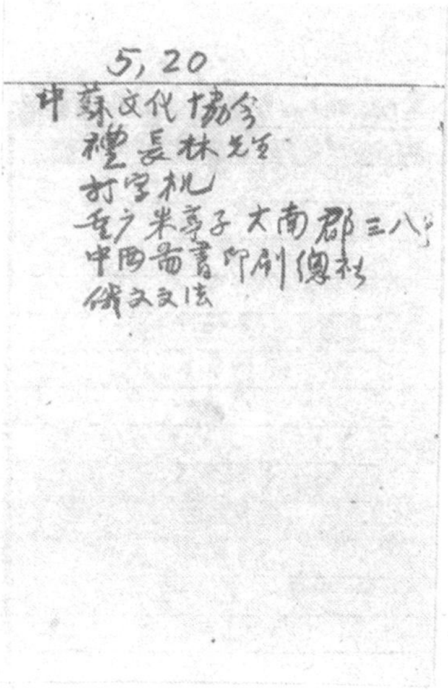

5,20

中苏文化协会
礼长林先生
打字机
重庆米亭子大南郡三八号
中西图书印刷总社
俄文文法

33-065

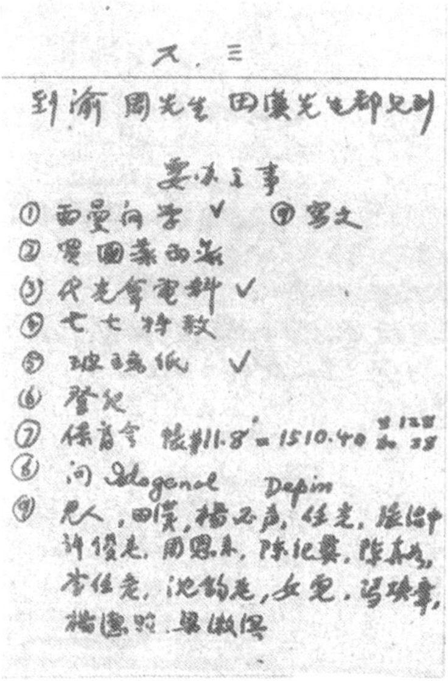

六.三

到渝周先生田汉先生都见到

要办之事

① 西曼问学 ✓　⑩ 写文
② 买田汉西装
③ 代先生电料 ✓
④ 七七特款
⑤ 玻璃纸 ✓
⑥ 登记
⑦ 保育会 账#11.8 = 1510.40 [illegible]
⑧ 问 Idogenal Depin
⑨ 见人，田汉，杨亚声，任光，陈伯中
许倬老，周恩来，陈伯农，陈东如，
李任老，沈钧老，女儿，冯焕章，
杨德昭，梁漱溟

33-066

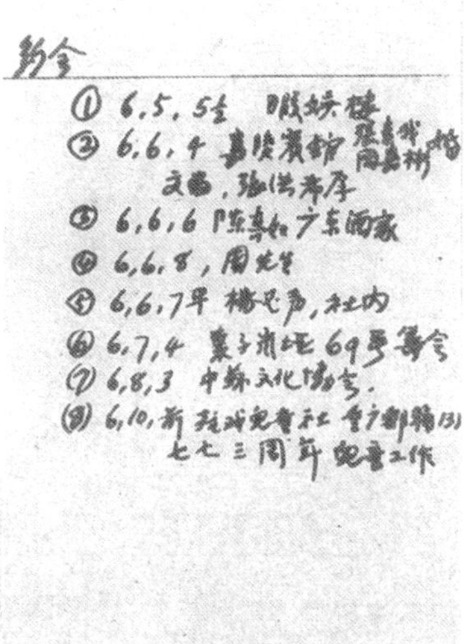

约会

① 6,5,5点 [illegible]
② 6,6,4 嘉陵宾馆 [illegible]
文番，张洪希厚
③ 6,6,6 陈嘉如 广东酒家
④ 6,6,8，周先生
⑤ 6,6,7半 杨亚声，社内
⑥ 6,7,4 [illegible] 69号 筹会
⑦ 6,8,3 中苏文化协会.
⑧ 6,10，新 [illegible]社 重庆邮箱131
七七三周年儿童工作

33-067

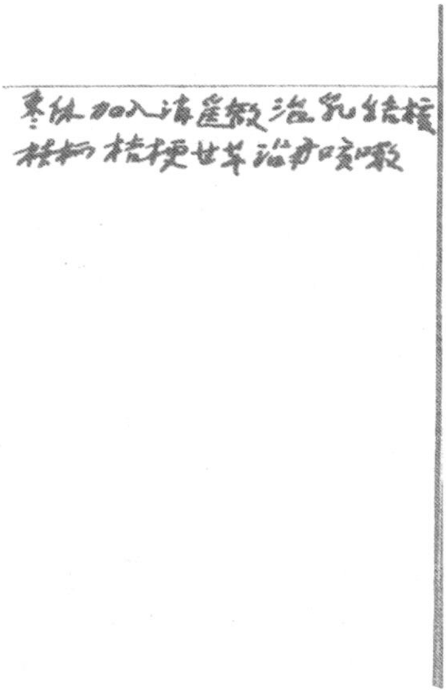

枣仁加入清宁散治气结核
[illegible]

33-068

5.5

長風 第一卷 第四期 企鶴書店
許向北.

朱文富, 自殺, 171師 團長(七軍)
三月底, 鄂東, 黄安, 礼山
奴奉命令 隨陸隊長自殺
遺書.

王士信, 士篤, 漢民中学
士忠 廣西大学

33−069

6.25

秦玉山 秦玉生 有 100元
從丁次鶴太太寄存在
宋大夫處 請桑先生保

33−070

7.7

Russian Oil

1913 9,200,000 tons of oil
1937 30,000,000 ------
(Dutch Indies, Mexico,
Iran + Rumania Combined)

1928–28 100%
1932 (1st 5 y plan) 184.4%
1938 (Begin 3rd y plan) 274%
1940 315%

Reserves of oil

June 1 1937
World 9000 million tons
Russia 6400 million tons
8600 (East 1939–40 New Discovery)

33−071

Prerevolution 10 oil fields
1940 60 oil fields
From - Moscow News
June 5, 1940

33−072

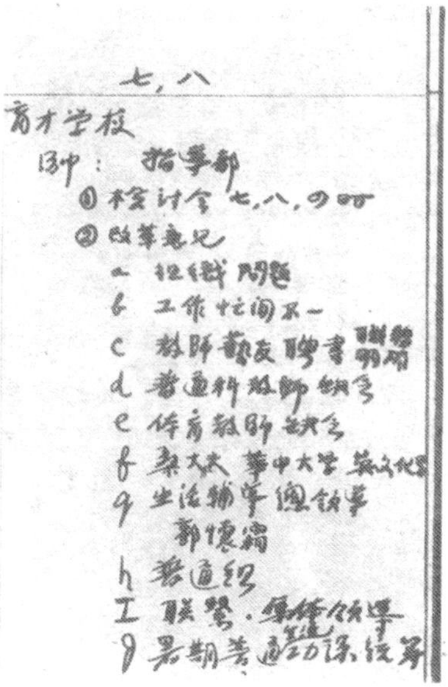

33-073

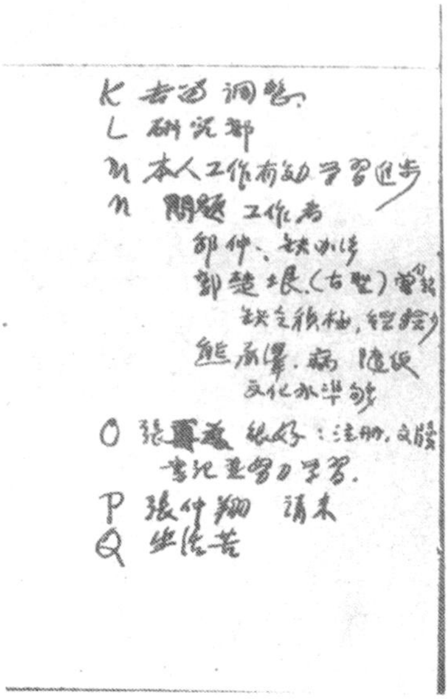

33-074

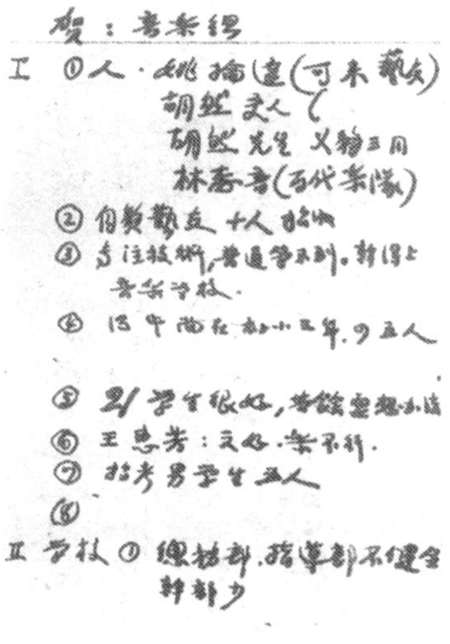

33-075

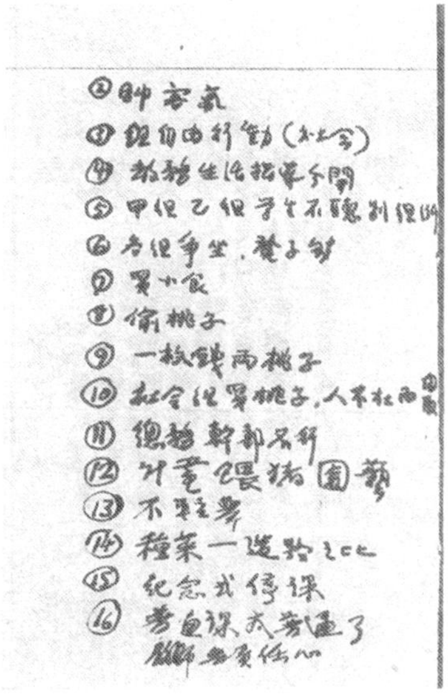

33-076

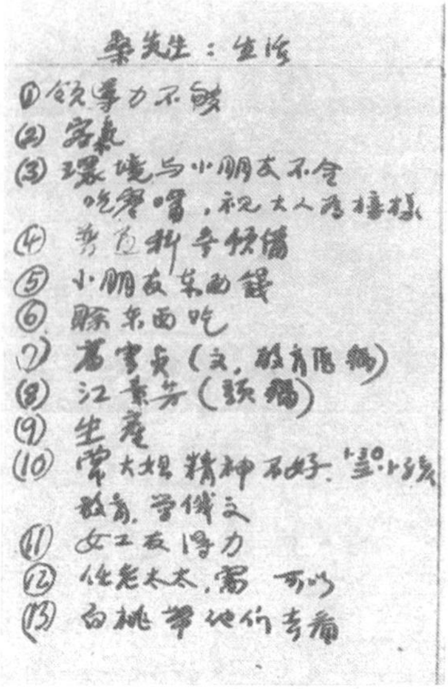


33-077

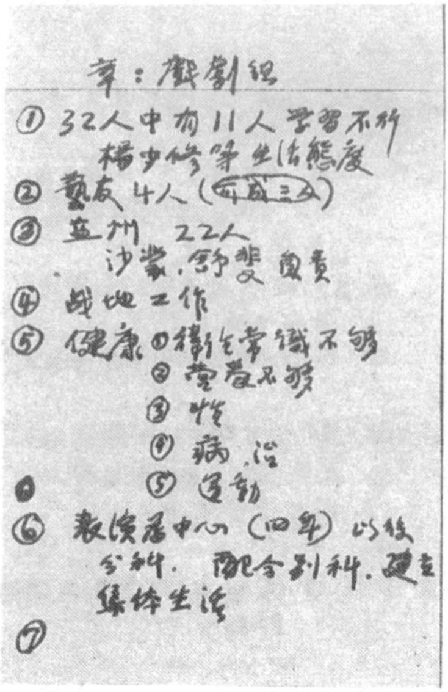


33-078

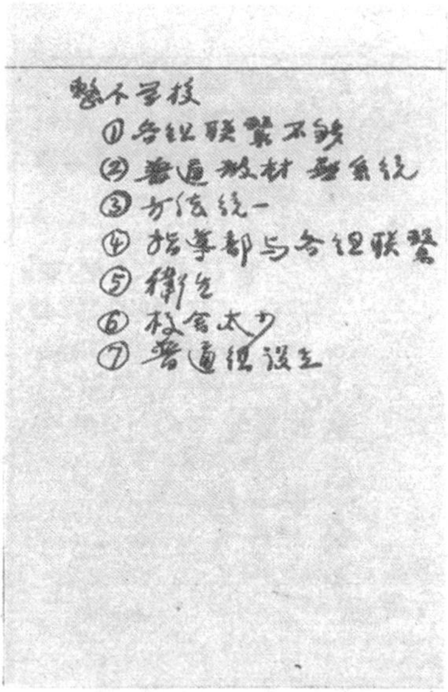


33-079

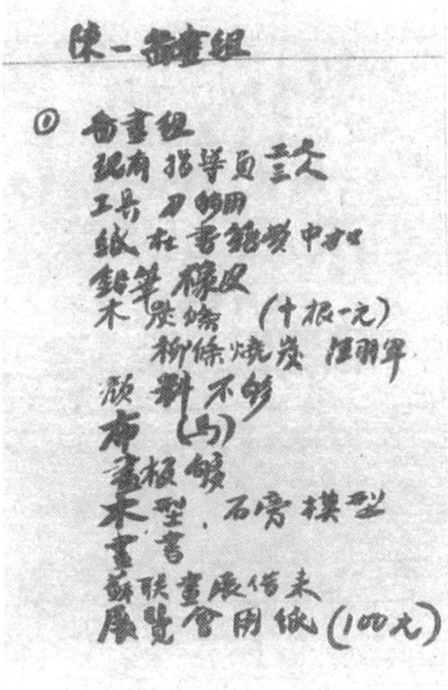


33-080

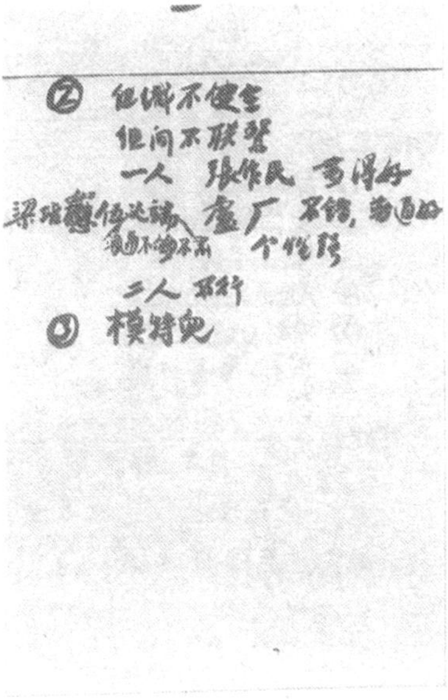
② 组织不健全
组间不联系
一人 张作民 当得好
梁琦艺傅达端 查厂 不错，普通的
预备不够不高 个性的
二人 不好
③ 模特儿

33-081

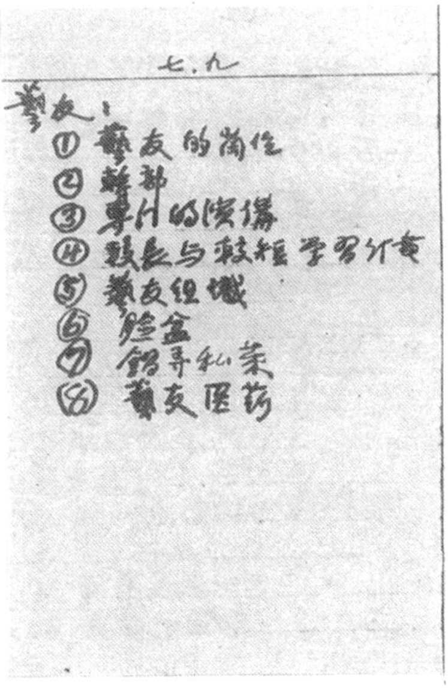
七，九
艺友：
① 艺友的资性
② 干部
③ 事件的准备
④ 艺友与教程学习介绍
⑤ 艺友组织
⑥ 储金
⑦ 领导私菜
⑧ 艺友医药

33-082

小孩
① 不懂公路
② 眼睛在看

33-083

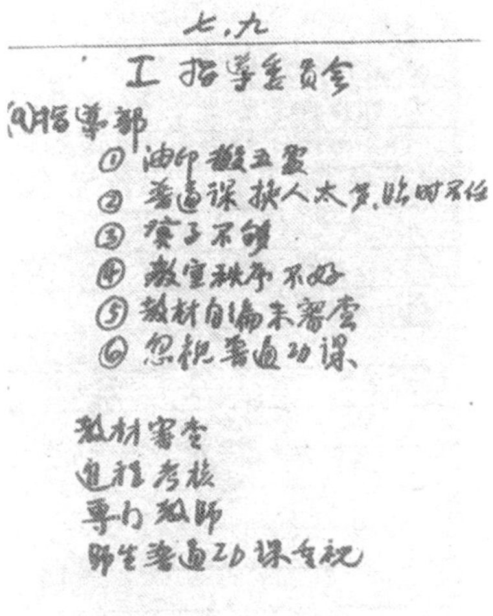
七，九
工 指导委员会
(1)指导部
① 油印设立室
② 普通课 换人太多，临时不佳
③ 孩子不够
④ 教室秩序不好
⑤ 教材自编未审查
⑥ 忽视普通功课
教材审查
进程考核
专门教师
师生普通功课重视

33-084

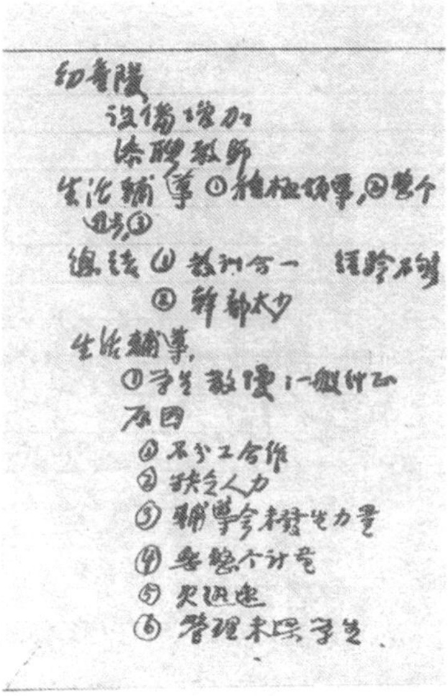

幼年队
设备增加
添聘教师
生活辅导 ①积极领导，②整个进步③
总结 ① 教训不一　经验不够
② 干部太少
生活辅导
①学生散漫，一般活动
原因
① 不分工合作
② 缺乏人力
③ 辅导会未发生力量
④ 无总的计划
⑤ 不迅速
⑥ 管理未深入学生

33-085

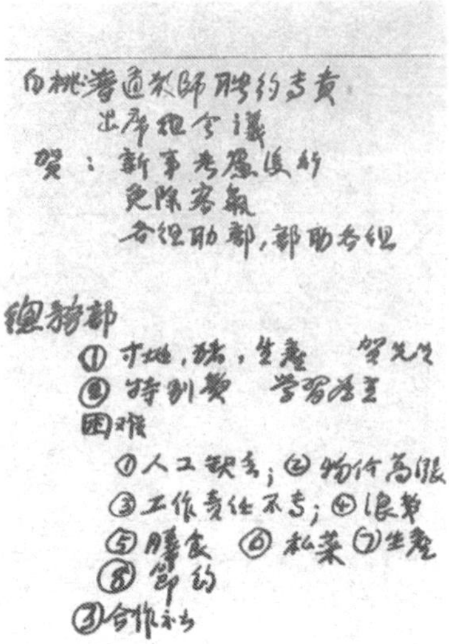

向桃李园教师聘约负责
出席纪念会议
贺：新事考察返所
免除客气
各组助部，部助各组

总务部
① 修地，树，生产　贺先生
② 特别费　学习注意
困难
① 人工缺乏；② 物价高涨
③ 工作责任不专；④ 浪费
⑤ 膳食　⑥ 私菜　⑦ 生产
⑧ 节约
⑨ 合作社

33-086

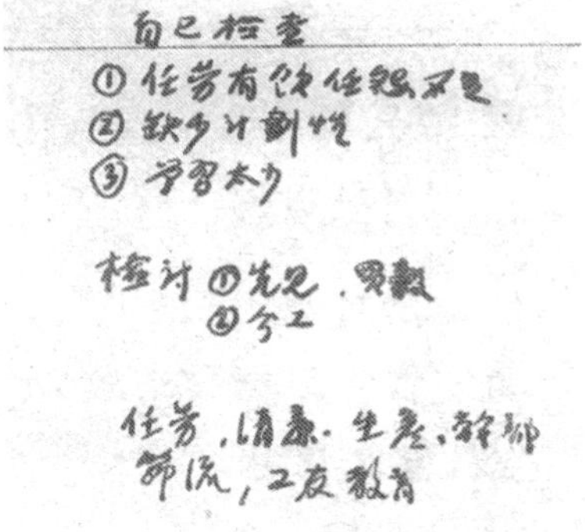

自己检查
① 任务有的任能不足
② 缺乏计划性
③ 学习太少

检讨 ①先生，男数
② 分工

任务，请示，生产，干部
节流，工友教育

33-087

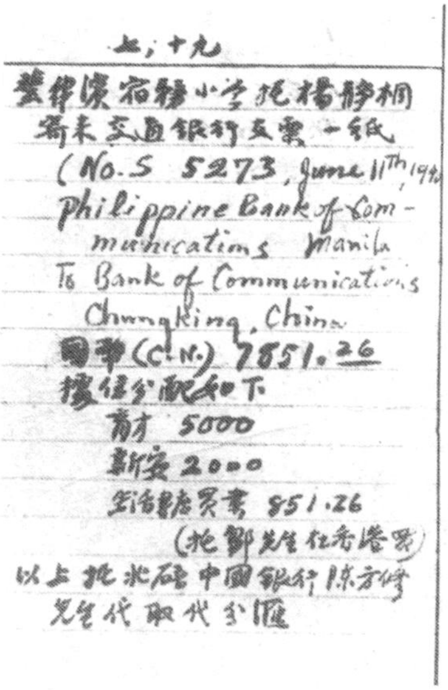

六，十九
菲律滨宿务小学托杨静桐
寄来交通银行支票一纸
(No.S 5273, June 11th, 1940
Philippine Bank of Communications Manila
To Bank of Communications
Chungking, China
国币(C.N.) 7851.26
拟作分配如下
育才 5000
新安 2000
生活书店买书 851.26
(托邓先生在香港买)
以上托米磋中国银行陈方修
先生代取代分汇

33-088

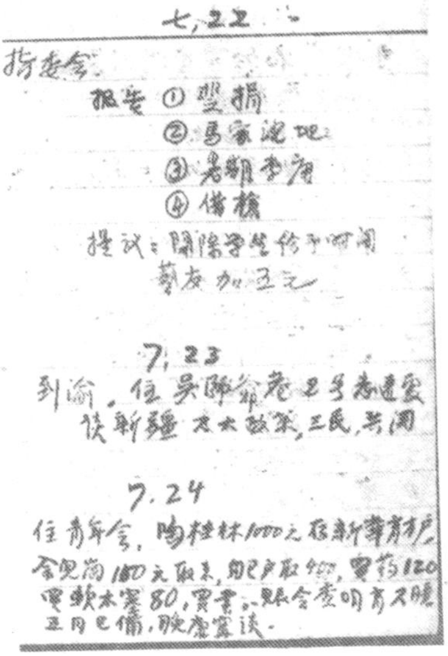

七,22

指委会

报告 ① 墨捐

② 马家沱地

③ 暑期学校

④ 储积

提议：删除学生休息时间

募友加五元

7,23

到渝。住吴师爷巷2号 [illegible]

谈新疆 太太被杀，三民，[illegible]

7.24

住青年会。陶桂林1000元存新华育才户，余兜尚180元取来，[illegible]户取400，买药120，买软木塞80，买书，联合支明育才[illegible]同已备，晚[illegible]谈。

33-089

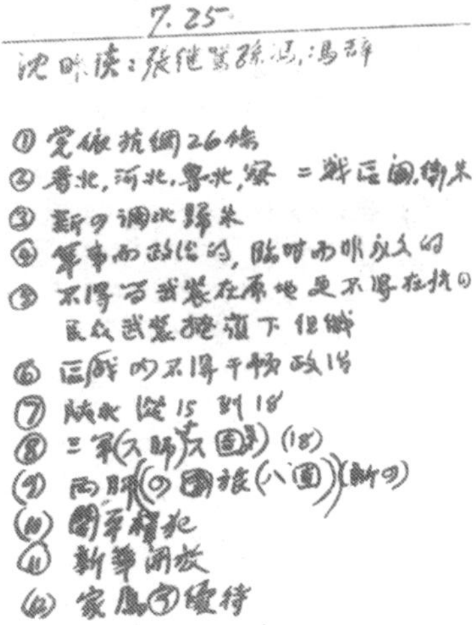

7.25

沈昨谈：张继、[illegible]，冯辞

① 党派抗纲26条

② 晋北，河北，察北，[illegible] = 战区[illegible]

③ 新四调北归来

④ 军事而政治的，临时而非永久的

⑤ 不得有武装在原地更不得在抗日民众武装掩护下组织

⑥ 区域内不得干预政治

⑦ 陕北 从15到18

⑧ 三军(六师)[illegible](18)

⑨ 两[illegible]((四国旅(八团))(新四)

⑩ 国军[illegible]北

⑪ 新华开放

⑫ 家属优待

33-090

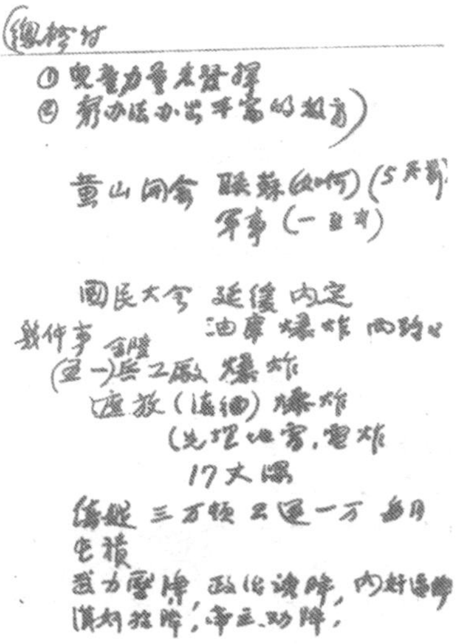

(缘起)

① 儿童力量未发挥

② 新办法办出平常的教育)

黄山开会 联苏(如何)(5天前)

军事(一星期)

国民大会 延缓 内定

几件事 油库爆炸 内部的

(五一)兵工厂爆炸

[illegible](谣传)爆炸

(先埋地雷，电炸

17大[illegible]

储粮 三万顿 只运一万 每月

屯积

武力[illegible]降，政治诱降，内奸[illegible]

[illegible]相投降，帝王劝降，

33-091

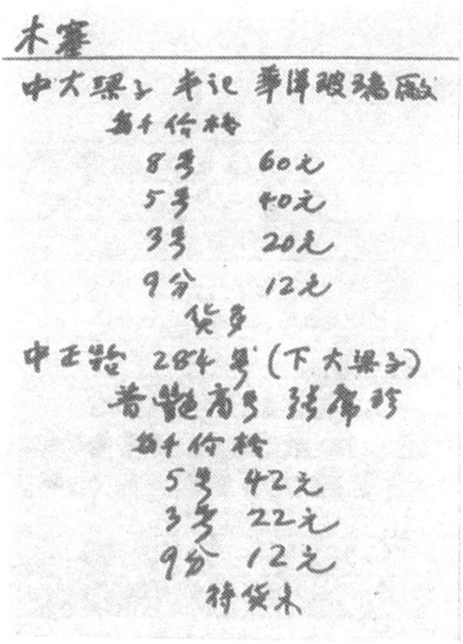

木塞

中大梁子 [illegible] 华洋玻璃厂

每千价格

8号 60元

5号 40元

3号 20元

9分 12元

货多

中正路 284号(下大梁子)

普艳商号 张[illegible]

每千价格

5号 42元

3号 22元

9分 12元

待货来

33-092

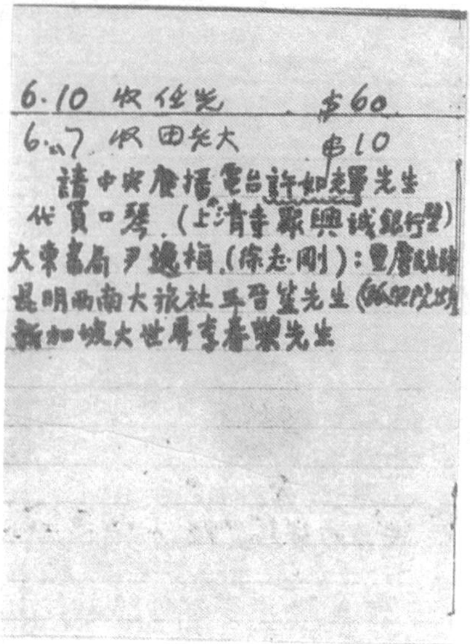

6.10 收任先 $60

6.27 收田先大 $10

請中央廣播電台許如輝先生代買口琴。（上清寺聚興誠銀行對）

大東書局尹鐵楠（徐志剛）：重慶[illegible]

昆明西南大旅社王晉笙先生（[illegible]）

新加坡大世界李春榮先生

33-093

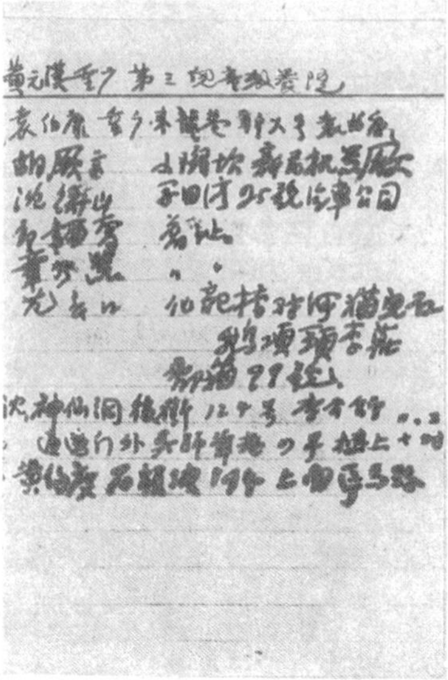

黃元漢重慶第三兒童教養院

袁伯康 重慶 [illegible]

[illegible] 小龍坎 [illegible]

[illegible] 牙田[illegible]25號[illegible]公司

[illegible] 舊址

[illegible] 〃

[illegible] [illegible]

[illegible]

[illegible]27號

沈，神仙洞[illegible]124号 [illegible]

[illegible]

[illegible]

33-094

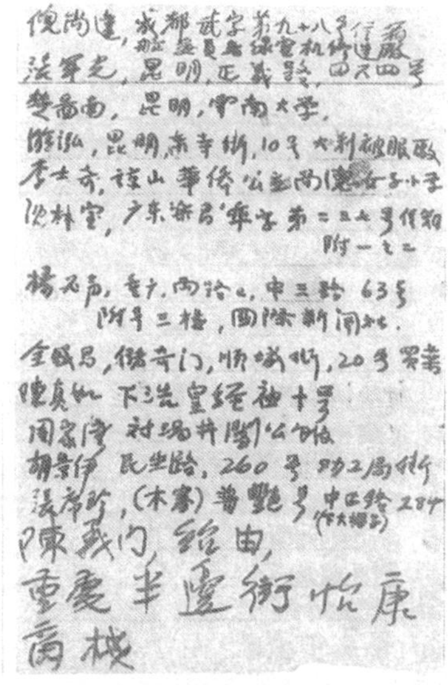

倪尚達，成都武字第九十八号行轅無線電机修造廠

張箏光，昆明，正義路，四六四号

楚圖南，昆明，雲南大學

[illegible]，昆明，[illegible]街，10号 [illegible]

李士奇，[illegible]山華僑公[illegible]小学

[illegible]，广东[illegible]第二二八号信箱附一七二

楊君勵，重慶，兩路口，中三路63号附号三樓，國際新聞社

全[illegible]，儲奇门，[illegible]街，20号[illegible]

陳真如 下[illegible]十号

周[illegible] [illegible]

胡[illegible] 民生路，260号 [illegible]

張[illegible]，（木[illegible]）[illegible] 中正路284（[illegible]）

陳義门，給由，

重慶半邊街怡康商棧

33-095

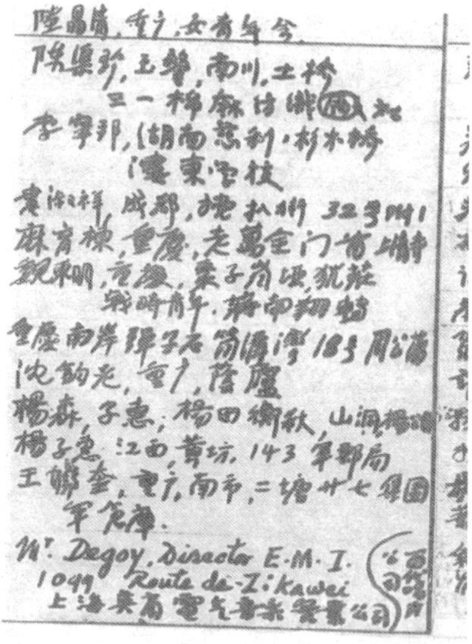

陸晶清，重慶，女青年会

陳渠珍，王[illegible]，[illegible]川，土橋二一棉麻紡織廠[illegible]

李[illegible]，（湖南[illegible]，杉木橋[illegible]東[illegible]校

[illegible]，成都，[illegible]街32号附1

[illegible]，重慶，[illegible]金门[illegible]

[illegible]，重慶，[illegible]戰時青年[illegible]

重慶南岸[illegible]183[illegible]

沈鈞老，重慶，[illegible]

楊森，子惠；[illegible]

楊子惠 江西[illegible]143 [illegible]

王[illegible]，重慶，南[illegible]，二[illegible]廿七集團軍[illegible]

Mr. Degoy, Director E.M.I.

1049 Route de Zikawei

上海英商電气音乐實業公司

33-096

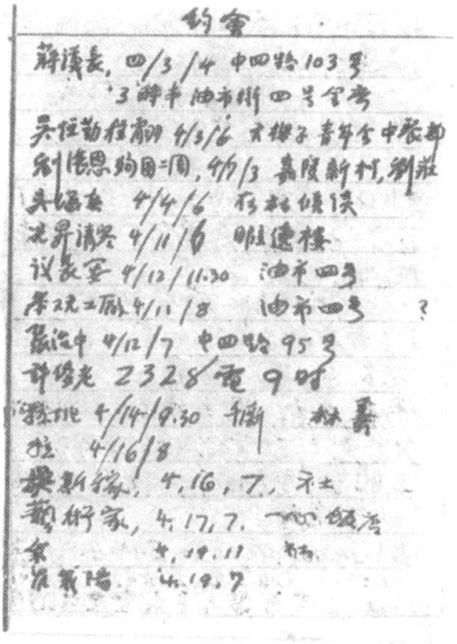

约会

薛议长，四/3/4 中四路103号
3 时半 油市街四号会客
吴性勤 程霖 4/3/6 大梁子青年会中餐部
刘德恩 狗园二周，4/7/3 嘉陵新村，刘庄
吴涵真 4/4/6 存松镇侯
沈昇请吃 4/11/6 胜德楼
议长室 4/12/11.30 油市四号
參观工厂 4/11/8 油市四号 ？
张治中 4/12/7 中四路95号
许德光 2328 电 9时
继桃 4/14/9.30 千厮 [illegible]
[illegible] 4/16/8
樊新欲，4.16，7，礼
艺术家，4.17，7，[illegible]
余 4.19.11 [illegible]
张[illegible] 4.19.7

33-097

陈鹤琴，4.20，9
李德光，（10.30）西姓会
（12.30）升仙洞民街27
2803 电话

33-098

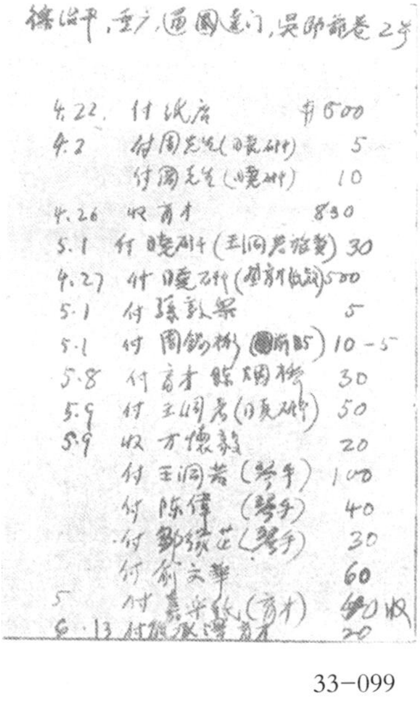

张治中，重庆，通园后门，吴师爷巷2号

4.22. 付纸店 $500
4.2 付周先生（晓研社） 5
付周先生（晓研社） 10
4.26 收育才 830
5.1 付晓研社（王洞若旅费） 30
4.27 付晓研社（育才校设）500
5.1 付孫凯崇 5
5.1 付周钢鸣（[illegible]） 10－5
5.8 付育才 [illegible] 30
5.9 付王洞若（晓研社） 50
5.9 收方德毅 20
付王洞若（琴手） 100
付陈伟（琴手） 40
付邹绿芷（琴手） 30
付俞文华 60
5 付嘉乐纸（育才） 40 收
6.13 付张[illegible]育才 20

33-099

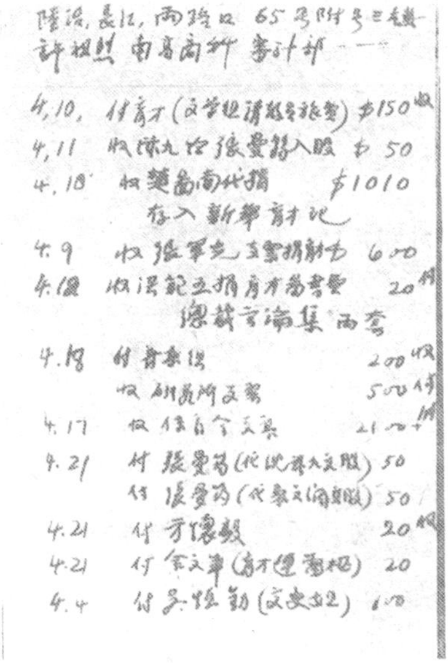

陈诚，长江，两路口 65号附号三楼
许[illegible] 南岸南坪 [illegible]

4.10，付育才（[illegible]）$150 收
4.11 收陈允信张曼筠入股 $50
4.18 收[illegible]代捐 $1010
存入新华育才记
4.9 收张军光 [illegible] 600
4.18 收[illegible]捐育才图书费 20 付
[illegible]论集 两套
4.18 付[illegible] 200 收
收研究所[illegible] 500 付
4.17 收[illegible] 2100 付
4.21 付张曼筠（代[illegible]） 50
付张曼筠（代[illegible]） 50
4.21 付方德毅 20 收
4.21 付余文华（育才[illegible]） 20
4.4 付吴性勤（[illegible]） 100

33-100

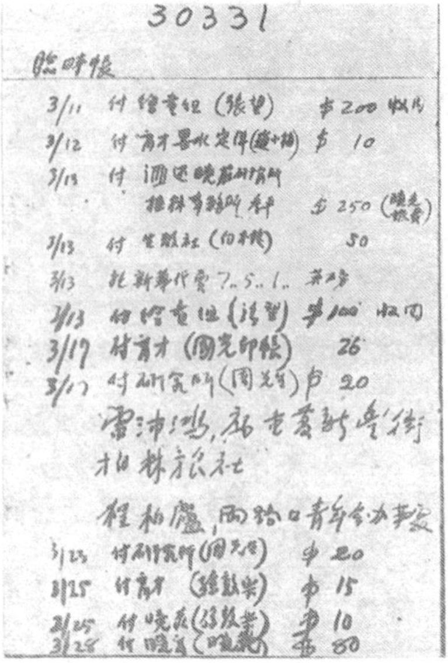

33-101

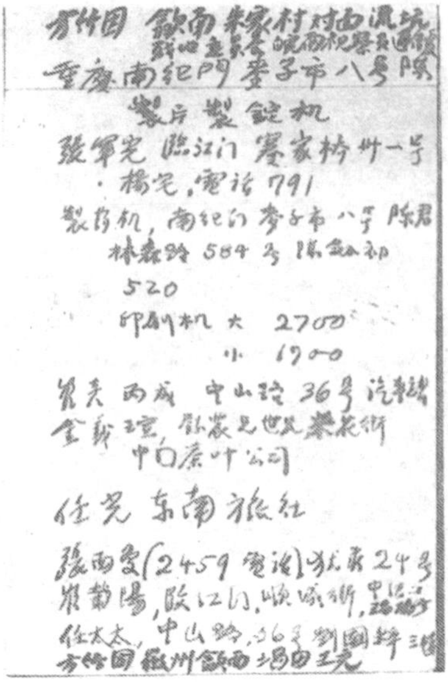

33-102

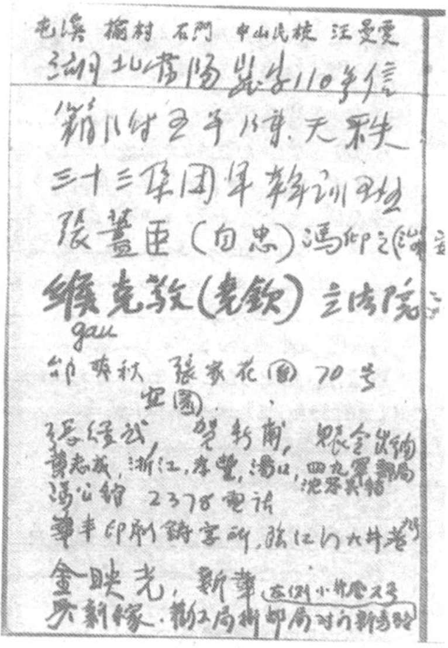

33-103

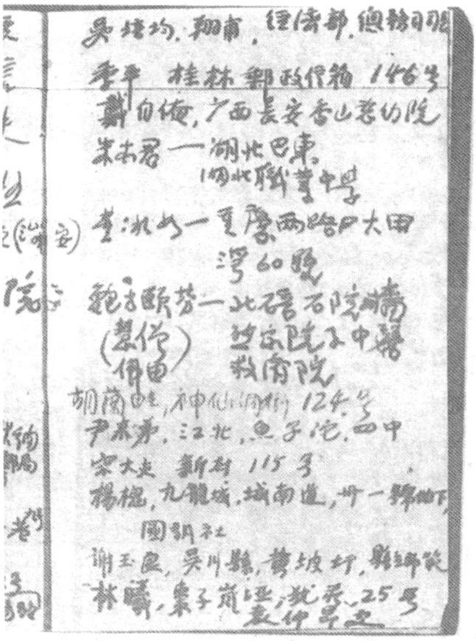

33-104

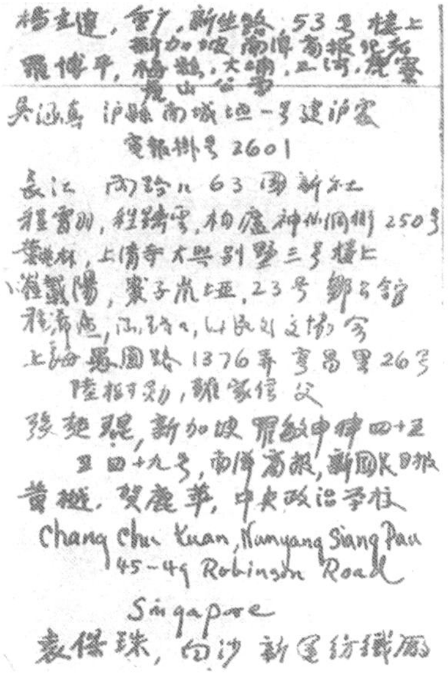


33-105

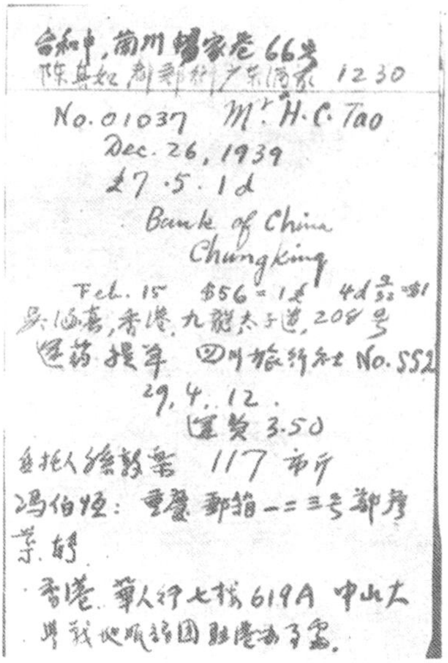


33-106

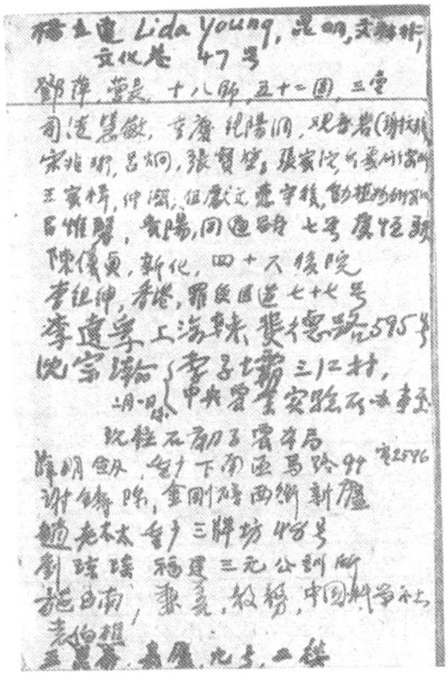


33-107

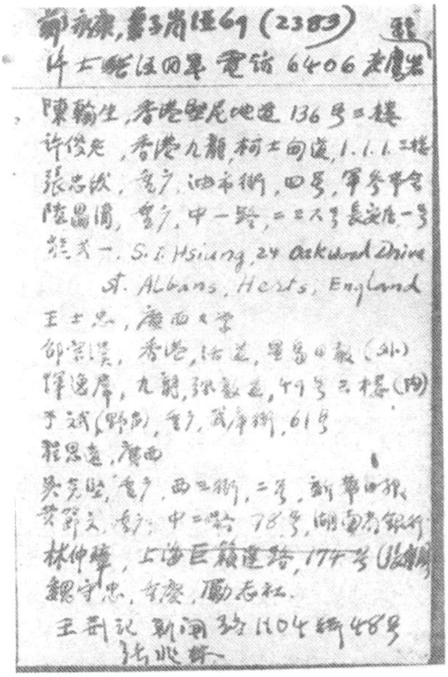


33-108

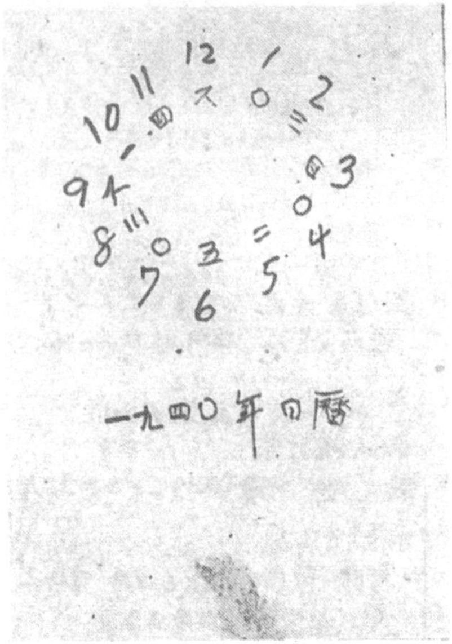


33-109

# 第三十三册〔注译〕

1940.1.1~1940.7.25

重庆·北碚

33—001

第8行“戏教社”为战时教育社

33—002

第6行“一心”为一心饭店

33—003

“章宅”即章乃器住宅

33—004

第11行“生活”指生活教育社

33—005

第2行“新华”为《新华日报》

第5行“晓研”为晓庄研究所

33—006

第9行：“大三元”为一饭庄名

33—012

第3行“马帅桑”指马侣贤、帅昌书、桑文澜

33—016

第8行：“露乐春”为饭馆名

33—018

第6行“恒勤”即吴恒勤，吴树琴之兄

第8行“中国”即中国银行

末行“马帅”指马侣贤、帅昌书

33—023

第7行“国泰”即国泰影院

33—027

第2行“新运六周”即新生活运动六周年

33—046

第2行“开幕式”指国民参政会第一届第五次会议开幕式

33—047

第2行“何部长”指何应钦

第4行“孔部长”指孔祥熙

第6行“四四”为当时的四月四

日儿童节

33—052

第 4 行外文为赈济

33—054

第 3，4 行外文：旧金山地址

第 6 行：纽约地址

第 8 至 13 行：埃斯特·卡鲁尔纽约地址

赵侗　纽约地址

赵廷之及地址

33—056

第 2 行和 12 行的“民用”为民用号船

第 10 行的“民信”为民信号船

33—057

第 5 行：贺先生得救。指民用号船出事，贺绿汀在船上获救，雷醴泉遇难

33—058

此页为药物处方

33—064

O. 寇特尼斯

B. 巴苏

M. 阿塔勒，印度地址

M. 巧勒卡尔，印度地址

B. 穆克贺尔吉

S. 鲍尔吉，加尔各答地址

33—066

第 2 行“周先生”即周恩来

第 11 行外文为西药名

33—071

俄国的石油

1913 年 9,200,000 吨石油

1937 年 30,000,000 吨石油

（荷属东印度，墨西哥，伊朗和罗马尼亚）

1927~1928 年　100%

1932（第一个五年计划）184.4%

石油储存

1937 年 1 月

世界　90 亿吨

俄国　64 亿吨

8,600（1939~1940 年新发现）

33—072

革命前　10 个油田

1940　60 个油田

（摘自《莫斯科新闻》（1940 年 1 月 5 日）

33—075

第 1 行“贺”指贺绿汀

第 7 行普通指育才学校的普通组

33—078

第 1 行“章”指章泯

第 5 行“益州”指益州剧团

33—080

第 1 行“陈”指陈烟桥

33—081

第 4，5 行“普通”指普通课

33—088

第 4 至 8 行外文为 S.5273 号，1940 年 6 月 11 日马尼拉菲律宾交通银行致中国重庆交通银行

第 14 行“邹先生”为邹韬奋

33—089

末 2 行：在赈济委员会查明育才学校 6 月、晓庄研究所 5 月款已备

33—090

第 3 行的“抗纲”为《抗战建国纲要》

第 5 行“新四”指新四军

倒数第 2 行“新华”指《新华日报》

33—091

末行“帝主”指帝国主义

33—096

倒数第 2，3 行的外文为戴国艾先生　地址

33—105

第 17 至 19 行外文为：常竹宽，《南洋商报》新加坡地址

33—106

第 3，4 行的外文分别为：陶行知先生，12 月

第 6，7 行外文为：重庆　中国银行

33—108

第 7 至 8 行的外文为英国地址

# 衔備忘

第三十四册

1940.7.25~1940.11.9

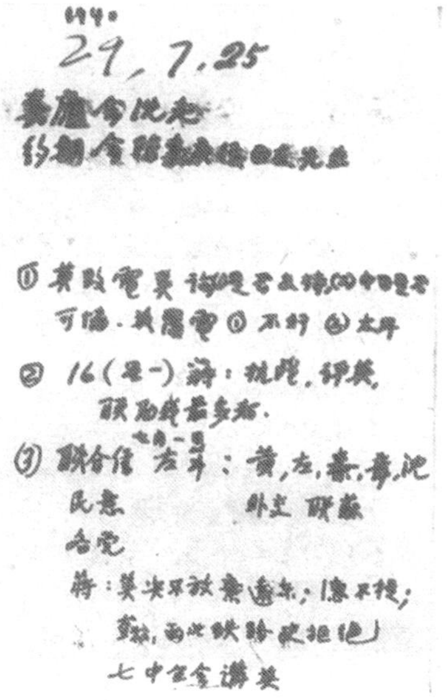

34-001

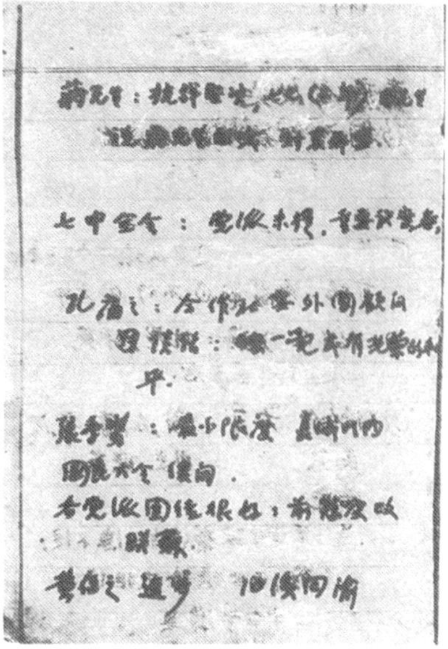

34-002

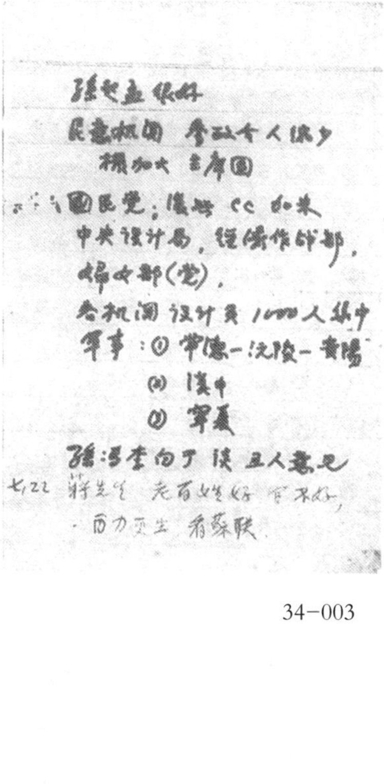

34-003

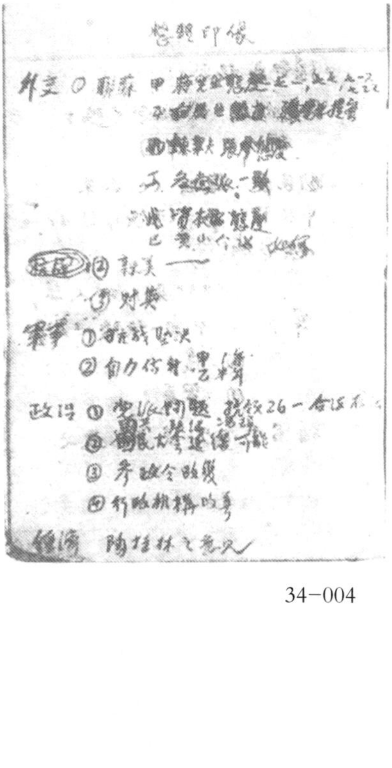

34-004

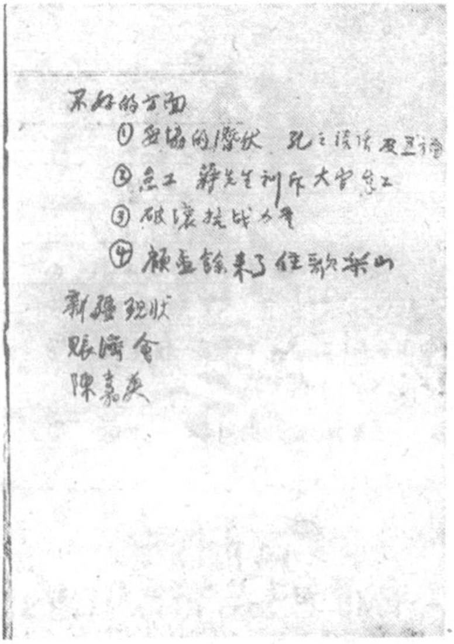

不好的方面
① 妥协的現状　孔之接洽及运动
② 怠工　蒋先生训斥大官怠工
③ 破坏抗战力量
④ 顽固余来了住歌乐山
新疆现状
张济舍
陈嘉庚

34-005

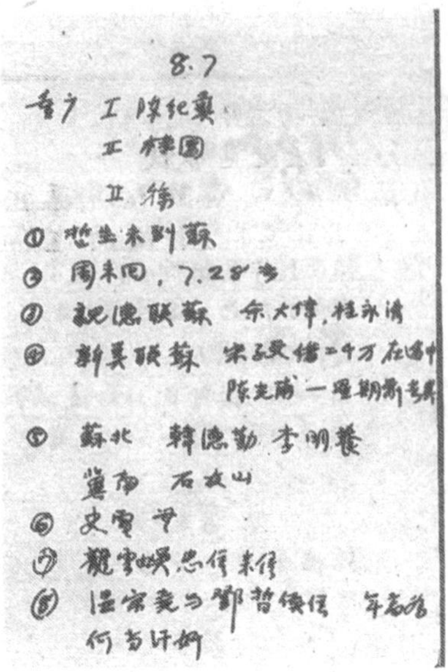

8.7
香港　Ⅰ 陈纪彝
Ⅱ 棒圆
Ⅲ 传
① 想出来到苏
② 周未回，7.28号
③ 说德联苏　余大伟，桂永清
④ 新美联苏　宋子文借二千万在途中
陈光甫一星期前去美
⑤ 苏北　韩德勤 李明扬
冀南　石友三
⑥ 史电 予
⑦ 魏云娱忠信来信
⑧ 温宗尧与郑晋侯信　年高德
何当评断

34-006

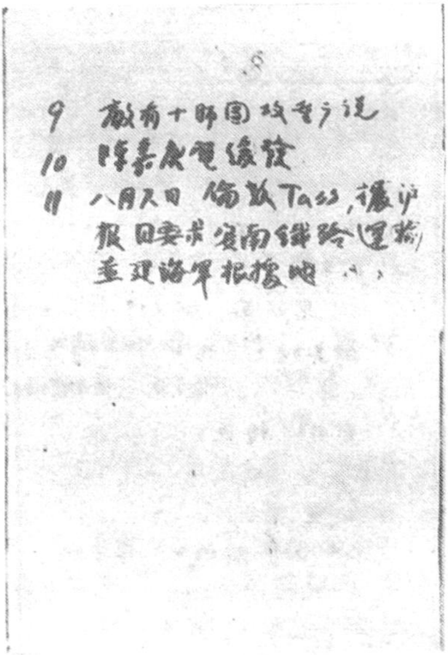

9　敌有十师团攻香港说
10　陈嘉庚电缘故
11　八月八日　伦敦Tass，据沪
报日要求滇南铁路运输
并建海军根据地

34-007

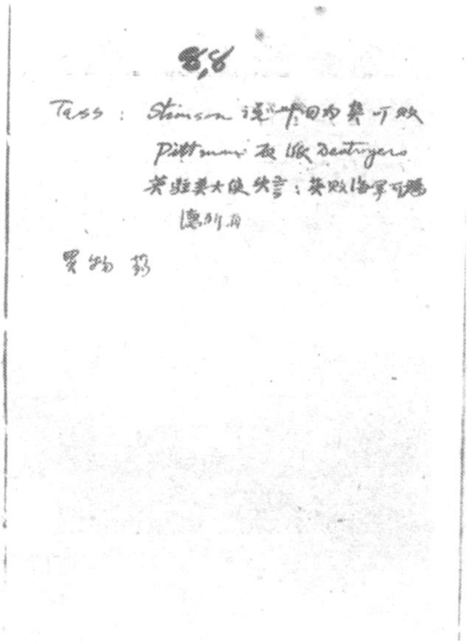

8.8
Tass：Stimson 说若日攻英可败
Pittman 不借 Destroyers
英驻美大使发言：英败海军可能
德所有
罗锦新

34-008

8.9
全乡考察

34-009

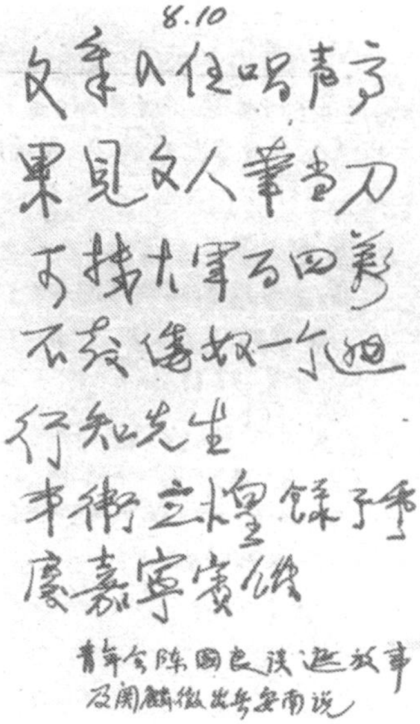
8.10
文章八佳唱高高
果见文人笔当刀
可接大军号四起
不教倭奴一个逃
行知先生
李衡之 燮 録了秀
廖嘉宾 写贺钱
青年会陈国良谈逃亡故事
及闻钱徵出岳安南说

34-010

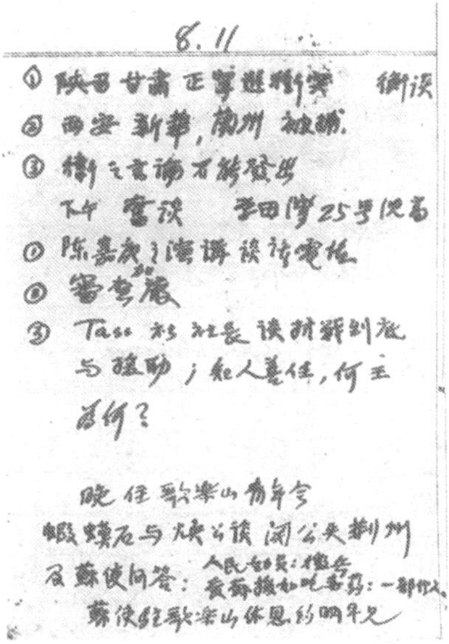
8.11
① 陕西甘肃正筹组新军 衡谈
② 西安新华，兰州被捕。
③ 衡之言论不能发出
下午 会谈 学田湾25号倪宅
① 陈嘉庚之演讲被停电
② 审查加严
③ Tass 孙社长谈封锁到底与援助；私人善任，何至如何？
晚往歌乐山青年会
蝦蟆石与杨公谈 闻公奏荆州
及苏使问答：人民和平：和平
最后胜利吃苦药：一部份人。
苏使往歌乐山休息约两年之

34-011

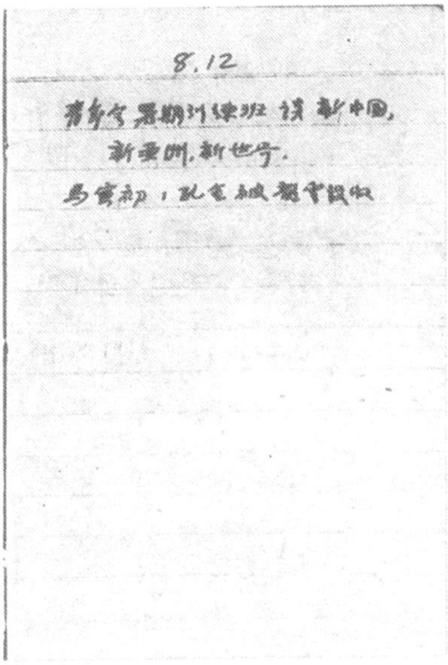
8.12
青年会暑期训练班 讲 新中国，
新亚洲，新世界。
马寅初，就会被撤职收

34-012

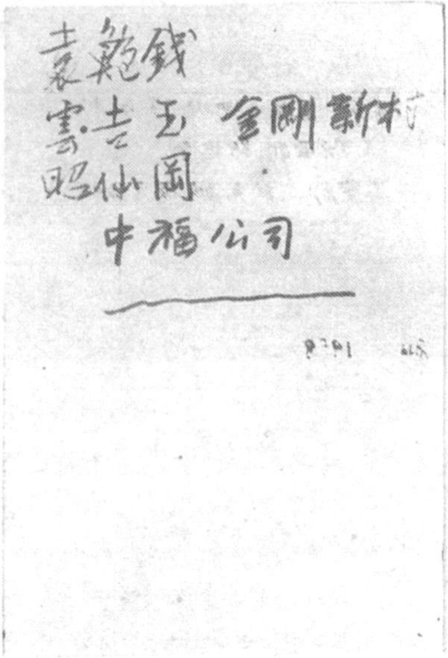
袁巍钱
寿吉玉　金刚新村
昭仙阁
中福公司

34－013

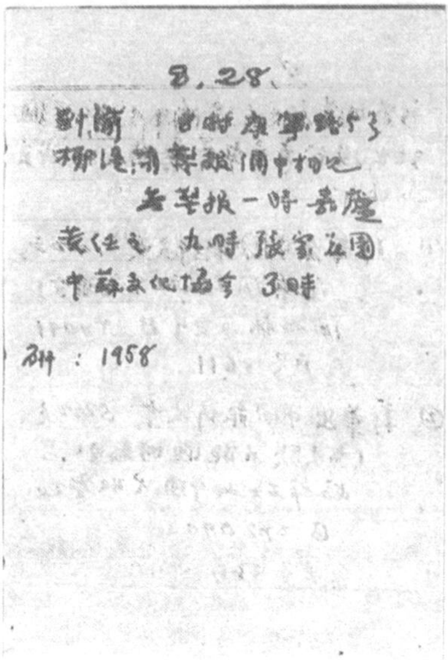
8.28.
黄任之　九时　张家花园
中苏文化协会　3时
研：1958

34－014

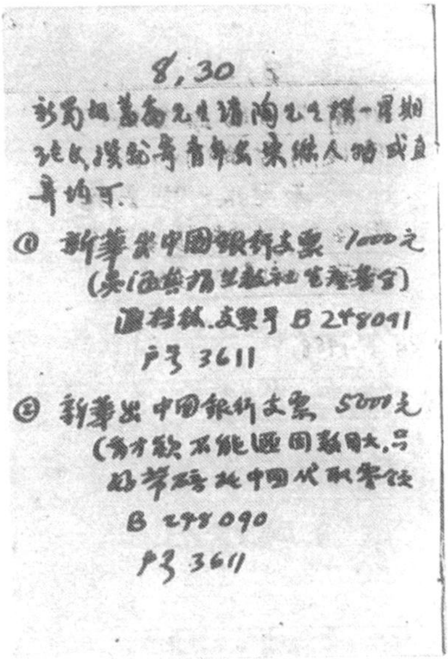
8,30
① 新华出中国银行支票　1000元
B 248091
户号 3611
② 新华出中国银行支票　5000元
B 248090
户号 3611

34－015

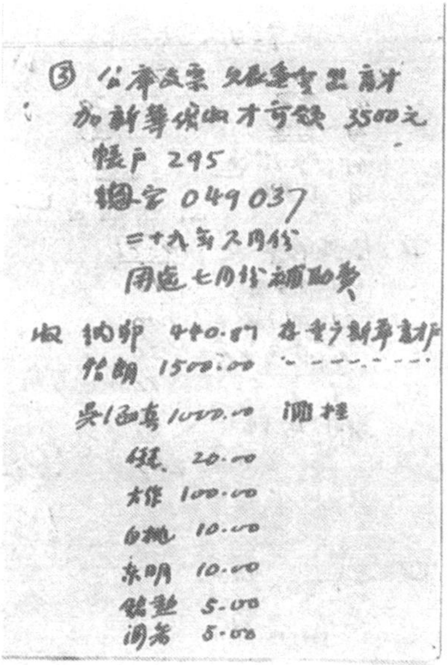
③ 公库支票
帐户 295
编号 049037
二十九年八月份
用途 七月份补助费
收 440.87
1500.00
吴涵真 1000.00
20.00
100.00
10.00
东明 10.00
5.00
5.00

34－016

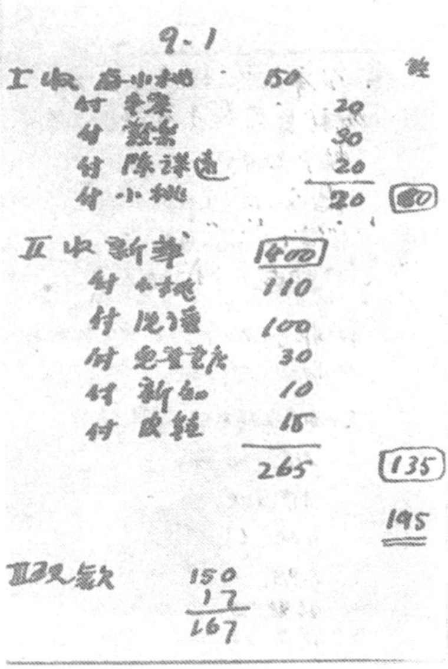

9.1

I 收 孟小桃 150

付 李泉 20

付 数索 30

付 陈详道 20

付 小桃 20 (90)

II 收 新华 (400)

付 小桃 110

付 泥漕 100

付 惠营书店 30

付 新知 10

付 皮鞋 15

265 (135)

195

III 现款 150 17 167

34-017

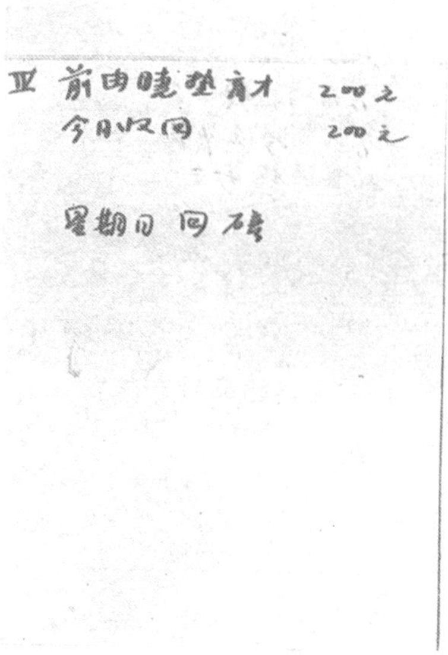

IV 前由晓庄育才 200元

今日收回 200元

星期日 回碚

34-018

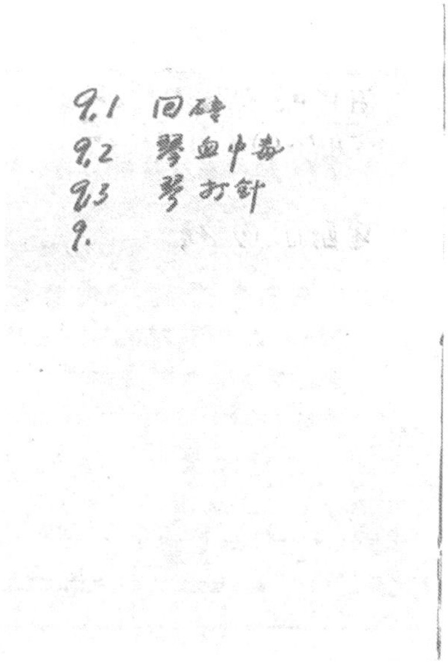

9.1 回碚

9.2 琴血中毒

9.3 琴打针

9.

34-019

34-020

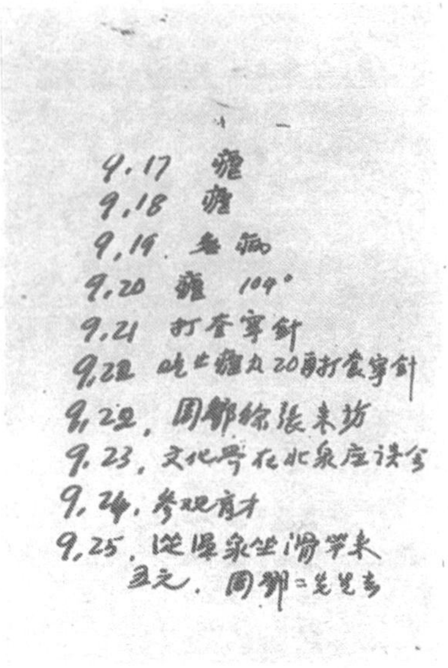
9.17 瘧
9.18 瘧
9.19. 無病
9.20 瘧 104°
9.21 打奎寧針
9.22 吃北瘧丸20粒打奎寧針
9.22，周鄒徐張來訪
9.23，文化界在北泉座談会
9.24，参观育才
9.25，從温泉坐滑竿来
丑之，周鄒二先生來

34-021

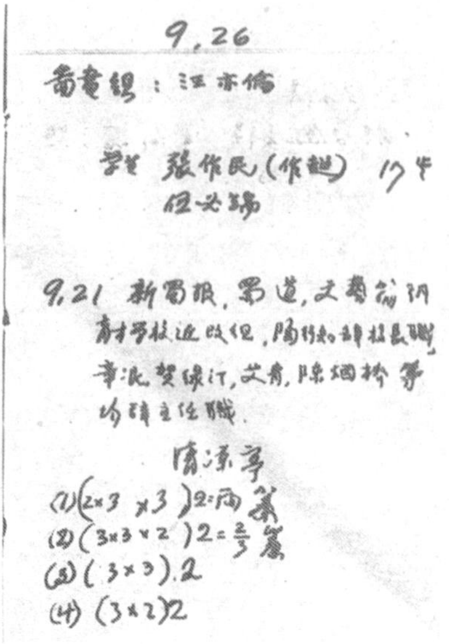
9.26
審查組：汪亦倫

學生 張作民（作超） 17歲
佀必錦

9.21 新蜀报，蜀道，文藝翁阿
育才学校近改组，陶行知辞校長職，
章泯，賀綠汀，艾青，陳烟橋等
均辞主任職。

請演算
(1)(2×3 ×3 )2=兩萬
(2)(3×3×2 )2=三萬
(3)(3×3).2
(4)(3×2)2

34-022

張曾來談
蔣夢麟來談 雲南龍主席
虞述卿

34-023

9.30
付 温泉公園#72.40（北碚先生）
㊙ 育才支票2000元蓋章（方生代取）

34-024

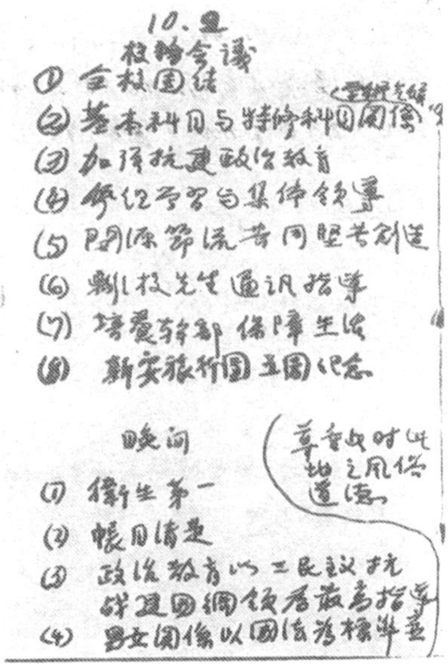

10.2
校务会议
① 全校团结
② 基本科目与特修科目関係〈要研究〉
③ 加强抗建政治教育
④ 修正学习与集体领导
⑤ 開源節流考同堅苦創造
⑥ 离校先生通讯指导
⑦ 培養幹部 保障生活
⑧ 新安旅行团五周纪念

晚间
① 衛生第一
② 帳目清楚
③ 政治教育以三民主义抗战建国纲领为最高指导
④ 男女関係以国法为标准
尊重政府法令及地方风俗道德

34-025

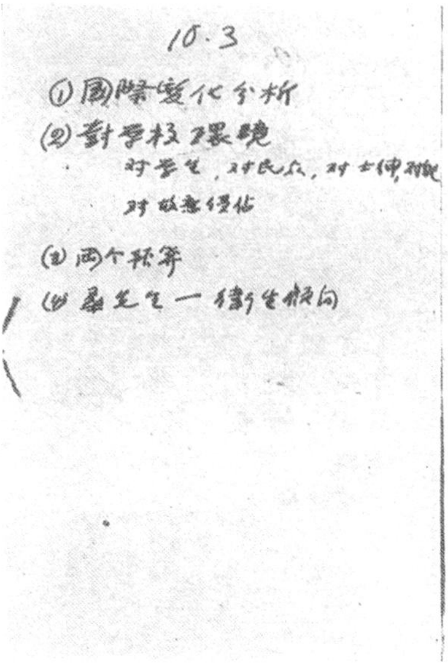

10.3
① 国际变化分析
② 對学校環境
对学生，对民众，对士绅，对机关
对敌意侵伐
③ 两个标准
④ 晨先生一 衛生傾向

34-026

10.8
到校，陪王者甫，藍継侯，黄约
查區長

34-027

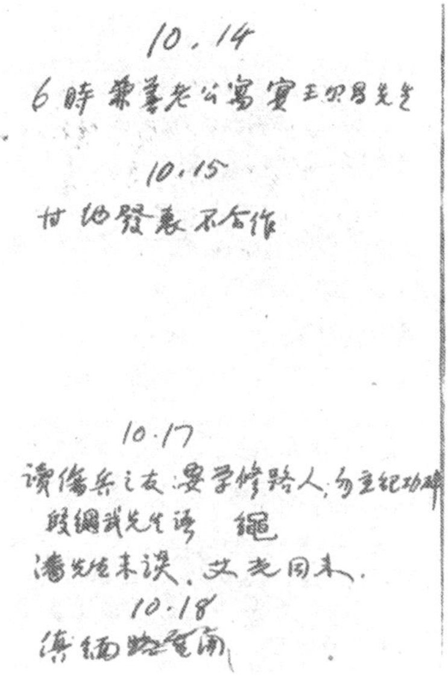

10.14
6時秉善老公寓宴王明男先生
10.15
甘地發表不合作
10.17
读傷兵之友：要学修路人，勿立纪功碑
段绳武先生诗 绳
潘先生来谈，艾老同来。
10.18
滇缅路重開

34-028

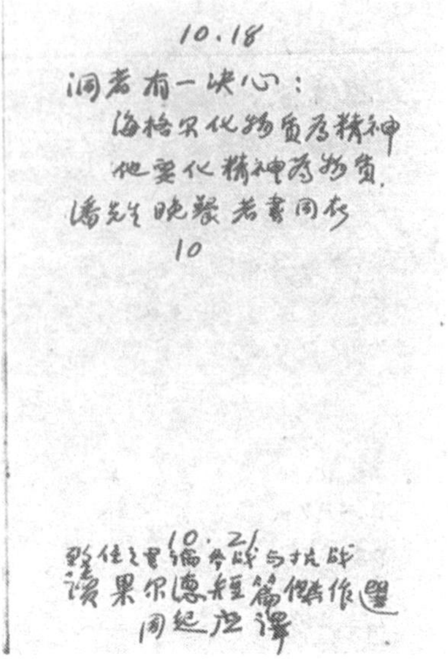

10.18

洞者有一决心：

海格尔化物质为精神

他要化精神为物质。

潘先生晚餐 老书同于

10

10.21

致任之电 编参战与抗战

读果尔德经篇杰作选

周起应译

34-029

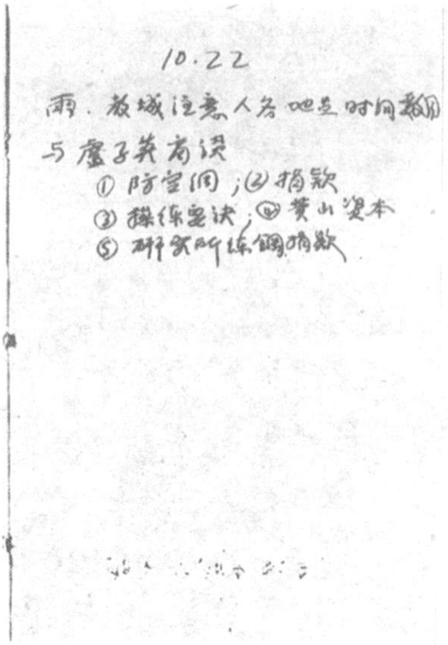

10.22

雨。蔡城注意人员地点时间数目

与廖子英有谈

① 防空洞；② 捐款

③ 操练要诀；④ 黄山资本

⑤ 研究所练钢捐款

34-030

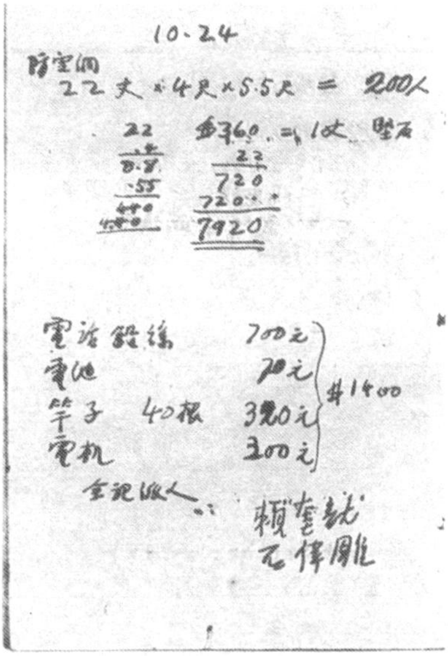

10.24

防空洞

22丈×4尺×5.5尺 = 200人

22　　$360 = 1丈 壁石

8.8　　22

.55　　720

440　　720

4840　　7920

电话铅线　700元

电池　70元

竿子　40根　320元

电机　300元

$1400

全记做人：颇奋就 元伟雕

34-031

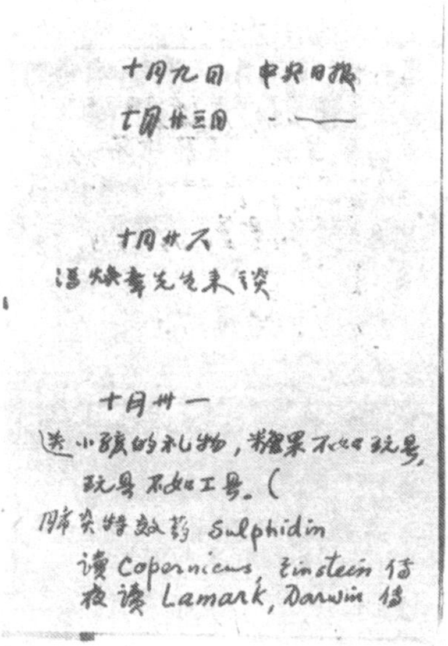

十月九日　中央日报

十月廿三日　——

十月廿八

潘焕章先生来谈

十月卅一

送小孩的礼物，糖果不如玩具，

玩具不如工具。（

肺炎特效药 Sulphidin

读Copernicus, Einstein传

夜读Lamark, Darwin传

34-032

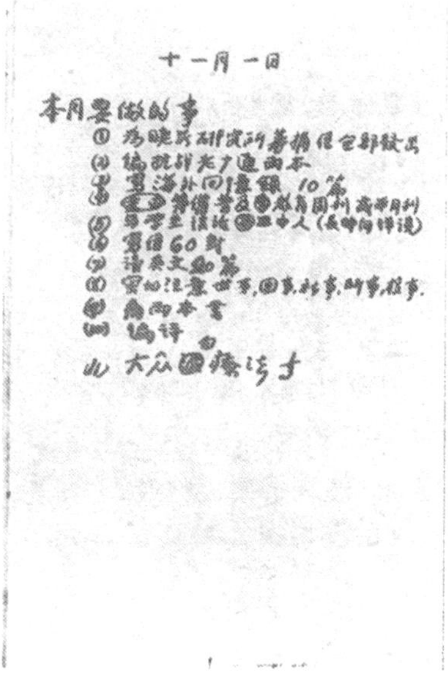

十一月一日

本月要做的事

(1) 为晓庄研究所筹措经常费款项
(2) 编[illegible]先生[illegible]两本
(3) 写海外同志[illegible] 10篇
(4) 筹备普及教育团刊 [illegible]月刊
(5) 与学生谈话[illegible]人(每晚[illegible])
(6) 写信60封
(7) 请[illegible]文[illegible]篇
(8) 要加注意世事,国事,社事,所事,校事.
(9) 看两本书
(10) 编诗
(11) 大众[illegible]诗[illegible]

34-033

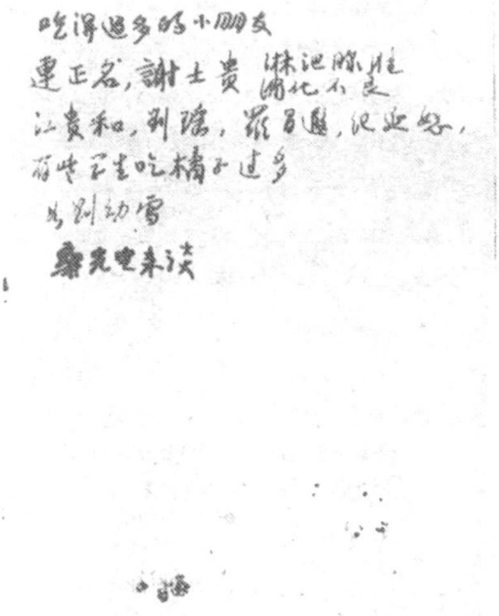

吃得过多的小朋友

连正名,谢士贵 [illegible] 消化不良

江贵和,刘琼,罗昌运,沈[illegible],

有些学生吃橘子过多

为刘幼雷

桑先生来谈

34-034

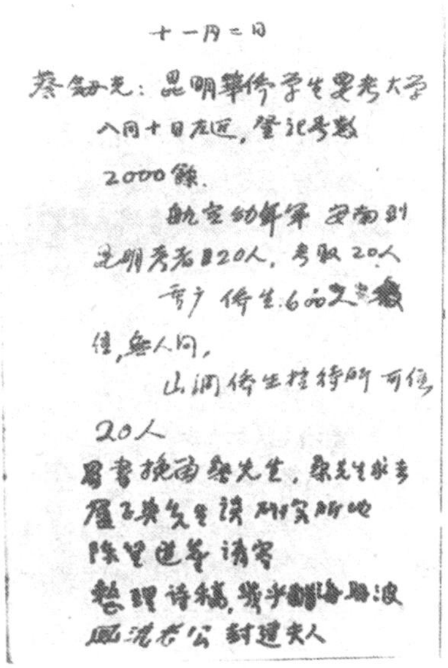

十一月二日

蔡劭先:昆明华侨学生要考大学

八月十日左近,登记者数

2000余.

航空幼年学校 安南到

昆明考者120人,考取20人

云南侨生600[illegible]

住,无人问,

山洞侨生招待所可住

20人

写书[illegible]桑先生,桑先生[illegible]

[illegible]谈研究所的

陈望道等请客

整理诗稿,[illegible]

[illegible]老公 封建夫人

34-035

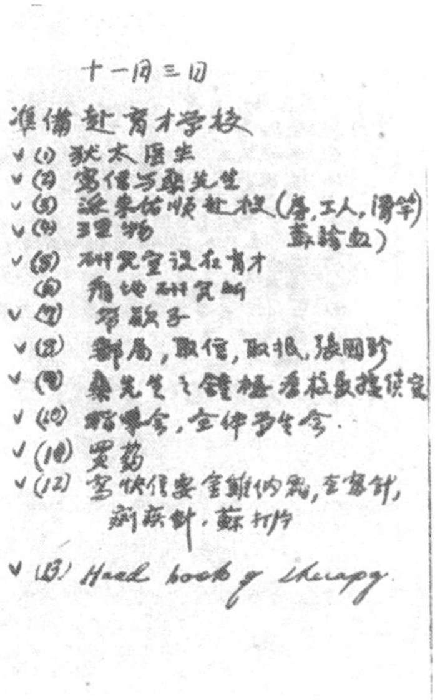

十一月三日

准备赴育才学校

✓(1) 找大医生
✓(2) 写信与桑先生
✓(3) 派[illegible]赴校(厨,工人,[illegible] [illegible])
✓(4) 理物
✓(5) 研究室设在育才
(6) 看地研究所
✓(7) 带款子
✓(8) 邮局,取信,取报,[illegible]
✓(9) 桑先生之[illegible]看校舍[illegible]
✓(10) [illegible]会,全体学生会.
✓(11) 买药
✓(12) 写快信[illegible],[illegible],[illegible],苏[illegible]
✓(13) Hand book of therapy.

34-036

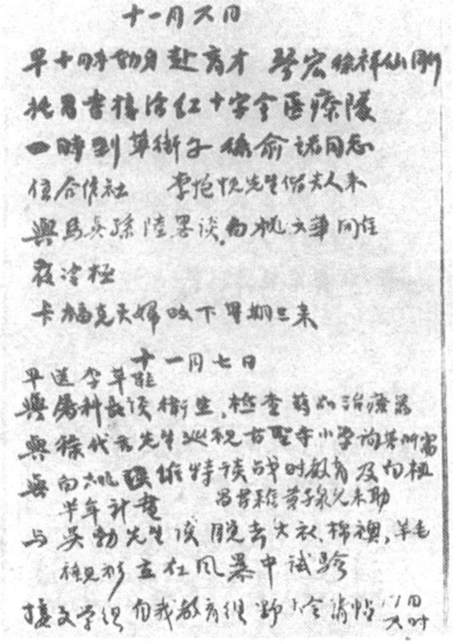

十一月六日

34-037

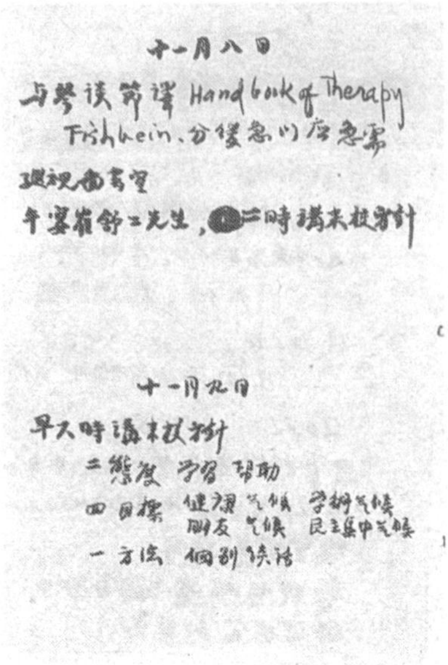

十一月八日
与琴谈节译 Handbook of Therapy
Fishbein、分儿急时应急用
午宴崔叔仁先生，二時瑞来拟计划

十一月九日
早六时读材料
二态度 学习 帮助
四目标 健强气候 学科气候
朋友气候 民主集中气候
一方法 个别谈话

34-038

函述同志録
① 林涛萍，張紀 27.7.15

34-039

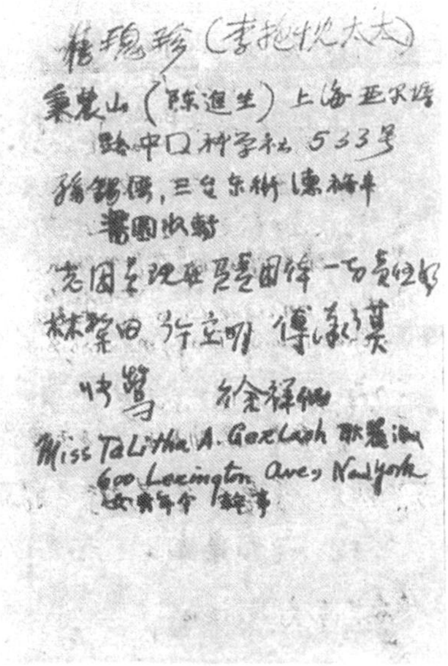

Miss Talitha A. Gerlach 耿丽淑
600 Lexington Ave, New York
女青年会 干事

34-040

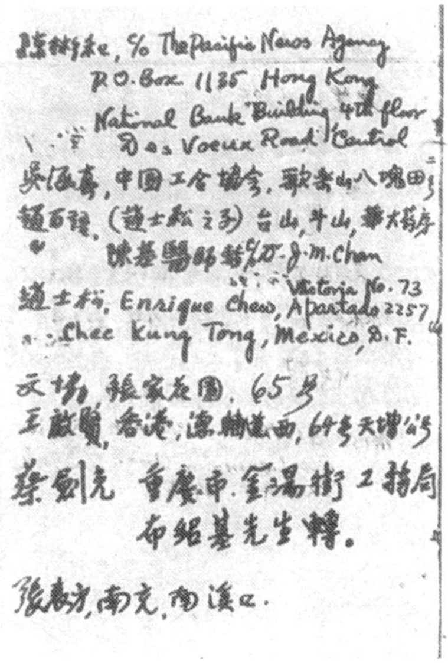


34－041

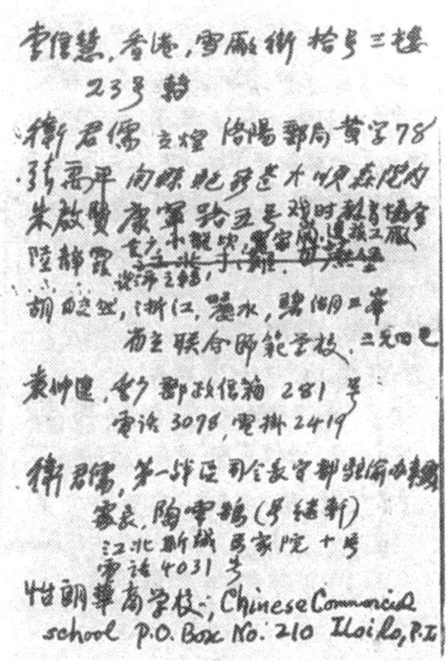


34－042

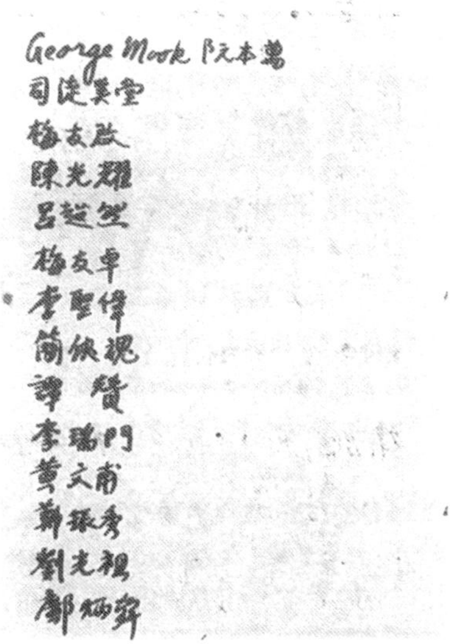


34－043

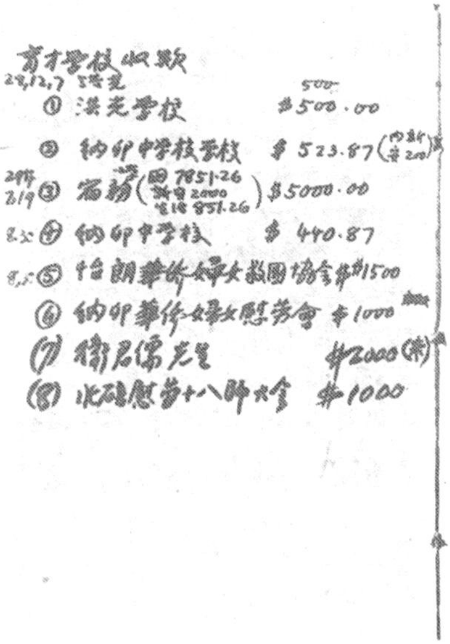


34－044

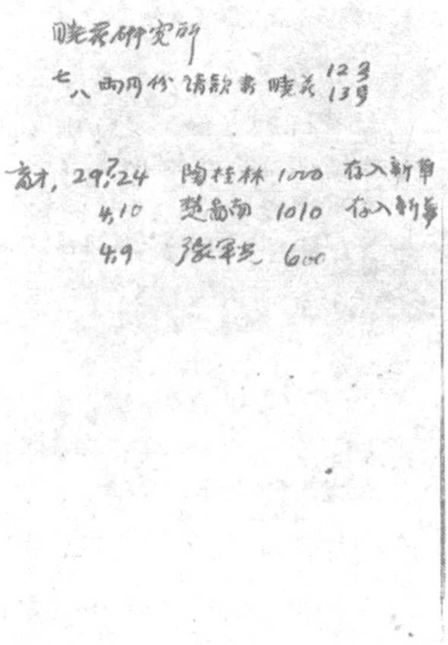

晓庄研究所

七、八两月份请款书 晓庄 12号 13号

育才，29.7.24 陶桂林 1000 存入新华

4.10 楚南甸 1010 存入新华

4.9 张翠光 600

34-045

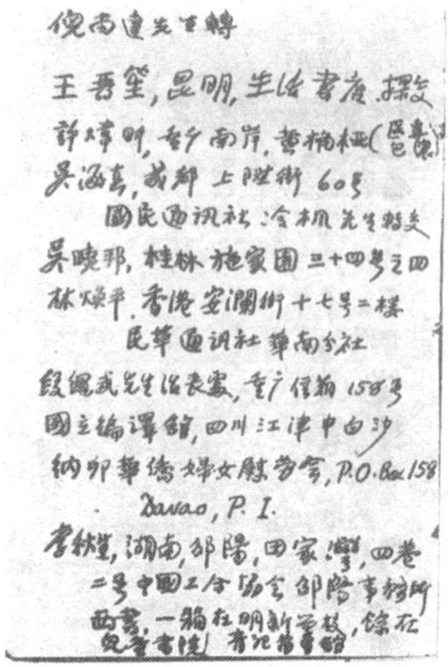

倪而達先生转

王吾望，昆明，生活书店.探交

许烽明，乡南岸，黄桷垭（医生之家）

吴涵真，成都上翔街60号

国民通讯社 冷枫先生转交

吴晓邦，桂林施家园二十四号之四

林焕平，香港安澜街十七号二楼

民华通讯社华南分社

段绳武先生治丧处，重庆信箱158号

国立编译馆，四川江津中白沙

纳卯华侨妇女慰劳会，P.O. Box 158

Davao, P. I.

李秋野，湖南，邵阳，田家湾，四巷

二号中国工合协会邵阳事务所

西书，一箱在明新学校，余在

儿童书院、育才图书馆

34-046

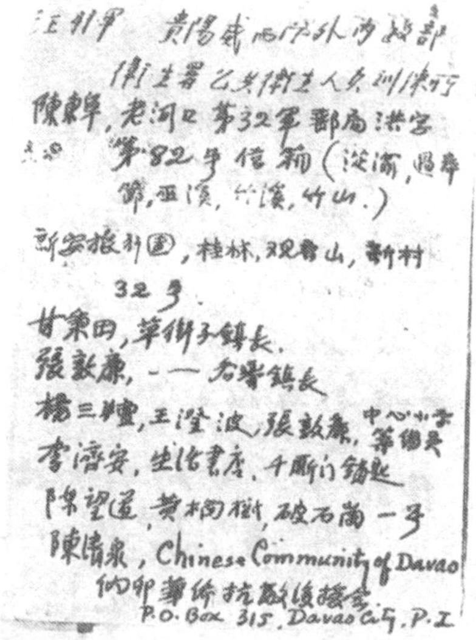

汪刊甲 贵阳城西门外沙河路

卫生署公共卫生人员训练所

陈东华，老河口第32军部函洪字

第82号信箱（从新、阳平、

关、西溪、竹溪、竹山。）

新安旅行团，桂林，观音山，新村

32号。

甘秉田，草街子镇长。

张叙康，——古圣镇长

杨三陲，王澄波，张叙康，中心小学筹备员

李济安，生活书店、千厮门锁匙

陈望道，黄桷树，破石滩一号

陈清泉，Chinese Community of Davao

纳卯华侨抗敌后援会

P.O. Box 315. Davao City, P.I.

34-047

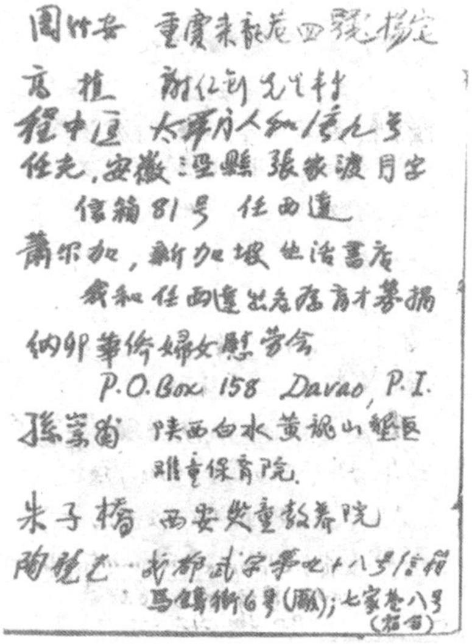

周竹安 重庆来龙巷四号三楼

高植 谢仁钊先生村

程中道 太平门人和湾九号

任光，安徽泾县张家渡月字

信箱81号 任西达

萧尔加，新加坡生活书店

我和任西达先生为育才募捐

纳卯华侨妇女慰劳会

P.O. Box 158 Davao, P.I.

孙云尚 陕西白水黄龙山垦区

难童保育院

朱子桥 西安灾童教养院

陶晓光 成都武字第七十八号信箱

马镇街6号（厂）；七家巷八号（宿舍）

34-048

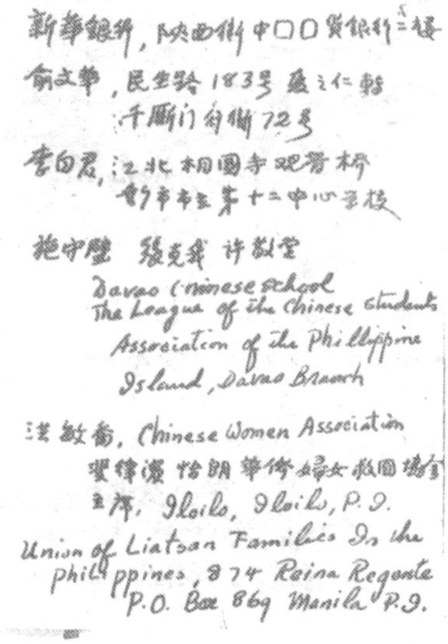

新華銀行，陕西街中□□貨銀行二樓

俞文華，民生路183号盛之仁轉

千厮门行街72号

李白君，江北相國寺观音橋

重庆市第十二中心学校

施守璧 張克我 许叔堂

Davao Chinese school
The League of the Chinese Students

Association of the Phillippine

Island, Davao Branch

洪敏爵，Chinese Women Association

罗律濃 怡朗華僑婦女救國協會

主席，Iloilo, Iloilo, P.I.

Union of Liatsan Families In the
Philippines, 874 Reina Regente
P.O. Box 869 Manila P.I.

34-049

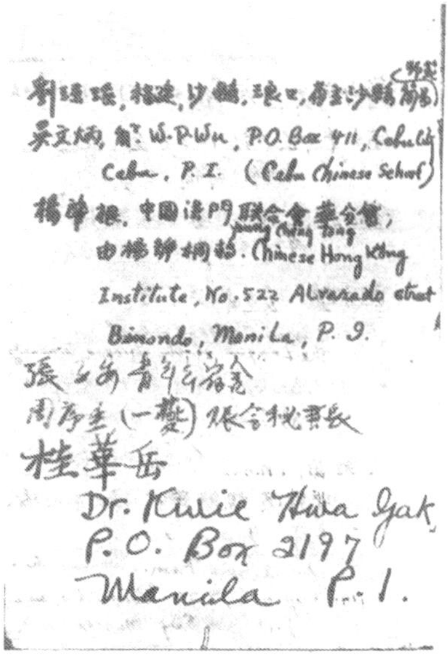

劉瑞琛，福建，沙縣，琅口，（尚書沙縣[illegible]）

吴文炳，Mr. W.P. Wu, P.O. Box 411, Cebu City

Cebu, P.I. (Cebu Chinese School)

楊[illegible]根，中國洪門聯合會[illegible]會館，

由楊[illegible]轉.Chinese Hong Kong

Institute, No. 522 Alvarado street

Binondo, Manila, P.I.

張[illegible]青年[illegible]

周[illegible]（一[illegible]）[illegible]秘書長

桂華岳

Dr. Kwie Hwa Gak
P.O. Box 2197
Manila P.I.

34-050

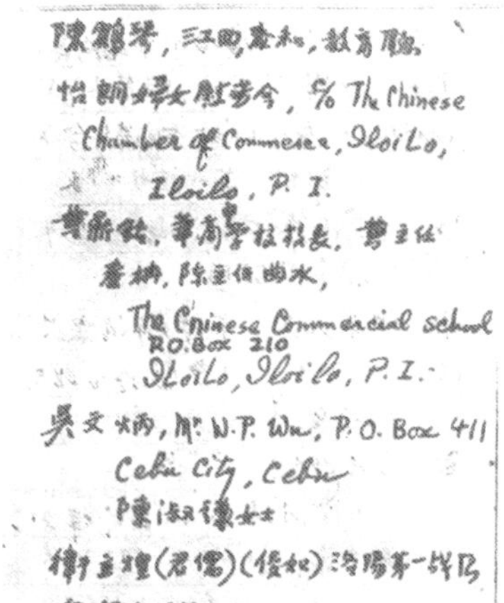

陳鶴琴，江西，泰和，教育廳

怡朗婦女慰勞會，c/o The Chinese

Chamber of Commerce, Iloilo,

Iloilo, P.I.

[illegible]，華商學校校長，曾主任

[illegible]，陈主任[illegible]水，

The Chinese Commercial school
P.O. Box 210
Iloilo, Iloilo, P.I.

吴文炳，Mr. W.P. Wu, P.O. Box 411

Cebu City, Cebu

陳[illegible]女士

衛[illegible]（[illegible]）（[illegible]）[illegible]陽第一[illegible]

[illegible]（[illegible]）

34-051

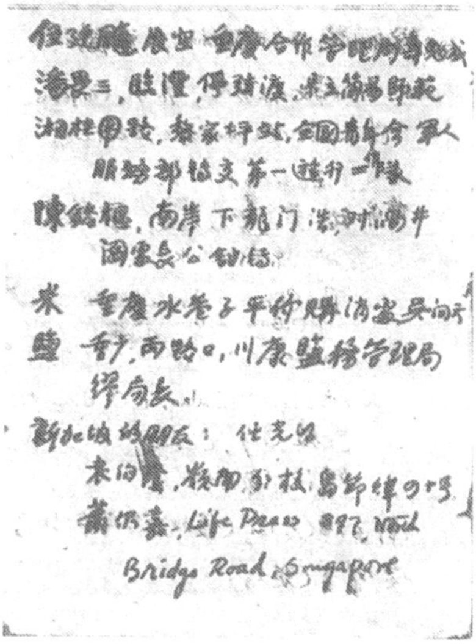

[illegible]，[illegible]合作[illegible]

潘[illegible]，[illegible]

[illegible]，[illegible]家坪[illegible]，全國[illegible]

[illegible]第一[illegible]

陳[illegible]，南岸下龍门[illegible]

[illegible]

米 重慶[illegible]

鹽 [illegible]，川康鹽務管理局

[illegible]局長

新加坡[illegible]：[illegible]

[illegible]

[illegible]，Life Press [illegible] North

Bridge Road, Singapore

34-052

# 第三十四册〔注译〕

1940.7.25~1940.11.9

重庆·北碚

34—001

第9行中“黄、左、秦、章、沈”，指黄炎培、左舜生、秦邦宪、章乃器、沈钧儒

倒数第2行“中史”指斯大林，后同

34—004

整理印象

外交　①联苏　甲、蒋先生态度　七一，七七，七一六，七　二二乙、白（崇禧）先生态度　孙哲生（即孙科）提案　丙、陈果夫、张群态度　丁、各党派一致　戊、资本家态度　己、黄山会议如何

②亲美　③对英

军事　①抗战坚决

②自力　估计　甲1年　乙半年

政治　①党派问题　抗领（《抗战建国纲领》26条——合法存在

国共　张继　冯（玉祥）辞

②国民大会延缓可能

③参政会改变

④行政机构改善

经济　陶桂林之意见

34—006

倒数第4行“史电”指斯大林电

34—007

第4行“Tass”为塔斯社

34—008

第2行的外文为：塔斯社：史汀生

第3行意为：庇特曼反对派驱逐舰

34—011

第2行“衡”指沈衡山，即沈钧儒

第5行“奋”即邹韬奋

末2行“苏使”指苏联大使

34—021

第7行“周邓徐张”指周恩来、邓颖超、徐冰、张晓梅

34—025

第 10 行“五周”指五周年

34—028

第 4 行意为甘地发表不合作宣言

34—029

第 3 行“海格尔”通译黑格尔

倒数第 3 行“任之”即黄炎培

末行“周起应”即周扬

34—030

第 2 行“城”指陶城，陶行知之四子

34—032

末 3 行中的外文依次为：苏尔菲丁　哥白尼　爱因斯坦　拉马克　达尔文

34—036

第 3 行“犹太医生”指德国医生卡福克

末行外文为《治疗手册》

34—038

第 2，3 行外文为：费希贝恩著《治疗手册》

34—040

第 6 行“团员”指孩子剧团的团员

倒数第 2 行外文为纽约地址

34—041

第 1 至 4 行外文为香港通讯处

第 8 至 10 行外文为墨西哥地址

34—049

第 7 至 10 行外文为：纳卯华侨学校华侨学生协会菲律宾联合会纳卯分会

第 11 行外文为：华侨妇女协会

末 3 行外文为：菲律宾家庭联盟及地址

34—050

第 2 至 3 行外文为菲律宾宿务地址（宿务华侨学校）

第 6 至 7 行外文为马尼拉地址

末 3 行外文为马尼拉邮政信箱

34—051

第 2 至 4 行：由菲律宾怡朗华侨商会转

第 7 至 10 行：华商学校　怡朗邮箱

第 10 行：宿务信箱

34—052

末 2 行外文为新加坡生活书店地址

第 三 十 五 册

1940.11.6~1941.4.30

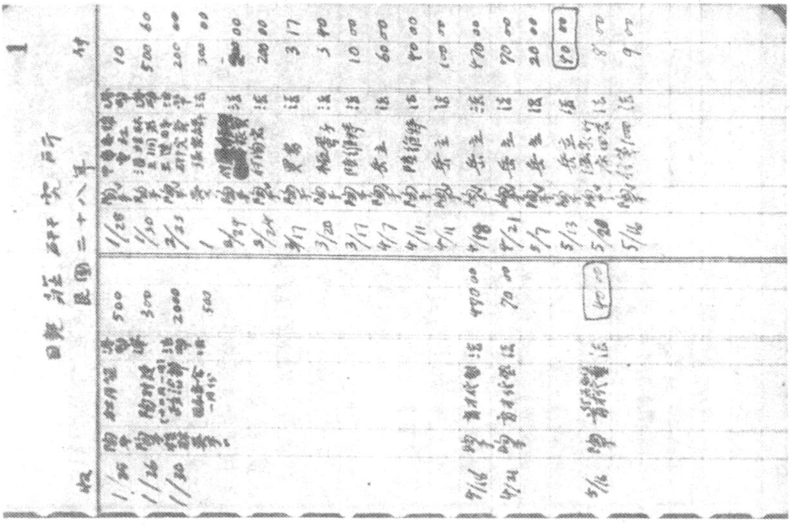

35-001

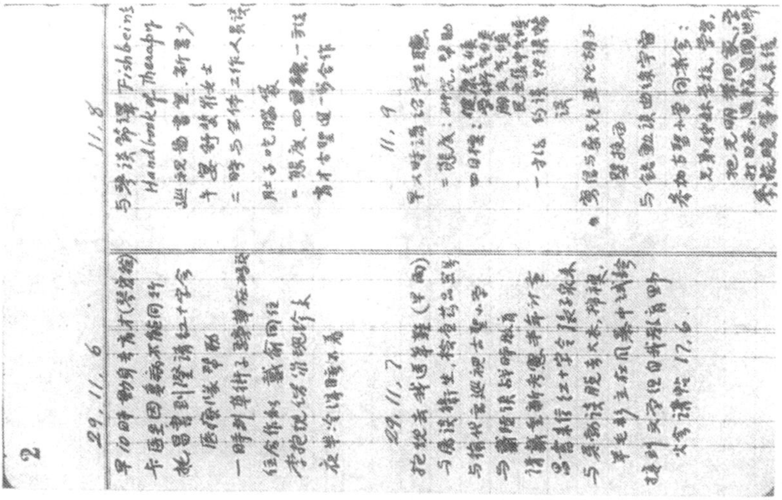

35-002

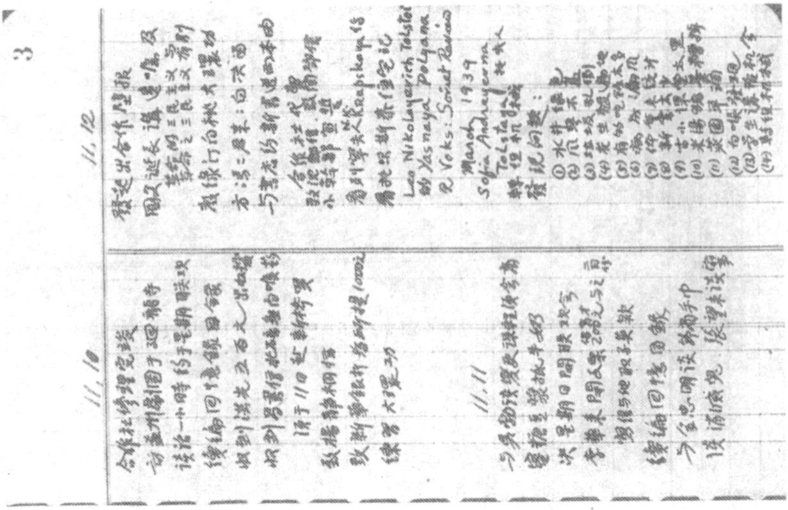

35-003

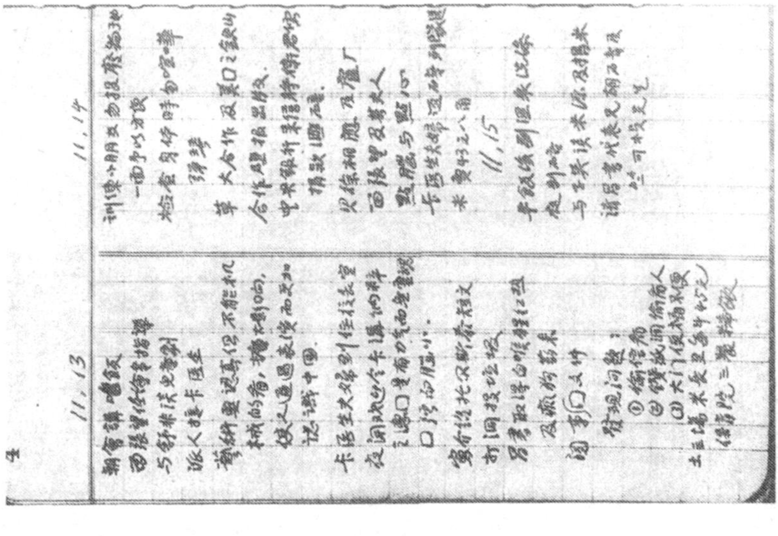

35-004

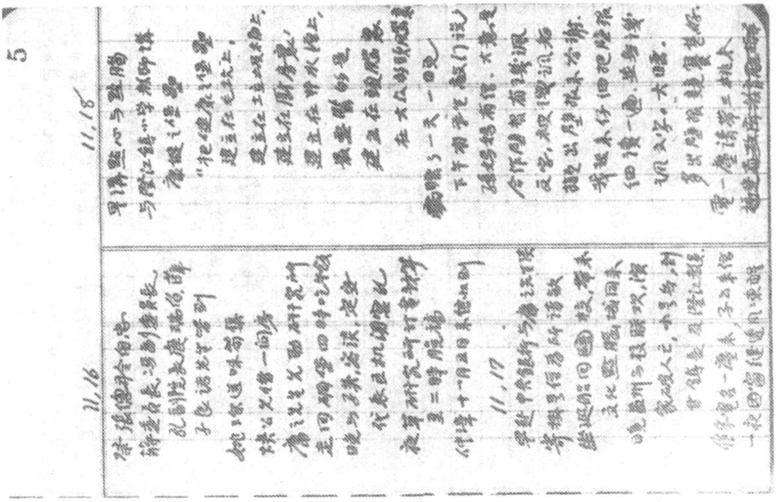

35-005

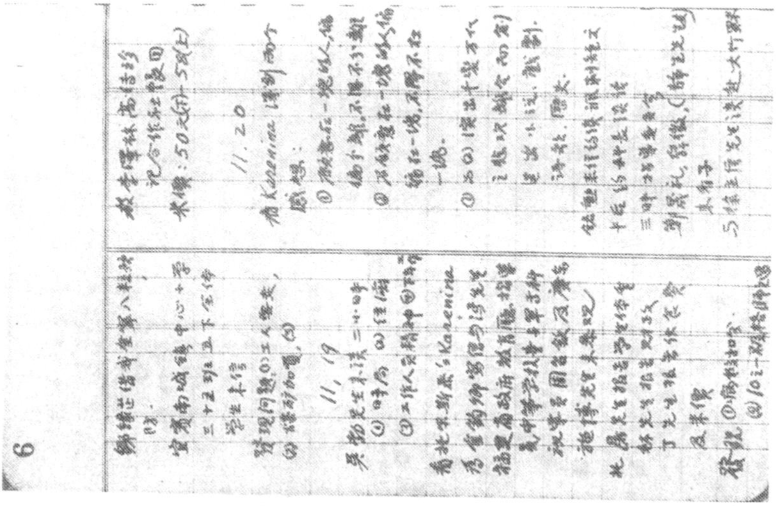

35-006

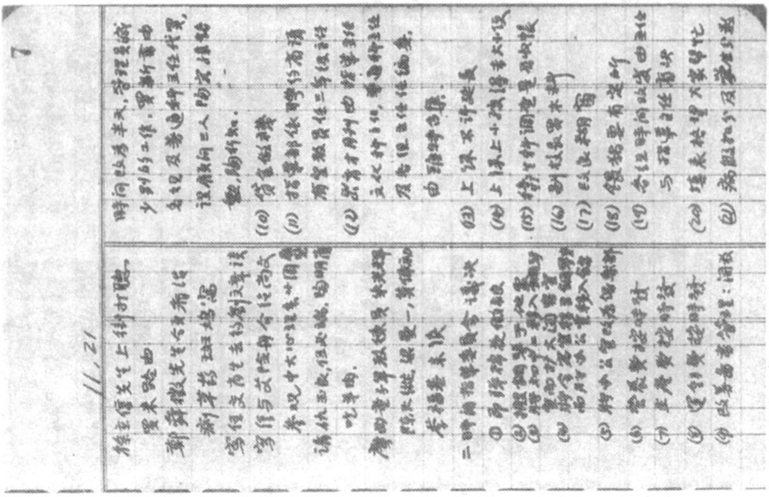

35-007

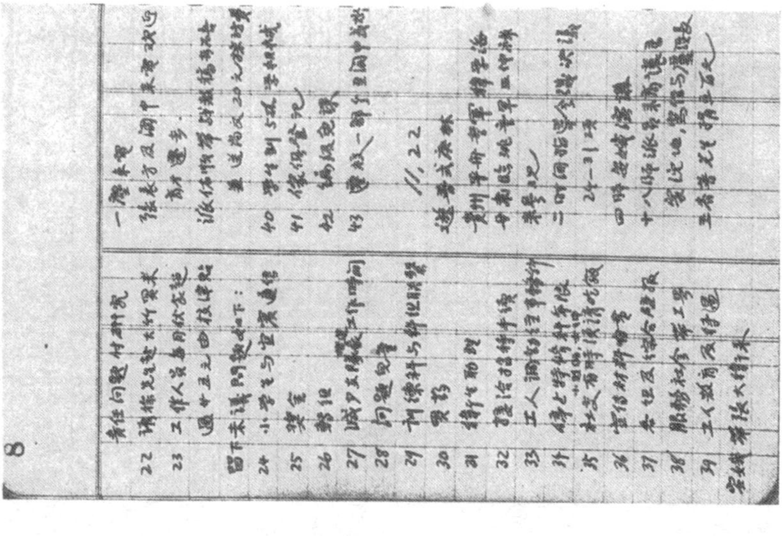

35-008

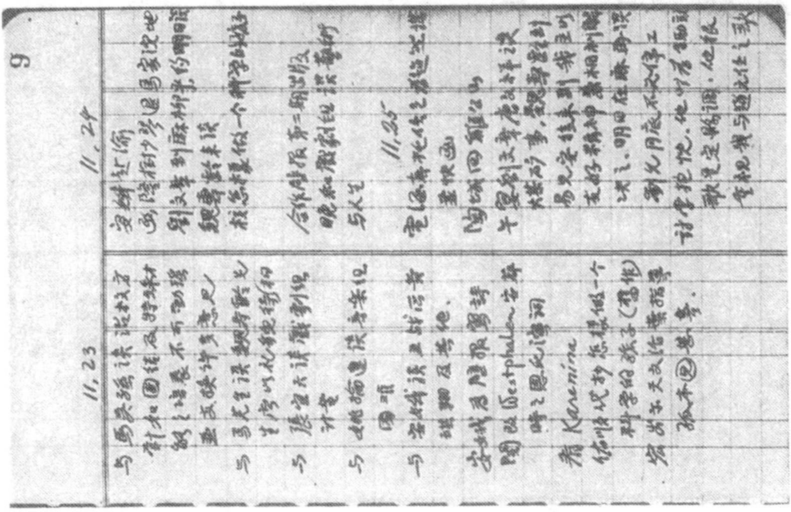

35-009

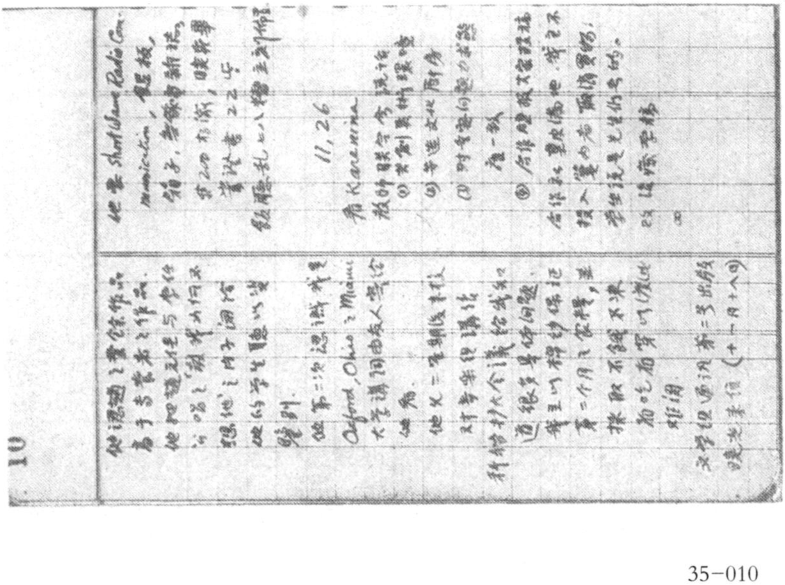

35-010

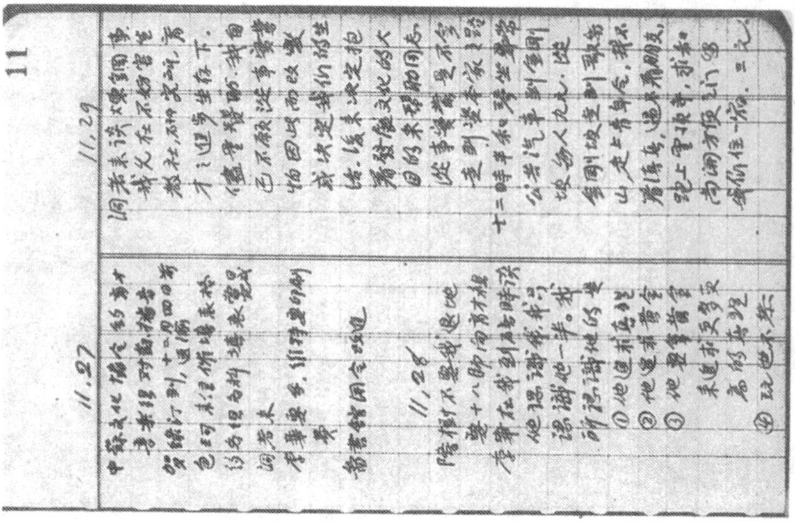

35－011

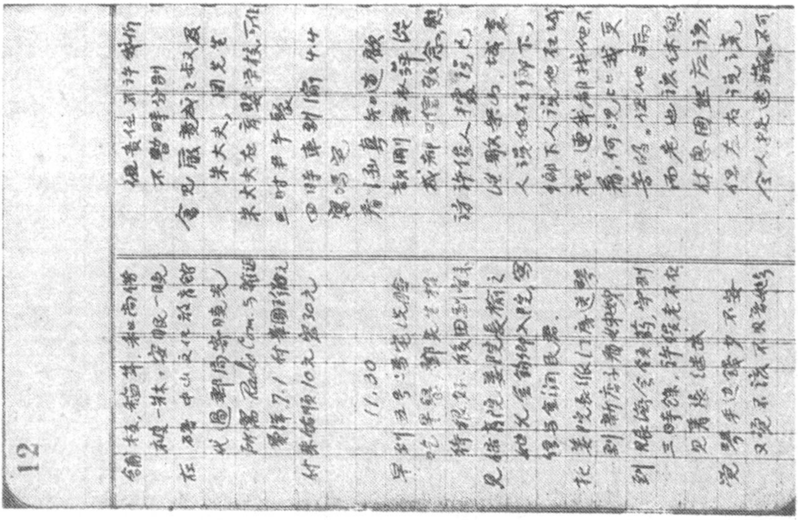

35－012

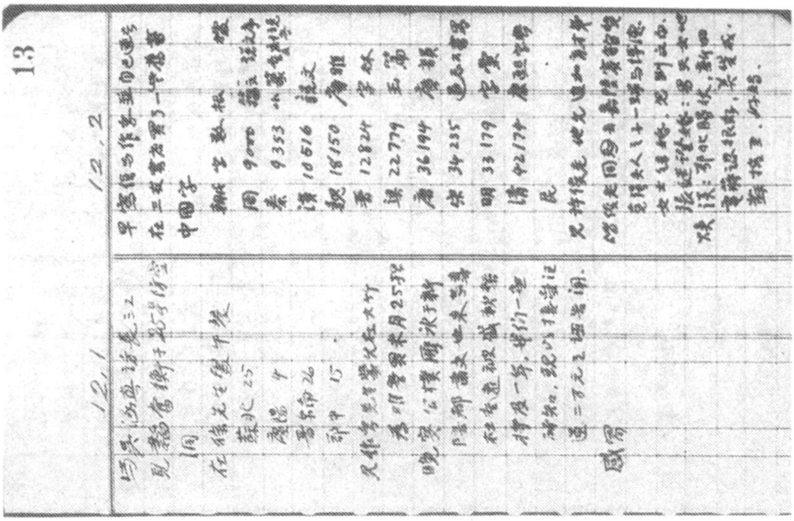

35-013

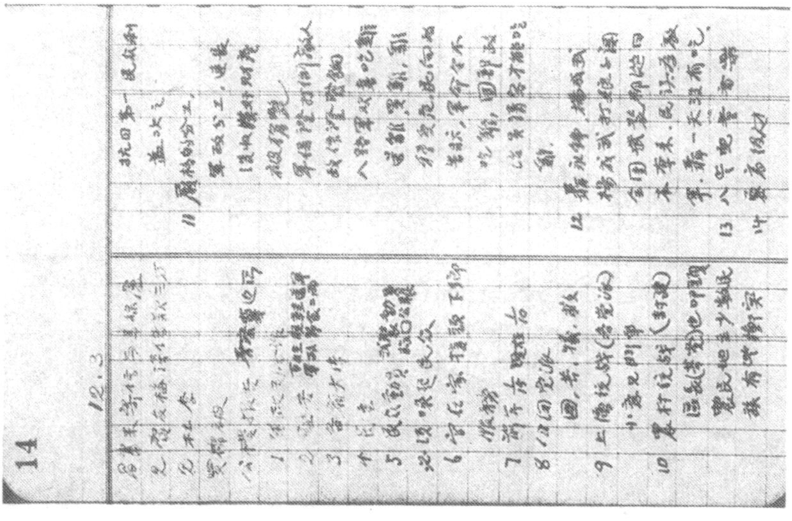

35-014

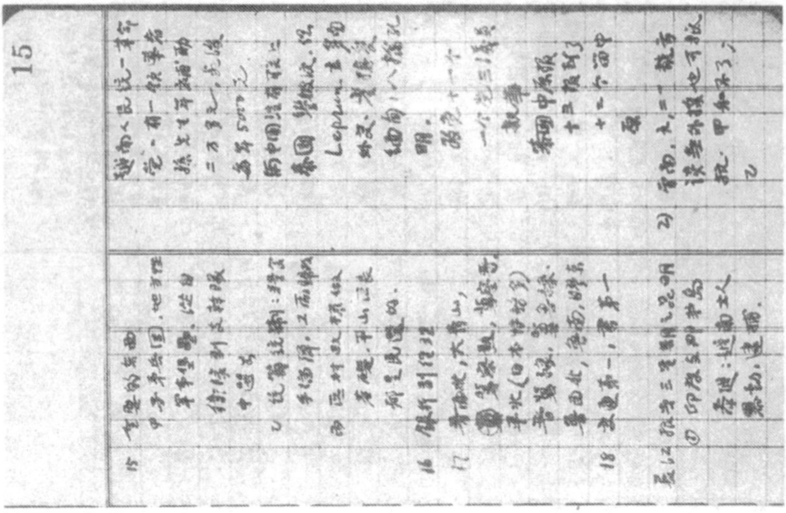

35-015

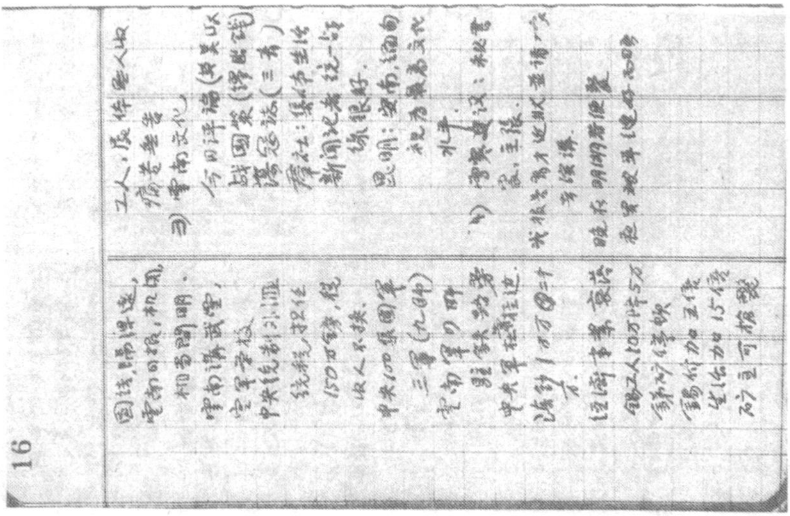

35-016

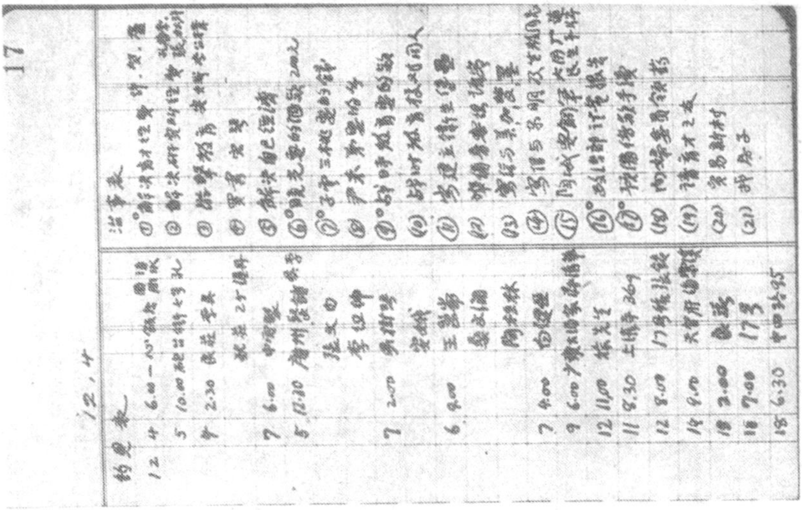

35-017

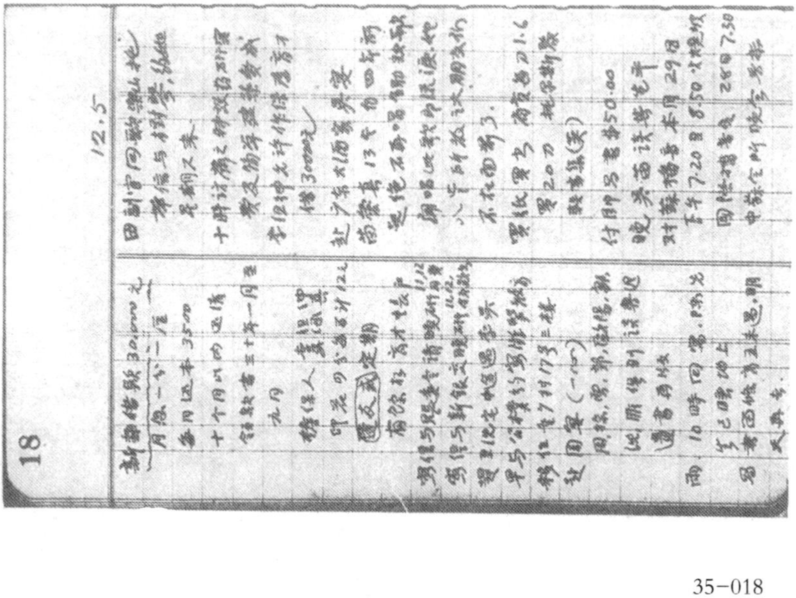

35-018

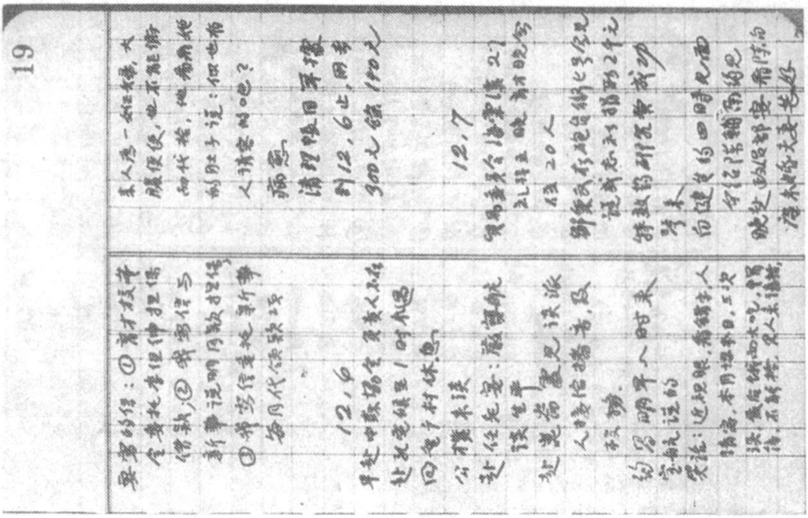

35-019

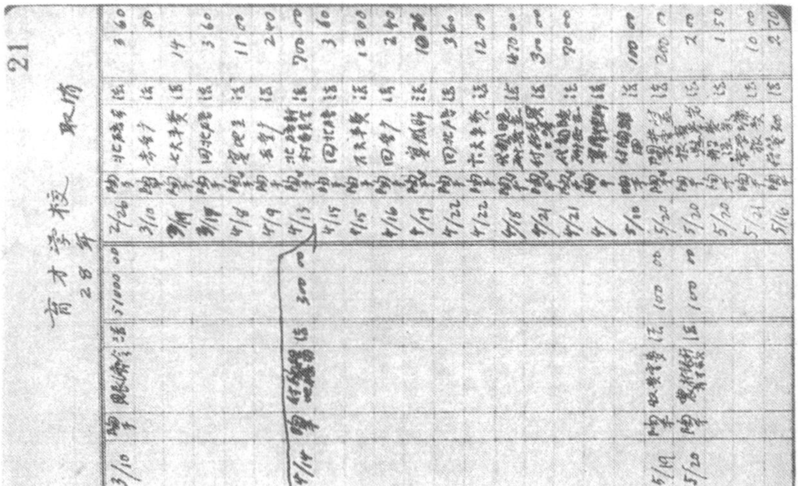

35-020

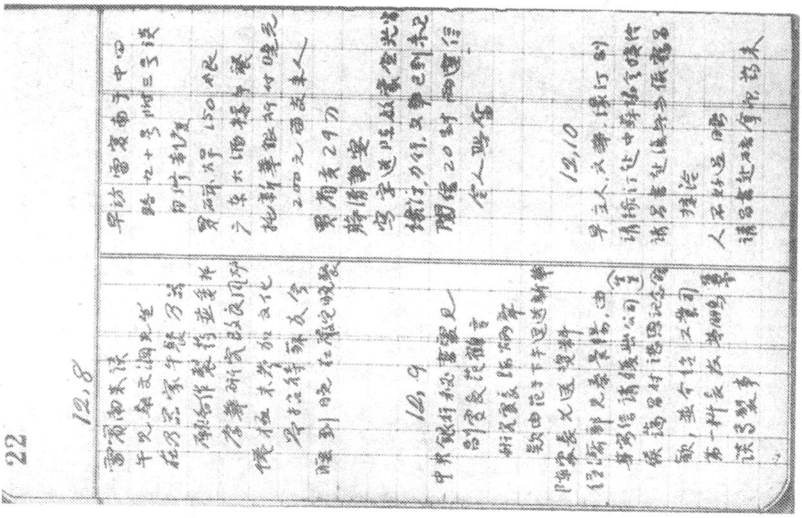

35-021

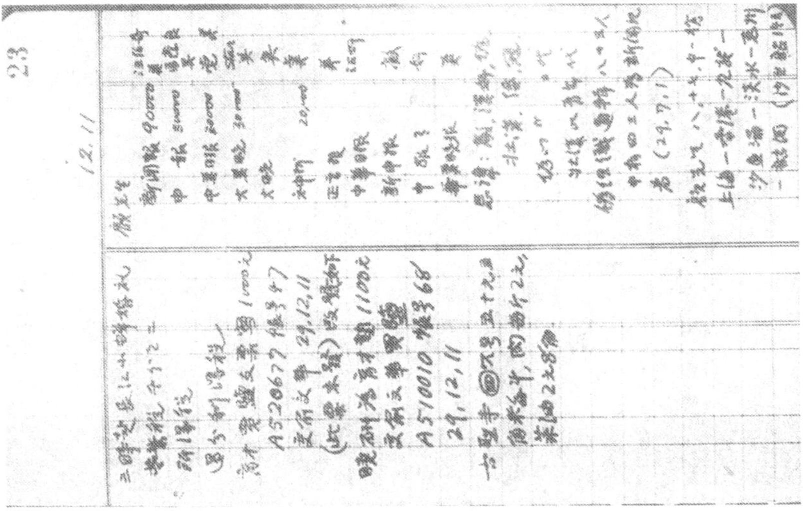

35-022

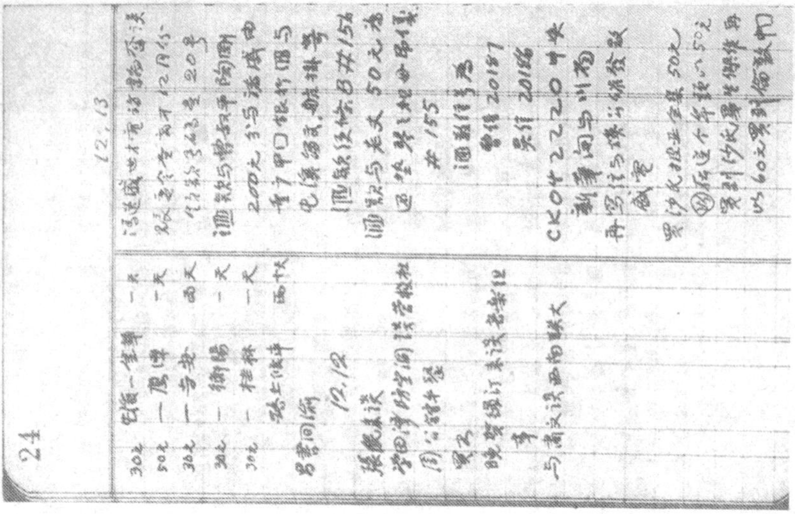

35－023

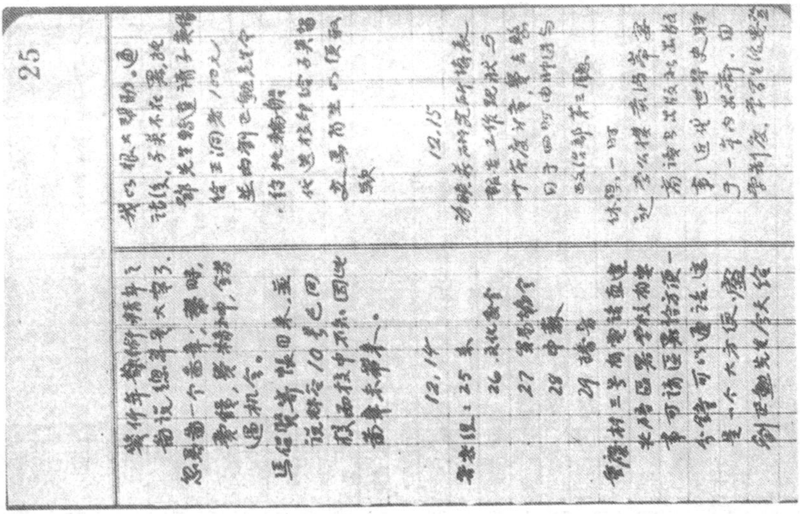

35－024

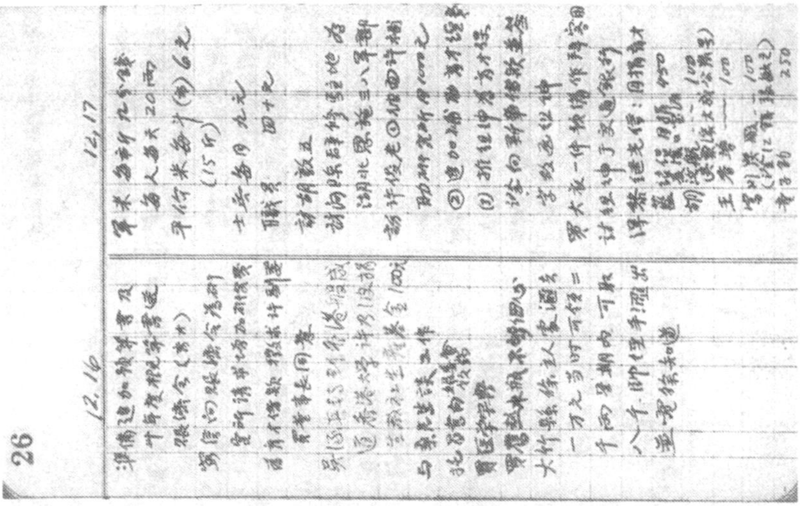

35-025

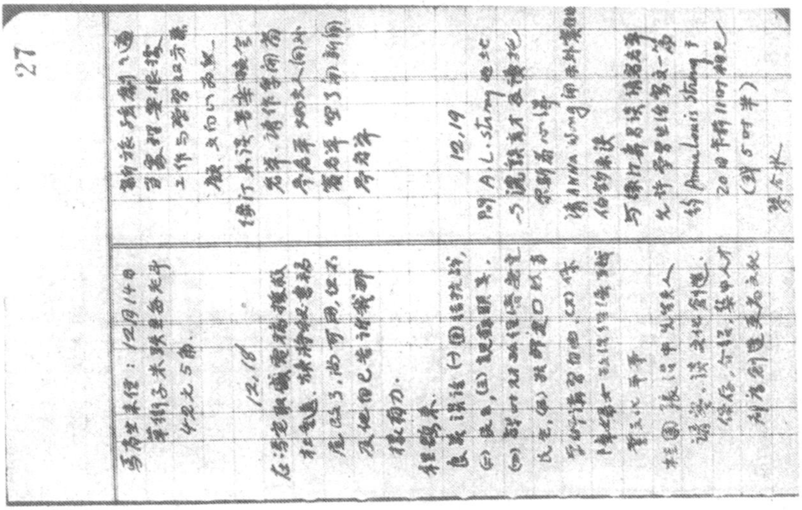

35-026

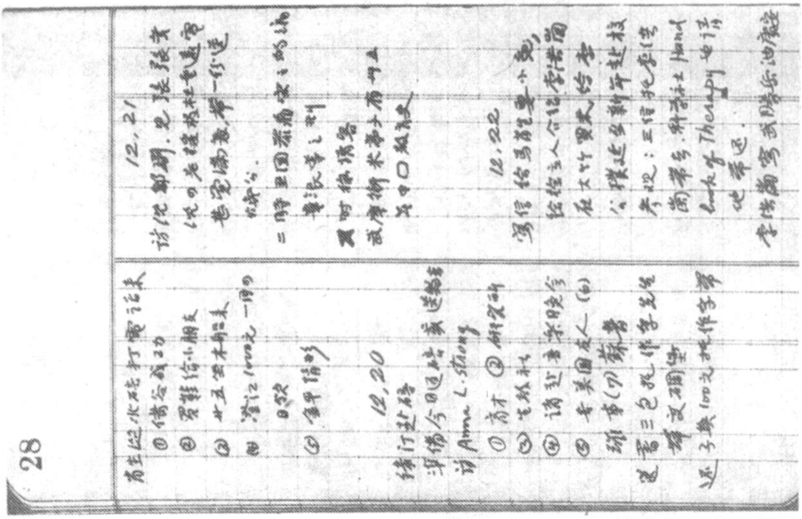

35-027

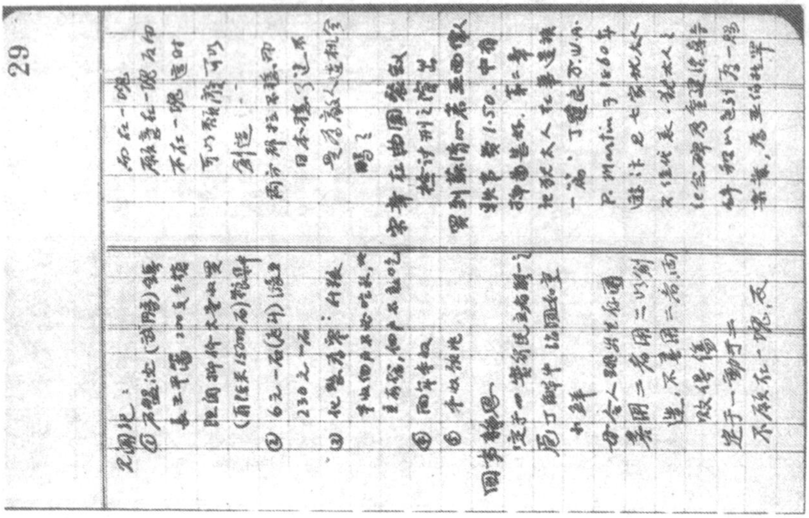

35-028

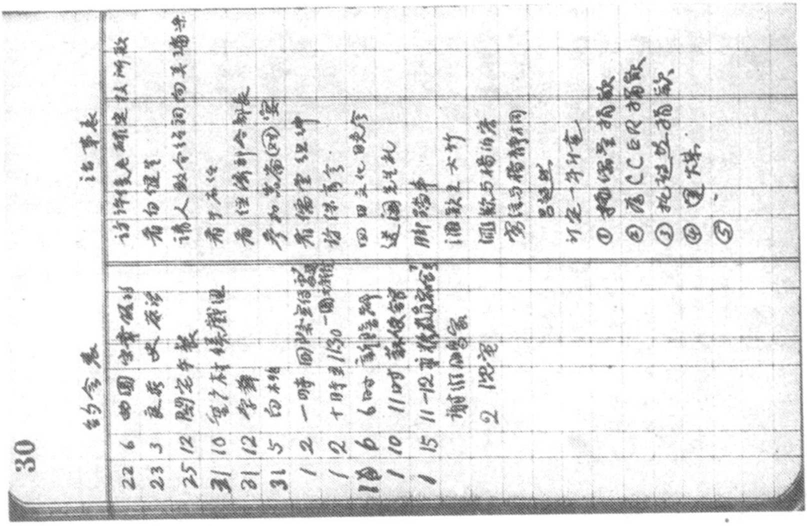
30
约会表
记事表
22 6 四国宗亲[illegible]
23 3 良斋 史[illegible]
25 12 陶宅午餐
31 10 [illegible]村[illegible]
31 12 [illegible]
31 5 白杨
1 2 一时 国际宣传处
1 2 十时至11:30 [illegible]
1 6 6时 新[illegible]
1 10 11时 苏俄馆
1 15 11–12 [illegible]
2 沈宅
看白[illegible]
请人[illegible]
看[illegible]
参加[illegible]
看[illegible]
访[illegible]
回回文化[illegible]
送[illegible]
[illegible]
汇款[illegible]大竹
汇款与[illegible]
写信与[illegible]
订定一年计划
① [illegible]捐款
② 为CCER捐款
③ [illegible]捐款
④ [illegible]
⑤ 、

35-029

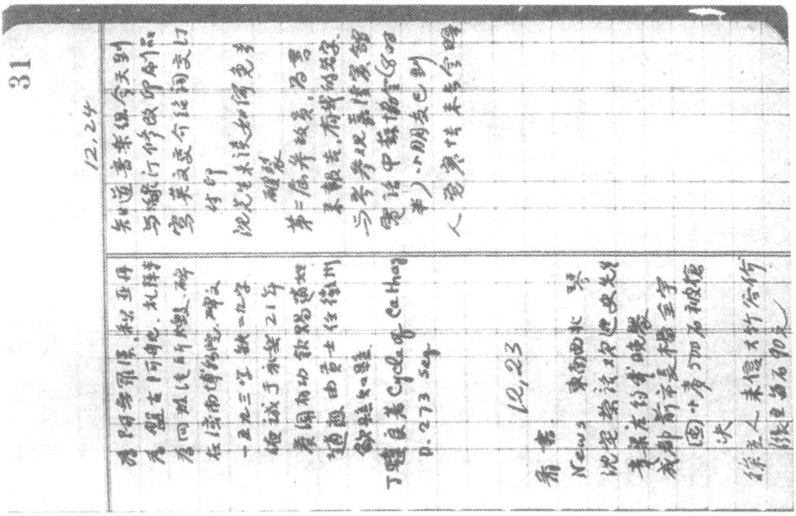
31
12,24
知道音乐[illegible]今天到
与[illegible]
写英文[illegible]
付印
沈先生来谈[illegible]
第二届[illegible]
来报告[illegible]
与[illegible]参观[illegible]
电话中苏协会（8时半）[illegible]已到
人[illegible]
12,23
看书
News 东南西北 琴
沈宅[illegible]
[illegible]
成都前市长[illegible]
徐主人来信[illegible]
[illegible]90元

35-030

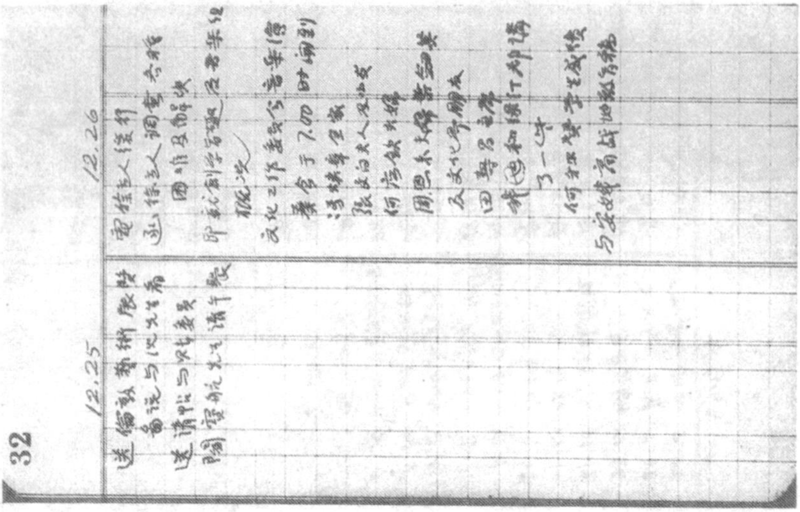
32

12.25

12.26

35-031

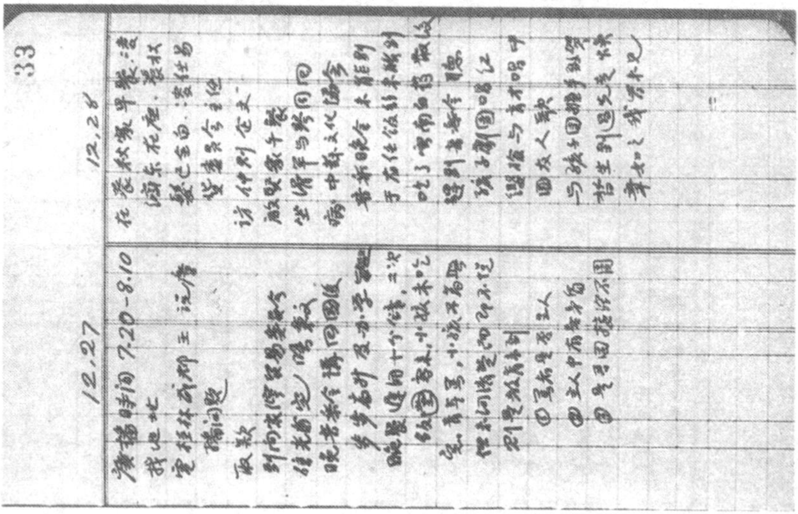
33

12.27

7.20-8.10

12.28

35-032

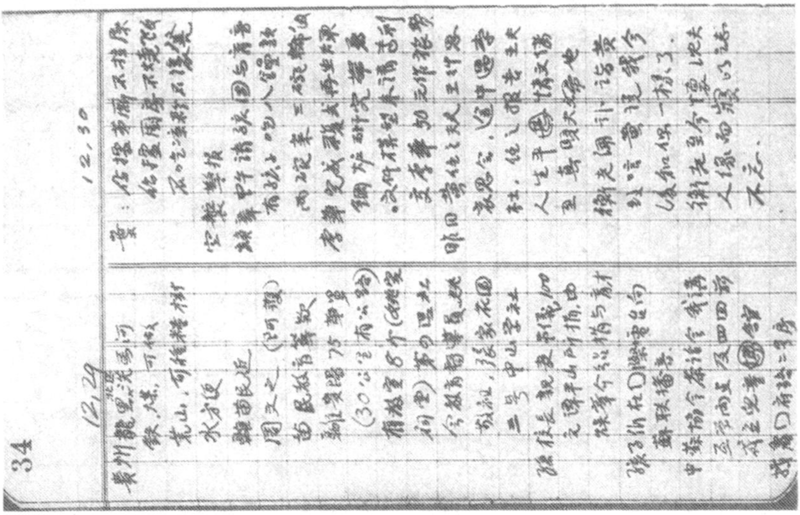

34

12,29

12,30

35-033

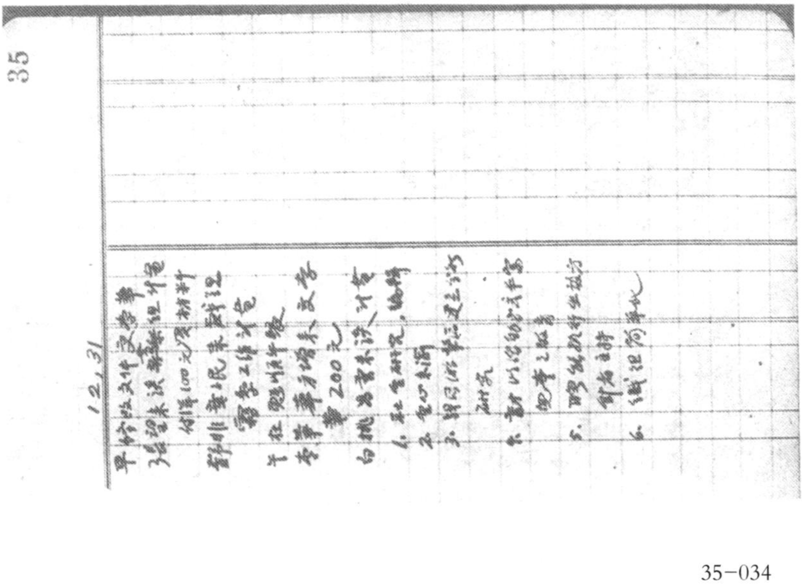

35

12,31

35-034

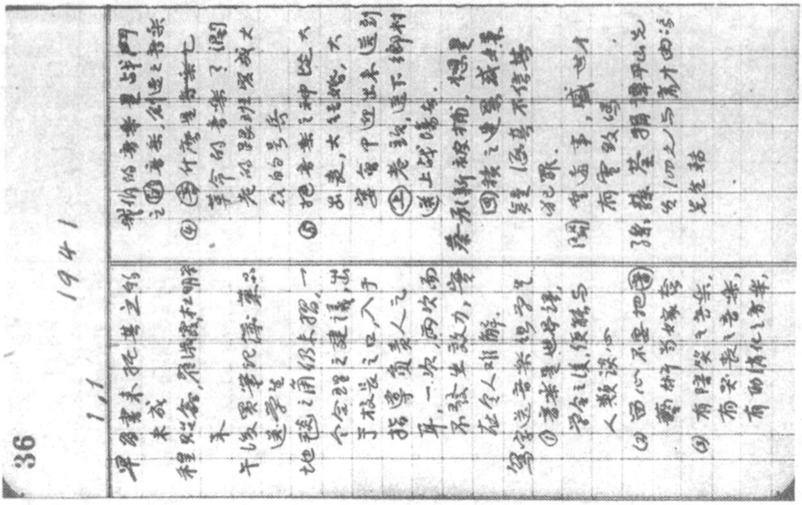

35-035

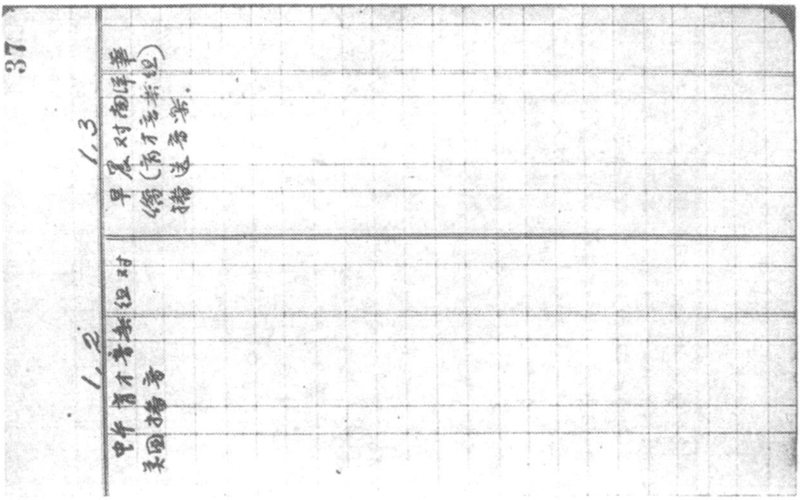

35-036

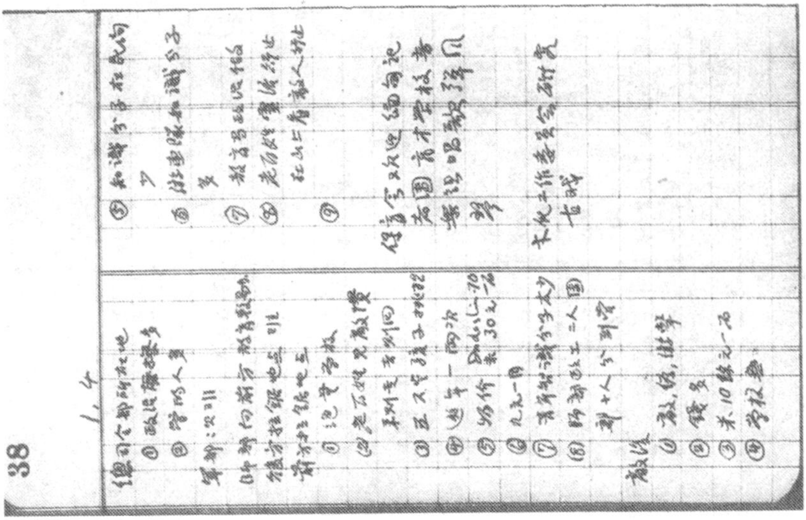
38

35-037

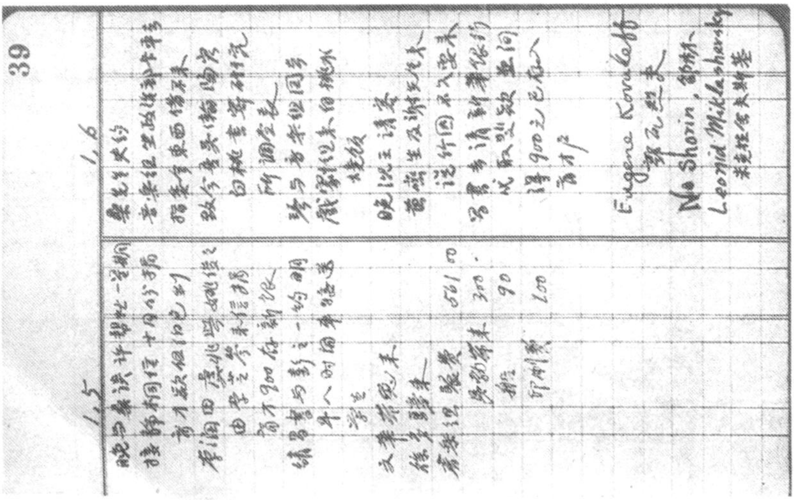
39

35-038

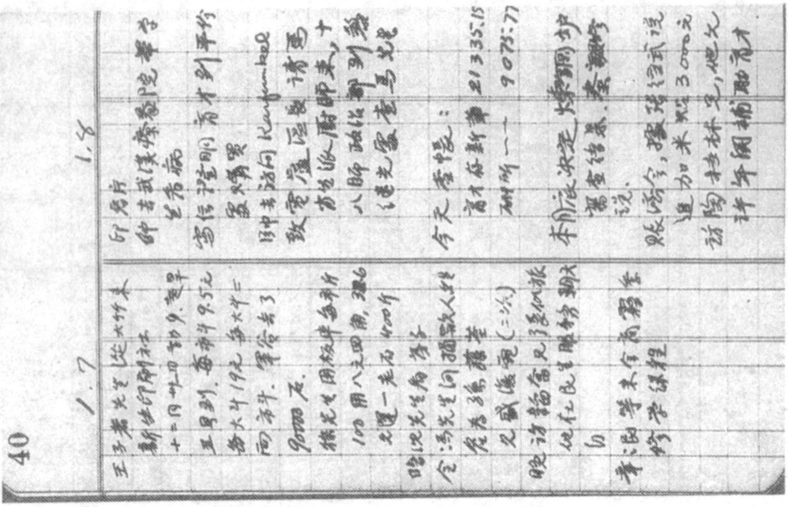

35-039

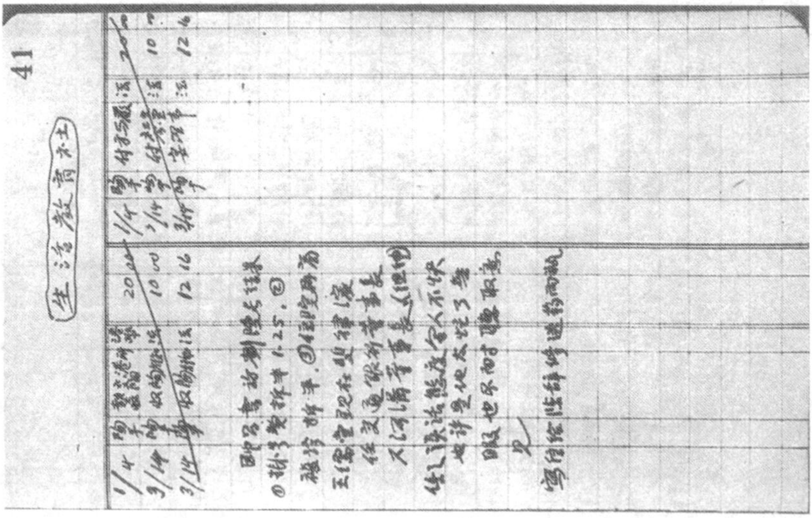

35-040

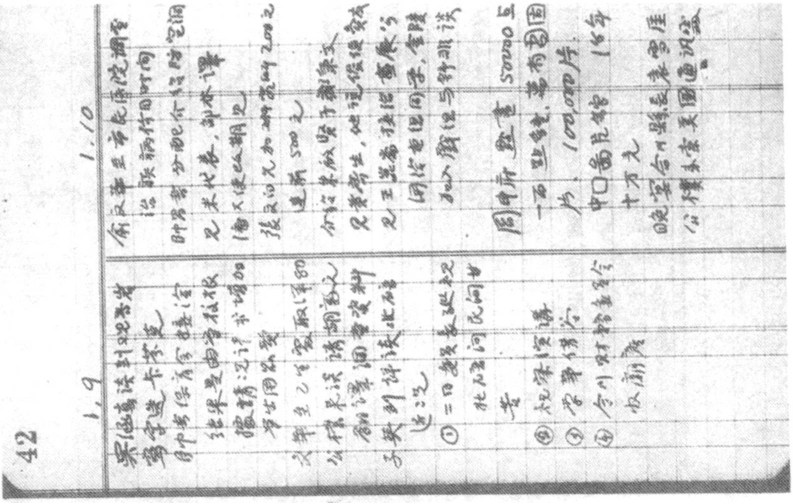

35-041

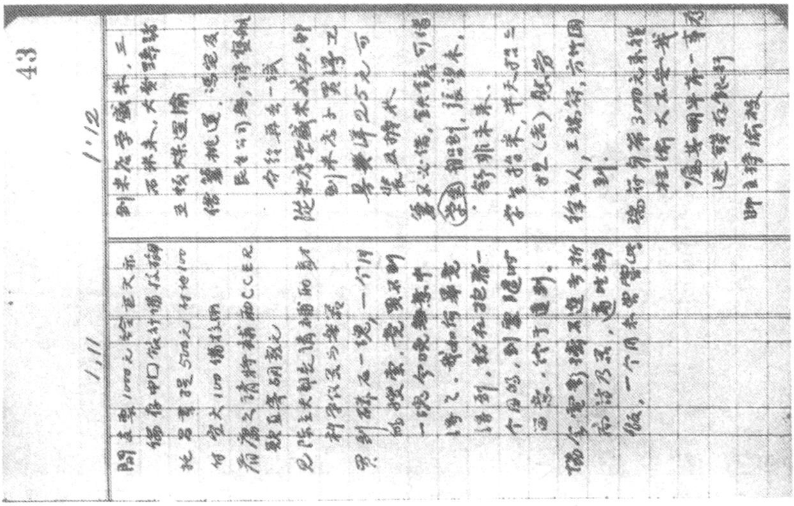

35-042

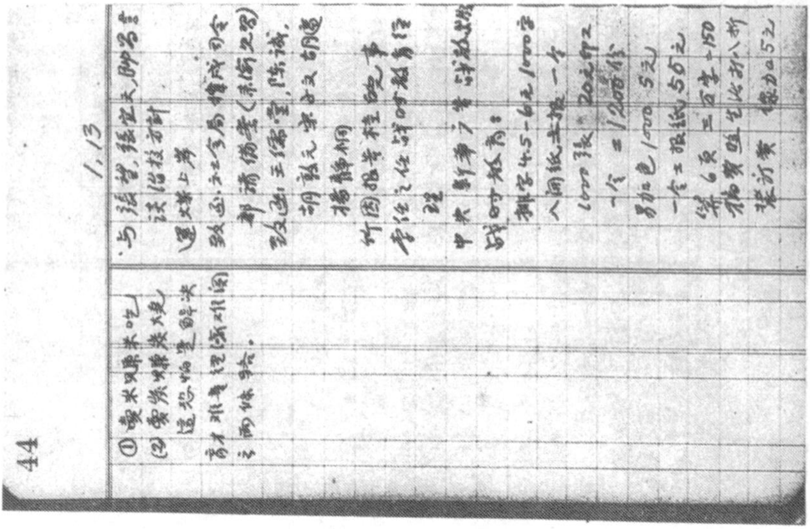

35－043

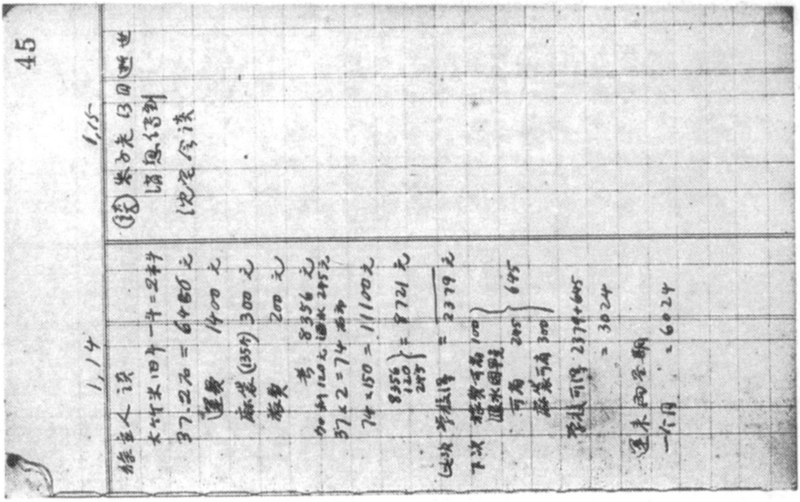

35－044

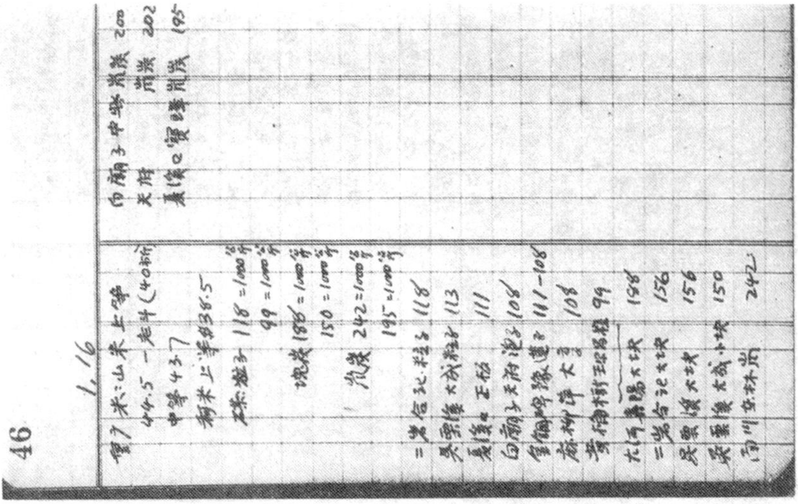

35-045

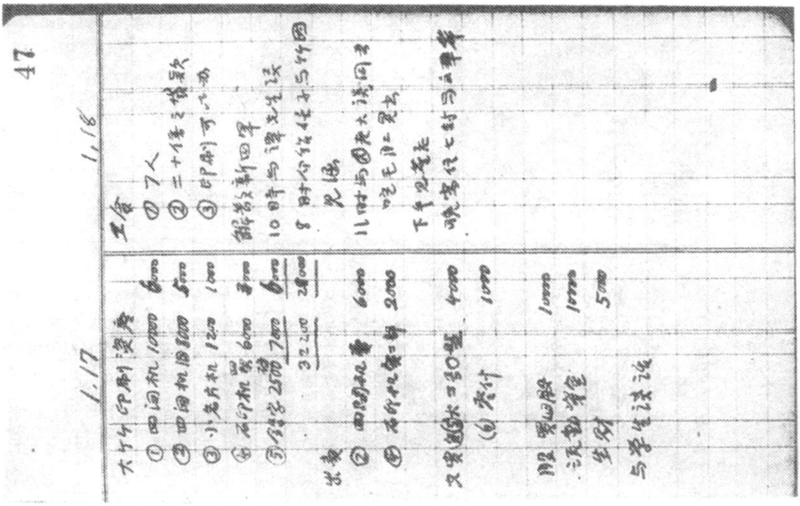

35-046

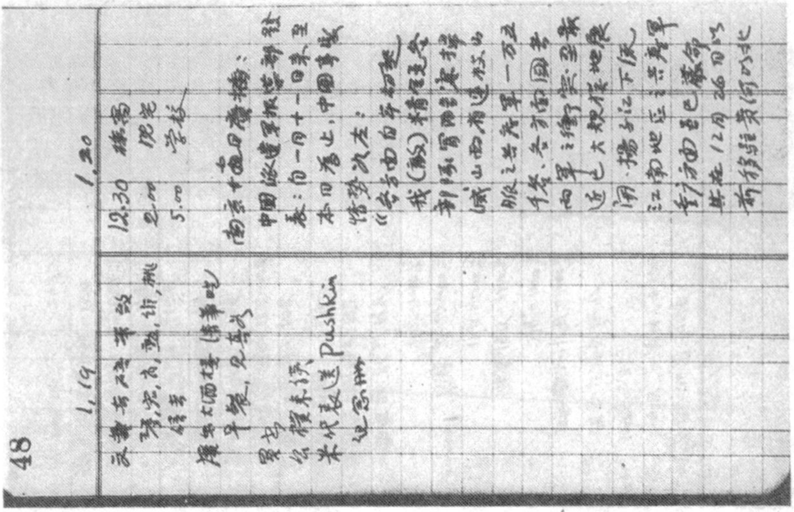

35-047

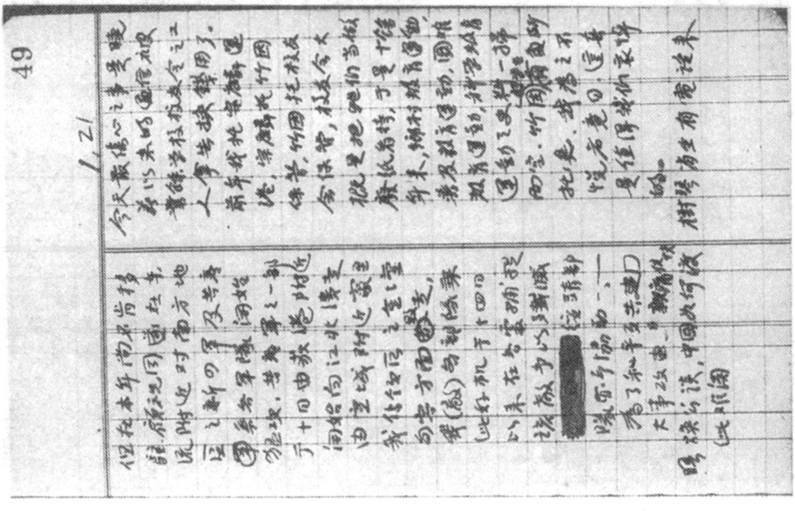

35-048

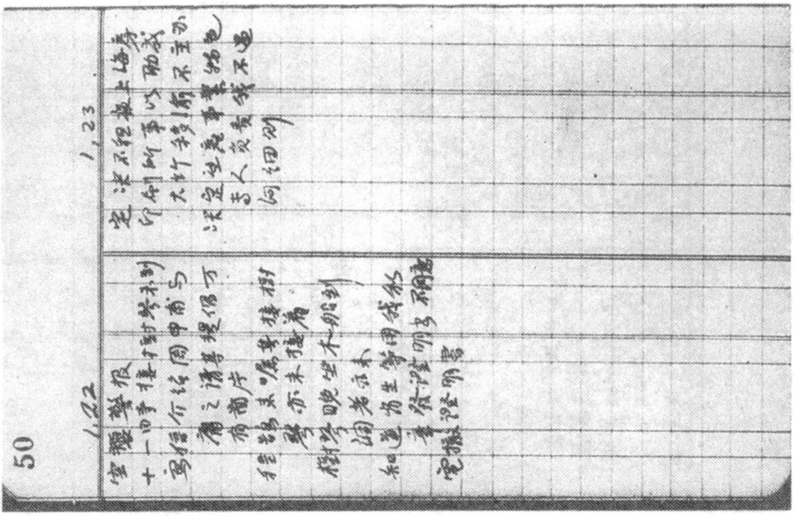

35-049

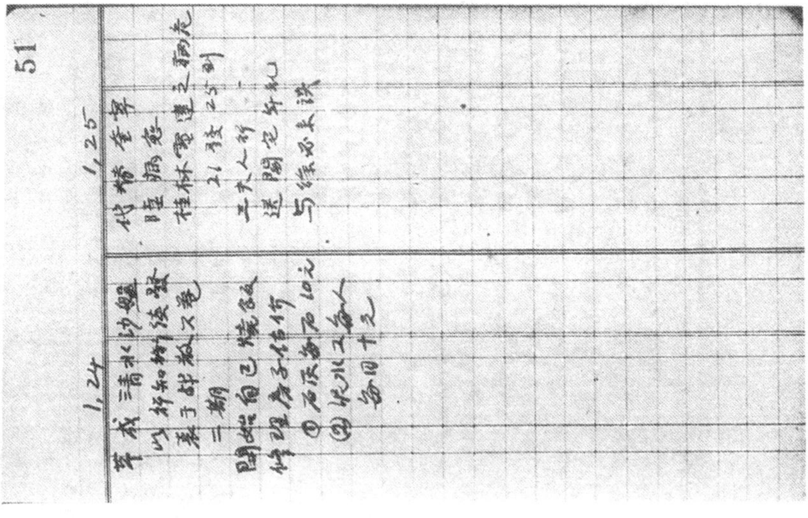

35-050

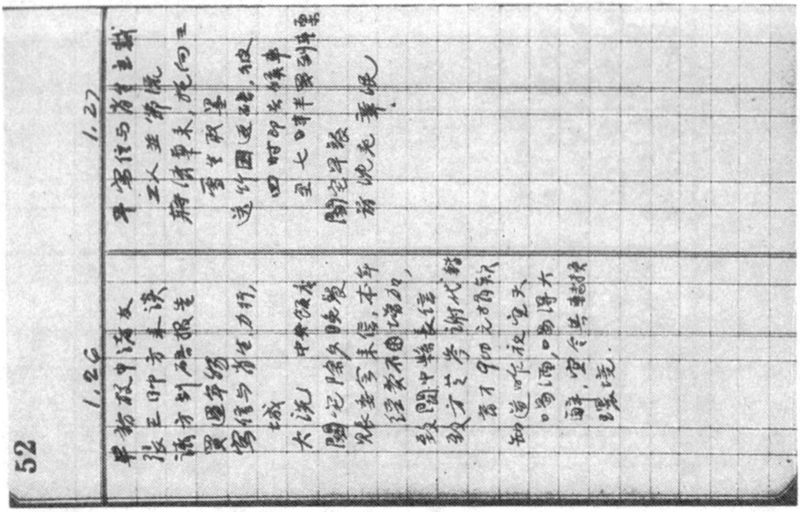

35-051

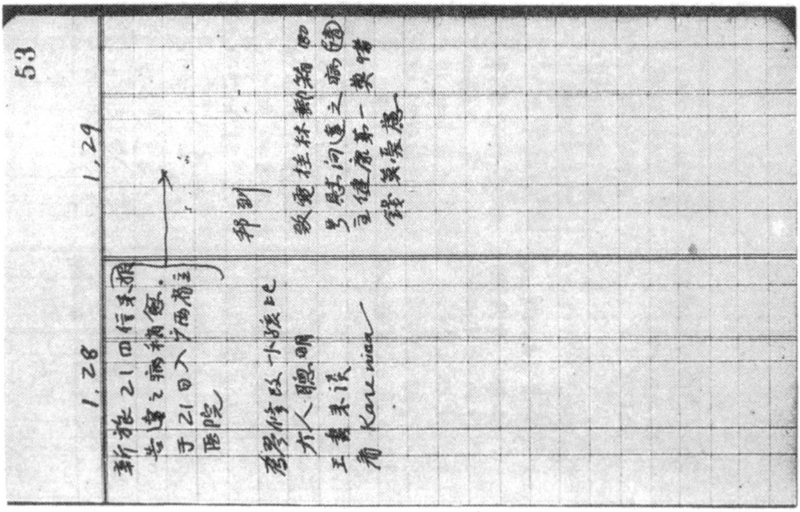

35-052

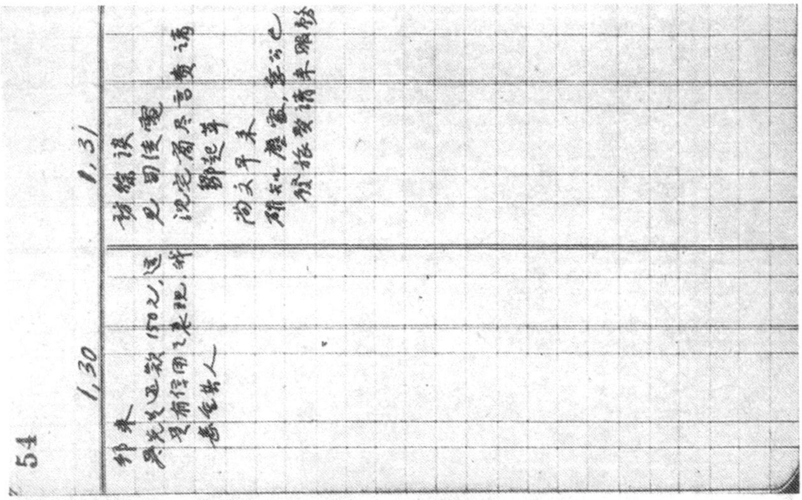
54
1,30
1,31

35-053

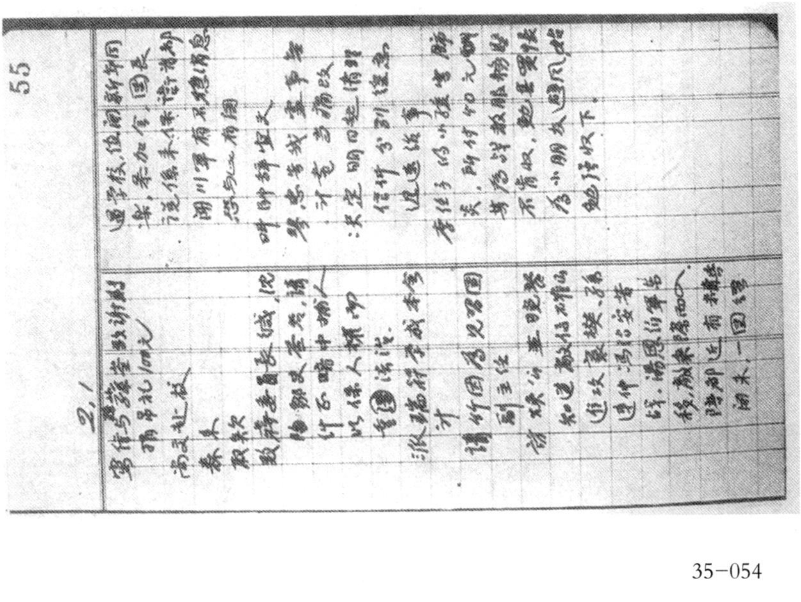
55
2,1

35-054

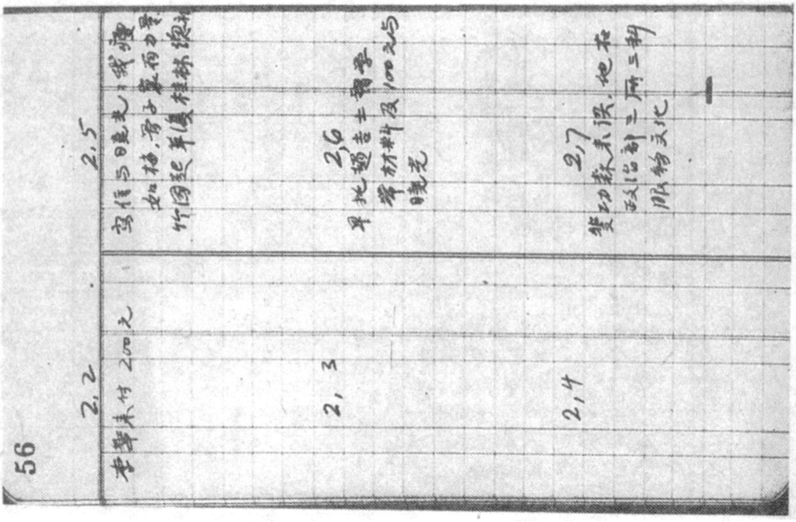

35-055

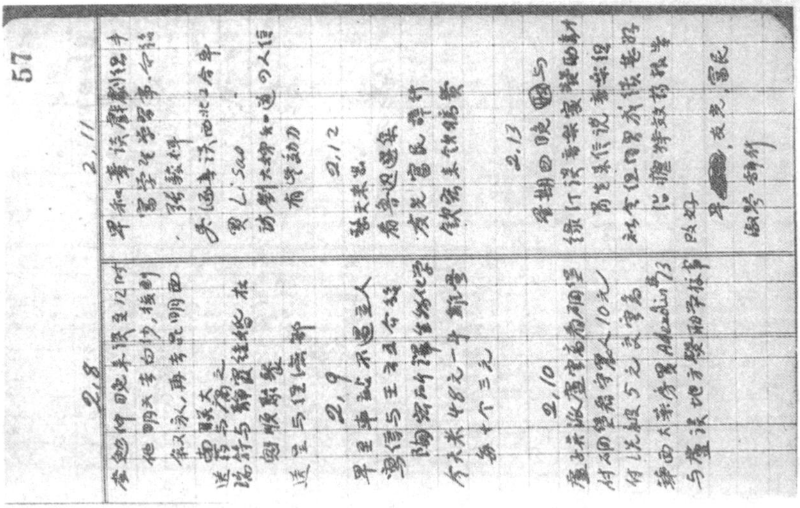

35-056

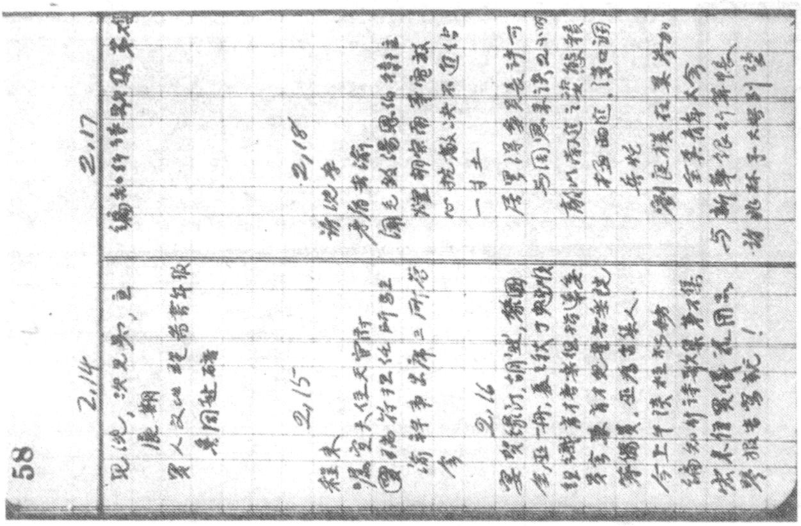

35-057

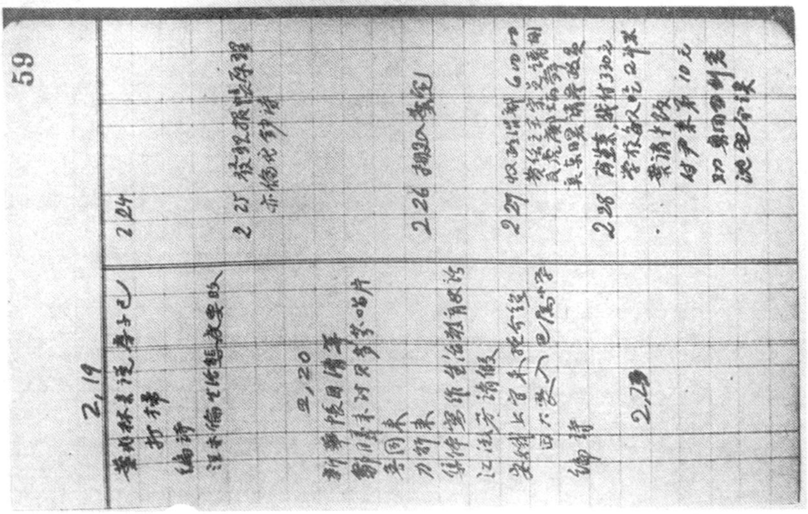

35-058

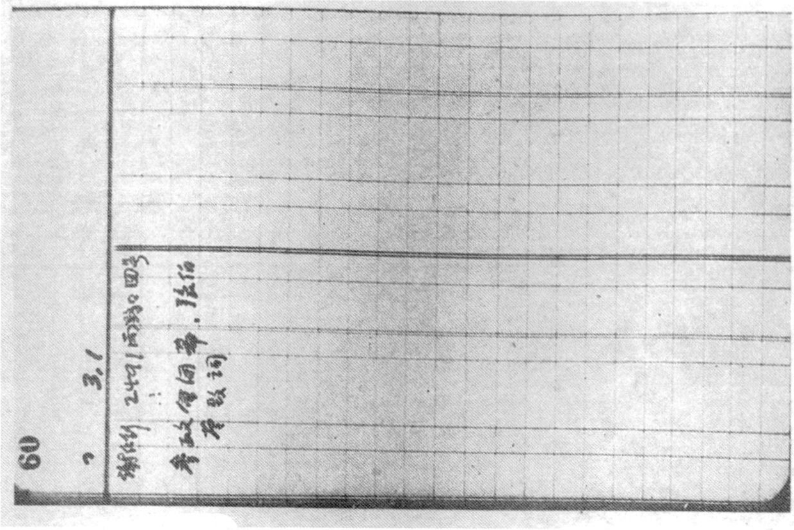


35－059

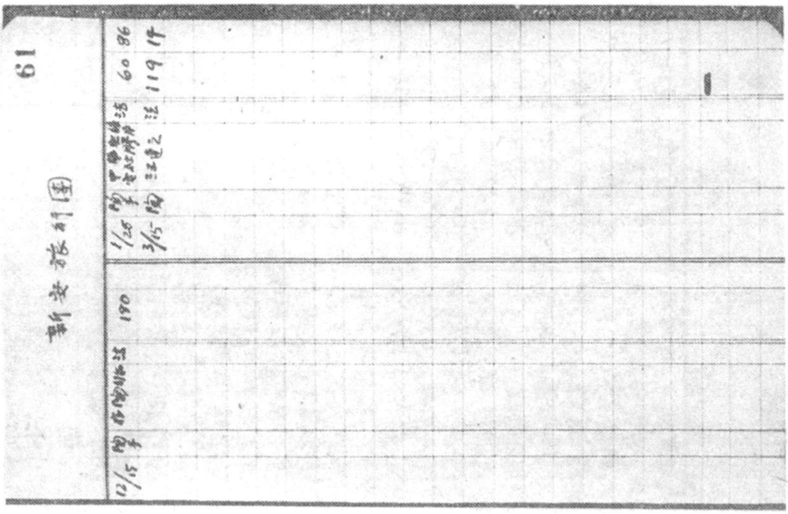


35－060

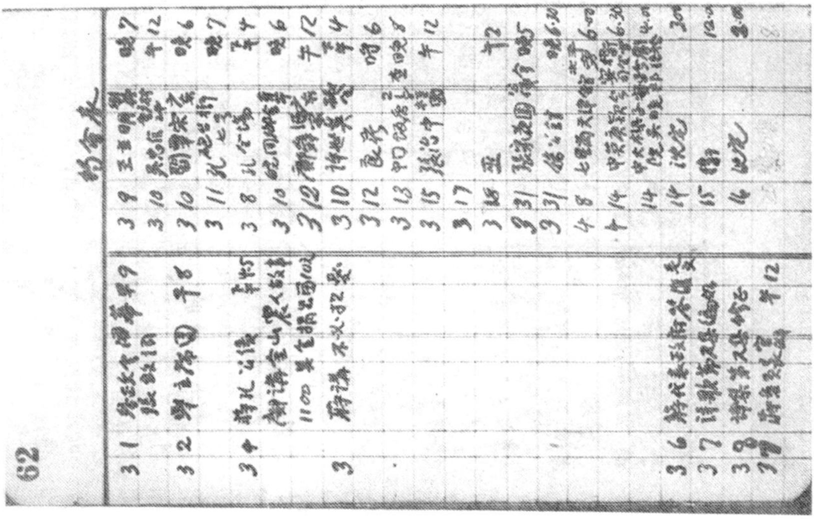

35-061

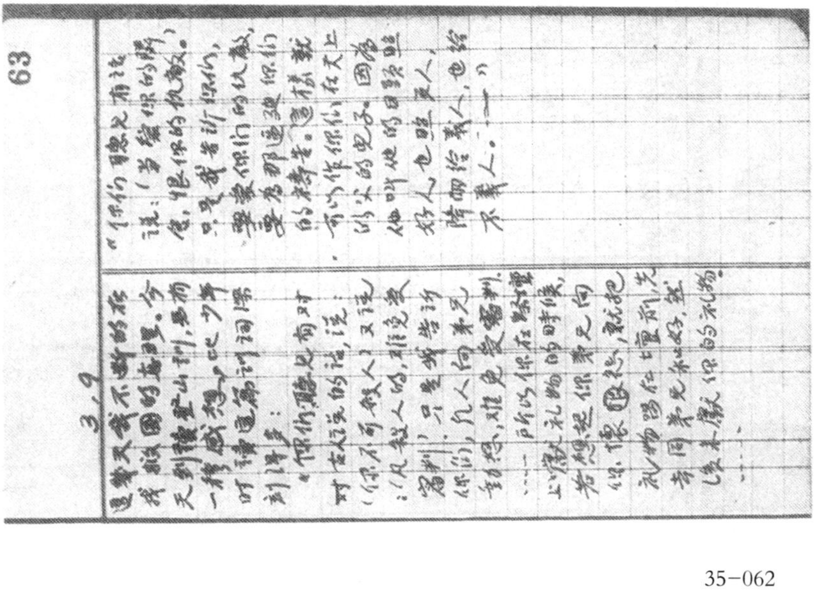

35-062

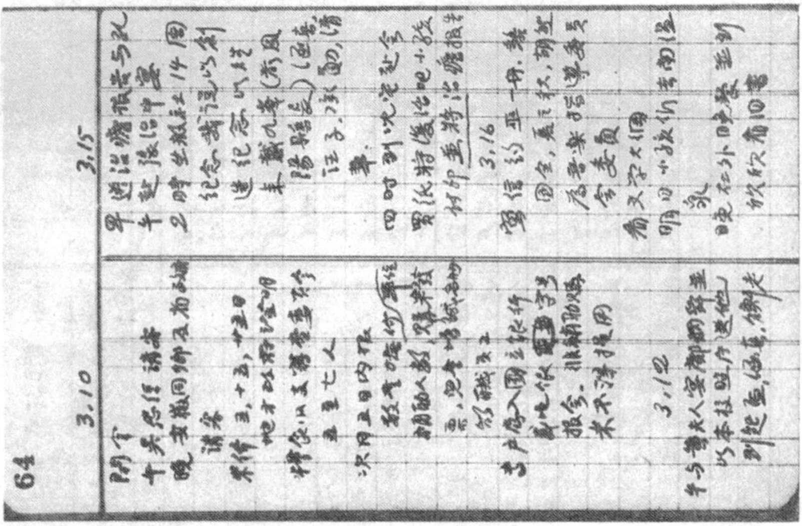

35-063

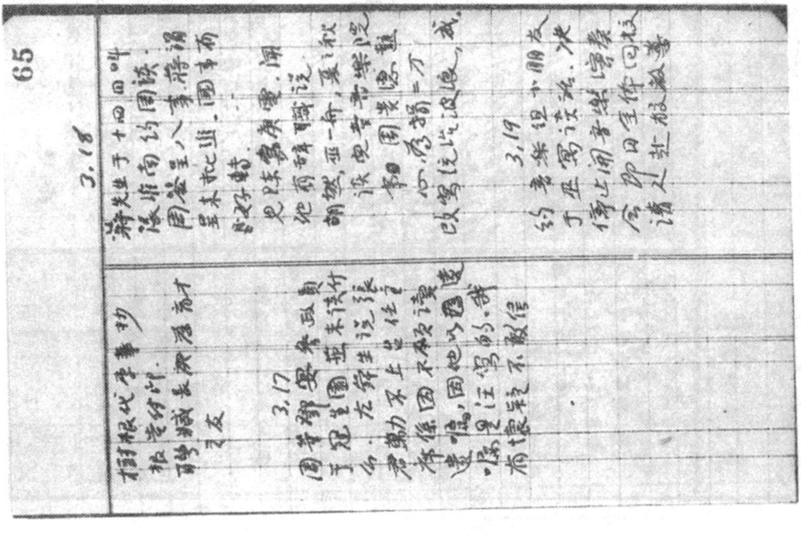

35-064

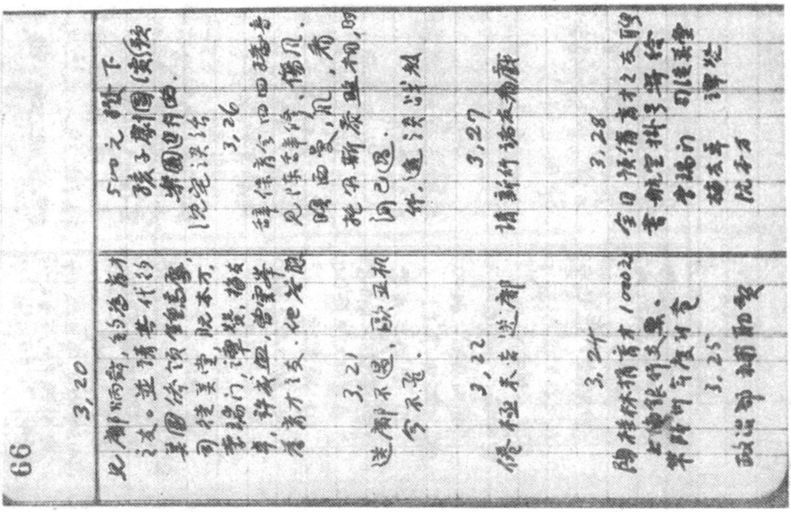

35-065

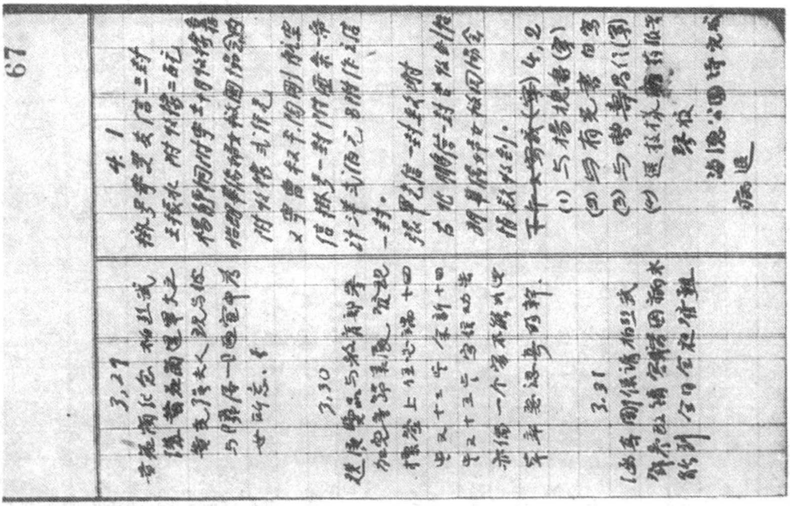

35-066

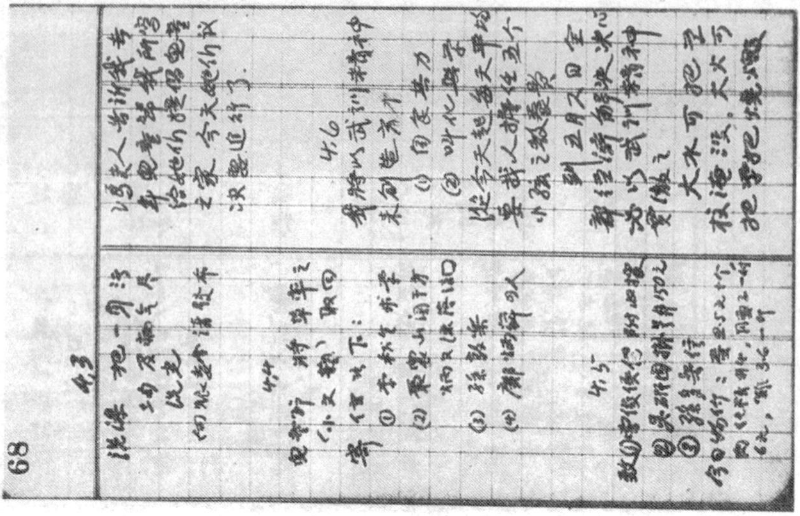

35-067

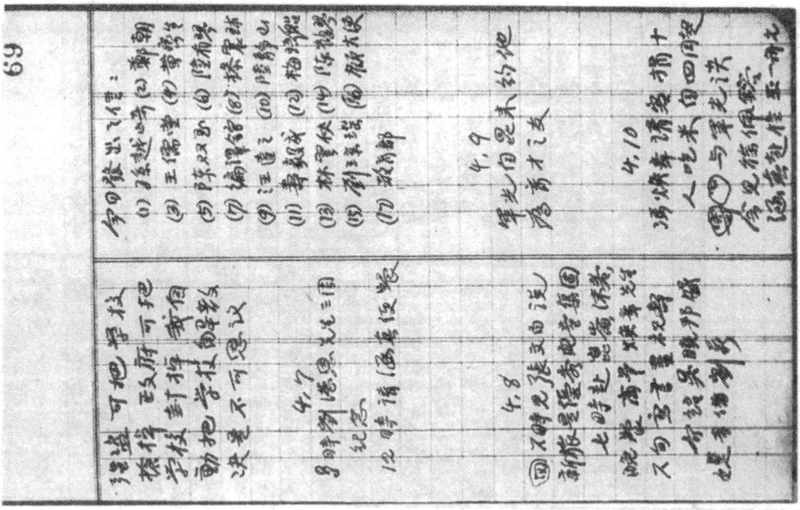

35-068

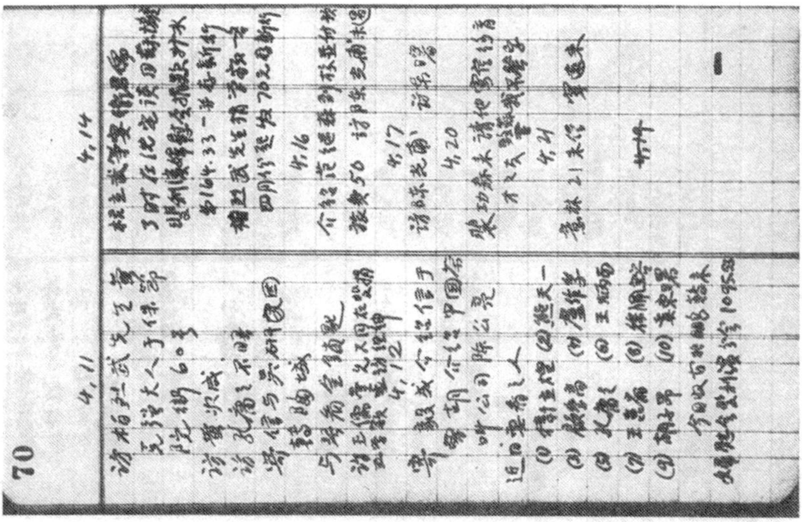

35-069

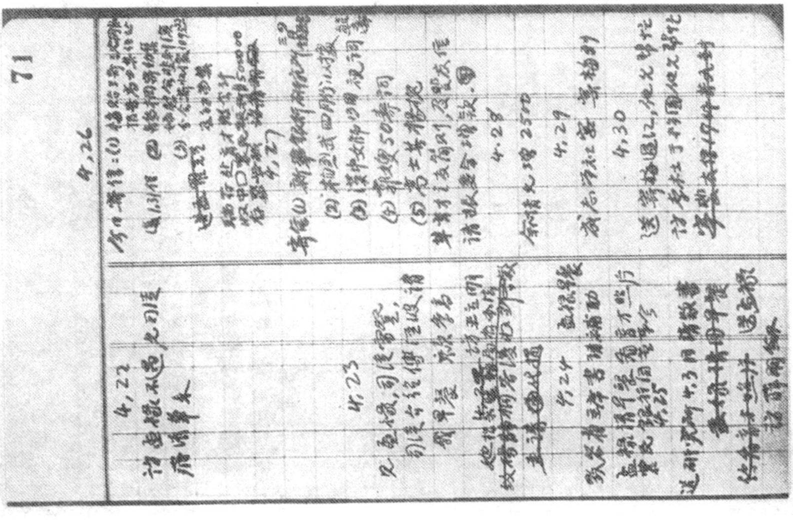

35-070

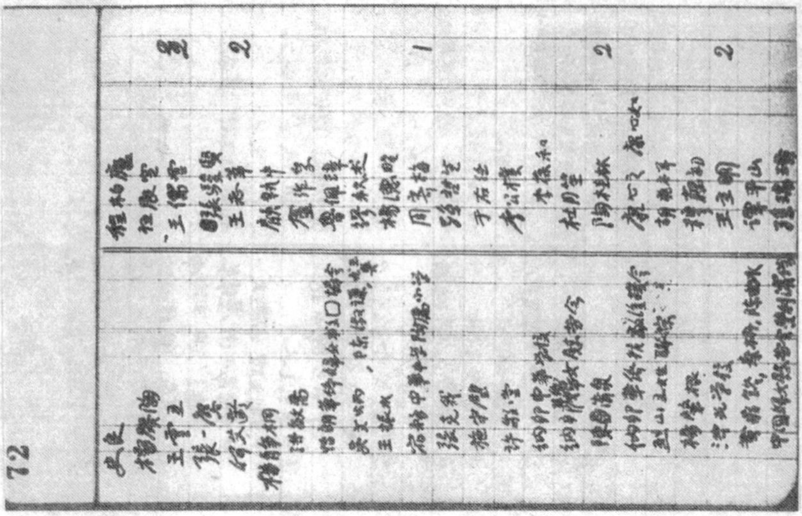

35－071

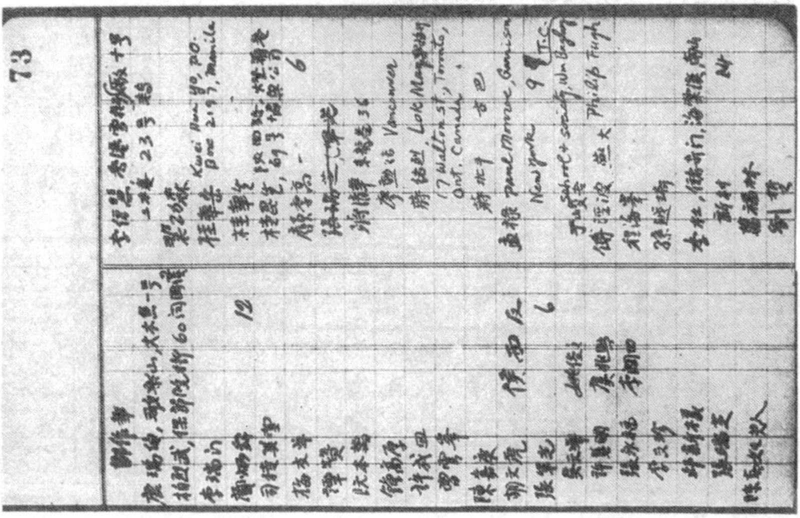

35－072

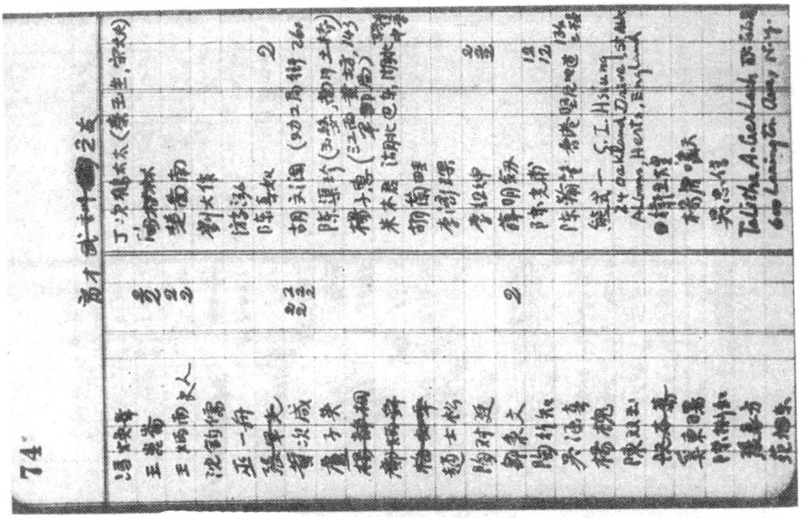


35-073

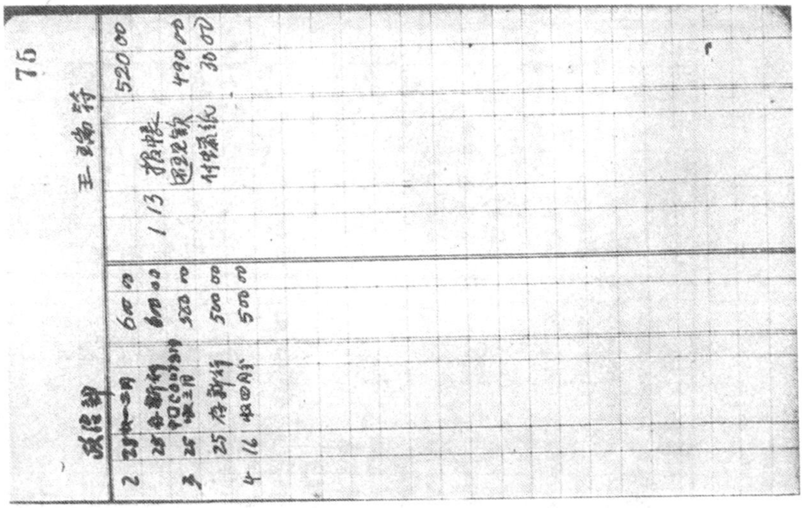


35-074

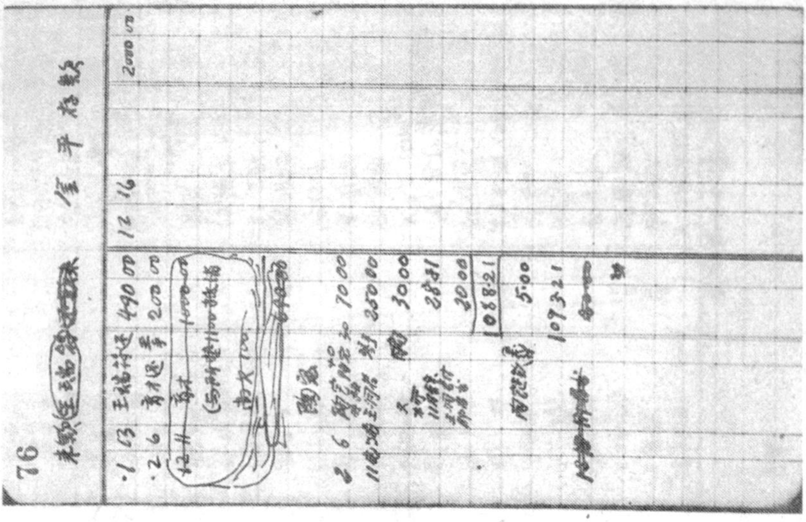


35-075

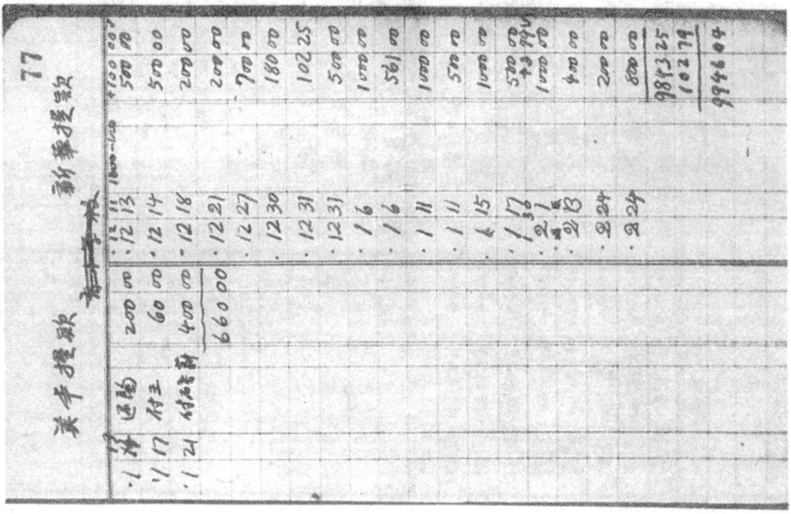


35-076

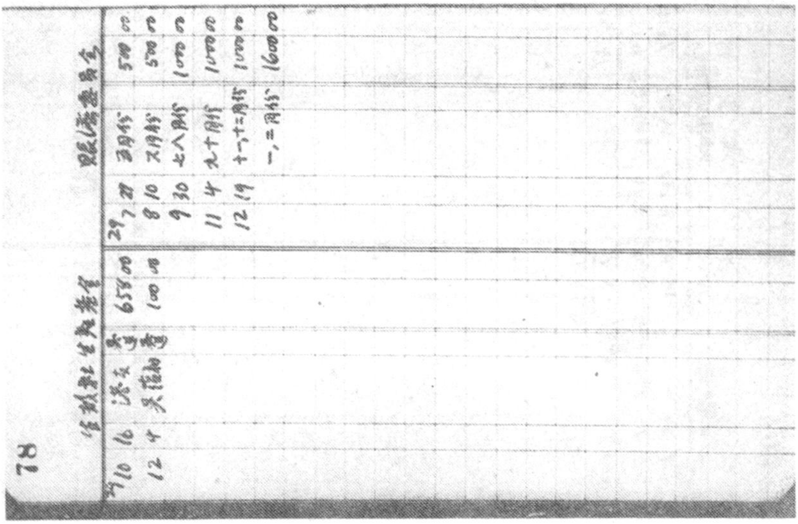

78

| 生活教育社生產基金 | | | | 賑濟委員會 | | |
|---|---|---|---|---|---|---|
| 29 10 | 16 | 潘友 | 658.00 | 29 7 27 | 五月份 | 500.00 |
| 12 | 4 | 吴 | 100.00 | 8 10 | 六月份 | 500.00 |
| | | | | 9 30 | 七八月份 | 1000.00 |
| | | | | 11 4 | 九十月份 | 1000.00 |
| | | | | 12 19 | 十一、十二月份 | 1000.00 |
| | | | | | 一、二月份 | 1600.00 |

35－077

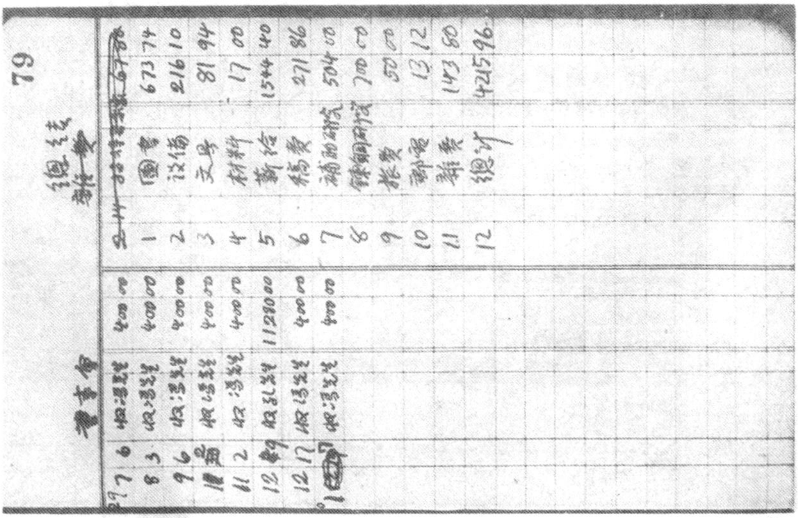

79

| 董事會 | | | | 總結 | | |
|---|---|---|---|---|---|---|
| 29 7 | 6 | 收湯先生 | 400.00 | | ~~[illegible]~~ | ~~67.80~~ |
| 8 | 3 | 收湯先生 | 400.00 | 1 | 圖書 | 673.74 |
| 9 | 6 | 收湯先生 | 400.00 | 2 | 設備 | 216.10 |
| 10 | [illegible] | 收湯先生 | 400.00 | 3 | 文具 | 81.94 |
| 11 | 2 | 收湯先生 | 400.00 | 4 | 材料 | 17.00 |
| 12 | [illegible] | 收孔先生 | 11280.00 | 5 | 薪給 | 1544.40 |
| 12 | 17 | 收湯先生 | 400.00 | 6 | 稿費 | 271.86 |
| 1 | [illegible] | 收湯先生 | 400.00 | 7 | 補助研究 | 504.00 |
| | | | | 8 | 鍊鋼研究 | 700.00 |
| | | | | 9 | 旅費 | 50.00 |
| | | | | 10 | 郵電 | 13.12 |
| | | | | 11 | 雜費 | 143.80 |
| | | | | 12 | 總計 | 4215.96 |

35－078

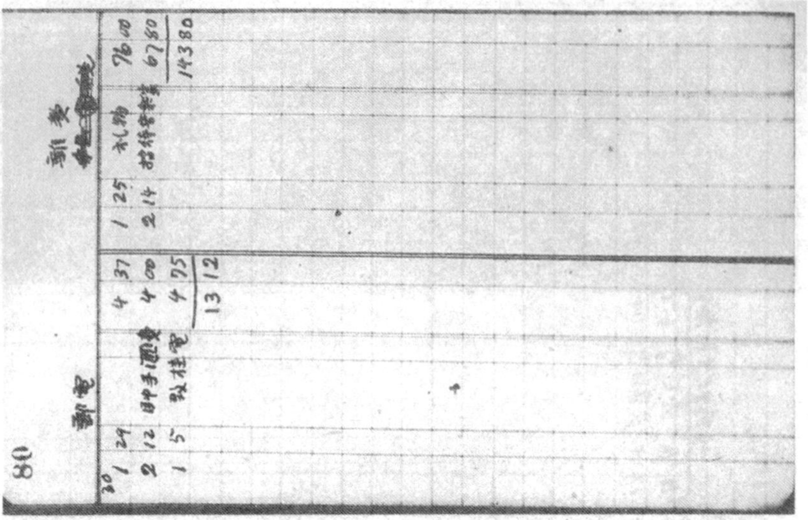

35-079

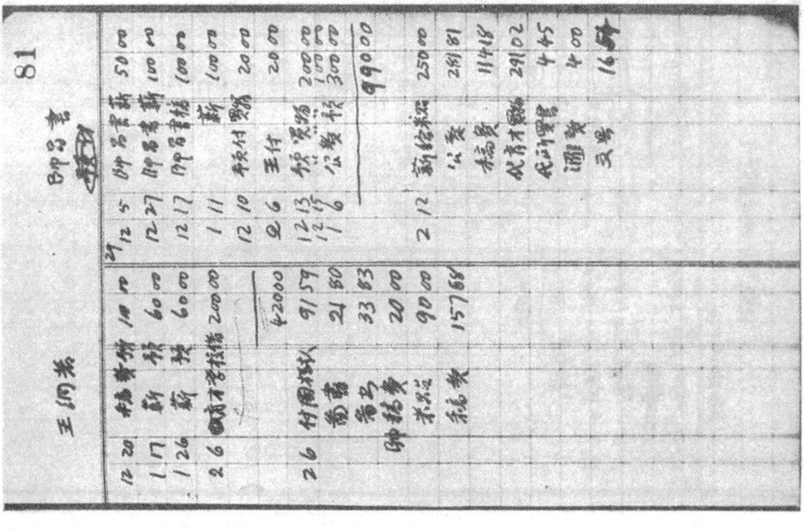

35-080

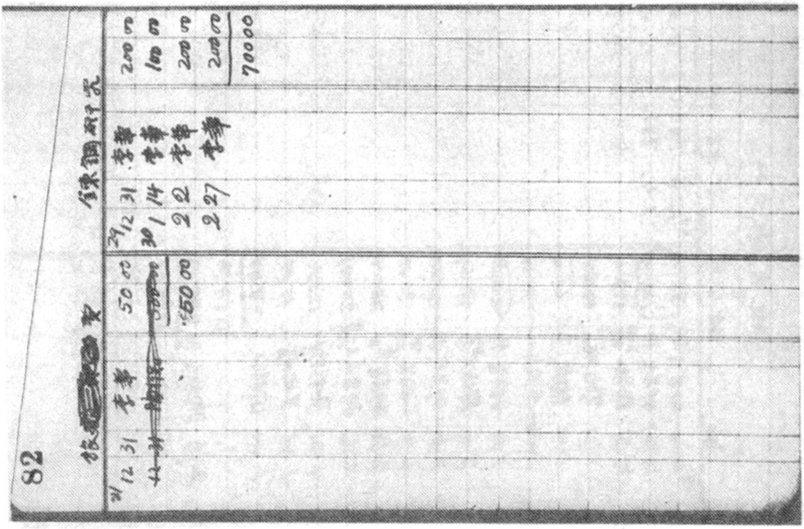

35-081

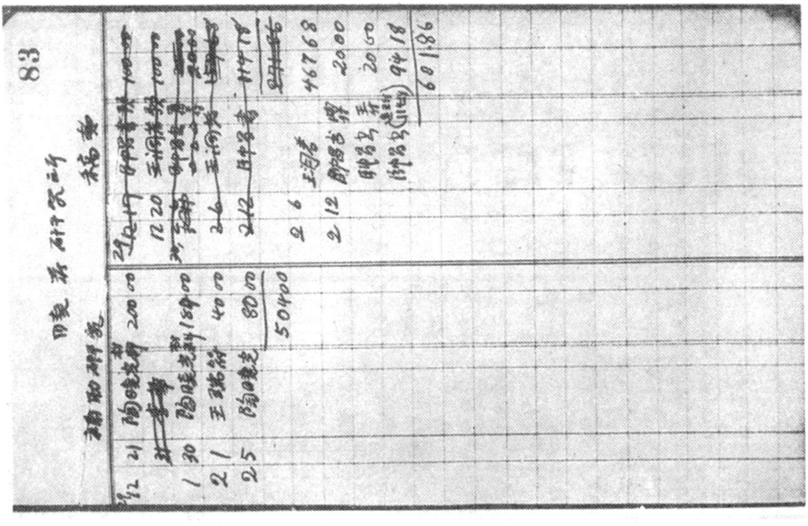

35-082

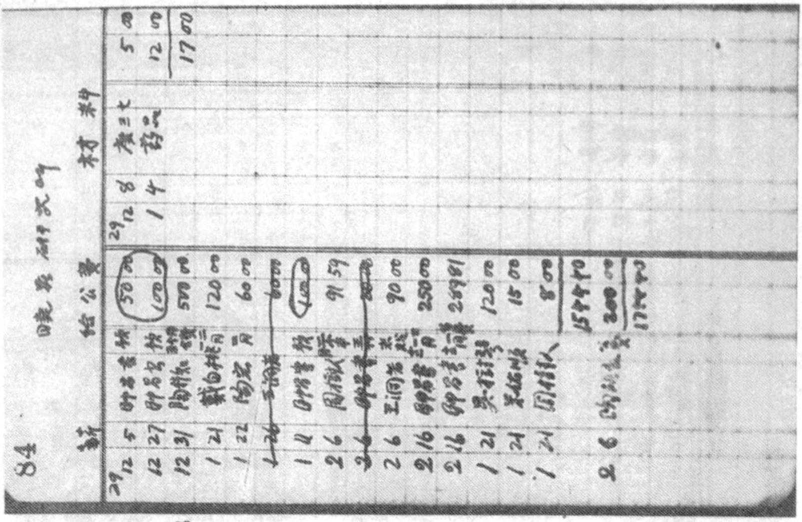


35-083

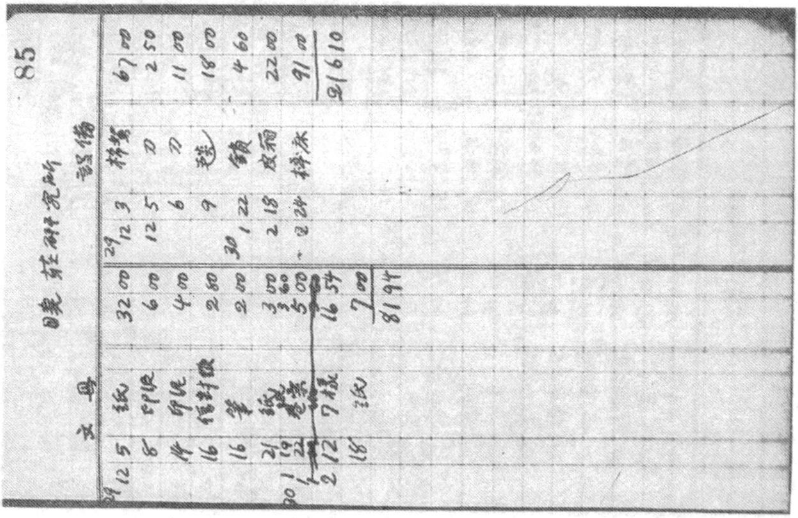


35-084

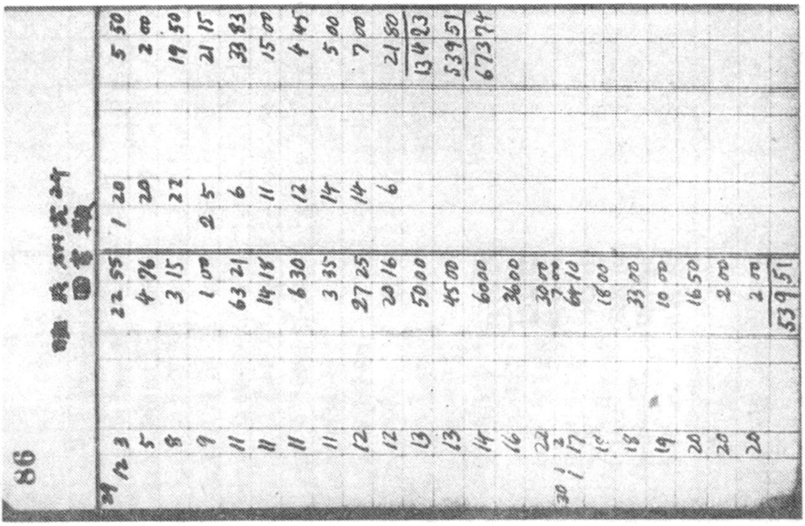


35-085

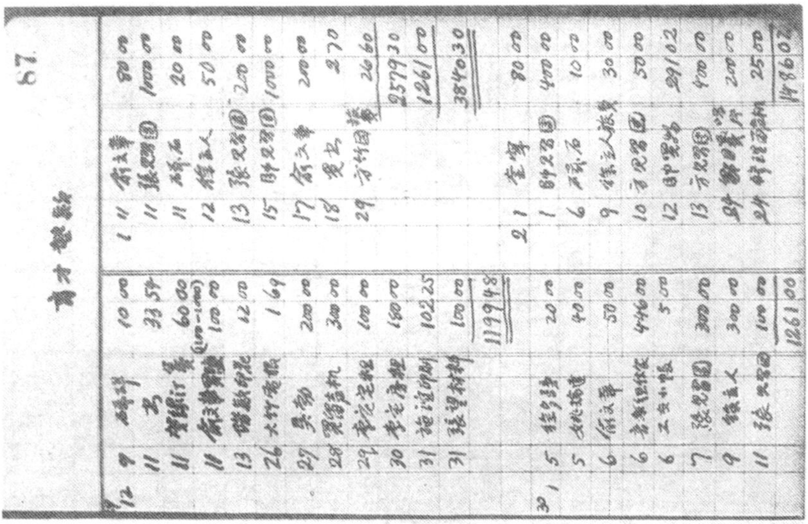


35-086

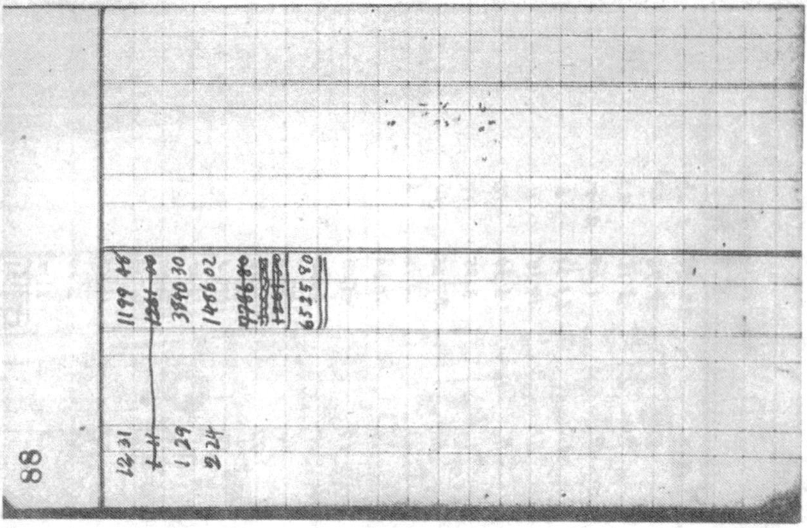

| | |
|---|---|
| 12 31 | 1199 46 |
| 1 11 | 1281 00 |
| 1 29 | 3840 30 |
| 2 24 | 1466 02 |
| | 7746 80 |
| | 6525 80 |

35－087

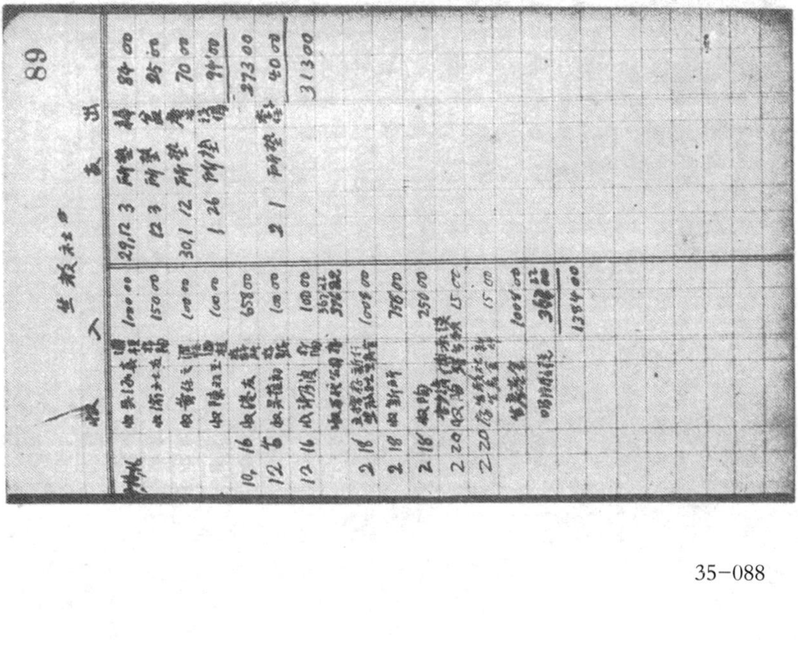

35－088

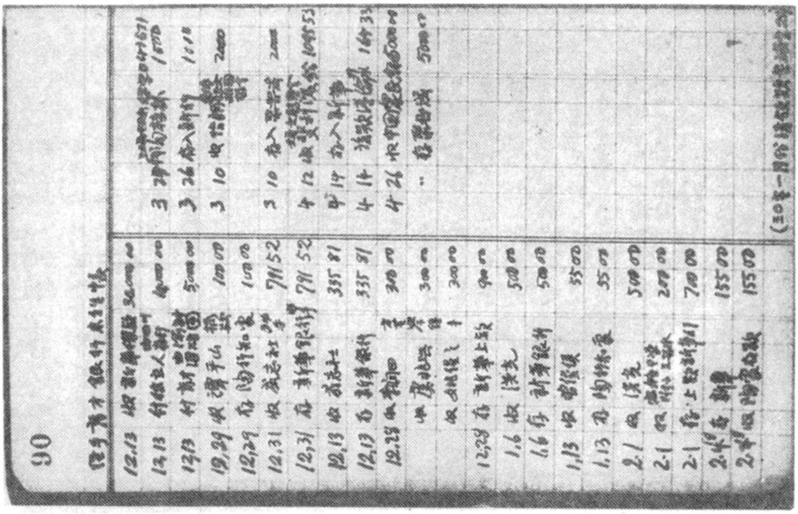

35-089

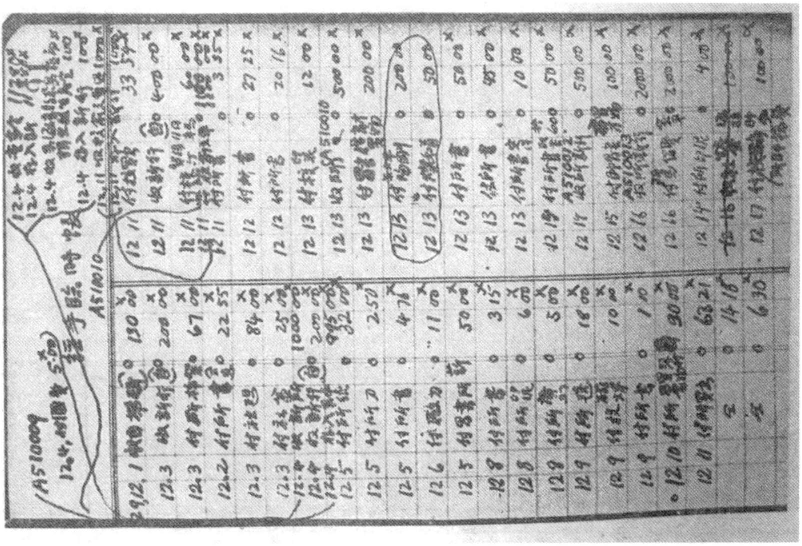

35-090

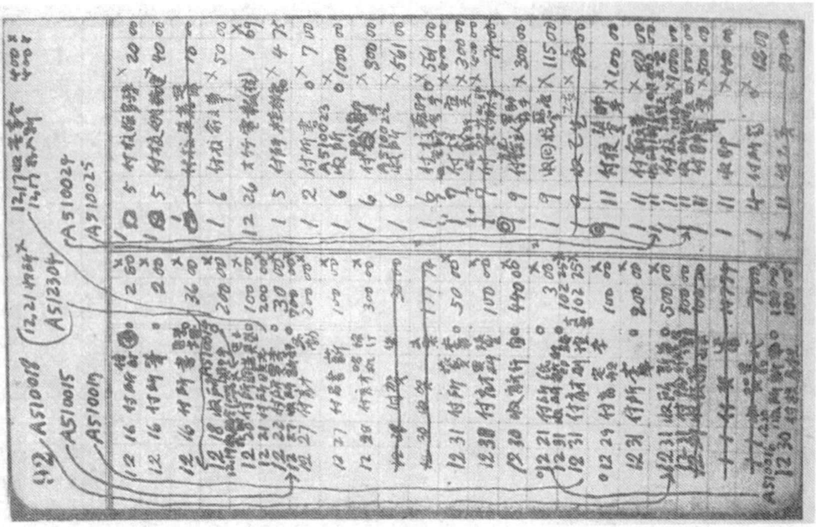

35-091

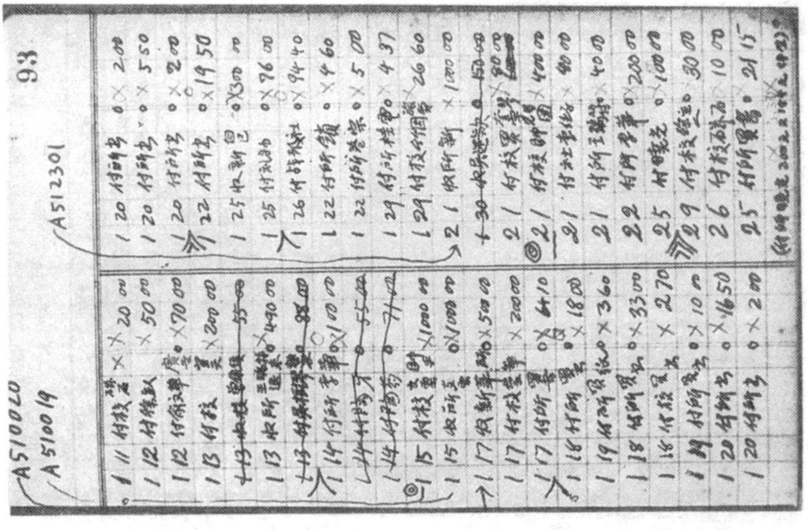

35-092

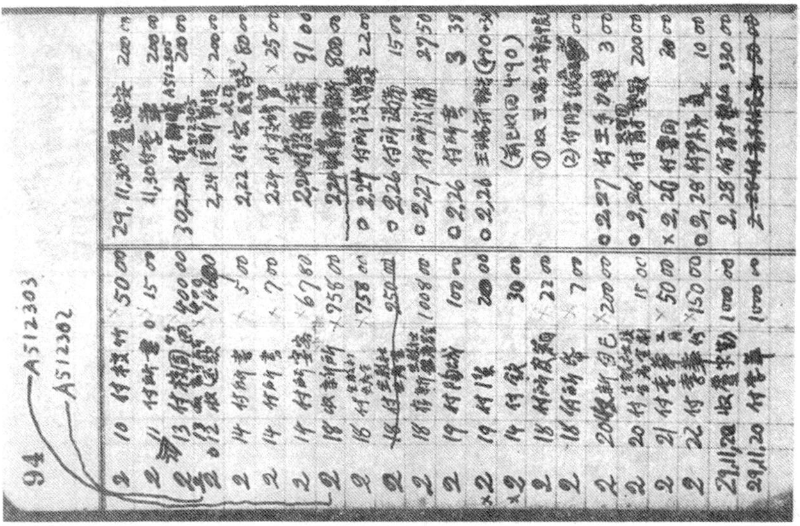

35-093

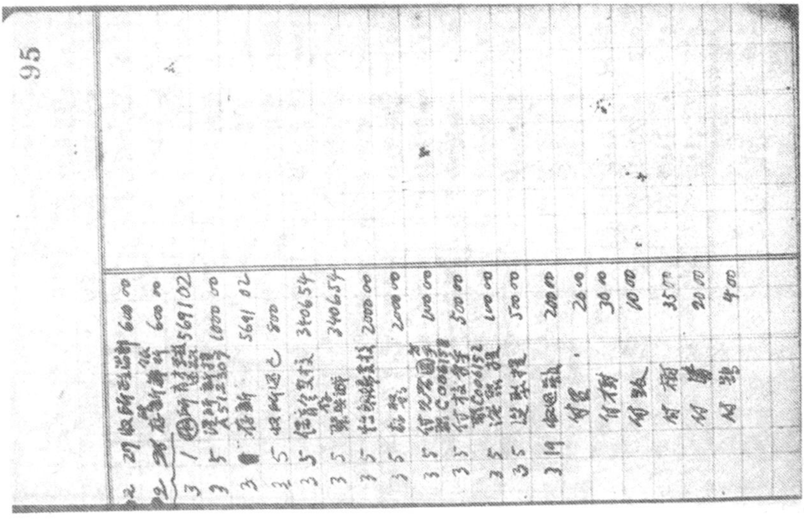

35-094

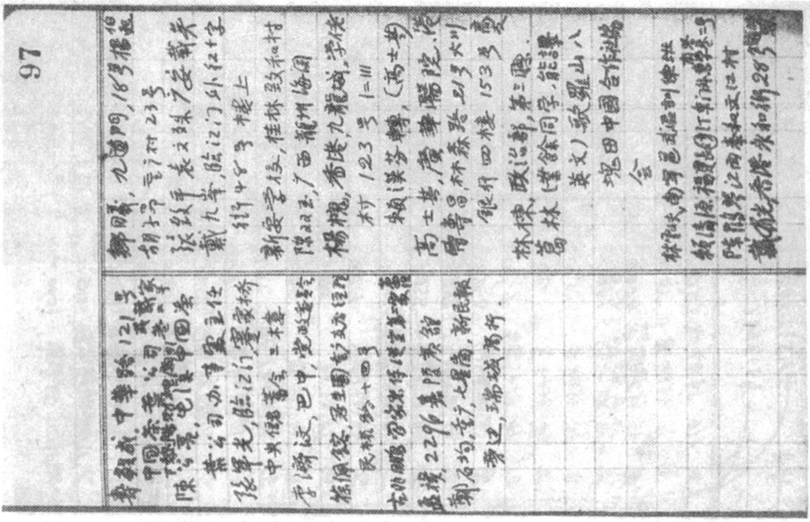

35-095

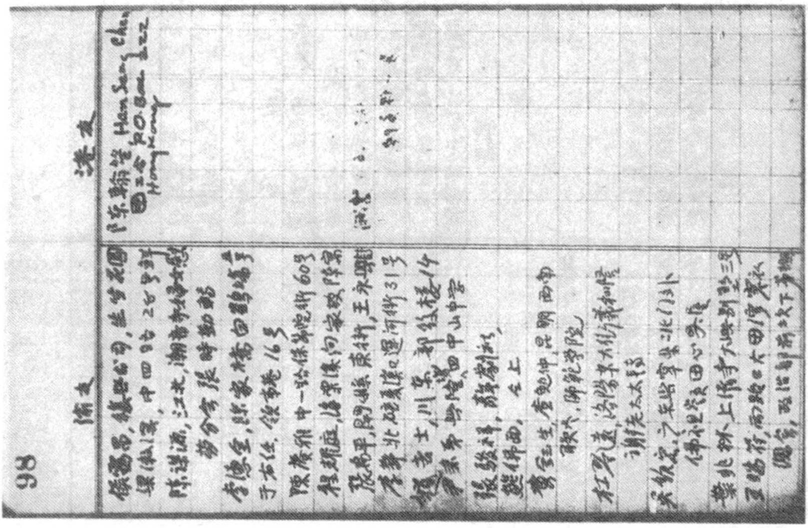

35-096

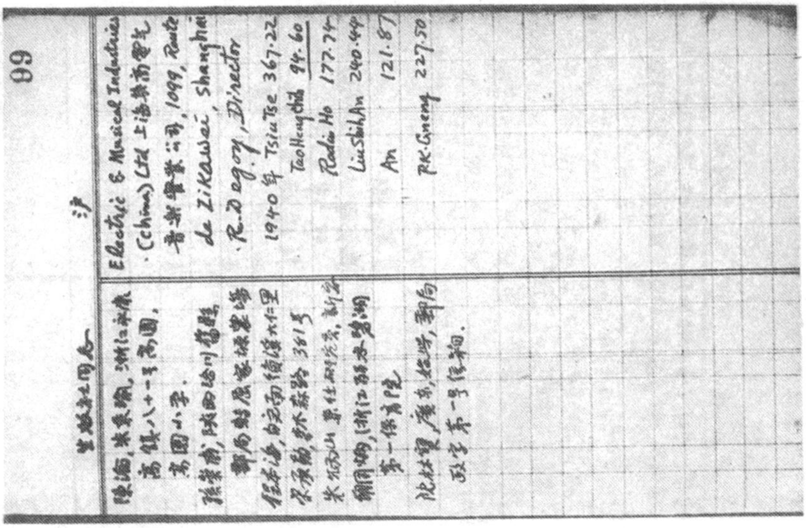

35-097

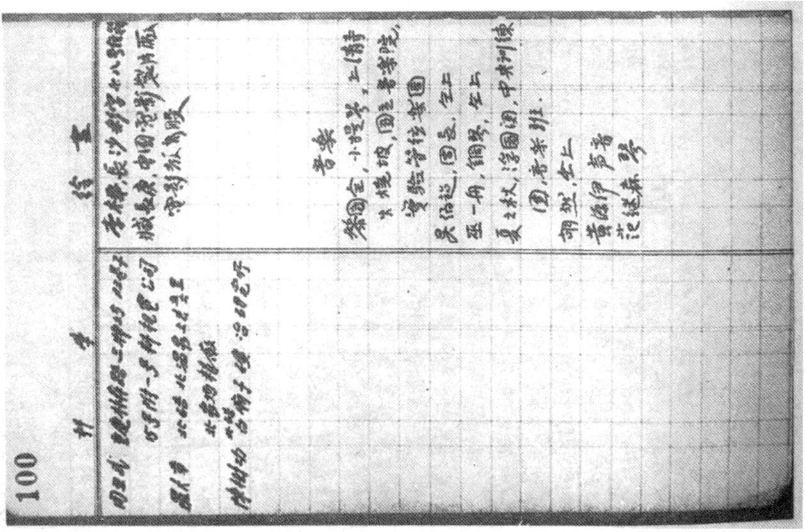

35-098

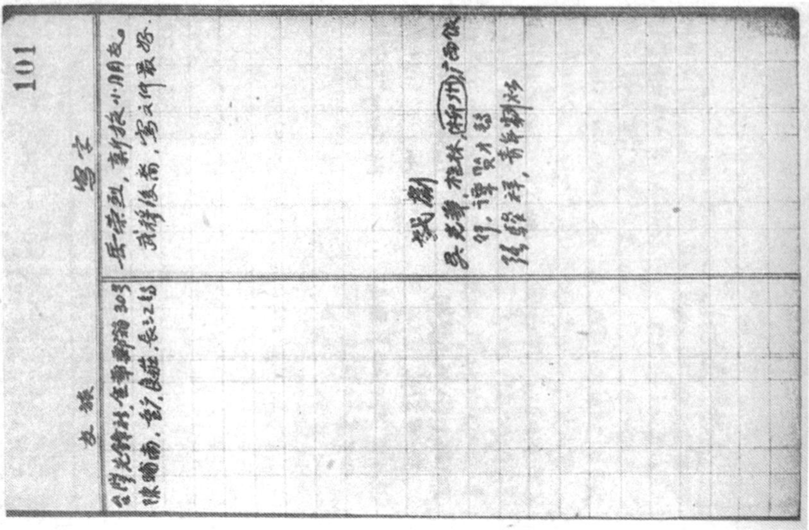

35-099

35-100

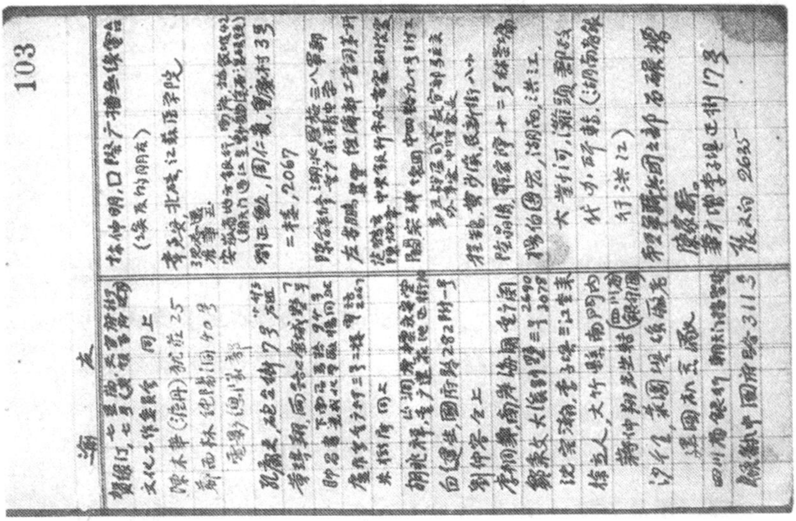

35-101

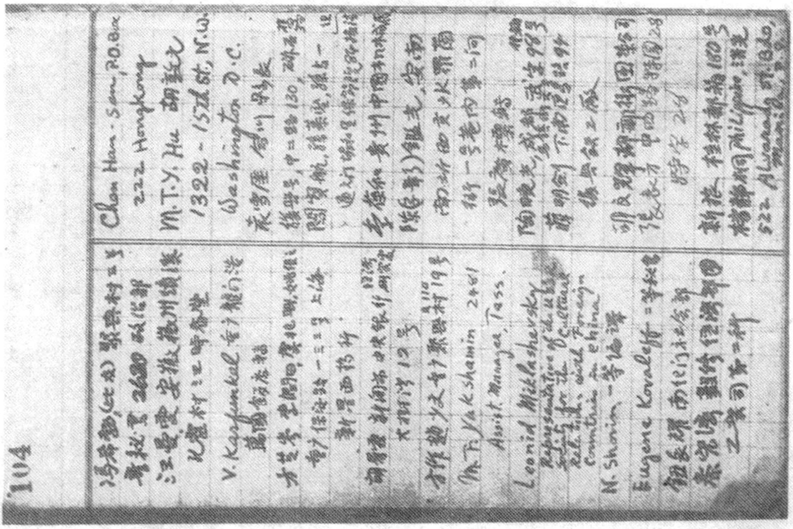

35-102

# 第三十五册〔注译〕

1940.11.6~1941.4.30

重庆·北碚

35—002

右列第2至3行外文为：费希贝恩著《治疗手册》

左列第12行“屠”指屠公博

35—003

右列第12行的外文为：N.K.克鲁普斯卡娅

第14至19行外文为：利奥·尼古拉耶维奇·托尔斯泰的《雅斯娜娅·波亚娜》，见苏联对外文协出版的《苏维埃评论》杂志 1939年3月

苏菲娅·安德烈耶夫娜·托尔斯泰娅

35—006

左列第12行外文为：《安娜·卡列尼娜》

第18至20行：“屠先生”指屠公博，“林先生”指林谷，“丁先生”指丁华（即帅昌书）

35—009

左列第15行外文为韦斯特法伦

第16行恩氏指恩格斯

右列倒数第5行中麻为麻柳坪（地名）

35—010

左列第9行外文为：牛津，俄亥俄州的迈阿密

右列第1至2行外文为：《无线电短波通信》

35—012

左列第5行外文：《无线电短波通信》

35—013

左列第2行“衡”指衡老，即沈钧儒

第12行“公朴”即李公朴，“雁冰”即茅盾

第14行盛指“盛”世才

右列倒数第3行的“焕”指冯玉祥

35—014

右列第16行的“聂永铮”为聂

荣臻

35—016

左列倒数第5行锡为锡矿

35—018

右列末行：中苏会即中苏文化协会

35—023

右列倒数第4行：买《莎士比亚全集》50元

35—024

右列第3行“邓先生”即邓少琴

第14行“帅”即帅昌书

35—026

右列第11行和倒数第4行外文：安娜·路易斯·斯特朗

第14行外文：王安娜

35—027

左列倒数第4行璀为陆璀；苏音指对苏联播音

右列倒数第3，4行外文为《治疗手册》

35—029

左列倒数第3行“求精”指重庆求精中学

右列倒数第4行“CCER”指中华经济研究社

35—030

左列第10至11行：丁良著《中国碑史》续集第273页

第14行外文为新闻

35—032

右列第2行“养秋”即徐养秋

35—033

右列第1行：“叶”即叶兆林

35—038

右列末第5行外文为三人名

35—039

右列第7行外文为卡芬克

35—047

左列倒数第2行外文为普希金

35—050

左列第3行“战教”为《战时教育》

35—054

左列第6至7行“沈陶邹史”为沈钧儒、陶行知、邹韬奋、史良

35—057

左列倒数第4行“桂社务”指桂林生活教育总社社务

35—061

左列第5行“金山”指美国旧金山

倒数第4行“毛”指毛泽东

右列第14行：3月18日　巫一舟

倒数第2行：15日　卫立煌

35—064

左列第6行“周董邓”即周恩来、董必武、邓颖超

35—072

右第4至5行外文为马尼拉地址

第11至18行：

廖勋结　温哥华

蒋绪烈　乐梅

加拿大多伦多地址

蒋北斗　古巴

孟禄　纽约

于峻吉　学校+社会

35—073

右列倒数第8行：

熊式一　英国地址

末2行：耿丽淑　纽约地址

35—096

右列陈翰笙　香港地址

35—097

右列第2至6行：上海英商电气音乐实业公司　上海地址　R.德格伊　董事

35—102

左列第5行外文为人名

第13至21行：M.F.Yakshamin　塔斯社副经理

利奥尼达·米克拉谢夫斯基　苏联对外文化关系协会驻华代表

余为两人名

右列第1至5行：陈翰笙　香港地址

胡敦元华盛顿地址

末2行：马尼拉地址

# 衡備忘

第三十六册

1941.5.1~1941.6.9

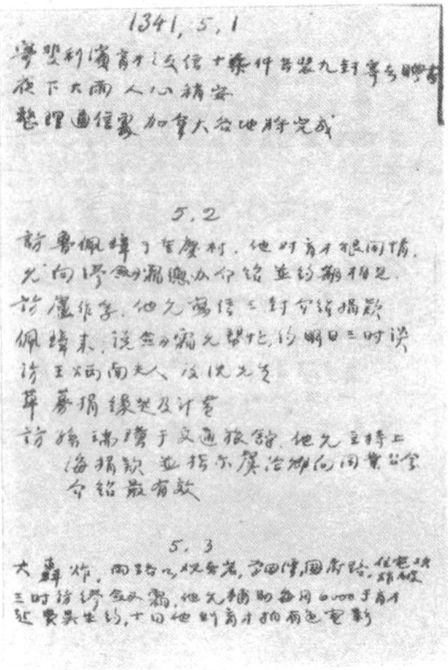

1341, 5, 1

[illegible]育才[illegible]信[illegible]九封[illegible]

夜下大雨 人心稍安

整理通信录 加拿大各地将完成

5.2

访[illegible]佩峰于[illegible]村，他对育才很同情，允向缪剑儒[illegible]介绍 并约[illegible]

访[illegible]，他允写信三封介绍捐款

佩峰来，谈缪剑儒允帮忙，约明日三时谈

访王炳南夫人，及沈先生

草募捐缘起及计画

访徐[illegible]于交通旅馆，他允主持上海捐款 并指示[illegible]向同业公会介绍最有效

5.3

大轰炸，两路口、[illegible]、国府路、[illegible]被炸

三时访缪剑儒，他允补助每月6000于育才[illegible]

36-001

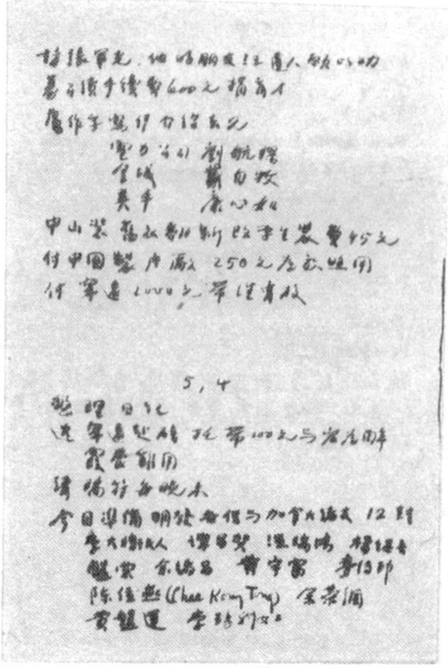

访张[illegible]，他[illegible]

募[illegible]600元 捐育才

[illegible]

[illegible] 刘航琛

[illegible]

[illegible] 康心如

中山装[illegible]学生装费45元

付中国[illegible] 250元[illegible]

付[illegible] 1000元[illegible]

5, 4

整理日记

送[illegible] 100元与[illegible]

[illegible]

[illegible]晚来

今日准备明[illegible]信与加拿大[illegible] 12封

[illegible]

陈[illegible](Chan Kong Ting) [illegible]

[illegible]

36-002

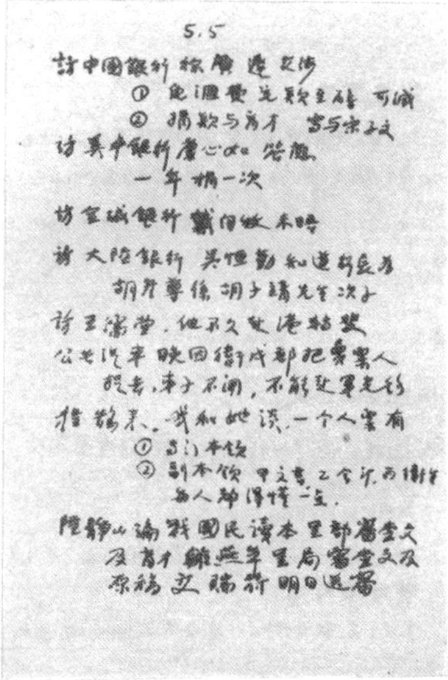

5.5

访中国银行 徐[illegible] 交涉

① 免汇费 [illegible] 可减

② 捐款与育才 写与宋子文

访美丰银行 康心如 答应

一年捐一次

访金城银行 戴自牧 未晤

访大陆银行 [illegible]

[illegible]

访王[illegible]，她不久赴港结婚

公共汽车[illegible]

[illegible]，[illegible]不通，不能[illegible]

[illegible]来，我和她谈，一个人需有

① 专门本领

② 副本领 [illegible]

每人都得懂一点。

[illegible]国民读本[illegible]审查文

及育才[illegible]审查文及

原稿交[illegible]明日送審

36-003

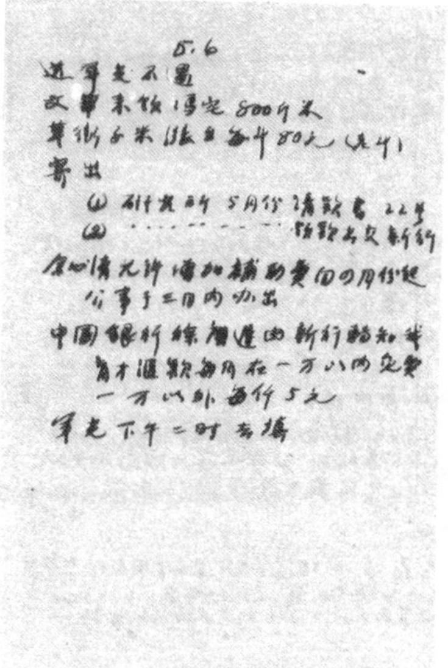

5.6

[illegible]

[illegible] 800斤米

[illegible]每斗80元（[illegible]）

[illegible]

(1) [illegible] 5月份请款书 [illegible]

(2) [illegible]

[illegible]增加补助费[illegible]四月份起

[illegible]

中国银行徐[illegible]函[illegible]知我

育才汇款每月在一万以内免费

一万以外每仟5元

[illegible]下午二时[illegible]

36-004

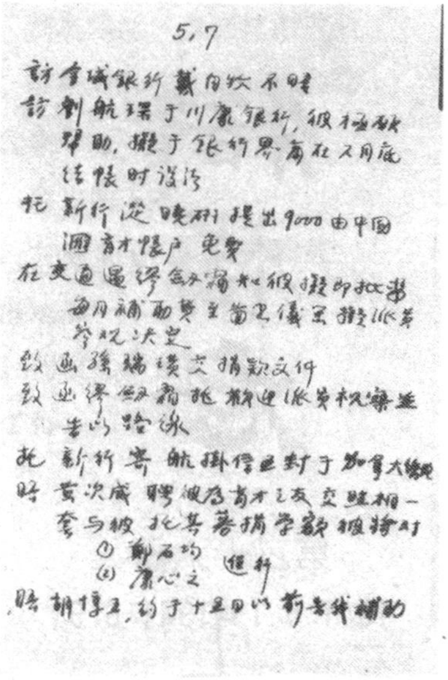

36—005

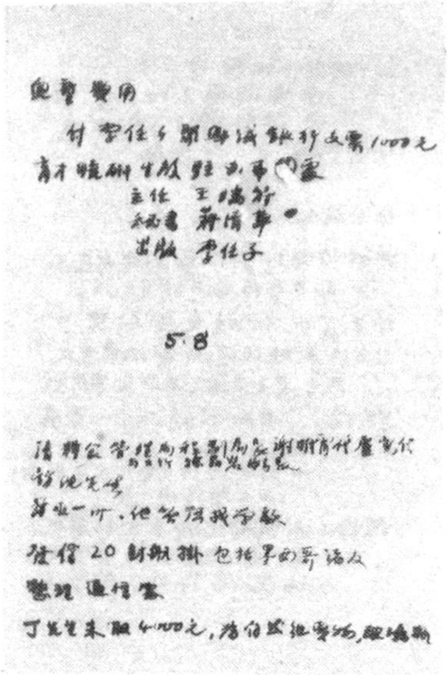

36—006

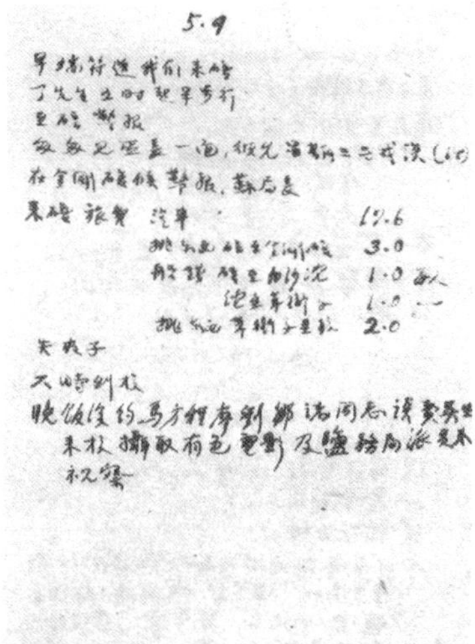

36—007

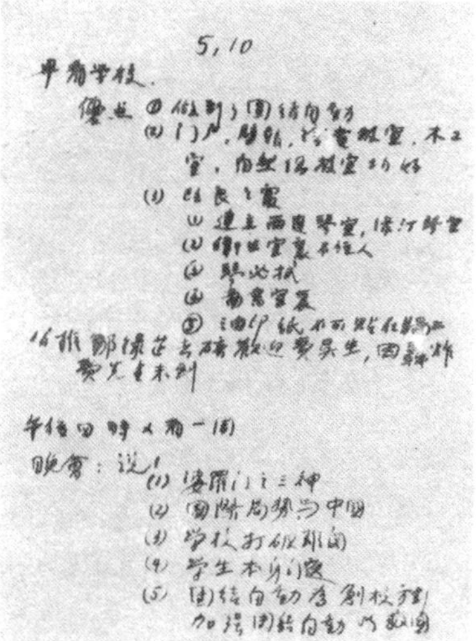

36—008

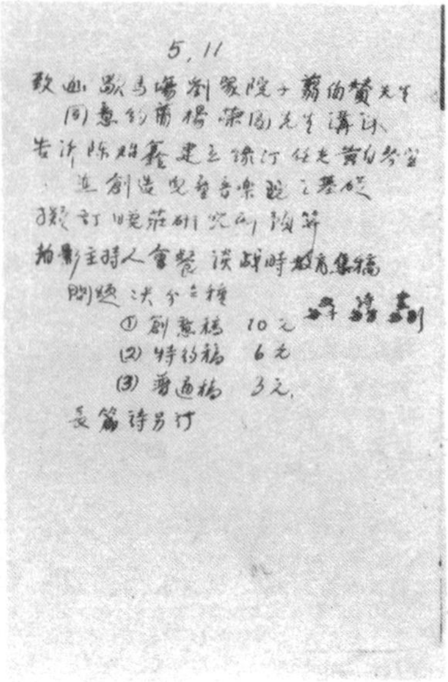
5,11
① 创意稿 10元
② 特约稿 6元
③ 普通稿 3元
长篇诗另订

36-009

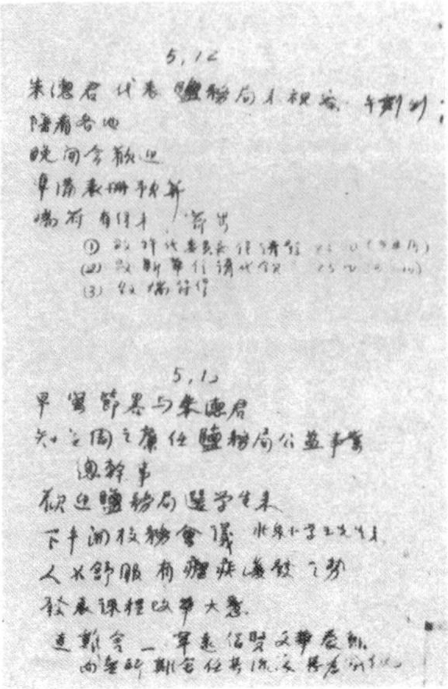
5,12
5,13
欢迎盐务局选学生来
下午开校务会议

36-010

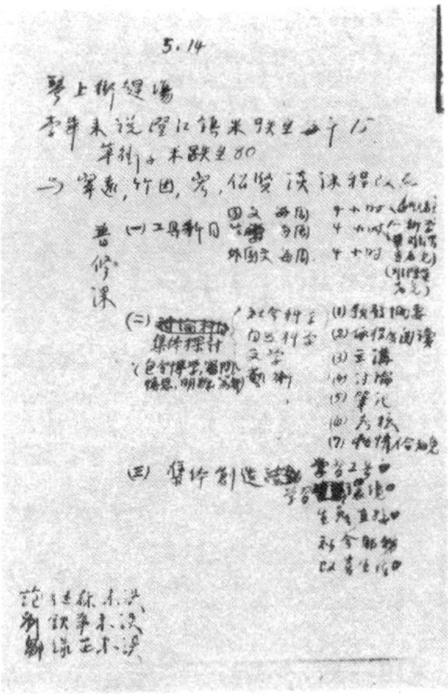
5,14

36-011

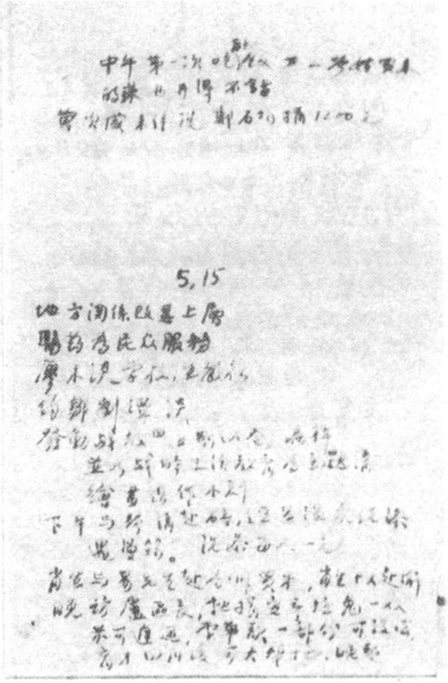
5,15
医药为民众服务

36-012

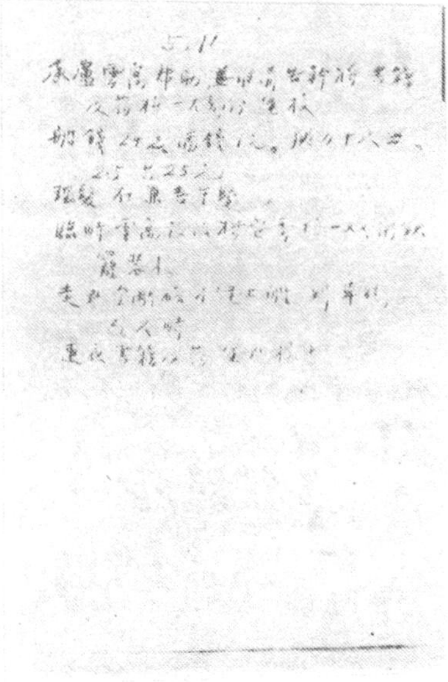

36-013

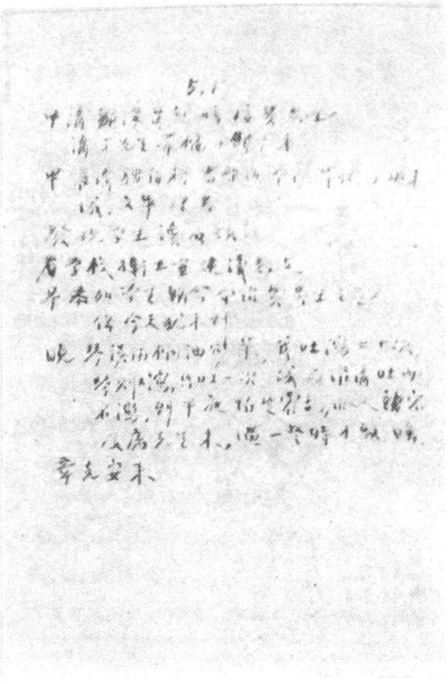

36-014

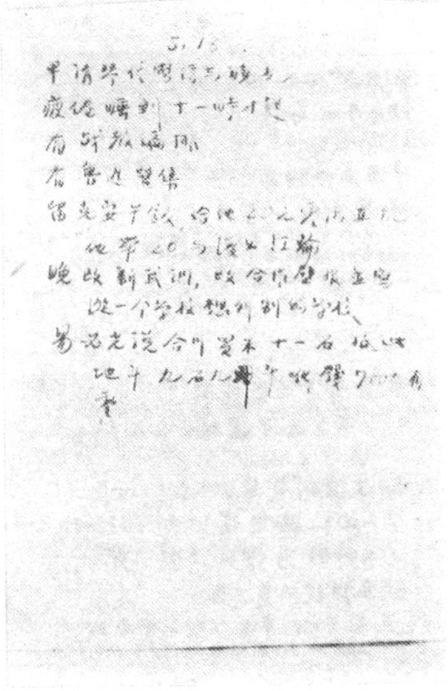

36-015

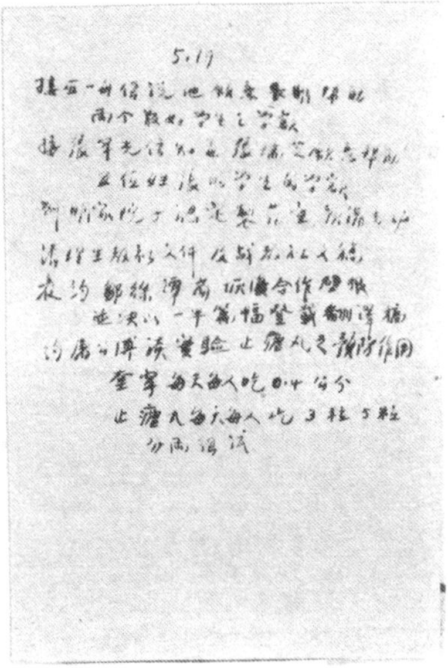

36-016

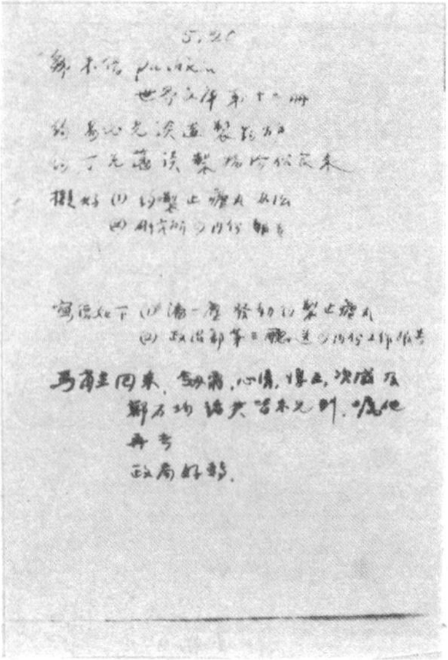
5.20

36-017

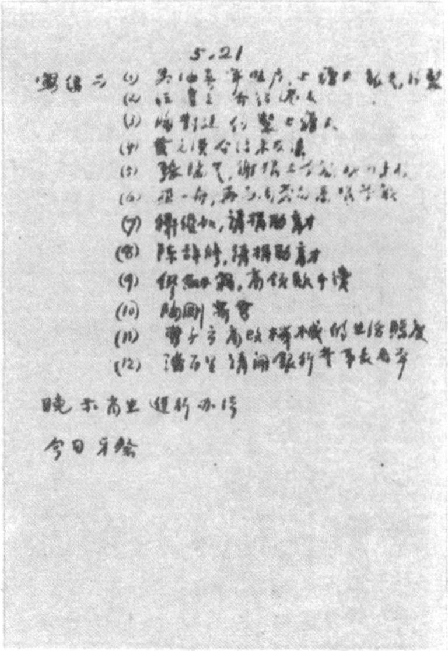
5.21

36-018

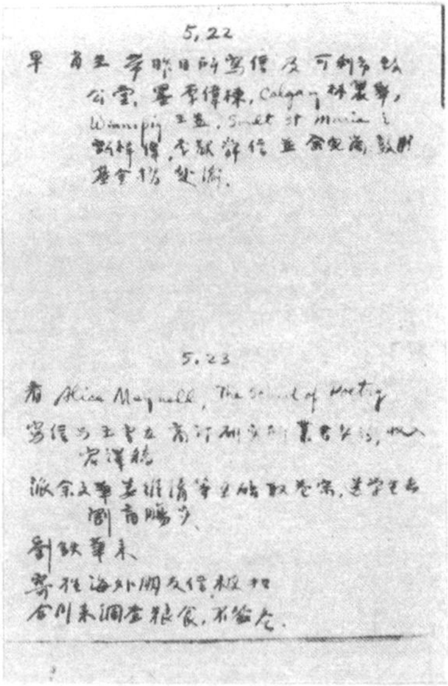
5.22

5.23

36-019

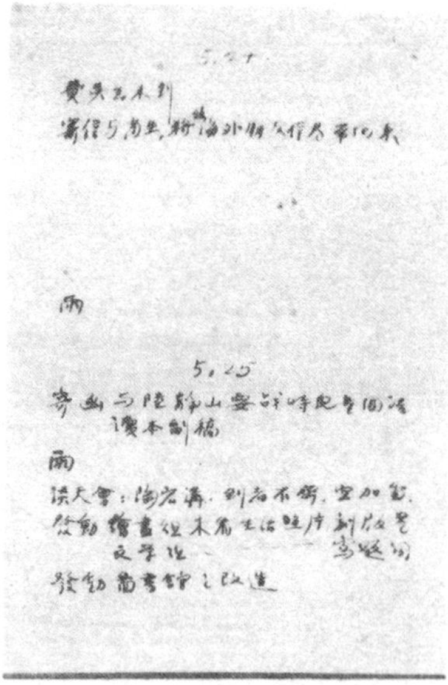
5.25

36-020

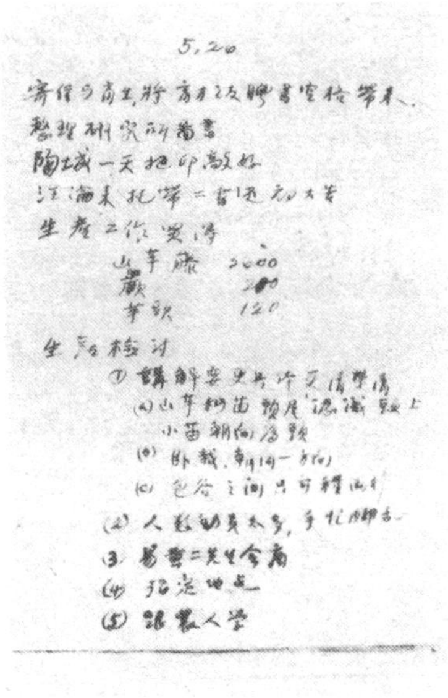

36-021

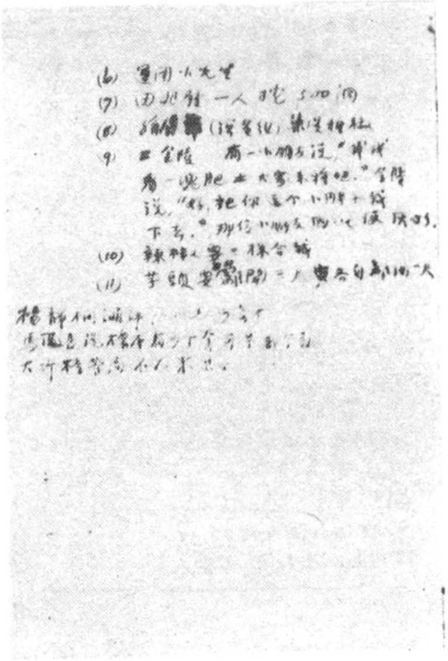

36-022

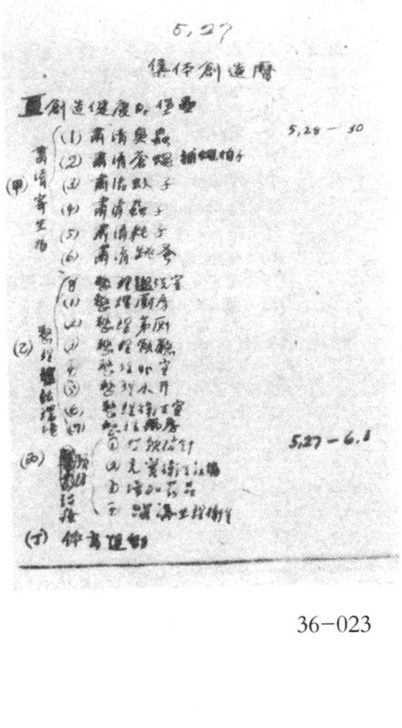

36-023

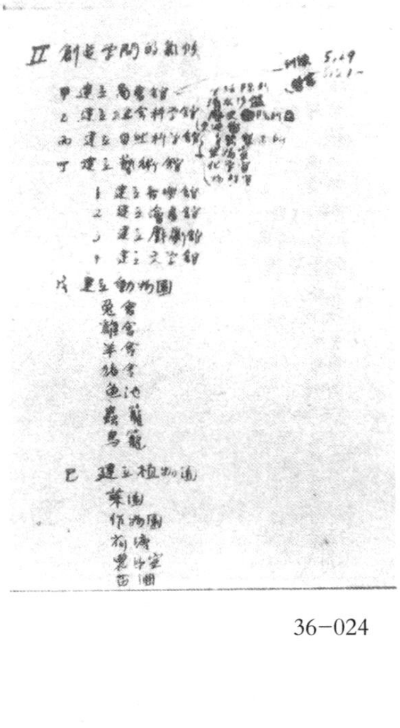

36-024

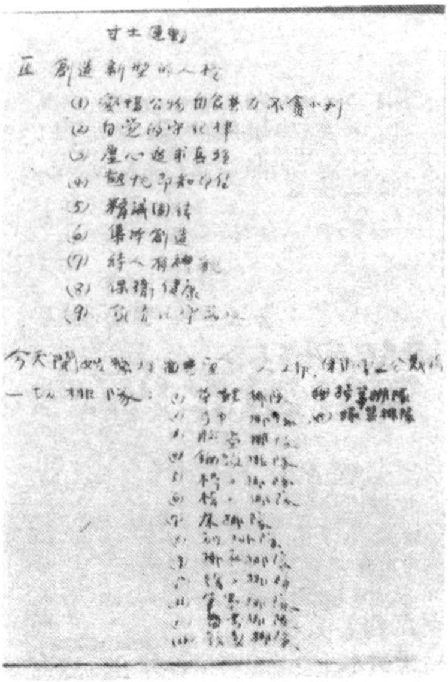


36-025

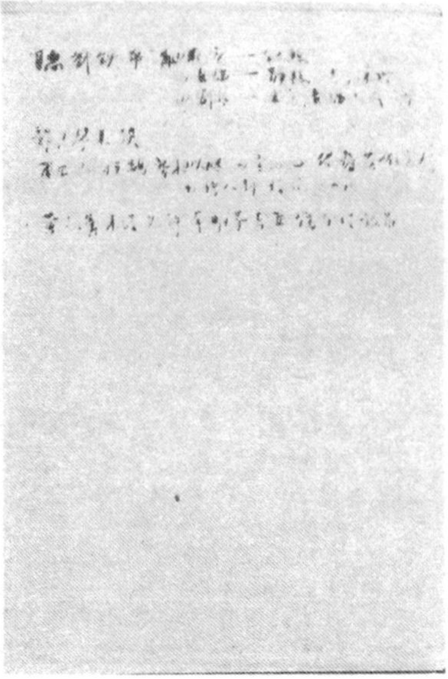

36-026

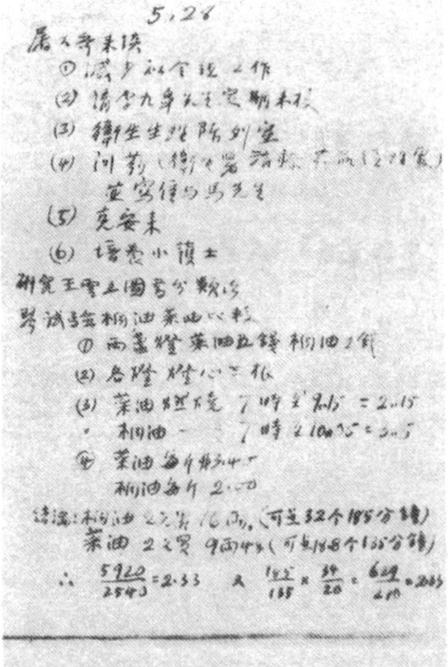


36-027

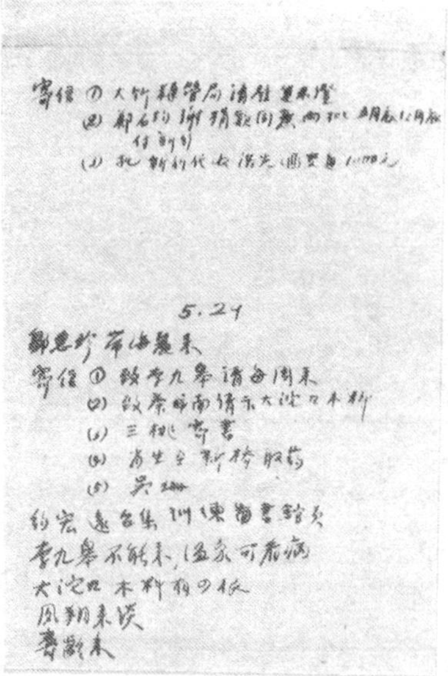


36-028

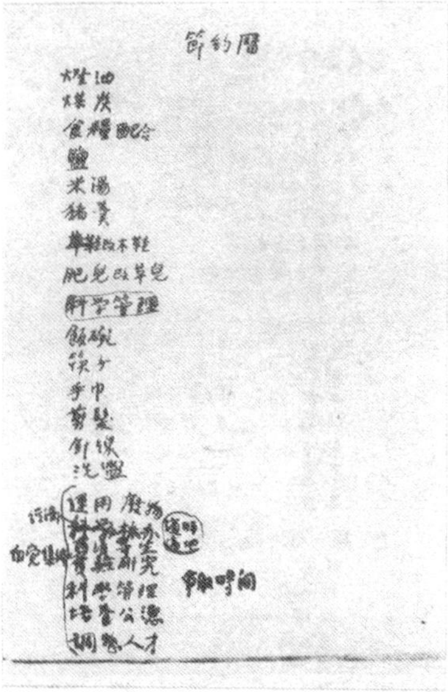

節約曆

燈油
煤炭
食糧配給
鹽
米湯
豬羹
草鞋與木鞋
肥皂與草皂
科學管理
飯碗
筷子
手巾
剪髮
針線
洗盥
運用廢物
[illegible]
科學管理
培養公德
調整人才
節約時間

36-029

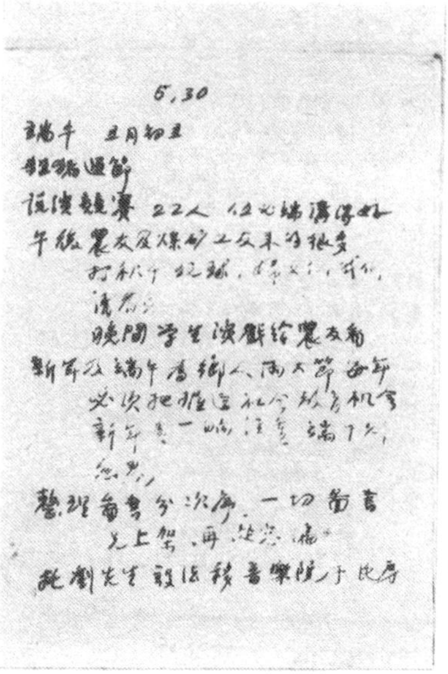

5.30

端午 五月初五
[illegible]
演講競賽 22人 [illegible]
[illegible]
晚間學生演戲給農友看
[illegible]
整理圖書分次序 一切圖書
先上架 再[illegible]

36-030

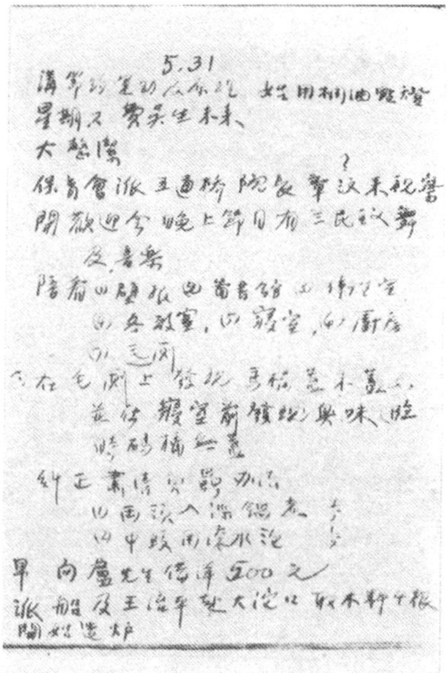

5.31

[illegible]
大整潔
保育會派王道揚院長[illegible]
閉歡迎會晚上節目有三民主義舞
及音樂
[illegible]
[illegible]
早 向盧先生借洋 500 元
[illegible]

36-031

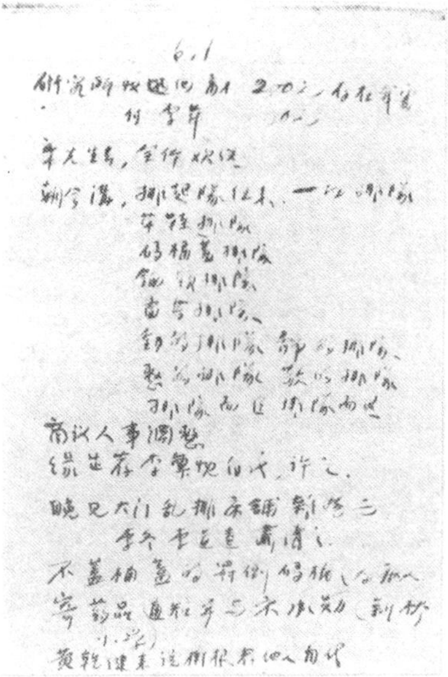

6.1

[illegible]
商議人事調整
[illegible]

36-032

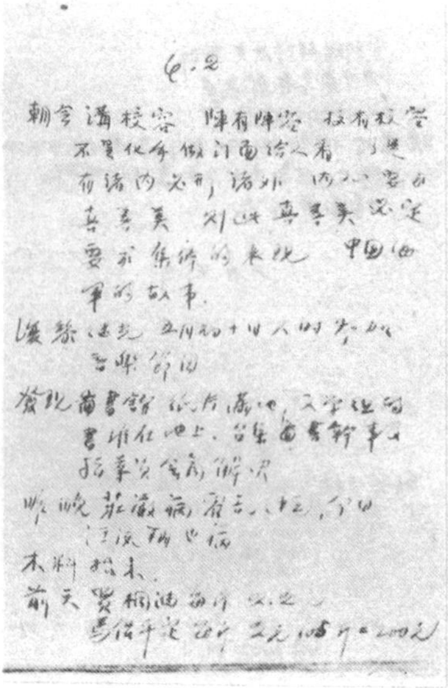
6.2

朝会讲校容 师有师容 校有校容
不要化妆做门面给人看 [illegible]
有诸内必形诸外 内心要有
真善美 对此真善美必定
要求集体的表现 中国的
军的故事.
[illegible] 五月初十日八时 参加
[illegible]
发现图书馆 [illegible] 文学组的
书堆在地上 [illegible] 图书馆事
[illegible] 解决
昨晚 [illegible] 病 [illegible]
[illegible] 病
木料 [illegible]
前天买桐油每斤 [illegible]
[illegible]

36-033

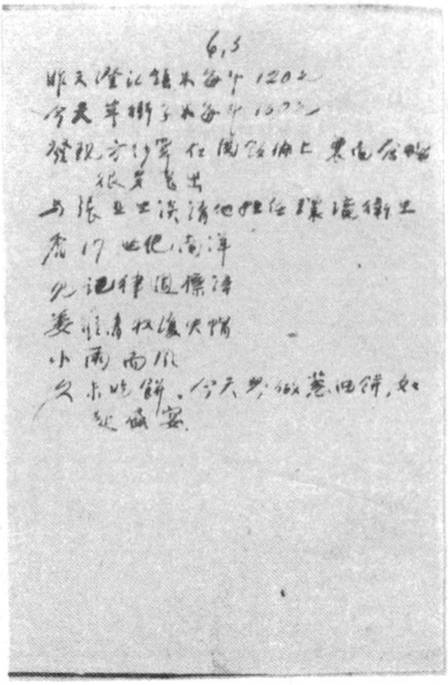
6.5

昨天澄江镇米每斗120元
今天草街子米每斗107元
发现方竹寄在阅报处上 [illegible]
[illegible]
与张 [illegible] 谈请他担任环境卫生
[illegible] 17世纪海洋
[illegible] 纪律 [illegible]
[illegible]
小雨南风
久未吃饼，今天要做葱油饼，如 [illegible] 安.

36-034

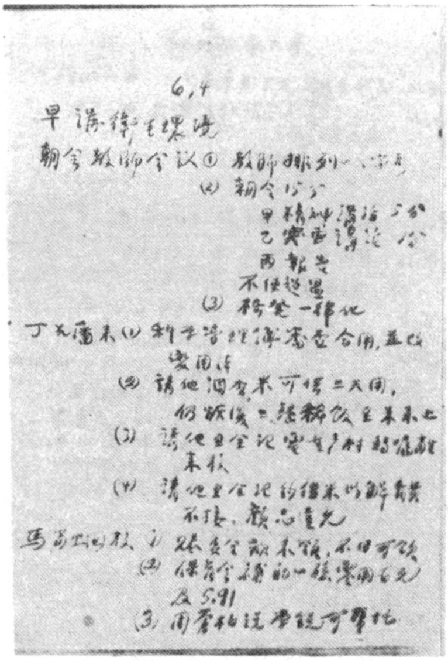
6.4

早讲卫生环境
朝会教师会议 ① 教师排列 [illegible]
② 朝会15分
甲 精神讲话 5分
乙 [illegible] 讲话 [illegible] 分
丙 报告
不使延长
③ [illegible] 一律化
丁 [illegible] (1) [illegible] 合用 [illegible]
[illegible]
(2) 请他 [illegible]
[illegible]
(3) 请他 [illegible]
[illegible]
(4) 请他 [illegible]
[illegible]
马 [illegible] 校 (1) [illegible]
(2) [illegible]
及5.91
(3) [illegible]

36-035

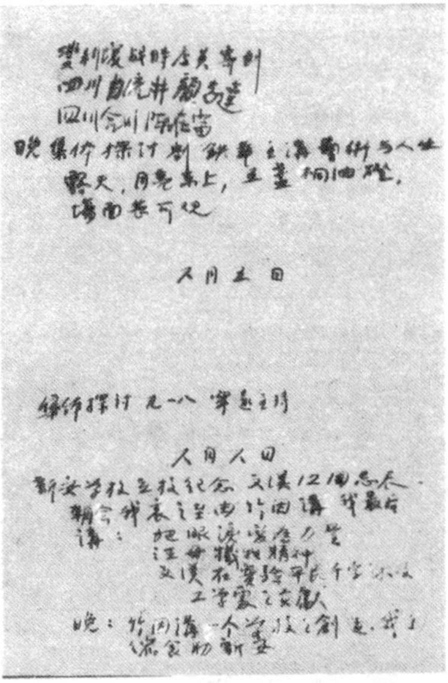
[illegible]
四川自流井 [illegible]
四川合川 [illegible]
晚集体探讨 [illegible]
[illegible] 月亮东上 [illegible]
[illegible]

六月五日

[illegible] 探讨 九一八 [illegible] 主持

六月六日
新安学校立校纪念 [illegible] 12周 [illegible]
朝会 [illegible] 讲 [illegible]
讲： [illegible]
[illegible]
[illegible]
[illegible]
晚：[illegible] 讲一个学校之创造 [illegible]
[illegible]

36-036

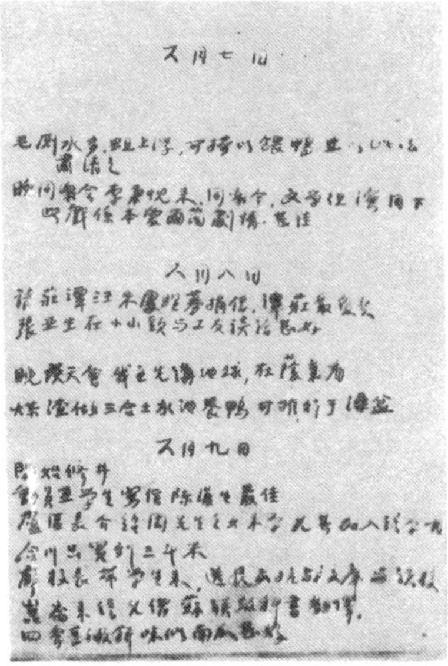

36-037

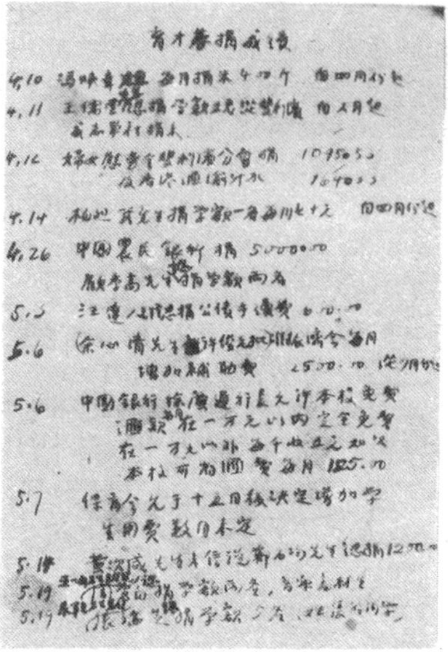

育才募捐成绩

36-038

36-039

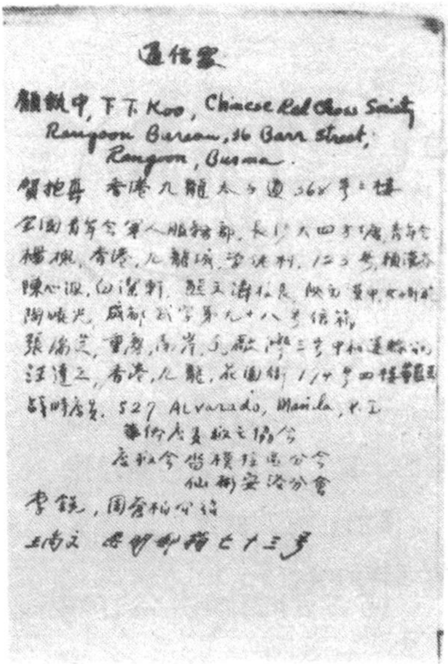

通信处

顾执中, T. T. Koo, Chinese Red Cross Society Rangoon Bureau, 36 Barr street, Rangoon, Burma.

36-040

# 第三十六册〔注译〕

1941.5.1~1941.6.9

重庆·北碚

36—002

第5，6行“金城、美丰”均为银行

第9行“育校”指育才学校

36—003

第10行“赴港转斐”意为赴香港转菲律宾

36—013

第6行“兼善”为饭馆名

第7行“安哥拉系”指安哥拉兔

36—017

第2行外文为普希金

36—019

第3至4行：墨西哥的李伟栋，卡尔加里的林寰举，温尼伯的王盖，圣马力诺的甄祥伟

第8行：看艾丽丝·门诺尔的《诗的学校》

36—037

第9行“谈天会”指谈天文学的会

36—040

第2至4行外文为：中国红十字会仰光办事处及地址

第12行外文为马尼拉地址

# 衛備忘

第 三 十 七 册

1941.6.10~1941.7.31

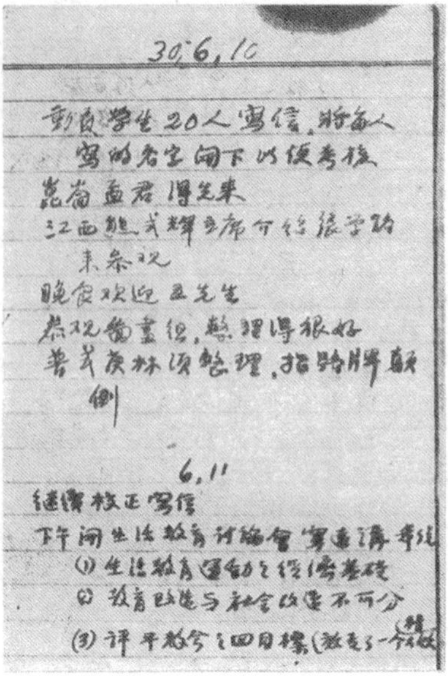
30.6.10
动员学生20人写信，将每人
写的名字开下以便考核
崑崙孟君谋先生来
晚餐欢迎孟先生
6.11
继续校正写信
(1) 生活教育运动之经济基础
(2) 教育改造与社会改造不可分

37-001

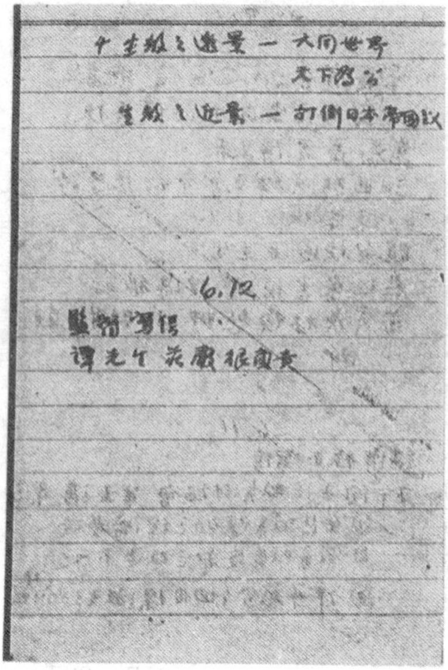
生教之远景——大同世界
天下为公
生教之近景——打倒日本帝国主义
6.12
监督写信

37-002

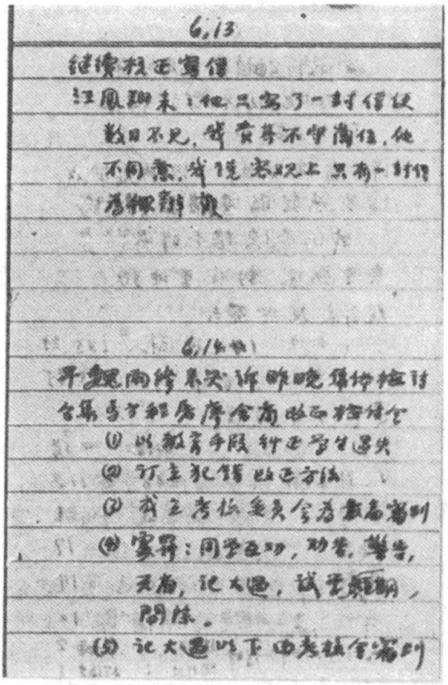
6.13
继续校正写信
6.14

37-003

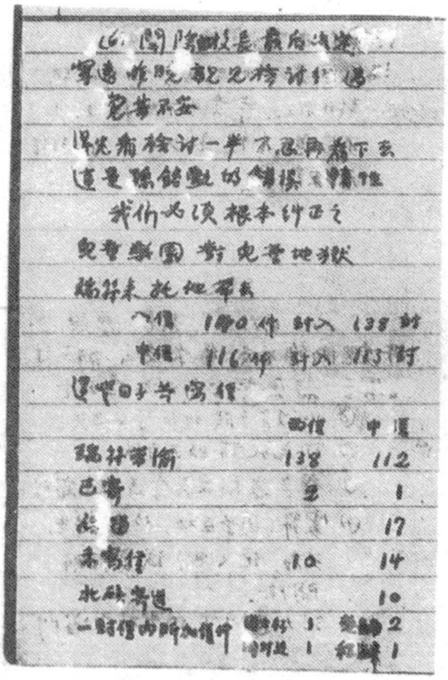

37-004

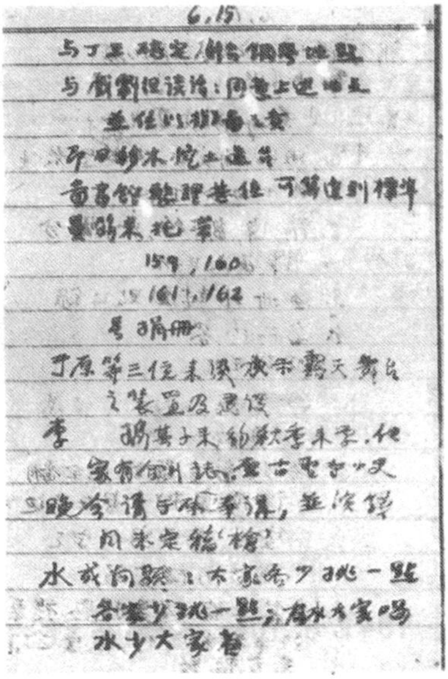


37-005

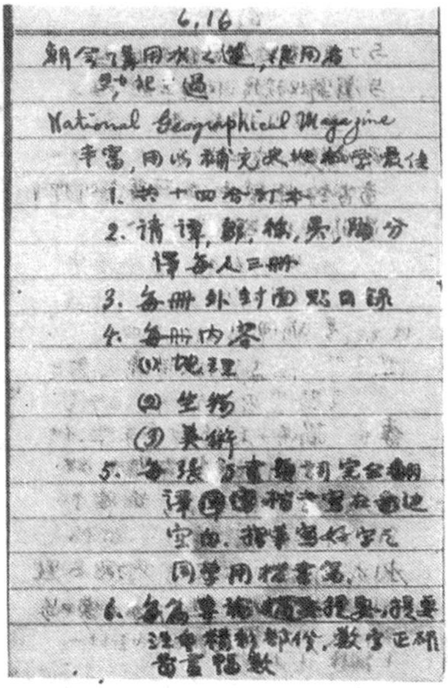


37-006

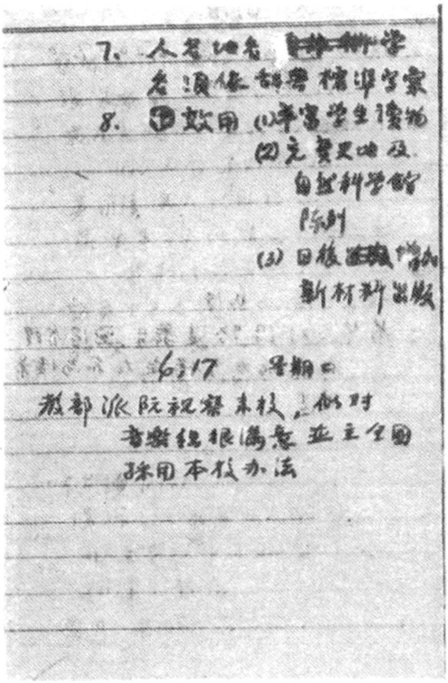


37-007

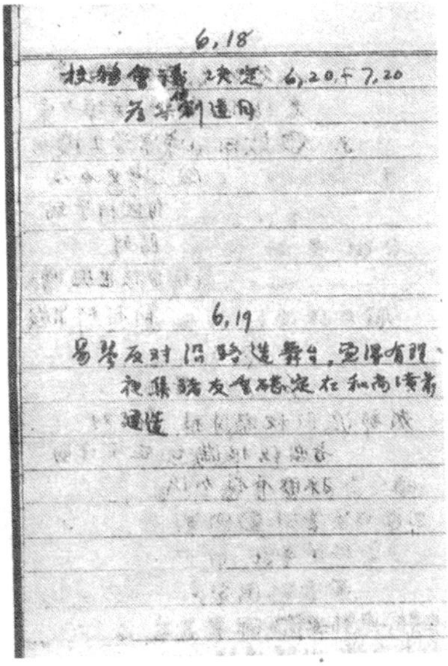


37-008

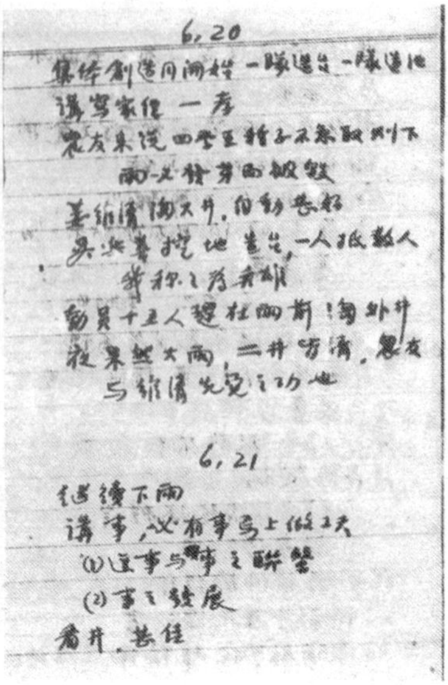

37-009

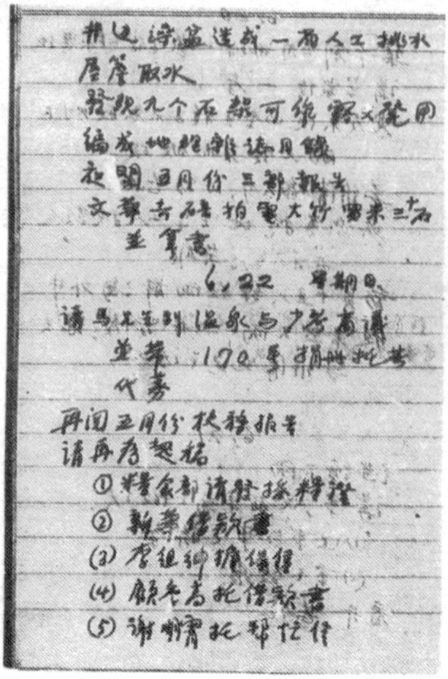

37-010

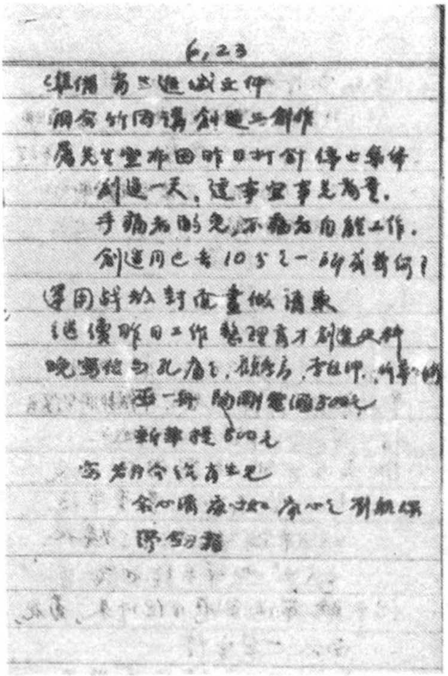

37-011

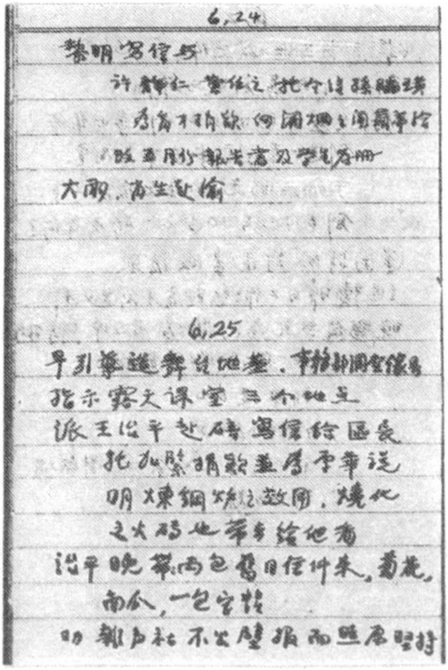

37-012

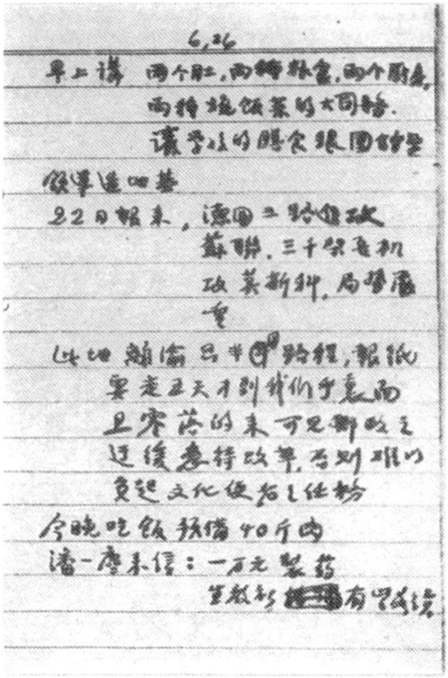
6.26
早上讲 两个肚，两种伙食，两个厨房，两种膳食费的大问题。
讲学以后膳食很困难
领单送四份
22日报来，德国三路进攻苏联，三千架飞机攻英新加坡，局势严重
此地离衡阳半日路程，报纸要走五天才到我们手里，而且寥落的来，可见乡政之迁缓，急待改革，否则难以负起文化使者之任务
今晚吃饭预备40斤肉
潘一尘来信：一万元 装药
笔敌好 [redacted] 有空谈

37－013

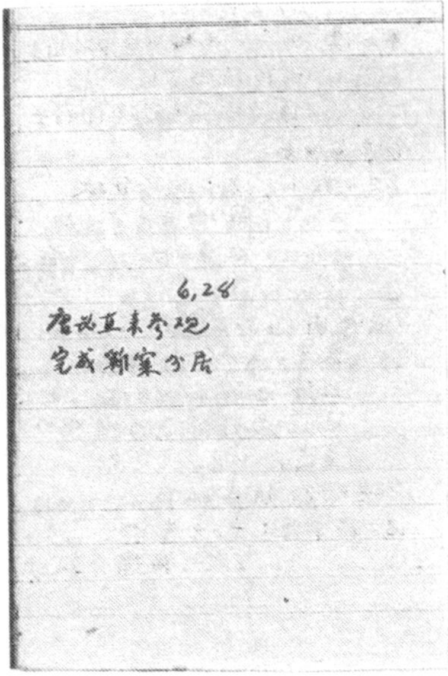
6.28
唐汝直来参观
完成郑案分居

37－014

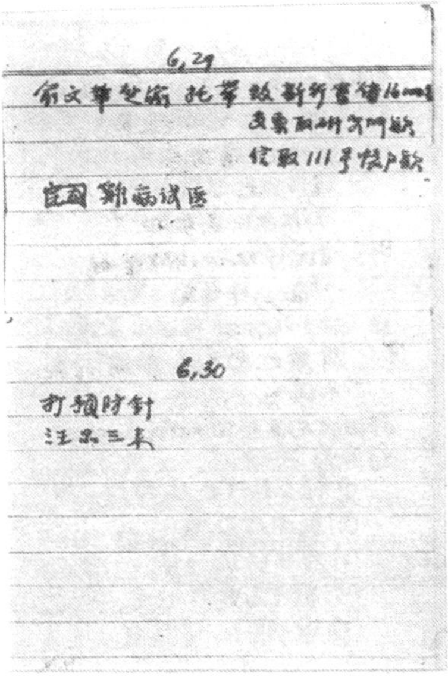
6.29
前文华艺术 托华致新华书店16000元
交东南研究所作款
任取111号帐户款
宜园 郑商试医
6.30
打预防针
汪照三来

37－015

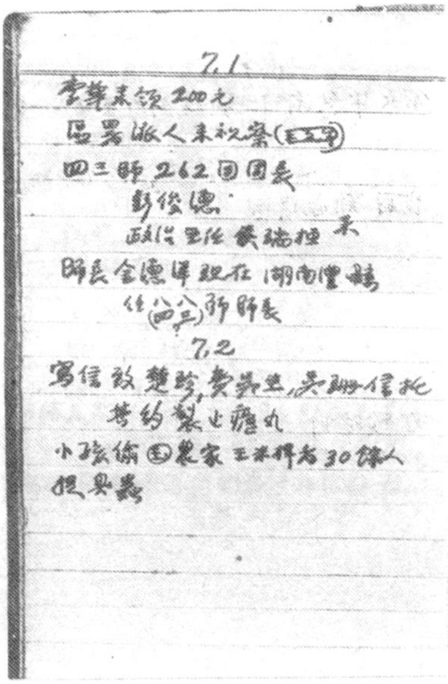
7.1
李华来领200元
区署派人来视察（三五四）
四三师262团团长
彭俊德
政治主任 樊瑞祥 来
师长金德洋现在湖南醴陵
任（四六）师师长
7.2
写信致楚珍，黄开忠，吴鹏信托
某约制止痢丸
小孩偷国农家王米样为30余人
提出

37－016

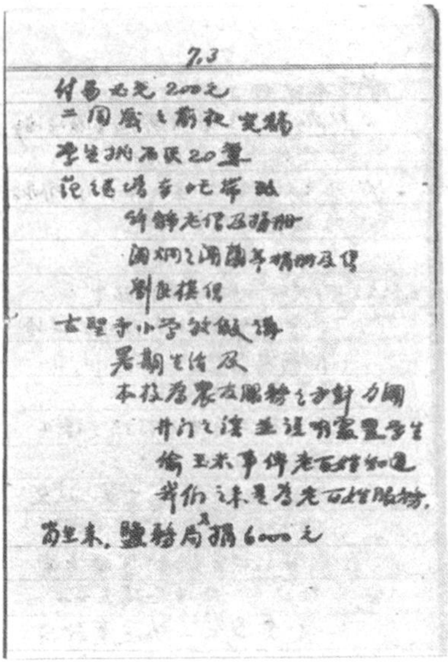
7.3
付[illegible]200元
二周岁之[illegible]社定稿
[illegible]捐[illegible]20[illegible]
[illegible]
[illegible]
[illegible]
[illegible]
古圣寺小学致欢迎词
暑期生活及
本校为农友服务之方针与纲
并[illegible]之[illegible] 并说明[illegible]学生
[illegible]事件老百姓知道
我们之来是为老百姓服务。
[illegible]来，盐务局又捐6000元

37-017

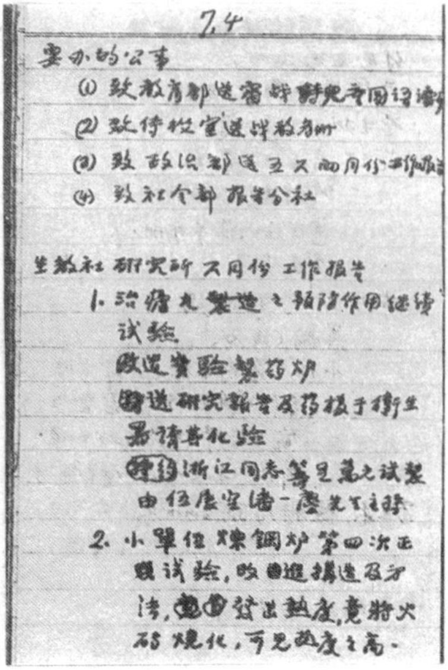
7.4
要办的公事
(1) 致教育部送寄战时儿童国语读本
(2) 致侍从室送[illegible]
(3) 致政治部送五六两月份工作报告
(4) 致社会部报告分社
生教社研究所六月份工作报告
1. 治疟丸制造之预防作用继续试验
改造实验制药炉
[illegible]送研究报告及药材于卫生署请普化验
[illegible]浙江同志[illegible]之试制由[illegible]先生主持
2. 小单位炼钢炉第四次正式试验，改良构造及方法，发出热度竟将火砖熔化，可见热度之高。

37-018

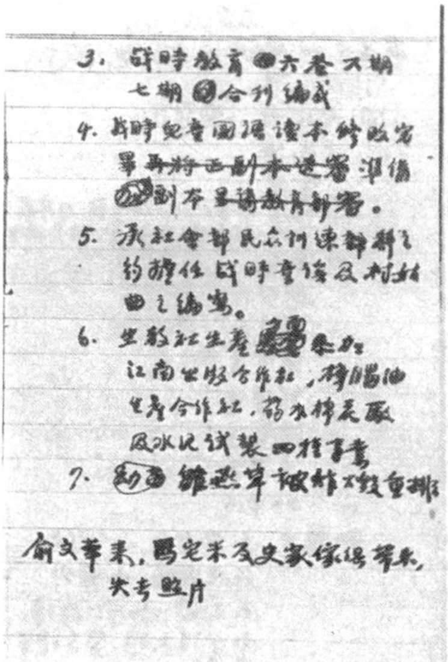
3. 战时教育六卷六期七期合刊编成
4. 战时儿童国语读本修改完毕~~[illegible]~~准备副本~~呈请教育部审~~。
5. 承社会部民众训练部[illegible]之约撰任战时童话及[illegible]之编写。
6. 生教社生产[illegible]参加江南出版合作社，[illegible]生产合作社，药水棉花厂及水泥试制四种事业
7. [illegible]
俞文华来，[illegible]来，[illegible]照片

37-019

7.5
李[illegible]来信捐款1000元
7.6

37-020

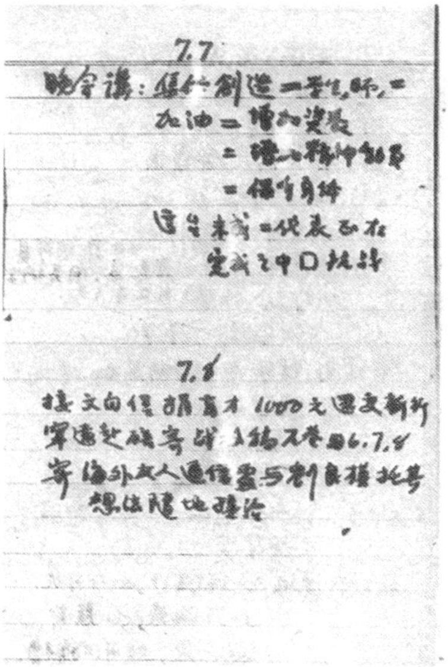
7.7
晚会讲：集体创造一些，=
加油 = 增加资养
= 增加精神营养
= 锻炼身体
这些来者=代表不在
完成之中日抗战

7.8
接文白信捐育才1000元 还支新折
实运兑成寄 文稿又卷 6.7.8
寄海外友人通信与刘良模 托其
想法随地接洽

37－021

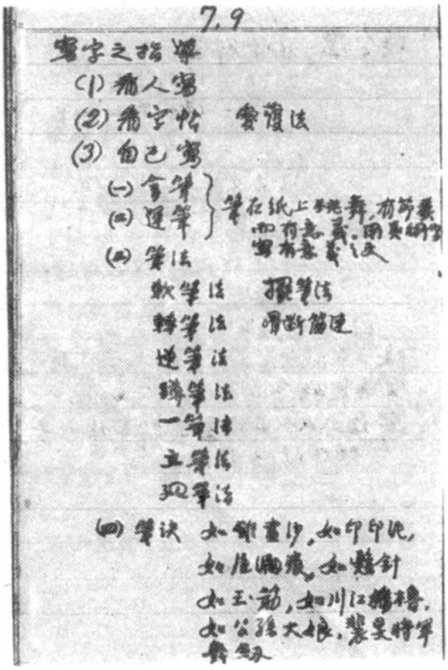
7.9
写字之指导
(1) 看人写
(2) 看字帖　临摹法
(3) 自己写
(一) 拿笔
(二) 运笔 } 笔在纸上跳舞，有节奏而有意义，需要研究写字要诀
(三) 笔法
欹笔法　握笔法
转笔法　滑断笔连
逆笔法
蹲笔法
一笔法
立笔法
现笔法
(四) 笔诀　如锥画沙，如印印泥，
如屋漏痕，如悬针
如玉筋，如川江拉纤，
如公孙大娘，舞剑器

37－022

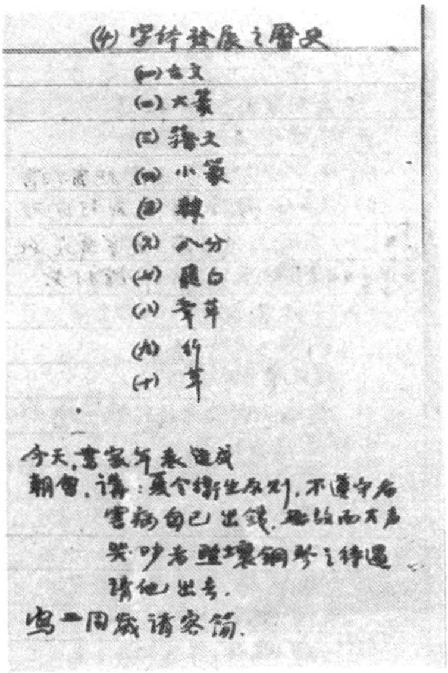
(4) 字体发展之历史
(一) 古文
(二) 大篆
(三) 籀文
(四) 小篆
(五) 隶
(六) 八分
(七) 飞白
(八) 章草
(九) 行
(十) 草
今天，书家年表造成
朝会，讲：一个学生反对，不遵守有
害病自己出钱，起始而不应
笑，吵者毁坏钢琴之待遇
请他出去。
写一周岁请客简。

37－023

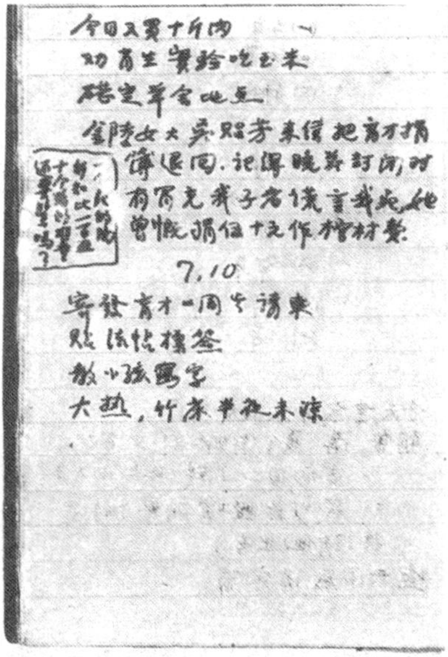
今日又买十斤肉
助育生实验吃玉米
定华会吃豆
金陵女大吴贻芳来信把育才捐
储退回，记得晓庄时，对
有何克我子为何……
曾慨捐伍十元作棺材费。
7.10
寄赠育才一周年请柬
贴法帖标签
教小孩写字
大热，竹床半夜未凉

37－024

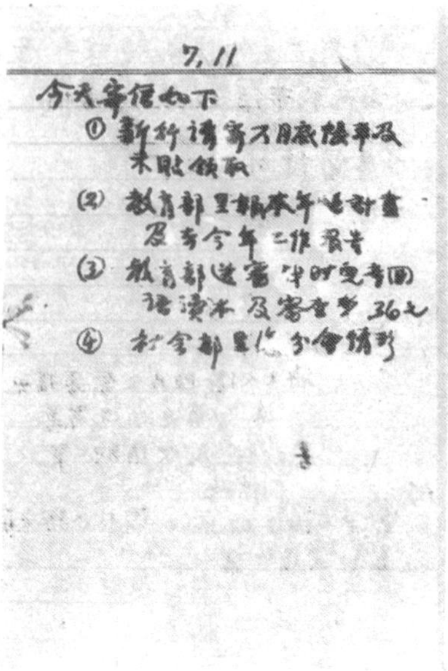


37-025

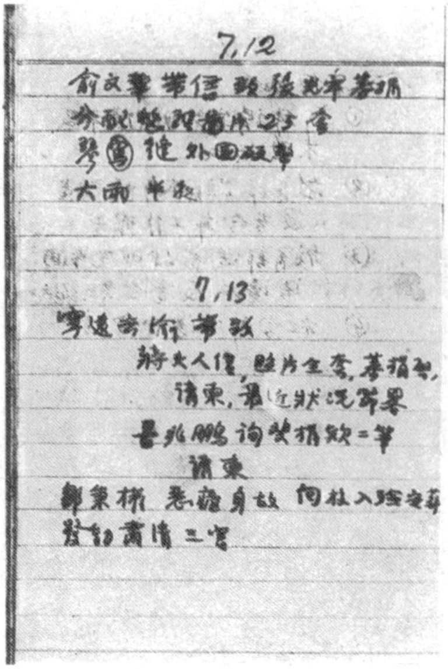


37-026

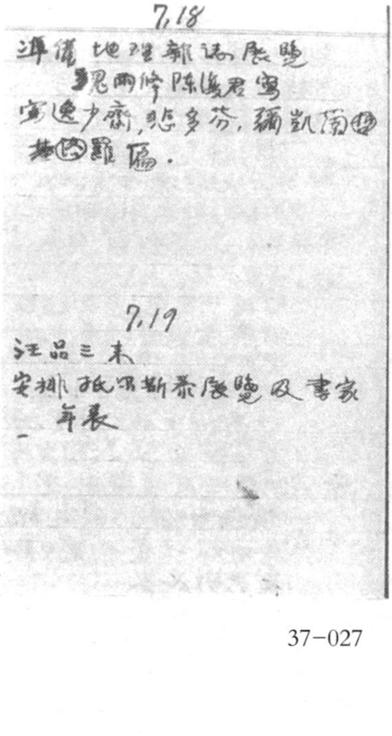


37-027

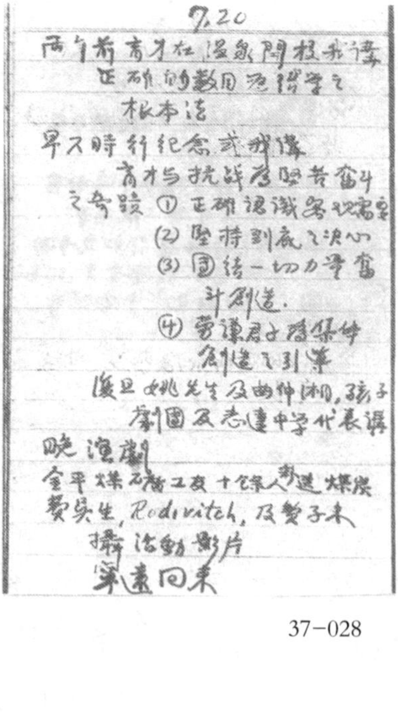


37-028

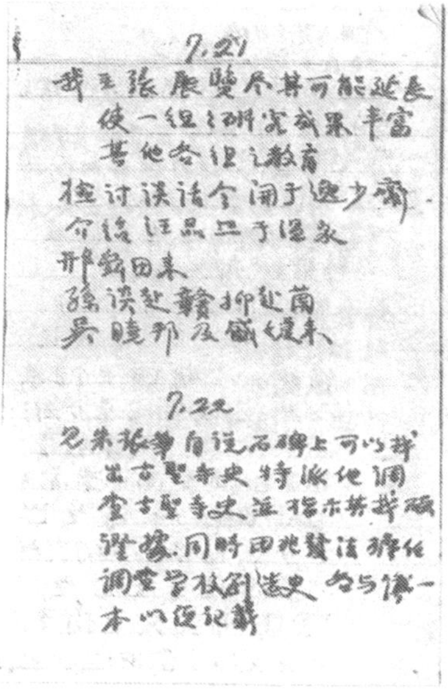

7.21
我主张展览不并可能延长
使一组之研究成果丰富
其他各组之教育
检讨谈话会开于逊之斋
介绍汪品三于通家
邢舜田来
孙铭勋、翰柳延蕙
吴晓邦及盛健来

7.22
见朱振华自从石碑上可以拼出古圣寺史 特派他调查古圣寺史 并指示将来证据，同时由此证法推作调查学校创造史，写与一本以便记载

37-029

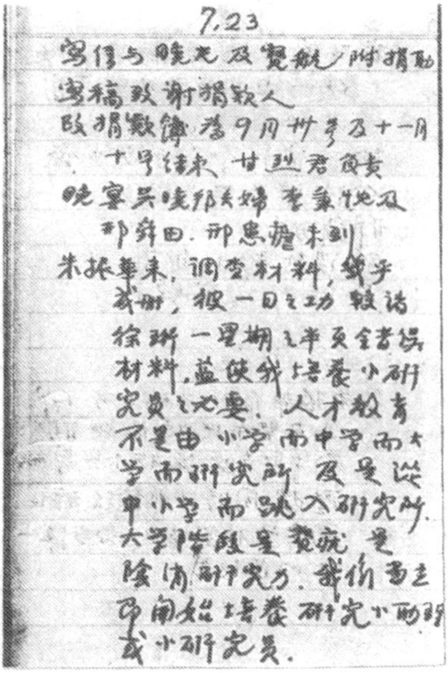

7.23
写信与晓光及觉航，附捐册
写稿致谢捐款人
改捐款簿为9月卅号及十一月十号结束，甘烈君负责
晚宴吴晓邦夫妇 李象忱及邢舜田、邢惠未到
朱振华来，调查材料，几乎装册，极一日之功 较诸徐一星期之半负全责编材料，益使我培养小研究员之必要。人才教育不是由小学而中学而大学而研究所，及是从中小学而跳入研究所。大学阶段是费时是险研究力。我们当立即开始培养研究小而精成小研究员。

37-030

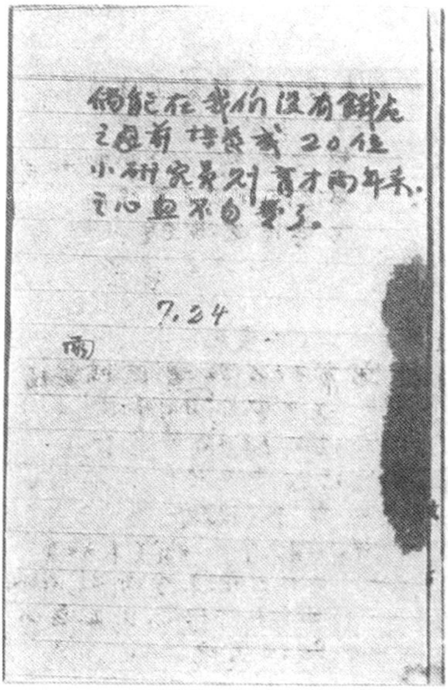

能在我们没有钱之困前培养成20位小研究员对育才两年来之心血不白费了。

7.24
雨

37-031

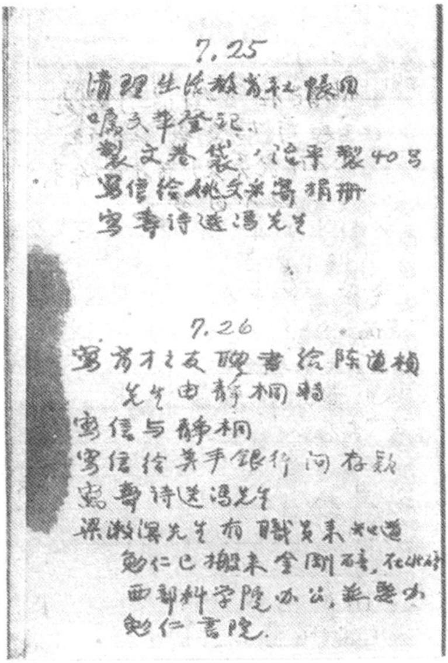

7.25
清理生活教育社帐目
嘱文华登记
制文卷袋，论年制40号
写信给姚文采写捐册
写寿诗送冯先生

7.26
写育才之友聘书给陈道桢先生由静桐转
写信与静桐
写信给美丰银行问存款
写寿诗送冯先生
梁漱溟先生有职员来，知道勉仁已搬来金刚碑，在北碚西部科学院办公，并恐为勉仁书院。

37-032

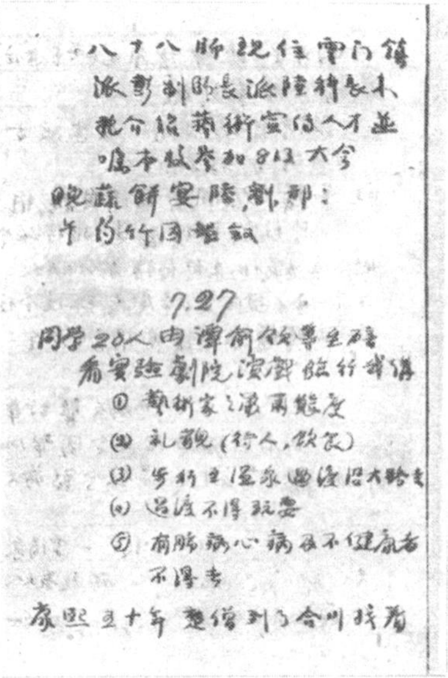

八十八师说住雷门镇
派彭副师长派陆科长来
就介绍蒋衡实任人才并
嘱本校参加813大会
晚苏饼宴陈、刘、郭：

7.27

同学20人由谭徐领导去
看实验剧院演剧临行我讲
① 艺术家之严肃态度
② 礼貌（待人，饮食）
④ 过渡不得玩耍
⑤ 有肺病心病及不健康者不得去

37-033

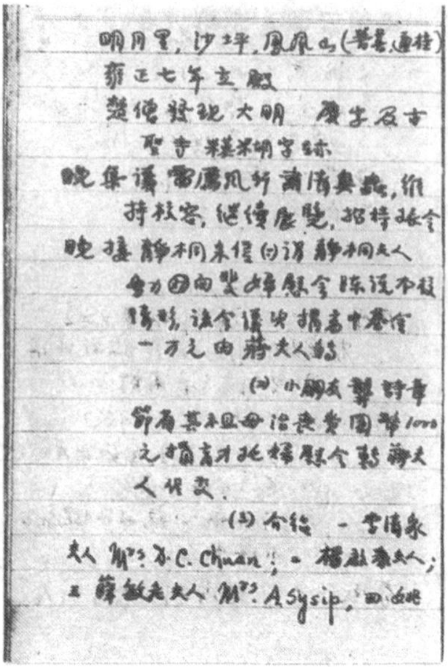

明月里，沙坪，凤凰山（普善通往）
雍正七年立殿
晚接静桐来信（1）谓静桐夫人
一万元由蒋夫人转
夫人 Mrs. C. Chuan；
Mrs. A Sysip.

37-034

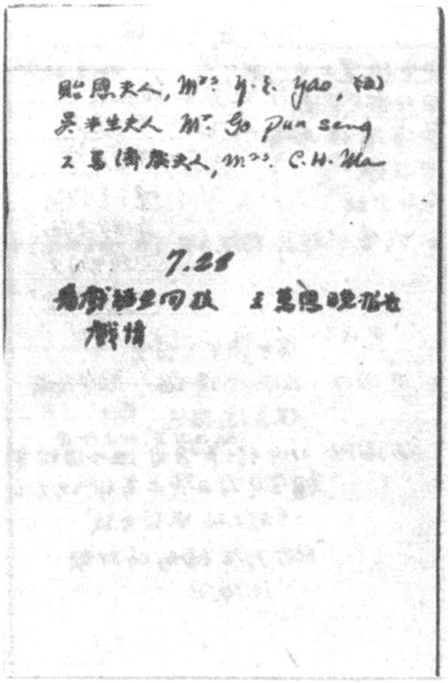

Mrs. Y. S. Yao,
Mrs. Go Pun Seng
Mrs. C. H. Wa

7.28

37-035

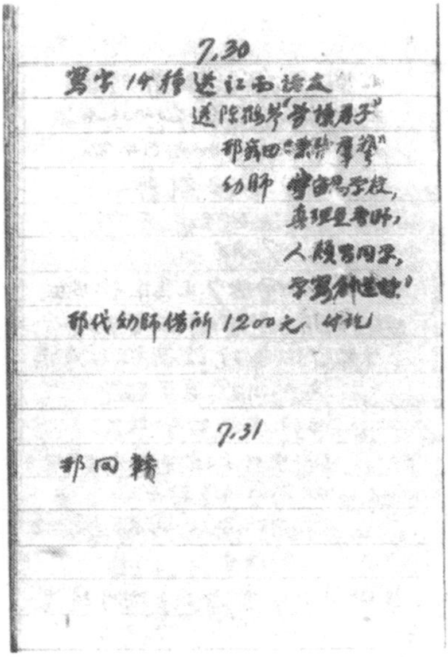

7.30

写字14幅送江西语文
人类要同学，

7.31

37-036

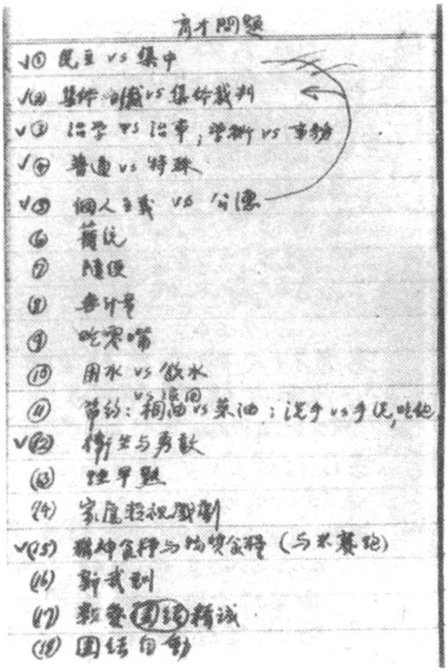

育才问题

√① 民主 vs 集中
√② 集体创造 vs 集体裁判
√③ 治学 vs 治事；学术 vs 事务
√④ 普通 vs 特殊
√⑤ 個人主義 vs 公德
⑥ [illegible]
⑦ 随便
⑧ [illegible]
⑨ 吃零嘴
⑩ 用水 vs 饮水
⑪ 节约：桐油 vs 菜油；洗手 vs 手洗，吃饱
√⑫ 卫生与勇敢
⑬ 性早熟
⑭ 家庭轻视戏剧
√(15) 精神食粮与物质食粮（与米[illegible]）
(16) 新裁判
(17) [illegible]团结精诚
(18) 团结自动

37-037

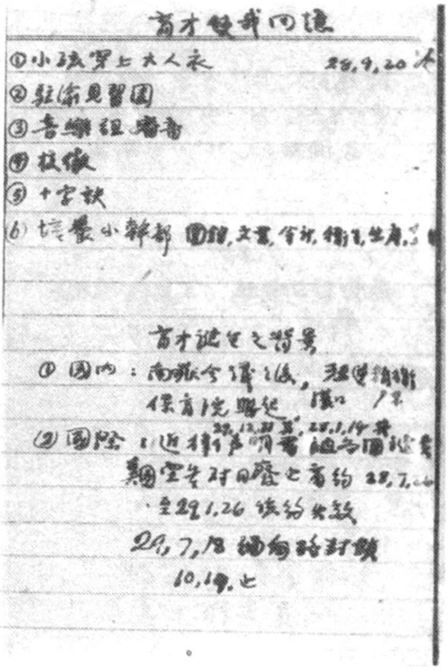

育才[illegible]回忆

①小孩穿上大人衣　28,9,20
②驻渝见习团
③音乐组[illegible]
④校徽
⑤十字诀
(6) 培养小干部　图书，文书，会计，卫生，生产，[illegible]

育才诞生之背景

① 国内：[illegible]之后，[illegible]
保育院兴起 [illegible]
② 国际：近卫声明 [illegible]
美国宣告对日废止商约 28,7,26
至29,1,26 该约失效
29,7,18 滇缅路封锁
10,19，止

37-038

# 第三十七册〔注译〕

1941.6.10~1941.7.31

重庆·北碚

37—006

第4行外文为《地理杂志》

37—017

第3行“二周岁之前夜”指《育才二周岁之前夜》

37—026

第8行“蒋夫人”即宋美龄

37—028

倒数第3行外文为：罗迪维奇（人名）

37—037

第2至12行中“VS”为Versus之缩写，意思是“对、与”

# 衔备忘

第三十八册

1941.8.1~1941.10.13

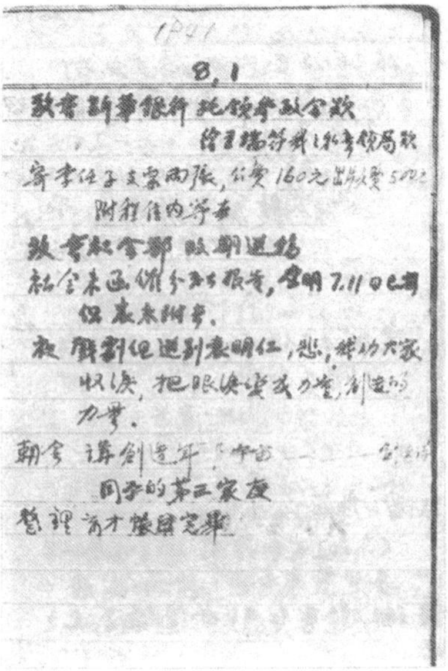
1941

8.1

致书新华银行托领社会款

曾了瑞舒戡之私章领局款

寄李任子支票两张，公费160元，出版费500元

附我信内等

致书社会部 [illegible]

社会来函[illegible]报告，[illegible]7.11日已[illegible]

[illegible]未附来。

夜 [illegible]袁明仁，[illegible]大家

[illegible]，把[illegible]力量，创造的

力量。

朝会 讲创造年[illegible]

同学的第二家庭

整理育才[illegible]完毕

38-001

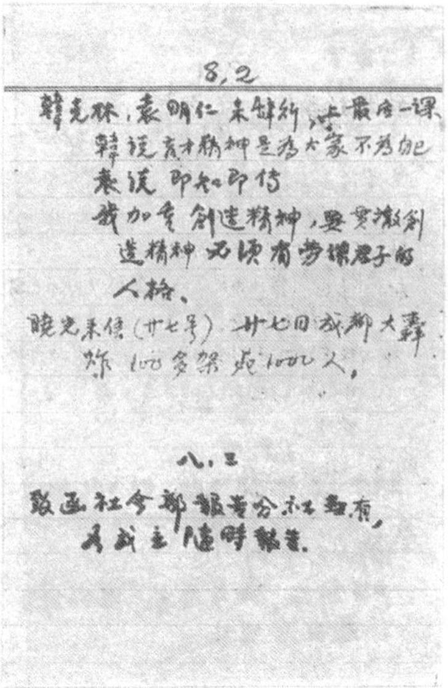
8.2

韩克林，袁明仁来辞行，上最后一课。

韩说育才精神是为大家不为自己

袁说即知即传

我加重创造精神，要贯彻创

造精神必须有劳谦君子的

人格。

晚光来信（廿七号）廿七日成都大轰

炸 100多架 死1000人。

八，三

致函社会部报告分[illegible]，

[illegible]随时报告。

38-002

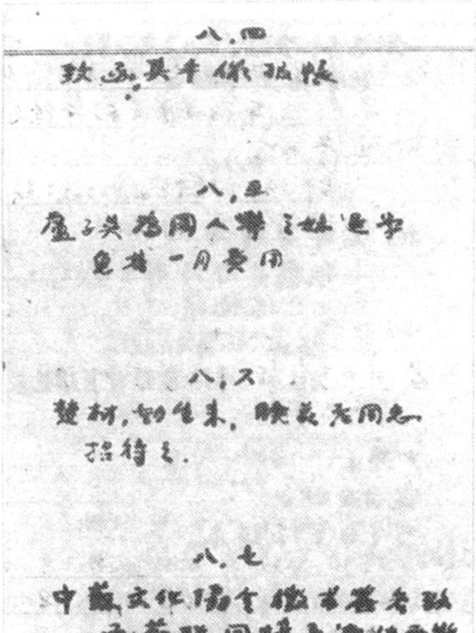
八，四

致函吴[illegible]

八，五

[illegible]

[illegible]一月费用

八，六

楚材，钧生来，晚苏[illegible]同志

招待之。

八，七

中苏文化协会[illegible]

函苏联同情[illegible]

[illegible]

38-003

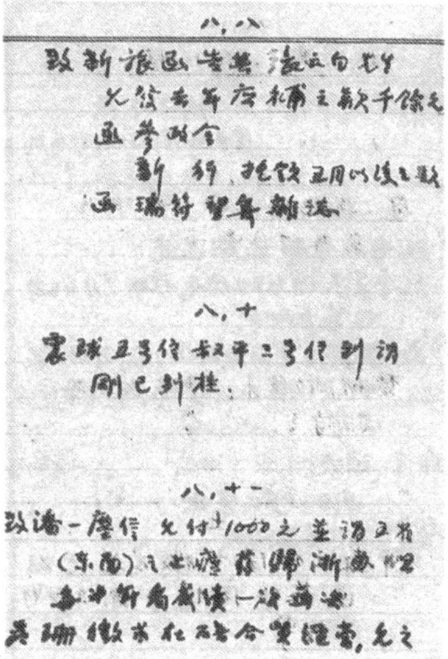
八，八

致新旅函[illegible]

[illegible]千余元

函[illegible]

新 行，[illegible]

函 瑞舒[illegible]

八，十

[illegible]

[illegible]

八，十一

致潘一尘信 允付1000元[illegible]

（东南）[illegible]

[illegible]

[illegible]

38-004

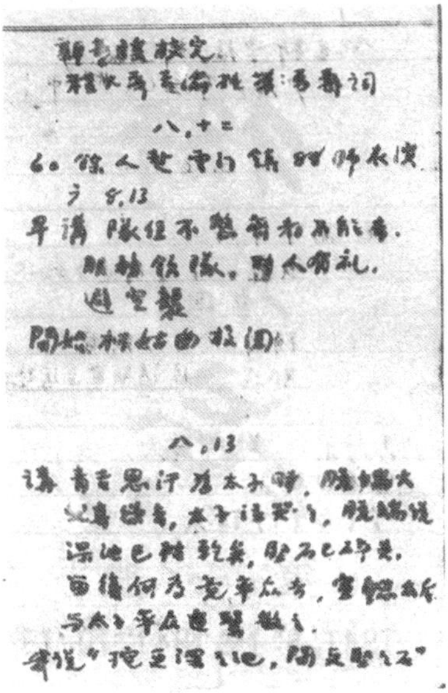
八，十二

8.13

八，13

38-005

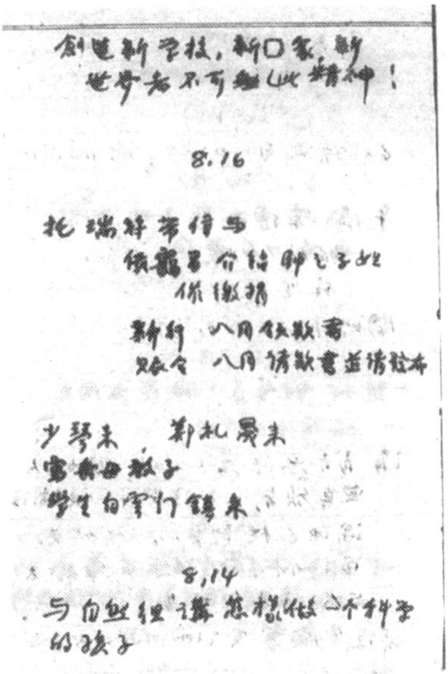
创造新学校，新口家，新世界安不可无此精神！

8.16

8.14

与自然组谈怎样做一个科学的孩子

38-006

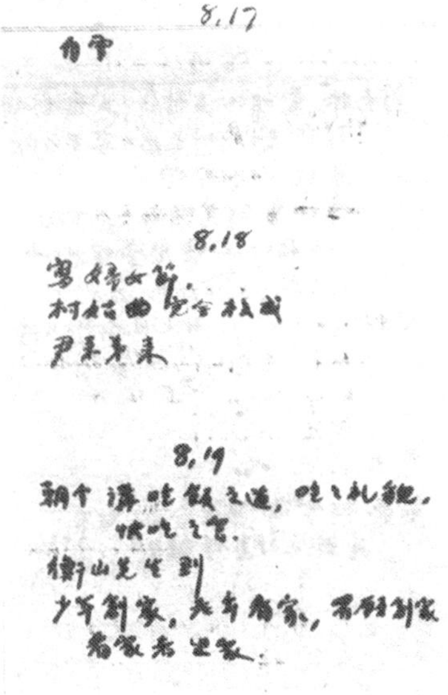
8.17

8.18

8.19

38-007

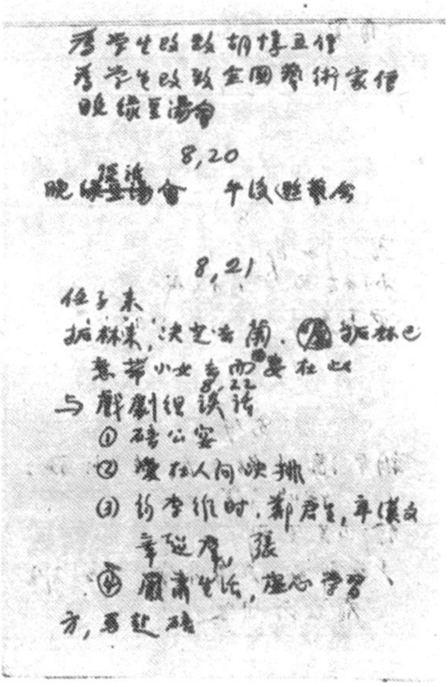
8.20

8.21

38-008

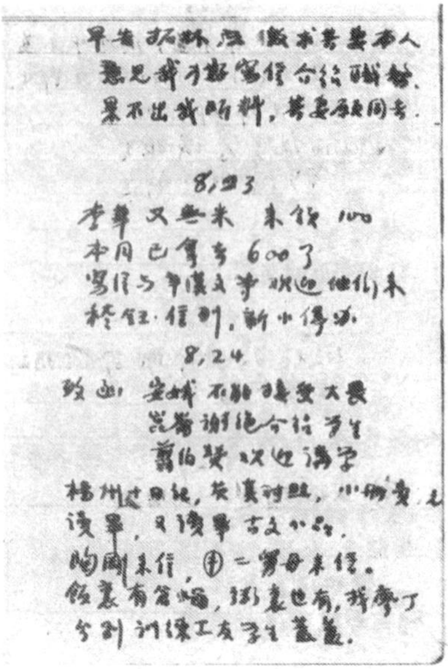

38-009

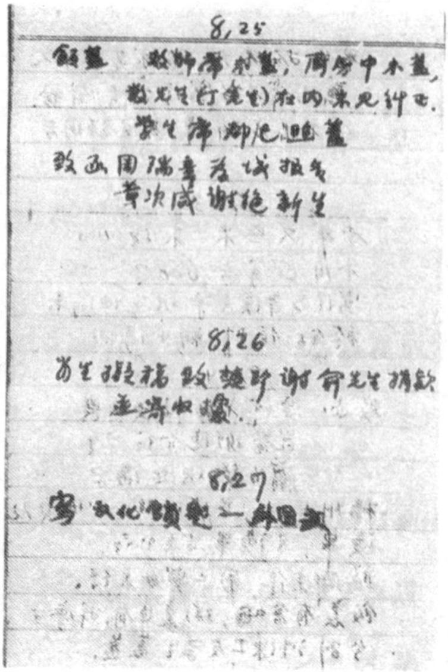

38-010

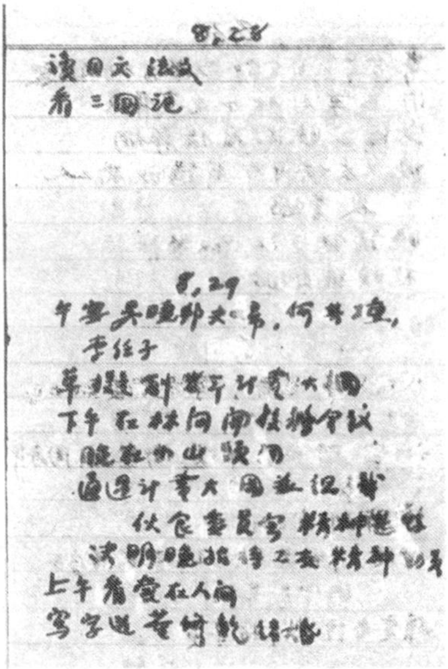

38-011

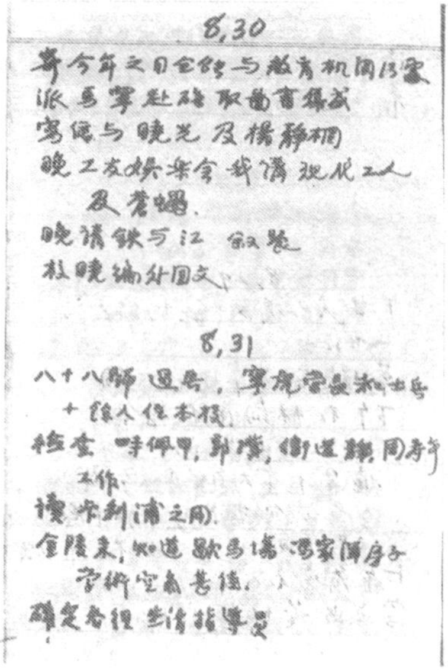

38-012

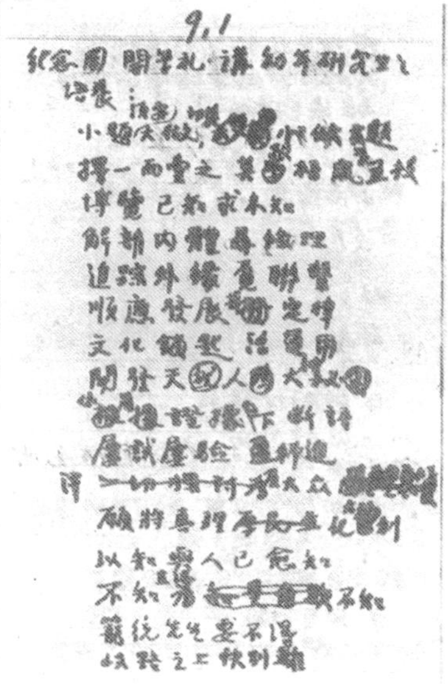

38-013

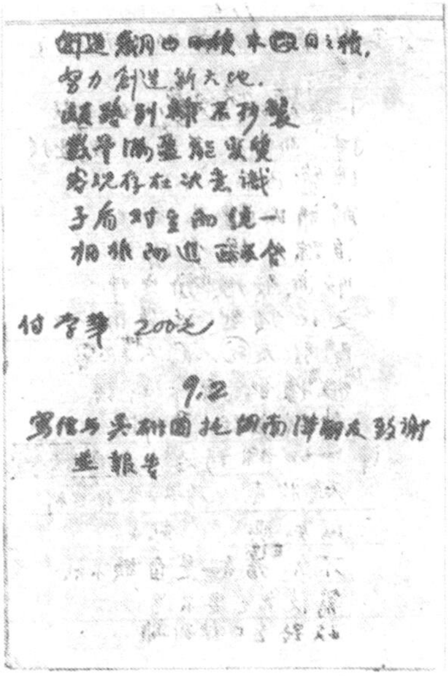

38-014

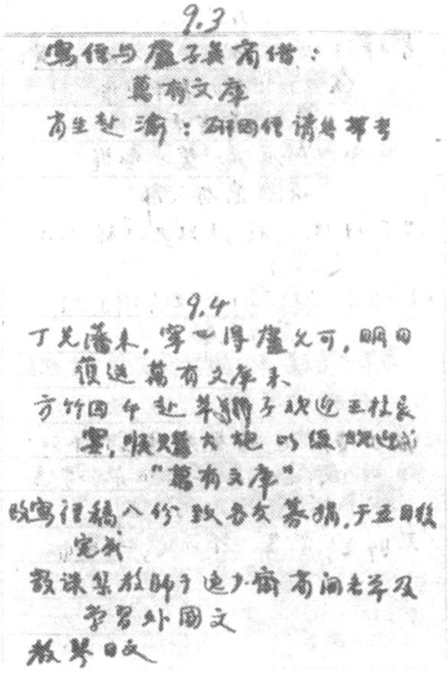

38-015

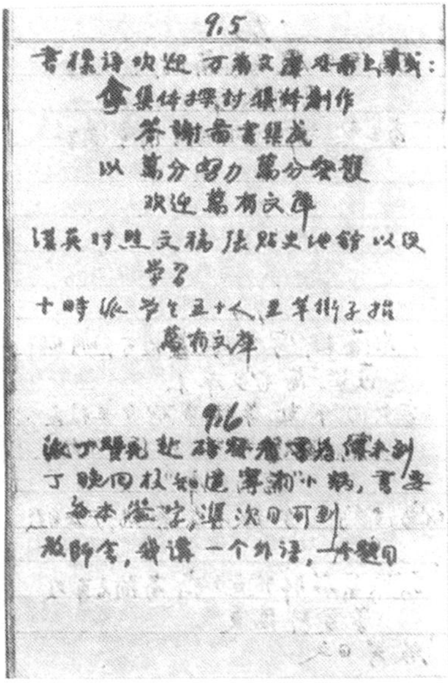

38-016

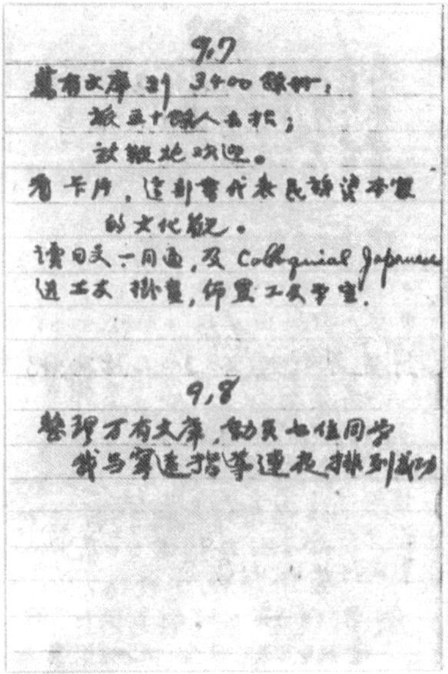
9.7
萬有文庫 到 3400 餘册，
派五十餘人去报；
試辦地欢迎。
看卡片，這部書代表民族資本家的文化觀。
讀日文一月通，及 Colloquial Japanese
送工友 [illegible]，[illegible]工友[illegible]。
9.8
整理万有文庫，動員七位同学
我与寗遠搭[illegible]連[illegible]排到[illegible]

38-017

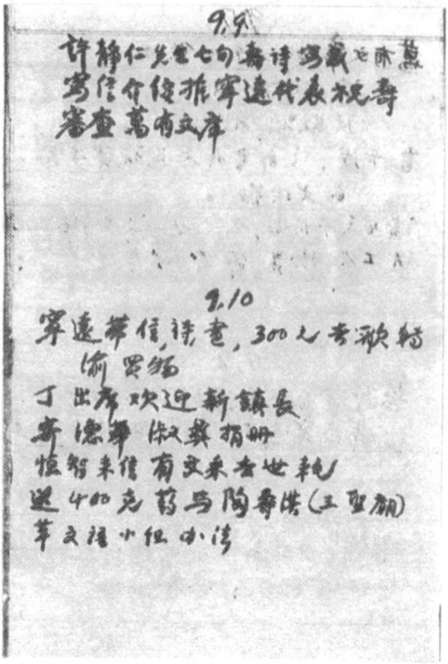
9.9
許靜仁先生七旬壽诗[illegible]
寫信介绍[illegible]寗遠代表祝壽
審查萬有文庫
9.10
寗遠帶信[illegible]，300元[illegible]
[illegible]
丁出席欢迎新鎮長
寄[illegible]捐册
恆智来信[illegible]
送400元[illegible]与陶[illegible]（[illegible]）
[illegible]

38-018

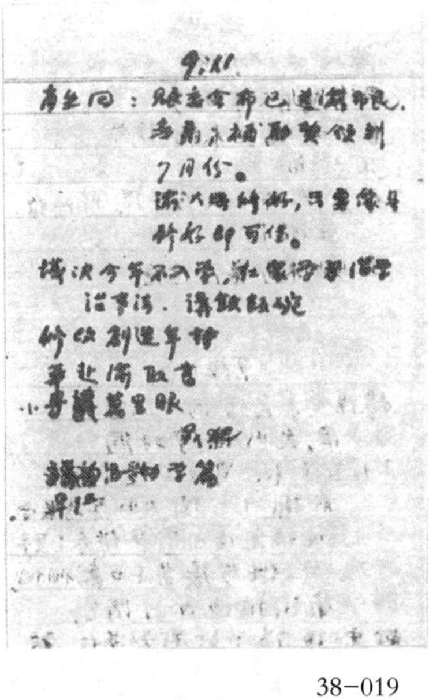
9.11
[illegible]：[illegible]
[illegible]
7月[illegible]。
[illegible]
[illegible]可信。
[illegible]
[illegible]

38-019

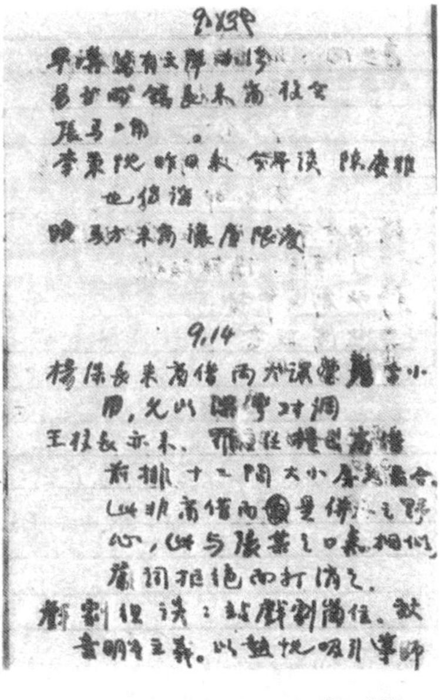
9.13
[illegible]萬有文庫[illegible]
[illegible]鎮長来[illegible]
[illegible]
[illegible]
9.14
[illegible]
王校長亦来。[illegible]
[illegible]十二間大小[illegible]
[illegible]
[illegible]
[illegible]拒绝[illegible]
[illegible]
[illegible]

38-020

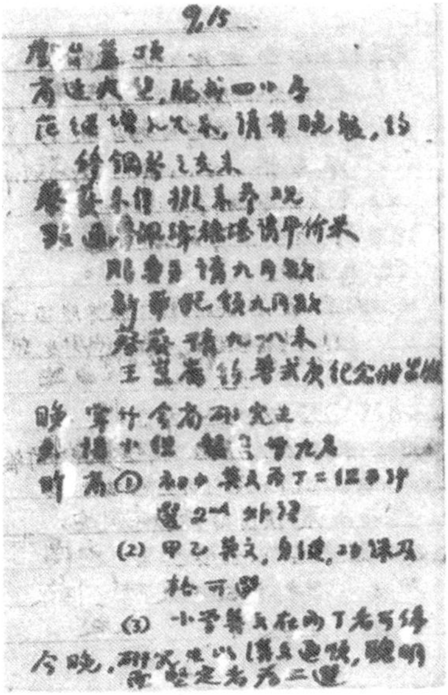

38-021

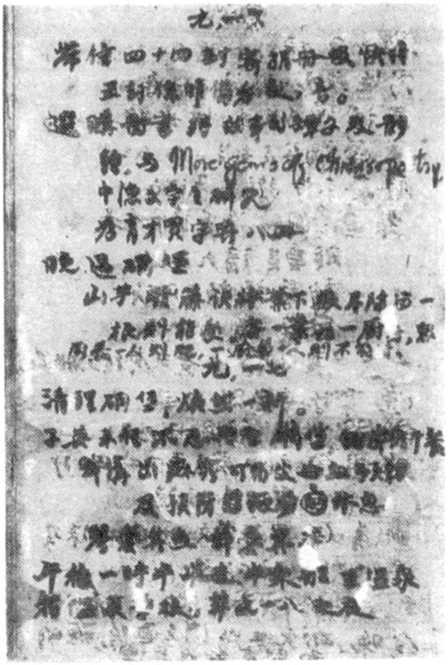

38-022

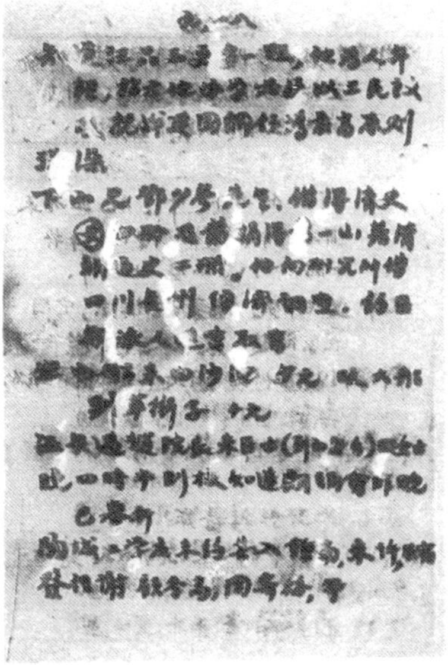

38-023

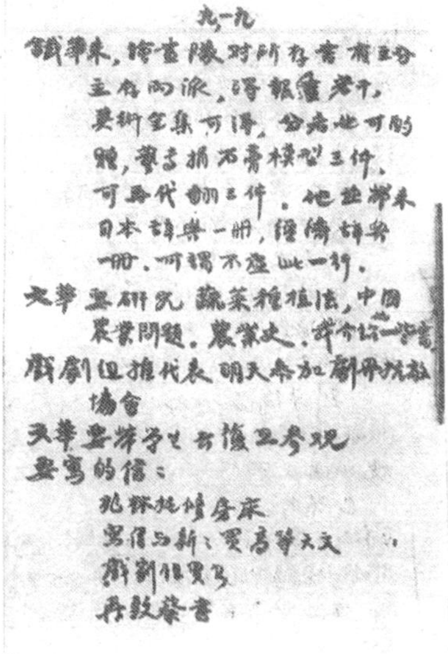

38-024

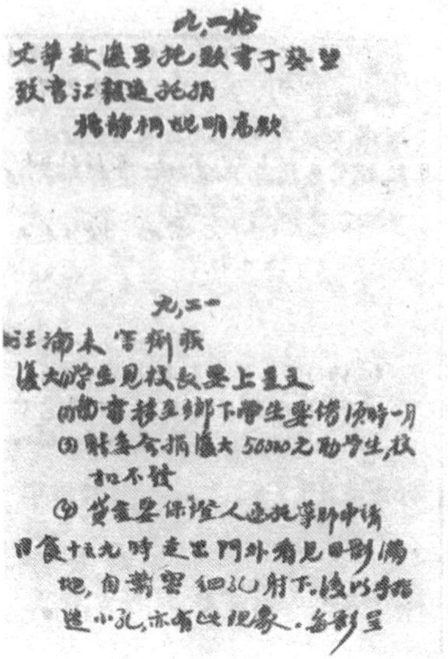

38-025

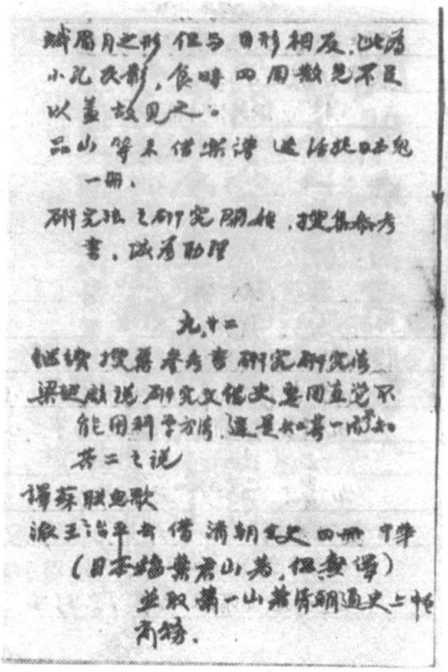

38-026

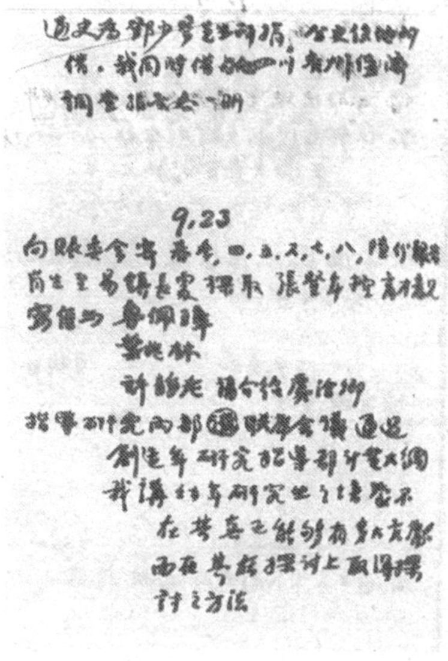

38-027

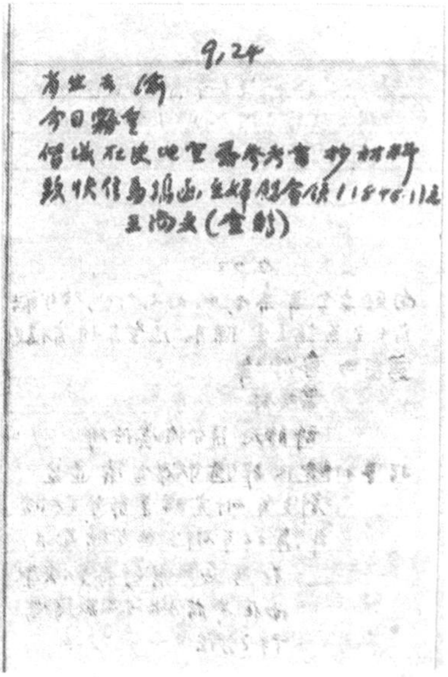

38-028

38-029

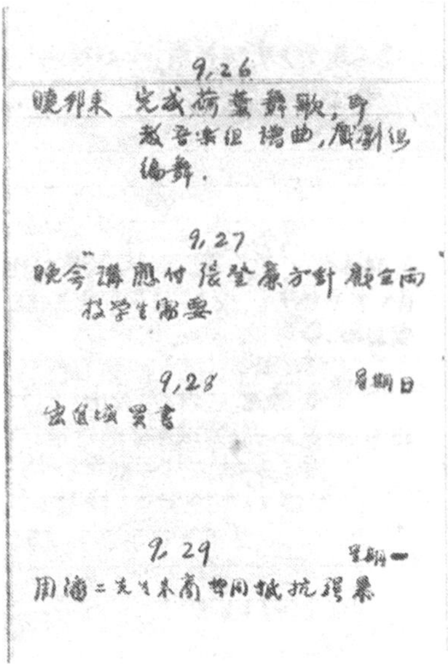


38-030

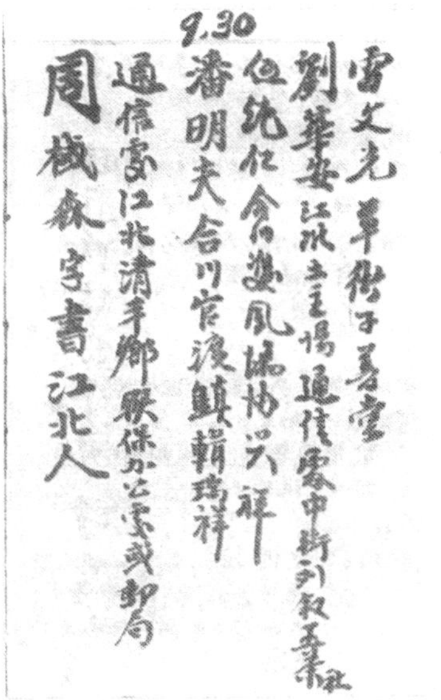


38-031

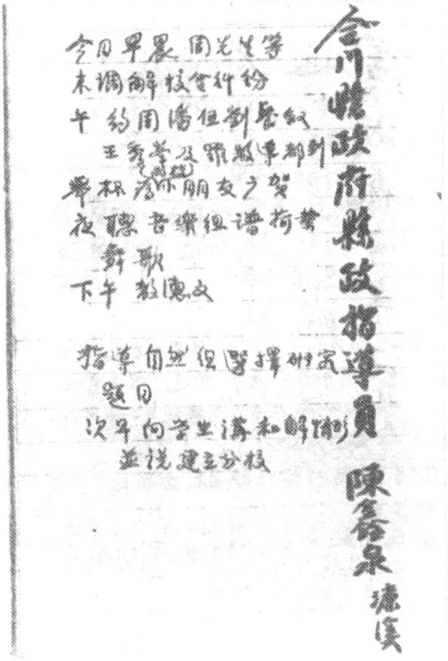


38-032

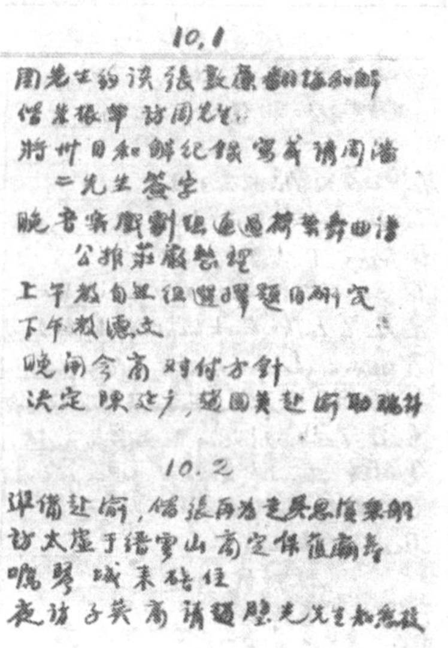
10.1
周先生约谈张敦康翻译和解
偕朱根华访周先生
将卅日和解纪录写好请周潘
二先生签字
晚去[illegible]
公排[illegible]
上午教自然组选择题目研究
下午教德文
晚开会商对付方针
决定陈[illegible]赴渝[illegible]
10.2
准备赴渝，偕张再为[illegible]
访太虚于缙云山商定保護庙产
鸣琴城来校住
夜访子英商请璧光先生[illegible]

38-033

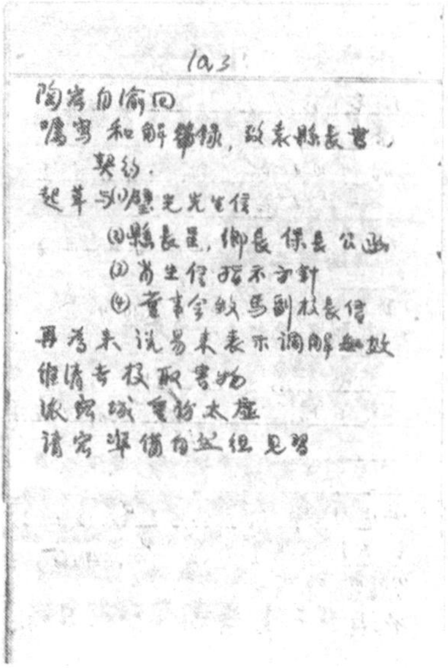
10.3
陶宏自渝回
嘱写和解节录，致袁县长书，
契约.
起草与(1)璧光先生信
(2)县长，乡长，保长公函
(3)学生信指示方针
(4)董事会致马副校长信
再为来说易来袁示调解无效
维清去校取书物
派鸣琴城重访太虚
请宏准备自然组见习

38-034

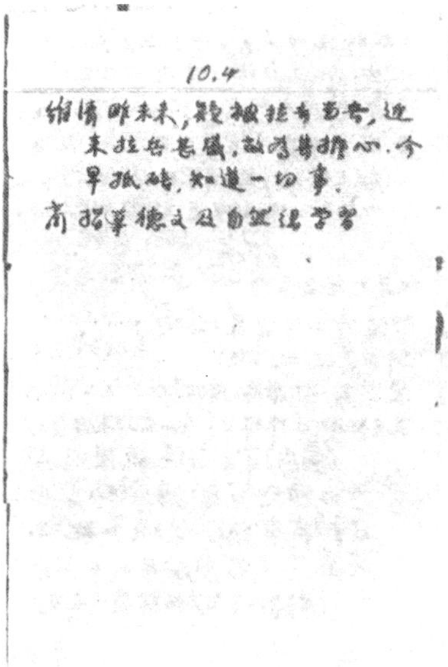
10.4
维清昨未来，[illegible]
来[illegible]。今
早抵校，知道一切事.
商招华德文及自然组学习

38-035

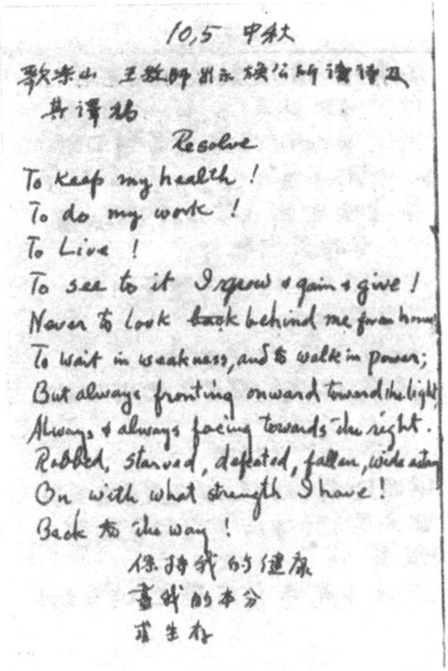
10,5 中秋
[illegible]
其译稿
Resolve
To keep my health!
To do my work!
To Live!
To see to it I grow & gain & give!
Never to look ~~back~~ behind me from hour
To wait in weakness, and to walk in power;
But always fronting onward toward the light,
Always & always facing towards the right.
Robbed, starved, defeated, fallen, wide astray,
On with what strength I have!
Back to the way!
保持我的健康
尽我的本分
求生存

38-036

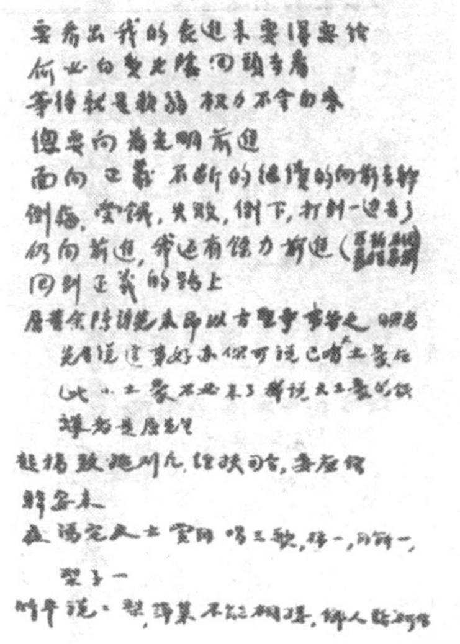

38－037

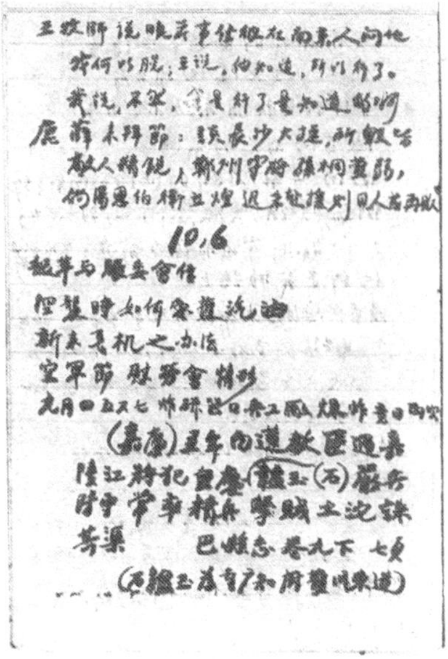

38－038

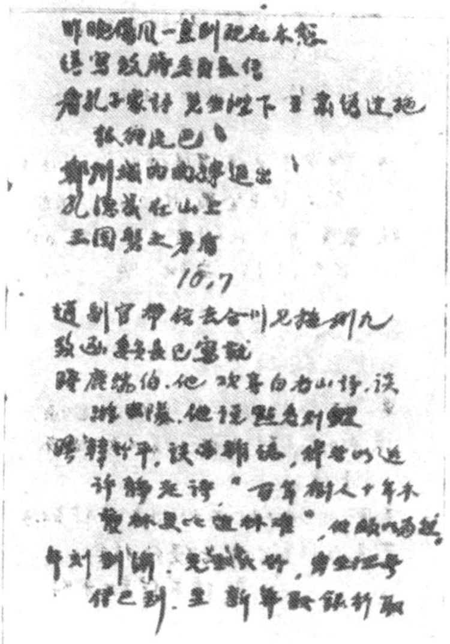

38－039

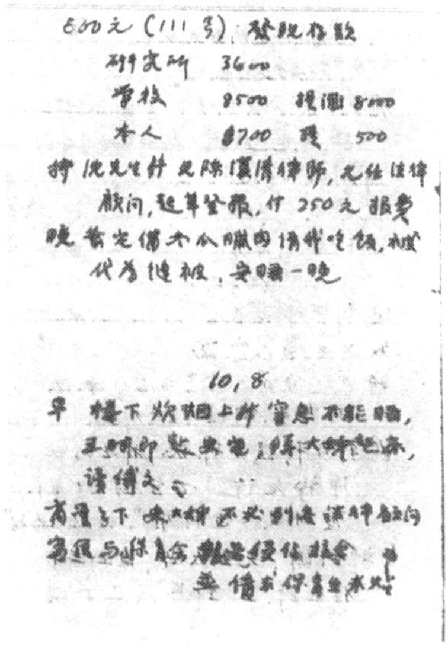

38－040

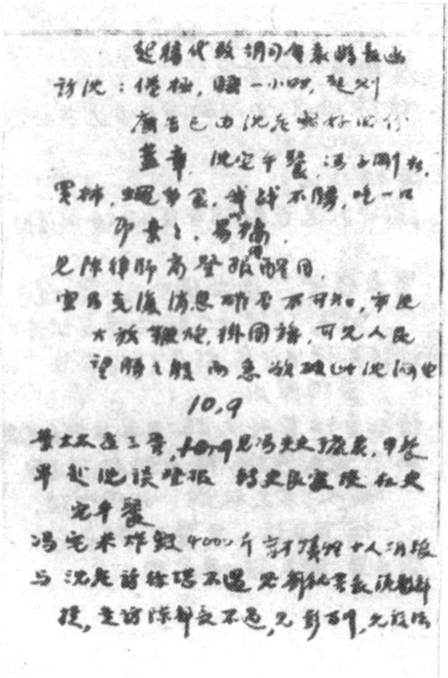

38-041

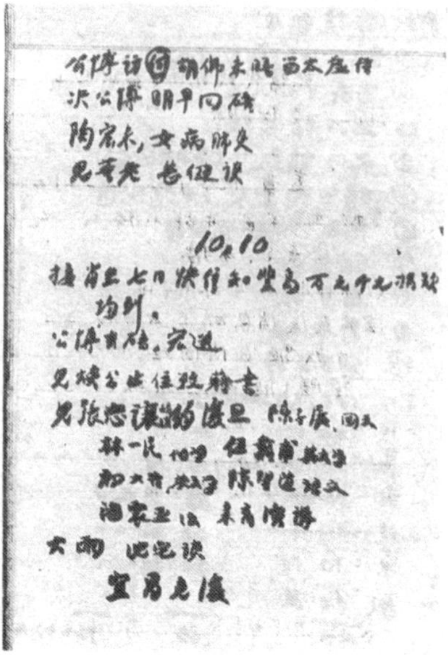

38-042

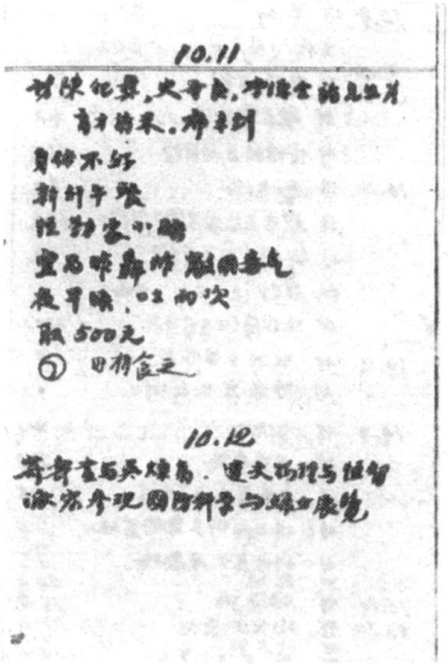

38-043

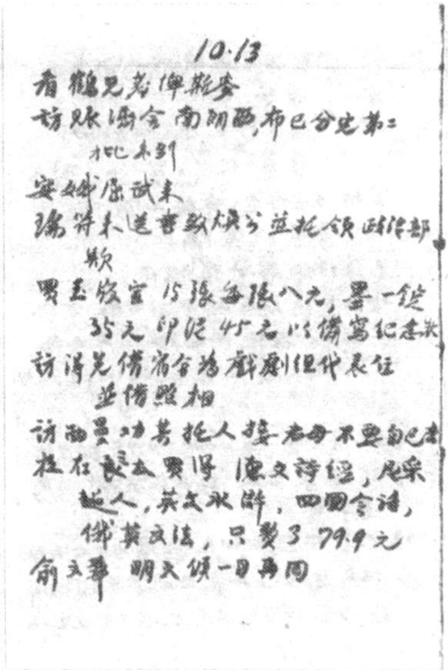

38-044

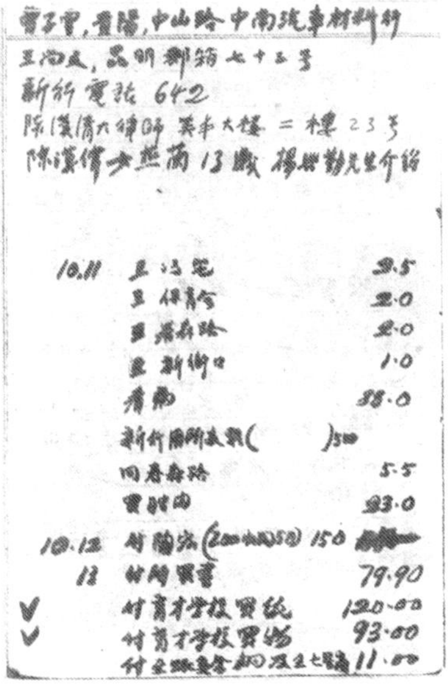

38-045

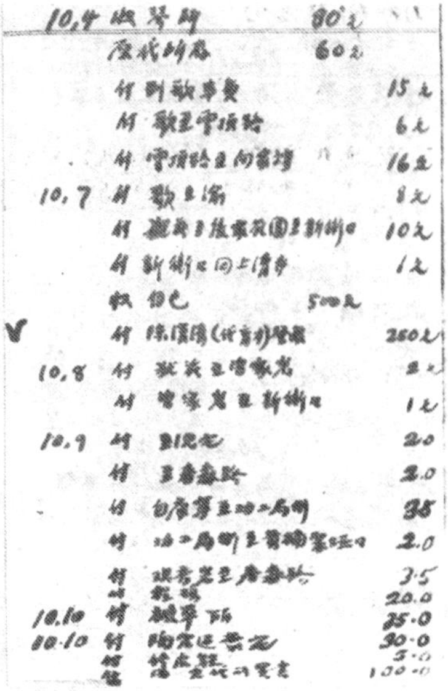

38-046

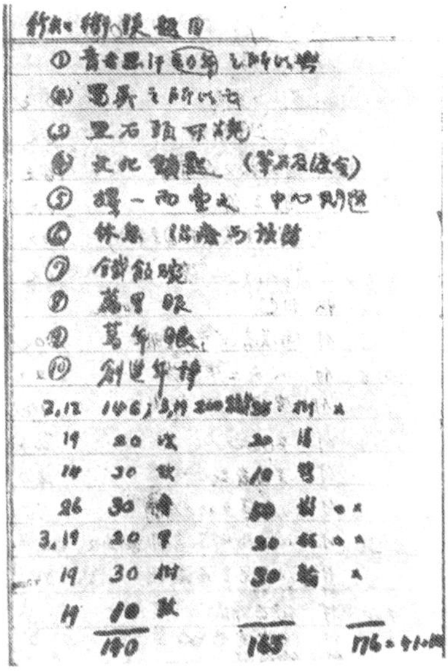

38-047

38-048

# 第三十八册〔注译〕

1941.8.1~1941.10.13

重庆·北碚

38—017

第7行外文为《会话日语》

38—022

第5行外文为《中国诗集精华》

38—044

第8行“宣”为宣纸

# 衔备忘

第三十九册

1941.10.14~1941.11.28

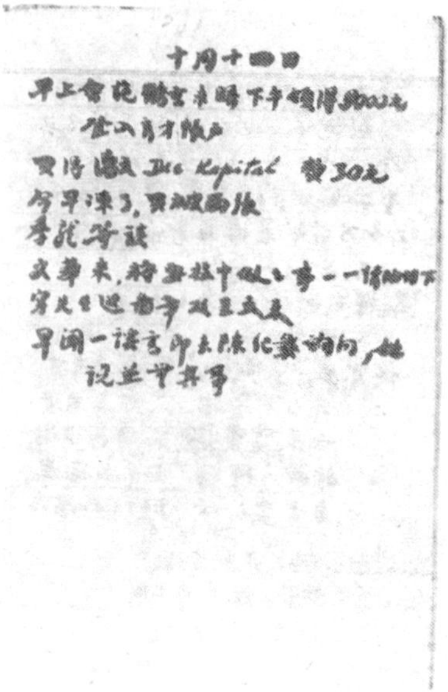


39-001

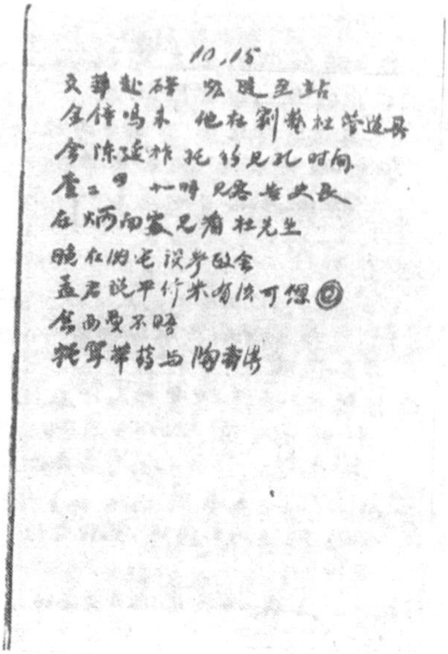


39-002

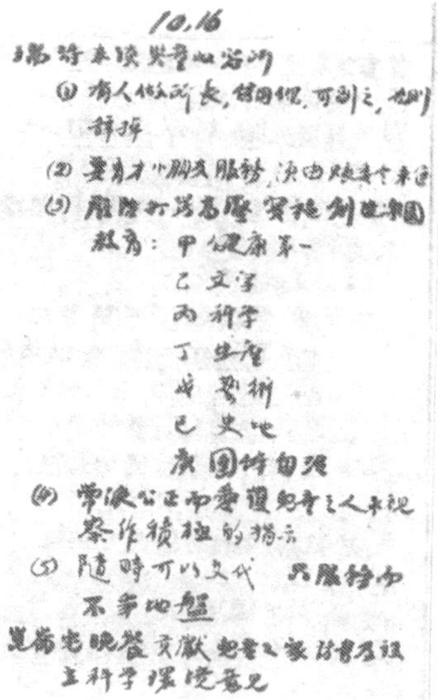


39-003

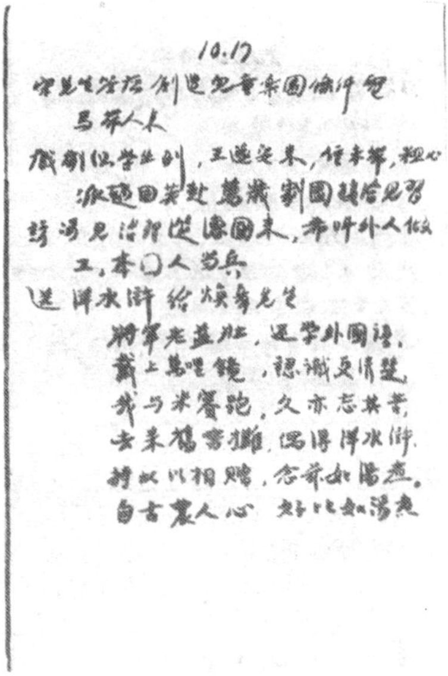


39-004

10.18

写信与保险整理委员会请早修不
派窗纸将我们冻死
电报竹由侯董事长来解决 并写信
沈宅谈搬家
吴宅午餐
冯宅晚餐 冯夫人为子生日想天
要乘汽车(公共)去陈家桥不
得，晚出小马车生长棉桌款
客。母爱伟哉！令我想念
地下之慈母。
晚读俄文五课及 Heart Throbs
137p I Resolve. Charlotte Perkins Stetson ◎
47p Beautiful Hands, Mrs Ellen M. H. Gates ◎ 作诗者母亲
59p White House Kitchen in 1862, Inc. Wide Awake ◎
67p To Husband + Wife
41p The First Steamboat Passage Money Ever Paid ◎
47p Abou Ben Adhem Leigh Hunt ◎

39-005

10.19

替郭沫若谈中国古代史 他对于诗经
书经易经都觉得比应当估计
得近。他约我讲一回。我
预准备讲创造的教育
路遇郑君里 请他对戏剧组讲
与来渝学生约
① 读书
② 集团行动 不许私访友
③ 女子因公出外须二人同走
④ 见习之期即在文化之家
等候特约教师并自习
⑤ 我随时路过即来点名
并考核成绩
王庆馀带文社自组七代表来
晤张之好
读俄文一课
鲁迅五周忌辰，太倦不能去

39-006

夜二时睡不觉 起来译成
1862年之白宫厨房 并
写信与陈化冀(?) 三时半再睡
梦里做诗几句 醒来觉得不
错 题为谷子在仓哀叫

10.20

早上写好白宫厨房及致陈信
都交张遵
会张纯之 领得绒布棉花15条
约好明天领12800元为学生
做衣服 张女士颇有热心
谢楚来(陆女士考验听可取)
钢琴问王沛生借用。写信介绍
王沛生
陈 来谈，她要是派女考图师

39-007

完成谷在仓哀叫三首
马肖生来知道
丰妇慰金(?) 10000元已到
蔡诗砧(?) 1036元已到？

访冯(?)谈谁传德国见工人情
会见陶希圣？ 决为今后
文社代表领被11条
读 H.T.
119p ① True Rest, Goethe
很样来经已代为找大为可喜

39-008

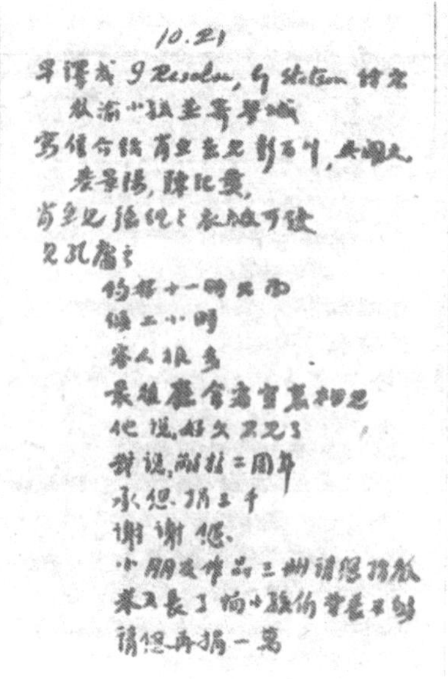
10.21
早译成 9 Resolution, 6 Station 讨论
[illegible]
写信给[illegible]
袁孚扬，陈[illegible]，
[illegible]
见孔庸之
约好十一时见面
谈二小时
客人很多
[illegible]
他说好久不见了
我说，成立二周年
承您捐三千
谢谢您。
小朋友作品三册请您指教
[illegible]
请您再捐一万

39-009

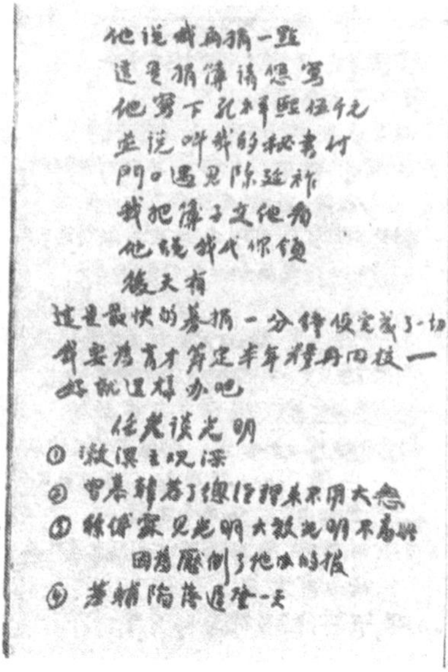
他说我再捐一点
这是捐簿请您写
他写下孔祥熙伍千元
并说叫我的秘书付
门口遇见陈[illegible]
我把簿子交他看
他说我代你领
后天有
这是最快的募捐 一分钟便完成了一切
我要为育才筹定半年粮再回校一
好就这样办吧
任光谈光明
① [illegible]
② [illegible]
③ [illegible]
[illegible]
④ [illegible]

39-010

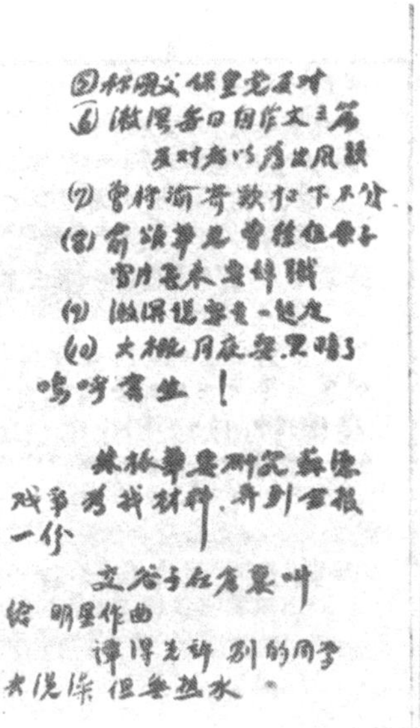
⑤ [illegible]
⑥ [illegible]
[illegible]
⑦ [illegible]
⑧ [illegible]
[illegible]
⑨ [illegible]
⑩ [illegible]
呜呼书生！
[illegible]
[illegible]
一个
[illegible]
给明星作曲
[illegible]
[illegible]

39-011

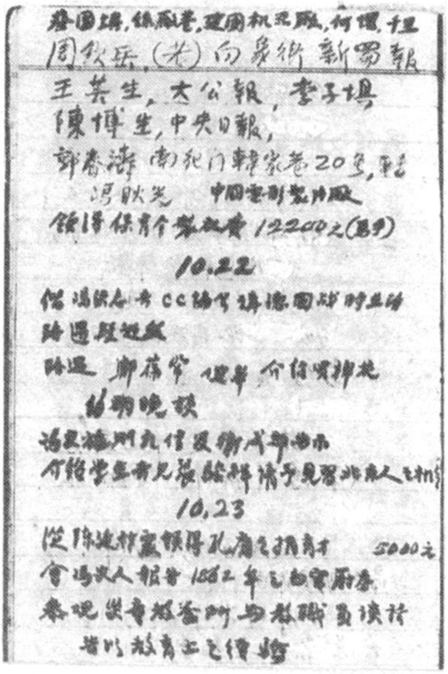
[illegible]
[illegible] 新蜀报
王芸生，大公报，李子坝
陈博生，中央日报，
[illegible] 20号，[illegible]
[illegible]
领得保育会[illegible] 12200元[illegible]
10.22
[illegible]
[illegible]
[illegible]
[illegible]
[illegible]
[illegible]
10.23
从陈[illegible]领得孔庸之捐育才 5000元
[illegible]
[illegible]
[illegible]

39-012

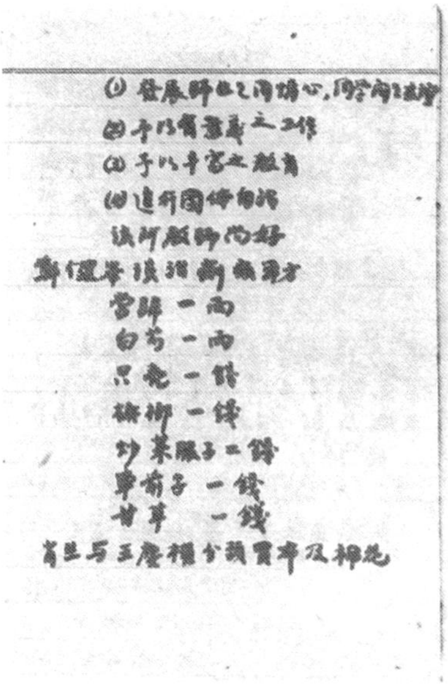

(1) 发展师生之同情心，同学间之[illegible]
(2) 手脑并用之工作
(3) 手[illegible]之教育
(4) 进行团体自治
该所教师尚好
[illegible]请[illegible]药方
当归 一两
白芍 一两
只壳 一钱
柴胡 一钱
炒莱服子二钱
车前子 一钱
甘草 一钱
肯生与王[illegible]分头买布及棉花

39-013

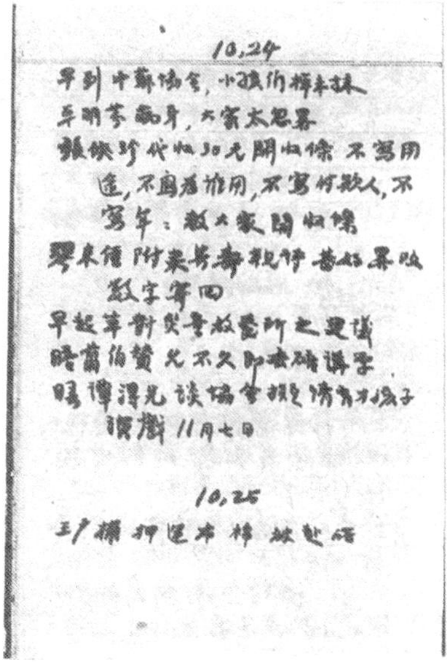

10.24
早到中苏协会，小孩们[illegible]
与明等[illegible]，大家太忙碌
张[illegible]代收20元开收条不写用
途，不写为谁用，不写何款人，不
写年：教大家开收条
[illegible]来信附来[illegible]
数字第四
早起草对灾童救济所之建议
晤翦伯赞允不久即去[illegible]讲学
晤谭[illegible]光谈协会拟请育才孩子
演戏 11月七日

10.25
[illegible]

39-014

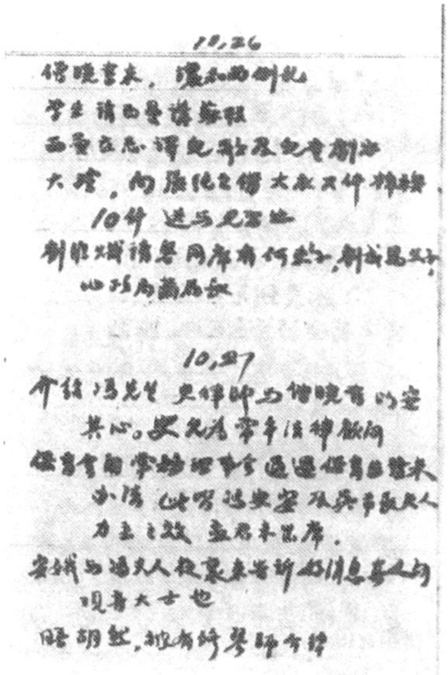

10.26
储晓云来，[illegible]
学生请西医[illegible]
[illegible]
大[illegible]
10[illegible]
[illegible]

10.27
介绍冯先生[illegible]
[illegible]
[illegible]
[illegible]
[illegible]
[illegible]
[illegible]大士也
晤胡[illegible]

39-015

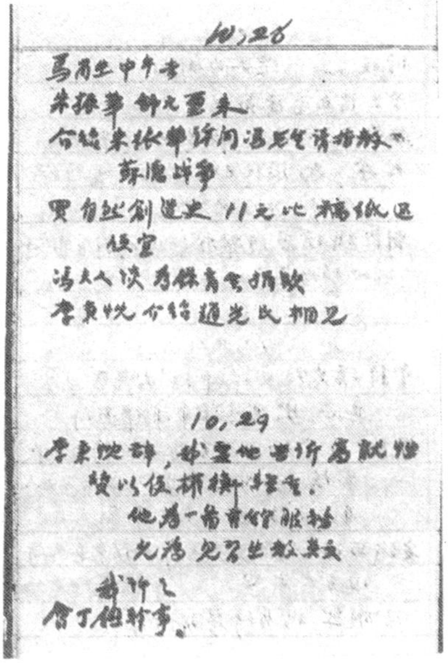

10.28
马[illegible]中午来
朱[illegible]来
介绍[illegible]冯先生请[illegible]
苏德战争
[illegible]11元[illegible]
[illegible]
冯夫人谈为[illegible]捐款
李[illegible]介绍[illegible]

10.29
李[illegible]
[illegible]
[illegible]
[illegible]
[illegible]
[illegible]

39-016

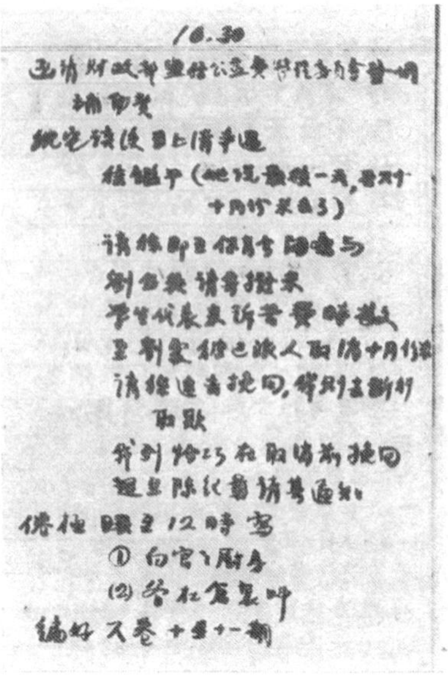

39-017

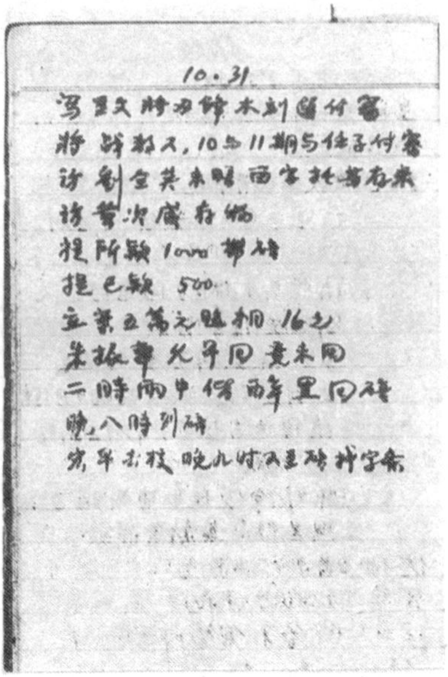

39-018

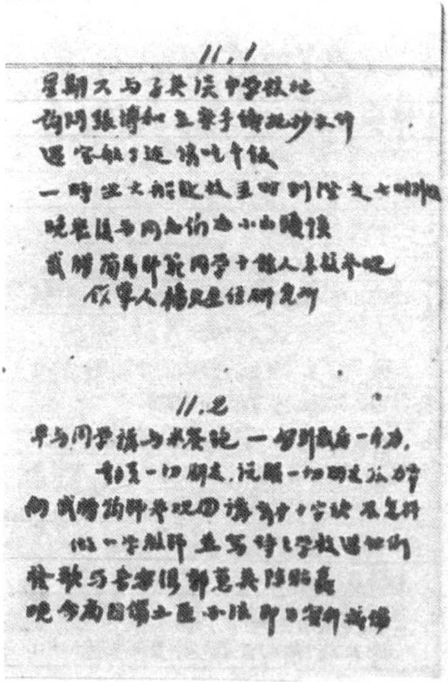

39-019

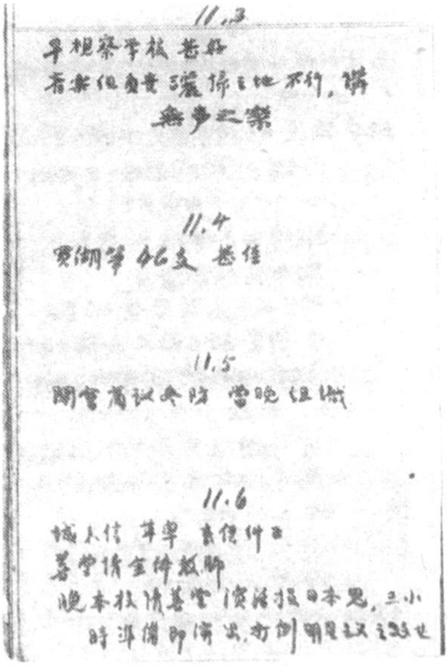

39-020

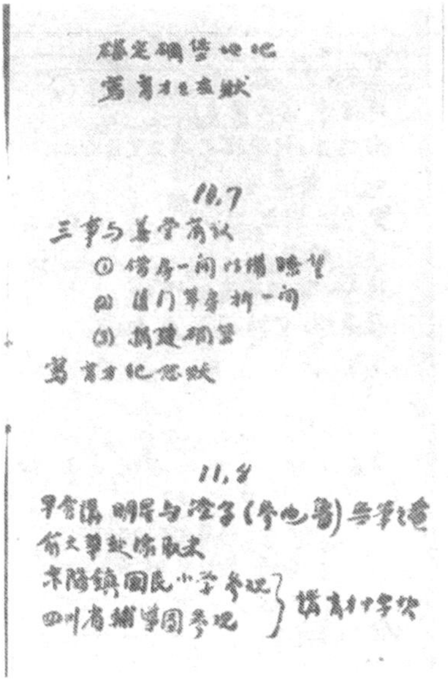
[illegible]
写育才[illegible]

11.7
三事与[illegible]商议
① [illegible]
② [illegible]
③ 新建[illegible]
写育才纪念[illegible]

11.8
早会讲 [illegible]
[illegible]
[illegible]国民小学参观
四川省[illegible]参观 } [illegible]

39-021

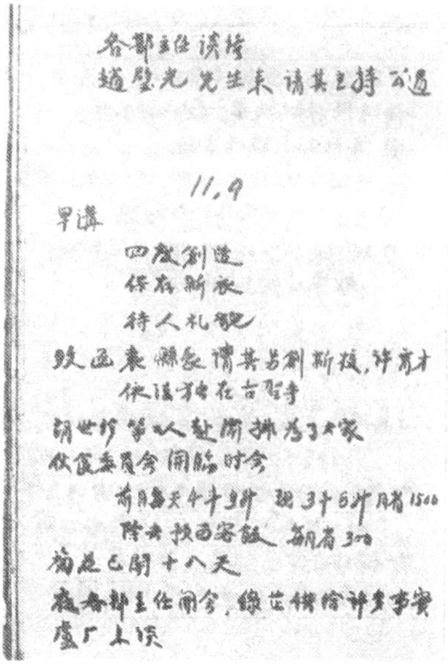
各部主任谈话
赵[illegible]光先生来 请其主持[illegible]

11.9
早讲
四度创造
保存新衣
待人礼貌
[illegible]
[illegible]
[illegible]
伙食委员会開臨時会
[illegible]
[illegible]
[illegible]已開十八天
[illegible]部主任開会，[illegible]
[illegible]

39-022

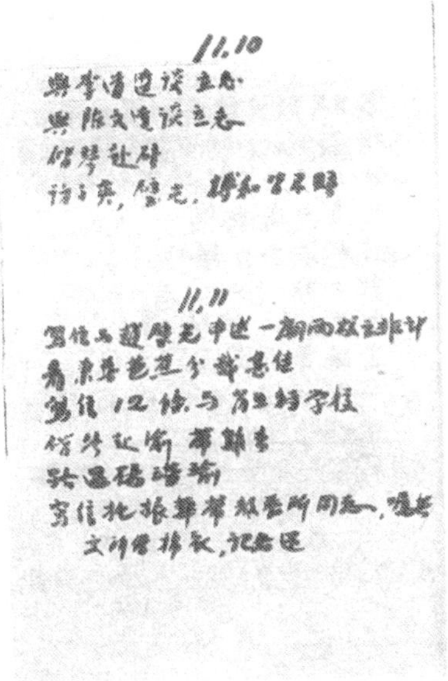
11.10
與李[illegible]谈[illegible]
與陈文[illegible]谈[illegible]
[illegible]
[illegible]

11.11
寫信與趙[illegible]
[illegible]
[illegible]
[illegible]
[illegible]
[illegible]
[illegible]

39-023

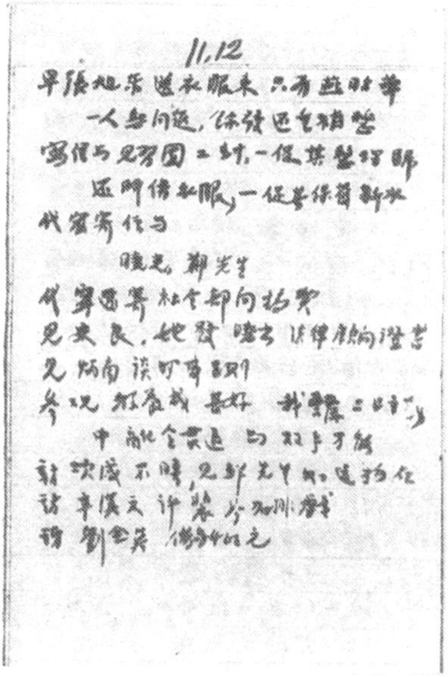
11.12
早[illegible]送衣服來[illegible]
一人[illegible]
写信与[illegible]
[illegible]
[illegible]
[illegible]
[illegible]
[illegible]
[illegible]
參观[illegible]
中[illegible]
[illegible]
[illegible]
[illegible]

39-024

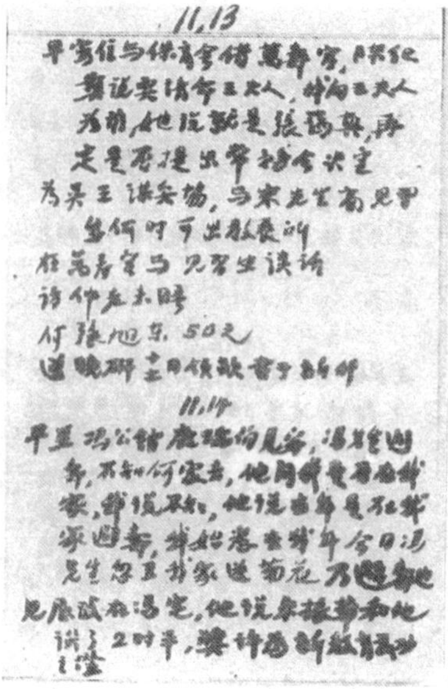
11.13
早寄信与保育会借万斯宾，陈纪彝说要请分三夫人，我向三夫人为难，她说就是张蔼真，再定是否提出常务会决定
为吴王谋安插，与宋先生商见习生何时可出版[illegible]
在万寿宫与见习生谈话
访仲老未晤
付张旭东 50元
送晓联十二月领款书于[illegible]
11.14
早至冯公馆慰问[illegible]，冯先生回来，不知何处去，她[illegible]，我说不知，她说[illegible]，今日冯先生忽至我家送菊花，乃邀她见面，试在冯宅，她说[illegible]和她谈了2时半，[illegible]

39-025

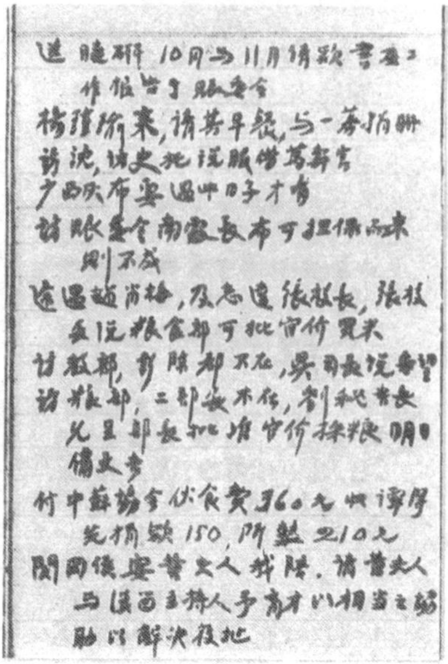
送晓联10月与11月领款书至工作组由赈委会
杨璜伯来，请其早发，与一某捐册
访沈，请史批准赈济万斯宾
广西庆布要过四日才有
访赈委会南处长，布可担保而来则不成
送过赵前梅，及忽遇张科长，张科长说粮食部可批官价买米
访粮部，部长都不在，吴司长说要找
访粮部，二部长不在，刘秘书长允呈部长批准官价米粮明日备文来
付中苏协会伙食费360元，[illegible]先捐款150，所欠210元
闻[illegible]安普夫人找陈，请普夫人与该面主持人予商，才以相当之补助以解决校址

39-026

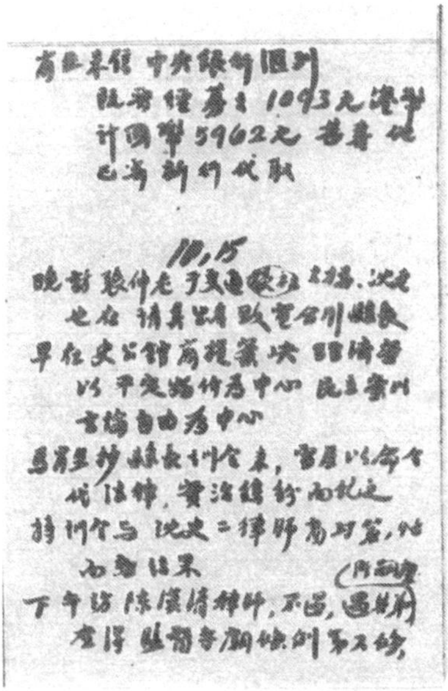
商业银行 中央银行汇到
陈翰笙募之1093元港币
计国币5962元 [illegible]
已[illegible]
11.15
晚访张仲老于[illegible]，沈老也在，请其出名致电合川县长
早在史公馆商提议决[illegible]以平等协作为中心，民主宪政[illegible]言论自由为中心
[illegible]县长[illegible]来，[illegible]以命令代法律，[illegible]
[illegible]与沈史二律师商对策，[illegible]结果
下午访陈[illegible]，不遇，[illegible]

39-027

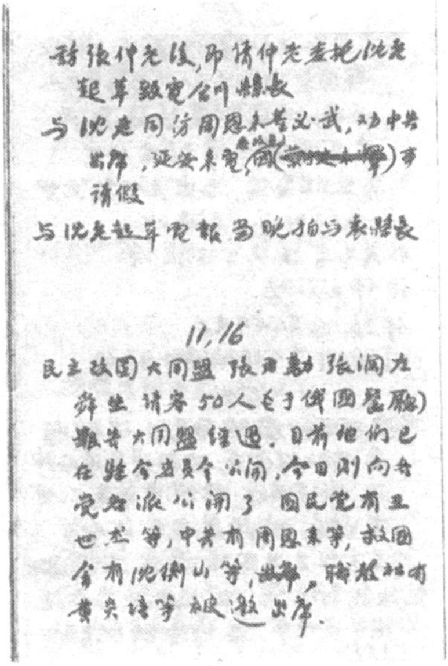
访张仲老后，即请仲老去把沈老起草致电合川县长
与沈老同访周恩来董必武，为中共出席，延安来电（[illegible]）事请假
与沈老起草电报为晚拍与袁县长
11.16
民主政团大同盟张君劢张澜左舜生请客50人（于[illegible]餐厅）欢迎大同盟结盟。目前他们已在驻参政员会公开，今日则向各党各派公开了。国民党有王世杰等，中共有周恩来等，救国会有沈钧儒等出席，职教社有黄炎培等被邀出席。

39-028

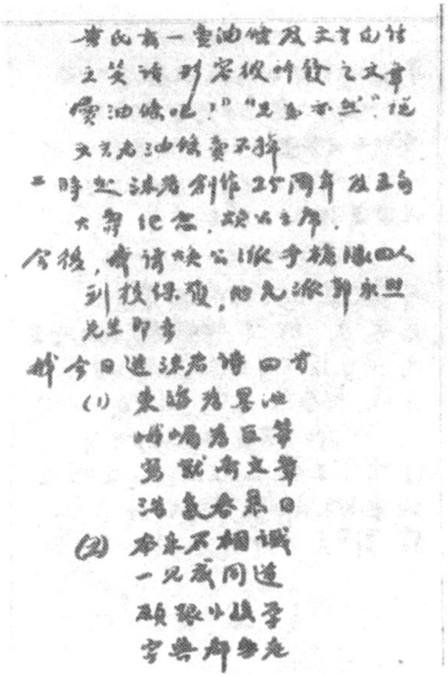

39-029

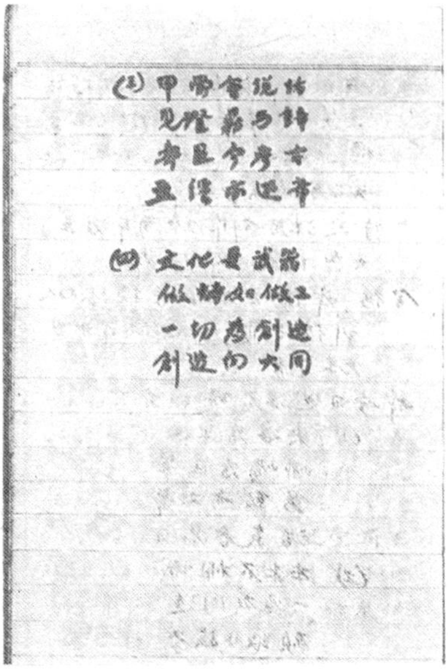

39-030

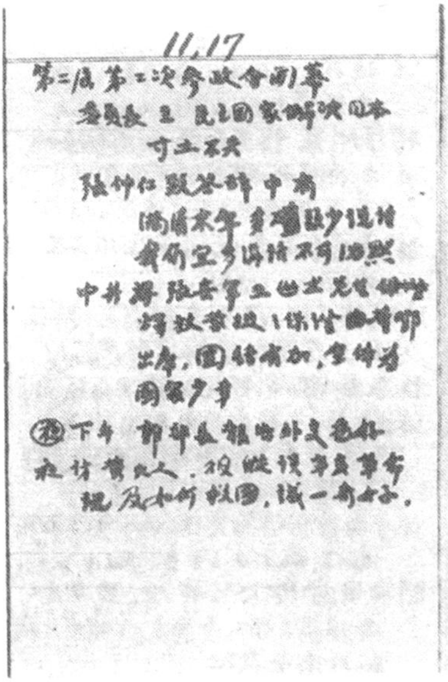

39-031

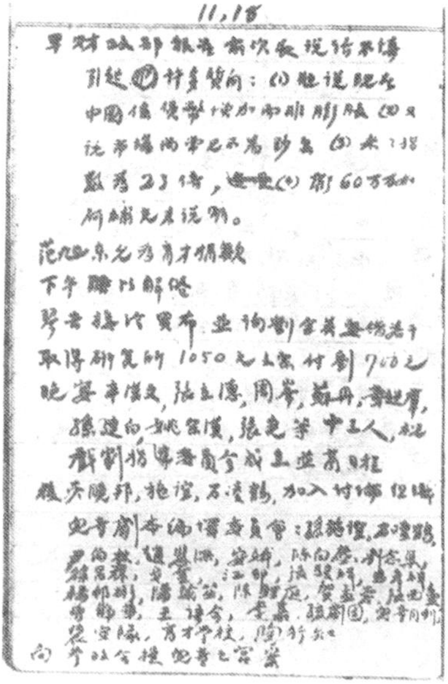

39-032

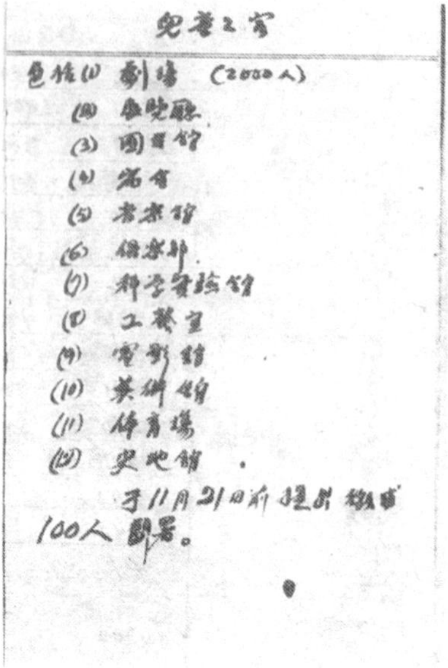

儿童之宫

包括(1) 剧场 (2000人)
(2) 音乐厅
(3) 图书馆
(4) 宿舍
(5) 博物馆
(6) 俱乐部
(7) 科学实验馆
(8) 工艺室
(9) 电影馆
(10) 美术馆
(11) 体育场
(12) 史地馆

于11月21日前提出概算
100人预算。

39－033

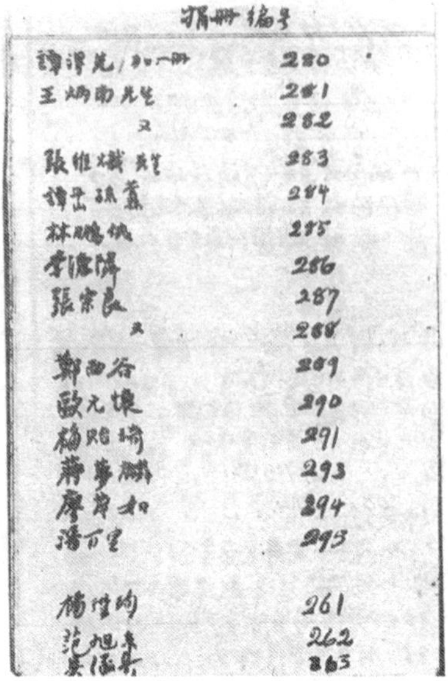

捐册编号

| | |
|---|---|
| 谭泽光 加一册 | 280 |
| 王炳南先生 | 281 |
| 又 | 282 |
| 张维城先生 | 283 |
| 谭云孙叢 | 284 |
| 林鹏侠 | 285 |
| 李德傅 | 286 |
| 张宗良 | 287 |
| 又 | 288 |
| 郑西谷 | 289 |
| 欧元怀 | 290 |
| 杨明楷 | 291 |
| 蒋梦麟 | 293 |
| 廖葆和 | 294 |
| 潘百里 | 295 |
| 杨惟均 | 261 |
| 范旭东 | 262 |
| 吴蕴初 | 263 |

39－034

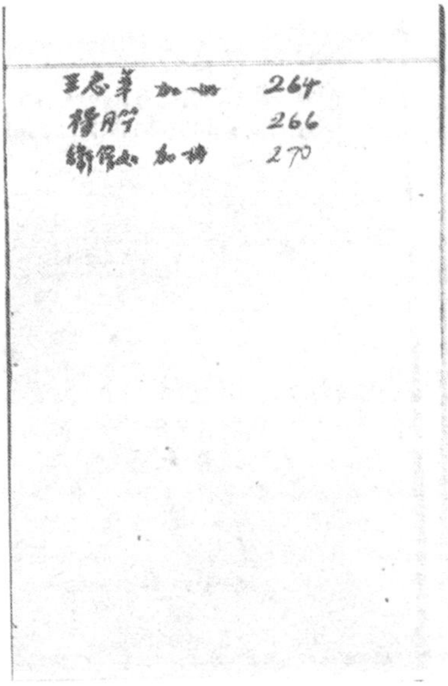

| | | |
|---|---|---|
| 王志莘 | 加一册 | 264 |
| 穆藕初 | | 266 |
| 衞[illegible] | 加册 | 270 |

39－035

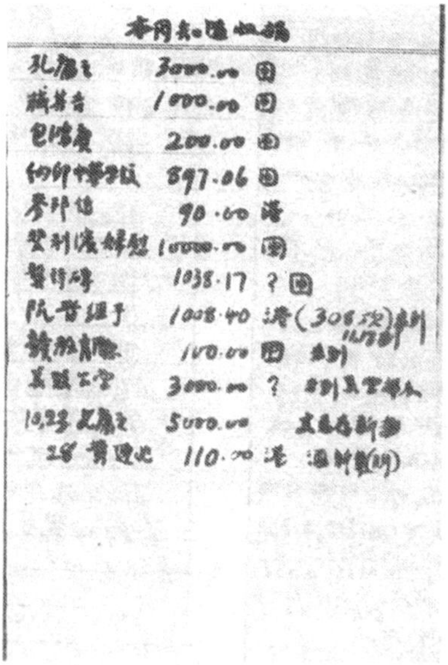

本月未收到收据

| | | | |
|---|---|---|---|
| 孔庸之 | 3000.00 | 国 | |
| [illegible] | 1000.00 | 国 | |
| [illegible] | 200.00 | 国 | |
| 仰光中华学校 | 897.06 | 国 | |
| [illegible] | 90.00 | 港 | |
| [illegible] | 10000.00 | 国 | |
| [illegible] | 1038.17 | ?国 | |
| [illegible] | 1008.40 | 港 | (308.30)未到 11月28日到 |
| [illegible] | 100.00 | 国 | 未到 |
| [illegible] | 3000.00 | ? | 未到美金若干 |
| 10.23 孔庸之 | 5000.00 | | [illegible] |
| 28 [illegible] | 110.00 | 港 | [illegible] |

39－036

39－037

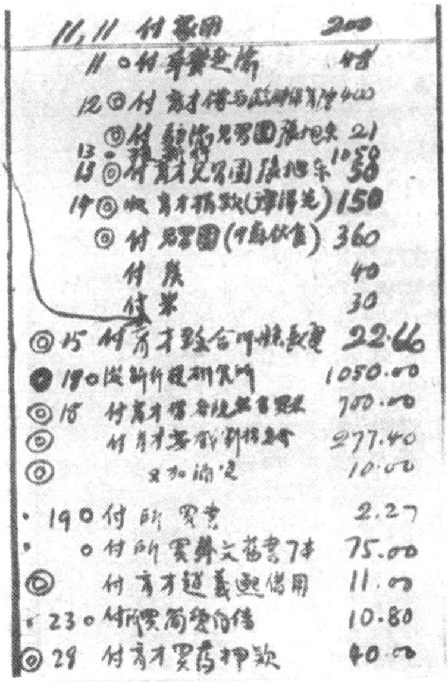

39－038

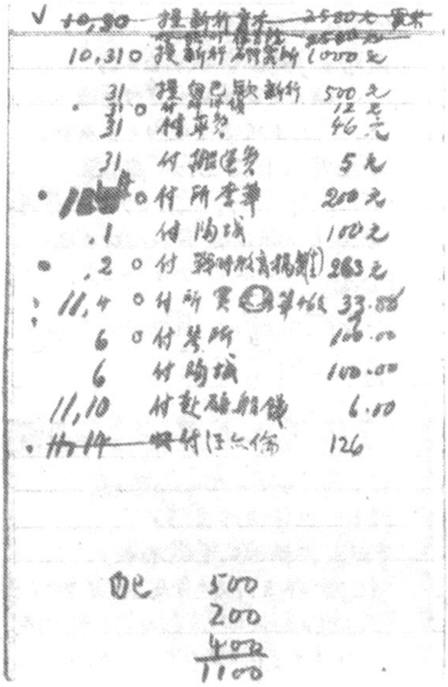

39－039

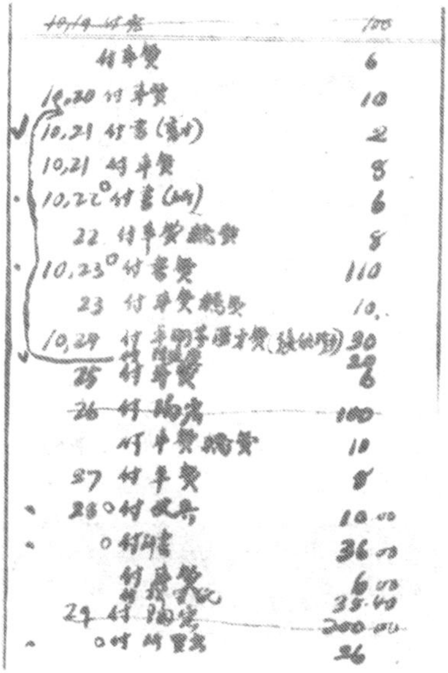

39－040

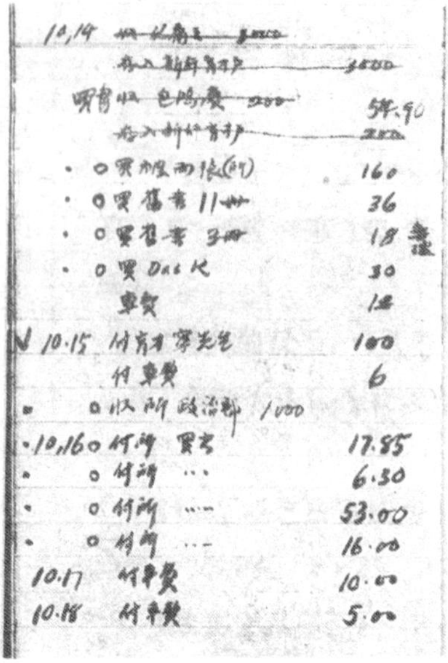


39-041

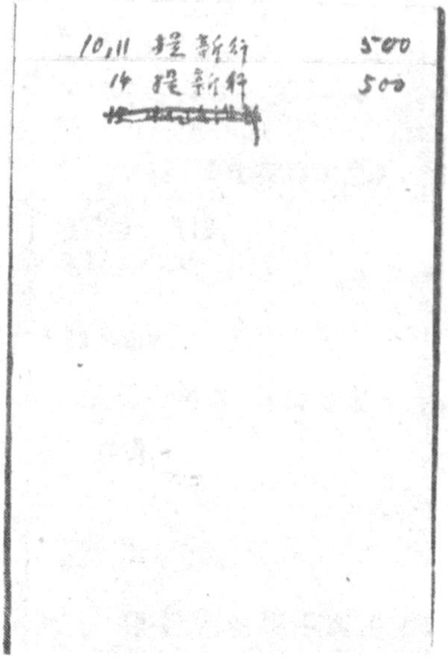


39-042

39-043

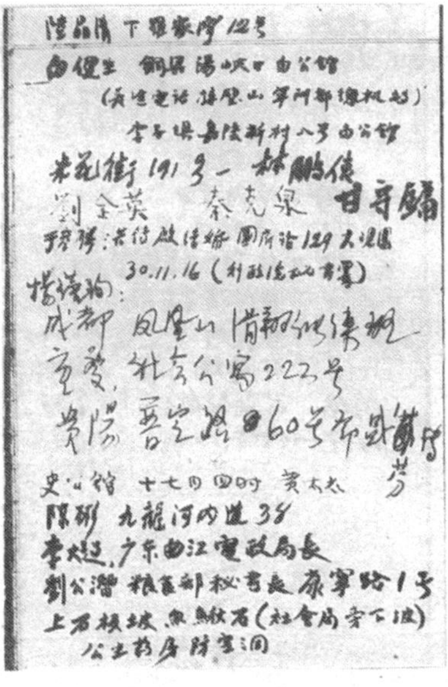


39-044

# 第三十九册〔注译〕

1941.10.14~1941.11.28

重庆·北碚

39—001

第4行外文为《资本论》

39—004

第6行“希”指希特勒

第8行“洋水浒”指《水浒》外文译本

39—005

末7行：晚读俄文五课及《心的跳动》

《我决定》C.P.斯特森　P.137（第137页，后同）

《美丽的双手》艾伦·M.H.盖茨夫人　今我思母手 P.47

《1862年之白宫厨房》维德·艾维克　P.89

《致丈夫及妻子》　P.69

《偿还不完的第一次轮船旅行费》　P.41

《阿布·本·阿第亨》L.亨特　P.47

39—006

倒数第4行“文社自组”指文学组、社会组、自然组

倒数第3行“璀”即陆璀

39—008

第7行“文社”指文学组、社会组

第8行“H.T”即《心的跳动》

第9行：《真实的休息》　歌德　P.119

39—009

第2行外文:《我决定》 斯特森著

39—010

第12行“光明”指中国民主政团同盟机关报《光明报》

第13行“漱溟”即梁漱溟，时任《光明报》社社长

39—015

倒数第5行“冯史安”指冯夫人、史良、安娥

39—019

第5行“澄”指澄江镇

39—028

第3行意为：劝中共出席第二届国民参政会第二次会议

# 衔备忘

第四十册

1941.11.19~1942.1.27

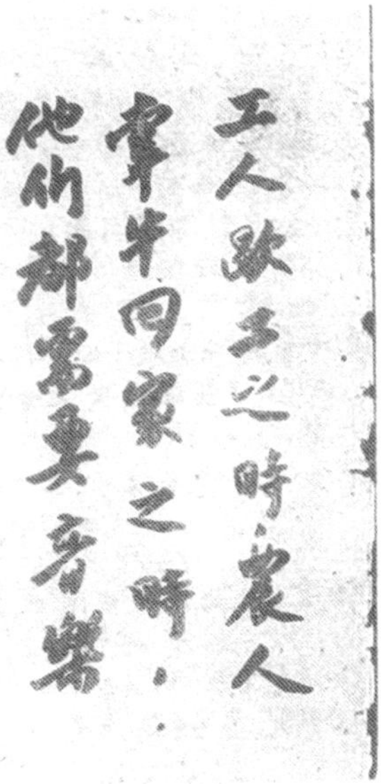

工人歇工之時，農人
牽牛向家之時，
他們都需要音樂

40-001

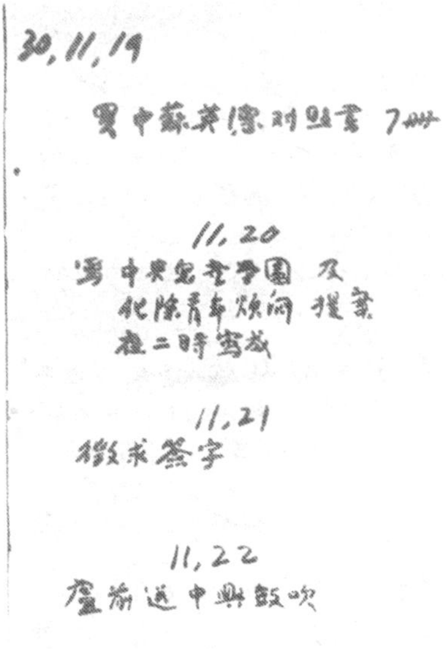

30,11,19

買中蘇英美對照書 7冊

11.20

寫中央兒童學團 及
化除青年煩悶 提案
在二時寫成

11.21

徵求簽字

11.22

在渝道中興飯吹

40-002

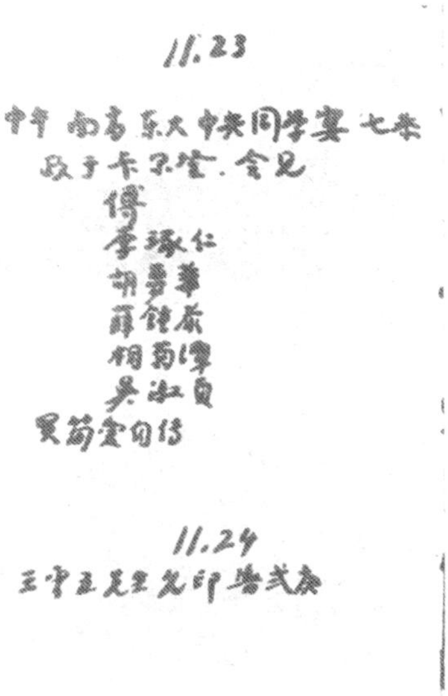

11.23

中午 南高 東大 中央同學宴 七參
政于卡爾登. 會見
傅
李琢仁
胡夢華
薛鍾泰
胡菊潭
吳淑貞
買葡萄回信

11.24

王雲五先生允印歌式本

40-003

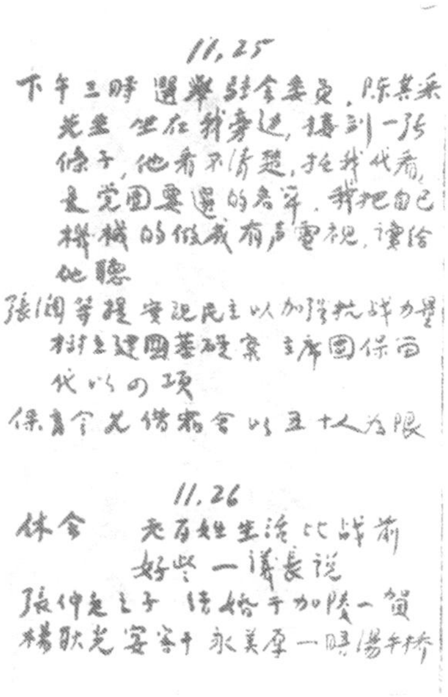

11.25

下午三時選舉駐會委員，陳其采
先生坐在我身邊，接到一張
條子，他看不清楚，托我代看，
是黨團要選的名單，我把自己
機械的假裁有聲電視，讀給
他聽
張瀾等提實現民主以加強抗戰力量
樹立建國基礎案 主席團保留
代以四項
保育會先備案會以五十人為限

11.26

休會　老百姓生活比戰前
好些 一議長說
張仲魯之子 結婚于加陵一賀
楊耿光宴客于 永美厚一時備午搞

40-004

11,28

代育才买药

11,29

田镜主宴客于加陵新村——

安徽同乡

11,30

交通银行聚餐会

晚周寄梅宴参政员于广东酒楼

40-005

12.1

访张崇予青干班 并见黄瑞

在班中听 梅得合川县党

部书记长为陈季贤

请李琢仁致电陈季贤请协助

育才校舍

琴自歇山回

见程署长

12.3

访谭赞，Lattimore，陶桂林

12.5

整理帐目

决定四学生见习办法

40-006

12.6

四经第自告奋勇向中国国货银行

抵押，完成三千之数

整理帐目

张仲友对学生讲话于万寿宫

12.7

再晤雪立

承周宗融介绍借陶明逸房，管家巷

廿八号，今日去看。知道是财政部

向盐务局所借

12.8

日美开战

早访鲁佩璋托代借28号房

40-007

12,10

搬入28号

鲁佩璋来信，28号已还盐局

12,11

今丁锋事，托史信与保煦办请借

28号

郑周之先借抗战堂及学号

讲太平洋战地势

12,12

余偕舒弱甫请借28号，偶可

晤郭耀宗（本席），照楼主任，问

28号事，郭答：管家巷无人管，

我说：像我们代管也好。

40-008

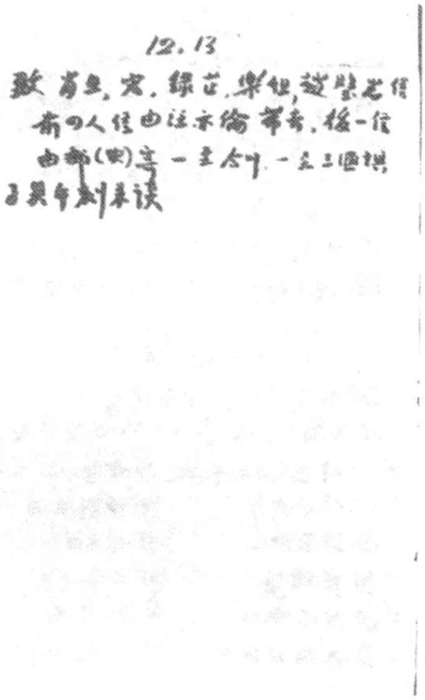
12.13
致肖生、宏、绿芷、乐钜、谊紫之信
前四人信由汪永倫带去，後一信
由邮(寄)寄　一至念川　一至三[illegible]
函吴[illegible]刘来谈

40-009

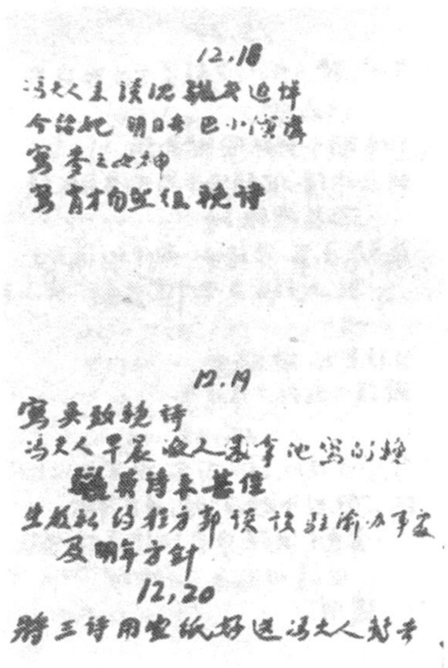
12.18
冯夫人来谈沈[illegible]追悼
今给她明日去巴小演讲
写[illegible]之[illegible]
写育才[illegible]诗

12.19
写吴[illegible]诗
冯夫人早晨[illegible]
[illegible]诗来甚佳
生[illegible]的程方郭谈谈驻渝办事处
及明年方针
12.20
[illegible]三诗用[illegible]纸[illegible]送冯夫人[illegible]

40-010

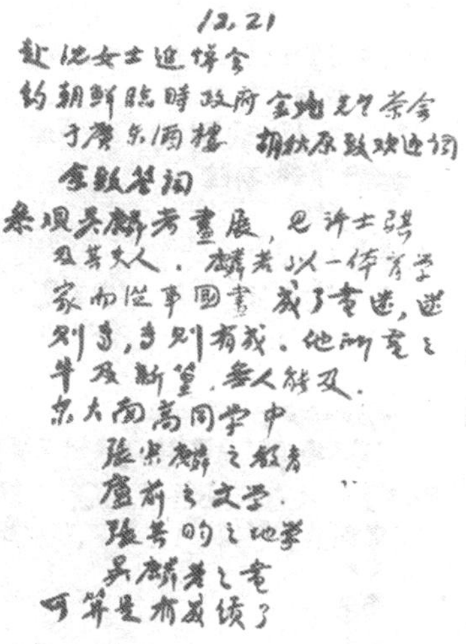
12.21
赴沈女士追悼会
约朝鲜临时政府金九先生茶会
于广东酒楼　胡秋原致欢迎词
余致答词
参观吴麟若画展，包许士骐及其夫人。麟若以一体育学家而从事图画，成了画迷，迷则专，专则有成。他所[illegible]之[illegible]及[illegible]，无人能及。
东大南高同学中
张宗麟之教育
卢前之文学
张其昀之地学
吴麟若之画
可算是有成绩了

40-011

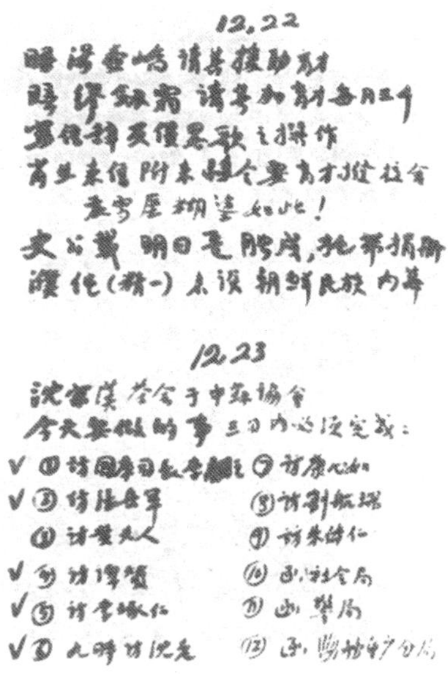
12.22
函[illegible]请其捐助款
函[illegible]请其加款每月三千
[illegible]之拙作
肖生来信附来[illegible]要育才撤校舍
[illegible]如此！
史[illegible]明日[illegible]
[illegible](精一)来谈朝鲜民族[illegible]

12.23
[illegible]茶会于中苏协会
今天要做的事三日内必须完成：
✓ ①访[illegible]　⑦访康心如
✓ ②访张岳军　⑧访刘航琛
③访冯夫人　⑨访朱[illegible]
✓ ④访[illegible]　⑩函社会局
✓ ⑤访李[illegible]　⑪函警局
✓ ⑥九时访沈老　⑫函[illegible]分局

40-012

陶行知全集
衙备忘第四十册（1941.11.19~1942.1.27）

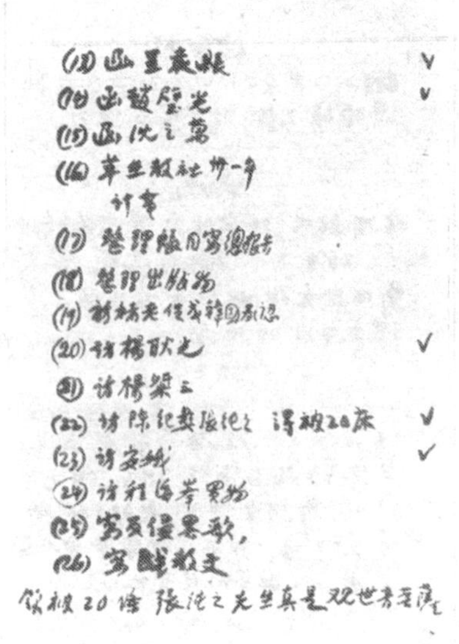

40-013

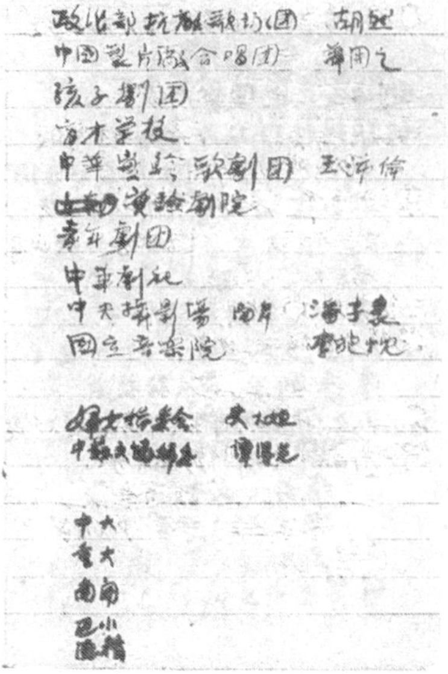

40-014

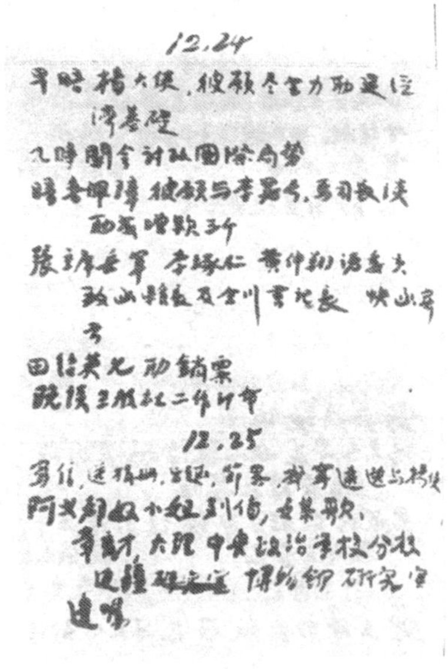
12.24

12.25

40-015

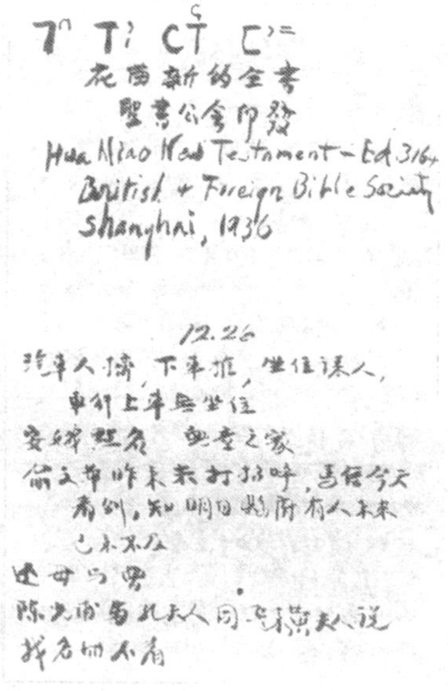
花苗新約全書
聖書公會印發
Hua Miao New Testament — Ed 3164
British + Foreign Bible Society
Shanghai, 1936

12.26

40-016

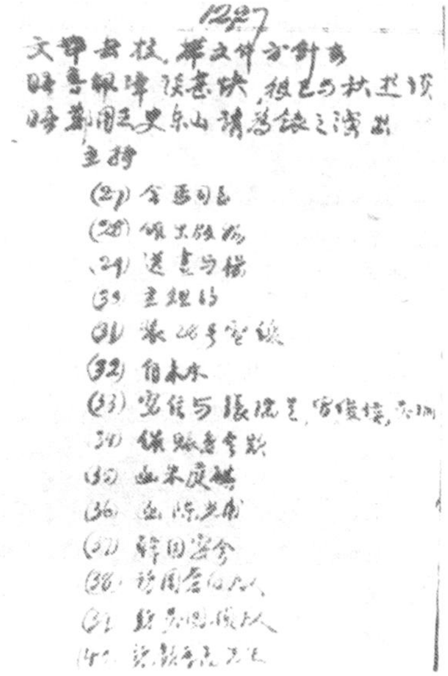
12.27

[illegible]

主持

(27) [illegible]

(28) [illegible]

(29) [illegible]

(30) [illegible]

(31) [illegible]

(32) [illegible]

(33) [illegible]

(34) [illegible]

(35) [illegible]

(36) [illegible]

(37) 韩国宴会

(38) [illegible]

(39) [illegible]

(40) [illegible]

40-017

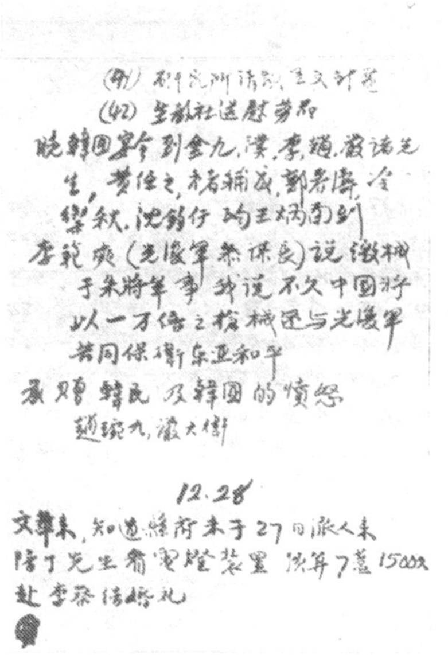
(41) [illegible]

(42) 生教社送慰劳品

晚韩国宴会到金九、濮、李、赵、严诸先生，黄任之、褚辅成、郭秀峰、冷御秋、沈钧儒均王炳南到

李范奭（光复军参谋长）说微机于未将来事 我说不久中国将以一万倍之枪械运与光复军共同保卫东亚和平

承赠韩民及韩国的愤怒

赵琬九、严大卫

12.28

文华来，知道县府未于27日派人来

[illegible]丁先生看电灯装置 预算7盏1500元

赴李蔡结婚礼

40-018

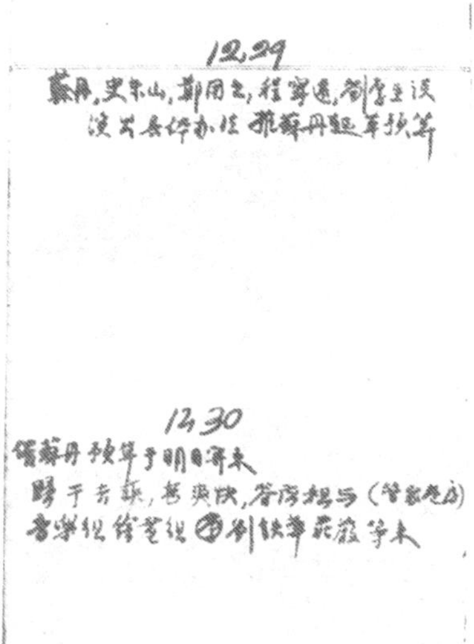
12.29

苏丹、史东山、郑用之、程宰遇、刘[illegible]主谈

决另[illegible]停办法 推苏丹起草预算

12.30

留苏丹预算于明日寄来

[illegible]

[illegible]

40-019

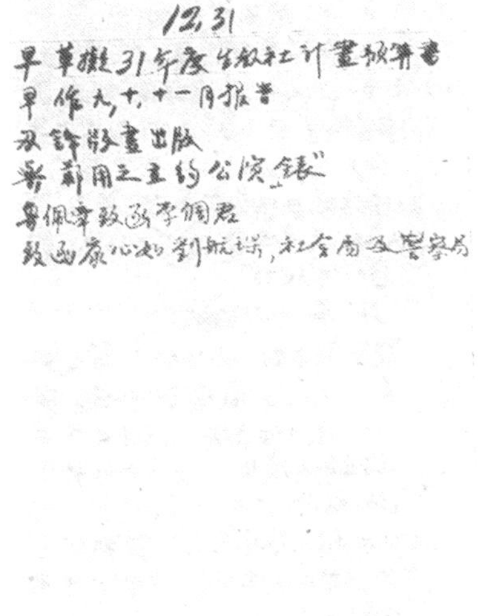
12.31

呈华拟31年度生教社计画预算书

呈作大，十、十一月报告

承许[illegible]画出版

[illegible]郑用之主约公演钱

[illegible]致函李[illegible]君

致函康心如、刘航琛，社会局及警察局

40-020

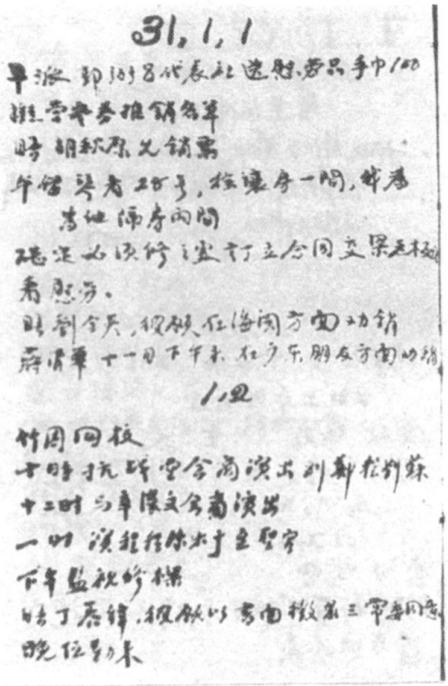

40-021

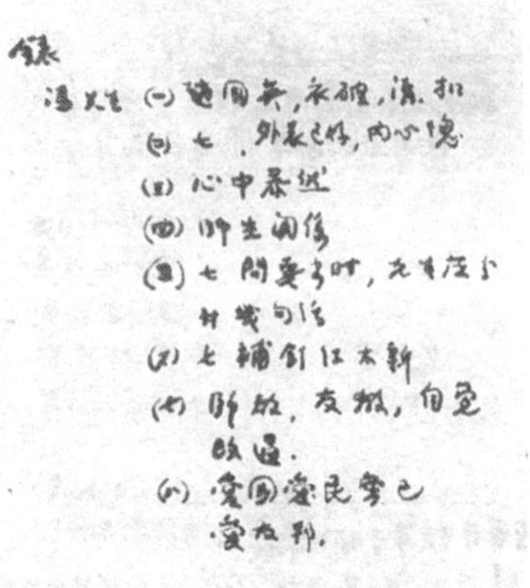

40-022

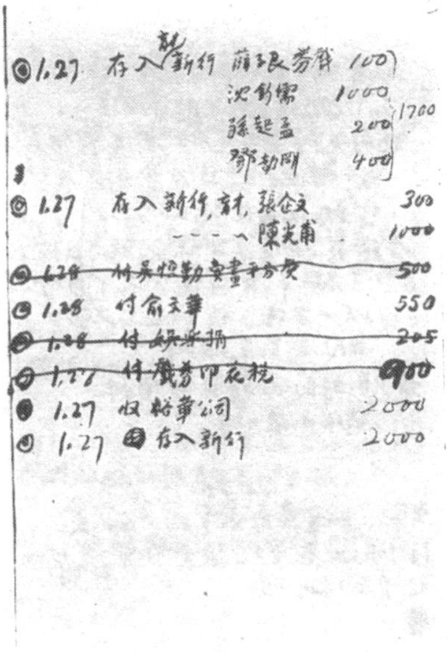

40-023

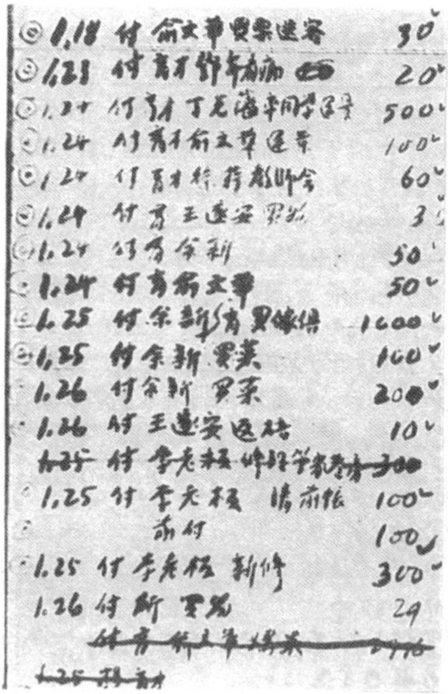

40-024

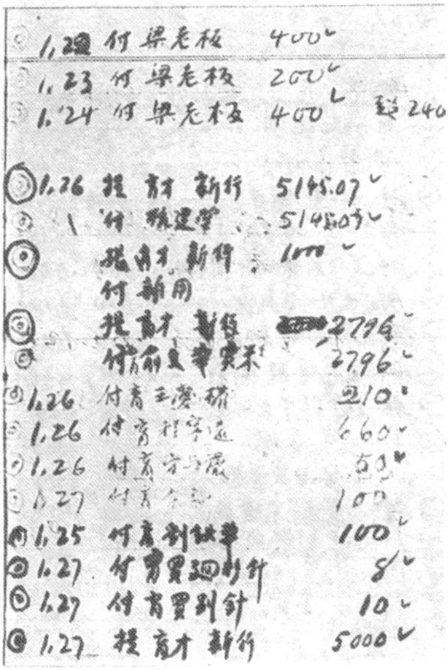

40—025

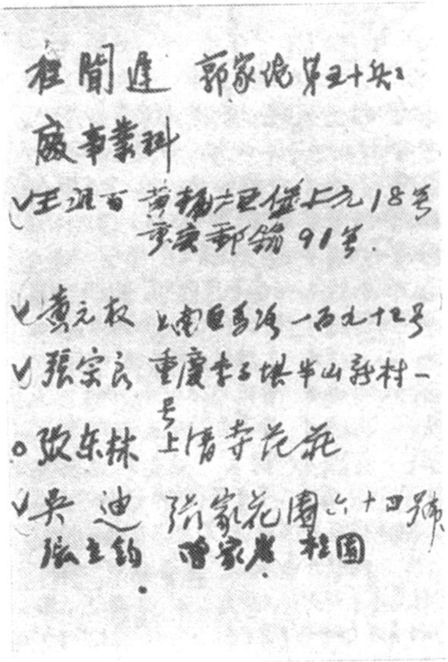

40—026

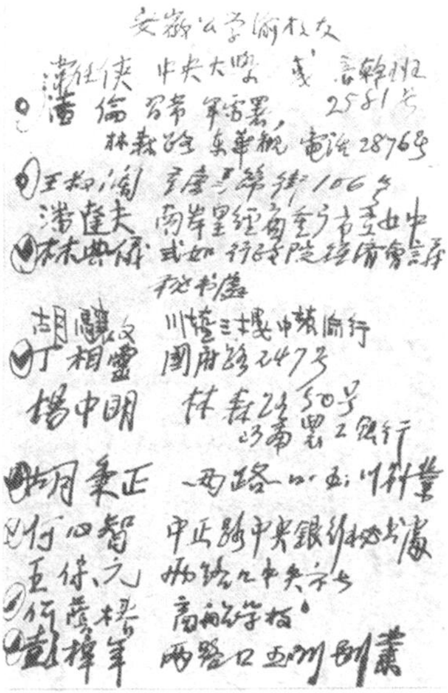

40—027

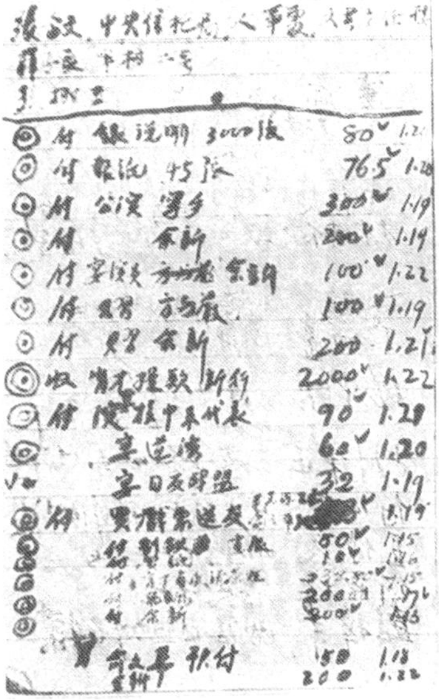

40—028

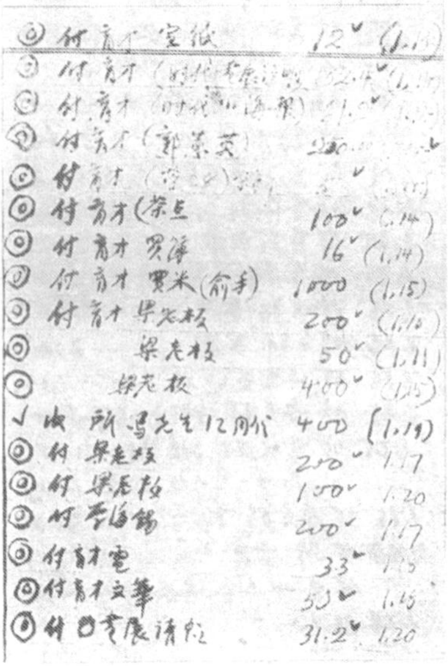

40-029

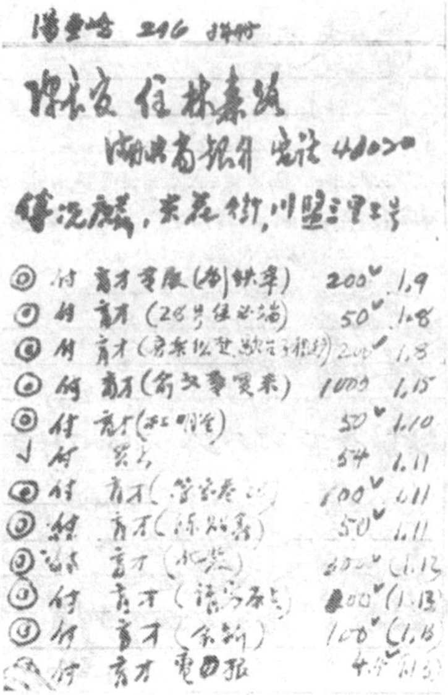

40-030

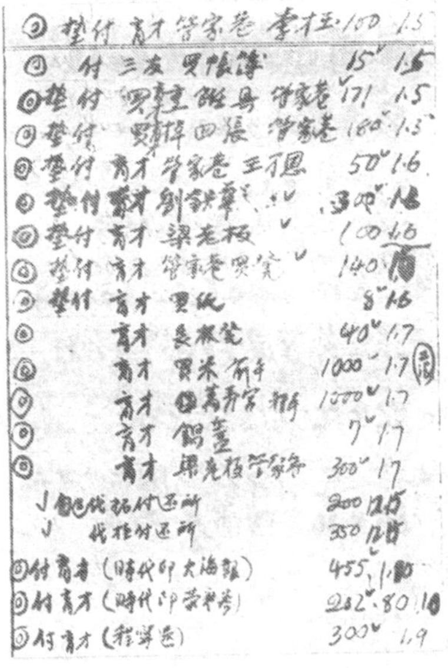

40-031

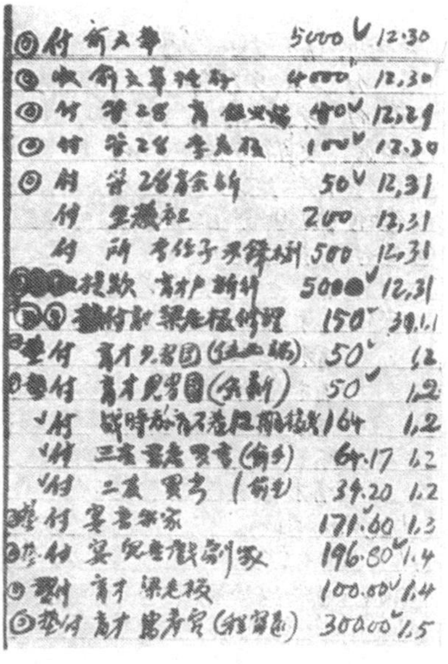

40-032

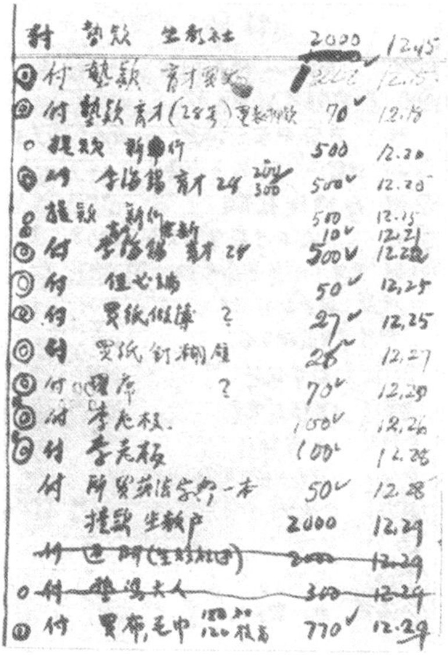

40-033

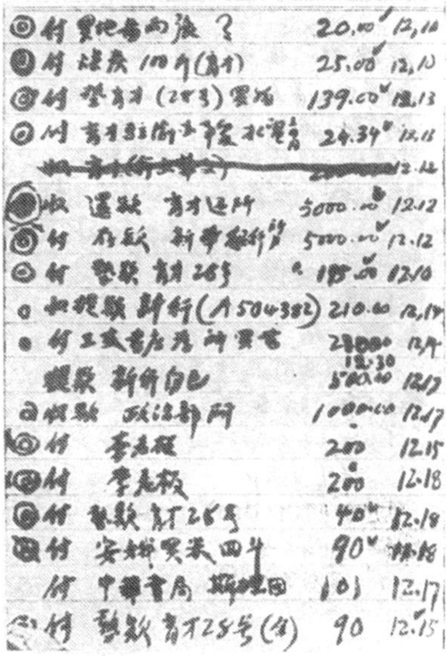

40-034

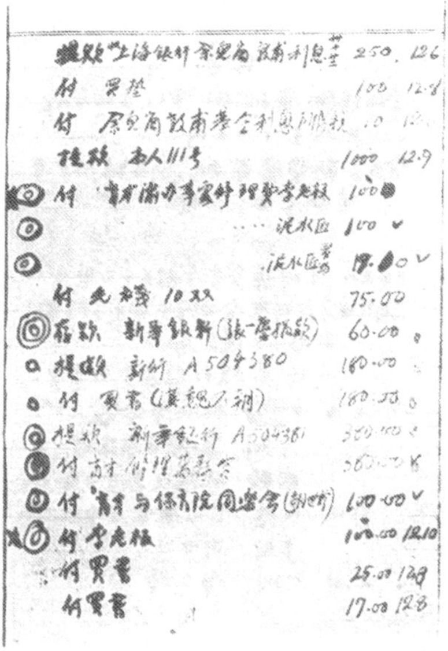

40-035

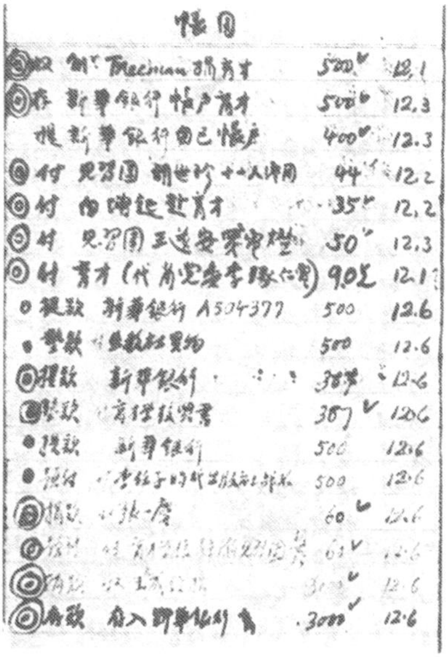

40-036

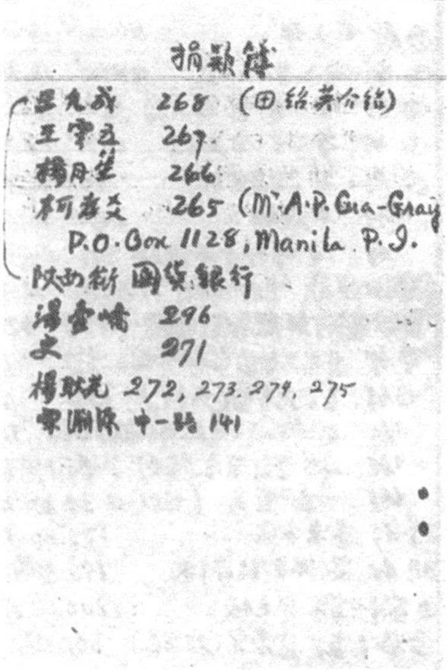

捐款簿

吕克成 268 (田绍英介绍)
王宗孟 267
杨丹生 266
柯春茂 265 (Mr. A.P. Gia-Gray
P.O. Box 1128, Manila P.I.
陕西街 国货银行
汤云嵩 296
史 271
杨耿光 272, 273. 274, 275
贾渊深 中一路 141

40-037

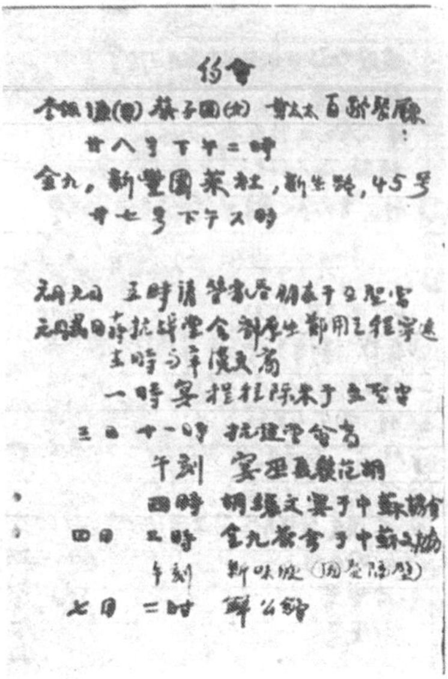

约会

李秋潭(男) 蔡子园(女) 黄太太 百龄餐厅
廿八号下午二时
金九，新华园茶社，新生路，45号
廿七号下午六时

元月[illegible]日 五时请[illegible]于[illegible]
元月[illegible]日[illegible]抗战堂会 [illegible]
五时[illegible]
一时 宴[illegible]于[illegible]
三日 十一时 抗建堂会[illegible]
午刻 宴[illegible]
四时 胡绳文宴于中苏协会
四日 二时 金九茶会于中苏文协
午刻 新味腴(国泰隔壁)
七日 二时 [illegible]公馆

40-038

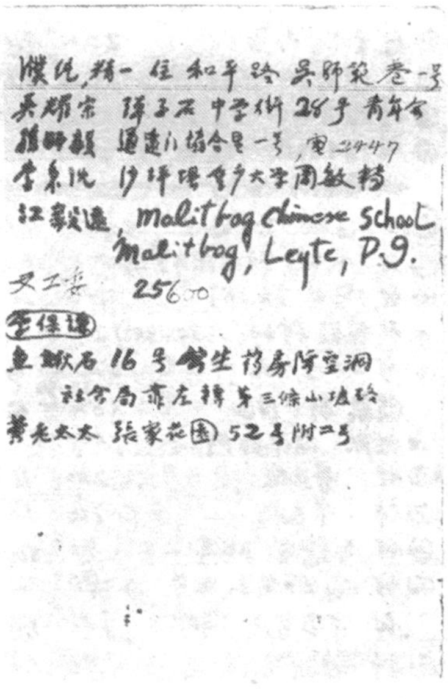

濮纯，精一 住和平路吴师范巷一号
吴耀宗 [illegible] 中学街28号青年会
[illegible] 通远门[illegible]一号，电2447
李[illegible] 沙坪坝重庆大学[illegible]
江[illegible]，Malitbog Chinese School
Malitbog, Leyte, P.I.
文工委 25600
(李保谦)
鱼[illegible]石16号 卫生药房防空洞
社会局靠左转弯三条山坡路
黄老太太 张家花园52号附二号

40-039

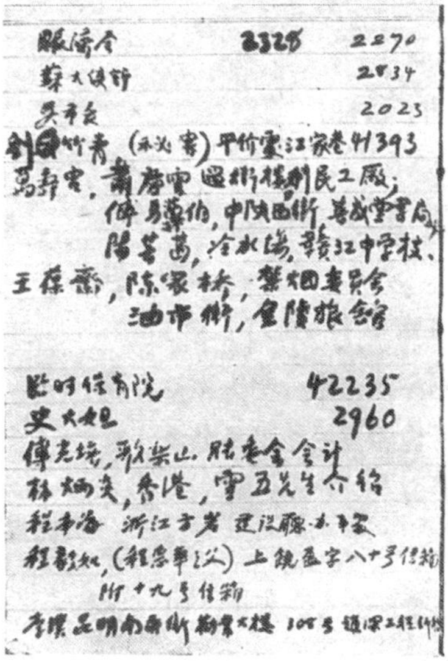

赈济会 2325 2270
苏大使馆 2834
吴市长 2023
刘[illegible]竹青，(永兴[illegible]) [illegible]江家巷41393
葛[illegible]，萧[illegible] [illegible]民工厂，
傅[illegible]，中陕西街[illegible]书局，
阳[illegible]，冷水场，赣江中学校，
王[illegible]，陈家桥，禁烟委员会
油市街，金陵旅舍馆
战时保育院 42235
史大姐 2960
傅[illegible]，歌乐山[illegible]会计
林[illegible]，香港，[illegible]先生介绍
程[illegible] 浙江[illegible]建设厅[illegible]
程[illegible]，([illegible]之父) 上饶[illegible]八十号信箱
附十九号信箱
李[illegible] 昆明南[illegible]街[illegible]大楼 108号 [illegible]

40-040

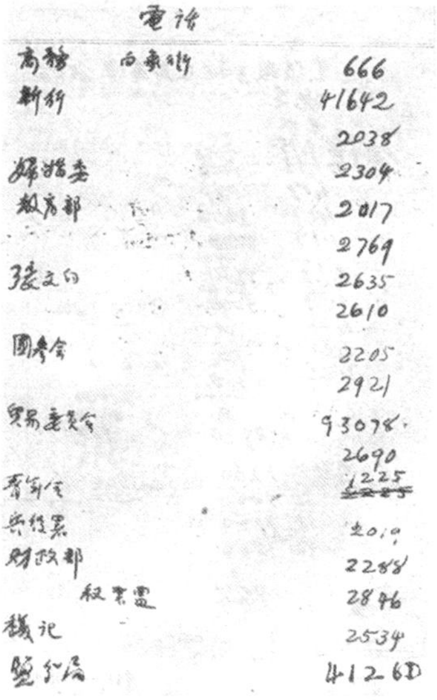
電話

| | | |
|---|---|---|
| 商務 | 白象街 | 666 |
| 新行 | | 41642 |
| | | 2038 |
| 婦指委 | | 2304 |
| 教育部 | | 2017 |
| | | 2769 |
| 張文白 | | 2635 |
| | | 2610 |
| 國參会 | | 2205 |
| | | 2921 |
| 貿易委員会 | | 93078 |
| | | 2690 |
| 青年会 | | 1225 |
| 兵役署 | | 2019 |
| 財政部 | | 2288 |
| | 秘書處 | 2846 |
| 錢記 | | 2534 |
| 鹽務局 | | 412 6D |

40-041

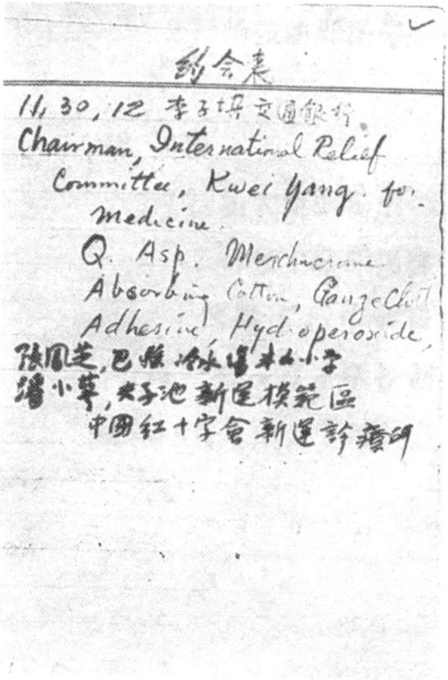
約会表

11, 30, 12 李子垻交通銀行

Chairman, International Relief Committee, Kwei Yang. for medicine.

Q. Asp. Merchucrome

Absorbing Cotton, Gauze Cloth

Adhesive Hydroperoxide,

陳鼎芝，巴縣冷水場村小學

潘小萼，大水池新運模範區

中國紅十字會新運診療所

40-042

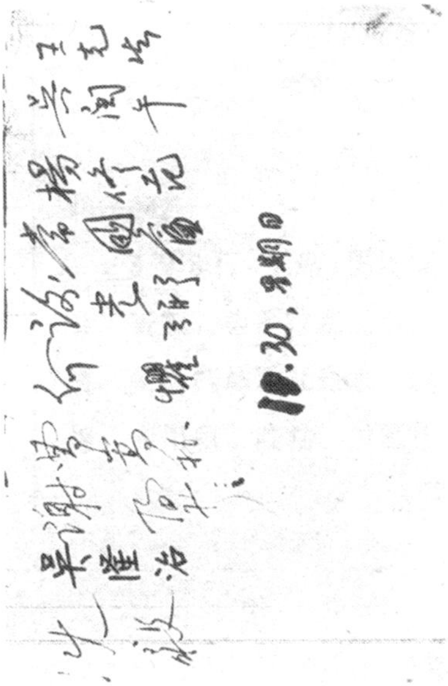
10.30，星期日

40-043

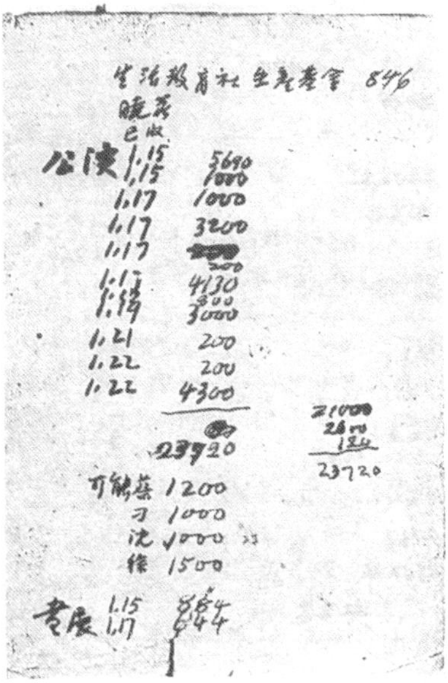
生活教育社 生產基金 846

晓荪

已收

| | | |
|---|---|---|
| 公读 | 1.15 | 5690 |
| | 1.15 | 1000 |
| | 1.17 | 1000 |
| | 1.17 | 3200 |
| | 1.17 | 200 |
| | 1.17 | 4130 |
| | 1.19 | 300 |
| | 1.19 | 3000 |
| | 1.21 | 200 |
| | 1.22 | 200 |
| | 1.22 | 4300 |
| | | 23720 |

21000
2600
120
23720

| | |
|---|---|
| 可能募 | 1200 |
| 刁 | 1000 |
| 沈 | 1000 |
| 徐 | 1500 |

专展 1.15 884
1.17 844

40-044

# 第四十册〔注译〕

1941.11.19~1942.1.27

重庆·北碚

40—003

第 2 至 3 行意为：中午南京高师、东南大学、中央大学同学宴七参政员于卡尔登饭店

40—006

第 10 行外文名：拉铁摩尔

40—012

第 2 行“汤壶桥”即汤午桥

40—015

第 2 行“杨大使”即杨杰

第 7 行“张主席”即张群

倒数第 5 行中“旨趣”、“节略”指《育才学校创办旨趣》、《育才学校节略》

40—016

第 4 至 6 行：《花苗新约全书》英国 3164 版　外国《圣经》出版协会　上海　1936

40—022

此页为冯玉祥对《表》之演出发表的意见

40—036

第 2 行外文：弗里曼先生

40—042

第 3 至 8 行：主席，国际赈委会　贵阳　为医疗用品事：夸脱、阿司匹林、红药水、脱脂棉、专用服、胶粘、过氧化氢

# 銜備忘

第 四 十 一 册

1943.3~1943.5

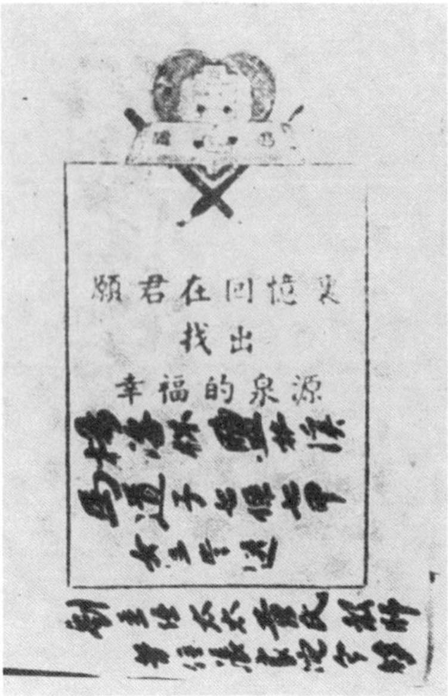


41-001

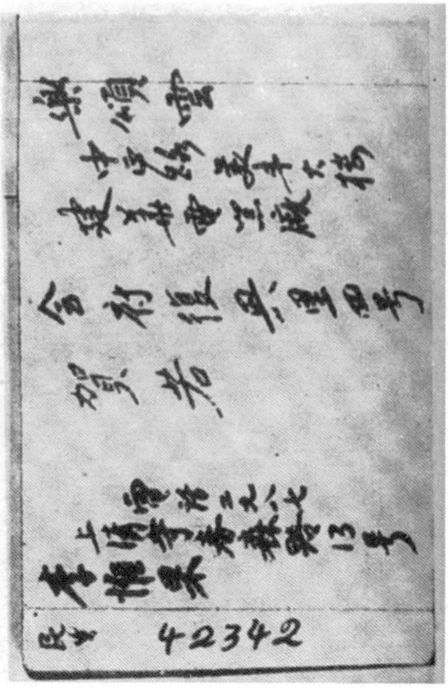

41-002

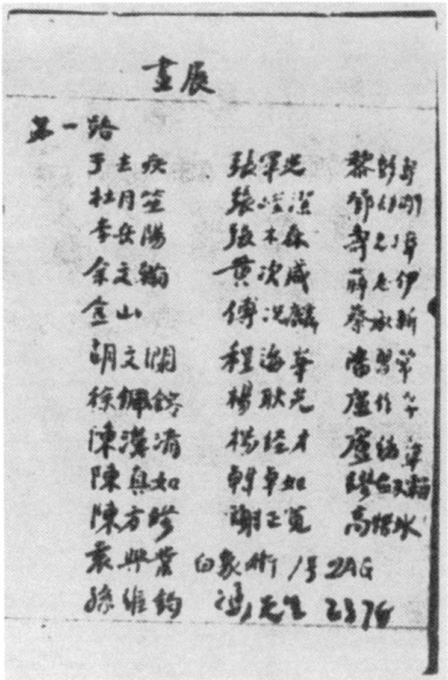

41-003

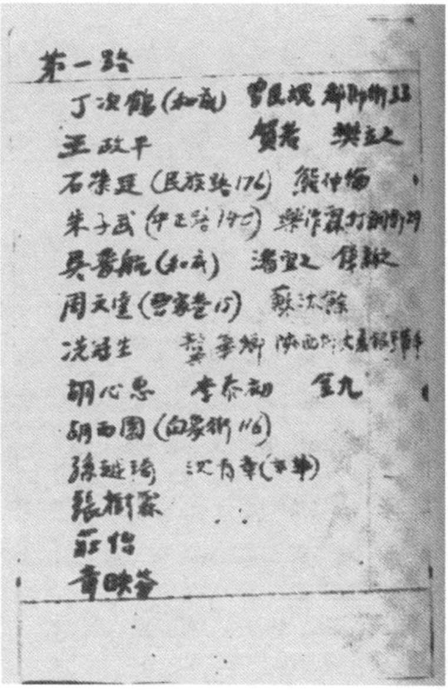

41-004

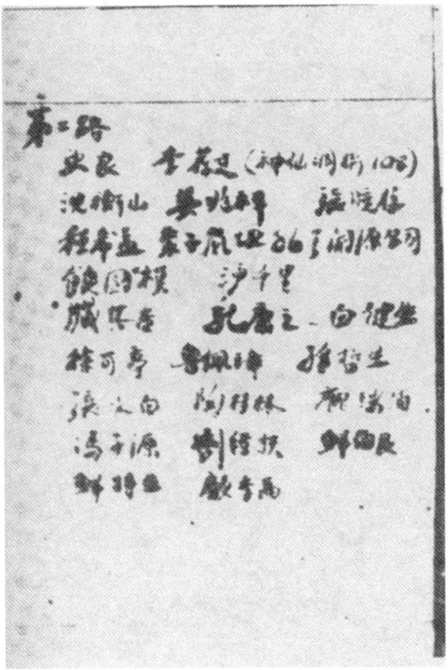


41-005

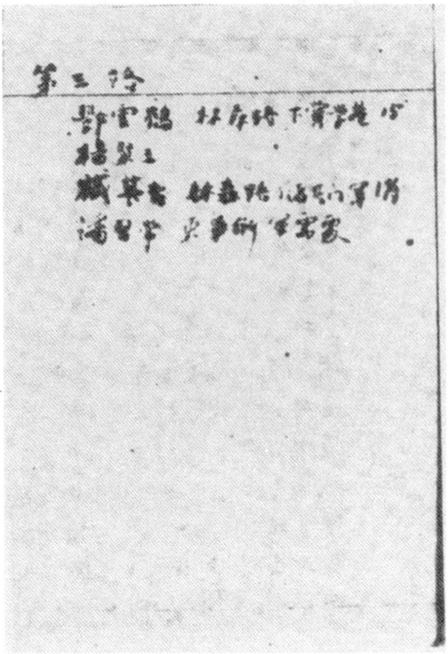


41-006

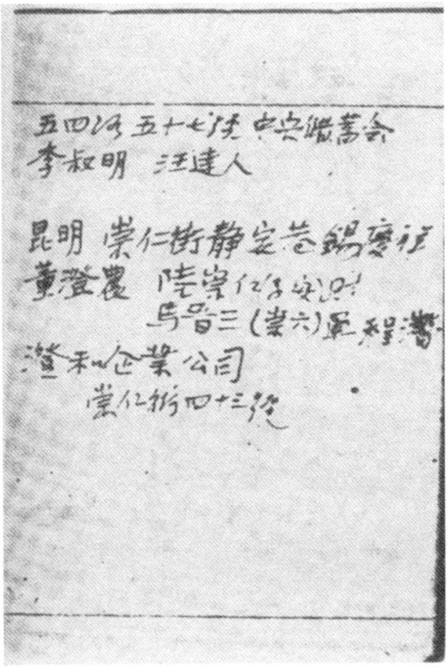


41-007

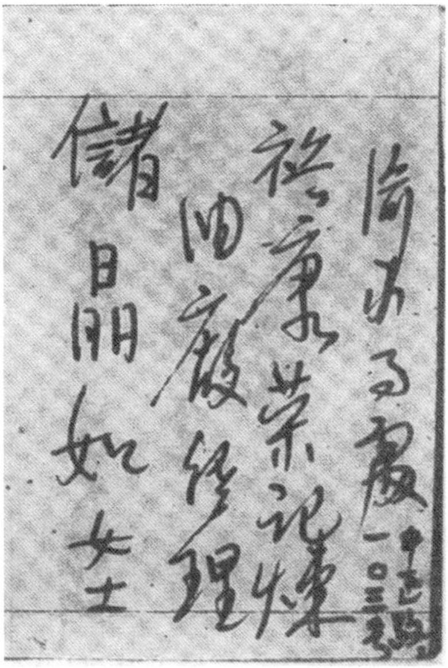


41-008

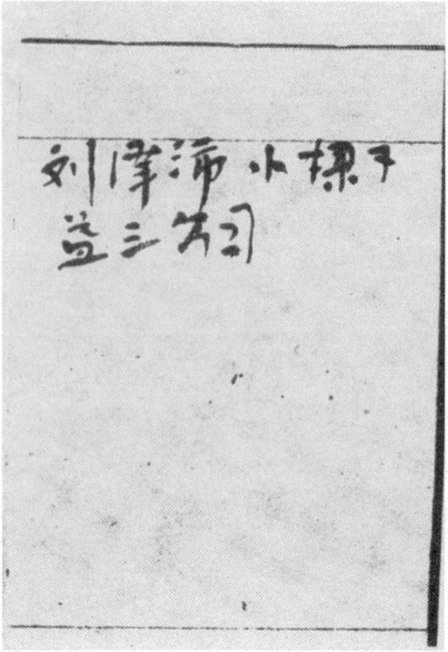


41-009

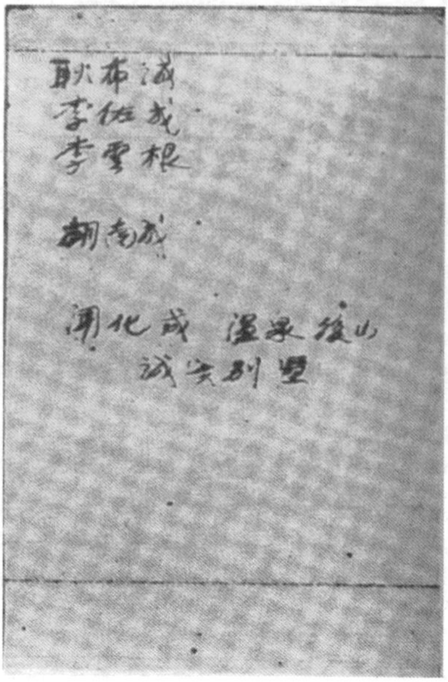


41-010

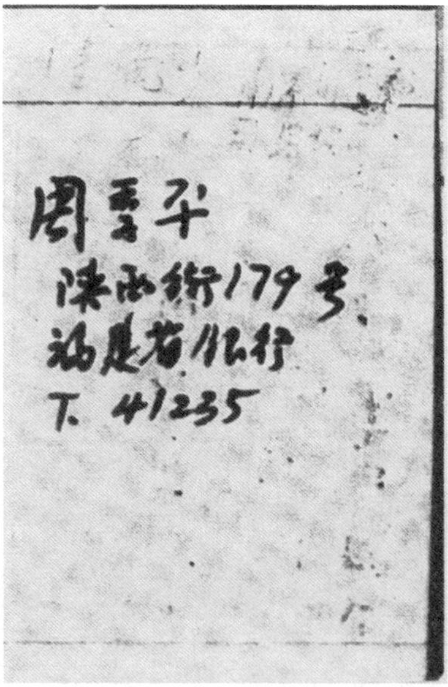


41-011

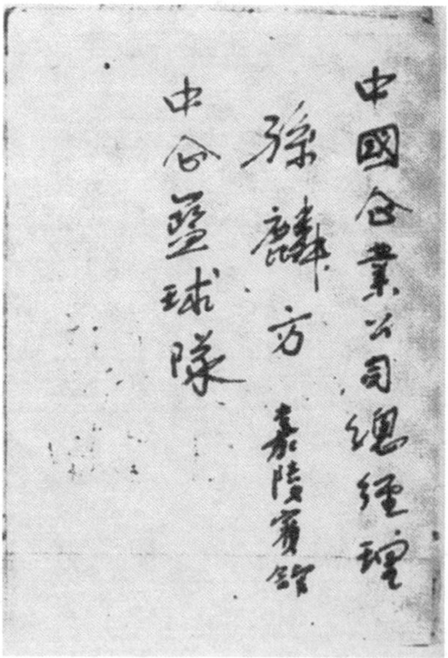


41-012

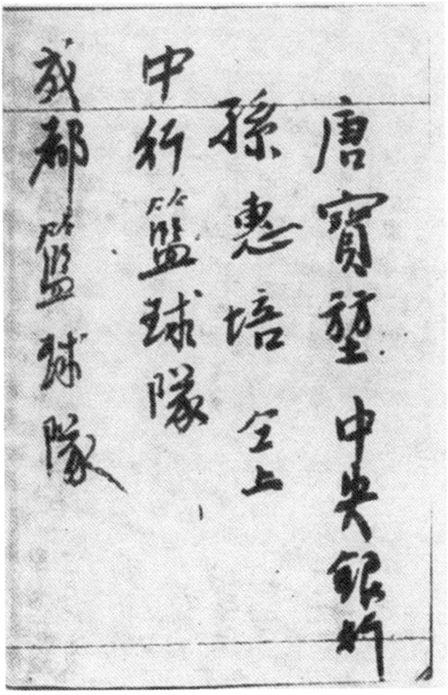

唐寶藝 中央銀行
孫惠培 仝上
中行籃球隊
成都籃球隊

41-013

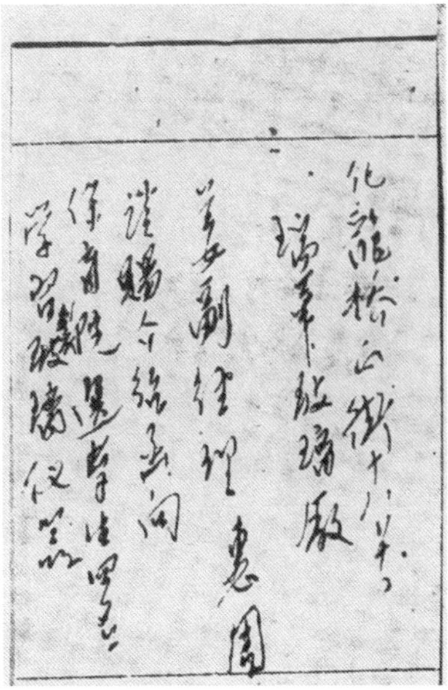

41-014

陶宏 成都望江樓
川大理學院化學系

41-015

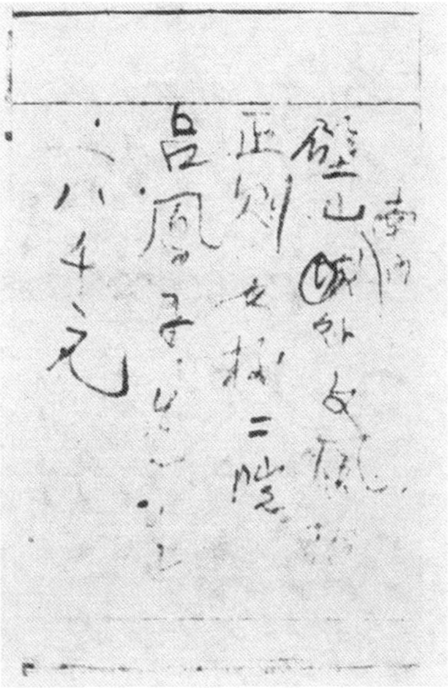

41-016

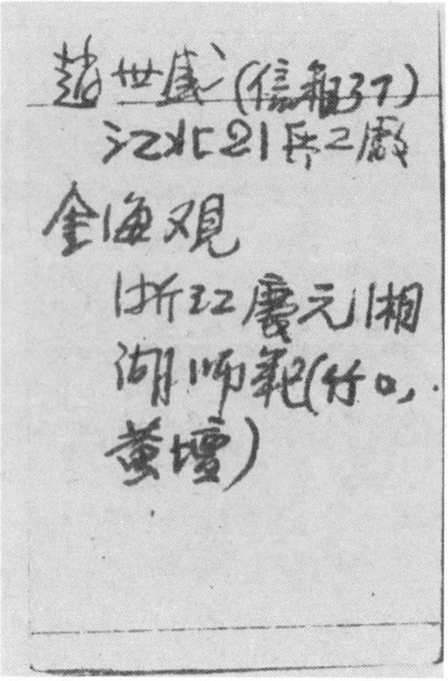
金海观
浙江庆元湘湖师范(竹口,
黄坛)

41-017

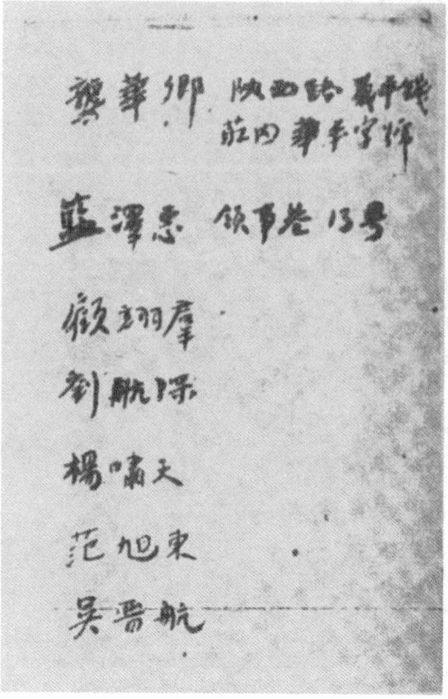
顾翊群
刘航琛
杨啸天
范旭东
吴晋航

41-018

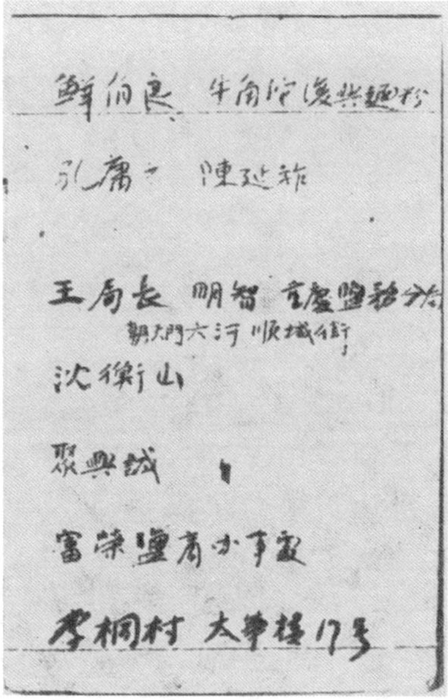
鲜伯良 牛角沱复兴面粉
孔庸之
王局长 明智
朝天门大河顺城街
沈衡山
聚兴诚
富荣盐商办事处
李桐村 大华楼17号

41-019

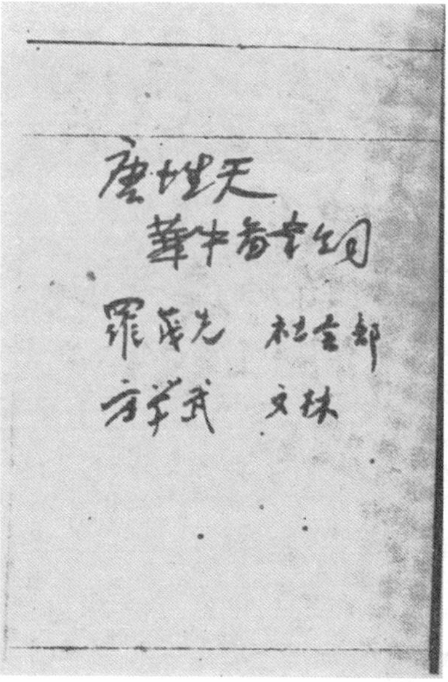
社会部
文林

41-020

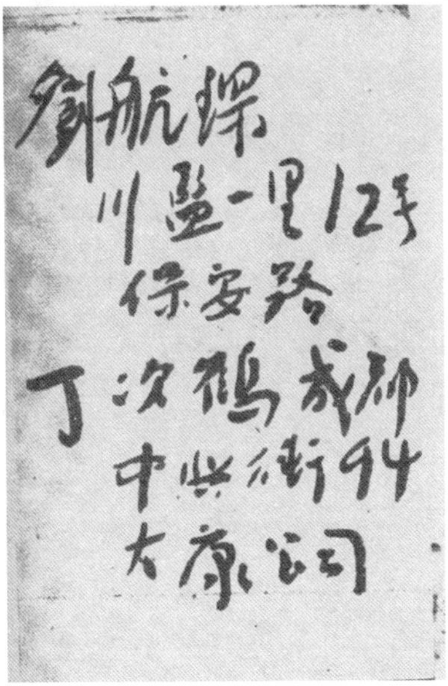

劉航琛
川鹽一里12號
保安路
丁次鶴 成都
中興街94
大康公司

41-021

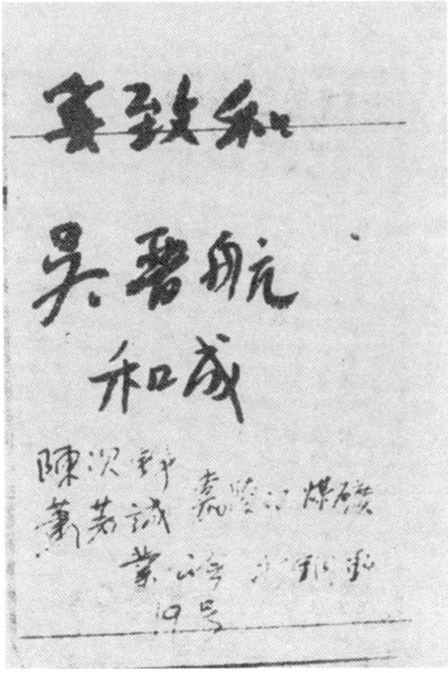

~~蹇致和~~
吴晋航
和成
陳次錚
蕭若誠 嘉陵江煤礦
業心亭 小龍坎
14號

41-022

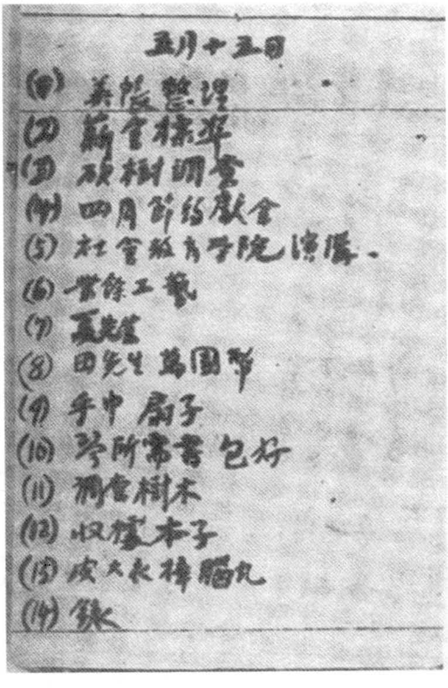

五月十五日
(1) 義隊整理
(2) 稿費標準
(3) [illegible]樹調查
(4) 四月節給獻金
(5) 社會教育學院演講
(6) 業餘工藝
(7) 聶先生
(8) 田先生 萬國節
(9) 手巾 扇子
(10) 學所需書 包好
(11) 捐會樹木
(12) 收據本子
(13) 皮大衣 樟腦丸
(14) 錶

41-023

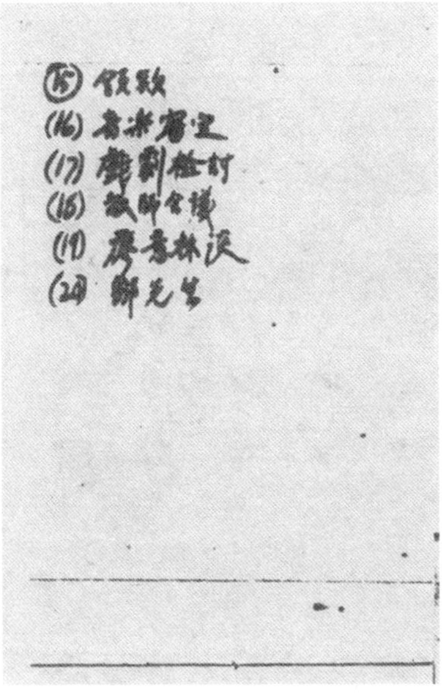

(15) 領款
(16) 音樂宿室
(17) 戲劇檢討
(18) [illegible]師會議
(19) 廖意林 淚
(20) 鄭先生

41-024

41-025

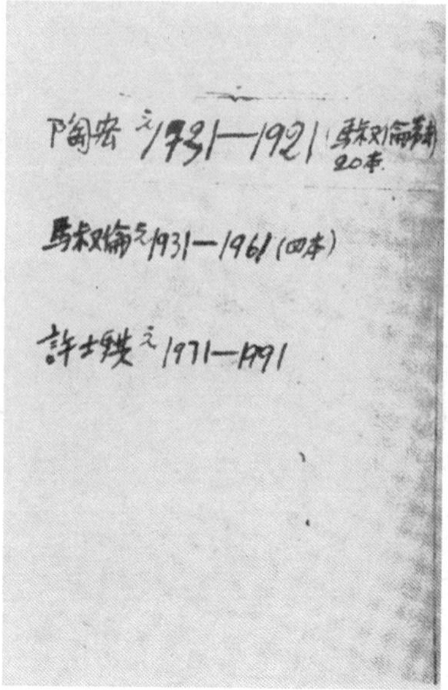

41-026

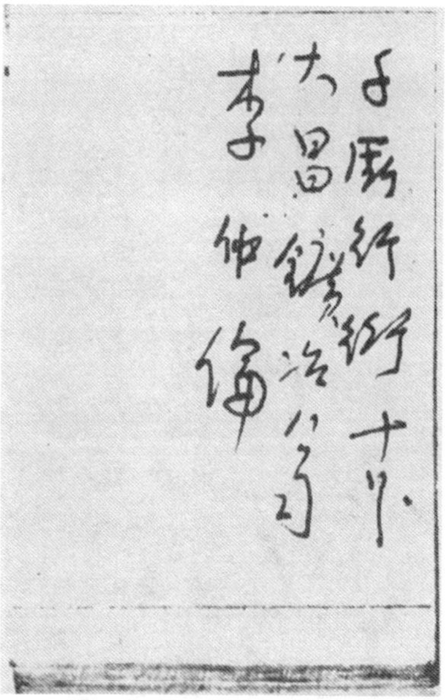

41-027

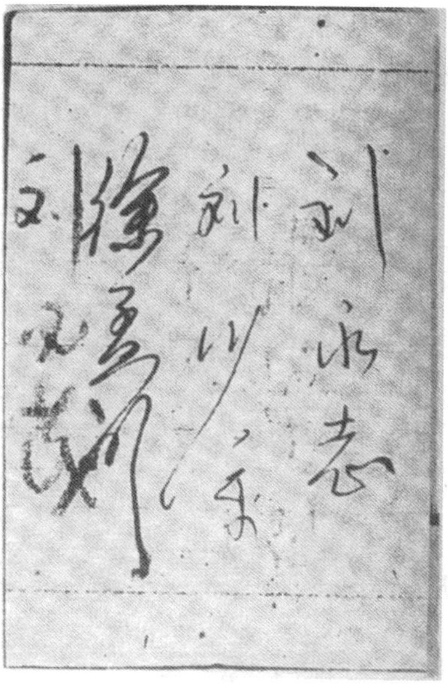

41-028

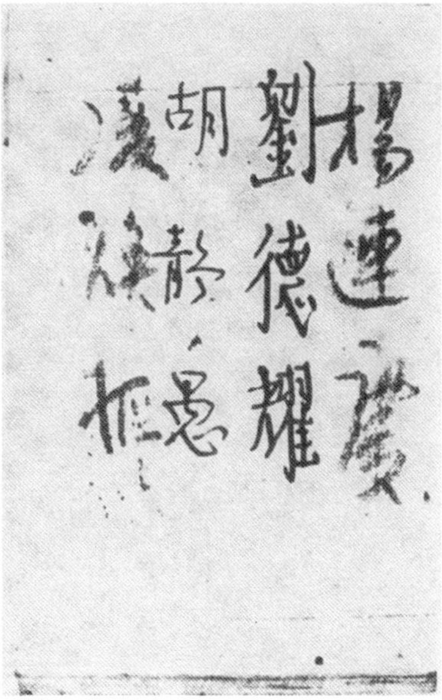

41-029

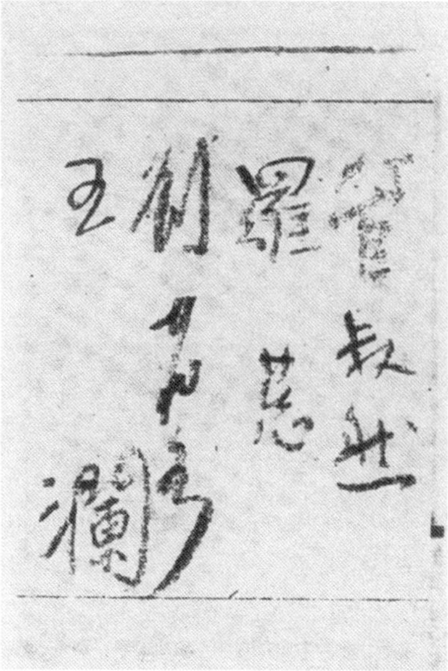

41-030

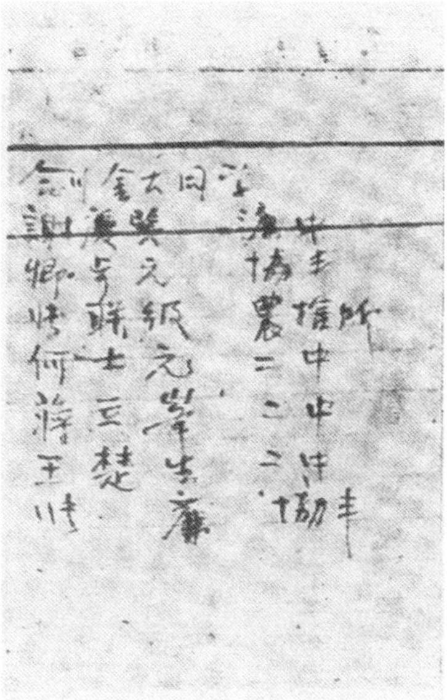

41-031

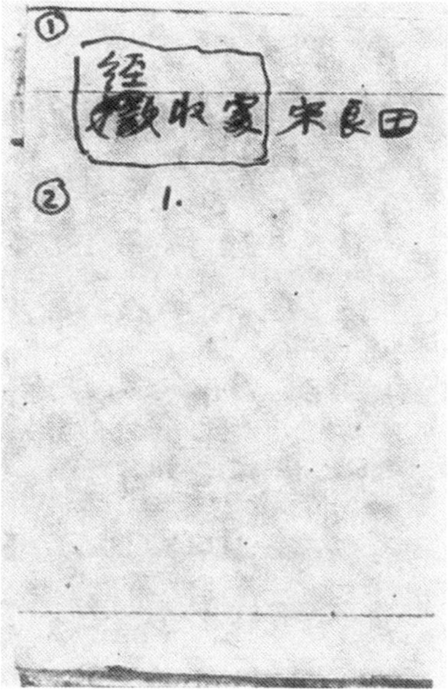

41-032

41－033

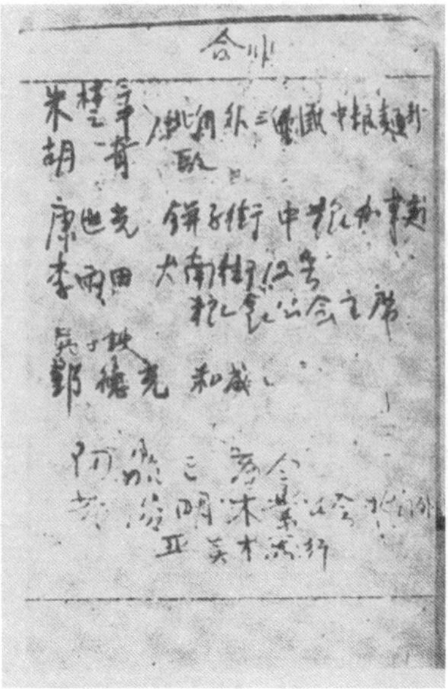

41－034

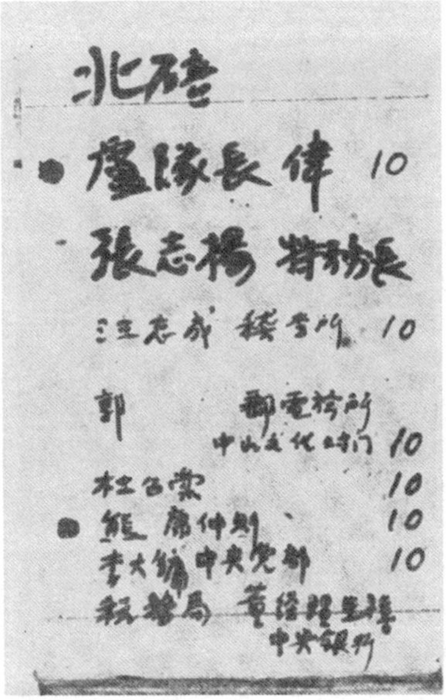

41－035

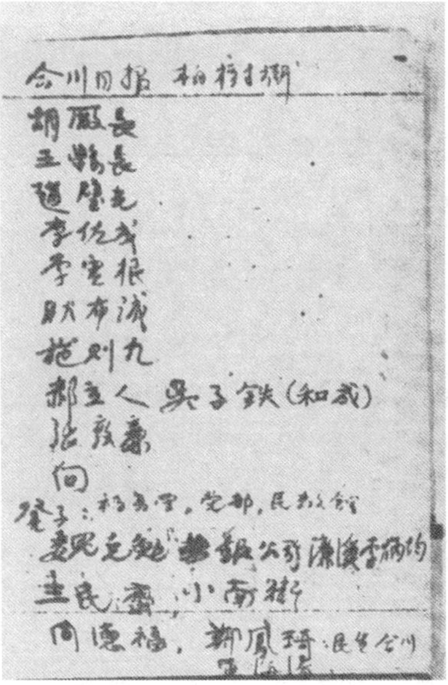

41－036

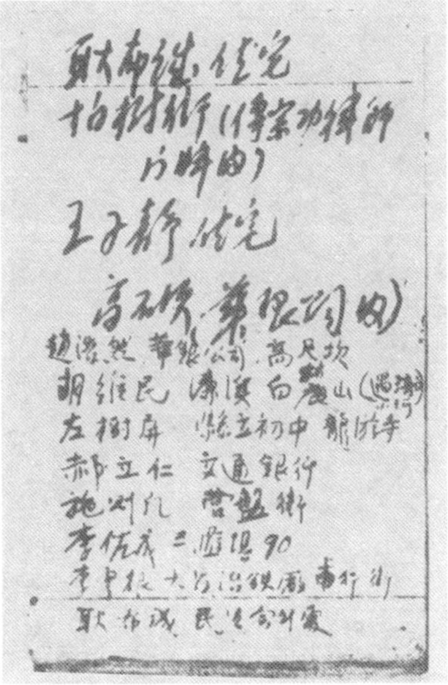

41-037

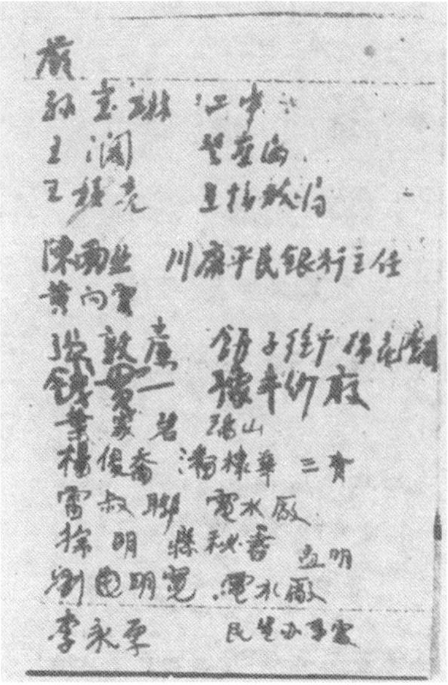

41-038

41-039

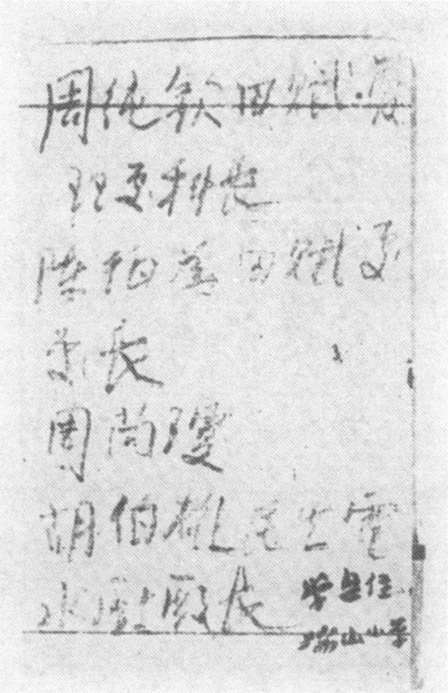

41-040

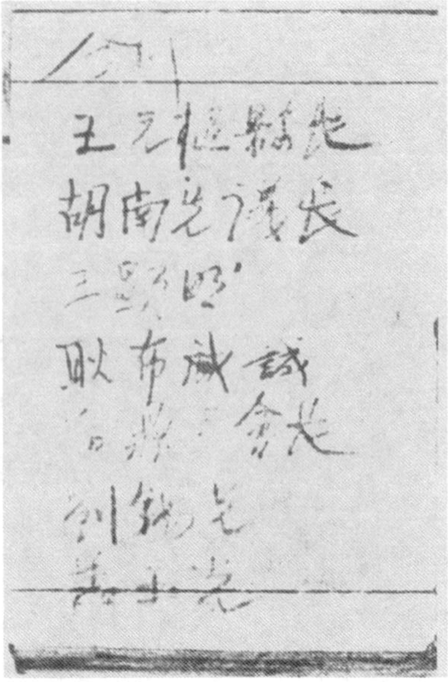


41-041

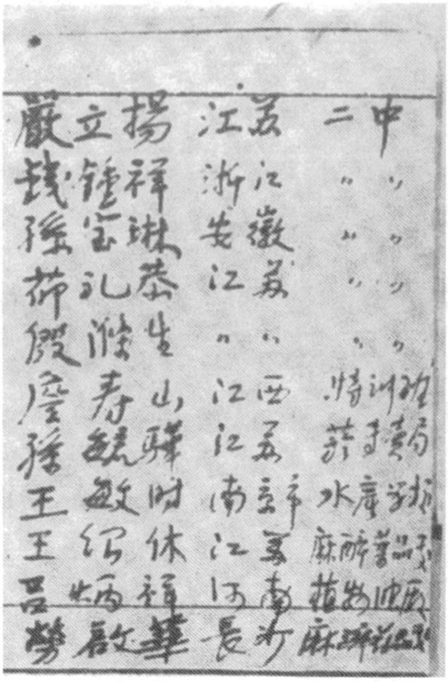

| | | |
|---|---|---|
| 嚴立揚 | 江蘇 | 二中 |
| 錢鍾祥 | 浙江 | 〃〃 |
| 孫宝琳 | 安徽 | 〃〃 |
| 蔣礼泰 | 江蘇 | 〃〃 |
| 殷滌生 | 〃〃 | 〃〃 |
| [illegible] | 江西 | [illegible] |
| [illegible] | 江蘇 | [illegible] |
| 王敏时 | 南京 | [illegible] |
| 王[illegible] | 江蘇 | [illegible] |
| 吕[illegible] | 河南 | [illegible] |
| [illegible] | 長沙 | [illegible] |

41-042

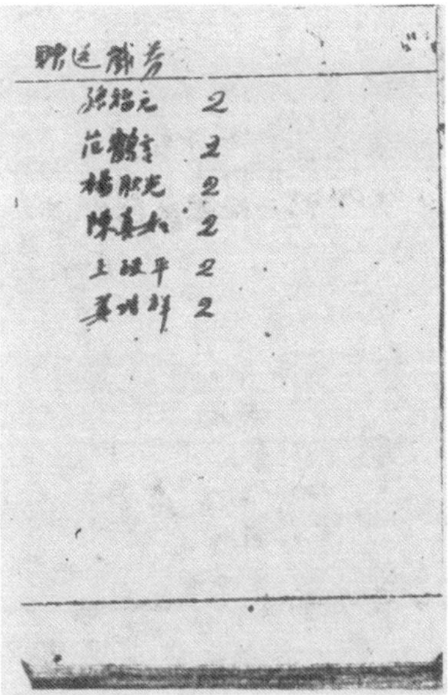

贈送戲券

| | |
|---|---|
| [illegible] | 2 |
| [illegible] | 2 |
| 楊耿光 | 2 |
| 陳真如 | 2 |
| [illegible] | 2 |
| [illegible] | 2 |

41-043

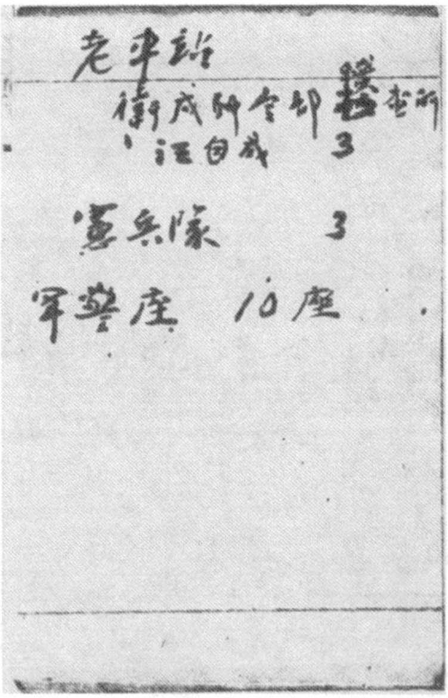

[illegible]

衛戍總司令部 [illegible]

[illegible] 3

憲兵隊 3

軍樂隊 10座

41-044

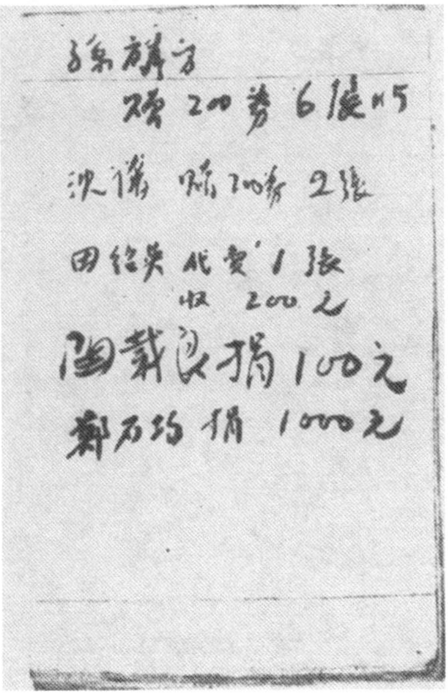
孫蘊方
贈 200 券 6 張 115

沈儀 贈200券 五張

田裕英 代售 1 張
收 200 元

陶戴良捐 100元

鄭萬鈞捐 1000元

41-045

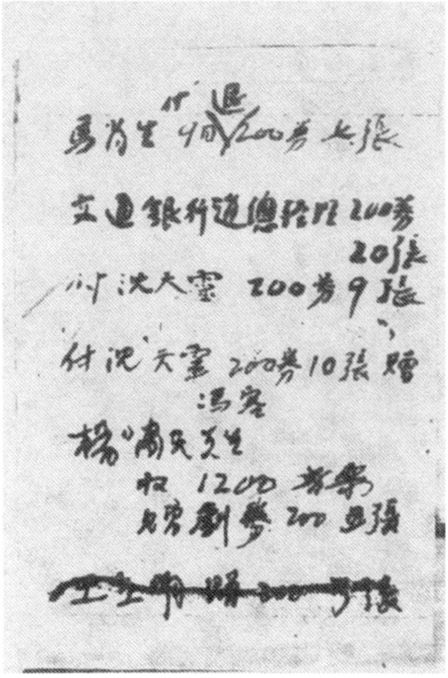
馬肖生 4個 退 200券 七張

交通銀行逸惟經理 200券
20張

付沈天靈 200券 9張

付沈天靈 200券10張 贈
馮客

楊嘯天先生
收 1200 券
贈劇券 200 五張

~~[illegible] 200 [illegible]張~~

41-046

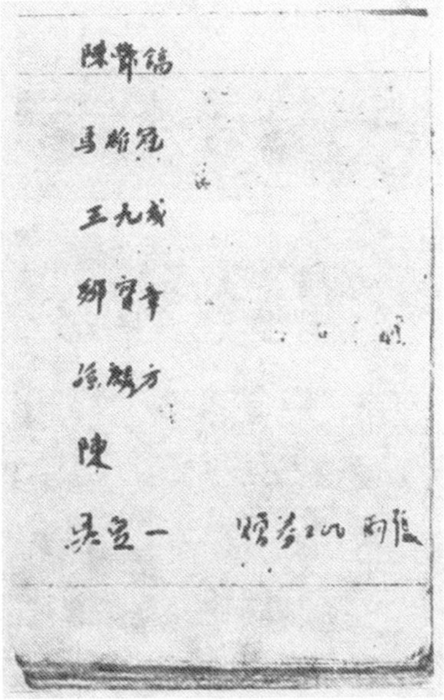
陳鑄鎬

馬彬笙

王九成

鄒寶華

孫蘊方

陳

吳立一 贈券200 兩張

41-047

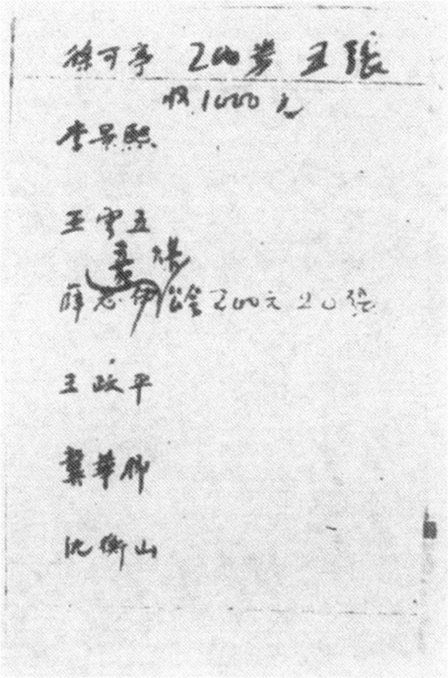
徐可亭 200券 五張
收1000元

李景熙

王寧五

薛志伊 公會 200元 20張

王啟平

龔華則

沈衡山

41-048

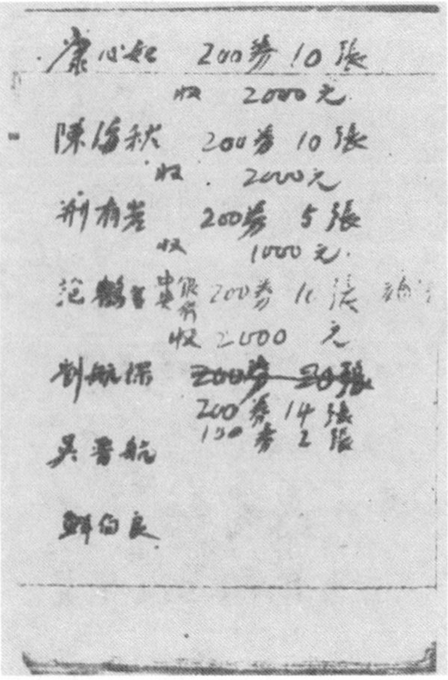

康心如 200券 10張
收 2000元
陈伯秋 200券 10張
收 2000元
… 200券 5張
收 1000元
… 200券 11張
收 2000元
刘航琛 200券 14張
100券 2張
吴晋航
鲜伯良

41-049

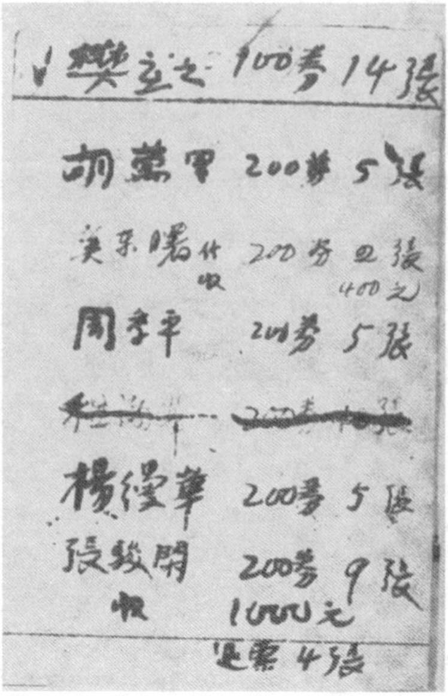

樊立之 100券 14張
胡… 200券 5張
… 付 200券 2張
收 400元
周季平 200券 5張
杨… 200券 5張
張… 200券 9張
收 1000元
退票 4張

41-050

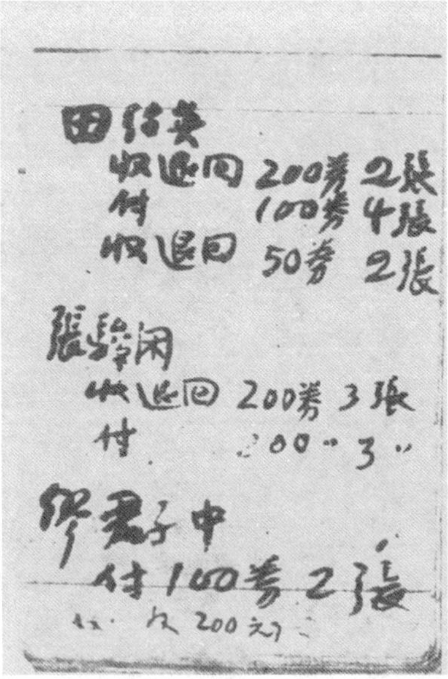

田…
收退回 200券 2張
付 100券 4張
收退回 50券 2張
張…
收退回 200券 3張
付 200 " 3 "
…
付 100券 2張
… 200元

41-051

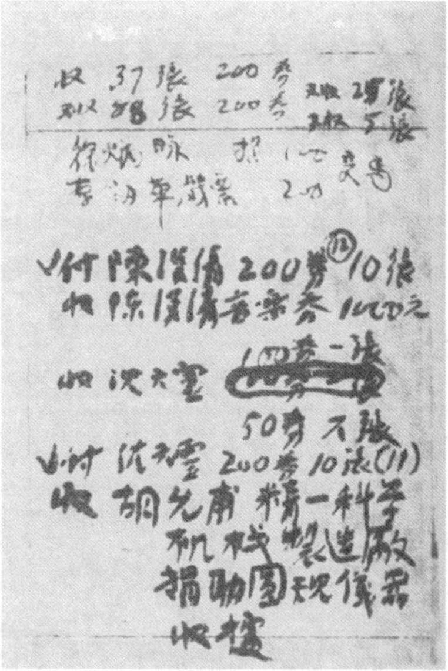

收 37張 200券
… 200券
付 陈…… 200券 10張
收 陈…… 1000元
收 沈… [illegible]
50券 … 張
付 沈… 200券 10張 (11)
收 胡… 精一科学
机械製造廠
捐助…
收…

41-052

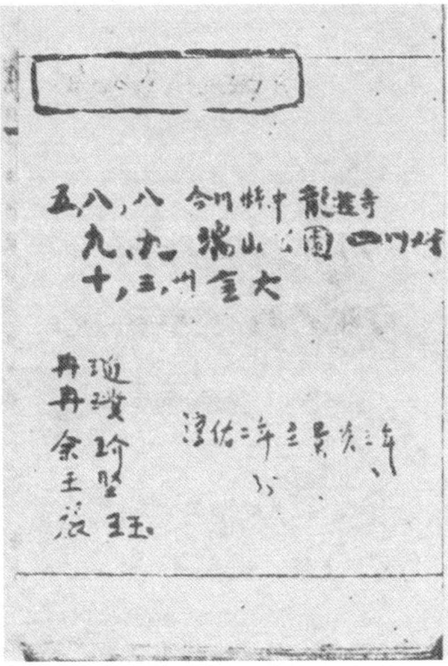

41-053

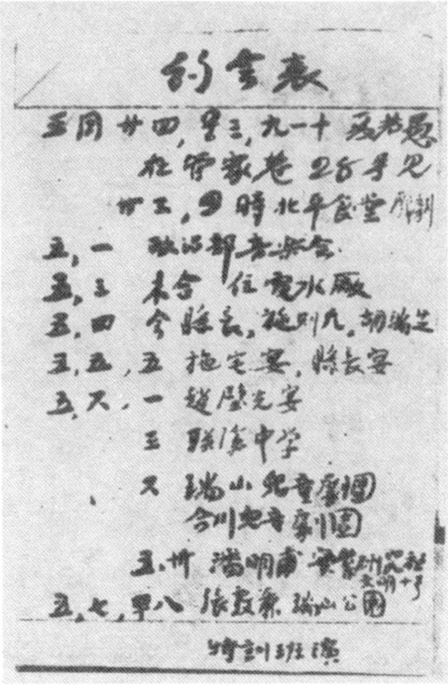

41-054

41-055

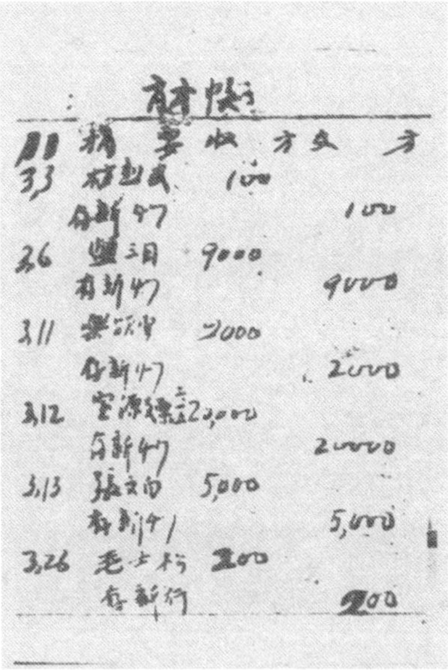

41-056

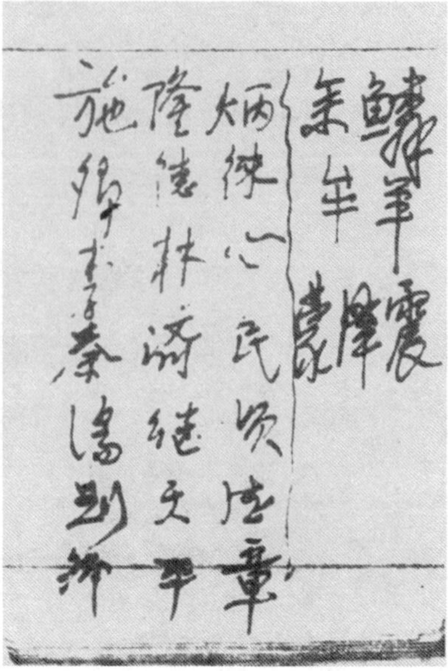

41－057

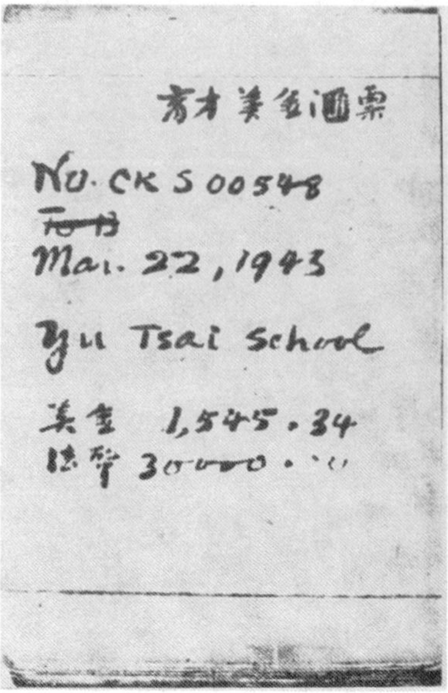

育才美金匯票
NO. CK S 00548
Mar. 22, 1943
Yu Tsai School
美金 1,545.34
法幣 30000.00

41－058

# 衛備忘

第四十二册

1943.5.19~1943.11.13

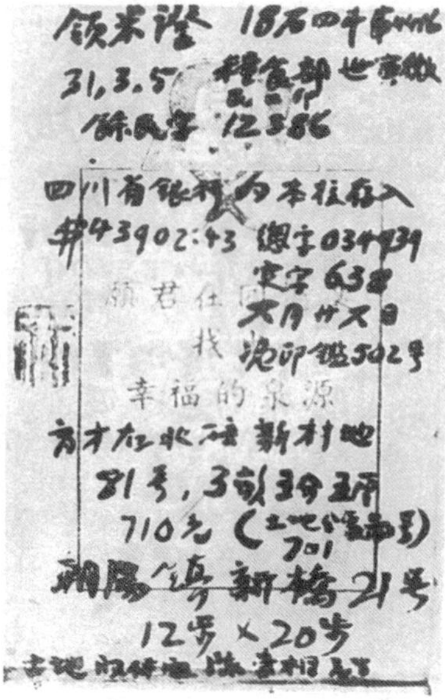
领米證 18石四斗[illegible]
31,3,5 粮食部[illegible]
保民字 12386
四川省银行[illegible]存入
第43902:43 [illegible]034939
宽字638
六月廿六日
[illegible]502号
方才在北碚新村地
81号，3亩3分五厘
710元（[illegible]）
701
朝阳镇新桥21号
12步×20步
[illegible]

42-001

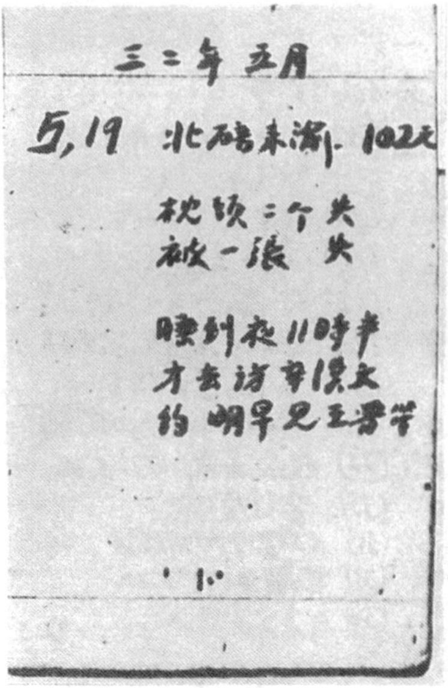
三二年五月
5,19 北碚来渝 102元
枕头二个 失
被一张 失
睡到夜11时半
才去访章[illegible]文
约明早见王晋笙

42-002

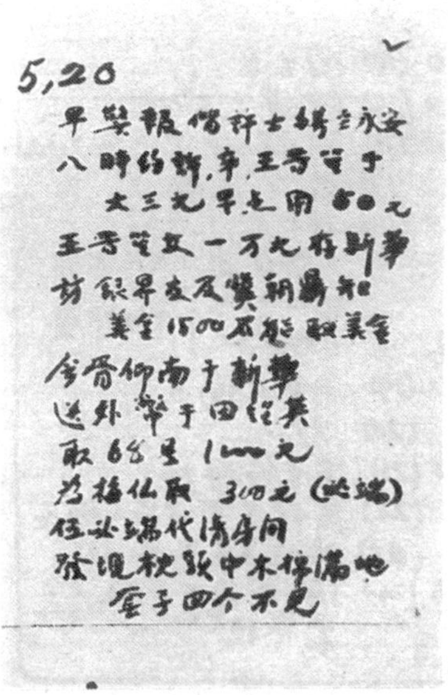
5,20
早餐[illegible]许士骐之永安
八时约薪，章，王晋笙于
大三元早点用80元
王晋笙交一万元存新华
访银界友及吴朝鼎知
美金1500元能取美金
余晋卿南于新华
送外币于田经英
取6个星 1000元
为梅仙取 300元（[illegible]）
任以端代清房间
发现枕头中木棉满地
套子四个不见

42-003

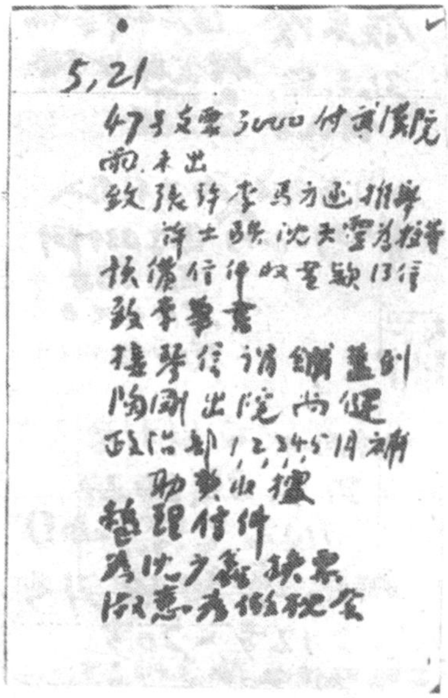
5,21
47号支票3000付[illegible]医院
雨，未出
致张许李马方函推荐
许士骐沈天[illegible]为校董
接[illegible]信作收据缺13行
致李[illegible]书
接琴信请[illegible]
陶刚出院尚迟
政治部1,2,3,4,5月补
助费收据
整理信件
为沈[illegible]捐票
[illegible]

42-004

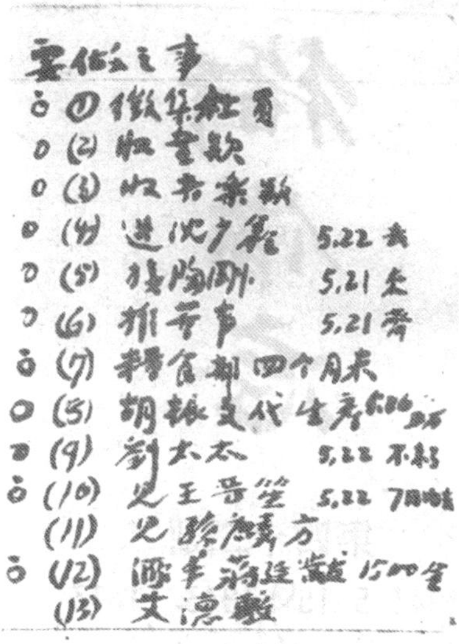
要做之事
○ (1) 征集社员
○ (2) 收会款
○ (3) 收书杂款
○ (4) 进化之路 5.22 去
○ (5) 接陶刚 5.21 去
○ (6) 排字事 5.21 完
○ (7) 转育部四个月表
○ (8) 胡振文代生存 5.26
○ (9) 刘太太 5.22 不去
○ (10) 见王晋笙 5.22
(11) 见孙广方
○ (12) 邀李蒋廷黻 1500金
(13) 丈德懿

42-005

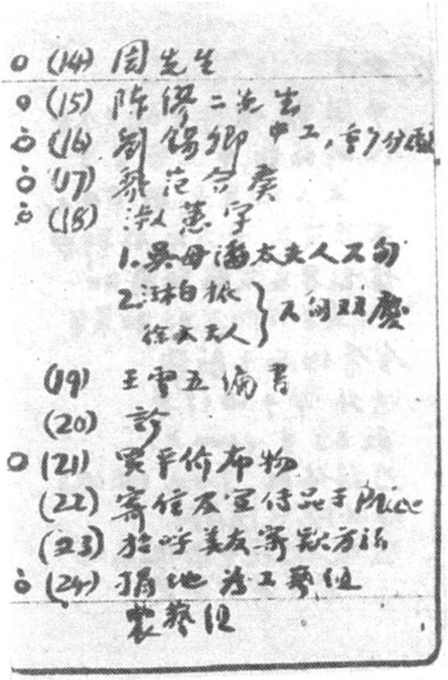
○ (14) 周先生
○ (15) 陈僖二先生
○ (16) 刘锡卿 中工，分配
○ (17) 蔡范合奏
○ (18) 敬慧字
1.吴母潘太夫人又旬
2.沫白旅 徐太夫人 } 又旬双庆
(19) 王雪五编书
(20) 许
○ (21) 买平价布物
(22) 寄信及写信品于陈cc
(23) 招呼美友寄款方法
○ (24) 捐池为工费征
农艺组

42-006

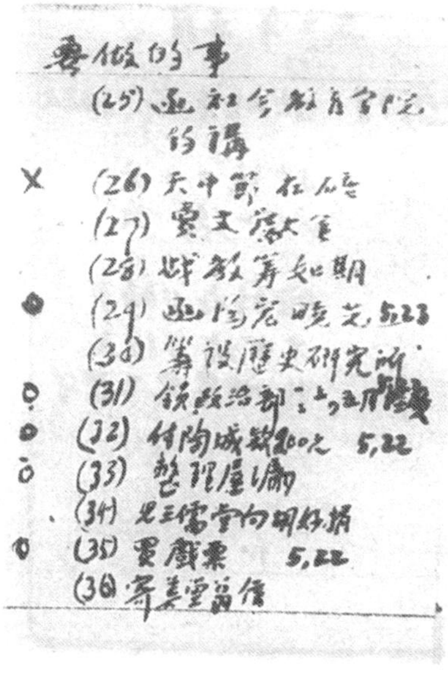
要做的事
(25) 函社会教育学院的讲
× (26) 天中节 在
(27) 贾文
(28) 此教育知期
● (29) 函陶宏 晓光 5.23
(30) 筹设历史研究所
○ (31) 领教育部二、三、五月
○ (32) 付陶城款800元 5.22
○ (33) 整理屋漏
(34) 见王儒堂向胡好捐
○ (35) 买戏票 5.22
(36) 寄美国函信

42-007

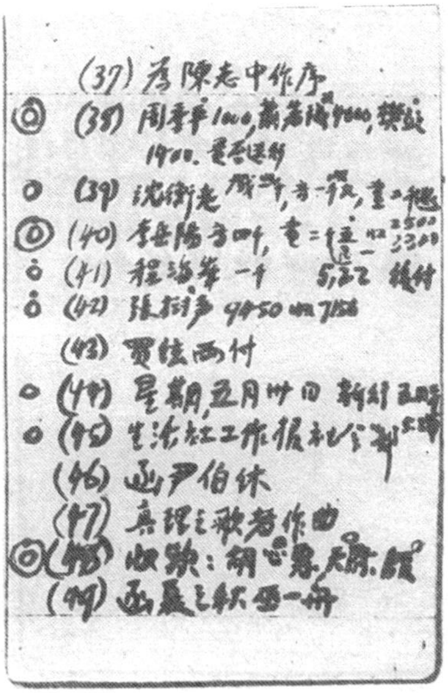
(37) 为陈志中作序
◎ (38) 周本年1000
○ (39) 沈衡老
◎ (40) 李
○ (41) 程谘第一千 5.22
○ (42) 张 9950 7150
(43) 买棕两付
○ (44) 星期五月廿日 新村
○ (45) 生活社工作报社会部
(46) 函尹伯休
(47) 真理之歌为作曲
◎ (48) 收款：胡
(49) 函夏之秋要一册

42-008

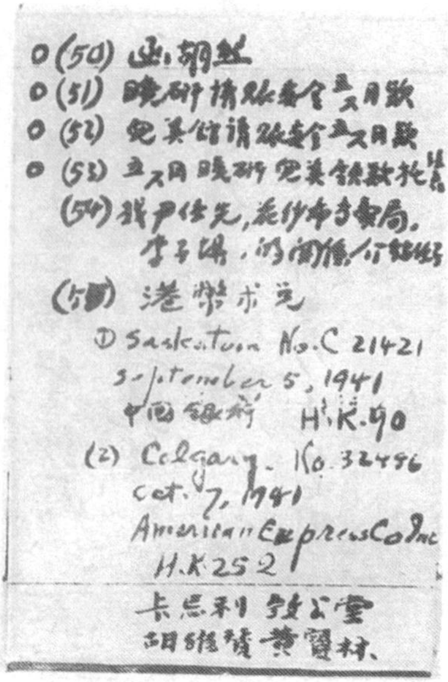
(50) 函胡然
(51) 晓研请账房全五六月款
(52) 儿童馆请账房全五六月款
(53) 五六月晓研儿童馆款找出
(54) 我户住先，汇纱布专卖局。李子垲，[illegible]
(55) 港币求兑
① Saskatoon No.C 21421
September 5, 1941
中国银行 H.K.90
(2) Calgary No.32496
Oct. 7, 1941
American Express Co Inc
H.K.252
卡尔加利 致公堂
胡维洁 黄贤材

42-009

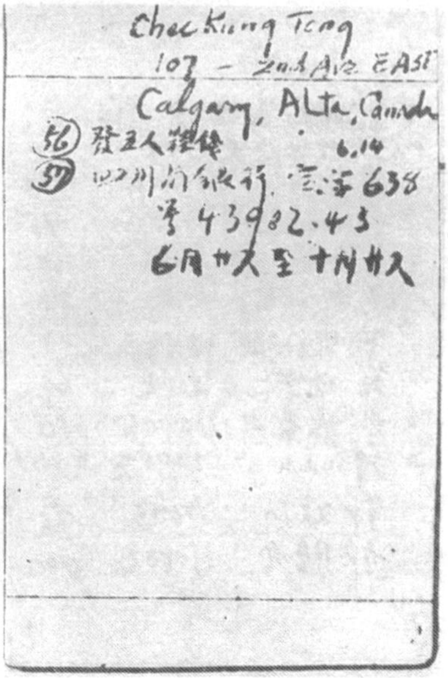
Chee Kung Tong
107 - 2nd Ave. EAST
Calgary, Alta, Canada
(56) 发五人[illegible] 6.14
(57) 四川省银行 定存638
号43982.43
6月廿八至十月廿八

42-010

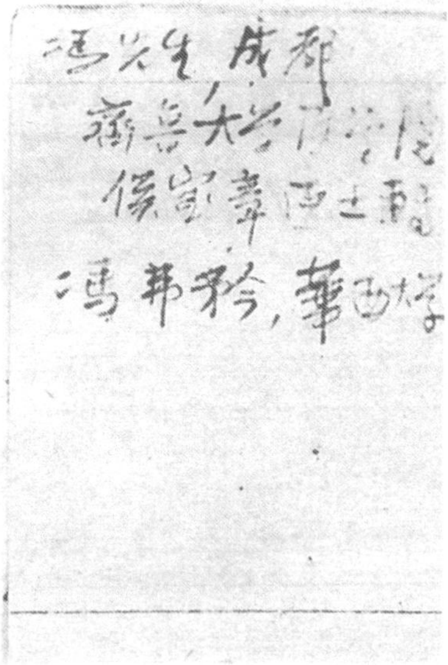
冯先生 成都
齐鲁大学医学院
侯宝璋 华西坝
冯邦彩，华西坝

42-011

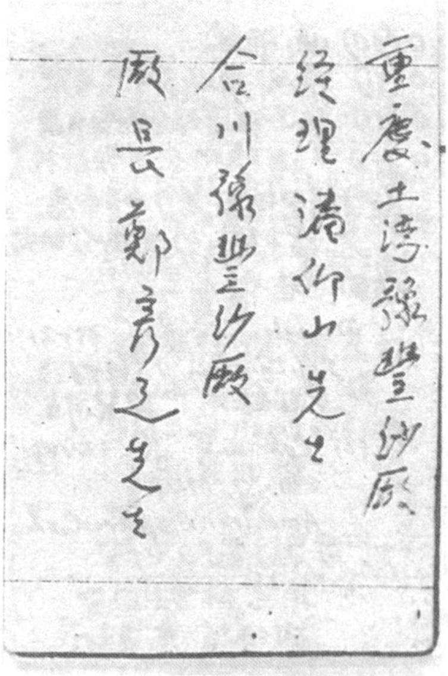
重庆土湾豫丰纱厂
经理潘仰山先生
合川豫丰纱厂
厂长郑彦之先生

42-012

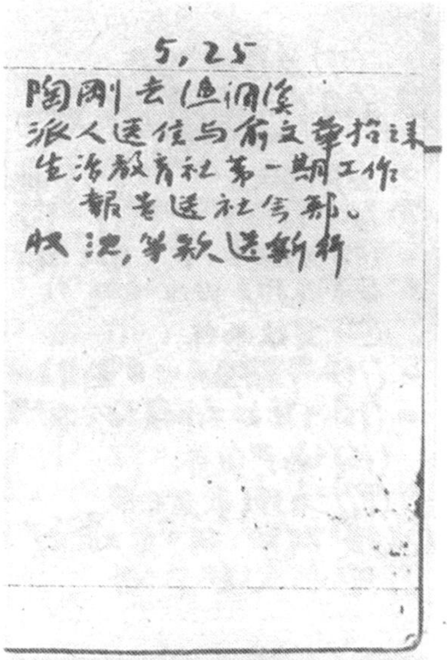
5,25
陶刚去渔洞溪
派人送信与俞文华指请
生活教育社第一期工作
报告送社会部。
收迪，华款送新新

42-013

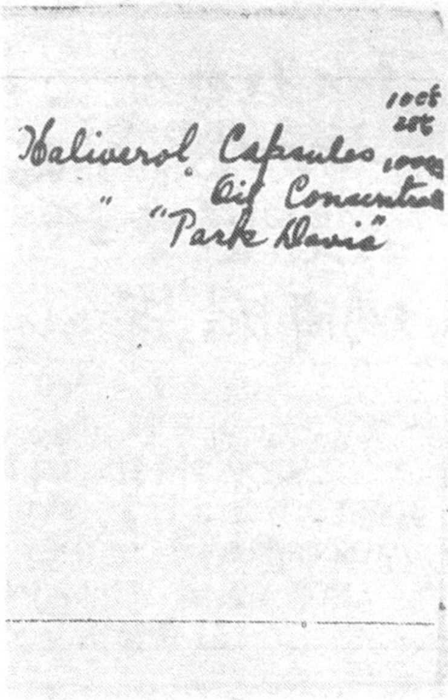
Haliverol Capsules
" Oil Concentr
"Park Davis"

42-014

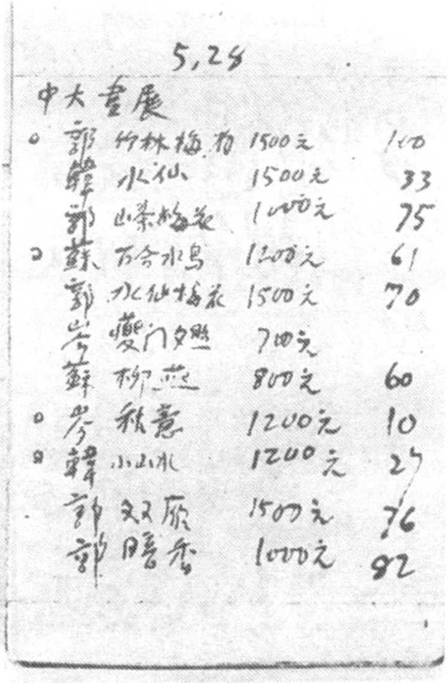
5,28
中大画展

| | | | | |
|---|---|---|---|---|
| o | 郭 | 竹林梅石 | 1500元 | 100 |
| | 韩 | 水仙 | 1500元 | 33 |
| | 郭 | 山茶梅花 | 1000元 | 75 |
| o | 苏 | 百合水鸟 | 1200元 | 61 |
| | 郭 | 水仙梅花 | 1500元 | 70 |
| | 岑 | 夔门夕照 | 700元 | |
| | 苏 | 柳燕 | 800元 | 60 |
| o | 岑 | 秋意 | 1200元 | 10 |
| o | 韩 | 小山水 | 1200元 | 27 |
| | 郭 | 双鹿 | 1500元 | 76 |
| | 郭 | 暗香 | 1000元 | 82 |

42-015

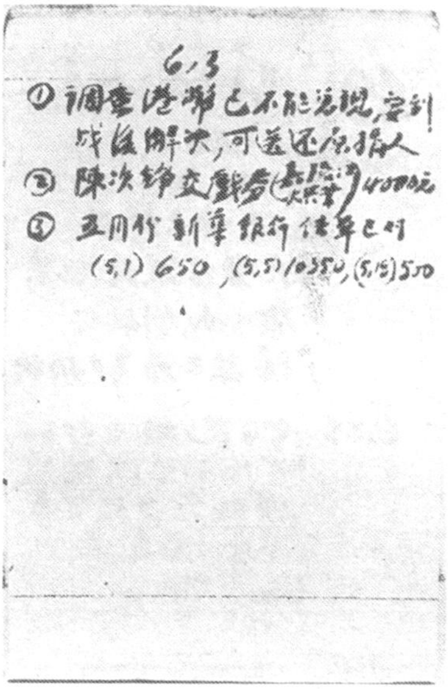
6,3
① 调查港湾已不能发现，需到
战后解决，可送还原接人
② 陈次锦交戏券 4000元
③ 五月份新华银行借算已付
(5,1) 650，(5,5) 10350，(5,15) 550

42-016

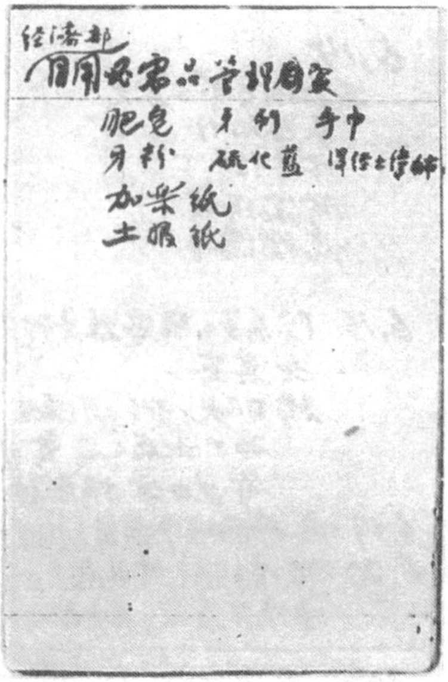
经济部
日用必需品管理处
肥皂 牙刷 手巾
牙粉 硫化蓝 阴丹士林布
土报纸

42-017

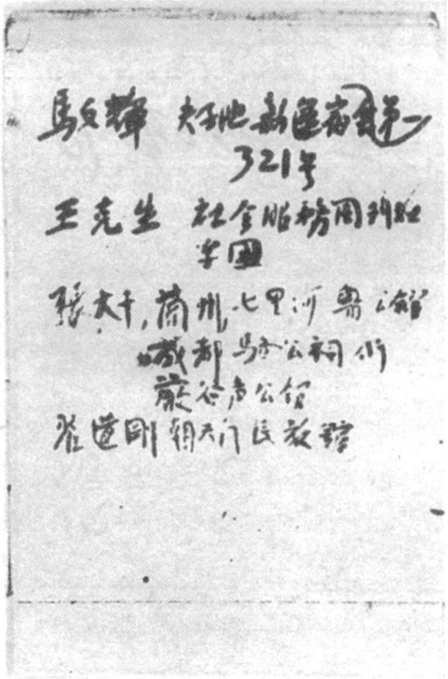

42-018

6,5
6,7

42-019

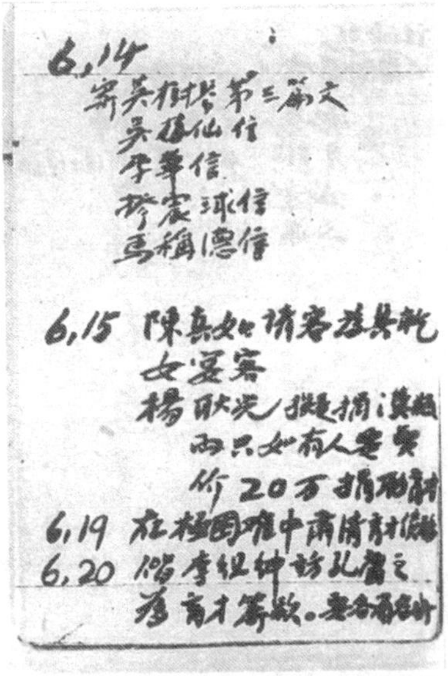
6,14
6,15
6,19
6,20

42-020

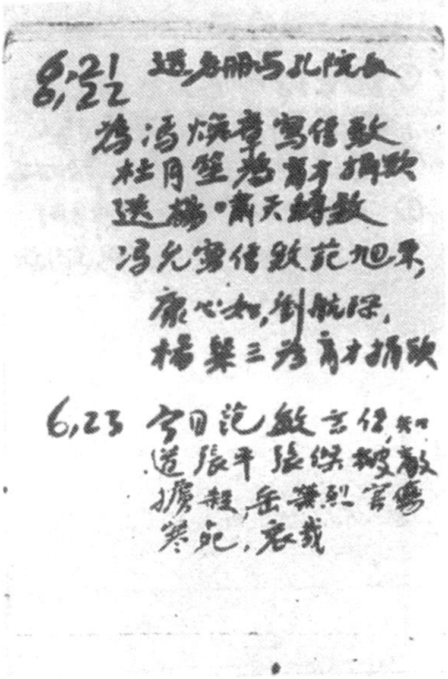

42−021

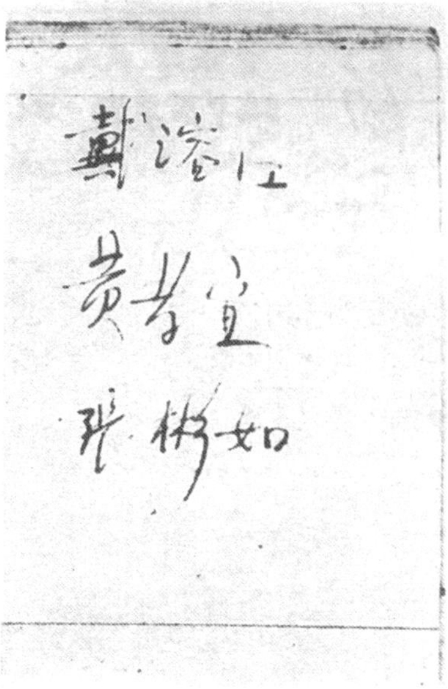

42−022

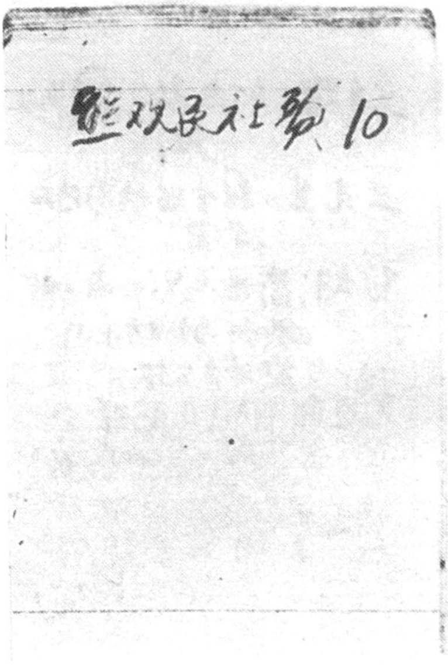

42−023

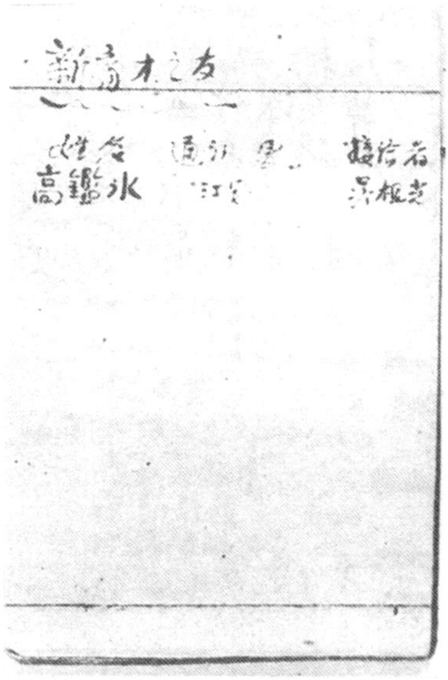

42−024

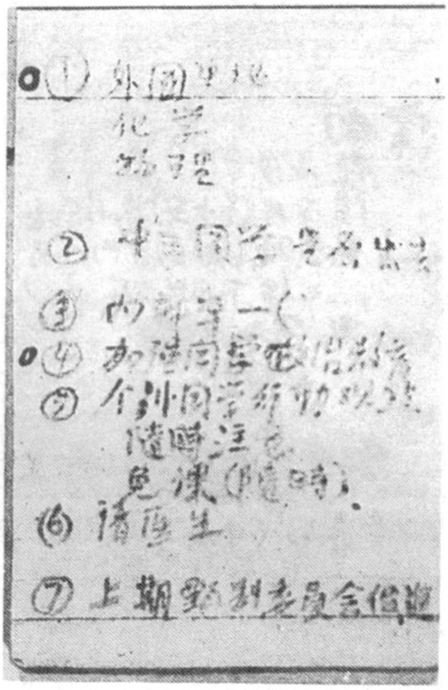

42-025

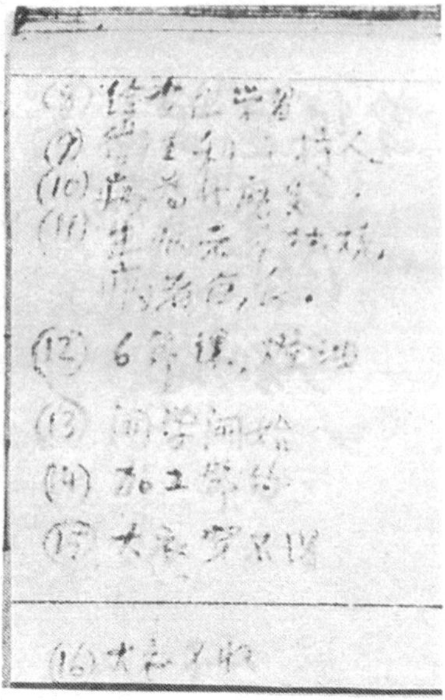

42-026

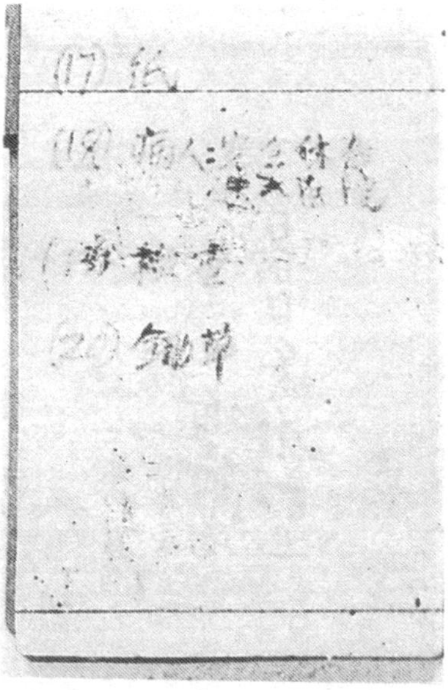

42-027

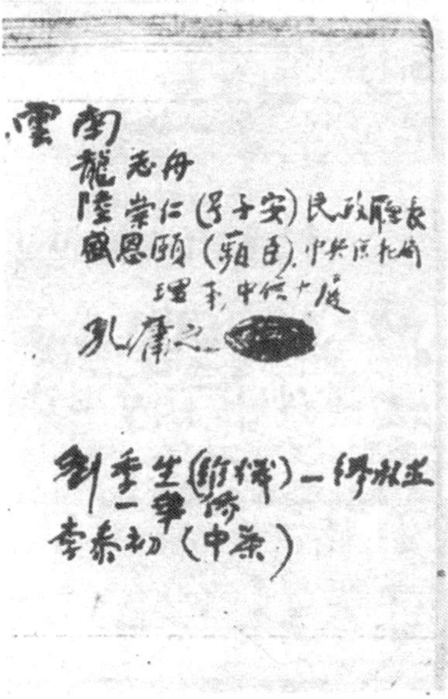

42-028

42-029

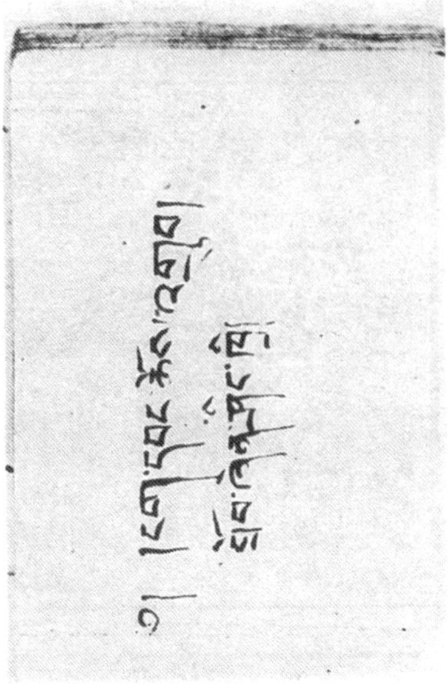

42-030

42-031

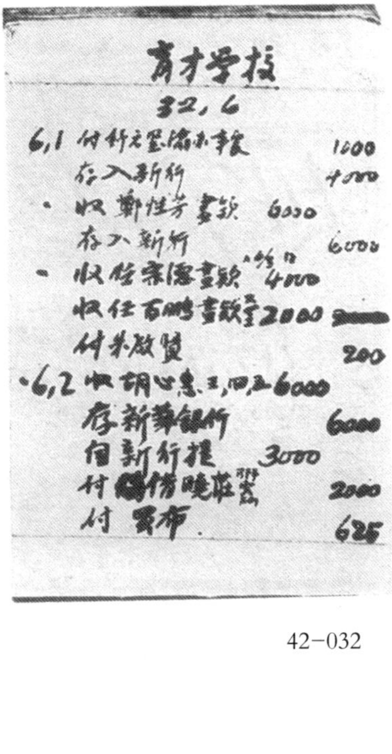

42-032

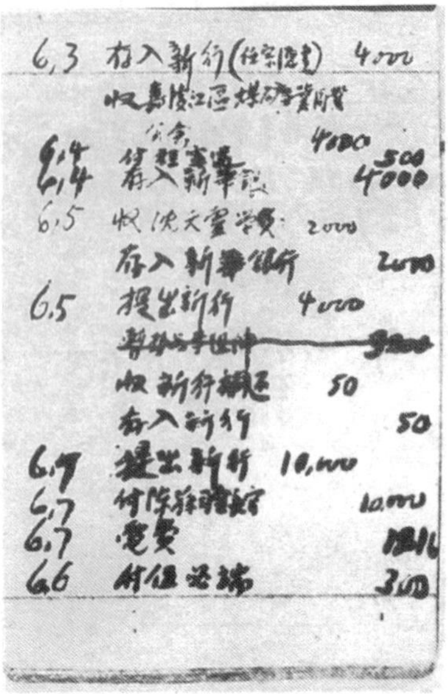
6,3 存入新行（[illegible]） 4000
收嘉陵江区煤矿[illegible]
公余 4000
6,4 付[illegible] 500
6,4 存入新华银行 4000
6,5 收沈文[illegible]学费 2000
存入新华银行 2000
6,5 提出新行 4000
收新行[illegible] 50
存入新行 50
6,7 提出新行 10,000
6,7 付[illegible] 10,000
6,7 电费 [illegible]
6,6 付[illegible] 300

42-033

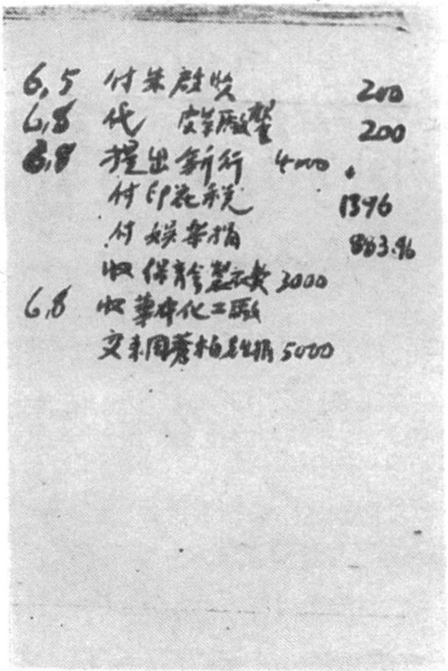
6,5 付[illegible] 200
6,8 代[illegible] 200
6,8 提出新行 4000
付印花税 1346
付[illegible]捐 883.96
收保育[illegible]费 3000
6,8 收华[illegible]化工厂
交来[illegible]捐 5000

42-034

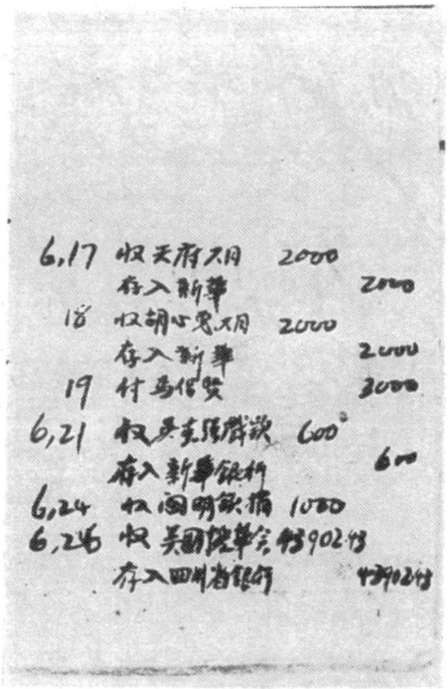
6,17 收天府[illegible] 2000
存入新华 2000
18 收胡[illegible] 2000
存入新华 2000
19 付[illegible] 3000
6,21 收[illegible]捐款 600
存入新华银行 600
6,24 收陶明钦捐 1000
6,26 收美国援华会[illegible]902.43
存入四川省银行 [illegible]902.43

42-035

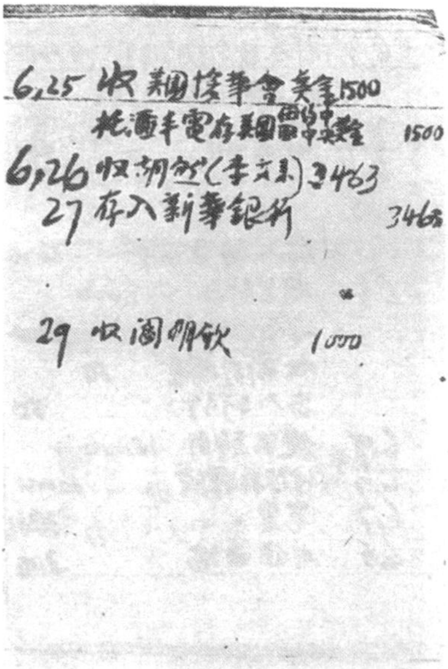
6,25 收美国援华会 美金1500
托汇丰电存美国[illegible]中央[illegible] 1500
6,26 收胡然（李文[illegible]） 3463
27 存入新华银行 3463
29 收陶明钦 1000

42-036

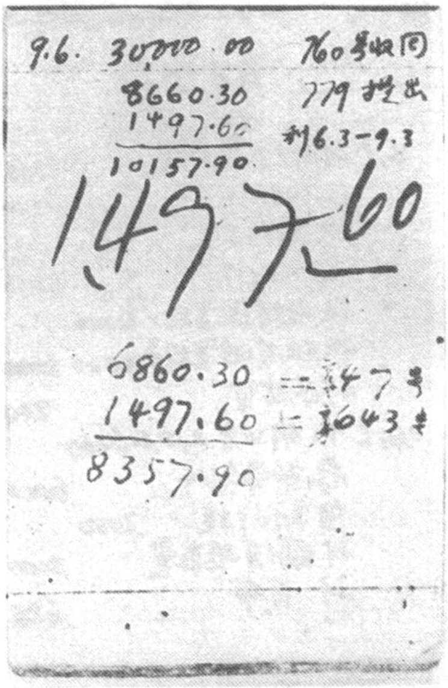
9.6. 30,000.00 760号收回
8660.30 779提出
1497.60 利6.3-9.3
10157.90
1497元60
6860.30 二新47号
1497.60 二新643号
8357.90

42-037

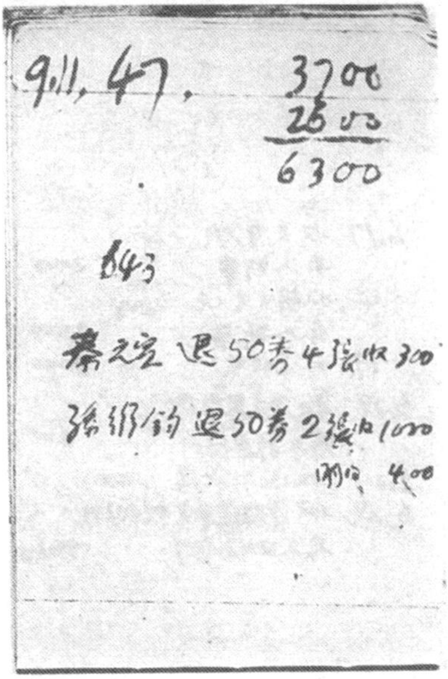
9.11, 47, 3700
2600
6300
643
秦之宾 退50券4張收300
張紹銘 退50券2張收1000
附 400

42-038

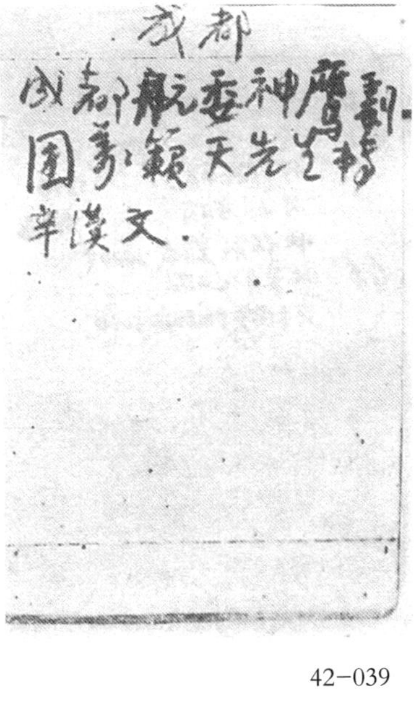
成都
成都航委神鹰剧团萧颖天先生转
辛汉文.

42-039

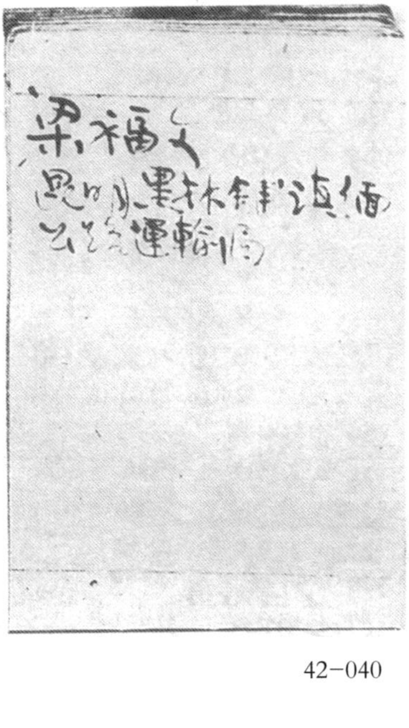
梁福文
昆明黑林铺滇缅公路運輸局

42-040

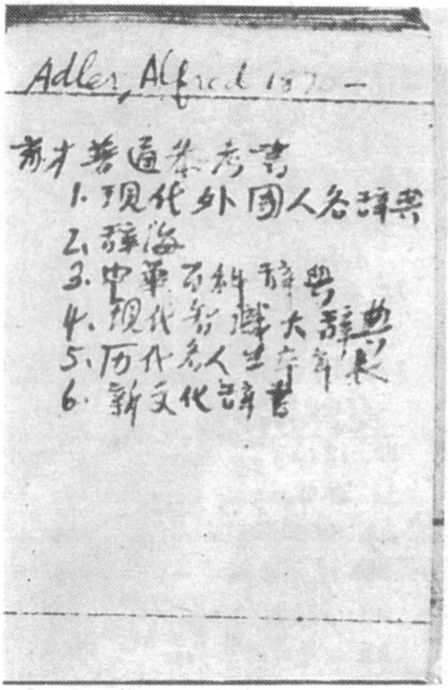
Adler, Alfred 1870—

育才普通参考书
1. 现代外国人名辞典
2. 辞海
3. 中华百科辞典
4. 现代新[illegible]大辞典
5. 历代名人生卒年表
6. 新文化辞书

42-041

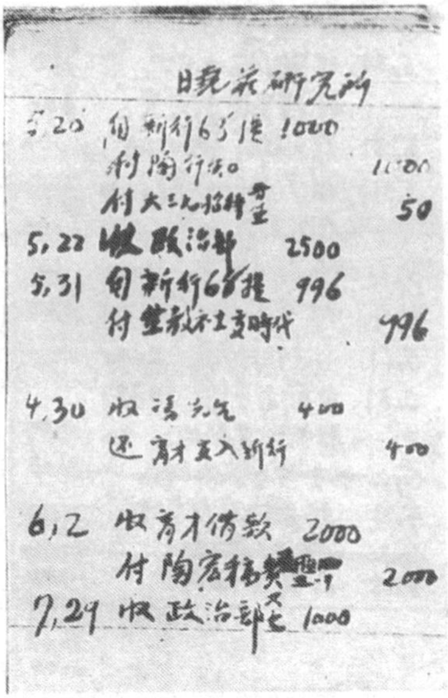
5.20 自新行6.5提 1000
付陶行知 1000
付大江化[illegible] 50
5.22 收政治部 2500
5.31 自新行6.6提 996
付[illegible]时代 996
4.30 收[illegible]先生 400
还育才[illegible]新行 400
6.2 收育才借款 2000
付陶宏[illegible] 2000
7.29 收政治部 1000

42-042

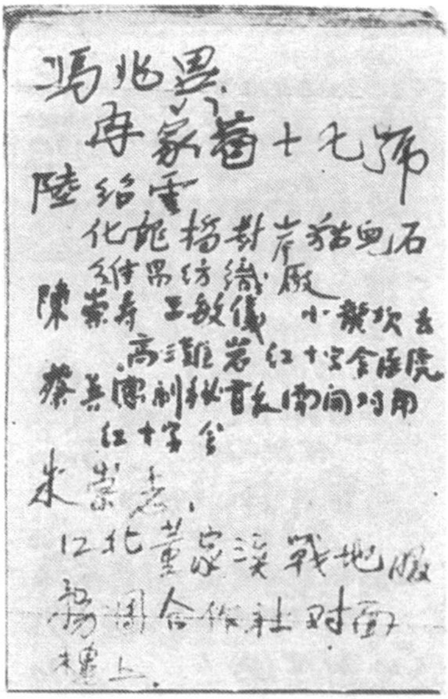
冯兆异
母家巷十九号
陆[illegible]
化龙桥[illegible]石
[illegible]纺织厂
陈[illegible] 王敏仪 小龙坎去
高滩岩红十字会医院
蔡[illegible]副秘书长[illegible]
红十字会
朱崇[illegible]
江北董家溪战地[illegible]
[illegible]合作社对面
楼上

42-043

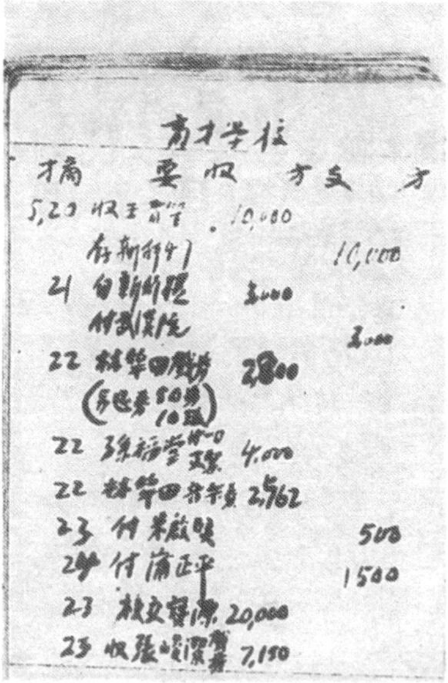
育才学校
摘要 收 支
5.20 收[illegible] 10,000
存新行 10,000
21 自新行提 3,000
付[illegible] 3,000
22 [illegible] 2800
22 [illegible] 4,000
22 [illegible] 2,762
23 付[illegible] 500
24 付[illegible] 1500
23 [illegible] 20,000
23 收[illegible] 7,150

42-044

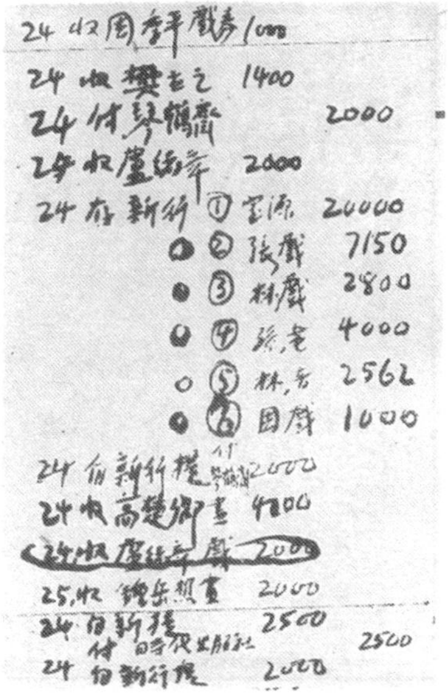
24 收周孝平戲券 1000
24 收樊玄之 1400
24 付琴鶴齋 2000
24 收盧鋕齋 2000
24 存新行 ①雲濤 20000
②張戲 7150
③林戲 2800
④孫老 4000
⑤林,方 2562
⑥周戲 1000
24 自新行提 付[illegible] 2000
24 收高楚卿畫 4800
~~24 收盧鋕齋戲 2000~~
25 收 饒乐祖畫 2000
24 自新行提 2500
付 [illegible]出版社 2500
24 自新行提 2000

42-045

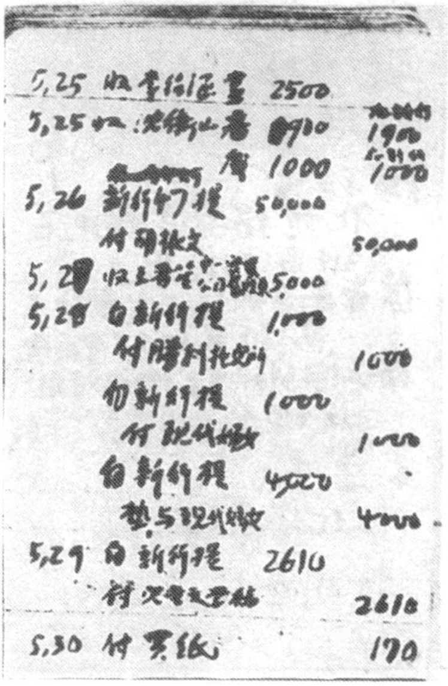
5,25 收李侶臣畫 2500
5,25 收沈衡山畫 8910 1900
畫 1000 1000
5,26 新行竹提 50,000
付[illegible] 50,000
5,28 收[illegible] 5,000
5,28 自新行提 1,000
付[illegible] 1000
自新行提 1000
付[illegible] 1000
自新行提 4000
[illegible] 4000
5,29 自新行提 2610
付[illegible] 2610
5,30 付買紙 170

42-046

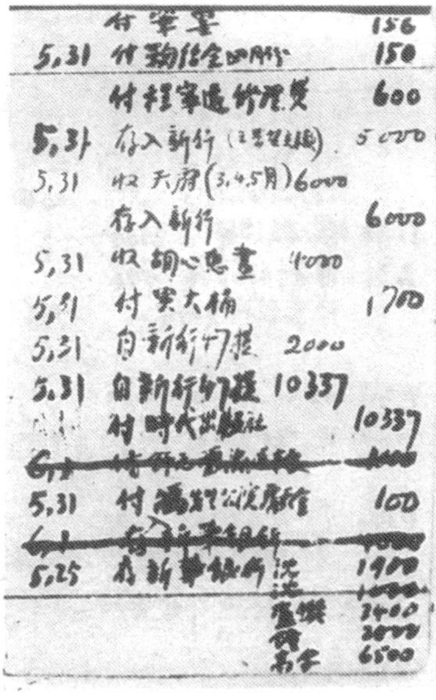
付筆墨 156
5,31 付[illegible] 150
付[illegible] 600
5,31 存入新行 ([illegible]) 5000
5,31 收天府(3,4,5月) 6000
存入新行 6000
5,31 收胡心恩畫 4000
5,31 付買大桶 1700
5,31 自新行竹提 2000
5,31 自新行竹提 10337
付時代出版社 10337
5,31 付[illegible] 100
5,25 存新華銀行 1900

42-047

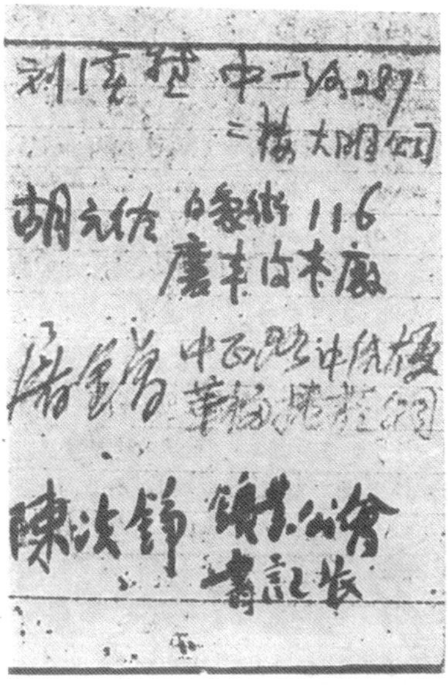
劉清揚 中一路287
二樓大陸公司
胡文佐 白象街116
[illegible]
[illegible]
陳汝鈞 [illegible]

42-048

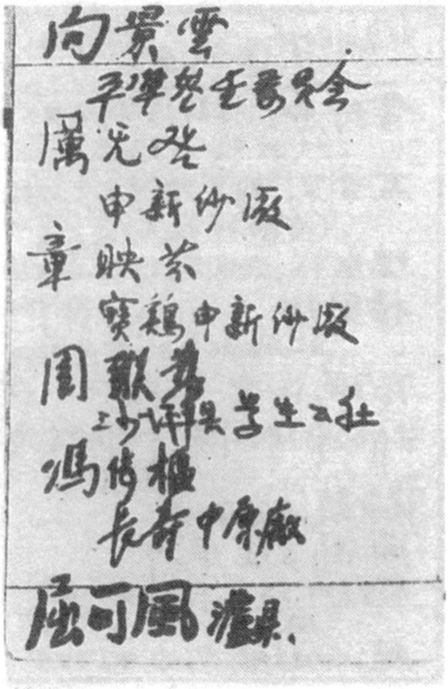
向景云
厲无咎
申新纱厂
章映芬
宝鸡申新纱厂
冯
屈可風

42-049

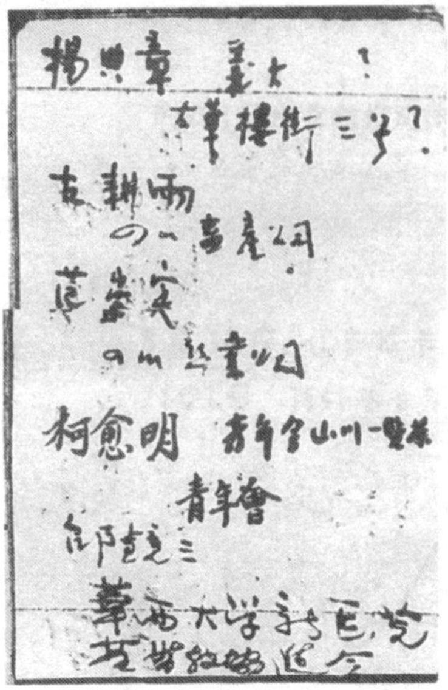
杨男章
柯愈明
青年會

42-050

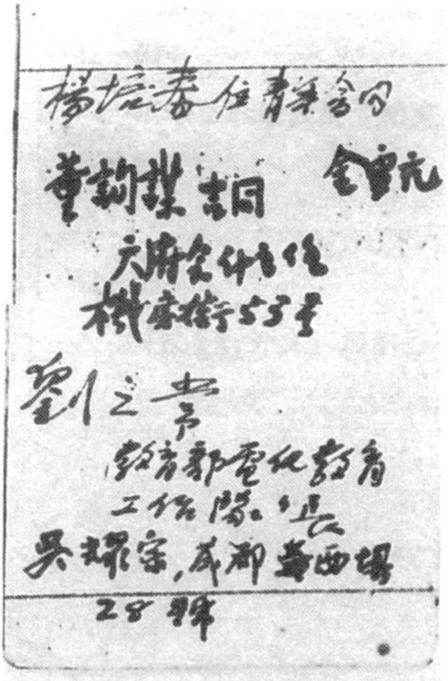
劉之
吴

42-051

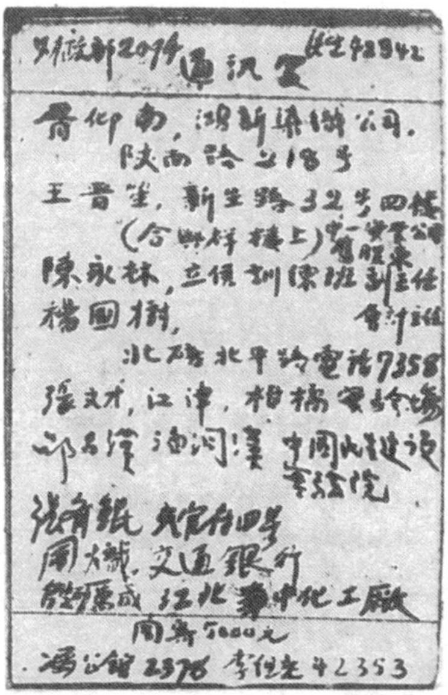
通讯
王晋笙，新生路32号四楼
陳永林，
楊國樹，
交通銀行

42-052

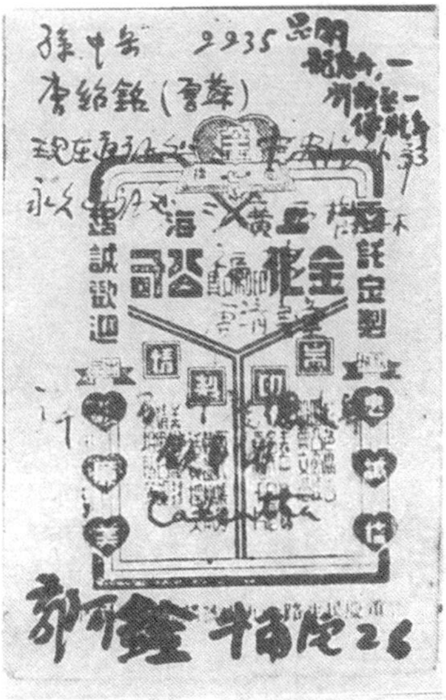

42-053

# 第四十二册〔注译〕

1943.5.19~1943.11.13

重庆·北碚

42—003

第9行“于”为“予”

42—005

倒数第2行“汇丰”指汇丰银行

42—006

倒数第4行外文为：毕莱士

42—007

倒数第1行美堂翁指司徒美堂

42—009

第8至14行：①萨斯卡通 21421号 1941年9月5日 中国银行 香港

②卡忌利32456号1941年10月7日 美国快递公司 香港

42—010

第1至3行：卡忌利致公堂加拿大地址

42—014

浓缩鱼肝油胶囊“帕克·戴维斯”

42—053

倒数第2行外文：加尔各答

# 衙備忘

第四十三册

1943.12~1944.3

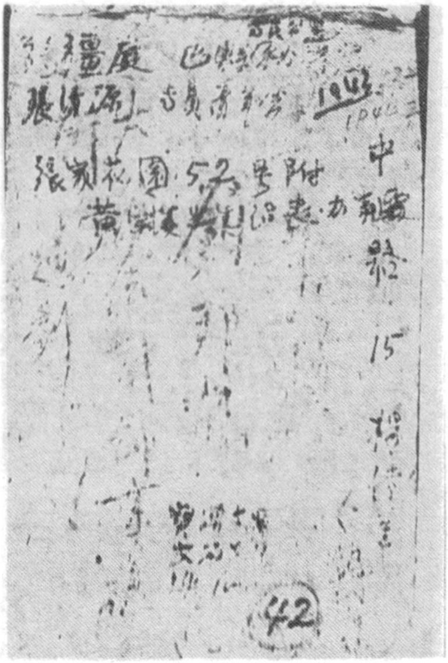

43-001

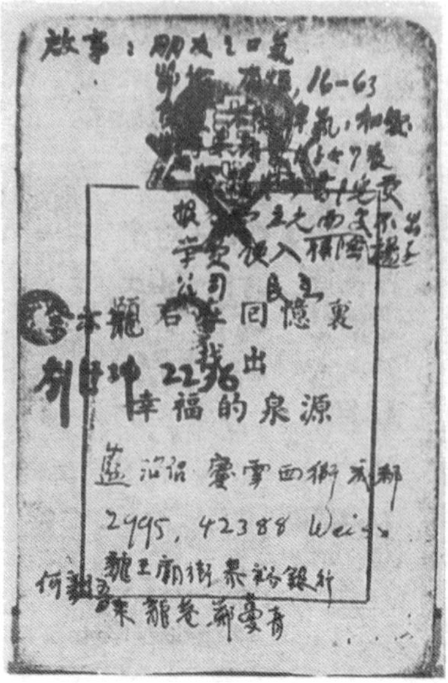
幸福的泉源

43-002

Blofeld, John. Dr. Dorothy

43-003

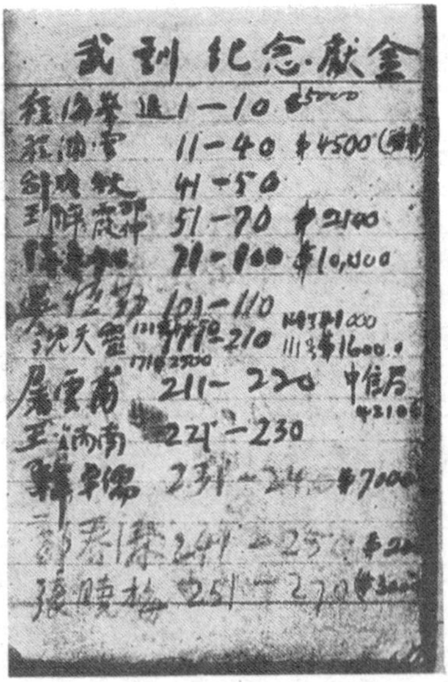
武训纪念献金

43-004

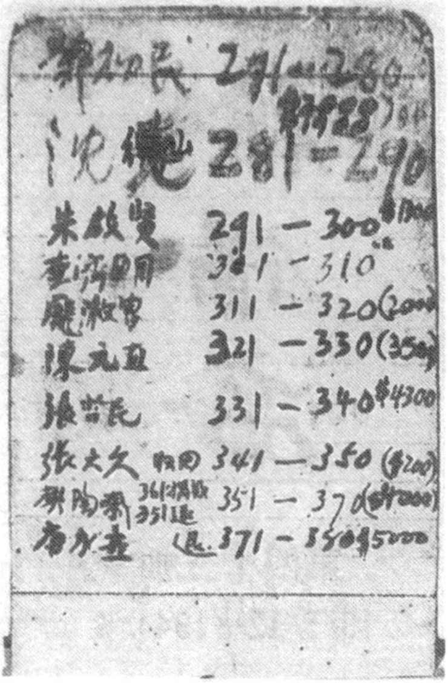

沈[illegible] 281－290
朱[illegible] 291－300
[illegible] 301－310
[illegible] 311－320（2000）
陈元[illegible] 321－330（350）
张[illegible]民 331－340 $4300
张大文 341－350（$200）
[illegible] 351－370
[illegible] 退 371－380 $5000

43－005

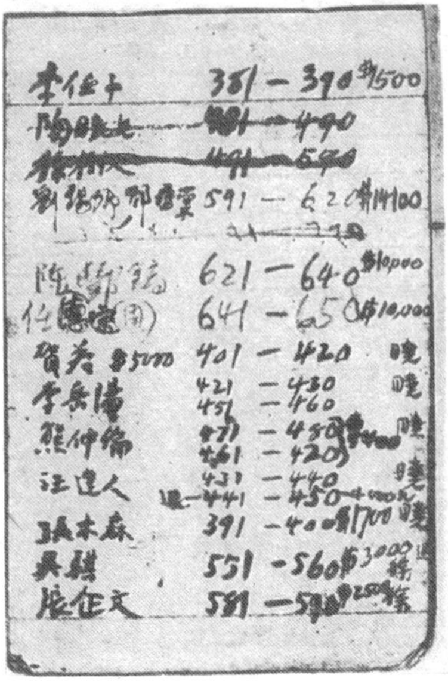

李[illegible] 381－390 $1500
刘[illegible] 591－620 $14100
陈[illegible] 621－640 $10000
[illegible] 641－650 $10,000
[illegible] $5000 401－420 晚
李[illegible] 421－430 451－460 晚
[illegible] 471－480 461－420 晚
汪达人 431－440 退 441－450 晚
孙本[illegible] 391－400 $1700 晚
吴[illegible] 551－560 $3000
[illegible] 581－590 $2500

43－006

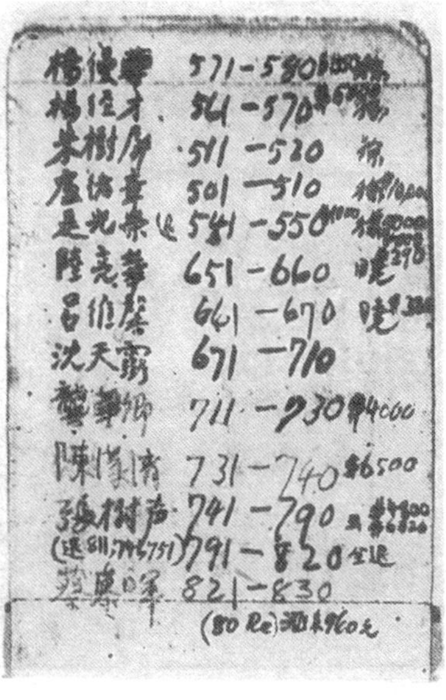

[illegible] 571－580
杨[illegible]才 561－570
朱[illegible] 511－520
[illegible] 501－510
[illegible] 退 541－550
陆[illegible] 651－660 晚
吕[illegible] 661－670 晚
沈天[illegible] 671－710
[illegible] 711－730 $4000
陈[illegible] 731－740 $6500
张树[illegible] 741－790
（退 811，745，751）791－820 全退
[illegible] 821－830
（80 Re）[illegible] 960 元

43－007

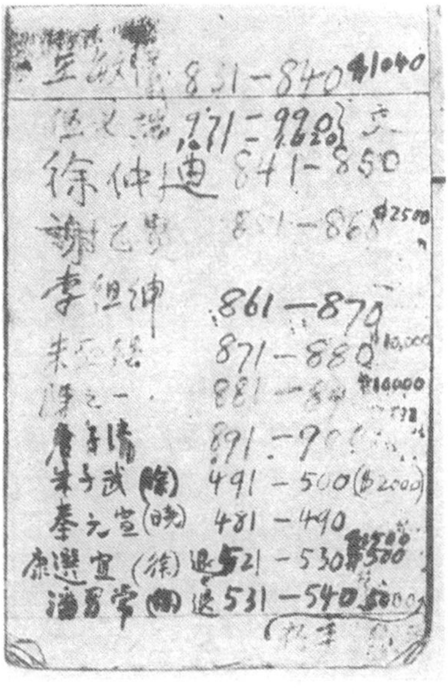

[illegible] 831－840 $1040
[illegible] 971－990
徐仲达 841－850
谢[illegible] 851－860 $2500
李[illegible] 861－870
朱[illegible] 871－880 $10,000
[illegible] 881－890 $10000
[illegible] 891－900
[illegible]（[illegible]）491－500（$2000）
李[illegible]（晚）481－490
[illegible]（[illegible]）退 521－530 $500
[illegible] 退 531－540

43－008

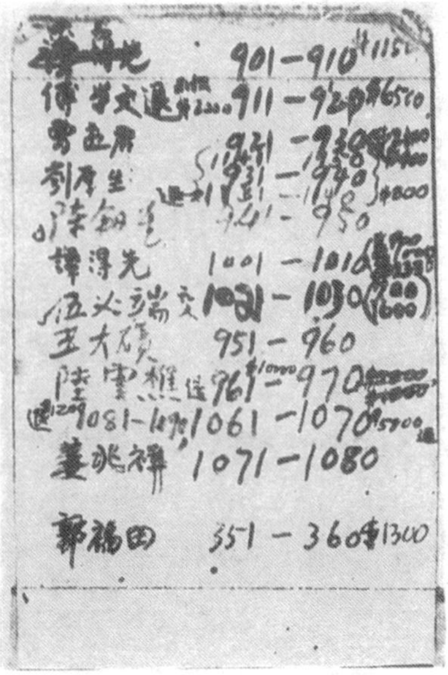

43-009

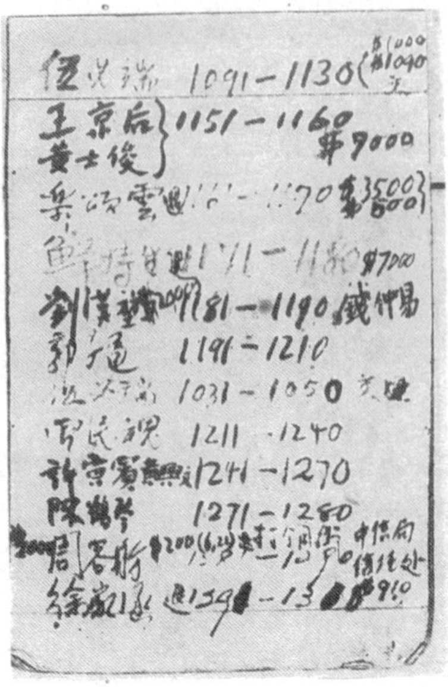

43-010

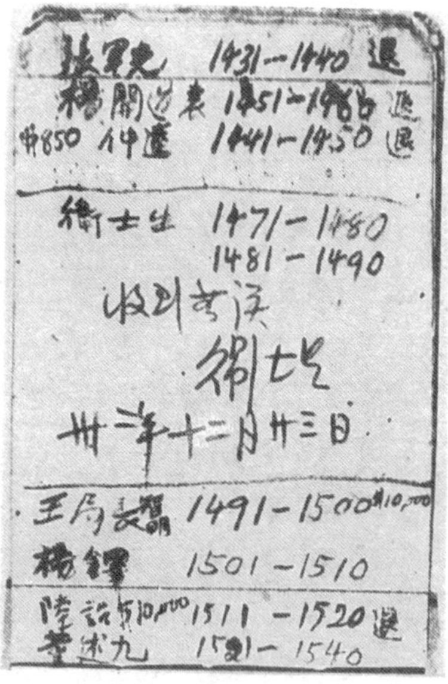

43-011

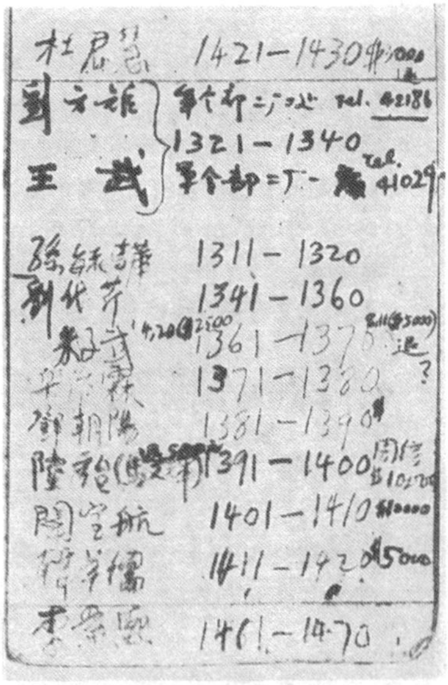

43-012

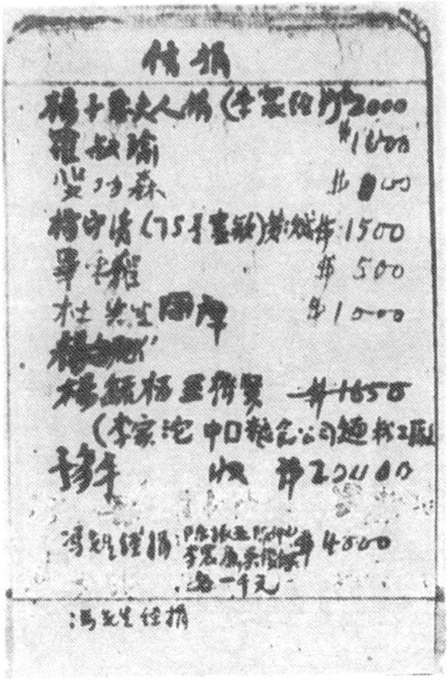

43-013

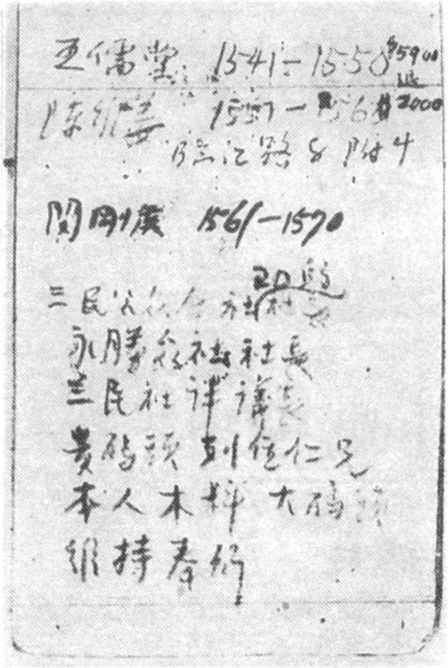

43-014

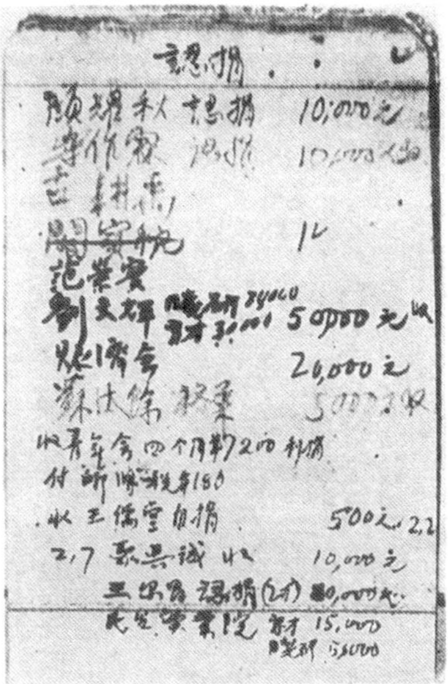

43-015

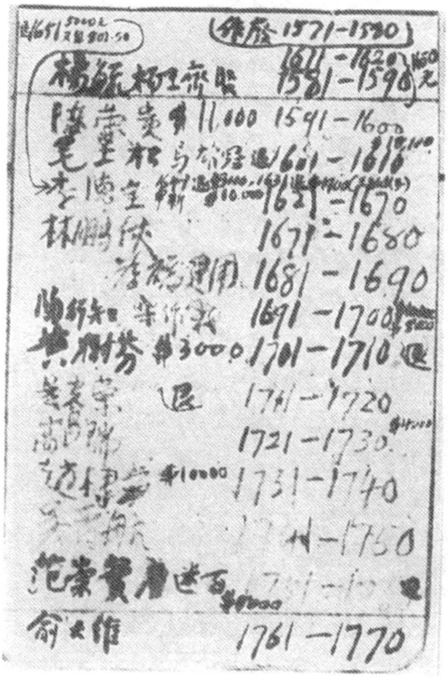

43-016

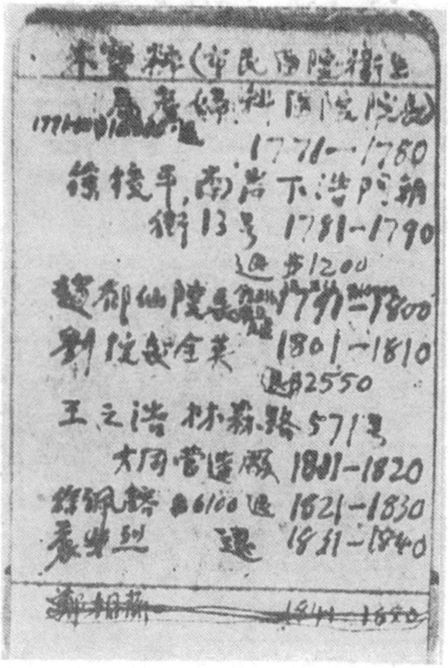


43-017

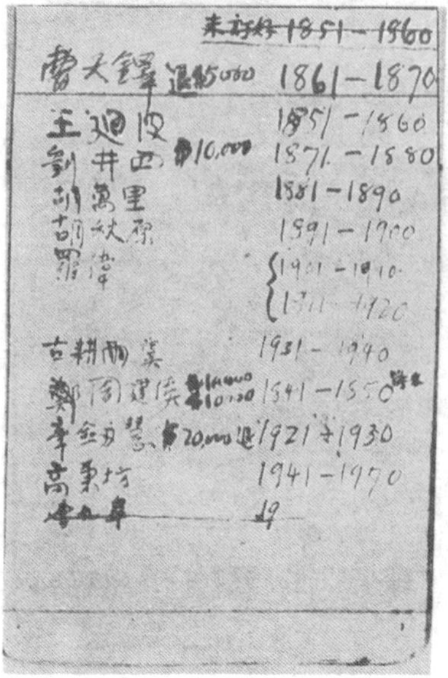


43-018

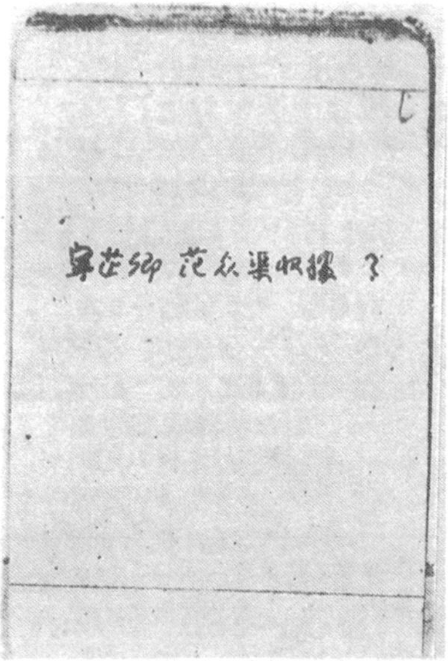

43-019

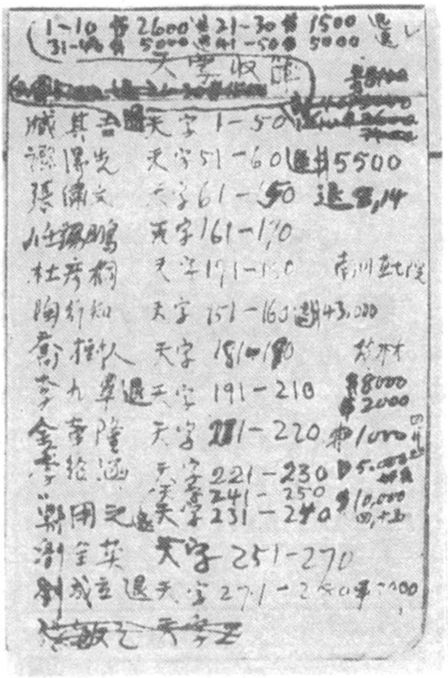


43-020

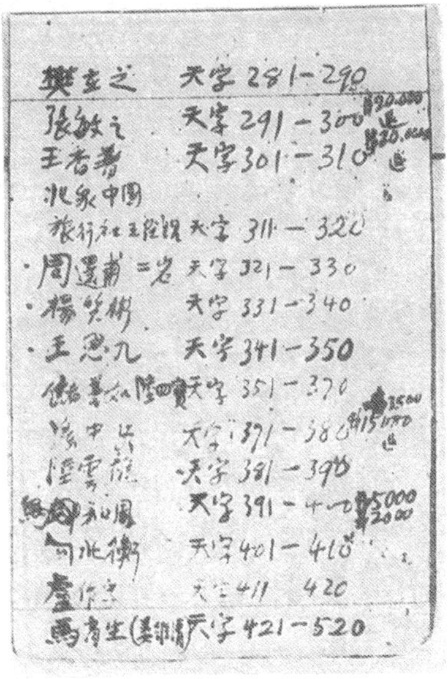


43-021

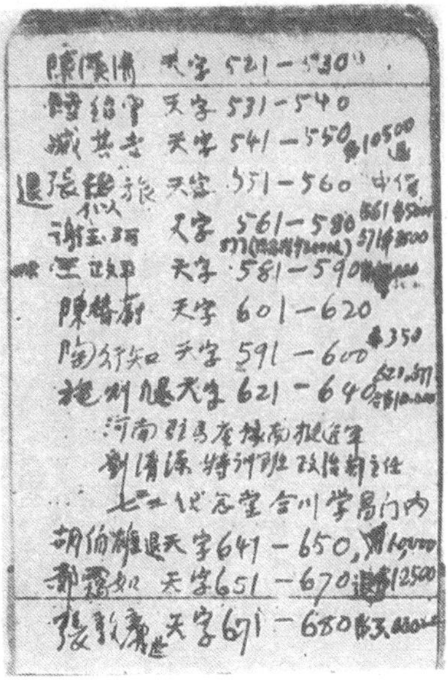


43-022

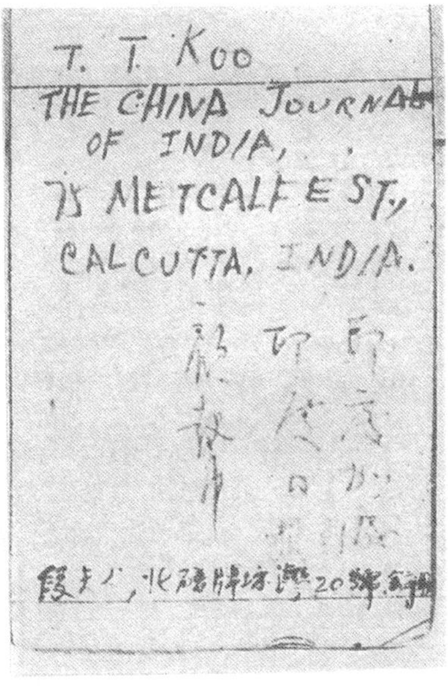


43-023

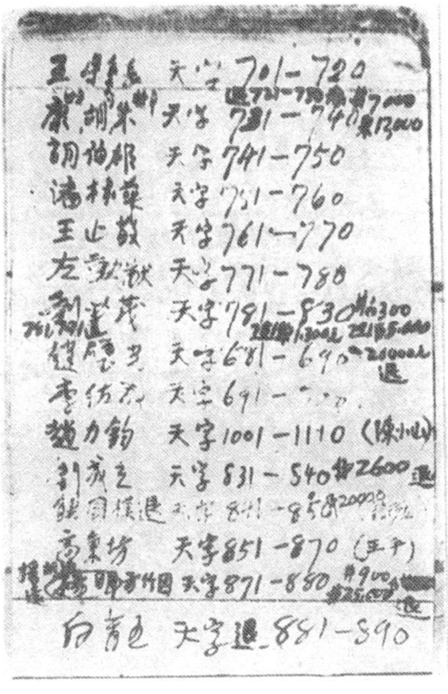


43-024

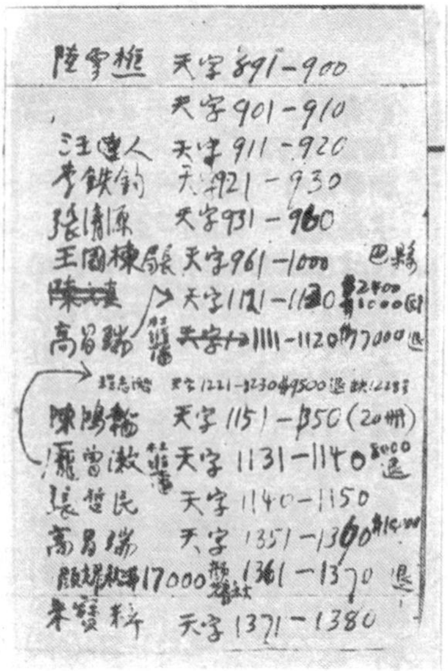
陆曾概 天字891—900
天字901—910
汪德人 天字911—920
李铁钧 天字921—930
张倩源 天字931—960
王国栋 天字961—1000 巴县
高昌瑞 天字1111—1120
陈鸿韬 天字1151—1350（20册）
熊曾潋 天字1131—1140 退
张哲民 天字1140—1150
高昌瑞 天字1351—1360
1361—1370 退
朱赞縡 天字1371—1380

43-025

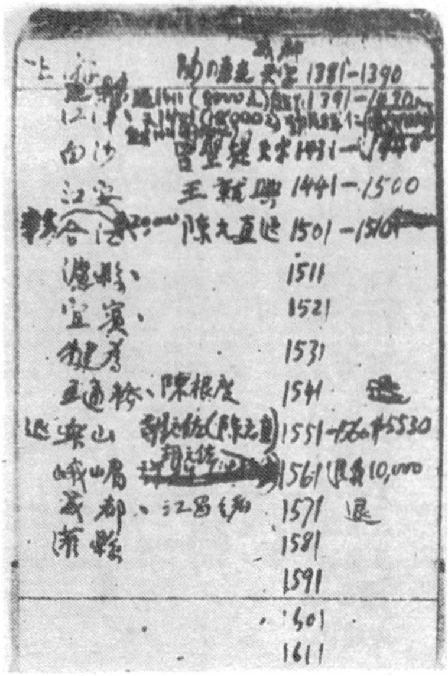
上游 陶晓光 天字1381—1390
白沙 曾显魁 天字1431—1440
江安 王戴兴 1441—1500
合江 陈元直 1501—1510
泸县 1511
宜宾 1521
犍为 1531
五通桥、陈根度 1541 退
乐山 1551—1560
峨嵋 1561
成都、江昌 1571 退
崇县 1581
1591
1601
1611

43-026

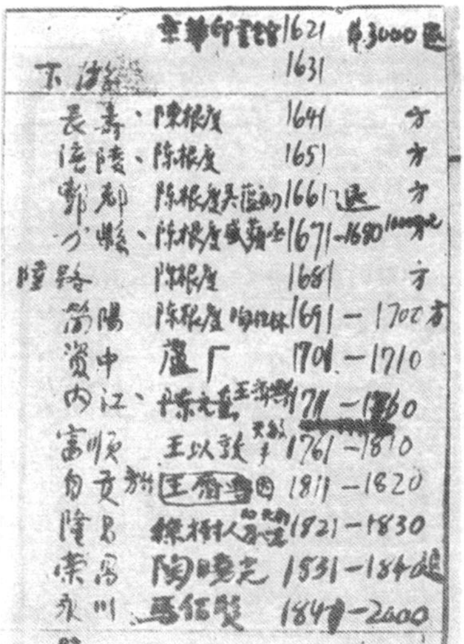
中华印书馆 1621 退
1631
下游
长寿、陈根度 1641 方
涪陵、陈根度 1651 方
鄷都 陈根度 1661 退 方
万县、陈根度 1671—1680
陆路 陈根度 1681 方
简阳 陈根度 1691—1700 方
资中 卢厂 1701—1710
内江、陈元直 1711—1760
富顺 王以致 1761—1810
自贡 1811—1820
隆昌 1821—1830
荣昌 陶晓光 1831—1840 退
永川 马纪贤 1841—2000
璧山

43-027

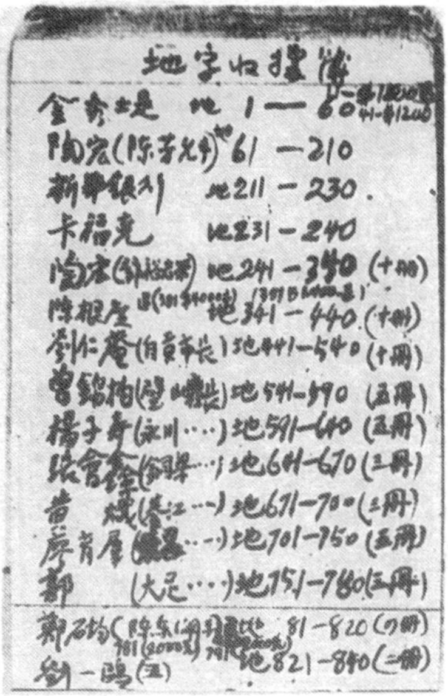
地字收据簿
金竹堤 地1—60
陶宏（陈子允）61—210
新华银行 地211—230
卡福克 地231—240
陶宏 地241—340（十册）
陈根度 地341—440（十册）
刘仁庵（自贡市长）地441—540（十册）
曾鉴柏 地541—590（五册）
杨子奇（永川……）地591—640（五册）
张会鑫 地641—670（三册）
黄 娥（綦江……）地671—700（三册）
廖肖屋 地701—750（五册）
郭 （大足……）地751—780（三册）
郭石均 781—820（四册）
刘一鸣（三）地821—840（二册）

43-028

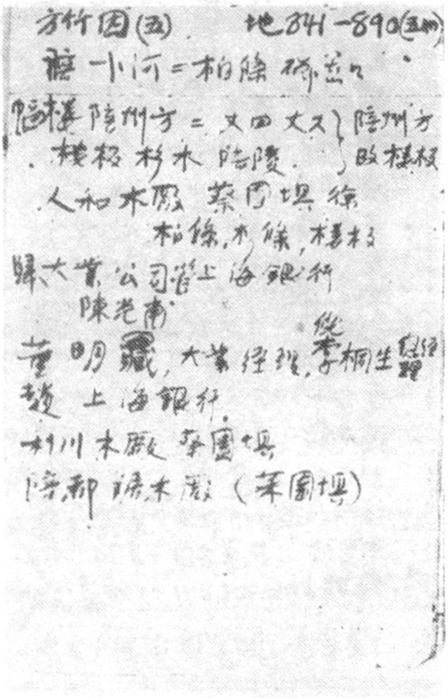

43-029

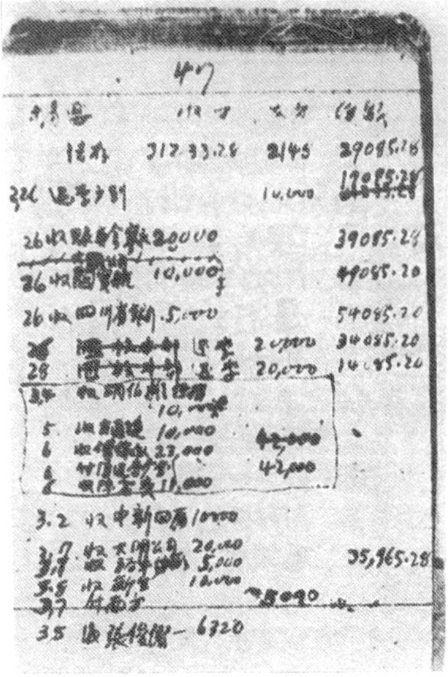

43-030

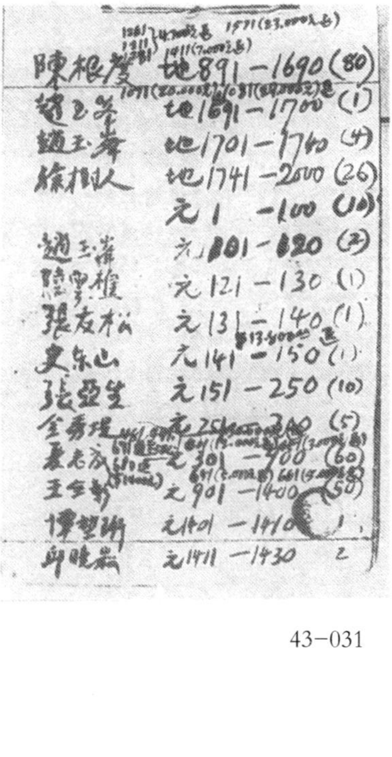

陳根發 地891－1690(80)
地1691－1700(1)
地1701－1740(4)
地1741－2000(26)
元1－100(10)
元101－120(2)
元121－130(1)
張友松 元131－140(1)
元141－150(1)
元151－250(10)
元251－300(5)
元301－900(60)
元901－1400(50)
元1401－1410(1)
元1411－1430(2)

43-031

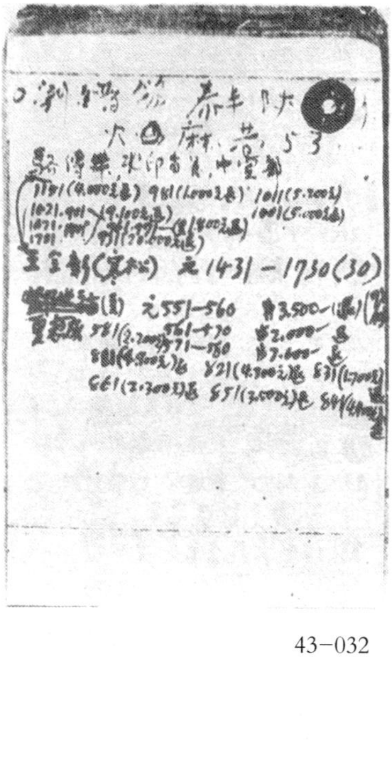

元1431－1730(30)
元551－560

43-032

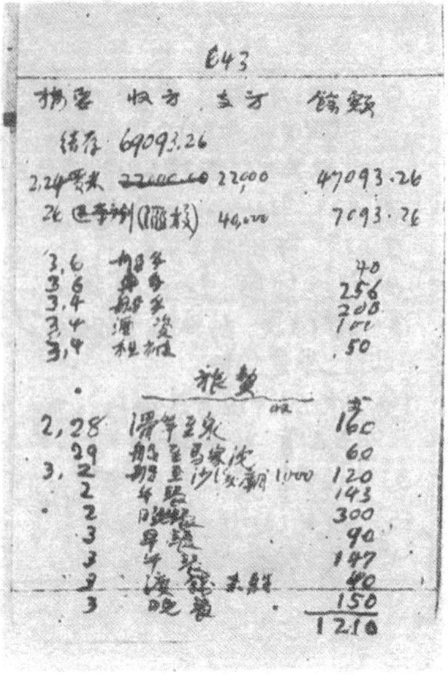

43-033

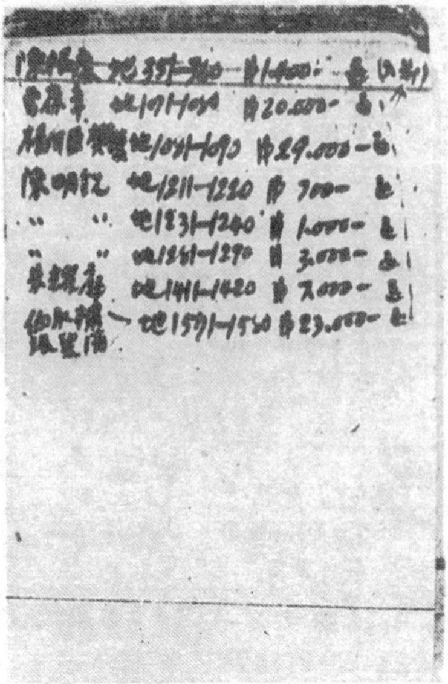

43-034

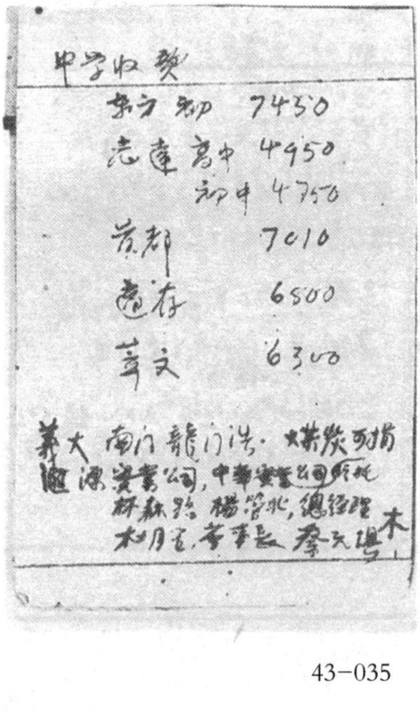

43-035

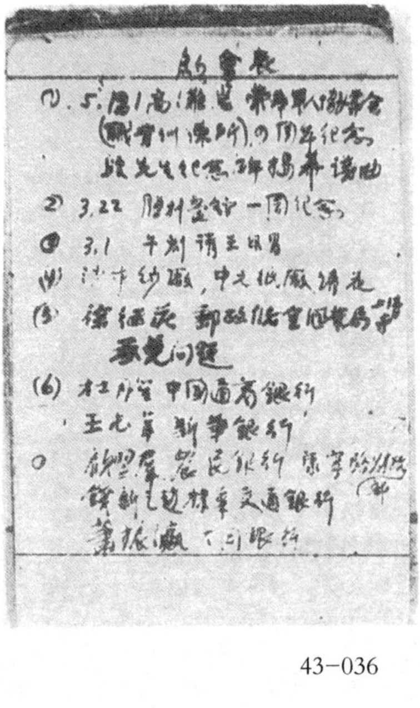

43-036

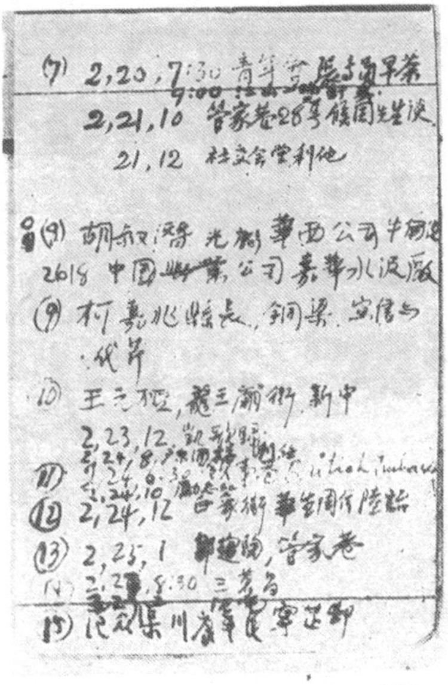

2,21,10 管家巷28号 [illegible]

21,12 社交会堂 [illegible]

王 [illegible]

2,23,12 [illegible]

⑫ 2,24,12 管家衖 [illegible]

⑬ 2,25,1 [illegible] 管家巷

43-037

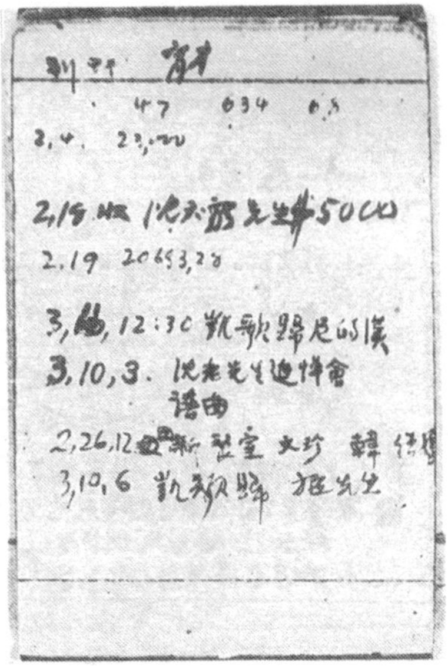

2,19 20653,28

3,10,3. [illegible] 追悼會

3,10,6 [illegible] 先生

43-038

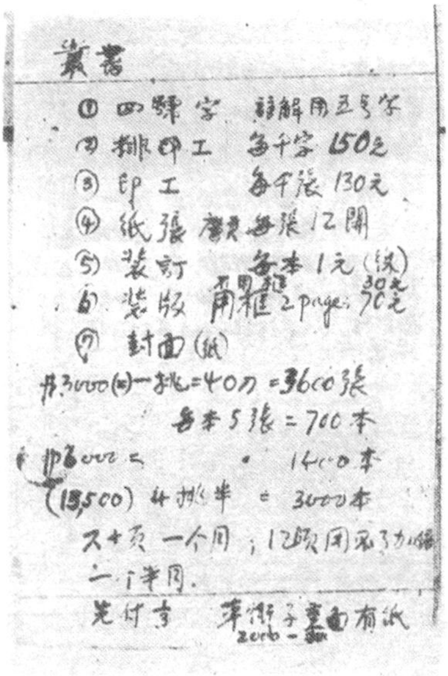

① 四號字 辭解用五号字

② 排印工 每千字 150元

③ 印工 每千張 130元

④ 紙張 [illegible] 每張 12開

⑤ 裝訂 每本 1元（线）

⑥ [illegible] 2 pages 30元

⑦ 封面（纸）

[illegible] =3600張

每本 5張 = 700本

[illegible] 1400本

(13,500) [illegible] 3000本

43-039

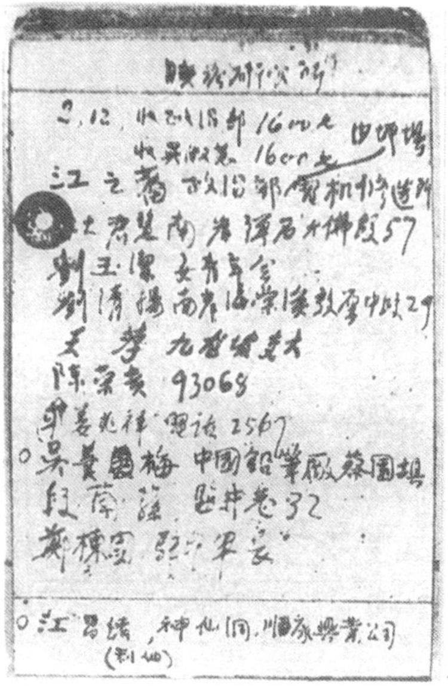

陳榮貴 93068

43-040

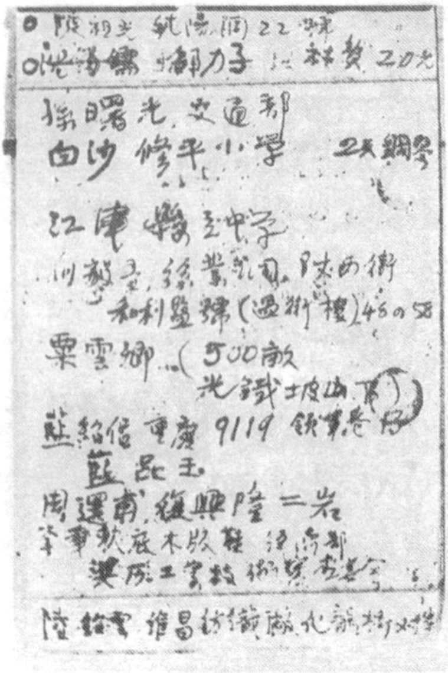

43-041

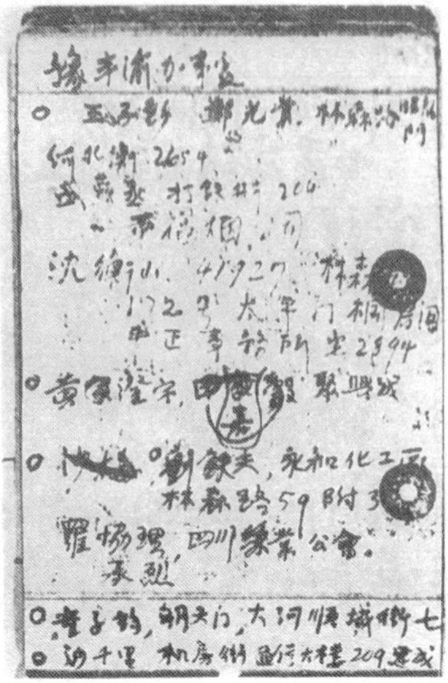

43-042

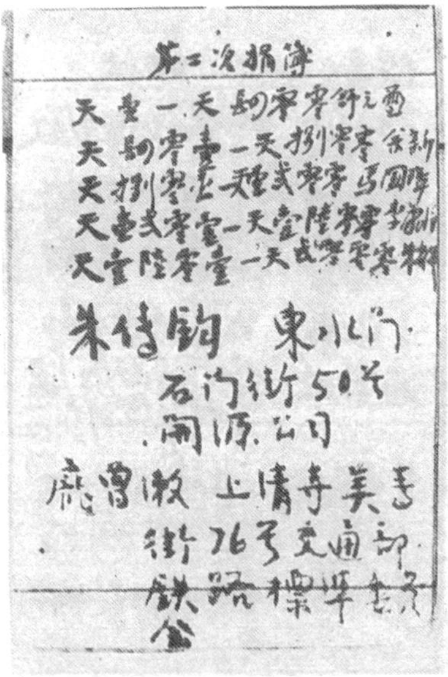

43-043

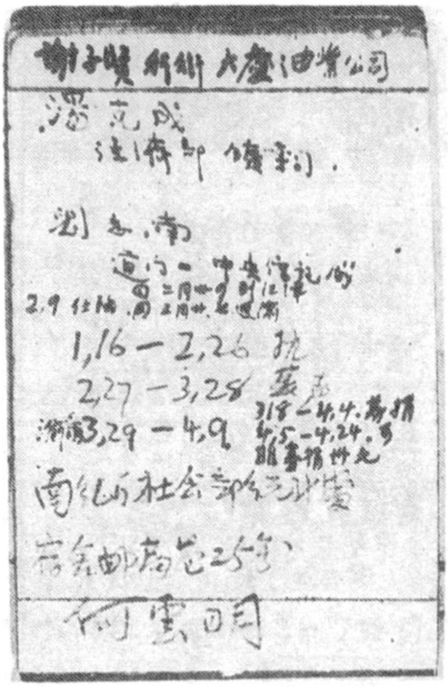

43-044

43-045

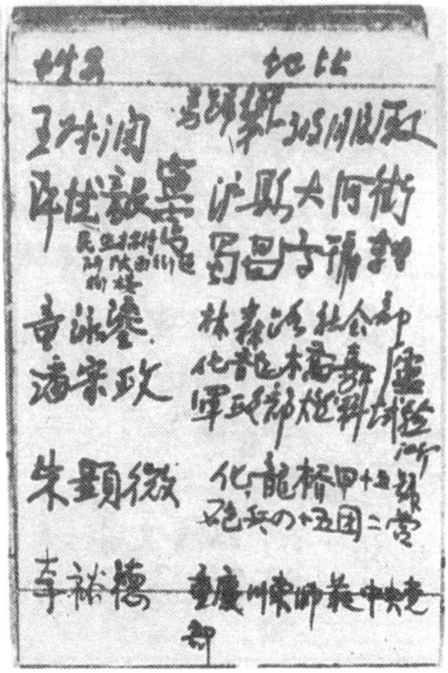

43-046

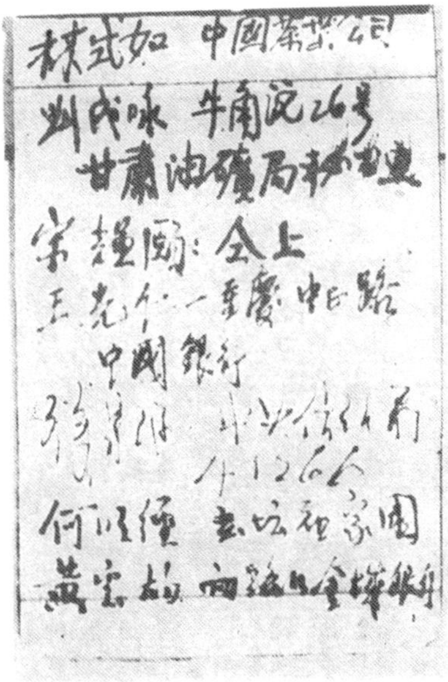

43-047

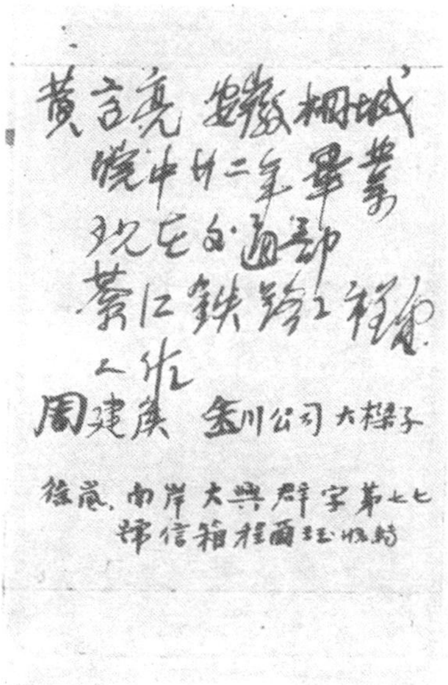

43-048

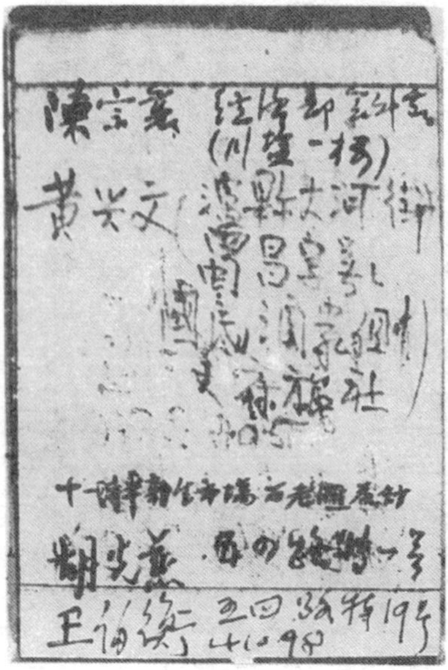

43-049

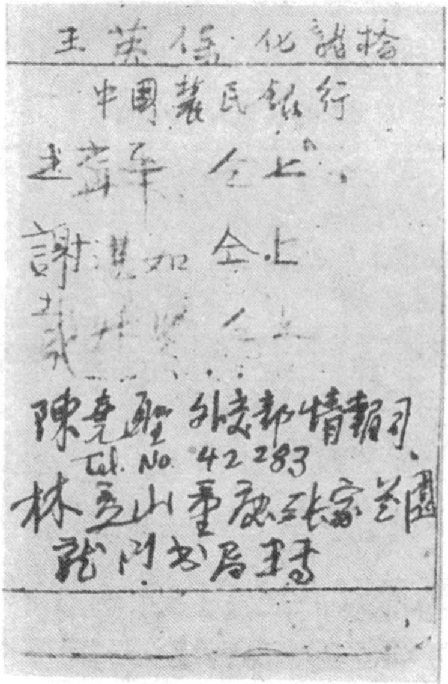
王英儒 化龍橋
中國農民銀行
謝湛如 仝上
陳堯聖 外交部情報司
Tel. No. 42283

43-050

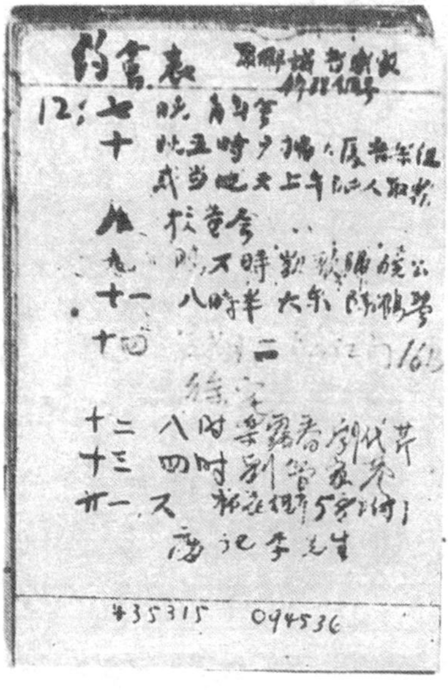
約會表

43-051

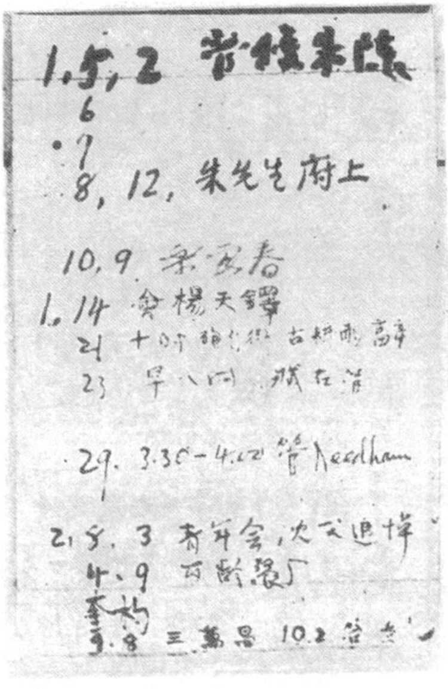
6
7
8, 12, 朱先生府上
10, 9
1. 14
29. 3.30–4.00 Needham
2. 8. 3 青年会
4. 9

43-052

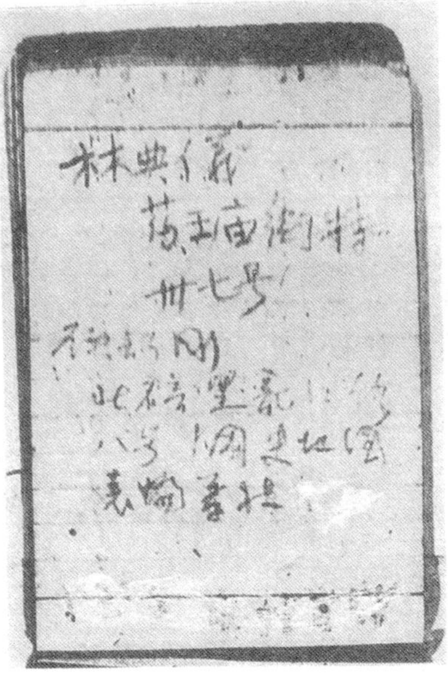
林典仪
卅七号

43-053

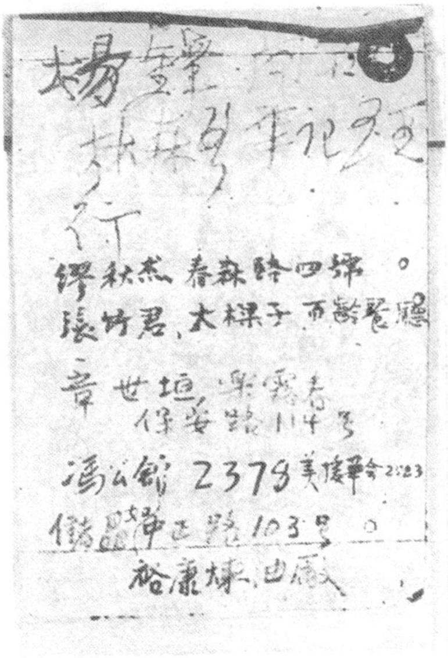
缪秋杰 春森路四号
张竹君，太梁子 西餐厅
章世垣
保安路114号
冯公馆 2378

43-054

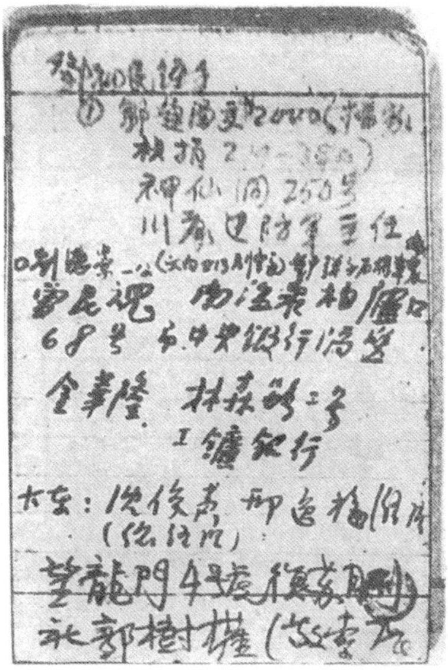
神仙洞 258号
川康边防军主任
68号
全季隆 林森路
工矿银行
望龙门

43-055

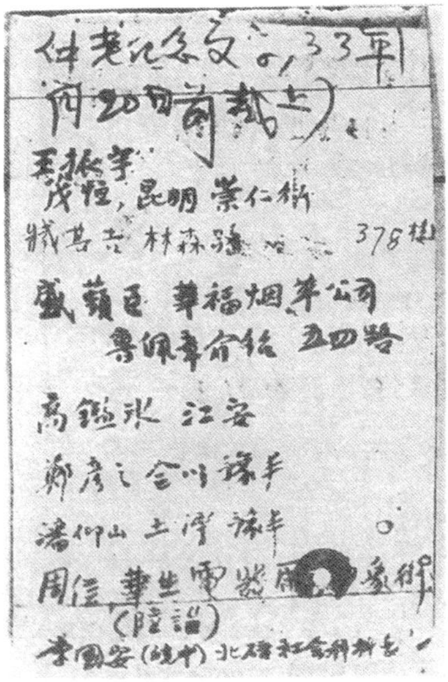
昆明 崇仁街
林森路 378
华福烟草公司
高镕冰 江安
潘仰山 上海 旅华
(陆谐)

43-056

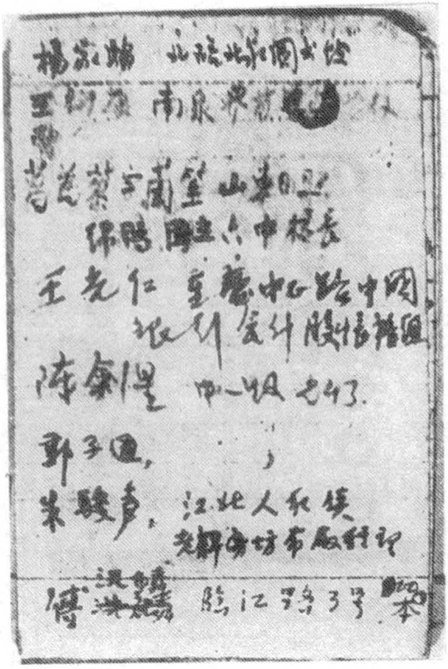

43-057

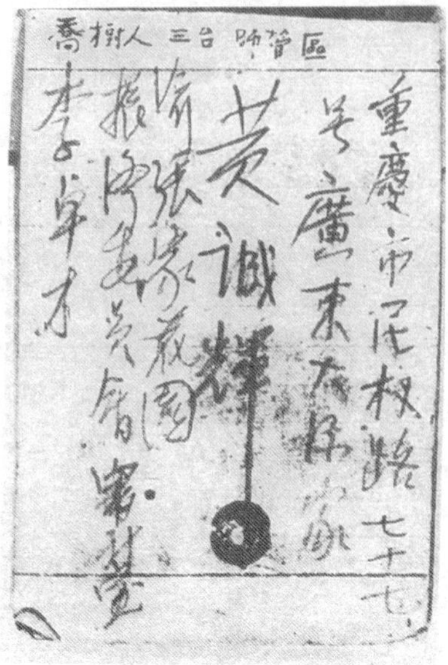

43-058

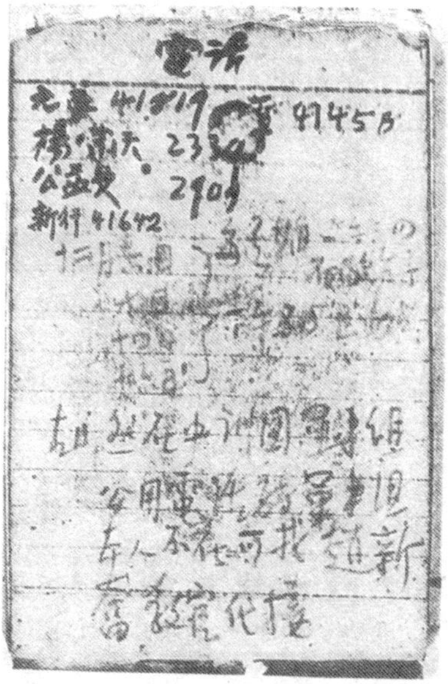

43-059

43-060

43-061

# 第四十三册〔注译〕

1943.12~1944.3

重庆·北碚

43—003

第1行：布鲁菲尔德，约翰·多西博士

43—023

第1至5行：T.T.顾　印度中华杂志　印度加尔各答地址

43—037

⑪2月24日　6：30　领事巷英国大使馆

43—038

第6行“尼的汉”指李约瑟

43—052

倒数第5行：29日　3：30~4：00　管家巷　李约瑟

# 衔備忘

第四十四册

1944.3.11~1944.5.3

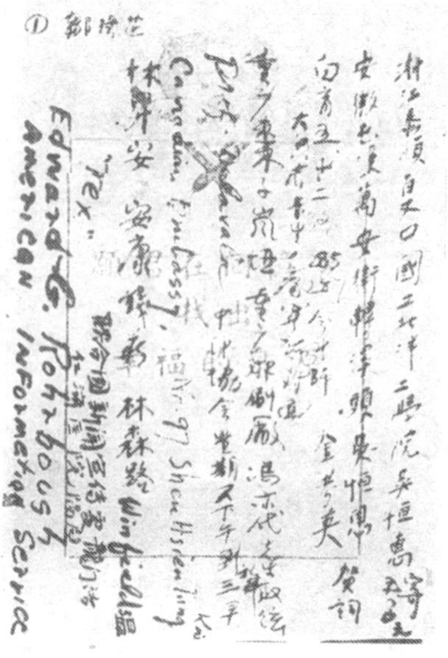

44-001

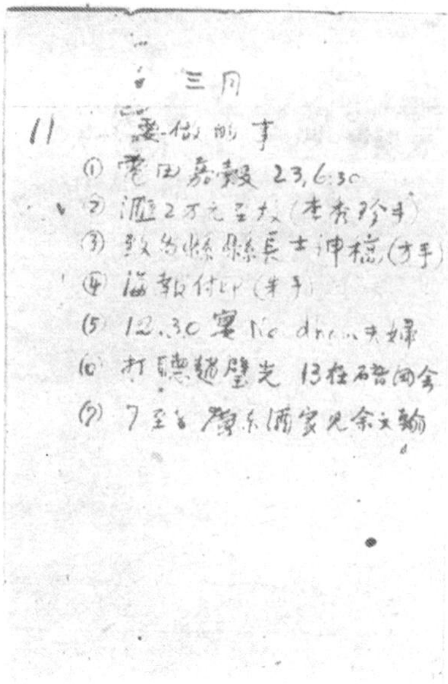

三月

11 要做的事

① 電田嘉穀 23, 6:30

② 滙2万元至大(李考珍手)

③ 致各縣縣長士紳稿(方手)

④ 滙報付印(方手)

⑤ 12.30 宴 ... 夫婦

⑥ 打聽趙璧光 13位石窖開會

⑦ 7至8 陳尔儒家見余又蓀

44-002

12 ①舊衛生行八时訪晃.

会二時良莊.

44-003

13 ①送岳陽之弟李鐵鈞

育才手冊 100本

44-004

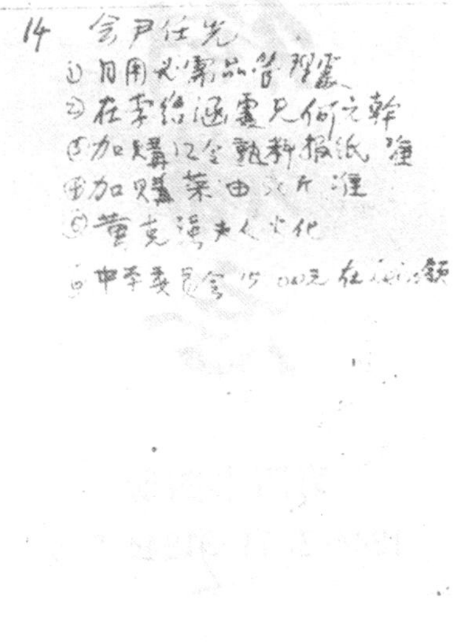
14 会户任先
①日用必需品管理處
②在李伯涵處見何之幹
③加購12令報紙 準
④加購菜油六斤 准
⑤黄克鴻 文化
⑥中華委員會15000元 在 領

44-005

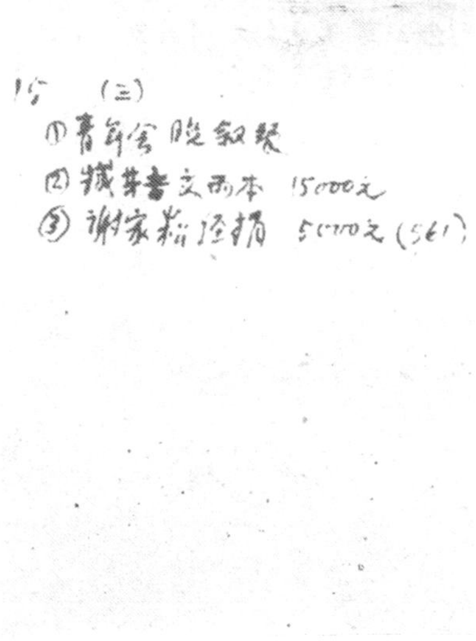
15 (三)
①青年會晚飯費
②職業畫文兩本 15000元
③謝家栢捐 5000元 (561)

44-006

16 (四)
農貸計畫 早擬

44-007

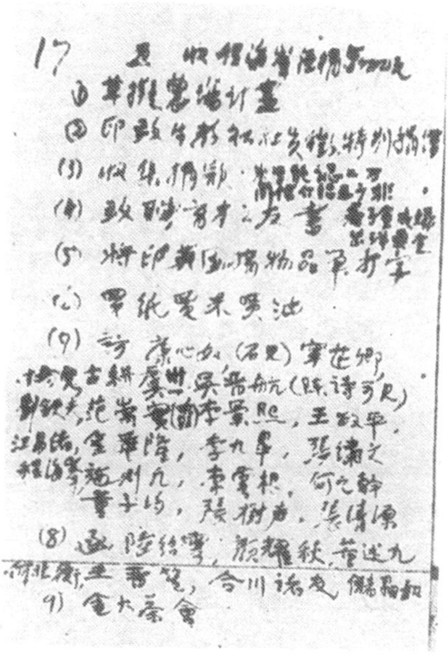
17 (五)
①早擬農場計畫
(6) 買紙買米買油
(9) 全大茶會

44-008

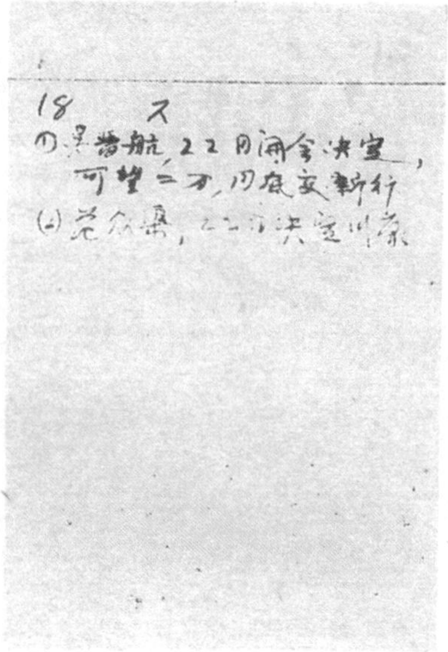


44-009

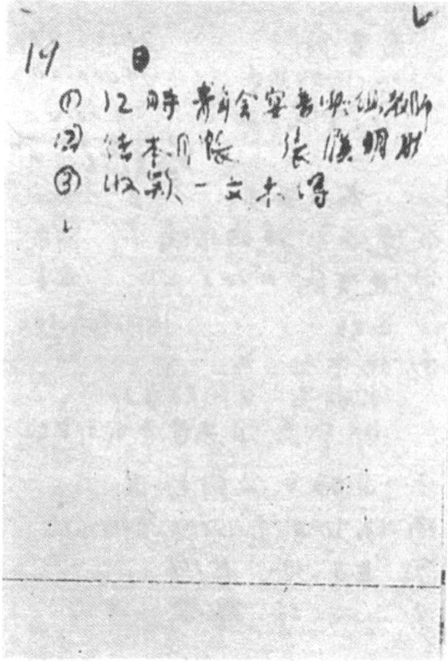


44-010

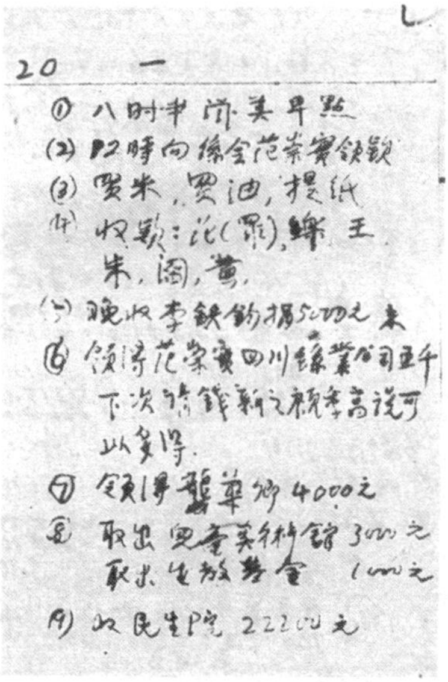


44-011

44-012

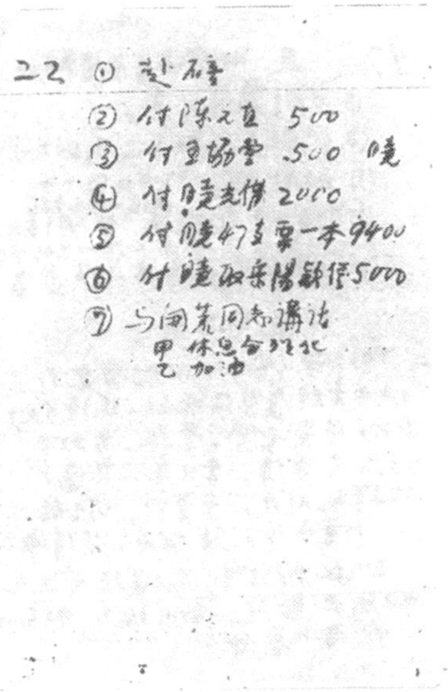

44-013

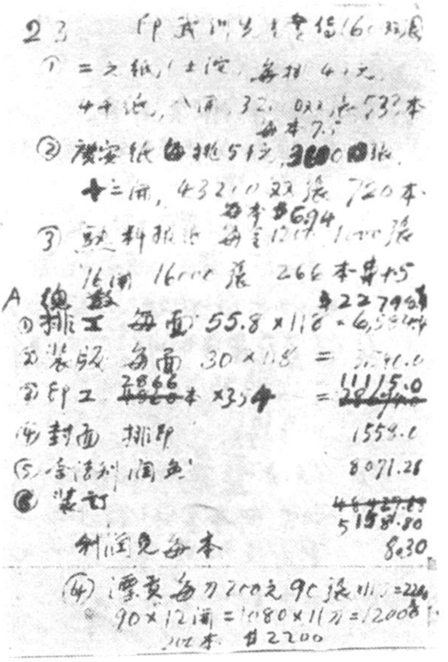

44-014

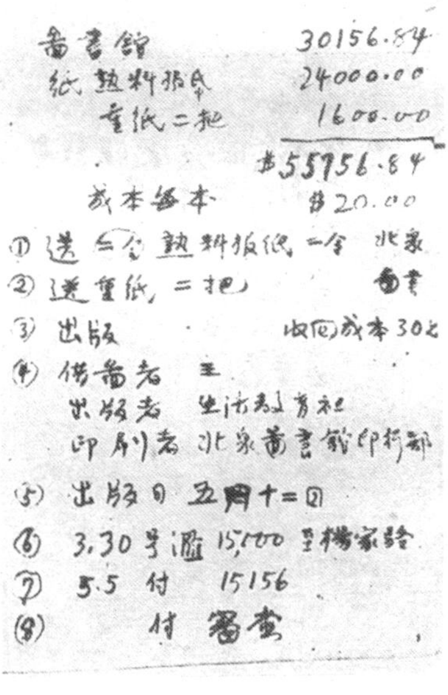

44-015

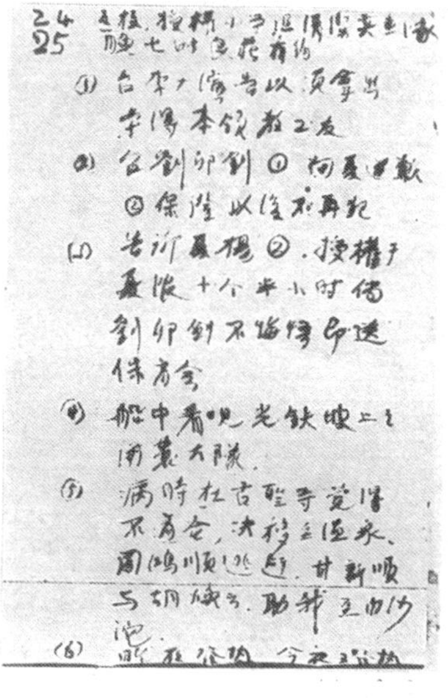

44-016

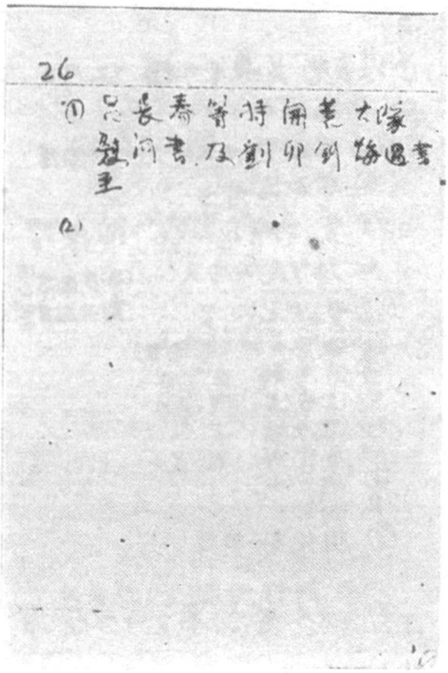
26
① 吕长寿等将开荒大队
报告书及刘卯钊 呈
(2)

44-017

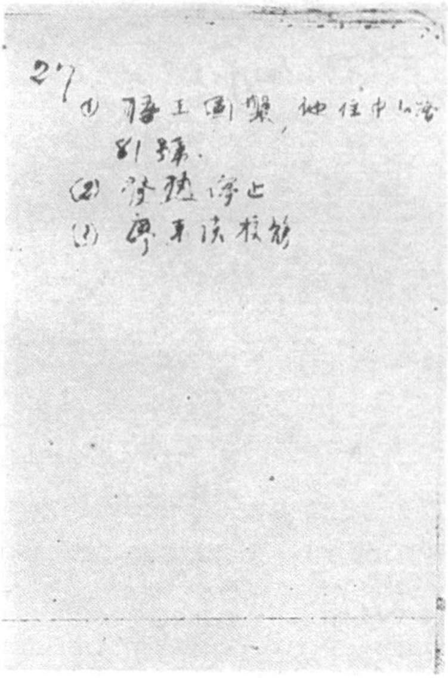
27
① 孙王国栋，他住中山路
81号。
(2) 沙磁停止
(3) 粤东读校能

44-018

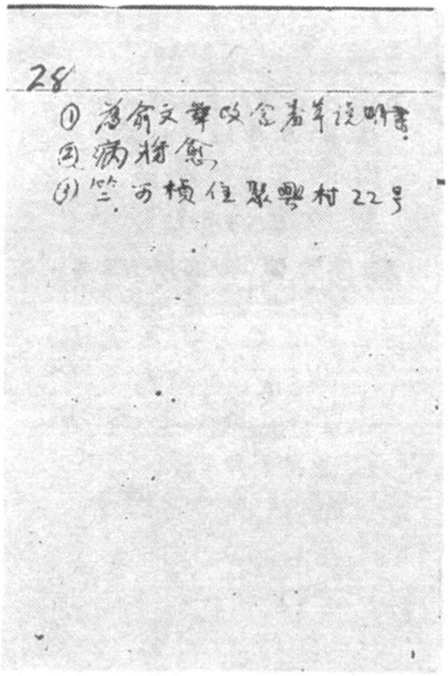
28
① 为俞文华收容孤儿说明书
(2) 病将愈，
(3) 竺可桢住聚兴村22号

44-019

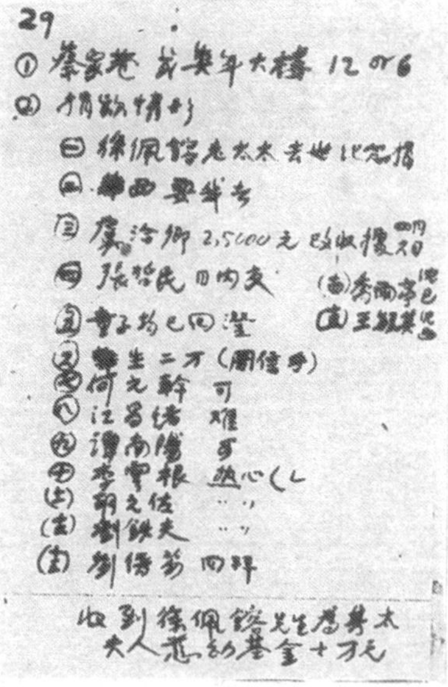
29
① 秦家巷 12 or 6
(2) 捐款情形
(一) 徐佩锴老太太去世
(三) 2,5000元
(四) 张
(七) 何 可
(八) 难
(九) 可
(十) 热心
(十三) 刘

收到徐佩锴先生为其太夫人 基金十万元

44-020

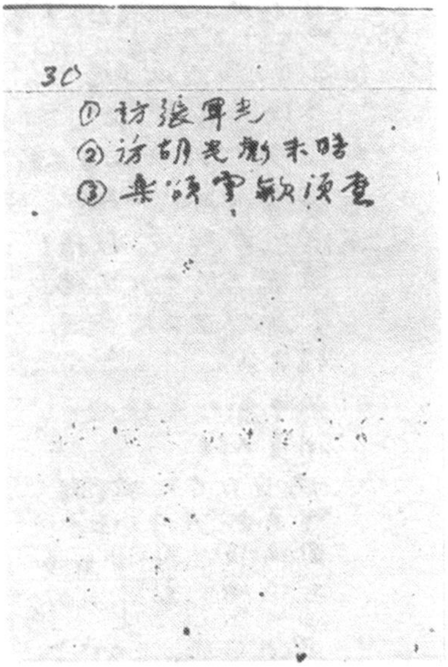
30
① 访张寿先
② 访胡光麃未晤
③ 乐队审款须查

44-021

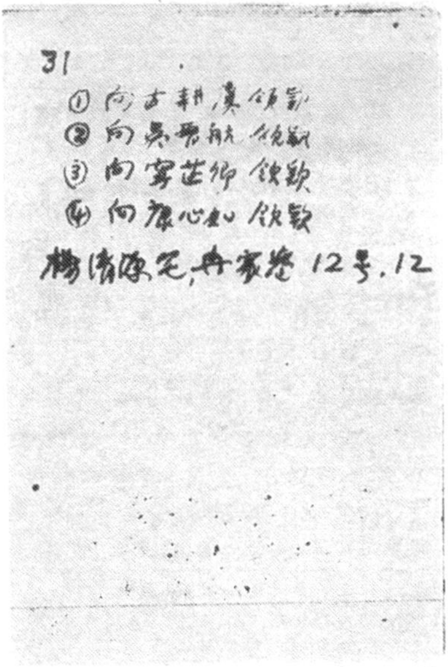
31
① 向古耕虞领款
② 向吴蕴航领款
③ 向宁芷邨领款
④ 向张心一领款
杨清源宅，丹家巷12号，12

44-022

I 四月

44-023

星期二午后二时康济堂

44-024

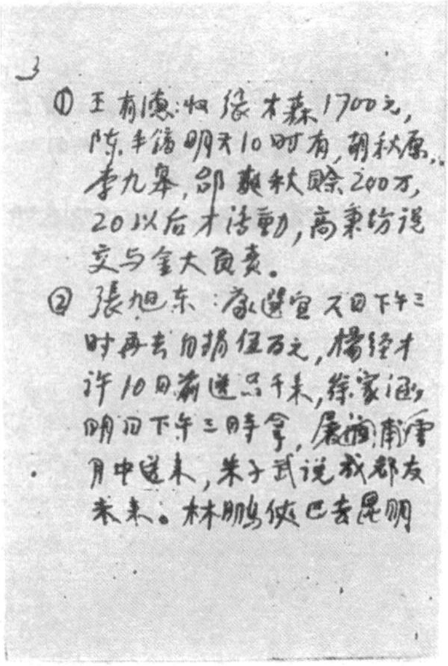
3
① 王有德：收张才森1700元，
陈丰镐明天10时有，胡秋原、
李九皋，邵毓麟赊200万，
20以后才活动，高秉坊说
交与金大负责。
② 张旭东：康选宣[illegible]日下午三
时再去自捐伍万元，杨经才
许10日前送二千来，徐家涵
明日下午三时拿，[illegible]
月中送来，朱子武说我都友
未来。林鹏侠已去昆明

44-025

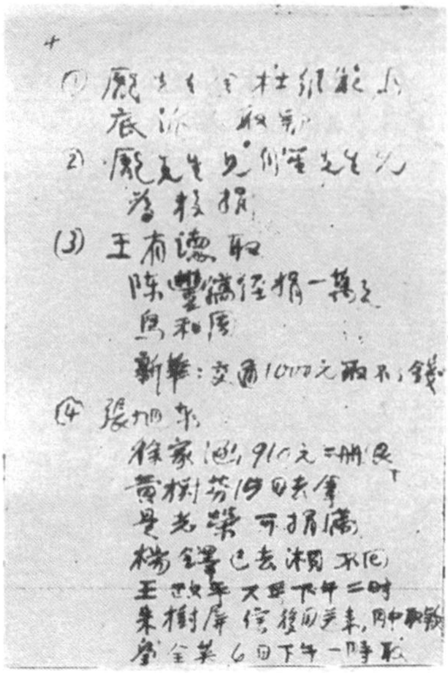
4
① [illegible]
[illegible]
2) [illegible]
[illegible]
(3) 王有德取
陈丰镐经捐一万元
马和[illegible]
新华：交通1000元取不，钱
④ 张旭东
徐家涵，910元二册[illegible]
黄树芬19日去拿
[illegible]可捐[illegible]
杨[illegible]已去[illegible]
王[illegible]大后下午二时
朱树[illegible]
[illegible]6日下午一时取

44-026

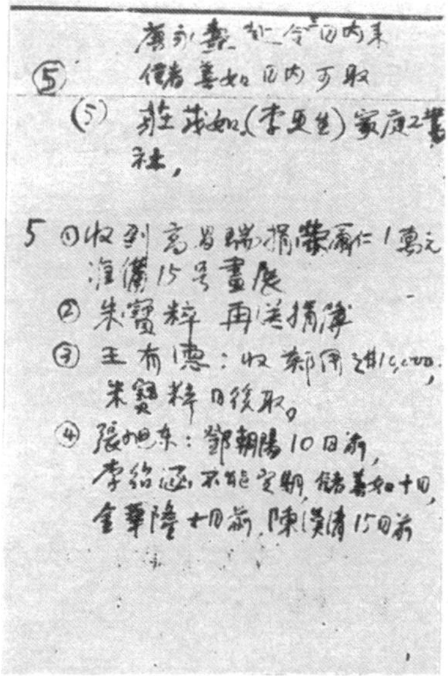
[illegible]今日内来
⑤ 储善如[illegible]日内可取
(5) [illegible]（李[illegible]）家庭工业
社，

5 ① 收到[illegible]1万元
准备15号画展
② 朱[illegible] 再送捐簿
③ 王有德：收郑[illegible]10,000，
朱[illegible]日后取。
④ 张旭东：邓朝阳10日前，
李[illegible]不能定期，储善如十日，
金华隆十日前，陈汉清15日前

44-027

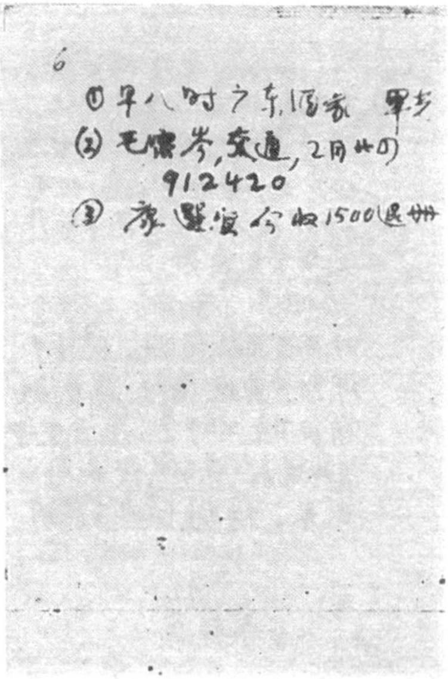
6
① 早八时广东[illegible]
② 毛[illegible]券，交通，2月廿四
912420
③ 康[illegible]今收1500[illegible]

44-028

7 星期五晚
① 八时 史公馆 英记者

44－029

5 L
12. 中苏文化协会

44－030

1,9.30 海棠溪車站 秦柳侨同学会

44－031

11
①元盖付 20,000
②音乐晚会欣赏证及
简则印就，装好
③请竹因兄，整提

44－032

12
(1) 七时 同民 陶家（沈介侬主持）
(2) 十二时 至阁 吴梅仙

44-033

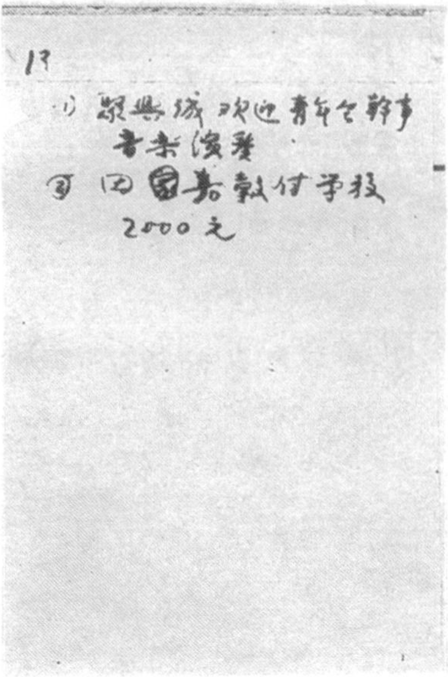

13
1) 凝兴城 欢迎青年会干事
音乐演奏
③ 四 国嘉教付学校
2000元

44-034

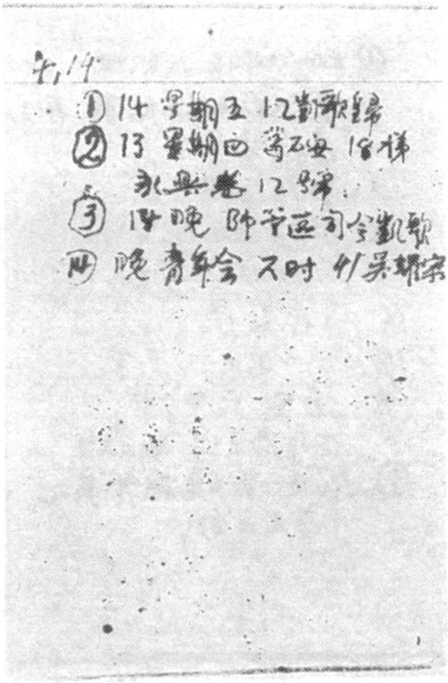

5.14
① 14 星期五 12 刘歌锦
② 13 星期四 蒋石安 18 梯
永兴巷 12 号
③ 14 晚 师管区司令 刘歌
④ 晚 青年会 六时 外吴耀宗

44-035

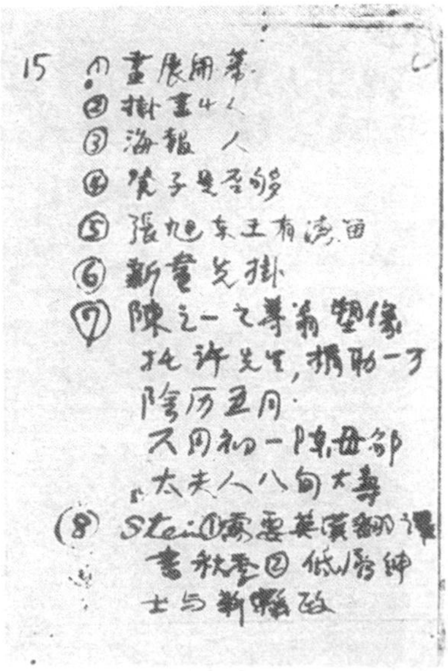

15 ① 画展用笔
② 挂画4人
③ 海报 人
④ 凳子是否够
⑤ 张旭东王有海留
⑥ 新画先挂
⑦ 陈之一之尊翁塑像
托许先生，捐助一万
阴历五月
六月初一陈母邹
太夫人八旬大寿
(8) Stein ①需要英汉翻译
书秘书 ② 低层绅
士与新县政

44-036

16 ① 八时三刻九吴泽霖 [illegible]
刘清扬

44-037

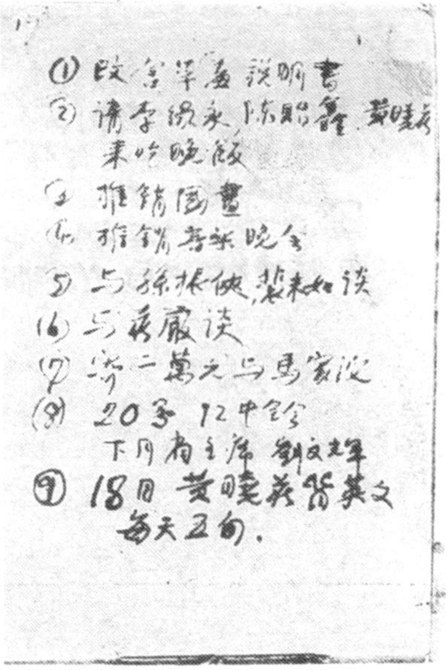

17
① 改会草案说明书
② 请李[illegible]、陈昭鑫、黄晓[illegible]来吃晚饭
③ 推销图书
④ 推销音乐晚会
⑤ 与孙振[illegible]、龚[illegible]如谈
⑥ 与[illegible]谈
⑦ 济二万元与马家[illegible]
⑧ 20号 12中全会
下月有主席 刘文辉
⑨ 18日 黄晓英背英文
每天五句.

44-038

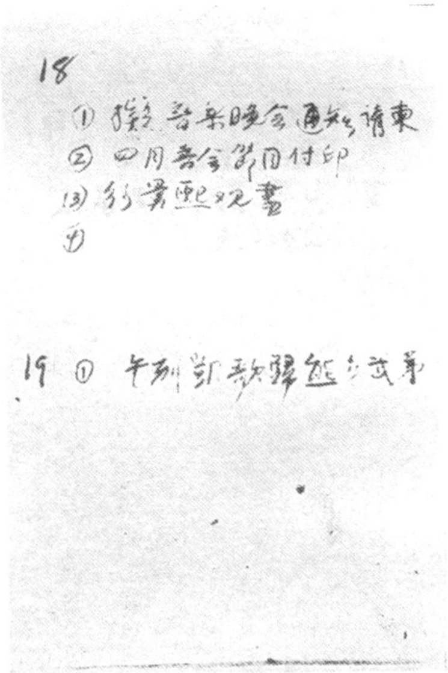

18
① 拟音乐晚会通知请柬
② 四月音会节目付印
③ [illegible]
④

19 ① 午别[illegible]

44-039

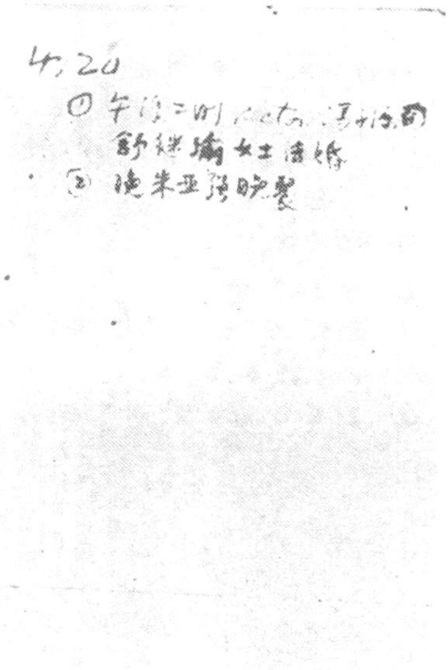

4.20
① 午后二时 [illegible]
[illegible]女士结婚
② [illegible]晚宴

44-040

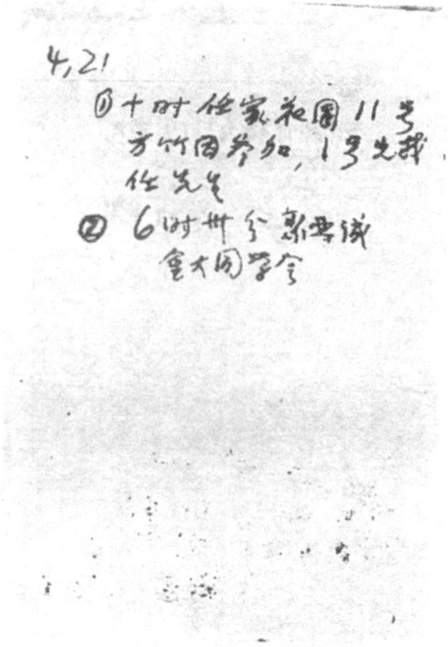
4,21
①十时任家花园11号方竹园参加，1号先找任先生
②6时卅分……金大同学会

44-041

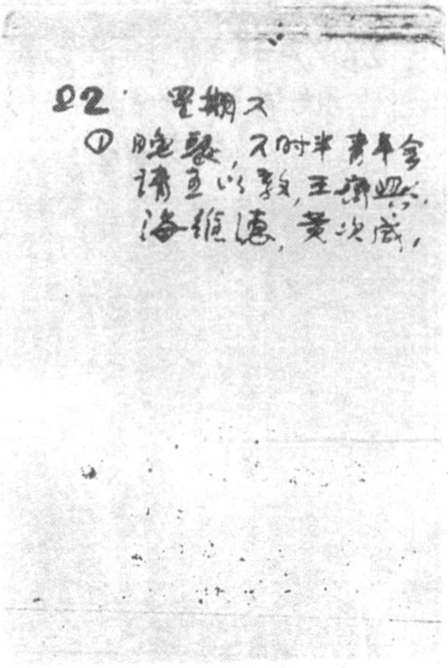
22 星期六
①晚餐，六时半青年会请王以敬，王……，海维德，黄次成，

44-042

4,23 ①二时学习良药
②刘开 结婚 四时
③1时中法比瑞

44-043

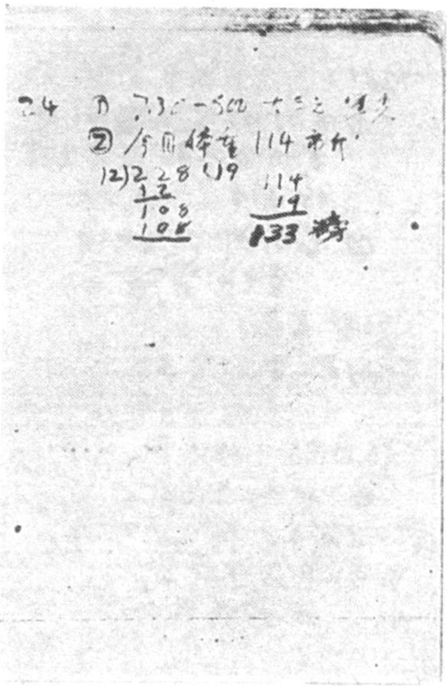
24 ①7.30—5.00 ……
②今日体重114市斤
12)228(19
12
108
108
114
19
133磅

44-044

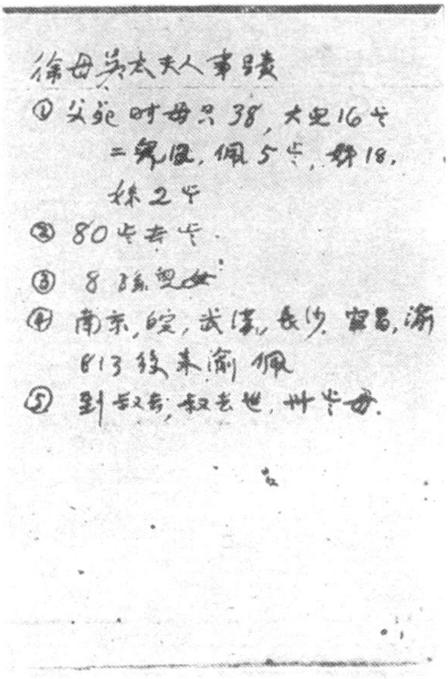
徐母吴太夫人事迹
① 父死时母只38，大史16岁
二儿风，佩5岁，静18，
林2岁
② 80岁寿岁
③ 8孙四女
④ 南京，皖，武汉，长沙，宜昌，渝
813后来渝佩
⑤ 对叔孝，叔去世，卅岁母.

44-045

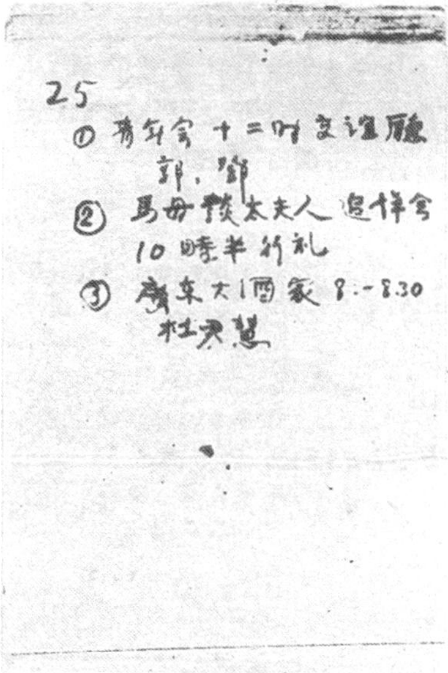
25
① 青年会 十二时 文谊膳
郭，邓
② 马母楼太夫人追悼会
10时半行礼
③ 广东大酒家 8:-8.30
杜君慧

44-046

26.
晚五时 青年会
八时 劳军会

44-047

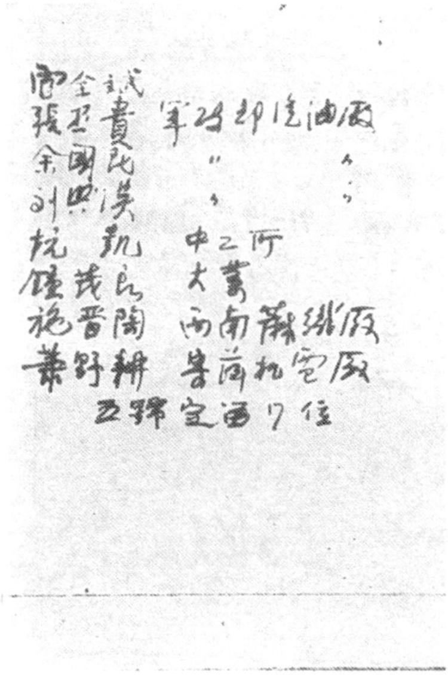
陶金斌
张正贵 军政部汽油厂
余国民 "
刘兴汉 "
杭凯 中二厅
钟鼎良 大业
施晋陶 西南机械厂
萧野耕 华商机电厂
五号宝通7位

44-048

2.7
① 7时起床

44-049

儿基 生基合帐
3.20 自新行儿基提 3000
自新行生基提 1000

44-050

叶先生信
①不为天下先，坐后让行坐[illegible]
②不与人争，吃小馆，树争我不争，
③己所不欲勿施于人，[illegible]

44-051

晓庄研究所
3.20 收民生院 55,000
存入新行的 55,000

44-052

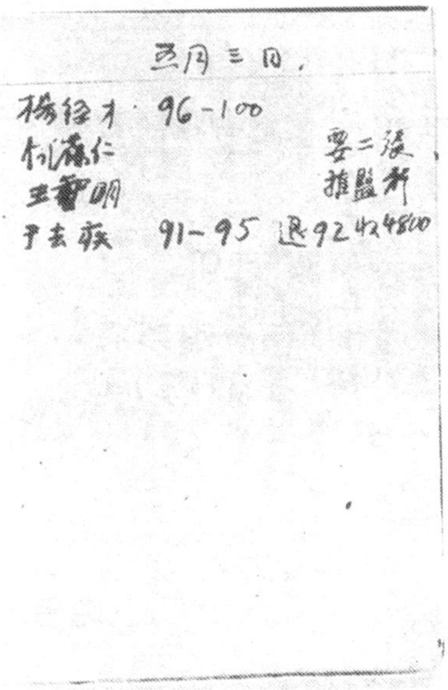

44-053

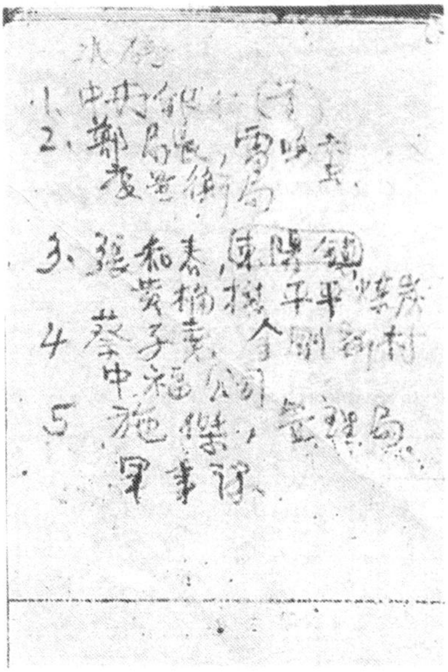

44-054

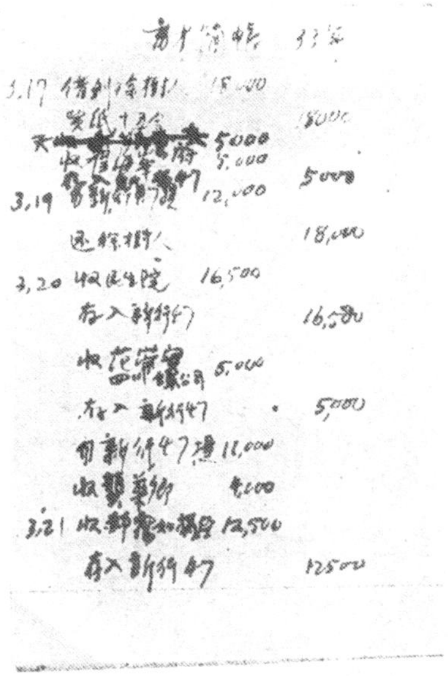

44-055

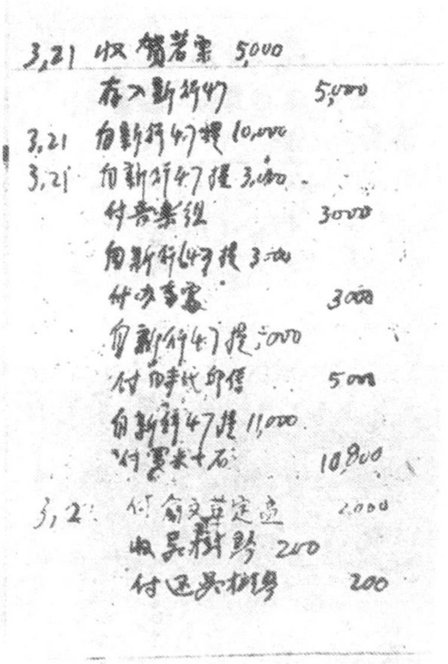

44-056

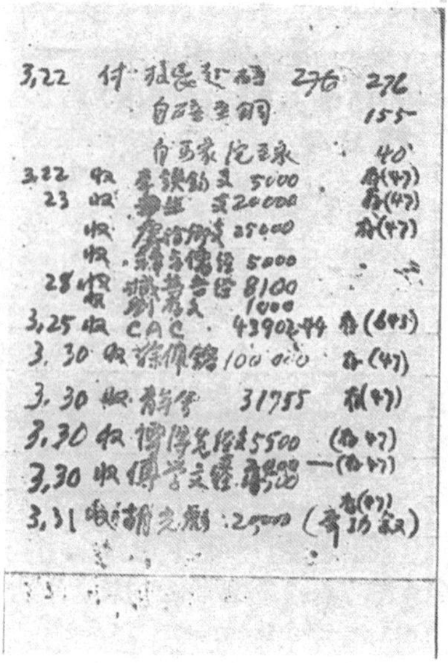
3,22 付 [illegible] 276 276
[illegible] 155
[illegible] 40
3,22 收 [illegible] 5000 存(47)
23 收 [illegible] 20000 存(47)
收 [illegible] 25000 存(47)
收 [illegible] 5000
28 收 [illegible] 8100
收 [illegible] 1000
3,25 收 CAC 43902.44 存(645)
3.30 收 [illegible] 100 000 存(47)
3.30 收 [illegible] 31755 存(47)
3,30 收 [illegible] 5500 (存47)
3,30 收 [illegible] ——(存47)
3,31 收 [illegible] 2,000 (存(47) [illegible])

44-057

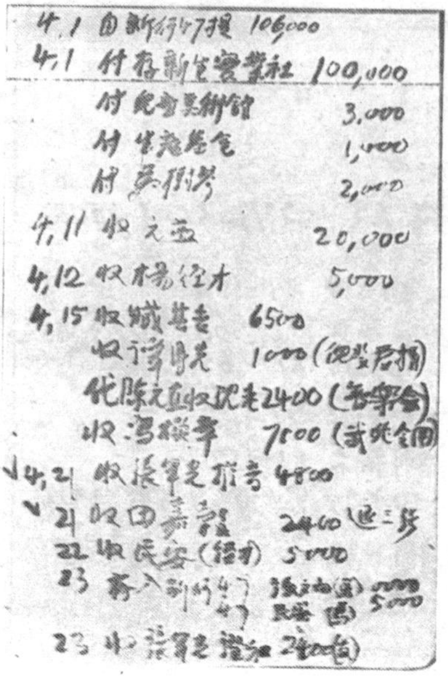
4.1 自新行47提 106,000
4.1 付存新生实业社 100,000
付 [illegible] 3,000
付 [illegible] 1,000
付 [illegible] 2,000
4,11 收 [illegible] 20,000
4,12 收 [illegible] 5,000
4,15 收 [illegible] 6500
收 [illegible] 1000 ([illegible])
代陈[illegible]收[illegible] 2400 ([illegible])
收 [illegible] 7500 ([illegible])
4,21 收 [illegible] 4800
21 收 [illegible] 2400 [illegible]
22 收 [illegible] 5000
23 存入新行47 [illegible] 5000
23 收 [illegible]

44-058

25, 收 [illegible] $6,000
26, 收 沙千里 $2400 ([illegible])

44-059

育才最苦学生
方清远，赵家平，周竞亮，
程延庆，

44-060

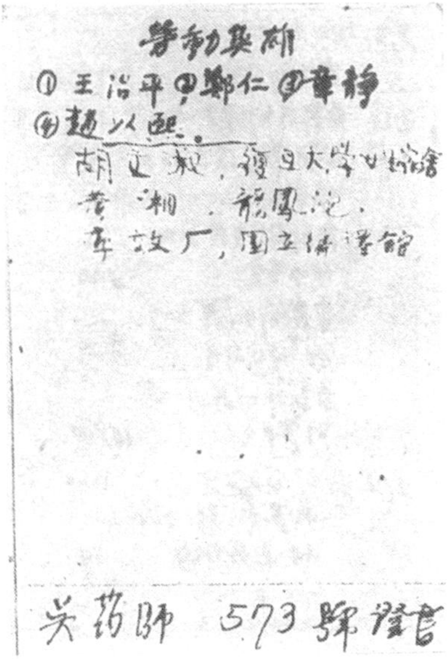
劳动英雄
①王治平②郑仁③章静
④赵以熙。
胡文淑，复旦大学女宿舍
黄湘，龙凤池，
李放厂，国立编译馆
吴药师 573 [illegible]

44−061

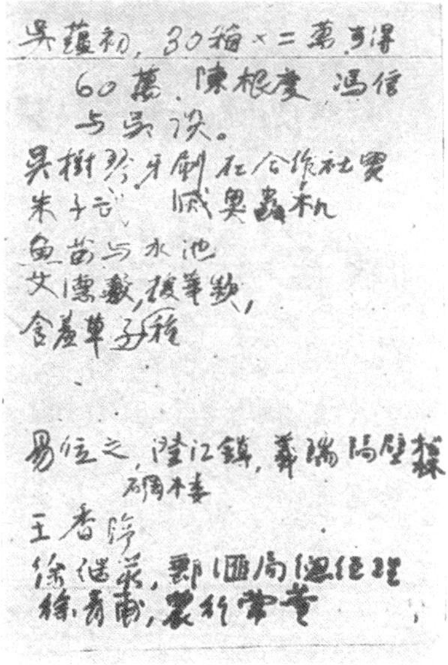
吴蕴初，30箱×二万可得
60万。陈根度，冯信
与吴谈。
吴树琴，牙刷在合作社买
朱子云，[illegible]
鱼苗与水池
艾德敷，杨华敏，
含羞草子种
易位之，隆江镇，[illegible]隔壁楼
[illegible]
王香[illegible]
徐继荣，[illegible]
徐青甫，农行常董

44−062

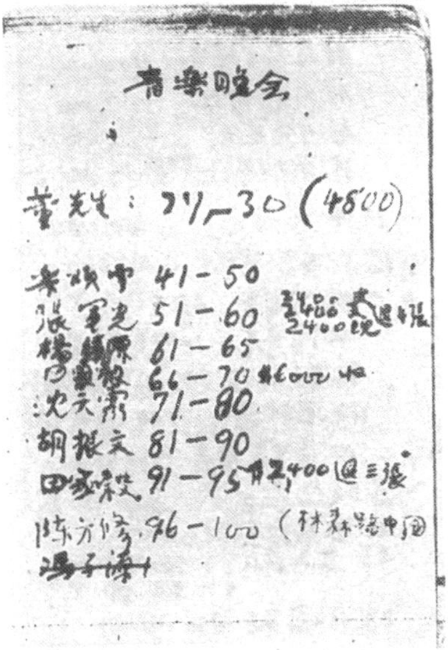
音乐晚会
董先生：21—30（4800）
[illegible] 41—50
张[illegible] 51—60 [illegible]
杨[illegible] 61—65
[illegible] 66—70 共6000 [illegible]
沈[illegible] 71—80
胡振文 81—90
田[illegible] 91—95 共2400 退三张
陈方[illegible] 96—100（林森路中国[illegible]
~~冯子涛~~

44−063

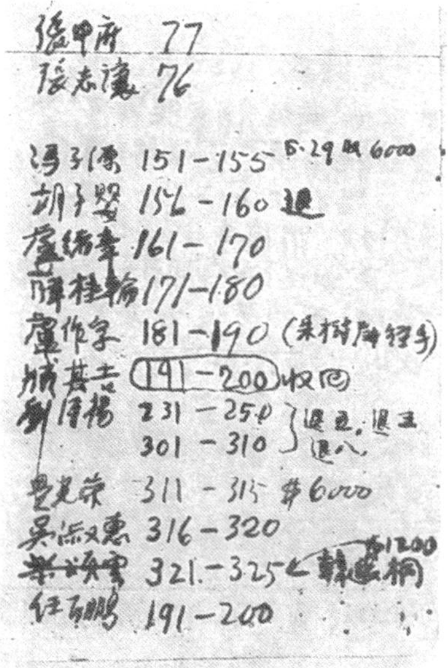
张申府 77
张志让 76
冯[illegible] 151—155 5.29收6000
胡子婴 156—160 退
[illegible] 161—170
薛桂轮 171—180
[illegible] 181—190（朱树[illegible]经手）
[illegible] 191—200 收回
刘[illegible] 231—250 / 301—310 退五，退五，退八
[illegible] 311—315 共6000
吴[illegible] 316—320
~~[illegible]~~ 321—325 [illegible] 共1200
任[illegible] 191—200

44−064

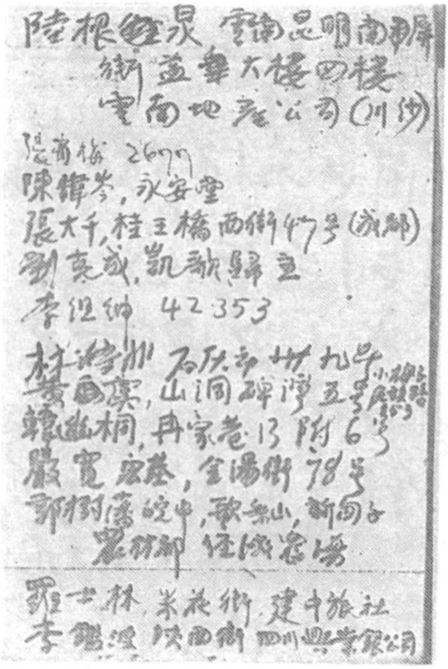

陸根泉 雲南昆明南屏街益華大樓四樓 雲南地產公司（川沙）
張肖梅 26779
[illegible]，永安堂
張大千，桂王橋西街47号（成都）
[illegible]
[illegible] 42353
[illegible]
韓[illegible]，冉家巷13附6号
[illegible]，金湯街78号
[illegible]
羅[illegible]林 米花街 建中旅社
李[illegible] 陝西街 四川興業銀行公司

44-065

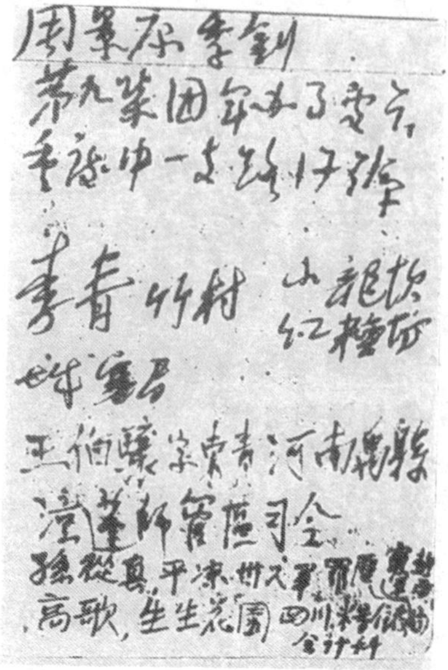

[illegible]
青春竹村 山龍坡 紅檣坡
[illegible]
孫[illegible]
高歌，生生花園 [illegible]

44-066

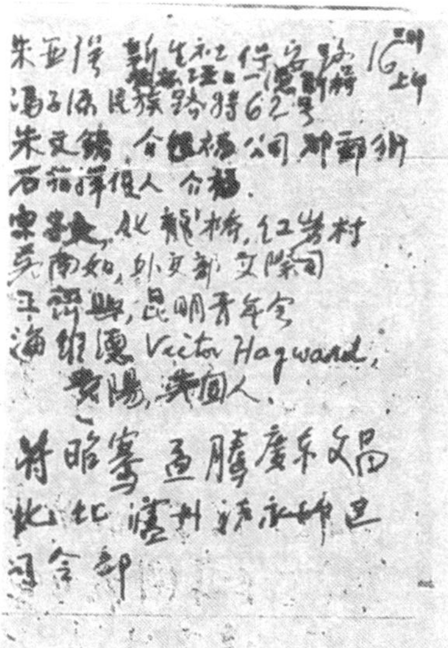

[illegible] 16上午
[illegible] 民族路特62号
朱文[illegible] 合作橋公司 [illegible]
[illegible] 介福
[illegible]，化龍橋，紅岩村
吳南如，外交部交際司
[illegible]，昆明青年會
[illegible] Victor Hayward，貴陽，英國人
[illegible]
[illegible] 瀘州 [illegible]
司令部

44-067

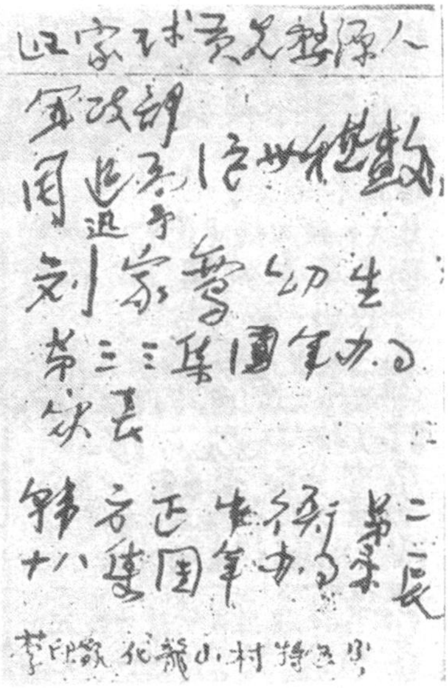

[illegible]
[illegible]幼生
第三三集團軍辦公室
[illegible]
[illegible] 第二十八集團軍辦公室 [illegible]長
[illegible] 化龍山村特8号

44-068

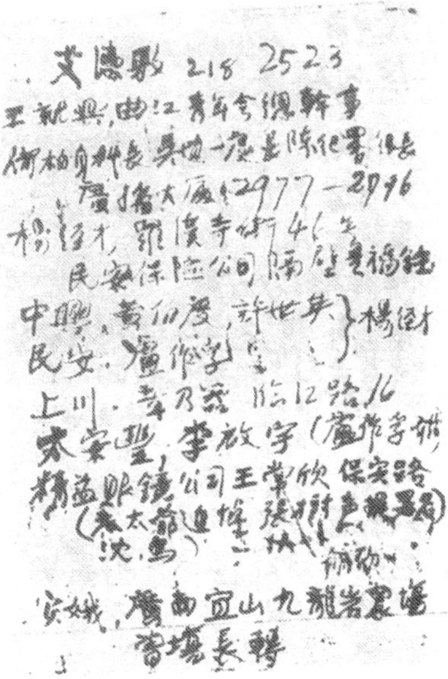

文德路 218 2523
王凯兴，曲江青年会总干事
衡柏贞，[illegible]
营播大厦 12977—2946
杨经才，显德寺街46号
民安保险公司 陶公宝福铨
中联，黄伯度，许世英 } 杨经才
民安，卢作孚
上川，章乃器 临江路16
宋宝璧，李啟宇（卢作孚办）
精益眼镜公司王崇欣 保安路
（[illegible]）
沈马 [illegible]
宾娥，广西宜山九龙岩农场
管场长转

44-069

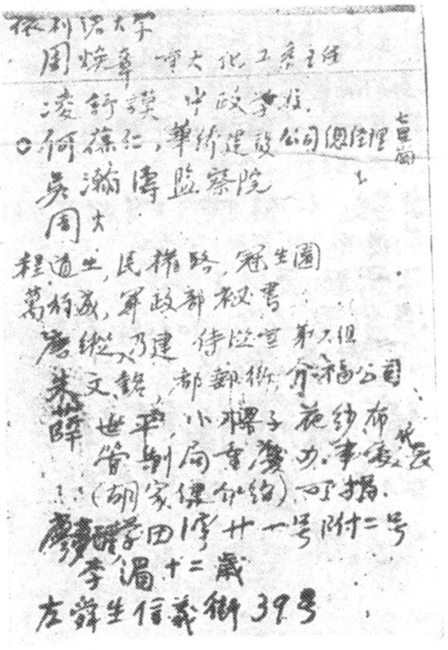

依利诺大学
周焕章 中大化工系主任
凌舒谟 中政学校
○何葆仁，华侨建设公司总经理 七星岗
吴瀚涛 监察院
周太
程道生，民権路，冠生园
葛敏斋，军政部秘书
詹纵乃建 侍从室第六组
朱文钰，都邮街 [illegible]公司
薛世平，小樑子花纱布管制局重庆办事处处长
（胡家健介绍）可捐。
[illegible]四号廿一号附二号
李漏十二岁
左舜生 信义街39号

44-070

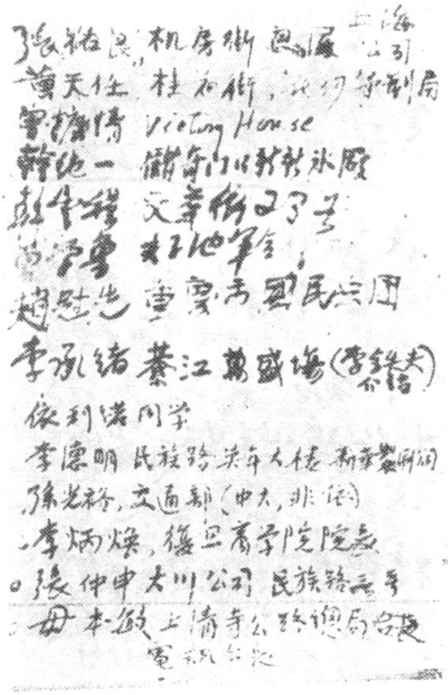

张絅伯，机房街 [illegible] 上海公司
黄天佐，桂花街，[illegible]管制局
曾[illegible] Victory House
韩伯一 [illegible]
[illegible] 文华街[illegible]
[illegible]
赵慰先 重庆青年[illegible]
李承绪 綦江[illegible]（李[illegible]介绍）
依利诺同学
李德明 民族路华年大楼 [illegible]
孙光裕，交通部（中大，非依）
李炳焕，复旦商学院院长
○张仲申 大川公司 民族路[illegible]号
毋本敏 上清寺公路总局[illegible]

44-071

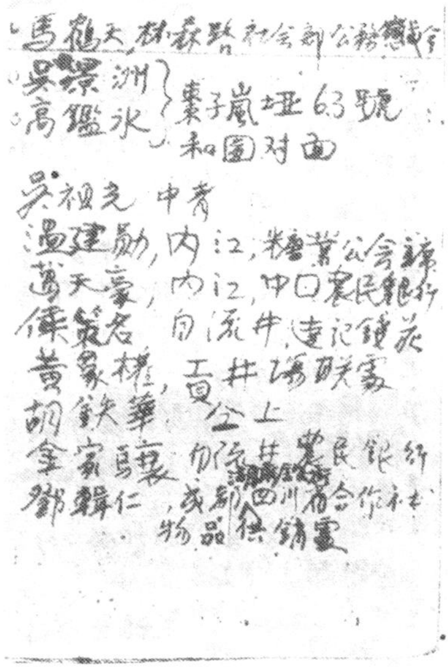

冯鹤天，林森路社会部合作[illegible]
吴景洲 } 枣子岚垭63号
高镒冰 } 和园对面
吴祖光 中青
温建勋，内江，糖业公会[illegible]
万天豪，内江，中国农民银行
傅策名 自流井 远记镇花
黄象枢，贡井[illegible]
胡钦华 仝上
余家骧 自流井农民银行
邓韩仁，成都四川省合作社物品供销处

44-072

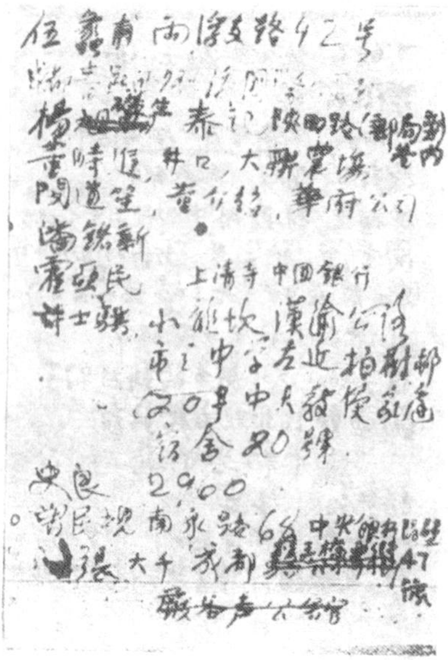
任鑫甫 南京路42号
[illegible]
[illegible] 泰記 陕西路(郵局對巷内)
曹時俊，井口，大聯棠場
陶道望，董公館，華府公司
潘銘新
霍亞民 上清寺中國銀行
許士騏，小龍坎，漢渝公路 市立中学左近柏樹村 20号中大教授宿舍20號
史良 2960
[illegible] 南永路6号 [illegible]
張大千 成都 [illegible]

44-073

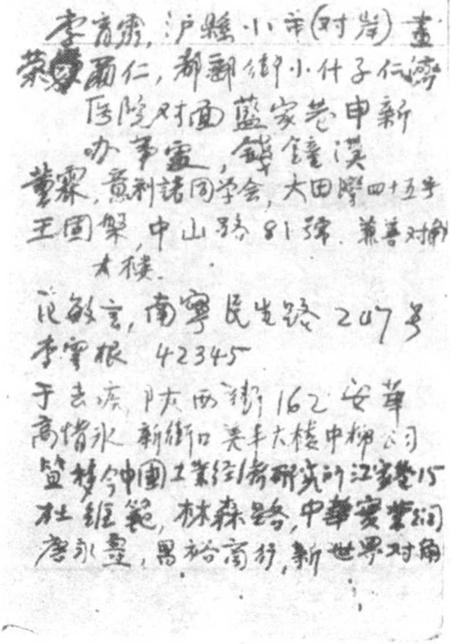
[illegible]，沪縣小市(对岸)畫
[illegible]，都郵街小什字仁濟醫院对面藍家巷中新办事處，錢鐘漢
董霖，意利諸同学会，大田灣四十五号
王國梁，中山路81號，兼善对面大樓
[illegible]，南寧民生路207号
李寧根 42345
于去疾，陕西街162 安華
高惜冰 新街口美丰大楼中棉公司
[illegible] 中國工業合作研究所 江家巷15
杜維範，林森路，中華實業公司
[illegible]，[illegible]商行，新世界对面

44-074

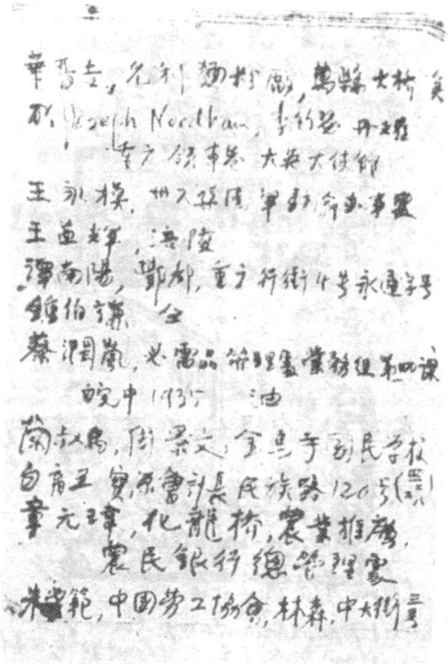
[illegible]
[illegible] Joseph Needham [illegible]
[illegible]
王[illegible]，漁陵
[illegible]
[illegible]
蔡[illegible]
[illegible]
[illegible]
章元璋，化龍桥，農業推廣 農民銀行總管理處
[illegible]，中國勞工協會，林森，中大街[illegible]

44-075

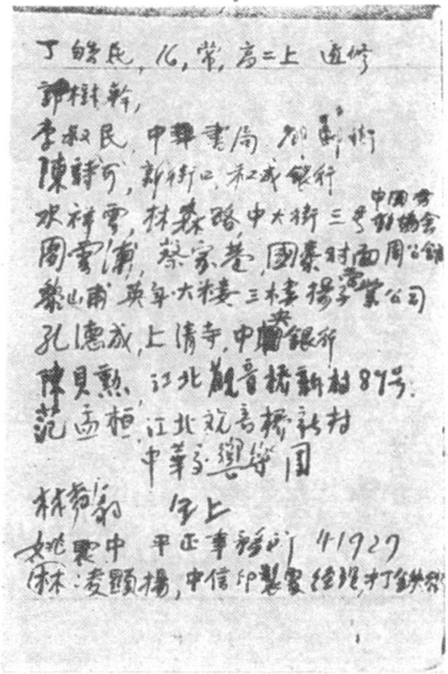
丁[illegible]，16，棠，层二上 [illegible]
[illegible]
李叔民，中華書局，都郵街
陳[illegible]，新街口，和成銀行
[illegible]，林森路中大街三号 中國[illegible]協会
周[illegible]，蔡家巷，國泰对面周公館
[illegible] 美丰大楼三楼 [illegible]公司
孔[illegible]，上清寺，中央銀行
陳貝[illegible]，江北觀音橋新村87号
[illegible]，江北觀音橋新村 中華[illegible]
林[illegible] 全上
姚[illegible] [illegible] 41927
[illegible]，中信印製處[illegible]

44-076

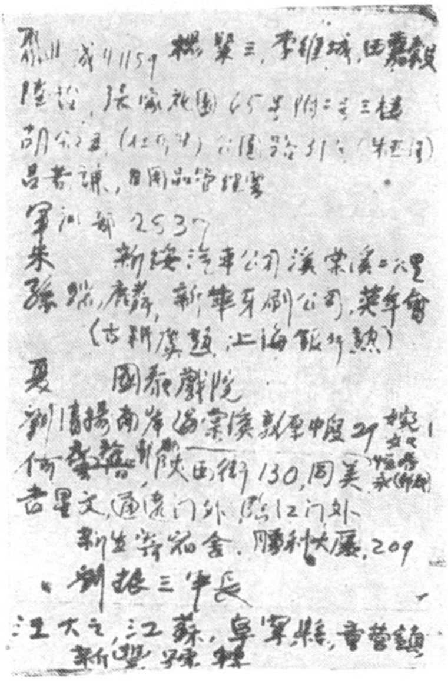

孫川 成4115？ 樂琴三，李維城，田嘉穀
陸詒，張家花園65號附二號三樓
胡公之主（[illegible]） [illegible]路31號（[illegible]）
呂蒼譲，[illegible]
軍訓部2537
朱 新綏汽車公司滇業[illegible]
孫端，唐彝，新華牙刷公司，英年會
（古耕虞題，上海飯館）
夏 國泰戲院
劉清揚 南岸海棠溪敦厚中段27號 [illegible]
何[illegible]新陝西街130，周美 [illegible]
吉星文，通遠門外，臨江門外
新生活宿舍，勝利大廈，209
劉振三 軍長
汪大之，江蘇，阜寧縣，[illegible]鎮
新豐[illegible]

44-077

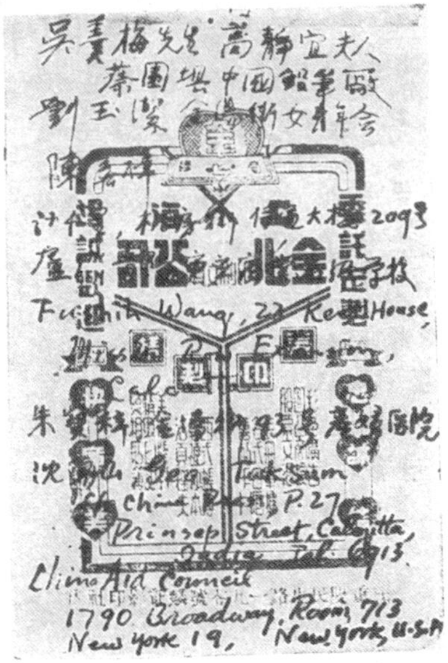

吳貽芳先生 高靜宜夫人
蔡國瑛 中國鉛筆廠
劉玉潔 [illegible]婦女青年會
陳[illegible]
計[illegible]，[illegible]大樓2093
盧[illegible]
Fu-chih Wang, 22 Re[illegible] House,
[illegible]
朱[illegible]醫院
沈[illegible]
[illegible] China [illegible] P.27
Prinsep Street, Calcutta,
India Tel. 6913.
China Aid Council
1790 Broadway, Room 713
New York 19, New York, U.S.A.

44-078

# 第四十四册〔注译〕

1944.3.11~1944.5.3

重庆·北碚

44—001

竖排第6至8行外文：达拉法拉教授；加拿大大使馆，沈先汀

竖排第9行外文：温费尔德

竖排末2行：爱德华·吉·罗布，美国新闻处

44—002

第7行外文为李约瑟

44—005

末行外文：魏璐诗

44—036

倒数第3行外文：斯坦因

44—040

第2行外文指胜利饭店

44—078

第7至9行外文：王夫西，加尔各答地址

第12至14行：印度加尔各答地址

末3行：援华会　美国纽约地址

# 衛備忘

第四十五册

1944.5.11~1944.9.6

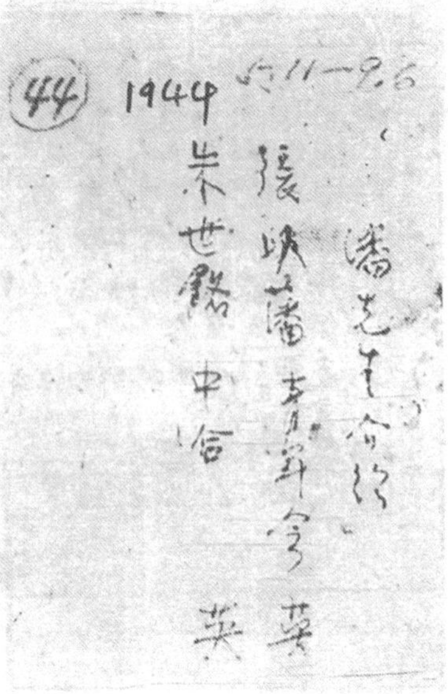

45-001

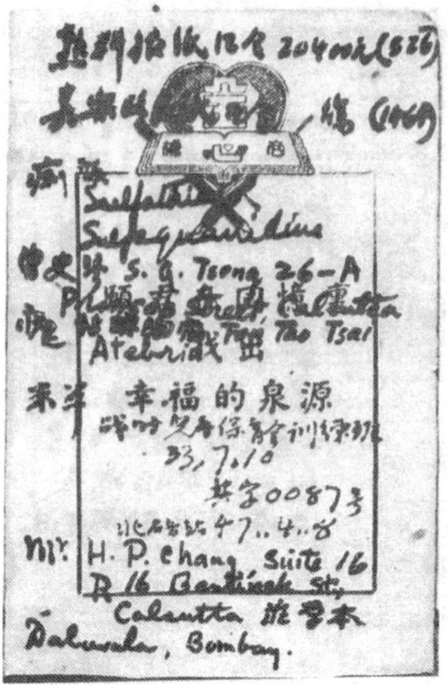

45-002

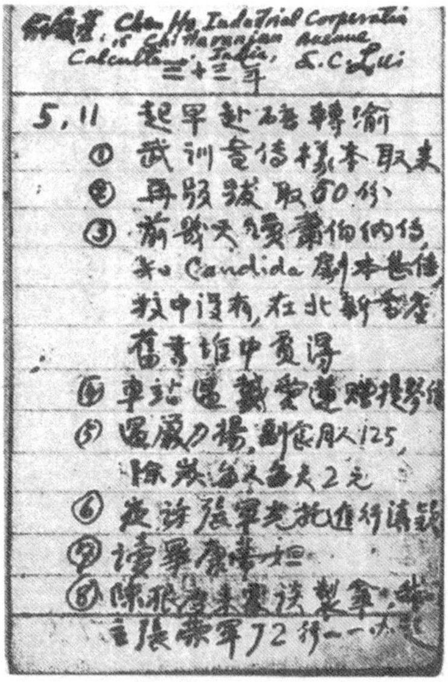

45-003

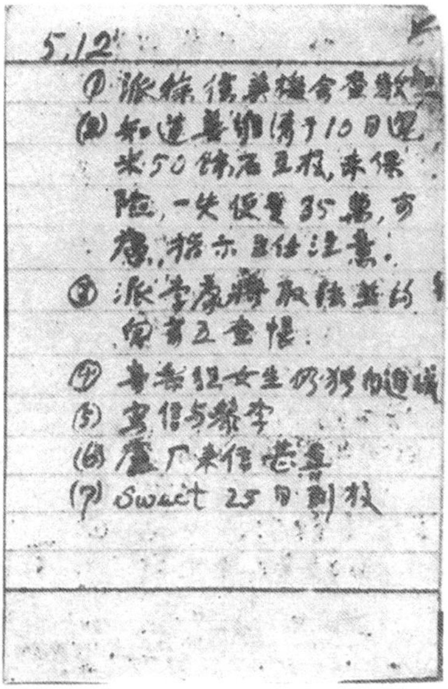

45-004

5.13
① 借孫銘勛一万旅費
② 匯校二万
③ 候向育三九時來
④ 1時赴李景聰宴

45-005

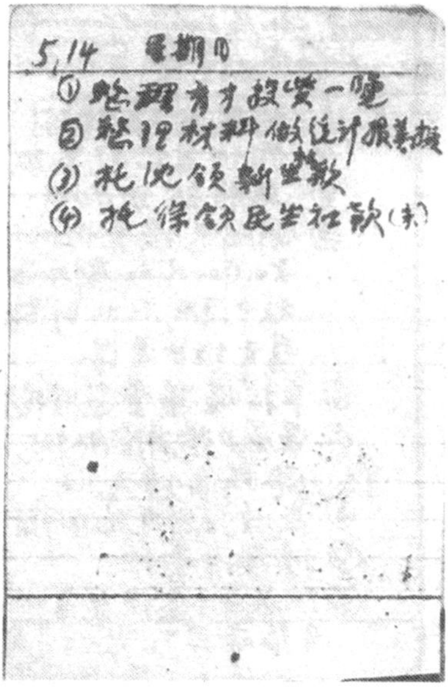
5.14 星期日
① 整理育才校費一覽
② 整理材料做統計服務摘
③ 托沈領新出款
④ 托徐領民主社款（未）

45-006

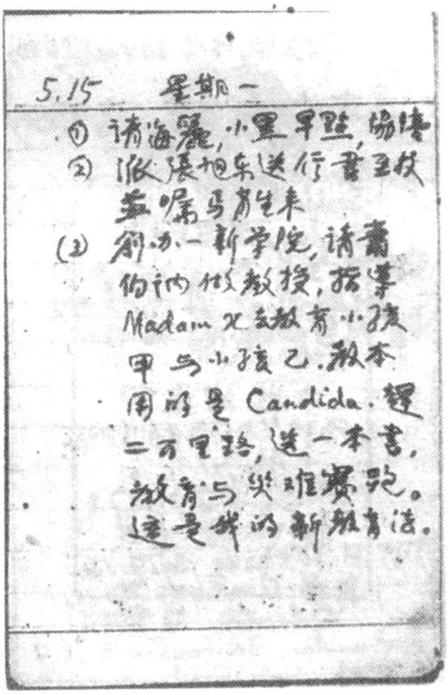
5.15 星期一
① 請海麗、小黑早點，協儔
② 派張旭东送行李至校并囑馬育生來
(3) 創办一新学院，請肅伯納做教授，指導Madam X去教育小孩甲与小孩乙。教本用的是Candida。理二可田路，送一本書，教育与災难賽跑。這是我的新教育法。

45-007

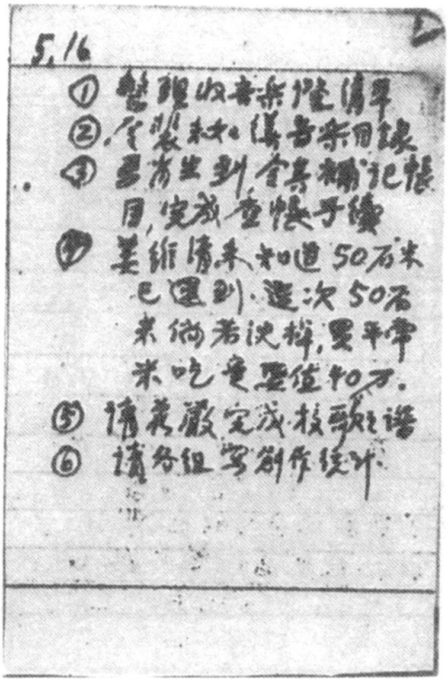
5.16
① 整理收音乐院清單
② 全裝校之音乐用具
③ 馬育生到，全身補記帳目，完成查帳手續
④ 美術請來知道50万米已運到。這次50万米備者決擇，買平常米吃會要值40万。
⑤ 請義蔚完成校歌之譜
⑥ 請各組写創作統計

45-008

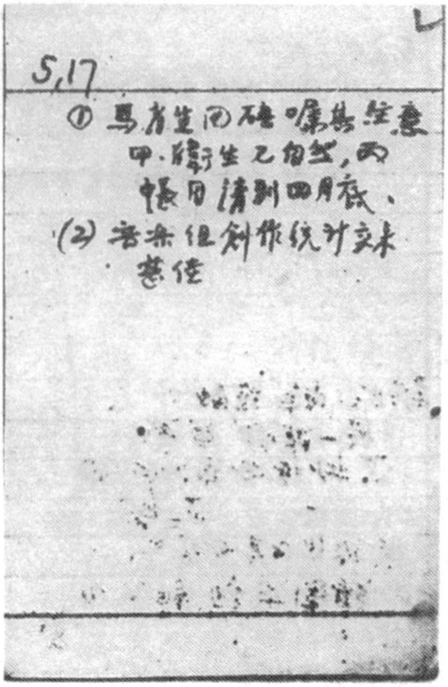
5,17
① 馬育生同硫磺島注意
甲、衛生之自然，丙
帳目清到四月底、
(2) 音樂組創作統計交來
甚佳

45-009

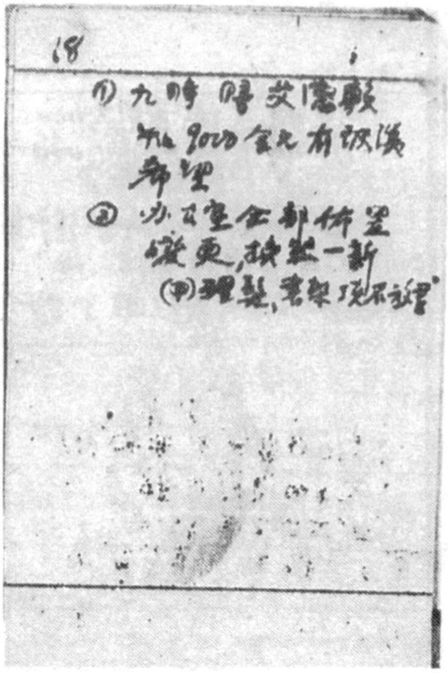
18
① 九時晤艾德敷
加9000全元有訊滿
希望
② 辦公室全部佈置
變更，煥然一新
(甲)理髮，書架須下理

45-010

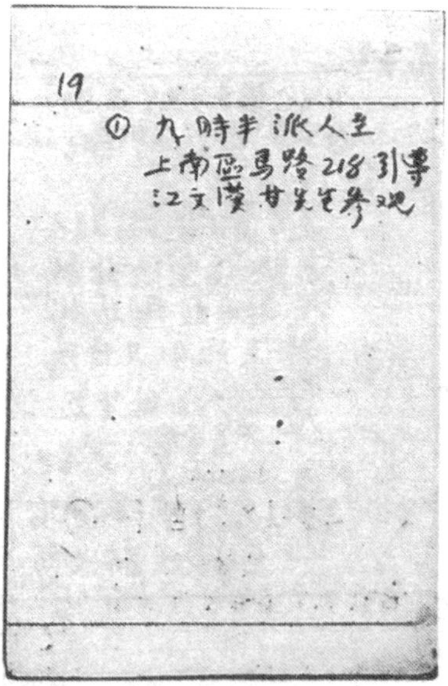
19
① 九時半派人至
上南區馬路218引導
江文漢甘先生參观

45-011

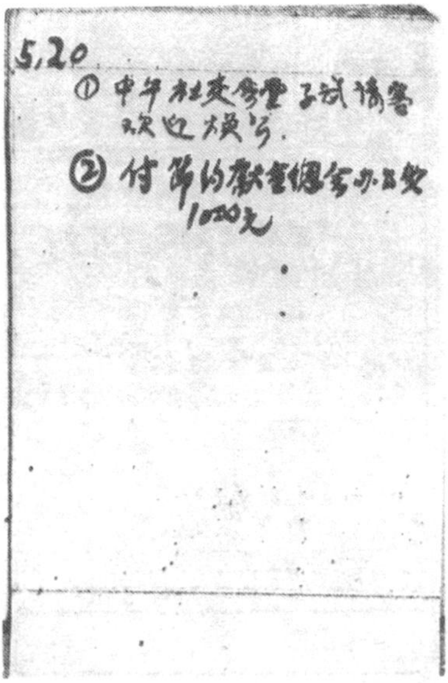
5,20
① 中午社交會宴試請客
歡迎...
② 付節約獻金總會办公處
1000元

45-012

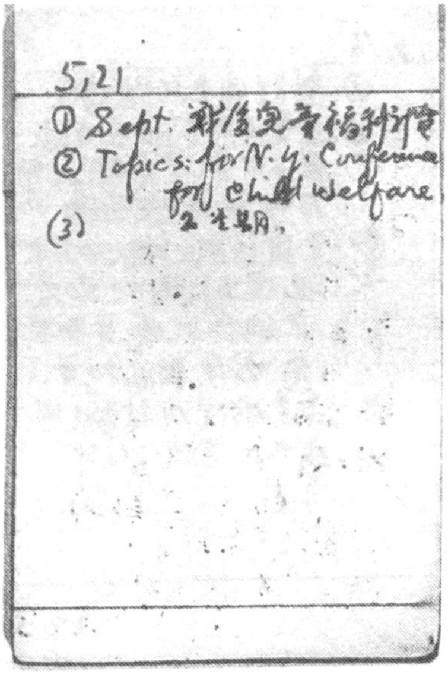


45-013

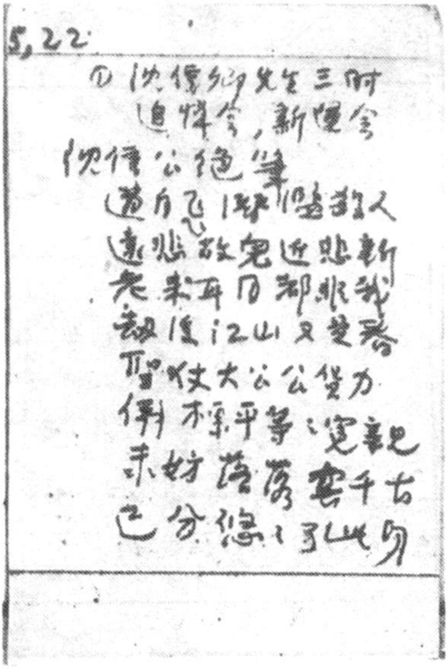


45-014

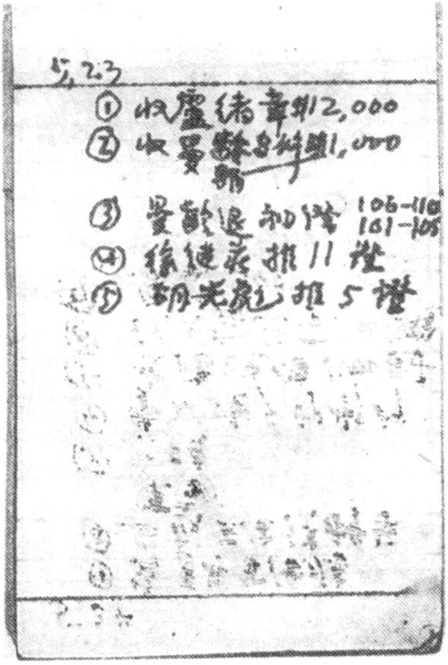


45-015

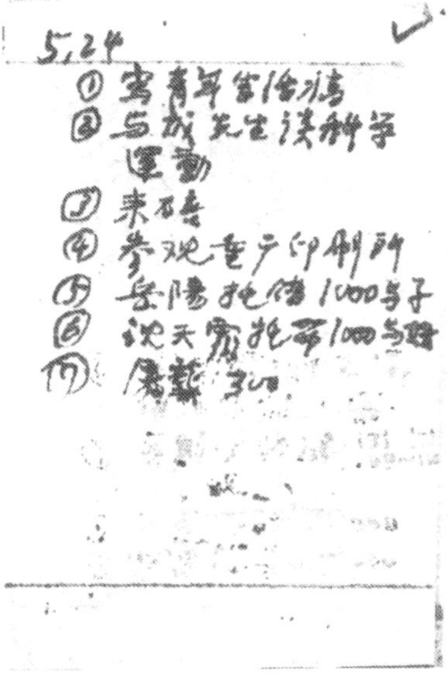


45-016

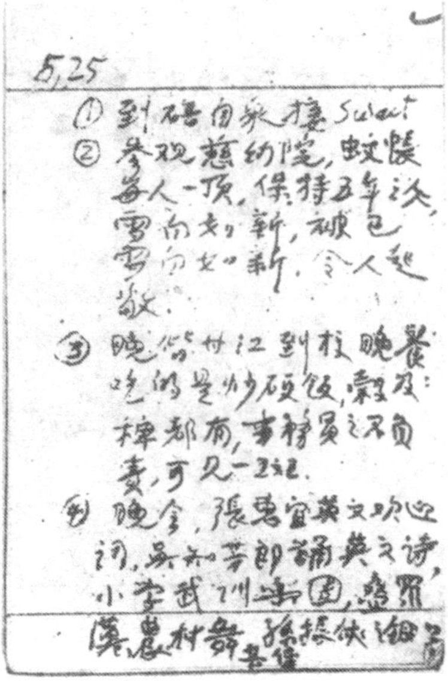

45-017

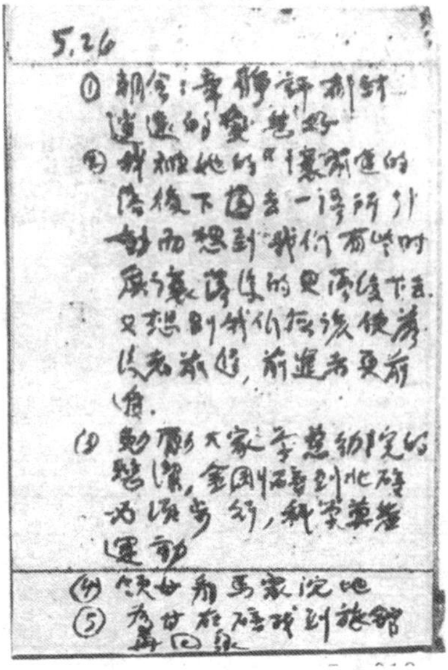

45-018

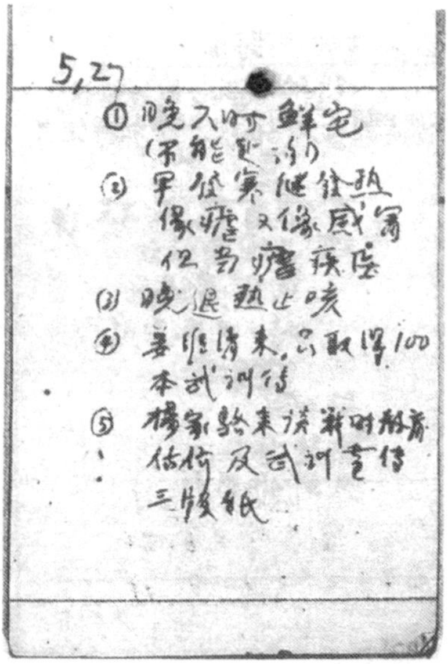

45-019

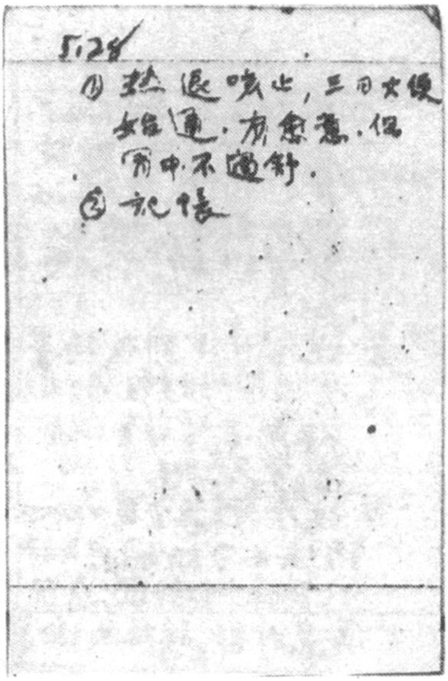

45-020

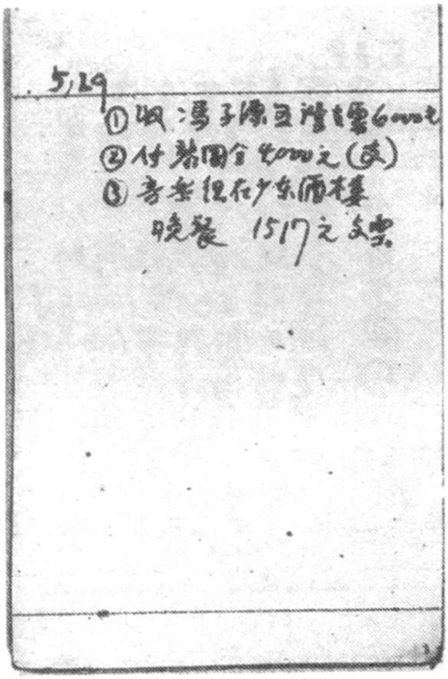

45-021

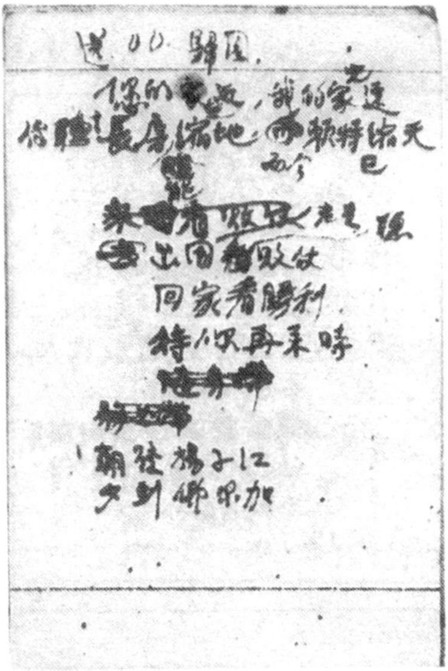

45-022

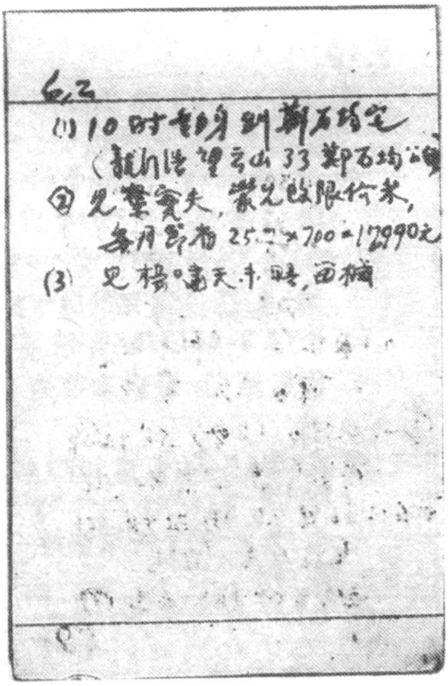

45-023

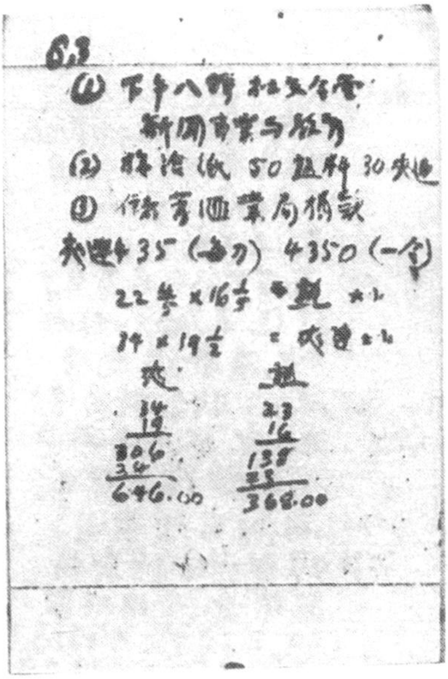

45-024

6,4

① 樹声来

45-025

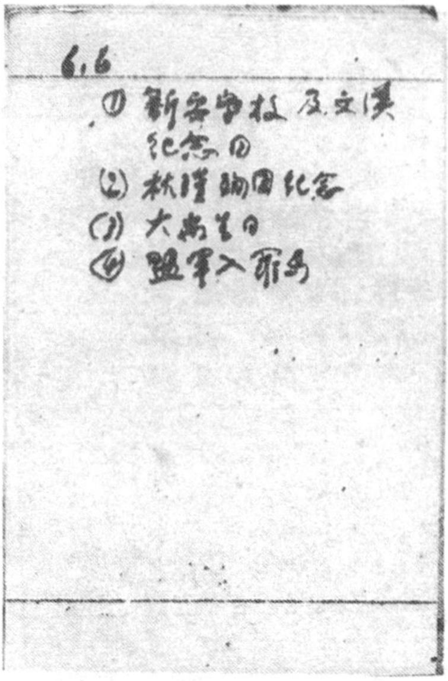
6,6

① 新安学校及文渼纪念日

② 秋瑾殉国纪念

③ 大禹生日

④ 盟军入罗马

45-026

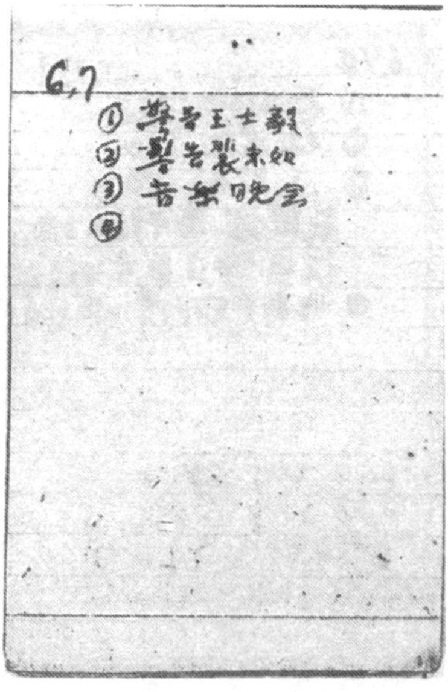
6,7

① 募集王士毅

② 募告裴东如

③ 音乐晚会

④

45-027

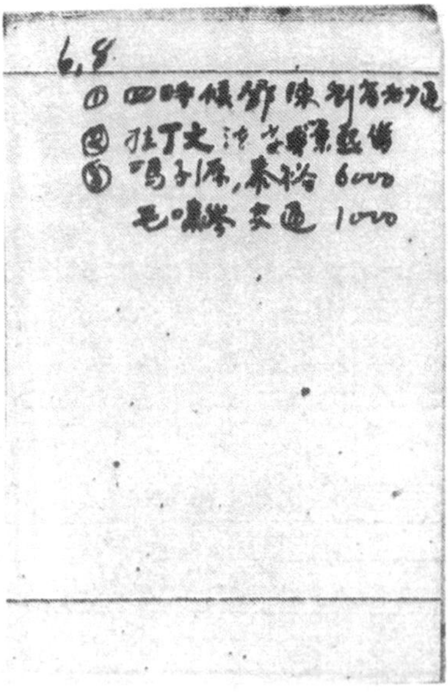
6,8

① 四时候邹陈刘筹办道

② 张丁文治安蜀票旅馆

③ 鸣子源，秦裕 6000

毛啸岑 实通 1000

45-028

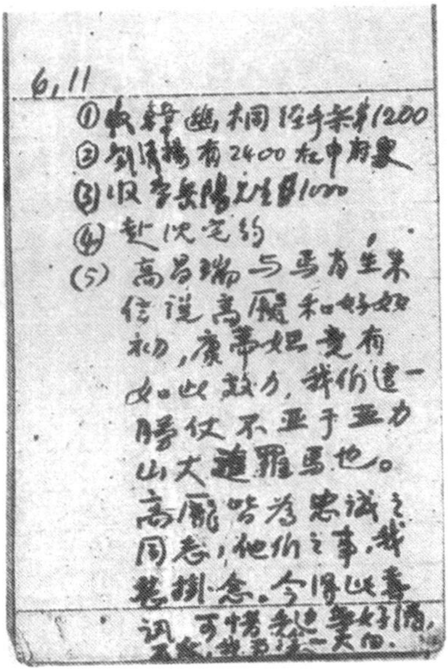
6,11
①收韩幽桐经手券$1200
②刘清扬有2400在中有处
③收李乐阳先生$1000
④赴沈宅约
(5) 高昌瑞与马玉生来信说高丽和好如初，康带妲竟有如此毅力，我们这一胜仗不亚于亚力山大遇罗马也。高丽皆为忠诚之同志，他们之事，我甚挂念。今得此喜讯，可惜无钱买好酒，不然，我要[illegible]一大杯。

45-029

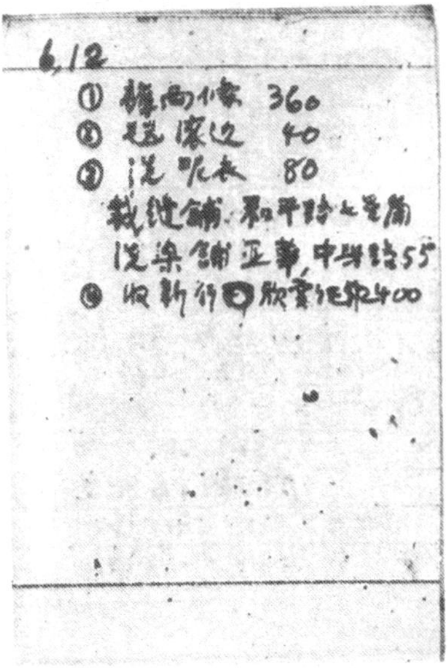
6,12
① [illegible] 360
② [illegible] 40
③ 洗呢衣 80
裁缝铺：和平路七号角
洗染铺：亚华，中华路55
④ 收新行⑤欣赏[illegible]400

45-030

6,13
①晚八时良庄

45-031

6,15
①6时中法比瑞[illegible]

45-032

6.16
① 晚八时 池宅
② 刘清扬（代鉴君所买）2400元

45-033

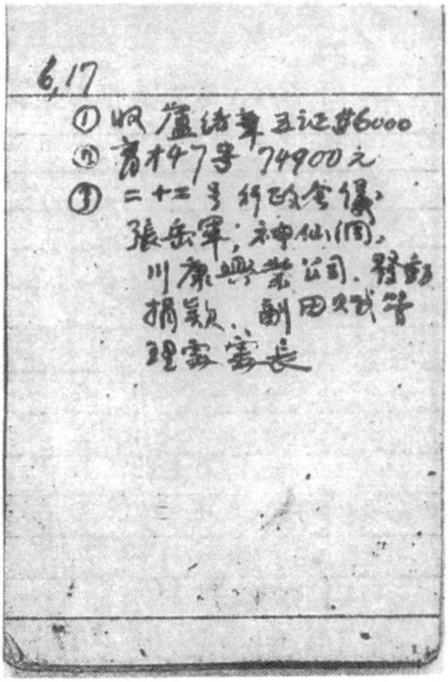

6.17
① 收 卢绪章 五证书 6000
② 育才47号 74900元
③ 二十二号行政会议
张岳军，神仙洞，
川康兴业公司、职员
捐款、副田赋管
理处处长

45-034

6.18
① 五件[illegible]事

45-035

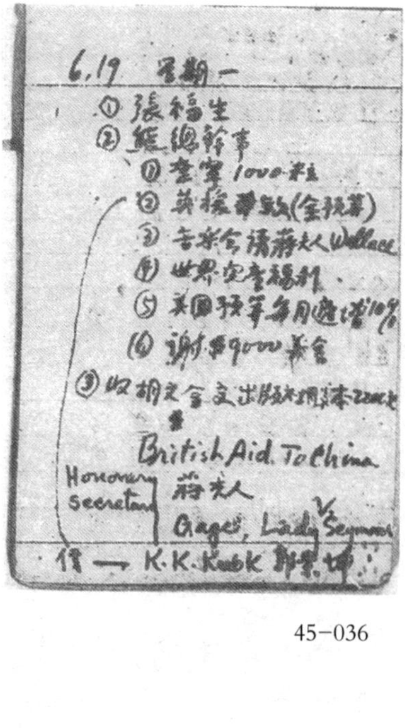

6.19 星期一
① 张福生
② 总干事
① 基金1000万
② 英援华款(全预算)
③ 音乐会请蒋夫人 Wallace
④ 世界儿童福利
⑤ 美国预算每月递增10%
⑥ 谢[illegible]9000美金
③ 收[illegible]出版补助基金2000元
British Aid To China
Honorary secretary 蒋夫人
Gage, Lady Seymour
传 → K.K. Kwok 郭[illegible]

45-036

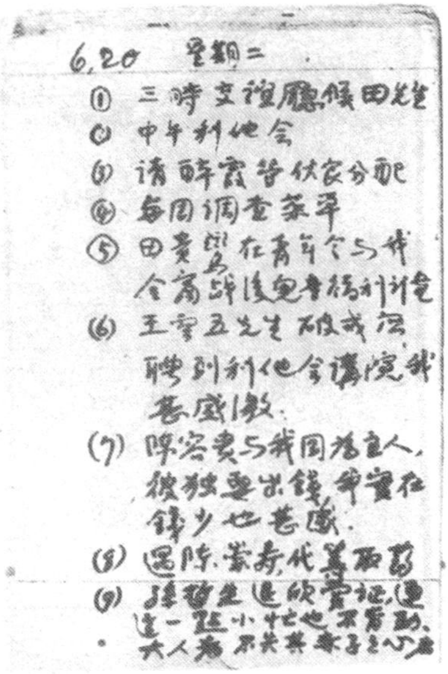

45-037

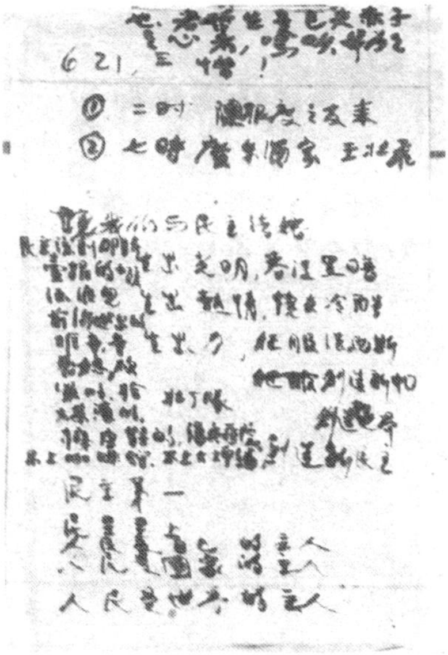

45-038

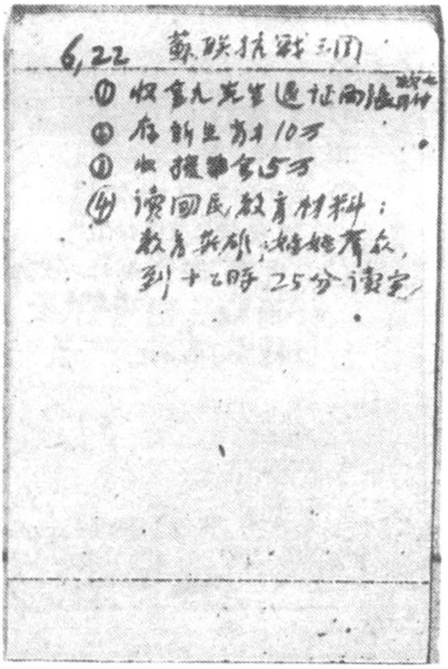

45-039

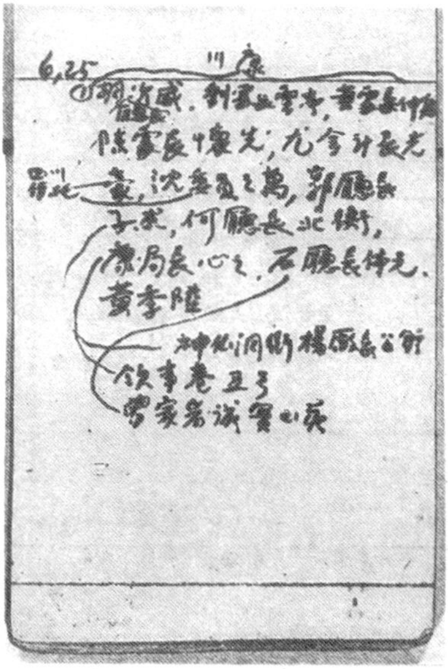

45-040

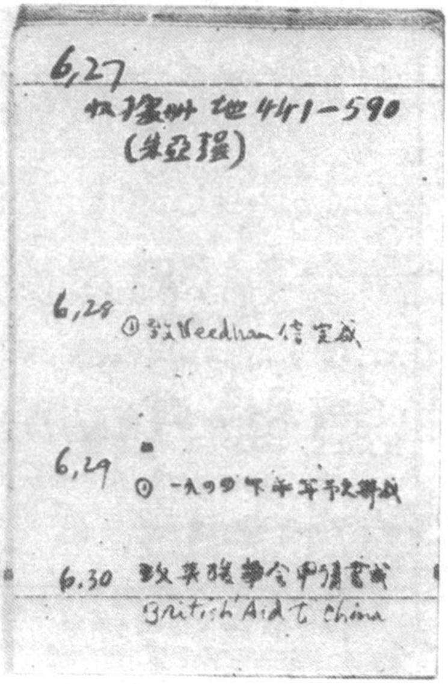

45-041

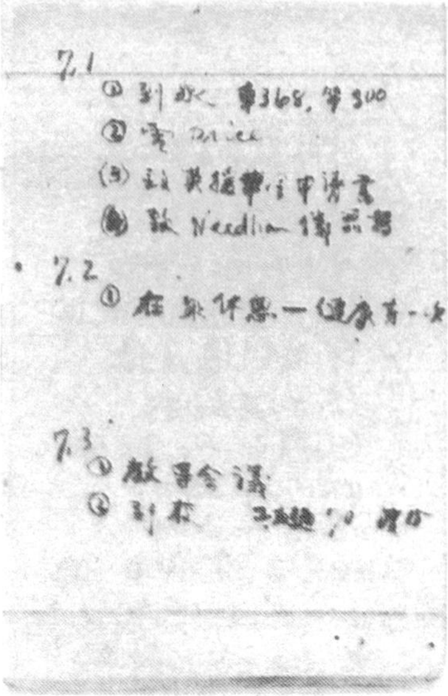

45-042

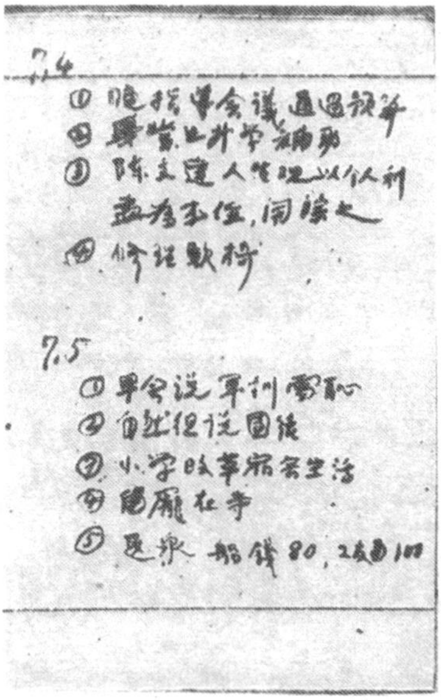

45-043

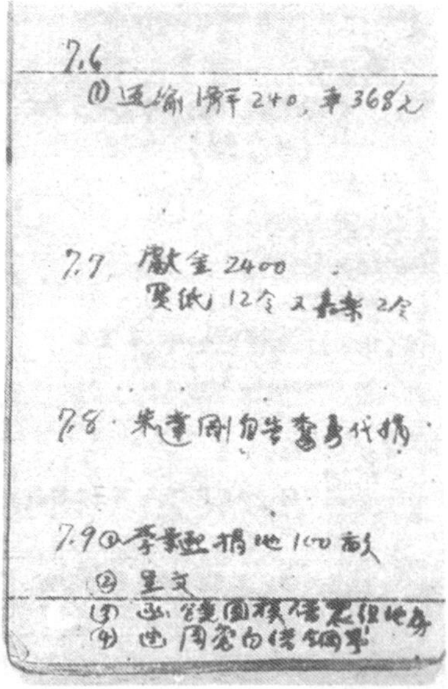

45-044

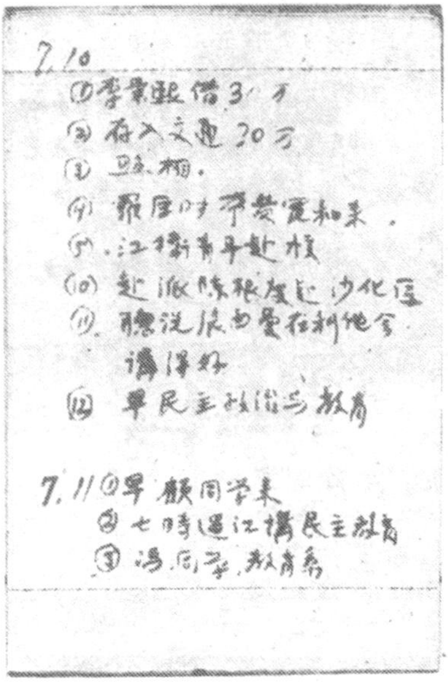


45－045

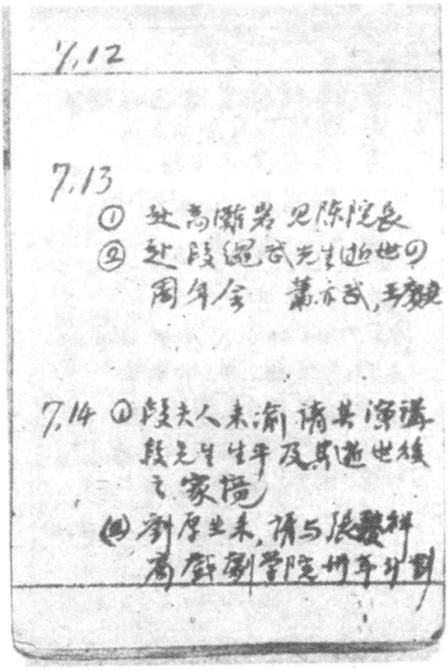


45－046

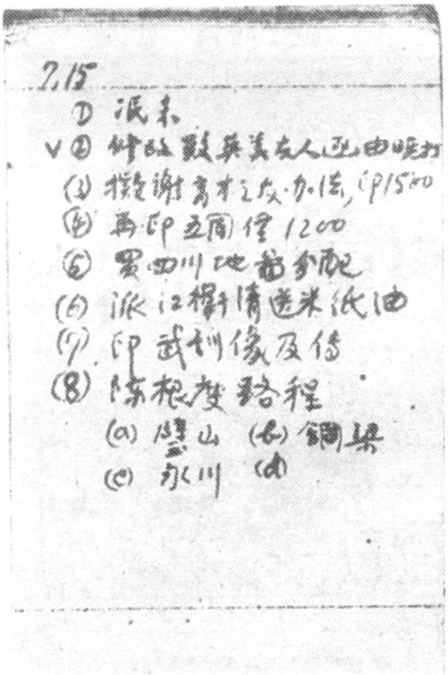


45－047

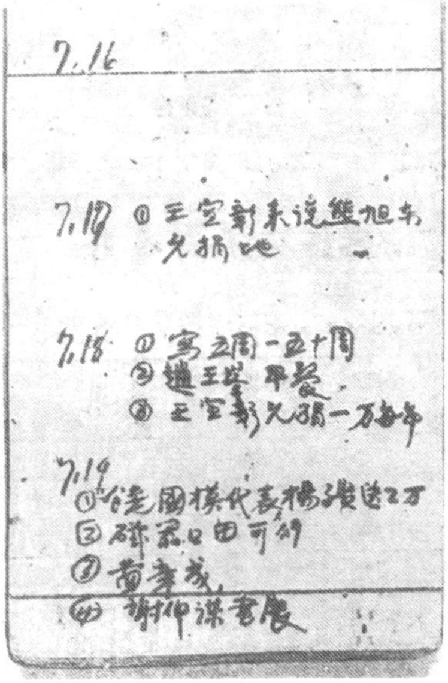


45－048

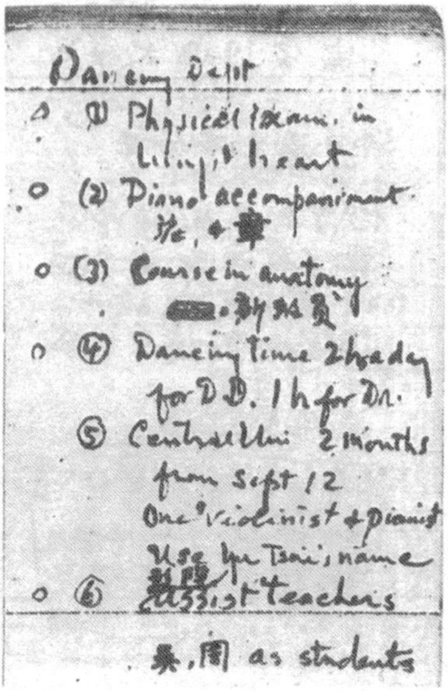
Dancing Dept
(1) Physical exam. in lung & heart
(2) Piano accompaniment
(3) Course in anatomy
(4) Dancing time 2 hrs a day for D.D. 1 h for Dr.
(5) Central Uni 2 months from Sept 12
One violinist & pianist
Use Yu Tsai's name
(6) assist teachers
as students

45-049

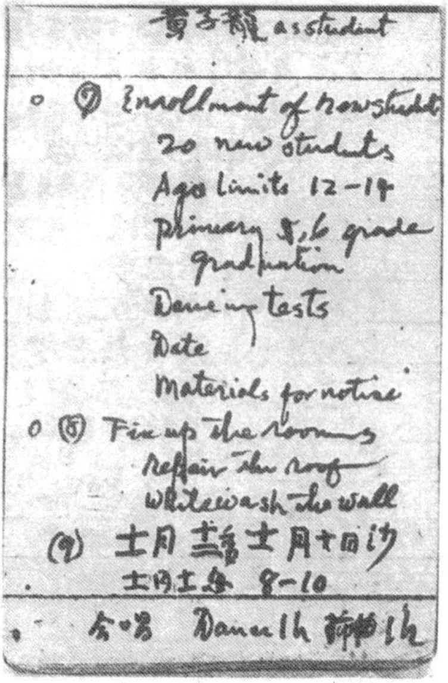
as student
(7) Enrollment of new students
20 new students
Age limits 12-14
Primary 5,6 grade graduation
Dancing tests
Date
Materials for notice
(8) Fix up the rooms
repair the roof
Whitewash the wall
(9) 8-10
会唱 Dance 1h

45-050

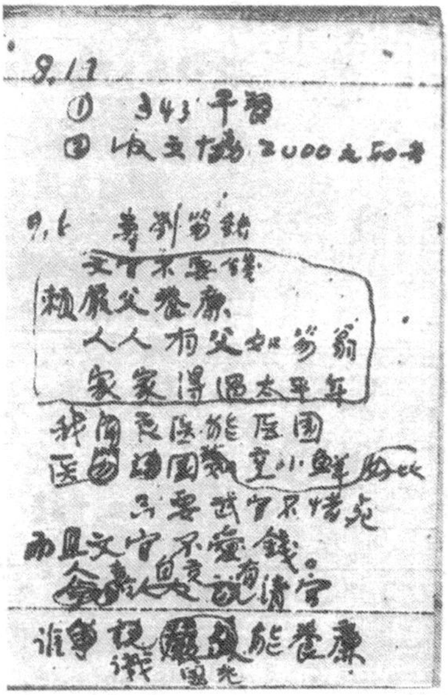
9.17
① 343
9.6
人人有父如
家家得过太平年

45-051

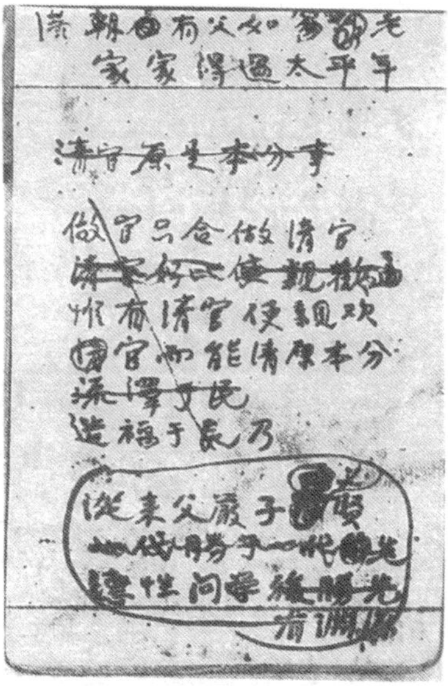
家家得过太平年
清官原是本分事
做官只合做清官
造福于民

45-052

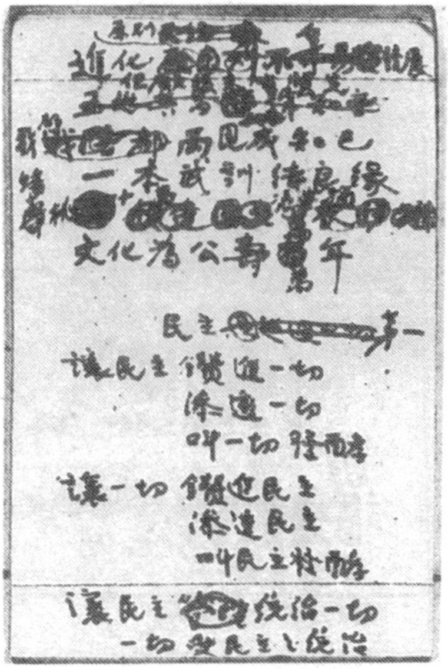

45-053

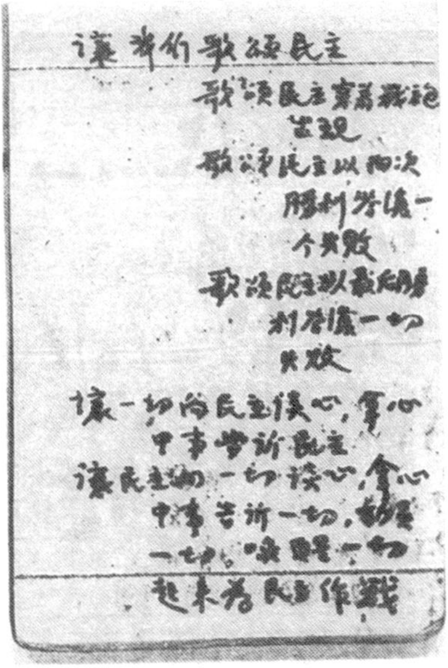

45-054

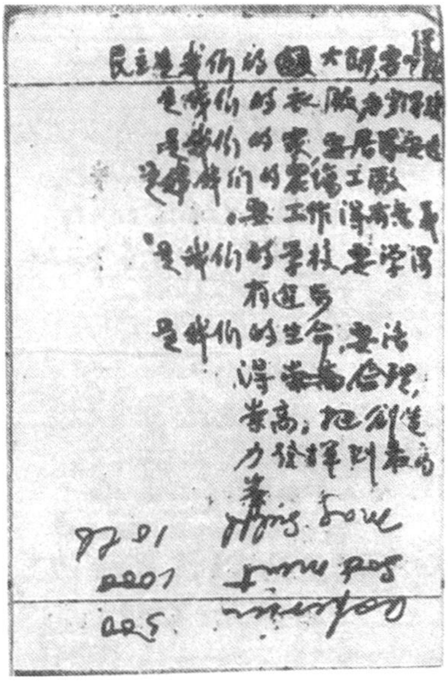

45-055

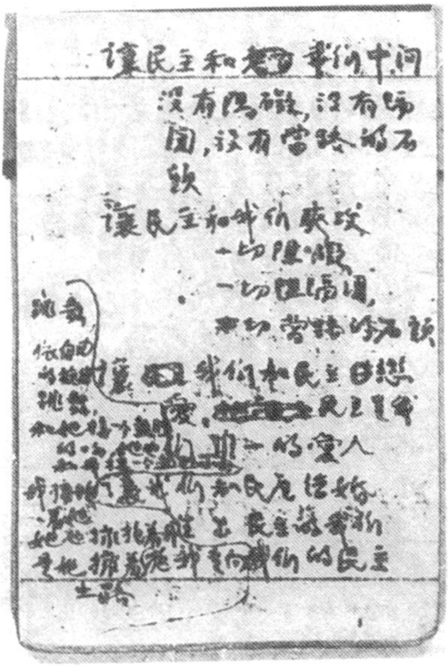

45-056

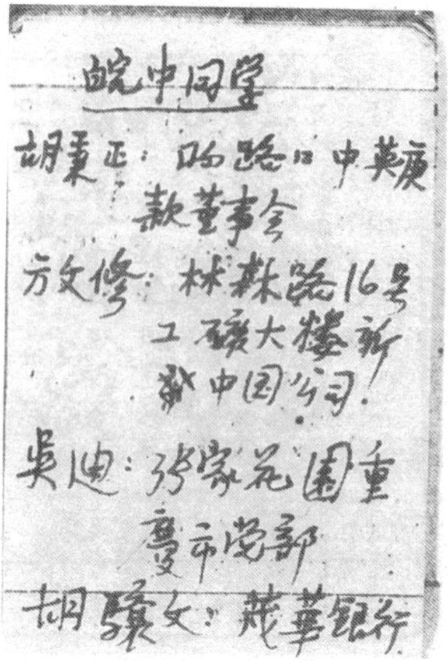
皖中同学
胡秉正：两路口中英庚款董事会
方文修：林森路16号 工矿大楼新新中国公司
吴迪：张家花园重庆市党部
胡骥文：燕华银行

45-057

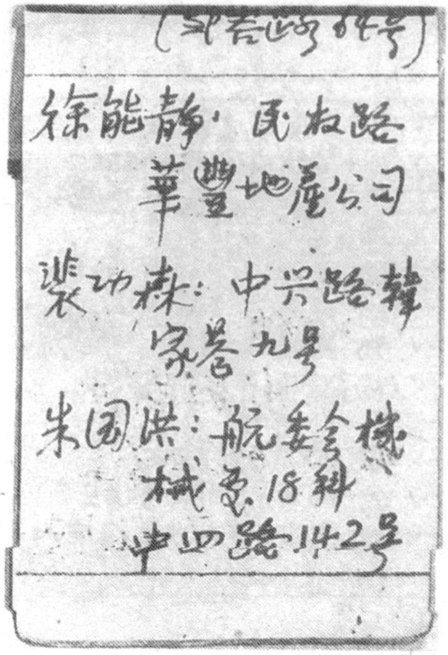
（林森路84号）
徐能静：民权路 华丰地产公司
裴功楙：中兴路韩家巷九号
朱国洪：航委会机械处18科 中四路142号

45-058

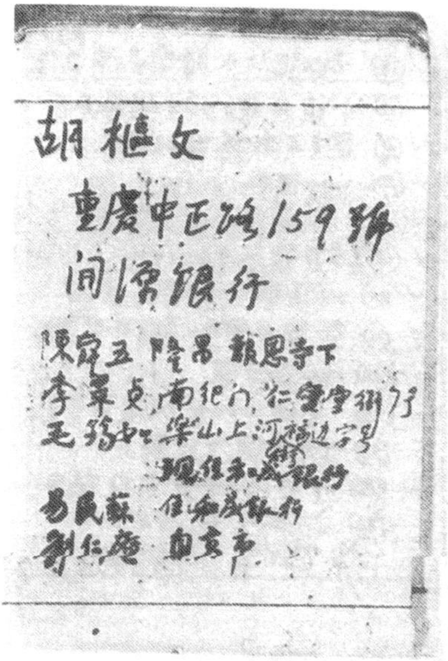
胡植文
重庆中正路159号
川盐银行
陈宗五 隆昌 报恩寺下
李算贞 南纪门 仁爱堂街7号
王铭如 乐山上河街边字号 现住和成银行
易民苏 住和成银行
刘仁德 自贡市

45-059

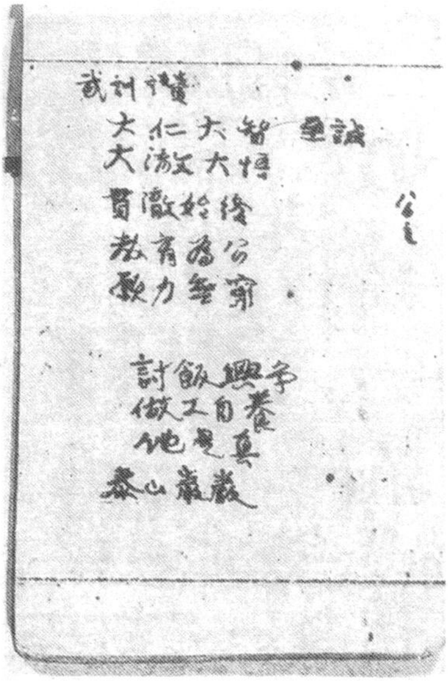
武训赞
大仁大智 至诚
大慈大悲
贯彻始终
教育为公
努力无穷
讨饭兴学
做工自养
他是真
泰山岩岩

45-060

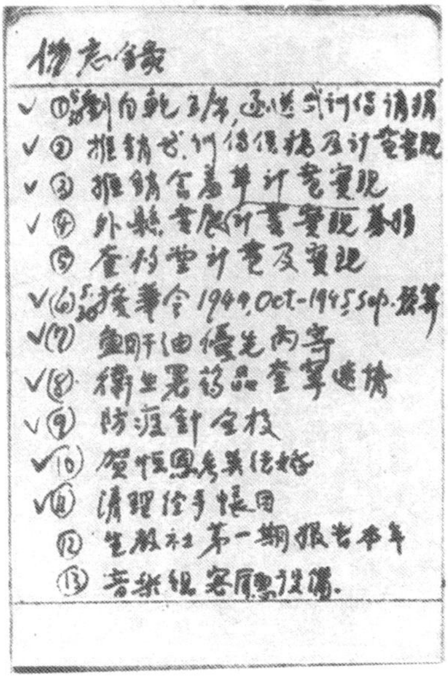

45-061

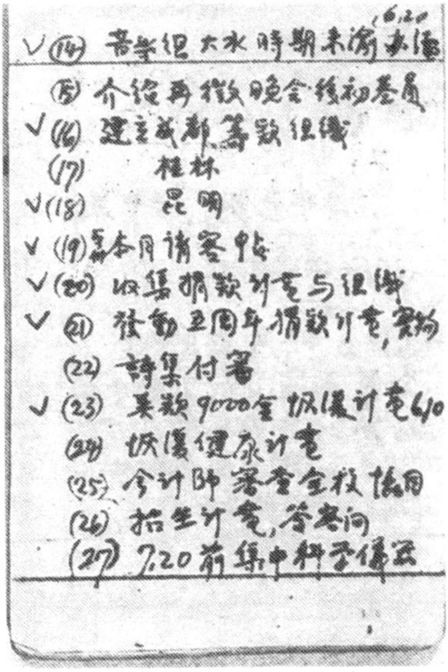

45-062

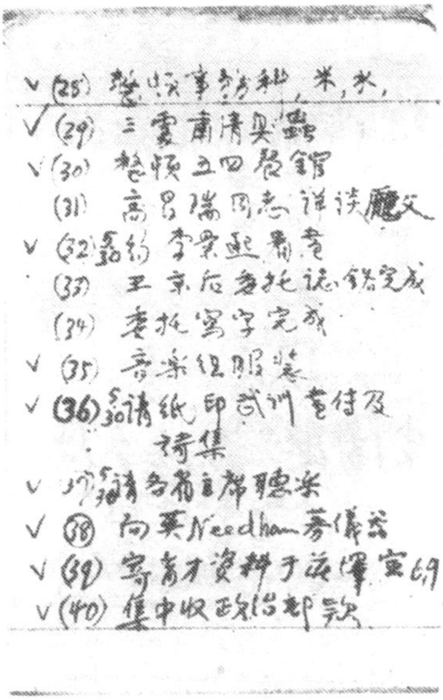

45-063

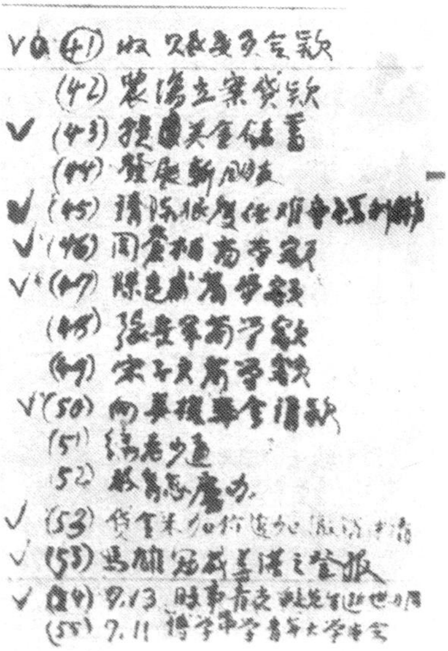

45-064

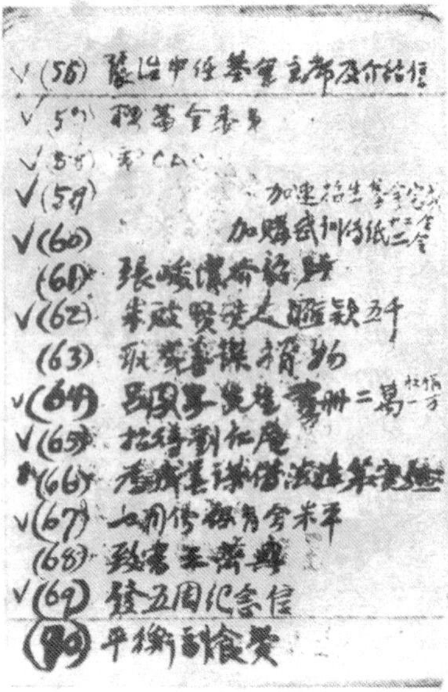

√(59) 加速培生奖学金
√(60) 加赠武训传纸二令
(61) 张岫岚
√(69) 发五周纪念信
(70) 平衡副食费

45-065

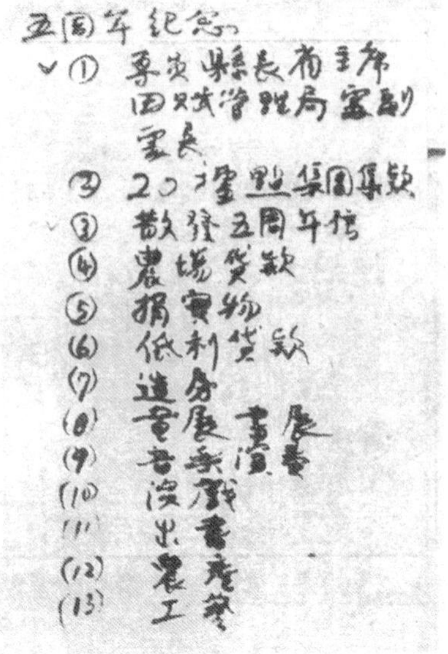

五周年纪念
√① 募资 县长 前主席 田赋管理局 处副处长
② 20 据点 集团集款
③ 散发五周年信
④ 农场贷款
⑤ 捐实物
⑥ 低利贷款
⑦ 道务
⑧ 画展 书展
⑨ 音乐演奏
⑩ 演戏
⑪ 出书
⑫ 农产
⑬ 工艺

45-066

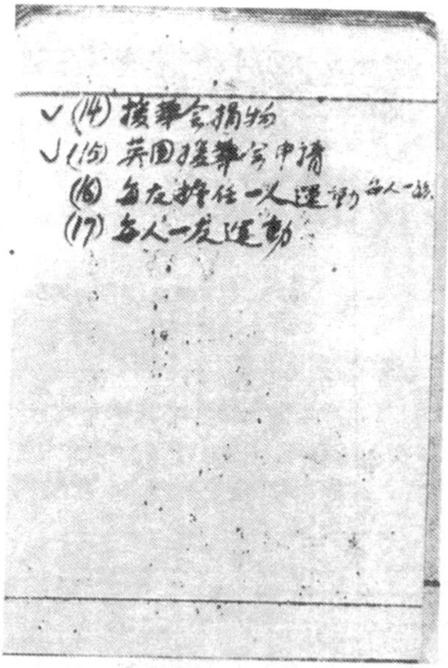

√(14) 援华会捐物
√(15) 英国援华会申请
(16) 每友轮任一人运动
(17) 每人一友运动

45-067

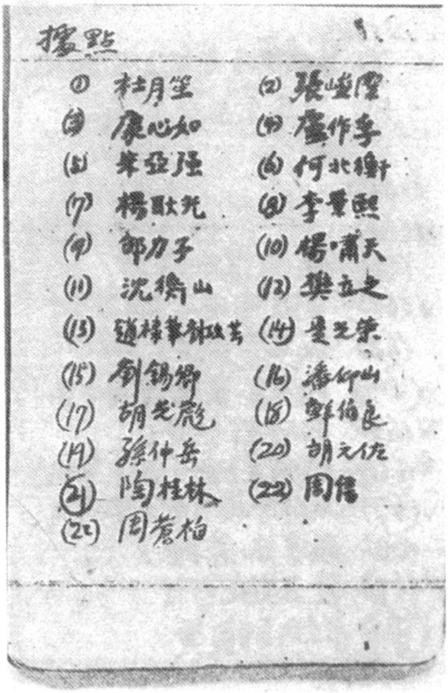

据点
① 杜月笙 ② 张岫岚
③ 康心如 ④ 卢作孚
⑥ 何北衡
⑦ 杨耿光
⑩ 杨啸天
⑯ 潘仰山
⑰ 胡光麃 ⑱ 鲜伯良
㉑ 陶桂林
㉓ 周苍柏

45-068

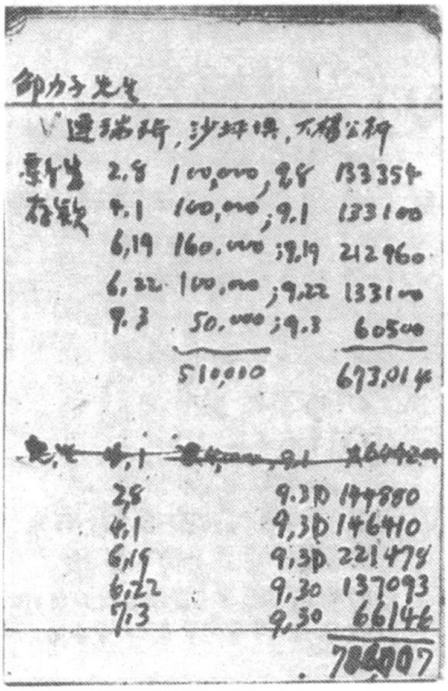
邵力子先生
∨通瑞行，沙坪坝，大楼公馆
[illegible] 2.8 100,000 ;2.8 133354
[illegible] 4.1 100,000 ;9.1 133100
6.19 160,000 ;9.19 212960
6.22 100,000 ;9.22 133100
9.3 50,000 ;9.3 60500
510,000 673,014
2.8 9.30 144880
4.1 9.30 146410
6.19 9.30 221478
6.22 9.30 137093
7.3 9.30 66146
716007

45-069

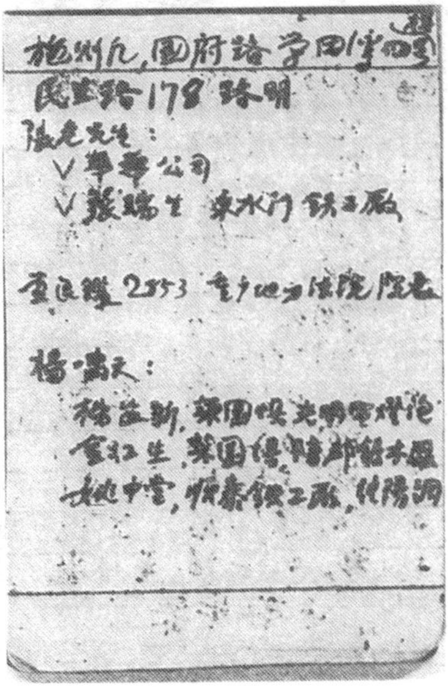
施则凡，国府路学田湾[illegible]
民国路178 路明
张君先生：
∨华华公司
∨熊瑞生 来水行 铁工厂
重庆路2353 [illegible]医院院长
杨啸天：
杨益新，[illegible]光明电灯泡
金松生，[illegible]
姚中宪，恒泰铁工厂，[illegible]

45-070

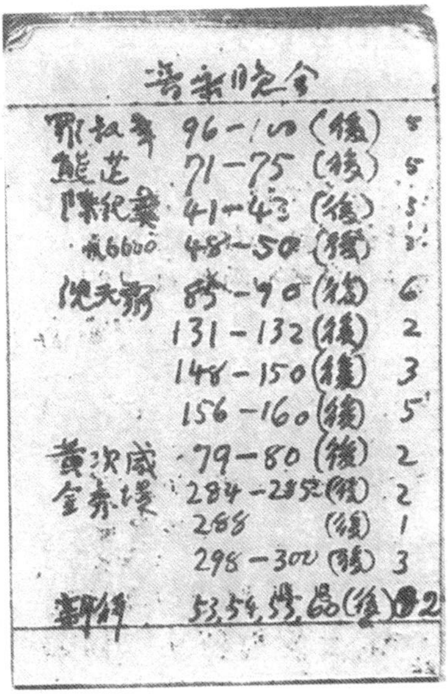
[illegible]晚会
邢叔平 96-100（稿） 5
熊芷 71-75（稿） 5
陈纪彝 41-43（稿） 3
收6600 48-50（稿） 3
沈尹默 85-90（稿） 6
131-132（稿） 2
148-150（稿） 3
156-160（稿） 5
黄次咸 79-80（稿） 2
金[illegible] 284-285（稿） 2
288（稿） 1
298-302（稿） 3
[illegible] 53,54,55,60（稿） 2

45-071

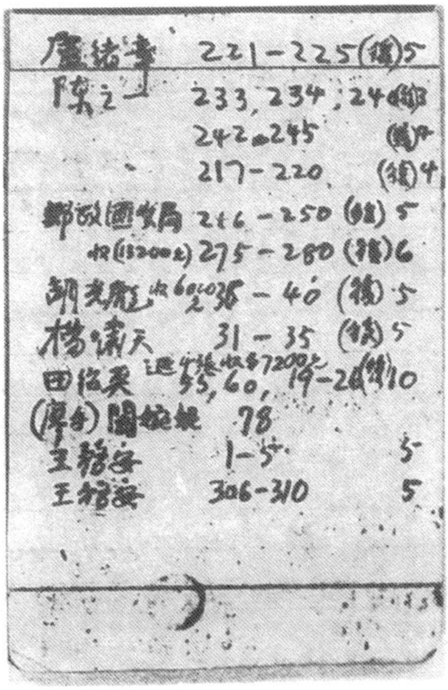
[illegible] 221-225（稿） 5
陈之一 233,234,24[illegible]
242-245
217-220（稿） 4
邮政[illegible]局 246-250（稿） 5
收(13200元) 275-280（稿） 6
胡[illegible] 36-40（稿） 5
杨啸天 31-35（稿） 5
田伯英 55,60,19-20（稿） 10
[illegible] 78
王[illegible] 1-5 5
王[illegible] 306-310 5

45-072

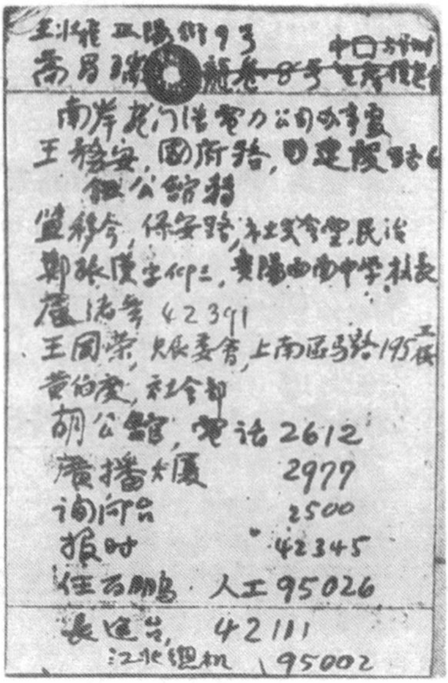

南岸龙门浩电力公司办事处

胡公馆，电话2612

广播大厦 2977

询问台 2500

报时 42345

人工95026

42111

江北总机 95002

45-073

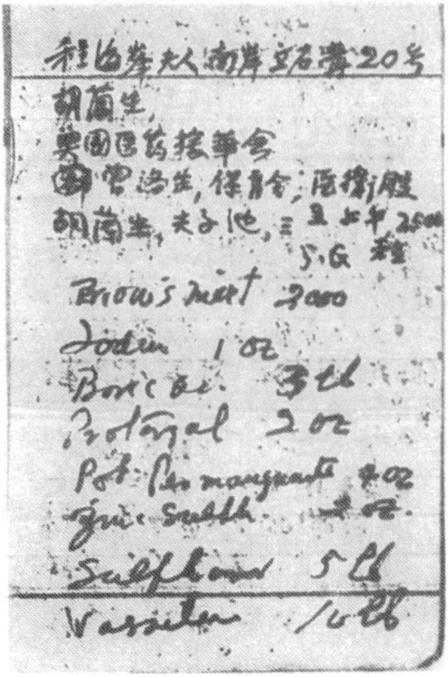

胡兰生

45-074

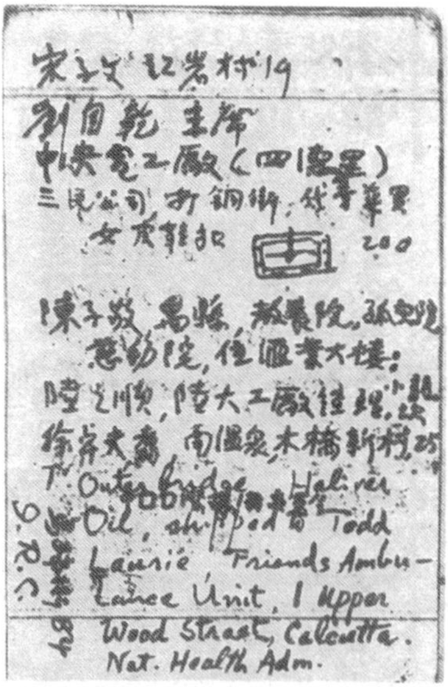

Oil, shipped Todd

Laurie, Friends Ambulance Unit, 1 Upper Wood Street, Calcutta.

Nat. Health Adm.

45-075

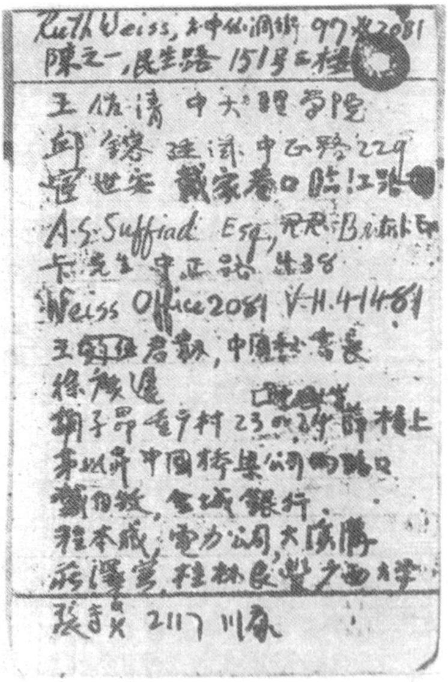

Ruth Weiss

陈之一，民生路151号

王佐清 中大理学院

A.S. Suffiad Esq.

Weiss Office 2081

2117

45-076

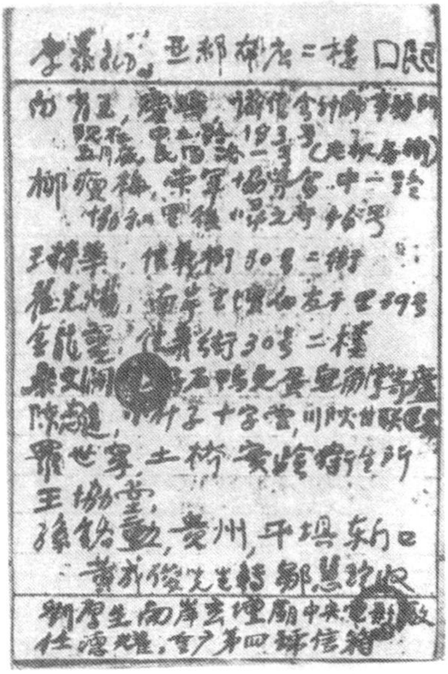

45-077

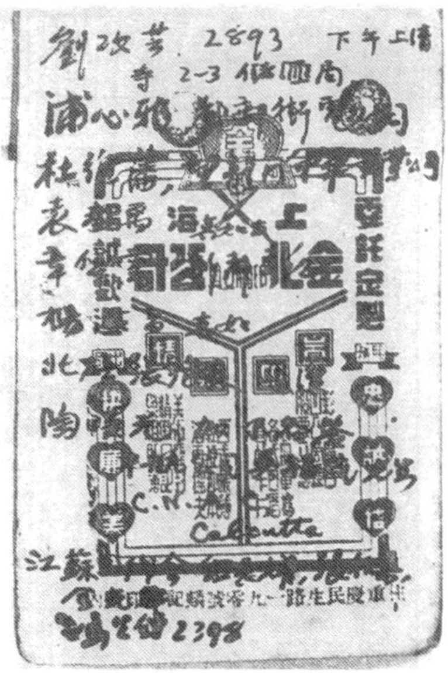

45-078

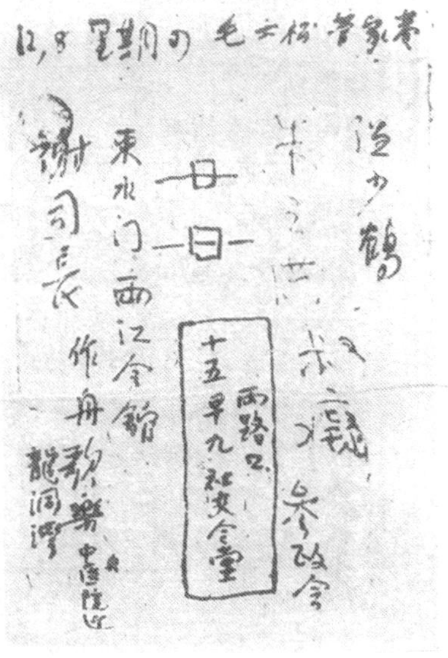

45-079

# 第四十五册〔注译〕

1944.5.11~1944.9.6

重庆·北碚

45—002

第4至5行外文：磺胺噻唑磺胺吡啶

第7行：加尔各答地址

第9行：阿特补润（药名）

末4行：庄学本先生　加尔各答地址

45—003

第1至3行，工业合作社印度加尔各答地址

第9行：康蒂坦

45—004

末行外文：斯威克特

45—013

第2行外文：9月

第3至4行：纽约儿童福利会议

45—036

第6行外文：华莱士

末5行：英国援华会

名誉会长　蒋夫人

秘书　V.谢蒙德女士

45—042

第2行外文：毕莱士

45—047

第5行五周指育才建校五周年

45—049、050

舞蹈组

①体格检查：肺、心脏

②钢琴伴奏：庄、章

③解剖课程：新教员

④舞蹈时间：D.D. 每日2小时，Dr. 每日1小时

⑤中央大学　从9月12日起两个月，以育才名义，请一位小提琴家，一位钢琴家

⑥彭隆　助理教师

吴、周　学生

黄子龙　学生

⑦新生注册

新生20名

年龄限制　12~14岁

小学六年级毕业生

舞蹈测验　10期

评论资料

⑧整修房屋

修理屋顶

粉刷墙壁

45—063

第7行：1944年10月~1945年9月

45—074

第7至14行外文为药名及数量

45—075

末5行外文：油运给托德·劳内地址

# 衛備志

第四十六册

1944.10.18~1944.11.14

46-001

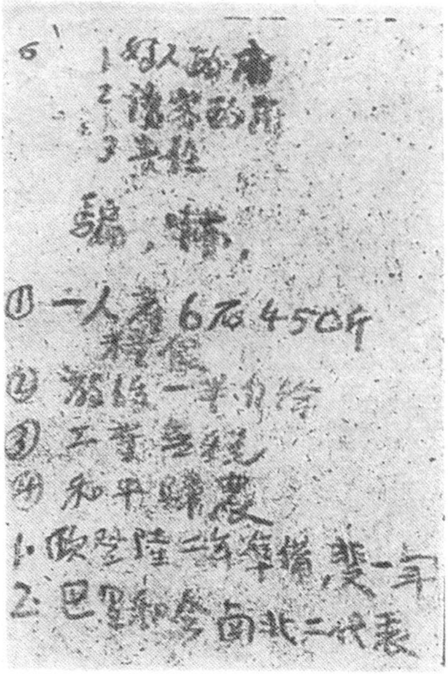

46-002

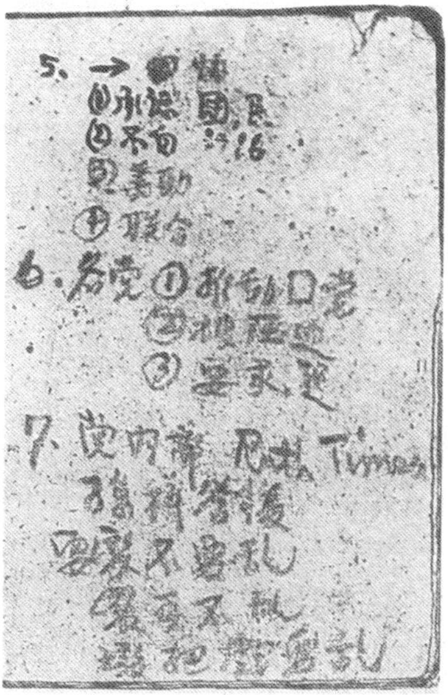

46-003

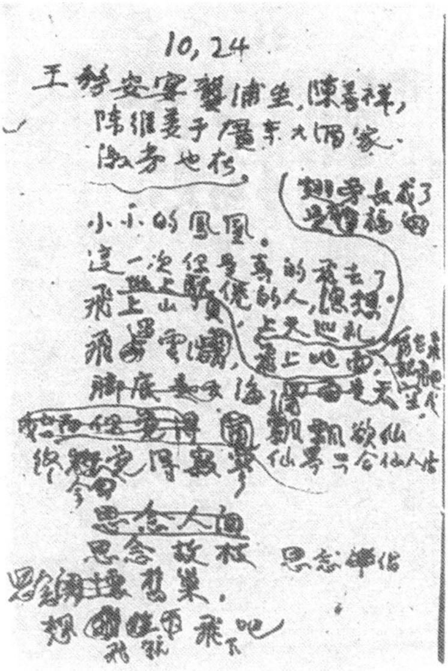


46-004

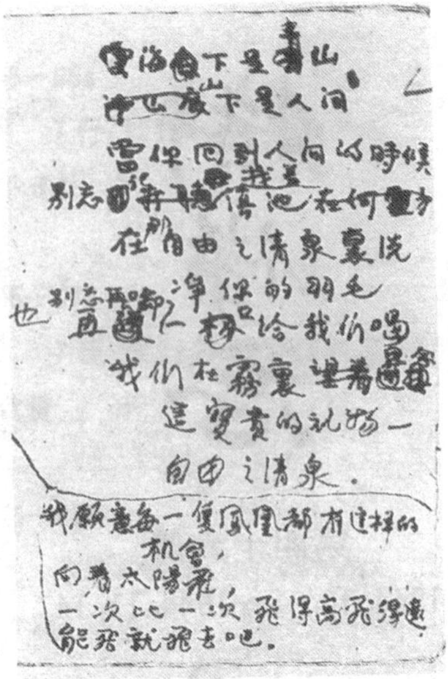

46-005

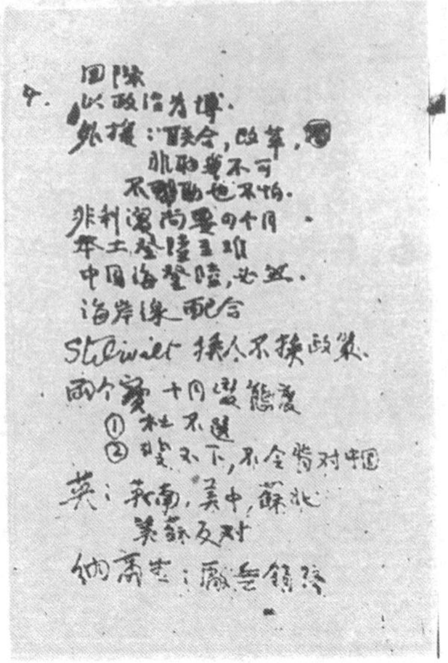

46-006

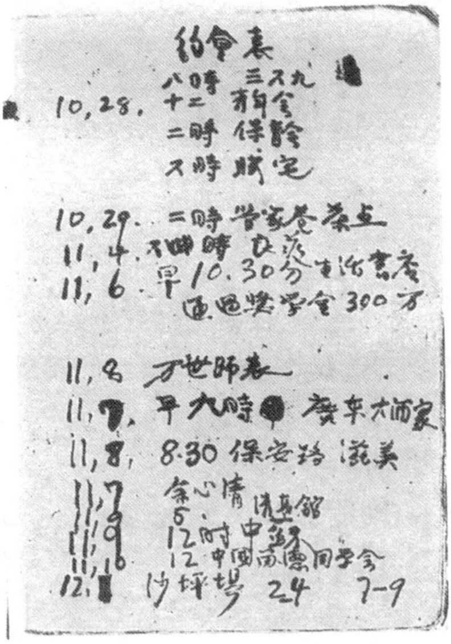

46-007

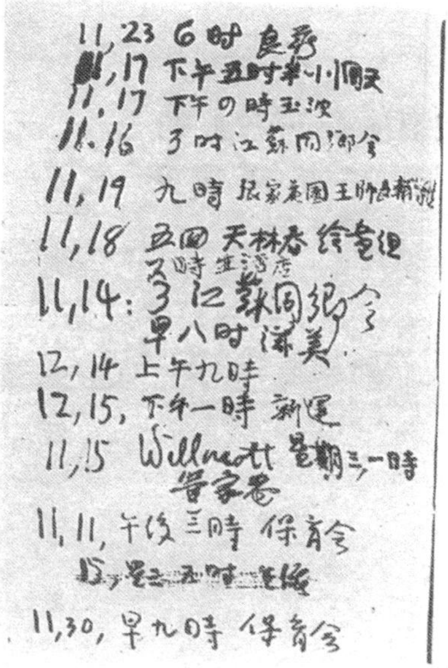

46-008

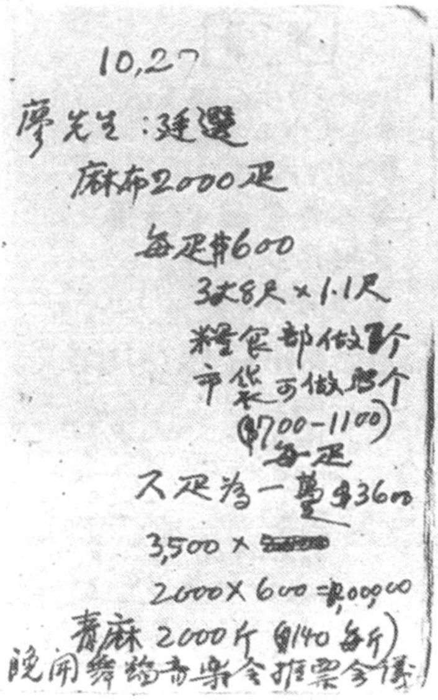
10,27
廖先生：延迟
麻布2000疋
每疋$600
3丈8尺×1.1尺
粮食部做袋
市袋可做个
($700-1100)每疋
3,500×
2000×600=1,200,000
青麻2000斤($140每斤)

46-009

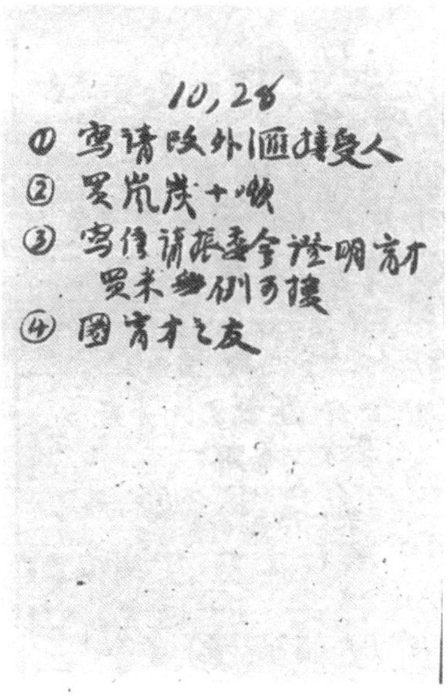
10,28
① 写请陕外汇
② 买柴炭十吨
③ 写信请振委会证明育才买米例可换
④ 图育才之友

46-010

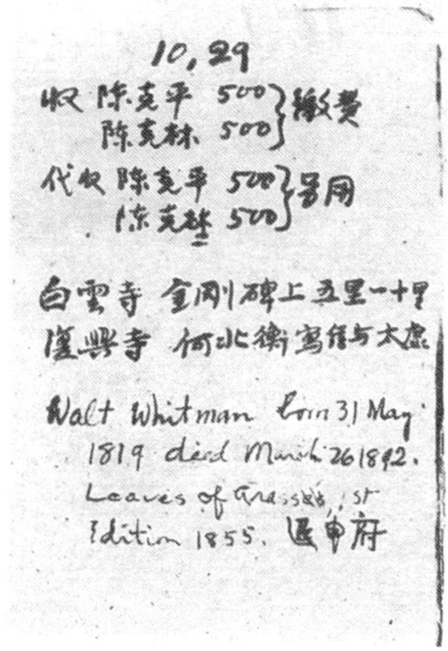
10,29
收 陈克平 500 陈克林 500 缴费
代收 陈克平 500 陈克祥 500 零用
白云寺 金刚碑上五里一十里
何北衡写信与太虚
Walt Whitman born 31 May 1819 died March 26 1892.
Leaves of Grass, 1st Edition 1855.

46-011

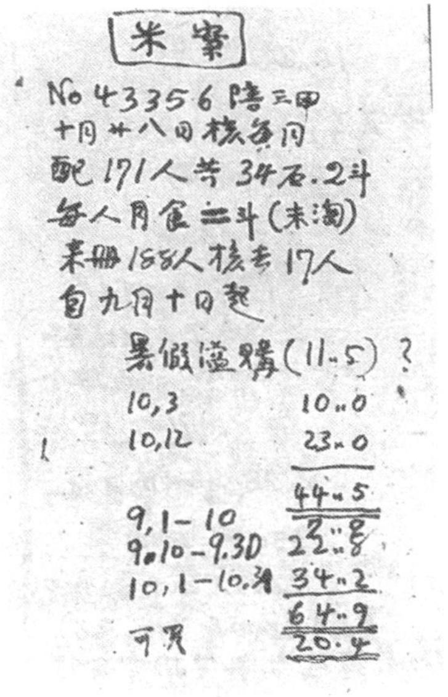
米案
No 43356 隆三甲
十月廿八日核发
配171人共34石.2斗
每人月食二斗(未淘)
来册188人核去17人
自九月十日起
暑假溢精(11.5)?
10,3 10.0
10,12 23.0
44.5
9,1-10 7.8
9,10-9.30 22.8
10,1-10.31 34.2
64.9
可买 20.4

46-012

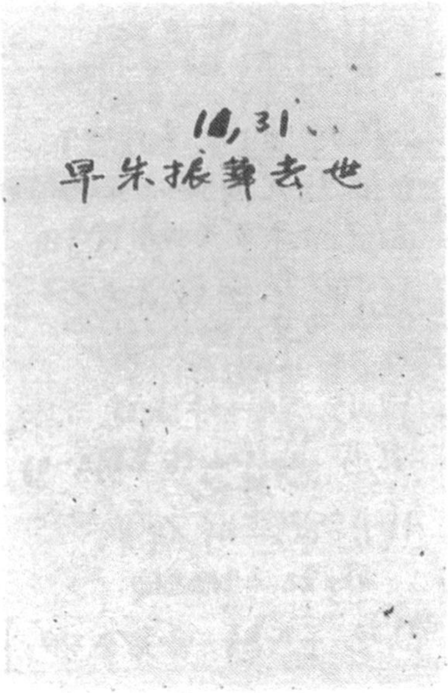
10,31、
早朱振華去世

46-013

11,1

46-014

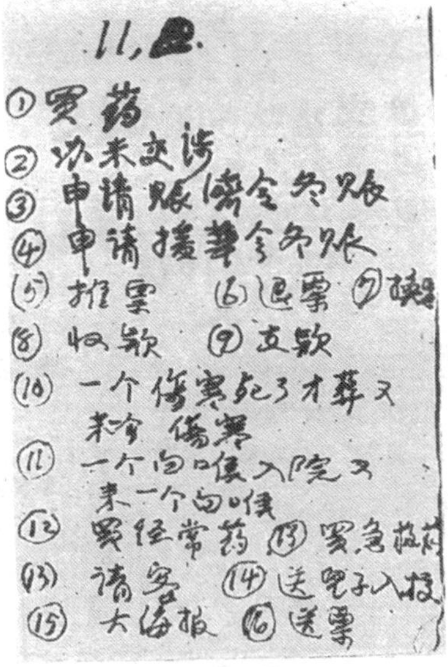
11,[illegible]

①買药
②波来交涉
③申请賬儲金冬賬
④申请援華会冬賬
⑤推票 ⑥退票 ⑦[illegible]
⑧收款 ⑨支款
⑩一个傷寒死了才葬又来个傷寒
⑪一个白喉入院又来一个白喉
⑫買經常药 ⑬買急救药
⑬請客 ⑭送兒子入校
⑮大公報 ⑯送票

46-015

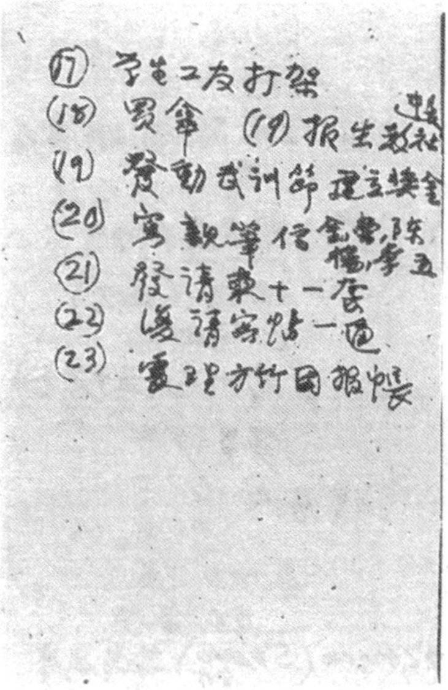
⑰学生工友打架
⑱買傘 ⑲报告教社
⑲發動武训節建立基金
⑳寫親筆信金幣，陳鶴琴，李[illegible]
㉑發請柬十一套
㉒復請客帖一通
㉓處理方竹回報帳

46-016

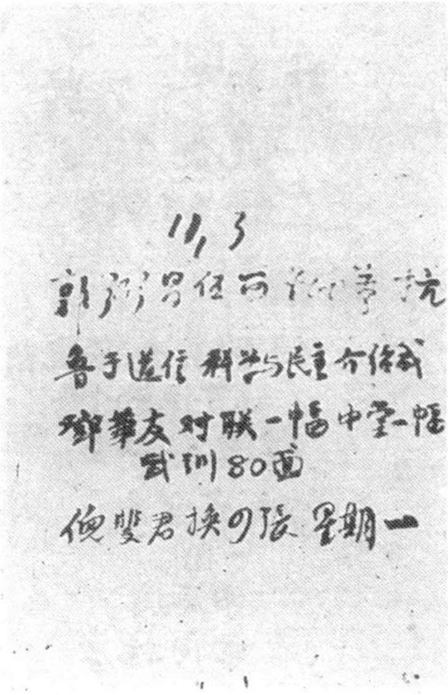

11,3

郭沫若信为子女升学事

鲁子送信 科学与民主介绍式

聊华友对联一幅 中堂一幅

武训80面

倪斐君换四张 星期一

46-017

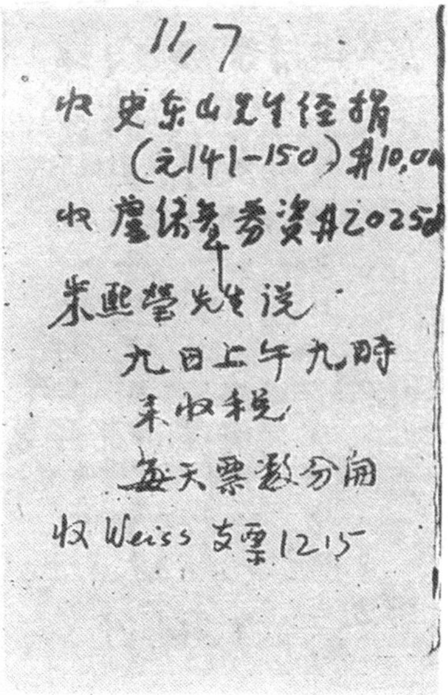

11,7

收 史东山先生经捐

（元141-150）#10,000

收 詹侨参考资 #2025

朱邺誉先生说

九日上午九時

来收税

每天票数分开

收 Weiss 支票1215

46-018

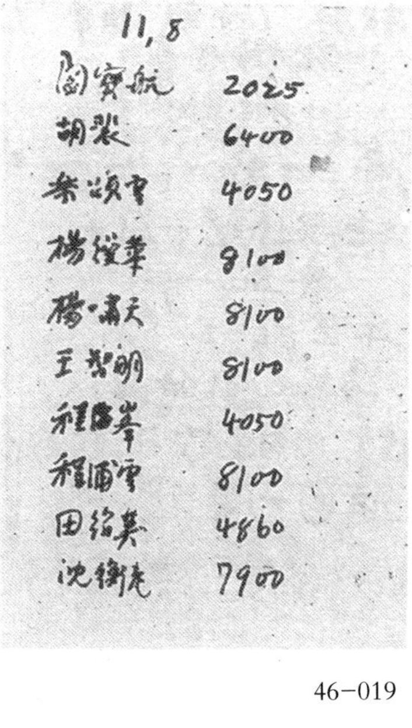

11,8

| | |
|---|---|
| 陶宝航 | 2025 |
| 胡梁 | 6400 |
| 余颂尧 | 4050 |
| 杨缵华 | 8100 |
| 杨啸天 | 8100 |
| 王智明 | 8100 |
| 程西岑 | 4050 |
| 程酉雪 | 8100 |
| 田绍英 | 4860 |
| 沈衡光 | 7900 |

46-019

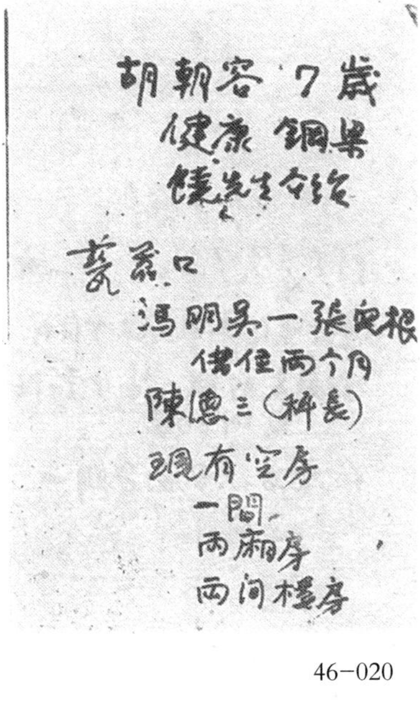

胡朝容 7歲

健康 鋼琴

钱先生介绍

黄葛口

馮明吴一張宝根

借住两个月

陳德三（保長）

現有空房

一間

两廂房

两间樓房

46-020

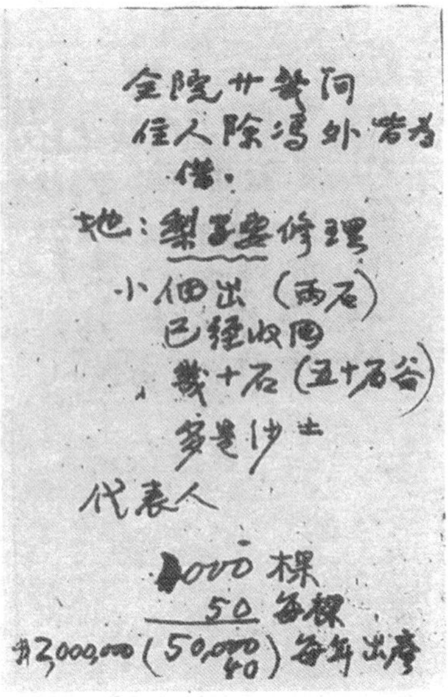


46-021

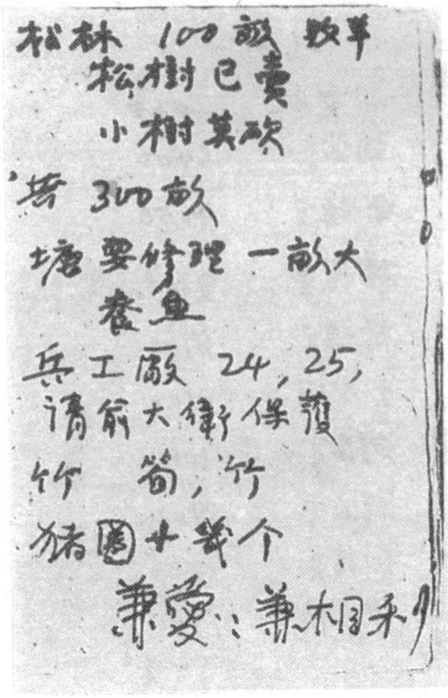


46-022

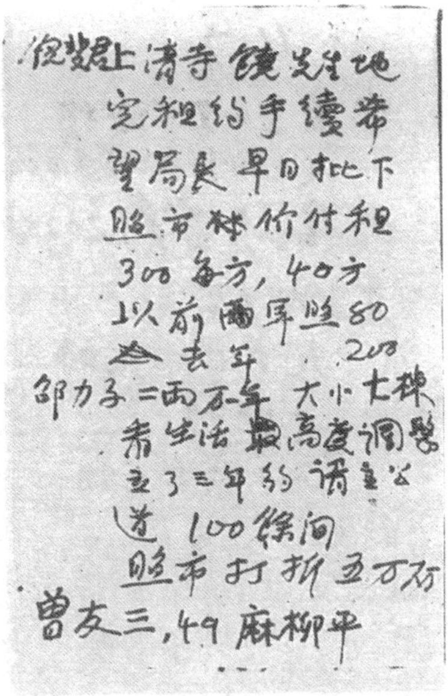


46-023

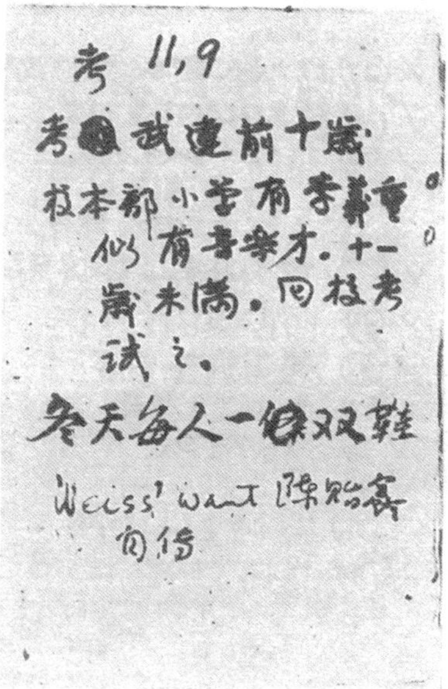


46-024

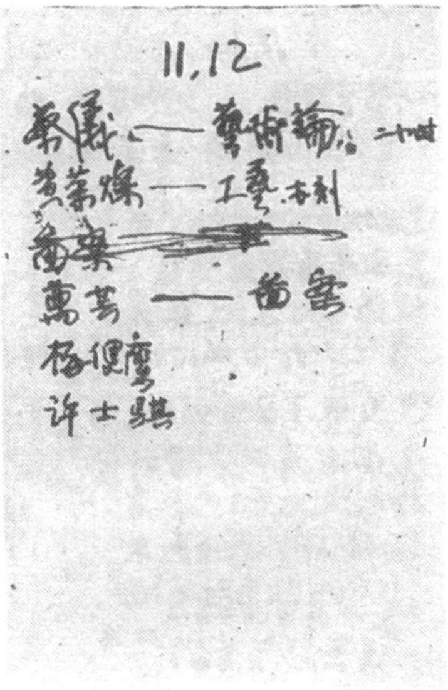
11,12

46-025

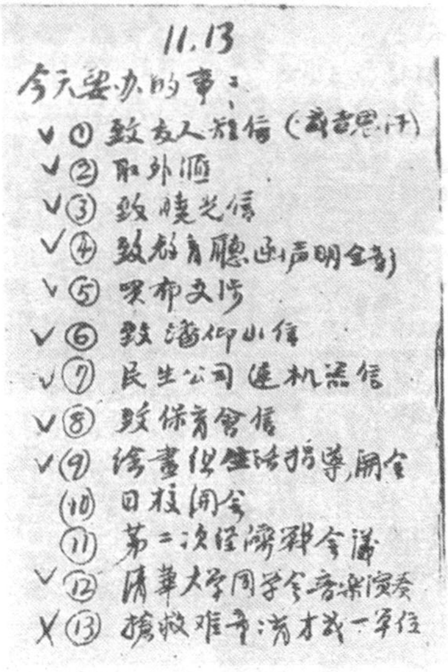
11.13
今天要办的事：

46-026

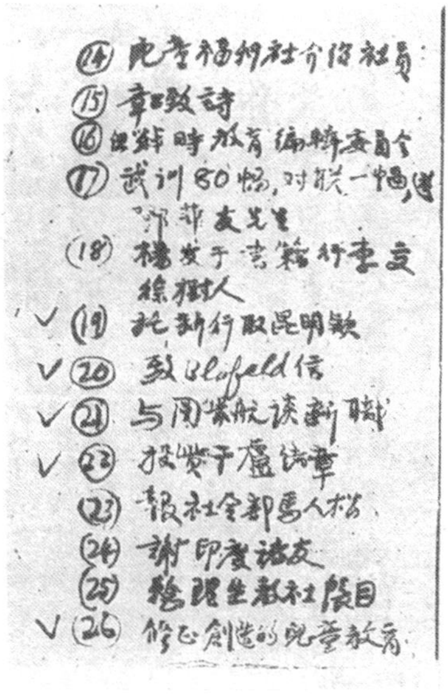
致Blofeld信

46-027

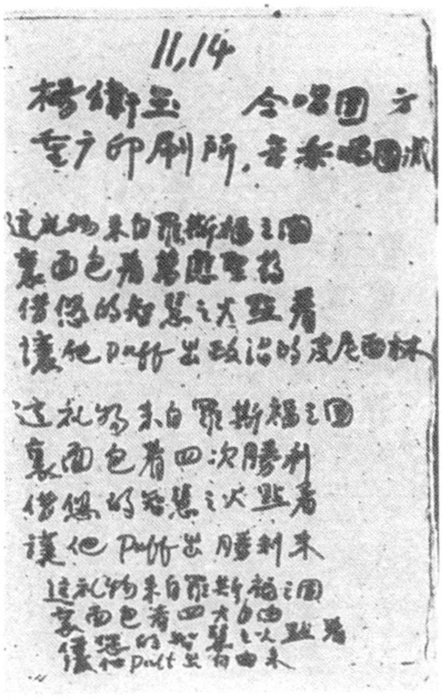
11,14

46-028

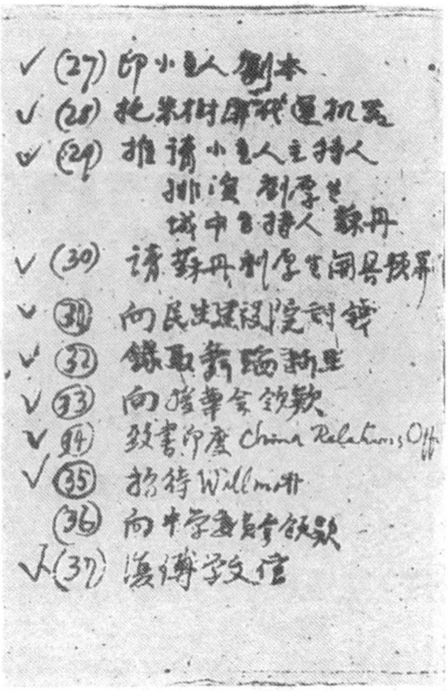
✓(27) 印小先生劇本
✓(28) 把樂樹屏送選机器
✓(29) 推請小先生主持人
排演 劉季平
城中主持人 蘇丹
✓(30) 請蘇丹、劉季平開具預算
✓(31) 向民生建設院討錢
✓(32) 錄取舞蹈新生
✓(33) 向僑華會領款
✓(34) 致書印度China Relations Off
✓(35) 招待Willmott
(36) 向中學委員會領款
✓(37) 復傅學文信

46-029

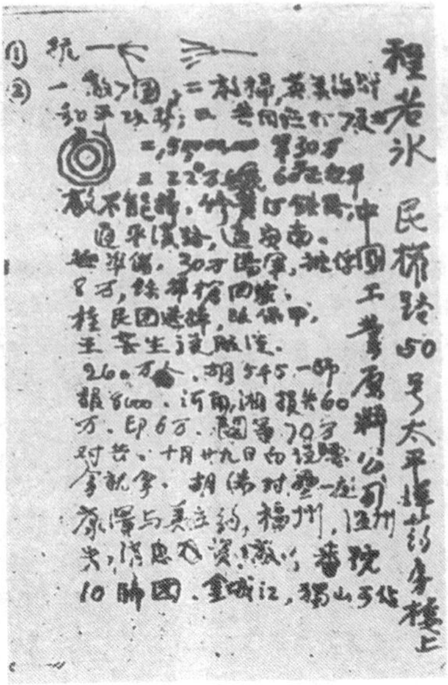
(1) 統一
(2) 一、[illegible]
程若冰 民權路50号太平洋大樓上
中國工業原料公司
敵不能[illegible]
[illegible]

46-030

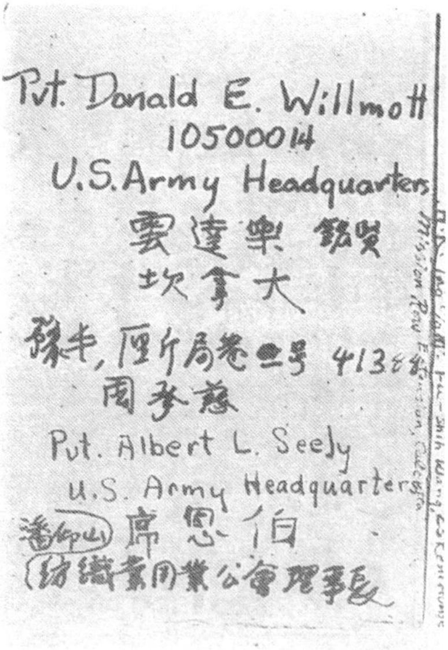
Pvt. Donald E. Willmott
10500014
U.S. Army Headquarters
雲達樂 銘賢
坎拿大
孫屯，厘金局巷四号 41388
周承憲
Pvt. Albert L. Seely
U.S. Army Headquarters
潘(仰山) 席恩伯
(紡織業同業公會理事長)

46-031

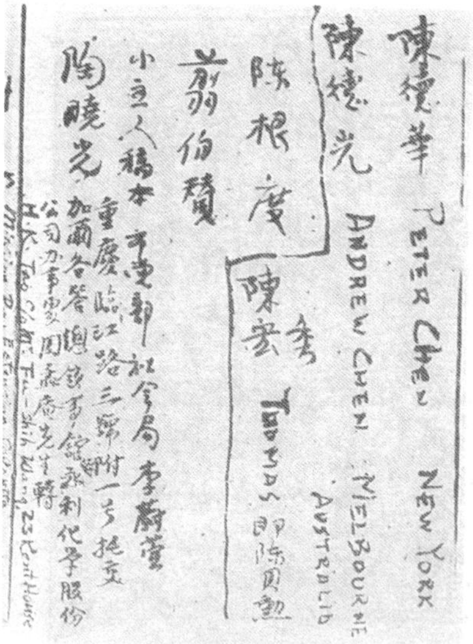
陳鏡華 Peter Chen New York
陳德光 Andrew Chen Melbourne Australia
陳根度
翁伯續
陳家秀 Thomas 即陳同勳
陶曉光
小先生稿本 交通部社會局 李蔚萱
重慶臨江路三號附一号 拍交
加爾各答總領事館 永利化學股份公司辦事處 周嘉康先生轉

46-032

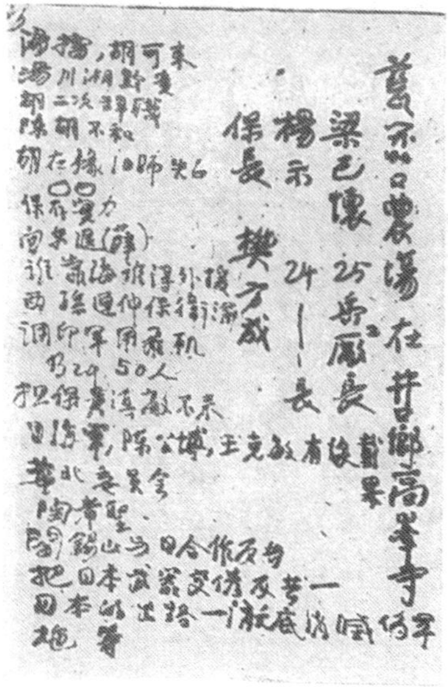
蒙阴农场在昔乡高峰寺
梁已壤 25 岳厂長
杨示 24 一一长
保長 樊方成
汤指，胡可来
汤川湖野党
胡二次辞職
陈胡不和
胡在豫10師失6
保存實力
向东退(薛)
张发奎张澤外援
西孫連仲保衛滇
调印军用飛机
乃20 50人
担保黄河敌不来
日拆军，陈公博，王克敏有後台 果
華北委员会
陶希聖
閻锡山与日合作反共
把日本武器交傅及共一
日本的出路一澈底消灭傅军
槍，等

46-033

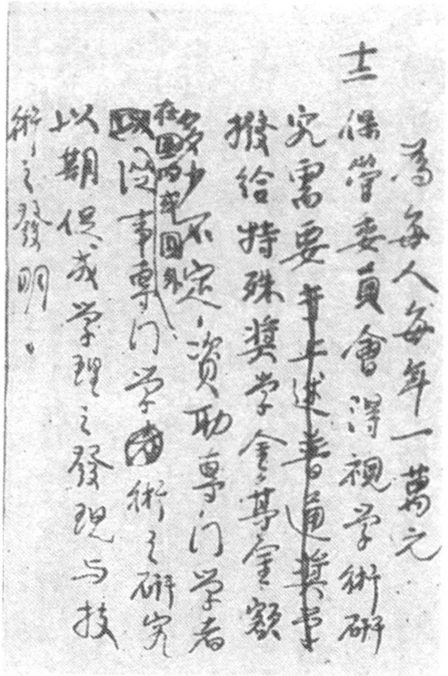
十二 為每人每年一萬元
保管委員會得視学術研
究需要將上述奬学金
撥給特殊奬学金，其金額
不定，資助專门学者
專门学術之研究
以期促成学理之發現与技
術之發明。

46-034

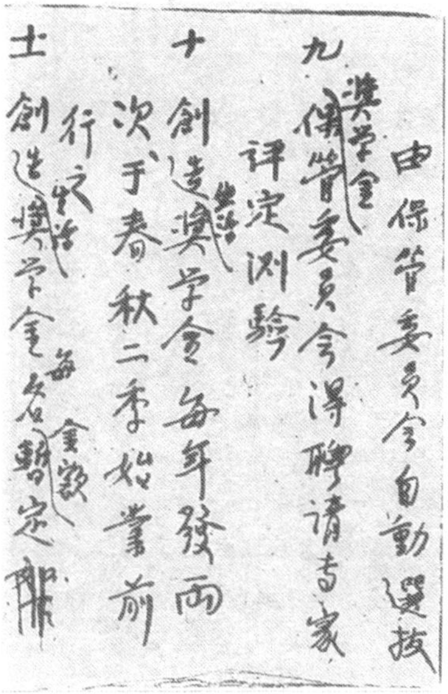
由保管委员会自動選拔
九 奬学金保管委员会得聘请专家
评定测验
十 創造奬学金每年發两
次，于春秋二季始業前
行之
十一 創造奬学金每名金额暫定

46-035

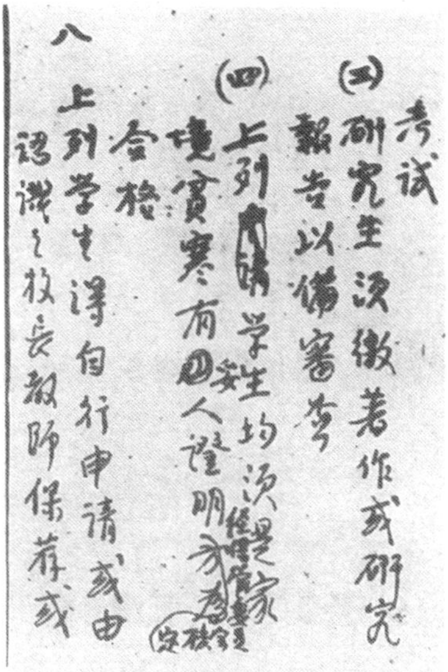
考试
(三) 研究生須徵著作或研究
報告以備審查
(四) 上列學生均須
境實寒，有四人證明
合格
八 上列学生得自行申請，或由
認識之校長教師保薦或

46-036

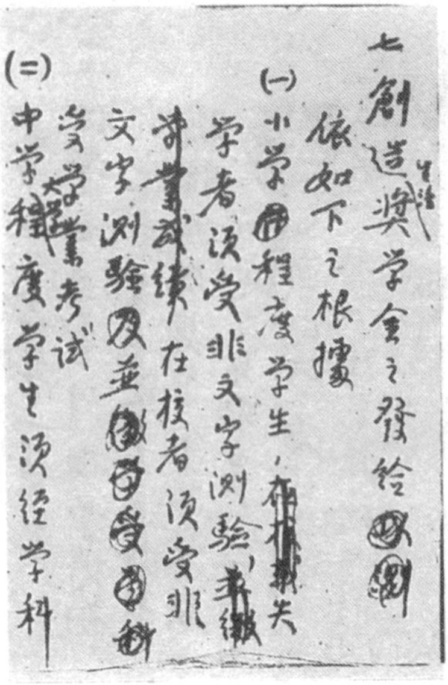
七 创造（生活）奖学金之发给
(一) 依如下之根据
小学程度学生
学者须受非文字测验
毕业或续在校者须受非
文字测验及
(二) 中学程度学生须经学科

46-037

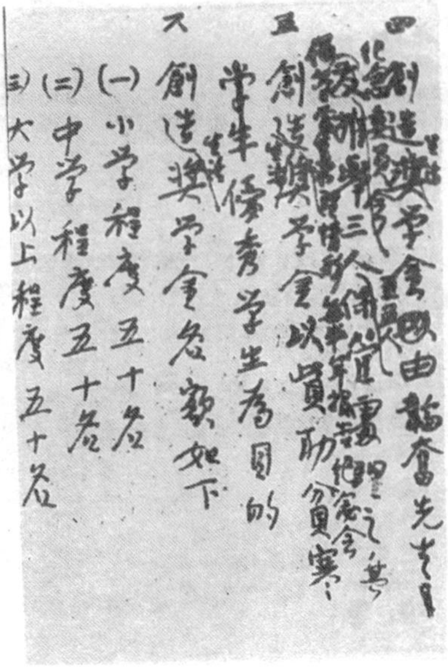
四 创造奖学金由韬奋先生
五 创造奖学金以资助贫寒
优秀学生为目的
六 创造奖学金名额如下
(一) 小学程度五十名
(二) 中学程度五十名
(三) 大学以上程度五十名

46-038

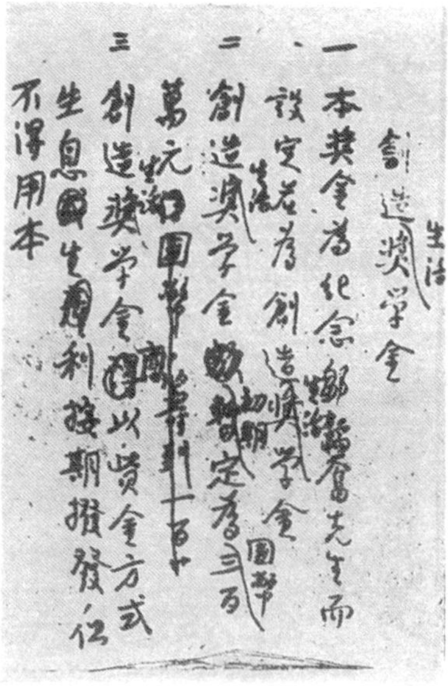
创造（生活）奖学金
一 本奖金为纪念邹韬奋先生而
设定名为创造奖学金
二 创造奖学金初期暂定为国币三百
万元
三 创造奖学金以资金方式
生息生产利按期拨发但
不得用本

46-039

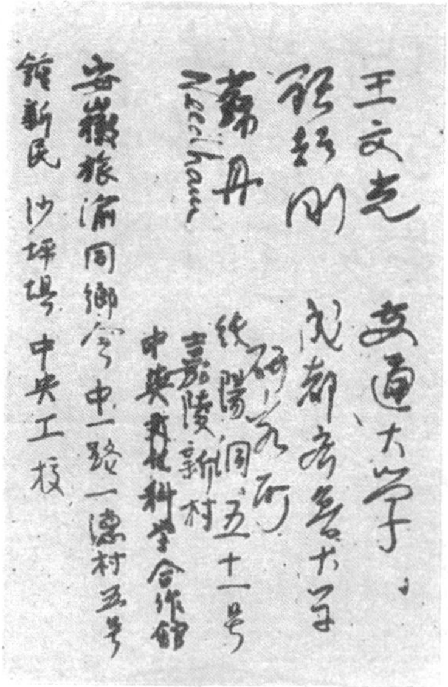
王文光 交通大学
成都光华大学
安徽旅渝同乡会 中一路一德村五号
钟新民 沙坪坝 中央工校

46-040

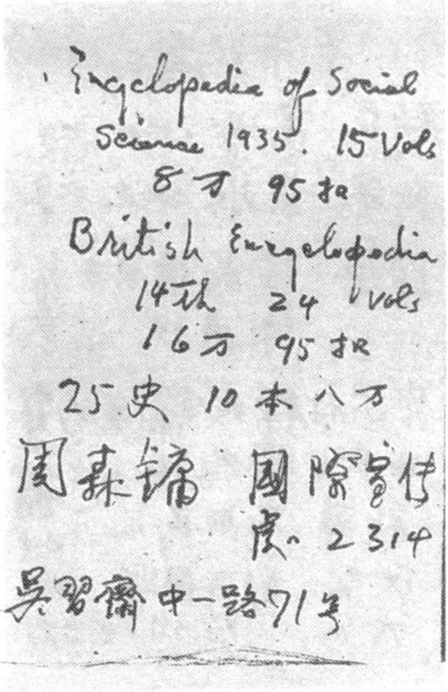


46-041

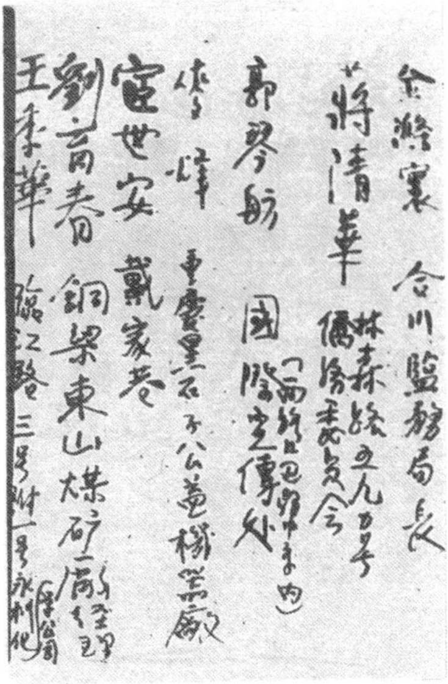


46-042

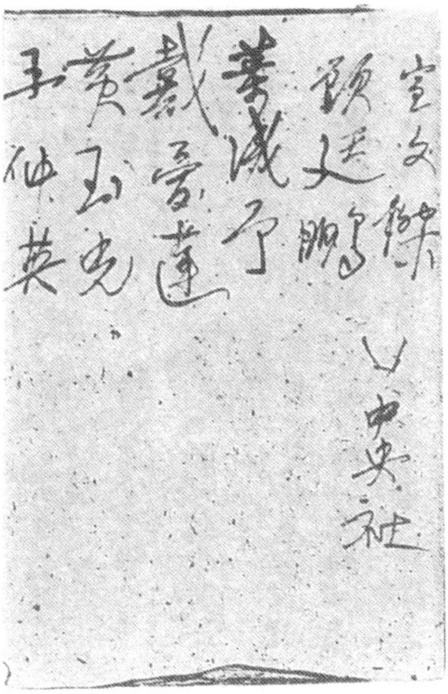


46-043

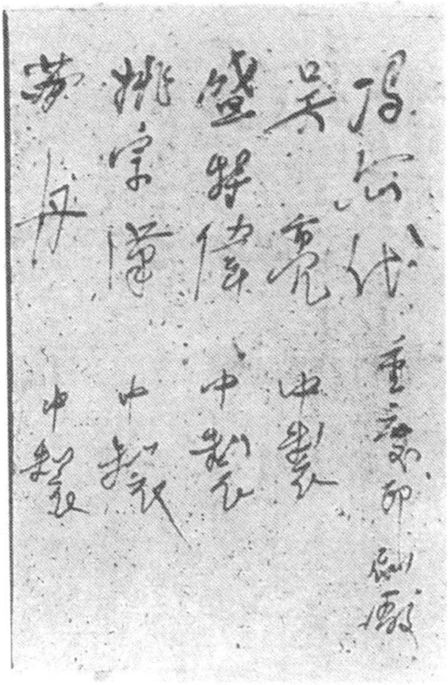


46-044

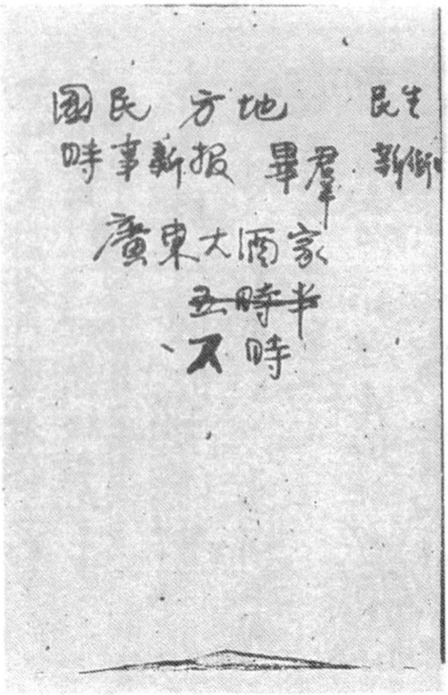
国民 方地 民生
時事新报 畢群 新衛
廣東大酒家
~~五時半~~
六時

46-045

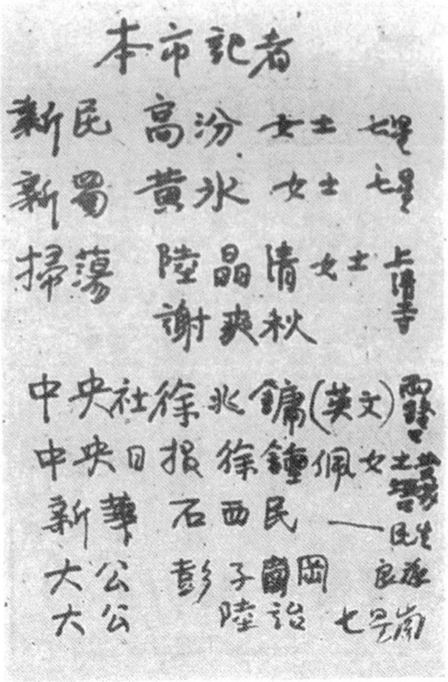
本市記者
新民 高汾女士 七星
新蜀 黃冰 女士 七星
掃蕩 陸晶清女士 上清寺
謝爽秋
中央社徐兆鏞（英文）
中央日报 徐鍾佩女士
新華 石西民 —— 民生
大公 彭子岡 良莊
大公 陸詒 七星崗

46-046

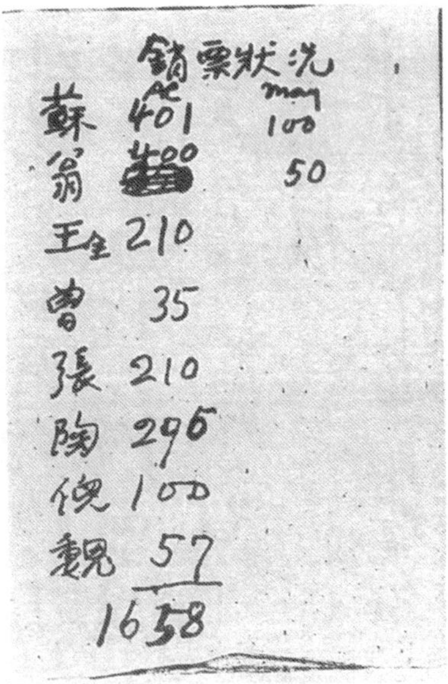
銷票狀況
蘇 401 may 100
翁 [illegible] 50
王全 210
曾 35
張 210
陶 296
倪 100
魏 57
1658

46-047

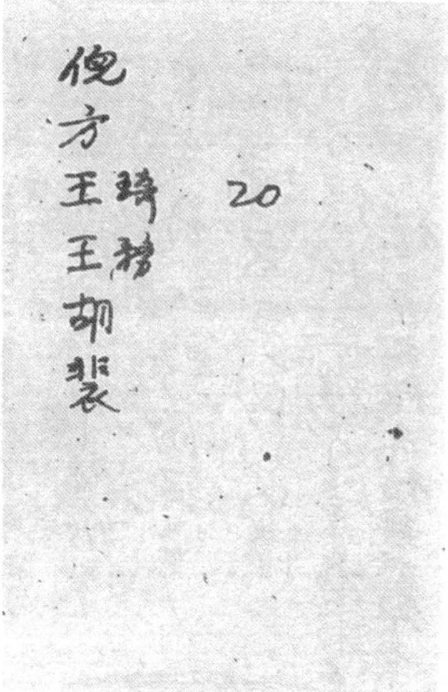
倪
方
王琦 20
王楷
胡
裴

46-048

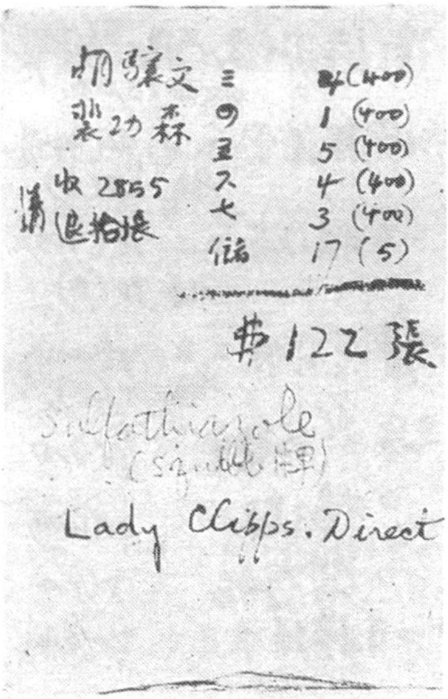
胡曉文 三 24(400)
裴功森 四 1(400)
謝 收2855 五 5(400)
退拾張 六 4(400)
七 3(400)
備 17(5)
共122張
Sulfathiazole (Squibb牌)
Lady Cripps. Direct

46-049

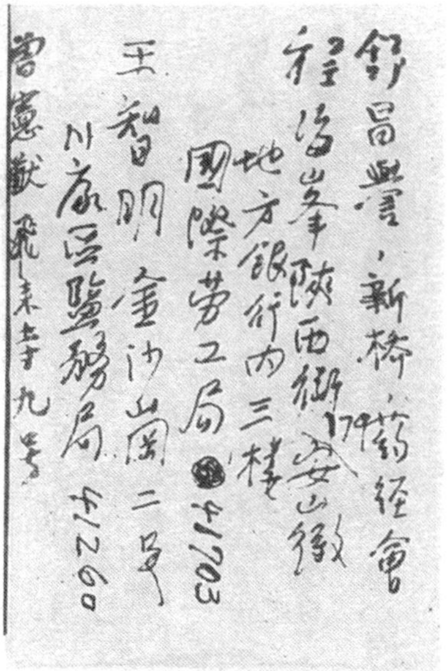
舒昌譽，新橋，藥經會
程滄峯 陝西街174 安徽地方銀行內三樓
國際勞工局 電41703
王智明 金沙崗二號
川康區醫務局 電42600
曾憲猷 飛來寺九號

46-050

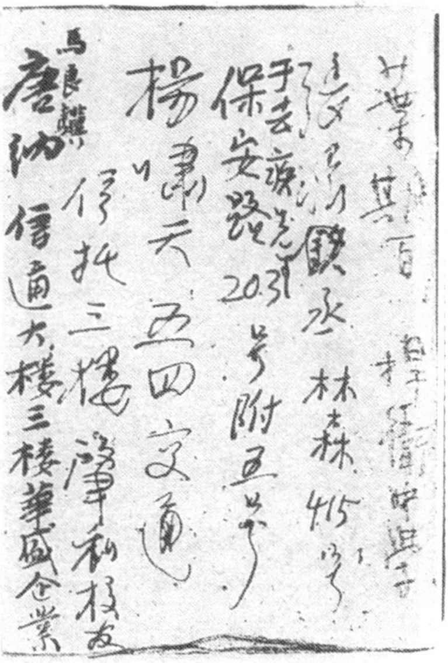
林森415號
保安路203號附五號
楊秉云 五四文通
唐納 信通大樓三樓華盛企業

46-051

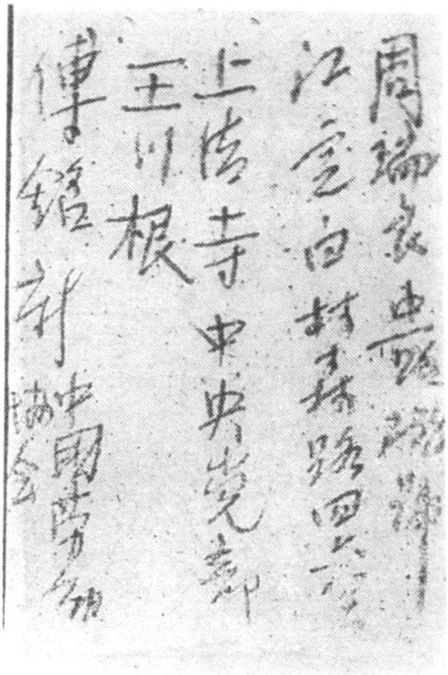
周瑞良
江定白 村林路四六號
上清寺 中央黨部
王川根
傅錦新 中國國防協會

46-052

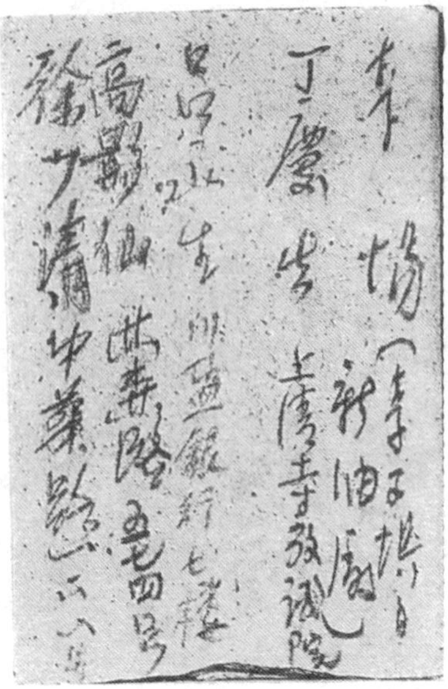

46-053

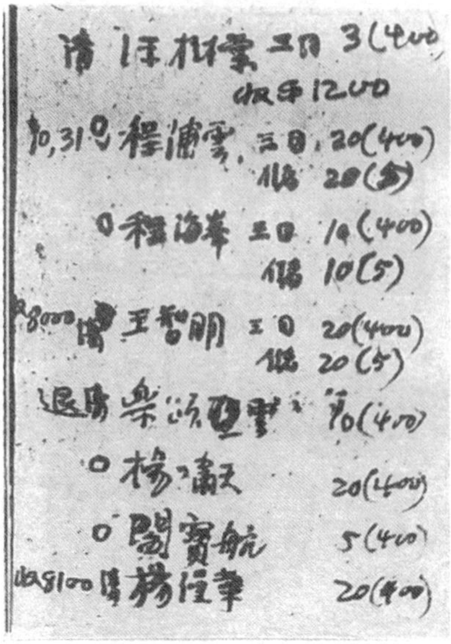

46-054

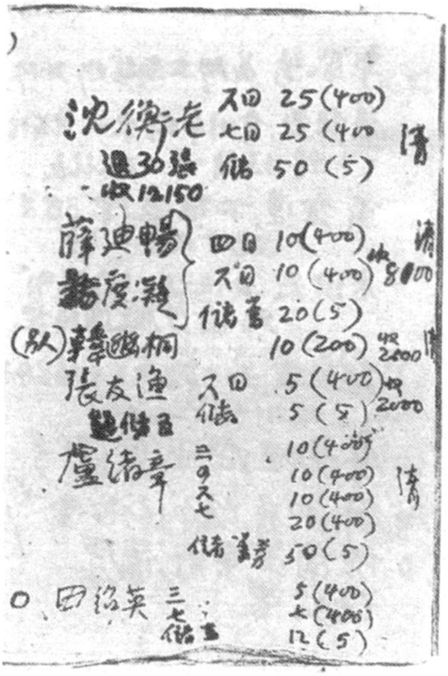

46-055

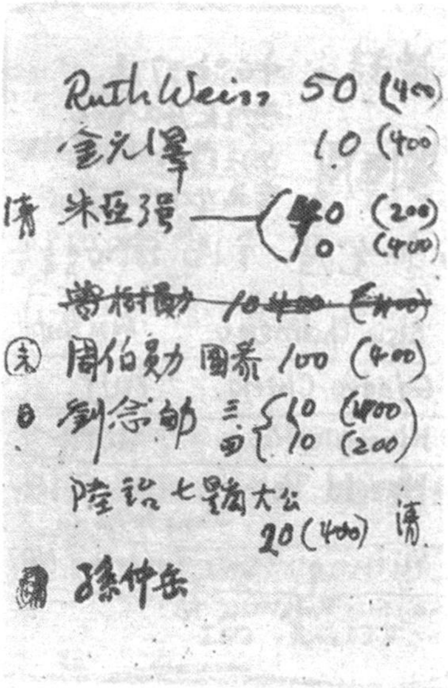

46-056

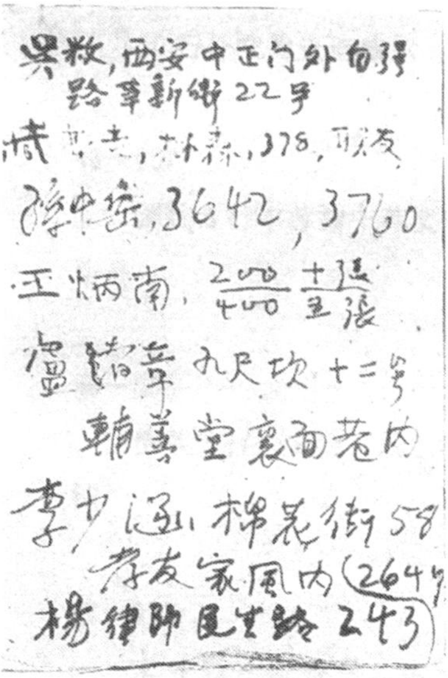
吴敉，西安中正门外白鹭
　路革新街22号
陈中燊，3642，3760
王炳南，200 400 十張 五張
盧錯章 九尺坎十二号
　輔善堂裏面巷内
李少遇 棉花街58
　存友家園内（2644）
楊律師 民生路 243

46-057

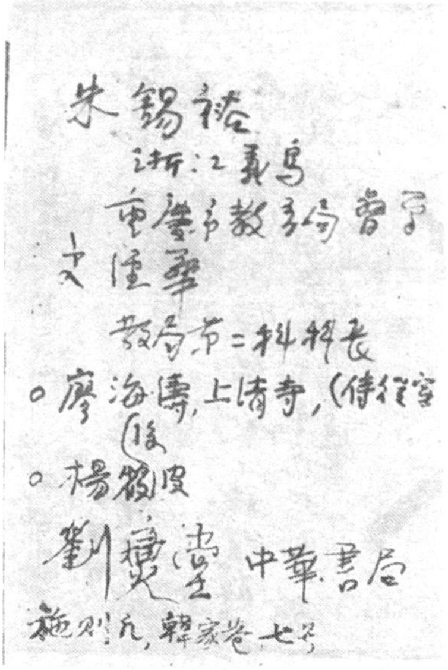
朱錫福
　浙江義烏
　重慶市教育局曾宇
文德華
　教育部二科科長
○廖海濤，上清寺，（侍從室後）
○楊穀良
劉覺堂 中華書局
施則凡，韓家巷七号

46-058

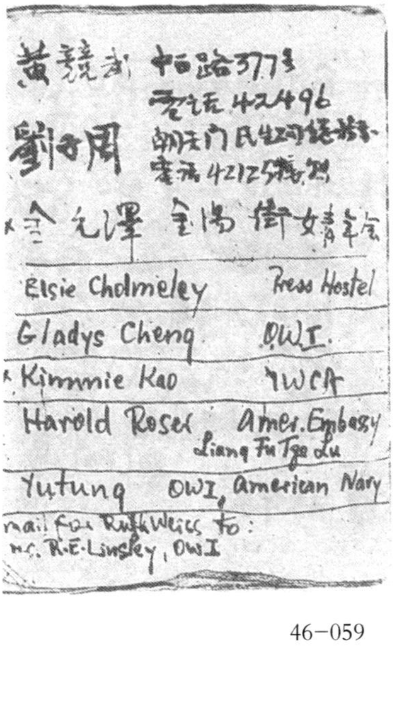
黃競武 中四路37號
　電話 42496
劉丹周 朝天門民生公司總務
　電話 42125
×全允澤 金湯街 婦女會
Elsie Cholmeley　Press Hostel
Gladys Cheng　OWI.
×Kimmie Kao　YWCA
Harold Roser　Amer. Embassy
　Liang Fu Tze Lu
Yutung　OWI, American Navy
mail for Ruth Weiss to:
Mrs. R.E. Linsley, OWI

46-059

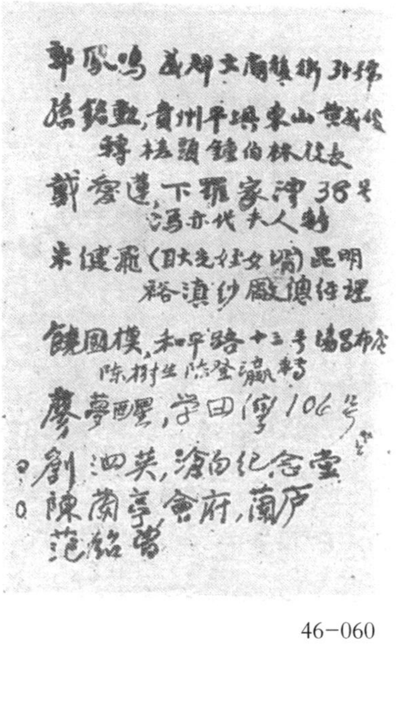
孫銘勳，貴州平壩東山黃
　轉核鍾伯林校長
戴愛蓮，下羅家灣38号
　馮亦代夫人轉
宋健飛 昆明
　裕滇紗廠總經理
饒國模，和平路十三号
廖夢醒，学田灣106号
○劉泗英，滄白紀念堂
○陳蘭亭，會府，蘭廬
范銘常

46-060

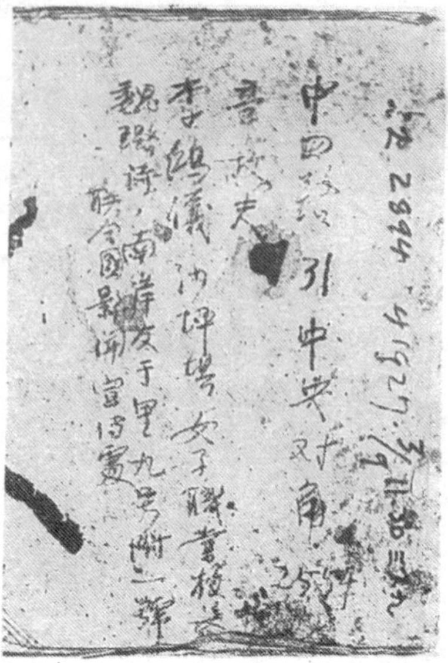
中四校，引中央对角
晋校史
李德仪 沙坪坝女子职业校长
魏璐诗，南岸友于里九号附一号
联合国影闻宣传处

46-061

# 第四十六册〔注译〕

1944.10.18~1944.11.14

重庆·北碚

46—002

倒数第 2 行"斐"指菲律宾

46—003

第 2 行"团"，"民"指团结，民主

第 9 行外文为人名

46—006

第 10 行外文为史迪威尔

46—007

倒数第 3 行中苏指中苏文化协会

46—008

倒数第 5 行外文为：威尔莫特

46—011

末 4 行：惠特曼，生于 1819 年 5 月 31 日，卒于 1892 年 3 月 26 日。其诗集《青草的叶子》，1855 年版

46—024

倒数第 2 行外文：魏璐诗想要

46—028

诗中外文为：喷发

46—029

第 10 行外文：中国关系处

46—031

第 1 至 3 行：二等兵多纳德·E. 威尔莫特　美军总部

第 8 至 9 行：二等兵艾伯特·L. 西尼　美军总部

46—032

竖排第 1 至 3 行外文：纽约澳大利亚墨尔本

46—041

第 1 至 2 行：《社会科学百科全书》1935 年版 15 卷

第 4 至 5 行：《大英百科全书》，第 14 版，24 卷

46—049

第 8 行：磺胺吡嗪（药品）

第10行：迪雷克特·克里浦斯女士

46—059

第6行起：埃尔西·乔尔姆利报业会馆

格拉迪斯·程

顾纪美　女青年会

哈鲁尔特·卢富克　美国大使馆

于桐　美国海军

魏璐诗的邮件请交R.E.林斯利先生

# 衔備忘

第四十七册

1944.11.20~1945.1.9

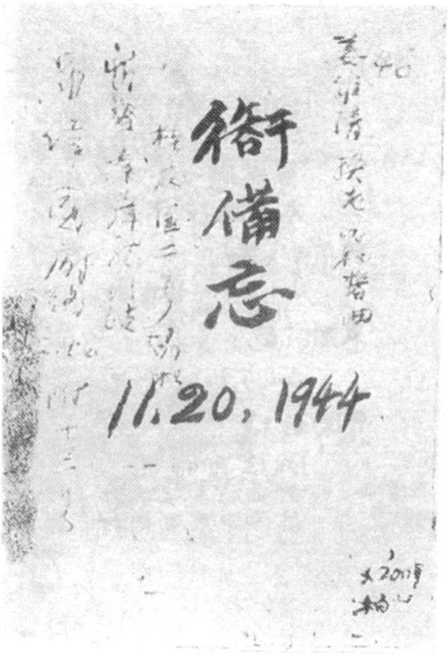


47-001

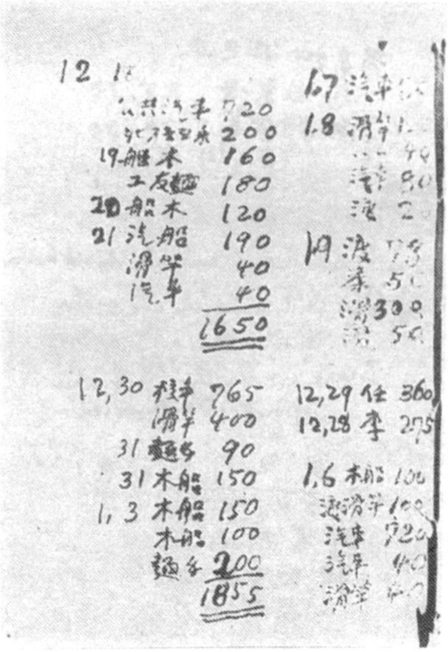


47-002

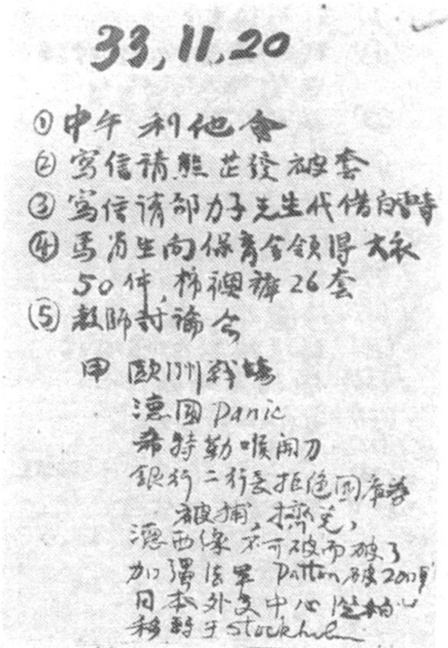


47-003

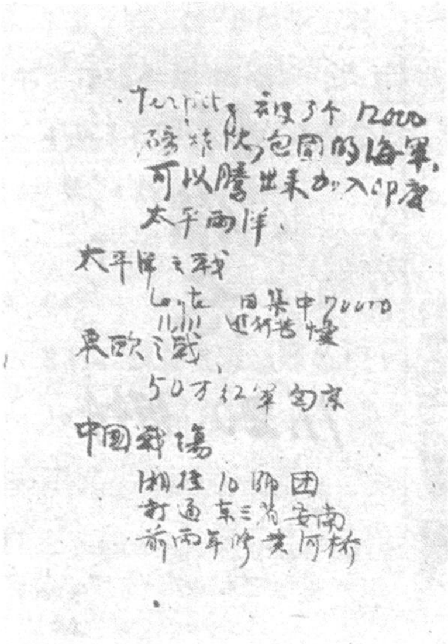


47-004

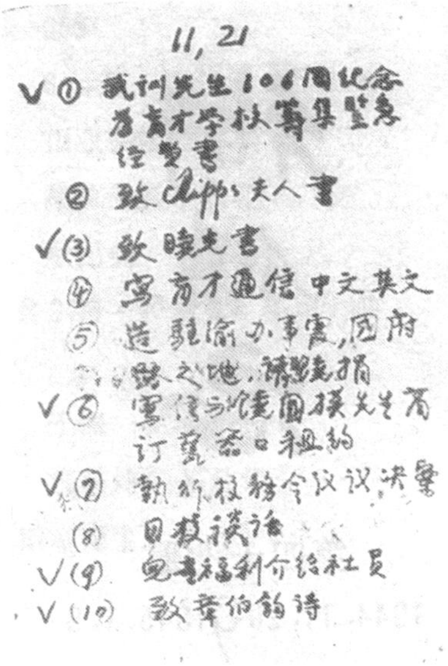
11, 21
V ① 武训先生106周纪念为育才学校筹集基金经费书
② 致Cripps夫人书
V (3) 致晓光书
④ 写育才通信 中文英文
⑤ 造驻渝办事处，园附……之地，请……捐
V ⑥ 写信与……先生商订……租约
V ⑦ 执行校务会议议决案
(8) 目检谈话
V (9) 电告福利介绍社员
V (10) 致章伯钧诗

47-005

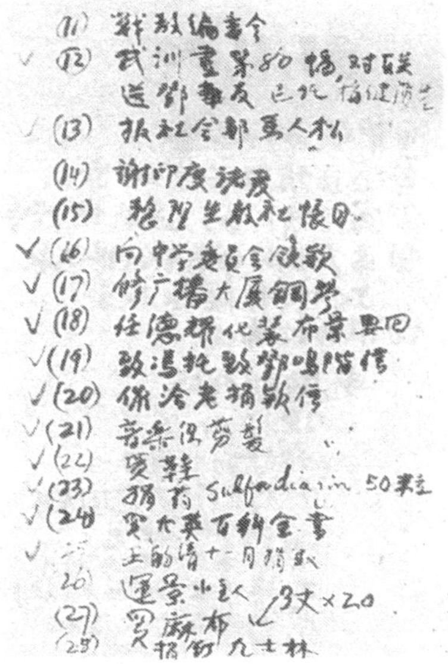
(11) 新教编书会
V (12) 武训画第80幅，对联送邓季友 已托……
V (13) 报社全部写人私
(14) 谢印度诸友
(15) 整理生救社账目
V (16) 向中学委员会领款
V (17) 修广场大厦钢琴
V (18) 任德耀化装布景要回
V (19) 致冯玉祥鹤鸣信
V (20) 催沧老捐款信
V (21) 音乐组劳制
V (22) 买鞋
V (23) 捐药 Sulfadiazin 50粒
V (24) 买大英百科全书
V (25) 王韵清十一月捐款
26 运景小主人
(27) 买麻布 3丈×20
(28) 捐到凡士林

47-006

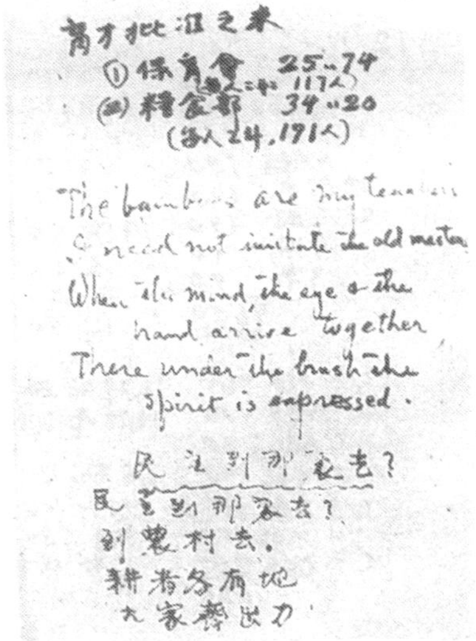
育才批准之米
① 保育会 25.74
(另二十四 117人)
(二) 粮食部 34.20
(另人24，171人)

The bamboos are my teachers
I need not imitate the old master
When the mind, the eye & the
hand arrive together
There under the brush the
spirit is expressed.

民主到那家去？
民主到那家去？
到农村去。
耕者各有地
大家都出力

47-007

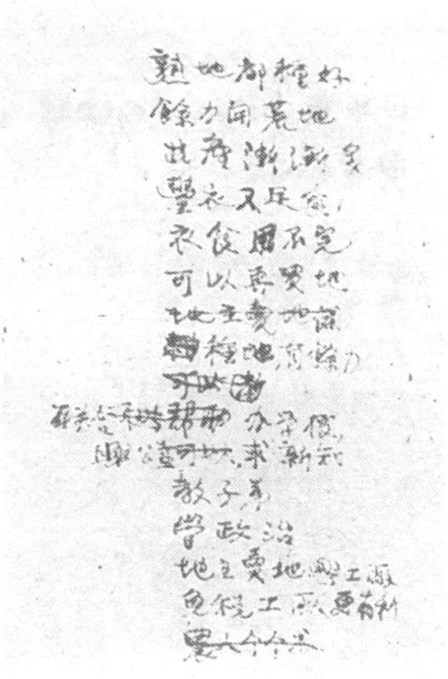
熟地都种好
余力开荒地
出产渐渐多
丰衣又足食
衣食用不完
可以再买地
地主卖地后
种地加努力
……
……分子债
……求新式
教子弟
管政治
地主卖地办工厂
用钱工厂更有利
农人合合作

47-008

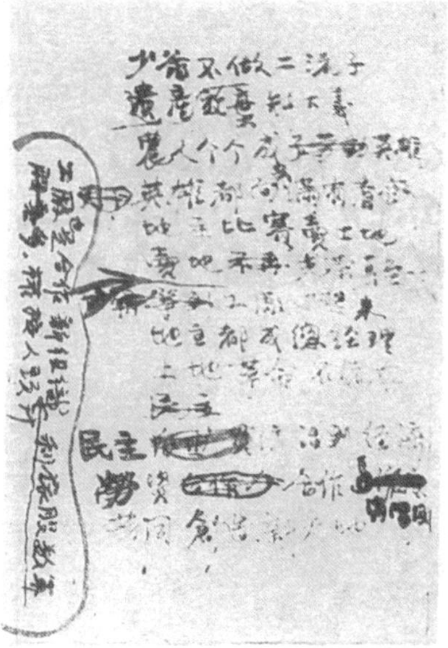

47-009

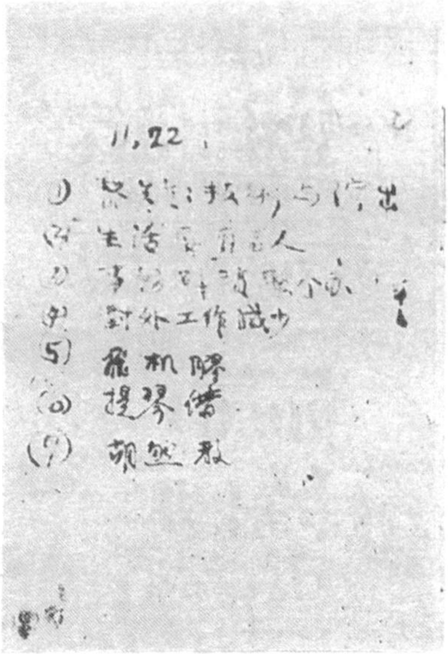
11,22
(4) 對外工作識少
(5) 飛机
(6) 提琴

47-010

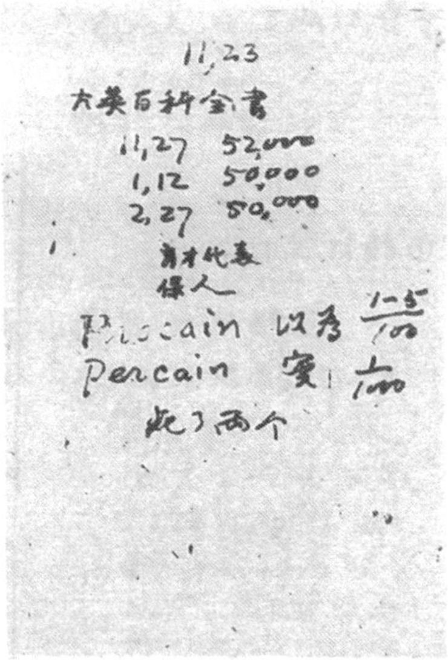
11,23
大英百科全書
11,27 52,000
1,12 50,000
2,27 80,000
育才代表
保人
Percain 以為 1-5/100
Percain 實 1/1000
死了兩个

47-011

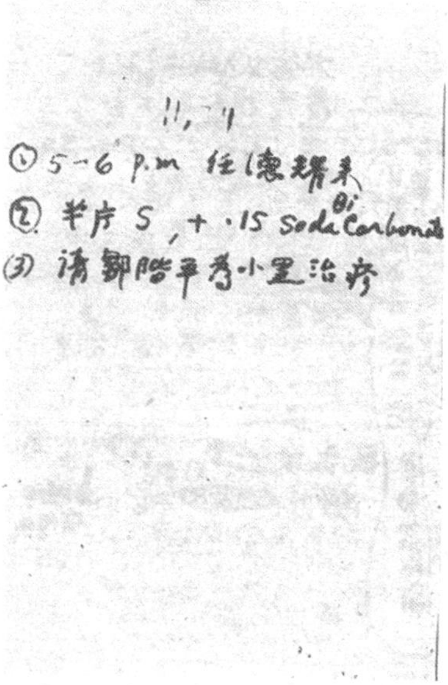
① 5-6 p.m
② 半片 S , + .15 Soda Bi Carbonate

47-012

11,25

①早宴 Epstein, Kaji 夫婦

②訪

47-013

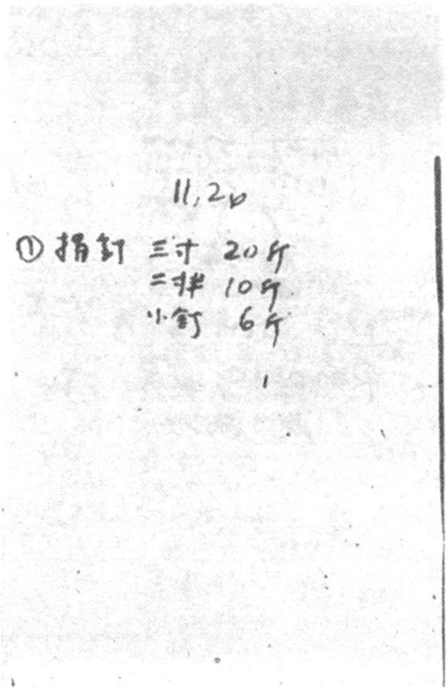

11,26

①捐釘 三寸 20斤

二寸半 10斤

小釘 6斤

47-014

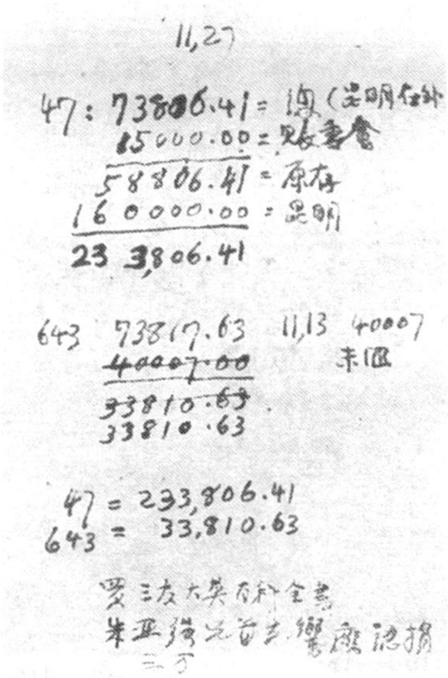

11,27

47: 73806.41 = 滇(昆明在外)

15000.00 = 販書會

58806.41 = 原存

160000.00 = 昆明

233806.41

643 73817.63 11,13 40007

40007.00 未還

33810.63

33810.63

47 = 233,806.41

643 = 33,810.63

買三友大英百科全書

朱亞卿先生去鄉[illegible]捐

三万

47-015

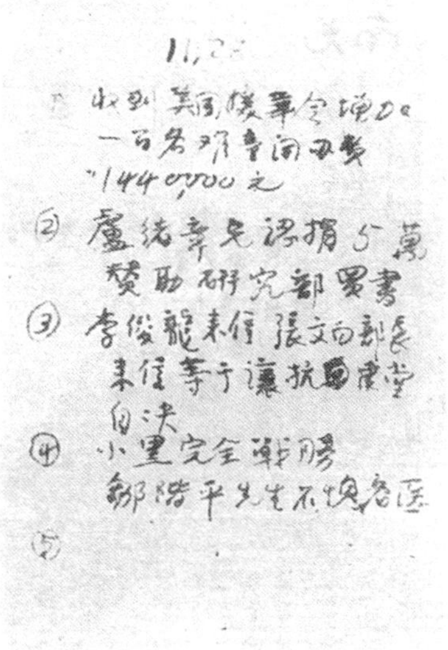

11,28

① 收到美國援華會增加一百名研究同人費 1440,000元

② 盧緒章先生認捐5萬贊助研究部買書

③ 李俊龍來信 張文白部長來信等于讓抗戰建學自決

④ 小里完全戰勝

鄒海平先生不愧名醫

⑤

47-016

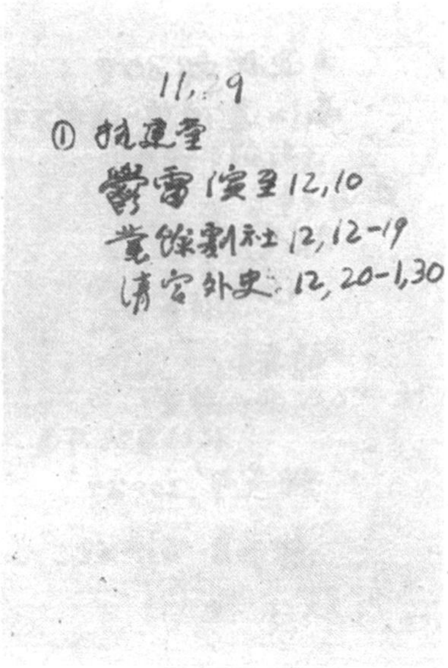
11.9
① 抗建堂
鬱雷 演至12,10
觉悟剧社 12,12-19
清宫外史 12,20-1,30

47-017

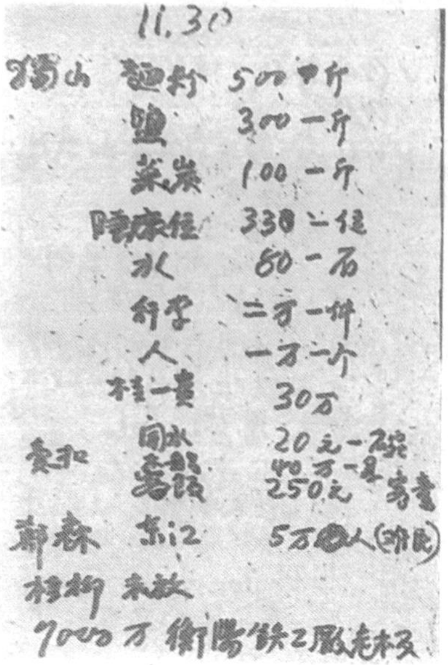
11.30
独山 面粉 500一斤
盐 300一斤
菜炭 1.00一斤
阴丹士林 330一尺
水 80一石
行李 二万一件
人 一万一个
桂一贵 30万
贵和 开水 20元一碗
寄船 40万一条
寄信 250元 寄书
郑森 东江 5万一人(难民)
桂柳 未救
7000万 衡阳铁工厂老板

47-018

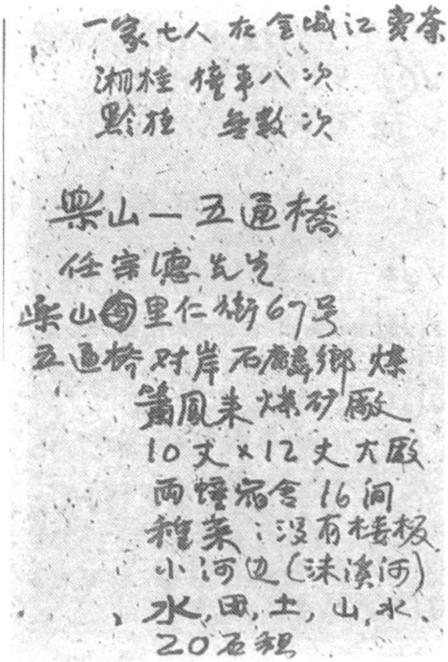
一家七人在金城江卖茶
湘桂 撞车八次
黔桂 无数次
乐山—五通桥
任宗德先生
乐山㊥里仁街67号
五通桥对岸石麟乡 煤
黄凤来煤矿厂
10丈×12丈大厂
两幢宿舍16间
杂粮：没有楼板
小河边(沫溪河)
、水，田，土，山，水、
20石租

47-019

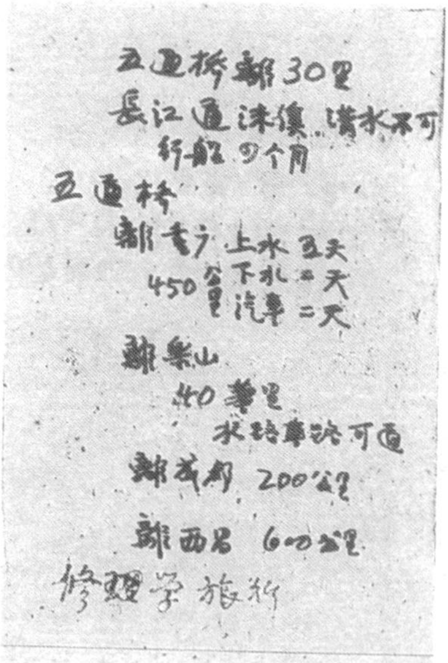
五通桥离30里
长江通沫集 潸水不可
行船四个月
五通桥
离重庆 上水五天
450公里 下水二天
汽车二天
离乐山
40华里
水路汽车可通
离成都 200公里
离西昌 600公里
修理学旅行

47-020

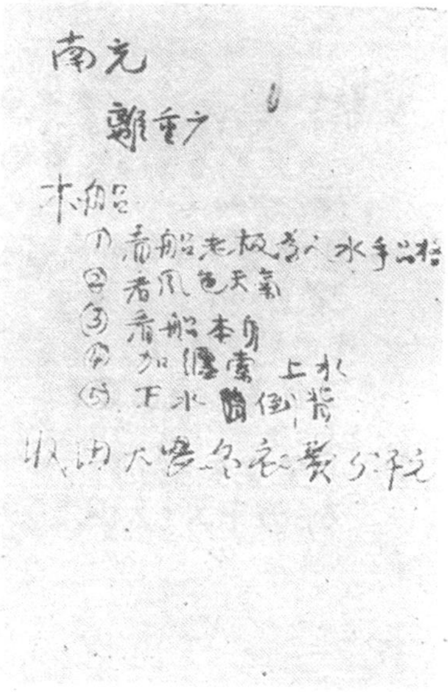
南充
郑重之
木船
(1) 看船老板与水手品格
(2) 看风色天气
(3) 看船本身
(4) 加纤索上水
(5) 下水须倒背
收回大学包衣费多少元

47-021

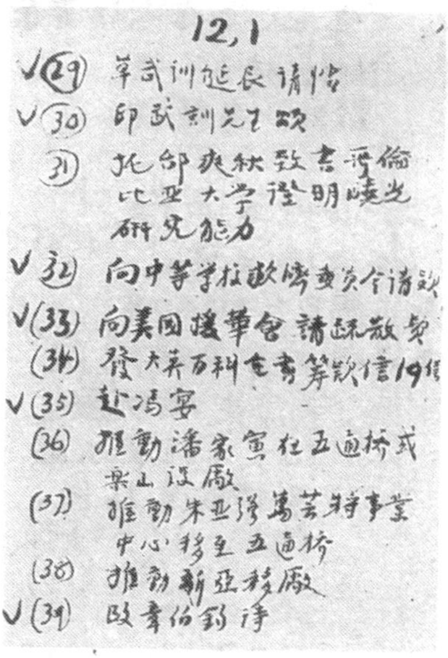
12,1
✓(29) 草武训诞辰请帖
✓(30) 印武训先生歌
(31) 托邵爽秋致书哥伦比亚大学證明晓光研究能力
✓(32) 向中等学校歌咏委员会请款
✓(33) 向美国援華會請求款项
(34) 發大華百科全書募款信19件
✓(35) 赴冯宴
(36) 推動潘家宣在五通桥或乐山設廠
(37) 推動朱亚傑萬芸特事業中心移至五通桥
(38) 推動新亚移廠
✓(39) 改章伯鈞诗

47-022

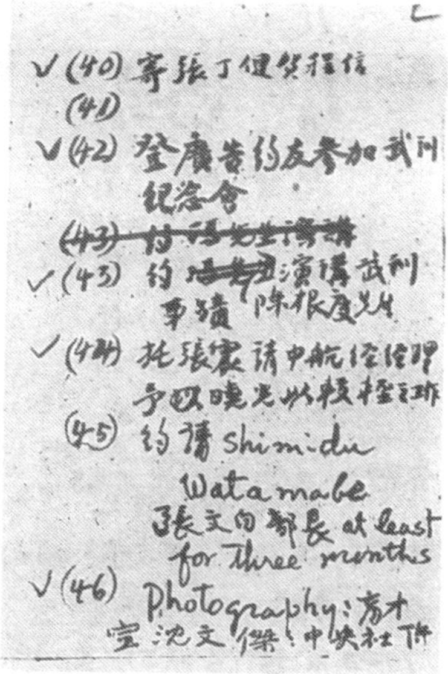
✓(40) 寄張丁健贺程信
(41)
✓(42) 登廣告約友参加武训纪念會
~~(43) 約冯先生演講~~
✓(43) 約~~冯先生~~演講武训事績 陈依度先生
✓(44) 托張震請中航公司經理予以晓光以較優待
(45) 約請 shimidu Watanabe 張文白部長 at least for three months
✓(46) Photography: 友才室沈文傑；中央社

47-023

12,2

47-024

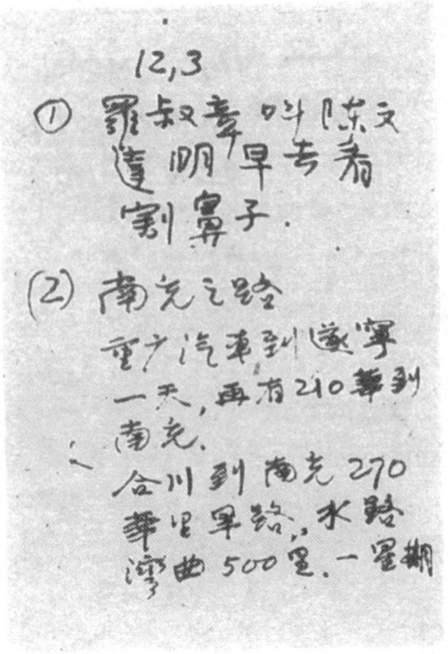
12,3
① 罗叔章 叶陈文
達 明早去看
劉寡子.
(2) 南充之路
重庆汽车到遂寧
一天，再有210華里到
南充.
合川到南充270
華里旱路，水路
灣曲500里．一星期

47－025

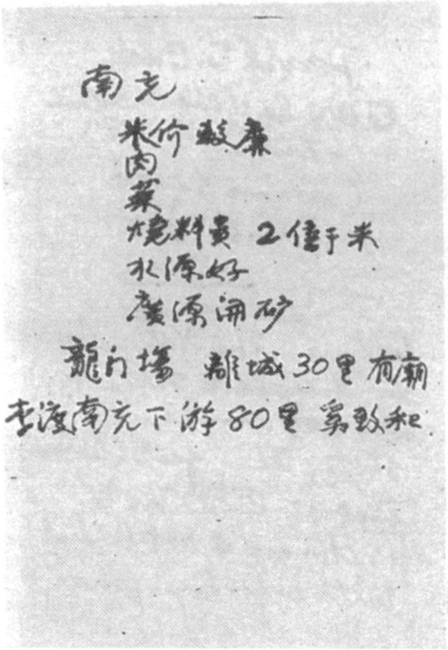
南充
米价較廉
肉
菜
燒料貴 2倍于米
水源好
廣源油矿
龍門場 離城30里有廟
去渡南充下游80里 劉致和

47－026

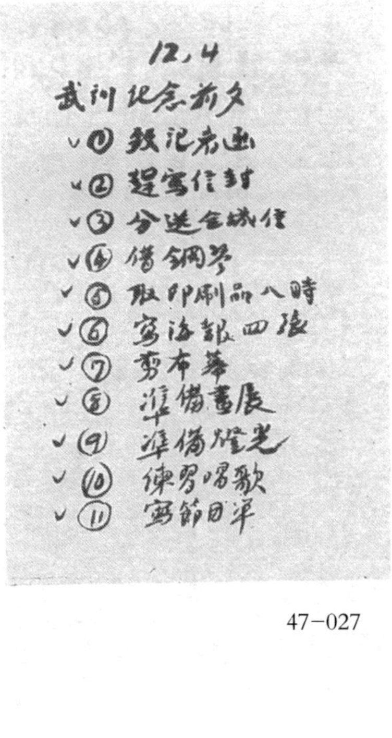
12,4
武训纪念前夕
✓① 致记者函
✓② 提写信封
✓③ 分送全城信
✓④ 借钢琴
✓⑤ 取印刷品八時
✓⑥ 寫海報四張
✓⑦ 剪布幕
✓⑧ 準備畫展
✓⑨ 準備燈光
✓⑩ 練習唱歌
✓⑪ 寫節目單

47－027

12,5
谢贵谦领收据簿十本
號 91—190

47－028

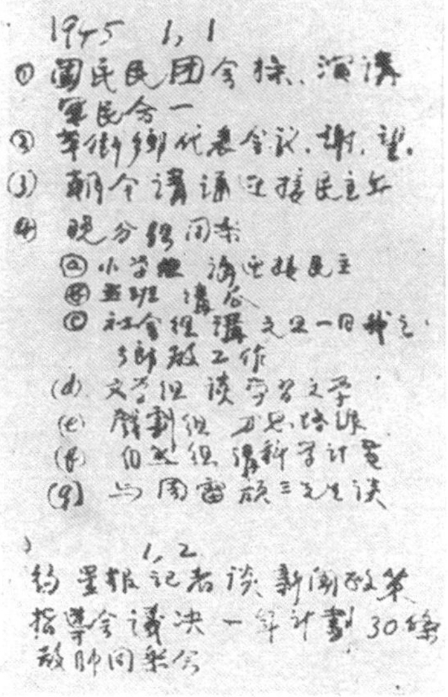

1945 1,1

① 国民民团会操、演讲军民合一

② 华衔乡代表会议、讲、望

③ 朝会讲话迎接民主年

④ 晚分组同乐

(a) 小学组 演迎接民主

(b) 画班 讲合

(c) 社会组 讲文工一日做了乡村服工作

(d) 文学组 读学习文学

(e) 戏剧组 ……

(f) 自然组 讲科学计划

(g) 与团留……

1,2

约星报记者谈新闻政策

指导会议决一年计划30条

教师同乐会

47-029

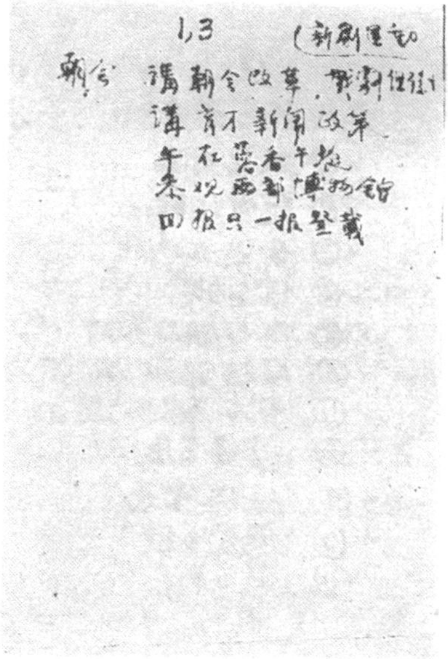

1,3 （新闻星期）

朝会 讲朝会改革，戏剧任……

讲育才新闻政策

午在密香午谈

参观西部博物馆

四报只一报登载

47-030

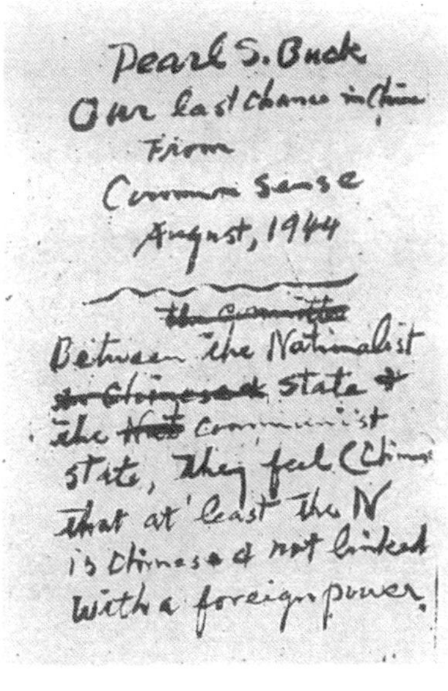

Pearl S. Buck

Our last chance in China

From

Common Sense

August, 1944

~~the committee~~

Between the Nationalist ~~Chinese~~ state & the ~~[illegible]~~ communist state, They feel (China) that at least the N is Chinese & not linked with a foreign power.

47-031

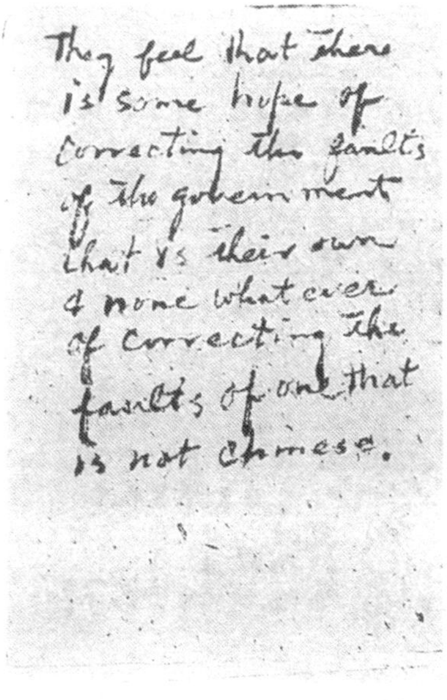

They feel that there is some hope of correcting the faults of the government that is their own & none whatever of correcting the faults of one that is not Chinese.

47-032

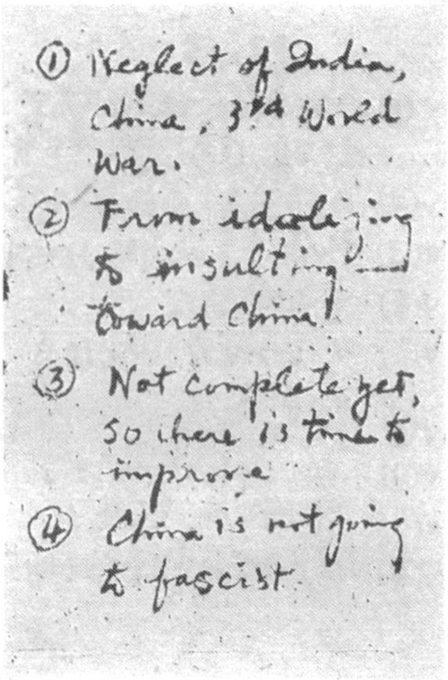

① Neglect of India, China, 3rd World War.
② From idealizing to insulting toward China
③ Not complete yet, so there is time to improve
④ China is not going to fascist

47-033

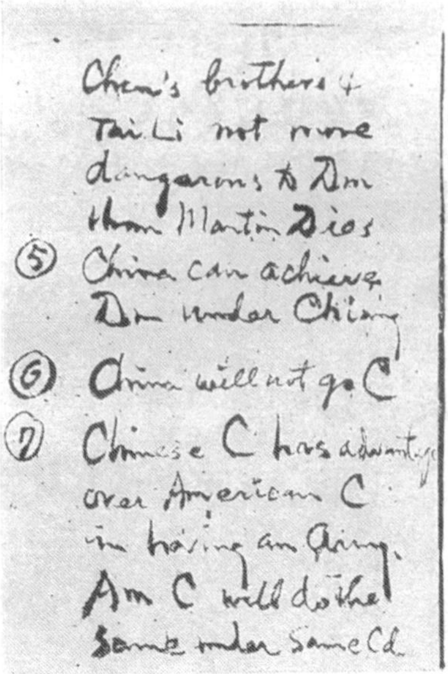

Chen's brothers & Tai Li not more dangerous to Dem than Martin Dies
⑤ China can achieve Dem under Chiang
⑥ China will not go C
⑦ Chinese C has advantage over American C in having an Army. Am C will do the same under same Cd.

47-034

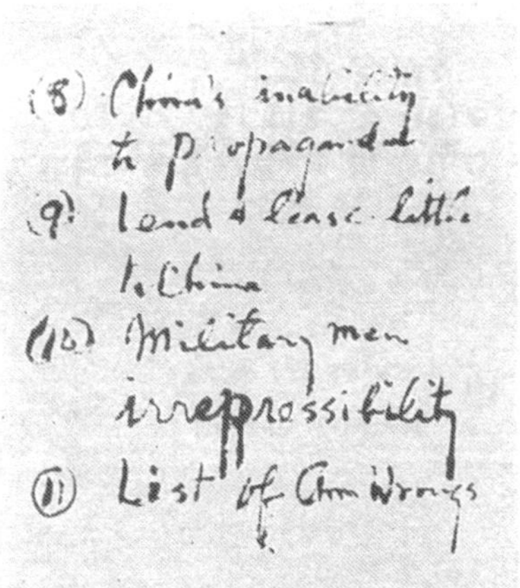

(8) China's inability to propaganda
(9) Lend & lease little to China
(10) Military men irrepressibility
⑪ List of Chin Wrongs

47-035

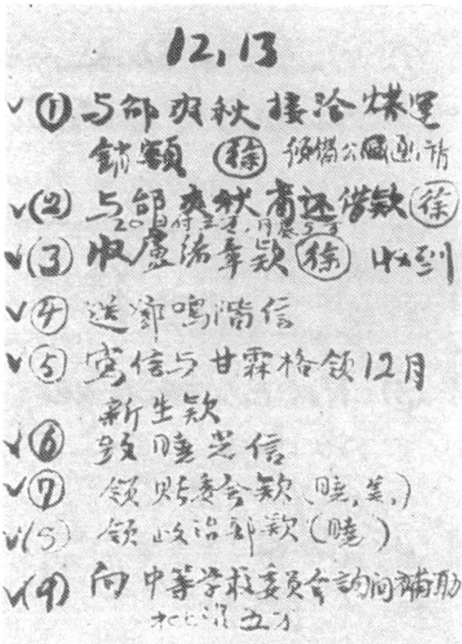

12, 13

√① 与郝爽秋接洽煤运 锚额 (徐) 须备公函通知
√(2) 与郝爽秋商还借款 (徐)
√(3) 收卢绪章款 (徐) 收到
√④ 送郑鸣浩信
√⑤ 写信与甘霖格领12月 新生款
√⑥ 致晓光信
√⑦ 领赈委会款（晓、美，）
√(8) 领政治部款（晓）
√(9) 向中等学校委员会询问补助

47-036

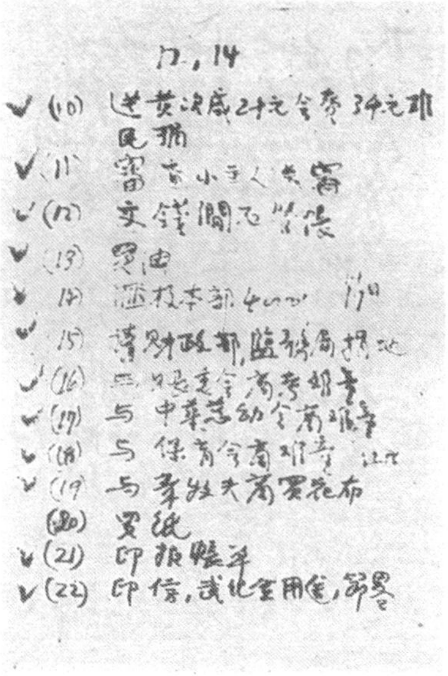

12，14

✓ (10) 送黄次咸2千元会费3千元难民捐
✓ (11) 留交小主人文稿
✓ (12) 交钱闻之贷
✓ (13) 买油
✓ (14) 汇校本部4000　17日
✓ (15) 请财政部豁免商捐税
✓ (16) 与儿童会商奖学金
✓ (17) 与中华慈幼会商奖学金
✓ (18) 与保育会商奖学金　江北
✓ (19) 与李钟夫商买花布
(20) 买纸
✓ (21) 印报账单
✓ (22) 印信，成绩单用笺，部署

47-037

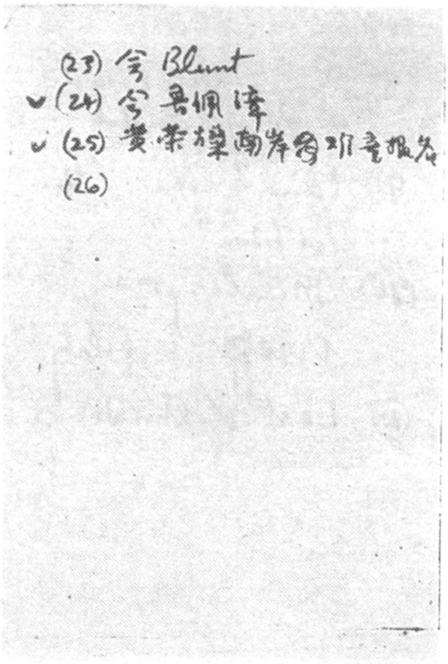

(23) 会Blunt
✓ (24) 会吴佩律
✓ (25) 黄荣樑商岸马对音报告
(26)

47-038

12，15

儿童福利会书之

民主

47-039

12，16

拟三时

47-040

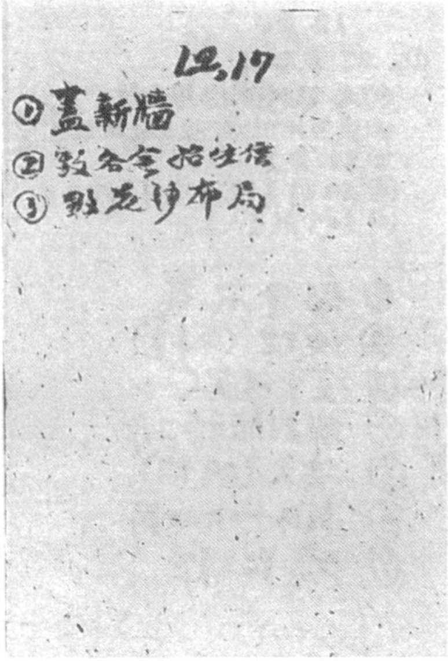
12,17
①盖新墙
②致各全?信
③?…布局

47-041

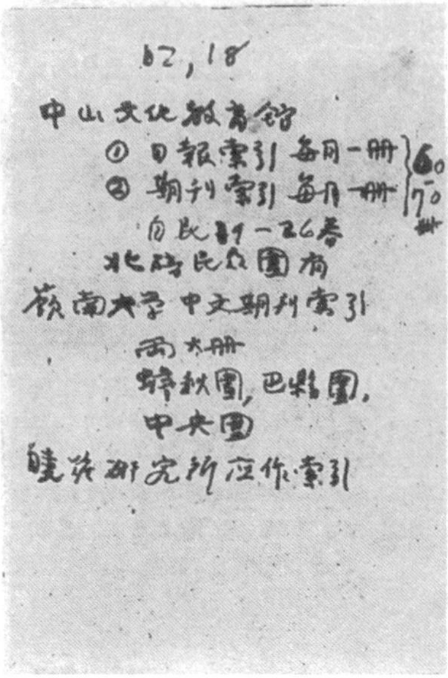
12,18
中山文化教育馆
① 日报索引 每月一册 } 60
② 期刊索引 每月一册 } 70 册
自民廿一—26卷
北碚民众图书馆
岭南大学 中文期刊索引
两大册
蜂秋图，巴县图，
中央图
睦族研究所应作索引

47-042

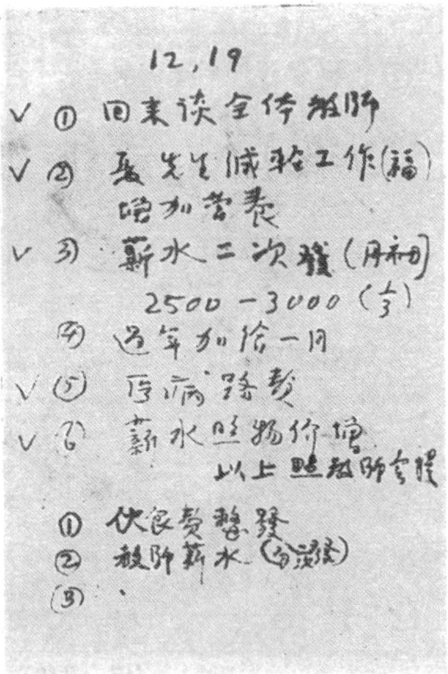
12,19
✓ ① 回来读全体教师
✓ ② 秦先生减轻工作(福)
增加营养
✓ ③ 薪水二次发(月初)
2500—3000（1/3）
④ 过年加给一月
✓ ⑤ 医病路费
✓ ⑥ 薪水照物价增
以上照教师要求
① 伙食费整发
② 教师薪水（分发）
③ 、

47-043

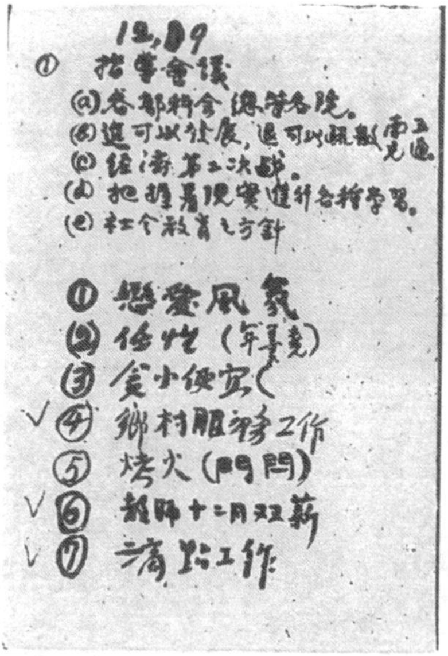
12,29
① 指导会议
(a)各部联合总务各院。
(b)进可以发展，退可以疏散 需工兑通
(c)经济第二次决。
(d)把握着便实进行合转学习。
(e)社会教育之方针
① 恶劣风气
② 伤性（等事表）
③ 贪小便宜
✓ ④ 乡村服务工作
⑤ 烤火（门门）
✓ ⑥ 教师十二月双薪
✓ ⑦ 清点工作

47-044

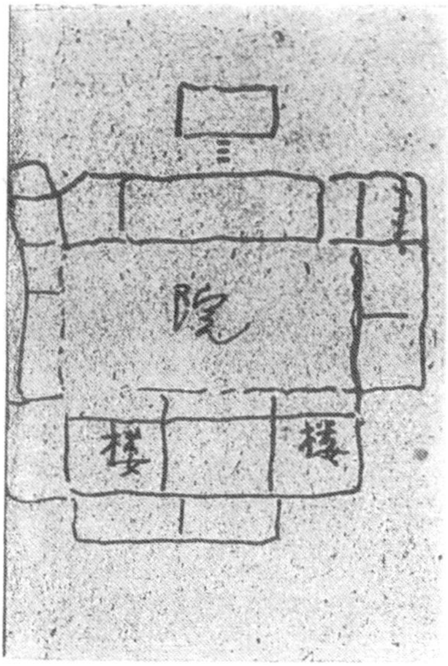


47-045

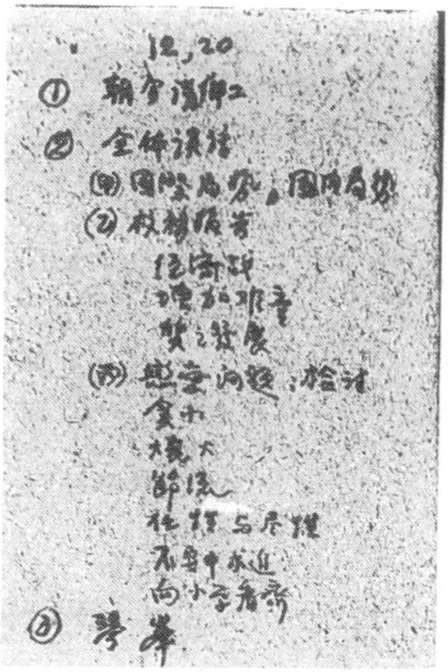


47-046

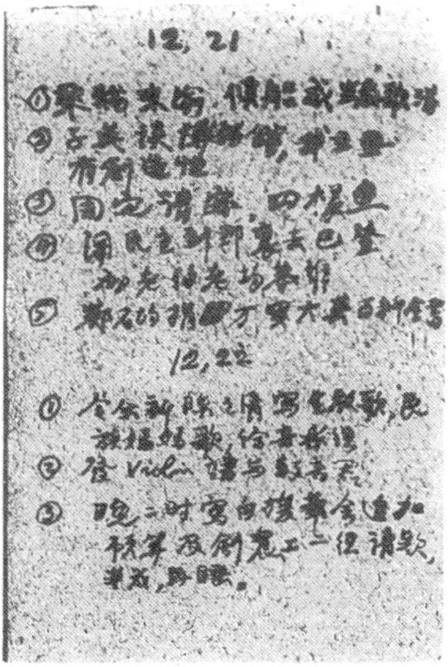


47-047

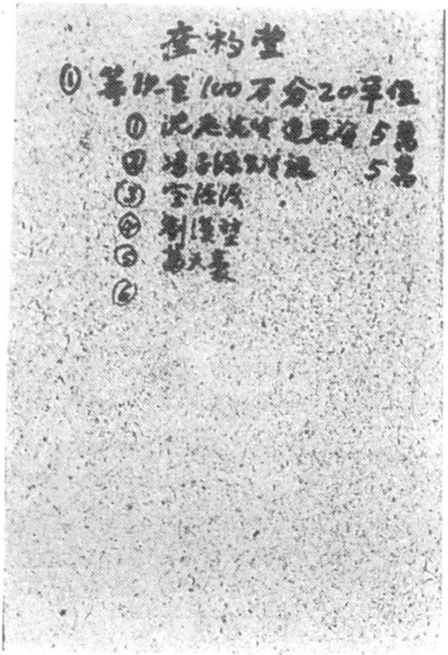

47-048

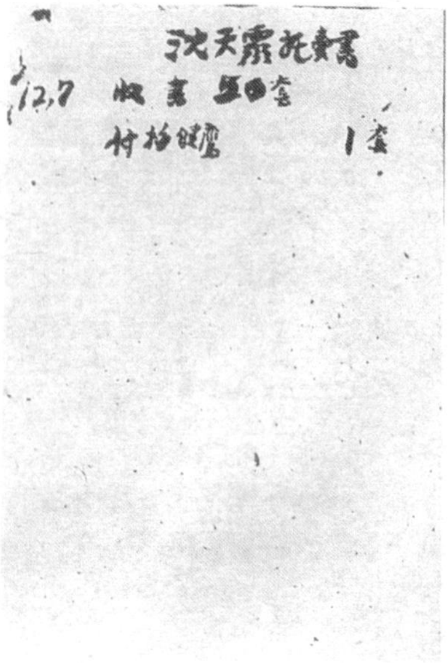

沈天霖托售书

12.7 收书 50套

付杨健鹰 1套

47-049

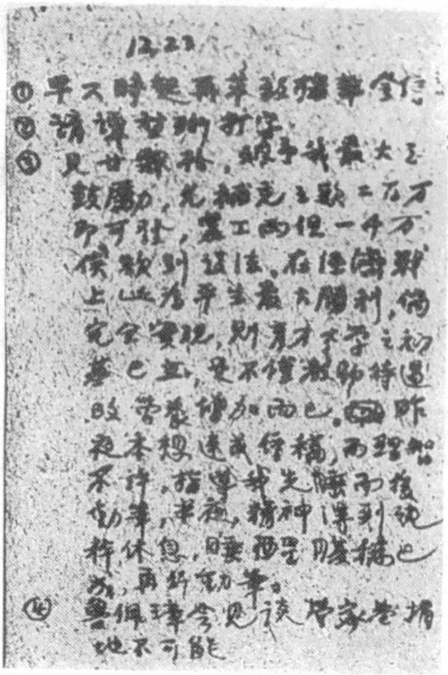

12.23

① 早六时起再草致[illegible]全信

② 请[illegible]打字

③ [illegible]，[illegible]最大之鼓励，[illegible]二百万即可社，[illegible]一千万[illegible]到[illegible]，在[illegible]上[illegible]最大[illegible]，倘完全实现，则育才大学之初[illegible]已[illegible]，[illegible]不[illegible]而已。[illegible]未[illegible]，而[illegible]不许，[illegible]动笔，[illegible]，精神[illegible]休息，[illegible]已[illegible]，再行动笔。

④ [illegible]不可能

47-050

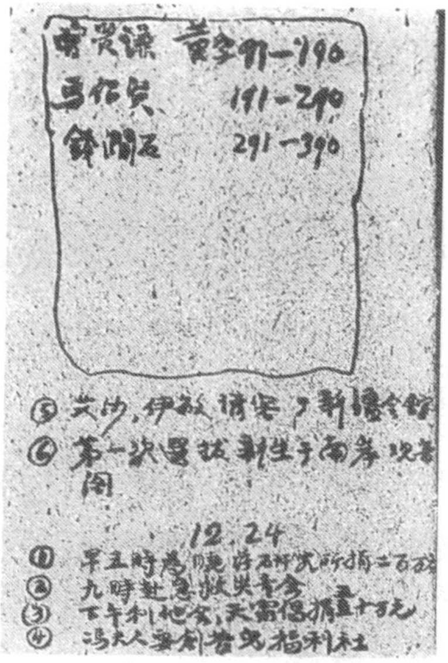

曹贯谦 黄字91—190

马作贝 191—290

钟[illegible] 291—390

⑤ [illegible]

⑥ 第一次[illegible]

12.24

① 早五时[illegible]研究所[illegible]

② 九时赴[illegible]

③ 下午[illegible]十万元

④ 冯夫人[illegible]福利社

47-051

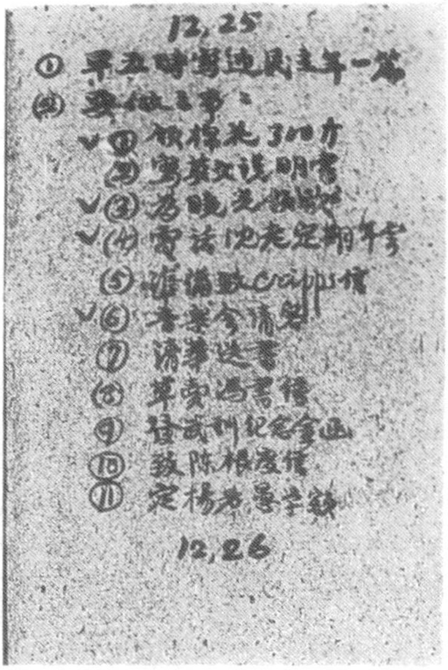

12.25

① 早五时[illegible]一篇

② [illegible]：

✓① 领棉花300斤

② 写[illegible]说明书

✓③ [illegible]

✓④ 电话[illegible]

⑤ [illegible] Cripps 信

✓⑥ [illegible]

⑦ 请[illegible]送书

⑧ 草[illegible]信

⑨ [illegible]纪念会函

⑩ 致陈[illegible]信

⑪ 定[illegible]

12.26

47-052

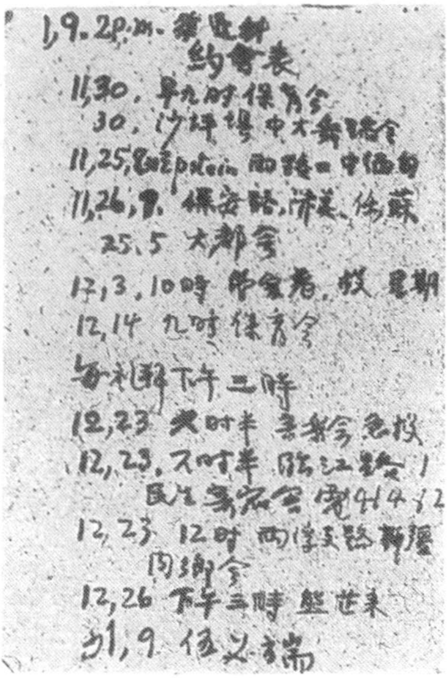
1,9. 2p.m. [illegible]
约會表
11,30，早九时保育会
30，沙坪坝中大[illegible]
11,25，Epstein [illegible]
11,26，[illegible] 保安路，[illegible]
25，5 大[illegible]会
12,3，10时 [illegible]
12,14 九时保育会
每礼拜下午二時
12,23 [illegible]时半 [illegible]
12,23，[illegible]时半 [illegible]江路 1
民生[illegible] 电 414 32
12,23 12时 [illegible]
[illegible]会
12,26 下午三時 [illegible]
1,9 [illegible]

47-053

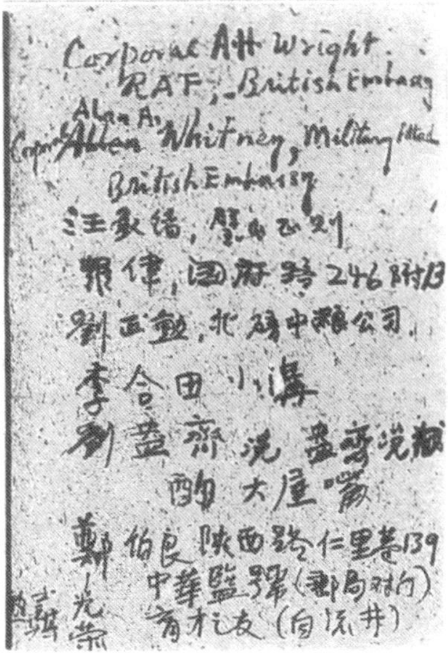
Corporal [illegible] Wright
RAF; British Embassy
Alan A.
Corporal Allan Whitney, Military [illegible]
British Embassy
汪[illegible]，[illegible]
[illegible]，[illegible] 246 附13
劉[illegible]，[illegible]中[illegible]公司
李合田 [illegible]
劉[illegible]
[illegible]大[illegible]
[illegible] 陕西路[illegible]里巷139
中華[illegible]
[illegible]

47-054

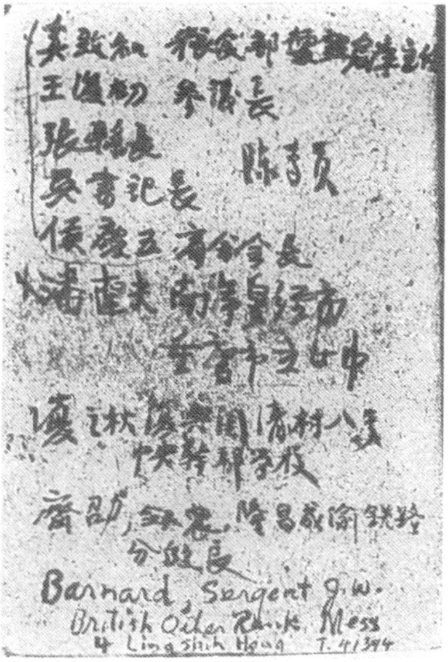
[illegible]
王[illegible] 参議長
張[illegible]
吴書記長 [illegible]
[illegible]會長
[illegible]
[illegible]
[illegible]
中央[illegible]学校
[illegible]
分[illegible]長
Barnard, Sergent G.W.
British Other Rank Mess
4 Ling Shih Hang T. 41344

47-055

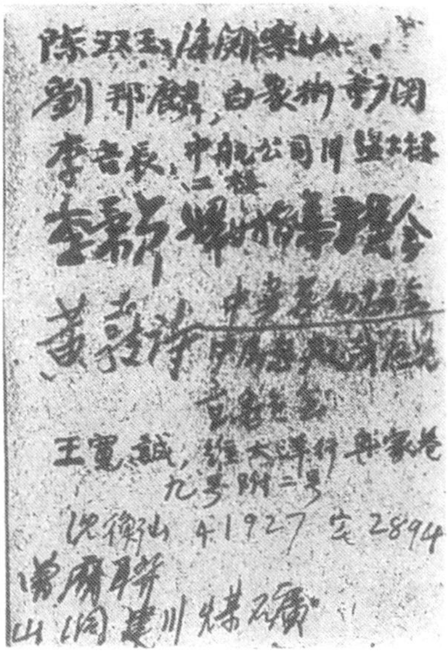
陈[illegible]
劉[illegible]，白象街[illegible]
李[illegible]，[illegible]公司[illegible]
二楼
[illegible]
[illegible]
[illegible]
王[illegible]，[illegible]
九号附二号
[illegible] 41927 宅 2894
[illegible]
[illegible]

47-056

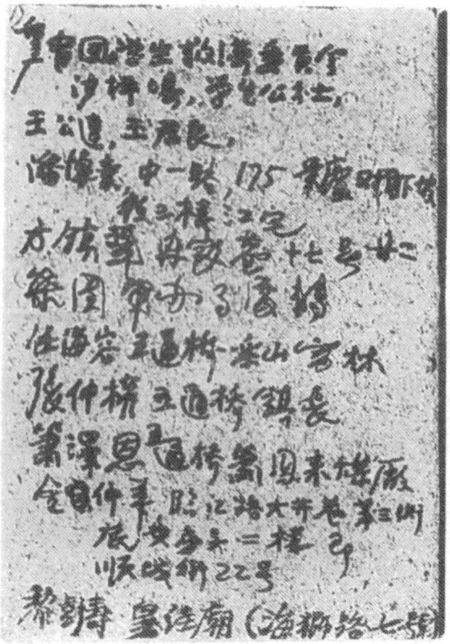

47-057

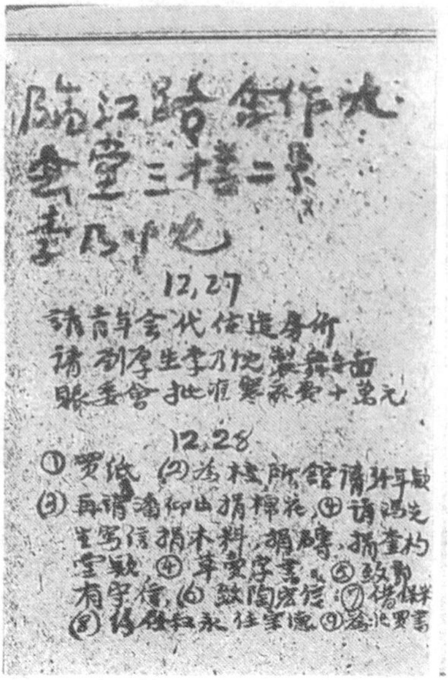

47-058

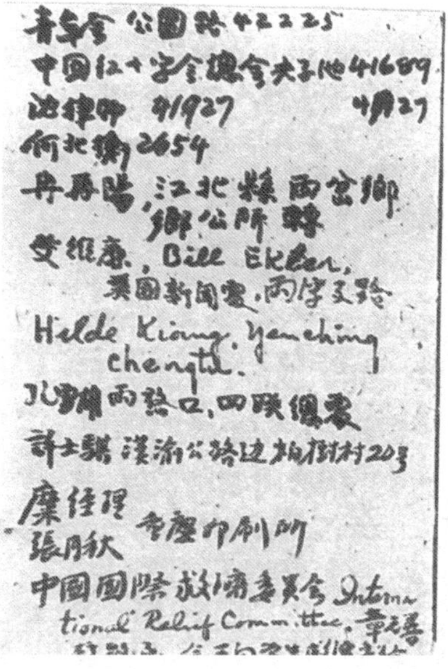

47-059

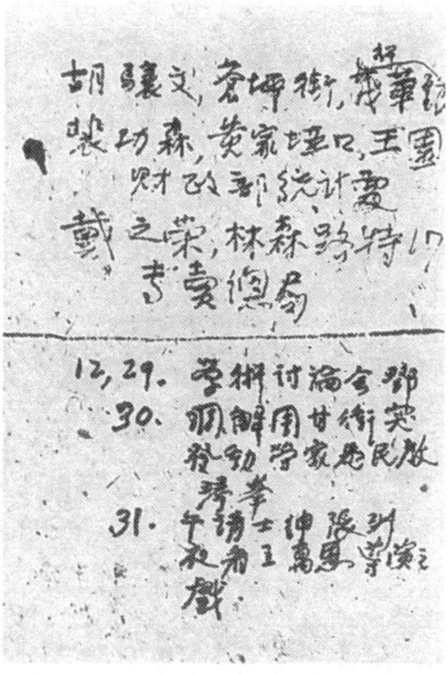

47-060

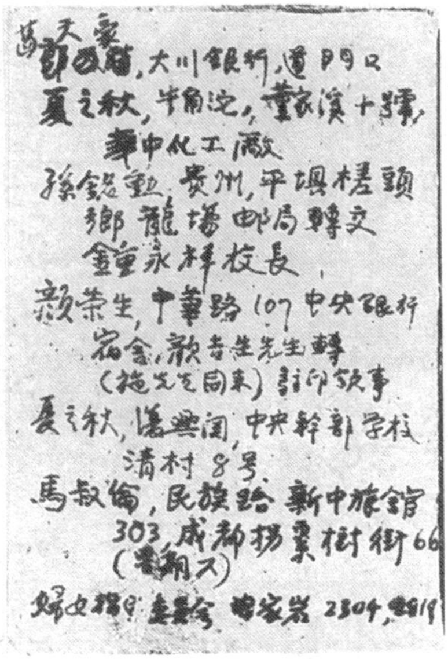
鄧國賓,大川銀行通門口
夏之秋,牛角沱,董家溪十號,華中化工廠
孫銘勳,贵州,平坝楼頭鄉龍場郵局轉交金童永祥校長
顏崇生,中華路107中央銀行宿舍,顏吉生先生轉(施先生同來)
夏之秋,復興關,中央幹部學校清村8号
馬叔倫,民族路新中旅館303,成都扬棠街街66
婦女指導委員會 曾家岩 2304

47-061

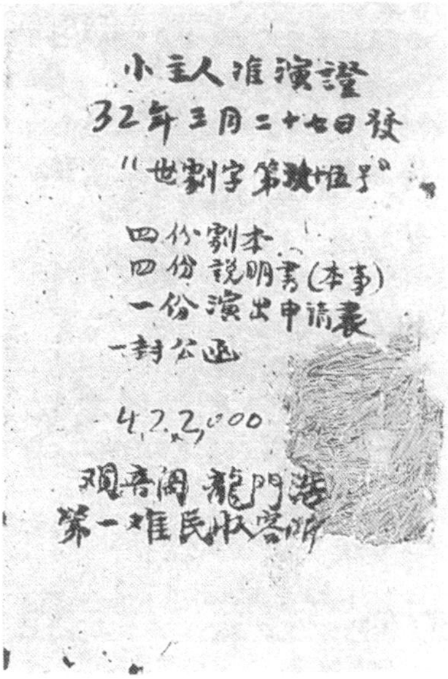
小主人准演證
32年3月27日發
"世劇字第陆伍号"
四份劇本
四份說明書(本事)
一份演出申請表
一封公函
4,2,2,000
觀音閣龍門浩
第一难民收容所

47-062

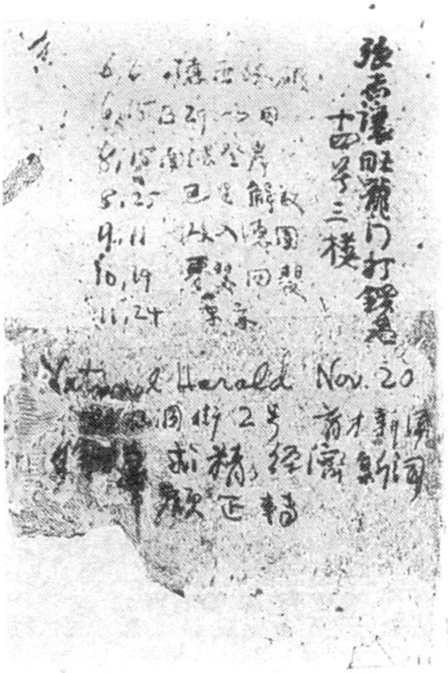
6.6
8.25 巴黎解放
9.11 攻入德国
10.14
11.24
張恭讓 龍门打鑼巷 十四号三樓
National Herald Nov. 20
街2号
經濟新闻

47-063

# 第四十七册〔注译〕

1944.11.20~1945.1.9

重庆·北碚

47—003

第9行外文：惊慌

第14行外文：巴特（将军）

第16行外文：斯德哥尔摩

47—006

倒数第6行：磺胺嘧啶

47—007

第6至11行外文：笔杆是我的老师；我不需临摹古人的字；每当意到、眼到、手到时，笔下自然有神又有势

47—011

第8行：普鲁卡因（麻醉药）

47—012

第3行外文为两种药品，磺胺和重碳酸钠

47—023

倒数第3行：至少三个月

倒数第2行：相片

47—031至035

赛珍珠著

我们在中国的最后机会——

从常识来看

1944年8月

在民族主义国家与共产主义国家之间，他们（中国人）认为，至少国家是中国的，与外国列强没有关联

他们认为还有希望去纠正政府的错误，这是他们自己的事，并且无论如何，绝无他人能够纠正（中国）政府的错误

①忽略了印度、中国，第三次世界大战

②对中国，从偶像化到欺凌

③尚不完好，因而有时间去改进

④中国没有走向法西斯主义

陈氏兄弟、戴笠不比马丁·戴斯对民主更危险

⑤中国能在蒋的统治下取得民主

⑥中国将不走向共产主义

⑦中国共产党比美国共产党有利在于拥有一支军队。美国共产党在相同的条件下也将采取同样做法

⑧中国宣传无力

⑨对中国的贷款及租约少

⑩军人趾高气扬

⑪列举美国的错误

47—037

末行：武纪金指为纪念武训诞辰 106 周年所筹资金

47—042

第 5 行意为：自 1930~1937 年春

47—046

第 2 行：乡工指乡村工作

47—047

倒数第 4 行：小提琴

47—054

第 1 至 4 行：下士 A.H.瑞特皇家空军　英国大使馆

下士 A.A.怀特尼　军事　随从　英国大使馆

47—055

末 3 行：J.W.巴纳德英国中士　领事巷 4 号　电话

47—059

第 9 至 10 行：赫德·凯燕京（大学）成都

47—063

第 8 行：《国民信使》11 月 20 日

# 衛備忘

第四十八册

1945.1.~1945.4.9

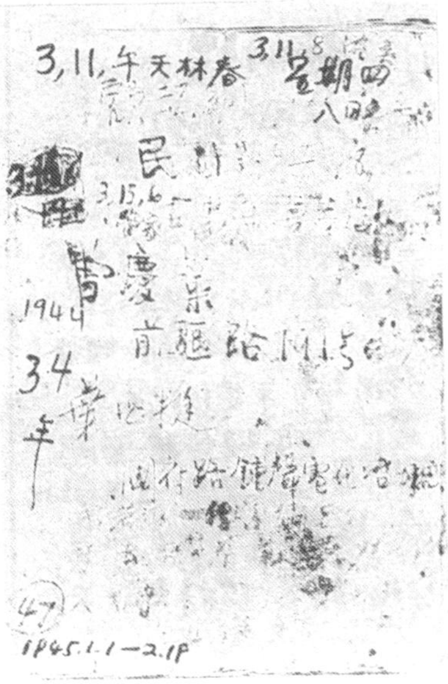

48-001

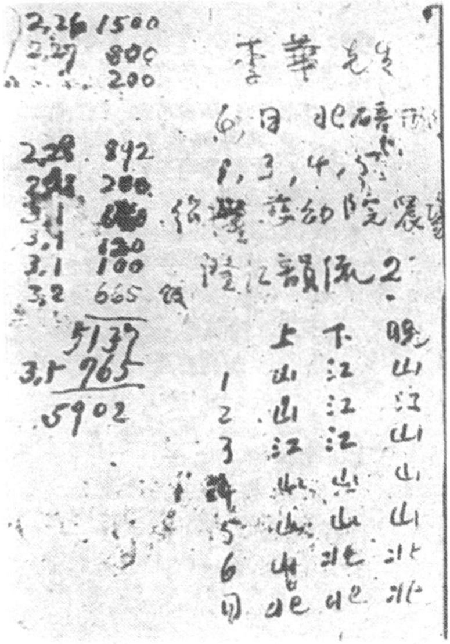

2.26 1500
2.27 800
200
2.28 842
3.1 120
3.1 100
3.2 665
5137
3.5 765
5902

李華先生

48-002

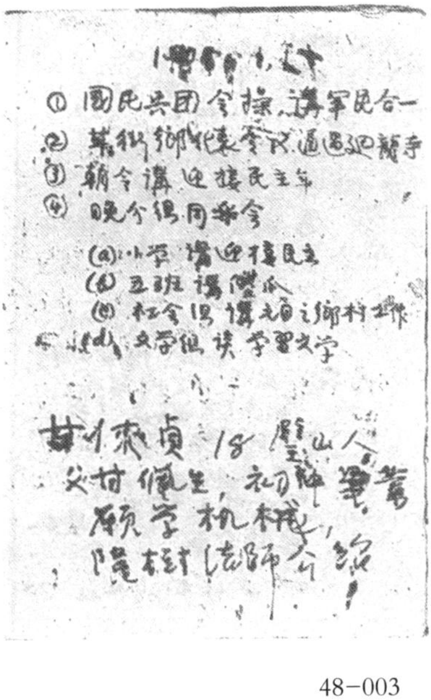

① 国民兵团会操，讲军民合一
④ 晚会偶同乐会

甘永贞 18 璧山人

48-003

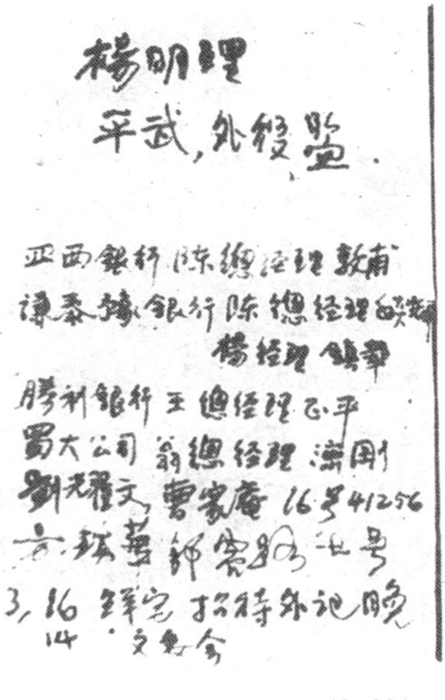

楊明理
平武，外股监。

亚西銀行 陈總經理 欽甫
勝利銀行 王總經理 正平
蜀大公司 翁總經理 潤剛
劉耀文 曹家庵 16号 41256

48-004

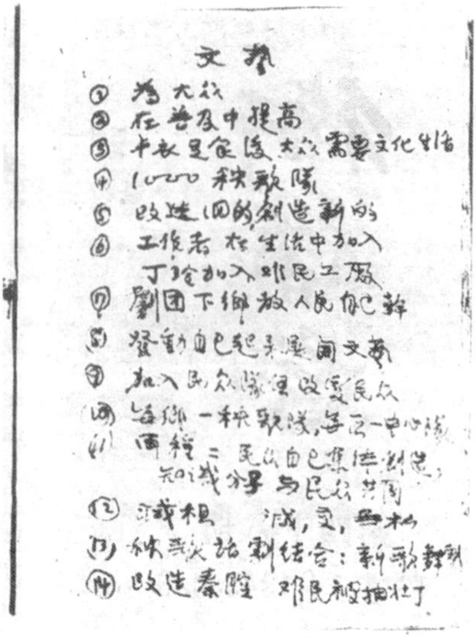

文艺
①为大众
②在普及中提高
③中农是保障大众需要文化生活
④10000秧歌队
⑤改造旧的创造新的
⑥工作者在生活中加入
丁玲加入难民工厂
⑦剧团下乡教人民的戏
⑧发动自己起来展开文艺
⑨加入民众队伍改变民众
⑩每乡一秧歌队，每区一中心队
⑪两种二民众自己集体创造，
知识分子与民众共同
⑫减租 减，息，[illegible]
⑬秧歌话剧结合：新歌剧
⑭改造秦腔 难民被抽壮丁

48-005

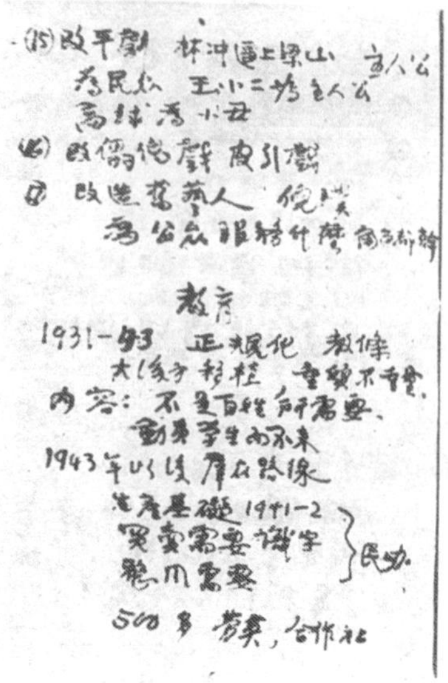

⒂改平剧 林冲逼上梁山 主人公
为民众 王小二被主人公
高扶为小丑
⒃改傀儡戏 皮影戏
⒄改造旧艺人 倪[illegible]
为公众服务什么 [illegible]

教育
1931-43 正规化 教条
大队分拨桂 重数不重质
内容：不是百姓所需要，
动员学生的不来
1943年以后 群众路线
生产基础 1941-2
买卖需要识字
应用需要 } 民办
500多 劳模，合作社

48-006

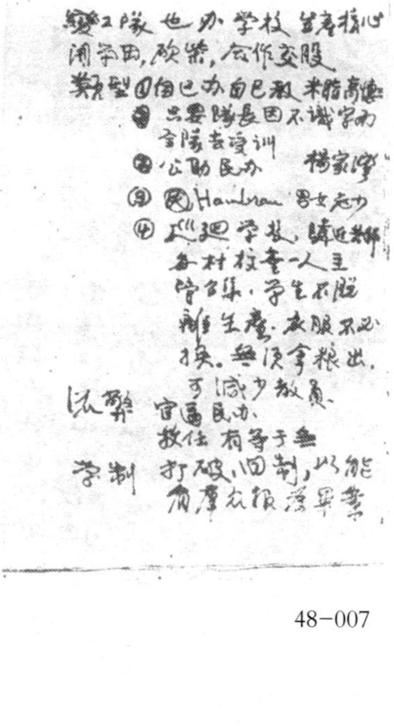

[illegible]队也办学校 生产核心
开荒田，纺织，合作变股
类型 ①自己办自己教 米脂高[illegible]
② 只要队长因不识字而
全队去受训
③公助民办 杨家湾
④民 Hanbran 男女老少
④巡回学校，请近乡
各村校每一人主
管召集，学生不脱
离生产，衣服不必
换。无须拿粮出，
可减少教员
优点 官盖民办
教佳 有等于无
学制 打破旧制，以能
看群众报为毕业

48-007

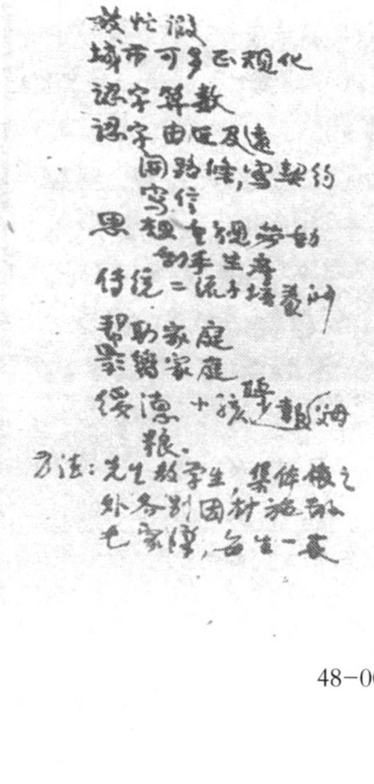

放忙假
城市可多正规化
识字算数
识字由近及远
问路条，写契约
写信
思想重视劳动
动手生产
传统＝流子培养的
帮助家庭
影响家庭
优待小孩 [illegible]
粮。
方法：先生教学生，集体[illegible]之
外各别因材施教
也家传，每生一[illegible]

48-008

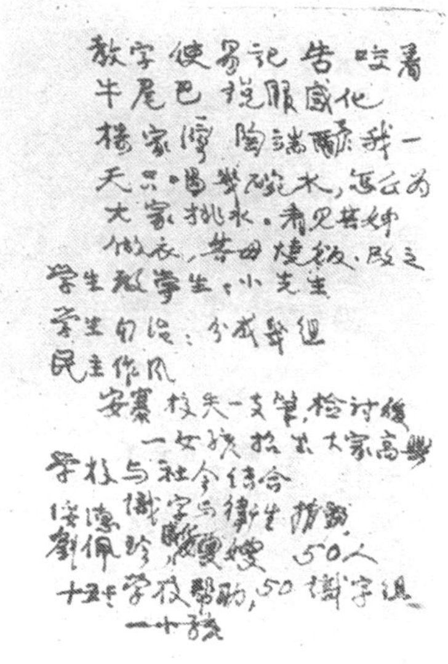
教字使易记 告 嗟着
牛尾巴 挽服感化
杨家傳 陶端予我一
天只喝几碗水，每天为
大家挑水。看见某妈
做衣，替她缝线。改之
学生教学生，小先生
学生自治：分成学组
民主作风
安寨校失一支笔，检讨后
一女孩拾出大家高兴
学校与社会结合
深源 识字与卫生 防疫
刘佩玲 懒婆娘 50人
十五个学校帮助，50识字组
一个小孩

48-009

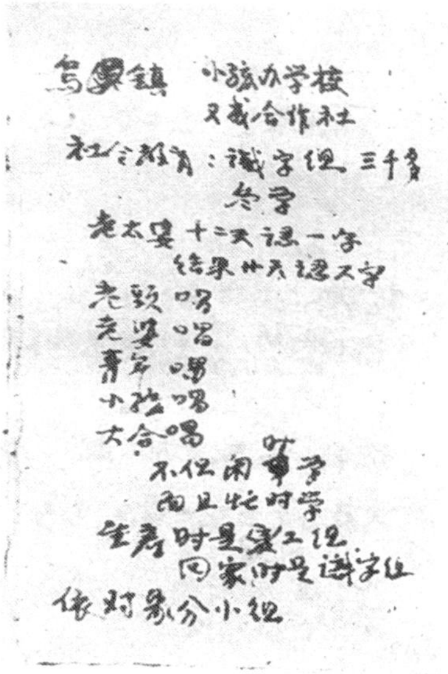
乌龙镇 小孩办学校
又成合作社
社会教育：识字组 三千多
冬学
老太婆十二天认一字
结果卅天认2字
老头唱
老婆唱
青年唱
小孩唱
大合唱
不但闲时学
而且忙时学
全庄时是变工组
回家时是识字组
依对象分小组

48-010

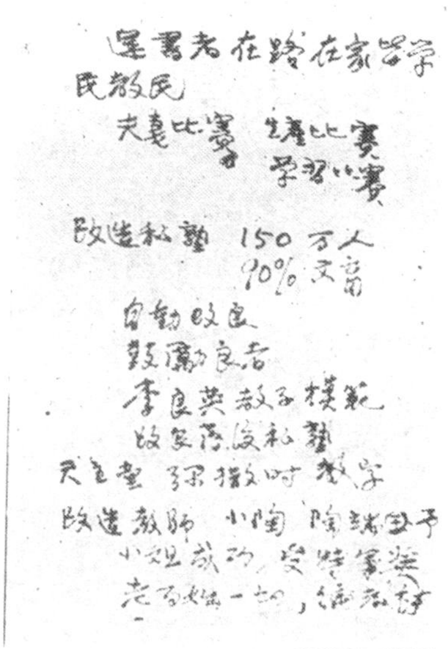
识字者在路在家皆学
民教民
夫妻比赛 生产比赛
学习比赛
改造私塾 150万人
90%文盲
自动改良
鼓励良者
李良英教子模范
改变落后私塾
天主堂 强撤时教学
改造教师 小陶 陶端予
小组成功，受特奖
老百姓一切，编教材

48-011

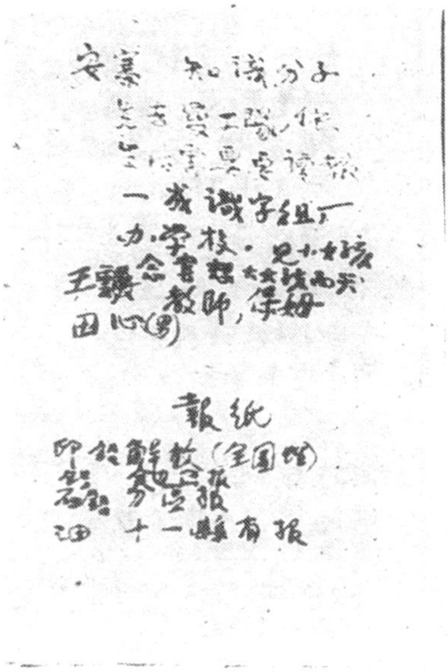
安寨 知识分子
先去当工农化
当小学要受读报
一般识字组
办学校。见小女孩
王镇 念书 教师，保姆
田心(男)
報紙
印刷解放（全国的）
分区报
十一县有报

48-012

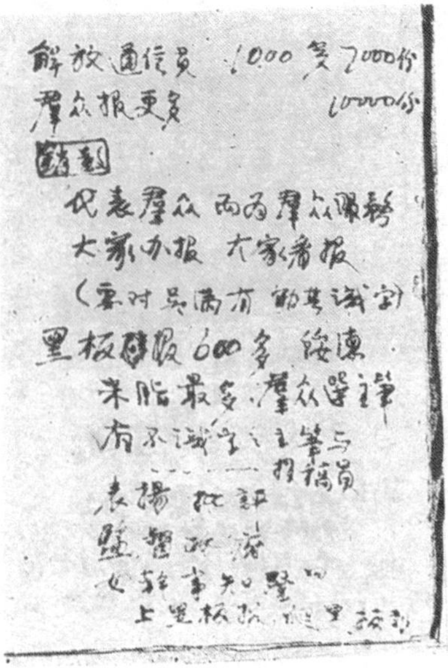

解放通信员 1000 买2000份
群众报更多 10000份
代表群众 而为群众服务
大家办报 大家看报

48-013

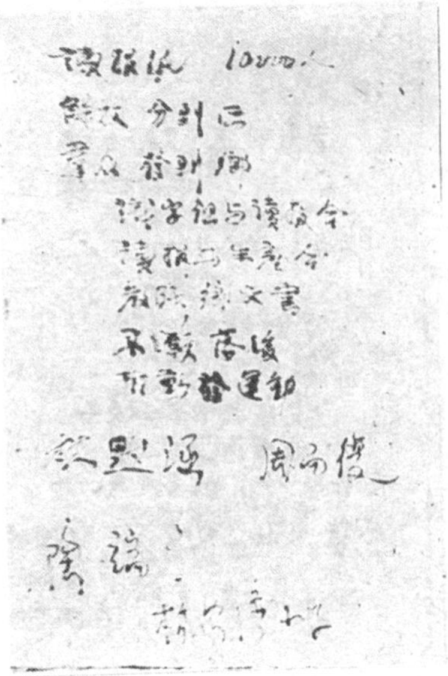

读报组 10000人
识字组与读报会
读报与生产会

48-014

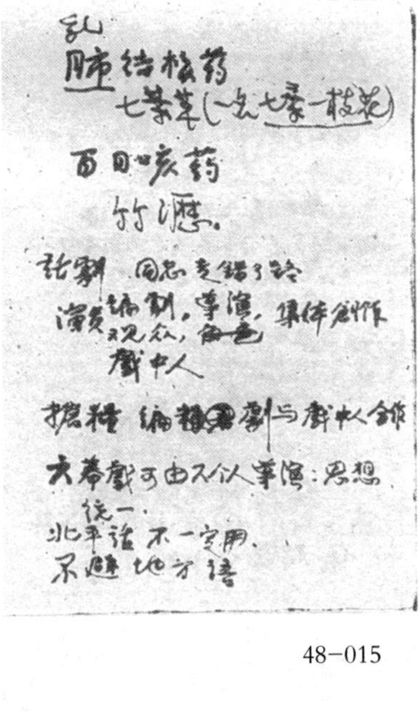

肺结核药
七叶草（一名七叶一枝花）
百日咳药
竹沥
演员 编剧，导演，集体创作
戏中人
北平话 不一定用。
不避地方话

48-015

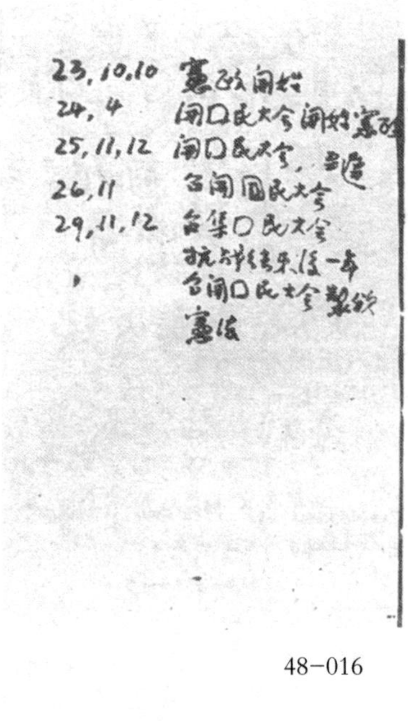

23,10,10 宪政开始
24,4 开国民大会 开始宪政
26,11 召开国民大会
29,11,12 召集国民大会
抗战结束后一年
召开国民大会 颁布
宪法

48-016

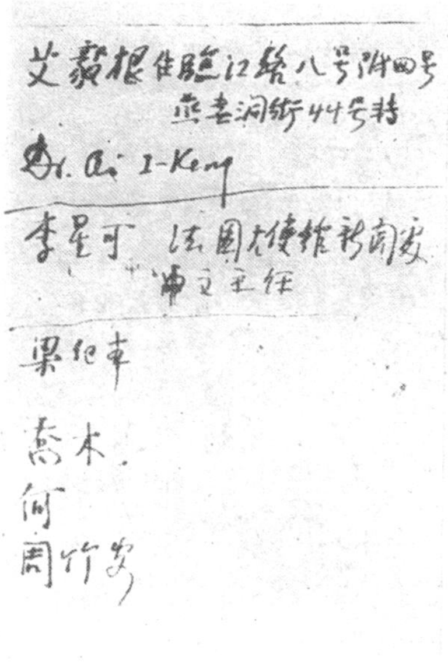
艾蕤根 住临江路八号附四号
燕喜洞街44号转
Ai. Ai I-Keng
李星可 法国大使馆新闻处
中文主任
梁纯夫
乔木
何
周竹安

48-017

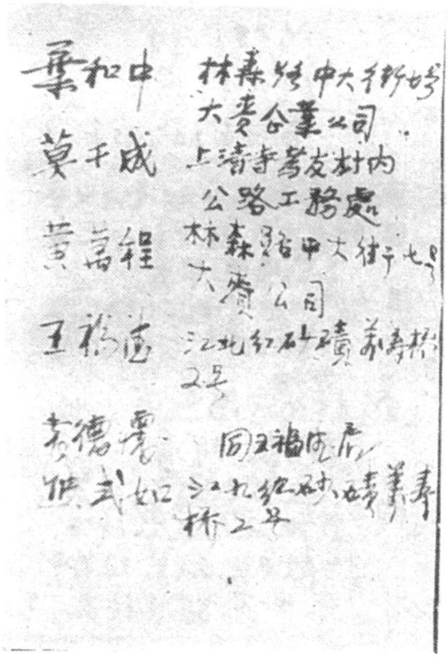
叶知中 林森路中大街4号
大贲企业公司
莫千成 上清寺学友村内
公路工务处
黄嵩程 林森路中大街七号
大赉公司
王裕道 江北红砂碛苏寿桥
2号
黄德霖 同义福陕店
伍武如 江北红砂碛苏寿
桥二号

48-018

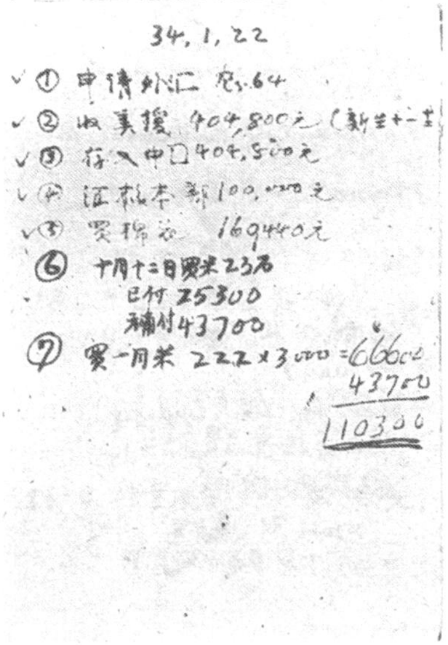
34,1,22
① 申请外汇 见1.64
② 收美援 404,800元（新生十一生
③ 存入中国404,800元
④ 汇总本部100,000元
⑤ 买棉衣 169440元
⑥ 十月十二日买米23石
已付25300
补付43700
⑦ 买一月米 22.2×3000=66600
43700
110300

48-019

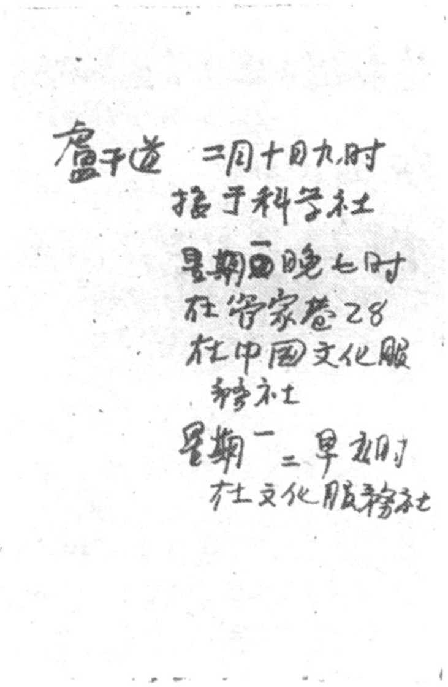
卢于道 二月十日九时
抵于科学社
星期四晚七时
在管家巷28
在中国文化服
务社
星期一二早九时
在文化服务社

48-020

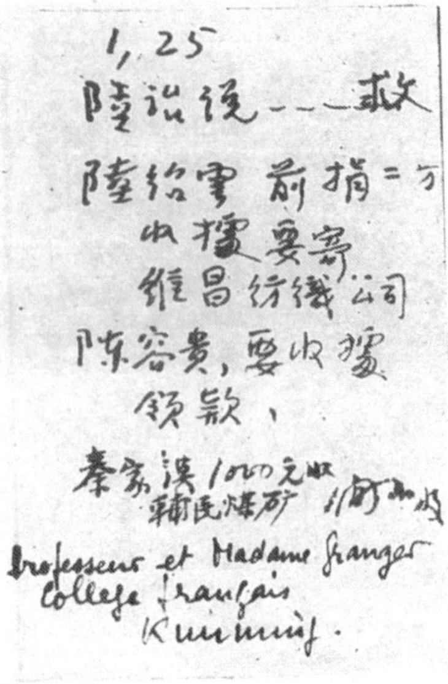
1,25
陆诒说——救
陆绍云 前捐二万
收据要寄
维昌纺织公司
陈容贵，要收据
领款、
秦家滨 1000元收
辅民煤矿 [illegible]收
Professeur et Madame Granger
College français
Kunming.

48-021

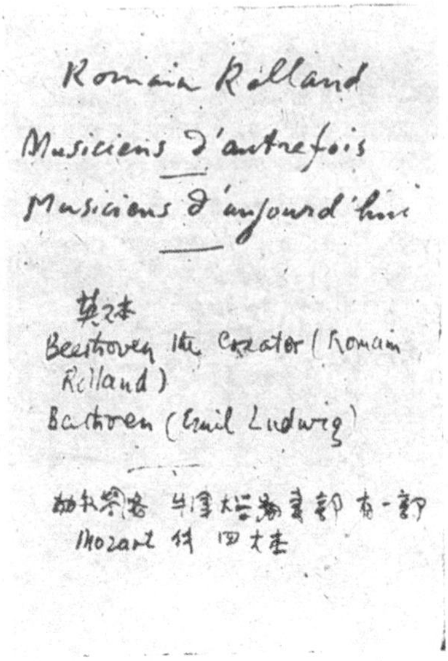
Romain Rolland
Musiciens d'autrefois
Musiciens d'aujourd'hui
英文本
Beethoven the Creator (Romain Rolland)
Beethoven (Emil Ludwig)
加尔答格 牛津大学出版部 有一部
Mozart 传 四大本

48-022

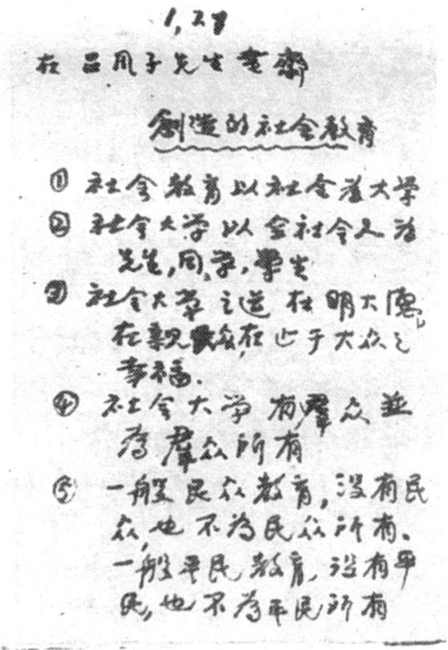
1,28
在吕凤子先生画斋
创造的社会教育
① 社会教育以社会为大学
② 社会大学以全社会之人为先生，同学，学生
③ 社会大学之道在明大德，在亲民，在止于大众之幸福.
④ 社会大学为群众并为群众所有
⑤ 一般民众教育，没有民众，也不为民众所有。一般平民教育，没有平民，也不为平民所有

48-023

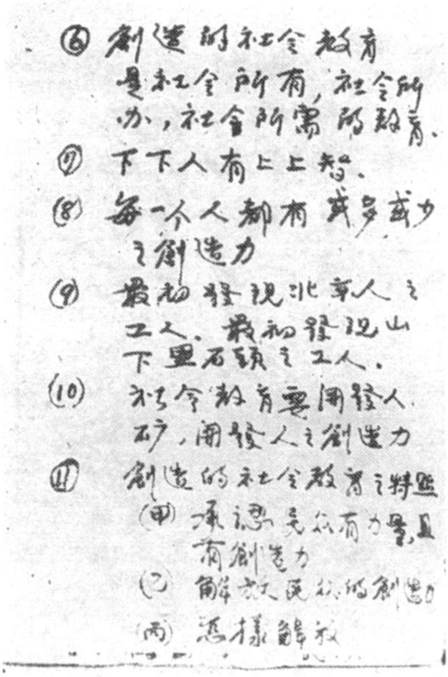
⑥ 创造的社会教育是社会所有，社会所办，社会所需的教育.
⑦ 下下人有上上智.
⑧ 每一个人都有或多或少之创造力
⑨ 最初发现北京人之工人. 最初发现山下黑石头之工人.
(10) 社会教育要开发人矿，开发人之创造力
(11) 创造的社会教育之特点
(甲) 承认大众有力量且有创造力
(乙) 解放大众的创造力
(丙) 怎样解放

48-024

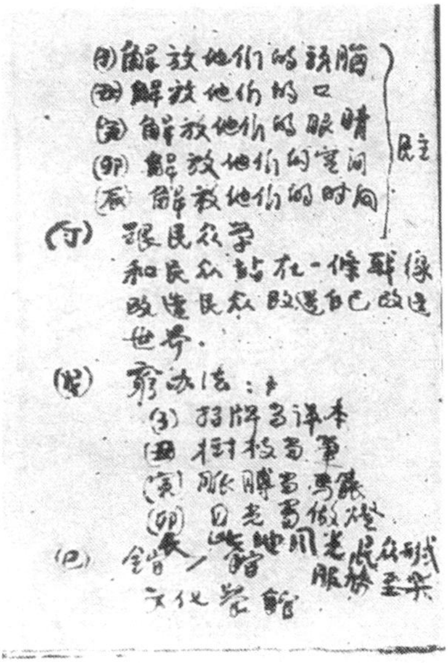


48-025

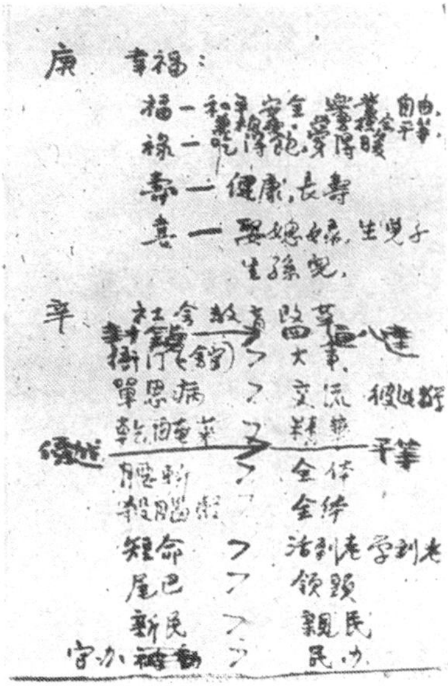


48-026

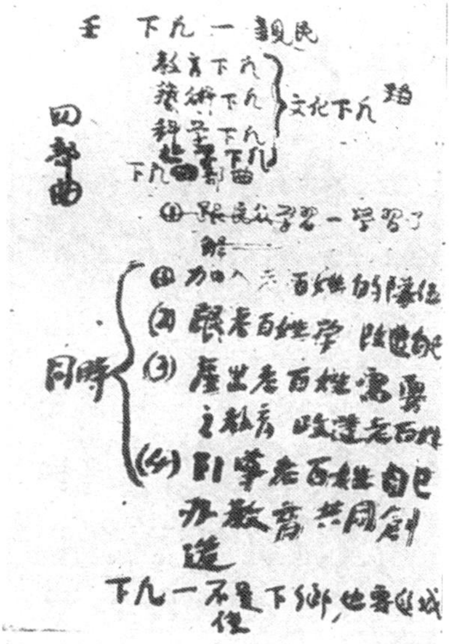


48-027

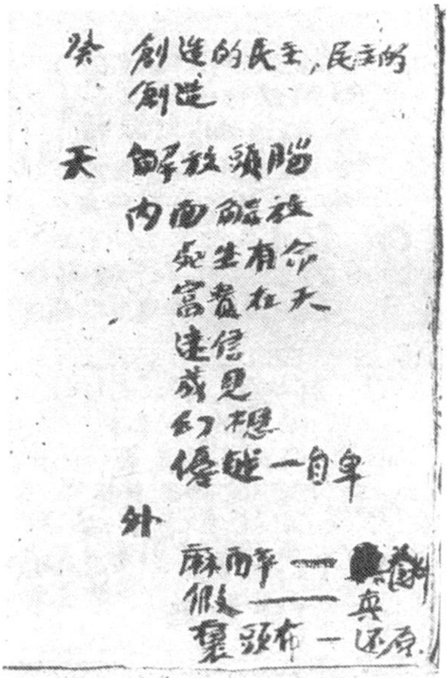


48-028

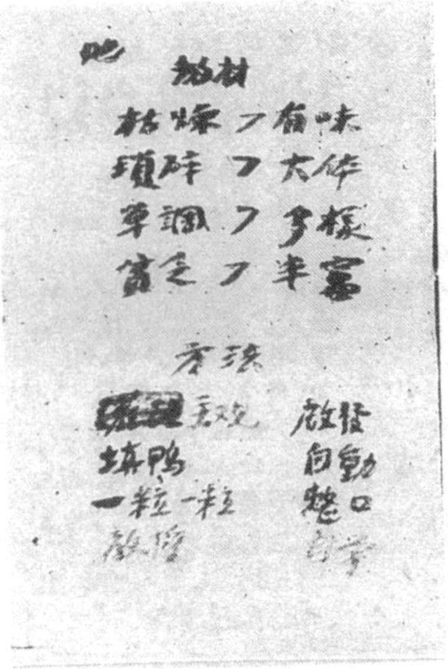

教材
枯燥→有味
瑣碎→大体
單調→多樣
貧乏→豐富

方法
[redacted]表演　啟發
填鴨　自動
一粒一粒
啟發　自学

48-029

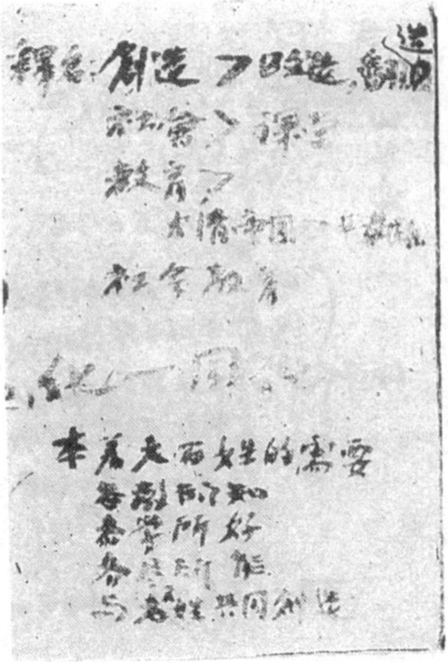

釋名：創造→改造，翻造
社會→課堂
教育→
社會教育

本着老百姓的需要
各盡所知
各學所好
各盡所能
與老百姓共同創造

48-030

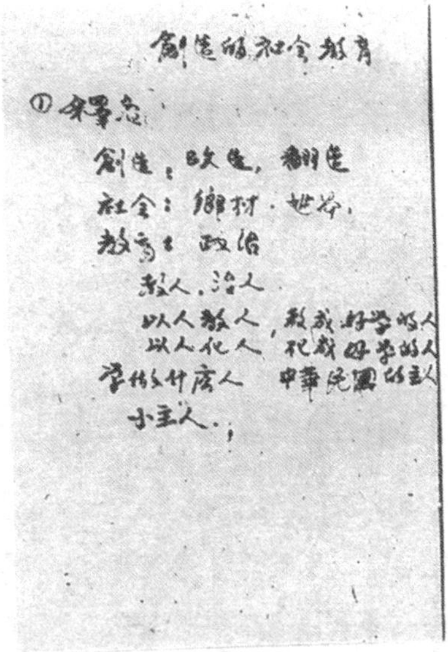

創造的社會教育
①釋名
創造：改造，翻造
社會：鄉村，世界
教育：政治
教人，治人
以人教人，教成好学的人
以人化人，化成好学的人
学做什么人　中華民國的主人
小主人。

48-031

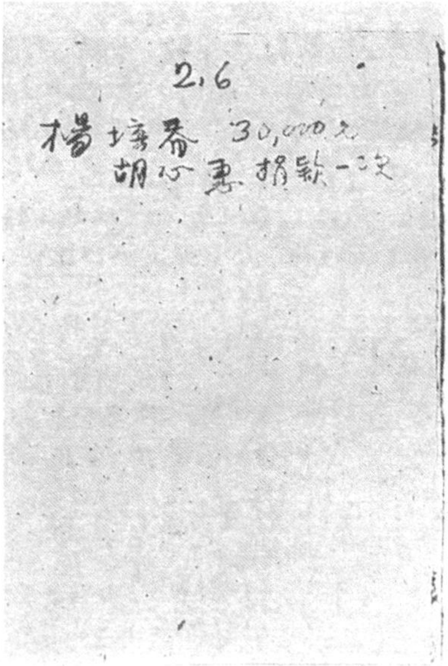

2.6
楊埠齊　30,000元
胡心惠　捐款一次

48-032

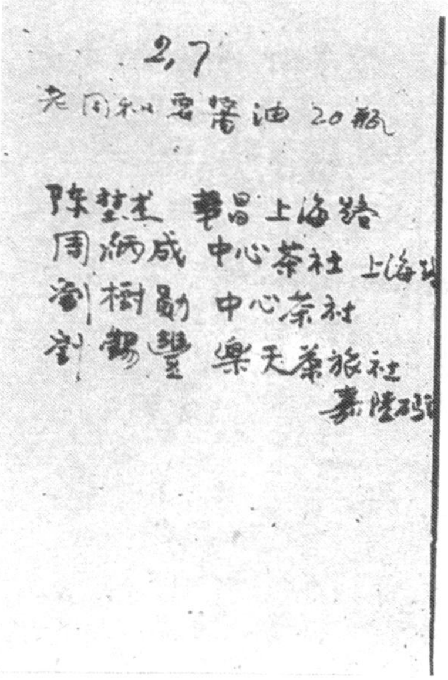
2,7
向周和要酱油20瓶
陈楚杰 华昌上海路
周炳成 中心茶社 上海路
刘树勋 中心茶社
刘锡丰 乐天茶旅社

48-033

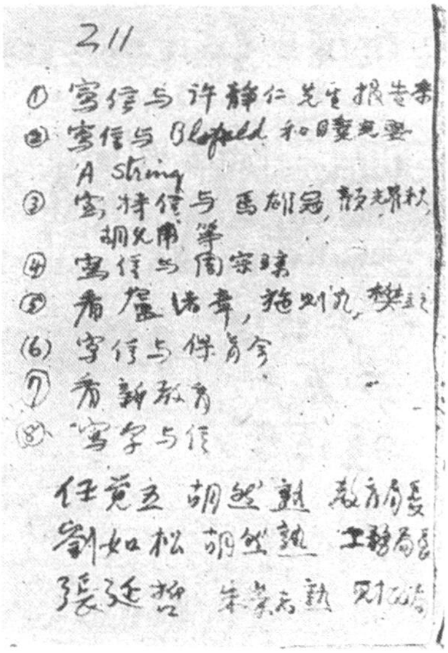
2.11
① 写信与许静仁先生报告
② 写信与Blofeld和日暨先要
A string
③ 写特信与马相伯，
胡光甫等
④ 写信与周宗琼
⑤ 看雇诸章，施则凡，
⑥ 写信与保育会
⑦ 看新教育
⑧ 写字与信
任觉五 胡然熟 教育局
刘如松 胡然熟 工务局
张廷哲

48-034

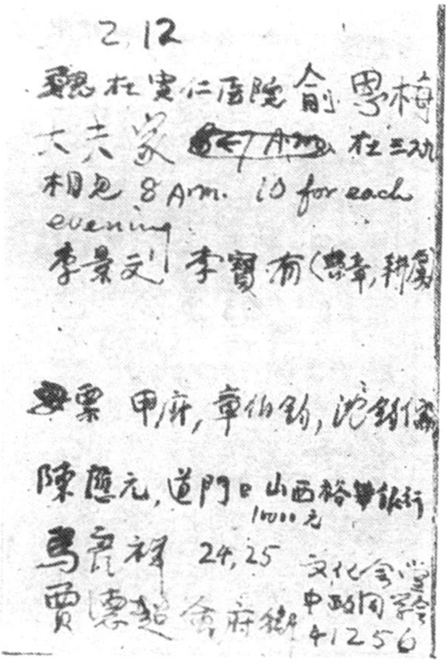
2.12
魏在宽仁医院俞
大夫家
相见 8 A.m. 10 for each evening
李景文 李宝有
申府，章伯钧，沈钧儒
陈德元，道门口山西裕华银行
10000元
马克祥 24,25 文化会堂
会府街 41256

48-035

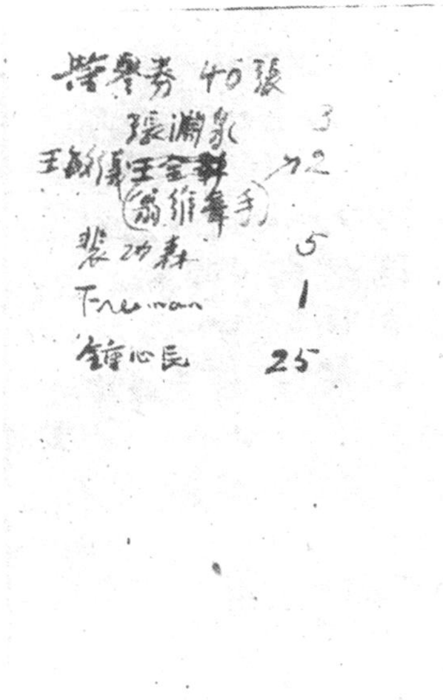
借票券 40张
张渊泉 3
王金祥 2
裴功森 5
Freeman 1
钟心民 25

48-036

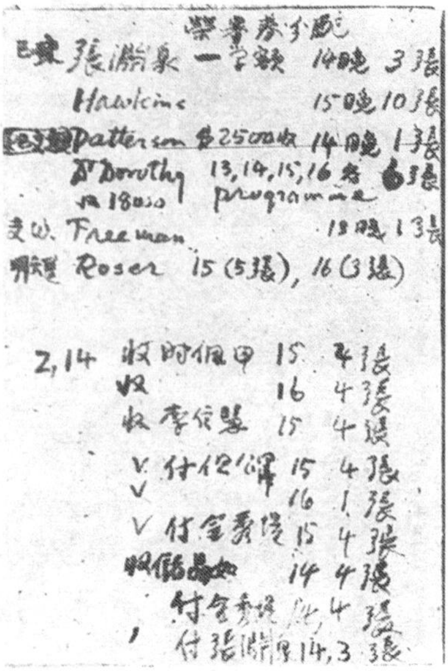

Hawkins 15晚10張
Patterson 14晚 1張
Dorothy 13,14,15,16 各 programme
Freeman 13晚1張
Rosen 15(5張), 16(3張)

48-037

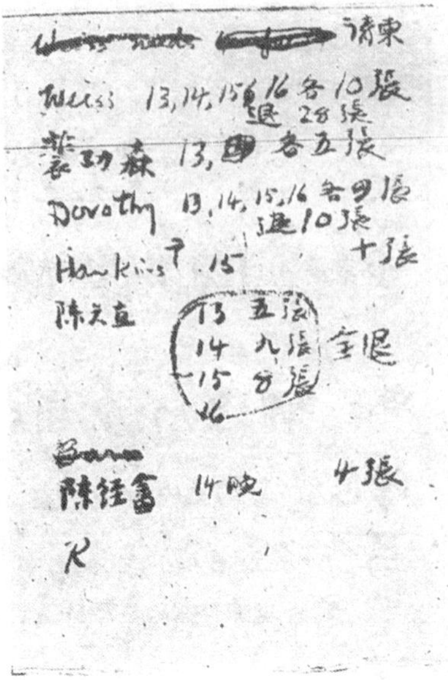

請柬
Weiss 13,14,15,16 各10張 退28張
裴功森 13, 各五張
Dorothy 13,14,15,16 退10張
Hawkins 15 十張
14 九張 全退
14晚 4張

48-038

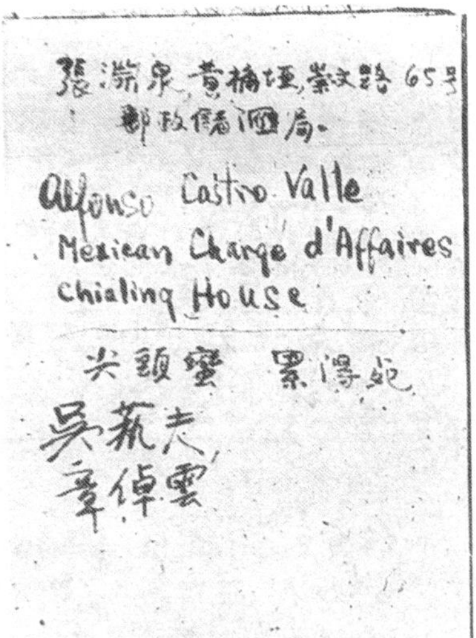

張澍泉，黃桷埡，崇文路65号
郵政儲匯局。
Alfonso Castro Valle
Mexican Charge d'Affaires
Chialing House

48-039

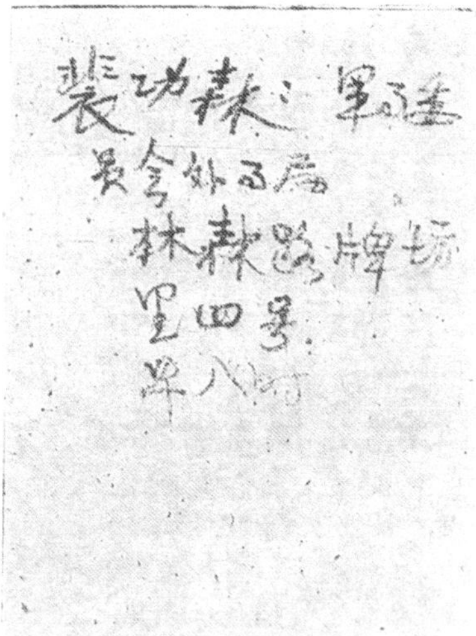

裴功森

48-040

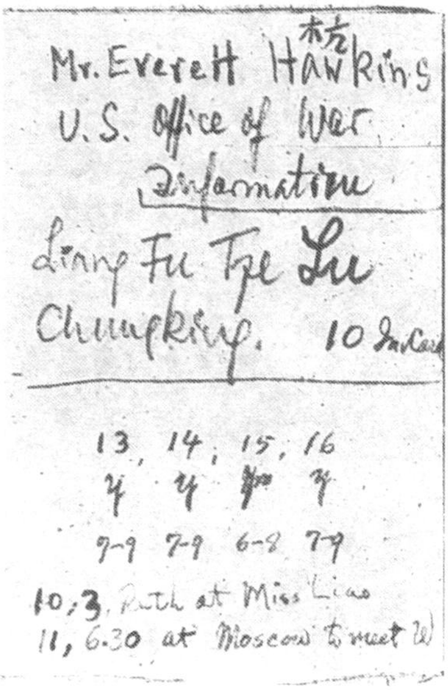


48-041

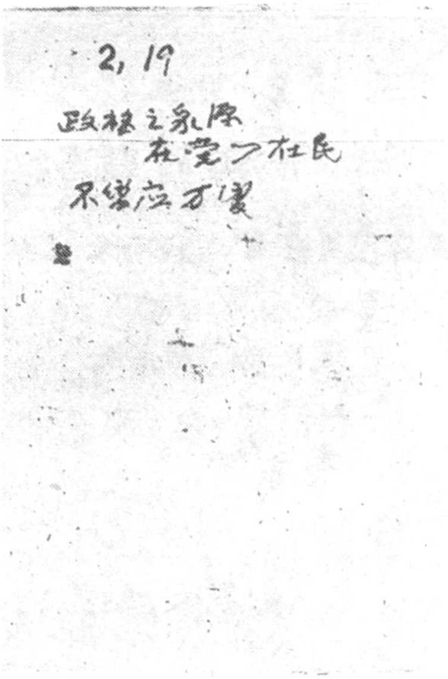


48-042

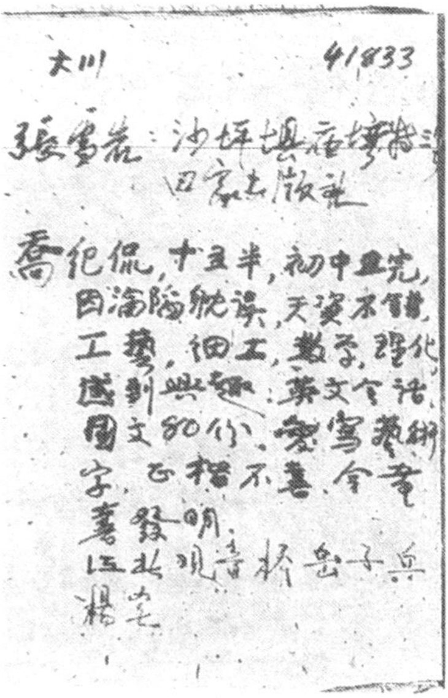


48-043

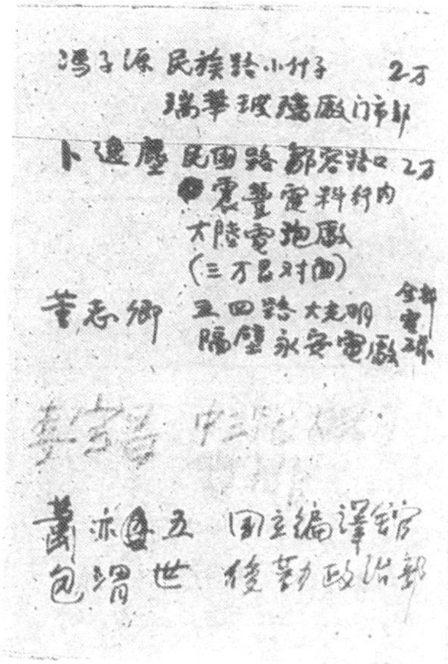


48-044

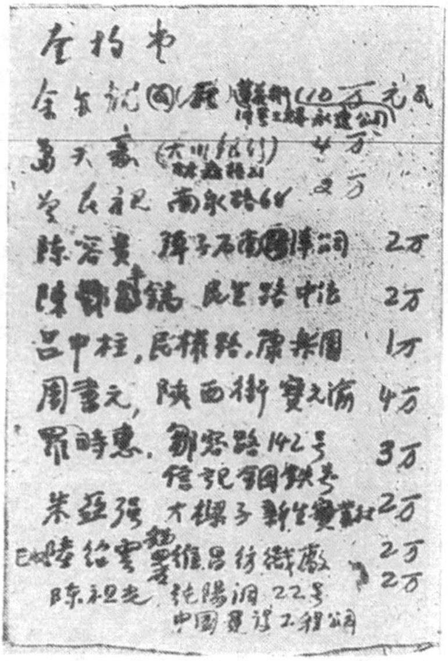

陈容贵 2万
吕中柱，民权路，康乐园 1万
周书元，陕西街 4万
罗时惠，邹容路142号 3万
朱亚强 2万
[illegible] 2万
陈祖光 纯阳洞22号 2万
中国建设工程公司

48-045

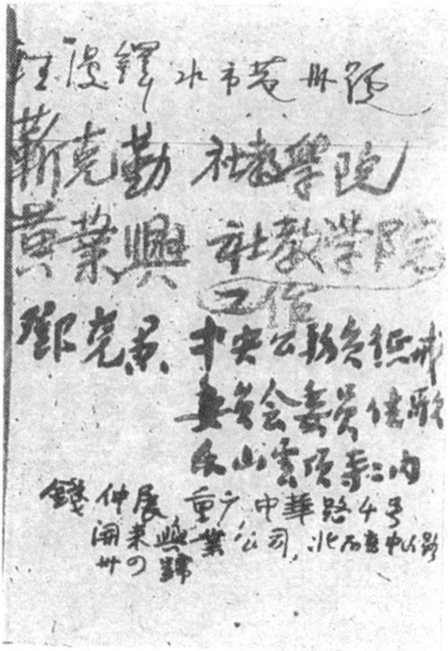

靳克勤 社教学院
黄业兴 社教学院
邓克东
钱仲展 重庆中华路4号

48-046

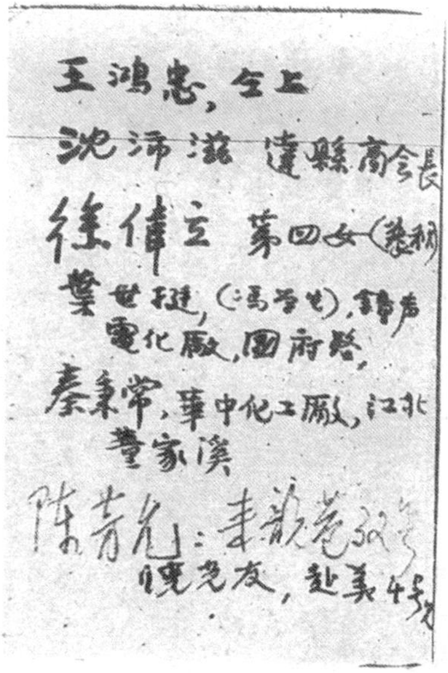

王鸿忠，全上
沈沛滋 达县商会长
徐倬立 第四女
叶世挺，电化厂，国府路，
秦秉常，华中化工厂，江北
董家溪
陈青光

48-047

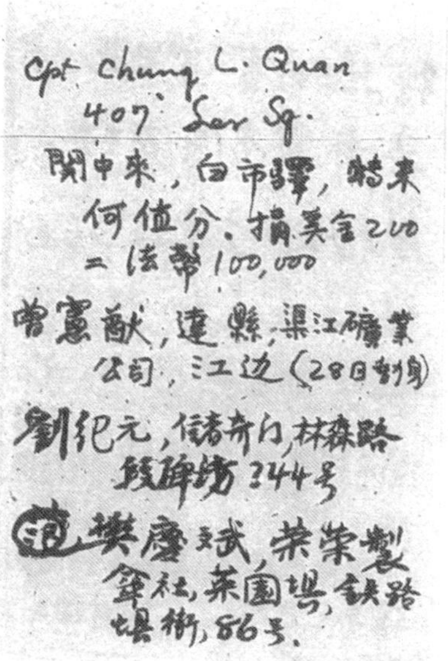

Cpt Chung L. Quan
407 Ser Sq.
捐美金200
= 法币100,000
常寰猷，达县，渠江矿业
公司，江边（28日动身）
刘纪元，储奇门，林森路
钱牌坊244号
樊庆斌，荣荣制
伞社，菜园坝，铁路
坝街，86号。

48-048

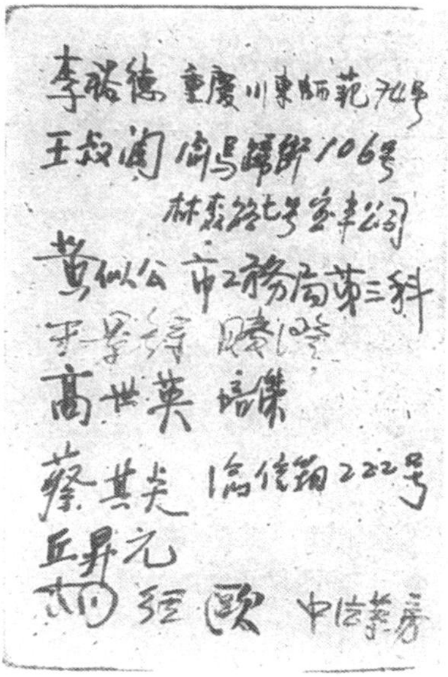
李裕德 重慶川東師範
王叔闻 ……馬路……106号
林森路……公司
黄似公 市……務局第三科
……
高世英 ……
蔡其炎 ……222号
丘昇元
……

48-049

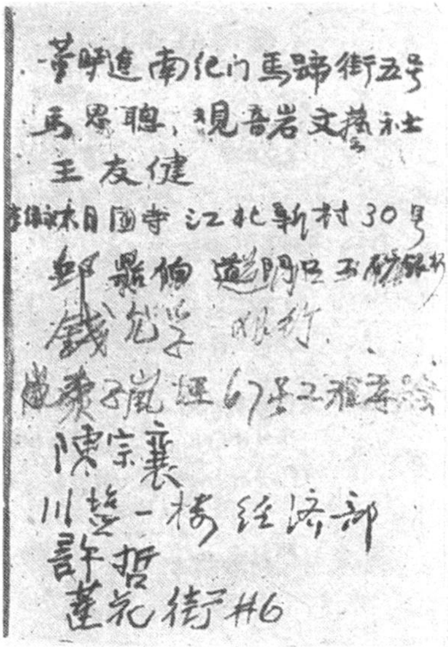
曹晓逢 南紀门馬蹄街五号
馬思聰 觀音岩文藝社
王友健
…… 江北新村30号
……
……
……
陳宗襄
川鹽一樓經濟部
許哲
蓮花街#6

48-050

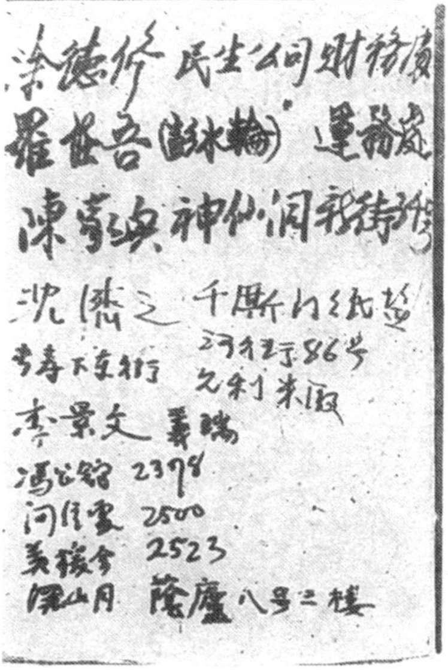
涂德修 民生公司財務處
羅世音 …… 運輸處
陳…… 神仙洞新街……
沈…… ……
……86号
李景文 ……
……2378
……2500
……2523
…… 陰廬八号二樓

48-051

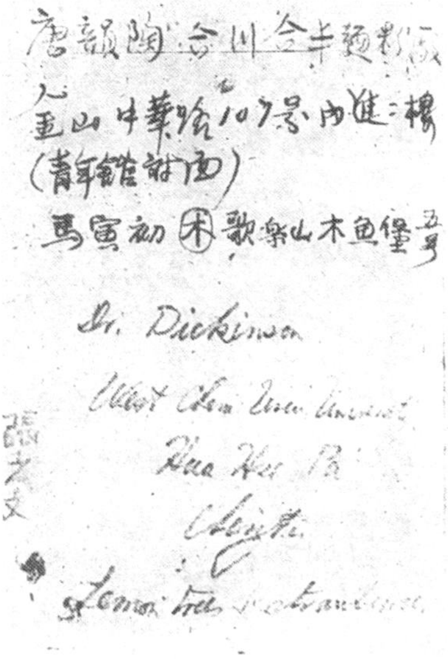
…… 川合……
重山中華路107号内進二樓
（青年館對面）
馬寅初 歌樂山木魚堡五号
Dr. Dickinson
[illegible] Chen [illegible] University
Hua Hsi Pa
Chengtu
[illegible]

48-052

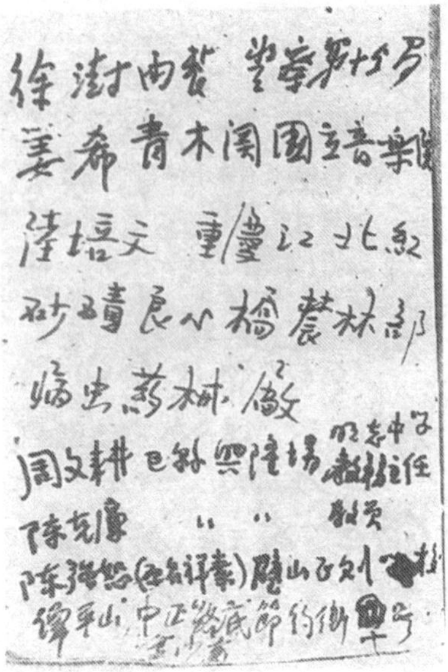

48-053

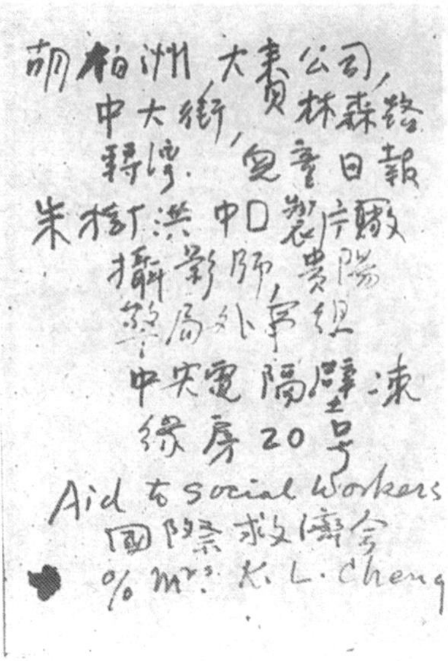


48-054

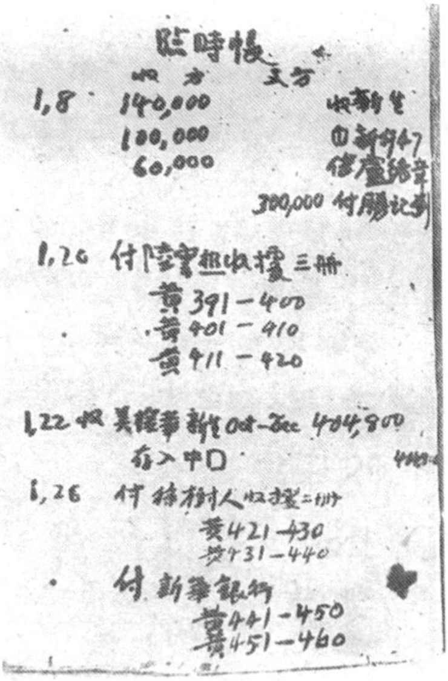


48-055

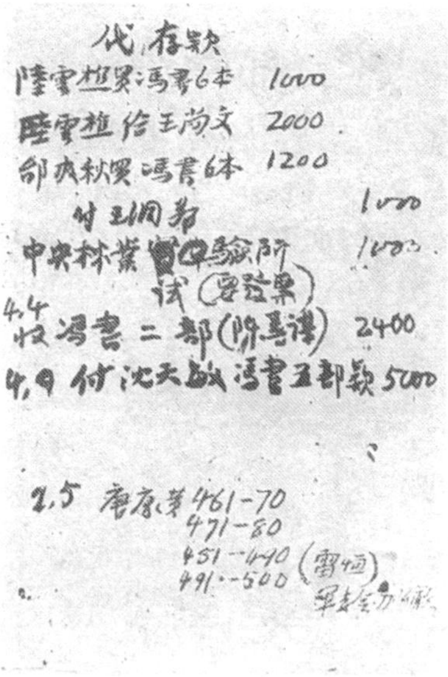


48-056

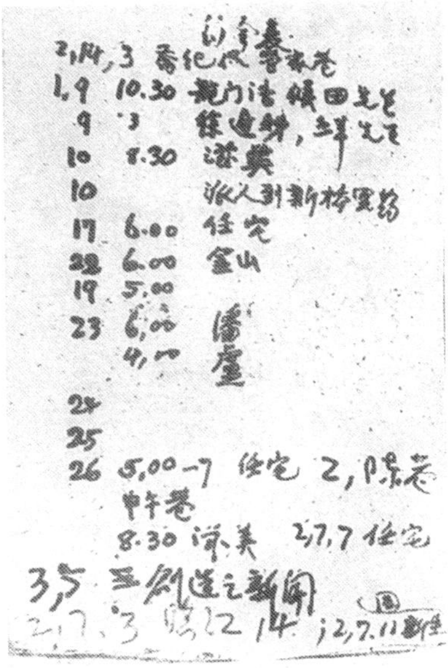
2,14,3 香化风拿秦卷
1,9 10.30 魏门法 娱回先生
9 3 徐建劲，王洋先生
10 8.30 潘燕
10 派人到新桥买物
17 6.00 任宅
22 6.00 金山
19 5.00
23 6.00 潘
4.00 奎
24
25
26 5.00-7 任宅 2,陈卷
中午卷
8.30 潘燕 2,7,7 任宅
3,5 [illegible]
2,7,3 [illegible] 14 2,7,11 [illegible]

48－057

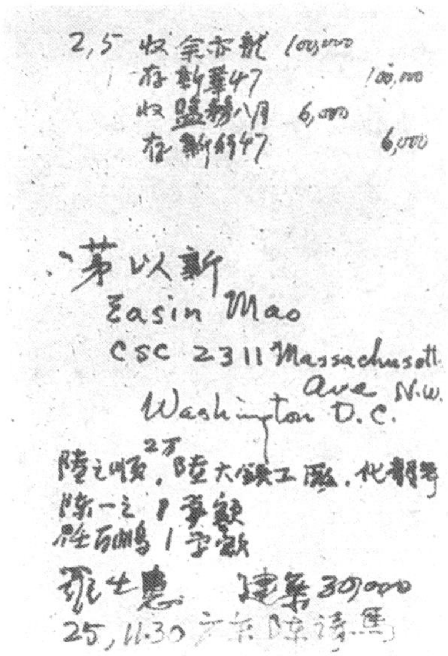
2,5 收宋亦新 100,000
存新华47 100,000
收监物八月 6,000
存新约47 6,000

茅以新
Easin Mao
CSC 2311 Massachusetts Ave N.W.
Washington D.C.
陆之顺，2万 陆大铁工厂，代销
陈一之 1万款
陆石鹏 1万款
张士惠 建筑 30,000
25,11.30 广东陈诗[illegible]

48－058

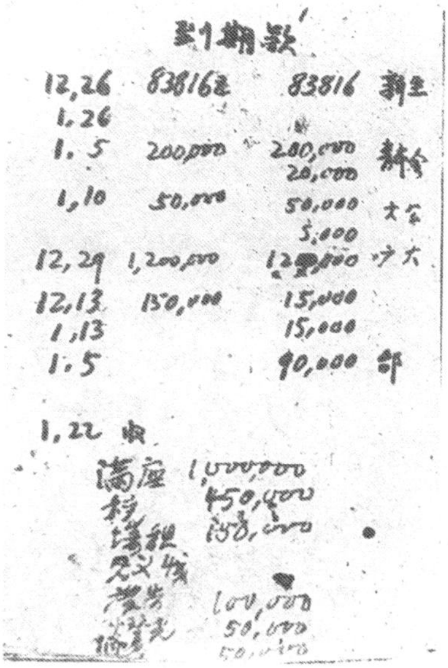
对期款
12,26 83816 83816 新生
1,26
1,5 200,000 200,000 20,000 新
1,10 50,000 50,000 5,000 大公
12,29 1,200,000 1,200,000 中大
12,13 150,000 15,000
1,13 15,000
1,5 90,000 部
1,22 收
满座 1,000,000
[illegible] 450,000
[illegible] 250,000
广告 100,000
[illegible] 50,000
[illegible] 50,000

48－059

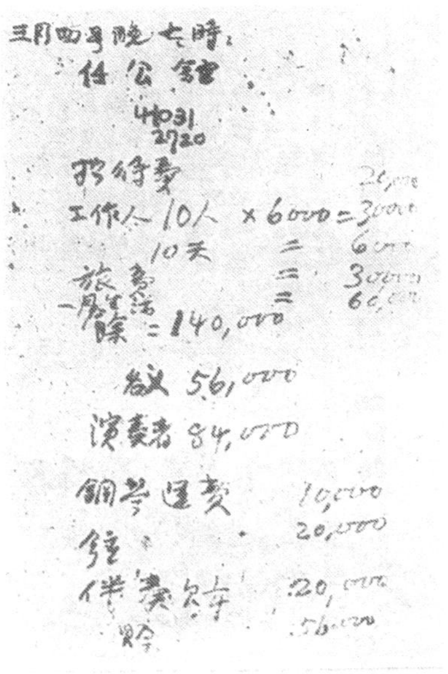
三月四号晚七时：
任公馆
4031
2720
招待费 20,000
工作人 10人 ×6000=30000
10天 = 6000
旅费 = 30000
一房生活 = 60,000
除=140,000
赢 56,000
演奏者 84,000
钢琴运费 10,000
[illegible] 20,000
伴奏 20,000
56,000

48－060

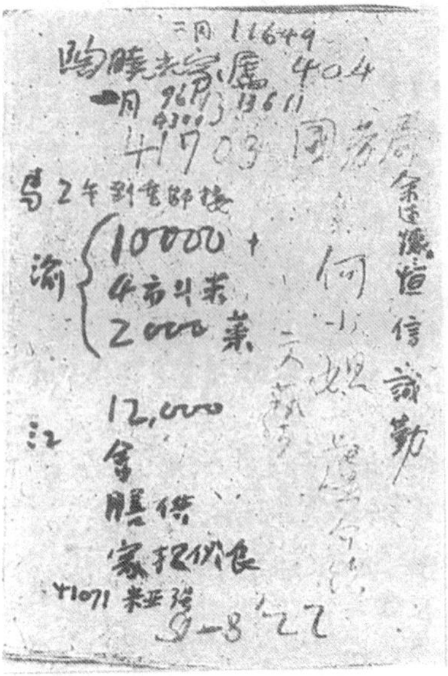
三月 11649
陶晓光家属 404
一月 13611
41703
渝 10000 +
4市斗米
2000 薪
江 12,000
41071
9-8227

48-061

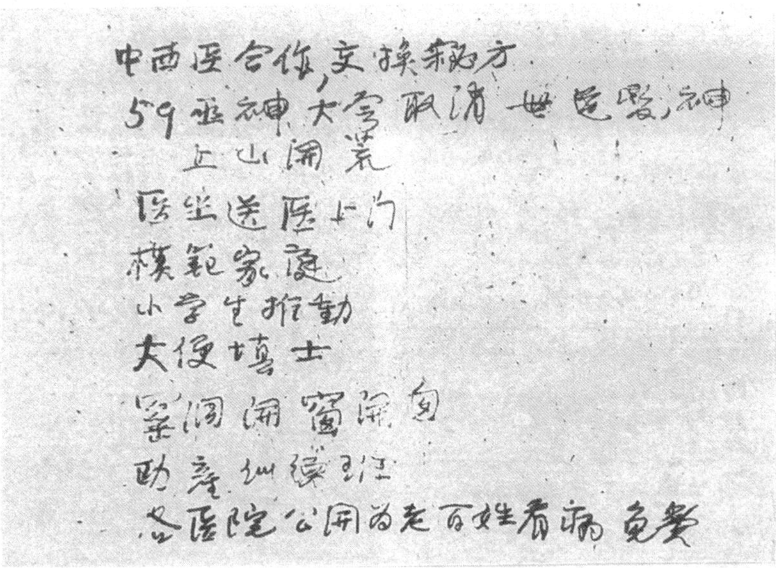
中西医合作，交换秘方
59 巫神大会取消一世道毁，神
上山开荒
医生送医上门
模范家庭
小学生推动
大便填土
窑洞开窗开门
助产训练班
各医院公开为老百姓看病免费

48-062

第一年战线十万
亡率 人30/1000 孩60%
一产婆接60，只9人存
巫神
人畜同居
陕西 1/5000
工作：井，開水，人畜分居，捕蝇
幹部：師，勞英，小学生，衛幹，全体

48-063

文教
十月十一開始 37天
土地革命时期
抗战一二时期
整风以后
450人工農兵生出来之文教工作人
典型报告，各部總结
衛生，教育，藝術，新闻
① 田二畝，五口，人不旺
② 騾馬死亡大

48-064

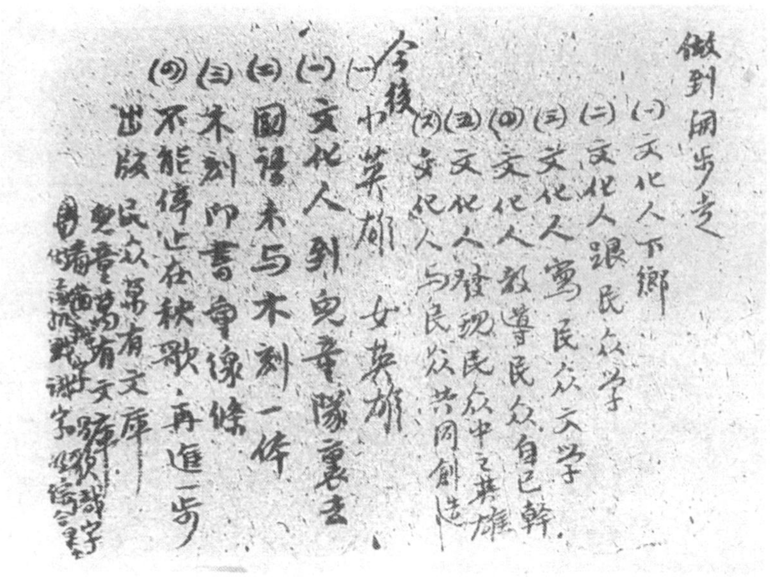

做到開步走

(一)文化人下鄉

(二)文化人跟民众学

(三)文化人寫民众文学

(四)文化人教導民众自己幹

(五)文化人發现民众中之英雄

(六)文化人与民众共同創造

今後

(一)中華新女英雄

(一)文化人到兒童隊裏去

(二)国語木与木刻一條

(三)木刻印書會緣條

(四)不能停止在秋歌，再進一步

出版民众萬有文库

兒童萬有文库

48-065

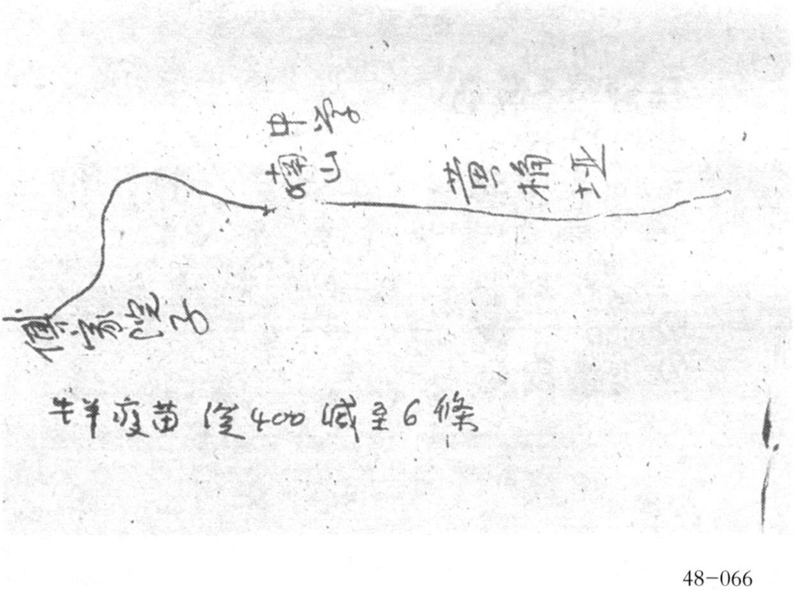


48-066

# 第四十八册〔注译〕

1945.1~1945.4.9

重庆·北碚

48—019

第4行"中国"指中国银行

48—021

末3行：格兰吉教授及夫人昆明地址

48—022

第1至3行：罗曼·罗兰著《古代音乐家》及《今日音乐家》

第5至7行：《伟大的贝多芬》（罗曼·罗兰）《贝多芬》《埃米尔·路德维希》

末行：《莫扎特传》

48—034

第4行：一根弦

48—035

第4至5行：上午8时每晚10时

48—038、039

两页外文为人名

48—039

第3至5行：阿卢索·卡斯特罗·瓦列　墨西哥事务管理大楼

48—041

第1至5行：埃弗雷特·霍金斯先生

美国战时新闻处　重庆梁夫子路

末2行：璐诗在廖女士处

在莫斯科馆见W

48—048

第1至2行外文为人名、地址

48—052

第5至9行外文为人名、地址

48—058

第6至9行：茅以新　华盛顿哥伦比亚特区地址

# 備忘

第四十九册

1945.3.16~1945.5

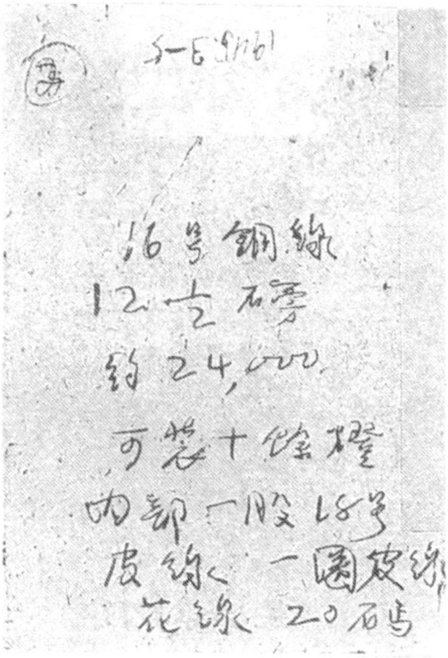
十六号钢丝
12吉石磅
约24,000
可装十余桶
四部一股18号
皮线　一圈皮线
花线　20石马

49-001

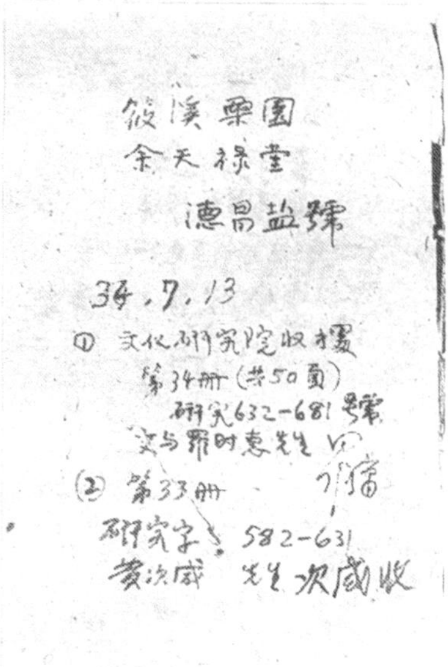
筱溪栗园
余天禄堂
德昌盐号
34.7.13
① 文化研究院收据
第34册（共50页）
研究632-681号
交与邓时惠先生
② 第33册
研究字582-631
黄次咸先生次咸收

49-002

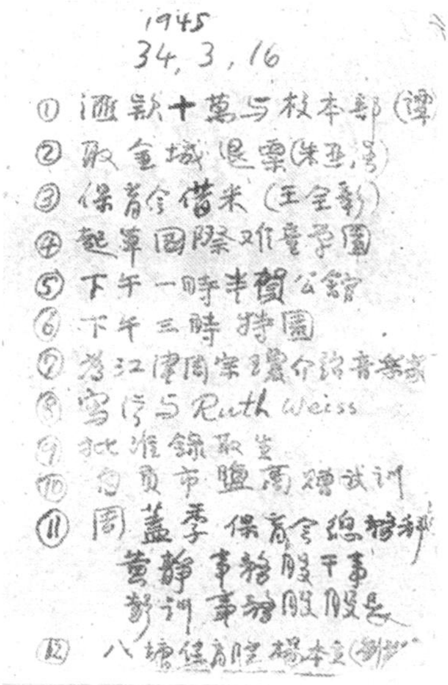
1945
34,3,16
① 汇款十万与校本部（谭
② 取金城退票（朱丕冯）
③ 保育会借米（王全彰）
④ 赵苹国际难童学园
⑤ 下午一时半贺公馆
⑥ 下午三时特园
⑦ 为江津周宗琼介绍音乐家
⑧ 写信与Ruth Weiss
⑨ 批准录取生
⑩ 自贡市盐商赠款训
⑪ 周蓋季 保育会总干事
黄静 事务股干事
彭训 事务股股长
⑫ 八塘保育院 杨本立

49-003

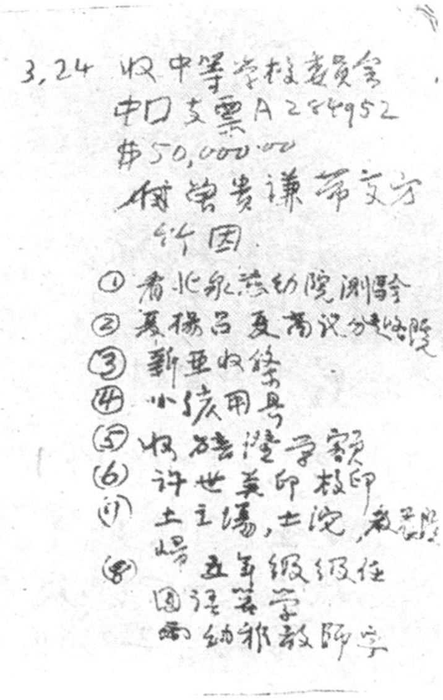
3,24 收中华学校董事会
中国支票A284952
$50,000.00
付贵谦带交方竹园
① 看北碚慈幼院测验
② 募捐吕夏菊说分赴各院
③ 新亚收条
④ 小孩用具
⑤ 收经隆学额
⑥ 许世英印校印
⑦ 土主场，土沱，
⑧ 五年级级任
国语教学
幼稚教师字

49-004

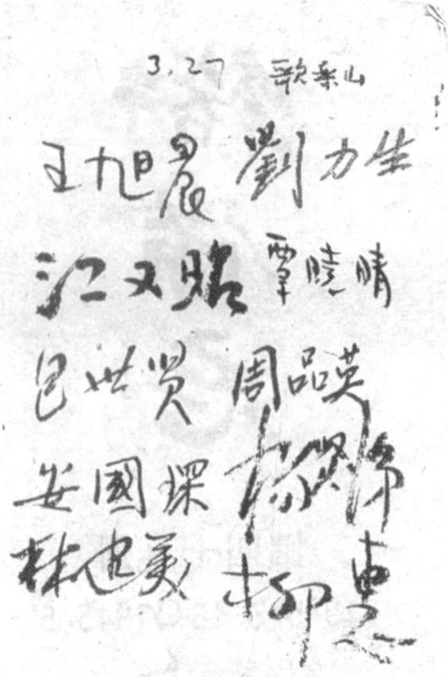
3.27 歌乐山
王旭晨 劉力生
江文照 覃曉晴
邑世賢 周品英
安國琛 孫琛
林伯美 柳惠

49-005

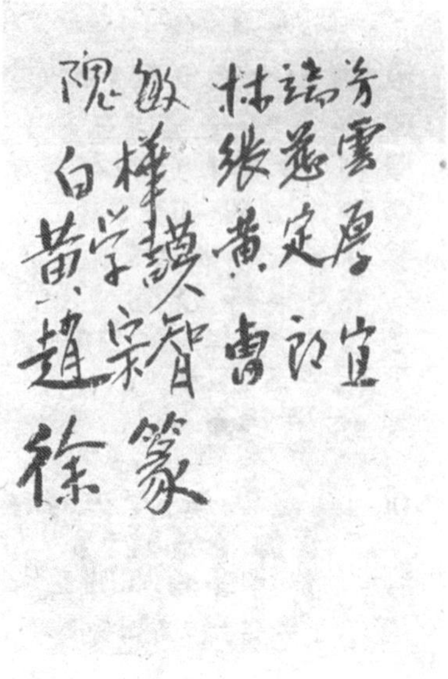
隗敏 林瑞芳
白樺 張慈雲
黄学謨 黄定彦
趙宗智 曹訒宜
徐篆

49-006

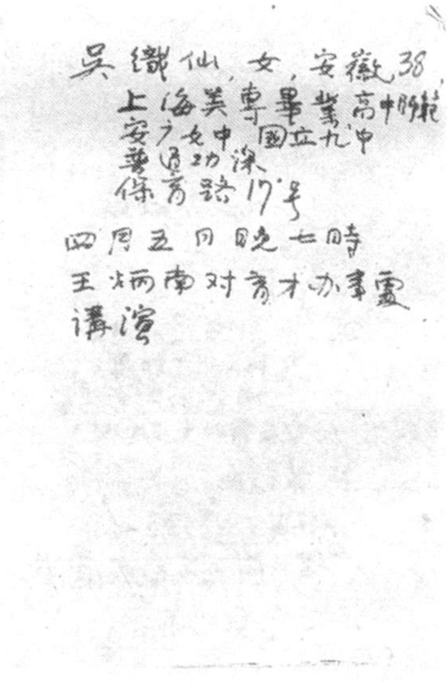
吴織仙，女，安徽，38
上海美專畢業 高中肄業
安广女中 国立九中
普通功课
保育路17号
四月五日晚七時
王炳南对育才办事處
讲演

49-007

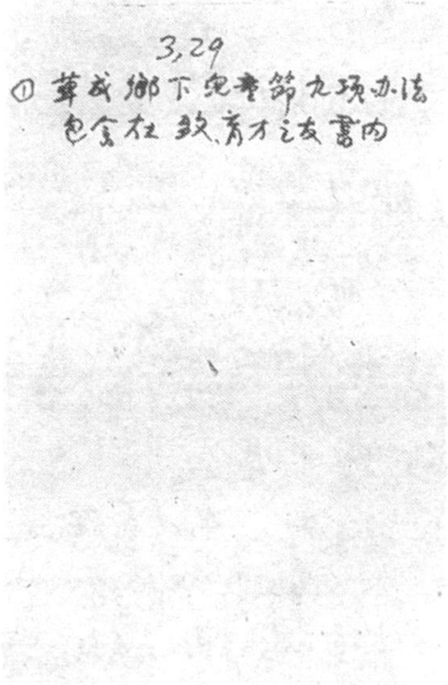
3,29
① 華威鄉下兒童節九項办法
包含在 致育才之友書内

49-008

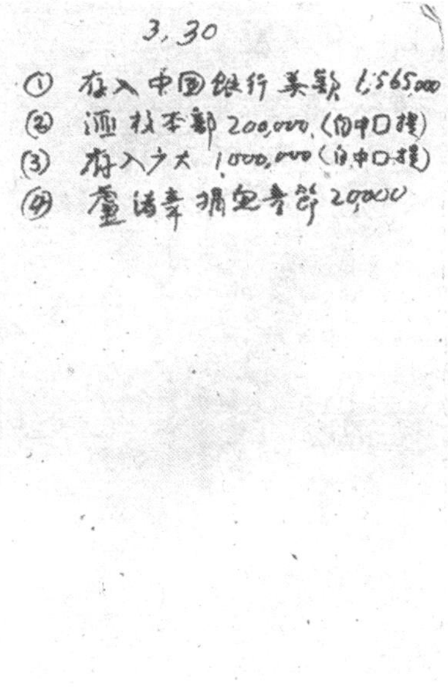
3,30
① 存入中国银行美钞 656500
② 汇校本部 200,000（由中口提）
③ 存入少大 1,000,000（由中口提）
④ 壹储章捐助本部 20,000

49-009

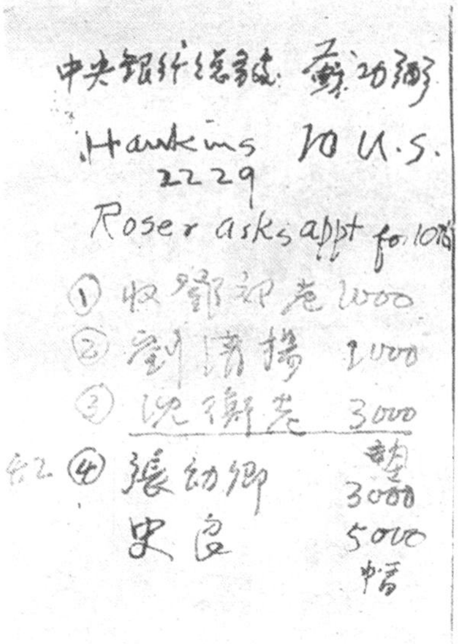
中央银行总裁 俞鸿钧
Hawkins 10 U.S.
2229
Roser asks appt for 10时
① 收邓初老 1000
② 刘清扬 1000
③ 沈衡老 3000
红 ④ 张幼卿 3000
史良 5000

49-010

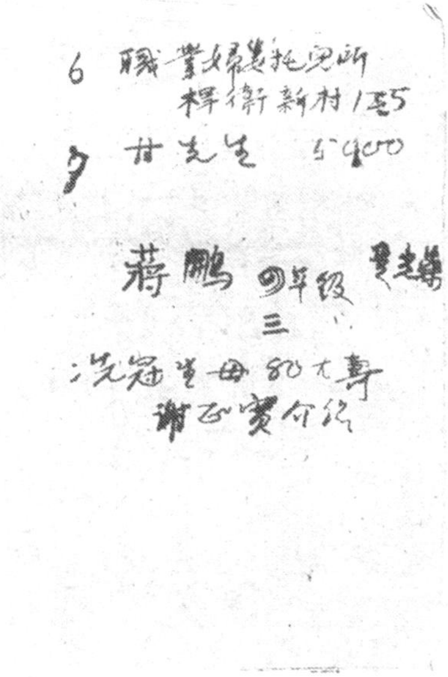
6 职业妇女托儿所
桂衡新村1号5
7 甘先生 5400
蒋鹏 四年级
三
沈冠生母 80大寿
谢仁宾介绍

49-011

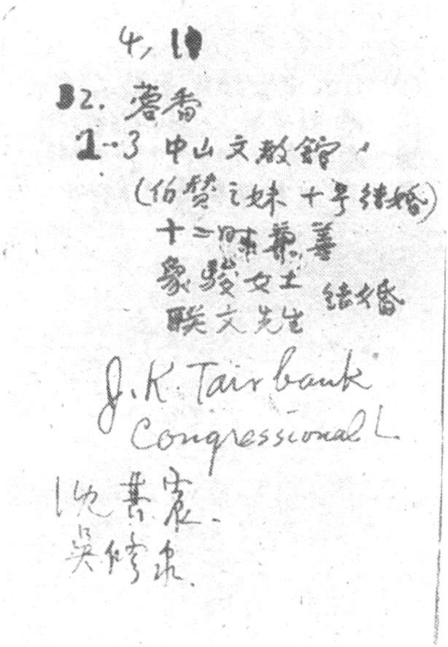
4,18
32. 寄香
1-3 中山文教馆
（伯赞之妹十号结婚）
十二时兼等
象骏女士
联文先生 结婚
J.K. Fairbank
Congressional L.
沈其震
吴修东

49-012

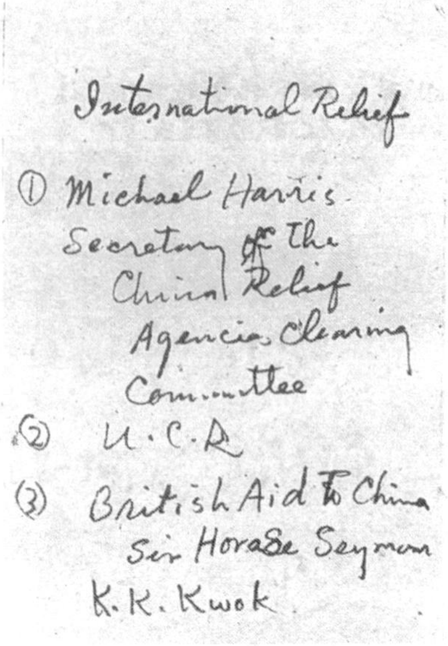

International Relief

① Michael Harris
Secretary of the
China Relief
Agencies Clearing
Committee

② U.C.R

③ British Aid to China
Sir Horase Seymour

K.K. Kwok

49-013

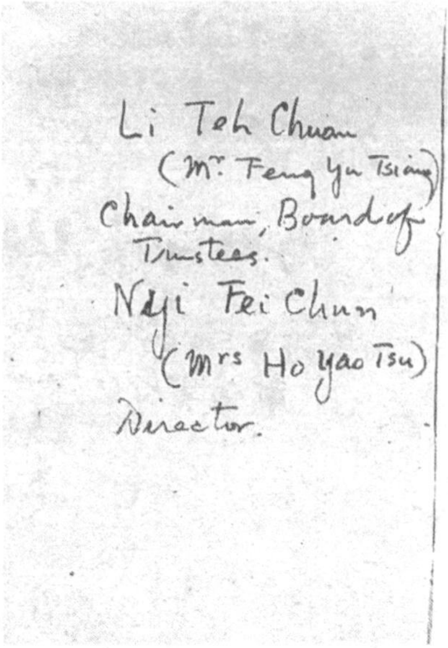

Li Teh Chuan
(Mrs. Feng Yu Tsiang)
Chairman, Board of
Trustees.

Nyi Fei Chun
(Mrs Ho Yao Tsu)
Director.

49-014

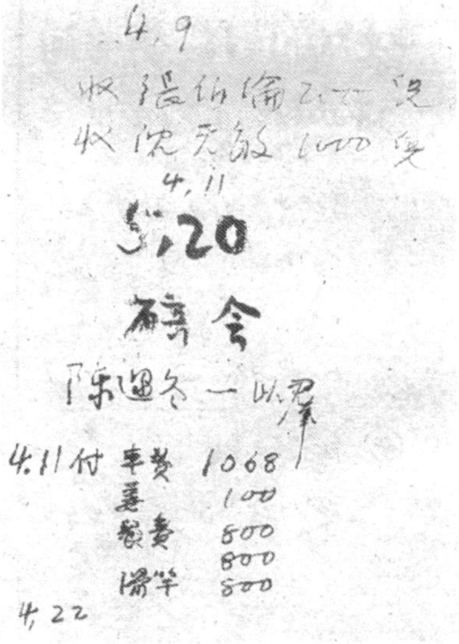

4.9
收張仲儒乙一巡
收沈天敍1000元
4.11
5,20
碑会
陈邇冬一以?
4.11付 车费 1068
菜 100
餐费 800
800
滑竿 800
4.22

49-015

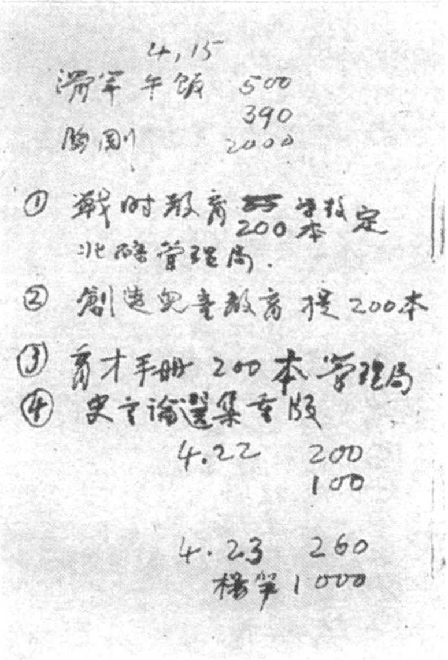

4.15
滑竿午饭 500
390
盼刚 2000

① 战时教育 ~~??~~ 学校 200本 定
北碚管理局.
② 創造兒童教育 提 200本
③ 育才手册 200本 管理局
④ 史文論選集重版
4.22 200
100

4.23 260
滑竿 1000

49-016

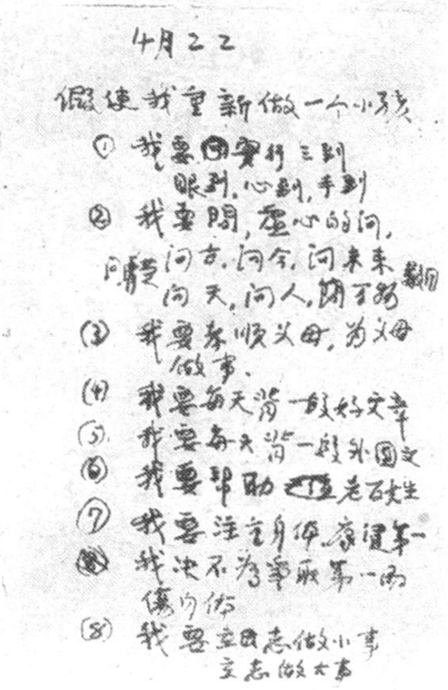
4月22

假使我重新做一个小孩

① 我要实行三到
眼到，心到，手到

② 我要问，虚心的问，
问古，问今，问未来
问天，问人，问万物

③ 我要孝顺父母，为父母做事。

(4) 我要每天背一段好文章

(5) 我要每天背一段外国文

⑥ 我要帮助老百姓

⑦ 我要注重身体，康健第一

我决不为争取第一而伤身体

(8) 我要立志做小事
立志做大事

49-017

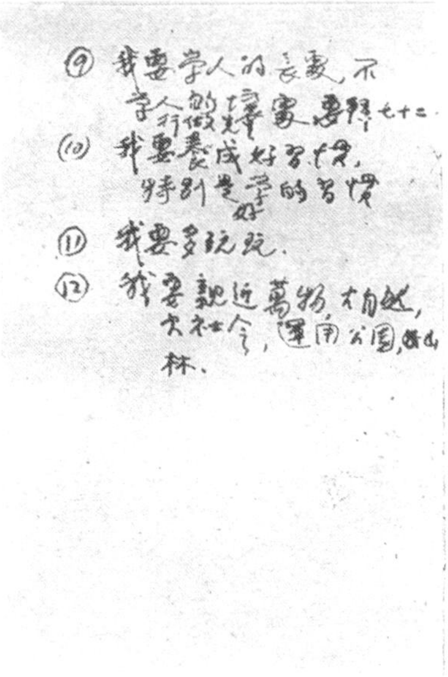
⑨ 我要学人的长处，不学人做坏事，要学七十二行

(10) 我要养成好习惯，
特别是好学的习惯

⑪ 我要多玩玩。

⑫ 我要亲近万物，大自然，
大社会，运用公园，山林。

49-018

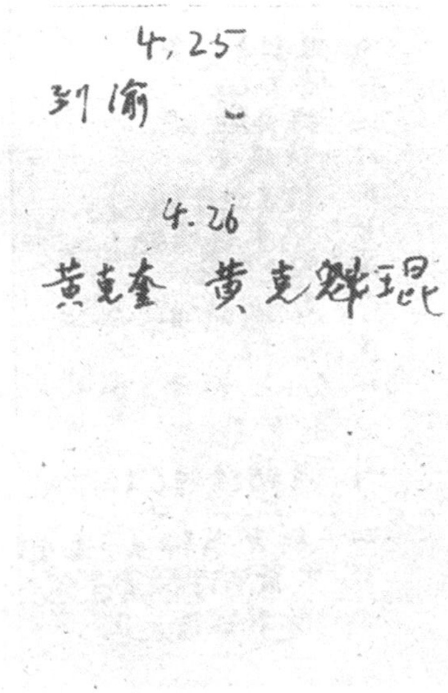
4,25

到渝

4.26

黄克奎 黄克琨

49-019

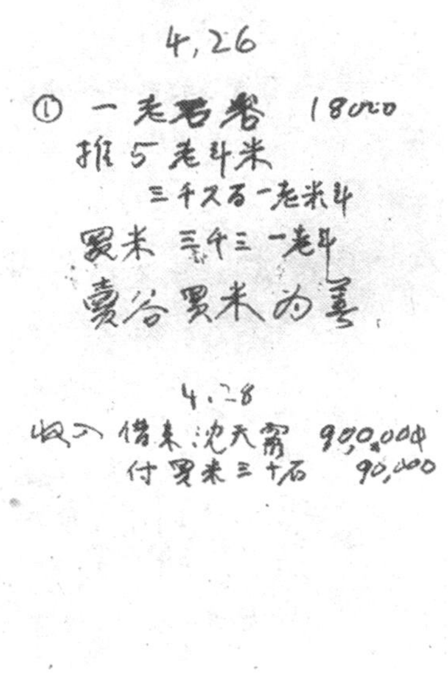
4,26

① 一老石谷 18000
排5老斗米
三千又五一老米斗
买米 三千三 一老斗
卖谷买米为善

4.28

收入 借来沈天裔 900,000
付买米三十石 90,000

49-020

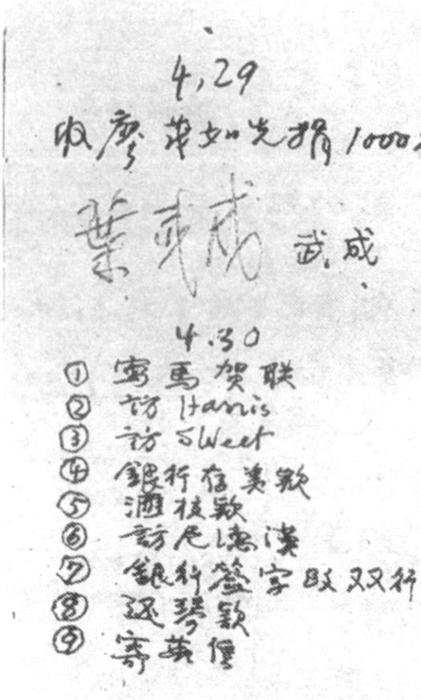
4,29
收廖茂如先生捐1000元
葉武成 武成
4.30
① 寫馬賀联
② 訪Harris
③ 訪Sweet
④ 銀行存美款
⑤ 匯枝款
⑥ 訪尼德漢
⑦ 銀行簽字取双行
⑧ 還琴款
⑨ 寄英信

49-021

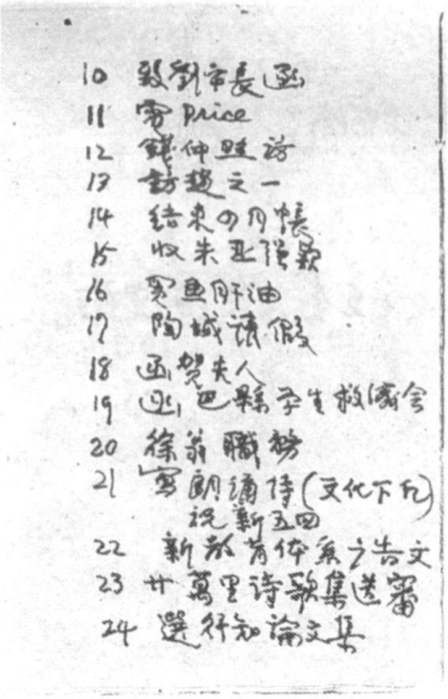
10 致劉市長函
11 寫Price
12 錢仲璐訪
13 訪趙之一
14 结束四月帳
15 收朱丕倚款
16 買魚肝油
17 陶城請假
18 函賀夫人
19 函巴縣學生救濟会
20 徐蔚職務
21 寫朗誦詩（文化下鄉）祝新五四
22 新教育作家之告文
23 廿萬里詩歌集送審
24 選行知論文集

49-022

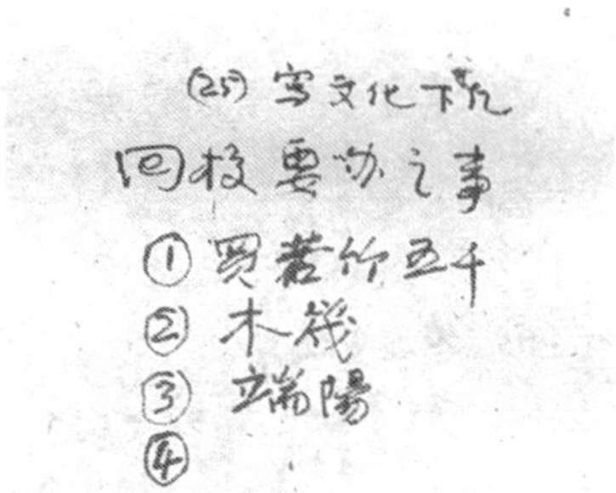
(25) 寫文化下鄉
回校要办之事
① 買黃竹五千
② 木筏
③ 立端陽
④

49-023

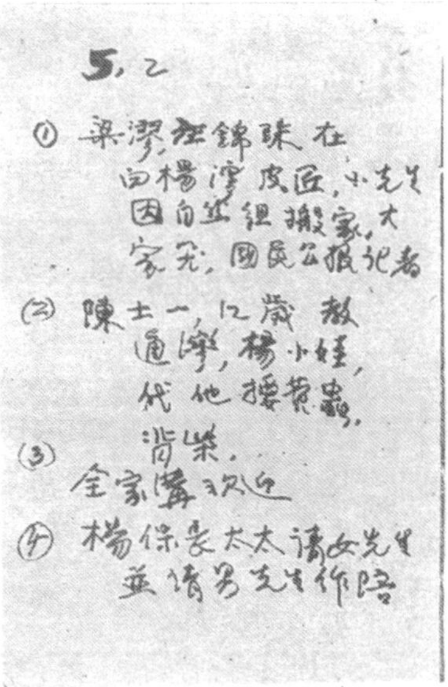
5,2
① 梁潔錦珠 在白楊灣皮匠，小先生因自然组搬家，大家究，国民公报记者
(2) 陳士一，12歲 教通學，楊小娃，代他擦黄蟲，背柴.
(3) 全家歡迎
(5) 楊保長太太請女先生並請男先生作陪

49-024

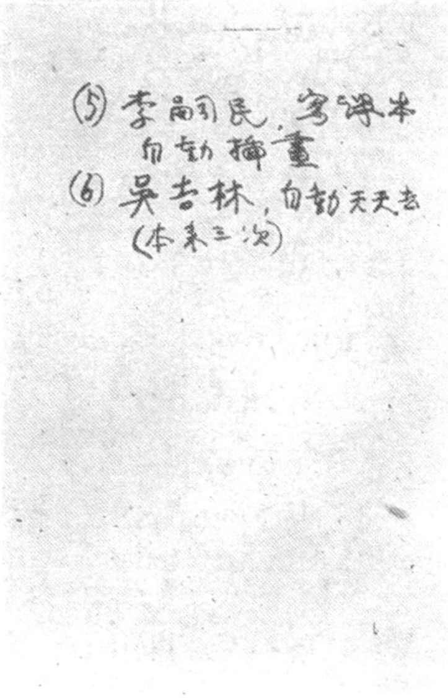
(5) 李蔚民，写译本
自动插画
(6) 吴吉林，自动天天去
(本来三次)

49-025

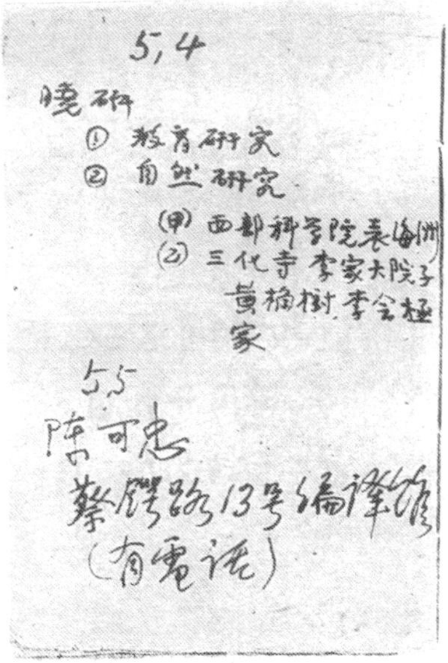
5,4
晓研
① 教育研究
② 自然研究
(甲) 西部科学院袁海洲
(乙) 三化寺李家大院子
黄桷树李宝桓
家
5,5
陈可忠
蔡锷路13号编译馆
(有电话)

49-026

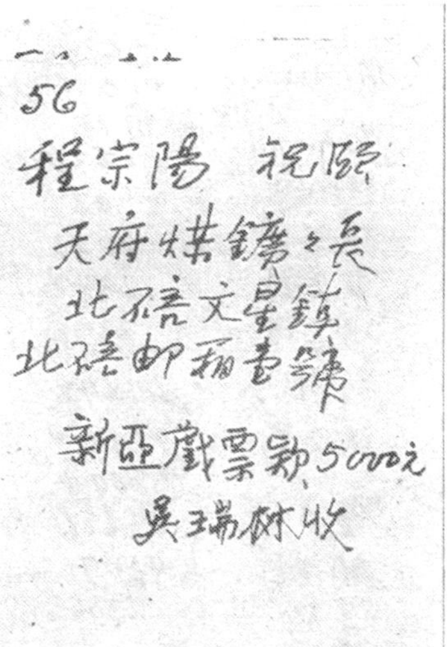
56
程宗阳 祝颐
天府煤矿公司
北碚文星镇
北碚邮箱壹號
新亚戏票款5000元
吴瑞林收

49-027

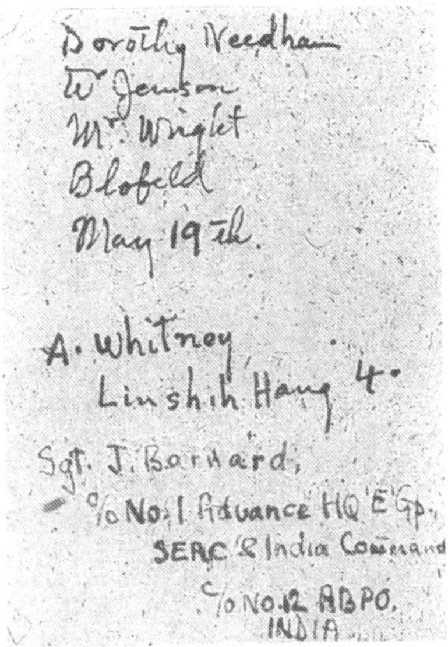
Dorothy Needham
Dr Jemson
Mr Wright
Blofeld
May 19th.
A. Whitney
Linshih Hang 4.
Sgt. J. Barnard,
c/o No. 1 Advance HQ 'E' Gp.
SEAC & India Command
c/o No. 12 ABPO,
INDIA

49-028

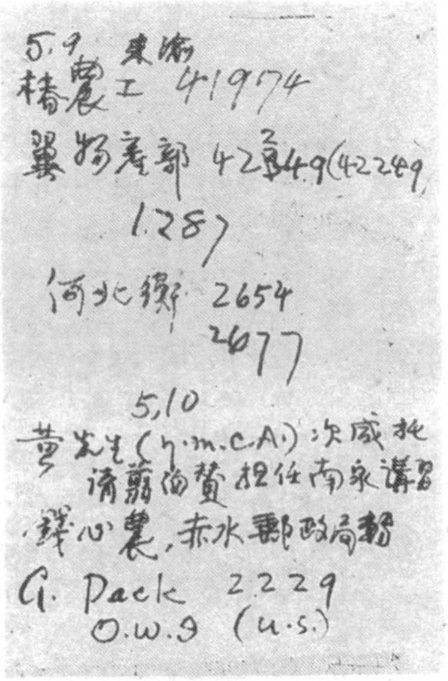
5.9 來渝
[illegible] 41974
[illegible]部 42249 (42249
1287)
河北鄉 2654
2677
5,10
黃先生(Y.M.C.A.) [illegible]
[illegible]擔任南泉講習
錢心農，赤水郵政局轉
G. Pack 2229
O.W.I (U.S.)

49-029

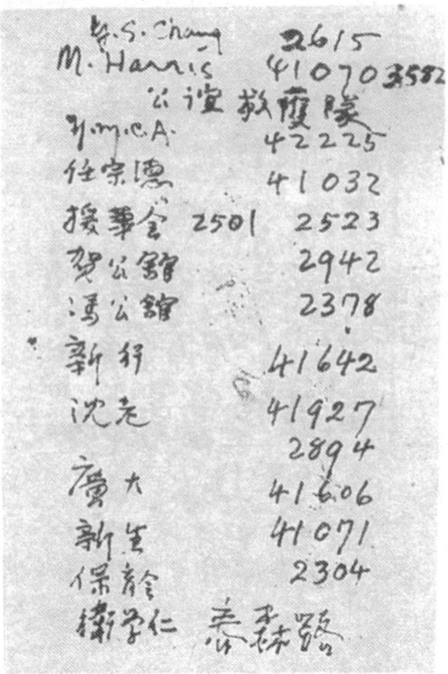
S.S. Chang 2615
M. Harris 41070 3582
公誼救護隊
Y.M.C.A. 42225
任宗德 41032
援華會 2501 2523
賀公館 2942
馮公館 2378
新[illegible] 41642
沈老 41927
2894
廣大 41606
新生 41071
保育會 2304
衛學仁 泰森路

49-030

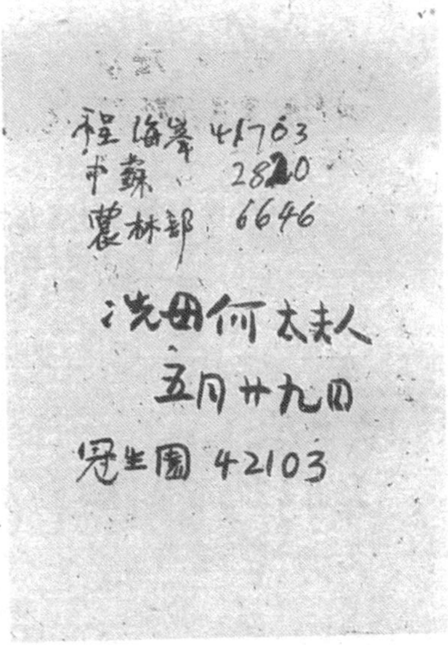
程海峯 41703
中蘇 2820
農林部 6646
洗母何太夫人
五月廿九日
冠生園 42103

49-031

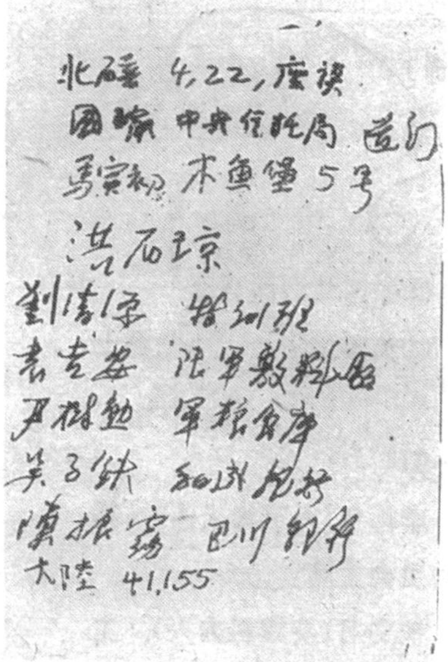
北碚 4.22，座談
國際 中央信託局 [illegible]
馬[illegible] 木魚堡5号
洪[illegible]
劉[illegible] [illegible]
[illegible] [illegible]
尹[illegible] 軍糧倉庫
吳[illegible] [illegible]
陳[illegible] [illegible]
大陸 41,155

49-032

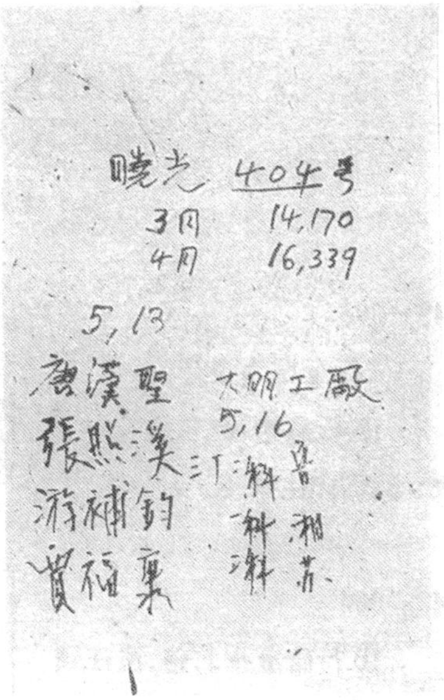

晓光 404号
3月 14,170
4月 16,339
5,13
唐汉圣 大明工厂
张照溪 5,16
游补钧
贾福康

49-033

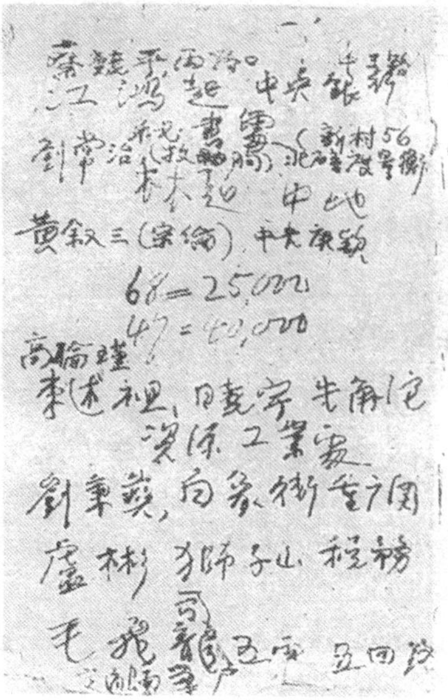

江鸿超 中央银行
黄叙三（宗儒）
68=25,000
47=40,000
李述礼，
刘秉莹，
卢彬 狮子山
毛飞龙

49-034

# 第四十九册〔注译〕

1945.3.16~1945.5

重庆





49—003

第4行“金城”为银行

第12行意为：向自贡市盐商赠《武训先生画传》

49—004

第10行“碚澄”指北碚、澄江镇

末行“字”为“求”字

49—012

第8至9行：J. K.泰尔班克　议会联盟

49—013

国际救济

①米哈尔·哈里斯　中国救济社审核委员会秘书

②中国救济联合会

③英国援华会　西蒙爵士

49—014

李德全（冯玉祥夫人）　托管委员会主席

倪斐君（贺耀祖夫人）　主任

49—024

第8行：“摽”为赶之意

49—028

李约瑟詹姆森先生　莱特先生　布罗费尔德

5月19日

A.惠特尼，领事巷4号

# 衔備忘

第五十册

1945.5.23~1945.7.18

③ 1945

50-001

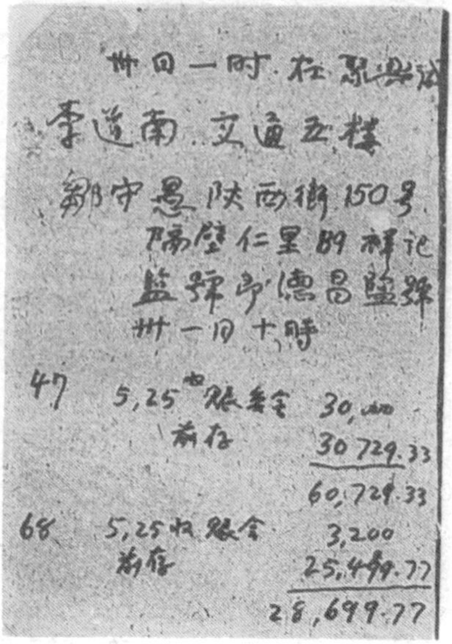
卅日一时 在聚兴诚
李道南 交通五楼
鄞守愚 陕西街150号
陽璧仁 星期祥记
盐务局德昌盐号
卅一日十时
47 5,25收张仝 30,000
前存 30,729.33
60,729.33
68 5,25收张仝 3,200
前存 25,499.77
28,699.77

50-002

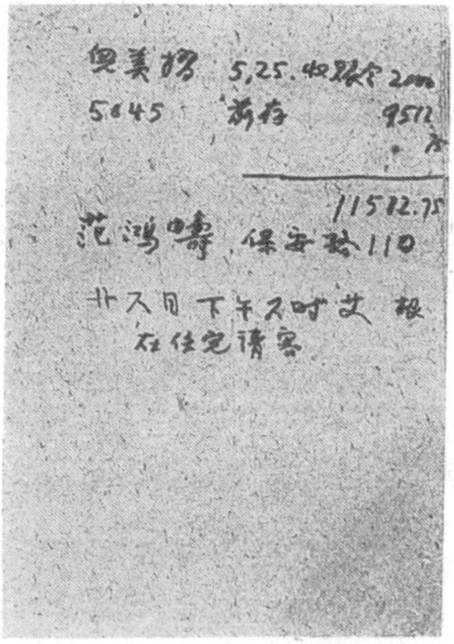
吴美扬 5,25.收张仝 2000
5645 前存 9512
11512.75
范鸿畴 保安路110
廿八日下午八时史 根
在住宅请客

50-003

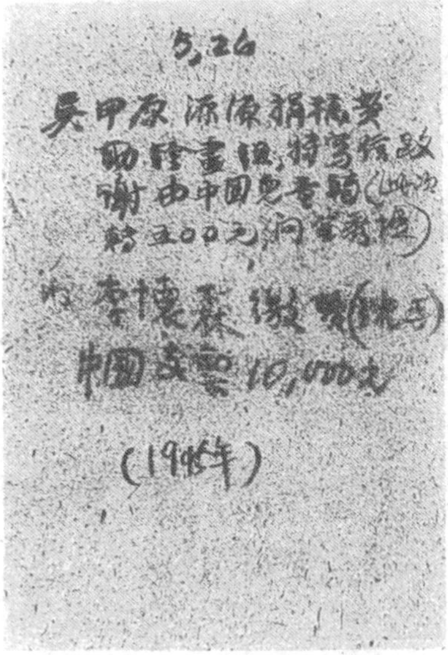
5,26
吴甲原 源源捐稿费
（1945年）

50-004

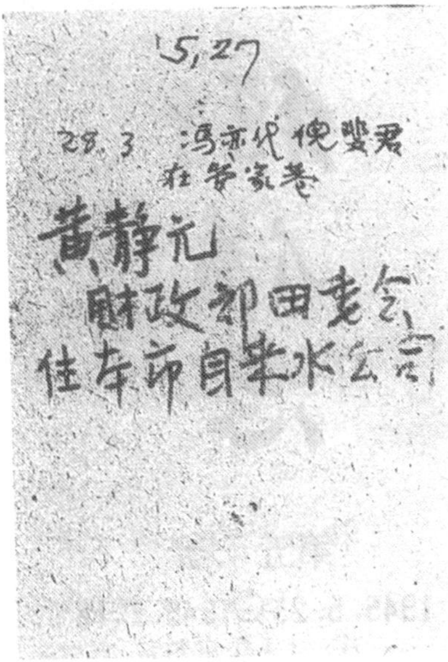

5,27

28.3 冯亦代 倪斐君

在贫家巷

黄静元

财政部田赋会

佳木市自来水公司

50-005

6,2

文化研究院成立

50-006

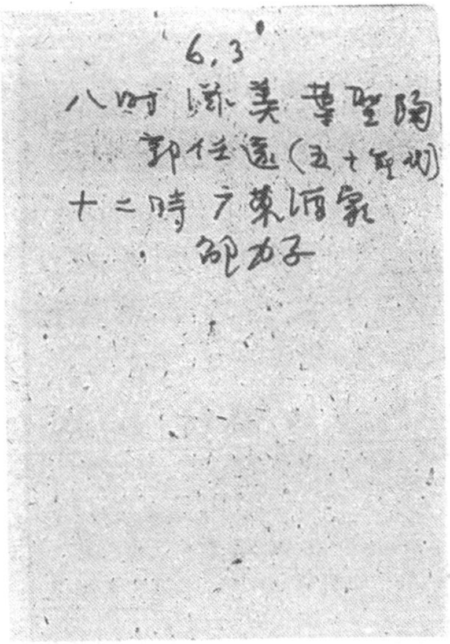

6,3

八时 冰美 华圣陶

郭任远(五十年代)

十二时 广东酒家

邵力子

50-007

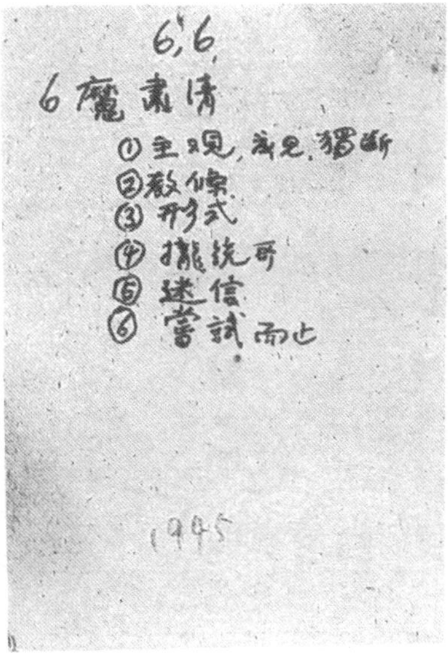

6,6

6魔肃清

①主观,成见,独断

②教條

③形式

④攏統哥

⑤迷信

⑥嘗試而止

1945

50-008

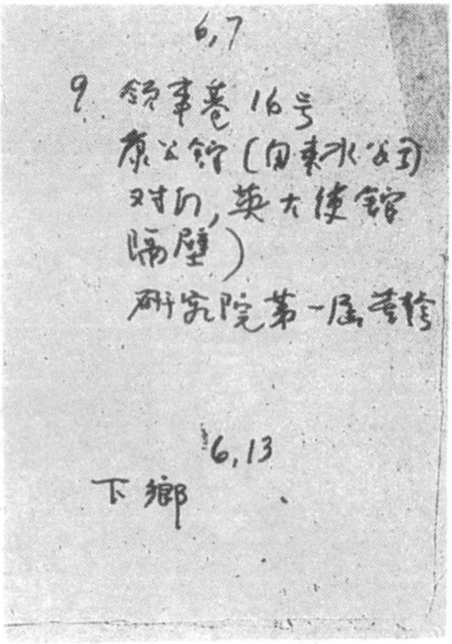

6,7

9. 领事巷16号
康公馆（自来水公司
对门，英大使馆
隔壁）
研究院第一届专修

6,13
下鄉

50−009

7,1 進城

50−010

7,16

19. 2 p.m. at Hawkins
Robert Warren
William A. Beale

50−011

Philip Potter
Baltimore Sun
Room 33
Press Hostel

50−012

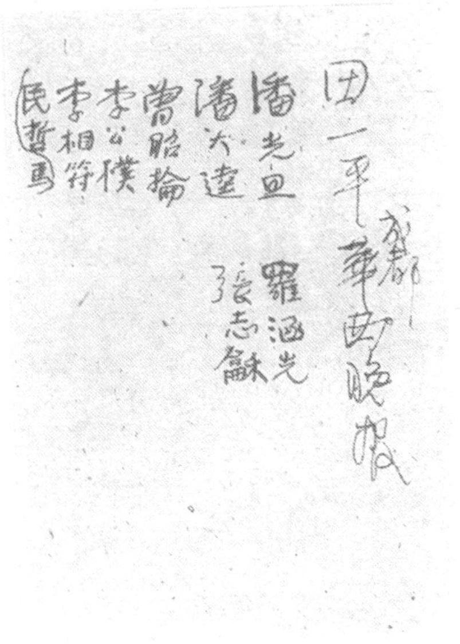


50-013

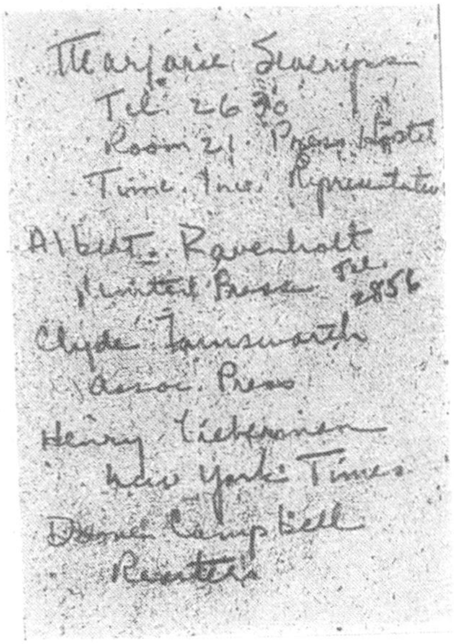


50-014

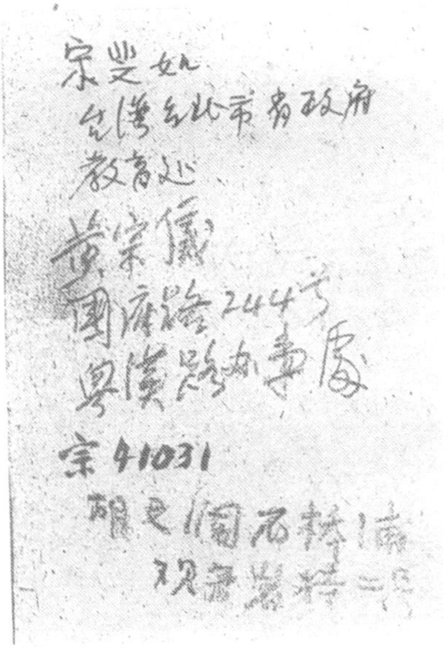


50-015

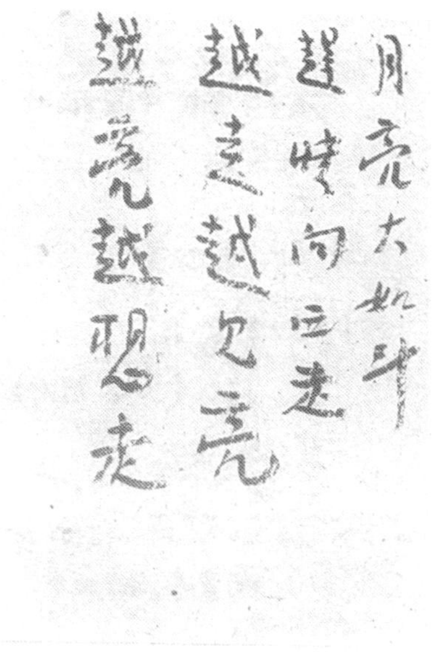


50-016

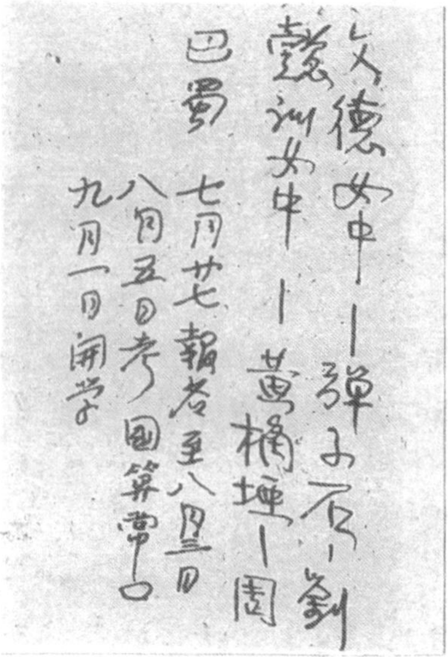


50-017

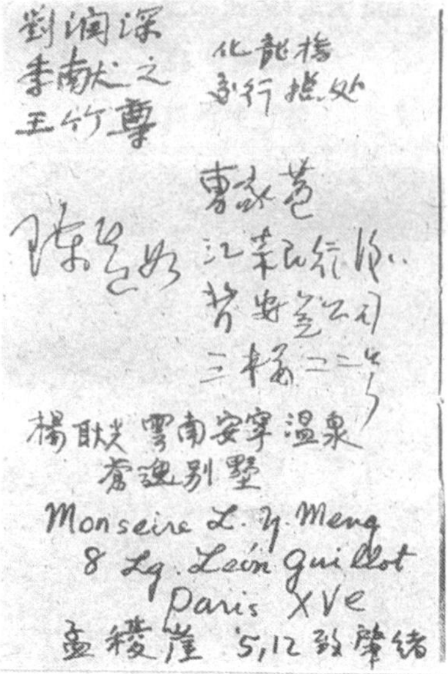


50-018

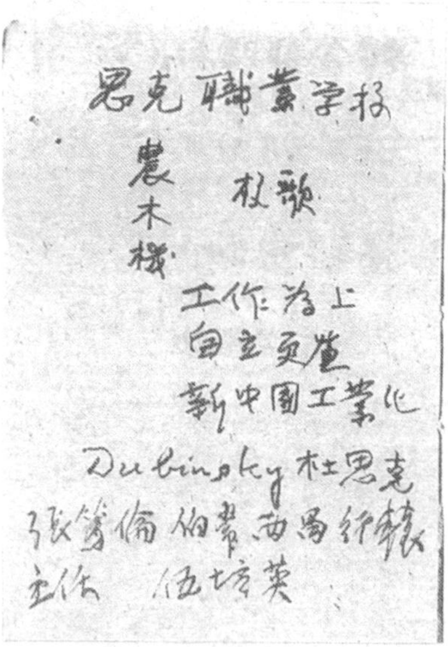


50-019

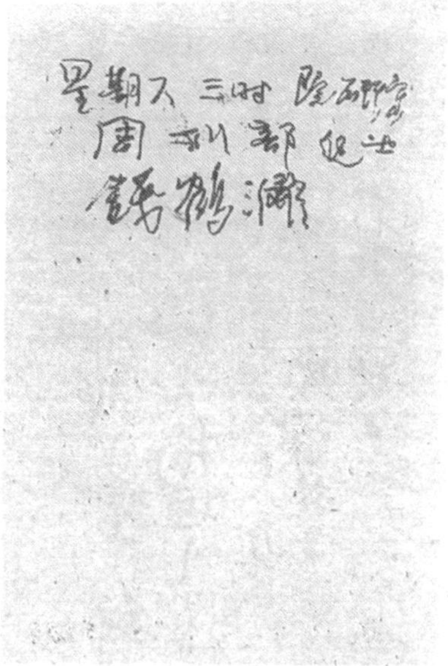

50-020

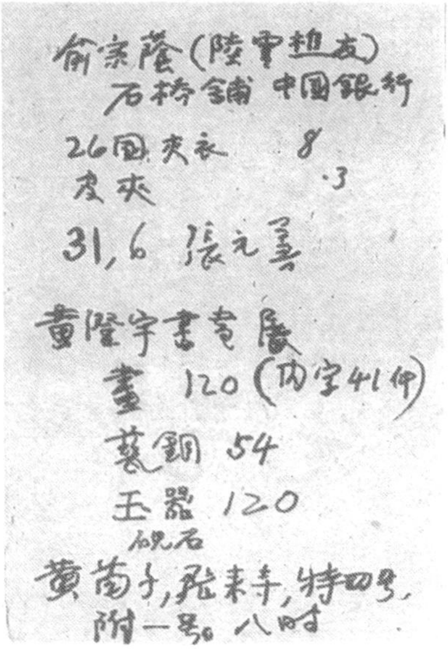
俞宗蔭（陸軍担友）
石橋鋪 中國銀行
26回 夾衣 8
皮夾 ·3
31,6 張元善
黃隆宇書畫展
畫 120（內字41件）
彝銅 54
玉器 120
硯石
黃菊子，張東寺，特四號，附一號。八時

50-021

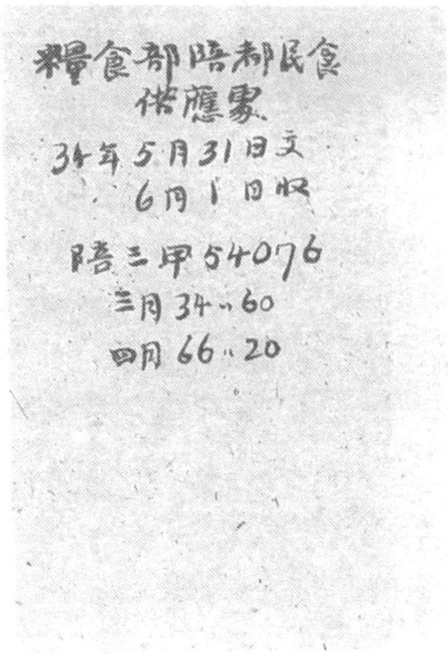
糧食部陪都民食
供應處
34年5月31日交
6月1日收
陪三甲54076
三月34〃60
四月66〃20

50-022

# 第五十册〔注译〕

1945.5.23~1945.7.18

重庆

50—011

19日下午2时在霍金斯处

罗伯特·马润

威廉·阿·比勒

50—012

菲利浦·波特

巴尔的摩《太阳报》

33号房间

新闻旅行社

50—014

此页为慕尼黑通讯社、美联社、纽约时报、路透社等记者名

50—018

第10至12行：L.Y.孟先生　巴黎地址

50—019

倒数第3行外文：杜宾斯基

# 衛備忘

第 五 十 一 册

1945.9.18~1945.11

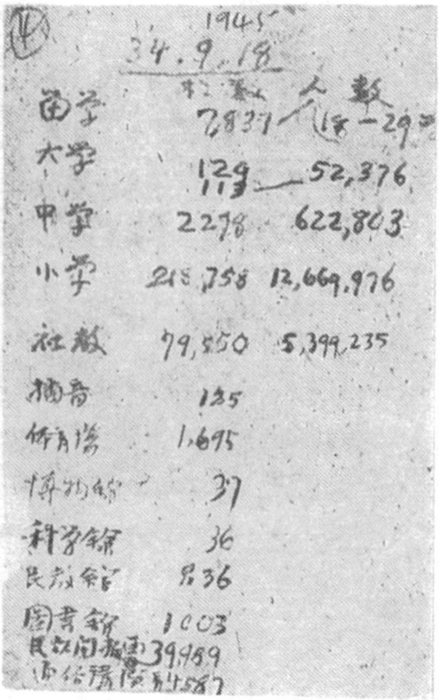
1945
34.9.18

| | 校數 | 人數 |
|---|---|---|
| 留学 | 7837 | (18—29) |
| 大学 | 129 113 | 52,376 |
| 中学 | 2278 | 622,803 |
| 小学 | 218,758 | 12,669,976 |
| 社教 | 79,850 | 5,399,235 |
| 播音 | 135 | |
| 体育场 | 1,695 | |
| 博物馆 | 37 | |
| 科学馆 | 36 | |
| 民教馆 | 836 | |
| 图书馆 | 1003 | |
| 民教阅报室 | 39,489 | |
| [illegible] | 41,587 | |

51-001

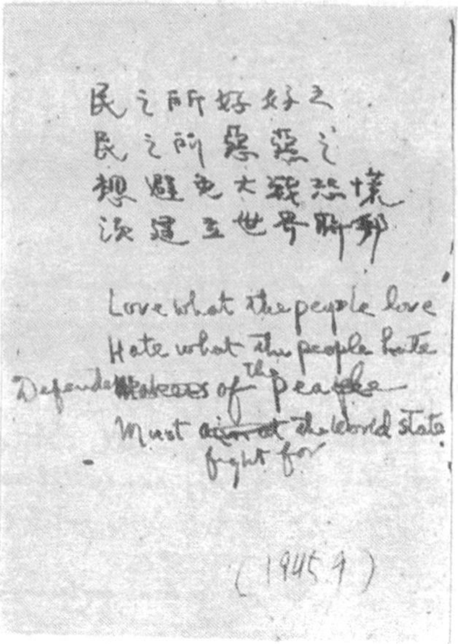
民之所好好之
民之所恶恶之
想避免大战恐慌
须建立世界联邦

Love what the people love
Hate what the people hate
Defenders of the people
Must fight for the world state

(1945.9)

51-002

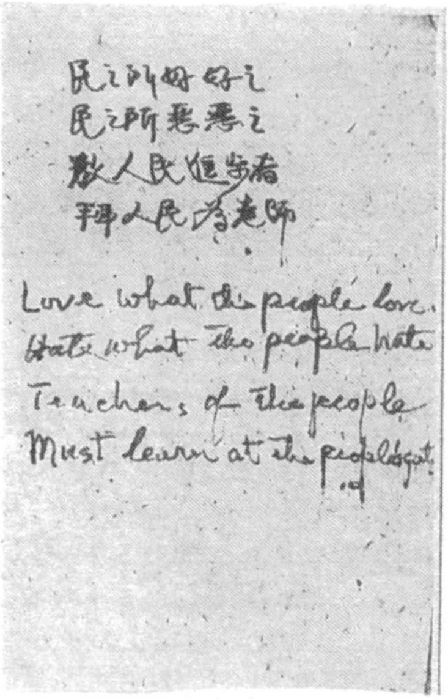
民之所好好之
民之所恶恶之
教人民进步者
拜人民为老师

Love what the people love.
Hate what the people hate
Teachers of the people
Must learn at the people's feet.

51-003

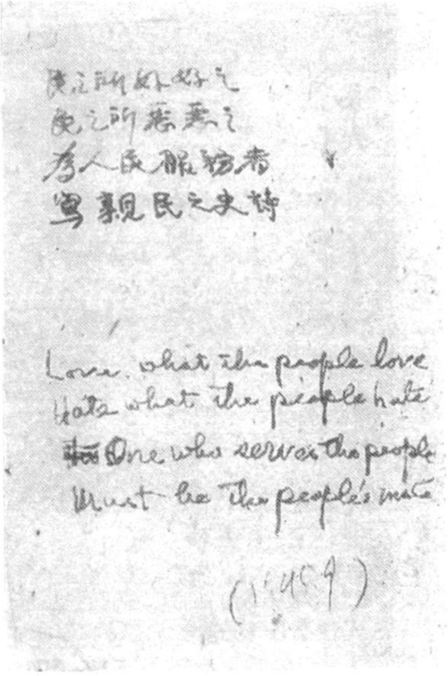
民之所好好之
民之所恶恶之
为人民服务者
[illegible]

Love what the people love
Hate what the people hate
One who serves the people
Must be the people's mate

(1945.9)

51-004

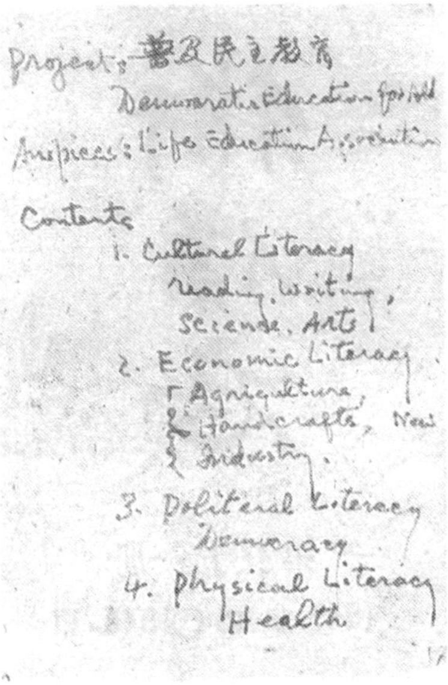
Project: 普及民主教育
Democratic Education for All
Auspices: Life Education Association

Contents
1. Cultural Literacy
reading, writing,
science, arts
2. Economic Literacy
Agriculture,
Handicrafts, New
Industry.
3. Political Literacy
Democracy
4. Physical Literacy
Health

51-005

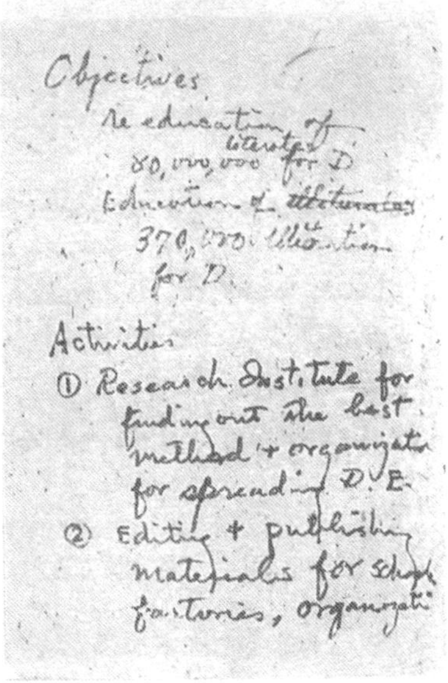
Objectives
re education of literates
80,000,000 for D
Education of illiterates
370,000,000 illiterates
for D

Activities
① Research Institute for
finding out the best
method + organization
for spreading D.E.
② Editing + publishing
materials for schools
factories, organizati

51-006

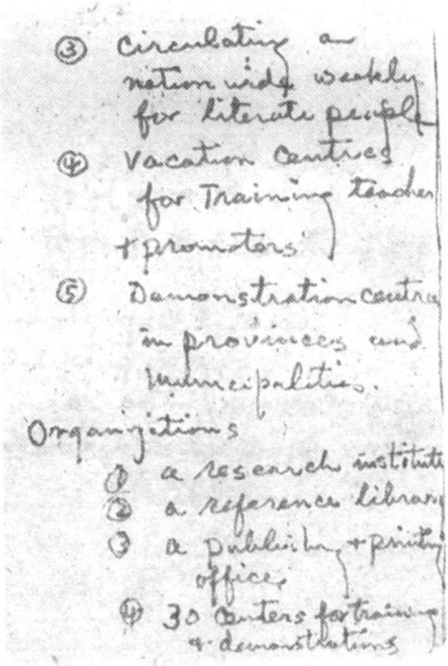
③ Circulating a
nation wide weekly
for literate people
④ Vacation Centres
for Training teachers
+ promoters
⑤ Demonstration centres
in provinces and
municipalities.
Organizations
① a research institute
② a reference library
③ a publishing + printing
office,
④ 30 Centers for training
+ demonstrations

51-007

⑤ a headquarters
⑥ Subsidized Centres

51-008

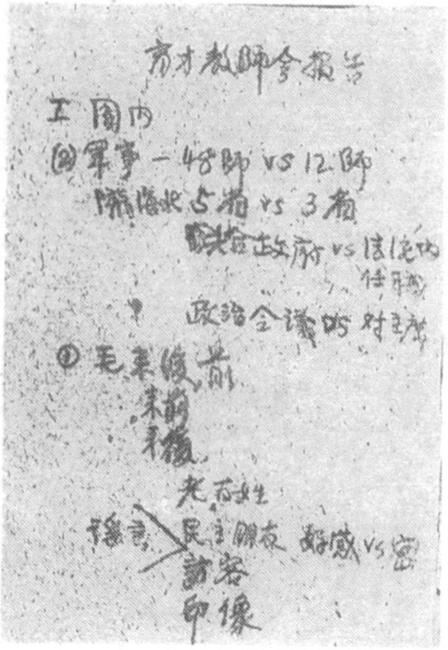

51-009

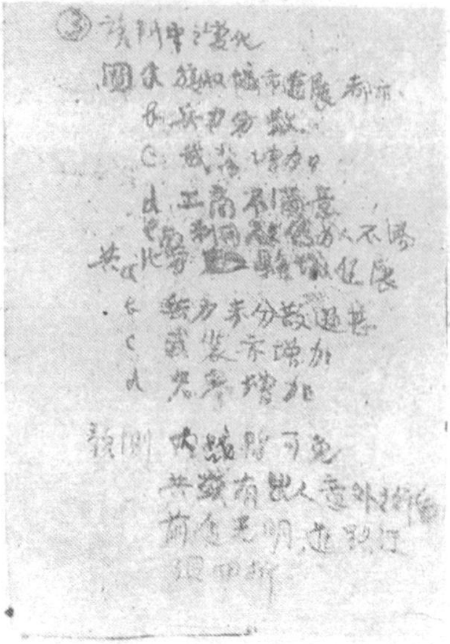

51-010

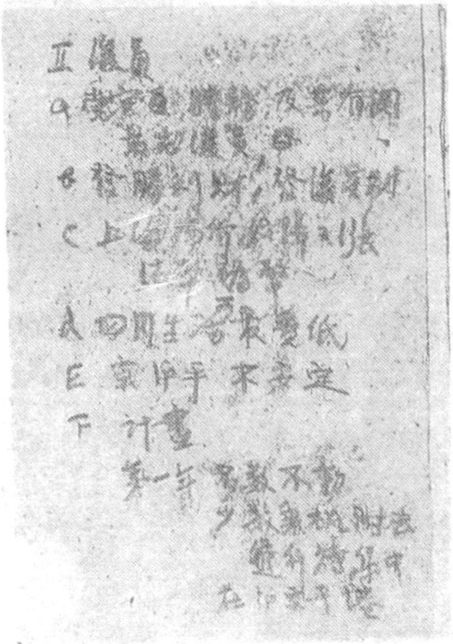

51-011

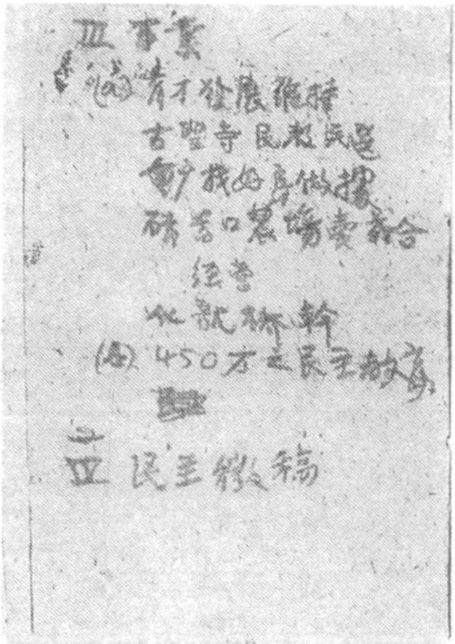

51-012

51-013

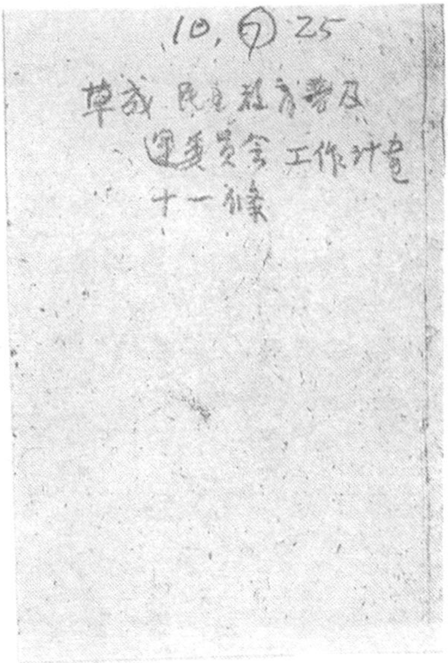


51-014

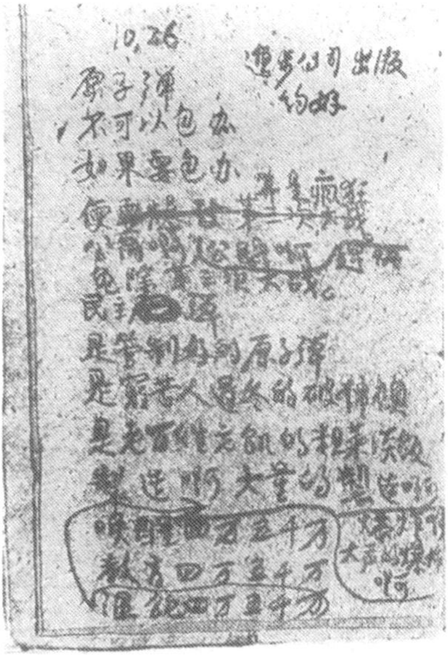


51-015

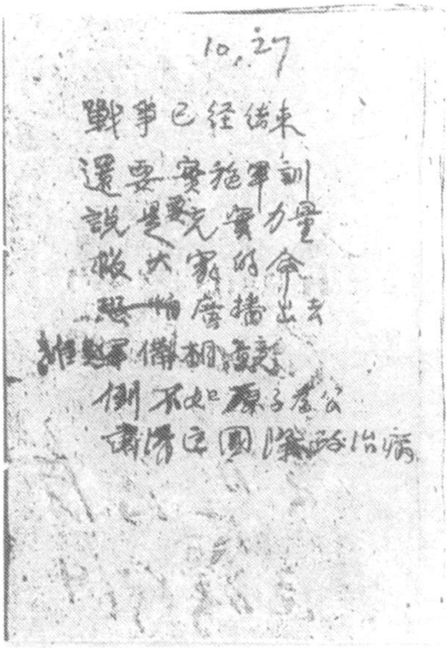


51-016

51-017

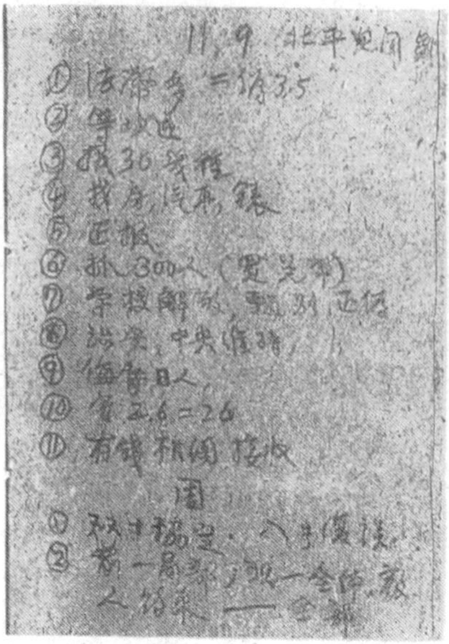

51-018

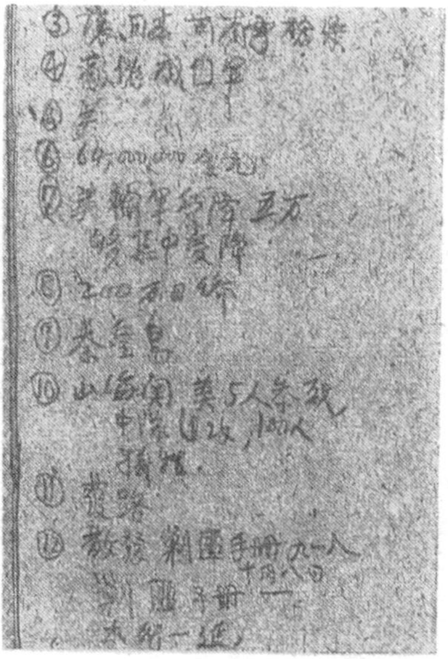

51-019

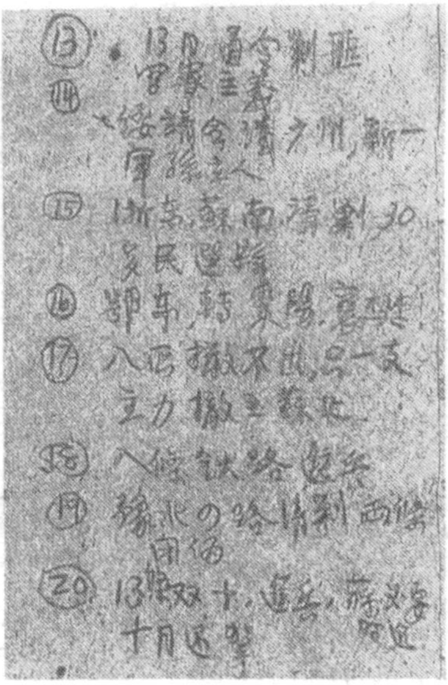

51-020

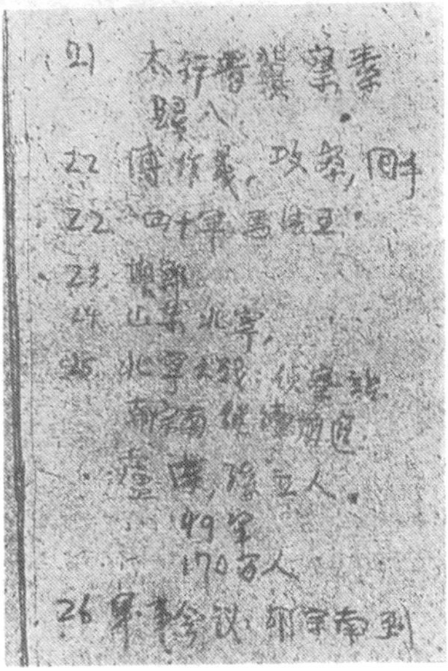

51-021

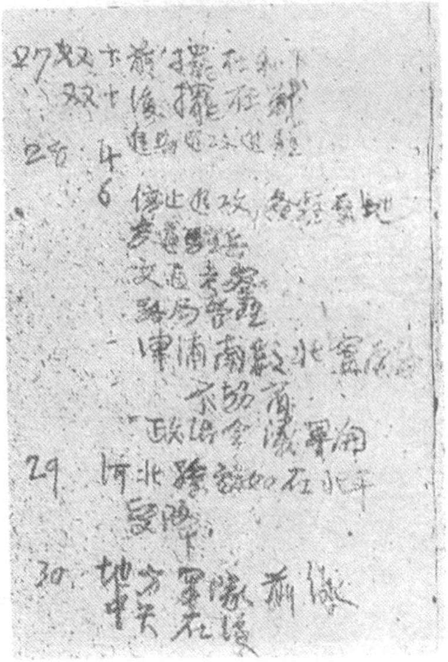

51-022

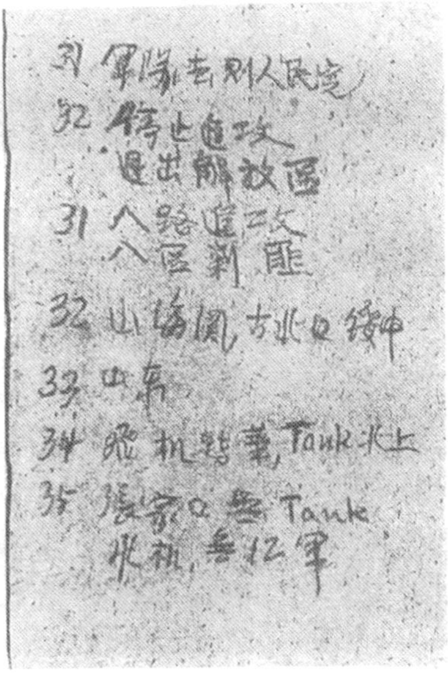

51-023

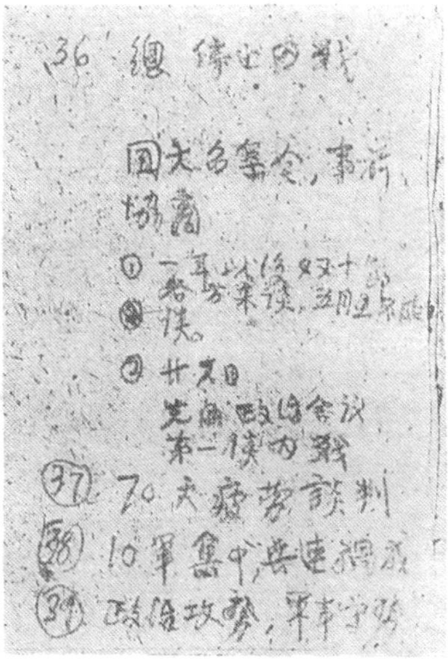

51-024

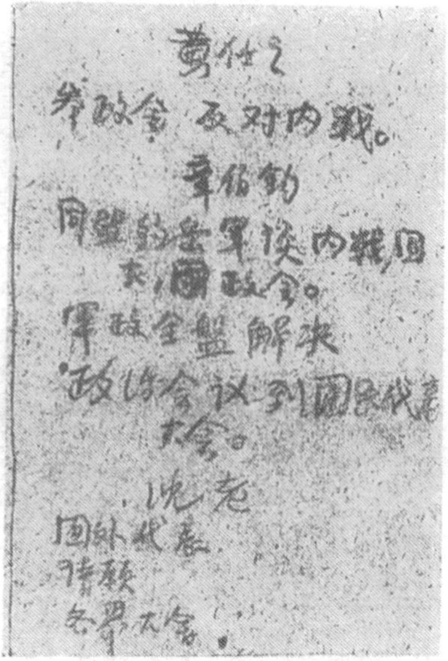
黄任之
参政会 反对内战。
章伯钧
同盟为要军队内战国
家，国政会。
军政全盘解决
政协会议到国民代表
大会。
沈老
国外代表
陈毅
各界大会

51-025

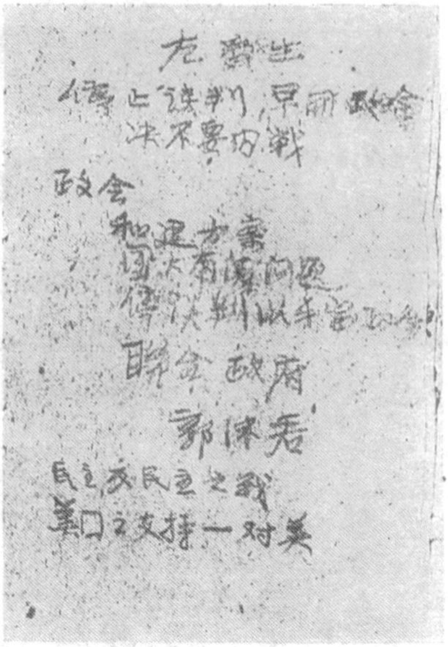
左舜生
停止谈判，召开政协会
决不要内战
政会
和平方案
国大有关问题
联合政府
郭沫若
民主反民主之战
美国之支持—对美

51-026

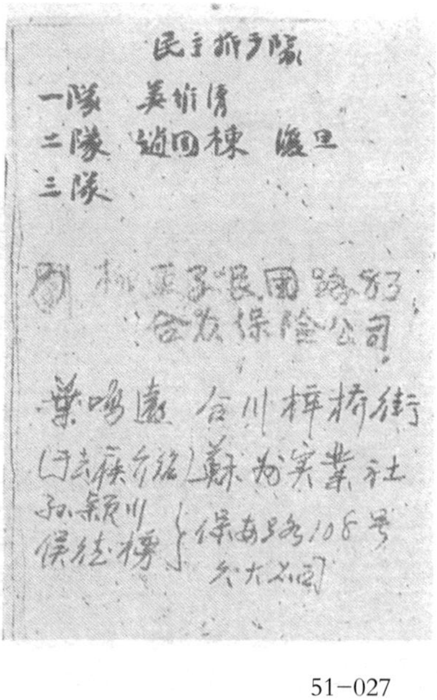
民主指导队
一队 吴华清
二队 赵国栋
三队
合众保险公司
叶鸣远 合川梓桥街
苏为实业社
保安路108号

51-027

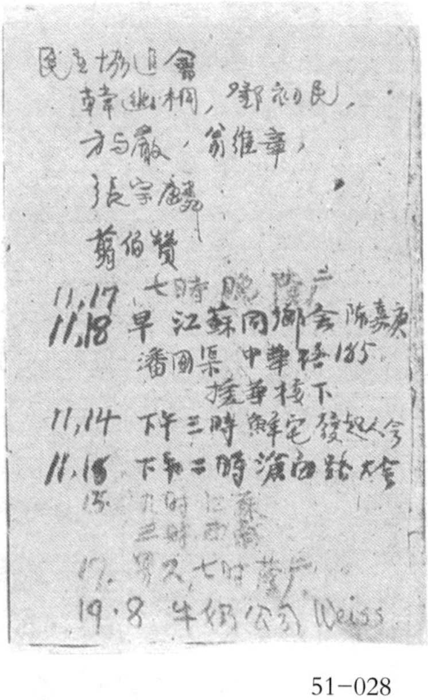
民主协进会
韩兆桐，邓初民，
方与严，
张宗麟
翦伯赞
11.17 七时
11.18 早 江苏同乡会 陈嘉庚
潘国渠 中华路135
11.14 下午三时 鲜宅 发起人会
11.15 下午二时
19.8 牛奶公司 Weiss

51-028

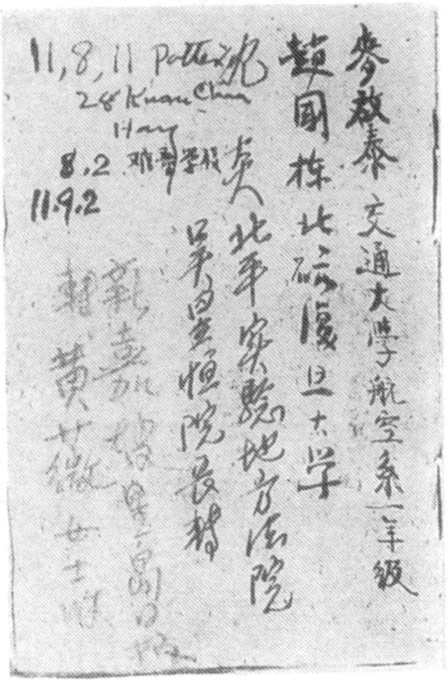
11,8,11 Potter 沈

交通大学航空系一年级

北碚复旦大学

51-029

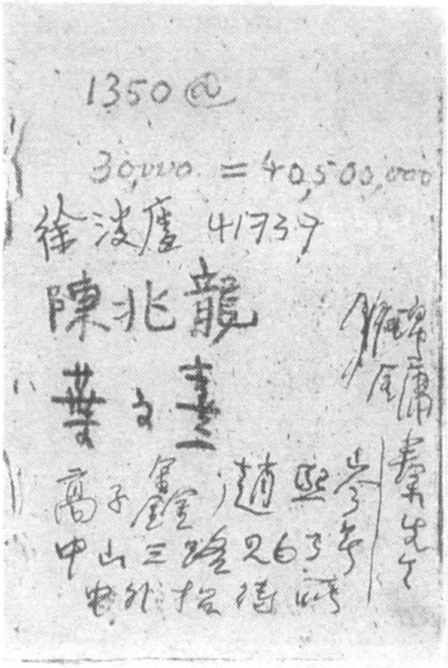
1350 @

30,000 = 40,500,000

徐波度 41739

陳兆龍

中山三路263号

51-030

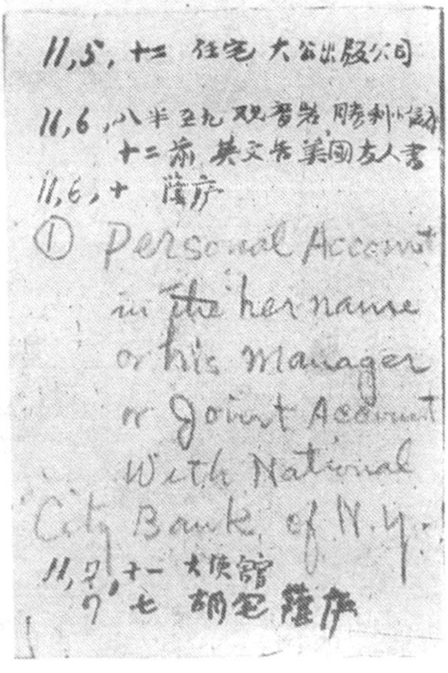
11,5,十二 住宅 大公出版公司

11,6,十 蒲庐

① Personal Account in the her name or his Manager or Joint Account With National City Bank of N.Y.

11,7,十一 大使館

七 胡宅 蒲庐

51-031

② Company Constitution By-laws. Photostatic Production of Registration

Copy of Minutes of Meeting

51-032

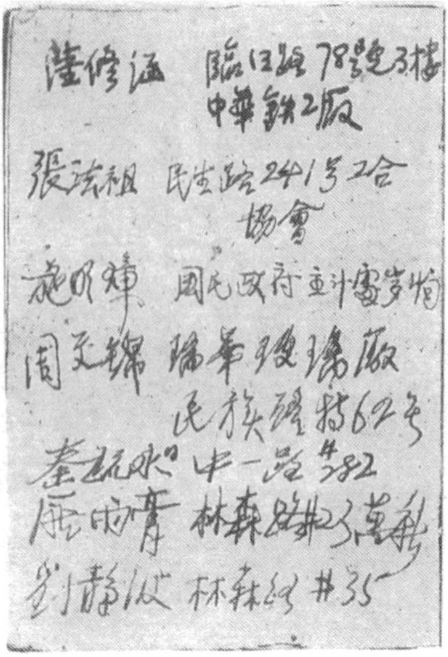
陸修涵 臨江路78號之3樓 中華鐵工廠
張琼祖 民生路241號工合協會
[illegible] 國民政府[illegible]
周文錦 瑞華玻璃廠 民族路第62號
[illegible] 中一路#282
[illegible] 林森路[illegible]
劉靜波 林森路#35

51-033

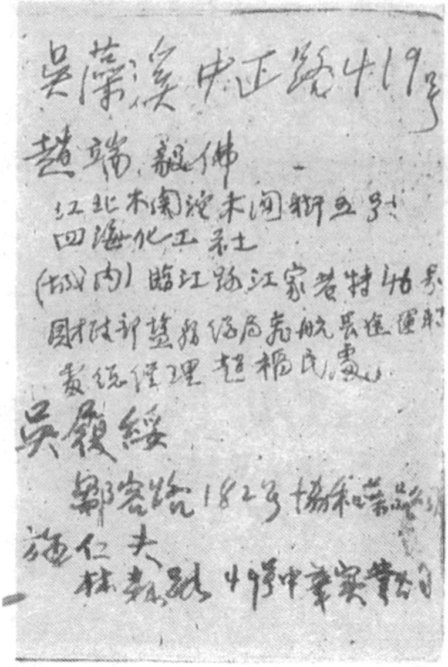
吴[illegible] 中正路419號
趙端 毅佛
江北[illegible]
四海化工社
(城内) 臨江路江家巷[illegible]46號
[illegible]
吴[illegible]
[illegible]182號[illegible]
[illegible]
林森路[illegible]中華[illegible]

51-034

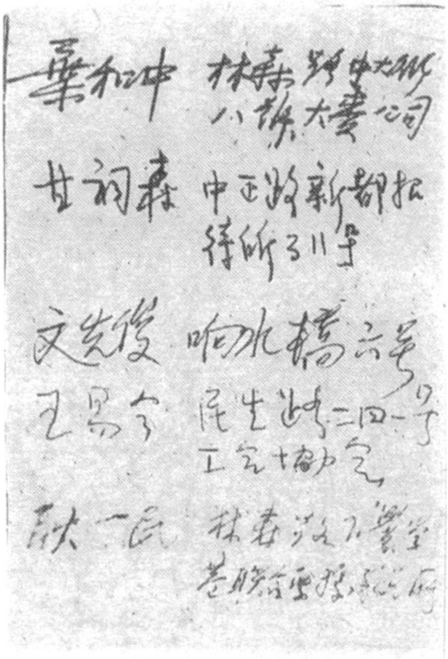
葉和中 林森路[illegible] 八號大[illegible]公司
甘祠森 中正路新都招待所311號
[illegible] 响水橋[illegible]
王[illegible] 民生路二四一號 工合協會
[illegible] 林森路[illegible]

51-035

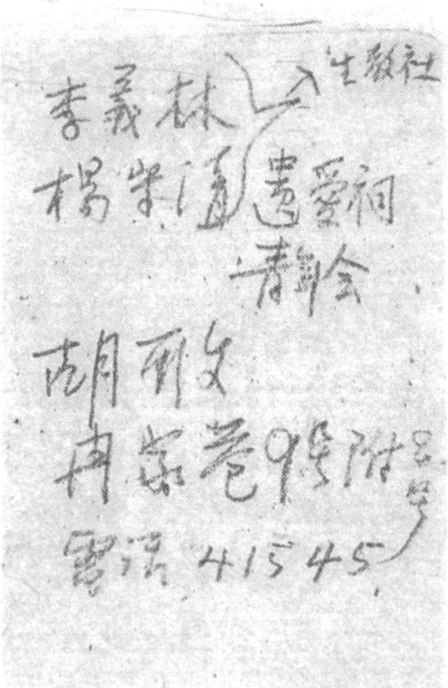
李義林 生教社
楊[illegible] [illegible]青年會
胡[illegible]
[illegible]9號附2號
電話 41545

51-036

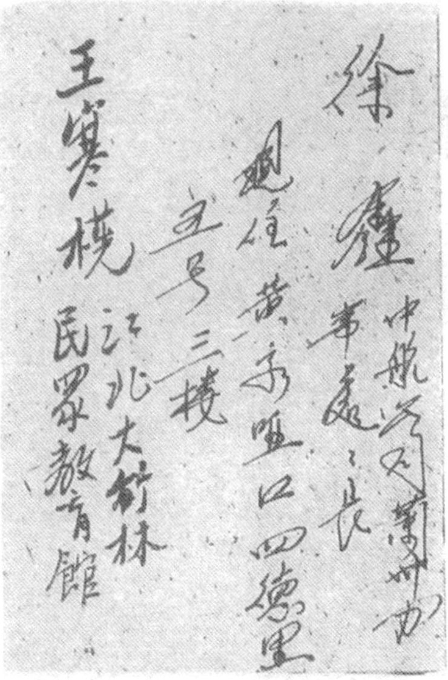

51-037

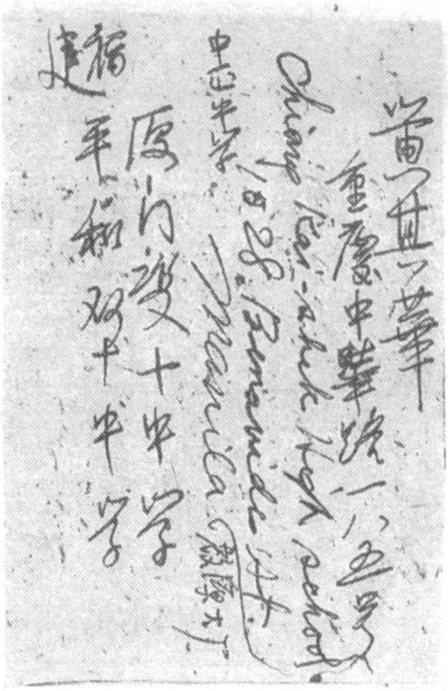

51-038

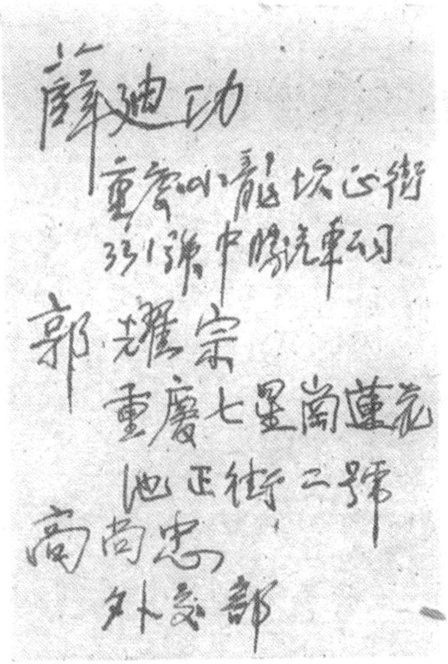

薛迪功
重庆小龙坎正街
331號中國汽車公司
郭耀宗
重慶七星崗蓮花
池正街二號
高尚忠
外交部

51-039

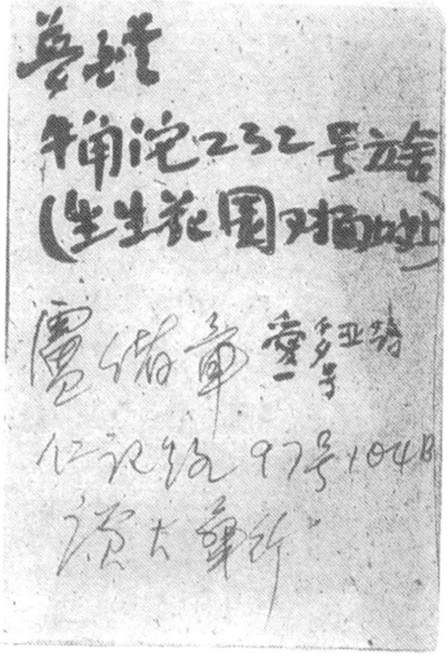

51-040

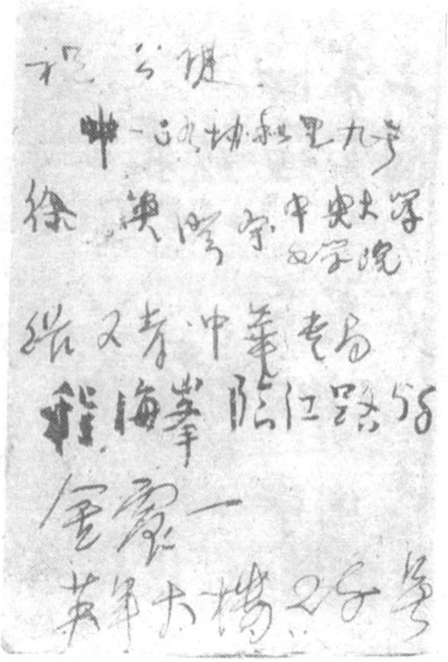
祝公健
徐　中央大学
　学院
张又青 中华书局
程海峯 临江路58
金震一
英华大楼

51-041

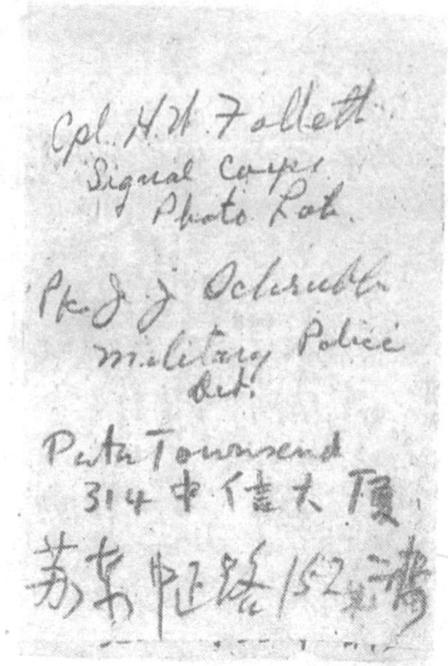
Cpl. H.H. Follett
Signal Corps
Photo Lab.
Pk. J. J.
Military Police
Det.
Peter Townsend
314 中信大厦
苏东 中正路152

51-042

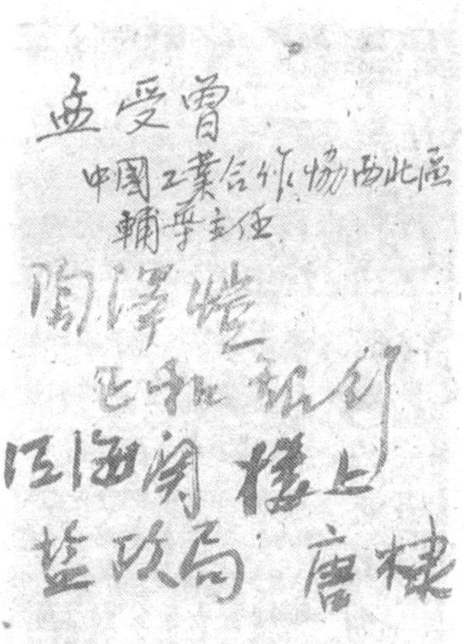
孟受曾
中國工業合作協會西北區
輔導主任
江海關樓上
唐棣

51-043

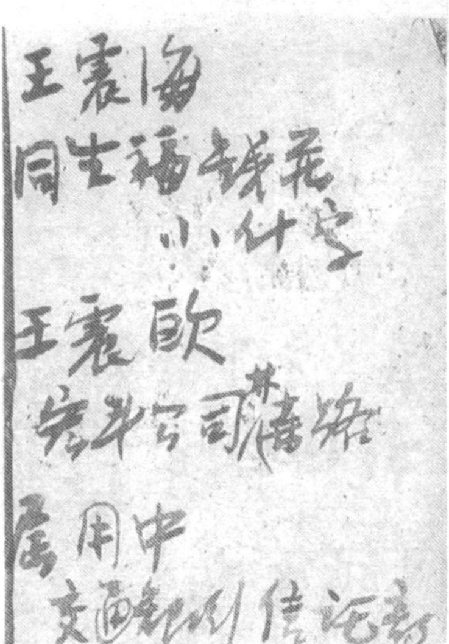
王襄海
同生福钱庄
小什字
王襄歐
屈用中
交通部
信託部

51-044

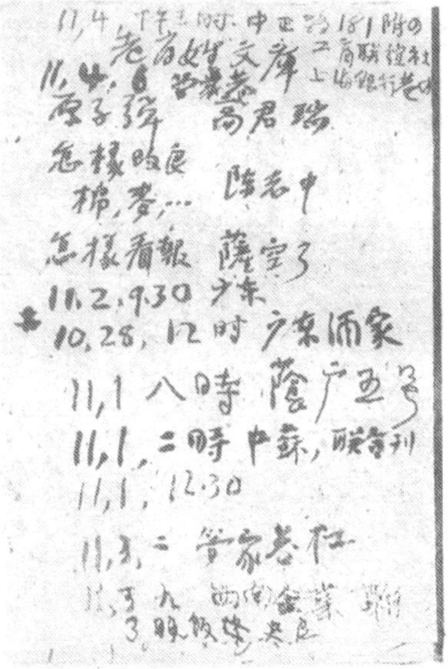

11,4, 下午三时 中正路181號 [illegible]
[illegible] 文库 二高联谊社 上海银行 [illegible]
11,4, [illegible] 管家巷
原子弹 高君珊
怎样吃良
棉,麦,… 陈宏中
怎样看报 萨空了
11.2, 9.30 广东
10.28, 12时 广东酒家
11,1 八时 [illegible]
11,1, 二時 中苏,联合刊
11,1, 12.30
11,3, 二 管家巷仁
11,3 九 [illegible]
3 [illegible]

51-045

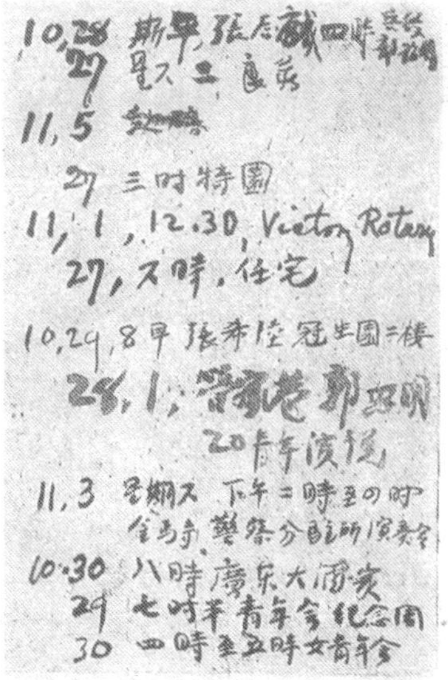

10,28 [illegible]
27 [illegible]
11,5 [illegible]
27 三时特园
11,1, 12.30, Victory Rotary
27, 六時, 任宅
10,29, 8早 [illegible] 冠生園二楼
28, 1, 管家巷 [illegible]
20 青年演讲
11,3 星期六 下午二時至四时
[illegible]
10.30 八時 廣东大酒家
29 七时半 青年会纪念周
30 四時至五時 女青年会

51-046

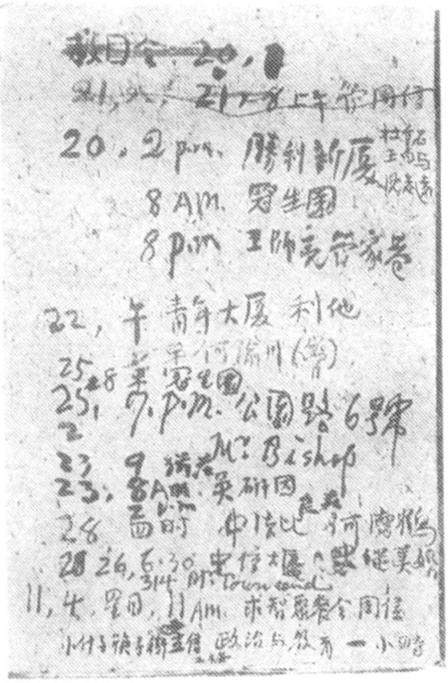

[illegible]
[illegible]
20, 2pm 胜利新厦 [illegible]
8 AM [illegible]
8pm 王师亮管家巷
22, 午 青年大厦 利他
25 [illegible]
25, 7pm 公园路6号
23 [illegible] Mr Bishop
23, 8AM [illegible]
28 [illegible]
28 [illegible]
11,4, 星日, 11AM [illegible]
[illegible] 政治与教育 一小时

51-047

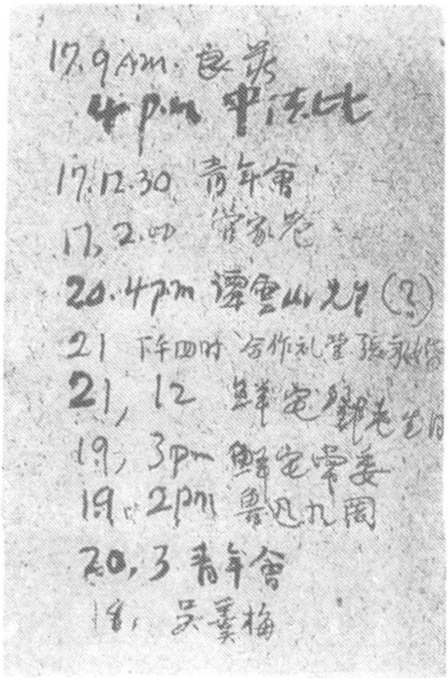

17, 9AM [illegible]
4 pm [illegible]
17, 12.30 青年會
17, 2.00 管家巷
20, 4pm 谭云山 [illegible] (?)
21 下午四时 合作礼堂 [illegible]
21, 12 鲜宅 [illegible]
19, 3pm 鲜宅常委
19, 2pm 鲁迅九周
20, 3 青年會
18, 吴基梅

51-048

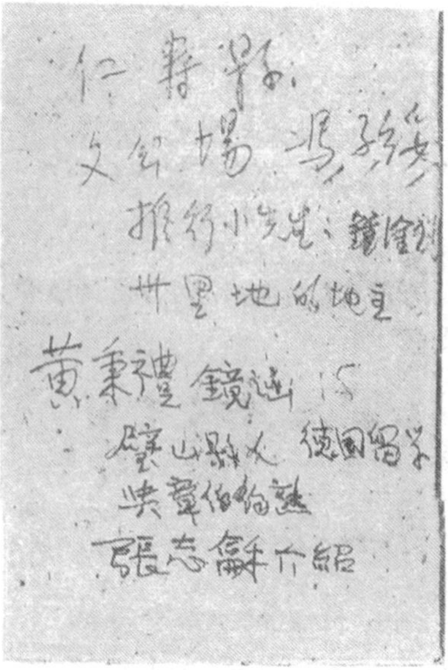
仁寿县
璧山县人 德国留学

51-049

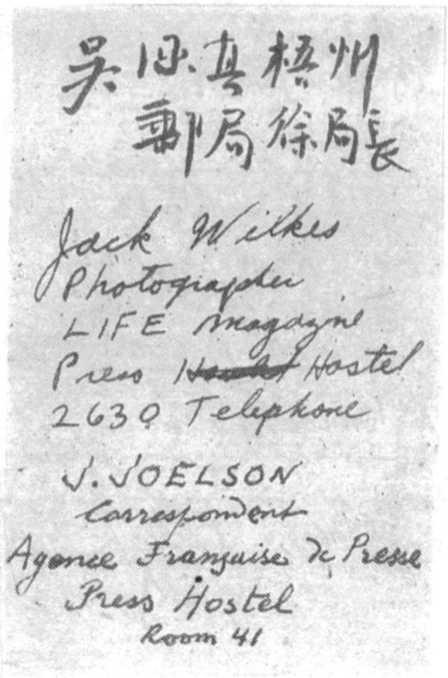
吴照真 梧州
邮局徐局长
Jack Wilkes
Photographer
LIFE Magazine
Press ~~Hostel~~ Hostel
2630 Telephone
J. JOELSON
Correspondent
Agence Française de Presse
Press Hostel
Room 41

51-050

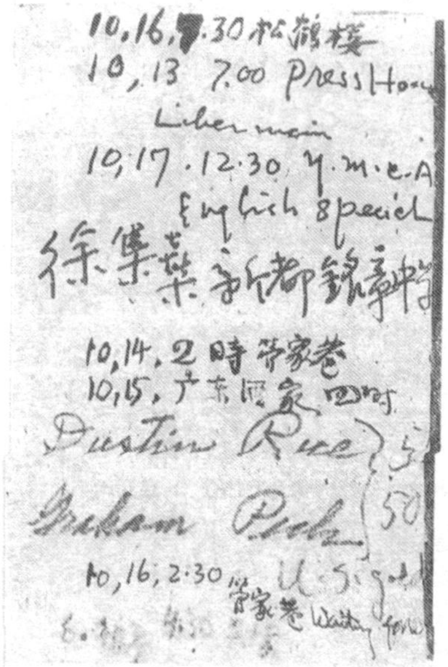
10,16, .30 松鹤楼
10,13 7.00 Press Hou
Liberman
10,17 .12.30 Y.M.C.A
English speech
10,14, 2时 管家巷
Dustin Rice
Graham Peck
10,16, 2:30
管家巷 Waiting for

51-051

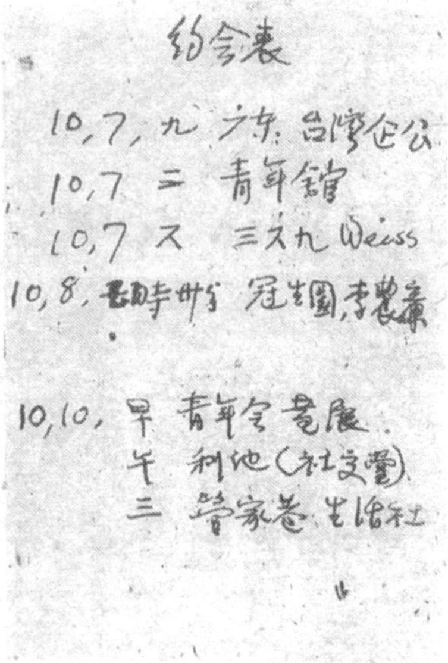
约会表
10,7 三 青年馆
10,10, 早 青年会
午 利他（社交堂）
三 管家巷 生活社

51-052

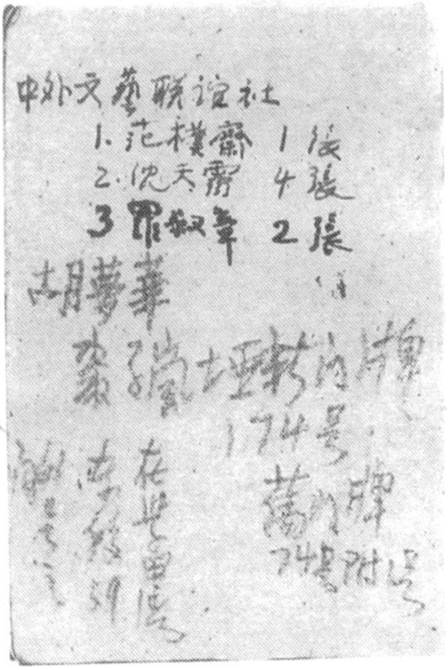


51-053

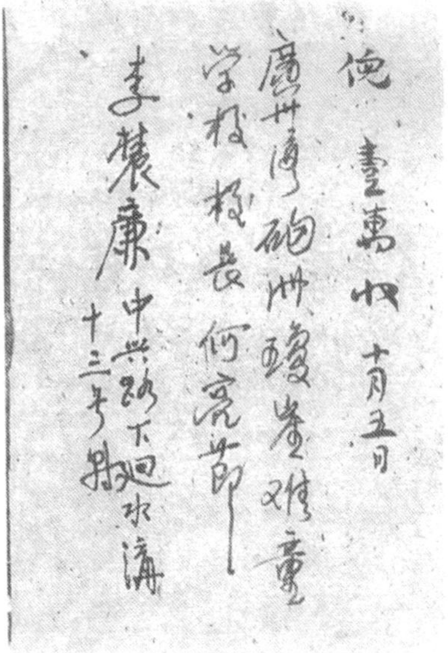


51-054

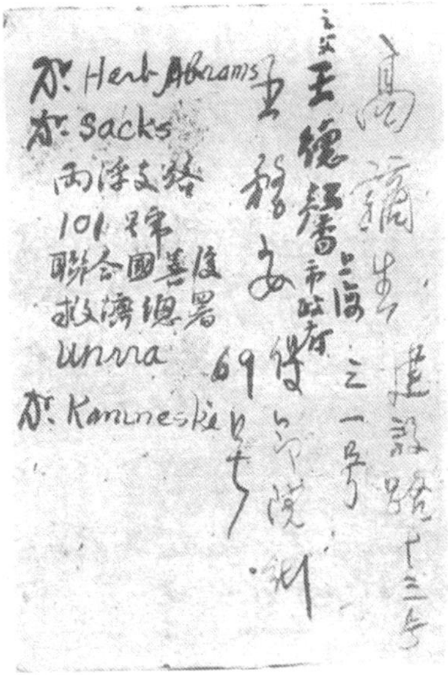


51-055

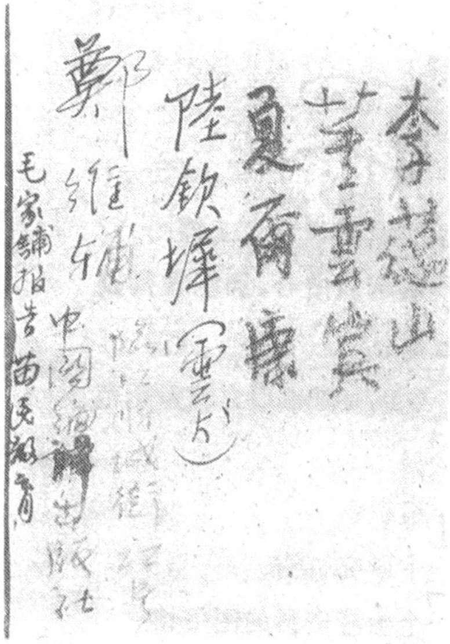


51-056

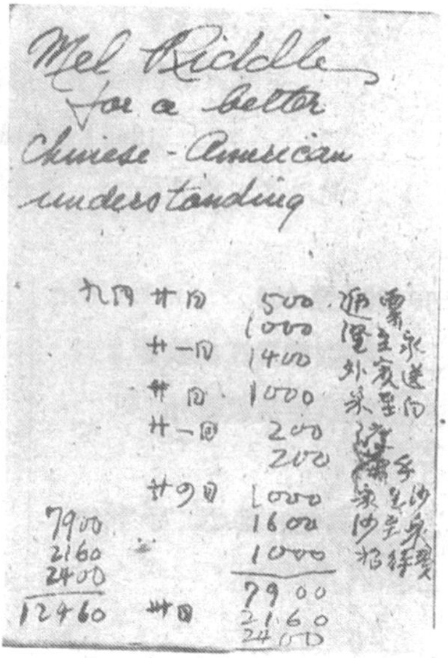
Mel Riddle
for a better
Chinese-American
understanding

九月 廿日 500
1000
廿一日 1400
廿日 1000
廿一日 200
200
廿四日 1000
1600
1000
7900
2160
2400
12460 廿日
7900
2160
2400

51-057

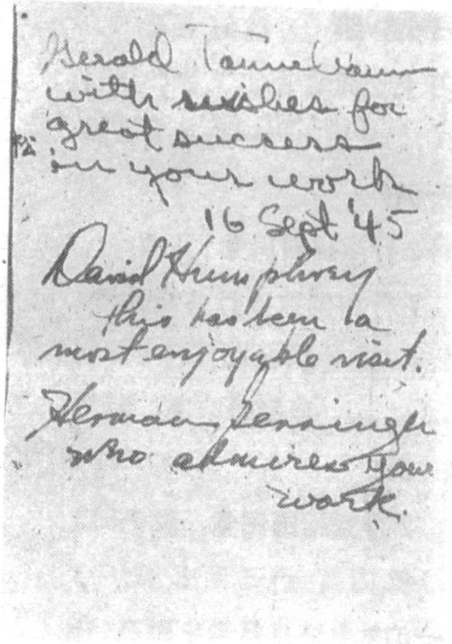
Gerald Tannebaum
with wishes for
great success
in your work
16 Sept '45
David Humphrey
this has been a
most enjoyable visit.
Herman Jennings
who admires your
work

51-058

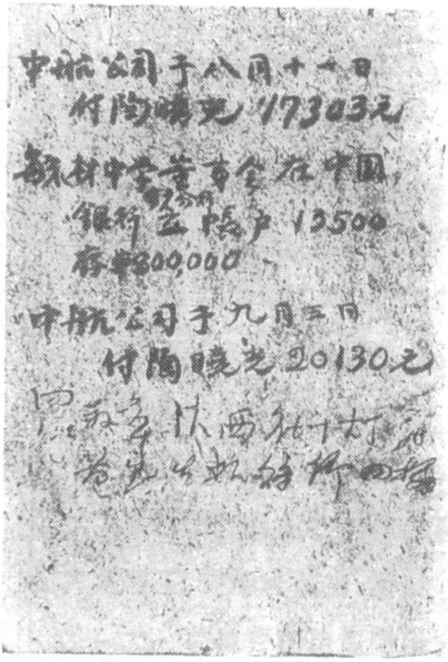
中航公司于八月十一日
付陶晓光17303元
育才中学董事会在中国
银行公帐户12500
存$800,000
中航公司于九月三日
付陶晓光20130元

51-059

# 第五十一册〔注译〕

1945.9.18~1945.11

重庆

51—005 至 008

课题：普及民主教育

主办单位：生活教育社

内容：

1. 文化标准：读、写、科学、艺术

2. 经济标准：

劳动：农业 / 手工艺 / 新型的工业

3. 政治标准：民主

4. 体格标准：健康

对象：对 80,000,000 读书识字的人进行民主的再教育；对 370,000 目不识丁的文盲进行民主的教育

活动：

1. 研究机构探索出扩展民主教育的最佳方法及组织形式

2. 编辑、出版为学校、工厂及其他组织适用的资料

3. 流通一种全国性的周刊，为有文化的人学用

4. 假期培训中心，训练教师及促进者

5. 各省级大城市设立演示示范中心

组织：

1. 一个研究机构

2. 一个参考资料的图书馆

3. 一个出版印刷办公处

4. 30 个训练及演示示范中心

5. 一个总部

6. 若干个资助中心

51—010

第 2 行“国”指国民党

第 7 行、倒数第 3 行“共”指共产党

51—011

第 2 行“党”指国民党

51—012

第 4 行“据”指据点

51—014

第 3 行“运”为运动

51—023

倒数第 2，3 行外文为坦克

51—028

末行外文：魏璐诗

51—029

第1至3行：波特

管家巷28号

51—031

第5至10行：①个人账目以她的名义或她经理的名义或两人联名由纽约市国家银行经办

51—032

第2行起　②公司组成　根据法律　影印件注册

51—038

竖排第3至5行：昌凯思（译音）高级中学马尼拉地址

51—042

第1至7行：H.U.福莱斯下士信号团照相室

J.J.奥克舍　宪兵部

51—047

第6行：利他指利他社

第10行外文：主教先生

51—048

倒数第3行：九周指鲁迅逝世9周年

51—050

第3行起：杰克·威勒克斯《生活》杂志摄影师　新闻旅社　电话

J.乔尔森　法国出版社　记者新闻旅社41号房

51—051

第2至5行：报社　利普曼

青年会　英语演讲

末4行外文为人名

51—055

第1至2行：赫尔伯·阿伯瑞姆博士　赛克斯博士

末行：凯姆奈斯克博士

51—057

第1至4行：麦勒·瑞德勒　为增进中美理解

51—058

外文系美国友人祝词，依次为：吉瑞德·塔尼贝恩"祝您的工作取得更大成功"

但尼尔·汉弗瑞"这是一次最令人愉快的访问"

赫尔曼·波新格尔"十分赞赏您的工作"

# 衛備忘

第五十二册

1945.12.1~1945.12.31

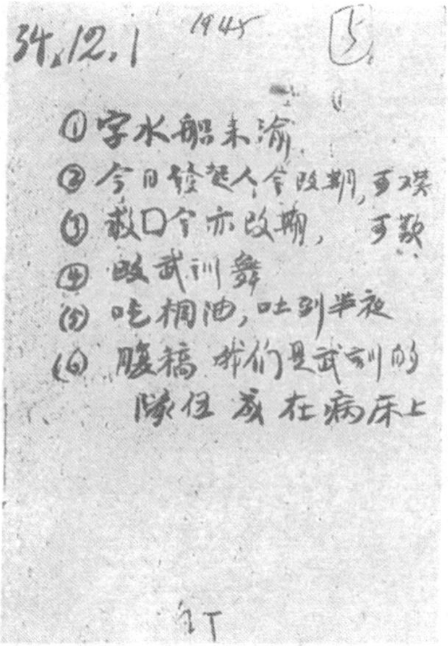
34,12,1 1945 5

①字水船来渝
②今日发起人会改期，再举
③救口会亦改期，再定
④改武训舞
⑤吃桐油，吐到半夜
⑥腹稿 我们是武训的
队伍 成在病床上

52-001

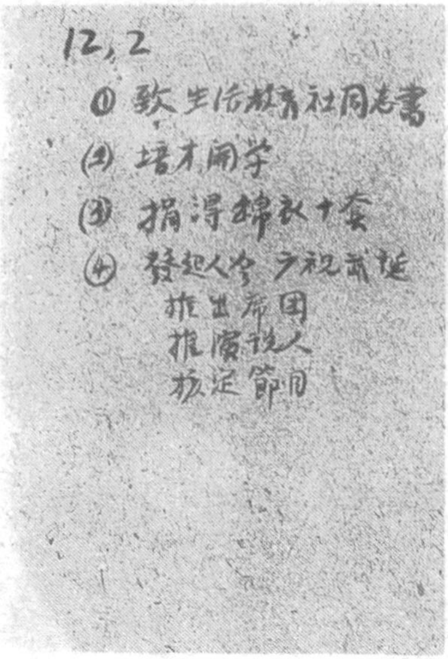
12,2

①致生活教育社同志书
②培才开学
③捐得棉衣十套
④发起人会 庆祝武训
推出席团
推演说人
拟定节目

52-002

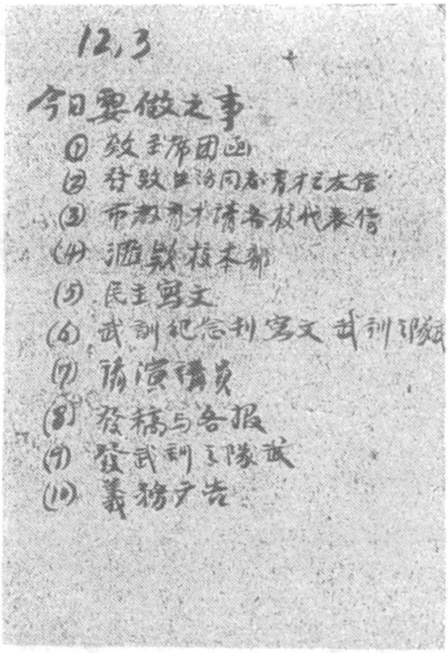
12,3

今日要做之事
①致主席团函
②分致生活同志育才之友信
③市教局请各校代表信
④ [illegible]
⑤民主写文
⑥武训纪念刊写文 武训队
⑦请演讲员
⑧发稿与各报
⑨发武训之队伍
⑩义务广告

52-003

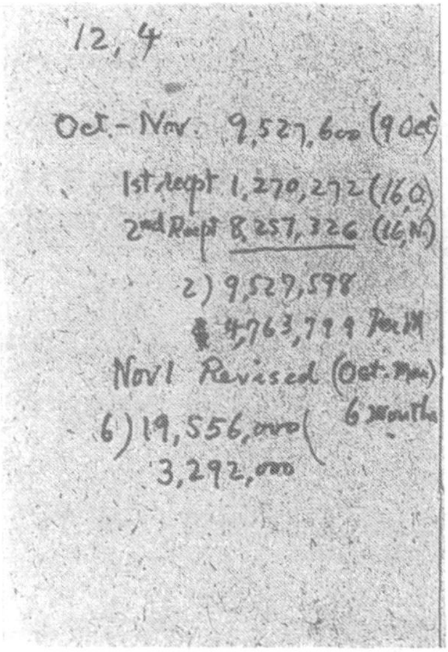
12,4

Oct.-Nov. 9,527,600 (9 Oct)
1st Recpt 1,270,272 (16 O.)
2nd Recpt 8,257,326 (16 N.)
2) 9,527,598
4,763,799 Per M
Nov 1 Revised (Oct.-Nov.)
6 months
6) 19,556,000
3,292,000

52-004

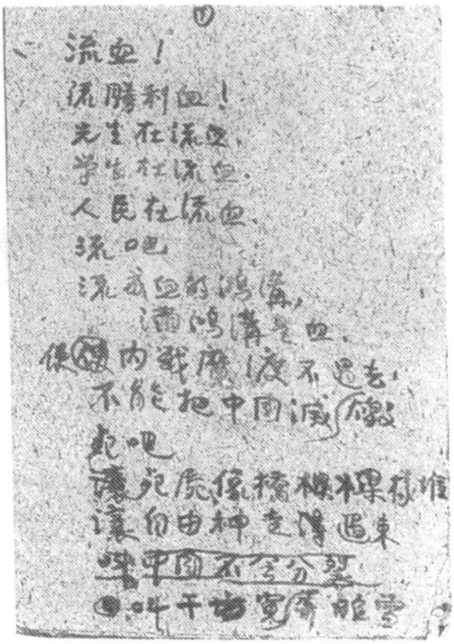
（1）
流血！
流胜利血！
先生在流血，
学生在流血，
人民在流血，
流吧
流我血的鸿沟，
滴鸿沟之血，
使国内战魔渡不过去，
不能把中国灭亡
死吧
让[illegible]
让自由神走遍[illegible]
使中国不会分裂
[illegible]

52-005

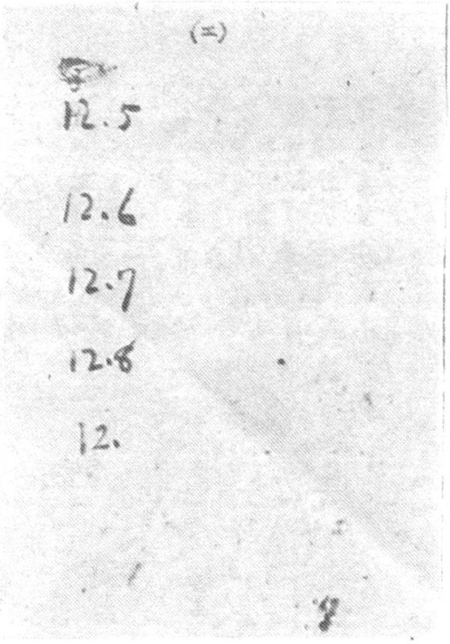
（二）
12.5
12.6
12.7
12.8
12.

52-006

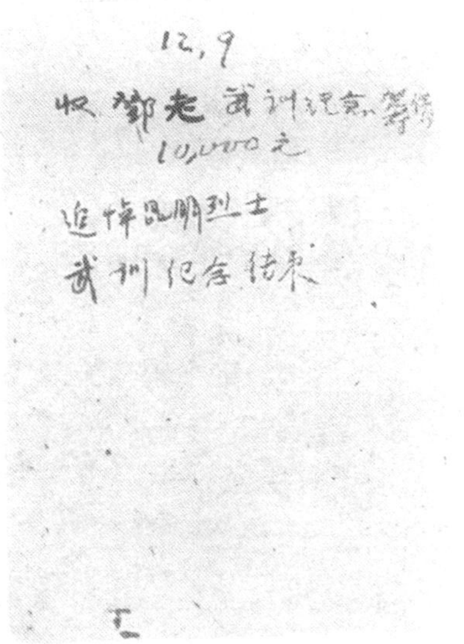
12,9
收 邓老 武训纪念 筹[illegible]
10,000元
追悼昆明烈士
武训纪念结束

52-007

12.10
公祭昆明烈士
送信与Price说明[illegible]
步骤
下午招待公务
晚讨论[illegible]

52-008

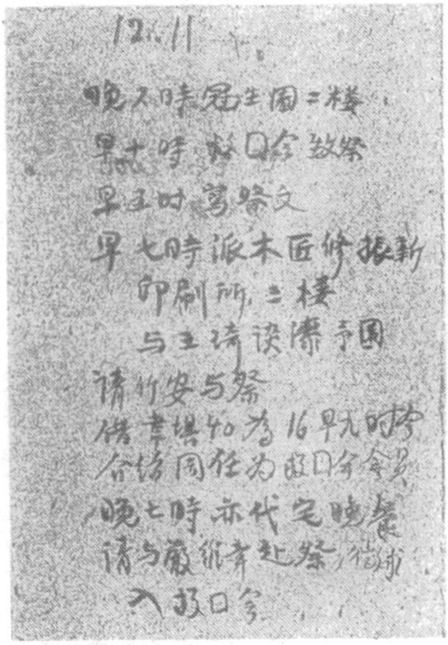

52-009

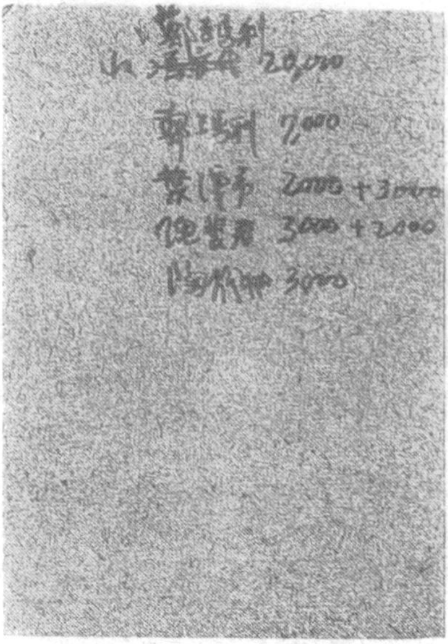

52-010

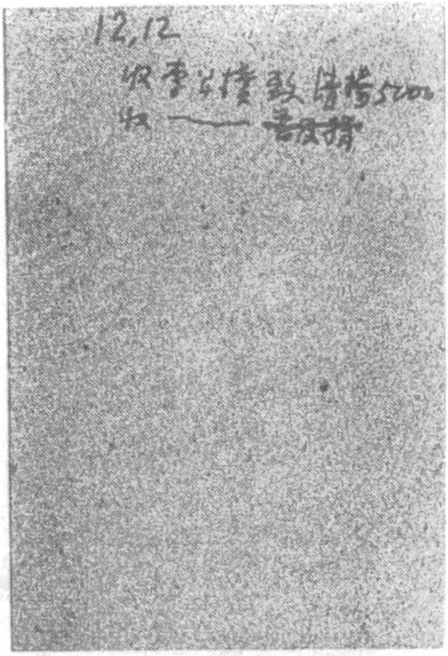

52-011

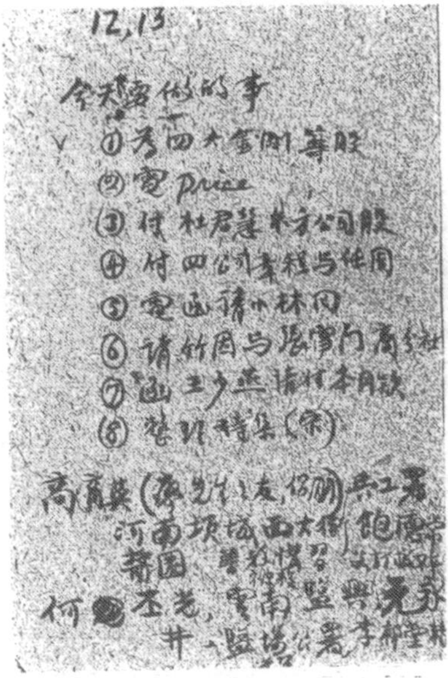

52-012

52-013

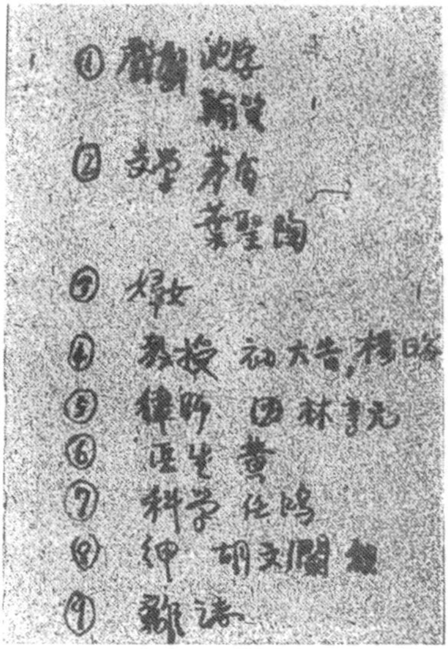

① 戏剧
② 文学 叶圣陶
③ 妇女
④ 教授
⑤ 律师 林亨元
⑥ 医生
⑦ 科学
⑧ 绅
⑨ 新闻

52-014

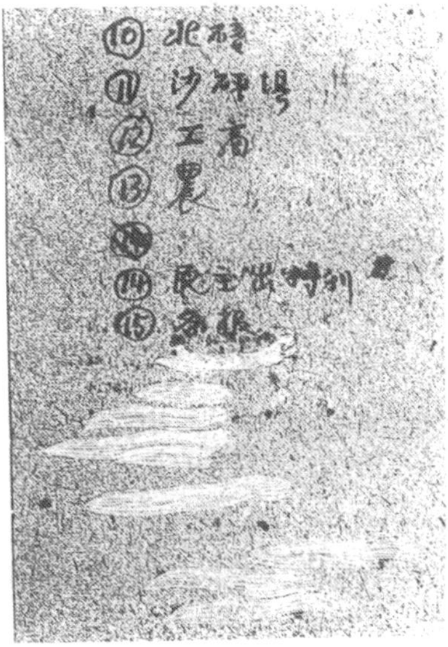

⑩
⑪ 沙坪坝
⑫ 工商
⑬ 农
⑭ 民主出版
⑮

52-015

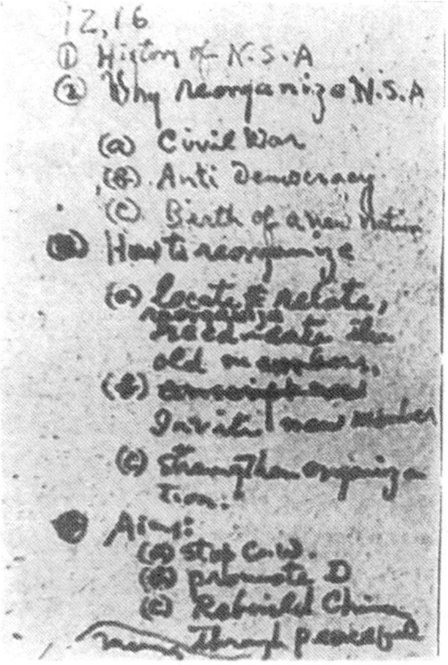

12,16
① History of N.S.A
② Why reorganize N.S.A
(a) Civil War
(b) Anti Democracy
(c) Birth of a new Nation
③ How to reorganize
(a) Locate & relate, reorganize & educate the old members.
(b) ~~conscript new~~ Invite new members
(c) Strengthen organization.
④ Aims:
(a) Stop C.W.
(b) Promote D
(c) Rebuild China through peaceful means

52-016

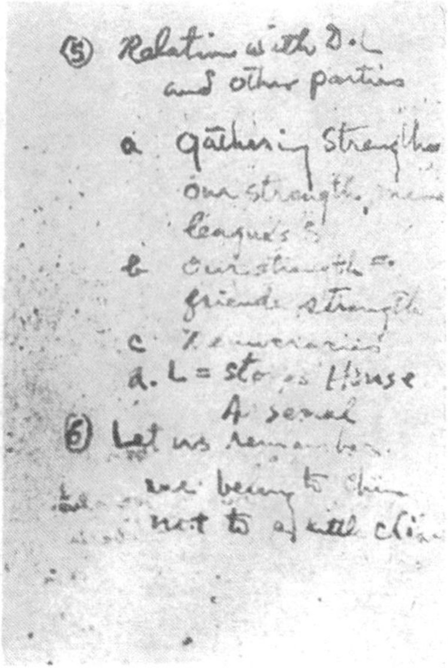


52-017

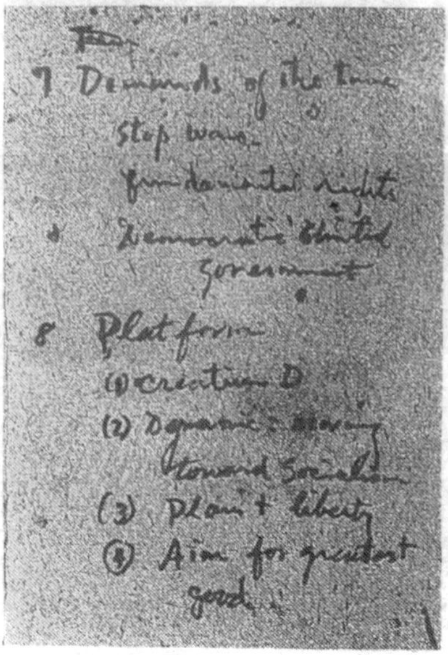


52-018

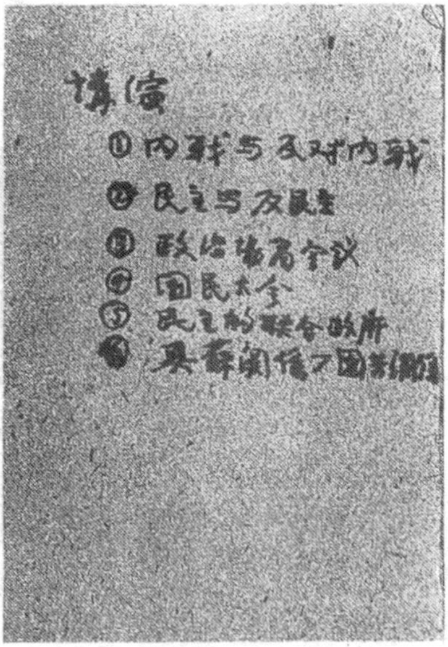


52-019

52-020

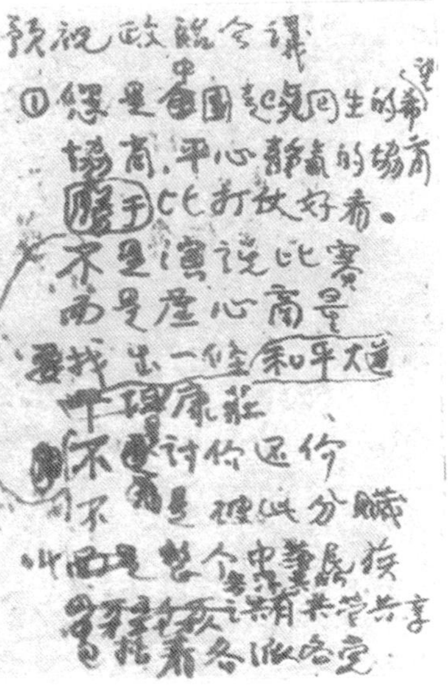

52-021

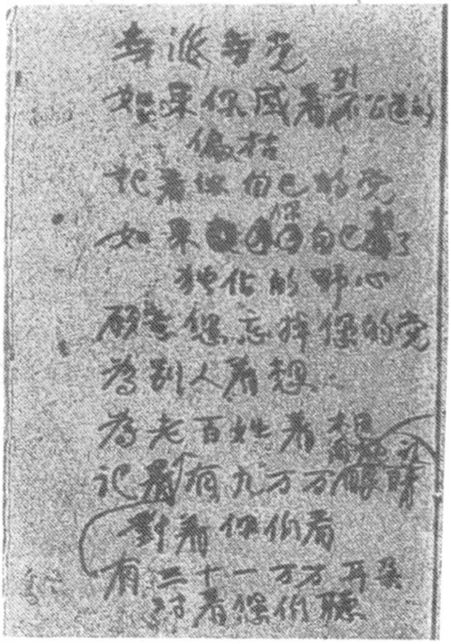

52-022

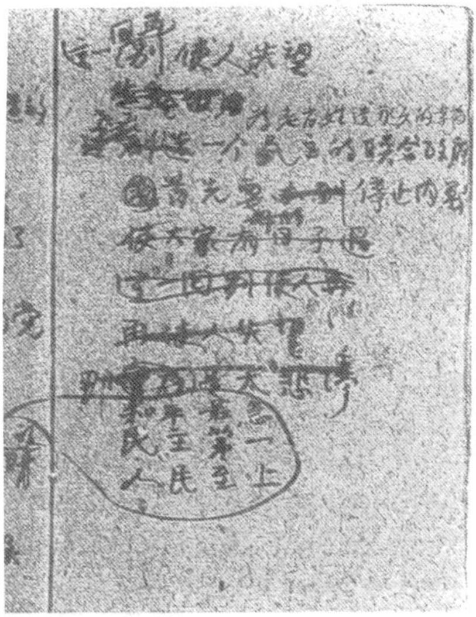

52-023

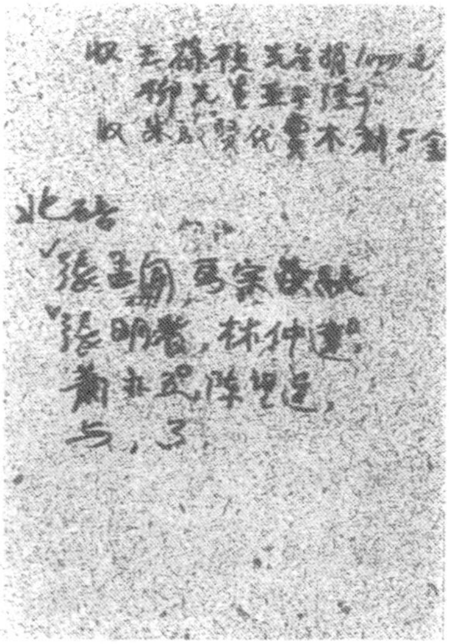

52-024

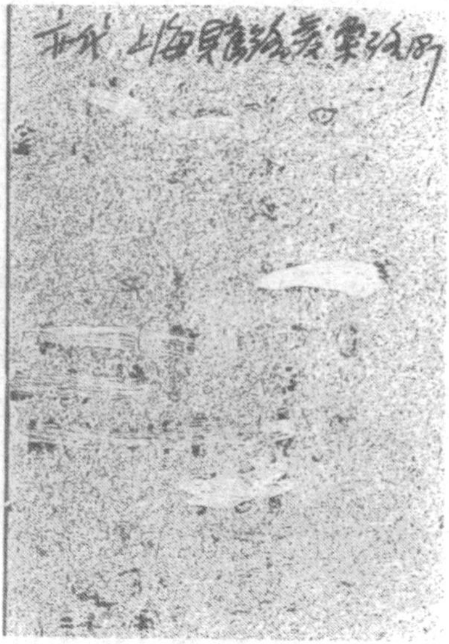

52-025

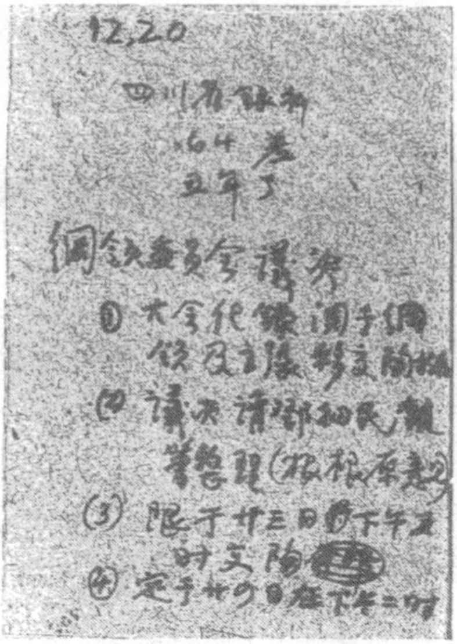

12,20

四川省银行

×64 卷

五年了

钢铁委员会议决

① 大会代表调查钢铁及该厂

② 请求请政府和民营……

③ 限于廿三日下午五时交阅

④ 定于廿四日在下午二时

52-026

⑤ 廿日大会

52-027

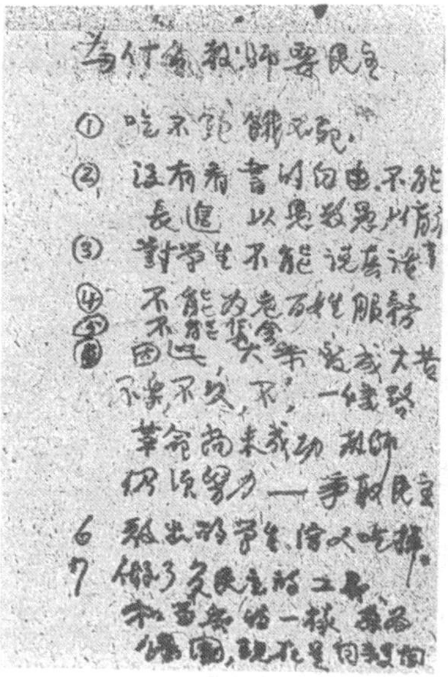

为什么教师要民主

① 吃不饱饿不死。

② 没有看书的自由，不能长进

③ 对学生不能说真话

④ 不能为老百姓服务

⑤ 不能集会

6 救出我们学生，饿死吃掉

7 做了反民主的工具

52-028

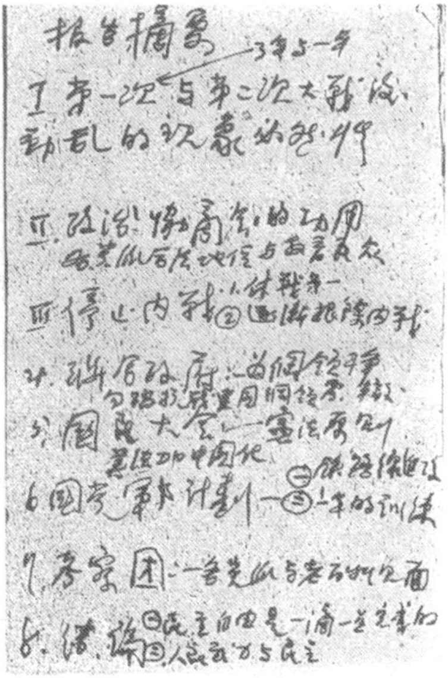

52-029

52-030

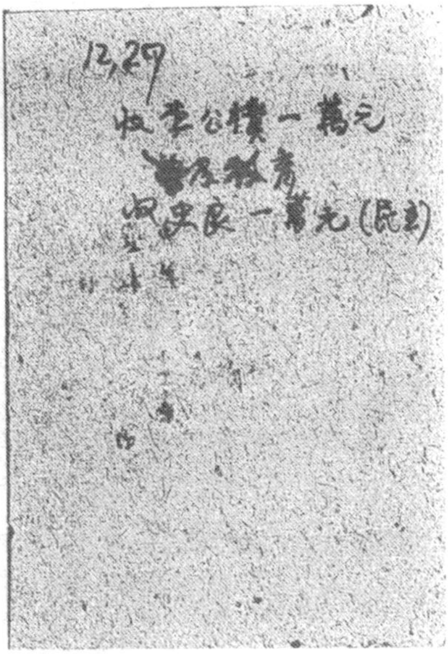
12,29

52-031

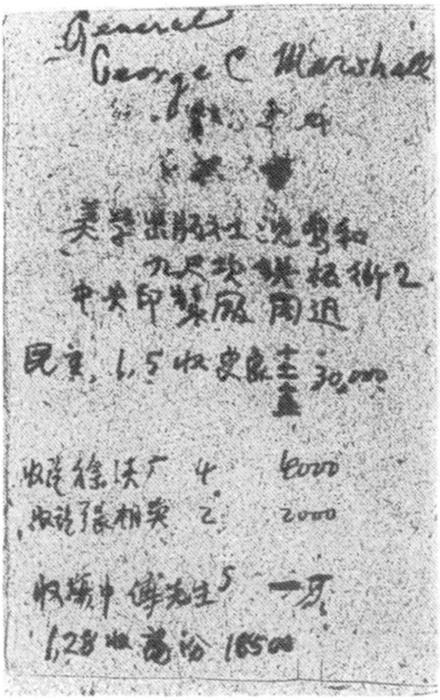
General
George C Marshall

52-032

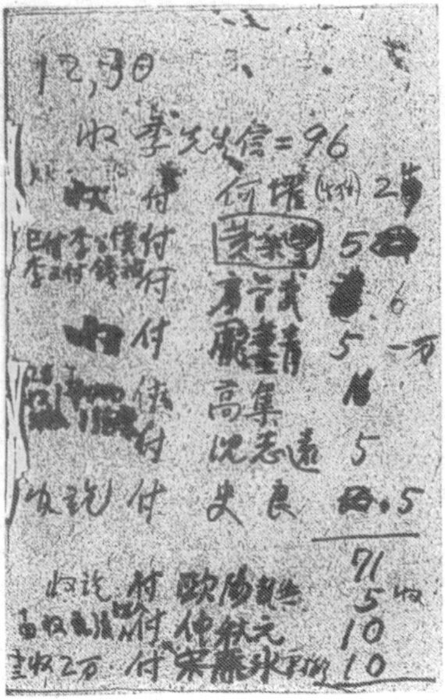
12,9日
收李先生信=96

52-033

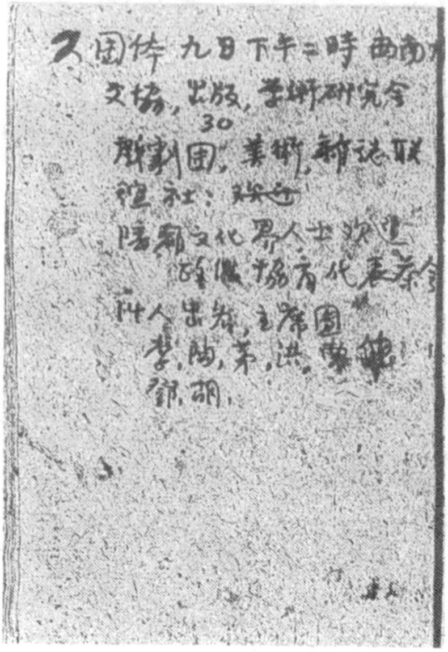
又团体 九日下午二時 西南
文協，出版，美術研究会
30
戲劇团，美術，新詩联
[illegible]社：[illegible]
陪都文化界人士欢迎
[illegible]協商代表茶会
[illegible]人出席，主席团
李，陶，茅，洪，[illegible]
郭，胡，

52-034

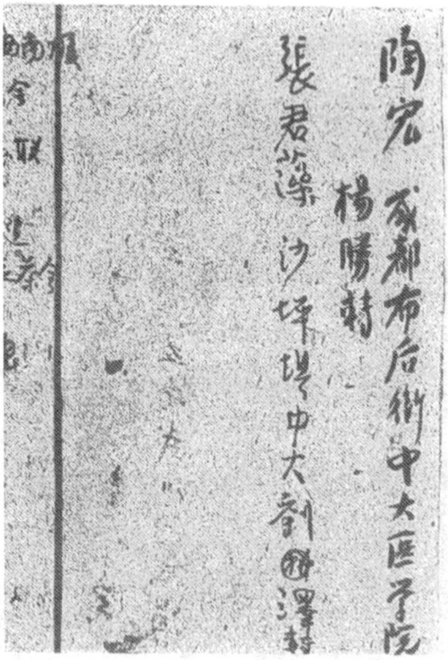
陶宏 成都布后街中大医学院
楊陽村
張君藻 沙坪壩中大[illegible]

52-035

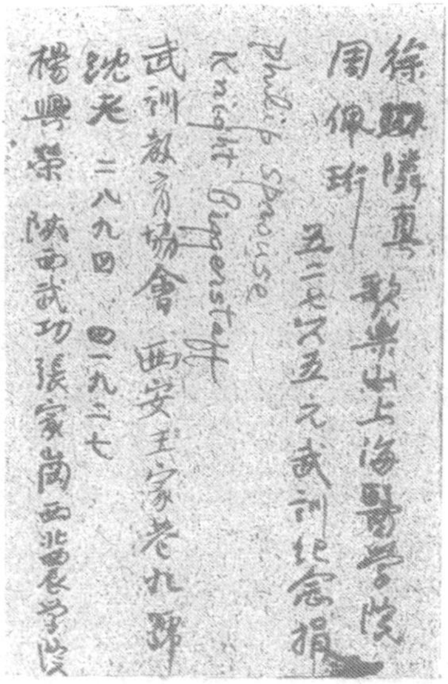
徐[illegible] 歌樂山上海醫学院
周伸珩 五三七六五元武训纪念捐
Philip Spencer
Knight Biggerstaff
武训教育协會 西安王家巷九號
沈克 二八九四 四一九二七
楊興榮 陕西武功張家崗西北農学院

52-036

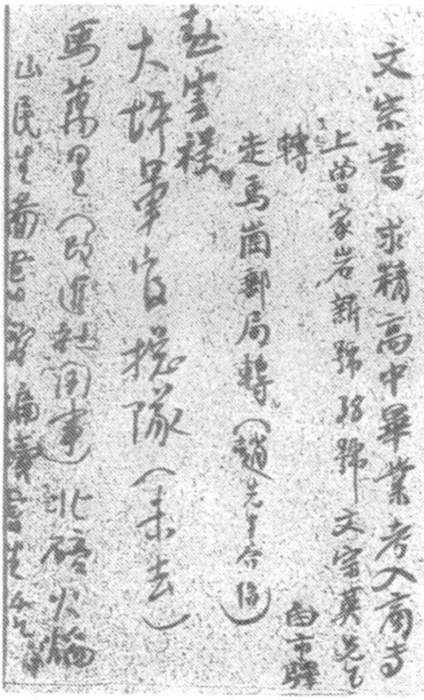
52-037

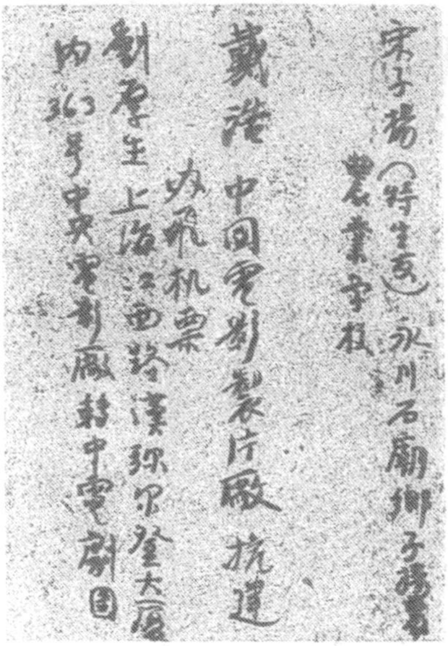
52-038

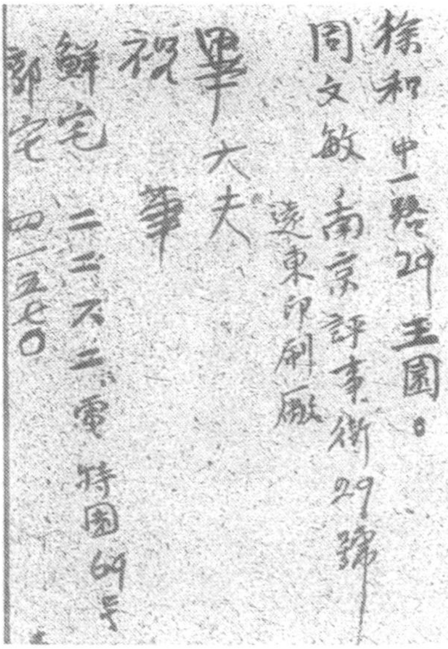
52-039

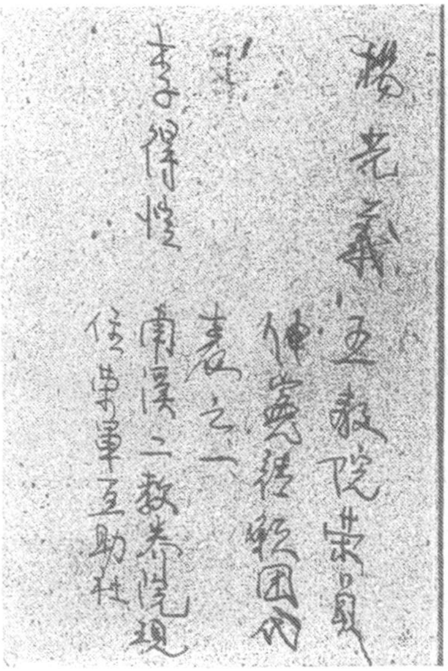
52-040

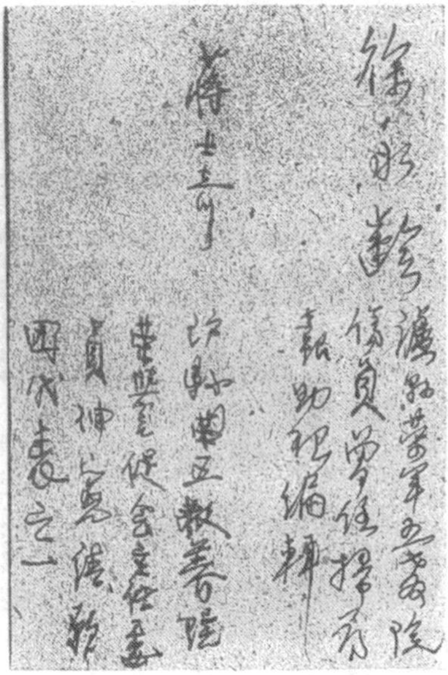

52-041

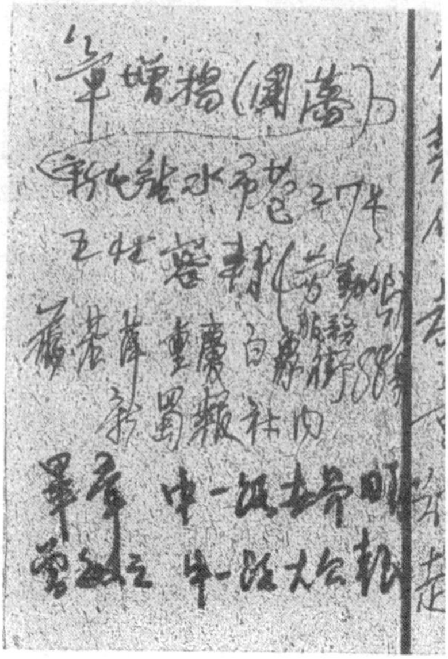

52-042

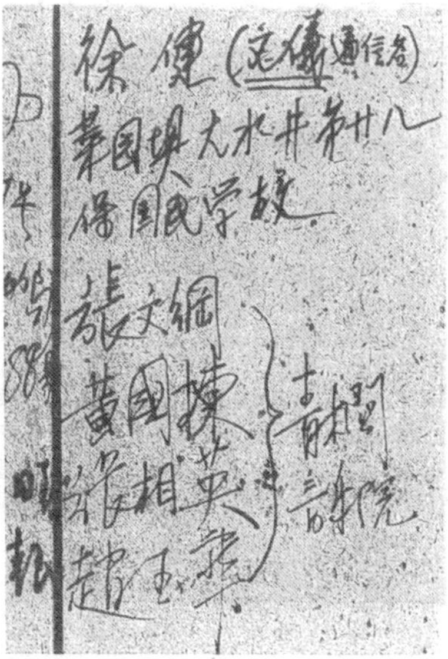

52-043

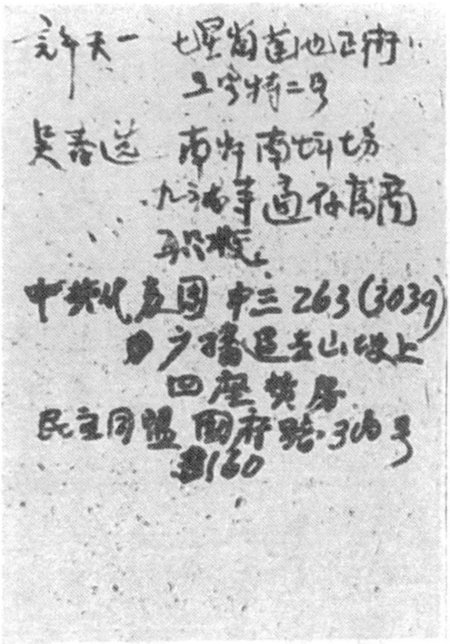

52-044

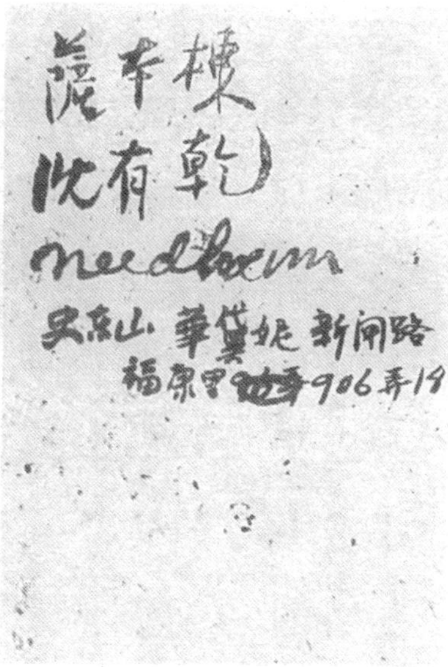
沈有乾
Needham
906弄14

52-045

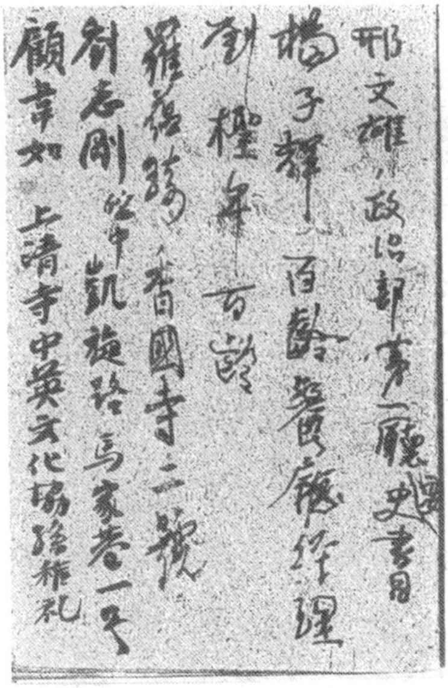
邢文雄，政治部
楊子輝，百齡養老院經理
劉志剛
顧章如 上清寺中英文化協

52-046

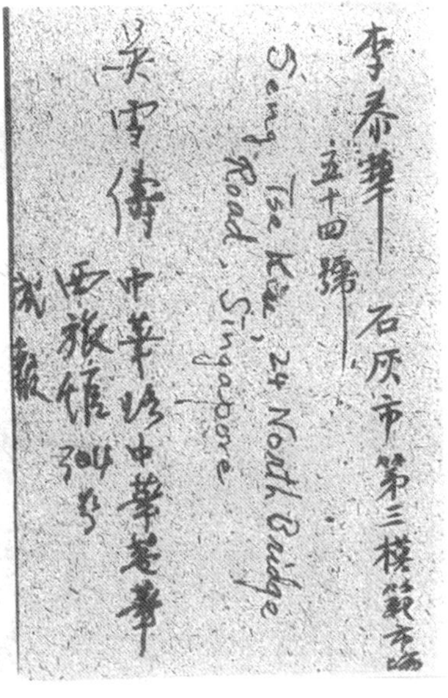
李泰華
五十四號
石灰市第三模範市場
Seng Tse Kai 24 North Bridge Road, Singapore
吳雪儔
中華路中華書局

52-047

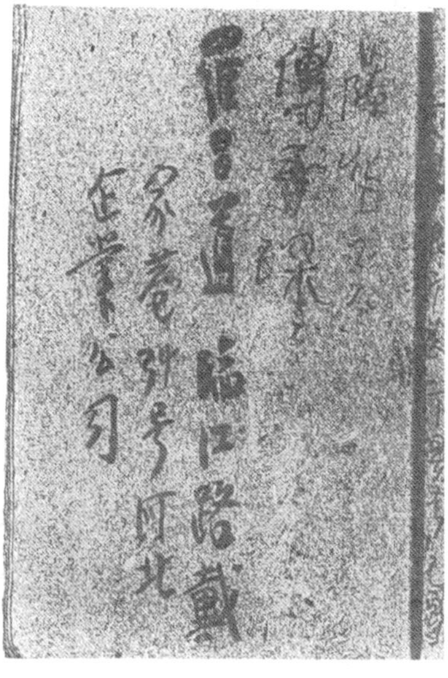
臨江路

52-048

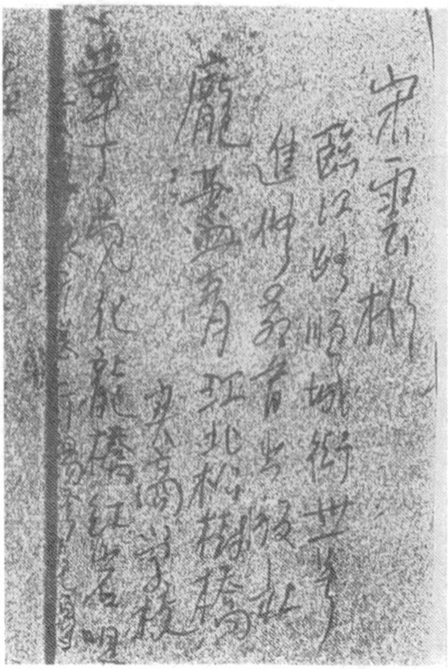

52-049

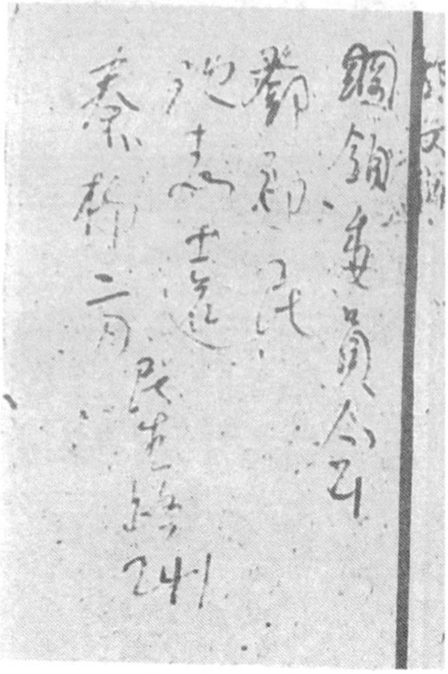

52-050

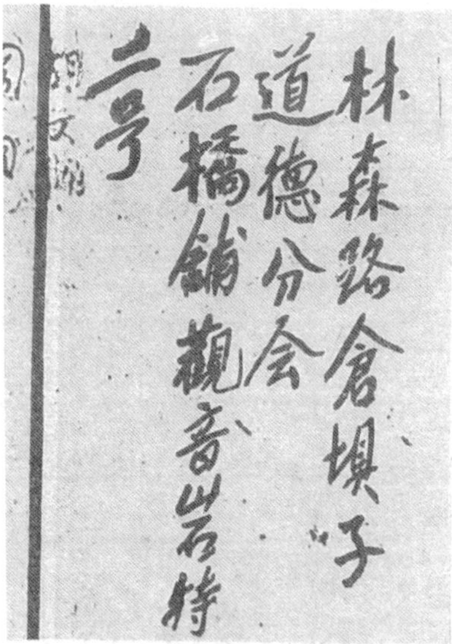

林森路仓坝子
道德分会
石桥铺观音岩特
二号

52-051

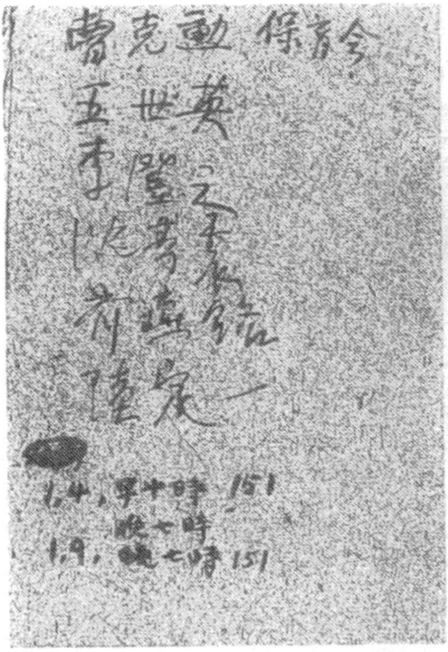

1.4，早十时 151
晚七时
1.9，晚七时 151

52-052

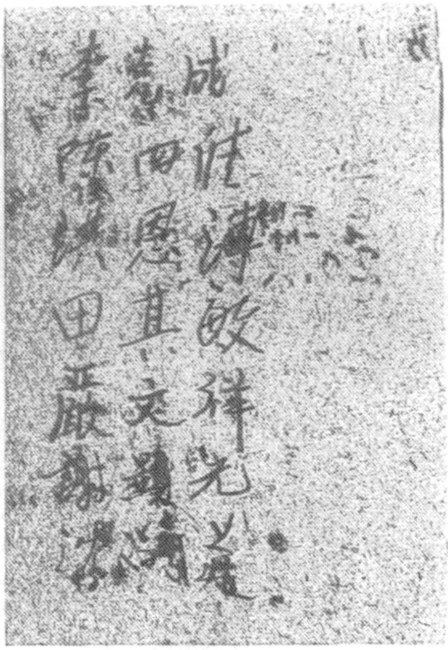

52-053

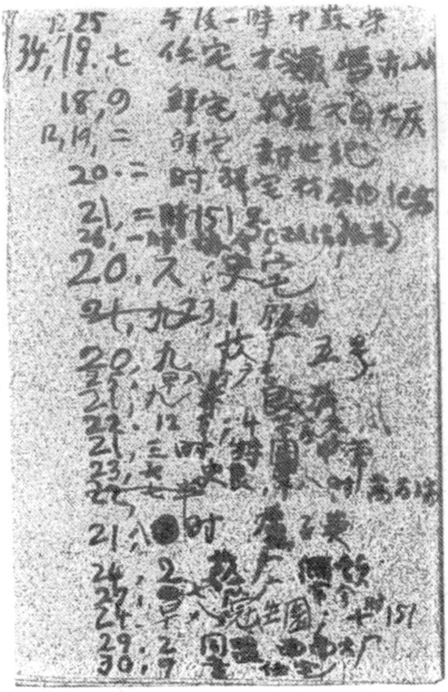

52-054

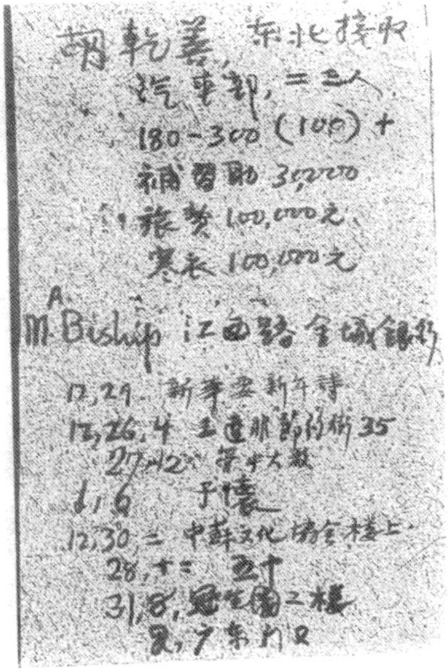


52-055

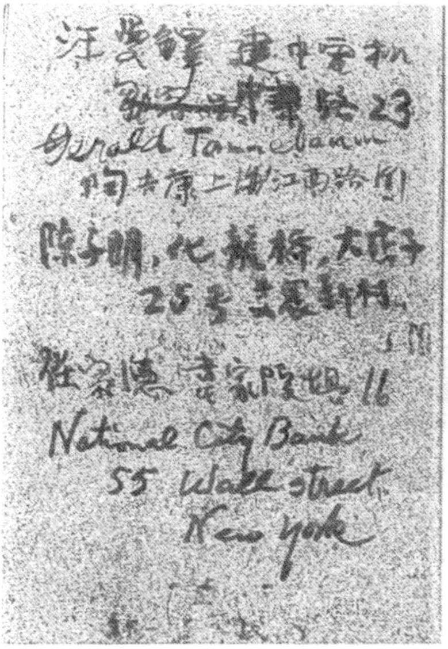


52-056

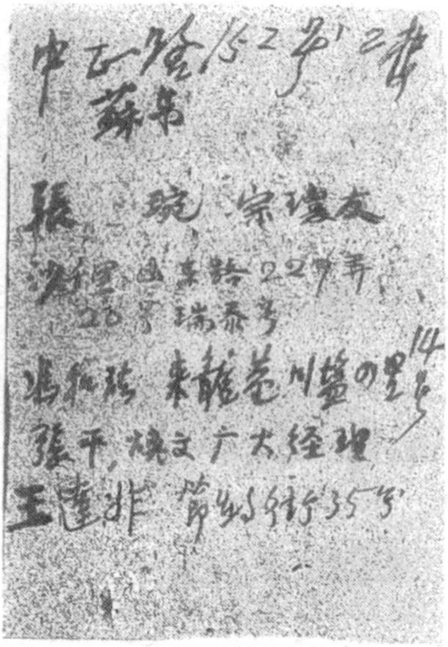

中正路1582号12楼
蘇第
張曉 宗瓊友
沙坪壩[illegible]路22号第
23号 瑞泰号
馮和法 來龍巷川鹽四里14号
張平，燒文 广大经理
王達非 節約街35号

52-057

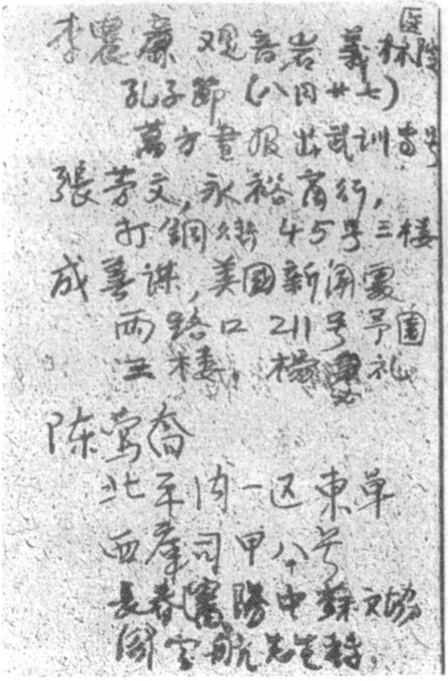

李寰康 观音岩 義林醫
孔子節（八月廿七）
萬方書报出武训書号
張芳文，永裕商行，
打銅街45号三樓
成善谋，美國新闻处
两路口211号勞園
三楼，[illegible]社
陈[illegible]
北平内一区東单
西[illegible]司甲八号
長春瀋陽中蘇文协
[illegible]

52-058

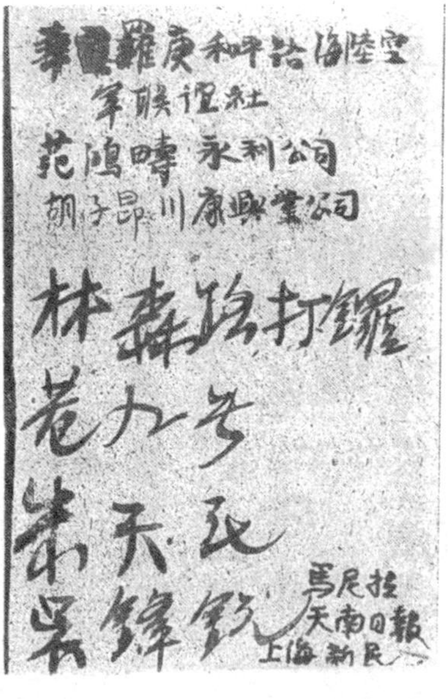

[illegible]羅庚 和平路海陸空
軍聯誼社
范鴻疇 永利公司
胡子昂 川康興業公司
林森路打鑼
巷九号
朱天民
吳鋒鈞 馬尼拉
天南日報
上海新民

52-059

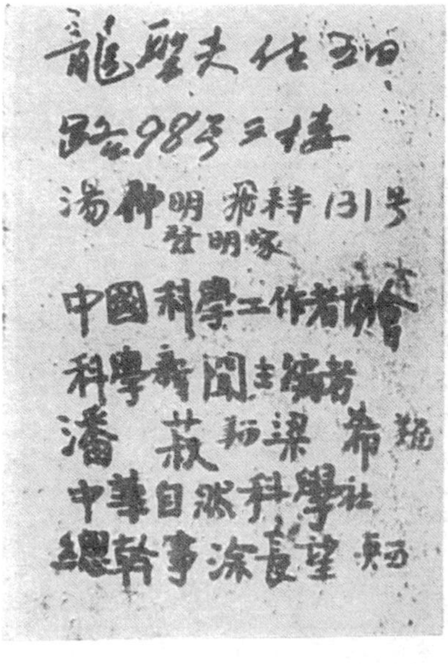

龍[illegible]夫 住[illegible]
路98号三樓
湯仲明 [illegible]131号
發明家
中國科學工作者協會
科學新聞主編者
潘菽 梁希
中華自然科學社
總幹事 涂長望

52-060

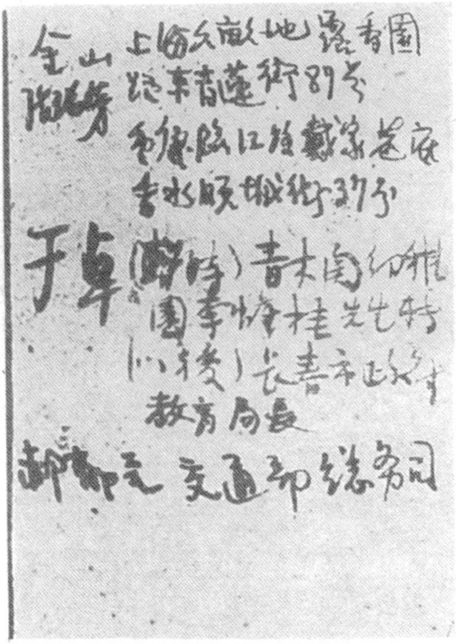

52-061

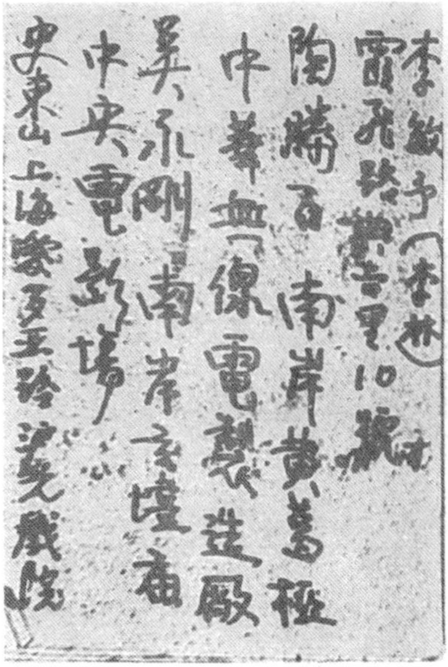

52-062

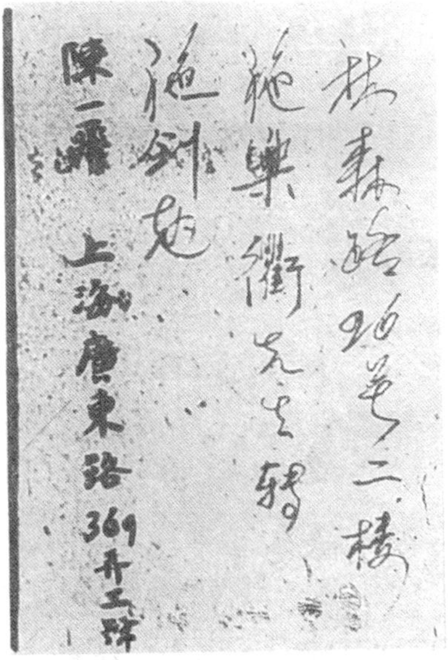

52-063

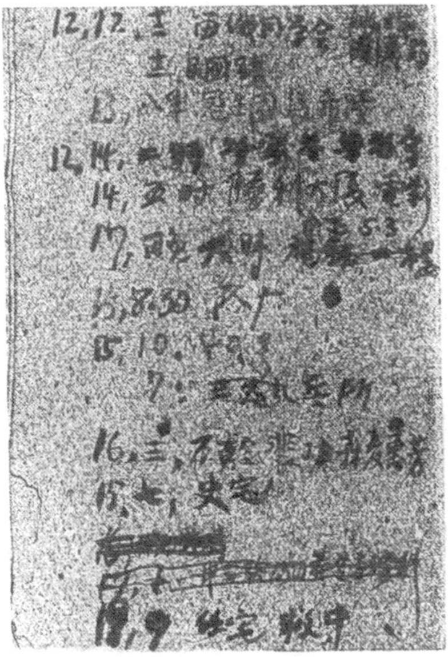

52-064

# 第五十二册〔注译〕

1945.12.1~1945.12.31

重庆

52—002

第5行“武诞”指武训诞辰

52—003

第4行“生活”指生活教育社

52—004

此页为10至11月几项账目

52—008

第5行意指招待参加公祭的诸友人

52—016至018

1. 救国会的历史

2. 为什么重组救国会

①存在内战

②存在反民主

③诞生一个新国家

3. 怎样重组

①旧会员，查地址，联络，重新组织起来，再教育

②接收新会员

③加强组织

4. 目标：

①制止内战

②促进民主

③用和平手段重建中国

5. 与民主同盟及其他党派的关系

①聚集我们的力量，即同盟的力量

②我们的力量和朋友的力量

③民主的力量

④同盟等于一个〔力量的〕仓库、军货库

6. 让我们记住我们属于中国，不属于一个小集团

7. 时代的要求

停止内战

基本的权利

民主联合政府

8. 纲领

①创造性的民主

②动力：向社会主义前进

③培植自由

④目标在至于至善

52—032

第1至2行外文：马歇尔将军

52—036

外文为两位外国友人的签名

52—047

外文为一新加坡友人的签名及地址

52—056

第3行外文为一外国友人签名

末3行：国家城市银行　纽约地址

# 衔备忘

第五十三册

1946.1.9~1946.2.7

53-001

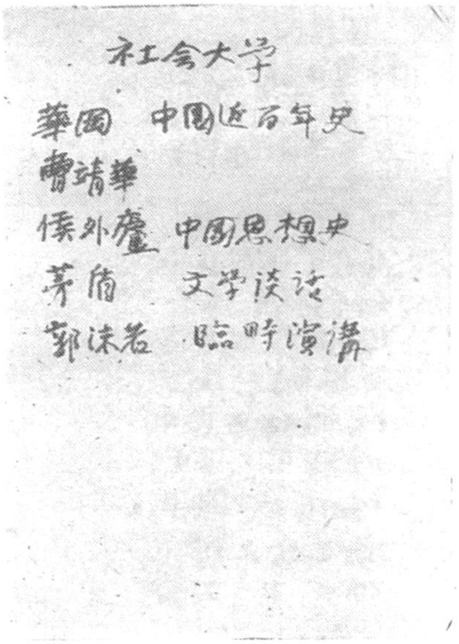

社会大学

華岗　中国近百年史

曹靖華

侯外廬　中国思想史

茅盾　文学谈话

郭沫若　临时演讲

53-002

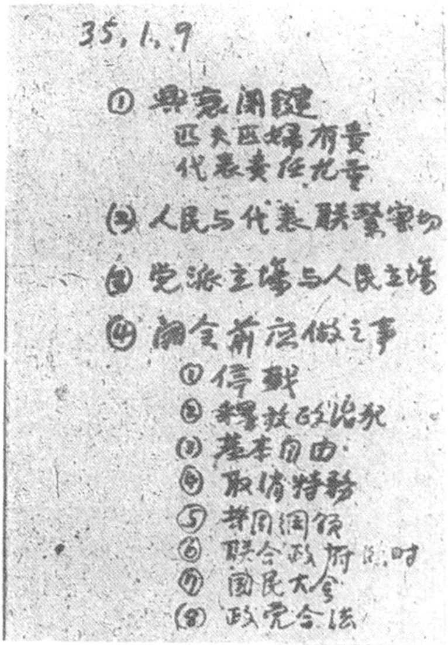

35,1,9

① 兴衰关键
四大巨头有责
代表责任尤重

② 人民与代表联系密切

③ 党派立场与人民立场

④ 开会前应做之事
① 停战
② 释放政治犯
③ 基本自由
④ 取消特务
⑤ 共同纲领
⑥ 联合政府临时
⑦ 国民大会
⑧ 政党合法

53-003

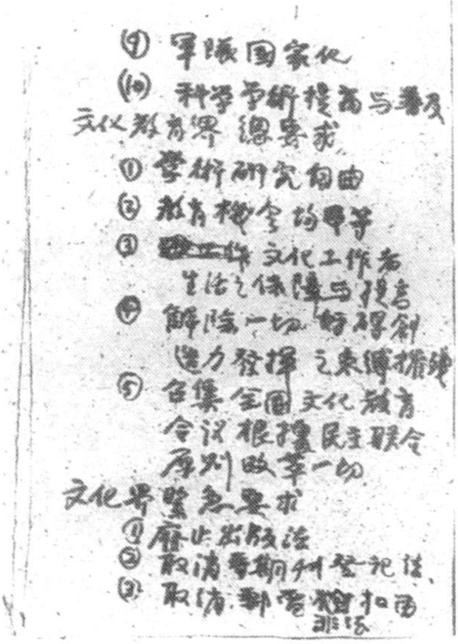

⑨ 军队国家化

⑩ 科学艺术提高与普及

文化教育界总要求

① 学术研究自由
② 教育机会均等
③ 文化工作者生活之保障与提高
④ 解除一切的禁制
⑤ 召集全国文化教育会议根据民主联合原则改革一切

文化界紧急要求

① 废止出版法
② 取消书刊登记法
③ 取消邮电检扣

53-004

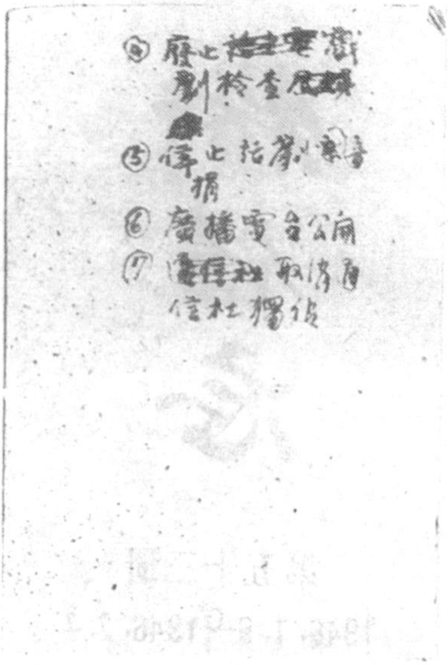
④ 废止戏剧检查
⑤ 停止拉夫[illegible]捐
⑥ 广播电台公开
⑦ 取消通信社独佔

53-005

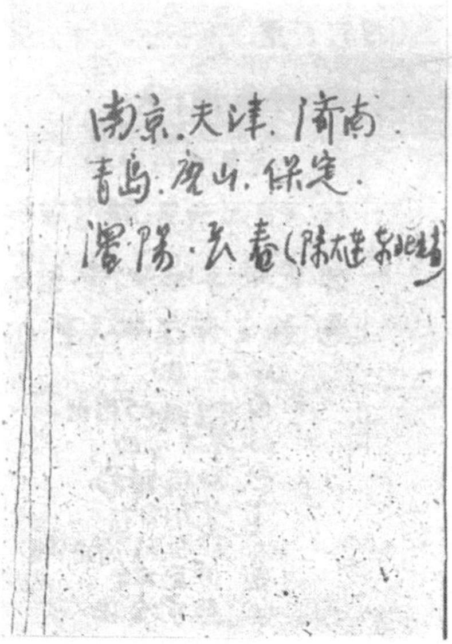
南京．天津．济南．
青岛．唐山．保定．
沈阳．长春（陈[illegible]东北[illegible]）

53-006

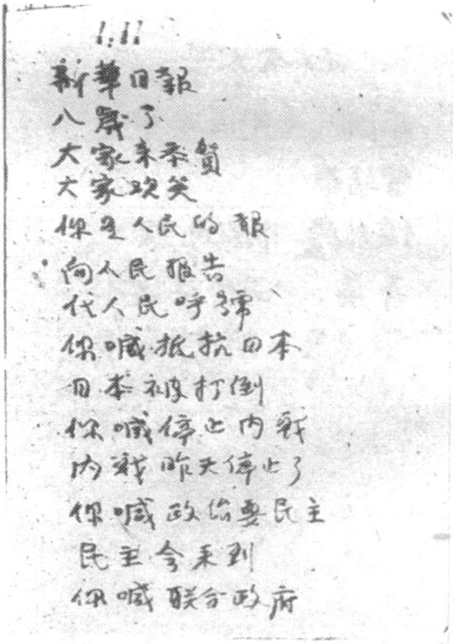
1.11
新华日报
八岁了
大家来恭贺
大家欢笑
你是人民的报
向人民报告
代人民呼号
你喊抵抗日本
日本被打倒
你喊停止内战
内战昨天停止了
你喊政治要民主
民主会来到
你喊联合政府

53-007

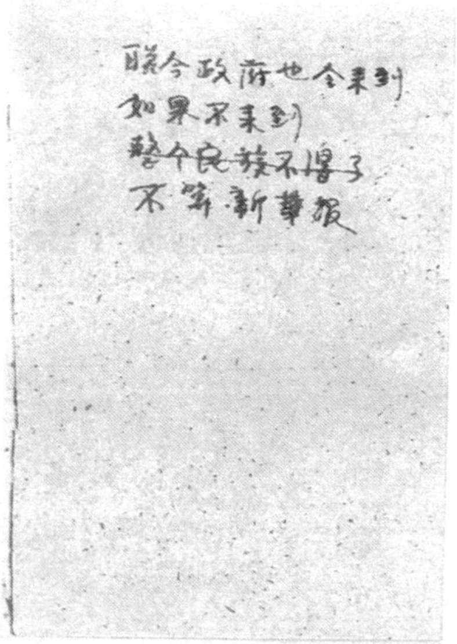
联合政府也会来到
如果不来到
整个民族不得了
不算新华报

53-008

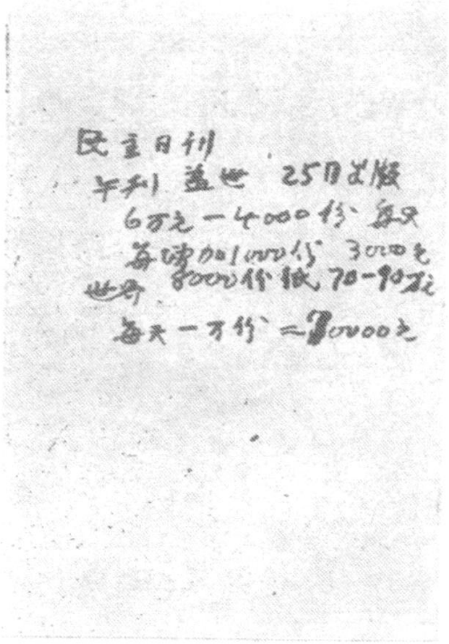
民主日刊
午刊 盖世 25日出版
6万元—4000份 每只
每增加1000份 3000元
世界 8000份 纸 70-90万元
每天一万份＝70000元

53-009

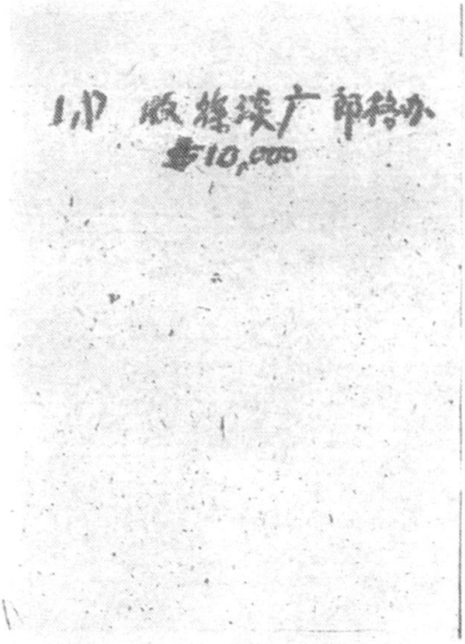
10,000

53-010

35,1,28
收 100,000 民主
14000 18500

53-011

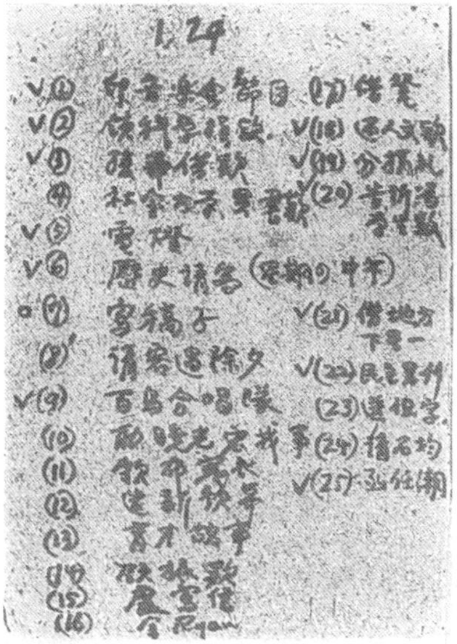


53-012

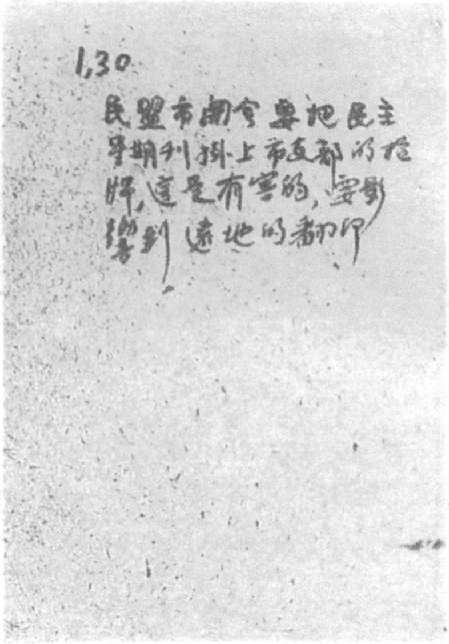

1,30
民盟市部会要把民主星期刊挂上市支部的招牌，这是有害的，要影响到远地的翻印

53-013

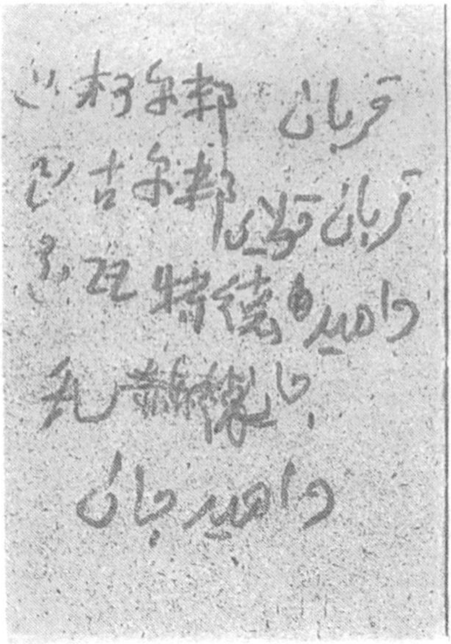

53-014

2,3

53-015

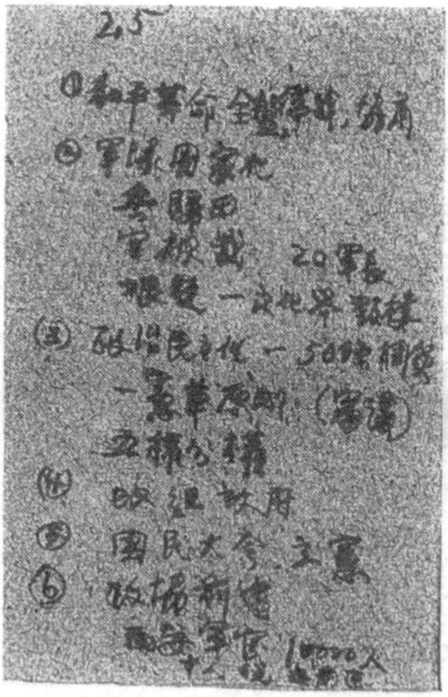

2,5

53-016

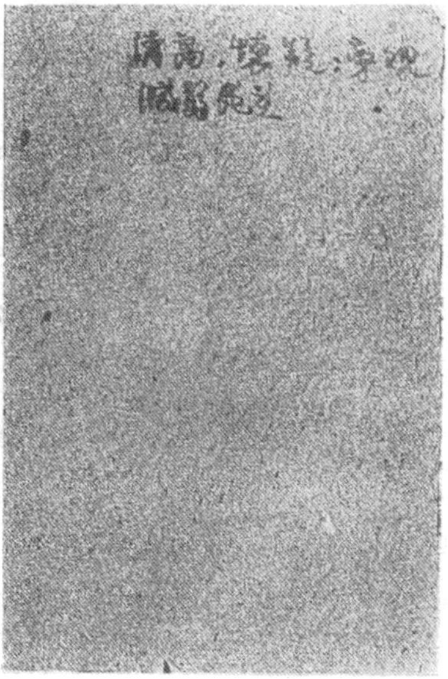

53-017

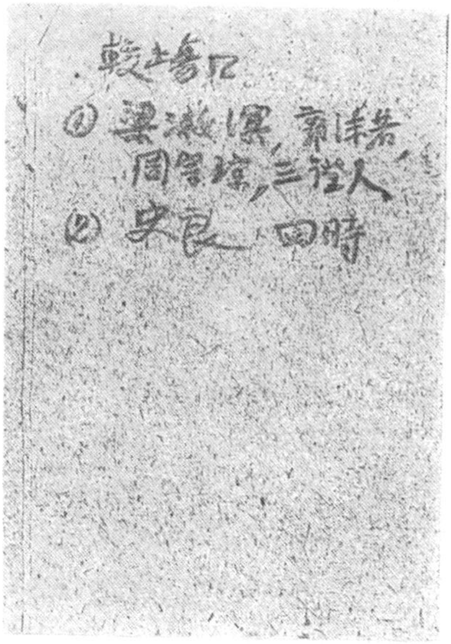

53-018

53-019

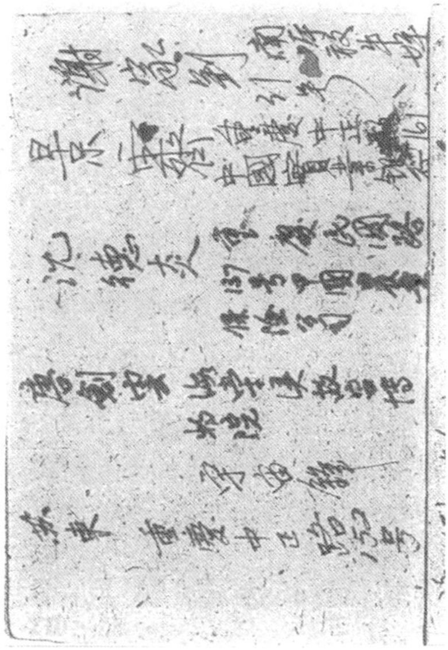

53-020

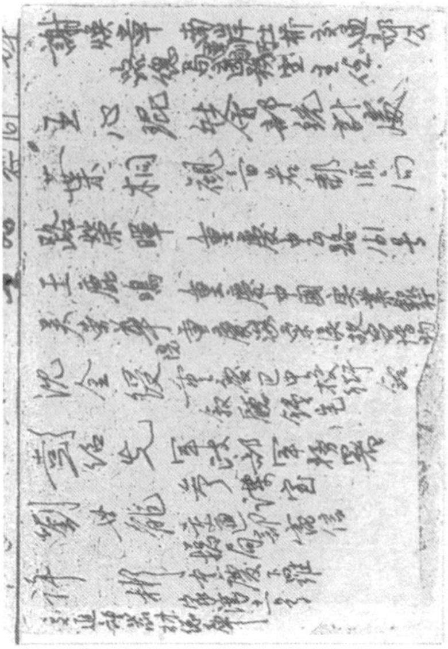

53-021

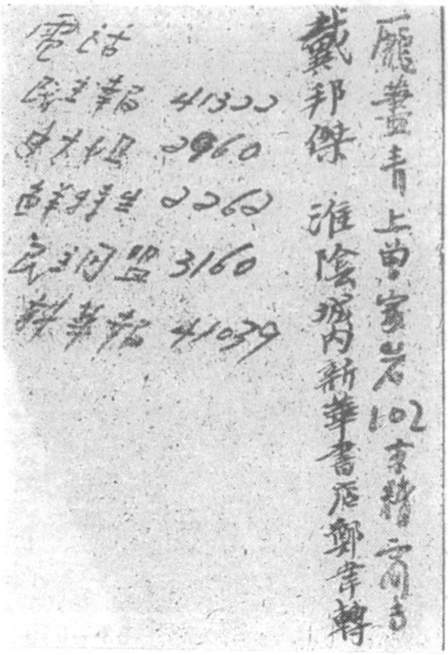

53-022

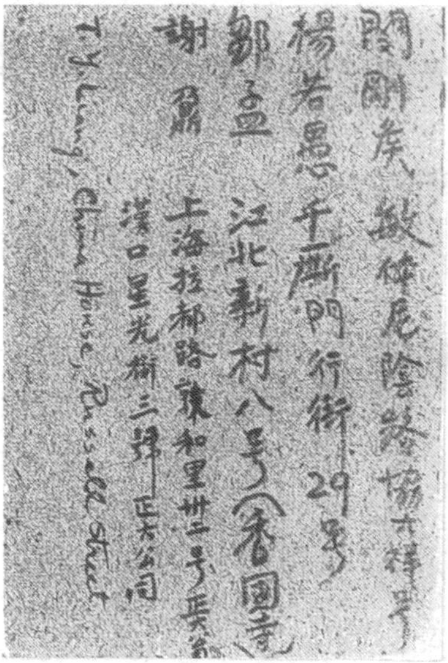

53-023

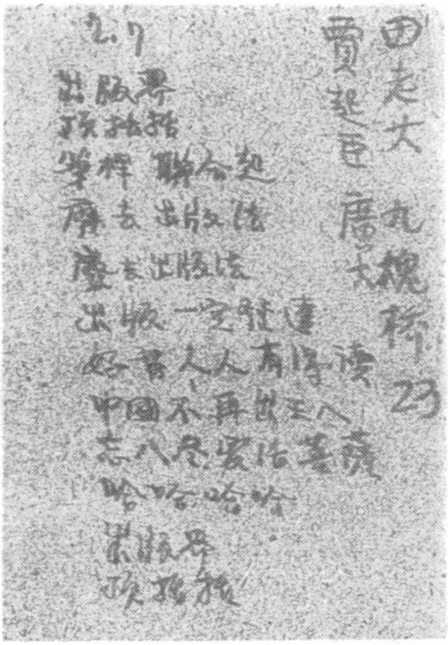

53-024

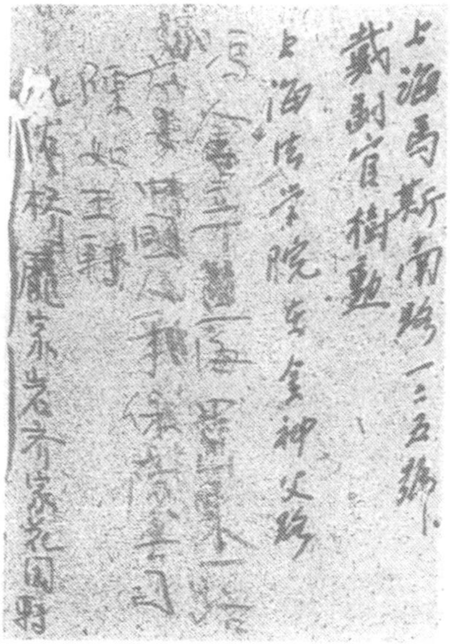

53-025

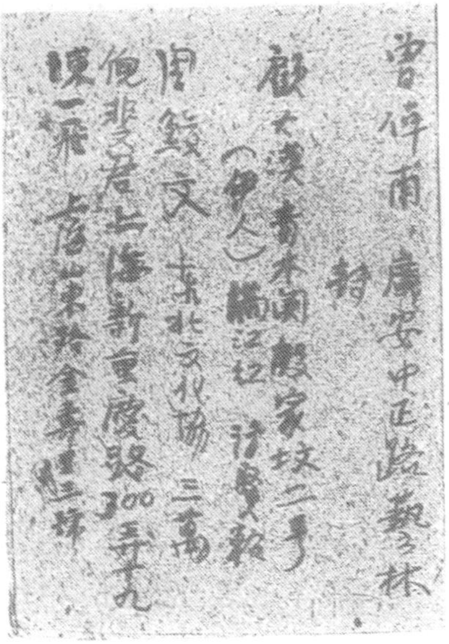

53-026

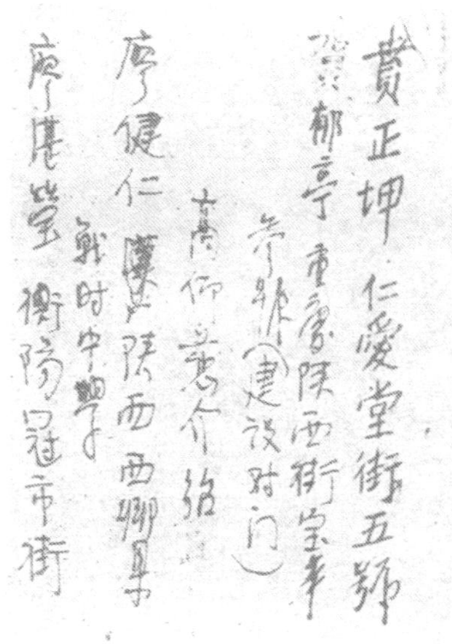

53-027

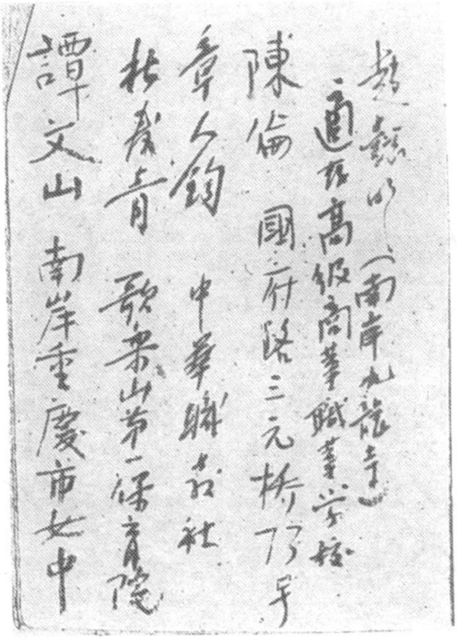

53-028

Ryan 2501

53-029

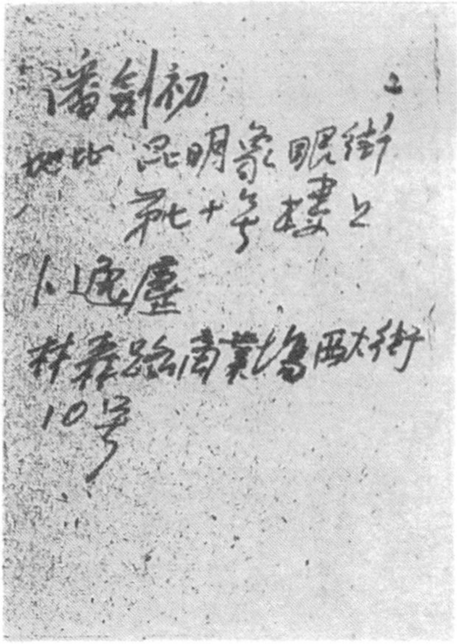
潘剑初
地址 昆明象眼街
第七十号楼上
山逸尘
林森路商业场西大街
10号

53-030

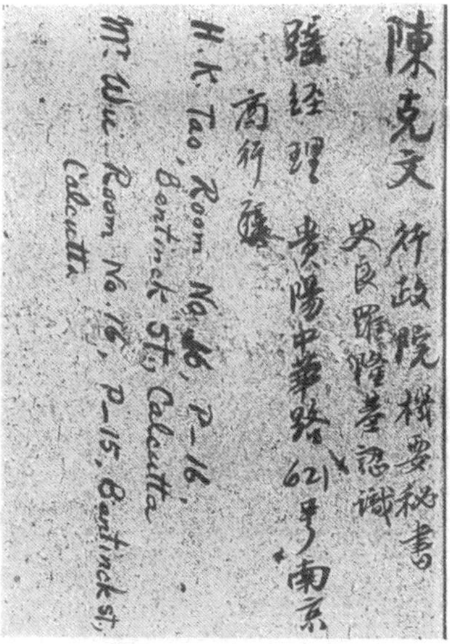
陈克文 行政院机要秘书
史良罗隆基认识
张经理 贵阳中华路621号南京
商行转
H.K. Tao, Room No. 16, P-16,
Bentinck St., Calcutta
Mr. Wu Room No. 16, P-15, Bentinck St.,
Calcutta

53-031

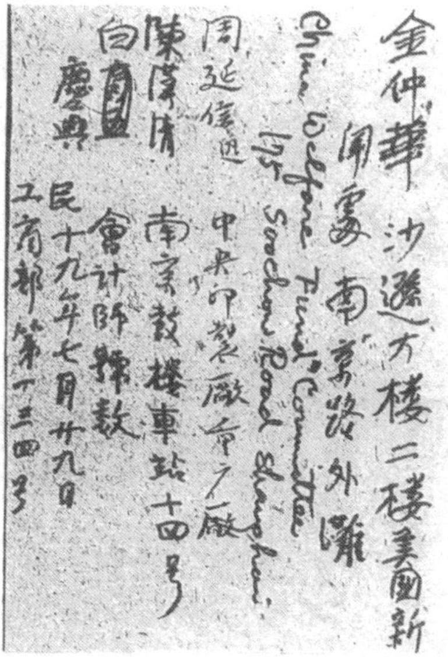
金仲华 沙逊大楼二楼美国新
闻处 南京路外滩
China Welfare Fund Committee
125 Soochow Road Shanghai
周延俊选 中央印制厂第一厂
陈荣清 南京鼓楼车站十四号
白宝 会计师办事
廖兴 民十九年七月廿九日
工商部第一二三四号

53-032

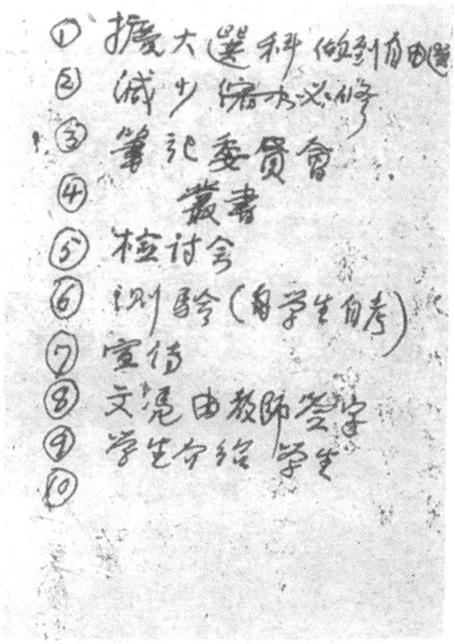

53-033

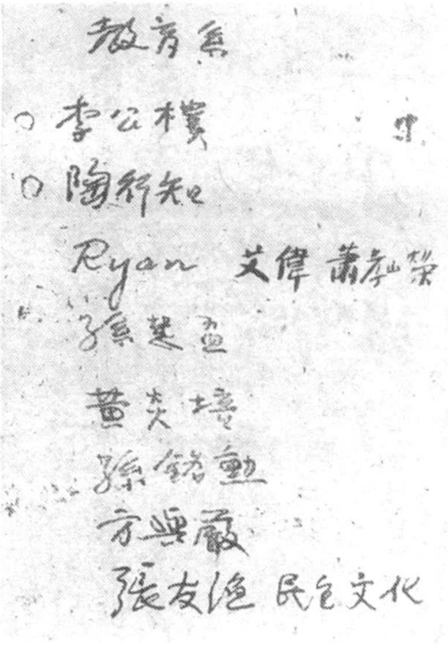

53-034

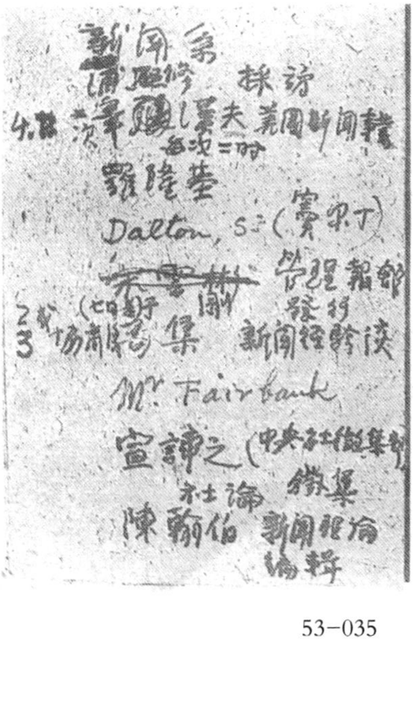

53-035

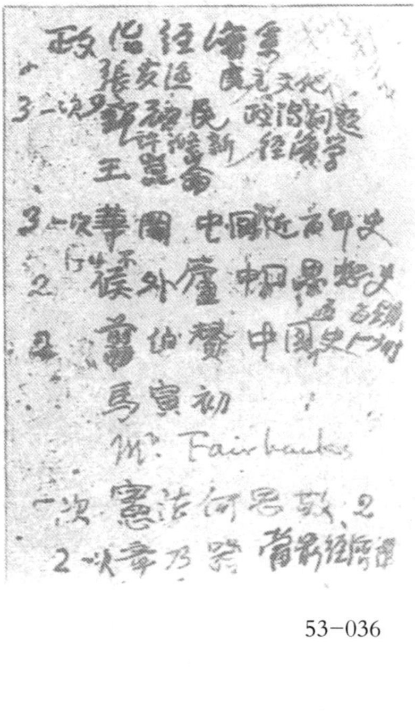

53-036

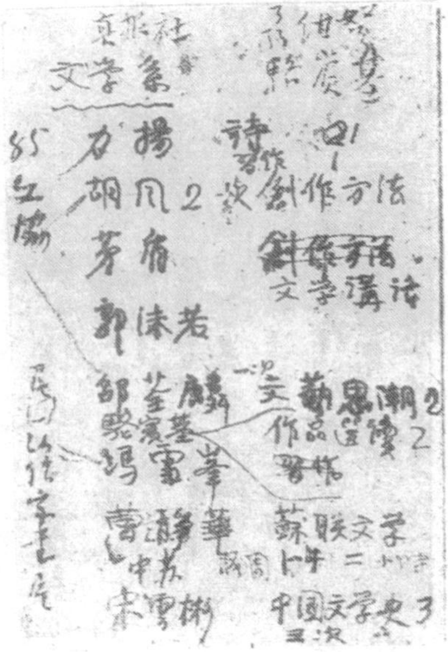

53-037

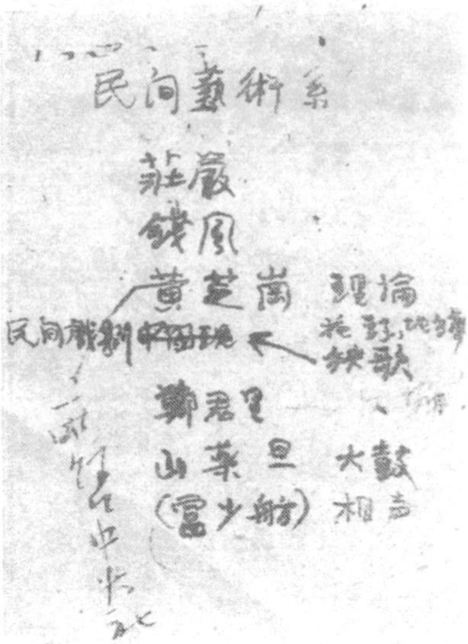

53-038

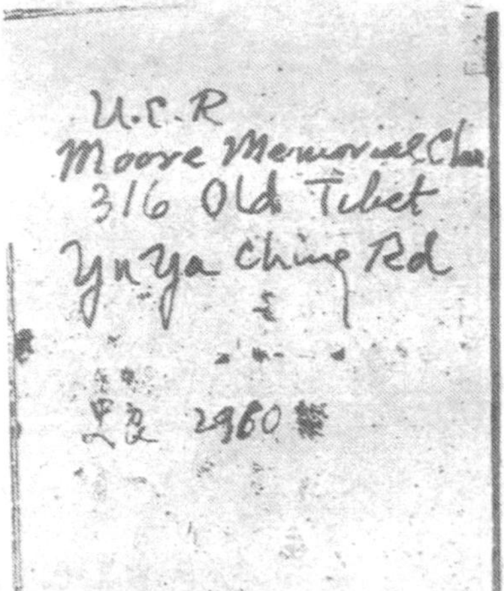


53-039

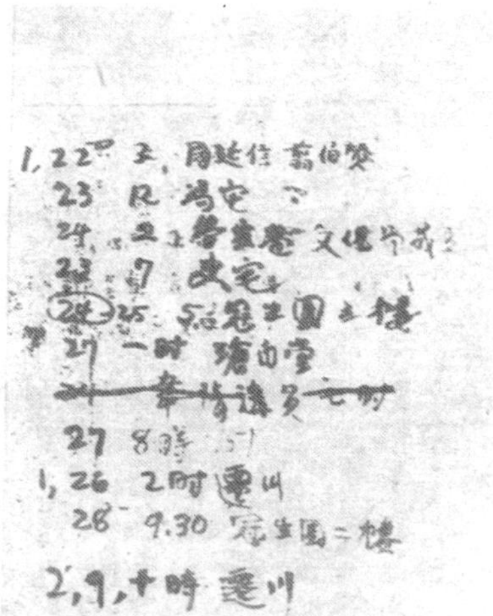

53-040

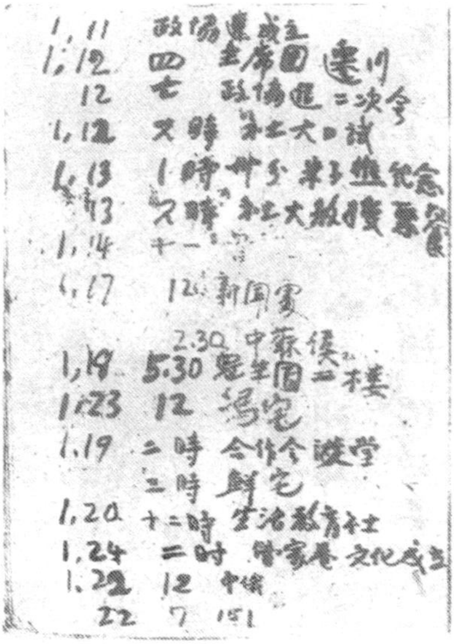

53-041

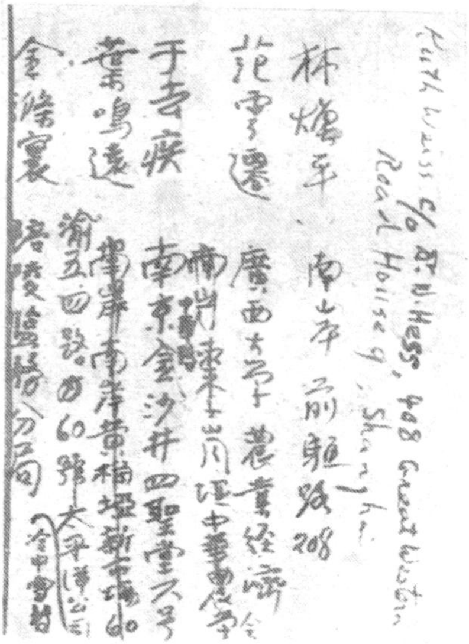

Ruth Weiss c/o Dr. W. Hess, 908 Great Western Road, House 9, Shanghai

林煥平 南岸 前驅路 208

范雪還 廣西大學 農業經濟系

53-042

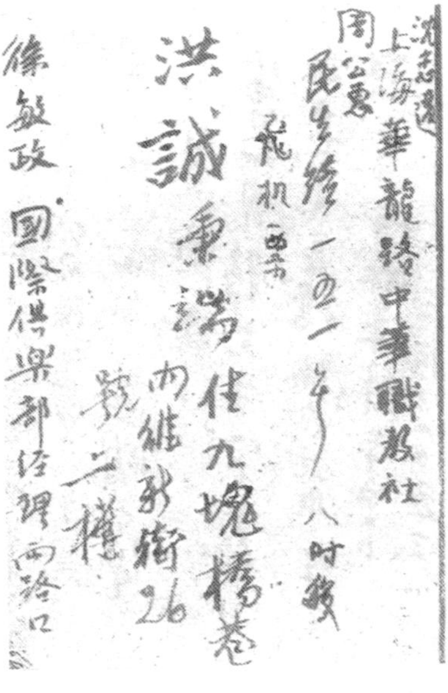

上海華龍路中華職教社

洪誠

徐叙政 國際俱樂部經理 兩路口

53-043

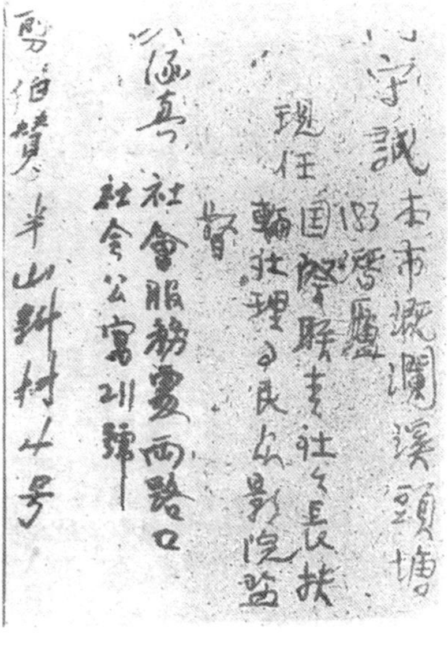

社會服務處 兩路口

半山新村4号

53-044

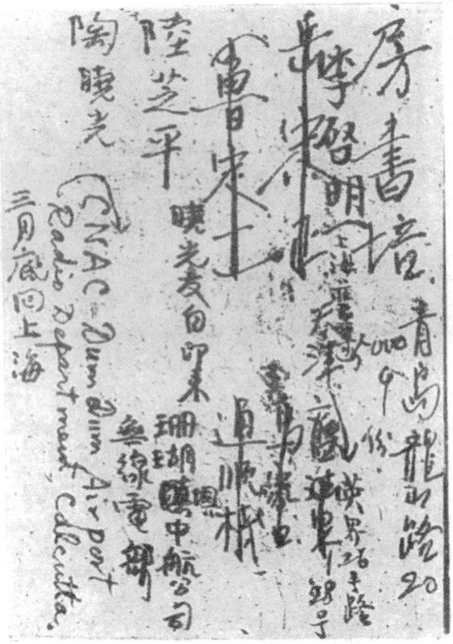
房書培 青島龍口路20
李曙明 上海[illegible]
曹宋士 [illegible]
陸芝平 曉光交白印來 珊瑚壩中航公司 無線電部
陶曉光 (CNAC Dum Dum Air Port Radio Department Calcutta.) 三月底回上海

53-045

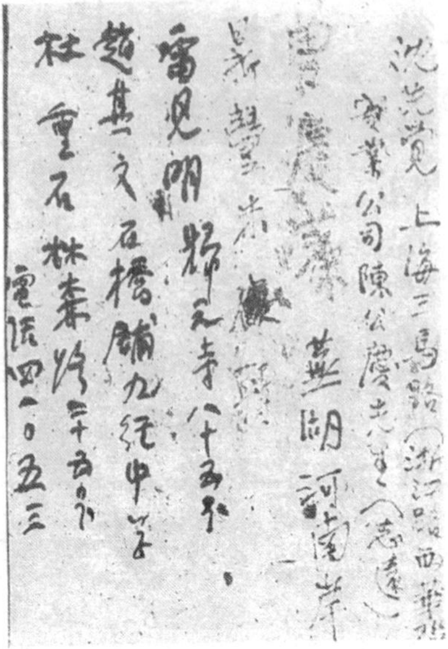
沈光覺 上海三馬路（浙江路西首）實業公司陳公慶先生（志遠）
蕪湖河南岸
雷見明 [illegible]寺八十五[illegible]
魏其文 在[illegible]中學
杜重石 林森路二十五[illegible] 電話四一〇五三

53-046

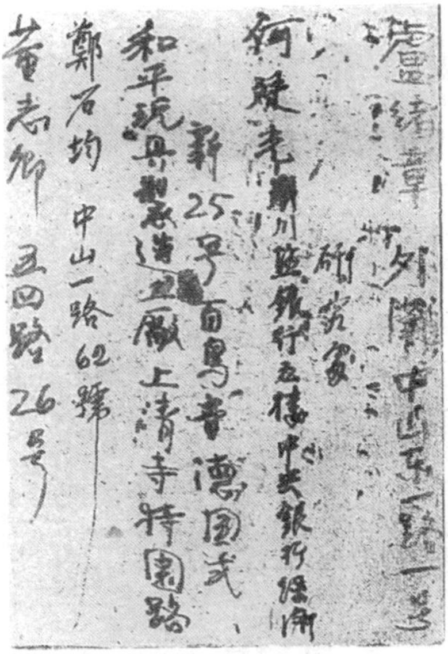
盧緒章 外灘中山東一路一号
研究室
何疑老 [illegible]銀行五樓 中央銀行[illegible]
新25号 百鳥音德國式
和平玩具製造廠 上清寺特園路
鄭石均 中山一路62號
黃志卿 五四路26号

53-047

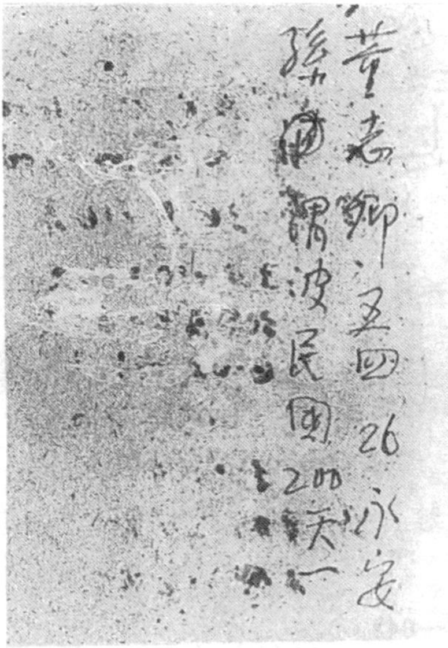
黃志卿 五四26
[illegible]民團 200[illegible] 永安

53-048

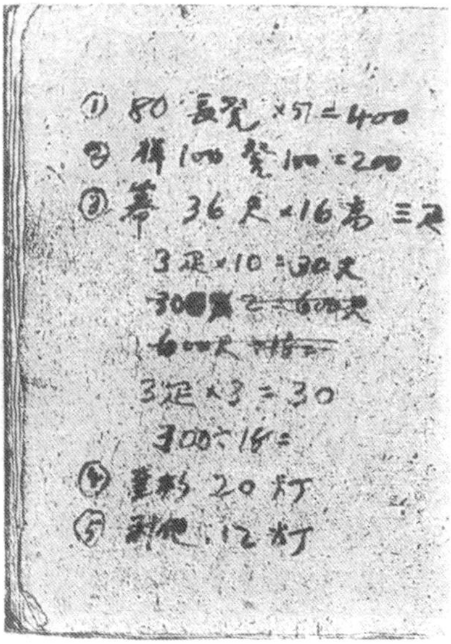
① 80 長凳 ×5 = 400
② 桌 100 凳 100 = 200
③ 幕 36 尺 ×16 高 三疋
3疋×10 = 30丈
~~300[illegible]÷2 = 600丈~~
~~600尺 [illegible]~~
3疋×3 = 30
300÷16 =
④ 畫彩 20 打
⑤ [illegible] 12 打

53-049

# 第五十三册〔注译〕

1946.1.9~1946.2.7

重庆

53—010

《啷格办》为四川方言剧

53—012

第9行（22）为《民主星期刊》

第10行（23）指送识字课本

53—031

外文为两位住加尔各答的友人的签名、地址

53—032

外文为中国福利基金会上海地址

53—033至038

重庆社会大学的部分教学计划

53—042

外文为魏璐诗在上海的地址

53—044

该页原笔记本不全。“涵真”为吴涵真

# 備忘

第五十四册

1946.4.12~1946.5.13

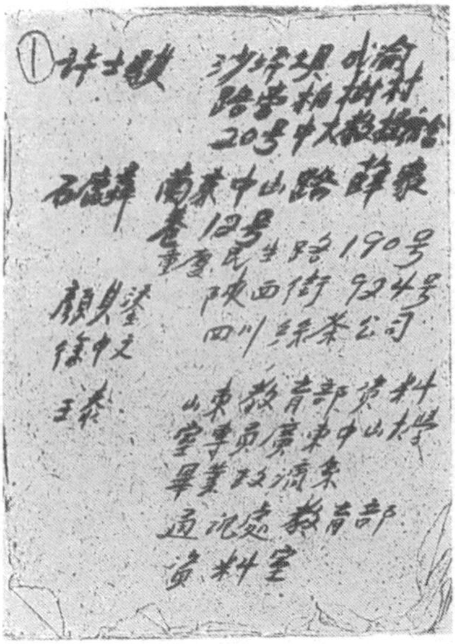

①许士骐 沙坪坝小龙坎路学相树村205号中大教职员宿舍
石[illegible] 南京中山路薛家巷12号
重庆民生路190号
顾贝鉴 陕西街924号
徐中文 四川丝茶公司
王泰 山东教育部资料室专员广东中山大学毕业王[illegible]
通讯处教育部资料室

54-001

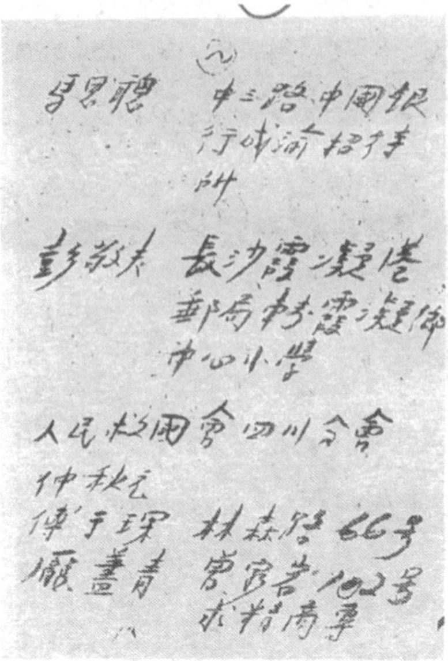

②
马思聪 中三路中国银行[illegible]招待所
彭敬夫 長沙霞凝港邮局转霞凝乡中心小学
人民救国会四川分会
仲秋元
傅于琛 林森路66号
严画青 曾家岩102号求精商学

54-002

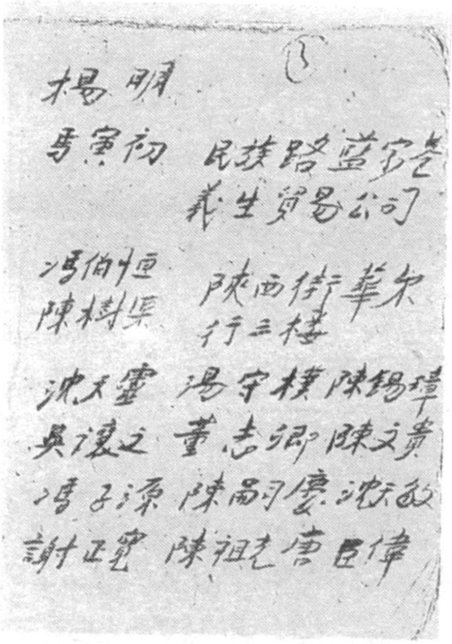

③
杨明
马寅初 民族路蓝家巷义生贸易公司
冯伯恒
陈树渠 陕西街华康行三楼
沈大雷 冯宗模 陈锡璋
吴漱之 董志卿 陈文贵
冯子源 陈鼎勋 沈[illegible]
谢正儒 陈祖光 曹[illegible]伟

54-003

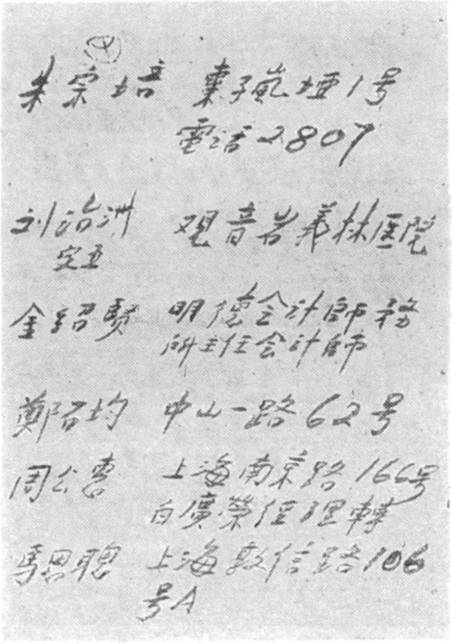

④
朱宗培 東子岚垭1号 电话2807
刘冶洲
安五 观音岩义林医院
金绍[illegible] 明信会计师事务所主任会计师
郑[illegible]均 中山一路62号
周公[illegible] 上海南京路166号白广荣经理转
马思聪 上海敦信路106号A

54-004

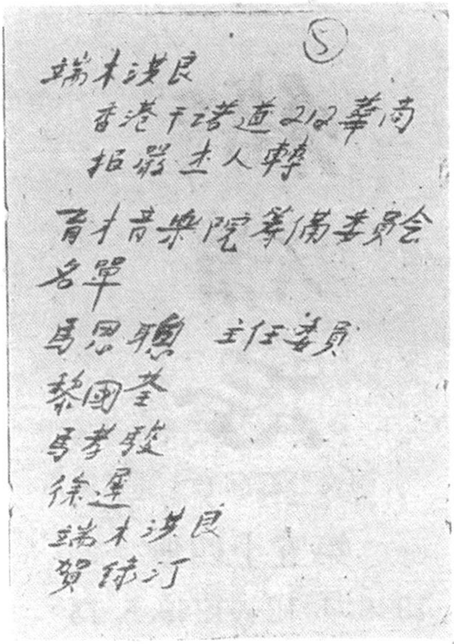
5

端木汝良
香港干诺道212華商
报關行人轉

育才音樂院筹備委員会
名單
馬思聰 主任委員
黎國荃
馬孝駿
徐遲
端木汝良
贺绿汀

54-005

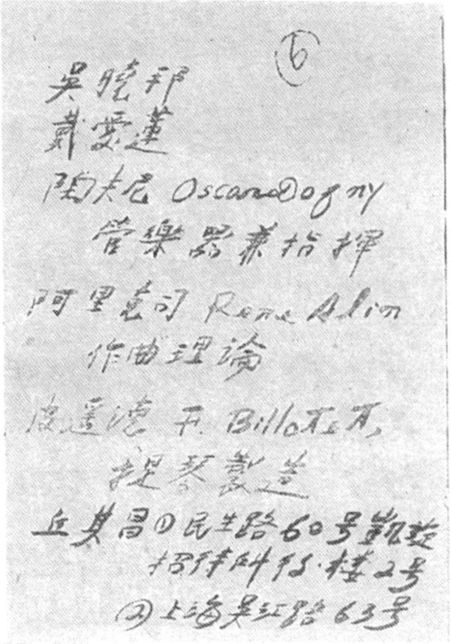
6

吴晓邦
戴爱莲
陶夫尼 Oscar Dogny
管樂器兼指揮
阿里忠司 Rene Alin
作曲理論
白達德 Billotti
提琴製造
丘其昌 ⑴民生路60号凯旋
招待所4楼2号
⑵上海吴江路63号

54-006

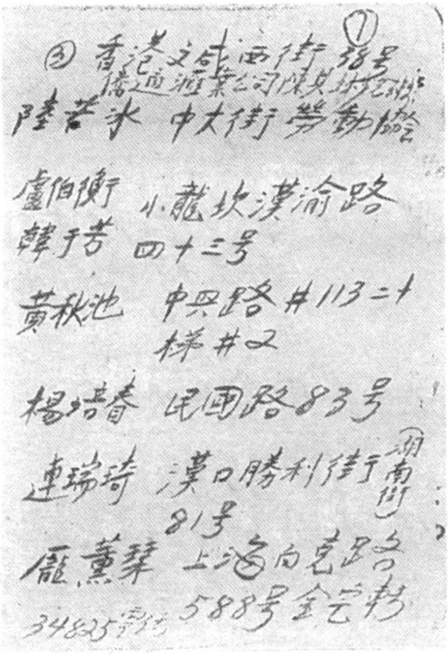
7

⑶香港文咸西街13号
僑通經濟公司

陸華冰 中大街勞動協
盧伯衡
韓子芳 小龍坎漢渝路四十三号
黄秋池 中興路#113二樓#2
楊培春 民國路83号
連瑞琦 漢口勝利街81号 湖南街
龐薰琹 上海向克路588号
34825電話

54-007

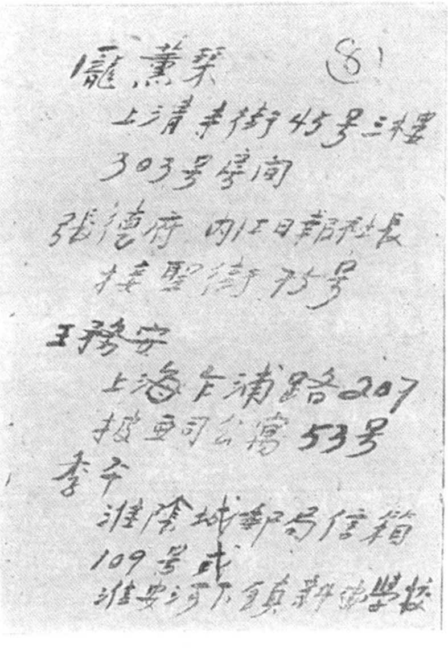
8

龐薰琹
上海清平街45号三樓
303号房间
張德府
王積安
上海乍浦路207
李
淮陰城郵局信箱
109号或
淮安河下鎮新安學校

54-008

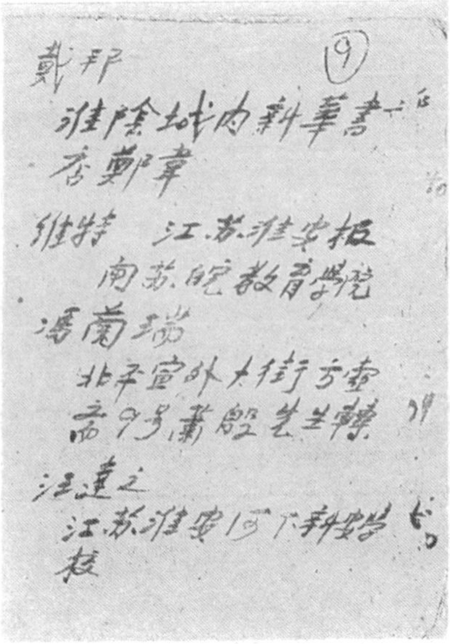
戴邦
淮阴城内新华书店
江苏淮安报
冯兰瑞
汪达之

54-009

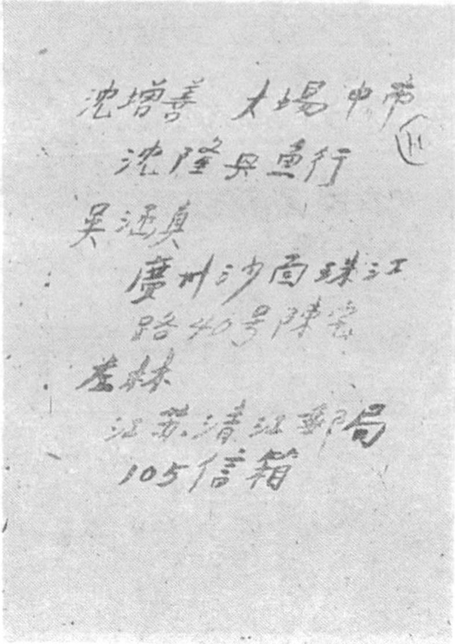
沈增善
沈隆兴鱼行
吴涵真
广州沙面珠江路40号陈宅
江苏清江邮局
105信箱

54-010

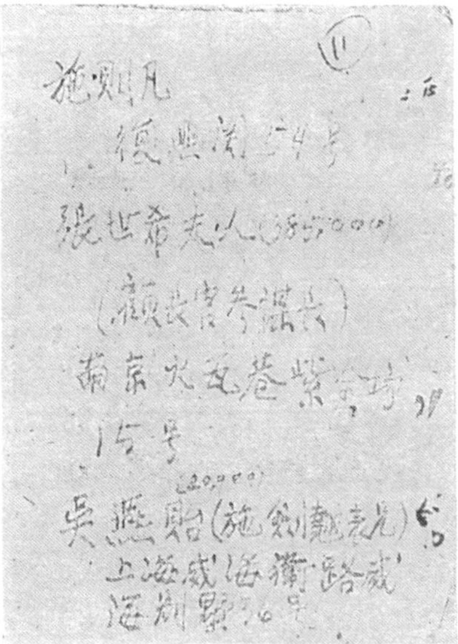
上海威海卫路威海别墅20号

54-011

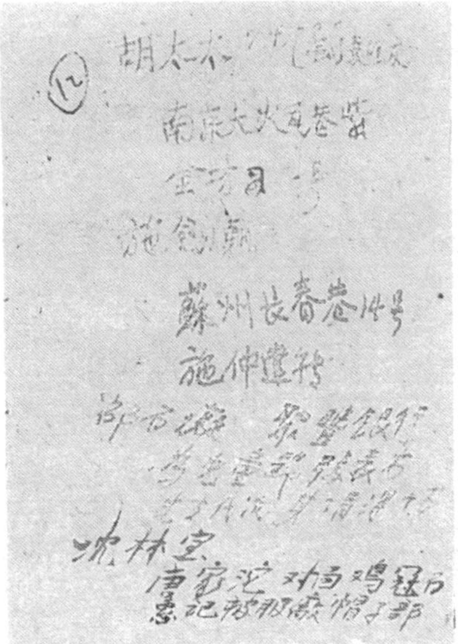
苏州长春巷14号
施仲宣转

54-012

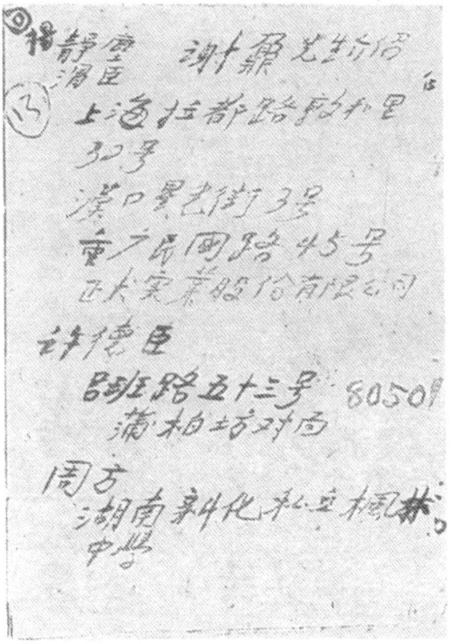
杨静安 谢霖先生介绍
上海拉都路敦和里
32号
汉口黄陂街3号
重庆民国路45号
正大实业股份有限公司
许德珩
吕班路五十三号 80501
蒲柏坊对面
周方
湖南新化私立枫林
中学

54-013

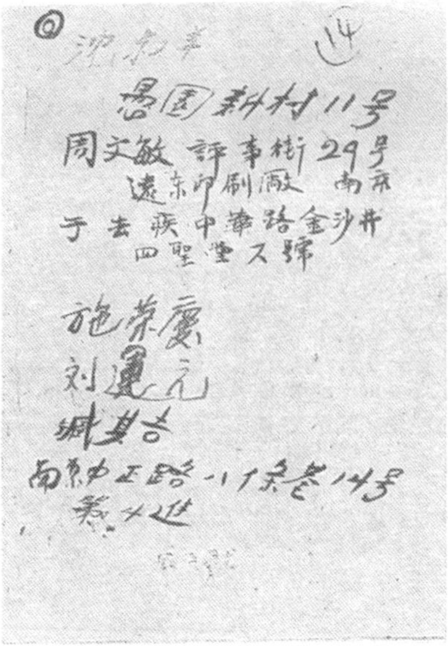
14
愚园新村11号
周文敏 评事街29号
远东印刷厂 南京
于去疾 中华路金沙井
四圣堂又号
施崇庆
刘运元
[illegible]
南京中正路[illegible]145号
[illegible]

54-014

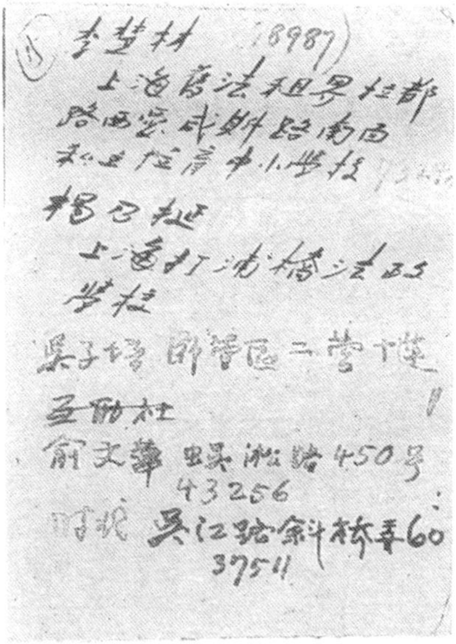
李楚材 (18987)
上海南法租界拉都
路西爱咸斯路南面
私立位育中小学校
杨[illegible]
上海打浦桥[illegible]
学校
[illegible] 师管区二营[illegible]
互助社
俞文华 吴淞路450号
43256
[illegible] 吴江路斜桥弄60
37511

54-015

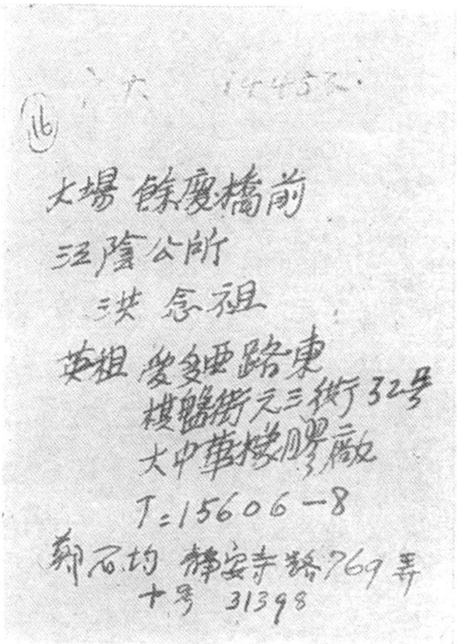
16
大场 余庆桥前
江阴公所
洪念祖
英祖 爱多亚路东
棋盘街元三街32号
大中华橡胶厂
T:15606-8
郑石均 静安寺路769弄
十号 31398

54-016

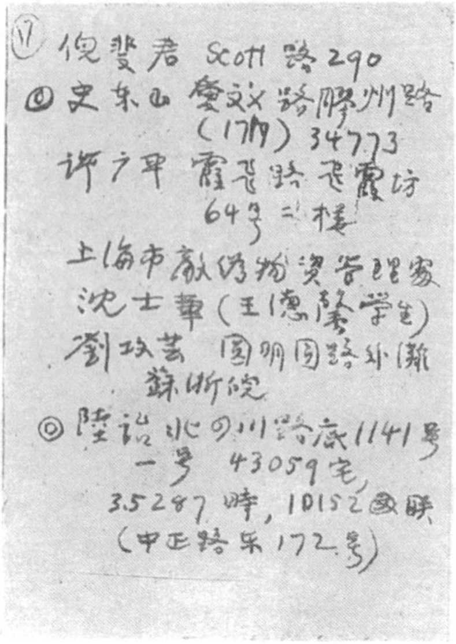
⑰ 倪斐君 Scott路290
◎史东山 爱文义路滕州路(1779) 34773
许广平 霞飞路霞飞坊64号二楼
上海市敌伪物资管理处
沈士华(王德馨学生)
刘攻芸 圆明园路外滩[illegible]
◎陆诒 北四川路底1141号一号 43059宅，35287时，10152国联
(中正路东172号)

54-017

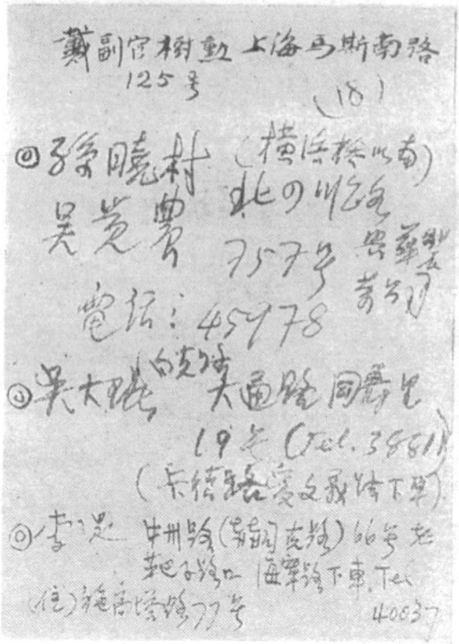
蒋副官树勋 上海马斯南路125号
(18)
◎孙晓村 (横滨桥以南)
吴觉农 北四川路757号
电话：45178
◎吴大琨 白克路 大通路同寿里19号 (Tel. 38811)
(卡德路爱文义路下车)
◎李[illegible] [illegible]路([illegible])66号 [illegible]路口 海宁路下车 Tel. 40037
(住)福开森路77号

54-018

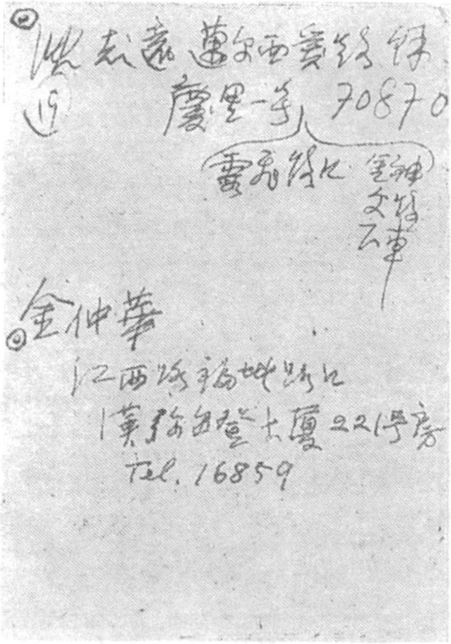
◎张志让 迈尔西爱路[illegible]
(19)
[illegible]里一号 70870
雷米路口 金神父路下车
◎金仲华
江西路福州路口
汉弥尔登大厦221号房
Tel. 16859

54-019

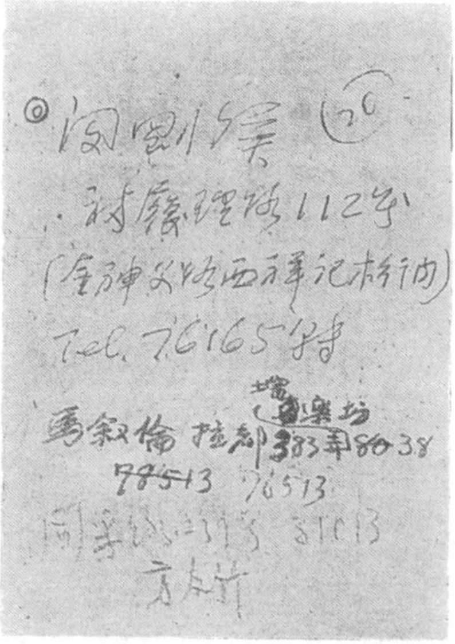
◎[illegible] (20)
福履理路112号
(金神父路西祥记木行内)
Tel. 76165转
马叙伦 [illegible] 78513 76513

54-020

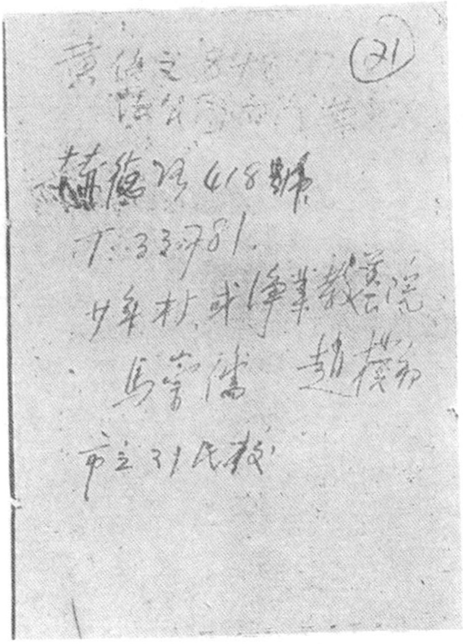

54-021

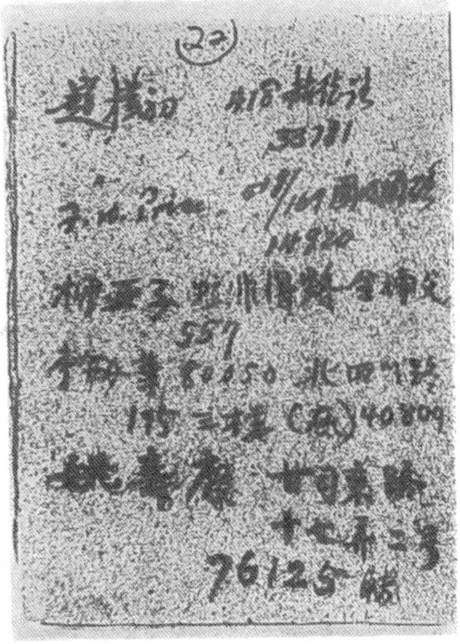

54-022

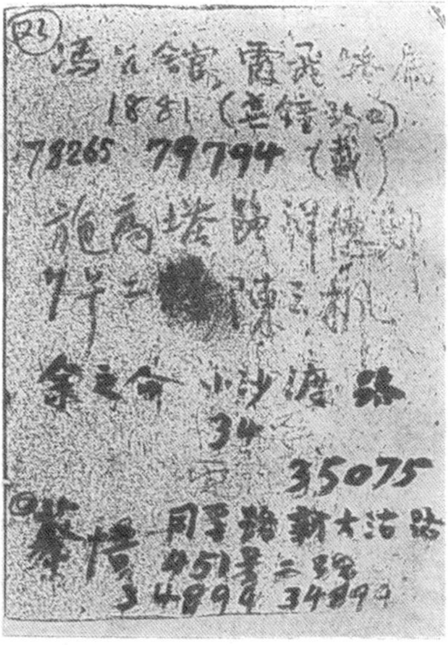

54-023

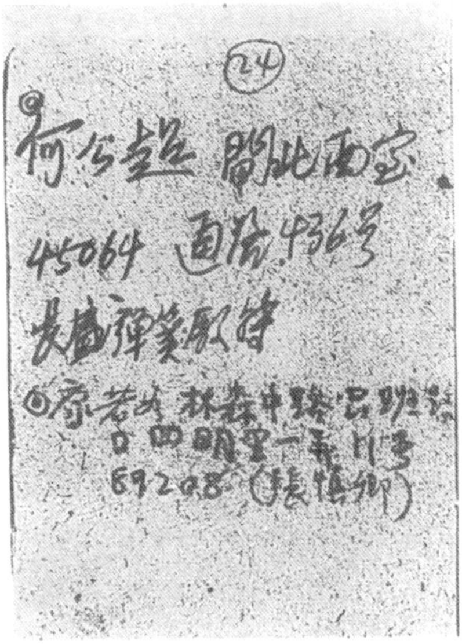

54-024

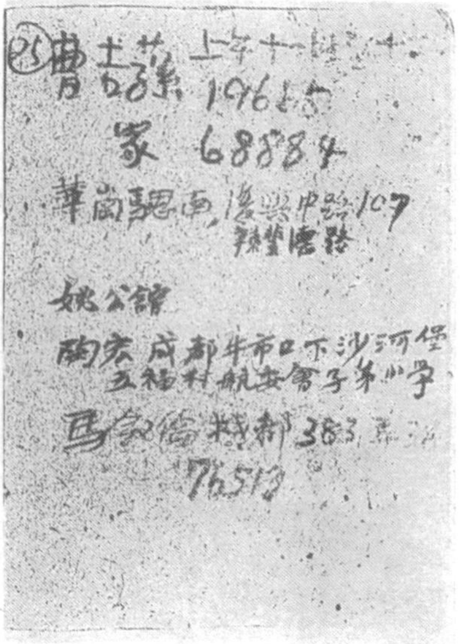
(25) 曹士芬? 上午十一時…
1966…
家 68884
華岡路西，復興中路107
辣斐德路
姚公館
陶宏 成都牛市口下沙河堡
五福村航安留子弟小学
馬叙倫 …部383 …
76513

54-025

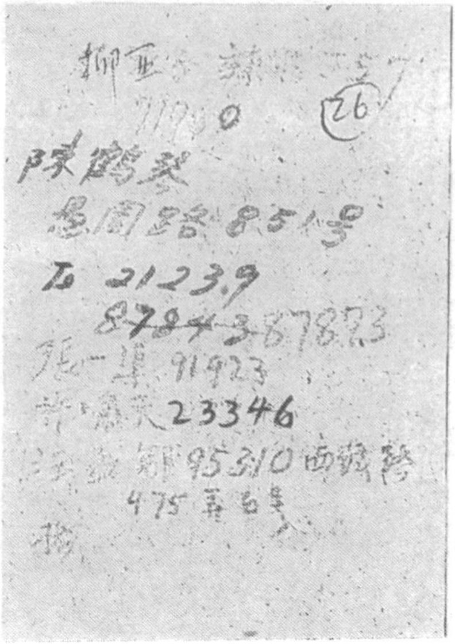
柳亚子 …
71190 (26)
陳鶴琴
愚園路851号
石 21239
87884 87823
張一麐 91923
… 23346
… 95310 西摩路
475弄…

54-026

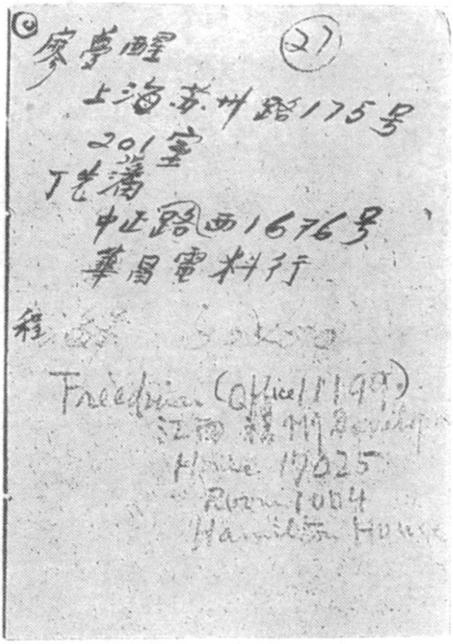
廖夢醒 (27)
上海苏州路175号
201室
丁光涛
中正路西1676号
華昌電料行
程…
Friedman (office 11199)
江西 … Building
Home 17025
Room 1004
Hamilton House

54-027

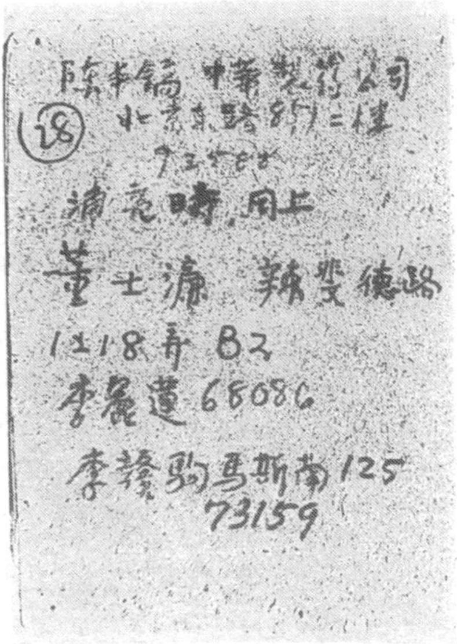
陳本鎬? 中華製藥公司
(28) 北京东路857 二楼
73568
浦亮畸 同上
董士濂 辣斐德路
1218弄 82
李麗道 68086
李贛駒 马斯南125
73159

54-028

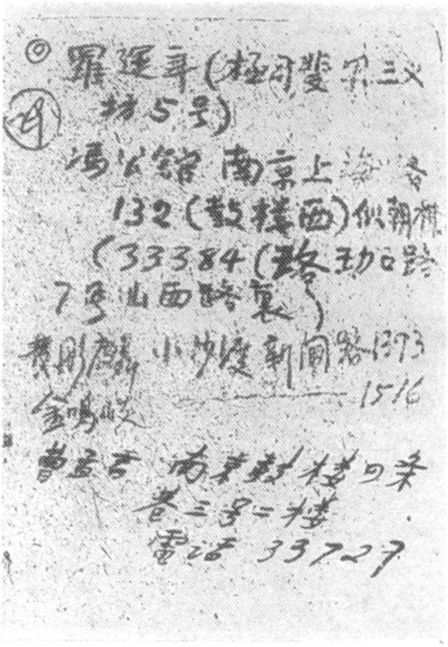

54－029

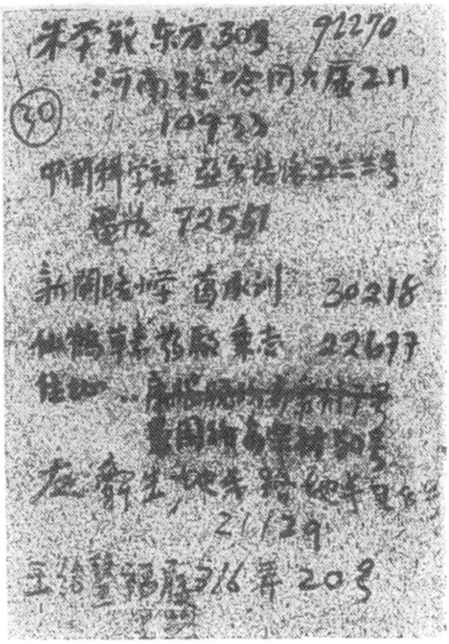

54－030

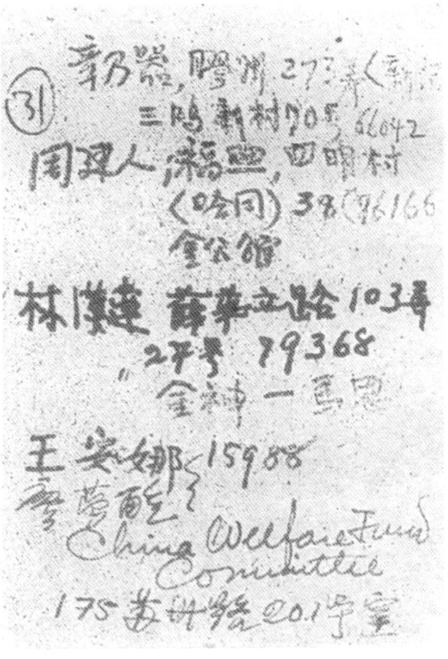

54－031

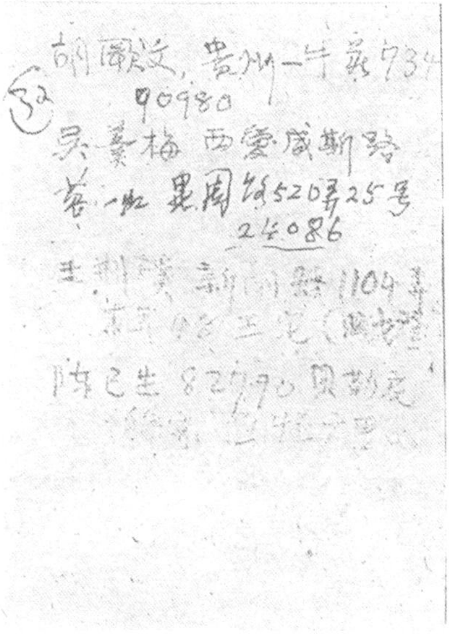

54－032

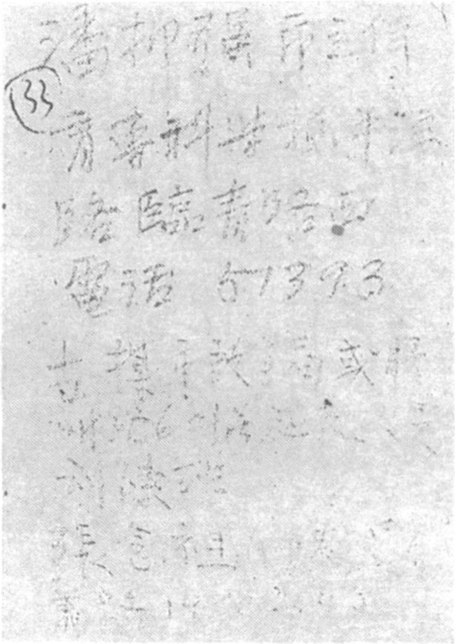

54-033

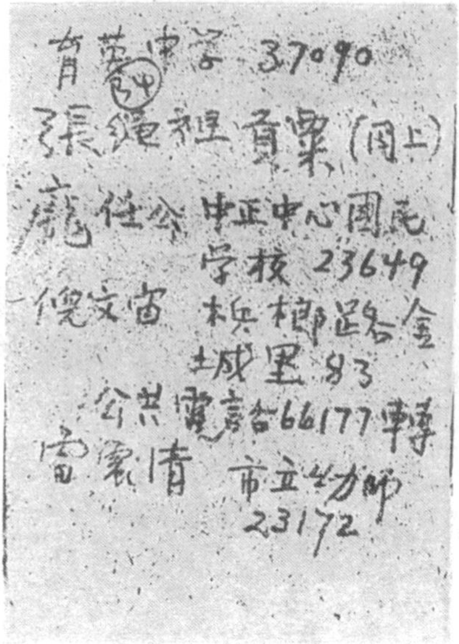
育英中学 37090
張继祖 育英（同上）
龐任公 中正中心国民学校 23649
倪文宙 梹榔路金城里 83
公共電话66177转
雷震清 市立幼师 23172

54-034

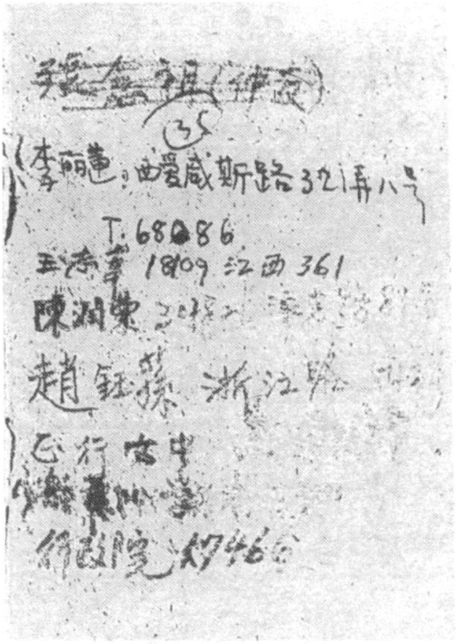

54-035

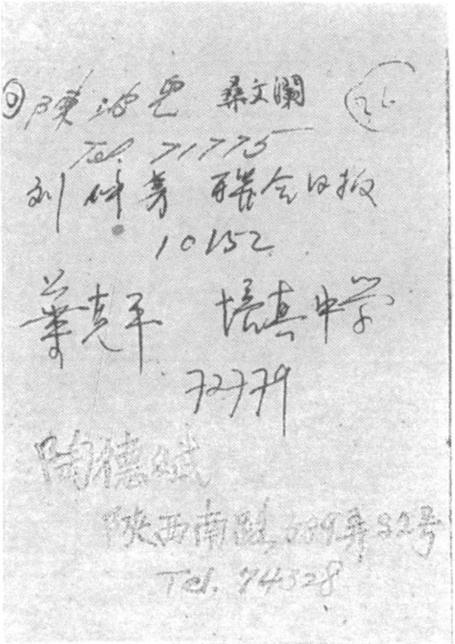

54-036

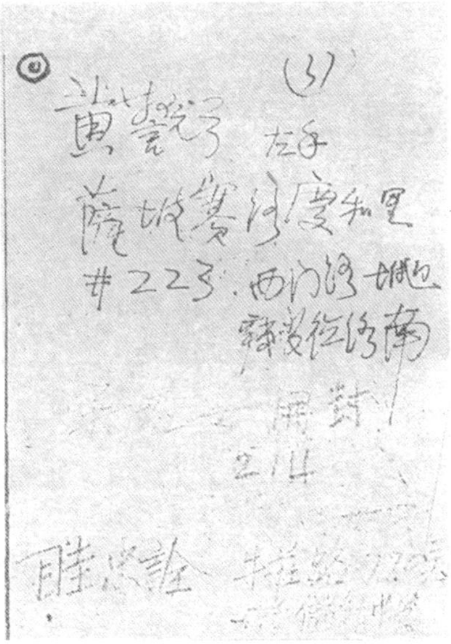

54-037

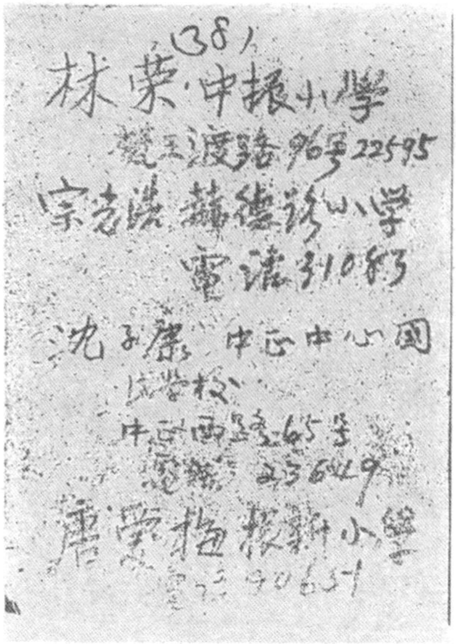

54-038

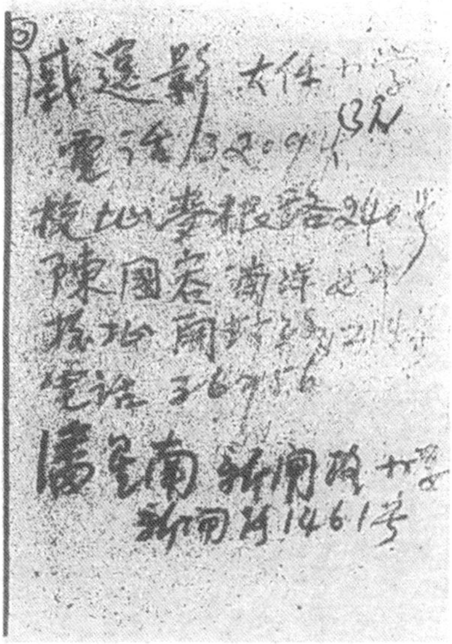

54-039

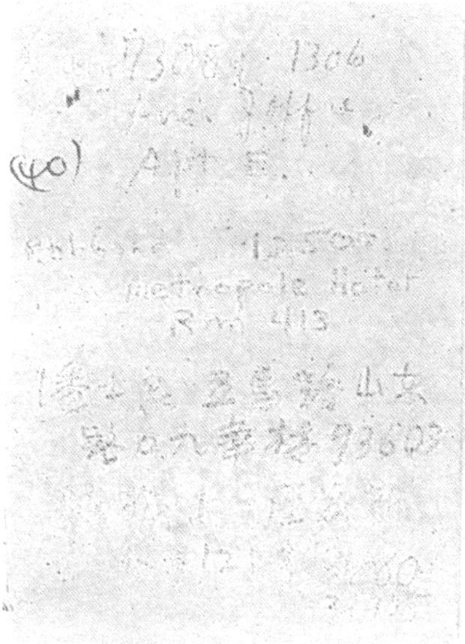

54-040

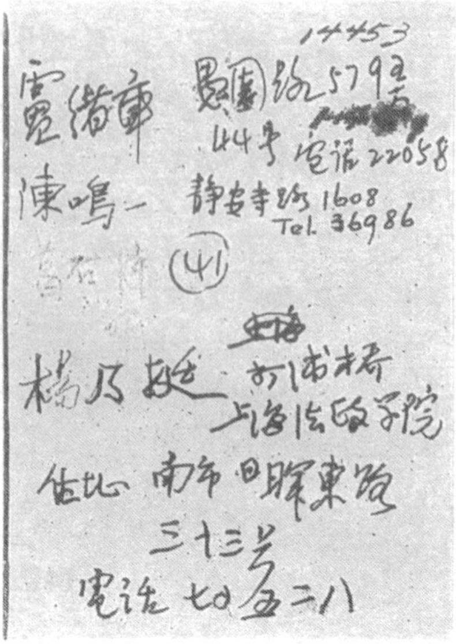
14453
雷储章 愚园路579号 [illegible] 44号 电话22058
陈鸣一 静安寺路1608 Tel. 36986
(41)
杨乃媛 新闸桥 上海法政学院
住址 南市日晖东路 三十三号
电话 七〇五二八

54-041

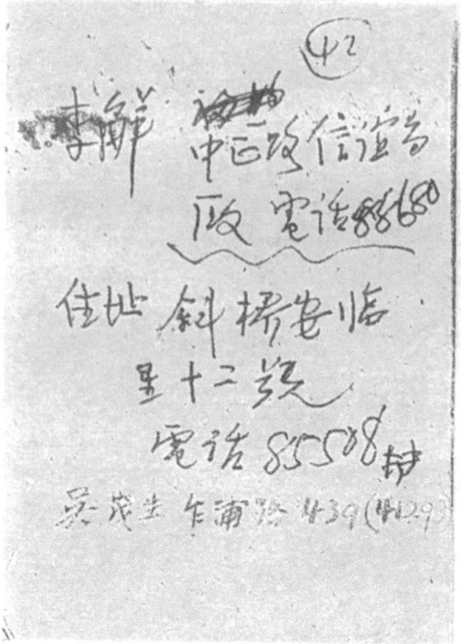
(42)
李解 [illegible] 中正路信谊药厂 电话88680
住址 斜桥安临里十二号
电话85508转
吴茂生 乍浦路439(4129)

54-042

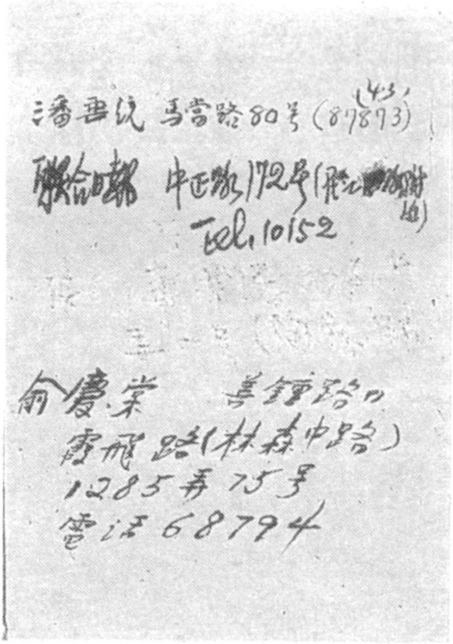
(43)
潘垂统 马当路80号 (87873)
[illegible] 中正路172号 ([illegible]) Tel. 10152
俞庆棠 善钟路口 霞飞路(林森中路) 1285弄75号 电话68794

54-043

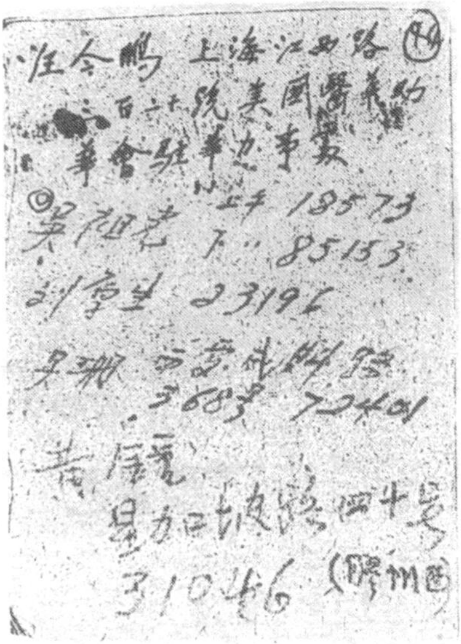
(44)
汪今鸥 上海江西路 百六七号美国医药助华会驻华办事处
[illegible] 18573
[illegible] 85153
刘季 [illegible] 23196
[illegible] 368号 72401
黄 [illegible] 星加坡路四十号 31046 ([illegible])

54-044

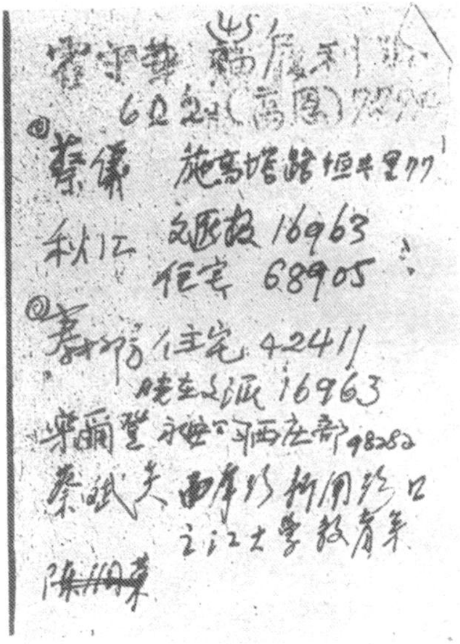


54-045

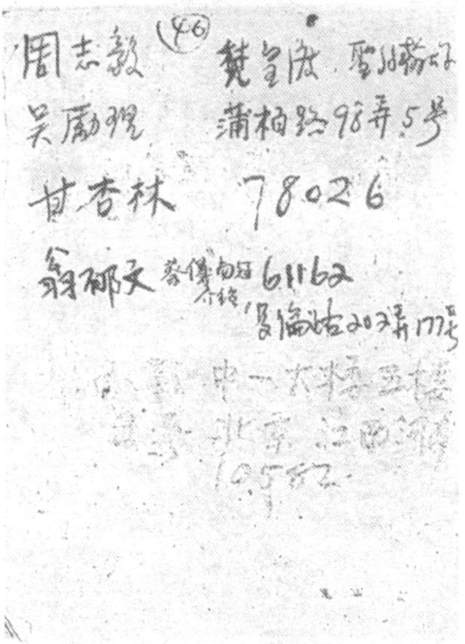


54-046

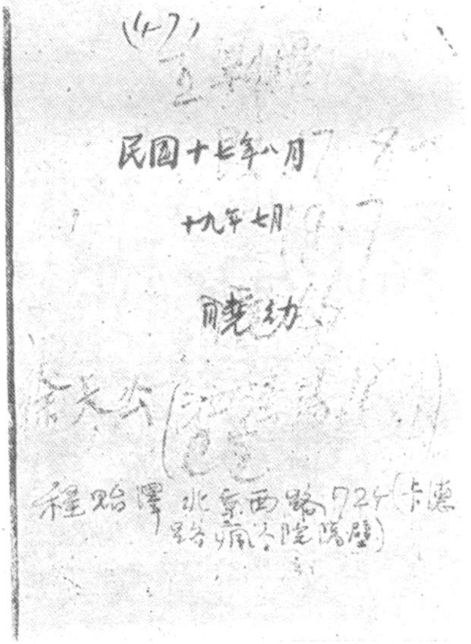


54-047

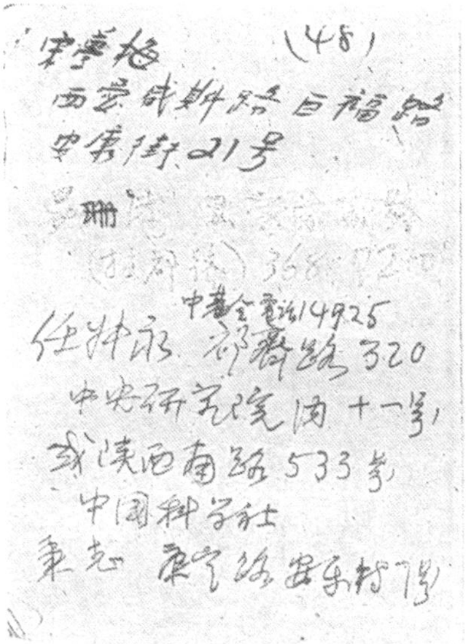


54-048

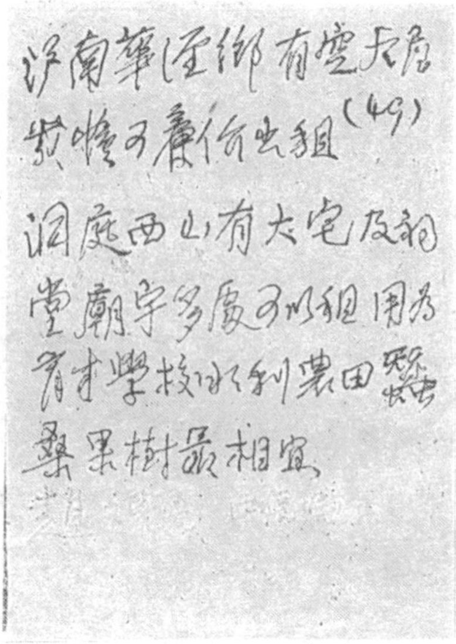
沪南華涇鄉有空大屋
祇條可廉價出租（49）
洞庭西山有大宅及祠
堂廟宇多處可以租用為
育才學校以利農田蠶
桑果樹最相宜

54-049

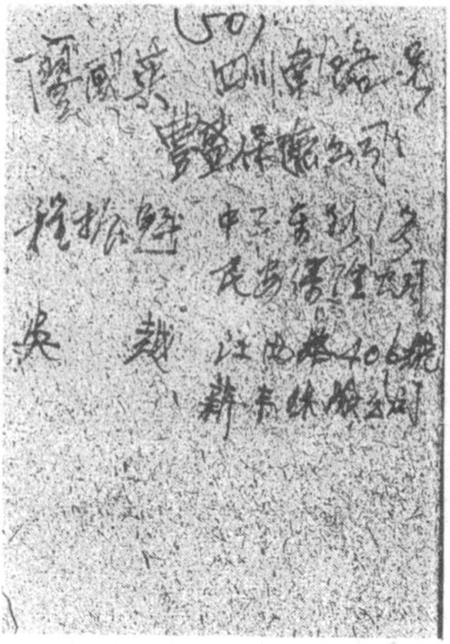
(50)
四川
保險公司
江西路406號

54-050

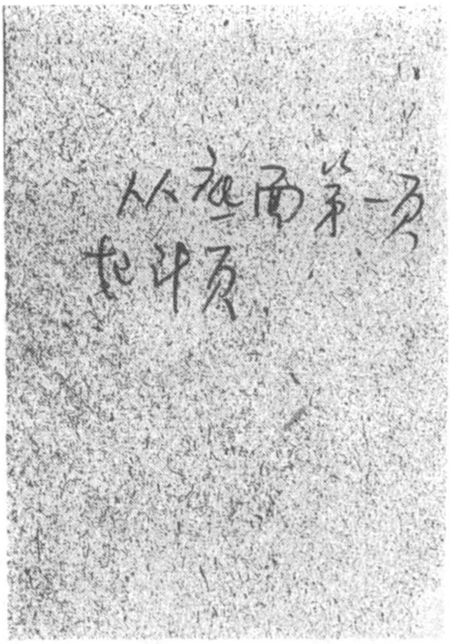
從反面第一頁
起計頁

54-051

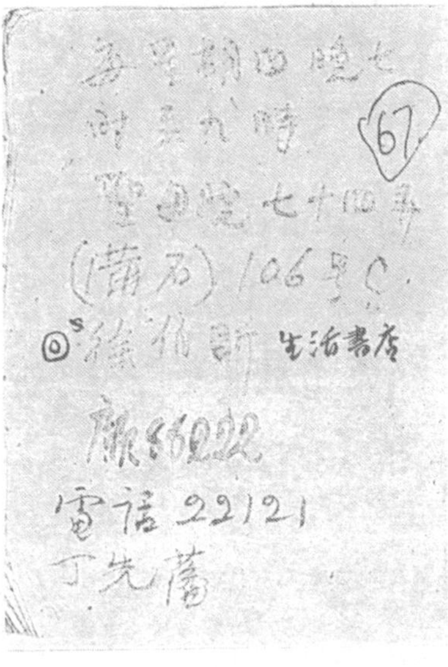
每星期四晚七
時至九時 (67)
聖母院七十四号
(蒲石) 106号C
◎徐伯昕 生活書店
電話 22121
丁先蓉

54-052

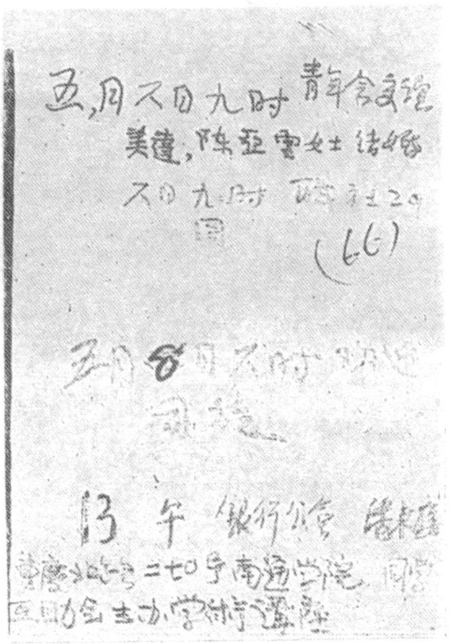
五月六日九时 青年会交谊
美莲，陈亚云女士结婚
六日九时
（66）
13 午 银行公会
二七0号南通学院

54-053

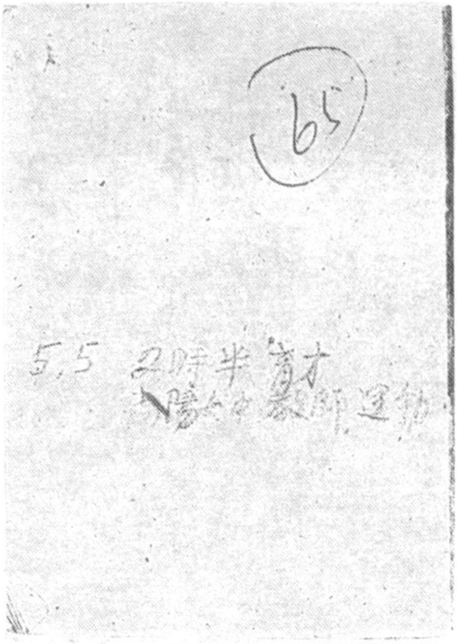
（65）
5.5 2时半

54-054

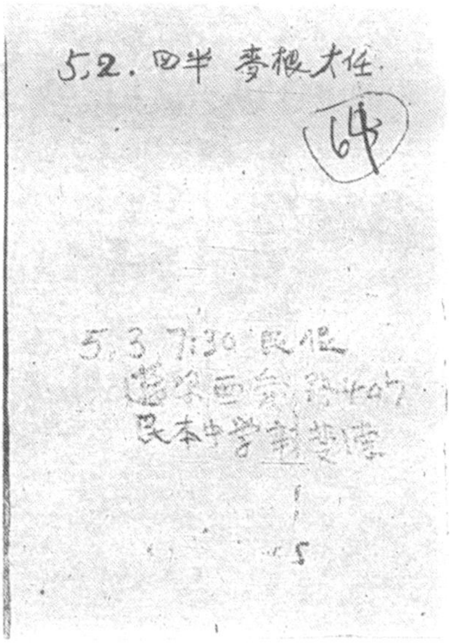
5.2. 四半 李根大任
（64）
5.3 7:30
民本中学

54-055

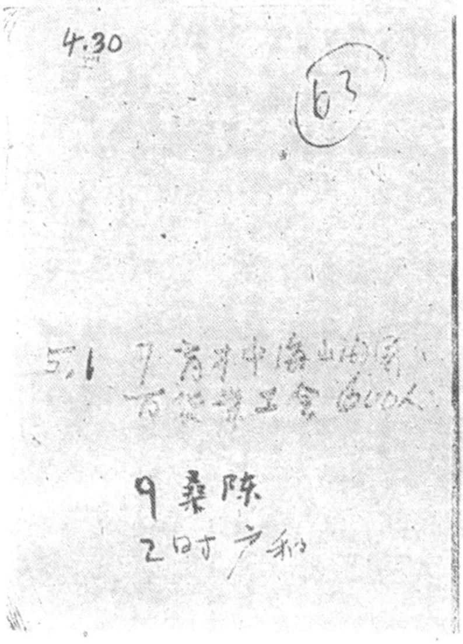
4.30
（63）
5.1 7
600人
9 桑陈
2时 广和

54-056

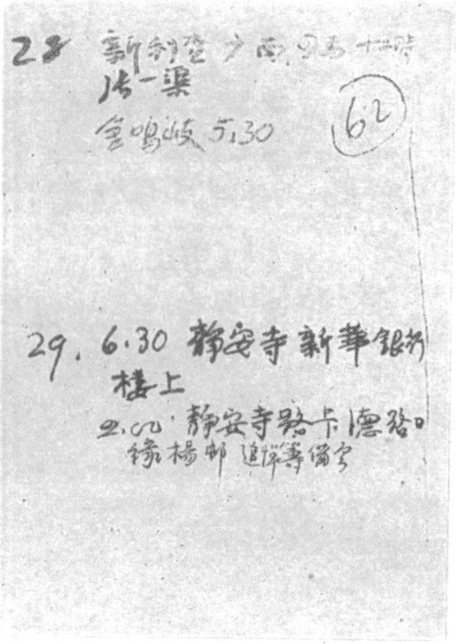

54－057

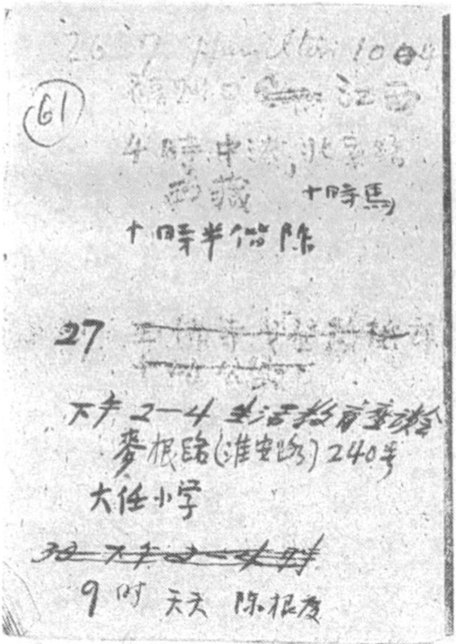

54－058

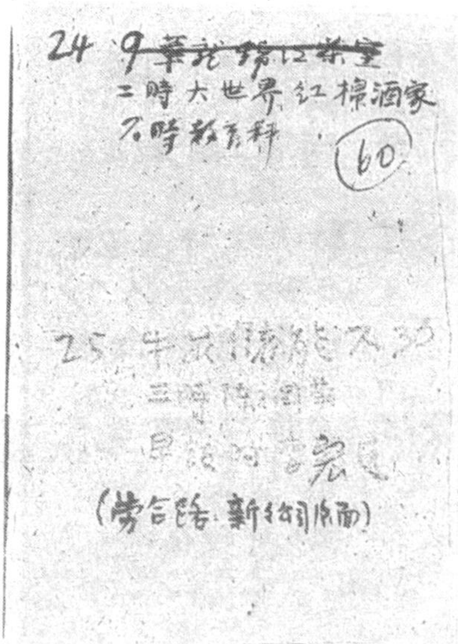

54－059

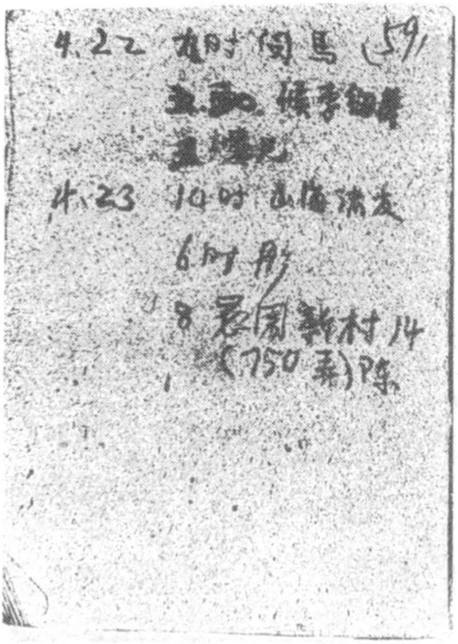

54－060

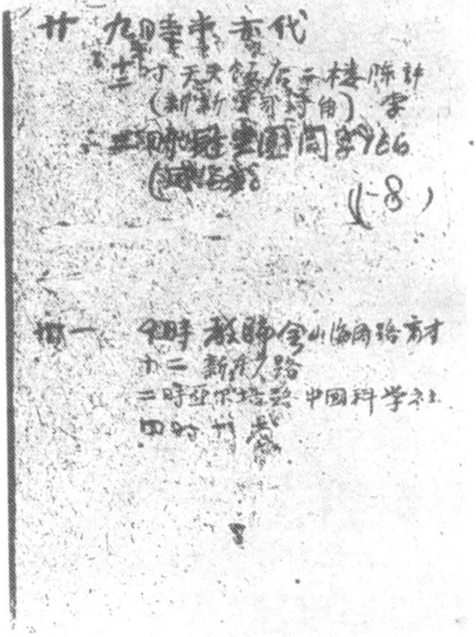

54-061

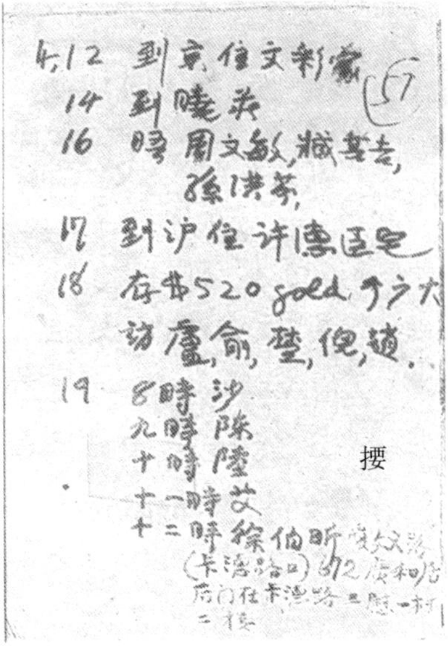

4,12 到京住文彬家
14 到晓庄
16 晤周文敏，臧某某，孫洪芬，
17 到沪住许德臣宅
18 存款520 gold
19 8時 沙
九時 陈
十時 陸
十一時 艾
十二時 徐伯昕

摟

54-062

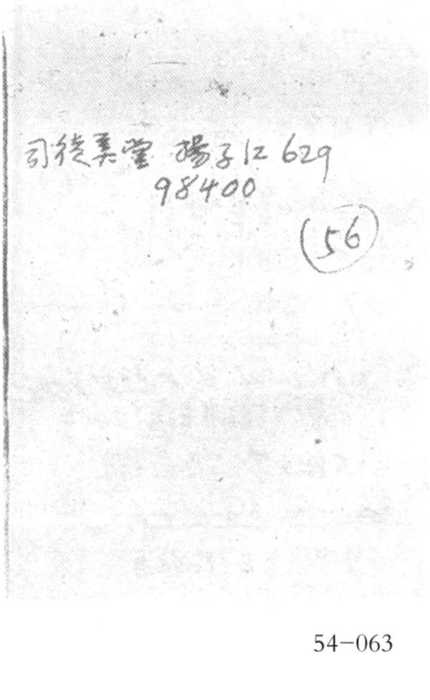

司徒美堂 揚子江 629
98400
(56)

54-063

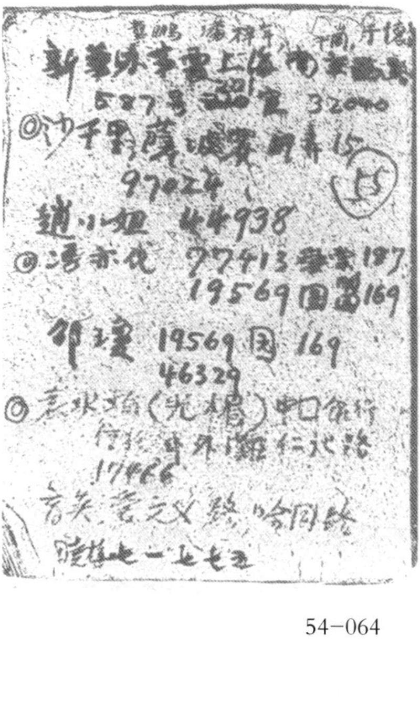

54-064

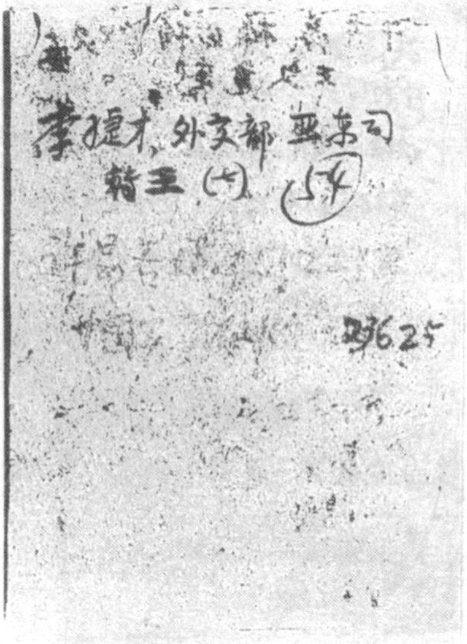
李捷才，外交部亚东司
96625

54-065

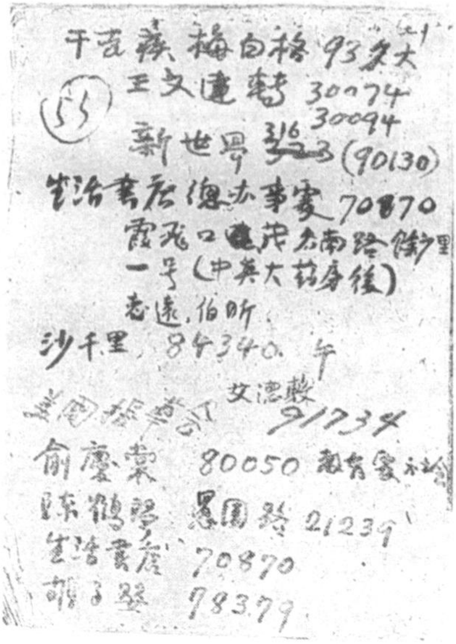
新世界 (90130)
生活书店总办事处 70870
一号（中英大药房后）
志远、伯昕
沙千里 84340
文德馥 91734
俞庆棠 80050
陈鹤琴 愚园路 21239
生活书店 70870
胡子婴 78379

54-066

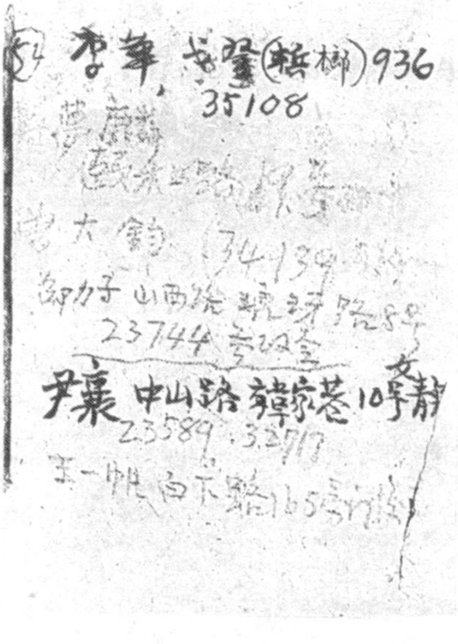
李华 936
35108
23744
尹襄 中山路韩家巷10号
23589 32717

54-067

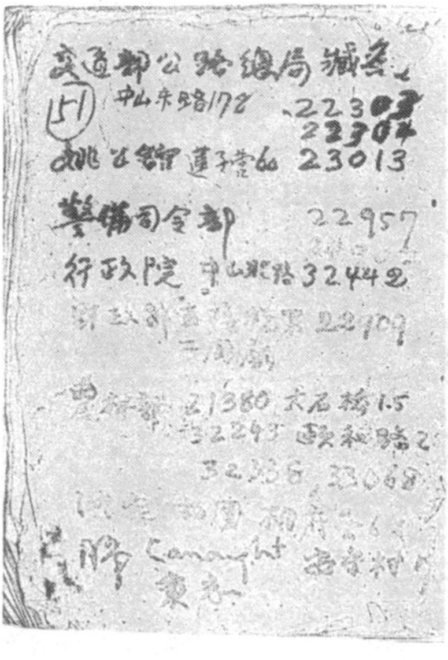
交通部公路总局
中山东路178 22303 22304
姚公馆 莲子营66 23013
警备司令部 22957
行政院 中山北路 32442
Canaught

54-068

# 第五十四册〔注译〕

1946.4.12~1946.5.13

南京·上海

54—027

末5行：弗里德曼　电话、住址

54—031

倒数第2至3行：中国福利基金会

54—040

第1至6行：两友人电话、住址

54—055

第1行：5月2日　4时半　麦根路　大任小学

第2行：“民促”即民主促进会

54—058

第1行外文：汉弥尔顿大厦

54—059

第4行：25日　6时半　牛庄路储能中学

# 衡備忘

第五十五册

1946.5.7~1946.7.17

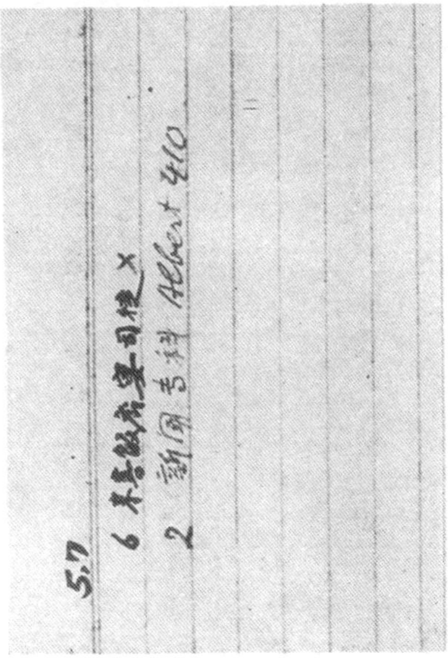
5.7
6 来喜饭店宴司徒 ×
2 新闻专科 Albert 410

55-001

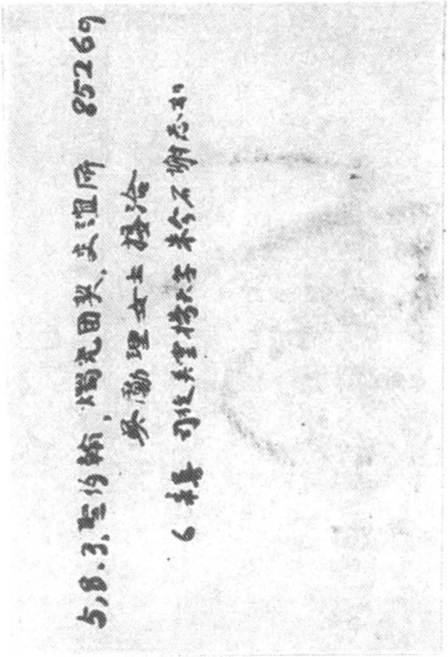
5.8.3.圣约翰，燭光团契，交谊所 85269
吴励理女士接洽
6 韩 司徒雷登大使 来今不谢志和

55-002

5.9 5 青年会 读书团契

55-003

5.10 7 晚饭 新出版业
4—6 杨树浦军工路 3时来接 沪江

55-004

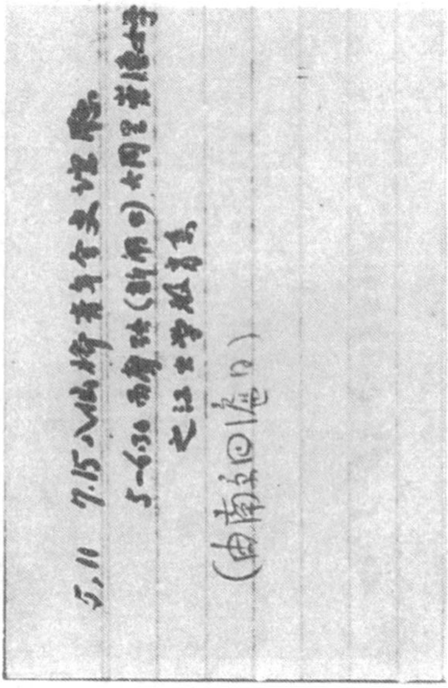

55-005

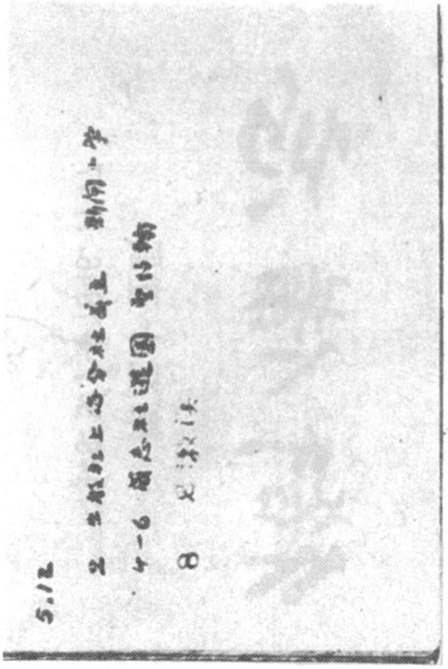

55-006

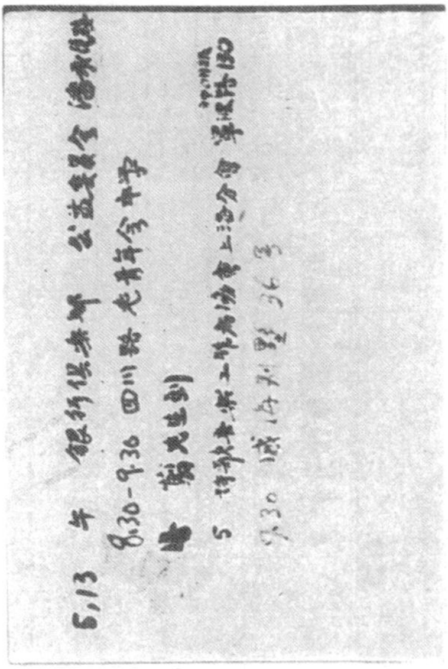

55-007

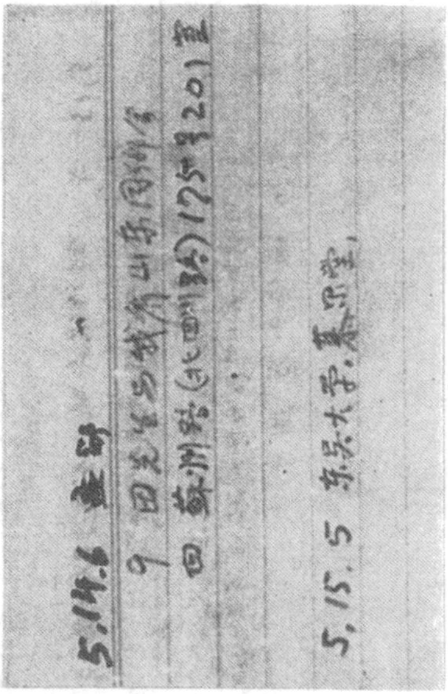

55-008

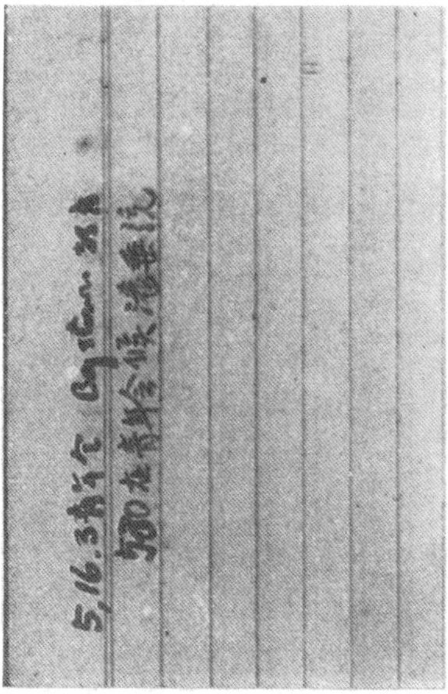

55-009

55-010

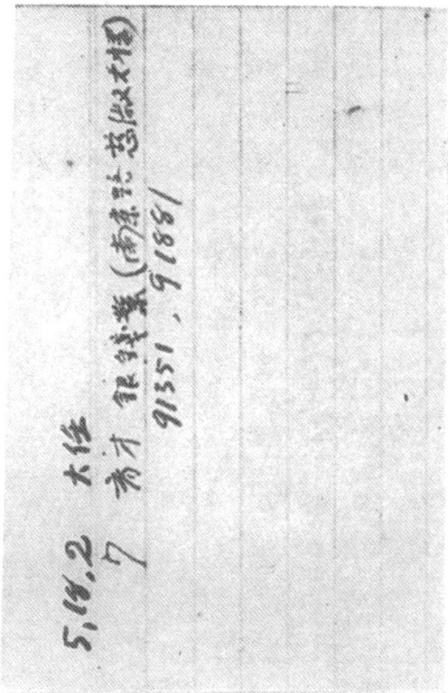

55-011

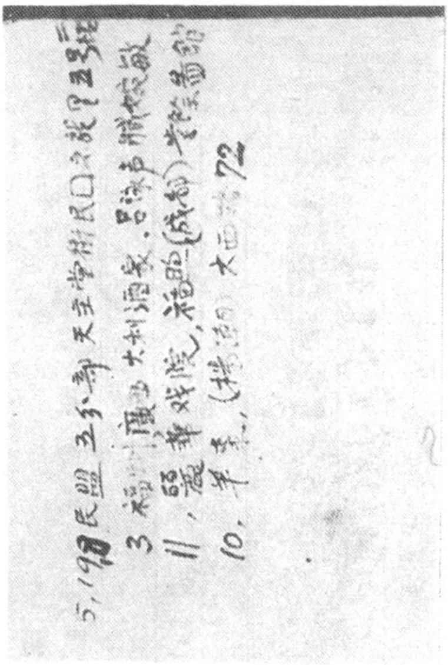

55-012

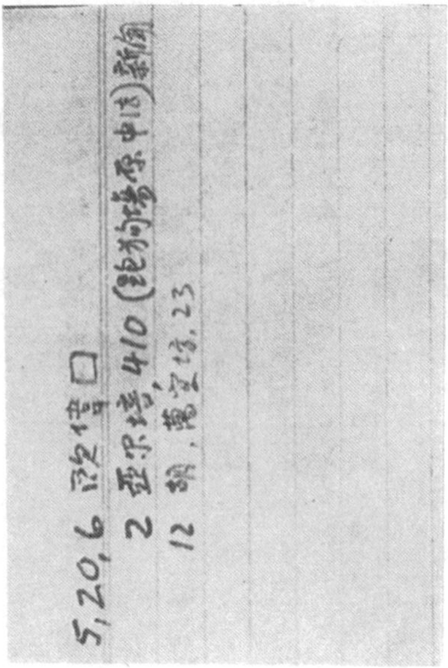
5,20,6 改信口
2 亚尔培 410（跑狗场东中间）新闻
12 胡，万宜坊，23

55-013

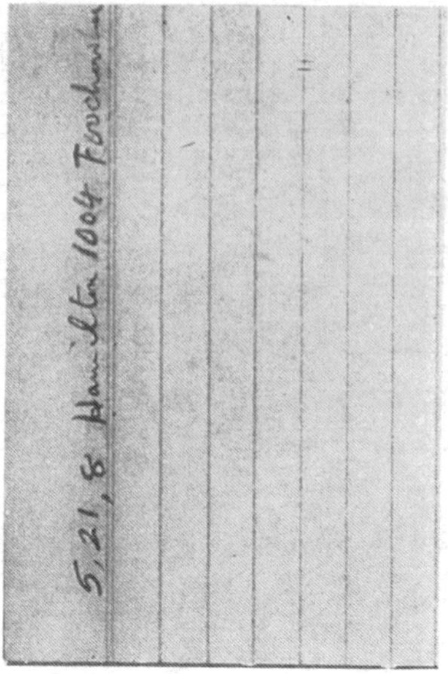


55-014

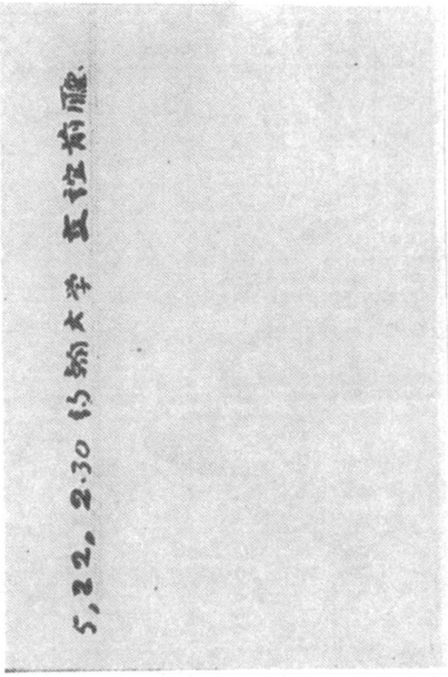


55-015

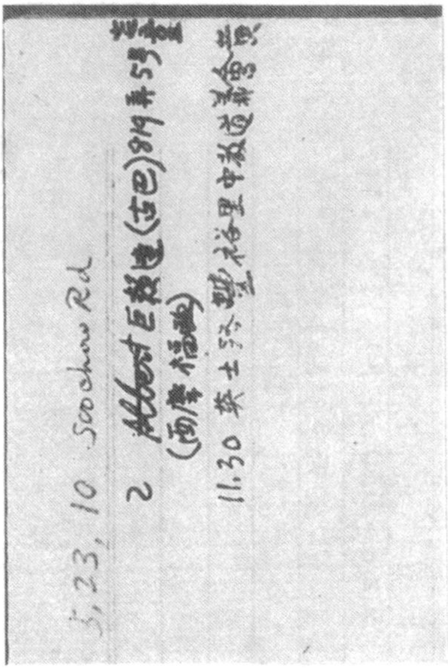


55-016

55-017

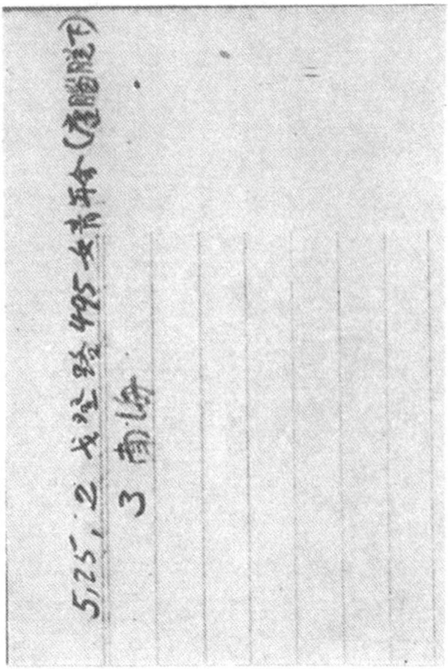

55-018

55-019

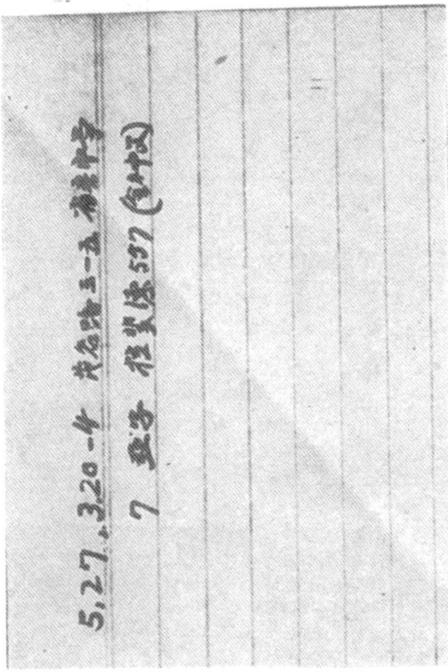

55-020

55-021

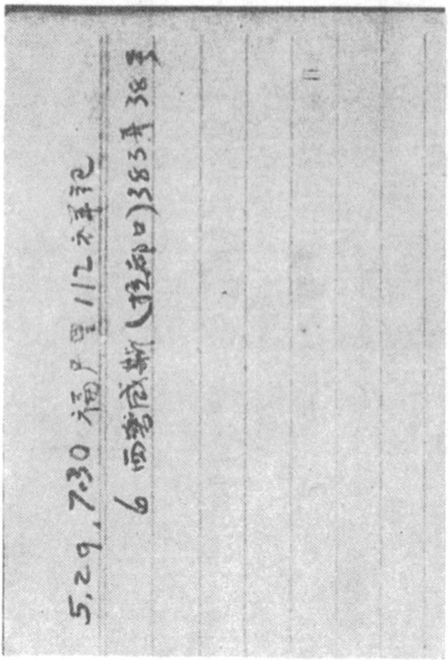

55-022

55-023

55-024

55-025

55-026

55-027

55-028

55-029

55-030

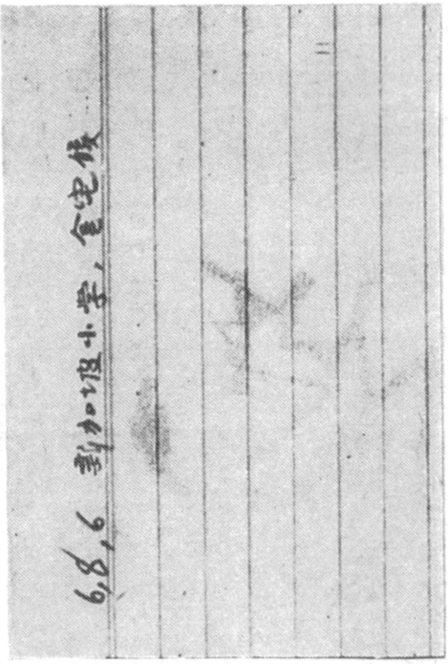

55-031

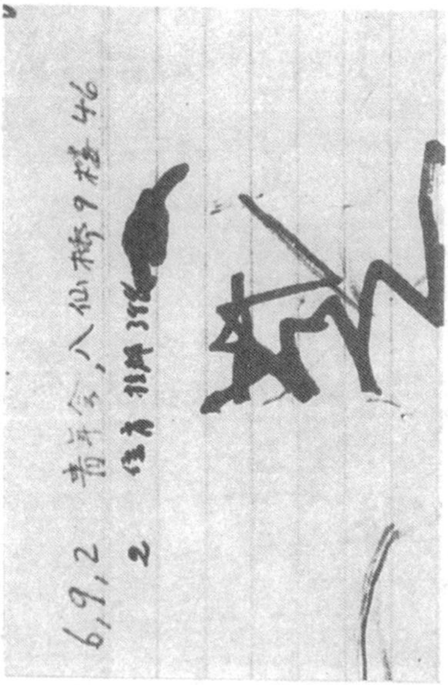

55-032

55-033

55-034

55-035

55-036

55-037

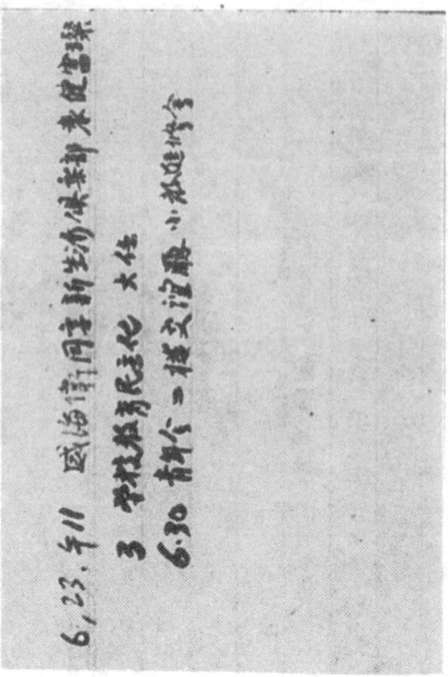

55-038

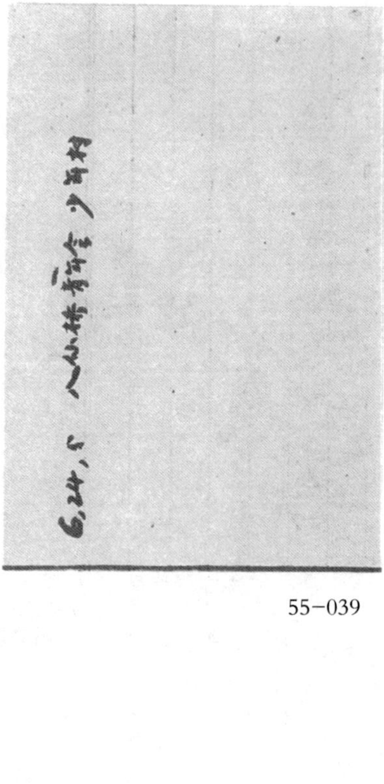

55-039

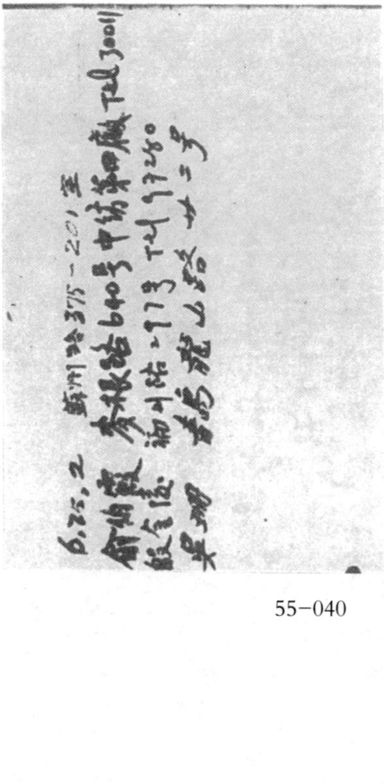

55-040

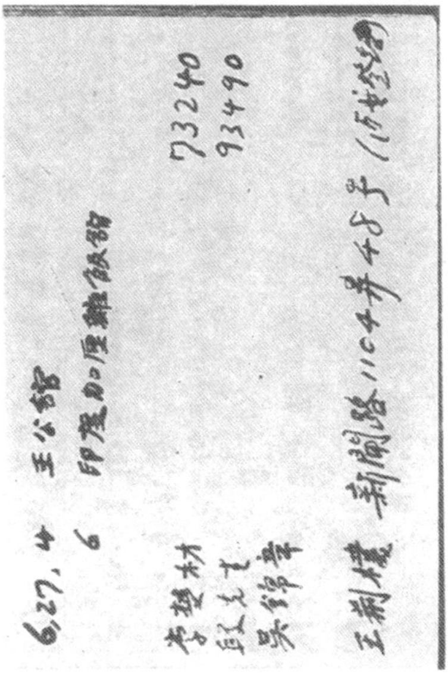

55-041

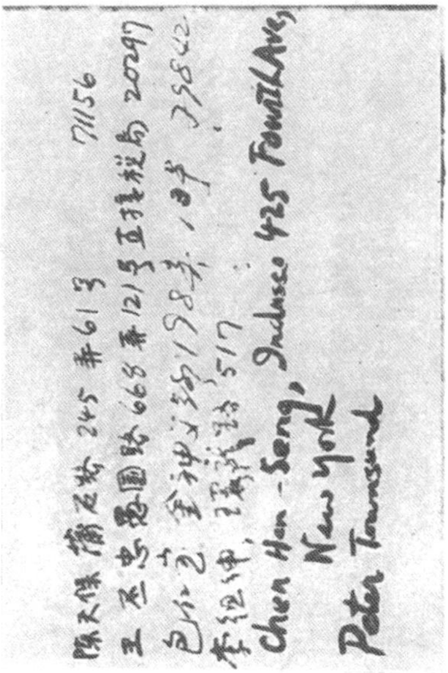

55-042

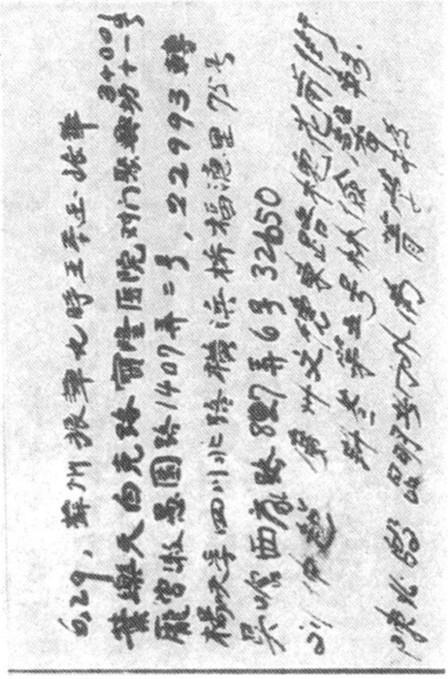

55-043

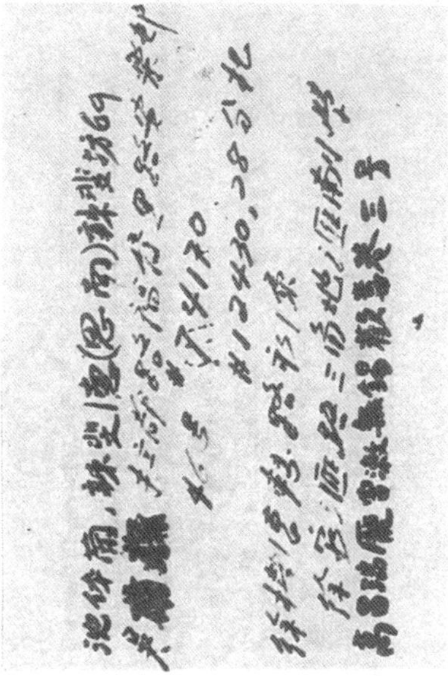

55-044

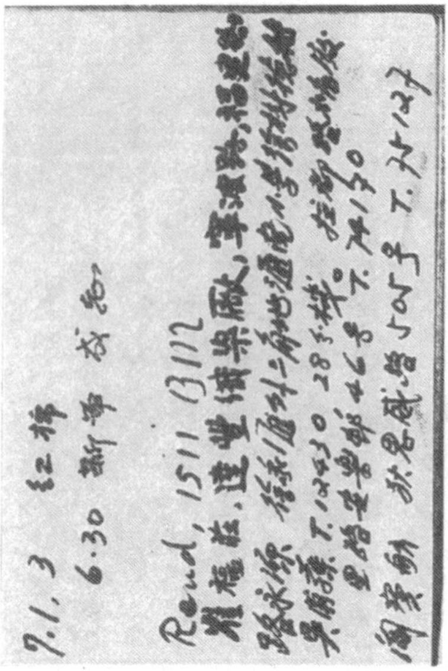
7.1.3 红棉
6.30 新亚 成都
Reud, 1511 13112
翟福鼎，达丰织染厂，宁波路，福建路
路永源
吴开藻 T.12430 28号楼。
T.74170
阎宝航 狄思威路505号 T.75127

55-045

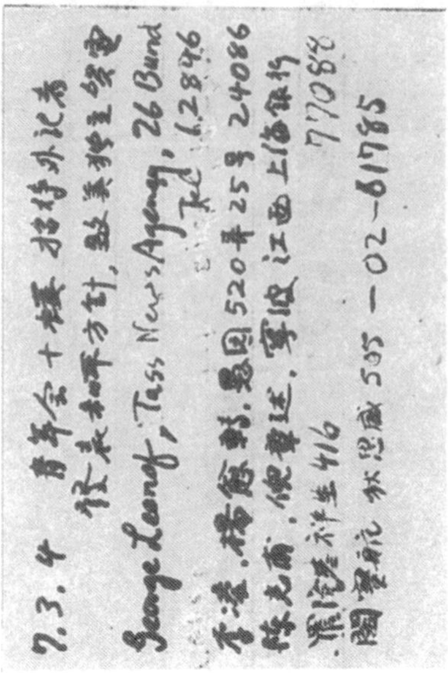
7.3.4 青年会十楼 招待外记者
发表和平方针，致美独立贺电
George Leonof, Tass News Agency, 26 Bund Tel. 62846
李凌，杨薇轩，愚园520弄25号 24086
陈克甫，倪章述，宁波 江西上海银行
霞飞路祥生 416 77088
阎宝航 狄思威 505 —02—81785

55-046

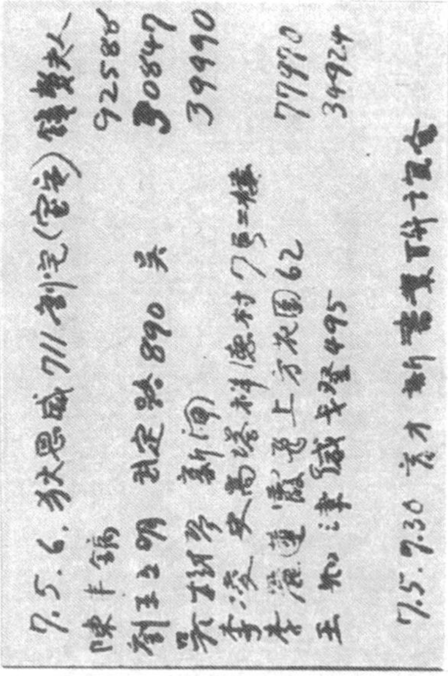
7.5.6. 狄思威711 刘宅（宫宅）钱夫人
陈卡镐 92588
刘王立明 武定路890 吴 30847
吴树多 新闻 39990
李凌 史高塔梓德村7号二楼
李澄莲 霞飞上方花园62 77970
王知津 城长登495 34924
7.5.7.30 育才 新书业联谊会

55-047

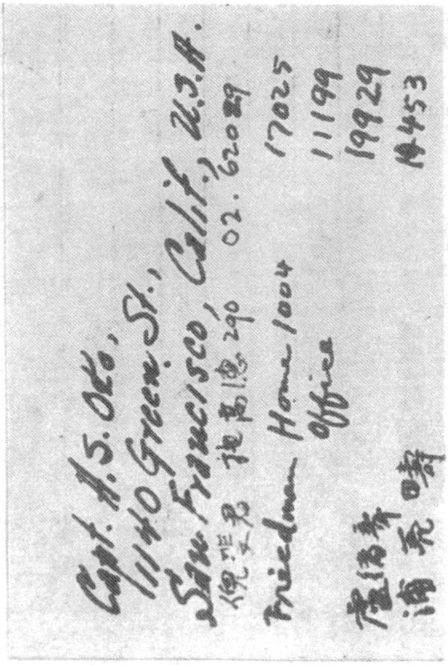
Capt. H.S. Oko,
1140 Green St.,
San Francisco, Calif., U.S.A.
倪斐君 拉高德290 02.62089
Friedman Home 1004 17025
Office 11199
卢伟希 19929
浦亮畴 14453

55-048

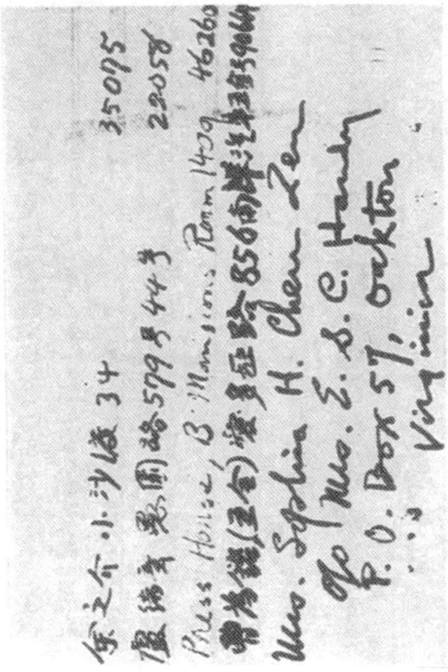

55-049

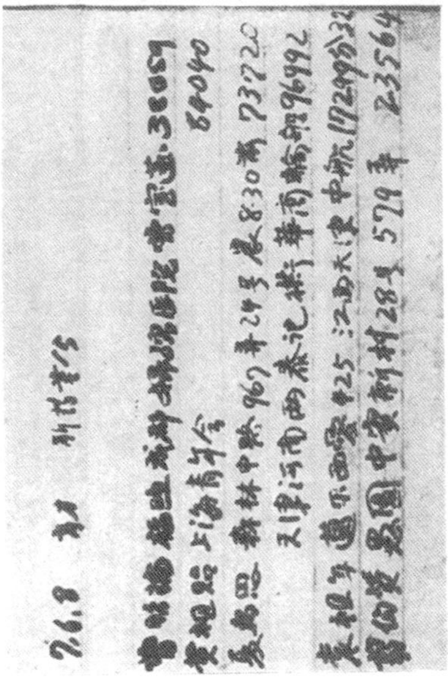

55-050

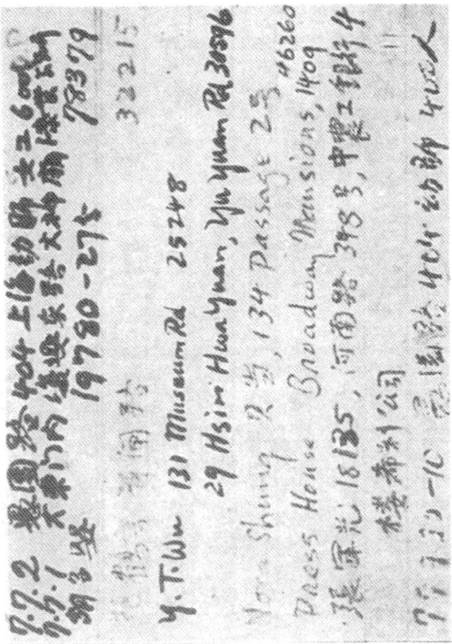

55-051

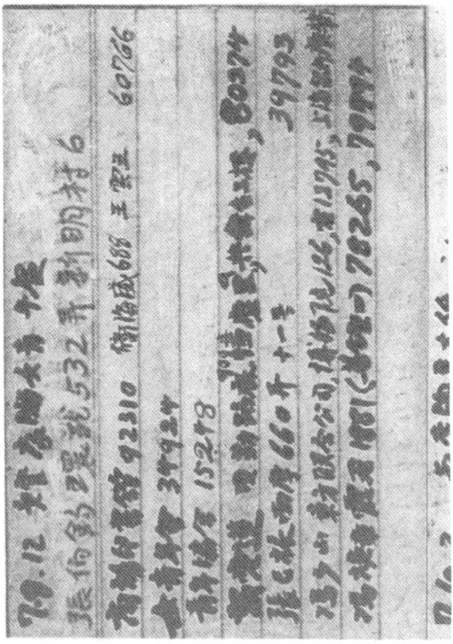

55-052

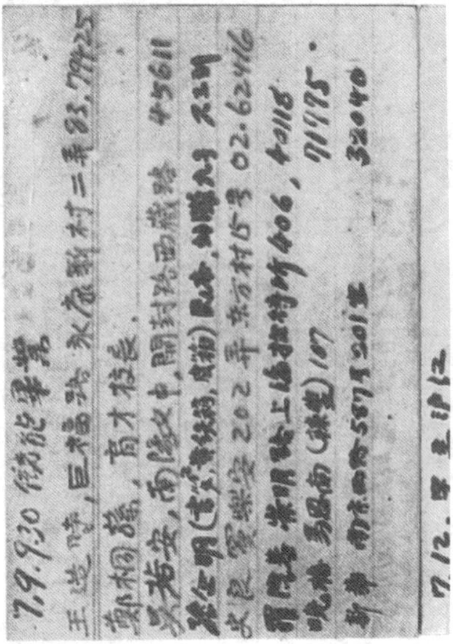

55-053

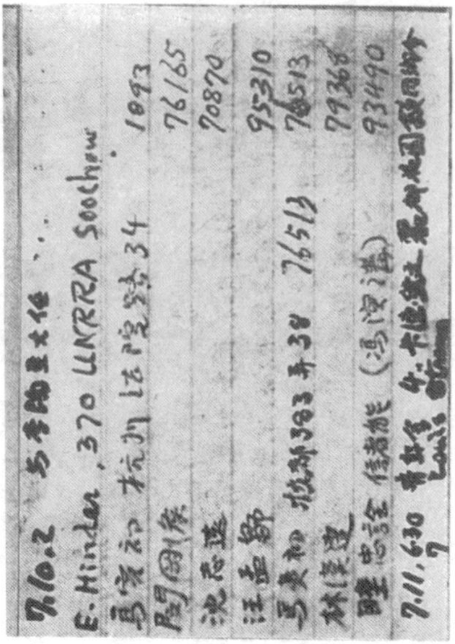

55-054

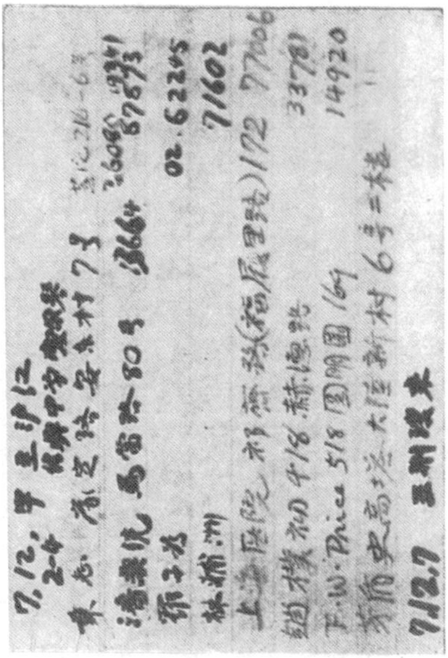

55-055

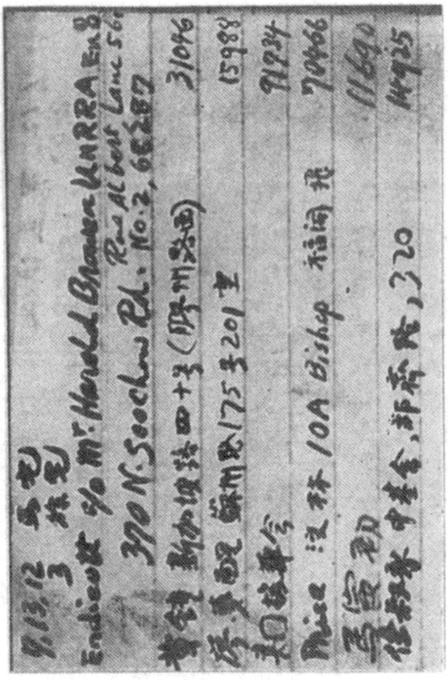

55-056

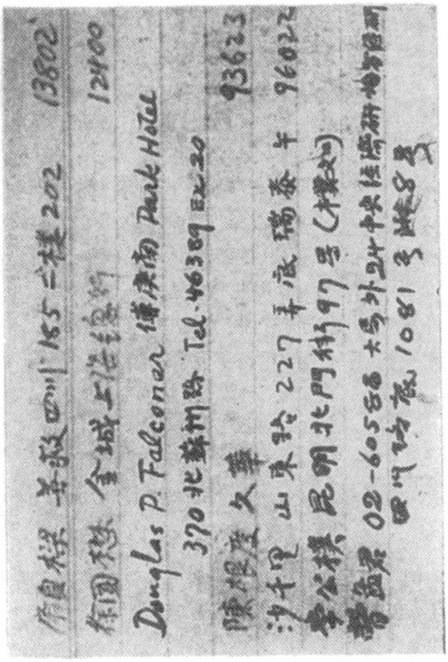

55-057

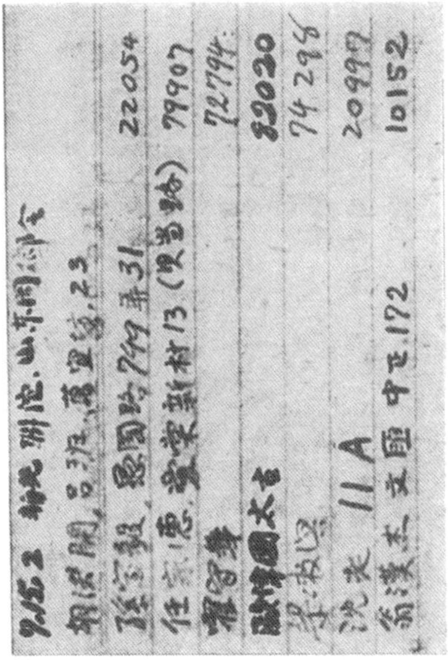

55-058

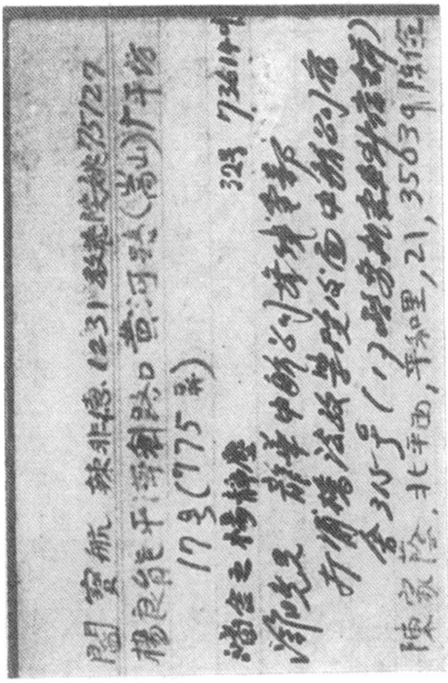

55-059

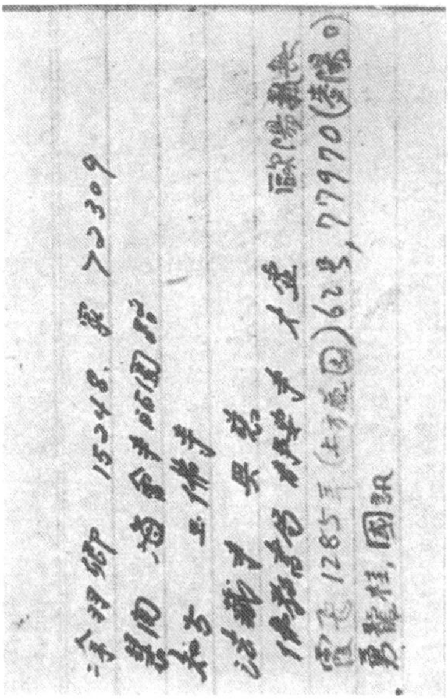

55-060

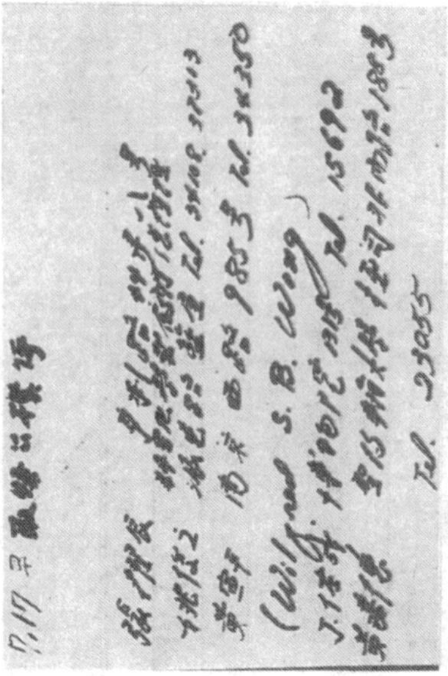

55-061

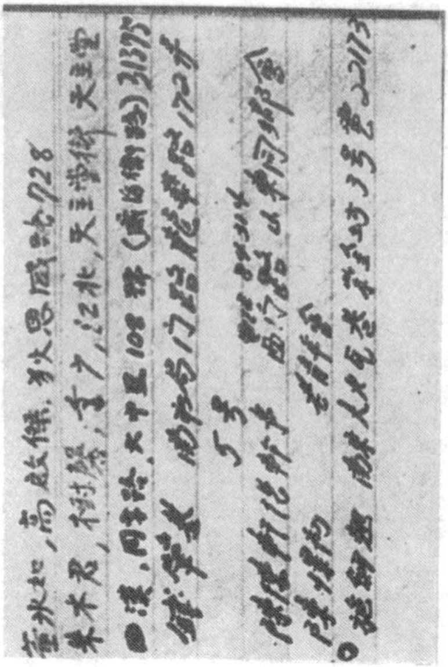

55-062

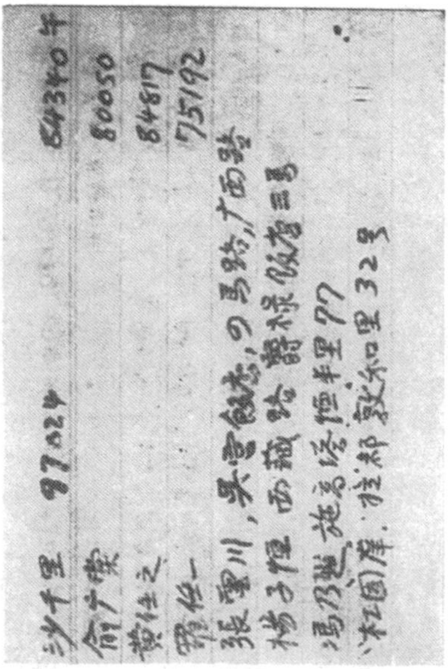

55-063

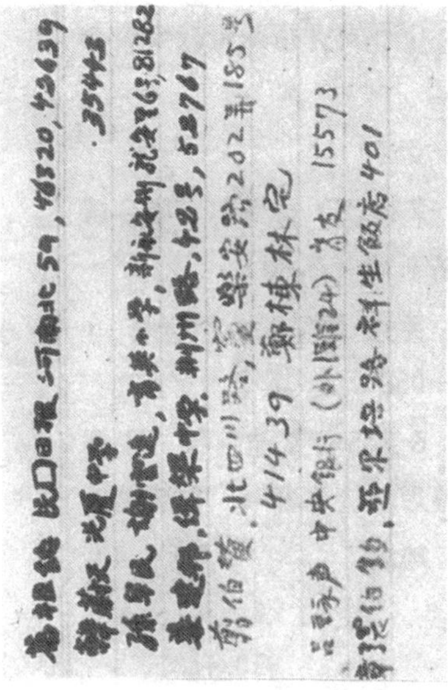

55-064

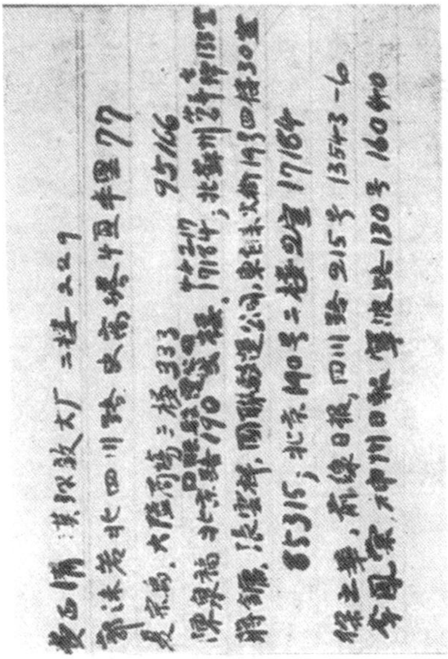

55-065

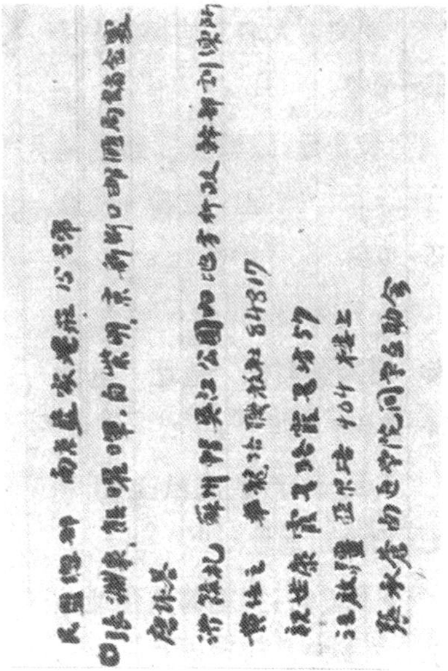

55-066

55-067

# 第五十五册〔注译〕

1946.5.7~1946.7.17

上海

55—002

第1行"圣约翰"指圣约翰大学

55—004

第2行"沪江"指沪江大学

55—014

5月21日8时汉弥尔顿大厦1004福州路

55—016

第1行外文：苏州路

55—034

外文为人名艾迪柯特

55—042

末3行：陈翰笙　纽约地址

彼得·汤森

55—046

第3行外文：乔治·列昂诺夫塔斯新闻社　地址　电话

55—048

第1至3行为敖克欧上尉　美国旧金山地址

第5至6行：弗里德曼住址

55—049

第3行：印刷所　地址

第5至8行:索菲亚夫人通讯地址

55—051

第5至8行：Y.T.英　博物院路131号；愚园路新花园29号；熊娜亚　地址；印刷所　百老汇大厦

55—052

第1行,女青指基督教女青年会

55—054

第2行：E.欣德尔　联合国救济总署　苏州

末行：路易斯·斯特朗

55—056

第3至5行:艾迪柯特　联合国善后救济总署H.布朗先生转　地址

# 编 后

看完十卷校样，如坐春风，如沐清泉，令人强烈感到生活教育似常青树般溢出的勃勃生机。陶行知那第一流的整个的教育家形象更真切地展现眼前；耳边仿佛也响起了教育改革对万千当代陶行知的急迫呼唤。

能赶在10月18日前出齐全集，以纪念伟大的人民教育家陶行知诞辰一百周年，真叫人欣慰。这的的确确是各方面共同努力的结果。单说最后阶段的印制，大家付出了多少的心血和汗水，多少个不眠的夜晚。嘉乐纸厂为全集试制和生产了优质的专用纸。四川新华印刷厂快速度高质量完成了第六卷和第十卷的制版任务。特别是自贡新华印刷厂，全厂职工上下一心，奋战酷暑，终于在短时间内赶印出了这部精美的洋洋巨著。

遗憾的是：陶行知尚有不少的文章、演讲、教材和书信未搜集到，只得留待未来以竟全功。时间紧迫，水平有限，校订注译难免有粗疏错漏，人名索引中也有个别人名遗漏。望读者指正。

1991年8月13日